… DIETMAR KIENAST
AUGUSTUS

DIETMAR KIENAST

AUGUSTUS

PRINZEPS UND MONARCH

WISSENSCHAFTLICHE BUCHGESELLSCHAFT
DARMSTADT

1. Auflage 1982
2., unveränderte Auflage 1992

Die Deutsche Bibliothek – CIP-Einheitsaufnahme

Kienast, Dietmar:
Augustus : Prinzeps und Monarch /
Dietmar Kienast. – 3., durchges. und erw. Aufl. –
Darmstadt : Wiss. Buchges., 1999
ISBN 3-534-14293-4

Bestellnummer 14293-4

Das Werk ist in allen seinen Teilen urheberrechtlich geschützt.
Jede Verwertung ist ohne Zustimmung des Verlages unzulässig.
Das gilt insbesondere für Vervielfältigungen,
Übersetzungen, Mikroverfilmungen und die Einspeicherung in
und Verarbeitung durch elektronische Systeme.

3., durchgesehene und erweiterte Auflage
© 1999 by Wissenschaftliche Buchgesellschaft, Darmstadt
Gedruckt auf säurefreiem und alterungsbeständigem Werkdruckpapier
Satz: Setzerei Gutowski, Weiterstadt
Druck: Frotscher Druck GmbH, Darmstadt
Einband: Fikentscher Großbuchbinderei GmbH, Darmstadt
Printed in Germany
Schrift: Linotype Times, 9.5/11

ISBN 3-534-14293-4

INHALT

Abkürzungen VII

Vorwort zur ersten Auflage XI

Vorwort zur dritten Auflage XIII

I. Oktavians Weg zur Alleinherrschaft 1
   1. Oktavians Anfänge 1
   2. Die Situation bei Caesars Ermordung 10
   3. Von Caesars Ermordung bis zum Abschluß des 2. Triumvirats 21
   4. Das 2. Triumvirat und die Proskriptionen 37
   5. Von Philippi bis Misenum 42
   6. Der Sieg über Sex. Pompeius und die Befriedung Italiens .. 50
   7. Der Endkampf mit Antonius 59

II. Die innenpolitische Entwicklung vom Sieg über Antonius bis zum Tode des Augustus 78
   1. Die Neuordnung des Staates (30–27 v. Chr.) 78
   2. Die erste Krise des Prinzipats (27–23 v. Chr.) .. 99
   3. Die Konstituierung eines neuen Saeculum (22–17 v. Chr.) .. 109
   4. Die Jahre 17–8 v. Chr. 118
   5. Das Zerwürfnis mit Tiberius und die Krise des Jahres 2 v. Chr. 128
   6. Die Regelung der Nachfolge und die letzten Regierungsjahre des Augustus 136

III. Das Verhältnis des Augustus zu Senat, Ritterschaft und Volk . 151
   1. Augustus und der Senat 151
   2. Der Ritterstand unter Augustus 182
   3. Augustus und die Plebs urbana 194

IV. Prinzeps und Monarch 204
   1. Prinzeps 204
   2. Sendungsbewußtsein und göttlicher Auftrag ... 213
   3. Religionspolitik 220
   4. Die neuen Götter der Monarchie 227
   5. Herrscherkult 244

Inhalt

    6. Die Propagierung der neuen Monarchie in Wort und Schrift 261
    7. Die Hofhaltung und die Entstehung einer Hofgesellschaft . 307

V. Militärwesen und Außenpolitik 320
    1. Das Militärwesen unter Augustus 320
    2. Die Außenpolitik des Augustus 332

VI. Wirtschafts- und Baupolitik 378
    1. Die Wirtschaftspolitik des Augustus 378
    2. Die Baupolitik des Augustus 408

VII. Die Reichspolitik des Augustus 450
    Einleitung: Das Problem 450
    1. Die Gewinnung des Ostens 454
    2. Die Koloniegründungen im Reich und die Urbanisierungspolitik im Westen 474
    3. Das Werden der Reichseinheit 499

Schluß. Augustus 516

Literatur 529
    1. Bibliographische Hinweise 529
    2. Literatur in Auswahl 529
    3. Literatur zum Nachleben des Augustus (in Auswahl) 566
    Nachträge zum Literaturverzeichnis 569

Register 574
    Namen und Sachen 574

Karte: Römisches Reich (nur Italien) 439

Karte: Römisches Reich (ohne Italien) 440

Stammtafel

ABKÜRZUNGEN

AAHung	Acta Antiqua Hungarica
AAnz	Archäologischer Anzeiger
AE	L'Année épigraphique
AFLC	Annali della Facoltà di Lettere, Filosofia e Magistero della Università di Cagliari
AJA	American Journal of Archaeology
AJPh	American Journal of Philology
Annales (ESC)	Annales (Économic, Sociétés, Civilisations)
ANRW	Aufstieg und Niedergang der römischen Welt, Berlin 1972ff.
Appiani l. V.	Appiani Bellorum Civilium liber quintus ed E. Gabba
AuA	Antike und Abendland
ARID	Analecta Romana Instituti Danici
BCH	Bulletin de Correspondance Hellénique
BMCEmp	British Museum Catalogue, Coins of the Roman Empire
BMCRep	British Museum Catalogue, Coins of the Roman Republic
BoJbb	Bonner Jahrbücher
CAH	The Cambridge Ancient History
CCG	Cahiers du Centre Gustave Glotz
CERP	Cities of the Eastern Roman Provinces (by A. H. M. Jones)
CNR	Corpus Nummorum Romanorum, ed. A. Banti–L. Simonetti, Florenz 1972ff.
CRAI	Comptes rendus de l'Académie des inscriptions et Belles-Lettres, Paris
CREAM	Catalogue of Coins of the Roman Empire in the Ashmolean Museum, Part 1 (Augustus ca. 31 B.C. to A.D. 14), ed. by C. M. Kraay–C. H. V. Sutherland, Oxford 1975
CRR	The Coinage of the Roman Republic, ed. E. A. Sydenham, Oxford 1952
DLZ	Deutsche Literaturzeitung
FAZ	Frankfurter Allgemeine Zeitung
FGrHist	Fragmente der Griechischen Historiker, ed. F. Jacoby
FMRD	Fundmünzen der Römischen Zeit in Deutschland
FIRA	Fontes iuris Romani anteiustiniani, ed. S. Riccobono et alii, 3 Bde., Florenz² 1941–1943
FITA	From Imperium to Auctoritas, by M. Grant, Cambridge 1946
GGR	Geschichte der griechischen Religion von M. P. Nilsson, 2 Bde., München² 1955/61
GRBS	Greek, Roman and Byzantine Studies
GWU	Geschichte in Wissenschaft und Unterricht
HZ	Historische Zeitschrift

Abkürzungen

IGRR	Inscriptiones Graecae ad res Romanas pertinentes
IRTrip	Inscriptions of Roman Tripolitania
JbNum	Jahrbuch für Numismatik und Geldgeschichte
JdAI	Jahrbuch des Deutschen Archäologischen Instituts, Berlin
JHS	Journal of Hellenic Studies
JRGZM	Jahrbuch des Römisch-Germanischen Zentralmuseums
JRA	Journal of Roman Archaeology
JRS	Journal of Roman Studies
MEFRA	Mélanges d'Archéologie et d'Histoire de l'École Française de Rome
NC	Numismatic Chronicle
Nik. Dam.	Nikolaos von Damaskos, Bios Kaisaros (FGr Hist II A 90), zitiert nach Paragraphen
ÖJh	Jahreshefte des Österreichischen Archäologischen Instituts, Wien
PBS Rome	Papers of the British School at Rome
PECS	The Princeton Encyclopedia of Classical Sites, ed. R. Stillwell, Princeton 1976
PIR	Prosopographia Imperii Romani
RAAN	Rendiconti dell'Academia di Archeologia, Lettere e Belle Arti di Napoli
RAC	Reallexikon für Antike und Christentum
RAL	Rendiconti della Classe di Scienze morali, storiche e filologiche dell'Accademia dei Lincei, Rom
RE	Realencyclopädie der classischen Altertumswissenschaft von A. Pauly und G. Wissowa
REA	Revue des Études Anciennes
REG	Revue des Études Grecques
REL	Revue des Études Latines
RG	Römische Geschichte
RgdA	Res gestae divi Augusti
RHDFE	Revue historique de droit français et étranger
RIC	Roman Imperial Coinage I, ed. H. Mattingly–E. A. Sydenham, London 1923, ²1984 (zitiert nach der 1. Auflage!)
RICH	Roman Imperial Coins in the Hunter Coin Cabinet I, ed. A. S. Robertson, Oxford 1962
RIDA	Revue internationale des Droits de l'Antiquité
RPAA	Rendiconti della Pontificia Accademia di Archeologia, Rom
RR	The Roman Revolution by R. Syme
RRC	Roman Republican Coinage, ed. M. H. Crawford, 2 Bde., Cambridge 1974
RRG	Römische Religionsgeschichte von K. Latte
RStR	Römisches Staatsrecht von Th. Mommsen
RuK	Religion und Kultus der Römer von G. Wissowa
Sb	Sitzungsberichte (philosoph.-historische Klasse), zitiert nach dem jeweiligen Sitz der Akademie
SDHI	Studia et Documenta Historiae et Iuris

SEG	Supplementum Epigraphicum Graecum
TAPA	Transactions and Proceedings of the American Philological Association
VDI	Vestnik Drevnej Istorii
ZPap	Zeitschrift für Papyrologie und Epigraphik
ZSSR	Zeitschrift der Savigny-Stiftung für Rechtsgeschichte, Romanistische Abteilung

Für die Auflösung weiterer Abkürzungen s. CAH X^2 1006 ff. und das Abkürzungsverzeichnis der Année Philologique.

VORWORT ZUR ERSTEN AUFLAGE

Der vorliegende, ursprünglich für die Reihe ›Erträge der Forschung‹ vorgesehene Band (der wegen seines Umfanges jetzt als selbständiges Buch erscheint) erhebt nicht den Anspruch, eine Monographie über Augustus zu sein. Behandelt werden daher auch nicht alle Seiten der Persönlichkeit des Augustus, sondern nur sein Wirken als Politiker und Staatsmann, als Gründer einer neuen Monarchie. Auch dort, wo das Gebiet der Kunst oder der Literatur berührt wird, geschieht dies bewußt in Beschränkung auf den politischen Aspekt. Nach dem persönlichen Geschmack des Augustus in künstlerischen oder literarischen Dingen wird ebensowenig gefragt wie nach dem Wesen der augusteischen Kunst und der augusteischen Literatur als Kunst oder als Literatur. Beide Bereiche sollen hier nur in ihrer politischen Aussage bzw. in ihrer politischen Funktion interessieren. Das Buch soll auch weder ein Forschungsbericht über den Prinzipat des Augustus noch eine literarische Darstellung der Regierung des ersten Prinzeps sein. Wenn der Verfasser im Folgenden eine möglichst knappe Skizze der historischen Fakten und ihrer Bezeugung durch die Überlieferung (im weitesten Sinne) gibt, so soll diese Skizze vor allem als Rahmen dienen, in den die Erträge der modernen Forschung, die zumeist eine Deutung der Fakten oder eine Interpretation der Überlieferung ist, eingefügt werden. Der Verfasser ist allerdings der Auffassung, daß auch eine derartige Skizze nur auf Grund einer bestimmten Konzeption entworfen werden kann und daß diese Skizze um so klarer ausfällt, je deutlicher die ihr zugrundeliegende Konzeption hervortritt. Der Verfasser hat daher auch seine eigenen Auffassungen und Erkenntnisse nicht unterdrückt und möchte auch sie als „Erträge der Forschung" verstanden wissen.

Bei der Fülle der zum Thema jährlich neu erscheinenden Bücher und Aufsätze kann im Folgenden selbstverständlich nur eine Literaturauswahl gegeben werden. Wenn in der Regel vor allem neuere Arbeiten zitiert werden, so stellt dies nicht immer ein Werturteil dar, sondern geschieht vor allem deswegen, weil in diesen Arbeiten die ältere Literatur oft bequem zusammengestellt ist. Doch glaubte der Verfasser auch auf die Gefahr eines gewissen Ungleichgewichts hin einzelne, bisher etwas vernachlässigte Aspekte (wie z. B. die augusteische Baupolitik) stärker dokumentieren zu sollen. Um das Buch zu entlasten, wird ferner zu einzelnen Themen gelegentlich auf zusammenfassende Forschungsberichte verwiesen, die inzwischen so zahlreich geworden sind, daß es bisweilen schwerfällt, auch nur sie alle zu überblicken. Die Einzeltitel, die einen der hier angeschnittenen Aspekte behandeln, vollständig zu erfassen, dürfte nahezu unmöglich sein. Es schien dem Verfasser daher sinnvoller, eine Synopse der augusteischen Politik zu versuchen und dabei in Kauf zu nehmen, hier und da etwas – sei es auch Wichtiges – zu übersehen.

Die Voraussetzungen für den Prinzipat des Augustus liegen teilweise in den Ereignissen der Triumviratszeit. Der augusteische Prinzipat selbst hat eine Entwicklung durchgemacht, die im Jahre 23 v. Chr. noch keineswegs abgeschlossen war. Um dies deutlicher, als es in den bisherigen Darstellungen geschehen ist, hervortreten zu lassen, hat der Verfasser seine Abhandlung in einen chronologischen und einen systematischen Teil gegliedert. Diese Gliederung hat allerdings zur Folge, daß sich Überschneidungen und Wiederholungen nicht immer ganz vermeiden ließen. Der Verfasser hat sich jedoch bemüht, durch möglichst zahlreiche Verweise solche Wiederholungen in vertretbaren Grenzen zu halten.

Bei der zum Teil schwierigen, durch die bekannte Überlastung des Fernleihverkehrs der deutschen Bibliotheken zusätzlich erschwerten Literaturbeschaffung wurde der Verfasser liebenswürdigerweise von vielen Kollegen des In- und Auslandes durch Zusendung von Büchern oder Sonderdrucken unterstützt. Der Verfasser durfte außerdem dank der Freundlichkeit ihrer Direktoren die Bibliotheken der althistorischen, archäologischen und römischrechtlichen Institute und Seminare in Bonn und Köln sowie die Büchereien des Rheinischen Landesmuseums in Bonn und der Kommission für Alte Geschichte und Epigraphik in München benutzen. Allen Kollegen, die auf diese Weise das Zustandekommen dieser Arbeit mit ermöglicht haben, möchte der Verfasser an dieser Stelle noch einmal aufrichtig danken. Zu großem Dank verpflichtet ist der Autor Herrn Dr. Ruprecht Ziegler für die Anfertigung der Kartenskizzen und Herrn Hans-Jochen Voigtländer für das Lesen der Korrekturen. Ein besonderer Dank gilt schließlich Frau Herta vom Bovert, die keine Mühe gescheut hat, das Manuskript der Arbeit in eine lesbare Form zu bringen.

Düsseldorf, Sommer 1980   Dietmar Kienast

Für das Lesen der Umbruchkorrekturen hat der Verf. Herrn Dr. R. von Haehling zu danken. Für die Erstellung des Autorenindex und des geographischen Registers fühlt der Autor sich Frau R. Pöstges und Herrn Voigtländer verpflichtet.

Düsseldorf, März 1982

VORWORT ZUR DRITTEN AUFLAGE

Seit dem Erscheinen der ersten Auflage dieses Buches waren Augustus und seine Zeit Gegenstand intensiver Beschäftigung. R. Symes spätere Arbeiten, besonders seine ›Augustan Aristocracy‹, haben unsere Kenntnis der führenden Schicht im frühen Prinzipat erweitert und vertieft. In den Sammelbänden ›Caesar Augustus. Seven Aspects‹ und ›Between Republic and Empire‹ wurde das Werk von Syme um neue Fragestellungen ergänzt und nach 50 Jahren eine Bilanz der Wirkung seiner ›Roman Revolution‹ gezogen. Wichtige Beiträge enthält auch der dem 'Augustan Empire' gewidmete 10. Band der 2. Auflage der ›Cambridge Ancient History‹. Die große Ausstellung 'Kaiser Augustus und die verlorene Republik' gab der Forschung starke Impulse. P. Zanker hat dann in seinem Buch ›Augustus und die Macht der Bilder‹ die Monumente der augusteischen Zeit neu zum Sprechen gebracht und den Bewußtseinswandel, den sie bewirkt haben, herausgearbeitet. Das Werk hat, gerade weil hier der erste Prinzeps in einem wesentlich positiveren Licht erscheint als bei Syme, neben der verdienten Anerkennung auch eine lebhafte Debatte ausgelöst. – K. Galinsky widmete eine umfangreiche Darstellung der von der *auctoritas* des Augustus geprägten ›Augustan Culture‹ in allen ihren Erscheinungsformen, in Kunst und Architektur, Literatur und Religion. An einer Fülle von Beispielen wird gezeigt, wie aus klassischen und hellenistischen Elementen und aus römischer Überlieferung ein einheitliches Ganzes wurde, das Tradition und Innovation in fruchtbarer Spannung vereinte. Dabei weist Galinsky dezidiert – und sicherlich zu Recht – 'the skewed perspective' zurück, 'from which Augustan Rome has been viewed as a precursor of totalitarian regimes in the twentieth century' (S. 355).

Spektakuläre Inschriftenfunde brachten besonders zum Kaiserkult (zu dem auch die Arbeiten von S. R. F. Price neue Einsichten eröffnen), zu Fragen der Wirtschaftspolitik und zur Verwaltungsgeschichte neue Erkenntnisse (verwiesen sei hier vor allem auf die einschlägigen Arbeiten von G. Alföldy und W. Eck). Die urbanistische Forschung konnte für Rom, Italien und die Provinzen ebenfalls wichtige Erkenntnisse gewinnen. Neuen Grabungen der provinzialrömischen Archäologen werden bedeutende Funde verdankt, die das Bild der augusteischen Expansion heute schärfer zu zeichnen erlauben. Daneben ging die intensive Diskussion über die mit dem Prinzipat verbundenen Rechtsfragen weiter, z. T. gefördert durch die neu gefundenen Inschriften sowie durch Papyrusfragmente der *laudatio funebris* des Augustus für Agrippa.

Angesichts dieser Sachlage hat der Verfasser die Anregung des Verlages, den Text des Buches für die dritte Auflage gründlich zu überarbeiten, dankbar aufgegriffen. Der Verfasser hat sich bemüht, in diese Neuauflage die Erträge der inzwischen publizierten Forschungen einzuarbeiten und alle ihm erreichbare Literatur zu berücksichtigen. (Für die wichtigsten Inschriften wurde jeweils auch auf die deutsche Übersetzung von H. Freis verwiesen). Wo es möglich und angebracht war, hat der Verfasser die ältere durch neuere Literatur ersetzt, über die auch die älteren Werke leicht aufzufinden sind. Das Literaturverzeichnis wurde um die wichtigsten Neuerscheinungen erweitert. Angefügt wurden wieder einige Titel zum Nachleben des Augustus, auf die der Verfasser beim Bibliographieren aufmerksam wurde. Diese Titel wurden also nicht systematisch erfaßt und sollen nicht mehr als Hinweise auf ein schier unendliches Thema sein. Die Neubearbeitung machte auch eine Neuerstellung des Registers erforderlich. Da in dieser dritten Auflage leider der Umfang von Text und Anmerkungen erheblich gewachsen ist, wurde auf den Index der modernen Autoren ganz verzichtet. Die geographischen Begriffe sind jetzt im Namen- und Sachregister mit erfaßt. – Eine intensivere Auseinandersetzung mit den in der Literatur vertretenen Auffassungen war leider aus Raumgründen nicht möglich. Auch ist z.T., etwa bei Fragen der Urbanisierungspolitik, die Forschung noch sehr im Fluß, so daß ein paar Hinweise in den Anmerkungen auf neue Tendenzen und noch offene Probleme genügen müssen. Dagegen hat der Verfasser an einigen Stellen im Text Korrekturen und Ergänzungen vorgenommen, die ihm beim gegenwärtigen Stand der Forschung geboten schienen. Die dem Buch zugrunde liegende Gesamtkonzeption des augusteischen Prinzipats als einer neuen Form der Monarchie, die von Augustus gewollt und zum großen Teil bewußt gestaltet wurde (was eine Phase des Experimentierens und taktische Kompromisse besonders zu Beginn seiner Alleinherrschaft nicht ausschließt), sieht der Verfasser durch die neueren Forschungen im wesentlichen bestätigt.

Leider wurden dem Verfasser erst nach Abschluß des Manuskripts (Januar 1998) die neuen Gesamtdarstellungen von J. Bleicken, W. Eck und P. Southern sowie der von Th. Malinek und A. Schiesaro herausgegebene Sammelband ›The Roman Cultural Revolution‹ (Cambridge 1997) bekannt. Die Autoren des Bandes zeigen, daß die augusteische Neuordnung vor dem Hintergrund einer tiefgreifenden Wandlung von Anschauungen und Verhaltensweisen zu sehen ist, die schon lange vor Augustus begonnen hatte. Hervorgehoben sei besonders der Aufsatz von A. Wallace-Hadrill, der betont, daß die Nobilität in der Spätrepublik ihre moralische und damit zugleich ihre politische Autorität weitgehend verloren hatte. Die

Pflege der Tradition mußten die Nobiles mehr und mehr gelehrten Antiquaren wie Varro überlassen (was es später Augustus u. a. erleichterte, mit der Statuengalerie seines Forums die Verfügungsmacht über die Vergangenheit zu usurpieren). Das Recht wurde zur Domäne der Rechtsgelehrten. Die Verfügung über die Zeit ging den Pontifices durch den von Caesar eingeführten und von Augustus verbesserten lunisolaren Kalender verloren. Selbst im Gebrauch der Sprache wurde die von den führenden Politikern geprägte und tradierte *consuetudo* durch die *ratio* verdrängt, für die der Grammatiker zuständig war. Die augusteische Ordnung, die ebenfalls auf *ratio* und nicht auf *consuetudo* beruhte, sei die Antwort auf diese Erscheinungen gewesen. Th. Malinek behandelt dann 'The invention of sexuality in the world city of Rome' und geht in diesem Zusammenhang auch auf die Ehegesetzgebung des Augustus ein. F. Dupont sieht in der Entwicklung der Institution der *recitatio* 'the creative response' der Aristokratie 'to the loss of political oratory'. Weitere Aufsätze sind Einzelfragen gewidmet. Verwiesen sei nur noch auf die anregende Behandlung des Augustus-Forum unter dem Aspekt 'gender and power' durch B. Kellum.

W. Eck, Augustus und seine Zeit, München 1998 (128 S.), gibt einen fundierten, gut lesbaren Überblick über die augusteische Zeit für einen breiteren Leserkreis. Sein Bild des augusteischen Prinzipats deckt sich weitgehend mit den in diesem Buch vertretenen Anschauungen. – Ebenfalls an einen weiteren Leserkreis wendet sich die große, breit angelegte Biographie von J. Bleicken ›Augustus‹ (Berlin 1998; 800 S.), der in einem Anmerkungsteil auch die wichtigsten Quellenbelege sowie weiterführende Hinweise bringt und gelegentlich dort Probleme der Forschung ausführlich diskutiert (z. B. das Testament Caesars oder die Frage der augusteischen Germanienpolitik). Über ein Drittel des lebendig geschriebenen, anregenden und gedankenreichen Werkes sind dem Aufstieg Oktavians zum 'Militärdespoten' und der Triumviratszeit gewidmet, die in diesem Buch nur knapp skizziert werden konnten. Ausführlich geht Bleicken auch auf 'die Aufrichtung der Monarchie als Prinzipat' ein sowie auf die Ausbildung einer neuen Führungsschicht unter Augustus. Prosopographische Fragen nehmen überall in seiner Darstellung einen breiten Raum ein. Sehr knapp und ohne Berücksichtigung der jüngsten Funde wird dagegen der Kaiserkult und seine Funktion behandelt. Auch die Urbanisierungs- und die Reichspolitik werden relativ kurz dargestellt, ausführlich dagegen wieder 'die Armee des Augustus' und 'die militärische Expansion seit 16 v. Chr.' sowie 'das Ringen um die Nachfolge'. Hier wie sonst werden die negativen Züge des ersten Prinzeps stark herausgearbeitet. Dennoch gelangt Bleicken im ›Epilog‹ zu einer im ganzen positiven Würdigung des Augustus als Staatsmann (vgl. auch die Besprechungen von M. Clauss, Die Zeit Nr. 50, 3.12.1998, S. 15, von W. Will, Berliner Zeitung Nr. 90, 12./13.12.1998,

S. VI, und von W. Eck, FAZ Nr. 8, 11. 1. 1999, S. 49). – Eine rein chronologisch aufgebaute, mit wissenschaftlichen Anmerkungen versehene Biographie für einen weiteren Leserkreis hat schließlich P. Southern, Augustus, London 1998 (271 S.) vorgelegt. Anders als bei Bleicken, dessen Werk mit der Ermordung Caesars einsetzt und der den Aufstieg Oktavians gewissermaßen mit den Augen eines Republikaners verfolgt, geht die Verfasserin ausführlich auf Kindheit und Jugend des späteren Augustus ein, die vor dem Hintergrund der spätrepublikanischen Geschichte von Sulla bis auf Caesar gesehen werden, und betont die Rolle des Pompeius als Vorläufer des Augustus. Eingehender als Bleicken behandelt sie auch die Bedeutung des 'Caesarian net work', besonders des Balbus und seiner Agenten, für den Aufstieg Oktavians. Auch sonst finden sich in dem Werk interessante Überlegungen, z. B. zur Frage des *imperium consulare* oder zur Charakteristik des Menschen Augustus, seiner Ausdauer, seiner Verschwiegenheit und seinem allen Luxus abholden Lebensstil, seinem Pflichtgefühl, aber auch seinem Humor. Das Urteil des Tacitus über Augustus wird als zeitbedingt relativiert. Von neueren Inschriften und Funden hat die Verfasserin dagegen nur gelegentlich Notiz genommen.

Die Überarbeitung des Buches im vorliegenden Umfang wäre nicht möglich gewesen ohne die idealen Arbeitsmöglichkeiten, die M. Wörrle dem Verfasser in der Kommission für Alte Geschichte und Epigraphik des DAI zur Verfügung gestellt hat. Auch die Bibliotheken der Münchner Institute für Alte Geschichte, Klassische Philologie und Klassische Archäologie, des Leopold-Wenger-Instituts für Rechtsgeschichte und die Bibliothek der Staatlichen Münzsammlung sowie die Bestände der Bayerischen Staatsbibliothek hat der Verfasser dankbar benutzt. Sein Dank gilt sodann allen Kollegen, die ihm nach seiner Emeritierung weiter ihre Arbeiten zugesandt haben. Für die Beschaffung von Büchern ist der Verfasser Herrn J. Niedermeier, Frau B. Übelacker und besonders Herrn K. Zimmermann, der ihm auch sonst manche Hilfe geleistet hat, verpflichtet. Für wertvolle Hinweise sei auch hier den Kollegen F. Bernstein, A. R. Birley, J. Nollé und A. U. Stylow aufrichtig gedankt. Das Manuskript für die Neuauflage wurde auf Veranlassung von Herrn Birley dankenswerterweise von Frau R. Kröll in Düsseldorf geschrieben. Für das Schreiben des Literaturverzeichnisses und für das Lesen der Korrekturen sei Frau E. Haffner nochmals gedankt. Für die Erstellung des Index ist der Verfasser Frau S. Walentowski besonders verpflichtet. Schließlich möchte er auch hier Herrn P. Heitmann für seine Betreuung und für die Einrichtung des Manuskripts aufrichtig danken.

Neu-Esting, Februar 1999   Dietmar Kienast

I. OKTAVIANS WEG ZUR ALLEINHERRSCHAFT

1. Oktavians Anfänge

Entscheidend für das Verständnis des Oktavian/Augustus ist sicherlich die erste Phase seines Lebens bis zum Abschluß des Dreibundes. Wesentliche Fragen sind hier in der Forschung noch offen und werden lebhaft diskutiert. Hatte Caesar die Absicht gehabt, eine Dynastie zu gründen und dafür Oktavian als seinen Nachfolger auszuersehen?[1] Oder hatte das Testament Caesars im wesentlichen – vor allem was Oktavian anbetraf – privaten Charakter? War der Knabe mit dem Entschluß zur Annahme der Erbschaft Caesars „innerlich zum Manne gereift", der sich binnen kurzem als ein „allen weitaus überlegener Staatsmann erweisen sollte"[2], oder war Oktavian lediglich ein Abenteurer und Glücksritter, der schließlich Erfolg gehabt hat?[3] Verdankte der Erbe Caesars seine ersten Erfolge nur der Unverschämtheit, mit der er sich in den Besitz fremden Geldes zu bringen wußte, und den riesigen Bestechungssummen, mit denen er die Soldaten des Antonius zur Meuterei brachte?[4] Oder existierten zwischen Oktavian und Teilen der Armee besondere Bande der Pietät? Bestand für die Republik nach der Ermordung Caesars noch einmal eine echte Chance, und hat nur das Auftreten Oktavians die schon weitgehend erreichte Einigung der Parteien wieder zerstört?[5] Oder hat Caesars Sohn und Erbe nur eine Entwicklung zu Ende geführt, die auch ohne ihn in der gleichen Richtung verlaufen wäre?

C. Octavius, der spätere Augustus, wurde am 23. September 63 in Rom

[1] Vgl. z. B. E. Kornemann, RG II 94. Ed. Meyer, Caesars Monarchie und das Principat des Pompejus, Stuttgart³ 1922, Repr. Nachdr. Darmstadt 1978, 523. J. Carcopino, Les étapes de l'impérialisme romain, Paris 1961, 152 ff. Weitere Äußerungen führt W. Schmitthenner, Oktavian und das Testament Caesars, München² 1973, 4 f., auf.

[2] Ed. Meyer, Augustus, Kleine Schriften I², Halle 1924, 423 ff.

[3] So vor allem R. Syme, RR 113. Vgl. F. Vittinghoff, Augustus 27.

[4] Vgl. A. Alföldi, Oktavians Aufstieg 105 ff. Alföldi betont a. O. 99 ff. aber mit Recht, daß Oktavian in einer Entwicklungslinie steht und in Caesar ein unmittelbares Vorbild hatte. Auch Antonius und die Republikaner haben im übrigen das Mittel der Bestechung nicht verschmäht. Daß die hohen Geldgeschenke allein Oktavians Aufstieg nicht erklären können, führt Alföldi 55 ff. aus.

[5] R. Syme, RR 104 ff.

geboren.[5a] Die Forschung der letzten Jahrzehnte hat Klarheit darüber gebracht, daß C. Octavius *ignobili loco natus* war, d. h., daß er einer Familie entstammte, die nicht zur Nobilität gehörte.[6] Die Familie der Octavii stammte aus der alten Volskerstadt Velitrae, wo auch Augustus selbst aufwuchs. Der Urgroßvater soll noch Freigelassener gewesen sein, doch dürfte dies eine Unterstellung des Antonius sein.[7] Oktavians Großvater betrieb offenbar in Velitrae ein einträgliches Bankgeschäft.[7a] Oktavians Vater schlug dann als erster Octavier in Rom die Ämterlaufbahn ein, starb aber kurz vor Erreichung des Consulats, das in der späten Republik erst die Nobilität verlieh. Mütterlicherseits war Oktavian allerdings sowohl mit Pompeius verwandt wie vor allem mit den patrizischen Juliern. Caesars Schwester Julia war seine leibliche Großmutter, und nach dem frühen Tode seines Vaters wuchs Oktavian zunächst bei ihr, nach ihrem Tode im Hause seines Stiefvaters, des angesehenen Consulars L. Marcius Philippus, auf.[8] Dennoch dürfte es für die Entwicklung des späteren Augustus von entscheidender Bedeutung sein, daß dieser von Haus aus nicht der Nobilität angehörte, daß er (römisch gesprochen) ein *homo novus* war.[9] Daraus dürfte sich einerseits die Unbefangenheit erklären, mit der Oktavian den

[5a] Suet. Aug. 5. Gellius 15, 7, 3. Dessau Nr. 112. 154. 7244. Vgl. unten S. 79, Anm. 3; S. 218, Anm. 52. – Zum Geburtsraum des Augustus in Rom und zur Kinderstube in Velitrae s. W. H. Gross, Eikones (Festschrift H. Jucker), Bern 1980, 126 f. Zu angeblichen Kinderbildnissen des Oktavians ebda. – Das Geburtshaus wurde später auf Senatsbeschluß als *sacrarium* geweiht, vgl. H. Hänlein-Schäfer, Veneratio Augusti 119 f. – Eine Zeitlang scheint der junge Octavius in Ulubrae in Latium aufgezogen worden zu sein: Porph. Horat. Epist. I 2, 30. Dazu Hänlein-Schäfer a. O. 140 f.

[6] Vgl. Cic. Phil. 3, 15. Dazu M. Gelzer, Kl. Schr. I, Wiesbaden 1962, 43.

[7] Gelzer, a. O. 29.

[7a] Nach Suet. Aug. 2, 2 f. *avus (Augusti) municipalibus magisteriis contentus abundante patrimonio tranquillissime senuit*. Antonius (bei Sueton a. O.) wirft ihm jedoch vor, er sei *argentarius* gewesen. Wenn die Behauptung nicht jeder Grundlage entbehren sollte (was doch unwahrscheinlich ist), wird der Großvater des Augustus ähnlich wie der reiche Atticus mit einem Teil seines Vermögens größere Kreditgeschäfte getätigt haben. Ein gewöhnlicher Wechsler (wie Antonius unterstellt) war er gewiß nicht. (Zu der *tessera nummularia* eines C. Octavius aus dem Jahre 53 v. Chr. vgl. F. Münzer, RE XVII 2, 1937, 1805 f. Nr. 14.) S. auch die folgende Anmerkung.

[8] Zur Familie Oktavians s. Suet. Aug. 1 ff. Dazu T. P. Wiseman, New men 9 f., 84, 87, 201, 246. R. M. Geer AJPh 55, 1943, 337 ff. D. C. Earl, Latomus 19, 1960, 657 ff., vgl. auch M. Dondin-Payre, Historia 30, 1981, 22 ff., und Earl, Augustus und seine Zeit, Wiesbaden 1969, 16 ff., wo die Verbindung der patrizischen Julii Caesares mit dem munizipalen Geldadel gut herausgestellt wird.

[9] Zur Bedeutung von *homo novus* s. Wiseman a. O. 1.

republikanischen Traditionen des Senats und besonders der senatorischen Führungsschicht gegenübertrat, anderseits ein gewisses Werben um den Senat und eine erstaunliche Aufgeschlossenheit für die ideologische Rechtfertigung der Senatsherrschaft durch Cicero, der wie Oktavian selbst *homo novus* war. Nicht weniger wichtig für die weitere Entwicklung Oktavians war, daß er keiner stadtrömischen Familie, sondern dem munizipalen Adel Italiens entstammte (auch die Familie seiner Mutter Atia war nicht stadtrömisch, sondern kam aus dem latinischen Aricia). Das Verständnis für Probleme Italiens brachte Oktavian von zu Hause mit. Schließlich ist es wohl auch nicht bedeutungslos, daß der spätere Augustus aus einer Bankiersfamilie kam. Die auffällige Sicherheit und Selbstverständlichkeit im Umgang mit Geld hatte Oktavian offenbar von seinem Großvater geerbt.

Als Sohn eines Prätoriers hätte Oktavian im politischen Leben Roms in der ausgehenden Republik auch bei seiner großen Begabung allenfalls durchschnittliche Chancen gehabt, wenn er nicht durch Caesar gefördert worden wäre. Umfang und Bedeutung dieser Förderung sind umstritten.[10] In der Überlieferung werden für eine Förderung durch Caesar u. a. die Verleihung des Pontifikats an Oktavian, seine Erhebung in den Patrizierstand und seine Ernennung zum *magister equitum* Caesars angeführt. Die Verleihung des Pontifikats an den gerade 16jährigen Oktavian ist in der Tat auffällig. Derartige frühe Auszeichnungen wurden sonst nur den leiblichen Söhnen einflußreicher *nobiles* zuteil.[11] Oktavian galt dagegen als *homo novus*. Wenn er, obwohl nur Großneffe Caesars, dennoch in so frühem Alter schon den Pontifikat erhielt, liegt darin eine besondere Bevorzugung.[12] Auch in der Erhebung in den Patrizierstand ist zweifellos eine besondere Auszeichnung zu sehen.[13] Die Nachricht, daß Caesar den

---

[10] Besonders die Arbeit von W. Schmitthenner, Oktavian und das Testament Caesars, München² 1973, hat zu einer lebhaften Diskussion geführt. Gegen Schmitthenner s. jetzt grundsätzlich A. Alföldi, AuA 21, 1975, 2 ff., und: Oktavians Aufstieg 22 ff. Von den älteren Arbeiten vgl. bes. M. E. Deutsch, Univ. of Calif. Publ. in Class. Philol. 9, 1926/9, 149 ff.

[11] Nik. Dam. 9. Cic. Phil. 5, 46 u. 53. Vell. Pat 2, 59, 3. Dazu L. R. Taylor, Party Politics in the Age of Caesar, Berkeley und Los Angeles 1949, 93.

[12] Ebenso W. Kunkel, Gymnasium 68, 1961, 355 (= Schmitthenner, Augustus 314), und J. Carcopino, REA 56, 1954, 225.

[13] Vgl. Schmitthenner, Testament 7 f. und St. Weinstock, Divus Julius 307, der die Patrizierkreierung ins J. 45 datiert. Nach Dio 43, 47, 3 wurden im allgemeinen Consulare oder doch gewesene Magistrate in den Patrizierstand erhoben. – Die Tatsache der späteren Bewerbung Oktavians um das Volkstribunat besagt in diesem Zusammenhang nichts. Da Oktavian damals bereits als Adoptivsohn Caesars auftrat, war er als Julier jedenfalls Patrizier. Die etwas dubiose Geschichte der Bewerbung

Oktavian zu seinem *magister equitum* gemacht hat, wurde gelegentlich angezweifelt, darf aber heute nach den Darlegungen von H. Gesche als gesichert gelten.[14]

Gegenüber diesen Fakten tritt die Tatsache, daß Oktavian schon als 12jähriger seiner Großmutter Julia die Leichenrede hielt, ebenso an Bedeutung zurück wie seine Ernennung zum Stadtpräfekten anläßlich des Latinerfestes zu Anfang des Jahres 47 v. Chr.[15] Derartige Aufgaben und Ehrungen waren für einen jungen Mann vom sozialen Rang Oktavians üblich. Auch die dem jungen C. Octavius anläßlich des afrikanischen Triumphes von Caesar im Herbst 46 v. Chr. verliehenen *dona militaria* scheinen sich im Rahmen des Üblichen gehalten zu haben.[16] Eine besondere Auszeichnung war es dagegen sicherlich, daß Caesar seinem Großneffen die Leitung der damals gefeierten griechischen Spiele übertrug.[16a] Und eine große Ehre bedeutete es für den jungen Oktavian, daß er im Jahre 45 v. Chr. bei der Rückkehr vom spanischen Kriegsschauplatz, wohin er dem Diktator nachgeeilt war, im engsten Gefolge Caesars reisen durfte. (Während Caesar mit Antonius im ersten Wagen fuhr, durfte Oktavian mit D. Brutus gleich im zweiten Wagen sitzen.[17])

Außer diesen Fakten bezeugen verschiedene andere Nachrichten, daß Oktavian bei Caesar einen gewissen Einfluß besaß und daß dies in der Öffentlichkeit bekannt war. So soll sich der falsche Marius, der im Jahre 45 in Rom auftauchte, bei Oktavian vergeblich um seine Anerkennung bemüht haben.[18] Für Agrippas Bruder, der sich im Gefolge Catos befunden hatte, erwirkte Oktavian nach dem Ende des afrikanischen Krieges bei Caesar

---

Oktavians um das Volkstribunat im Oktober 44 (Appian b. c. 3, 120ff.) kann man jedenfalls nicht mit Schmitthenner, Testament 97, gegen die Erhebung Oktavians in den Patrizierstand im Jahre 45 ins Feld führen.

[14] H. Gesche, Historia 22, 1973, 468ff. Anders Alföldi, Oktavians Aufstieg 20f. Dazu jetzt M. Jehne, Der Staat des Dictators Caesar, Köln 1987, 380ff.

[15] Leichenrede: Suet. Aug. 8, 1. Quint. 12, 6, 1. Stadtpräfektur: Nik. Dam. 5.

[16] Nik. Dam. 17. Suet. 8, 1. Es war Brauch, den Soldaten *qui in proelio non fuerunt, sed triumphum procurant*, die *corona oleagina* zu verleihen: Gellius 5, 6, 4. Vgl. Dio 46, 40, 6. Dazu J. Marquardt. Röm. Staatsverw. II² 577 mit Anm. 7.

[16a] Nik. Dam. 19f. Dazu Alföldi, Oktavians Aufstieg 17, der hervorhebt, daß die Spielleitung sonst nur den Magistraten zuerkannt wurde.

[17] Plut. Ant. 11, 2. Dazu Gelzer, Caesar 277, und H. Castritius, Chiron 1, 1971, 369. A. Alföldi, AuA 2, 1975, 3, und: Oktavians Aufstieg 19, interpretiert die Stelle dahin, daß Oktavian und D. Brutus hinten im Wagen Caesars selbst saßen, was durch Vell. Pat. 2, 59, 3 gestützt wird. – Nach Nik. Dam. 27 war Oktavian in Neukarthago vor Caesar als Fürsprecher der Saguntiner und anderer Spanier aufgetreten und von den Saguntinern als Soter gefeiert worden.

[18] Nik. Dam. 32. Dazu Z. Yavetz, Plebs und Prinzeps 61.

die Begnadigung.[19] Und eine unverdächtige Stelle in einem Brief des Munatius Plancus zeigt, daß auch dieser sich schon zu Lebzeiten Caesars um Oktavian bemühte.[20]

Alle diese Nachrichten zusammengenommen zeigen zwar, daß Caesar den jungen Oktavian in auffälliger Weise begünstigt und gefördert hat, beweisen aber nicht, daß er ihn als seinen Nachfolger aufbauen wollte. Für die Absicht Caesars, eine Dynastie zu gründen, lassen sich vor allem zwei Zeugnisse des Cassius Dio anführen, wonach der Senat beschlossen habe, daß Caesar den Imperatortitel als Namen führen und vererben durfte und daß das Amt des Pontifex Maximus von Caesar ebenfalls vererbt werden durfte.[21] Die Historizität dieser Beschlüsse ist in der Forschung allerdings noch immer umstritten. Die Verläßlichkeit der Listen mit den Senatsbeschlüssen für Caesar wird von einigen Forschern angezweifelt.[22] Zuletzt hat dagegen wieder Chr. Habicht die Echtheit der Beschlüsse betont.[23] Tatsächlich erklärt Dio mehrfach, er bringe nur diejenigen Beschlüsse, die wirklich ratifiziert worden seien.[24] Die Möglichkeit, daß dem Historiker der Severerzeit gefälschte Senatsbeschlüsse aus augusteischer Zeit (oder deren Regesten) vorlagen, läßt sich natürlich grundsätzlich nicht ausschließen. Für die Echtheit der von Dio überlieferten Beschlüsse scheint jedoch zu sprechen, daß Caesar auf den Imperatortitel und auf die Pontifex-Maximus-Würde nach Ausweis der Inschriften und der Münzen offenbar besonderen Wert gelegt hat.[25] Auch scheint Caesar den Imperatornamen zuletzt als Cognomen geführt zu haben.[26] Und Augustus beschuldigt später in den Res Gestae den Lepidus, dieser habe den Oberpontifikat, den schon sein 'Vater' innegehabt habe, *civilis motus occasione* erhalten.[27]

---

[19] Begnadigung von Agrippas Bruder: Nik. Dam. 16.
[20] Cic. fam. 10, 24, 5. Von Schmitthenner, Testament 1 f., ohne Grund angezweifelt.
[21] Dio 43, 44, 3 und 44, 5, 3. Suet. Caes. 76, 1. Vgl. Dio 52, 41, 4.
[22] Vgl. Schmitthenner, Testament 8 f. Schmitthenner beruft sich auf P. Strack, Der augusteische Staat, Frankfurt 1938, 21, und H. A. Andersen, Cassius Dio und die Begründung des Principats, Berlin 1938, 14 ff. Andersen betont S. 23 jedoch gerade, daß „die Senatsakten oder entsprechende Auszüge dem von Dio vermittelten Material unmittelbar zugrunde liegen". Alle Beschlüsse müßten jedoch daraufhin geprüft werden, ob sie von Caesar angenommen und verwirklicht wurden.
[23] Chr. Habicht, August. Zeit 52 f. Ebenso schon Gelzer, Caesar 284, und jetzt A. Alföldi, Oktavians Aufstieg 21 f.
[24] Dio 43, 14, 7. 42, 19, 3 f. Vgl. 43, 46, 1.
[25] A. Raubitschek, JRS 44, 1954, 65 ff.
[26] Vgl. D. Kienast, ZSSR 78, 1961, 417 f. Vgl. auch A. Alföldi, Caesars Monarchie 27 ff. Weinstock, Divus Julius 103 ff. Anders R. Combès, Imperator, Paris 1966, 127 f.
[27] RgdA 10. Vgl. H. Volkmann zur Stelle. Für die Erblichkeit der Pontifex-Maxi-

Wenn aber die Beschlüsse über den Imperatornamen und über die Erblichkeit des Oberpontifikats echt sind, so ergibt sich die Frage, ob Oktavian nicht doch durch das Testament Caesars zum Nachfolger in dessen monarchischer Stellung bestimmt werden sollte. Schmitthenner, der das Testament Caesars eingehend analysiert hat, betont mit Recht, daß die Erbeinsetzung Oktavians nur eine bedingte war für den Fall, daß Caesar keinen nachgeborenen Sohn *(postumus filius)* haben sollte. Die Erben seien im übrigen nach Schmitthenner mehr nach den Grundsätzen des römischen Familienrechtes und Familiensinnes ausgewählt worden. Politische Absichten seien deutlicher in der Bezeichnung der Substituterben zu erkennen und ebenso bei der Bestellung der Vormünder. Die *in ima cera* erfolgte Adoption Oktavians sei wie die Erbeinsetzung nur eine bedingte gewesen.[28] Außerdem habe es sich nicht um eine echte Adoption auf den Todesfall, sondern nur um eine *condicio nominis ferendi* gehandelt. Eine echte testamentarische Adoption habe es in der Republik überhaupt nicht gegeben. Nun lassen sich in der Tat testamentarische Adoptionen erst im letzten Jahrhundert der Republik nachweisen. Sie sind außerdem so unsicher bezeugt, daß man aus den wenigen Andeutungen kein klares Bild des Rechtsinstitutes zu gewinnen vermag. Oktavian legte großen Wert darauf, daß die Curiatcomitien seine Adoption bestätigten. Tat er dies, weil die Bestätigung durch die Curiatcomitien notwendig war, um die testamentarische Adoption voll rechtskräftig zu machen? War also der Comitialakt ein Teil der testamentarischen Adoption? Oder war die testamentarische Adoption keine echte Adoption, so daß deshalb die Comitien gewissermaßen nachträglich noch eine „echte" Adoption vollziehen sollten? Wenn aber die testamentarische Adoption keine echte Adoption im Rechtssinne war, war sie dann eine bloße *condicio nominis ferendi* oder etwa ein dem griechischen Recht nachgebildeter Akt des spätrepublikanischen Gewohnheitsrechts? Alle diese Fragen sind in der Forschung noch durchaus offen.[29] Gegen die These Schmitthenners von der testamentarischen

---

mus-Würde s. Weinstock, Divus Julius 33 f. Zum Oberpontifikat des Lepidus s. M. W. Hoffmann-Lewis, Priests 14 und 72.

[28] Zur Interpretation der Wendung *in ima cera* vgl. gegen Schmitthenner jetzt Alföldi, Oktavians Aufstieg 23.

[29] Einen Überblick über den Stand der Forschung bis 1968 gibt Schmitthenner, Testament 104 ff. Gegen Schmitthenners Thesen haben sich jetzt auch H. Gesche, Caesar 175 ff., und A. Alföldi, Oktavians Aufstieg 22 ff. (mit weiterer Literatur) ausgesprochen. Zurückhaltend ist auch G. Walser, Historia 4, 1955, 357. Vgl. zuletzt R. Düll, ZSSR 93, 1976, 3 ff., der an den Berichten über die Adoption Oktavians zeigt, daß schon damals die *adoptio per testamentum* nicht mehr ungewöhnlich gewesen sein kann. Gegen Schmitthenner auch D. R. Shackleton Bailey, Two Studies

Adoption als einer bloßen *condicio nominis ferendi* läßt sich allerdings einwenden, daß diese *condicio nominis ferendi* ihrerseits nur unzureichend bekannt ist und als Rechtsform erst im 2. Jh. n. Chr. belegt werden kann.[30] Die Soldaten und vor allem die Verwandten, Klienten und Freunde Caesars hatten offenbar an der rechtlichen Gültigkeit der Adoption keinen Zweifel. Auch Antonius hat später die Rechtmäßigkeit der Adoption nicht angegriffen, sondern dem Oktavian vielmehr vorgeworfen, er habe seine Adoption *stupro* erlangt.[31] Fest steht jedenfalls, daß Caesar den Octavius zu drei Vierteln erben ließ und ihn dazu noch zum Träger seines Namens machte.[32] Als dem Erben Caesars fiel aber dem Octavius auch die Aufgabe zu, die von dem Dictator ausgesetzten Legate an das Volk auszuzahlen. Diese Zuwendungen waren in ihrer Art neu und von enormer Höhe.[33] Ihre Auszahlung oblag in erster Linie dem Erben und erst, wenn dieser ablehnte, den Ersatzerben. Caesar hätte ein politischer Anfänger sein müssen, wenn er nicht gesehen hätte, welche Möglichkeiten politischer Einflußnahme er mit jener Verfügung über die Legate seinem Erben in die Hand gab. Deshalb muß auch die Auswahl seines Erben unter politischen Gesichtspunkten erfolgt sein. So spricht eigentlich alles dafür, daß Caesar in seinem Großneffen zumindest seinen möglichen Nachfolger sah. Bei

in Roman Nomenclature, New York 1976, 81 ff. Im Sinne Schmitthenners äußerten sich dagegen schon H. Siber, Zur Entwicklung der römischen Prinzipatsverfassung, Leipzig 1933, 27 ff., und neuerdings M. Kaser, Röm. Privatrecht I², München 1971, 349; W. Kunkel bei Schmitthenner, Augustus 314 A. 2, und Sh. Jameson, Historia 24, 1975, 289 mit Anm. 9. H. Rosendorfer, Die angebliche Adoption des Augustus durch Caesar, Abh. Akad. Mainz, Kl. der Literatur, Jg. 90 Nr. 1, Stuttgart 1990, referiert lediglich die Thesen Schmitthenners. Nach Chr. Kunst, Klio 78, 1996, 87 ff., bestand die testamentarische Adoption lediglich in der Erbeinsetzung mit Namensübertragung und war der *adoptio inter vivos* nicht gleichgestellt. J. R. Johnson, Labeo 26, 1980, 335 ff., vermutet dagegen, "that the military will of Caesar was a *concessio temporalis* [vgl. Dig. 29, 1, 1], because a *fideicommissum*, which had been made enforcable by Augustus, replaced it in its essential points".

[30] Gaius, Dig. 36, 1, 65, 10. Das von Schmitthenner, Testament 42 A. 2 zitierte sog. Testament des Dasumius stammt aus dem Jahre 108 n. Chr. Dazu W. Eck, ZPap 30, 1978, 277 ff., L. Migliardi Zingerle, Iura 31, 1980 (1984), 145 ff. R. Syme, Chiron 15, 1985, 41 ff., und A. M. Canto, Chiron 21, 1991, 277 ff.

[31] Suet. Aug. 68, 1.

[32] Zur Bedeutung des Namens in Rom vgl. allg. P. Veyne, Annales 16, 1961, 221. – Schon die Einsetzung zum Erben galt den Römern als *honos*, vgl. Dig. 37, 5, 5, 6 (ähnlich 32, 11, 20). – Vgl. J. Straub, Regeneratio Imperii, Darmstadt 1972, 39.

[33] Die Legate an das Volk waren offensichtlich ein Novum, dessen Bedeutung in der modernen Literatur nicht genügend herausgehoben wird. Vgl. jedoch H. Kloft, Liberalitas principis, Köln–Wien 1970, 80 A. 27: „In diesen Legaten wird die private Bindung zu Volk und Soldaten in besonderer Weise sichtbar."

der Abfassung seines Testaments hat Caesar offenbar nicht damit gerechnet, daß ihn noch in Rom sein Schicksal ereilen würde. Der geplante Partherkrieg sollte wohl dem Octavius als seinem *magister equitum*, als seinem Stellvertreter also, die Möglichkeit der Bewährung und damit zugleich der Legitimierung für die Nachfolge bringen. Denn der Dictator mußte durchaus damit rechnen, daß ihm im Partherkrieg etwas zustoßen konnte. Es ist daher sehr wahrscheinlich, daß die Erbeinsetzung des Octavius gerade auch im Hinblick auf den bevorstehenden Partherkrieg erfolgt ist.[33a]

Man wird also wohl doch an der Überlieferung festhalten dürfen, wonach Caesar seinen Großneffen schon zu seinen Lebzeiten in auffallender Weise begünstigte und ihn in seinem Testament durch Erbeinsetzung und Adoption als seinen Nachfolger hat empfehlen wollen.[34] Nicht zuletzt mit dieser Tatsache wird auch das Sendungsbewußtsein zu erklären sein, das Oktavian offenbar von Anfang an besessen hat und in dem er sich durch Vorzeichen und durch die überwältigende Resonanz, die er als Caesars Sohn und Erbe bei den Soldaten und beim Volk sofort fand, bestätigt sah. Nur unter diesen Voraussetzungen erscheint es auch möglich, den kometenhaften Aufstieg des jungen Oktavian wenigstens bis zu einem gewissen Grade zu erklären.

Es wird überliefert, Oktavians Stiefvater L. Marcius Philippus habe dem jungen Mann von der Annahme der Erbschaft Caesars abgeraten. Tatsächlich hat sich Philippus in der Öffentlichkeit zunächst bewußt zurückgehalten.[35] Auch Oktavians Mutter soll gegen die Annahme der Erbschaft gewesen sein. In der Situation, in der sich Oktavian im Jahre 44 befand, hätte er aber wohl kaum anders handeln können, als er gehandelt hat. Caesar hatte ihn zum *pontifex* gemacht, ihn mit den *dona militaria* beschenkt, ihn zum Leiter seiner Spiele gemacht, ihn in den Patriziat erhoben und ihn sogar für den bevorstehenden Partherkrieg zu seinem *magister equitum* bestimmt. Das alles waren *beneficia*, für die Oktavian Caesar *gratia* und *officium* schuldete.[36] Oktavian selbst sah es als ein Unrecht *(nefas)* an, *quo nomine Caesari dignus esset visus, semet ipsum sibi videri indignum.*[37] Die

---

[33a] Zum geplanten Partherkrieg Caesars s. J. Malitz, Historia 33, 1984, 21 ff.

[34] So auch Gesche, Caesar 177 ff.

[35] Er gehörte jedoch bald zu den wirksamsten Förderern Oktavians. Vgl. Syme, RR 128. Schmitthenner, Testament 72 mit A. 2. A. Alföldi, Oktavians Aufstieg 68 f. J. F. Hall, Aug Age 5, 1986, 37 ff. (bes. zur Klientel des Philippus in Etrurien). – Vgl. auch die merkwürdige Nachricht bei Dio 44, 53, 5.

[36] Zu den Begriffen *officium* und *beneficia* s. J. Hellegouarc'h, Vocabulaire latin 152 ff. Vgl. die Haltung des Matius: Cic. fam. 11, 30, 4.

[37] Vell. Pat. 2, 60, 2 (= Malcovati, Augusti operum fragmenta p. 175 Nr. LXVI). Vgl. Matius bei Cic. fam. 11, 30, 6: *optimae spei adulescenti ac dignissimo Caesare.*

Erbschaft und die mit ihr verbundenen Verpflichtungen auszuschlagen, wäre aber nicht nur ein Akt der *ingratia*, sondern auch nicht ganz ungefährlich gewesen.[38] Oder hätte sich der Erbe und potentielle Nachfolger Caesars ohne Gefahr für seine politische Zukunft, ja für seine nackte Existenz gewissermaßen ins Privatleben zurückziehen können?[39] Mit der Übernahme der Erbschaft erwuchsen aber dem Oktavian nicht bloß materielle, sondern auch moralische Verpflichtungen, darunter in erster Linie die Aufgabe, Rache zu nehmen an Caesars Mördern.[40] Die in neueren Arbeiten gelegentlich erhobene Frage, wie Oktavian wirklich zu seinem 'Vater' Caesar stand,[41] ist dabei sicherlich falsch gestellt. Die Rache für Caesars Ermordung war für den jungen Oktavian eine Verpflichtung der *pietas*, der er gar nicht ausweichen konnte, selbst wenn er es gewollt hätte.[42]

Oktavian hat denn auch von Anfang an keinen Zweifel daran gelassen, daß er mit dem Erbe Caesars auch die politische Nachfolge des Dictators antreten werde. Der junge Mann nannte sich daher seit seinem Auftreten in Brundisium C. Caesar und verzichtete auf das Cognomen Octavianus, das an seine Herkunft erinnert hätte.[42a] Um das Verhalten von Caesars

[38] Zu *gratia* und *ingratia* s. Hellegouarc'h 202 ff.

[39] Vgl. W. Kunkel, Gymnasium 68, 1961, 355 (= Schmitthenner, Augustus 314), der allerdings die Gefährdung Oktavians von der Annahme der Erbschaft abhängig macht.

[40] Zur Bedeutung der Rache im römischen Denken s. W. Kunkel, Untersuchungen zur Entwicklung des römischen Kriminalverfahrens in vorsullanischer Zeit, Abh. Akad. München, phil.-hist. Kl. N. F. Heft 56, München 1962, 124 ff.

[41] Syme, RR 121. Zum Verhältnis des Oktavian/Augustus zu Caesar s. unten S. 522 A. 13a.

[42] Die *pietas*, die nicht mit unserem Begriff 'Pietät' identisch ist, sondern eine zugleich moralische und gesellschaftliche Verpflichtung darstellte, war in diesem Fall sicherlich mehr als nur ein „Deckmantel" (so jedoch Schmitthenner, Testament 61). Vgl. Hellegouarc'h, Vocabulaire latin 276 ff.

[42a] Dazu abschließend W. Schmitthenner, Oktavian 65 ff. (Aus konventionellen Gründen wird im Text weiter die Bezeichnung Oktavian gebraucht, wobei die Schreibweise daran erinnern soll, daß der Name eine moderne Benennung darstellt.) – Nach Cassius Dio (45, 1, 1) habe C. Octavius ursprünglich den Beinamen Καιπίας geführt, was sonst nirgends belegt ist. Nach U. Boissevain (Bd. II p. 141 seiner Dio-Ausgabe) hat man mit einer Verderbnis des Dio-Textes zu rechnen. (Als C. Octavius Caepias erscheint Oktavian jedoch neuerdings bei A. Banti–L. Simonetti, Corpus Nummorum Romanorum I, Florenz 1972, 149). – Auch der Beiname Thurinus ist nur schlecht bezeugt. Nach Sueton (Aug. 7, 1) soll Oktavian den Beinamen geführt haben, weil sein Vater in der Gegend von Thurioi glücklich gegen Restgruppen aufständischer Sklaven gekämpft habe. Möglicherweise handelt es sich bei dem angeblichen Cognomen um einen Beinamen, den Antonius dem jun-

Erben und die Voraussetzungen für seinen schließlichen Erfolg beurteilen zu können, darf man allerdings die allgemeine Situation des römischen Staates zur Zeit der Alleinherrschaft Caesars und die durch Caesar eingeleiteten Strukturveränderungen der römischen Welt nicht außer acht lassen.

2. Die Situation bei Caesars Ermordung

Die von Sulla restaurierte Senatsoligarchie zeigte sich faktisch nicht in der Lage, die ihr gestellten staatlichen und gesellschaftlichen Aufgaben wirklich zu bewältigen. Keines der großen, durch die Tätigkeit der Gracchen und durch die Heeresreform des Marius aufgeworfenen Probleme war durch Sulla auf die Dauer gelöst worden. Die Italiker hatten zwar Zugang zum römischen Bürgerrecht und volles Stimmrecht erhalten, waren aber nicht in der Lage, ihren Erfolg auch politisch ausnutzen zu können. Der italische Munizipaladel mußte vielmehr erleben, daß er weiter gegenüber der stadtrömischen Aristokratie zurückgesetzt wurde. Der Ausschluß der Ritter von den Gerichten erwies sich als ein politischer Fehler, der schon 10 Jahre nach Sulla wieder rückgängig gemacht wurde. Dennoch blieb das Verhältnis der senatorischen Führungsschicht zum ritterlichen Geldadel gespannt. Auch die Entmachtung des Volkstribunats hatte nur ein Jahrzehnt Bestand. Da Sulla für die Sorgen und Probleme der hauptstädtischen Plebs überhaupt kein Verständnis hatte, mußte seinem Vorgehen gegen das Volkstribunat auf die Dauer der Erfolg versagt bleiben. Nur von den Volkstribunen konnte die Menge ein Eingehen auf ihre Wünsche, insbesondere die Verabschiedung von Getreide- und Ackergesetzen, erwarten.[43] Es nimmt danach nicht wunder, daß die *plebs urbana* ihre Interessen durch die sullanische Senatsaristokratie, der die Wiederherstellung der alten Rechte der Volkstribunen mit Gewalt abgetrotzt werden mußte, nicht repräsentiert glaubte. Auch sonst wurden wichtige Aufgaben aus politischen Rücksichten nicht angepackt. Der Straßenbau stagnierte. Die notwendigen Erweiterungen des Wasserleitungsnetzes unterblieben. Und

---

gen Caesar angehängt hat. (Anders J. Guey, Cahiers d'histoire 1, 1956, 103 ff.) Vgl. jedoch K. Kraft, Kleine Schriften II 313 ff. mit weiterer Literatur. Dazu F. Di Vasto, PP 40, 1985, 39 f. – Einen nützlichen Überblick über die Nomenklatur Oktavians in der Triumviratszeit gibt C. Rubincam, Historia 41, 1992, 88 ff.

[43] Zum nachsullanischen Volkstribunat s. J. Martin, Die Popularen in der Geschichte der späten Republik, Diss. Freiburg 1965. Zur Tradition popularer Politik s. auch die Bemerkungen von A. Weische, Studien zur politischen Sprache der römischen Republik, Münster 1966, 1 ff. Dazu jetzt L. Thommen, Das Volkstribunat der späten römischen Republik, Stuttgart 1989.

die Censur ließ man verfallen.⁴³ᵃ Sulla hat ferner durch seine Proskriptionen einerseits und durch die Erweiterung des Senats andrerseits die Desintegration der senatorischen Schicht, die er verhindern wollte, erheblich beschleunigt. Der Gegensatz zwischen Optimaten und Popularen war nicht beseitigt. Und es bildete sich im Senat eine neue Kluft zwischen dem engen adelsstolzen Kreis der *nobiles*, dem jetzt im Gegensatz zum 2. Jh. v. Chr. nur noch die Consulare und Consulardeszendenten zugerechnet wurden, und der großen Masse der übrigen Senatoren.⁴⁴

Schlimmer war noch, daß der Senat die Kriegführung und damit die Außenpolitik immer mehr aus der Hand geben mußte. Die großen außerordentlichen Kommanden des Pompeius gegen Sertorius, gegen die Seeräuber und gegen Mithridates bereiteten der Monarchie den Weg. Pompeius konnte nicht bloß eine gewaltige militärische Macht in seiner Hand vereinigen und seine von seinem Vater ererbte Heeresgefolgschaft beträchtlich ausweiten, er konnte auch in den Provinzen, besonders in Spanien und in Kleinasien, eine umfangreiche Klientel erwerben, und er konnte einen weitverzweigten Verwaltungsapparat aufbauen, der außerhalb der bis dahin existierenden rudimentären staatlichen Verwaltung stand.⁴⁵ Die Neuordnung Asiens nach dem Sieg über Mithridates war denn auch allein das Werk des Pompeius. Als der Senat nach der Rückkehr des Pompeius aus dem Osten in völliger Verkennung der Situation nachträglich in die asiatischen Verhältnisse verändernd eingreifen wollte, wurde er rücksichtslos beiseite geschoben. Die Senatsaristokratie mußte erkennen, daß sie gegen die vereinigten Gefolgschaften des Pompeius, des Caesar und des Crassus machtlos war. Ihre Aktivität beschränkte sich denn auch in der Folgezeit im wesentlichen auf den Versuch, Pompeius wieder von Caesar zu trennen. Zum Aufbau einer eigenständigen Gegenposition, die dem Dreibund hätte Schach bieten können, war sie zu schwach. Als es den Optimaten schließlich nach dem Untergang des Crassus gelang, Pompeius und Caesar zu entzweien, war damit nur die aus einem Verfassungskon-

---

⁴³ᵃ Vgl. unten S. 412 Anm. 117 und S. 504 mit Anm. 205 sowie S. 81 f. Anm. 14.

⁴⁴ Zum Wandel des Nobilitätsbegriffs s. in Ergänzung zu M. Gelzers grundlegendem Werk (Kleine Schriften I 17 ff.) bes. A. Afzelius, Classica et Mediaevalia 1, 1938, 40 ff. und 7, 1945, 150 ff. Zu den Wirkungen der sullanischen Senatsergänzung s. G. A. Lehmann, Reformvorschläge 95 mit Anm. 154.

⁴⁵ Syme, RR 407. Die Verwaltung lag in den Händen von Provinzialen oder, wie später in der Kaiserzeit, von Freigelassenen. Vgl. S. Treggiari, Roman Freedmen during the Republic, Oxford 1969, 184 f., und A. Alföldi, Oktavians Aufstieg 42. S. auch T. F. Carney, The administrative Revolution in Rome of the First Century B.C., Proceed. Afric. Class. Ass. 5, 1962, 31 ff. – Das Fehlen eines den Bedürfnissen des Imperiums angepaßten Verwaltungsapparates wurde offenbar auch von Cicero empfunden, vgl. G. A. Lehmann a. O. 32 f.

flikt entstandene Auseinandersetzung zwischen dem Senat und dem gallischen Proconsul in verhängnisvoller Weise personalisiert worden.[46]

Caesar hat offenbar sehr früh und mit sicherem Instinkt erkannt, daß der Senat nicht mehr in der Lage war, die drängendsten Probleme der Zeit zu lösen. Er ging daher schon in seinem ersten Consulat nach dem vergeblichen Versuch, den Senat an der Entscheidung der anstehenden Fragen zu

---

[46] Die hier skizzierte Entwicklung ist selbstverständlich lange erkannt und heute Allgemeingut der Forschung. Der Versuch von E. S. Gruen, The Last Generation of the Roman Republic, Los Angeles/London 1974, diese Entwicklung zu leugnen, kann nicht überzeugen. Vgl. D. L. Stockton, Gnomon 49, 1977, 216 ff., und M. H. Crawford, JRS 65, 1975, 214 ff. Selbstverständlich kann man K. Raaflaub, Dignitatis Contentio, München 1974, 317 ff., darin zustimmen, daß nach der Auflösung des Dreibundes und insbesondere in den Jahren 51 und 50 v. Chr. die politische Situation in Rom durchaus offen war. Es gab starke Kräfte, die einen Bürgerkrieg verhindern wollten und beinahe auch wirklich verhindert hätten. Das wäre aber nur möglich gewesen durch eine Legalisierung der Position Caesars und eine Erfüllung zumindest einiger seiner Forderungen, vor allem der Regelung der Landversorgung für die Veteranen Caesars. Auch ohne den Übergang über den Rubikon wäre also im Jahre 49 eine Rückkehr zum sullanischen System der Senatsherrschaft kaum noch möglich gewesen. Ein Kompromiß im J. 49 hätte die Entscheidung über den künftigen *status rei publicae* nur hinausgeschoben, aber nicht hinfällig gemacht. Vgl. zu Raaflaub jetzt die extreme Gegenposition von H. M. Ottmer, Die Rubikon-Legende, Boppard/Rh. 1979, 78 ff. – Vgl. allgemein zu der oben skizzierten Entwicklung Th. N. Mitchell, The inevitability of the Principate, Thought 55, 1980, 18 ff. Dagegen spricht K.-W. Welwei, Gymnasium 103, 1996, 477 ff., von der „Fiktion der historischen Notwendigkeit". Die Republik hätte noch länger Bestand haben können, sei aber „überwältigt worden von Männern, die man gemeinhin zu den sogenannten Großen der Geschichte zählt" (S. 497), womit Welwei Caesar und Augustus meint. Pompeius habe nicht daran gedacht, „eine Alleinherrschaft in Rom anzustreben" (S. 481). Man empfand jedoch in Rom sehr wohl, daß die Sonderstellung, die Pompeius beanspruchte und erreichte, mit der *libera res publica* unvereinbar war. Leider macht sich Welwei seine Argumentation auch sonst etwas leicht, wenn er die oben aufgeführten Fakten einfach ignoriert. Wenn er S. 485 behauptet, es sei „keineswegs ausgemacht, daß die Republik vor der Aufgabe einer langfristigen Integration Italiens versagt hätte", so kann das nur schlecht die Tatsache kaschieren, daß die nachsullanische Oligarchie eben diese Integration bewußt und mit Erfolg hintertrieben hat. So bleibt als Fazit doch, daß die Nobilität vor den großen politischen Aufgaben der Zeit versagt hat und damit den Boden bereitet für Männer wie Pompeius, Caesar, Antonius und Oktavian/Augustus. Der Untergang der Republik ist somit geradezu ein Lehrbeispiel für den Ablauf historischer Prozesse und kann vielleicht auch heute noch zur Warnung dienen. Es gibt in der Geschichte immer wieder Probleme, die eine politische Führung nicht dauernd vor sich herschieben kann, sondern die sie lösen muß, sollen nicht andere die Lösung durchsetzen.

beteiligen, über ihn hinweg.⁴⁷ Gewiß hat Caesar den Widerstand, den er damit auf den Plan rief, unterschätzt. Er hat das sehr bald erfahren müssen und hat daher später im Jahre 49 nach seinem Einmarsch in Rom den damaligen Rumpfsenat aufgefordert, *ut rem publicam suscipiant atque una secum administrent*, hat aber drohend hinzugefügt: *sin timore defugiant, illis se oneri non futurum et per se rem publicam administraturum.*⁴⁸ Diese Drohung hat Caesar nach seinem Sieg über Pompeius wahr gemacht. Er hat damit auf den Versuch, die senatorische Führungsschicht für seinen Staatsneubau zu gewinnen, bewußt verzichtet und ist infolge dieses Verzichtes auf die Mitarbeit des Senats schließlich politisch gescheitert.⁴⁸ᵃ

Dieses Scheitern darf jedoch nicht den Blick verstellen für die tiefgreifenden, von Caesar herbeigeführten Strukturveränderungen in Staat und Gesellschaft sowohl in Rom wie in Italien und in den Provinzen. Das ziemlich negative Urteil der zumeist dem Senat angehörenden Zeitgenossen kann die Tatsache nicht entkräften, daß Caesar seit seinem Consulat außerhalb des Senats seine politische Basis ständig zu verbreitern wußte.⁴⁹ Caesar schuf sich nach 59 nicht nur eine starke militärische Machtposition, er gewann auch die durch die *leges Iuliae agrariae* begünstigten Bürger und Veteranen sowie durch *Spenden* und durch seine großen seit dem Jahre 54 in Rom laufenden Bauvorhaben die *plebs urbana* und durch seine Bürgerrechtsversprechen die Gemeinden der Transpadana. Nach der Erringung der Alleinherrschaft haben die wirtschaftlichen Maßnahmen Caesars diesem nicht nur das Wohlwollen der stadtrömischen Bevölkerung, sondern auch den Beifall der Ritter gesichert. Schon Caesar zog die Ritter außerdem verstärkt für Aufgaben der Staatsverwaltung heran. Die Kolonisations- und Bürgerrechtspolitik verschaffte Caesar die Sympathien der durch sie Begünstigten, der Veteranen, der Plebs und eines Teiles der Provinzialen.⁵⁰ Diese Politik sicherte darüber hinaus dem Dictator auch in

---

⁴⁷ Vgl. jedoch Chr. Meier, MusHelv. 32, 1975, 197 ff.

⁴⁸ Caes. b.c. 1, 32, 7.

⁴⁸ᵃ Vgl. dazu M. Jehne, Der Staat des Dictators Caesar, Köln 1987. Vgl. auch P. Cerami, Cesare dictator e il suo progetto costituzionale, in: Res Publica e Princeps 101 ff.

⁴⁹ Gegen H. Strasburger, Caesar im Urteil seiner Zeitgenossen, HZ 175, 1953, 225 ff. (ND Darmstadt 1968) s. M. Gelzer, Kl. Schr. II 286 f., und H. Gesche, Caesar 190 ff. – Ein extrem negatives Caesarbild vertreten dagegen wieder die Arbeiten von Ottmer (o. Anm. 46) und von U. Maier, Caesars Feldzüge in Gallien (58–51 v. Chr.) in ihrem Zusammenhang mit der stadtrömischen Politik, Bonn 1978, 91 ff., aus der Schule W. Schmitthenners. Vgl. dagegen jetzt die um ein ausgewogenes Urteil bemühte, wichtige Monographie von Z. Yavetz, Caesar in der öffentlichen Meinung, Düsseldorf 1979.

⁵⁰ Zur gesetzgeberischen Tätigkeit Caesars s. allg. M. Gelzer, Caesar 266 ff., und

jenen Provinzen einen Rückhalt, die bisher zur Hausmacht des Pompeius gehörten. Den von Pompeius geschaffenen Verwaltungsapparat hat Caesar selbstverständlich übernommen und mit seiner eigenen Administration verschmolzen.[51] Alle diese Maßnahmen haben es Caesar ermöglicht, die *res publica*, wie er angedroht hatte, allein zu verwalten. Der Dictator hat jedoch dafür gesorgt, daß auch in den Senat selbst seine Anhänger einzogen. Im Jahre 44 v. Chr. setzte sich der von Caesar auf 900 Köpfe gebrachte Senat mehrheitlich aus Caesarianern zusammen.[52] Wenn auch diese Zusammensetzung Caesar nicht vor seinem Schicksal bewahren konnte, so sollte sie doch für die auf die Iden des März folgenden Ereignisse von entscheidender Bedeutung werden.

Es war ein großes Unglück für Rom, daß die Zeitgenossen, insbesondere viele der Senatoren, den Wandel in Staat und Gesellschaft, den Caesars Maßnahmen bewirkt hatten und der auch nach seiner Beseitigung nicht mehr rückgängig zu machen war, in seiner vollen Bedeutung nicht erkennen wollten und wohl auch nicht erkennen konnten. Stieß doch selbst Caesars Kalenderreform bei dem sonst nicht so bornierten Cicero auf verständnislose Ablehnung.[53] Der Historiker muß allerdings fragen, an wen oder an was denn die wiederhergestellte Republik anknüpfen sollte.[54] An die ungeklärte Situation vor dem Rubikonübergang? An die Zeit des Dreibundes? Oder an die Zeit vor Caesars erstem Consulat? Dachten die Verschwörer, als sie nach ihrer Tat den Namen 'Cicero' riefen, vielleicht gar nicht an den Theoretiker,[54a] sondern an den Politiker Cicero, den Consul von 63? Wenn das der Fall war, sollten sie bald erkennen, daß sich die Welt seit dem Sieg über Catilina gründlich verändert hatte. Gewiß war es Caesar nicht gelungen, in Rom die Monarchie fest zu etablieren. Man

---

H. Gesche, Caesar 143 ff., sowie Z. Yavetz a. O. 61 ff. Zur Kolonisationspolitik Caesars s. unten S. 476 ff.

[51] Zu Caesars Administration s. M. Gelzer, Caesar 253 f., und S. Treggiari, Freedmen 185 f. Die Rolle des L. Balbus und des C. Oppius unter Caesar hat A. Alföldi, Oktavians Aufstieg 31 ff., gut herausgearbeitet. Dazu jetzt J. Malitz, Die Kanzlei Caesars, Historia 36, 1987, 51 ff.

[52] Ende 44 v. Chr. gab es nur 17 Consulare im Senat, davon waren nur 2, nämlich Cicero und Ser. Sulpicius Rufus, schon vor dem J. 49 Consuln gewesen. Vgl. Syme, RR 162 ff., J. Bleicken, HZ 195, 1962, 11 f., R. Bane, The Composition of the Roman Senate in 44 B.C., Ann Arbor 1971, 20 ff.

[53] Vgl. Plut. Caes. 59, 5 f. Vgl. dazu jedoch jetzt A. W. J. Holleman, Historia 27, 1978, 496 ff.

[54] J. Bleicken a. O. 18.

[54a] Nach H. Strasburger stecken jedoch Ciceros theoretische Schriften der Jahre 46–44 v. Chr. „voller Polemik gegen Caesar, und zwar teilweise erstaunlich offener und weittragend prinzipieller": Jb. Heidelb. Akad. d. Wiss. 1978, 38 ff.

würde es sich daher auch zu einfach machen, wollte man in Oktavian den rechtmäßigen Nachfolger Caesars sehen (und mit einigen antiken Autoren die Reihe der Kaiser schon mit Caesar beginnen lassen).[55] Eine solche Auffassung hätte zur Voraussetzung, daß Caesars Alleinherrschaft bereits eine gültige, von allen akzeptierte Form gefunden gehabt hätte. Das war sicherlich nicht der Fall. Wie für Cicero und für die Caesarmörder, so dürfte auch für viele andere Senatoren nach der Beseitigung des Dictators die alte Republik wieder voll in ihre Rechte eingetreten sein. Andrerseits geht es kaum an, in Oktavian lediglich einen Abenteurer und einen schließlich erfolgreichen Condottiere zu sehen. Oktavian war nicht – wie so viele moderne 'Führer' – ein Mann aus dem Volke, sondern ein römischer Aristokrat, der sich Caesars Sohn und Erbe nennen durfte.

Als Caesars Sohn aber verfügte Oktavian von Anfang an offenbar ganz selbstverständlich über große Teile der umfangreichen Klientel Caesars.[56] Er brauchte daher auch nicht erst eine eigene 'Partei' aus dem Nichts aufzubauen.[57] Ohne Zögern empfingen ihn vielmehr in Brundisium die Truppen Caesars. Ohne Bedenken wurde ihm auf seine Weisung die Kriegskasse des toten Dictators und der Tribut der Provinz Asia zugeschickt.[58] Als er weiter durch Samnium und Campanien zog, strömten ihm aus den dortigen Kolonien die Veteranen entgegen und verlangten von ihm, er solle Caesar rächen.[59] Aber auch für die reichen Freigelassenen[60] und Klienten und für viele Freunde Caesars war es offenbar ein selbstverständliches Gebot der *pietas*, auch Caesars Sohn mit allen Mitteln zu unterstützen. Zu Oktavians Kreis gehörten nicht bloß seine dem Ritterstand angehörenden Studienfreunde Q. Salvidienus Rufus und M. Vipsanius Agrippa sowie der reiche C. Maecenas, sondern anscheinend schon sehr bald auch Caesars Fi-

---

[55] So z. B. Sueton, Caesares; Julian, Caesares (p. 308 D), und Hieronymus, Chronicon p. 156 (Helm). Mit Augustus beginnen dagegen Aurelius Victor und die Epitome de Caesaribus. Auch für Orosius, 6, 20, 1 f., beginnt die Monarchie mit Augustus. Vgl. L. Wickert, Princeps 2068 ff. mit weiteren Belegen. Dazu jetzt bes. J. Geiger, Historia 24, 1975, 444 ff., wonach erst unter Trajan Caesar als erster Kaiser betrachtet wurde. Auch in den Kaisereid sei Caesars Name erst unter Trajan aufgenommen worden. Geiger hat jedoch übersehen, daß schon für Josephus, Antt. Jud. 18, 32 f., Caesar der erste Kaiser war. Vgl. auch die Stellen bei J. Béranger, Recherches 4, Anm. 3.

[56] Dazu (mit anderer Bewertung) Schmitthenner, Testament 89 ff. – Zu den Anhängern Oktavians vgl. auch F. Guizzi, Principato 215 ff.

[57] So Syme, RR 120.

[58] Siehe unten S. 26 mit Anm. 100.

[59] So berichtet jedenfalls Appian, b. c. 3, 41. Dazu Botermann (unten Anm. 80) 17 f.

[60] Vgl. Treggiari, Freedmen 187.

nanzagenten Balbus, Matius und Oppius.[61] Bei der Finanzierung der *ludi Victoriae Caesaris* begegnen auch der Senator C. Rabirius Postumus und ein Hostilius Saserna.[62] Selbst im Senat konnte der 'Sohn' Caesars von vielen Seiten Unterstützung erwarten. Vor allem unter den durch Caesar neu in den Senat gelangten Männern und den unteren Chargen der Magistratur hatte Caesars Erbe wohl von Anfang an eine nicht unbeträchtliche Klientel. Der Volkstribun Ti. Cannutius, ein persönlicher Feind des Antonius, gewährte Oktavian bei seinem ersten Einmarsch in Rom eine *contio*. Auch die Tribunen D. Carfulenus und L. Cassius Longinus standen wohl auf seiten des jungen Caesar. Von dem Quästor L. Egnatuleius weiß man, daß er dem Consul Antonius den Gehorsam aufsagte, um sich dem jungen Caesar zur Verfügung zu stellen.[63] Die Senatoren der höheren Rangklassen, die über eine größere politische Eigenständigkeit verfügten, haben sich zweifellos dem jungen Mann gegenüber stärker zurückgehalten. Aber selbst die designierten Consuln A. Hirtius und C. Pansa haben sehr früh dem Oktavian Unterstützung gewährt. Und spätestens im Sommer 43, 'if not earlier', konnte sich der junge Caesar mit der Tochter des angesehenen Consulars und Caesarianers P. Servilius Isauricus verloben.[64] Wenn auch die Anhängerschaft, über die Oktavian im Senat verfügte, zunächst nicht mit irgendwelchen Initiativen hervortrat,[65] so war sie doch offenbar stark genug, von vornherein alle Beschlüsse zu verhindern, die sich offen gegen den Erben Caesars richteten.

Für Oktavians Ausgangssituation sollte man ferner bedenken, daß der Octavier von Haus aus nicht zur Nobilität zählte und daß er einer Generation angehörte, welche die freie Republik schon nicht mehr kannte. In der engsten Umgebung Caesars aufgewachsen, konnte der junge Erbe des Dictators für die *libera res publica* gar kein Verständnis entwickeln.[66] Kla-

[61] In Balbus möchte jetzt Alföldi, Oktavians Aufstieg 31 ff., überhaupt den Mann sehen, der den jungen Caesar „lanciert" hat. Das dürfte bei aller unbestrittenen Bedeutung des Balbus aber doch zu weit gehen.

[62] Zur Frage der Identität des C. Rabirius Postumus s. P. von der Mühll, RE I A 1, 1914, 25 ff. Nr. 6. Von den drei Brüdern Saserna begegnet einer im J. 44 als Münzmeister, der vielleicht dem Senat angehörte. Vgl. F. Münzer, RE VIII 2, 1913, 2512 ff. Allg. zu "Octavian's party" s. Syme RR 128 ff.

[63] Belege bei Broughton, Magistrates II 323 ff. Vgl. Bane, Composition 127.

[64] Syme, RR 182. Nach Alföldi, Oktavians Aufstieg 88, schon im Herbst 44 v. Chr.

[65] Bereits im Januar 43 gingen jedoch die Caesarianer im Senat mit ihren Ehrenanträgen für Oktavian offenbar weit über Ciceros Vorstellungen hinaus, vgl. Cic. Epist. ad Brutum 9, 23 (1, 15) 7. Dazu Gelzer, Cicero 375.

[66] Vgl. Tac. ann. 1, 3: *Quotus quisque reliquus qui rem publicam vidisset?* Dies betrifft auch Oktavian! Damit steht nicht im Widerspruch, daß der Erbe Caesars spä-

rer als manch ein Senator dürfte der Knabe Oktavian erkannt haben, wo die wirkliche Macht lag. Sein Heranwachsen zum Manne war zugleich ein Hineinwachsen in die neue Monarchie Caesars. Ob ihm die zunehmende Entfremdung zwischen Caesar und weiten Kreisen der senatorischen Führungsschicht bewußt wurde, muß dahingestellt bleiben. Die Ermordung Caesars und der schnell bekannt gewordene Umfang der gegen den Dictator gerichteten Verschwörung müssen aber auch den Oktavian gelehrt haben, daß der Senat ein politischer Faktor war, dem Caesar zu wenig Rechnung getragen hatte. Oktavian hat sich daher von Anfang an um die Unterstützung des ohnehin zu einem großen Teil aus Caesarianern bestehenden Senats bemüht. So erklärt sich sein Werben um Cicero, sein Verhalten beim ersten Marsch auf Rom und später die Ablehnung eines militärischen Pronunciamento. Dieses Bemühen um den Senat bedeutete aber nicht, daß Oktavian seine monarchischen Ambitionen auch nur einen Moment aufgegeben hätte. Im gleichen Augenblick, da er sich dem Senat gegen Antonius zur Verfügung stellte, erklärte der Knabe zum Entsetzen Ciceros, er strebe nach den Ehren und der Stellung seines 'Vaters'.[67] Für die Beurteilung der ersten Schritte Oktavians darf schließlich auch nicht vergessen werden, daß die Strukturveränderungen in der römischen Welt auch Rückwirkungen auf die geistige Einstellung des einzelnen gegenüber dem Staat hatten, die uns konkret allerdings nur noch schwer faßbar sind. Cicero war der festen Überzeugung, daß es in Rom eine echte *res publica* nur unter der Bedingung der Senatsherrschaft geben konnte.[68] Aber er hielt doch schon in den 50er Jahren eine Reform des bestehenden Staates an Haupt und Gliedern für notwendig und wünschte sich einen starken Mann, der sie durchführte. Ja, er scheint sogar mit dem Gedanken gespielt zu haben, daß man wieder wie im Jahre 82 einen *dictator rei publicae constituendae* ernennen müsse.[69] Dennoch wußte selbst Cicero in der unge-

---

ter der ideologischen Rechtfertigung der Senatsherrschaft durch Cicero ein gewisses theoretisches Interesse entgegenbrachte.

[67] Cic. Att. 16, 15, 3: *ita sibi parentis honores consequi liceat*. Dazu Syme, RR 125. Botermann 43. Anders H. Gesche, Vergottung 80, wonach Oktavian gemeint habe, er wolle die für Caesar beschlossenen, aber nicht ausgeführten Ehren in die Tat umsetzen. Dagegen schon H. Volkmann, Gymnasium 78, 1971, 262, und Chr. Habicht, August. Zeit 53. Im Sinne Gesches anscheinend Gelzer, Cicero 366 mit Anm. 114.

[68] Zum Staatsbegriff Ciceros s. W. Suerbaum, Vom antiken zum frühmittelalterlichen Staatsbegriff, Münster³ 1977, bes. 41ff. Chr. Meier, Res Publica Amissa, Wiesbaden 1966 (= Frankfurt a. M.² 1980), 1ff. H. P. Kohns, Gymnasium 77, 1970, 392ff., und 81, 1974, 485ff. mit weiterer Literatur. Vgl. auch D. Kienast, Kleine Schriften 389ff.

[69] C. Nicolet, REL 42, 1964, 212ff., hält die Angabe Ciceros, De republica 6, 12, wonach Scipio nach einer Dictatur gestrebt habe, für historisch. Es spricht jedoch

klärten Situation des Jahres 49 v. Chr. nicht, ob er den Sieg des Pompeius wünschen sollte oder ob dieser Sieg nicht ebenso zu einem *regnum* führen würde wie ein Sieg Caesars. Unter diesen Umständen haben andere ihre Entscheidung von ihrer persönlichen Bindung an Caesar oder an Pompeius abhängig gemacht.[70] Und in der Tat konnte man in dem Konflikt des Jahres 49 v. Chr. durchaus einen Konflikt Caesars mit Pompeius sehen, einen Fall von privater *inimicitia* also, und nicht den Aufruhr eines unbotmäßigen Proconsuls gegen die rechtmäßige Staatsgewalt.[71] So haben damals auch nicht wenige Senatoren sich Caesar angeschlossen oder sich doch politisch neutral verhalten. Die Grundbesitzer in Italien blieben ohnehin indifferent. Für sie waren Ruhe und Ordnung (das *otium*) wichtiger

alles für eine Fiktion Ciceros im Hinblick auf die Situation der 50er Jahre. Vgl. G. A. Lehmann, Reformvorschläge 23 f. und 36 ff. und allgemein K. M. Giradet, Die Ordnung der Welt. Ein Beitrag zur philosophischen und politischen Interpretation von Ciceros Schrift De legibus, Wiesbaden 1983, sowie H. Gambeis, Das monarchische Element und die Funktion der Magistrate in Ciceros Verfassungsentwurf, Gymnasium 91, 1984, 237 ff.

[70] Vgl. P. A. Brunt, Proc. Cambr. Philol. Soc. 1965, 19 ff. (= in: R. Seager, The Crisis of the Roman Republic, Cambridge 1969, 199 ff.) M. Gelzer, Chiron 2, 1972, 302. Nach D. R. Shakleton-Bailey, Class Quart. 54, 1960, 253 ff., waren die *nobiles* auf beiden Seiten "fairly evenly divided so far as numbers go". Vgl. auch P. A. Brunt, IIe Conf. Intern. d'histoire économique 1962, I Paris 1965, 121 f., und J. Bleicken, Lex Publica, Berlin–New York 1975, 507 f., sowie E. Wistrand, Caesar and Contemporary Roman Society, Göteborg 1978, bes. 22 ff., und H. Bruhns, Caesar und die römische Oberschicht, Göttingen 1978 (dazu E. S. Gruen, Gnomon 52, 1980, 585 ff.).

[71] Darüber ausführlich K. Raaflaub, Dignitatis Contentio, bes. 200 f. In der neueren Forschung besteht die Tendenz, für den Übergang über den Rubikon allein die rein persönlichen Motive Caesars verantwortlich zu machen (exemplarisch z. B. Chr. Meier, Die Ohnmacht des allmächtigen Dictators Caesar, München 1978). Aber wenn Caesar selbst als Motiv die Wahrung seiner *dignitas* angibt, so sollte man bedenken, daß man es hier mit einer Chiffre zu tun hat, die der Entschlüsselung bedarf. Mit dem Eintreten für seine *dignitas* wahrte ja Caesar zugleich die vitalen Interessen derer, die ihr Schicksal in seine Hand gegeben hatten (das waren nicht wenige Standesgenossen, seine Soldaten, die Transpadaner und viele gallische Gemeinden, deren Rechtsstellung von der Gültigkeit der *acta Caesaris* abhing). Wie aber hätte Caesar dies in der damaligen politischen Sprache der interessierten Öffentlichkeit deutlich machen sollen. Das Vokabular der modernen Sozialpolitik stand damals noch nicht zur Verfügung. Offenbar gehörte aber für den Römer zum Komplex *dignitas* auch die Erfüllung seiner gesellschaftlichen Verpflichtungen *(officia)* und die Wahrung seiner Glaubwürdigkeit und seiner Treuepflicht *(fides)*, vgl. J. Hellegouarc'h, Le vocabulaire latin des relations et de partis politiques sous la république, Paris[2] 1972, 393 f. Schon Pompeius hat offenbar für den Abschluß des Dreibundes die Verletzung seiner *dignitas* durch den Senat als Argument ins Feld geführt: Flor. 2, 13, 9. – Vgl. auch unten S. 521 f. Anm. 13 und Cic. Ligar. 18.

als die Verfassungsfrage. Und die Finanzleute machten aus ihrer Sympathie für Caesar gar keinen Hehl.[72] Für Cicero sollte dagegen Caesars Alleinherrschaft seine schlimmsten Befürchtungen bestätigen. Für Cicero gab es unter Caesars *regnum* keine *libertas* und damit keine *res publica* mehr. Aber die *libertas* Ciceros war die aristokratische *libertas* der Nobiles, die breiten Schichten der Bürgerschaft kaum noch etwas sagte.[73] Auch Ciceros Staatsbegriff, die Konzeption der *libera res publica*, wurde keineswegs von allen seinen Zeitgenossen als verbindlich akzeptiert. Wie im Jahre 44 v. Chr. ein prominenter Caesarianer über diese Fragen dachte, zeigen die Äußerungen des römischen Ritters C. Matius, besonders der viel behandelte Briefwechsel des Matius mit Cicero.[74] Schon bald nach den Iden des März hatte Matius dem Cicero gegenüber erklärt, er wisse nicht, wer jetzt einen Ausweg aus der verfahrenen Situation finden solle, wenn schon Caesars Genie keinen Ausweg gefunden hätte.[75] Cicero selbst hatte zwei Jahre zuvor in der Öffentlichkeit erklärt, Caesar habe für das Vaterland noch nicht lange genug gelebt.[76] Cicero hatte also eigentlich keinen Grund, sich über Matius zu entrüsten. Doch für Cicero bedeutete die Tat der Caesarmörder die Befreiung Roms von einer schlimmen Tyrannei. Er gab daher auch seinem Freund Matius zu verstehen, der Wunsch nach Rache für die Ermordung Caesars, die sich für Matius aus seiner *amicitia* zu Caesar ergab, müsse zurücktreten, wenn es um die Freiheit des Vaterlandes gehe. Matius entgegnete darauf: *aiunt enim patriam amicitiae praeponendam esse, proinde ac si iam vicerint, obitum eius (Caesaris) rei publicae fuisse utilem.* Damit nahm Matius eine nicht unwesentliche Problemverschiebung vor. Während es für Cicero um die Freiheit der Optimatenrepublik ging, ohne die für ihn die *res publica* gar nicht denkbar war, stellte Matius die Frage nach der Staatsraison einer abstrakt verstandenen *res publica*, deren *administratio* Caesar übernommen hatte. Die Frage, die Matius

---

[72] Vgl. Cicero, Att. 7, 7, 5. 8, 13, 2. 8, 16, 1 f. Dazu Syme, RR 72 f. Zum Streben nach *otium* s. P. Zanker, Augustus und die Macht der Bilder 35 ff., und J. D. Minyard, Lucretius and the Late Republic, Leiden 1985.

[73] Dazu J. Bleicken, HZ 195, 1962, 1 ff., und K. Raaflaub, Dignitatis Contentio 165 ff.

[74] Cicero, Fam. 11, 29 (27) und 30 (28). Die Datierungsansätze schwanken zwischen August 44 und Oktober 44. Vgl. H. Dahlmann, NJbb. 1938, 225 ff. J. Carcopino, Les secrets de la correspondence de Cicéron II, Paris 1946, 45 ff. A. Heuß, Historia 5, 1956, 53 ff. und 11, 1962, 118 ff. B. Kytzler, Historia 9, 1960, 96 ff. und Philologus 104, 1960, 48 ff. H. Drexler, Romanitas 8, 1966, 67 ff. K. Bringmann, Untersuchungen zum späten Cicero, Göttingen 1971, 270 ff. A. Gilboa, Historia 23, 1974, 217 ff.

[75] Cic. Att. 14, 1, 1.

[76] Cic. pro Marc. 25.

damit aufwarf, war die, ob die Caesarmörder im Interesse jenes abstrakt verstandenen Staates gehandelt hätten. Diese Frage konnte man durchaus verneinen. Für Cicero konnte sich diese Frage jedoch gar nicht erst stellen, da für ihn feststand, daß es unter Caesar einen echten Staat nicht gegeben hat, weil Caesar ein Tyrann war. Matius hatte aber nicht bloß eine andere Staatsauffassung als Cicero, sondern auch andere Vorstellungen von der *libertas*. Für ihn waren es gerade die Caesarmörder, welche die (popular verstandene) *libertas* bedrohten. Nur scheinbar verlagert Matius daher das Problem seines Verhältnisses zu Caesar auf eine rein private Ebene, wenn er gegen Cicero die aus seiner *amicitia* zu Caesar erwachsenen Verpflichtung (*officia* und *munera*) in den Vordergrund stellt. Wenn Matius seinen Kritikern *superbia* und *adrogantia* vorhält und ihnen vorwirft, Caesar *invidia* gebracht zu haben, so schildert er sie damit als der *factio paucorum* zugehörig, also einer Clique, die ihrerseits den Staat nur usurpiert hatte. Es waren die gleichen *inimici Caesaris*, die Caesar einst in den Bürgerkrieg getrieben hatten.[77] Die Ermordung Caesars erscheint danach nur als Fortsetzung bzw. als Wiederaufnahme des Bürgerkrieges, nicht als befreiender Neuanfang. Diese Auffassung scheint auch von anderen Caesarianern geteilt worden zu sein. So betont Hirtius in der Vorrede zum 8. Buch des Bellum Gallicum, daß nach Caesars Tod der Bürgerkrieg nicht zu Ende war.[78] Und Asinius Pollio ließ später seine Geschichte der Bürgerkriegszeit mit dem Jahre 60 v. Chr., dem Jahr des Dreibundes, beginnen.[79]

Der Briefwechsel zwischen Cicero und Matius zeigt somit exemplarisch, daß es zwischen den Verfechtern der alten Traditionen der Nobilitätsherrschaft und den Caesarianern in wesentlichen Fragen keine gemeinsame Basis mehr gab. Man konnte daher von Oktavian kein Verständnis für die aristokratische *libertas* erwarten und konnte von ihm nicht verlangen, daß er sich für eine *libera res publica* einsetzte, die er niemals selbst erlebt hat.

---

[77] Vgl. Caesar, b.c. 1, 22, 5. Zum Begriff *invidia* s. A. Weische, Studien zur politischen Sprache der römischen Republik, Münster 1966, 82 ff. und 92 ff.

[78] Zur Herausgabe des *Corpus Caesarianum* s. K. Barwick, Caesars Commentarii und das Corpus Caesarianum, Philol. Suppl. 31, Heft 2, Leipzig 1938, 193 ff. A. Haury, REA 61, 1959, 94 ff., vermutet, daß die Herausgabe des Corpus Caesarianum gegen Antonius gerichtet gewesen sei. (Vgl. auch K. Brinkman a. O. [o. Anm. 74] 194 ff.) Zweifellos sollte jedenfalls die Publikation des *Corpus Caesarianum* die Stellung Oktavians und seiner Gruppe stärken. Vgl. die weitere Literatur bei J. Kroymann, ANRW I 3, 477. Dazu P. Jal, La guerre civile à Rome, Paris 1963, 77 ff., und E. Koestermann, Historia 22, 1973, 48 ff., wonach das *Bellum Africum* von Munatius Plancus geschrieben worden sei.

[79] Zum Werk des Asinius Pollio s. unten S. 268 f.

3. Von Caesars Ermordung bis zum Abschluß des 2. Triumvirats

Die Vorgänge unmittelbar nach Caesars Ermordung, die Besprechung auf dem Capitol, die Senatssitzung am 17. März im Tempel der Tellus mit der allgemeinen Amnestie und der Bestätigung der *acta Caesaris* sowie der Beschluß über die Leichenfeier für Caesar, bilden in der neueren Forschung kaum Gegenstände für Kontroversen.[80] Daß der Consul Antonius sich damals als erster Mann in Rom profilierte, wird allgemein anerkannt. Die politische Haltung des Antonius bleibt jedoch zwielichtig und undurchsichtig.[81] Die Beurteilung der Situation des Jahres 44 wird zudem

[80] Zur Datierung der folgenden Ereignisse s. E. Becht, Regeste über die Zeit von Caesars Ermordung bis zum Umschwung in der Politik des Antonius, Diss. Freiburg 1911. Für die unmittelbar anschließende Periode s. Ursula Ehrenwirth, Kritisch-chronologische Untersuchungen für die Zeit vom 1. Juni bis zum 9. Oktober 44 v. Chr., Diss. München 1971. – Zur Rolle der Soldaten s. vor allem H. Botermann, Die Soldaten und die römische Politik in der Zeit von Caesars Tod bis zur Begründung des Zweiten Triumvirats, München 1968. Vgl. außerdem H. Aigner, Die Soldaten als Machtfaktor in der ausgehenden Republik, Innsbruck 1974, 75 ff. (für die Zeit bis 30 v. Chr.). – Zum Umfang der *acta Caesaris* s. H. Gesche, Vergottung 56 ff. – Zur Verschwörung gegen Caesar und zur Situation nach seiner Ermordung s. M. H. Dettenhofer, Perdita Juventus, München 1992, 231 ff. und 262 ff. Zur Zeit unmittelbar nach Caesars Ermordung s. M. Pani, Paradigmi delle lotta politica successiva alla morte di Cesare, in: Epigrafia e territorio IV 285 ff., und U. Gotter, Der Diktator ist tot! Politik in Rom zwischen den Iden des März und der Begründung des zweiten Triumvirats, Stuttgart 1996: Vgl. M. Jehne, HZ 266, 1998, 162 f. – Vgl. allgemein zur Zeit von 44–30 v. Chr. K. Christ, Krise und Untergang der römischen Republik, Darmstadt 1979, 424 ff.

[81] Allgemein zu Antonius s. bes. R. F. Rossi, Marco Antonio nella lotta politica della tarda repubblica romana, Triest 1959. Vgl. ferner H. Bengtson, Marcus Antonius, München 1977 (populär gehaltene Darstellung); Eleanor Goltz Huzar, Mark Antony, Minneapolis 1978 (ebenfalls eine mehr populäre, mitunter ungenaue Darstellung trotz prätentiöser Anhäufung von Quellenbelegen in den Fußnoten); M. Liberanome, Riv. fil. 96, 1968, 407 ff. (zu Antonius als Fortsetzer der Politik Caesars), und L. Hayne, L'antiquité class. 47, 1978, 96 ff. Zum Verhältnis des Antonius zu seinen Soldaten s. R. Scuderi, in: M. Sordi, Aspetti dell'opinione pubblica nel mondo antico, Mailand 1978, 117 ff. – Zum Porträt des Antonius s. zuletzt F. Johansen, Meddelelser fra Ny Carlsberg Glyptotek 35, 1978, 55 ff. (dänisch mit franz. Resumee) mit Lit., sowie H. Kyrieleis, Arch. Anz. 91, 1976, 85 ff. und B. Holtzmann-F. Salviat, BCH 105, 1981, 265 ff. Vgl. auch E. Bernareggi, La monetazione in argento di Marco Antonio, Quad. Tic. 2, 1973, 63 ff. Eine ausführliche wissenschaftliche Monographie über Antonius als Politiker ist nach wie vor ein dringendes Desiderat der Forschung. Vgl. jetzt: E. Cizek (Ed.), Marc Anton, son idéologie et sa descendance, Paris 1993, und F. Chamoux, Marcus Antonius. Der letzte Herrscher des griechischen Orients, Gernsbach 1989 (populär).

durch die Eigenart unserer Quellen erschwert. Vor allem Ciceros Briefe und seine philippischen Reden[82] erwecken den Eindruck, als habe es in Rom damals drei mehr oder weniger feste Gruppen gegeben, nämlich Antonius und seine Gefolgschaft auf der einen Seite, die Republikaner auf der anderen Seite und schließlich die gemäßigten Caesarianer, die zwar Caesars Andenken schonen, aber die Wiederherstellung der republikanischen Ordnung nicht behindern wollten. Eine solche Einteilung führt jedoch zu einer allzu starken Vereinfachung der sehr viel komplexeren Situation des Jahres 44 v. Chr. Sie läßt vor allem vergessen, daß der Senat mehrheitlich nicht aus überzeugten Republikanern, sondern aus „Caesarianern" bestand. Man darf nicht vergessen, daß Caesar den Senat auf etwa 900 Mitglieder erweitert und rund 400 neue Senatoren in das Hohe Haus aufgenommen hat.[83] Von den Angehörigen der oberen Rangklassen verdankten die meisten ihre Stellung dem Dictator oder hatten doch von Caesars Förderung erfahren. Die eigentlichen Vorkämpfer der Republik, die Caesarmörder, mußten schon bald nach den Iden des März aus Rom weichen. Und zu ihnen begaben sich auch die jüngeren Leute der catonischen Richtung, die Söhne der republikanischen Consulare.[84] Man kann unter diesen Umständen den Senat des Jahres 44 kaum als „republikanisch" bezeichnen. Selbstverständlich lebten aber auch in diesem „caesarischen" Senat die alten Traditionen der Republik und der Nobilitätsherrschaft weiter, zumal nicht zu sehen ist, was denn hätte an ihre Stelle treten sollen. Dies alles wird man bei der Beurteilung sowohl des Antonius wie des Oktavian zu berücksichtigen haben.

Die Rolle des Antonius bei der Leichenfeier für Caesar wird sich nie ganz klären lassen. Auch wenn seine Rede wohl weniger agitatorisch war, als Cicero behauptet,[85] erreichte Antonius mit ihr, daß die Caesarmörder

[82] Dazu vgl. H. Frisch, Cicero's Fight for the Republic, Kopenhagen 1946.

[83] R. Bane, The Composition of the Roman Senate in 44 B. C., Ann Arbor 1971, bes. 20 ff. Syme, RR 78 ff. über "Caesar's new senators", dort S. 90 auch die Schätzung von 400 Neuaufnahmen. Für eine andere Auffassung s. L. Polverini, Aevum 38, 1964, 245 ff., wonach noch im J. 44 dem Caesar „un senato sostanzialmente repubblicano" gegenüberstand. Polverini führt dafür u. a. Velleius Paterculus (2, 73, 2) und Appian (b.c. 3, 334) ins Feld, die sich jedoch auf die veränderte Situation des J. 43 beziehen. Zur Komplexität der Situation vgl. Polverini a. O. 249 Anm. 47. Vgl. jetzt P. Grattarolo, I Cesariani dalle idi di marzo alla costituzione del secondo triumvirato, Turin 1990. Dazu G. Dobesch, Guomon 70, 1998, 428 ff.

[84] Syme, RR 163: "Two political groups were conspicuously absent from the Senate that fought against Antonius. The assassins of Caesar had left Italy and the young men of the faction of Cato ... departed with their kinsman and leader M. Junius Brutus."

[85] Cic. Phil. 2, 90 ff. Vgl. Plut. Anton. 14. Dazu abschwächend Alföldi, Caesars

noch in der ersten Aprilhälfte Rom verließen und damit politisch weitgehend ausgeschaltet waren. Immerhin bildeten die Caesarmörder mit ihren bewaffneten Gefolgschaften in den Landstädten Italiens noch bis Mitte Mai 44 einen Störfaktor, mit dem Antonius rechnen mußte. Wenn der Consul auch die Verbindung zu Brutus und seinen Freunden nicht abreißen ließ, bestand doch zwischen ihm und den Republikanern nicht erst seit dem Auftreten Oktavians ein äußerst gespanntes Verhältnis. Von Anfang an mußte aber Antonius auch in den übrigen prominenten Caesarianern, in Lepidus, in Dolabella, in Calpurnius Piso, in Hirtius und Pansa, seine Rivalen sehen und fürchten.[86] Diese Rivalitäten wurden durch die allzu unverblümte Machtpolitik des Antonius noch verschärft. Daß dieser die Ansprüche der Veteranen befriedigen mußte, wurde wohl von allen anerkannt. Aber der Gebrauch, den Antonius von den *acta Caesari* machte, mußte auch die Caesarianer beunruhigen. Der Versuch, den Consul durch eine Senatskommission überwachen zu lassen, schlug allerdings fehl.[87] Die Rückberufung der Verbannten, die Gewährung von Abgabenfreiheit für Kreta, die Bürgerrechtserteilung an Sizilien, die Restitution des Deiotarus[88] und andere Maßnahmen waren jedoch geeignet, die Klientel des Antonius stark zu vergrößern und ihm eine in den Augen seiner Standesgenossen bedrohliche Machtfülle zu sichern. Schon im April hatte sich Antonius außerdem zum Schutz gegen die unruhige Plebs vom Senat eine Leibwache bewilligen lassen. Und Ende Mai erschien der Consul in Rom mit 6000 Veteranen, d. h. mit einer Garde in Stärke einer vollen Legion.[89] Die *lex de permutatione provinciarum*, die dem Antonius die Provinzen Gallia Cisalpina (die damals von dem Caesarmörder D. Brutus verwaltet

---

Monarchie 64f. Rossi, Antonio 68. Syme, RR 98f. Yavetz, Plebs 66f. Anders Botermann 12 und H. Bengtson, Antonius 82ff., der den Bericht Appians (b.c. 2, 600ff.) über das Auftreten und die Rede des Antonius für glaubwürdig hält und Antonius für die Ausschreitungen bei den Leichenfeierlichkeiten verantwortlich macht. Vgl. auch M. E. Deutsch, Univ. of Calif. Publ. in Class. Philol. 9, 1926/9, 127ff., wonach die Angaben Suetons (Caes. 84) den Vorzug vor der übrigen Überlieferung verdienen. Dagegen jetzt W. Kierdorf, Laudatio funebris, Meisenheim 1980, 150ff. mit weiterer Literatur. Zum Vorbild der Ehren Sullas für die Leichenfeier Caesars s. Weinstock, Divus Julius 348ff., und Schmitthenner, Testament 103.

[86] Vgl. Bane, Composition 17f. "Syme continually downgrates Hirtius and Pansa as nonentities; this is, indeed, unfortunate. Likewise, by playing down the 'acta Antonii' Syme fails to see the affrontery to rival Caesarians." Zur Haltung des Lepidus vgl. L. Hayne, Acta class. 14, 1971, 109ff.

[87] M. A. Levi, Ottaviano 1, 56ff. und 80ff.

[88] Zur Restitution des Deiotarus s. W. Hoben, Untersuchungen 105ff., bes. 108ff. Pansa war darüber offenbar verärgert: Cic. Att. 14, 18 (19) 2.

[89] Dazu Botermann 23ff.

wurde) und Gallia Comata anstelle der Provinz Macedonia übertrug, mußte nicht nur überzeugte Republikaner, sondern auch die Caesarianer im Senat alarmieren.[90] Gerade die Rivalität mit den übrigen Caesarianern scheint den Antonius andrerseits lange Zeit bewogen zu haben, nicht alle Brücken zu den Caesarmördern abzubrechen und auch alle Versuche einer Divinisierung Caesars zu verhindern.[91] Allerdings verscherzte sich der Consul damit vollends die Sympathien der *plebs urbana*, die es kaum vergessen haben dürfte, daß Antonius im Jahre 47 mit seinen Truppen Unruhen auf dem Forum blutig unterdrückt hatte (wobei 800 Bürger den Tod gefunden haben sollen). Gewiß handelte Antonius auch in eigenem Interesse, als er dann in der ersten Aprilhälfte den Amatius, den falschen Marius, beseitigen ließ (und damit einen Rivalen los wurde). Seine Popularität verscherzte er sich damit jedoch völlig. Auch die Zerstörung einer inoffiziellen Kultstätte für Caesar auf dem Forum durch Dolabella, den Kollegen des Antonius, wurde diesem angelastet und übel vermerkt. Schließlich mußte auch die von Antonius durchgesetzte Abschaffung der Dictatur von vielen als ein Schlag gegen das Andenken Caesars empfunden werden.[92]

Es mag sein, daß die Agitation Oktavians den Antonius dazu bewogen hat, sich seit dem 1. Juni 44 wieder stärker um die *plebs urbana* zu bemühen. Auf seinen Antrag wurde den *ludi Romani* ein Festtag zu Ehren Caesars hinzugefügt. Auch veranlaßte der Consul nun die Errichtung einer Caesarstatue auf dem Forum mit der Aufschrift ‚Parenti optime merito'. Die *lex de provocatione*, welche den *de vi* und *de maiestate* Verurteilten die Berufung an das Volk eröffnete, und die *lex iudiciaria*, welche auch den gewesenen Centurionen die Richtertätigkeiten ermöglichte,[93] dürften aber

---

[90] Zur *lex de permutatione provinciarum* s. W. Sternkopf, Hermes 47, 1912, 357. U. Ehrenwirth, Untersuchungen 6ff. H. Bengtson, Kl. Schr. 481 ff. – Das Gesetz erlaubte dem Antonius auch, die für den geplanten Partherkrieg Caesars bereitgestellten Legionen von Makedonien nach Gallien zu überführen.

[91] Gesche, Vergottung 64 ff. – Zur Rechtsstellung der Caesarmörder in den Jahren 44–42 v. Chr. vgl. K. M. Girardet, Chiron 23, 1993, 207 ff.

[92] Rossi, Antonio 73f. Yavetz 70ff. Zur Rolle der Plebs nach Caesars Tod vgl. auch Levi, Ottaviano I 69f., und bes. Alföldi, Caesars Monarchie 53 ff. Dazu A. Rini, La plebe urbana dalla morte di Cesare alla sacrosancta potestas di Ottaviano, in: Epigrafia e territorio I 151 ff.

[93] Zur *lex iudiciaria* und zur *lex de provocatione* s. E. Wistrand, Sallust on judicial murders in Rome, Studia Greca et Latina Gothoburgensia 24, Göteborg 1968, 46ff. Wistrand sieht diese Gesetze jedoch zu einseitig vor dem Hintergrund des Konfliktes mit den Republikanern. Daß noch im J. 44 v.Chr. die Republikaner das Übergewicht in den Quästionen hatten, ist aber unwahrscheinlich; vgl. Bane, Composition 110ff. Zur *lex iudiciaria* s. jetzt auch H. Bringmann, Chiron 3, 1973, 236ff. Zur *lex de provocatione* s. W. Sternkopf, Hermes 47, 1912, 146ff.

nicht nur die Republikaner und die caesarischen Senatoren schockiert haben, sondern werden dem Antonius auch bei den Rittern viele Sympathien gekostet haben, die ebenso von dem Ausfall der Einnahmen Siziliens und Kretas betroffen wurden.[94] Auch das 2. Ackergesetz des Antonius vom Juni 44 scheint weit über den Kreis der überzeugten Republikaner hinaus Beunruhigung ausgelöst zu haben. Nur so erklärt es sich, daß Cicero schon Januar 43 seine Aufhebung durchsetzen kann.[95] Es kann daher nach allem keine Rede davon sein, daß Antonius nach den Iden des März der anerkannte Führer aller Caesarianer gewesen ist.[96] Tatsächlich hat die Persönlichkeit des Antonius etwas Schillerndes. Optimatischen Traditionen und Denkgewohnheiten vielleicht stärker verhaftet, als man früher glaubte, zeigte er als Consul caesarische Ambitionen, ohne doch die Einsicht und das Format Caesars zu besitzen. Nach der Versöhnung der Parteien im Tellustempel kam es vielmehr bald zu Spannungen nicht nur mit den Caesarmördern, sondern auch mit den Caesarianern im Senat, mit der *plebs urbana* und den Rittern.

Der junge Oktavian durfte daher von seinem ersten Auftreten an in weiten Kreisen innerhalb wie außerhalb des Senats mit Sympathien rechnen. Wenn aber schon der rechtmäßig bestellte Consul Antonius sich in Rom nicht ohne Leibwache glaubte zeigen zu können, dann mußte der Sohn und Erbe Caesars um so mehr auf seine Sicherheit bedacht sein. Oktavian und seinen Beratern war dies von Anfang an klar.[97] Was Oktavian brauchte, waren Geld und Truppen.

Die Nachricht von der Ermordung Caesars hatte Oktavian in Apollonia erhalten, wohin ihn der Dictator geschickt hatte, um seine rhetorische und militärische Ausbildung zu vollenden. Regelmäßig hatten sich Abteilungen der Partherarmee zu Manövern und Übungen in Anwesenheit des jungen

---

[94] Vgl. Bane, Composition 112.

[95] Dazu U. Ehrenwirth, Untersuchungen 28 ff., und H. Botermann 63 ff., die mit Recht die politische Instinktlosigkeit hervorhebt, die darin bestand, sogar die bereits erfolgten Ansiedlungen des Antonius wieder in Frage zu stellen. Zu den Agrargesetzen des Antonius und ihrem Schicksal vgl. auch F. T. Hinrichs, Die Ansiedlungsgesetze und Landanweisungen im letzten Jahrhundert der röm. Republik, Diss. Heidelberg 1957, 245 ff., und H.-Chr. Schneider, Das Problem der Veteranenversorgung in der späten römischen Republik, Bonn 1977, 206 ff.

[96] Vgl. Syme RR 107 "chief man in the Caesarian faction". Schon Rossi, Antonio 54, warnt davor, in Antonius „il proprio capo" der Caesarianer zu sehen. Das Urteil von Syme über Antonius (RR 103 ff.) ist im ganzen wohl zu positiv. Vgl. schon Bane, Composition 17 f. (oben Anm. 77).

[97] Zu den ersten Schritten Oktavians s. Levi, Ottaviano 61 ff. Syme RR 114 ff. Schmitthenner, Testament 49 ff. und 17 ff. Botermann 17 ff. Alföldi, Oktavians Aufstieg 25 ff.

Octavius in Apollonia eingefunden. Als die Ereignisse an den Iden des März beim Heer bekannt wurden, kamen denn auch Offiziere der Legionen zu Octavius und forderten ihn zum Marsch auf Rom auf, wie jedenfalls Nikolaos von Damaskos berichtet.[98] Aber der junge Mann beschloß, zunächst Vorsicht walten zu lassen. Mit einem kleinen Gefolge schiffte er sich nach Italien ein und landete zunächst bei dem unbedeutenden Ort Lupiae (Lecce) und zog hier weitere Nachrichten ein. Auf die Kunde von Caesars Testament und der darin enthaltenen Erbeinsetzung und Adoption begab sich Octavius dann nach Brundisium, wo er als Caesars Sohn und Erbe von den dort für den Partherkrieg massierten Truppen begeistert begrüßt wurde. In der Überlieferung wird betont, daß es vor allem der Inhalt von Caesars Testament war, der den Octavius dazu bestimmt hat, seine anfängliche Zurückhaltung aufzugeben und sich aktiv in die Politik einzuschalten. Im wesentlichen dürfte diese Version doch das Richtige treffen, auch wenn Oktavian seine Entscheidung nicht ohne vorherige Beratung mit Caesars alten Freunden getroffen hat.[99]

In Brundisium erhob der junge Mann sofort Anspruch auf die Kriegskasse des toten Dictators, die ihm denn später tatsächlich zusammen mit dem Tribut der Provinz Asia ausgehändigt wurde.[100] Anschließend reiste er nach Campanien, um die Stimmung unter den Veteranen zu sondieren

[98] Nik. Dam. 46.

[99] Nach A. Alföldi, AuA 21, 1975, 5, und: Oktavians Aufstieg 25 ff., hätten erst Balbus und Oppius den Oktavian bestimmt, die Erbschaft anzunehmen und sich in die Politik einzuschalten. Das dürfte jedoch in dieser Form zu weit gehen.

[100] Die Frage, wie sich Oktavian die finanzielle Basis für seinen politischen Aufstieg zu schaffen vermochte, ist bes. von B. R. Motzo, AFLC 4, 1931/3, 1 ff., von Schmitthenner, Testament 77 ff., und von I. Shatzman, Senatorial Wealth and Roman Politics, Brüssel 1975, 358 ff., erörtert worden. – Aus Dio 45, 3, 2 schließt Alföldi, daß Oktavian die Kriegskasse von Apollonia mit nach Brundisium gebracht habe. Alföldi spricht sogar von einer „Flucht" Oktavians aus Apollonia. Man wird aber eher, Schmitthenner folgend, mit einer Umstellung bei Dio zu rechnen haben. Der Zeitgenosse Nikolaos (55) läßt jedenfalls erst in Brundisium den Oktavian seine Hand auf die Gelder legen. Nach Nikolaos habe Oktavian „in Brundisium nach dem in Kleinasien befindlichen Rüstungsgut und dem Geld, das Caesar für den Partherkrieg vorausgeschickt hatte", gesandt und dieses zusammen mit dem Jahrestribut der Provinz Asia erhalten. Er habe sich aber mit dem begnügt, was seines Vaters war, und das übrige dem Aerarium geschickt. Levi, Ottaviano 69 vermutet, dies sei noch vor Oktavians erster Unterredung mit Antonius geschehen. Sicher ist dies aber keineswegs. Die Geldsendung scheint vielmehr erst kurze Zeit, bevor Oktavian mit seinen Werbungen in Campanien begann (Oktober 44), eingetroffen zu sein. Daß Oktavian den Tribut von Asia erhalten hat, wird von I. Shatzman a. O. 485 ff. jedoch zu Unrecht bestritten. Zur Datierung der ersten Schritte Oktavians s. Alföldi, AuA 21, 1975, 8 ff., und: Oktavians Aufstieg 46 ff.

und Kontakte mit politisch einflußreichen Caesarianern, aber auch mit Cicero aufzunehmen.[101] Dann ging er nach Rom. Die Tatsache, daß Oktavian in Rom vor dem Stadtprätor C. Antonius die Annahme der Erbschaft Caesars erklären konnte und daß der Volkstribun L. Antonius dem Oktavian sogar erlaubte, sich in einer *contio* an die Stadtbevölkerung zu wenden, hat man ansprechend damit erklärt, daß die Antonier in dem jungen Caesar zunächst ein politisches Gegengewicht gegen den Consul Dolabella gefunden zu haben meinten, der kurz zuvor die Säule und den Altar für Caesar auf dem Forum hatte zerstören lassen und dafür von Cicero überschwenglichen Dank geerntet hatte.[102]

Diese ganzen Vorgänge spielten sich wohl in Abwesenheit des Consuls M. Antonius ab.[103] Als dieser Ende Mai nach Rom zurückkehrte, fand er in Oktavian bereits einen lästigen Rivalen. Nach einem offenbar nicht sehr erfreulichen Gespräch zwischen beiden Männern, in dem Oktavian die Herausgabe der Gelder Caesars verlangte, erwirkte Antonius die Einsetzung einer Senatskommission, die den Verbleib der von Caesar zusammengetragenen Gelder klären sollte.[104] Zugleich veranlaßte er, daß Oktavian in mehrere Eigentumsprozesse verwickelt wurde. Es handelte sich um Entschädigungsansprüche von Leuten, die im Bürgerkrieg ihr Vermögen verloren hatten. Obwohl Oktavian dadurch offenbar in ziemliche Bedrängnis geriet, verstand er es doch, auch diese Prozesse zur Agitation gegen Antonius zu benutzen. Mit der Behauptung, die Prozesse stünden im Widerspruch zu dem Beschluß über die Rechtsgültigkeit der *acta Caesaris*, brachte Oktavian den Antonius in der Öffentlichkeit in den Verdacht, die Sache der Optimaten zu vertreten. Der junge Caesar scheint außerdem die Unterstützung der Finanzexperten seines 'Vaters' gefunden zu haben. Wohl auf ihr Anraten verkaufte er die Liegenschaften aus Caesars Erbe und einen Teil seiner eigenen Güter. Dieser überstürzte Verkauf der Güter wurde von Oktavian damit motiviert, daß er nur so die von Caesar dem Volk ausgesetzten Legate zahlen könne. Oktavian entzog aber mit dem Verkauf die Güter zugleich den Pompeianern, die unter Umständen Ansprüche auf sie erheben konnten, und dem Staat, falls dieser den jungen Caesar auf Grund des Berichtes der genannten Senatskommission zur Rechenschaft gezogen hätte.[105]

[101] Zu Oktavian in Campanien s. Botermann 17 ff.
[102] Rossi, Antonio 81. Alföldi, Caesars Monarchie 73 ff. Yavetz 73.
[103] Anders Gesche, Vergottung 66 A. 181, mit Berufung auf Becht, Regeste 45.
[104] Zu den Geldern Caesars s. Syme RR 107 u. 130 f. Schmitthenner, Testament 87 f. Bane, Composition 112 f., und bes. Alföldi, Oktavians Aufstieg 76 ff. Vgl. auch M. H. Crawford, Roman Republican Coinage II, Cambridge 1974, 639 f., und G. Ürögdi, in: Les «dévalutations» à Rome II, Rom 1980, 49 ff.
[105] Motzo, AFLC 4, 1931/3, 15 f. Rossi 84 f. Alföldi a. O. 85 ff.

Die Verteilung der Legate an das Volk[105a] fiel offenbar mit den vom 20. bis 30. Juli gefeierten *ludi Victoriae Caesaris* zusammen. Da das für die Abhaltung der Spiele eingesetzte Priesterkollegium die Veranstaltung mit Rücksicht auf die Republikaner nicht durchführen wollte, hatte Oktavian diese Spiele aus eigenem Antrieb ausgerichtet (wobei ihn Caesars alte Freunde finanziell unterstützten).[106] Oktavian verpflichtete sich damit zugleich die Schutzgöttin Caesars, die künftig auch ihm den Sieg verleihen sollte. Die gleichzeitige Verteilung der Legate aus Caesars Erbe sicherte dem 'Sohn' Caesars von vornherein eine größere Popularität als dem Caesarmörder M. Brutus, der kurz zuvor die jährlichen Spiele für Apollon hatte ausrichten lassen. Die Erscheinung eines Kometen gerade in den Tagen seiner Spiele bot außerdem dem Oktavian Stoff für eine äußerst wirkungsvolle Propaganda. Denn die Menge wertete den Stern (das *sidus Iulium*) als Zeichen dafür, daß Caesar nun unter die Götter aufgenommen sei. Oktavian hat diesen Volksglauben sofort rezipiert und später den von ihm errichteten Caesarstatuen den Stern hinzugefügt. Auch in seiner Münzpropaganda spielte künftig das *sidus Iulium* eine große Rolle.[107]

Das Verhältnis zu Antonius verschlechterte sich indessen immer weiter. So hat der Consul die mehrfachen Versuche Oktavians, die *sella curulis* mit dem goldenen Kranz Caesars öffentlich auszustellen – womit die Divinisierung Caesars vorweggenommen worden wäre –, zu verhindern gewußt.[108] Antonius ließ den jungen Mann sogar einmal von seinen Liktoren abführen, als dieser ihn in einem Prozeß heftig attackiert hatte. Dieses erste ernste Zerwürfnis wurde schließlich durch die Intervention der Veteranen beigelegt, welche die beiden Gegenspieler zwangen, sich auf dem Kapitol feierlich zu versöhnen. Praktisch bedeutete dies, daß Antonius

[105a] Caesar hatte die Zahl der Spendenempfänger auf 150000 reduziert. Oktavian zahlte die Legate aus Caesars Testament jedoch an 250000 Personen. Vgl. dazu L. Polverini, Aevum 38, 1964, 265: „Sembra legitimo dedurne che ... la situazione si era già aggravata rispetto a quella affrontata due anni prima da Cesare."

[106] Zu den *ludi Victoriae Caesaris* s. G. Wissowa, RuK 292f. und T. Hölscher, Victoria Romana 154f. mit Lit., sowie Alföldi, Oktavians Aufstieg 96ff. – Die Spiele galten zugleich dem Jahrestag des Tempels der Venus Genetrix, vgl. R. Schilling, La religion romaine de Vénus, Paris 1954, 313f.

[107] Weinstock, Divus Julius 370f. Alföldi, Oktavians Aufstieg 69. J. T. Ramsey–A. Lewis Licht, The comet of 44 B.C. and Caesar's funeral games, Atlanta/Georgia 1997. Vgl. unten S. 216. Zur Caesarstatue im Venustempel s. Gesche, Vergottung 68.

[108] Vgl. Gesche a. O. und Polverini, Aevum 38, 1964, 267. – Oktavian hat offenbar anläßlich der *ludi Victoriae Caesaris* auch massenhaft Glaspasten mit seinem Kopf über der *sella curulis* verteilen lassen. Vgl. Th. Schäfer, in: Kaiser Augustus 429, und P. Donié, Caesarbild 4.

nun den jungen Oktavian als Partner anerkennen mußte.[109] Dennoch hintertrieb Antonius weiter die von Oktavian gewünschte *lex curiata*, die seine Adoption bestätigen sollte. Auch verhinderte der Consul die – allerdings ungesetzliche – Wahl Oktavians zum Volkstribunen.[110] Der junge Caesar schickte seinerseits heimlich Agenten zu den Veteranen in Campanien und zu den makedonischen Legionen, die durch rege Propaganda und große Geldgeschenke bzw. Geldversprechungen die Truppen in seinem Sinne bearbeiten sollten.[111]

Es folgte dann Anfang Oktober das angebliche Attentat Oktavians auf Antonius, dessen Hintergründe niemals aufgeklärt wurden.[112] Oktavian ließ daraufhin verlauten, er habe mit der Sache nichts zu tun, in Wahrheit trachte vielmehr Antonius ihm, dem jungen Caesar, nach dem Leben. Unter dem Vorwand, seine Sicherheit sei bedroht, verließ daher Oktavian die Hauptstadt und begab sich zu den Veteranen nach Campanien.[113] Es folgte der erste Marsch auf Rom, der mit einem Fehlschlag endete. Die in Rom offen verkündete Absicht, gegen Antonius zu ziehen, soll viele Veteranen bewogen haben, Oktavian wieder zu verlassen. Mit dem Rest seiner Mannschaft zog der junge Caesar zuerst nach Arretium und dann nach Ravenna, um in Etrurien und in der Romagna sein Heer zu verstärken.[114]

Inzwischen hatte Antonius in Brundisium die vier dort gelandeten makedonischen Legionen in Empfang genommen. Der Consul mußte jedoch erst eine Meuterei blutig unterdrücken, ehe er die Truppen nach Norden führen konnte, um sie gegen D. Brutus einzusetzen. Noch vor dem 24. November war der Consul wieder in Rom. Sollte er wirklich die Absicht ge-

[109] Ehrenwirth 62 ff. Botermann 28 ff.
[110] Vgl. Syme, RR 120, 1 und H. Last bei Schmitthenner, Augustus 241 ff.
[111] Zur zeitlichen Einordnung s. Botermann 34 f. gegen G. Walser, Historia 4, 1955, 357 f. – Zur Geldverteilung Oktavians s. allgemein Alföldi, Oktavians Aufstieg 105 ff.
[112] Vgl. Syme RR 124 und Ehrenwirth 93 ff. Rossi, Antonio 88, macht republikanische Kreise für den Attentatsversuch verantwortlich. Bengtson, Antonius 96, hält ihn für eine Erfindung des Antonius.
[113] Zu den Werbungen in Campanien und zum ersten Marsch auf Rom s. Botermann 36 f.
[114] Dazu M. Sordi, Studi Etruschi 40, 1972, 3 ff. Sordi glaubt, daß der Bericht Appians, b. c. 3, 170 ff., über diese Vorgänge tendenziös ist. Es sei kaum anzunehmen, daß die Veteranen erst in Rom erfahren hätten, daß sie Oktavian gegen Antonius führen wollte. Dieser hätte jedoch auf die Zustimmung des Senates gehofft. Als diese ausblieb, begab sich der Caesar zunächst nach Arretium, der Heimat des Maecenas, der ebenso wie Ravenna ein Zentrum der Marianer war. Oktavian konnte in Etrurien die Verbindungswege des Antonius nach Norden unterbrechen und den Erfolg seiner Agitation bei den makedonischen Legionen abwarten. Sein Weggang aus Rom war also keine Flucht, sondern ein kühl berechneter Schachzug.

habt haben, gegen Oktavian vorzugehen, so wurde diese Absicht durch den Abfall zweier Legionen zu Oktavian vereitelt.[115] Antonius zog es unter diesen Umständen vor, Rom schleunigst zu verlassen und sich mit dem Rest seiner Armee gegen D. Brutus zu wenden.

Der Abfall der *legio Martia* und der 4. Legion zu Oktavian hatte eine neue Lage geschaffen. Dieser verfügte jetzt im ganzen über vier Legionen. Der junge Caesar war also zu einer dritten Kraft in Italien geworden. So kam nach dem Amtsantritt der neuen Volkstribunen, darunter des Caesarmörders P. Servilius Casca, ein Bündnis zwischen Oktavian und der Senatsmehrheit unter Führung Ciceros zustande, das dieser am 20. Dezember 44 in der dritten Philippischen Rede erstmals offen verkündete.[116]

Cicero sucht begreiflicherweise den Eindruck zu erwecken, als sei es ihm gelungen, den jungen Caesar für die republikanische Sache zu gewinnen. Davon kann selbstverständlich keine Rede sein. Dennoch sah es so aus, als habe Oktavian, der bis dahin immer die Rache für Caesar gefordert hatte, eine Kehrtwendung um 180 Grad vollzogen. Wandte er sich doch in dem Moment gegen Antonius, als dieser im Begriff war, gegen den Caesarmörder D. Brutus zu ziehen. Und akzeptierte er doch den Caesarmörder Casca als Volkstribunen. Schon Appian hat sich daher gefragt, wie Oktavian diese scheinbare Kehrtwendung seinen Truppen begreiflich machen konnte. Appians Erklärung, Oktavian habe in Alba den Offizieren seiner Legionen in einer Unterredung dargelegt, er wolle den Senat nur täuschen, ist jedoch von der Forschung mit Recht zurückgewiesen worden.[117] In Wirklichkeit hat sich Oktavian nicht einem republikanischen Senat zur Verfügung gestellt, um D. Brutus zu helfen, sondern einem Senat aus Caesarianern, dem Antonius zu mächtig wurde. Das war auch den Truppen begreiflich zu machen. Es ist allerdings verständlich genug, daß nicht nur Cicero, sondern auch Antonius – aus entgegengesetzten Motiven – die Lage anders darstellten. Man darf aber nicht vergessen, daß die ersten Angriffe gegen Antonius nicht von Cicero, sondern von dem Caesari-

---

[115] Es handelt sich offenbar um die Legionen, mit denen Oktavian schon in Apollonia Kontakte geknüpft hatte: Botermann 45ff. Die Enttäuschung über den Abbruch des vorbereiteten Partherfeldzuges mag auch eine Rolle gespielt haben, vgl. Levi, Ottaviano I 121.

[116] Gelzer, Cicero 364ff. Der Anlaß für die 3. Philippica war ein Edikt des D. Brutus, in dem er mitteilte, er werde seine Provinz behaupten und zur Verfügung von Senat und Volk halten: Cicero, Phil. 3, 8. – Zur Rolle Ciceros nach den Iden des März s. jetzt H. Bellen, Gymnasium 92, 1985, 161 ff. U. Ortmann, Cicero, Brutus und Oktavian, Diss. Bonn 1988. M. Fuhrmann, Cicero und die römische Republik, München 1990, 231 ff. Chr. Habicht, Cicero the Politician, Baltimore–London 1990, 68ff. Th. N. Mitchell, Cicero the Senior Statesman, New Haven–London 1991, 289ff.

[117] Appian, b.c. 3, 48, 194ff. Dazu Botermann 57ff.

aner L. Calpurnius Piso ausgingen. Trotz der Kampfansage vom 20. Dezember 44 dauerte es außerdem noch über vier Monate, bis Antonius wirklich zum *hostis* erklärt wurde. Die ersten dreieinhalb Monate des Jahres 43 vergingen sehr zum Mißvergnügen Ciceros ohne Kampfhandlungen und waren zum Teil mit Vermittlungsversuchen ausgefüllt. Insgeheim mochten manche Caesarianer hoffen, daß es inzwischen dem Antonius gelingen würde, den D. Brutus in Mutina zur Übergabe zu zwingen. Die Kämpfe wurden schließlich nicht von den senatorischen Truppen, sondern von Antonius in einer für ihn strategisch günstigen Lage durch einen Überraschungsangriff ausgelöst.[118] Antonius hatte damit den Krieg, den die Caesarianer im Senatslager im Grunde vermeiden wollten, von sich aus eröffnet.

Ciceros Agitation gegen Antonius war vom verfassungsrechtlichen Standpunkt aus höchst bedenklich. Als er am 20. Dezember 44 v. Chr. den Bruch mit Antonius herbeiführte, war dieser noch immer der rechtmäßig bestellte Consul. Cicero aber bewog den Senat, seine Autorität einem jungen Manne zu leihen, der offen gegen den rechtmäßigen Vertreter der Staatsgewalt rebelliert und der zudem öffentlich erklärt hatte, daß er nach der Stellung Caesars strebte.[119] Es ist verständlich, daß ein so überzeugter Republikaner wie der Caesarmörder M. Brutus den Schritt Ciceros niemals gebilligt hat.[120] Auf der anderen Seite konnte Cicero damit argumentieren, daß schon der alte Caesar in seinem ersten Consulat durch *per vim* zustande gekommene Gesetze seine Machtstellung begründet hatte. Man durfte daher nicht zulassen, daß Antonius sich in gleicher Weise wie Caesar eine Machtstellung errichtete und dann zum neuen Tyrannen über Rom machte.

Für den jungen Oktavian bedeuteten die Anerkennung durch den Senat und die im Januar 43 unter Ciceros Mitwirkung beschlossenen Ehren die Grundlage seiner ganzen künftigen Stellung. Der Senat legalisierte nicht nur Oktavians Pronunciamiento und übernahm die von dem jungen Caesar den Veteranen gegenüber eingegangenen finanziellen Verpflichtungen,[121] sondern verlieh dem jungen Mann auch ein proprätorisches *imperium*.

[118] Vgl. Rossi, Antonio 90ff., und Botermann 80ff. Rossi betont, daß führende Caesarianer wie Fufius Calenus, L. Caesar und andere bis zuletzt an einen Ausgleich mit Antonius dachten.
[119] Vgl. Levi, Ottaviano 139, zur 3. Philippica: «Il discorso, in sostanza, si fondò su una delle più audaci argomentazioni giuridiche che la storia dell' eloquenza romana ricordi.»
[120] Zur Haltung des M. Brutus s. M. Gelzer, RE X 1, 1918, 1008f. mit den Belegen.
[121] Alföldi, Oktavians Aufstieg 111.

Außerdem wurde der Neunzehnjährige in den Senat cooptiert mit dem Recht, bei Umfragen unter den Consularen seine Meinung zu äußern. Schließlich erhielt der junge Caesar das Privileg, sich 10 Jahre vor der gesetzlichen Frist um die Staatsämter, insbesondere um das Consulat bewerben zu dürfen. Welche Bedeutung Augustus selbst später diesen Beschlüssen beimaß, geht daraus hervor, daß er mit ihnen seine Res Gestae eröffnet.[122] Aber schon auf der Basis der ihm damals auf Antrag des Philippus beschlossenen vergoldeten Reiterstatue ließ Oktavian in ganz und gar unüblicher Weise eine Inschrift mit jenen Ehrenbeschlüssen anbringen.[122a] Am 7. Januar bediente sich der junge Caesar dann zum ersten Male seiner Feldherrenauspizien und rechnete diesen Tag später als seinen *dies imperii*. Das Privileg, sich vorzeitig um die höheren Ämter bewerben zu dürfen, hat Augustus in den Res Gestae nicht erwähnt. Dadurch, daß er aber schon dem als Nachfolger ins Auge gefaßten Marcellus später ebenfalls ein 10-Jahres-Privileg verleihen ließ und ebenso dann anderen Angehörigen seines Hauses ähnliche Privilegien erwirkte, interpretierte Augustus nachträglich die Befreiung von dem gesetzlichen Mindestalter als ein Herrscherprivileg.[123]

Nicht minder wichtig als die ihm verliehenen Rechte und Ehren war für den jungen Caesar, daß Cicero nicht bloß seine Rednergabe, sondern auch sein theoretisches und philosophisches Wissen einsetzte, um die Usurpation Oktavians zu rechtfertigen und als in einem höheren Sinne legitim erscheinen zu lassen.

In den Äußerungen Ciceros finden sich bereits wesentliche Gedanken und Elemente, die später in der sog. Prinzipatsideologie wiederkehren. Cicero apostrophiert Oktavian als *conservator civium*, sieht ihn als *princeps civium*, vergleicht ihn mit Alexander dem Großen und meint sogar, man könne den jungen Mann mit mehr Recht als den alten Caesar als *parens patriae* betrachten.[124] Der Sohn Caesars war sich sehr wohl bewußt, was

---

[122] RgdA 1. Die Bedeutung, die Ciceros Beredsamkeit für seinen Aufstieg hatte, wurde von Augustus selbst später in seiner Autobiographie ausdrücklich anerkannt, s. Malcovati, Augusti operum fragmenta p. 88 frg. VIII mit Kommentar. Die Ehren für Oktavian gingen übrigens noch über das von Cicero gewünschte Maß hinaus. Dazu Gelzer, Cicero 375 und Syme, RR 167 f. Wie sich in diesen Beschlüssen die Auflösung der bestehenden Rechtsordnung dokumentiert, hat J. Bleicken, Lex Publica 497 f., herausgearbeitet.
[122a] Cic. Ad Brutum 1, 15, 7. Vell. Pat. 2, 61, 3. Appian, b. c. 3, 209. Dio 46, 29, 2. E. A. Sydenham RRC Nr. 1316 und 1318. Dazu G. Alföldy, Gymnasium 98, 1991, 307 f. Leider ist das Datum der Aufstellung der Ehrenstatue nicht gesichert. D. Mannsperger, in Praestant interna (Festschrift U. Hausmann), Tübingen 1982, 331 ff., denkt an das Jahr 29 v. Chr.
[123] Th. Mommsen, RStR I 576.
[124] Vgl. Cic. Phil. 3, 14. 5, 28; 44; 48. 13, 25. Dazu F. Guizzi, Il principato 35 mit

diese Schützenhilfe Ciceros für ihn bedeutete. Nicht zufällig leitete Augustus später seine Res Gestae mit einem Satz ein, der sich eng an den Wortlaut der 3. Philippica anlehnte: *Annos undeviginti natus exercitum privato consilio et privata impensa comparavi, per quem rem publicam a dominatione factionis oppressam in libertatem vindicavi.*[125]

Politisch entwickelten sich die Dinge für Oktavian allerdings zunächst anders, als er erwartet hatte. Der Tod der beiden Consuln Hirtius und Pansa in bzw. kurz nach der Entscheidungsschlacht von Mutina[126] schuf für Oktavian eine neue Situation und sollte für ihn noch für lange Jahre sehr nachteilige Folgen haben. Denn die „Caesarianerfront gegen Antonius"[127] war damit ihrer anerkannten Führer beraubt. Das war für Oktavian um so gefährlicher, als es inzwischen der Agitation Ciceros gelungen war, der republikanischen Sache in Rom Freunde zu gewinnen. Die oft unterschätzte Leistung Ciceros ist von D. Stockton schön herausgearbeitet worden.[128] Wenn für einige wenige Monate in Rom die Zeit der Republik wiedergekehrt zu sein schien, so ist dies allein der Energie und dem rastlosen Einsatz Ciceros zu verdanken, der es verstand, einen widerstrebenden Senat auf die Seite der Republikaner zu ziehen (mit welch bedenklichen Mitteln auch immer). Erleichtert wurde Cicero seine selbstgestellte Aufgabe durch die Abwesenheit führender Caesarianer aus der Hauptstadt. A. Hirtius, der eine der beiden Consuln, und Oktavian standen gegen Antonius im Felde, und im Januar waren auch die einflußreichen Caesarianer

Anm. 74, und unten S. 213 Anm. 33. Zum Teil wurde Cicero die Argumentation von Oktavian geradezu suggeriert. Vgl. Cic. Att. 16, 11, 6: „... *ab Octaviano cotidie litterae, ut negotium susciperem ... iterum rem publicam servarem ...*" Vgl. unten S. 213 ff.

[125] RgdA 1. Vgl. Cic. Phil. 3, 5. Ein vergleichbarer Gedanke findet sich schon bei Caesar (bell. civ. 1, 22, 5), wo jedoch bezeichnenderweise von einer Befreiung des *populus Romanus*, nicht aber der *res publica* die Rede ist. Dazu F. Guizzi, Principato 28 f.

[126] Vgl. zum Folgenden H. Bengtson, Untersuchungen zum Mutinensischen Krieg, Kl. Schr., München 1974, 479 ff.

[127] Gelzer, Cicero 333.

[128] Stockton, Cicero 303: "For a few months the Republic of Rome became a sixty-three year old consular, long withdrawn from public affairs, with a pen in his hand and a tongue in his head, sometimes elated, often discouraged, but always relentlessly concentrated on the task in hand: the destruction of Antony and the restoration of normal government." Stockton betont, daß Ciceros politische Pläne nicht zuletzt auch an den enormen Kommunikationsschwierigkeiten scheiterten. Bei rascher Nachrichtenübermittlung hätte der Wegzug des M. Brutus in den Osten wohl verhindert werden können (Stockton 234 f.). Vgl. für das Folgende auch H. Bengtson, Die letzten Monate der römischen Senatsherrschaft, ANRW I 1, 1972, 967 ff., der leider die Ausführungen von Stockton nicht berücksichtigt hat.

L. Piso und L. Philippus, die sich auf eine Gesandtschaftsreise zu Antonius begeben hatten, aus Rom abwesend.[129] So gelang es Cicero schon Anfang Februar, die Anerkennung des M. Brutus als Statthalter von Makedonien durchzusetzen.[130] Dem Senat blieb auch kaum etwas anderes übrig. Denn Brutus hatte den Bruder des Antonius gefangengesetzt und konnte somit die italische Flanke im bevorstehenden Kampf gegen M. Antonius entlasten. Auf der anderen Seite bedeutete die Anwesenheit des Brutus in Makedonien eine Stütze für die Republikaner in Rom. Manche bis dahin Unentschlossene und einige der gemäßigten Caesarianer dürften daher plötzlich ihr Herz für die alte Republik entdeckt haben, zumal sie sich gegenüber Antonius immer mehr kompromittierten. Die weitere Entwicklung schien Cicero in die Hände zu arbeiten. Im März kam die Nachricht von den Erfolgen des Cassius im Osten nach Rom. Am 20. März verließ auch der Consul C. Vibius Pansa, eine wichtige Stütze der Caesarianer im Senat, die Hauptstadt. Bald danach wurde dann auf Betreiben Ciceros auch die Usurpation des Cassius vom Senat legalisiert.[131] Auch er erhielt wie zuvor schon Brutus ein Proconsulat mit einem *imperium maius*. Zugleich erhielt Sex. Pompeius, der inzwischen mit seinen See- und Landstreitkräften bei Massilia Stellung bezogen hatte, ein außerordentliches Kommando als *praefectus classis et orae maritimae*, womit seine Machtergreifung ebenfalls legalisiert worden war.[132] Wenn sich im Senat im Jahre 44 so etwas wie eine 'Partei' Oktavians gebildet hatte, eine Gruppe, die den jungen Erben Caesars unterstützte und als Gegengewicht gegen Antonius aufbaute, so löste sich diese 'Partei' nach dem *bellum Mutinense* auf. Oktavian verlor allen Rückhalt im Senat. Die Republikaner, obwohl ursprünglich eine Minderheit, gewannen die Oberhand. Wer sich nicht schon durch sein Eintreten für die republikanische Sache festgelegt hatte, zog es vor zu schweigen. Nur mit Mühe konnte Cicero Ende April seinen

---

[129] Die Gesandtschaft des Piso und des Philippus wurde am 4. Januar beschlossen und war am 4. Februar wieder in Rom, s. Gelzer, Cicero 375 ff.

[130] M. Antonius hatte seinem Bruder C. Antonius noch am 28. November 44 die Provinz Makedonien zuweisen lassen. – Brutus erhielt wie später Cassius ein *imperium maius*. S. allg. Gelzer a. O. 380 ff., Eva-Maria Kniely, Quellenkritische Studien zur Tätigkeit des M. Brutus im Osten (44–42 v. Chr.), Wien 1974, 10 ff. Vgl. Béranger, Récherches 79 ff., und J. Bleicken, Lex Publica 501, zu den *imperia* des Brutus und des Cassius. Vgl. auch E. Wistrand, The Policy of Brutus the Tyrannicide, Acta R. Soc. scient. et litt. Gothoburgensis, Humaniora 18, 1981, 1 ff. M. L. Clarke, The noblest Roman. Marcus Brutus and his reputation, London 1981, 47 ff. E. Rawson, Cassius and Brutus, in I. Moxon u. a., Past Perspectives, Cambridge 1986, 101 ff. = Roman Culture and Society 488 ff.

[131] Vgl. Gelzer a. O. 385. Anders E. Rawson, Cicero, London 1975, 283 und 287.

[132] Cic. Phil. 13, 13. Dazu E. Gabba in: Legio VII Gemina, Leon 1970, 154.

Antrag auf eine *ovatio* für Oktavian durchbringen. Eine nicht ganz schwache Gruppe im Senat hätte den jungen Caesar am liebsten völlig übergangen.[133] Für Oktavian wurde die Situation äußerst gefährlich. Selbst von seinem Mentor Cicero wurde das Wort kolportiert: *laudandum adulescentem, ornandum, tollendum.*[134] Gegenüber der wachsenden Macht der Republikaner schlossen außerdem die caesarianischen Generale ihre Reihen. Der Prätor P. Ventidius führte Antonius neue Truppen zu; und dieser ging mit einer Armee von 7 Legionen nach Gallien, wo er sich erst mit Lepidus, dann auch mit Asinius Pollio und Plancus vereinigte.[135]

Es spricht für die nüchterne Lagebeurteilung Oktavians, daß er sofort nach der Schlacht bei Mutina die Kampfhandlungen gegen Antonius einstellte und D. Brutus jede Unterstützung versagte.[136] Der junge Caesar wußte, daß er nun um eine Verständigung mit Antonius nicht mehr herumkam. Schon vor der Entscheidungsschlacht hatte Antonius dem Oktavian in offenen Briefen vorgeworfen, er stärke durch sein Verhalten die Partei der Pompeianer. Gegenüber der wachsenden Macht der Republikaner müßten die Caesarianer ihre Streitigkeiten beenden und sich zusammenschließen. Unter dem Schlagwort der *concordia* verstand es Antonius, eine äußerst erfolgreiche Propaganda zu entfalten.[137] Unter diesen Umständen konnte Oktavian den Krieg gegen Antonius nach Mutina gar nicht fortsetzen, selbst wenn er dies gewollt hätte. Seine Forderung, ihm das Consulat zu übertragen, zeigt jedoch, daß Oktavian bestrebt war, seine

[133] Botermann 135 mit A. 3. S. dagegen A. Keaveney–J. A. Madden, Phoenix 37, 1983, 245 ff., wonach für Oktavian damals keine *ovatio* beschlossen und von ihm auch keine *ovatio* gefeiert wurde. Dazu J. Humphrey–M. Reinhold, ZPap 57, 1984, 60 ff. Die damals beschlossenen Belohnungen für die Soldaten sollten von einer Senatskommission unter Umgehung Oktavians direkt den Truppen bekanntgegeben werden (Botermann 144 f.). Vell. Pat. 2, 65, 5 bezeichnet dies Verhalten des Senats als *ingratia*. Offensichtlich handelt es sich um ein Schlagwort der Propaganda Oktavians.

[134] Cic. fam. 11, 20, 1.

[135] Botermann 112 ff. Bengtson Kl. Schr. 520 f. Lepidus verfügte als Proconsul der Narbonensis und der Hispania Citerior über 7 Legionen. Asinius Pollio, der Statthalter der Hispania Ulterior, hatte 2 Legionen, als er sich mit Antonius vereinigte. Plancus, der Statthalter der Gallia Comata, hatte 3 Legionen bei sich, als er zu Antonius übertrat. Vgl. Botermann 197 ff. Zur Haltung des Asinius Pollio s. M. Gelzer, Die drei Briefe des Asinius Pollio, Chiron 2, 1972, 297 f. Zum Verhalten des Plancus s. P. Perrochat, La correspondence de Cicéron et de L. Munatius Plancus, REL 35, 1957, 172 ff., und G. Walser, Der Briefwechsel des L. Munatius Plancus mit Cicero, Basel 1957.

[136] Zum Schicksal des D. Brutus s. F. Münzer, RE Suppl. 5, 1931, 380 ff.

[137] Vgl. Botermann 70 und 77 f. und M. Gelzer a. O. (oben Anm. 135).

Position für die unumgänglichen Verhandlungen mit Antonius zu stärken. Er wollte seinem Gegenspieler als Consul mit dem Ansehen und den Vollmachten, die dieses Amt noch immer verlieh, entgegentreten können. Schon Anfang Mai war in Rom bekannt, daß Oktavian das Consulat verlangte. Ende Juli erschien dann eine Abordnung von Centurionen in Rom, die für den jungen Caesar ultimativ das Consulat, für die Soldaten die vor Beginn des Krieges versprochenen Gelder und außerdem für Antonius und seine Anhänger volle Restitution verlangte. Als der Senat diese Forderungen, wie nicht anders zu erwarten war, ablehnte, marschierte Oktavian zum zweiten Mal auf Rom. Die zwei vom Senat aus Afrika herbeigeholten Legionen gingen sofort zum jungen Caesar über, und jeder Widerstand brach zusammen. Am 19. August 43 ließ sich der noch nicht Zwanzigjährige zusammen mit seinem Onkel Q. Pedius zum Consul wählen.[138] Oktavian konnte sich nun endlich durch eine *lex curiata* seine Adoption durch Caesar in feierlicher Form bestätigen lassen. Aus dem Staatsschatz zahlte er seiner Armee die Hälfte der versprochenen Belohnung aus – immerhin noch 2500 Denare pro Mann. Auch das Volk ging nicht leer aus. Der Rest der in Caesars Testament ausgesetzten Legate an die Plebs wurde jetzt ausgezahlt. Durch ein Consulargesetz seines Kollegen Pedius wurde ferner gegen die Caesarmörder ein Sondergericht eingesetzt. Außer den Caesarmördern selbst verfiel auch Sex. Pompeius der Ächtung. Oktavian kam damit Antonius zuvor, der ihm öffentlich vorgeworfen hatte, er vernachlässige die Rache für Caesar. Erst als Oktavian mit seinen Truppen Rom bereits wieder verlassen hatte, wurde mit seinem

---

[138] Dazu A. Alföldi, Der Einmarsch Oktavians in Rom August 43 v. Chr., Hermes 86, 1958, 480ff. Die Datierung der von Alföldi herangezogenen Goldmünzen des L. Cestius und des C. Norbanus und die Deutung ihrer Darstellungen ist allerdings umstritten. Vgl. zur Interpretation der Münzbilder jetzt M. H. Crawford, Roman Republican Coinage I, Cambridge 1974, 500f. Nr. 491. Crawford glaubt wie Alföldi, daß diese Goldmünzen erst nach dem Einmarsch Oktavians in Rom geprägt wurden, da der republikanische Senat kein Geld für die Prägung gehabt hätte. Doch fand Oktavian im August 43 noch beträchtliche Summen im Aerarium. Die alte, einst von Th. Mommsen, Geschichte des römischen Münzwesens, Bln. 1860, 658 A 560 und 741, vertretene Auffassung, wonach diese EX SC geprägten Goldmünzen „unter der restaurierten Senatsherrschaft" geschlagen wurden, läßt sich daher nicht ganz ausschließen. Dagegen sind die *aurei* mit dem Kopf Oktavians und der Legende C CAESAR COS PONT AVG auf der Vorderseite und Kopf Caesars mit der Legende C CAESAR DICT PERP PONT MAX auf der Rückseite wohl unter dem ersten Consulat Oktavians geschlagen worden, vgl. J. B. Giard, Rev. Num. 1971, 90ff. Vgl. allgemein zur Münzpropaganda der Jahre 44–36 v. Chr. Ph. V. Hill, Quad. Tic. 4, 1975, 157ff., und zu den Prägungen der folgenden Jahre ebda. 5, 1976, 121ff.

Einverständnis auch die Ächtung des Antonius und des Lepidus und ihrer Anhänger wieder aufgehoben. Der junge Caesar hatte sich damit die Basis für die bevorstehenden Verhandlungen mit Antonius geschaffen.[139] Seinen früheren Freunden im Senat mußte allerdings das Vorgehen Oktavians als Verrat und Infamie erscheinen.

4. Das 2. Triumvirat und die Proskriptionen

Ende Oktober 43 kam es dann auf einem Inselchen im Flusse Renus nördlich von Bologna zu jener berühmten Zusammenkunft von Antonius, Lepidus und Oktavian, auf der das sog. 2. Triumvirat beschlossen wurde.[140] Wenn es damals zu einem Triumvirat und nicht zu einer Zweierherrschaft kam, so lag der Grund darin, daß bei der Verfeindung zwischen Antonius und dem jungen Caesar ein Dritter als Mittler erwünscht, ja notwendig war. Daß diese Mittlerrolle Lepidus übernahm, mußte zunächst eine Stärkung der Position des Antonius bedeuten. Denn Lepidus hatte durch seinen Anschluß an Antonius erst vor kurzem seine freundschaftliche Gesinnung jenem gegenüber erwiesen und war deswegen vom Senat sogar zum *hostis* erklärt worden. Die drei Machthaber trafen sich unter strengsten Sicherheitsvorkehrungen und konferierten drei Tage lang miteinander. Die drei beschlossen, als *tresviri rei publicae constituendae* die Macht unter sich zu teilen. Man hat dieses Amt nicht zu Unrecht als Tripel-Dictatur bezeichnet.[141] Auf Antrag des Antonius selbst war zwar im Vorjahr die Dictatur formell abgeschafft worden. Aber wenn zumindest Sulla als *dictator rei publicae constituendae* bezeichnet werden konnte, so waren Antonius, Lepidus und Oktavian seine Nachfolger, nur daß Rom jetzt statt eines Dictators drei Triumvirn erhielt.[142]

[139] Vgl. Botermann 153f. – Zur *lex Pedia* vgl. die stark hypothetischen Bemerkungen von A. Valvo, in: M. Sordi, Aspetti dell' opinione pubblica nel mondo antico, Mailand 1978, 111 ff.

[140] Zum Zustandekommen s. jetzt Botermann 155ff. Zu den Abmachungen von Bononia s. V. Fadinger, Prinzipat 31 ff.

[141] Vgl. Bengtson, Antonius 120.

[142] Vgl. E. Gabba, Athenaeum 98, 1970, 7. S. jetzt J. Bleicken, Zwischen Republik und Prinzipat, Göttingen 1990 (dazu K. Bringmann, HZ 256, 1993, 151 ff.). Daß unter den Triumvirn der Schein der Legalität aufrechterhalten wurde, zeigt schön ein Senatsbeschluß, der durch eine in Ephesos gefundene Kopie bekannt geworden ist. S. dazu K. Bringmann, Epigr. Anat. 2, 1983, 47ff. Vgl. allgemein ders., in: Alte Geschichte und Wissenschaftsgeschichte. Festschrift K. Christ, Darmstadt 1988, 22ff. Auf Grund einer neuen Inschrift nimmt L. Gasperini, Seconda Miscellanea Greca e Romana, Rom 1958, 381 ff., an, daß Caesar *dictator rei publicae constituen-*

Das Übergewicht des Antonius in diesem Dreibund zeigte sich besonders deutlich in der Verteilung der Provinzen. Antonius behielt mit der Cisalpina und der Gallia Comata die wichtigsten Provinzen im Westen. Während Lepidus die Narbonensis und Spanien bekam, sollte Oktavian Africa, Sizilien und Sardinien übernehmen. In Africa tobte aber damals ein Bürgerkrieg, und Sizilien und Sardinien waren durch die Flotte des Sex. Pompeius bedroht.[143] Oktavian mußte außerdem ebenso wie sein Vetter Pedius das Consulat niederlegen, das an zwei Anhänger des Antonius vergeben wurde.[144]

Am 27. November 43 erhielt dann das Triumvirat durch ein Plebiszit des Volkstribunen P. Titius Gesetzeskraft. Antonius, Lepidus und der junge Caesar wurden zu *tresviri rei publicae constituendae* mit weitgehenden Vollmachten auf 5 Jahre bestellt. Sie erhielten ein *imperium proconsulare*, das sowohl im Bereich *militiae* wie im Bereich *domi* gelten sollte. Änderungen im Wahlrecht erlaubten ihnen, ihre Kandidaten in die Ämter zu bringen und die Consuln schon mehrere Jahre im voraus zu designieren. Auch die Aushebung von Truppen und die Einhebung von Steuern scheint ihnen durch das Gesetz gestattet worden zu sein. Das Gesetz war, wie V. Fadinger[145] betont hat, sowohl dem Zustandekommen nach (unter militärischem Druck und unter Mißachtung der vorgeschriebenen Vorlagefrist) wie seinem Inhalt nach (als Aus-

---

dae war. M. Sordi, Epigraphica 31, 1969, 79 ff., bezieht die nur fragmentarisch erhaltene Inschrift jedoch auf Oktavian. Vgl. dazu M. Jehne, Der Staat des Dictators Caesar, Köln 1987, 29 f. A. 58.

[143] Oktavian hatte Sex. Pompeius auf Grund der *lex Pedia* ächten lassen, obwohl Sextus an der Ermordung Caesars keinerlei Anteil hatte: Dio 46, 48. 47, 12, 2. 48, 17, 1. Zum Itinerar des Sex. Pompeius vgl. jetzt B. Schor, Beiträge zur Geschichte des Sex. Pompeius, Stuttgart 1978, 6 ff. bes. 32 ff. – R. E. A. Palmer, Athenaeum 1978, 315, betont, daß Antonius mit den Kornprovinzen Afrika, Sizilien und Sardinien dem Oktavian "virtually gave ... the administration of the city". – In den Augen von Antonius nahm nach P. Wallmann, Münzpropaganda in den Anfängen des Zweiten Triumvirats (43/42 v. Chr.), Bochum 1977, 29, Oktavian zunächst nach Lepidus die 3. Stelle im Triumvirat ein (vgl. ebda. 37). Vgl. ders., Triumviri Re Publicae Constituendae. Untersuchungen zur politischen Propaganda im Zweiten Triumvirat (43–30 v. Chr.), Frankfurt a. M. 1989.

[144] Um den Dreibund zu festigen, hatte sich Oktavian schließlich mit Clodia, einer Stieftochter des Antonius, zu verloben. Seine Verlobung mit der Tochter des P. Servilius Isauricus wurde damals offenbar gelöst. Vgl. Suet. Aug. 62. Dio 46, 56, 3.

[145] Fadinger, Prinzipat 48 ff. Zu den Vollmachten der Triumvirn s. Millar, JRS 63, 1973, 50 ff., sowie J. Bleicken und K. Bringmann (oben Anm. 142). Zur Frage der Anwendbarkeit der modernen Begriffe Legalität und Legitimität auf die römischen Verhältnisse s. H. Kloft, Historia 29, 1980, 334 mit Anm. 1.

Die Proskriptionen 39

nahmegesetz) illegal. Andrerseits konnten sich die drei Machthaber auf einen übergesetzlichen Notstand berufen. Selbst Cicero hatte ja in seiner Schrift über den Staat einer *dictatura rei publicae constituendae* das Wort geredet und vielleicht von Pompeius und eine Zeitlang wohl auch von Caesar eine *constitutio rei publicae* erwartet.[146] Auch Sallust hatte Caesar gegenüber ähnliche Erwartungen geäußert.[147] Nach der Ermordung Caesars, nach den Gewalttakten des Sex. Pompeius und den Usurpationen des Brutus und Cassius mußte eine *constitutio rei publicae* doppelt notwendig erscheinen.[147a]

Zunächst mußten allerdings die Gegner der Triumvirn niedergeworfen werden. Mit dieser Aufgabe ließ sich auch die Erstreckung des Triumvirats auf fünf Jahre rechtfertigen. Dennoch deutete gerade die von vornherein auf 5 Jahre berechnete Laufzeit des Triumvirats darauf hin, daß es den Machthabern offenbar weniger um eine schleunige Wiederherstellung der *res publica* als vielmehr um eine Absicherung ihrer persönlichen Machtstellung ging.

Der Sicherung der persönlichen Machtstellung der Dreimänner dienten auch die schon in der Konferenz bei Bologna beschlossenen Proskriptionen,[148] denen insgesamt 300 Senatoren und 2000 Ritter zum Opfer gefallen sein sollen und von denen auch Cicero nicht verschont wurde. Dieser blutige Terror sollte für alle Zeiten einen düsteren Schatten auf das Bild des Caesar Augustus werfen. Dennoch wird man Sueton Glauben schenken dürfen, der berichtet, daß sich Oktavian lange Zeit den von seinen beiden Kollegen verlangten Ächtungen widersetzt hat.[149] Der Rache für Caesar war mit der *lex Pedia* Genüge getan. Oktavian persönlich hatte im

---

[146] Vgl. oben Anm. 69. Zu Ciceros Ausführungen in der Rede *pro Marcello* s. M. Gelzer, Caesar 260 ff., und: Cicero 279 ff.

[147] Man neigt heute dazu, die *Epistulae ad Caesarem* als ein genuines Werk Sallusts zu betrachten. Vgl. E. Pasoli, Problemi delle Epistulae ad Caesarem Sallustianae, Bologna 1970. Ältere Literatur bei A. D. Leeman, A Systematical Bibliography of Sallust (1879–1964), Leiden² 1965, 52 ff. Nr. 608 ff. Dazu jetzt G. A. Lehmann, Reformvorschläge 52 ff. mit Anm. 91.

[147a] Vgl. dazu D. Kienast, Kleine Schriften 389 ff., bes. 392 ff.

[148] Zu den Proskriptionen s. R. S. Conway, The Proscriptions of 43 B.C., Harvard Lecture, Cambridge/Mass. 1928, und H. Bengtson, Zu den Proskriptionen der Triumvirn, Sb. München, phil.-hist. Kl. 1972, Heft 3 mit weiterer Lit. Dazu F. Hinard, Les proscriptions de la Rome républicaine, Rom 1985, 227 ff. L. Schumacher, Servus Index 92 ff. Vgl. auch W. C. McDermott, Gymnasium 79, 1972, 495 ff. (zu Suet. Aug. 27), und M. Volponi, Lo sfondo italico della lotta triumvirale, Genua 1975, 76 ff., sowie L. Canfora, Klio 62, 1980, 425 ff. E. Mutti Ghisi, La centuriazione triumvirale dell' agro Mantovano, Brescia 1981. Vgl. unten S. 289 m. A. 259.

[149] Suet. Aug. 27.

Senat keinen Todfeind. Die Opfer der Proskriptionen waren seine früheren Verbündeten und die heftigsten Gegner des Antonius gewesen. Cicero war, was immer er denken mochte, in der Öffentlichkeit bis zuletzt als der wirkungsvollste und einflußreichste Propagandist des jungen Caesar aufgetreten. Zwei Tage soll sich denn auch Oktavian um Schonung für Cicero bemüht haben – jedoch vergeblich.[150] Mochten dem Oktavian viele Senatoren die Rache für seinen Adoptivvater noch als ein Gebot der *pietas* verzeihen, seine Teilnahme an den Proskriptionen konnten sie nur als Verrat empfinden. Oktavian wußte das wohl, war aber zu schwach, sich gegen Antonius und Lepidus durchzusetzen. Er hat sich dann bei der Durchführung der Ächtungsbeschlüsse härter gezeigt als seine Kollegen, weil er offenbar erkannte, daß er sich dem Senat gegenüber doch unwiderruflich kompromittiert hatte.

Das Beispiel für die Ächtung des Jahres 43 hatte Sulla geliefert. Anders als Sulla handelten jedoch die Triumvirn aus einer gewissen Zwangslage heraus. Man darf nicht vergessen, daß im Jahre 44 die Republikaner ihre weitverzweigte Klientel in Italien gegen Antonius mobilisiert hatten. Die reichen Ritter in Rom und in den Munizipien finanzierten teilweise die konservative Revolution, und die Jungmannschaft der italischen Munizipien füllte die neuen Legionen der Republikaner.[151] In dem Existenzkampf, in den die Caesarianer verwickelt waren, mußten daher die republikanischen Kräfte selbst nach einem Sieg der Triumvirn eine potentielle Gefahr bleiben, solange Sex. Pompeius und die Republikaner das Meer beherrschten und solange Brutus und Cassius noch ungeschlagen waren. Ehe Antonius und Oktavian den Kampf gegen diese aufnehmen konnten, mußten sie daher Italien fest in ihre Hand bringen. Das war der Hauptzweck der Proskriptionen des Jahres 43. Im Gegensatz zu den sullanischen Proskriptionen waren sie eher ein Akt der Notwehr und nicht so sehr ein Ausbruch leidenschaftlichen Hasses (das natürlich teilweise

---

[150] Vgl. H. Homeyer, Die antiken Berichte über den Tod Ciceros und ihre Quellen, Baden-Baden 1964, und Helikon 17, 1977, 56 ff. Über die Haltung Oktavians s. dort S. 12 mit Lit. Dazu W. Schmitthenner, The armies of the triumviral Period 165 f.: "Many decisions – above all the large-scale expropriations – would accuse Octavian of being a bad politician – which he certainly was not – if he had made them of his own free will." Vgl. auch B. Manuwald, Cassius Dio und Augustus 71 ff. (zu Dio 47, 7).

[151] Zur Haltung der Ritter s. Cicero, Phil. 7, 21 ff. und 24. Dazu M. Gelzer, Cicero 375, R. Syme, RR 169 ff., und L. Polverini, Aevum 38, 1964, 279 ff. Pansa hat im J. 43 in Italien fünf neue Legionen ausgehoben (Cic. fam. 10, 29, 1. Obsequens 69. Appian, b. c. 3, 374). D. Brutus hatte in der Transpadana zwei weitere Legionen neu aufgestellt. Vgl. Brunt, Manpower 481, und M. Volponi, Lo sfondo italico 55 ff. Dio 47, 14, 1.

Die Proskriptionen   41

auch). Der Gegner sollte aber vor allem so lange ausgeschaltet werden, bis die Triumvirn das Heft fest in der Hand hatten. Eine Verfolgung und Diffamierung bis ins dritte Glied, wie sie Sulla durchgesetzt hatte, haben die Machthaber des Jahres 43 offenbar niemals auch nur erwogen. Diese kündigten sogar an, daß den Frauen der Proskribierten ihre Mitgift, den Söhnen je ein Zehntel und den Töchtern je ein Zwanzigstel ihres väterlichen Vermögens überlassen werden sollte. (Allerdings wurde dieses Versprechen nur selten eingehalten.)[152] Die Ankündigung zeigt aber, daß finanzielle Gründe bei den Ächtungen des Jahres 43 höchstens eine sekundäre Rolle gespielt haben. Gewiß war es den Triumvirn nicht unlieb, wenn durch die Güterkonfiskationen auch Geld in ihre Kasse kam. Aber auch das Vorgehen gegen die reichen Ritter entsprang doch wohl in erster Linie politischen Überlegungen. Man wollte nicht nur die senatorischen Häupter der republikanischen Partei, sondern auch deren Klientel und vor allem die Finanzmänner im Hintergrund treffen. Im übrigen brachte der Verkauf der eingezogenen Güter bei weitem nicht den erwarteten Erlös. Die Triumvirn beschlossen daher, eine Steuer auf das Vermögen der reichen Damen der Gesellschaft zu legen und eine allgemeine Zwangsanleihe bei den Besitzenden aufzunehmen.[153]

Die Proskriptionen und die angekündigte Enteignung von 18 italischen Gemeinden zugunsten von Veteranenansiedlungen stürzten Italien in ein Chaos. Die moralischen Schäden, welche die Schreckenszeit der Proskriptionen zur Folge hatte, werden in unseren Quellen in lebhaften Farben geschildert.[154] Nicht weniger gravierend waren aber die wirtschaftlichen Schäden. Die Enteignungen und Güterverkäufe führten zu schweren Störungen der italischen Wirtschaftsstruktur und bewirkten einen allgemeinen Verfall der Immobilienpreise.[155] Das unmittelbare politische Ziel der Triumvirn, die politischen Gegner auszuschalten und sich für den bevorstehenden Krieg im Osten den Rücken zu sichern, wurde jedoch erreicht.

---

[152] Dio 47, 14, 1.

[153] Appian, b.c. 4, 135ff. Dio 47, 14, 2 und 16, 1. Vgl. Syme, RR 195.

[154] Vgl. bes. Appian, b.c. 4, 16ff. Zur sog. Laudatio Turiae, einer inschriftlich erhaltenen Grabrede für eine Frau (Turia?), die ihrem proskribierten Mann (Lucretius Vespillo? Durmius?) das Leben gerettet hat, s. D. Flach, Die sogenannte Laudatio Turiae, Darmstadt 1991, mit deutscher Übersetzung und Kommentar, und W. Kierdorf, Laudatio funebris, Meisenheim 1980, 33ff. und 139ff. mit weiterer Lit. Zur Identifikation des Gatten der verstorbenen Frau s. auch F. Della Corte, Giorn. ital. de filol. 3, 1950, 146ff., und allgemein zu den Personen der Inschrift A. E. Gordon, Epigraphica 39, 1977, 7ff.

[155] Appian, b.c. 4, 133ff.

5. Von Philippi bis Misenum

Den äußerst blutigen Sieg von Philippi verdankten die Caesarianer im wesentlichen dem Antonius. Oktavian hatte wegen einer schweren Krankheit[156] an der ersten Schlacht bei Philippi nicht selbst teilnehmen können und soll sich nach der Schlacht drei Tage lang in den dortigen Sümpfen verborgen gehalten haben. In der zweiten Schlacht erzielten zwar Oktavians Truppen als erste den Durchbruch, dennoch konnte sich Antonius mit Recht als der eigentliche Sieger von Philippi betrachten. Das kam auch in der nach dem Sieg ausgehandelten Neuverteilung der Aufgaben zum Ausdruck. Antonius behielt die Gallia Comata und bekam dazu an Stelle der zu Italien geschlagenen Cisalpina anscheinend das alte Africa. Antonius übernahm außerdem die Aufgabe, die Verhältnisse im Osten zu befrieden und neu zu ordnen sowie Geld für die Ansiedlung von Veteranen bereitzustellen. Oktavian erhielt die beiden Spanien und vorläufig das numidische Afrika. Sardinien und Sizilien waren von der Verteilung ausgenommen, da sie inzwischen von Sex. Pompeius besetzt worden waren. Den Kampf gegen Sex. Pompeius sollte Oktavian übernehmen, der außerdem die entlassenen Veteranen in Italien anzusiedeln hatte. Im übrigen sollte Italien von den Triumvirn gemeinsam verwaltet werden. Diese Abmachungen wurden schriftlich fixiert und in Gegenwart von Zeugen versiegelt. Antonius und Oktavian bekamen jeder eine Kopie. Ein Beweis, wie wenig die Machthaber einander trauten.[157]

Die Aufgabenverteilung war offensichtlich wieder das Ergebnis zäher Verhandlungen. Am Ende dieser Verhandlungen mußte sich Antonius als Sieger fühlen. Oktavian sollte von seinen drei Provinzen unter bestimmten Bedingungen eine an Lepidus übergeben, nämlich Africa. Lepidus sollte dafür auf Spanien verzichten. Die Provinzen Oktavians waren für diesen außerdem nur schwer zugänglich. Den Landweg nach Spanien konnte Antonius mit seinen Legionen jederzeit sperren, während der Seeweg nach Afrika und Spanien durch die Flotte des Sex. Pompeius gefährdet war.[158]

[156] Nach A. Esser, Caesar 47f., litt Oktavian an „Hautwassersucht" und Kreislaufbeschwerden.

[157] Appian, b.c. 5, 10ff. Dio 48, 1, 2ff. Zu den Abmachungen nach Philippi s. allg. H. Buchheim, Orientpolitik 9ff. Nach Rossi, Antonio 123ff., wurden nur die Provinzen des Westens neu verteilt, der Osten wurde en bloc dem Antonius zugewiesen „comte territorio da riconquistare e riordinare".

[158] So P. Wallmann, Symb. Osl. 51, 1976, 121. Cn. Domitius Ahenobarbus scheint damals noch in der Adria operiert zu haben, vgl. F. W. Shipley, Wash. Univ. Studies N. S. 3, 1930, 74. – Lepidus erhielt die beiden afrikanischen Provinzen erst im Jahre 40 nach dem Ende des Perusinischen Krieges: Appian, b.c. 5, 223. Dio 48, 20, 4 und 23, 5.

Bevor aber Oktavian an einen effektiven Kampf gegen Pompeius denken konnte, mußte er zunächst die Lage in Italien wieder stabilisieren. Italien war ausdrücklich von einer Verteilung der Amtsbereiche ausgenommen worden und sollte von den Triumvirn gemeinsam verwaltet werden. Hier hatte Oktavian außer mit Lepidus auch mit L. Antonius, dem Bruder des Triumvirn, zu rechnen. Unter diesen Umständen die Veteranen von 28 Legionen in Italien anzusiedeln, war eine Aufgabe, an der ein anderer als der junge Caesar wohl zerbrochen wäre. Dieser hat sich aber anscheinend gerade diese Aufgabe ausbedungen und dafür auch die mit ihr verbundenen Nachteile in Kauf genommen.[159]

Nach einer Angabe Appians habe Oktavian 28 Legionen, insgesamt über 170000 Mann, anzusiedeln gehabt und habe tatsächlich sogar 34 Legionen mit Land versorgt. Man hat jedoch inzwischen erkannt, daß Appian ein Irrtum unterlaufen sein muß; denn offenbar sollten keine geschlossenen Legionen, sondern nur die Veteranen aus den Legionen angesiedelt werden. Dafür sollten 18 italische Städte ihren Boden hergeben, weitere Gemeinden hatten ebenfalls Land abzutreten.[160] Die Zahl der tatsächlich angesiedelten Veteranen wird heute auf 50000–60000 Mann geschätzt.[161] Diese Zahlen gewinnen jedoch erst ihr richtiges Relief, wenn man berücksichtigt, daß auch Sulla einst nicht mehr als 80000 Veteranen (eher weniger) angesiedelt hat. Sulla hatte damit erreicht, *totam Italiam suis praesidiis obsidere atque occupare.*[162] Wenn es dem jungen Caesar gelang, die Ansiedlung der Veteranen wirklich durchzuführen, dann konnte er sich damit in Italien eine ähnlich unangreifbare Machtstellung verschaffen wie einst Sulla. Das wußte Oktavian selbstverständlich. Darum vergrößerte er von sich aus die Zahl der Ansiedlungsberechtigten und versorgte mehr Soldaten mit Land, als vorgesehen war.[163] Die schließliche Ansiedlung einer so großen Zahl von

---

[159] Nach Shipley a. O. habe Antonius dem Oktavian bewußt die undankbare Aufgabe in Italien zugeschoben. Appian, b.c. 5, 11 berichtet jedoch, Oktavian habe wegen seiner Krankheit selbst den italischen Aufgabenbereich gewählt. Dazu s. jetzt P. Wallmann, Symb. Osl. 51, 1976, 121 ff., der mit Recht die Auffassung ablehnt, der Vertrag von Philippi sei ein Diktat des Antonius gewesen.

[160] Oktavian hatte schon vor der Schlacht von Philippi die beiden Gemeinden Rhegium und Vibo Valentia wieder von der Liste der 18 Städte gestrichen: Appian, b.c. 4, 362.

[161] Schmitthenner, Armies 62f. Brunt, Manpower 328f. und 488f. P. Wallmann, Talanta 6, 1975, 67ff. Vgl. I. Hahn, AAHung 17, 1969, 207ff.

[162] Was Cicero (De leg. agr. 1, 17ff. und 2, 75) dem Rullus als Absicht unterstellte. – Zu Sullas Ansiedlungen in Italien s. Appian, b.c. 1, 447f. u. 489, der allerdings wohl eine zu hohe Zahl nennt.

[163] Nach E. Gabba, Harv. Studies 75, 1971, 139ff., übertraf Oktavians Siedlungswerk noch die Kolonisation Sullas. Doch stützt sich Gabba auf die wohl zu hohen

Menschen war zweifellos eine große, oft zu wenig gewürdigte Leistung Oktavians. Die Bürgerkriegsarmeen rekrutierten sich ja zumeist aus den Söhnen italischer Bauern und Landarbeiter.[164] Die Wiedereingliederung der ausgedienten Soldaten in den Wirtschaftsprozeß darf man daher getrost auch als eine sozialpolitische Tat bezeichnen, mit der sich der junge Oktavian erstmals als echter Nachfolger Caesars bewährte. Die negativen Folgen der Veteranendeduktionen sollten allerdings nicht ausbleiben. Die zahllosen Enteignungen führten zu einer schweren Agrarkrise, die in Verbindung mit der Blockade des Sex. Pompeius ernste Versorgungsschwierigkeiten in der Hauptstadt Rom zur Folge hatten. Die von Haus und Hof Vertriebenen rotteten sich zu Räuberbanden zusammen oder verstärkten in Rom die Plebs urbana. Oktavian, den die städtische Masse nicht zu Unrecht für ihr Elend verantwortlich machte, büßte bald alle Popularität ein.[165]

Für Oktavian aber war es eine Existenzfrage, sich das Wohlwollen der Veteranen zu erhalten. Wenn Antonius die Bedeutung der Veteranenansiedlungen vielleicht zunächst nicht in ihrem vollen Umfang erfaßt hatte, so sollte er seine Fehleinschätzung doch sehr schnell erkennen. Die Schwierigkeiten, die der Consul L. Antonius bald dem Oktavian bereitete und die zum *bellum Perusinum* führten, geschahen offenbar nicht ganz ohne Einverständnis seines Bruders.[166] Für Oktavian rächte es sich jetzt

Zahlen Appians. – F. T. Hinrichs, Historia 18, 1969, 537 ff., hat betont, daß die Triumvirn nicht nur die Kolonisationsführer, sondern auch die Mensoren für die Landassignationen noch vor Philippi bestimmt haben. (Ein noch bruchstückhaft erhaltenes Edikt regelte die Modalitäten der Landverteilung und bestimmte die Einsetzung von Mensoren.) Oktavian konnte daher nach seiner Rückkehr aus Griechenland einen großen Teil der Veteranensiedlungen anscheinend in wenigen Monaten durchführen . – Vgl. allgemein zu den Ansiedlungen nach Philippi jetzt H.-Chr. Schneider, Das Problem der Veteranenversorgung in der späteren römischen Republik, Bonn 1977, 206 ff., und M. Volponi, Lo sfondo italico 85 ff. sowie N. Belayche, Rome, la péninsule Italienne et la Sicile de 218 à 31 avant notre ère, Paris 1994, 380 ff. mit Literatur.

[164] Dazu P. A. Brunt, JRS 52, 1962, 80 ff., und Manpower 408 ff., 480 ff., 509 ff. Einseitig negativ beurteilte Schneider a. O. 224 f. die Veteranensiedlungen.

[165] Dazu ausführlich Yavetz, Plebs 83 ff. Zum Schicksal der Dichter Vergil, Horaz und Properz s. Schneider, Veteranenversorgung 218 f. Doch dürfte das zur Verteilung gelangte Land nur zum Teil durch die Vertreibung von Altbesitzern, zu einem guten Teil jedoch auch durch Parzellierung von Gemeindeland und von Latifundien gewonnen worden sein. Vgl. zum Problem P. A. Brunt, Manpower 326 ff. – Zum Charakter des Perusinischen Krieges als des letzten *bellum Italicum* s. L. Polverini, Aevum 38, 1964, 443.

[166] Nach Rossi, Antonio 128 ff., sei vor allem Oktavian für die Ereignisse in Italien verantwortlich gewesen, während M. Antonius davon völlig überrascht worden sei. Dagegen s. jedoch Buchheim, Orientpolitik 30 ff. Daß es L. Antonius zum be-

bitter, daß er durch die Ereignisse des Jahres 43 allen Rückhalt im Senat verloren hatte. Zwar hatte Oktavian schon auf der Rückreise von Makedonien den Senatoren seine Milde versprochen und hatte später sogar den Grundbesitz der Senatoren von den Landverteilungen ausgenommen (was zu schweren Unruhen unter den Veteranen führte, die Oktavian fast das Leben gekostet hätten).[167] Dennoch konnte der Consul L. Antonius mit seiner Agitation gegen die ungesetzliche Ausnahmegewalt der Triumvirn die Zustimmung des Senates gewinnen, der Oktavian und Lepidus sogar zu *hostes* erklärte. Gerade das Bündnis mit den Besitzenden aber und die Propaganda mit der republikanischen *libertas* machte den Consul L. Antonius in den Augen der Soldaten suspekt. Denn da L. Antonius den Triumvirat für ungesetzlich erklärt hatte, wären mit den übrigen Amtshandlungen der Triumvirn auch die Landassignationen hinfällig geworden. Das erklärt auch das Zögern der Generale des M. Antonius, dem Consul zu Hilfe zu eilen, nachdem es dem Oktavian gelungen war, ihn in Perusia einzuschließen.[168] Oktavian konnte sich ohne allzu große Schwierigkeiten als Vertreter der Interessen der Caesarianer gegen die Optimatenrepublik bei den caesarischen Veteranen Gehör verschaffen. Auch M. Antonius selbst hielt es unter diesen Umständen für das klügste, sich aus der Auseinandersetzung herauszuhalten.

So mußte L. Antonius schließlich Ende Februar 40 kapitulieren. Oktavian gewährte ihm Verzeihung und schickte ihn als seinen Legaten nach Spanien, wo L. Antonius allerdings bald darauf starb. Auch den Truppen des L. Antonius wurde Verzeihung gewährt. Ein furchtbares Strafgericht erging dagegen über Perusia. Die alte und reiche Etruskerstadt wurde den Truppen zur Plünderung überlassen. Der Stadtrat und viele Republikaner, Senatoren und Ritter, die hier ihre letzte Zuflucht gefunden hatten, wurden hingerichtet. Es wird berichtet, daß Oktavian an den Iden des März 40 dreihundert Senatoren und Ritter am Altar des Divus Julius wie Opfertiere hinschlachten ließ.[169]

---

waffneten Konflikt kommen ließ, scheint allerdings nicht im Sinne seines Bruders gewesen zu sein. Appian, b.c. 5, 213 ff. Dio 48, 20, 3. Zur Gestalt des L. Antonius s. J.-M. Roddaz, Historia 37, 1988, 317 ff.

[167] Dazu E. Gabba, Harv. Studies 75, 1971, 147.

[168] Vgl. E. Gabba, Appian 1. V p. XLVII ff., und P. Wallmann, Talanta 6, 1975, 58 ff. Zur Finanzierung seiner Kriegführung machte Oktavian Zwangsanleihen bei den berühmtesten Heiligtümern Mittelitaliens, dem Tempel der Juno Sospita in Lanuvium, der Fortuna in Antium, des Hercules in Tibur und der Diana von Aricia. Auch die Schätze des kapitolinischen Tempels in Rom eignete Oktavian sich an (Appian b.c. 5, 97). Zum Schicksal von Veji im Perusinischen Krieg s. I. Bitto, Riv. Stor. Ant. 1, 1971, 109 ff. mit weiterer Lit. – Vgl. auch W. V. Harris, Rome in Etruria and Umbria, Oxford 1971, 299 ff.

[169] Suet. Aug. 15. Appian, b.c. 5, 201 ff. Dio 48, 14, 3 ff. Dazu Weinstock, Divus Ju-

Dieses Vorgehen bildet einen krassen Gegensatz zu der maßvollen Behandlung des L. Antonius und auch der Fulvia, die ungehindert zu ihrem Bruder nach Athen reisen durfte. Diese maßvolle Behandlung der Antoniusfamilie und der Antonianer erklärt sich daraus, daß der junge Caesar die Macht des M. Antonius noch zu fürchten hatte, war aber auch ein geschickter politischer Schachzug. Denn nun konnte das Gerücht aufkommen, der ganze Perusinische Krieg sei nur ein abgekartetes Spiel gewesen, um auch die letzten Republikaner zu kompromittieren und zu vernichten.

Im Sommer 40 starb dann überraschend der Statthalter des Antonius in Gallien Q. Fufius Calenus, und Oktavian benutzte sogleich die Gelegenheit, unter Bruch der triumviralen Abmachungen die gallischen Provinzen mit den dort stehenden 11 Legionen in seine Gewalt zu bringen.[170]

M. Antonius hatte den Winter in Alexandria verbracht. Auf die Nachricht von dem verheerenden Einfall der Parther in Syrien fuhr er zunächst nach Tyros und wandte sich dann nach Kleinasien. Auf der Reise dorthin wurde er von seiner Gattin Fulvia über den Ausgang des Perusinischen Krieges unterrichtet.[170a] Auf Bitten der Fulvia änderte der Triumvir sofort seine Pläne und segelte nach Athen, wo er mit der Fulvia und einigen seiner aus Italien geflüchteten Anhänger zusammentraf. Gleichzeitig erschienen Gesandte des Sex. Pompeius, die dem Triumvirn ein Bündnis gegen Oktavian anboten. Antonius war zu einem Zusammengehen mit Pompeius bereit, falls mit Oktavian kein allgemeiner Friede zustande käme, in den auch Pompeius eingeschlossen wäre.[171] Wenig später unterstellte sich auch der alte Republikaner Cn. Domitius Ahenobarbus mit seiner Flotte dem Oberkommando des Antonius.[172]

Oktavian sah sich plötzlich aufs neue vor eine äußerst bedrohliche Si-

---

lius 398f., der mit Recht für die Authentizität der Überlieferung eintritt, die Zahlenangaben jedoch für übertrieben hält. Anders F. Blumenthal, Wiener Studien 35, 1913, 283f., der die Geschichte für eine Legende hält. Vgl. auch B. Manuwald, Cassius Dio und Augustus 217ff., sowie W. Hoffmann, Gymnasium 66, 1959, 464 mit Anm. 10 (Parallelen aus der Spätrepublik). – Damals wurde auch die Juno von Perusia nach Rom verpflanzt und erhielt dort unter dem Namen Juno Martialis einen Tempel, vgl. R. E. A. Palmer, Athenaeum 1978, 324.

[170] Appian, b.c. 5, 213ff. Dio 48, 20, 3.

[170a] Nach Rossi, Antonio 123ff., konnte sich Antonius nach Philippi als „padrone de facto dello stato romano" fühlen. An einen großen Partherkrieg habe der Triumvir noch im Winter 41/40 nicht gedacht. Der Parthereinfall und der Perusinische Krieg seien daher eine unangenehme Überraschung für Antonius gewesen. Vgl. auch E. Gabba, L'attegiamento di M. Antonio durante la guerra di Perugia, Appiani 1. V. p. LVff. Zur Vorgeschichte des Vertrages von Brundisium und zu den damals getroffenen Abmachungen s. Buchheim, Orientpolitik 35ff.

[171] Appian, b.c. 5, 217f.

[172] Appian, b.c. 5, 230ff.

tuation gestellt. Eben war er mit Mühe in Italien Herr der Lage geworden und mußte nun fürchten, daß seine Position sogleich wieder schwer erschüttert würde. Antonius verfügte nicht nur über die in Makedonien verbliebenen Veteranenlegionen, sondern war auch Herr der See. Im Bunde mit Sex. Pompeius und Domitius Ahenobarbus konnte er Italien praktisch aushungern. Die Dinge sahen sich für Oktavian so verzweifelt an, daß selbst dessen alter Freund Salvidienus Rufus, der kurz zuvor das Kommando über die gallischen Legionen übernommen hatte, in geheime Verhandlungen mit Antonius eingetreten zu sein scheint.[173]

Oktavian versuchte damals auch seinerseits, Beziehungen zu dem Pompeianern aufzunehmen und heiratete im Winter 40/39 die Scribonia, eine Schwester des L. Scribonius Libo. Dieser war das Haupt einer Gruppe republikanischer Flüchtlinge bei Sex. Pompeius, die eine eigenständige Politik betrieben und wenig später im Vertrag von Misenum über den Kopf des Pompeius hinweg ihre Restituierung erreichen konnten. Oktavian hatte aus der schon Ende 39 wieder geschiedenen Ehe mit Scribonia seine einzige Tochter Julia.[174]

Antonius landete tatsächlich in Italien und begann mit der Belagerung von Brundisium, das dem Triumvirn die Tore verschloß. Doch die unnatürliche Allianz zwischen Antonius und den Republikanern konnte nicht von Dauer sein. Die Veteranen des Antonius weigerten sich, gegen ihre Kameraden auf seiten Oktavians zu kämpfen, und die Freunde der Machthaber rieten zum Frieden. So kam es nach längeren Verhandlungen zum Vertrag von Brundisium.[175] Oktavian erhielt die westlichen, Antonius die östlichen Provinzen.[176] Oktavians eigenmächtige Inbesitznahme Galliens wurde damit von Antonius ausdrücklich anerkannt. Lepidus wurde mit Africa abgefunden. Wenn es zu keinem Übereinkommen käme, sollte Oktavian den Krieg gegen Sex. Pompeius führen. Antonius sollte gegen die Parther zie-

---

[173] Vell. Pat. 2, 76, 4. Appian, b.c. 5, 278f. Dio 48, 33, 1. Vgl. F. Münzer, RE IA 2, 1920, 2019ff. Nr. 4.

[174] Appian, b.c. 5, 221 ff. Dazu Buchheim, Orientpolitik 35f. mit Anm. 74 und 75. – Zu Scribonia s. J. Scheid, MEFRA 87, 1975, 349ff. – Vgl. allgemein zu den Anhängern des Sex. Pompeius die Prosopographie von B. Schor, Beiträge zur Geschichte des Sex. Pompeius, Stuttgart 1978, 71 ff.

[175] Appian, b.c. 5, 251 ff. Dio 48, 28. Plut. Anton. 30. Liv. per. 127.

[176] Die Grenze zwischen beiden Machtbereichen bildete die illyrische Stadt Scodra. – Selbstverständlich blieben auch jetzt die privaten Klientelverhältnisse davon unberührt. Antonius hatte im Westen eine umfangreiche Klientel, während Oktavian im Osten teilweise die Klientel Caesars geerbt hatte. Vgl. Suet. Aug. 17 zur Klientel des Antonius in Bononia und F. Millar, JRS 63, 1973, 56f., zur Klientel des Oktavian im karischen Aphrodisias. Zu dieser jetzt W. Orth, Epigr. Anat. 3, 1984, 61 ff.

hen und die Niederlage des Crassus rächen. Beide Triumvirn sollten in Italien Soldaten anwerben dürfen. Auch gab Oktavian dem Antonius die gallischen Legionen zurück.[177] Ferner wurde für die nächsten Jahre die Besetzung des Consulats festgelegt. Schließlich willigte Oktavian in eine Begnadigung aller Republikaner, die M. Antonius amnestiert hatte oder die auf seiten des L. Antonius gekämpft hatten, ein. Die Schuld an dem perusinischen Konflikt wurde jetzt vor allem der Fulvia zugeschoben, die kurz zuvor in Sikyon gestorben war.[178] Außerdem opferte jeder der Machthaber einen seiner Gefolgsleute, der sich besonders kompromittiert hatte. Antonius ließ einen gewissen Marius hinrichten, den er als seinen Vertreter in Italien eingesetzt hatte, und Oktavian ließ den Salvidienus Rufus durch ein Senatsgericht zum Tode verurteilen.[179]

Nach dem Frieden mit Antonius feierte Oktavian eine *ovatio* und scheint aus diesem Anlaß auch das *praenomen imperatoris* aufgenommen zu haben.[180] Als Imperator Caesar war er nun der *imperator* κατ᾽ ἐξοχήν, der alle übrigen *imperatores* weit überragte.

Um die wiederhergestellte Einigkeit zwischen den Triumvirn noch weiter zu festigen, heiratete Antonius Ende 40 außerdem die jüngere Octavia, die Schwester des jungen Caesar, die gerade ihren ersten Gatten C. Marcellus verloren hatte.[181] Octavia war nicht nur eine schöne, sondern auch eine sehr kluge und diplomatisch geschickte Frau. Für den jungen Caesar hatte ihre Verbindung mit Antonius u. a. den Gewinn, daß er nun hoffen durfte, wichtige Nachrichten direkt aus der engsten Umgebung seines Rivalen zu erhalten. Die Hochzeit wurde in Rom mit großem Gepränge ge-

---

[177] Zu den Legionen des Antonius nach Brundisium s. Brunt, Manpower 502, und I. Hahn, AAHung. 17, 1969, 218. Vgl. Schmitthenner, Armies 127 ff.

[178] S. bes. Appian, b. c. 5, 230, 249 f., 266. Vgl. zur Rolle der Fulvia auch E. Gabba, Appian 1. V p. XLIII ff., und B. Kreck, Untersuchungen zur politischen und sozialen Rolle der Frau in der späten römischen Republik, Diss. Marburg 1975, 152 ff.

[179] Vell. Pat. 2, 76, 4. Liv. per 127. Appian, b. c. 5, 278. Dio 48, 33, 1 ff. – Vgl. zum Prozeß gegen Salvidienus Rufus W. Kunkel, Kleine Schriften 276, und R. A. Baumann, Crimen maiestatis 177 ff., der meint, die Versöhnung zwischen Oktavian und Antonius sei möglicherweise "prompted by the need to meet the threat posed by Rufus".

[180] Vgl. die Fasti triumphales Barberini (= Inscript. Italiae XIII 1 p. 343) z. J. 40 v. Chr.: *Im(p. Caesar) ovans, quod pace(m) cum (M. Antoni)o fecit, palmam dedit.* Dazu A. Degrassi, Scritti vari III, 1967, 353 ff., und R. Combès, Imperator, Paris 1966, 134 ff. Für das J. 38 v. Chr. plädiert dagegen R. Syme, Roman Papers I 368 ff. Vgl. M. Wörrle, in: Fremde Zeiten (Festschrift J. Borchhardt), Wien 1996, 156 A. 17.

[181] Plut. Anton. 31. Vgl. zu Octavian M. W. Singer, TAPA 79, 1948, 268 ff. (zur Identität), und B. Doer, Das Altertum 14, 1968, 20 ff. (populär!). Vgl. auch Syme, RR 225 Anm. 2: 'court tradition, which embellishes the role of Octavia.' Zu den Kindern der Octavia s. S. 172.

Von Philippi bis Misenum 49

feiert, nachdem auf Senatsbeschluß dem Antonius die gesetzlich vorgeschriebene Trauerzeit von 10 Monaten für die Fulvia erlassen worden war. Nach einem Jahrzehnt blutigster Bürgerkriege schien nun endlich der Frieden heraufzuziehen, und kein Geringerer als Vergil verkündete damals den Anbruch eines neuen Goldenen Zeitalters.[182] Tatsächlich bemühten sich die Machthaber in Rom, die wiederhergestellte Eintracht deutlich werden zu lassen. Oktavian willigte dem Antonius zu Gefallen ein, daß Herodes vom Senat zum König über die Juden gemacht wurde.[183] Und Antonius ließ sich nun endlich zum *flamen divi Iuli* konsekrieren. Erst damit war die im Jahre 44 beschlossene Vergottung Caesars sakralrechtlich wirklich vollzogen.[184] Oktavian, der schon im Perusinischen Krieg seine Abkunft von dem vergöttlichten Caesar betont herausgestellt hatte, war damit auch offiziell Sohn eines Gottes geworden und nannte sich seitdem *Imperator Caesar divi filius*.

In einem Punkte sperrte sich Oktavian allerdings hartnäckig gegen die von Antonius erstrebte allgemeine Versöhnung. Der junge Caesar wünschte unter keinen Umständen, den Frieden auch auf Sex. Pompeius ausgedehnt zu sehen. Selbst als infolge der von Pompeius ausgeübten Seeblockade in Italien und Rom eine schwere Hungersnot ausbrach, blieb Oktavian bei seiner Weigerung. Um den Krieg gegen Sex. Pompeius zu finanzieren, wurden neue Steuern erhoben und die schon 42 v. Chr. wieder eingeführten italischen Zollabgaben erhöht.[184a] Doch schließlich mußte sich der Caesar dem Druck der öffentlichen Meinung beugen: Im Frieden von Misenum (39 v. Chr.) wurde bestimmt, daß Sex. Pompeius die Inseln Sizilien, Sardinien und Corsica behalten durfte. Außerdem wurde ihm die

[182] Vgl. unten S. 217 und 290ff.

[183] Joseph. Antt. Jud. 14, 383 ff. Dazu Buchheim, Orientpolitik 41, und A. Schalit, König Herodes, Berlin 1969, 81 ff., sowie E. M. Smallwood, The Jews under Roman Rule, Leiden 1976, 55 mit Anm. 30.

[184] Plut. Anton. 33. Dazu H. Gesche, Die Vergottung Caesars, Kallmünz 1968, 89 ff. A. Alföldi hält demgegenüber an seiner Meinung fest, daß Caesar bereits zu seinen Lebzeiten vergottet wurde (s. zuletzt: Oktavians Aufstieg 67). Einen Beweis dafür, daß Oktavian schon 43 sich als *divi filius* bezeichnet habe, sieht Alföldi, Rev. Num. 75, 1973, 121, in Denaren der Münzmeister Q. Voconius Vitulus und Ti. Sempronius Gracchus, die Alföldi ins Jahr 43 datiert. Die Stücke des Gracchus weisen mit ihrer Bilddarstellung, Pflug und Feldzeichen, jedoch deutlich auf die Landassignationen nach Philippi. Vgl. M. Crawford, RRC I 530 zu Nr. 525. S. jetzt auch A. Alföldi, Eikones (Festschrift H. Jucker), Bern 1980, 17ff., mit einer Übersicht über die bisherigen Zeitansätze.

[184a] Appian, b. c. 5, 282. Dio 47, 16, 13 und 48, 34 (dazu S. J. DeLaet, Portorium, Brügge 1949, 62). Nur die Grammatiker, Rhetoren und Ärzte waren von den Zollabgaben befreit, wie eine Inschrift aus Ephesos lehrt. Vgl. K. Bringmann, Epigr. Anat. 2, 1983, 47ff., bes. 71f.

Peloponnes zugesprochen. Dagegen mußte Pompeius die von ihm besetzt gehaltenen Punkte an der italischen Küste räumen, die Blockade Italiens aufheben und sogar die Lebensmittelversorgung des Landes übernehmen. Die Kriegführung auf eigene Faust wurde ihm untersagt. Zahlreiche geächtete Senatoren, die sich zu Pompeius geflüchtet hatten, erhielten eine Amnestie und durften nach Italien zurückkehren.[185]

6. Der Sieg über Sex. Pompeius und die Befriedung Italiens

Der Hauptnutznießer der Verträge von Brundisium und Misenum war auf längere Sicht zweifellos Oktavian, dessen Machtstellung in Italien sowie in den gallischen und spanischen Provinzen durch die Verträge konsolidiert wurde. Der Vollzug der Divinisierung Caesars bedeutete außerdem einen erheblichen Prestigegewinn für Oktavian, der nun als Sohn eines Gottes im Bewußtsein der Menge und der Soldaten weit über die menschliche Sphäre hinausgehoben scheinen mußte. Schließlich hatte Oktavian den Vorteil, daß er über Rom und Italien gebot. Besonders bei der Ämterbesetzung wußte der junge Caesar diesen Vorteil auszuspielen. Durch die Abmachungen von Brundisium und Misenum war zwar die Besetzung des Consulats für die nächsten Jahre im voraus festgelegt, doch war die Besetzung von Suffectconsulaten davon offenbar nicht berührt. Und bei der Besetzung der übrigen Ämter hatte Oktavian wohl weitgehend freie Hand. So wird überliefert, daß allein im Jahre 38 außer den beiden Jahresconsuln zwei Suffektconsuln und 67 Prätoren bestellt wurden.[186] Gerade die großzügige Vergabe der Prätur dürfte für Oktavian ein Mittel gewesen sein, seine Anhängerschaft zu belohnen und zu vergrößern. Leider kennen wir die Namen der Prätoren des Jahres 38 nicht. Es mögen unter ihnen aber auch einige der ehemaligen Proskribierten gewesen sein. Sex. Pompeius hatte ihnen ihr Leben retten können. Ämter und Ehrenstellungen konnte ihnen jedoch nur der Machthaber in Rom bieten.

Zu den Emigranten, die nach dem Vertrag von Misenum nach Rom zurückgekehrt sind, gehörte auch Ti. Claudius Nero, der auf seiten des L. Antonius gegen den jungen Caesar gekämpft hatte. Seine Frau Livia Drusilla erwartete im Jahre 38 ihr zweites Kind. Oktavian lernte sie in Rom kennen und wurde von einer heftigen Leidenschaft zu ihr ergriffen. Schon im Vorjahr hatte er seine Scheidung von der Scribonia veranlaßt,

---

[185] Vell. Pat. 3, 77. Liv. per. 127. Appian, b. c. 5, 290ff. Dio 48, 36. Dazu Buchheim, Orientpolitik 41 ff., und M. Volponi, Lo sfondo italico 129 ff., bes. 137 ff.

[186] Dio 48, 43, 1. Vgl. Broughton, Magistrates 390 ff. Auch die Zahl der Quästoren ist damals offenbar erhöht worden.

einen Tag, nachdem jene ihm ein Kind, die Julia, geboren hatte. Nun vereinbarte er in aller Eile die Hochzeit mit Livia. Deren verlassener Gatte mußte sich bereit finden, die Stelle des Brautvaters zu vertreten. Drei Monate nach der Hochzeit mit Oktavian gebar Livia ihren zweiten Sohn. Der Caesar schickte ihn seinem Vater zu. Doch dieser starb bald darauf und setzte Oktavian zum Vormund seiner beiden Söhne ein, des älteren Tiberius und des jüngeren eben geborenen Drusus.[187] – Die Heirat des Caesar mit der Livia, deren Begleitumstände in Rom einen nicht geringen Skandal erregten, scheint eine ausgesprochene Liebesheirat gewesen zu sein. Dennoch brachte diese Verbindung dem Oktavian auch einen nicht geringen politischen Gewinn. Trat er damit doch in verwandtschaftliche Beziehungen zu der angesehenen Patrizierfamilie der Claudii Pulchri und gleichzeitig zu den plebeischen Liviern. Denn der Vater der Livia stammte aus der *gens Claudia* und war einst von dem berühmten Volkstribunen des Jahres 91, von M. Livius Drusus, adoptiert worden.[188] Noch wichtiger aber war, daß Oktavian in Livia eine kluge und bedeutende Frau zu seiner Gattin gemacht hatte, die über nicht geringe Tatkraft und beträchtlichen Verstand verfügte und der er volles Vertrauen schenken durfte. Es war daher nicht bloß eine Konsequenz seiner dynastischen Politik, daß Oktavian auch in politischen Fragen gelegentlich dem Rat seiner Gattin Livia Gehör schenkte.

Daß der Frieden von Misenum nicht von Dauer sein werde, mußte jedem nüchternen Beobachter klar sein. Schon Anfang 38 brachen die Feindseligkeiten mit Sex. Pompeius wieder aus. Oktavian bat daraufhin seine Kollegen im Triumvirat um eine Zusammenkunft. Antonius erschien auch in Brundisium, traf aber den Caesar nicht an und segelte daher, ohne dessen Kommen abzuwarten, wieder nach Athen zurück. Den Oktavian

---

[187] Suet. Aug. 62 und 69; Claud. 1. Dio 48, 34, 3 und 44. Die Hochzeit war am 17. Januar 38. Nach den literar. Quellen wurde Drusus 3 Monate danach geboren, nach Suet. Claud. 11 am gleichen Tage wie Antonius. Dessen Geburtstag scheint nach dem Kalender von Verulae jedoch der 14. Januar gewesen zu sein. Vgl. J. Carcopino, Passion et politique 65ff. Dazu A. Stein, PIR II² p. 196. G. Radke, Würzb. Jb. N. F. 4, 1978, 211 ff.. Dazu jetzt ausführlich W. Suerbaum, Chiron 10, 1980, 337ff. Vgl. auch M. Flory, TAPA 118, 1988, 343ff. Allgemein s. zu Livia L. Ollendorff, RE XIII 1, 1926, 900ff. Nr. 37. C.-M. Perkounig, Livia Drusilla – Iulia Augusta, Wien 1995. Zur Ikonographie s. W. H. Gross, Julia Augusta, Abh. Akad. Göttingen, phil.-hist. Kl. 3. Folge Nr. 52, Göttingen 1962. Vgl. unten S. 251 f. A. 151 und S. 309 f. A. 330.

[188] Livias Mutter war eine Alfidia. Als Großvater nennt Sueton, Calig. 23, 2, jedoch einen Aufidius Lurco. Zum Problem s. P. T. Wiseman, Historia 14, 1965, 333 f., und J. Linderski, Historia 23, 1974, 463 ff. = Roman Questions, Stuttgart 1995, 262 ff. und 653.

warnte er brieflich davor, den Vertrag mit Pompeius zu brechen.[189] Oktavian betrieb indessen umfangreiche Flottenrüstungen und bereitete alles zum Entscheidungskampf gegen Pompeius vor. Im Winter 38/37 legte Agrippa den Portus Julius an, nachdem er den Arverner- und den Lucrinersee durch einen Kanal miteinander verbunden hatte, und übte hier die neu aufgestellte Flotte des Caesar ein.[190] Dieser schickte außerdem seinen Freund Maecenas nach Athen. Und dem diplomatischen Geschick des Maecenas gelang es tatsächlich, dem Antonius ein Hilfeversprechen gegen Sex. Pompeius zu entlocken.[191]

Im Frühjahr 37 erschien Antonius denn auch mit seiner Flotte vor Brundisium, wo man jedoch seine Aufnahme verweigerte. So segelte er weiter nach Tarent und forderte von dort aus den Oktavian zu einer Zusammenkunft auf. Antonius wollte dem jungen Caesar seine Flotte gegen Pompeius anbieten und wünschte, dafür von Oktavian Legionen für den bevorstehenden Partherkrieg zu bekommen. Denn obwohl inzwischen P. Ventidius, der Legat des Antonius, die Parther wieder aus der Provinz hinausgeschlagen hatte, stand die eigentliche Abrechnung mit den Parthern noch bevor. Aber Oktavian war inzwischen mit seinen Rüstungen so weit, daß er auf die Hilfe des Antonius nicht mehr angewiesen zu sein glaubte, die ihn in seiner Entscheidungsfreiheit zudem nur eingeschränkt hätte. Dreimal bot Antonius dem Caesar seine Hilfe an, doch dieser blieb reserviert.

Als die Verhandlungen völlig festgefahren waren, schickte endlich Antonius die Octavia als Vermittlerin zu ihrem Bruder. Dieser gelang es auch, den Oktavian zu bewegen, zu einer Besprechung nach Tarent zu kommen. Das Ergebnis dieser Besprechung war eine neue Vereinbarung zwischen den Machthabern.[192] Oktavian versprach, seinen Angriff auf Sex. Pompeius um ein Jahr auf 36 v. Chr. zu verschieben. Antonius übergab

---

[189] Dio 48, 46, 2. Appian, b. c. 5, 333 f. – Zur Seeschlacht bei Cumae im Jahre 38 v. Chr. s. R. F. Paget, Latomus 29, 1970, 363 ff.

[190] Dio 48, 49 ff. Zur Topographie der Häfen von Cumae s. R. F. Paget, JRS 58, 1968, 152 ff., bes. 160 ff., sowie „Vergilius" 14, 1968, 4 ff. und 15, 1969, 25 ff. Dazu die Korrekturen von R. J. Quiter, Aeneas und die Sibylle, Königstein/Ts. 1984, 137 ff.

[191] Appian, b. c. 5, 385.

[192] Plut. Anton. 35. Appian, b. c. 5, 387 ff. Dio 48, 54. Dazu Buchheim, Orientpolitik 44 ff., und Rossi, Antonio 130 ff., der vermutet, daß Antonius mit einer größeren Streitmacht in Italien erschien, als Oktavian lieb war. – Zur Rolle der Octavia bei den Verhandlungen vgl. M. W. Singer, Class. Journ. 43, 1947/8, 173 ff. Zur Position Oktavians s. jetzt E. W. Gray, Proc. Afric. Class. Assoc. 13, 1975, 25 f. – Die Reise des Maecenas zu den Verhandlungen ist bekanntlich im *Iter Brundisinum* des Horaz (Sat. 1, 5) beschrieben. Vgl. A. Kiessling. – R. Heinze, Q. Horatus Flaccus, Satiren, Berlin [8]1920, ND 1961, 88 ff. und 419 (Literatur), und N. Rudd, The Satires of Horace, Cambridge 1966, 54 ff. mit Anm. 1. Dazu W. W. Ehlers, Hermes 113, 1985, 69 ff.

dem Oktavian sogleich 120 seiner Schiffe und erhielt dafür das Versprechen, für den Partherkrieg 20000 Soldaten zu bekommen.[193] Das Versprechen sollte allerdings niemals eingelöst werden.[194] Sex. Pompeius verlor seine Priesterwürde und das ihm bereits designierte Consulat. Er wurde also von Antonius in aller Form fallengelassen, wodurch das Vorgehen Oktavians gegen Pompeius nachträglich seine Rechtfertigung erfuhr.

Schließlich wurde im Vertrag von Tarent die Amtsdauer der Triumvirn um fünf Jahre verlängert. An sich war das Triumvirat bereits am 31. Dezember 38 abgelaufen. Die fristwidrige Weiterführung der aus dem Triumvirat resultierenden Vollmachten durch die Machthaber bis zur Erneuerung des Triumvirats im September oder Oktober 37 war daher illegal.[195] Auch die ohne Befragen des Volkes vorgenommene Erneuerung des Triumvirats entbehrte jeder Rechtsgrundlage. Immerhin hielt es wenigstens Oktavian für notwendig, sich die Verlängerung seiner triumviralen *potestas* nachträglich vom Volk bestätigen zu lassen. Er nannte sich seitdem folgerichtig *triumvir rei publicae constituendae iterum*. Antonius hielt dagegen eine Bestätigung durch das Volk offenbar nicht für notwendig und führte das Triumvirat ohne Iterationsangabe weiter. Die Fortführung der triumviralen Vollmachten über das in der *lex Titia* festgelegte Enddatum hinaus und die Erneuerung des Triumvirats ohne Befragen des Volkes machen noch einmal deutlich, daß das Triumvirat eine reine Gewaltherrschaft war. Man darf jedenfalls bezweifeln, ob die Notwendigkeit der Kriegführung gegen Sex. Pompeius und gegen die Parther ausreichte, um damit eine Verlängerung der triumviralen Ausnahmegewalt zu rechtfertigen.

Der einzige Gewinner des Vertrages von Tarent war Oktavian, der nun die Hände frei hatte für den Krieg gegen Sex. Pompeius. Ein Gewinn für seine Sache war es auch, daß offenbar damals sein engster Vertrauter Agrippa auf Betreiben des Antonius selbst die 14jährige Tochter des reichen Bankiers T. Pomponius Atticus heiratete.[196] War doch Atticus einer

---

[193] Zu den damals von den Flottenpräfekten des M. Antonius geprägten Münzen s. M. Bahrfeldt, NumZ 37, 1905, 9ff. Zur Bronzeprägung des M. Antonius im Osten s. unten A. 213.

[194] Obwohl zur Bekräftigung der damals getroffenen Vereinbarungen der älteste Sohn des Antonius, Antyllus, mit Oktavians Tochter Julia verlobt wurde: Dio 48, 54, 4.; vgl. 51, 155. Suet. Aug. 63.

[195] Dazu Fadinger, Prinzipat 84ff.

[196] Vgl. R. Hanslik, RE IX A 1, 1961, 1236. Zum Datum der Heirat s. M. Reinhold, Agrippa 36 mit Anm. 53. Zur Haltung des Atticus s. O. Parlwitz, Titus Pomponius Atticus, Stuttgart 1992, 97ff. und K. E. Welch, Historia 45, 1996, 450ff., bes. 470f. Vgl. auch F. Millar, Atticus. Das Bild eines Zeugen der römischen Revolution, in: Vom frühen Griechentum bis zur römischen Kaiserzeit, Heidelberger althistorische Beiträge Bd. 6, hrsg. von G. Alföldy, Stuttgart 1989, 41ff.

der wichtigsten und einflußreichsten Finanzmänner Roms. Agrippa ist durch diese Heirat wahrscheinlich in den Besitz seiner ausgedehnten Ländereien auf der thrakischen Chersones gekommen.

Noch im Sommer 37 brach Antonius nach dem Osten auf. Von Korkyra aus schickte er die Octavia mit ihren Kindern nach Italien zurück und vertraute sie der Obhut ihres Bruders an.[197] Es scheint, daß die Octavia, die eben in Tarent ihre Treue und ihre politische Fähigkeit erwiesen hatte, während der Abwesenheit des Antonius in Rom die Interessen ihres Gatten wahrnehmen sollte. Gleichzeitig verhinderte Antonius damit aber auch, daß die Octavia seine politische Tätigkeit zu genau beobachten und darüber dann ihren Bruder informieren konnte.

Oktavian eröffnete am 1. Juli 36 den Entscheidungskampf um Sizilien.[198] Während Lepidus von Afrika aus bei Lilybaion landete und einen Brückenkopf auf der Insel bildete, konnte M. Agrippa in der ersten Augusthälfte bei Mylai dem Sex. Pompeius zur See eine schwere Niederlage beibringen und anschließend einen Küstenstrich bei Tyndaris besetzen. Auch Oktavian landete nun in der Gegend von Naxos Truppen auf Sizilien, wurde aber auf der Rückfahrt von Sex. Pompeius in der Straße von Messina überrascht und verlor den größten Teil seiner Flotte. Nur mit knapper Not entging der junge Caesar selbst nach dem Untergang seines Schiffes der Gefangenschaft. Körperlich und seelisch völlig am Ende seiner Kräfte, wollte sich Oktavian damals schon den Tod geben lassen. Doch bald kehrte die alte Energie zurück. Die noch in Italien stehenden Legionen wurden zunächst nach den Liparischen Inseln und von dort nach Sizilien in der Gegend von Tyndaris übergesetzt. Auch die Truppen, die Oktavian bei Naxos gelandet hatte, erhielten den Befehl, sich nach Tyndaris durchzuschlagen und konnten sich tatsächlich mit den übrigen Caesarianern vereinigen. Auch Lepidus führte nun von Lilybaion seine Armee heran, so daß die Verbündeten auf Sizilien über 21 Legionen und 20000 Reiter verfügten. Am 3. September 36 kam es dann bei Naulochos zur entscheidenden Seeschlacht, die dank der Kunst des Agrippa und der Verwendung neuartiger Enterbrücken mit einem vollständigen Sieg Oktavians endete. Sex. Pompeius mußte Sizilien räumen und begab sich in den Osten, wo er im Sommer 35 im Kampf gegen Antonius den Untergang fand.

Die bei Naulochos stehenden Truppen des Sex. Pompeius kapitulierten

---

[197] Dio 48, 54, 5. Plut. Anton. 35. Ungenau: Appian, b.c. 5, 399. Dazu Rossi, Antonio 148f.

[198] Suet. Aug. 16. Appian, b.c. 5, 403ff. Dio 49, 1ff. Vgl. M. Hadas, Sextus Pompey 123ff. M. Reinhold, Agrippa 37ff. F. Miltner, RE XXI 2, 1952, 2233ff. G. Pensabene, La guerra tra Cesare Ottaviano e Sesto Pompeo (43–36 a.C.) e le corrispondenze attuali, Rom 1991, 35ff.

gleich nach der Schlacht vor Oktavian. Weitere Truppen des Pompeius ergaben sich jedoch in der Gegend von Messana dem Triumvirn Lepidus, ohne Oktavians Ankunft abzuwarten. Lepidus fühlte sich daraufhin stark genug, die Insel Sizilien für sich zu beanspruchen, und forderte Oktavian auf, Sizilien zu räumen. Durch geschickte Agitation erreichte es der junge Caesar jedoch, daß die sämtlichen Truppen des Lepidus zu ihm überliefen. Lepidus blieb schließlich nichts anderes übrig, als sich auf Gnade und Ungnade dem Oktavian anzuvertrauen. Er mußte seine Triumviralgewalt niederlegen und wurde nach Circei in die Verbannung geschickt. Nur die Würde des Pontifex Maximus durfte Lepidus behalten, denn diese Priesterwürde war auf Lebenszeit verliehen worden, und Oktavian sah keinen Anlaß, das Herkommen zu verletzen.[199] Dagegen schickte er als seinen Statthalter den Statilius Taurus nach Afrika, um diese Provinz fest in seine Hand zu bekommen.[200] Auf Antonius, der gerade damals einen Vorstoß gegen die Parther unter schweren Verlusten hatte abbrechen müssen, nahm der junge Caesar bei diesen ganzen Aktionen keinerlei Rücksicht mehr.

Die Ausschaltung des Sex. Pompeius und die Entmachtung des Lepidus im Jahre 36 bildeten für Oktavian einen entscheidenden Schritt auf dem Wege zur Monarchie. Das Reich zerfiel jetzt in zwei Hälften; im Osten regierte Antonius, der Westen war ganz in der Gewalt des jungen Caesar. Dieser wußte die Gunst der Stunde umsichtig und energisch zu nutzen. Als er von Sizilien nach Rom zurückkehrte, zogen ihm Senat und Volk festlich bekränzt entgegen. Oktavian aber legte Wert darauf, die alten gesetzlichen Formen zu wahren, und versammelte den Senat außerhalb des Pomerium, da er dieses nicht vor seinem Triumph überschreiten wollte. In einer langen Rede rechtfertigte der Caesar dann sein bisheriges Verhalten und erklärte die Zeit der Bürgerkriege feierlich für beendet. Ruhe und Ordnung sollten nun endlich in Italien einkehren. Die drückendsten Steuern wurden erlassen und gewisse Forderungen des Staates an Private niedergeschlagen. Wie wichtig dem Oktavian dieses neue Friedensprogramm für Italien war, geht daraus hervor, daß er die damals gehaltenen Reden in Buchform veröffentlichen und überall verbreiten ließ.[201]

Natürlich wurden dem Sieger zahlreiche Ehrungen beschlossen. So

---

[199] Vell. Pat. 2, 80. Appian, b. c. 5, 506 ff. Dio 49, 11, 2. Dazu H. Aigner, Die Soldaten als Machtfaktor in der ausgehenden römischen Republik, Innsbruck 1974, 119 ff. Zu Lepidus und seinen Motiven s. R. Weigel, Acta Class. 17, 1974, 67 ff., und L. Hayne, ebda. 59 ff. sowie allgemein R. D. Weigel, Lepidus. The Tarnished Triumvir, London 1992.

[200] Appian, b. c. 5, 537. Dio 49, 14, 6.

[201] Appian, b. c. 5, 538 f. Dio 49, 15. Dazu Buchheim, Orientpolitik 47, und P. Sattler, Augustus 15 ff., sowie W. Schmitthenner, Historia 7, 1958, 191 ff., und L. Polverini, Aevum 38, 1964, 280.

erhielt Oktavian eine *ovatio* (die kleinere Form des Triumphes) und einen Ehrenbogen sowie eine vergoldete, mit Schiffsschnäbeln gezierte Säule, die seine Triumphalstatue krönte. Die Weihinschrift verkündete, daß der Caesar den durch den Bürgerkrieg gestörten Frieden zu Wasser und zu Lande wiederhergestellt habe. Geschickt wurde durch diese und ähnliche Äußerungen der Bevölkerung Italiens suggeriert, daß an allem Unglück der vergangenen Jahre der „Seeräuber" Pompeius schuld war.[202]

Weitere Ehrungen dienten der Überhöhung der persönlichen Stellung des Caesar und sollten später zu Elementen seiner neuen Monarchie werden. So erhielt Oktavian im Jahre 36 das Recht, dauernd einen Lorbeerkranz zu tragen.[203] Und tatsächlich erscheint später sein Kopf mit diesem Insigne auf den Münzen. Wie schon durch das *praenomen imperatoris* wurde auch durch den Lorbeerkranz, das Zeichen des Triumphators, die Sieghaftigkeit des Caesar betont. Außerdem wurden dem Oktavian die *sacrosanctitas* eines Volkstribunen und das Recht, auf der Tribunenbank zu sitzen, übertragen.[204] Im folgenden Jahr erhielten dann auch die Schwester und die Gattin Oktavians die *sacrosanctitas*.[205] Schon hier zeigen sich deutlich die dynastischen Tendenzen Oktavians, wobei daran zu erinnern ist, daß gleichzeitig Antonius im Osten seine Verbindung mit Kleopatra zu einer ausgesprochen dynastischen Politik benutzte.[206] Mit Rücksicht auf die Stimmung in Rom war Oktavian allerdings sehr viel zurückhaltender. – Schließlich begann der Caesar noch im Jahre 36 v. Chr. mit dem Bau eines großen Apollontempels auf dem Palatin, in dessen unmittelbarer Nachbarschaft sich sein Palast erheben sollte. Für den Bau dieses Hauses stellte der Senat dem Caesar Grundstücke zur Verfügung.[207]

[202] Appian, b. c. 5, 541, RgdA 25. Vgl. dazu unten S. 229 Anm. 85.

[203] Dio 49, 15, 1. Dazu Alföldi, Repräsentation 137f. – Weitere Ehrungen führt F. Taeger, Charisma II 99ff., auf.

[204] Dio 49, 15, 5. Dazu R. Gilbert, Beziehungen 233ff. Nach Appian, b. c. 5, 548. und Orosius 6, 18, 34, denen sich Mommsen, RStR II² 836, und A. von Premerstein, Prinzipat 206ff., anschließen, habe Oktavian schon im J. 36 die volle *tribunicia potestas* erhalten. Dagegen s. schon L. Wickert, Princeps 2283ff. Vgl. R. E. A. Palmer, Athenaeum 1978, 322ff. und R. A. Bauman, Tribunician sacrosanctity in 44, 36 and 35, Rh. Mus. 124, 1981, 166ff.

[205] Dio 49, 38, 1. Sie erhielten ferner das Statuenrecht und wurden von der *tutela* befreit: Dio a. O. und 55, 2, 5. Außerdem durfte der Prinzeps mit seiner Frau und seinen Kindern den Jahrestag des Sieges über Pompeius mit einem Festbankett im Jupitertempel feiern (Dio 49, 15, 1). Dazu V. Buchheit, Hermes 94, 1966, 86ff.

[206] Dazu D. Kienast, Gymnasium 76, 1969, 442ff. Eine rechtsgültige Ehe hat Antonius damals mit Kleopatra jedoch nicht geschlossen, vgl. K. Kraft, Kleine Schriften I 47ff. Anders Bengtson, Antonius 194.

[207] Dio 49, 15, 5. Dazu ausführlich unten S. 234ff.

Sieg über Sex. Pompeius

Auch die Schwester Apollons, Diana, der Oktavian den Sieg bei Naulochos zu verdanken glaubte, erhielt damals einen neuen Tempel. Es handelt sich um einen Neubau des Tempels *in Circo Flaminio*, den erstmals der Urgroßvater des jetzt entmachteten Triumvirn Lepidus hatte errichten lassen und der nun zur Aufnahme der sizilischen Siegestrophäen dienen sollte. Zugleich wollte der junge Caesar durch den Wiederaufbau auch des Tempels der Pietas offenbar den Kampf gegen Sex. Pompeius nachträglich als eine Folge seiner loyalen Gesinnung gegenüber dem Staat (der *pietas erga patriam*) erscheinen lassen.[207a]

Die wichtigste Aufgabe für Oktavian nach dem Sieg über Sex. Pompeius war die rasche Befriedung Italiens. Die Wirtschaft Italiens hatte durch die Blockade des Pompeius sehr zu leiden gehabt. So fehlte es auch an Arbeitskräften, weil Pompeius vielen Sklaven auf Sizilien Asyl gewährt hatte. Sie hatten von ihm die Freiheit erhalten und waren in sein Heer eingereiht worden. Oktavian ließ nun alle Sklaven, die in der Armee des Pompeius gedient hatten, festnehmen und nach Rom senden. 30000 Sklaven sollen damals ihren Herren zu beliebiger Bestrafung übergeben worden sein. 6000 Unfreie, deren Besitzer nicht mehr ausfindig gemacht werden konnten, wurden gekreuzigt.[208] Dieses brutale Vorgehen sicherte dem Caesar zweifellos den Beifall der Besitzenden.

Die unsicheren Verhältnisse der vergangenen Jahre, insbesondere die Proskriptionen und Güterkonfiskationen, hatten in Italien die Entstehung eines verbreiteten Räuberunwesens begünstigt. Oktavian übertrug nun dem Consular Calvisius Sabinus die Bekämpfung der Straßenräuber, der seine Aufgabe innerhalb eines Jahres erfolgreich beenden konnte. Zur Sicherung des erreichten Friedens wurde Italien damals mit einem Netz von militärischen Straßenstationen überzogen.[209]

Das Land konnte jedoch nicht zur Ruhe kommen, solange die Veteranenversorgung nicht geregelt war und die Legionen noch auf italischem Boden standen. Nachdem es wegen der von Oktavian angebotenen Belohnungen noch auf Sizilien zu einer schweren Meuterei gekommen war, entließ der Caesar etwa 20000 Mann, vor allem die trotzigen Veteranen, die

---

[207a] Vgl. F. Coarello, Dial. di Archeologia 2, 1968, 191 ff., und R. E. A. Palmer, Athenaeum 1978, 324 ff. Zum *circus Flaminius* als einem bebauten Areal s. T. P. Wiseman, PBS Rome 42, 1974, 3 ff.

[208] RgdA 25. Appian, b. c. 5, 544 f., der betont, daß der Senat beim Frieden von Misenum den Sklaven ausdrücklich die Freiheit versprochen hatte.

[209] Appian, b. c. 5, 547. Dessau 2488. Dazu V. Gardthausen, Augustus 289, und Brunt, Manpower 291 mit Anm. 6. – R. E. A. Palmer, a. O. 320 f., vermutet, daß damals auch Maecenas das Kommando über die Prätorianer erhalten habe. Die Einsetzung des Sabinus und des Maecenas hätte im Zusammenhang gestanden mit dem Angebot Oktavians, seine Triumviratsgewalt niederzulegen.

schon bei Mutina und Philippi mitgekämpft hatten. Die Soldaten wurden teils in Italien und Sizilien, teils in Gallien angesiedelt. Auch Campanien erhielt damals neue Siedler.[210] Vor allem gelang es dem Oktavian damals, seine Armee weitgehend zu entpolitisieren.[211] In den Wirren nach Caesars Tod hatten die Truppen allzuoft eine sehr selbständige Rolle gespielt. Unter ihrem Druck war nicht zuletzt das Triumvirat zustande gekommen. Und sie hatten in der Vergangenheit mehrfach mit mehr oder minder großem Erfolg zwischen den Machthabern zu vermitteln gesucht. Die Initiative zu diesen Aktionen lag vor allem bei den Centurionen. Der Caesar konnte nun allerdings das politisierte Unterführercorps der Centurionen nicht länger brauchen. Er brauchte eine Armee, die sein Werkzeug war, nicht aber eine Armee, die immer wieder versuchte, ihren eigenen Willen gegen den ihres Feldherrn durchzusetzen. So erklärte Oktavian nach seinem Sieg über Sex. Pompeius, er werde die Centurionen nach ihrer Entlassung mit einem Sitz im Stadtrat ihrer Heimatgemeinden belohnen. Ganz ohne Vorbild war das nicht. In den Militärkolonien war man schon vorher ähnlich verfahren. Nun aber sollten auch die Munizipien Centurionen in ihre Curien aufnehmen. Damit erreichte Oktavian einen doppelten Zweck. Die Centurionen wurden durch die Aussicht auf diese Ehrenstellen ganz für den jungen Caesar gewonnen. Die Einheits- und Interessenfront der Mannschaften und der Subalternoffiziere wurde damit aufgelöst. Nimmt man noch hinzu, daß bald auch der Zugang zu den höheren Offiziersstellen, zum Militärtribunat und zur Reiterpräfektur, und das heißt m. a. W. der Aufstieg in den Ritterstand, für die Centurionen erleichtert wurde, so versteht man, daß diese nun nicht mehr unbedingt die Interessen des gemeinen Mannes gegen den Feldherrn durchzusetzen suchten. Zugleich aber konnte Oktavian mit den Centurionen in die Lokalsenate der italischen Munizipien Männer hineinbringen, die ihm treu und fest ergeben waren. Was das bedeutete, sollte sich bei der letzten Auseinandersetzung mit Antonius bald zeigen. Nach der Entlassung der Veteranen hat dann Oktavian noch im Winter 36 den größten Teil seiner Legionen auf den Balkan verlegt, um sie dort in den folgenden beiden Jahren unter seiner persönlichen Führung zu beschäftigen und für den voraussehbaren Krieg gegen Antonius zu trainieren.[212]

[210] Appian, b. c. 5, 528 ff. Dio 49, 13 ff. Oros. 6, 18, 33. Dazu Brunt, Manpower 331, und H.-Chr. Schneider, Veteranenversorgung 229 ff. – U. a. wurden offenbar damals die Tauromenitaner, die sich dem Oktavian gegenüber kompromittiert hatten, vertrieben und in Taormina eine römische Kolonie angelegt (Diod. 16, 7, 1). – Finanziert wurden die Ansiedlungen durch Kontributionen der Sizilier (Appian, b. civ. 5, 537).
[211] Dazu W. Schmitthenner, HZ 190, 1960, 12 ff.
[212] Ein Teil der Legionen wurde nach Appian, b. c. 5, 129, in Sizilien und Afrika

7. Der Endkampf mit Antonius

Im Jahre 36 hatte Antonius einen großangelegten Rachefeldzug gegen die Parther unternommen, der jedoch mit einer schweren römischen Niederlage in Medien endete. Zwei Legionen fanden damals den Untergang, und auf dem Rückmarsch verlor Antonius nochmals mindestens 8000 Mann.[213] Die Niederlage hatte zur Folge, daß Antonius an ein Eingreifen im Westen damals nicht im entferntesten denken konnte und es zulassen mußte, daß Sex. Pompeius aus Sizilien verjagt und Lepidus entmachtet wurde. Antonius war außerdem mehr als vorher auf die Unterstützung der Ptolemaierin Kleopatra angewiesen. Viel kam damals für den Triumvirn darauf an, daß Oktavian zu den Abmachungen von Tarent stand und ihm die versprochenen Truppen schickte. Der Caesar dachte jedoch nicht daran, seinem Rivalen diesen Gefallen zu tun. Statt der in Tarent versprochenen 20 000 Legionare sandte ihm Oktavian vielmehr den Rest der im Vorjahr überlassenen Schiffe zurück – wenig mehr als die Hälfte.[214] Antonius mußte diesen Affront einstecken, zumal ihm in Sex. Pompeius vorübergehend ein neuer Rivale entstand. Die Situation hatte sich also plötzlich verkehrt: Der Mann, der so lange Oktavian in Schach gehalten hatte, band nun die Truppen des Antonius.[215] Dieser verlor dadurch ein kostbares Jahr. Erst 34 konnte er durch seinen Feldzug in Armenien die Verhältnisse im Osten wieder stabilisieren.[216] Inzwischen hatte Oktavian aber auch diplomatisch auf ganzer Front die Offensive ergriffen. Der Sieg über Sex. Pompeius und die Ausschaltung des Lepidus brachten die wichtigen Getreideprovinzen Sizilien und Africa in seine Hand und gaben dem Caesar endlich das Recht und die Möglichkeit, sich als Beschützer Italiens und Befreier Roms hinzustellen. Bald erlaubten ihm die Erfolge im illyrischen

---

stationiert. Vgl. Brunt, Manpower 501. – Zum illyrischen Krieg Oktavians s. unten S. 350f.

[213] Zum Partherkrieg des Antonius s. J. Kromayer, Hermes 31, 1896, 70ff., K.-H. Ziegler, Die Beziehungen zwischen Rom und dem Partherreich, Wiesbaden 1964, 35f., H. Bengtson, Sb. Akad. München, phil.-hist. Kl. Jg. 1974, Heft 1, und zuletzt A. S. Schieber, Riv. stor. dell' Ant. 9, 1979, 105ff. Zur diplomatischen Vorgeschichte vgl. H. Buchheim, Orientpolitik 74ff. Vgl. jetzt A. N. Sherwin-White, Roman foreign Policy in the East 168 B. C. to A. D. 1, London 1984, 298ff., bes. 302ff., und G. Marasco, Aspetti della politica di Marco Antonio in Oriente, Florenz 1987 (non vidi). – Zur Münzprägung des M. Antonius im Osten s. R. Martini, RIN 85, 1983, 49ff.; 86, 1984, 17ff.; 87, 1985, 9ff.; 88, 1986, 37ff.; 89, 1987, 69ff.

[214] Appian, b. c. 5, 577, vgl. 558 und 562.

[215] Vgl. Hadas, Sextus Pompey 148f., und Buchheim, Orientpolitik 88f., sowie B. Schor, Beiträge zur Geschichte des Sex. Pompeius, Stuttgart 1978, 175ff.

[216] Buchheim, Orientpolitik 90ff.

Krieg auch, sich als Vorkämpfer gegen die Barbaren zu empfehlen. Die neuerrichtete Porticus Octavia diente zur Aufnahme der einst von A. Gabinius an die Dalmater verlorenen und nun zurückgewonnenen Feldzeichen. Oktavian erschien somit als der Wiederhersteller der Ehre Roms.[216a] Der junge Caesar hatte jedoch gelernt, daß er Italien nur gewinnen konnte, wenn er auch die Oberschicht auf seine Seite brachte. Die Ereignisse des *bellum Perusinum* hatten ihn gelehrt, wie gefährlich eine Koalition zwischen Antonius und der römisch-italischen Aristokratie werden konnte. Und es war äußerst fraglich, ob sich das Wunder von Brundisium noch einmal wiederholen würde. Oktavian wollte es darauf nicht ankommen lassen. Schon die Art, wie im Vertrag von Misenum die Modalitäten für die Rückkehr der Proskribierten über den Kopf des Sex. Pompeius hinweg ausgehandelt wurden, zeigt vermutlich die Hand des jungen Caesar. In den folgenden beiden Jahren beförderte dieser dann durch eine bis dahin unerhörte Vermehrung der unteren Magistraturen und der Prätorenstellen seine Anhänger, aber vielleicht auch manchen ehemaligen Republikaner zu Ämtern und Ehrenstellungen.[217] Nach dem Sieg über Sex. Pompeius aber ging er noch einen Schritt weiter. Feierlich verkündete der Caesar das Ende der Bürgerkriege und ließ in einem symbolischen Akt öffentlich zahlreiche Schriftstücke mit politischem Belastungsmaterial verbrennen. Zugleich erklärte Oktavian, er werde seine Triumviralgewalt niederlegen, wenn der aus dem Partherkrieg zurückgekehrte Antonius das gleiche tue.[218] Geschickt griff also Oktavian die Parole wieder auf, die L. Antonius im Perusinischen Krieg gegen ihn ausgespielt hatte. Gleichzeitig schickte der Caesar an den Triumvirn Antonius ein Handschreiben, in dem er ihn aufforderte, mit ihm gemeinsam die außerordentliche Gewalt niederzulegen. Da Oktavian durch die Ansiedlung seiner Veteranen faktisch die Macht im Lande besaß, konnte er einen solchen Vorschlag ohne weiteres machen. Antonius dagegen sah sich jetzt in die Lage versetzt, an die Niederlegung der Triumviralgewalt Bedingungen knüpfen zu müssen, was Oktavian wieder propagandistisch ausnutzen konnte.

Bald danach machte Oktavian einen weiteren propagandistischen Schachzug. Im Frühjahr 35 schickte er seine Schwester Octavia mit 2000 Soldaten sowie Waffen und Geld für einen neuen Partherkrieg nach Syrien.[219] Antonius aber, der nach seiner Niederlage in Medien mehr denn je

---

[216a] RgdA 29. Appian, Illyr. 28, 81 f. Dazu W. Schmitthenner, Historia 7, 1958, 232.
[217] Vgl. oben Anm. 181.
[218] Appian, b. c. 5, 548. Dazu Sattler, Augustus 16., und R. E. A. Palmer, Athenaeum 1978, 320 ff.
[219] Dazu Buchheim, Orientpolitik 84 ff., der vermutet, daß Octavia das oben genannte Handschreiben an Antonius überbringen sollte.

auf die Hilfe der Kleopatra angewiesen war, konnte und wollte die Octavia nicht empfangen. Er schrieb ihr daher nach Athen, sie sollte ihm die Soldaten und das übrige schicken, selbst aber nach Rom zurückkehren. In der Tat konnte Octavia für Antonius gerade damals in Rom vielleicht von einigem Nutzen sein. Dennoch war sein Verhalten ein Affront. Und Oktavian zögerte nicht, die seiner Schwester widerfahrene Kränkung sofort wieder publizistisch gegen Antonius auszuspielen.

Kurz darauf bot Antonius selbst dem Oktavian noch bessere Angriffsflächen. Nach der Unterwerfung Armeniens zog er Ende 34 als Neos Dionysos feierlich in Alexandria ein und führte den Armenierkönig Artavasdes in goldenen Ketten der Kleopatra zu. Am Tage danach folgte jene bekannte Szene im Gymnasium zu Alexandria, in der Antonius die Kleopatra zur *regina regum* machte und eine Neuverteilung der Länder des Ostens vornahm. Der junge Ptolemaios Kaisar erhielt als Mitregent der Kleopatra den Titel *rex regum* und wurde von Antonius als echtbürtiger Sohn Caesars anerkannt.[220]

Die Szene in Alexandria diente vor allem der propagandistischen Vorbereitung eines neuen Krieges gegen den Partherkönig, dem der Titel *rex regum* von alters her zukam. In der Anerkennung des Ptolemaios Kaisar als Sohn Caesars mußte aber Oktavian eine persönliche Herausforderung erblicken. Oktavian reagierte entsprechend: Er verhinderte, daß die Meldungen über den armenischen Sieg des Antonius in Rom verbreitet wurden.[221] Schreiben mit schweren Anwürfen und Verunglimpfungen, die von vornherein zur Veröffentlichung bestimmt waren, gingen in der Folgezeit zwischen Rom und dem Hauptquartier des Antonius hin und her.[222]

---

[220] Dio 49, 39, 2 ff. Plut. Anton. 54. Fadinger, Prinzipat 150 ff., mit den weiteren Belegen. Vgl. auch H. Volkmann, Kleopatra, München 1953, 140 ff., und D. Kienast, Gymnasium 76, 1969, 445. S. jetzt Th. Schrapel, Das Reich der Kleopatra. Quellenkritische Untersuchungen zu den „Landschenkungen" Mark Antons, Trier 1996. Bei seinem Einzug in Alexandria wollte Antonius wohl kaum einen römischen Triumph feiern, wie die von der augusteischen Propaganda beeinflußte Überlieferung berichtet, sondern eine dionysische *pompa* im Stil der Ptolemaier, vgl. Rossi, Antonio 114, und J. Gagé, Rev. hist. 221, 1959, 227 f. – Caesarion wurde tatsächlich schon zu Lebzeiten Caesars geboren, s. H. Heinen, Historia 18, 1969, 181 ff. (Die Inschrift der Serapeums-Stele bezieht sich jedoch nicht auf Caesarion, sondern wohl auf Oktavian/Augustus, s. E. Grzybek, Mus. Helv. 35, 1978, 149 ff.). Anders noch J. Carcopino, Passion et politique 30 ff. Vgl. auch R. Syme, No son for Caesar, Historia 29, 1980, 422 ff. und Th. Schrapel a. O. 273 ff.

[221] Dio 49, 41, 5.

[222] Dazu bes. K. Scott, Mem. Am. Acad. Rome 11, 1933, 7 ff., und Class. Philol. 24, 1929, 133 ff. Vgl. auch M. P. Charlesworth, Class. Quart. 27, 1933, 172 ff., Bengtson, Antonius 286 ff., und J. Geiger, Historia 29, 1980, 112 ff.

Auch im Senat ergriff Oktavian die Offensive. Am 1. Januar 33, bei Antritt seines zweiten Consulats, hielt der junge Caesar vor dem Senat eine große Anklagerede gegen Antonius, in der er besonders dessen Verfügungen im Osten und die Landschenkungen an die Söhne der Kleopatra scharf tadelte. Antonius ließ jedoch diese Rede nicht unbeantwortet, sondern erhob durch seine Vertrauensmänner eine Gegenbeschwerde gegen Oktavian, in der er sich über die Mißachtung der Vereinbarungen von Tarent beklagte.[223] Antonius konnte erwarten, daß sich der Caesar zu seinen konkreten Beschwerden äußern würde. Doch Oktavian wich einer sachlichen Diskussion aus. Er bemerkte zu seiner Verteidigung nur, Lepidus habe sich ihm gegenüber gewalttätig benommen, was gar nicht zur Debatte stand. Dann aber wurde er massiv und ausfällig. Er wolle seine kriegerischen Eroberungen mit Antonius teilen, wenn dieser ihm ein Stück von Armenien gäbe. Das war eine glatte Frechheit. Auf Italien (das in allen Abkommen der gemeinsamen Verwaltung aller Triumvirn vorbehalten war) dürfe Antonius keinen Anspruch erheben. Seine Soldaten hätten ja Medien und Parthien, die sie in dem so erfolgreichen Feldzug von 36 erobert hätten. Das war ein Affront, der an Schärfe nicht zu überbieten war. Antonius mußte erkennen, daß Oktavian den Bruch wollte und den offenen Konflikt suchte.[223a] Er tat jedoch dem Caesar den Gefallen, daß er den ersten Schritt zum Krieg unternahm.

An sich hatte Antonius offenbar noch im Winter 34/33 an alles andere eher gedacht als an einen Krieg mit Oktavian.[224] Die Landschenkungen an

---

[223] Plut. Ant. 55. Vgl. Dio 50, 1 ff. Appian, Illyr. 46 und 80. Zum Datum s. J. Kromayer, Hermes 33, 1898, 37 ff., dem Syme, RR 277, und Heuß, RG 235, folgen. Eine andere Auffassung vertritt V. Fadinger, Prinzipat 125 ff. und 180 ff., wonach die Rede Oktavians erst in den Januar 32 gehöre. Dem widerspricht jedoch die Angabe Plutarchs (Anton. 56, 1), die Rede Oktavians sei dem Antonius nach Armenien gemeldet worden. – Ein offenes Problem ist übrigens, wie weit die Anhänger des Antonius in Rom – z. T. ehemalige Republikaner – ihr politisches Vorgehen mit Antonius abgesprochen haben und absprechen konnten. Vgl. dazu Rossi, Antonio 153 ff. Vgl. auch P. J. Bicknell, Latomus 36, 1977, 325 ff.

[223a] Um die *Plebs urbana* fest an Oktavian zu binden, übernahm Agrippa damals die Ädilität (dazu unten S. 411 f.) und ließ die Astrologen und Magier, die mit politischen Prognosen Unruhe verbreiten konnten, aus der Stadt vertreiben. Ein offenbar von Oktavian veranlaßter Senatsbeschluß befreite Angehörige des Senatorenstandes von der Anklage des Latrocinium (Dio 49, 43, 1–5). Diese letzte Maßnahme zielte offenbar auf Senatoren, die an der Seite des „Räubers und Piraten" Sex. Pompeius in Sizilien und Asia gekämpft hatten. S. dazu U. Laffi, Athenaeum 1994, 41 ff.

[224] Die Maßnahmen, die Antonius im Winter 34/33 in Alexandria durchführte, zielten alle auf die Auseinandersetzung mit den Parthern. Mit einem unmittelbar bevorstehenden Krieg mit Oktavian hat Antonius damals offenbar nicht gerechnet.

Kleopatra und ihre Kinder und der Titel „Königin der Könige", mit dem die Ptolemaierin geehrt wurde, waren Teil der umfassenden Vorbereitungen für einen neuen Partherkrieg. Auch der Zug nach Armenien, den Antonius im Frühjahr 33 unternahm, sollte offenbar der Vorbereitung des Partherkrieges dienen. Die Antwort Oktavians auf seine Beschwerden bewog den Antonius jedoch, den Partherkrieg abzublasen. Dieser Beschluß ist verständlich, wenn er auch wahrscheinlich falsch war. Da Oktavian schon früher mit dem Armenierkönig Artavasdes Kontakte geknüpft haben soll, die sich gegen Antonius richteten,[225] mochte dieser fürchten, sein Rivale könne bei einem neuen Partherkrieg Unruhen in seinem Rücken auslösen. Antonius brach daher den geplanten Feldzug gegen die Parther ab und begab sich nach Ephesos, das er zum Sammelpunkt für seine Truppen bestimmte. Auch Kleopatra mit ihrer Flotte fand sich in Ephesos ein.[226]

Die wichtigsten Vorentscheidungen sollten schon im folgenden Jahr 32 v. Chr. fallen. Im Vertrag von Tarent (37 v. Chr.) war von den Machthabern beschlossen worden, ihre triumviralen Vollmachten um fünf Jahre zu verlängern. Diese Periode war nun abgelaufen. Das Enddatum des zweiten Triumvirats ist allerdings in der Forschung noch immer umstritten. Nach dem Zeugnis des Augustus selbst war er *triumvir per continuos annos decem*, was auf den 31. Dezember 33 als Enddatum führen würde.[227] Dem widerspricht jedoch eine Angabe Appians, nach der Oktavian noch bis zum 31. Dezember 32 das Triumvirat bekleidet hat.[228] Im allgemeinen zieht man heute die Aussage des Augustus vor und rechnet mit einem Irr-

---

Vgl. Syme, RR 270 ff. u. ö., und Rossi, Antonio 150, wonach sich Antonius mit einer *de-facto*-Teilung des Reiches zufriedengegeben hätte. Fadinger, Prinzipat 165 ff., glaubt dagegen, Antonius habe schon seit 37, bes. aber seit 34 systematisch den Krieg gegen Oktavian vorbereitet. Ähnlich Buchheim, Orientpolitik 73 f. und 118, Anm. 183, und Bengtson, Antonius 120. Nach H. U. Instinsky, Studies D. M. Robinson, St. Louis 1953, II 975 ff., habe Antonius der Kleopatra die waldreichen Territorien des Libanon und Zyperns überlassen sowie die Häfen der phönikischen Küste zum Bau und zur Stationierung einer Flotte, die Antonius schon damals im Hinblick auf die Auseinandersetzung mit Oktavian errichten lassen wollte. Dagegen s. schon Rossi, Antonio 119.

[225] Dio 49, 41, 5; vgl. 50, 1, 4.
[226] Plut. Anton. 56. Dio 49, 44. Vgl. Fadinger, Prinzipat 189 ff.
[227] RgdA 7.
[228] Appian, Illyr. 28. Appian folgen u. a. W. Kolbe, bei Schmitthenner, Augustus 13, U. Wilcken, bei Schmitthenner a. O. 38 ff. (wonach Appians Angabe auf die Autobiographie des Augustus zurückginge. Dagegen Fadinger, Prinzipat 114 ff.); Gabba, Riv. fil. 98, 1970, 5 ff., und P. Grenade, Origines 1 ff. und 40. Vgl. auch P. Anello, Miscellanea E. Manni, Rom 1980, 103 ff. und J. Ermatinger, Historia 42, 1993, 109 ff.

tum Appians.[229] Geht man davon aus, daß die zweite Fünfjahresfrist des Triumvirats am 31. Dezember 33 zu Ende war, so fragt sich weiter, über welche Vollmachten Oktavian nach diesem Zeitpunkt verfügte. Am meisten für sich hat noch immer die Auffassung von Th. Mommsen, wonach Oktavian auch nach Ablauf des Triumvirats weiterhin im Besitz der triumviralen *potestas* war.[230] Eine andere Ansicht besagt, Oktavian habe ab 1. Januar 32 lediglich über sein *imperium* verfügt[231] (das er erst verloren hätte, wenn ihm ein Nachfolger geschickt worden wäre). Oktavian wäre nach dieser Ansicht seit dem 1. Januar 32 nur ein *privatus cum imperio* gewesen. Fest steht jedenfalls, daß sich Oktavian nach Ablauf der zweiten Fünfjahresfrist und nach dem offiziellen Ende des zweiten Triumvirats in einer relativ schwachen Rechtsposition befand. Bei der Beurteilung der Ereignisse des Jahres 32 v. Chr. wird man dies stets zu berücksichtigen haben.

Am 1. Januar 32 traten zwei erklärte Freunde des Antonius, C. Sosius und Cn. Domitius Ahenobarbus, das Consulat an. Während Domitius sich zurückhielt, dankte Sosius in einer großen Rede seinem Gönner Antonius, während er gleichzeitig den abwesenden Oktavian scharf angriff. Der Senat zeigte sich von den sachlich offenbar nicht ganz unbegründeten Anschuldigungen stark beeindruckt.[232] Die Väter sollen sogar bereit gewesen sein, einen gegen Oktavian gerichteten Beschluß zu fassen, der nur in der Aufforderung bestanden haben kann, beide Triumvirn sollten ihre außerordentliche Gewalt unverzüglich niederlegen. Aber ein vom Caesar vorgeschickter Volkstribun verhinderte durch sein Veto einen derartigen Beschluß.

Die nächste Sitzung berief Oktavian. Umgeben von einer Leibgarde erschien er im Senat. Seine Gefolgsleute trugen Waffen unter der Toga. In einer langen Rede verteidigte er sich gegen die wider ihn erhobenen Vorwürfe und richtete seinerseits heftige Angriffe gegen Antonius und Sosius. U. a. scheint Oktavian die Niederlegung seiner triumviralen Gewalt davon abhängig gemacht zu haben, daß Antonius nach Rom komme und dort mit ihm zusammen abdiziere. Schließlich entließ Oktavian den Senat und beraumte für den nächsten Tag eine neue Sitzung an, in der er Beweise gegen Antonius vorzulegen versprach.

Die Rede des Sosius hatte den Caesar in eine gewisse Verlegenheit ge-

---

[229] So schon Mommsen, RStR II 1, 718f.; Heuß, RG 235; und jetzt K. M. Girardet, Chiron 25, 1995, 147ff.

[230] Mommsen, RStR II 1, 714, und K.-E. Petzold, Historia 18, 1969, 335ff.

[231] Vgl. H. W. Benario, Chiron 5, 1975, 301ff., mit der dort genannten Literatur. Dazu J. Bleicken, Zwischen Republik und Prinzipat, Göttingen 1990, 65ff., und K. M. Girardet, Rh. Mus. 133, 1990, 322ff.

[232] Dazu P. Wallmann, Historia 25, 1976, 305ff. Vgl. zum Folgenden auch Fadinger, Prinzipat 195ff.

bracht. Durch das Angebot des Antonius, von seinem Amt zu abdizieren, scheint Oktavian diplomatisch in die Defensive gedrängt worden zu sein; denn inzwischen hatte sich die Situation gegenüber den Jahren 36 und 35 insofern gewandelt, als Antonius nach der Neuordnung des Ostens auch nach der Niederlegung der Triumviralgewalt noch eine ernst zu nehmende Macht geblieben wäre, selbst wenn er nicht bereits in Ephesos ein Invasionsheer zusammengezogen hätte. So blieb dem Oktavian nichts anderes übrig, als im Gegenzug darauf zu bestehen, daß Antonius sein Amt in Rom niederlegen müsse. Darauf aber konnte dieser sich selbstverständlich nicht einlassen, wollte er sich nicht wehrlos seinem Rivalen ausliefern.

Die beiden Consuln warteten den Termin der nächsten Sitzung nicht mehr ab, sondern verließen die Stadt und begaben sich später zu Antonius. Über 300 Senatoren folgten ihnen, etwa ein Drittel des Senats. In Ephesos konnte Antonius aus ihnen einen Gegensenat bilden.

Die Fortführung der triumviralen Gewalt durch Oktavian über den Endpunkt des zweiten Triumvirats hinaus gegen den Willen einer Mehrheit des Senats und die Einschüchterung des Hohen Hauses durch Bewaffnete kann man durchaus mit einem Teil der älteren Forschung als einen Staatsstreich bezeichnen. Denn daß die Bewaffneten nur zum Schutze des Caesar in der Curie erschienen,[233] war offenbar nicht die Ansicht der Consuln und der vielen Senatoren, die mit ihnen aus Rom flohen. Auch wenn Oktavian später erklärte, er habe den Senatoren aus freien Stücken die Abreise aus Italien gestattet, hat doch deren Verhalten seinem Prestige zweifellos schweren Schaden zugefügt. Andrerseits konnte der Caesar damit argumentieren, daß Antonius bereits in Ephesos eine Invasionsarmee zusammenzog und damit den mühsam erreichten Frieden Italiens ernstlich bedrohte. Die Kämpfe und Mühen der letzten Jahre wären vergeblich gewesen, wenn es dem Antonius wirklich gelingen sollte, den Krieg nach Italien hineinzutragen.

Im Mai 32 verlegte Antonius sein Hauptquartier nach Athen. Kleopatra befand sich in seiner Begleitung. Trotz der Warnungen des Domitius Ahenobarbus, der die Stimmung in Rom gut kannte, vermochte sich Antonius aus verschiedenen Gründen nicht von der Königin zu trennen – nicht zuletzt, weil sie für die Zuverlässigkeit der ägyptischen Flotte garantieren sollte. – Von Athen aus schickte Antonius auch der Octavia den Scheidebrief. Praktisch bedeutete dies soviel wie die Kriegserklärung an Oktavian. Dieser versäumte selbstverständlich nicht, die Scheidung dem unheilvollen Einfluß der Kleopatra zuzuschreiben.[234]

---

[233] So Fadinger, Prinzipat 214ff., der p. 147 Anm. 1 die Literatur zur Frage des Staatsstreichs zusammengestellt hat.
[234] Plut. Anton. 57, Dio 50, 3, 2. Liv. epit. 132. Orosius 6, 19, 4.

Die Anwesenheit der Kleopatra im Hauptquartier führte aber auch unter den Anhängern des Antonius zu Spannungen. Nach einem Zusammenstoß mit der Königin verließen die angesehenen Consulare L. Munatius Plancus und M. Titius die Partei des Antonius und begaben sich zu Oktavian nach Rom. Sie berichteten dem Caesar u. a., daß Antonius sein Testament aufgesetzt und bei den Vestalinnen in Rom hinterlegt habe. Der Triumvir hatte darin u. a. Bestimmungen zugunsten der Kinder der Kleopatra niedergelegt und verfügt, daß er nach seinem Tode in Alexandria neben der Kleopatra beigesetzt werden sollte. So berichtet jedenfalls die von Oktavians Propaganda nicht unbeeinflußte Überlieferung.[235]

Dennoch muß man sich fragen, warum Antonius sein Testament ausgerechnet bei den Vestalinnen hinterlegen ließ. Wenn das Testament nur die eben genannten Bestimmungen enthalten hätte, hätte Antonius das Dokument wohl kaum am heiligen Herd des römischen Staates im Tempel der Vesta deponiert, deren ewiges Feuer zu den Unterpfändern der römischen Herrschaft gerechnet wurde. Das Testament muß also – und zwar in der Hauptsache – Bestimmungen enthalten haben, die das Heil oder doch das Interesse des römischen Staates betreffen. (Aus dem gleichen Grunde hat schon Caesar und später dann auch Augustus sein Testament im Vestatempel deponiert.[236]) Welche Bestimmungen das waren, läßt sich leicht denken. Antonius hatte, als er sein Testament abfaßte, sicherlich auch im Westen des Reiches (vor allem in Italien) noch umfangreiche Besitzungen und ebenso natürlich erst recht im Osten. Und er verfügte wie Caesar über eine weitverzweigte Klientel. Auch über Legate an das Volk dürfte der letzte Wille des Antonius Bestimmungen enthalten haben (wie schon das Testament Caesars). Wer aber die Besitzungen des Antonius erbte und dessen Klientel und wer in seinem Namen eventuell Legate an das Volk

---

[235] Suet. Aug. 17, 1. Plut. Anton. 58. Dio 50, 3, 3 ff. Vgl. M. P. Charlesworth, Proceedings Cambr. Philol. Soc. 151/53, 1932, 6 ff. (zur Frage der Echtheit). M. Grant, Cleopatra, London 1972, 193, und P. Ceauşescu, Historia 25, 1976, 87 (gegen die Echtheit). Mit einer teilweisen Fälschung des Testaments rechnet F. A. Sirianni, Ant. Class 53, 1984, 236 ff. Die juristischen Aspekte der Testamentseröffnung untersucht F. Dumont, Droits de l'antiquité et sociologie juridique, Mél. H. Lévy-Bruhl, Paris 1959, 9 ff. Vgl. auch J. Crook, JRS 47, 1957, 36 ff. J. R. Johnson, Augustan Propaganda, Diss. Los Angeles, California University 1976, 111 ff. E. Hohl, Klio 30, 1937, 333 ff., weist mit Recht darauf hin, daß eine Testamentshinterlegung bei den Vestalinnen nur für Caesar, Antonius und Augustus bezeugt ist. Caesar habe dafür den Präzedenzfall geschaffen. Vgl. auch D. Timpe, Kontinuität 42, und P. Wallmann, Historia 25, 1976, 309 ff., der auf den dynastischen Aspekt des Antoniustestaments zwar zu sprechen kommt, ohne den Gedanken jedoch weiterzuverfolgen.

[236] Auch die Urkunde des Vertrages von Brundisium wurde bei den Vestalinnen deponiert: Dio 48, 37, 1 und 46, 2. Vgl. Timpe a. O. Anm. 3.

auszahlte, konnte in die Machtstellung des Triumvirn eintreten. Die Möglichkeit, daß auch nach einem Tod des Antonius in der Schlacht einer seiner Söhne (man kann etwa an Antyllus, den ältesten Sohn der Fulvia, denken) Erbe seiner politischen Macht würde, war im Jahre 32 durchaus noch gegeben. Das Testament des Antonius war also ein politisches Testament. Auch die Zuwendungen an die Kinder der Kleopatra tragen politischen Charakter und fügen sich in die bekannte dynastische Politik des Antonius gut ein. Gerade weil das Testament des Antonius aber ein politisches Testament darstellte, war der Wunsch des Triumvirn, in Alexandria neben Kleopatra bestattet zu werden, ein erstaunlicher Mißgriff, der allein auf die persönlichen Neigungen und nicht auf politisch-rationales Kalkül zurückgeführt werden kann.

Antonius hatte allerdings auch nicht mit der Skrupellosigkeit Oktavians gerechnet. Die Öffnung und auszugsweise Publikation eines privaten Testaments galt als ein Akt schlimmster Perfidie und war durch ein Gesetz Sullas unter schwere Strafe gestellt. Aber Oktavian war im Besitz der triumviralen Gewalt von den geltenden Gesetzen entbunden und konnte auch für diesen Gewaltakt auf die Staatsraison verweisen. Denn gerade weil das Testament des Antonius kein rein privates Testament war, sondern eine Urkunde, deren Inhalt für das ganze Reich von wesentlicher Bedeutung war, barg das Dokument ein Sicherheitsrisiko. Man konnte sich durchaus auf den Standpunkt stellen, daß die dynastische Politik des Antonius, die der Kleopatra einen so großen Einfluß einräumte, nicht im Interesse des römischen Staates war. Denn diese Politik war neu und ohne Vorbild und entsprach jedenfalls nicht dem *mos maiorum*. Durch die Öffnung und vorzeitige Publikation von Teilen des Antonius-Testaments verhinderte Oktavian aber, daß später noch irgend jemand unter Berufung auf das Testament des Antonius politische Ansprüche stellen konnte.

Die Eröffnung des Antonius-Testaments muß in der römischen Öffentlichkeit einen gewaltigen Eindruck gemacht haben. Erhielt doch jetzt die seit langem systematisch betriebene Propaganda gegen Antonius gewissermaßen ihre urkundliche Bestätigung. Auch diejenigen, die um parteipolitische Neutralität bemüht waren, und die noch in Rom verbliebenen Freunde des Antonius wagten es nun nicht mehr, sich für diesen einzusetzen. Sie sagten, wie Cassius Dio berichtet, „dasselbe wie die anderen". Mit dieser Wendung ist wohl der *consensus universorum* gemeint, auf den sich Oktavian/Augustus in der Folgezeit immer wieder berief.[237] Diese Ein-

---

[237] Dio 50, 4, 2. (Dazu K.-E. Petzold, Historia 18, 1969, 346.) Später (50, 11, 5) spricht Dio davon, daß Oktavian καὶ τὸ πλεῖστον καὶ τὸ κράτιστον τῶν Ῥωμαίων ὁμογνωμονοῦν ἔχοι (dazu Fadinger, Prinzipat 280 mit Anm. 2). Im Eid des Jahres 32 hat schon W. Kunkel (bei Schmitthenner, Augustus 320) einen Ausdruck des

mütigkeit aller Bürger und aller Stände äußerte sich zunächst darin, daß Senat und Volk dem Antonius das Consulat für das Jahr 31 v. Chr. und „jegliche sonstige Amtsgewalt", d. h. die trimvirale *potestas*, absprachen, da er sie an eine Frau abgetreten hätte. Zugleich wurde der Kleopatra in aller Form der Krieg erklärt.[238] Die Tatsache, daß Antonius in die Kriegserklärung nicht mit einbezogen wurde, ermöglichte dem Oktavian das Festhalten an der Fiktion, mit dem Sieg über Sex. Pompeius sei die Zeit der Bürgerkriege beendet worden. Die Erklärung des Antonius zum Staatsfeind wäre wohl auch damals noch auf große Schwierigkeiten gestoßen, da Antonius in Italien noch immer zahlreiche Anhänger besaß.[239] Auch schreckte Oktavian anscheinend mit Rücksicht auf seine Schwester Octavia und deren Kinder vor jenem äußersten Schritt zurück. Der Kriegsbeschluß gegen Kleopatra und die Amtsenthebung des Antonius dürfen jedoch nicht vergessen lassen, daß sich Oktavian auch danach noch in einer ziemlich schwachen Rechtslage befand. Denn der Senat, der jene Beschlüsse gefaßt hatte, war ein Rumpfsenat, da beide Consuln und ein großer Teil der Senatoren wenige Monate zuvor Rom verlassen hatten und zu Antonius geflohen waren. Die in ihrer Rechtsgültigkeit zumindest anfechtbaren Beschlüsse gegen Antonius und Kleopatra mußten daher durch die Berufung auf den *consensus universorum* abgesichert werden. Wie so oft mußten der Volkswille und die öffentliche Meinung dort zur Legitimation dienen, wo man sich auf das strenge Recht nicht ohne weiteres berufen konnte.

Der *consensus universorum* äußerte sich auch darin, daß ganz Italien im Jahre 32 dem Oktavian freiwillig einen Treueid leistete und den Caesar

consensus universorum gesehen. – K.-E. Petzold (a. O. 334 ff.), dem Fadinger (a. O. 296 ff.) folgt, beruft sich in diesem Zusammenhang vor allem auf RgdA 34: *per consensum universorum [potitus reru]m om[n]ium*. Auf Grund einer anderen Interpretation des ersten Satzes von § 34 hatten dagegen u. a. A. von Premerstein, Prinzipat 43 Anm. 2, H. Berve, Hermes 71, 1936, 241 ff., H. Volkmann (bei Premerstein a. O.) und H. U. Instinsky, Hermes 75, 1940, 265, den *consensus universorum* in die Zeit nach Actium verlegt. Doch ist es fraglich, ob der Text der Stelle von Mommsen richtig ergänzt ist. D. Krömer, ZPap 28, 1978, 133 ff., hat vielmehr jetzt vorgeschlagen, *[potens reru]m om[n]ium* zu lesen, womit der Zeitpunkt der Erlangung des *consensus universorum* offengelassen würde, was zweifellos seine Vorzüge hätte. Allerdings spricht der griechische Text eher für Mommsens Ergänzung (Petzold brieflich).
[238] Plut. Anton. 60. Dio 50, 4, 3 ff. Dazu Fadinger, Prinzipat 233 ff. Vgl. M. Reinhold, The declaration of war against Cleopatra, Class. Journ. 77, 1981/2, 97 ff.
[239] Andrerseits wurde durch den geschickten Schachzug des Oktavian die Unzufriedenheit derjenigen Anhänger des Antonius, die über das Auftreten der Kleopatra verärgert waren, noch geschürt. Vgl. Rossi, Antonio 163.

zum Führer im bevorstehenden Krieg gegen Antonius und Kleopatra verlangte – wie es Augustus selbst berichtet. Auch die Westprovinzen wurden damals auf den Caesar vereidigt. Der Charakter des Eides von 32 ist umstritten; sein wesentlich militärischer Charakter dürfte aber heute außer Zweifel stehen.[240] Die Schwuraktion im gesamten Westen des Imperium (nur Illyricum wird aus unbekanntem Grunde in den Res Gestae nicht genannt) stellte eine gewaltige Manifestation des Willens und der Macht dar und war geeignet, die Öffentlichkeit von der fehlenden Legalität Oktavians abzulenken. Zugleich aber bildete diese Schwuraktion eine ganz wesentliche Stufe in der Entwicklung zum Kaisereid und wurde wohl mit deswegen von Augustus in den Res Gestae so betont herausgestellt.

Die von Augustus betonte Freiwilligkeit der Eidesleistung Italiens wird man wohl nur mit Einschränkung akzeptieren können. Schon wegen der hohen Kriegskontributionen wird die Kriegsbegeisterung im Lande nicht allzu groß gewesen sein. Auch gab es noch immer Anhänger und Klienten des Antonius, wie etwa die Bürgerschaft von Bononia, denen sogar die Eidesleistung ausdrücklich erlassen wurde.[241] Doch die von Oktavian in Italien angesiedelten Veteranen zögerten nicht, sich für den Caesar zu erklären, und in den Curien der Munizipien werden die ehemaligen Centurionen dafür gesorgt haben, daß es keine Schwierigkeiten gab. Die Plebs urbana in Rom aber hatte Agrippa gerade damals durch ein großzügiges

[240] RgdA 25. Dio 50, 6, 6. J. Kromayer, Diss. 10 ff., verglich den Eid mit der bei einem *tumultus* üblichen *coniuratio* und entwickelte daraus die These, Oktavian habe im Jahre 32 ein „Notstandskommando" erhalten. Diese These vertreten auch W. Kolbe und U. Wilcken (bei Schmitthenner, Augustus 31 ff. und 63 ff.), während Mommsen, RStR I 696 f., von der nachträglichen Fiktion eines Notstandskommandos sprach. Vgl. dazu Fadinger, Prinzipat 18 ff. Da Oktavian auch im J. 32 weiterhin im Besitz seiner triumviralen Vollmachten blieb, scheint die Annahme eines besonderen Notstandskommandos nicht erforderlich zu sein. Dagegen hat es der junge Caesar sicherlich nicht versäumt, sich in aller Form von Senat und Volk den Oberbefehl im Kampf gegen Kleopatra übertragen zu lassen, so schon A. v. Premerstein, Prinzipat S. IV, und F. De Visscher bei Schmitthenner, Augustus 215 ff., der in dem *ducem deposcere* die Forderung nach einer Volksabstimmung erkennt. Während A. von Premerstein, Prinzipat 36 ff., den Eid und das *ducem deposcere* trennen und in dem Schwur einen privaten und zivilen Gefolgschaftseid sehen wollte, charakterisiert P. Herrmann, Kaisereid 78 ff., den Schwur des J. 32 wohl richtiger als einen erweiterten Feldherreneid. Herrmann erkennt in der Vorwegnahme des Eides ein *fait accompli* und eine Umkehrung des normalen Ablaufs, in dem die Ernennung des Feldherrn der Eidesleistung der Truppen vorausgeht (a. O. 85). Vgl. auch J. Linderski, JRS 74, 1984, 74 ff.; J. Legall, Latomus 44, 1985, 767 ff. (= CCG 1, 1990, 165 ff.); und unten S. 131 A. 172 a.

[241] Suet. Aug. 17. Vgl. jedoch Dio 50, 6, 3, wonach Augustus Bononia als Kolonie neu konstituierte.

Bauprogramm und glanzvolle Spiele für die Sache Oktavians gewonnen.[242] Sicherlich gab es aber jetzt in Italien auch außer den Veteranen noch Kreise, die sich mit Überzeugung hinter Oktavian stellten. Denn nach dem Sieg über Sex. Pompeius hatte sich ein neues italisches Gemeinschaftsgefühl herauszubilden begonnen, das von Oktavian klug gefördert worden war. Wohl nicht zufällig begannen um jene Zeit Varro und Vergil mit ihren Werken über die Landwirtschaft, die nach den Wirren der voraufgegangenen Jahre ein neues Interesse am italischen Ackerbau signalisierten. Schon 36 war der junge Caesar auch von mehreren italischen Gemeinden unter die Stadtgötter aufgenommen worden, da er Italien von den Piraten und von dem Räuberunwesen befreit hatte.[243] Wenn jetzt Antonius – noch dazu im Bunde mit einer ägyptischen Königin – mit einer Invasion drohte, so mußte man das als Störung der gerade mühsam erreichten Ordnung empfinden. Wenn daher Oktavian versprach, den Krieg von Italien fernzuhalten, durfte er breiter Unterstützung sicher sein.[244]

Vielleicht wäre die Auseinandersetzung mit Antonius anders verlaufen, wenn dieser sich von Kleopatra getrennt und mit wenigen, aber zuverlässigen Truppen in Italien gelandet wäre. Aber Antonius war auf die Flotte der Ptolemaierin und auf die Getreidevorräte Ägyptens angewiesen. Diese doppelte Abhängigkeit bestimmte offenbar sein Vorgehen. Er ließ seine Armee daher auf verschiedene Punkte an der Küste des Jonischen Meeres von Kerkyra im Norden bis Methone im Süden verteilt überwintern. Das größte Kontingent hatte auf der Halbinsel von Actium (des südlichen der beiden Landarme, die den Golf von Ambrakia flankieren) eine feste Stellung bezogen.[245]

[242] Dio 49, 43, 1 ff. Dazu Reinhold, Agrippa 46 ff. Yavetz, Plebs 89 ff. Vgl. unten S. 411 f.

[243] Appian, b. c. 5, 546. – Zur Abfassungszeit von Varros De re rustica s. M. Dahlmann, RE Suppl. VI 1935, 1185 f. Zu Vergils Georgica vgl. unten S. 292 ff.

[244] Mit Recht betont R. F. Rossi, Antonio 160, daß Antonius dem Oktavian kein überzeugendes Programm entgegensetzen konnte. Die religiöse Propaganda und die dynastischen Pläne des Antonius haben nach Rossi (162) sogar im Osten „una atmosfera complessivamente antiromana" geschaffen.

[245] Vell. Pat. 2, 84 f. Plut. Anton. 61 ff. Dio 50, 11 ff. Oros. 6, 19, 5 ff. – Zum Verlauf der Schlacht bei Actium vgl. J. Kromayer, Hermes 34, 1899, 1 ff. und 68, 1933, 361 ff. Seine Ansicht, wonach es sich bei dem Kampf um eine Durchbruchsschlacht handelte, hat sich gegen die Einwände von W. W. Tarn, JRS 21, 1931, 173 ff., im wesentlichen durchgesetzt. Vgl. G. W. Richardson, JRS 27, 1937, 153 ff.; J. Leroux, Les Problèmes stratégiques de la bataille d'Actium, Recherches de philologie et de linguistique, Louvain, Fac. des lettres, Sect. de Philol. Class. 2, 1968, 29 ff.; J. R. Johnson, Augustan Propaganda 21 ff. Zur Überlieferung vgl. auch M. L. Paladini, A propo-

Von vornherein zeigte es sich, daß Oktavian seinem Gegner durch seine von Agrippa hervorragend geführte Flotte überlegen war. So konnte Antonius es offenbar nicht wagen, über Kerkyra hinaus nach Norden vorzustoßen und Apollonia und Dyrrhachium, die Endpunkte der wichtigen *via Egnatia*, in seine Hand zu bringen. Dagegen gelang es dem Agrippa gleich zu Beginn des Frühjahrs 31, durch einen Handstreich die Festung Methone zu erobern, während Oktavian Kerkyra besetzen und seine Truppen auf dem gegenüberliegenden Festland landen konnte. Der Caesar führte seine Armee dann auf dem Landweg nach Süden zum Golf von Ambrakia. Antonius hatte diese Gegend offenbar zum Bereitstellungsraum für seine Invasionsarmee ausersehen. Nun wurde er gezwungen, sich hier seinem Gegner zu stellen. Zunächst versuchte Antonius, den Oktavian mit seinen Truppen auf der Actium gegenüberliegenden Landzunge einzuschließen. Als dies mißlang und Antonius selbst nach dem Verlust seiner rückwärtigen Stützpunkte – vor allem der festen Plätze Patras und Korinth – immer mehr bedrängt wurde, suchte Antonius schließlich am 2. September 31 v. Chr. die Entscheidung in einer großen Seeschlacht. Wahrscheinlich hat Antonius diese Schlacht von vornherein als Durchbruchsschlacht geplant. Allerdings gelang es ihm dann nur mit einem Bruchteil seiner Flotte, sich vom Feind zu lösen, nachdem Kleopatra mit ihrem Geschwader als erste die Linien Oktavians durchbrochen und Kurs auf Ägypten genommen hatte. Das Gros der Flotte des Antonius fiel den Caesarianern in die Hände. Sieben Tage später kapitulierte auch die Landarmee des Antonius, nachdem ihre Führer in Verhandlungen mit dem Caesar erreicht hatten, daß die Antonianer bei späteren Landzuweisungen ebenso berücksichtigt würden wie die Truppen Oktavians.

Den Winter 31/30 verbrachte der Caesar in Samos, von wo er allerdings mit einem kleinen Geschwader nach Italien eilen mußte, um die dort unter

---

sito della tradizione poetica sulla battaglia di Azio, Brüssel 1958. – Die in Praeneste gefundene Reliefdarstellung eines Kriegsschiffes mit einem Krokodil am Bug wird mit R. Heidenreich, Röm. Mitt. 51, 1936, 337 ff., meist auf die Schlacht bei Actium bezogen, während P. Mingazzini, Röm. Mitt. 80, 1973, 283 ff., die Landung des Claudius in Britannien dargestellt sieht. – D. Burr Thompson, in: Das Ptolemäische Ägypten, Mainz 1978, 113 ff., will in der Darstellung der Tazza Farnese ein „Gedicht auf die Schlacht von Aktion" erkennen, vgl. jedoch die Diskussionsbeiträge im gleichen Band. – Vgl. T. Hölscher, Actium und Salamis, JdI 99, 1984, 187 ff.; und: Denkmäler der Schlacht von Actium, Klio 67, 1985, 81 ff. (danach richtete sich die Propaganda bes. auch an die Oberschicht). – Vgl. ferner D. Harrington, The Battle of Actium. A Study in Historiography, Ancient World 9, 1984, 59 ff., und zur Bewertung der Schlacht in der augusteischen Literatur R. A. Gurval, Actium and Augustus, Ann Arbor 1995 (dazu D. Kienast, HZ 263, 1996, 744 f.). S. auch unten S. 461 Anm. 36.

seinen Veteranen ausgebrochenen schweren Unruhen beizulegen.[246] Im Frühjahr 30 kehrte Oktavian dann über Korinth und Rhodos nach Kleinasien zurück, um von Syrien aus den Angriff auf Ägypten vorzutragen. Von der Kyrenaika aus rückte gleichzeitig Cornelius Gallus, Oktavians Mann in Afrika, gegen das Nilland vor und konnte im Frühsommer die Grenzfestung Paraitonion erobern. Um die gleiche Zeit fiel Pelusion, die andere Grenzsperre, dem Caesar in die Hand. Am 1. August 30 wollte Antonius sein Glück in einer letzten Schlacht vor den Toren Alexandrias versuchen. Aber seine Flotte und seine Reiter gingen zum Gegner über, und das Landheer wurde in die Stadt zurückgedrängt. Antonius mußte erkennen, daß seine Sache verloren war, und gab sich daher selbst den Tod. Er starb 52jährig in den Armen der Kleopatra.[247]

Antonius war zweifellos der bedeutendste Gegenspieler Oktavians. Als Feldherr ohne überdurchschnittliche Fähigkeiten, besaß er doch Mut und persönliche Tapferkeit, die sich vor allem in schwierigen Situationen mehrfach bewährte. Im Osten zeigte Antonius ein beträchtliches diplomatisches Geschick und große organisatorische Fähigkeiten, verbunden mit einem sicheren Blick für politische Begabungen. Oktavian hat denn auch die Anordnungen des Antonius im Osten im grundsätzlichen weitgehend unverändert übernommen. Obwohl dem Triumvirn Grausamkeit und Brutalität keineswegs fehlten, konnte Antonius doch offenbar durch sein soldatisches Wesen in weit höherem Maße als Oktavian die Sympathien seiner Standesgenossen gewinnen. Es will schon etwas heißen, wenn trotz der intensiven Propaganda Oktavians noch im Jahre 32 die beiden Consuln des Jahres und rund ein Drittel der Senatoren Italien verließen und sich ins Lager des Antonius begaben. R. Syme hat deswegen die These vertreten, Antonius hätte eine Wiederherstellung der Republik zugelassen, ja, er sei im Grunde seines Herzens immer ein Republikaner gewesen. Diese Auffassung erscheint allerdings kaum haltbar.[248] Der ehrgeizige und prunkliebende Mann, der erst Caesar das Diadem angeboten hat und dann im Osten selbst wie ein hellenistischer König aufgetreten ist, der dort eine

[246] Suet. Aug. 17, 3. Dio. 51, 4 f.

[247] Plut. Anton. 74 ff. Dio 51, 9 f. – Zur Tilgung des Namens der Antonier in den Inschriften s. F. Vittinghoff, Der Staatsfeind in der römischen Kaiserzeit, Berlin 1936, 21 ff., und J. R. Johnson, Augustan Propaganda 138 ff. (zur Tilgung und Restitution in den Fasti Capitolini). Vgl. auch Ch. L. Babcock, Class. Philol. 57, 1962, 30 ff.

[248] Syme, RR passim. Dagegen mit Recht schon Rossi, Antonio 143 ff., der von «una fondamentale contraddizione nella politica di Antonio» spricht. Als Mitglied der alten Nobilität sei der Triumvir an die Gewohnheiten, Vorstellungen und Methoden der alten Republik gebunden gewesen, von der er sich durch seine monarchischen und dynastischen Tendenzen jedoch weit entfernt habe. Vgl. auch E. Goltz Huzar, Mark Antony, Minneapolis 1978, 253 ff.

Endkampf mit Antonius

ausgesprochen dynastische Politik betrieben und mit Kleopatra drei Kinder gezeugt hat – dieser Mann wäre kaum zufrieden gewesen, ehe er nicht eine ähnlich unumschränkte Machtstellung wie Caesar erreicht hätte. Aber wie immer man auch über das Verhältnis des Antonius zu Kleopatra denken mag, Tatsache bleibt, daß der Triumvir immer mehr in die Abhängigkeit von der Ptolemaierin geriet. Daß er schließlich bei Actium seine Truppen verließ und mit Kleopatra nach Ägypten floh, besiegelte seinen Untergang.

Kleopatra hatte sich zunächst Hoffnungen gemacht, das ptolemaiische Königreich für sich oder doch wenigstens für ihre Kinder retten zu können. Oktavian machte ihr aber auch bei einer persönlichen Begegnung keine Zusagen. Nach den antiken Berichten habe er vielmehr die Absicht gehabt, die Königin in Rom im Triumphzug mitzuführen. Kleopatra habe diese Absicht erraten und sei daher freiwillig aus dem Leben geschieden, nachdem sie mit Erlaubnis Oktavians dem toten Antonius die letzten Ehren erwiesen hatte. Es ist möglich, daß der Freitod der Kleopatra dem Oktavian nicht ungelegen kam, ja von diesem insgeheim gefördert worden war. Jedenfalls konnte Oktavian nun den Antonius in Alexandria an der Seite der Kleopatra bestatten lassen und damit jene Testamentsbestimmung erfüllen, auf die er zuletzt vor allem seine Propaganda gegen Antonius aufgebaut hatte.[249]

Von den Kindern des Antonius wurde der junge Antyllus, ein Sohn der Fulvia, getötet, zusammen mit Ptolemaios Kaisar (Caesarion). Beide waren noch kurz vorher von Antonius und Kleopatra für volljährig erklärt worden. Das war praktisch ihr Todesurteil; denn Oktavian dachte nicht daran, die möglichen Prätendenten am Leben zu lassen, schon gar nicht einen Mann, der den Namen Caesar trug und von dem man wußte, daß er der leibliche Sohn des Dictators war. Dagegen wurden die übrigen Kinder des Antonius geschont und später der Octavia zur Erziehung übergeben.[250]

---

[249] Dazu K. Kraft, Kleine Schriften I 29 ff. bes. 37 ff. (Zur Frage des Baubeginns des Mausoleum Augusti s. unten S. 412.) – Zur Gestalt der Kleopatra s. H. Volkmann, Kleopatra, München 1953. M. Grant, Cleopatra, London 1972. J. Lindsay, Cleopatra, London 1970. P. M. Martin, Antoine et Cléopâtre. La fin d'un rêve, Paris 1990. M. Clauss, Kleopatra, München 1995 (populär). L. Hughes-Hallett, Cleopatra: Histories, Dreams and Distortions, London 1990 (ND 1997). Zum Porträt der Kleopatra s. F. Johansen, Meddelelser fra Ny Carlsberg Glyptotek 35, 1978, 55 ff. (dänisch mit franzős. Resümee) mit Lit. M. Hamer, Signs of Cleopatra. History, politics, representation, London 1993 (bes. Porträt und Nachleben). E. Flamarion, Cleopatra from History to Legend, 1997.

[250] Plut. Anton. 81 und 87. Dio 51, 15, 5 ff. Zu Caesarion s. oben Anm. 220. – Von

Auch sonst hat Oktavian möglichste Schonung walten lassen. Die letzten noch lebenden Caesarmörder Turullius und Cassius von Parma durften allerdings keine Gnade erwarten. Doch sonst übernahm Oktavian das caesarische Programm der *clementia* und suchte durch umfangreiche Begnadigungen die Schrecken der Bürgerkriege vergessen zu machen und die Voraussetzungen für eine neue friedlichere Ära zu schaffen.[251]

Bevor der Caesar nach Rom zurückkehrte, mußte er die Verhältnisse im Osten nach Möglichkeit zu ordnen und zu stabilisieren suchen. Da der letzte Krieg nominell vor allem gegen Kleopatra und ihr Land geführt worden war, konnte es niemanden überraschen, daß nach dem Ende der Königin Ägypten zur römischen Provinz gemacht wurde, allerdings zu einer Provinz besonderer Art. Während Oktavian in Alexandria mit dem Besuch des Alexandergrabes bewußt an den großen Makedonen angeknüpft hatte und in der Stadt bald nach hellenistischer Art kultische Ehren erhielt,[252] ließ er sich in Ägypten wie selbstverständlich als Nachfolger der Pharaonen verehren.[252a] Das Land wurde nicht wie die übrigen Provinzen durch einen senatorischen Statthalter verwaltet, sondern einem Präfekten aus dem Ritterstand unterstellt, der praktisch die Stelle eines Vizekönigs einnahm. Im Land blieben zunächst drei Legionen; später wurde die Zahl der Legionen auf zwei reduziert, die in einem Doppellager bei Alexandria zusammengezogen wurden. Senatoren wurde später das Betreten Ägyptens überhaupt untersagt.[253]

Alexander Helios und Ptolemaios Philadelphos findet sich später keine Spur mehr. Kleopatra Selene heiratete im J. 20 v. Chr. Juba II. von Mauretanien.

[251] Vell. Pat. 2, 86, 2ff. Vgl. Dio 51, 16, 1. Dazu Sattler, Augustus 21 f. Zu Turullius s. Dio 51, 8, 2 f. Zu Cassius von Parma s. Vell. Pat. 2, 87, 3. Val. Max. 1, 7, 7. Zum Begriff der *clementia* s. unten S. 96 f., Anm. 57 f.

[252] Zum Besuch des Alexandergrabes s. D. Kienast, Kleine Schriften 323 ff. – In Alexandria wurde bald nach der Einnahme der Stadt ein Tempel für Oktavian als den Kaisar Epibaterios errichtet, wobei offenbar ein halbfertiger, dem Antonius zugedachter Bau für den Caesar fertiggestellt wurde. Der Tempel stand in einer weitläufigen Anlage, die später Caesareum bzw. Sebasteion genannt wurde. Sie ist wahrscheinlich – zumindest teilweise – mit dem auf der Obeliskinschrift des Cornelius Gallus (AE 1964 Nr. 255) genannten Forum Iulium identisch, das anscheinend später in Forum Augusti umbenannt wurde. Der Obelisk auf dem Forum hat nach G. Alföldy als Sonnenuhr gedient und wurde auch nach dem Sturz des Gallus nicht entfernt. Erst Caligula hat ihn dann nach Rom gebracht. S. die ausführliche Diskussion von H. Hänlein-Schäfer, Veneratio Augusti 203 ff. und von G. Alföldy, Der Obelisk auf dem Petersplatz in Rom, Heidelberg 1990. Vgl. D. Fishwick, AJAH 9, 1984 (1990), 131 ff., und 12, 1987 (1995), 62 ff., sowie P. Ruggendorfer, in: Fremde Zeiten (Festschrift J. Borchhardt) II, Wien 1996, 213 ff.

[252a] Vgl. J. C. Grenier, L'empereur et le Pharaon, in: ANRW II 18, 5, 1995, 3181 ff.

[253] Zu den Legionen in Ägypten s. M. P. Speidel, Roman Army Studies I, Am-

Nach dem Sieg über Antonius übernahm Oktavian mit dem Osten des Reiches auch das ungelöste Partherproblem. An einen neuen Partherkrieg konnte der Caesar im Jahre 30 v. Chr. aber ebensowenig denken wie an ein Vorgehen in Armenien, wo sich inzwischen der Römerfeind Artaxias der Herrschaft bemächtigt hatte.[254] Die Länder des Ostens waren ausgepreßt bis aufs Blut, und Oktavian mußte froh sein, mit dem Gold der Ptolemaier wenigstens die Ansprüche seiner Truppen befriedigen zu können. Für einen neuen großen Krieg im Osten fehlten dem Caesar allein schon die Mittel. Seine eigene Herrschaft und das im Innersten erschütterte Reich bedurften außerdem dringend des Friedens und der Konsolidierung. Es traf sich daher glücklich, daß in dieser Zeit auch das Partherreich durch Thronwirren gelähmt war. Der erfolglose Prätendent Tiridates erschien vor Oktavian und unterstellte sich seinem Schutz. Einen Auslieferungsantrag des Partherkönigs Phraates wies der Caesar zurück und ließ sich sogar einen Sohn des Phraates als Geisel stellen. Damit war aber dem römischen Prestige vorerst Genüge getan. Von einer militärischen Intervention in Parthien oder Armenien konnte Oktavian zunächst absehen.[255]

Auch die Neuordnung von Syrien und Kleinasien scheint dem Sieger keine allzu großen Schwierigkeiten bereitet zu haben. Mithridates II. von Kommagene behielt seine Herrschaft, mußte aber Zeugma an Rom abtreten. Damit wurde der mittlere Euphrat Reichsgrenze. In Syrien wurden erst drei, später vier Legionen stationiert.[255a] Herodes von Judäa, der

sterdam 1984, 317 ff. Vgl. ebda. 323 ff. zu den auxilia in Oberägypten. Nach Tac. ann. 2, 59, 3 war *senatoribus aut equitibus Romanis inlustribus* das Betreten Ägyptens ohne Erlaubnis des Prinzeps verboten. s. unten S. 189 m. A. 130. – Zur Neuordnung Ägyptens vgl. U. Wilcken, in: Mitteis–Wilcken, Grundzüge I 1, 28 ff. M. Rostovtzeff, Gesellschaft und Wirtschaft II 21 ff. H. Braunert, Die Binnenwanderung, Bonn 1964, 275 ff. A. Stein, Untersuchungen zur Geschichte und Verwaltung Ägyptens unter römischer Herrschaft, Stuttgart 1915. C. Balconi, Aegyptus 56, 1976, 208 ff. A. K. Bowman, JRS 66, 1976, 160 ff. A. Piganiol, Mus. Helv. 10, 1953, 193 ff. D. Rathbone, Egypt, Augustus and Roman taxation, CCG 4, 1993, 81 ff. Zur Neuordnung Ägyptens vgl. auch unten S. 466. – Die Bedeutung der Annexion Ägyptens für die Entwicklung des Prinzipats hat F. Guizzi, Principato 89 ff., gut herausgearbeitet. Vgl. auch H. Bellen, AEGVPTO CAPTA, in: Festschrift zum 16. Numismatikertag Mainz 1991, hrsg. von R. Albert, Speyer 1991, 33 ff. = Politik – Recht – Gesellschaft 71 ff.

[254] Zur Armenienfrage s. M. Pani, Roma 8 ff. Gegen Mommsens scharfe Verurteilung der Partherpolitik Oktavians (RG V 370 ff.) s. schon Syme, RR 301, und Pani a. O. 11.

[255] RgdA 32. Dio 51, 18, 3; vgl. 53, 33, 1.

[255a] Die Standorte werden für die augusteische Zeit nicht angegeben. Später hatte die *legio X* ihr Winterlager in Cyrrhus, die *legio VI* in Laodicea. Für die *legio III Gallica* wird Antiochia, für die *legio XII Fulminata* Rephaneae im Orontes-Tal

rechtzeitig von Antonius zu Oktavian übergewechselt war, wurde mit dem ganzen Küstenstrich von der ägyptischen Grenze bis Tyros belohnt und erhielt damit endlich für sein Königtum den ersehnten Zugang zum Meer.[256] Amyntas von Galatien, der ebenfalls beizeiten die Partei gewechselt hatte, erhielt zu seinem Reich noch Isaurien und Kilikien. Nachdem Amyntas dann im Jahre 25 v. Chr. im Kampf gegen das pisidische Bergvolk der Homonadenser gefallen war, machte Augustus sein Land zur römischen Provinz.[257] Auch Archelaos von Kappadokien wurde im Besitz seiner Herrschaft bestätigt. König Polemon von Pontos schließlich mußte Kleinarmenien an den Mederkönig Artavasdes (dessen Land die Parther besetzt hatten) abtreten, durfte aber sein Reich nordostwärts erweitern. Im ganzen hat also Oktavian die von Antonius geschaffene Ordnung des Ostens nicht wesentlich geändert.[258] Doch hat Oktavian damals auch die Grundlagen für den künftigen provinzialen Kaiserkult gelegt. Den Asianern und den Bithyniern wurde gestattet, in Ephesos und in Nikaia für den Divus Julius und die Roma einen Tempel sowie in Pergamon und Nikomedeia für die Dea Roma und für Oktavian ein Heiligtum zu errichten. Indem sowohl der Kult des Divus Julius wie der Kult des jüngeren Caesar mit dem Kult der Göttin Roma verbunden wurde, sollten der alte Caesar und sein 'Sohn' als die eigentlichen Repräsentanten Roms erscheinen.[259]

Erst Mitte des Jahres 29 v. Chr. kehrte Oktavian wieder nach Rom zurück, wo er am 13., 14. und 15. August einen dreifachen Triumph feierte (wegen des Sieges über die Dalmater, des Erfolges bei Actium und der Eroberung Ägyptens). Sein Neffe Marcellus, der Sohn der Octavia, durfte beim Triumph auf dem rechten Handpferd vor dem Wagen Oktavians reiten und später an die Knaben der stadtrömischen Plebs eine Geldspende verteilen. Nicht zu Unrecht wurde diese Herausstellung des jungen Marcellus sehr beachtet.[259a]

als Standort vermutet. Vgl. R. Syme, Anatolica 242ff. F. Millar, The Roman Near East 31 BC–AD 337, London 1993, 27ff., und St. Mitchell, Anatolia I, Oxford 1993, 118ff.

[256] Joseph., b. Jud. 1, 396, und antt. Jud. 15, 217. Dazu W. Otto, RE Supl. 2, 1913, 48f. und U. Baumann, Rom und die Juden, Frankfurt am Main 1983, 191ff.

[257] Dio 51, 2, 1ff. vgl. 53, 2, 3. Dazu W. Hoben, Untersuchungen 121ff. Zur Einziehung von Galatien s. D. Magie, Roman Rule 453ff., und unten S. 338ff.

[258] S. ausführlich D. Magie, Roman Rule 442ff. Vgl. auch M. R. Cimma, Reges socii, Mailand 1976, 267ff. Zu Archelaos s. W. Hoben, Untersuchungen 179ff., und M. Pani, Roma 93ff. Zu Polemon s. Hoben a. O. 39ff. Dazu M. Sartre, L'Orient romain, Paris 1991, 13ff.

[259] Dio 51, 20, 6ff. Dazu unten S. 246ff.

[259a] Suet. Aug. 22. Tib. 6, 4. Dio 51, 21. Dazu R. M. Schneider, JdAI 105, 1990, 167ff. Zu Marcellus vgl. unten S. 100 und S. 102f. m. A. 78.

Im übrigen war die Situation in Rom für Oktavian nicht ganz einfach. Noch Ende des Jahres 30 hatte Maecenas eine offenbar weitverzweigte Verschwörung des M. Aemilius Lepidus, des Sohnes des kaltgestellten Triumvirn, aufgedeckt.[260] Lepidus wurde hingerichtet, während man seinen Vater verschonte, offenbar um die *sacrosanctitas* des *pontifex maximus* nicht zu verletzen. Die Episode zeigt jedoch, daß die Lage in Rom auch nach dem Sieg über Antonius noch keineswegs stabilisiert war. Auf Oktavian warteten in der Hauptstadt noch schwere Aufgaben.

---

[260] Vell. Pat. 2, 88, 1 ff. Liv. per 133. Appian, b. c. 4, 216 ff. Dazu Sattler, Augustus 29 f. – Daß es auch im J. 29 v. Chr. in Rom noch viele Antonianer gab, sagt Dio (52, 42, 8) ausdrücklich.

II. DIE INNENPOLITISCHE ENTWICKLUNG VOM SIEG ÜBER ANTONIUS BIS ZUM TODE DES AUGUSTUS

1. Die Neuordnung des Staates (30–27 v. Chr.)

Über die rechtlichen Grundlagen der Stellung Oktavians in den Jahren nach Actium ist viel diskutiert worden. Der junge Caesar hat in der Zeit von 31 bis 23 v. Chr. Jahr für Jahr das Consulat bekleidet. Dennoch war auch nach Actium seine Macht weit größer als die eines normalen Consuls. Denn obwohl das zweite Quinquennium des Triumvirats am 31. Dezember 33 abgelaufen war, blieb Oktavian weiterhin im Besitz der triumviralen *potestas* und sah seine außerordentliche Gewalt durch den *consensus universorum* bestätigt und legitimiert. Den ersten Ausdruck fand dieser *consensus universorum* im Jahre 32 durch die Amtsenthebung des Antonius, durch die Kriegserklärung an die Kleopatra, durch den spontanen Treueid Italiens und durch die Teilnahme des ganzen Senats am Krieg gegen Antonius und Kleopatra. Aber der *consensus universorum* war nicht auf das Jahr 32 beschränkt, sondern äußerte sich auch in den Jahren 31 bis 29 noch wiederholt, ja, er erfuhr sogar nach dem Untergang des Antonius noch eine Ausweitung, insofern nun auch die besiegten, aber von Oktavian begnadigten innenpolitischen Gegner in den *consensus* miteinstimmten.[1]

Ausdruck fand der *consensus universorum* auch in den Ehren, die für Oktavian in den Jahren 30 und 29 v. Chr. beschlossen wurden. So wurde dem Sieger vom Senat eine *corona obsidionalis* verliehen[2] und ein Triumph über Kleopatra beschlossen. In Rom und Brundisium sollten Triumphbögen für den jungen Caesar errichtet werden, und der Tempel des Divus Julius sollte mit den bei Actium erbeuteten Schiffsschnäbeln geziert werden. Mit diesen Auszeichnungen waren andere Ehren verbunden, die der religiösen Überhöhung Oktavians dienten und den Boden für die von Oktavian erstrebte Monarchie vorbereiten sollten. So wurde zur Erinne-

---

[1] Vgl. Fadinger, Prinzipat 315 ff. F. Guizzi, Principato 75 ff. Für die Jahre zwischen 30 und 27 v. Chr. s. auch Sattler, Augustus 24 ff. Vgl. auch A. Wittenberg, Consensus universorum e versione greca delle Res gestae, Sileno 16, 1990, 41 ff. W. Turpin, Cl. Quart. 88, 1994, 427 ff., will wenig überzeugend den *consensus universorum* in RgdA 34, 1 als Beschluß von Senat und Volk verstehen.

[2] Die Ehrenbeschlüsse sind aufgeführt bei Dio 51, 19 ff. Zur *corona obsidionalis* s. Plin. n. h. 22, 13. Dazu Alföldi, Vater des Vaterlandes 53.

Neuordnung des Staates 79

rung an den Sieg von Actium ein penteterisches Fest beschlossen. Der Jahrestag des Sieges und der Geburtstag Oktavians wurden zu Festtagen erklärt (während gleichzeitig der Geburtstag des Antonius zum Unglückstag deklariert wurde)[3]. Die Priester und der Senat sollten Oktavians Namen in ihre Gebete einschließen und um sein Heil bitten.[4] Der Tag der Rückkehr des Caesar nach Rom sollte feierlich begangen werden und wurde in den Staatskalender eingetragen. Bei allen öffentlichen und privaten Gelagen sollte dem Genius Oktavians eine Trankspende dargebracht werden.[5] Ende 30 wurde Oktavian vom Senat auch die Ernennung von Patriziern gestattet, ihm also ein Königsrecht eingeräumt, das schon Caesar besessen hatte.[6] Nicht weniger wichtig war, daß Oktavian damals offenbar zusammen mit dem *ius auxilii* der Volkstribunen auch das Recht erhielt, auf Appellation hin richterlich tätig zu sein und Entscheidungen der Gerichtsmagistrate durch seinen Spruch aufzuheben oder abzuändern. Dieses Recht

[3] Dazu K. Kraft, Kleine Schriften II 267f. Zum Geburtstag des Augustus vgl. I. König, Epigraphica 34, 1972, 3ff., der die Zeugnisse über die sukzessive Ausgestaltung der Geburtstagsfeiern zusammenstellt und besonders auf die Feier eines 2. Tages (des 24. September) durch die Ritter (Suet. Aug. 57, 1) eingeht, die erst relativ spät, aber noch zu Lebzeiten des Augustus eingeführt wurde. Vgl. auch W. Suerbaum, Chiron 10, 1980, 334ff. – Zu den *ludi quinquennales* vgl. St. Weinstock, Divus Julius 311f. G. Pfister, Iuventus 18f., und L. Polverini, in: Scritti storico-epigrafici in memoria di Marcello Zambelli, ed. L. Gasperini, Rom 1978, 325ff. – Zum Beschluß gegen das Andenken des Antonius vgl. oben S. 72 Anm. 247 und W. Suerbaum a.O. 327ff.

[4] Daraus entwickelte sich der Brauch, alljährlich am 1. und 3. Januar für den Prinzeps und sein Haus *vota publica* darzubringen, s. M. Meslin, La fête des Kalendes de janvier dans l'empire romain, Brüssel 1970, 30f.

[5] Dio 51, 19, 7. Dazu Alföldi, Lorbeerbäume 24f., und J. H. W. G. Liebeschuetz, Continuity and Change in Roman Religion, Oxford 1979, 68f. – Zur bildlichen Darstellung des *genius Augusti* s. H. Kunckel, Der römische Genius, Heidelberg 1974, 22ff. Dazu H. Wrede, BJbb 181, 1981, 111ff.

[6] Zur Patriziererennennung s. H. H. Pistor, Patriziat 26ff. – Zur Appellation vgl. Dio 51, 19, 6ff., wonach Oktavian im J. 30 die volle tribunicia potestas sowie den *calculus Minervae* und das Recht des ἔκκλητον δικάζειν erhalten hat. Doch scheint der Prinzeps zunächst nur das *ius auxilii* bekommen zu haben, vgl. Tac. ann. 1, 2: *ad tuendam plebem tribunicio iure (sc. auxilii ferendi) contentum*. Dazu unten S. 104 A. 81. Zum *calculus Minervae* und zum Recht des ἔκκλητον δικάζειν s. H. Volkmann, Rechtsprechung 172ff., und W. Kunkel, Kleine Schriften 332 und 339 mit Anm. 11, sowie RE XXIV, 1963, 783f. gegen J. Bleicken, Senatsgericht 130f., sowie A. Lintott, Provocatio, ANRW I 2, 1972, 263ff. Vgl. auch H. Bellen, Gnomon 36, 1964, 390, und K. Bringmann, Chiron 3, 1973, 243, sowie F. Guizzi, Principato 114ff., und M. Reinhold, Cl. Philol. 76, 1981, 137ff. Allg. zur zivilen Appellationsgerichtsbarkeit des Augustus s. M. Kaser–K. Hackl, Das römische Zivilprozeßrecht, München[2] 1996, 501ff.

sollte dann einen Grundstein der kaiserlichen Justiz bilden. Als dann am 1. Januar 29 die neuen Consuln ihr Amt antraten, leistete der Senat einen feierlichen Eid, alle Verfügungen Oktavians anzuerkennen und einzuhalten.[7] Weitere Ehrungen wurden beschlossen, als die Regelung der Partherfrage in Rom bekannt wurde. Damals wurde Oktavians Name in das Lied der Salier, der uralten Marspriesterschaft, aufgenommen. Zugleich erhielt der Caesar das Recht, für die großen Priesterkollegien Priester *supra numerum* zu bestellen.[8] Außerdem wurden damals – offenbar nicht ohne Zutun Oktavians – einige alte Riten neu belebt. So wurde das sog. *augurium salutis* angestellt,[9] jene feierliche Zeremonie, in der von den Göttern eine Mehrung der *salus populi Romani* erbeten wurde und die nur in Friedenszeiten angestellt werden durfte. Vor allem aber wurde am 11. Januar 29 der Tempel des Janus geschlossen, *cum per totum imperium populi Romani terra marique esset parta victoriis pax*.[10] Diesen letzten Beschluß soll Oktavian mit besonderer Freude aufgenommen haben.[11] Tatsächlich erlaubten dem Oktavian die Beschlüsse des Senats, als der von breiter Zustimmung getragene Friedensbringer zu erscheinen, der mit Hilfe der Götter ein neues Zeitalter des Glücks heraufführen werde, wie es gleichzeitig Vergil in den damals abgeschlossenen Georgica verkündete. Für die Stellung Oktavians im Staate kam diesem *consensus universorum* zweifellos eine große Bedeutung zu. Denn die Beibehaltung der triumviralen *potestas* konnte nur durch die Berufung auf den Staatsnotstand gerechtfertigt werden. Die Notstandsaktion unterscheidet sich aber – wie man es in modernen Kategorien formuliert hat – allein durch ihre Verfassungsintention (die *salus rei publicae*) vom Verfassungsbruch und vom Staatsstreich.[12] Die eigentliche Bedeutung des *consensus universorum* bestand daher in der zwar nicht rechtlichen, aber doch politischen Entlastung aller der Maßnahmen, die Oktavian in den Jahren 32–27 unter Berufung auf den Notstand kraft seiner triumviralen *potestas* durchgeführt hat.

Dennoch konnte die Berufung auf den *consensus universorum* nur Erfolg haben, wenn es dem Oktavian gelang, die mehr oder weniger spontanen Reaktionen nach dem Sieg über Antonius in eine echte und dauernde Zustimmung aller Schichten und Stände des römischen Volkes umzuwan-

[7] Vgl. Herrmann, Kaisereid 72 und 102 ff.
[8] Dio 51, 20, 1 ff. RgdA 10. Vgl. Volkmann z. St. – Zur Priesterernennung *supra numerum* s. Hoffmann-Lewis, Priests 12. – Auch der *imperator*-Name wurde dem Oktavian offenbar damals vom Senat ausdrücklich bestätigt: s. Dio 52, 41, 3. Dazu schon A. Rosenberg, RE IX 1, 1914, 1146.
[9] Vgl. K. Latte, RRG 140.
[10] Zur Schließung des Janustempels s. unten S. 222 f.
[11] Zu Unrecht bezweifelt von Schmitthenner, Historia 11, 1962, 32.
[12] Fadinger, Prinzipat 82 und 331 f.

Neuordnung des Staates 81

deln. Das war bestimmt keine leichte Aufgabe. Der junge Caeser war außerdem in seinen Entscheidungen nicht ganz frei.[13] Schon im Perusinischen Krieg hatte ja Lucius Antonius das Schlagwort von der Wiederherstellung der *res publica* in die Debatte geworfen. Marcus Antonius hatte dann mit dem Angebot, seine außerordentliche Gewalt wieder niederlegen zu wollen, ebenfalls Propaganda gegen Oktavian gemacht. Der junge Caesar hatte schon im Jahre 36 nach seinem Sieg über Sex. Pompeius den Gedanken aufgegriffen und seinerseits versprochen, die Republik zu restituieren. Und im Jahre 32, unmittelbar vor der großen Auseinandersetzung, haben die beiden Rivalen Antonius und Oktavian jeder für sich noch einmal bekräftigt, daß sie nach ihrem Sieg die *res publica* dem Senat und dem römischen Volk zurückgeben würden. Oktavian hätte sich nicht auf den *consensus omnium* berufen können, wenn er gleichzeitig dieses vor Actium gegebene Versprechen nach seinem Sieg einfach in den Wind geschlagen hätte. Er konnte nicht auf die Dauer unter dem Recht des Notstandes regieren. Allerdings war Oktavian nun im Besitz der unumschränkten Macht und hatte daher Zeit, den Übergang zu einer neuen Ordnung ohne Hast in Ruhe vorzubereiten.

Die innenpolitischen Maßnahmen der Jahre 29 und 28 v. Chr. dienten denn auch alle der Vorbereitung des großen Staatsaktes vom Januar 27, der *restitutio rei publicae*. Im Jahre 28 übernahm Oktavian zusammen mit Agrippa das Consulat und veranstaltete zum ersten Mal seit 40 Jahren wieder einen Census. Gegenüber dem letzten Census des J. 69 v. Chr. mit einer Bürgerzahl von 900000 konnte der Prinzeps im Jahre 28 die stolze Zahl von 4063000 Bürgern aufweisen. Darunter waren sicherlich zahlreiche Neubürger, die jetzt erstmals in die Centurien eingeschrieben wurden.[14] Praktisch konnte der Caesar durch ihre Einschreibung seinen Ein-

---

[13] Vgl. Sattler, Augustus 24 ff. und bes. 55 ff. P. Cartledge, Hermathena 119, 1975, 30 ff.

[14] Wie man die Diskrepanz zwischen den Censuszahlen von 69 und 28 zu erklären hat, ist umstritten. Im allgemeinen nimmt man heute mit J. Beloch, Die Bevölkerung der griechisch-römischen Welt, Leipzig 1886, 370 ff. und 489 ff., an, daß Augustus im Unterschied zum republikanischen Census auch Frauen und Kinder unter den *capita civium* mitverstanden habe. So A. Toynbee, Hannibal's Legacy I, Oxford 1965, 438 ff., und Brunt, Manpower 113 ff. T. P. Wiseman, JRS 59, 1969, 59 ff., hat demgegenüber die Vermutung geäußert, daß der Verfall der Censur in der ausgehenden Republik wesentlich aus dem Bestreben der Nobilität resultierte, keine Neubürger in die *classes* der Centuriatcomitien aufnehmen zu müssen. Aus dem gleichen Grunde hätten auch die republikanischen Censoren auf einer persönlichen Meldung der Bürger in Rom bestanden. Augustus habe dagegen von den lokalen Censoren die Listen der römischen Bürger angefordert, um ein eindrucksvolles Ergebnis seines Census zu erhalten. Daraus vor allem erkläre sich die Diskre-

fluß in den wichtigen Wahlcomitien noch wesentlich verstärken. Oktavian wußte aber seine Stellung auch durch eine große *lectio senatus*, durch eine betont rücksichtsvolle Behandlung des Senats und eine demonstrative Beachtung republikanischer Formen zu festigen.[15] Die Förderung einzelner Senatoren durch Ehrenerweise (etwa die Erhebung in den Patrizierstand) oder durch finanzielle Unterstützung schuf ihm weitere wichtige Anhänger. Auch das Volk sollte durch Spiele und Spenden und vor allem durch eine umfangreiche Bautätigkeit in Rom für das neue Regime gewonnen werden. Die Wiederherstellung von 82 Tempeln allein im Jahre 28 diente nicht bloß der Verschönerung der Hauptstadt, sondern bewies auch die Sorge des Caesar für die alte Religion. Nicht zuletzt aber brachte die Bautätigkeit der Bevölkerung Roms zusätzliche Arbeitsmöglichkeiten und damit zusätzlichen Verdienst.[15a]

Gegen Ende des Jahres 28 erließ Oktavian dann ein Edikt, in dem er alle ungesetzlichen und rechtswidrigen Anordnungen, die er während der Bürgerkriegszeit auf Grund seiner Triumviratsgewalt erlassen hatte, für ungültig erklärte.[16] Oktavian erkannte damit an, daß sein bisheriges Han-

---

panz zwischen den Censuszahlen von 69 und 28 v. Chr. (nicht aber aus einer veränderten Berechnungsgrundlage). Vgl. auch G. Pieri, L'Histoire du Cens, Paris 1978, 183 ff., und besonders P. Bruun, The Roman Census und Romanization unter Augustus, in: Studies in the Romanization of Etruria, Rom 1975, 435 ff., der Wiseman folgt und annimmt, daß erst der Census von 29/28 v. Chr. in der etruskischen Oberschicht eine allgemeine Übernahme der römischen Namen und eine wirkliche Romanisierung bewirkt habe. Vgl. auch T. P. Wiseman, New Men 10. – Im Zusammenhang mit der *lectio senatus* erhielt Augustus auch den Titel des *princeps senatus*: Dio 53, 1, 3. – Augustus sagt, er habe seinen ersten Census in seinem 6. Consulat abgehalten, den zweiten und dritten Census aber *consulari cum imperio* (RgdA 8). Nach den Fasti Venusini habe dagegen der Prinzeps den ersten Census *censori potestate* abgenommen. Und ebenso habe nach Dio (54, 10, 5 und 30, 1) Augustus im Jahre 19 für 5 Jahre und im Jahre 12 für weitere 5 Jahre die *censoria potestas* erhalten. A. H. M. Jones, Studies 21 ff., hält diese Angaben gegen das Zeugnis der *res gestae* für glaubwürdig. Dagegen s. jedoch A. E. Astin, Latomus 22, 1963, 226 ff. Vgl. E. Lo Cascio, The Size of the Roman Population. Beloch and the Meaning of the Augustan Census Figures, JRS 84, 1994, 23 ff.

[15] Vgl. W. K. Lacey, Augustus 77 ff. Wenn Lacey S. 84 aus Dio 53, 2, 3 ein 'revival of the traditional system (der Rechtspflege) by the appointment of a *praetor urbanus*' herausliest, so steht das nicht bei Dio, der vielmehr schreibt, daß Augustus den *praetor urbanus* selbst bestimmte – offenbar aufgrund einer Ermächtigung durch den Senat. Vgl. J. W. Rich, Cassius Dio. The Augustan Settlement, zu Dio 53, 2, 3.

[15a] Zu der von Dio 53, 2, 3 berichteten Schuldentilgung und allgemein zur *liberalitas* des Oktavian/Augustus s. E. Noè, Athenaeum, 78, 1990, 65 ff.

[16] Zur Theorie von P. Grenade, Origines 144 ff., wonach der Prinzipat nicht am

deln zumindest teilweise ungesetzlich war. Das Edikt sollte aller Welt beweisen, daß der Caesar bereit war, ungesetzliche Maßnahmen zu revidieren und die gesetzlichen Zustände wiederherzustellen. Praktisch bedeutete dies, daß die Verfügungen Oktavians aus der Triumviratszeit noch einmal überprüft und gegebenenfalls vom Senat neu bestätigt werden mußten.[17] Oktavian kam damit nicht nur einer latenten Opposition im Senat entgegen, sondern erhielt wohl auch die Möglichkeit, auf elegante Weise von bestimmten Verpflichtungen und Versprechen entbunden zu werden.[18]

Nach diesen Vorbereitungen erfolgte im Januar 27 v. Chr. die „Rückgabe" und die Neuordnung der *res publica*.[19] Nach den *fasti Praenestini* erhielt Oktavian am 13. Januar die *corona civica* und am 16. Januar den Namen Augustus.[20] Der Staatsakt des Jahres 27 v. Chr. verteilte sich danach über mindestens zwei, wenn nicht drei Senatssitzungen. Am 13. Januar 27 gab der Imperator Caesar in einer langen, wohlvorbereiteten Rede dem Senat seine außerordentlichen Gewalten zurück. Die Rede enthielt u. a. vielleicht auch eine Bekräftigung oder Erweiterung der schon früher verkündeten Amnestie, was die noch am gleichen Tage erfolgte

13. Januar 27 v. Chr., sondern schon im August 28 ins Leben gerufen wurde, s. J. Béranger, Gnomon 33, 1961, 388 ff., und P. A. Brunt, JRS 51, 1961, 236 ff.

[17] Tac. ann. 3, 28: *sexto demum consulatu Caesar Augustus, potentiae securus, quae triumviratu iusserat abolevit deditque iura, quis pace et principe uteremur.* Dio 53, 2, 5. Dazu E. W. Gray, Gnomon 33, 1961, 193, der betont, daß das Edikt vom J. 28 lediglich die Möglichkeit des Einspruchs gegen gewisse Akte der Triumviratszeit eröffnete. Vgl. auch Sattler, Augustus 35 mit A. 81. Ein neu aufgetauchter Aureus (in: Numismatica Ars Classica AG, Zürich, Auktion 5 vom 25. Februar 1992 Nr. 400) zeigt auf der Vs. den Kopf Oktavians mit Lorbeerkranz n. r. und die Umschrift IMP CAESAR DIVI F COS VI. Auf der Rs. liest man LEGES ET IVRA P.R. RESTITVIT. Das Münzbild zeigt einen Togatus auf einer *sella curulis* sitzend mit einer Schriftrolle in der R. Links neben der *sella curulis* steht ein zylinderförmiger Behälter zur Aufnahme von Schriftrollen *(scrinium)*. Mit Recht hat H.-M. von Kaenel, Schw. Mbll Jg. 44 H. 173, 2, in dem Togatus Oktavian erkannt und die Darstellung auf das oben genannte Edikt bezogen. Schon in dem Züricher Katalog wurde bemerkt, daß die Münze 'was … distributed locally and, to judge from its rarity today, only to senatorials and equites'. Vielleicht war der *aureus* vor allem für die von Oktavian finanziell unterstützten Senatoren geprägt worden.

[18] Besonders gegenüber den Ansprüchen „alter Kämpfer" konnte dies nützlich sein.

[19] Zum zeitlichen Ablauf s. W. K. Lacey, JRS 64, 1974, 176 ff. (= Augustus 86 ff.). Zu einer neuen Münzdarstellung, die Augustus zeigt, wie er die Republica wieder aufrichtet, s. C. Vermeule, Numismatica 1, 1960, 5 ff. Vgl. unten S. 225 f. Anm. 72.

[20] Ehrenberg–Jones, Documents S. 45.

Verleihung der *corona civica* gut motivieren würde.[21] Die Neuverteilung der Provinzen mag dann am 15. oder 16. Januar erfolgt sein. Neben dem Augustusnamen dürften dem Oktavian am 16. Januar auch die übrigen in den Res Gestae genannten Ehrungen (Lorbeerzweige und Tugendschild) beschlossen worden sein.[22]

Die Konkretisierung dessen, was Oktavian am 13. Januar 27 dem Senat und dem römischen Volk zurückgab, und der rechtliche Inhalt der folgenden Neuregelung ist in der Forschung Gegenstand unendlicher Kontroversen gewesen und wird auch weiterhin Diskussionsthema bleiben, wenngleich die Erörterung der Rechtsfragen in der modernen Forschung zugunsten andrer Probleme etwas in den Hintergrund getreten ist.[23]

Augustus vermerkt als Ergebnis der Neuregelung in den Res Gestae lediglich: *Post id tempus auctoritate omnibus praestiti, potestatis autem nihilo amplius habui, quam ceteri, qui mihi quoque in magistratu conlegae fuerunt.*[24] Der Satz hat zu einer noch immer anhaltenden Diskussion über den Begriff der *auctoritas* geführt.[25] Insbesondere hat es nicht an Versu-

---

[21] Lacey denkt a. O. 178 auch an eine Wiederherstellung der *quaestiones perpetuae* und an 'the revival of the *lex Valeria de provocatione*'.

[22] Zur Datierung des *clupeus virtutis* s. A. Alföldi, Lorbeerbäume 16f. mit A. 57, der mit Recht an einer Datierung ins J. 27 festhält. Dagegen möchte Lacey a. O. 181 f. im Anschluß an W. Seston, CRAI 1954, 286 ff., auf Grund der Consulatsangabe auf der Marmorkopie von Arles die Verleihung des Tugendschildes ins J. 26 setzen. Es ist jedoch mißlich, gegen den Wortlaut der *res gestae*, den Zeitpunkt der Schildverleihung nach einer (von vielen) Kopien datieren zu wollen. Vgl. unten S. 96 A. 55.

Die Entscheidungen des Senats vom Januar 27 wurden durch Volksbeschluß bestätigt (Dio 53, 12, 1). Nach R. A. Bauman, Crimen maiestatis 266 ff., wurde bei der Gelegenheit gleichzeitig eine *lex Iulia maiestatis* erlassen. Dagegen s. jedoch A. N. Sherwin-White, Gnomon 41, 1969, 290.

[23] E. T. Salmon, Historia 5, 1956, 456 ff. F. De Martino, Storia della costituzione Romana IV 1, Neapel 1962, 129 ff. L. Wickert, Princeps 2269 ff., und ANRW II 1, 1974, 71 ff. F. Guizzi, Principato 17 ff. Vgl. jetzt D. Kienast, Kleine Schriften 387 ff. – Gegen die These von A. Giovannini, Consulare imperium, Basel 1983, dem C. Nicolet und K. M. Girardet, CCG 3, 1992, 163 ff. und 217 ff. folgen, wonach erst Augustus das Consulat auf den zivilen Bereich beschränkt habe, s. J. M. Roddaz, CCG 3, 1992, 204 ff. (jeweils mit weiterer Lit.), sowie J. A. Crook, JRS 76, 1986, 286 ff. Vgl. auch J. Bleicken, in: Colloquium aus Anlaß des 80. Geburtstages von A. Heuß, Kallmünz 1993, 119 A. 3, und unten S. 87.

[24] RgdA 34 fin. Zu lesen ist wohl *quōque*, vgl. Volkmann z. St. Der Satz beweist, daß der Prinzipat jedenfalls keine Magistratur war. Augustus legt offenbar Wert auf die Feststellung, daß seine Herrscherstellung die alte Magistratur, d. h. konkret den Consulat, nicht beeinträchtigt hat – jedenfalls nicht mehr als durch Kollegialität und *auctoritas* möglich war.

[25] Grundlegend R. Heinze, Auctoritas, in: Vom Geist des Römertums, Stuttgart³

Neuordnung des Staates

chen gefehlt, für den *auctoritas*-Begriff einen bestimmten Rechtsinhalt zu erweisen. Derartige Versuche haben sich jedoch nicht durchsetzen können. Der Einfluß *(auctoritas)*, welcher dem Augustus freiwillig eingeräumt wurde, resultierte nach römischer Auffassung vielmehr aus den von dem Caesar bekleideten Ämtern und ebenso aus seinen für die *res publica* erbrachten Leistungen. Zugleich besaß aber Augustus als Mitglied der vier großen Priesterkollegien und als *divi filius* eine besondere religiöse *auctoritas*, die durch die ihm beschlossenen Ehrungen noch verstärkt werden sollte. Faktisch erhielt daher die *auctoritas principis* immer mehr bindende Kraft, ohne doch je zu einem Rechtsbegriff zu werden.

Für die Frage nach der rechtlichen Stellung des Augustus nach dem 16. Januar 27 v. Chr. kann man also aus den Res Gestae nicht viel erfahren. Für den konkreten Inhalt der Regelung des Jahres 27 ist man vielmehr auf andere Quellen, vor allem auf den Bericht des Cassius Dio, angewiesen.

Wir wissen, daß Augustus von 27 bis 23 v. Chr. Jahr für Jahr das Consulat bekleidet hat. Von Cassius Dio hören wir nun, daß sich der Prinzeps nach der Rückgabe der *res publica* auf Drängen des Senats bereit erklärt hat, die Fürsorge und Protektion des gesamten Staates zu übernehmen. A. von Premerstein wollte diese Angabe dahin verstehen, daß Augustus die *cura tutelaque rei publicae universa* vom Senat als einen rechtlich fixierten Schutzauftrag erhalten habe.[26] Diese Deutung ist jedoch heute ziemlich allgemein aufgegeben. Die *cura tutelaque rei publicae* dürfte vielmehr einen Teil der ideologischen Begründung der Sonderrechte des Princeps gebildet haben.[26a]

1960, 43 ff. Vgl. J. Hellegouarc'h, Vocabulaire latin, 298 ff. Gegen die Thesen von M. Grant, FITA 443 ff., und A. Magdelain, Auctoritas Principis, Paris 1947, die für *auctoritas* einen staatsrechtlichen Inhalt annehmen, s. schon L. Wickert, Princeps 2288 ff., und W. Kunkel, Kleine Schriften 587 ff. Vgl. auch J. Béranger, Recherches 114 ff. L. Canali, Riv. di cult. class. e medioevale 15, 1973, 170 ff. Weitere Literatur bei F. Fabbrini, L'impero 44 ff. Dazu K. Galinsky, Augustan Culture 10 ff. Umstritten ist die Frage des *ius respondendi ex auctoritate principis*. W. Kunkel, ZSSR 66, 1948, 423 ff., und: Herkunft und Stellung 281 ff., schließt aus Pomponius Dig. 1, 2, 2, 48 f., daß bereits Augustus das öffentliche Respondieren von einer fallweise erteilten Konzession abhängig gemacht und auf Juristen senatorischen Ranges beschränkt habe. Dagegen s. F. Wieacker, Tijdschrift voor Rechtsgeschiedenis 37, 1969, 331 ff. mit weiterer Literatur. Vgl. ders. in: Satura R. Feenstra oblata, hrsg. von J. A. Ankum u. a., Fribourg 1985, 71 ff., und R. Bauman, Lawyers and Politics 1 ff.

[26] Dio 53, 12, 1, vgl. Strabon 17 p. 840. A. v. Premerstein, Prinzipat 117 ff. Dagegen schon De Martino, Storia 256 ff., und R. Syme bei Schmitthenner, Augustus 164 ff.

[26a] Vgl. in diesem Sinne analog jetzt Tabula Siarensis (Crawford, Roman Statutes I Nr. 37), Frg. a 24 ff.: *[in iis regionibus quarum] curam et tutelam Germanico*

Dadurch, daß Augustus sich bereit erklärte, nach der Wiederherstellung der *res publica* den Schutz des Staates zu übernehmen, gab er zugleich zu erkennen, daß er weiter im Besitz seiner außerordentlichen militärischen Machtmittel bleiben wollte, deren Einsatz nun durch den Schutzgedanken gerechtfertigt war. Man bat daher den Caesar, die noch nicht befriedeten oder von außen her gefährdeten Provinzen in seine besondere Obhut zu nehmen. Schon Strabon hat diesen Vorgang etwas summarisch als eine Teilung der Provinzen bezeichnet. Und tatsächlich wurden ja im Jahre 27 die Provinzen zwischen dem Caesar und dem Senat aufgeteilt. In der Theorie aber hatte der Senat nach der Rückgabe der *res publica* das Verfügungsrecht über alle Provinzen erhalten, von denen er einige dem Caesar übertrug. Augustus versprach jedoch, auch diese Provinzen dem Senat zurückzugeben, sobald sie befriedet seien, und hat sein Versprechen in einigen Fällen später auch wahrgemacht.[27]

Während der Senat 10 Provinzen – wie in der Republik – durch Consulare und Prätorier verwalten ließ, übernahm Augustus Spanien (ein-

Caesari ex auctori[tate senatus ipse (sc. Tiberius) mandasset]. Formal besaß Germanicus im Osten ein *imperium maius*, s. S. 105 Anm. 84.

[27] Das formale Vorgehen des Augustus ist schon von den meisten antiken Autoren nicht mehr recht verstanden worden. Exakt wird die Sache nur von Suet. Aug. 47, 1 dargestellt: *Provincias validiores et quas annuis magistratuum imperiis regi nec facile nec tutum erat, ipse suscepit, ceteras proconsulibus sortito permisit*. Dio 53, 12, 2 spricht ungenau davon, daß Oktavian/Augustus dem Senat die „schwächeren Provinzen als friedliche und kriegsfreie zurückgab", die stärkeren Provinzen aber „behielt". Augustus hat jedoch in der Theorie alle Provinzen zurückgegeben und die nicht befriedeten Länder vom Senat neu übertragen bekommen. Noch ungenauer ist Strabon, der zwischen *provinciae Caesaris* und *provinciae populi* unterscheidet (für Augustus war dagegen sogar Ägypten eine *provincia populi* geworden. (Vgl. RgdA 27.) Gaius II 21 (vgl. II 7) unterscheidet dann sogar das *dominium populi Romani* vom *dominium Caesaris* je nachdem, ob es sich um „senatorische" oder „kaiserliche" Provinzen handelt. Diese letzten Zeugnisse werden denn auch vor allem zur Stütze der Dyarchiethese herangezogen. Auch F. Fabbrini, L'impero 252ff., gründet auf jene Stellen seine These vom Imperium des Augustus als einem «ordinamento sovrannazionale». S. auch unten S. 512f. Anm. 237. Dagegen s. P. Rezza, SDHI 41, 1975, 344ff. Vgl. allg. auch F. Millar, The Emperor, the Senate and the Provinces, JRS 56, 1966, 156ff. und A. Lintott, Imperium Romanum 115. Nach F. Millar, Ancient World 20, 1989, 93ff., ist von „senatorischen" Provinzen in den Quellen nirgends die Rede, sie heißen dort vielmehr *provinciae populi Romani* oder *publicae provinciae*. Mit seiner Annahme, Augustus habe sich im Jahre 27 lediglich seine triumvirale *potestas* bestätigen lassen, dürfte F. Hampel, Geschichte als kritische Wissenschaft III, Darmstadt 1979, 210ff., alleinstehen. An der Tatsache der *restitutio rei publicae* (was immer ihr Inhalt war) ist jedenfalls nicht zu zweifeln, vgl. nur die Fasten zum 13. Januar (Ehrenberg–Jones, Documents p. 45).

schließlich der Baetica),[28] Gallien, Syrien, Kilikien, Zypern und Ägypten auf zehn Jahre. Cassius Dio sagt nun leider an der Stelle, wo er über die Verteilung der Provinzen spricht, nichts über den Umfang der Kommandogewalt des Prinzeps. Einige Forscher glauben, Augustus habe seine Provinzen bis zum Jahr 23 v. Chr. auf Grund seines *imperium consulare* verwaltet.[29] Da aber das *imperium* der nachsullanischen Consuln auf Rom und Italien bzw. auf das *imperium domi* beschränkt war[30] und diese Regelung von Augustus im Jahre 27 ausdrücklich bekräftigt wurde[31], wird man wohl doch für den Prinzeps schon seit 27 ein einfaches *imperium proconsulare* anzunehmen haben.[32]

[28] Dazu E. T. Salmon, Historia 5, 1956, 467 A 70.
[29] So bes. A. H. M. Jones bei Schmitthenner, Augustus 291 ff. (= Studies 1 ff.), und P. A. Brunt, JRS 51, 1961, 237; Cl. Rev. 1962, 70 ff.; ZPap 13, 1974, 163 ff.
[30] S. bes. R. Syme bei Schmitthenner, Augustus 154 ff.
[31] Dio 53, 13, 6. Dazu Salmon, Historia 5, 1956, 464.
[32] So schon L. Wickert, Princeps 2270 ff. Ebenso Timpe, Kontinuität 2 ff. Vgl. F. Millar, JRS 63, 1973, 61 ff., und W. K. Lacey, JRS 64, 1974, 179 ff. – Die Frage des *imperium* des Augustus ist durch eine 1959 erstmals publizierte Inschrift aus Kyme neu belebt worden. Vgl. H. Engelmann, Die Inschriften von Kyme, Bonn 1976, Nr. 17 mit Kommentar, und Sherk, Documents Nr. 61 mit der älteren Literatur. Dazu N. Charbonnel, RIDA 1979, 177 ff. In der Inschrift ist von einem *iussum Augusti* in bezug auch auf die Senatsprovinz Asia schon im J. 27 v. Chr. die Rede. Wahrscheinlich handelt es sich aber bei diesem *iussum Augusti*, wie Sherk in seinem Kommentar ausführt, um eine Weisung, die Augustus als Consul auf Grund eines Senatsbeschlusses erlassen hat. Man braucht daher auf Grund der Kyme-Inschrift kein besonderes *imperium proconsulare maius* schon im J. 27 v. Chr. zu postulieren. – Das *imperium proconsulare* wurde erst von Trajan in der Titulatur zum Ausdruck gebracht. Daß Augustus jedoch im Besitz eines besonderen *imperium* war, kam schon im *praenomen Imperatoris* zum Ausdruck, das dem Oktavian vom Senat im J. 29 v. Chr. noch einmal ausdrücklich bestätigt worden war. Vgl. H. Nesselhauf, Klio 30, 1937, 315 ff. – Nach Strabon 17, 3, 25 p. 840 hat Augustus im J. 27 auch das Recht erhalten, Krieg zu erklären und Frieden zu schließen ohne Befragen des Senats. Dazu s. K. M. T. Atkinson, Historia 9, 1960, 442 und 453 ff.; D. Stockton, Historia 14, 1965, 39. V. Arangio-Ruiz, Bull. Inst. Dir. Rom. 1961, 323 f. Sattler, Augustus 45 f. Vgl. oben Anm. 22 am Ende. Auffällig ist, daß Augustus in den Res Gestae sein *imperium proconsulare* nirgends *expressis verbis* nennt. Gewöhnlich erklärt man sich damit, daß der Prinzeps die eigentliche Grundlage seiner Machtstellung habe verschleiern wollen, so z. B. K. Hanell, Gymnasium 78, 1971, 196, und W. Kunkel bei Schmitthenner, Augustus 329 f., ähnlich H. Siber, Führeramt 70, A. H. M. Jones, JRS 41, 1951, 310, und A. Heuß, Monumentum Chiloniense 68. Diese Erklärung kann jedoch nicht recht befriedigen, zumal Augustus ja in den Res Gestae seine militärischen Taten in aller Breite aufzählt und dabei die ihm unterstehenden Truppen ungeniert als *exercitus meus* bzw. *classis mea* (RgdA 30 und 26) bezeichnet. Diese Ausdrucksweise muß – zumal angesichts der privaten Heeresbildung des jungen Oktavian, die

Fragt man nach der Bedeutung der Regelung von 27 v. Chr., die als Wiederherstellung der *res publica* gefeiert und propagiert wurde, so ist zunächst ganz offenkundig, daß mit der Rückgabe der *res publica* an den *senatus populusque Romanus* nicht einfach der Zustand wieder eintrat, der in Rom vor dem Übergang Caesars über den Rubicon bestanden hatte.[33] Das Regiment der Nobilität ließ sich nicht durch den Willensakt eines einzelnen wiederherstellen, selbst wenn Oktavian dies gewollt hätte. Dieser besaß auch faktisch durch seine ausgedehnte Klientel unter Soldaten, Veteranen, Neubürgern und Provinzialen und durch seinen Rückhalt bei weiten Teilen der Plebs urbana eine viel zu große Machtstellung, als daß er sich einfach wie einst Sulla hätte ins Privatleben zurückziehen können. Außerdem hatten sich Italien und die Provinzen durch einen Treueid an die Person und das Haus des Caesar gebunden und waren aus diesem Eid auch durch den Akt vom 13. Januar 27 nicht entlassen worden. Schließlich waren auch die verfassungsmäßigen Rechte, die dem Augustus nach der Wiederherstellung der Republik übertragen worden waren, noch immer derart weitreichend, daß Cato und seine Freunde das Schlagwort von der *res publica restituta* als glatten Hohn empfunden hätten. Die Generation der Bürgerkriege jedoch, welche Caesars Monarchie, das Treiben der Triumvirn und zuletzt Marc Antons Auftreten in Alexandria erlebt hatte und welche vor allem den Aufstieg Oktavians mit wachsendem Mißtrauen ver-

am Anfang der Res Gestae berichtet wird – den Gedanken an ein spezifisch kaiserliches Heer geradezu provozieren. Wenn Augustus dennoch sein *imperium proconsulare* in den Res Gestae nicht erwähnt, so wollte er vielleicht die Kontinuität seines militärischen *imperium*, das er seit dem 7. Januar 43 besaß und das er auch durch den Akt des Jahres 27 nicht verlor, betonen. Da Tiberius – offenbar auf Betreiben des Augustus – das *imperium proconsulare* auf Lebenszeit erhielt, mochte es dem ersten Prinzeps außerdem nicht opportun erscheinen, die nur befristete Verleihung der proconsularischen Gewalt in seiner Regierungszeit allzustark herauszustellen.

[33] Vgl. dazu die Bemerkungen von F. Millar, JRS 63, 1973, 63 ff., und die nicht ganz überzeugenden Überlegungen von E. A. Judge in: Polis and Imperium, Studies E. T. Salmon, Toronto 1974, 279 ff. Der Anspruch des Augustus, die Republik wiederhergestellt zu haben, wird denn auch z. B. von Sueton, Aug. 28, 1, implicit glatt geleugnet. Vgl. F. Guizzi, Principato 40. – Zum Konzept der *res publica* vgl. D. Earl, The Moral and Political Tradition of Rome, Ithaca/New York 1967, 62 ff. sowie D. Kienast, Kleine Schriften 389 ff. und unten S. 214 Anm. 37.

G. Tibiletti, Principe 60 ff., nimmt an, daß um das J. 27 v. Chr. auch durch eine Reform der Centuriatcomitien die Klasseneinteilung in dieser Wahlkörperschaft beseitigt worden sei. Vgl. dazu jedoch R. Frei-Stolba, Wahlen 90 ff. mit Literatur. Tibiletti stützt sich für seine These besonders auf seine Ergänzung der Z. 46–49 der Tabula Hebana. Dazu s. Frei-Stolba 120 ff.

folgt hatte, dürfte wohl anders empfunden haben. Gewiß, Augustus war Consul und besaß zugleich die tribunizische *sacrosanctitas*[34] sowie vor allem ein *imperium proconsulare* über die militärisch stärksten Provinzen des Reiches. Diese Kumulation von Ämtern und Befugnissen ging sicherlich über das hinaus, was selbst in der Spätrepublik als üblich angesehen wurde.

Und doch konnte der junge Caesar für seine neue Stellung auf republikanische Präzedenzfälle verweisen. Schon der große Pompeius hatte für die Kriege gegen die Seeräuber und dann gegen Mithridates ein *imperium proconsulare* erhalten mit dem Recht, Legaten mit proprätorischem Imperium zu bestellen.[35] Ähnliche Vollmachten erhielt er im Jahre 57 zusammen mit der *cura annonae*. Später, im Jahre 52 v. Chr., hatte Pompeius das *imperium proconsulare* für die spanischen Provinzen und Africa und war zugleich *consul sine collega*. Soweit aber ging Oktavian nicht einmal. Er hatte noch in jedem Consulat einen Kollegen, der ihm an *potestas* völlig gleich war.

Aber nicht nur im rein formalen, staatsrechtlichen Sinne war die Wendung von der *res publica restituta* mehr als eine bloße Phrase. Die Wiederherstellung der *res publica* wurde vielmehr auch in ihrer – zugegebenermaßen unvollkommenen Form – erst ermöglicht durch einen echten Verzicht Oktavians. Und zwar durch einen Verzicht in mehrfacher Hinsicht. Oktavian erklärte nicht nur feierlich alle rechtswidrigen Anordnungen der Triumviratszeit für ungültig und verzichtete feierlich auf seine außerordentlichen Vollmachten, sondern hat es auch geschehen lassen, daß bei der Verteilung der Provinzen keineswegs alle militärisch besetzten Gebiete seinem Oberkommando unterstellt wurden.[36] Der Senat behielt vielmehr mit Africa, Macedonia und Illyricum sehr wichtige Provinzen, in denen auch Truppen stationiert waren. Africa war neben Ägypten als Kornkammer für Rom und Italien von Wichtigkeit. Illyricum und Macedonia, wo gerade M. Licinius Crassus große militärische Erfolge errungen hatte,[37] besaßen infolge ihrer geographischen Lage zu Italien eine besondere strategische Bedeutung. Noch wichtiger war es, daß Oktavian auch die ihm an-

[34] Außerdem hat Augustus im J. 30 v. Chr. wohl das *ius auxilii* der Volkstribunen erhalten. Vgl. unten S. 104 Anm. 81.
[35] Vgl. H. Nesselhauf, Klio 30, 1937, 308 f., und B. Schleußner, Die Legaten der römischen Republik, München 1978, 196 ff. Zu Pompeius als Vorläufer des Augustus bes. bei Livius und Velleius Paterculus s. G. Wirth, in: Festschrift für P. Klopsch, Göppingen 1988, 576 ff., bes. 587 ff. In seiner expansiven Außenpolitik folgte Augustus allerdings mehr dem Vorbild Caesars (s. Florus 2, 30, 21 f.) als dem des Pompeius.
[36] Vgl. Syme RR 314 und 328 f. Schmitthenner, Historia 11, 1962, 41 f.
[37] Vgl. unten S. 99 mit Anm. 67.

vertrauten Provinzen nur auf eine befristete Zeit übernehmen sollte und daß er sie dem Senat und dem römischen Volk zurückzugeben versprach, wenn sie befriedet seien. Durch die zeitliche Befristung seines *imperium* hatte sich also Oktavian die Hände gebunden bzw. binden lassen. Zumindest theoretisch konnte die Regelung des Jahres 27 v. Chr. also nur vorläufigen Charakter haben. Gerade dies kann eigentlich nicht im Sinne Oktavians gewesen sein, dem es doch gerade darauf ankam, seiner Machtstellung eine dauerhafte Form zu geben.

Man hat früher gelegentlich in der Regelung des Jahres 27 v. Chr. eine echte Wiederherstellung der *libera res publica* oder zumindest eine echte Gewaltenteilung zwischen Augustus und dem Senat sehen wollen.[38] Andere Autoren vertraten die Auffassung, der junge Caesar habe mit der „Rückgabe der *res publica*" nur die Öffentlichkeit über den wahren Charakter seiner Monarchie hinwegtäuschen wollen.[39] Heute setzt sich dagegen immer mehr die Erkenntnis durch, daß alle die genannten Erklärungen die historische Realität nicht erfassen. Der junge Oktavian hatte sich von Beginn seiner politischen Tätigkeit an um ein gutes Verhältnis zum

---

[38] Für Mommsen, RStR II 2, war der Prinzipat ein Amt und der augusteische Staat keine Monarchie, sondern eine Dyarchie. Im Anschluß an Mommsen sah Ed. Meyer, Kl. Schr. I² 423 ff., im Prinzipat die Wiederherstellung der Republik. Ähnlich äußerten sich H. F. Pelham, Essays 31, vgl. 59 f., und M. Hammond, Principate 195. Daß Augustus die freie Republik habe wiederherstellen wollen und – mit gewissen Einschränkungen – tatsächlich wiederhergestellt habe, vertritt mit Nachdruck H. E. Stier in „Dauer und Wandel der Geschichte", Festgabe für K. von Raumer, Münster 1966, 29 ff. Für W. Kolbe bei Schmitthenner, Augustus 72 ff., war zumindest in den Jahren 27–23 v. Chr. in Rom die Republik wiederhergestellt (dagegen s. schon H. Nesselhauf, Klio 30, 1937, 307 ff.). Neuerdings betont wieder H. Castritius in Auseinandersetzung mit J. Bleicken stark den „Republik"-Charakter des Prinzipats (HZ 230, 1980, 94 ff., und: Der römische Prinzipat als Republik, Husum 1982). Nach W. Eder, in: Between Republic and Empire 71 ff., wollte Augustus "as the savior of the Republic" in die Annalen der Geschichte eingehen (so S. 108). Man wird jedoch Bleicken folgend feststellen dürfen, daß schon unter Augustus eine neue monarchische Rechtsordnung entstanden ist, die nur einige Elemente der alten republikanischen Ordnung übernommen hat. Vgl. J. Bleicken, Verfassungs- und Sozialgeschichte des Römischen Kaiserreiches I, Paderborn 1978, 280 ff. Daß sich *res publica* und Monarchie sehr wohl miteinander vertragen, hat schon J. Béranger, Recherches 218 f., betont.

Vgl. die weitere Lit. bei F. De Martino, Storia IV, 1, 234 ff., und bei F. Fabbrini, L'impero 37 ff.

[39] So spricht z. B. B. L. Wickert, Princeps 2070, von der „wohltätige(n) und notwendige(n) Lüge des Prinzipats". D. Flach, Historia 22, 1973, 562 f., bezeichnet die Vorgänge vom Januar 27 v. Chr. ebenso wie die *cunctatio* des Tiberius als „pseudorepublikanisches Spiel".

Senat bemüht. Die Ermordung Caesars hatte ihm gezeigt, daß man ohne den Senat in Rom nicht regieren konnte. Tatsächlich gelang es ihm, die Anerkennung des Senats zu erlangen. Erst die Ereignisse nach dem Mutinensischen Krieg haben Oktavian in einen Gegensatz zum Senat gebracht. Die Erfahrungen in den Jahren nach Philippi müssen dem jungen Caesar dann bitter zu Bewußtsein gebracht haben, wie schwer es war, das einmal gestörte Verhältnis zum Senat wieder zu reparieren. Nach der sehr intensiven Propaganda des Antonius und nach seinen eigenen Versprechungen konnte daher auch Oktavian gar nichts anderes tun, als dem Senat die Rückgabe der *res publica* anzubieten. Wenn dieser Akt nicht von vornherein als eine Farce entlarvt werden und damit wirkungslos bleiben sollte, mußte der junge Caesar zumindest auf einen Teil seiner außerordentlichen Vollmachten verzichten. Dies werden seine Gegner wie seine Freunde sehr wohl gewußt haben. Und dies schwächte Oktavians Verhandlungsposition. Denn auch Oktavians Freunde und Anhänger im Senat wollten ihre Teilhabe an der Macht erhalten. Man darf auch nicht vergessen, daß es damals neben dem jungen Caesar noch andere mächtige und einflußreiche Herren gab, die in unserer Überlieferung zu Unrecht fast völlig in den Hintergrund treten. Männer wie Maecenas und Asinius Pollio genossen hohes Ansehen. Statilius Taurus erhielt sogar im Jahre 30 das Recht, jedes Jahr einen Prätor nominieren zu dürfen (ob er es auch nach 28 behielt, ist ungewiß).[40] Der Einfluß Agrippas schließlich, des Siegers von Actium, der 28 und 27 mit dem Caesar Consul war, kann kaum überschätzt werden. Auf die Meinung dieser Männer mußte Oktavian in den Beratungen, die dem Staatsakt von den Iden des Januar 27 vorausgingen, Rücksicht nehmen. Jene Herren aber werden sich schon aus Eigeninteresse kaum für eine monarchische Allgewalt des Caesar eingesetzt haben. Bedenkt man dies alles, so erscheint die Regelung des Jahres 27 nicht als eine geniale Schöpfung Oktavians, sondern als ein politischer Kompromiß, der zwischen dem Caesar und den Häuptern des Senats hinter verschlossenen Türen mühsam ausgehandelt wurde. Am Anfang des Prinzipats stand also nicht die souveräne Willensentscheidung des Oktavian, sondern eine Regelung, die alles andere als vollkommen war und deren Rechtsbestimmungen bald von den beiden beteiligten Kontrahenten als unbefriedigend empfunden werden sollten. Dem Caesar konnten die Rechte und Bedürfnisse, die er im Jahre 27 erhielt, auf die Dauer nicht genügen, dem Senat müssen sie bereits als zu weitgehend erschienen sein. Zumal die ständige Bekleidung des Consulats durch Augustus in den Jahren 27–23 widersprach dem Her-

---

[40] Dio 51, 23, 1. Auch eine Leibgarde aus Germanen hat Statilius Taurus besessen: CIL VI 6229–6237. – Zur Familie des Taurus s. H. W. Benario, Class. World 64, 1970, 73 ff.

kommen und wird schon allein deswegen Unzufriedenheit verursacht haben, weil der Caesar damit anderen Senatoren die eine der beiden jährlichen Consulstellen wegnahm.[41] Jedenfalls muß man gegenüber einer früher und gelegentlich noch heute geübten verklärenden Betrachtung der augusteischen Neuordnung betonen, daß die Regelung des Jahres 27 den Charakter eines Kompromisses trägt, eines Kompromisses nicht allein zwischen dem Caesar und dem Senat, sondern auch zwischen verschiedenen Kräften innerhalb wie außerhalb des Senats, zwischen republikanischen Traditionen und monarchistischen Tendenzen, denen beiden Oktavian und seine Berater Rechnung tragen mußten.[42]

Teil des Kompromisses vom Januar 27 waren auch die dem Oktavian beschlossenen Ehrungen. Denn wenn der junge Caesar im Jahre 27 wohl auch nicht alle Rechte erhielt, die er gerne bekommen hätte, so darf andrerseits nicht übersehen werden, daß durch die Anerkennung seitens des Senats und insbesondere durch die ihm beschlossenen Ehrungen die außerordentliche Stellung des Caesar befestigt wurde. Nur eine eng auf die staatsrechtlichen Aspekte ausgerichtete Betrachtungsweise konnte die Bedeutung dieser Ehrungen verkennen, die zumindest in ihren Auswirkungen nicht in dem Rahmen der republikanischen Tradition Platz hatten.

A. Alföldi hat festgestellt, daß durch die dem Caesar im Jahre 27 v. Chr. erwiesenen Ehrungen „die neue, durch republikanisch-konstitutionelle Ausdrucksformen temperierte Formprägung der Herrscherstellung des Augustus" vor aller Augen dokumentiert wurde.[43] Dies gilt schon für den Namen Augustus, der seinen Träger in eine besondere, fast sakrale Sphäre

[41] S. schon Pelham, Essays 79 f.

[42] Dies wurde schon von Gardthausen, Augustus 1, 3, 1232, erkannt und von Sattler, Augustus 12 und 54 ff., näher ausgeführt. Vgl. S. 56: „Es bleibt also nur bei der Möglichkeit, daß die Regelungen vom Januar 27 in einem viel größeren Umfang, als es die dürftige Überlieferung ahnen läßt, die Ergebnisse ernsthafter Auseinandersetzungen in den Jahren zuvor waren." Vgl. auch O'Brien-Moore, RE Suppl. VI, 1935, 776 f. – Im Anschluß an die sowjetische Geschichtsschreibung möchte zuletzt wieder F. Guizzi (Principato 43 ff., vgl. die S. 73 Anm. 50 von Guizzi zitierte Literatur) den Kompromiß des Jahres 27 v. Chr. als Folge der 'grande paura' verstehen, d. h. der latenten Furcht vor einem Umsturz der bestehenden Gesellschaftsordnung durch Sklaven und Proletarier. Dafür gibt es jedoch keinerlei Hinweis in der Überlieferung. Auch wenn noch in der Kaiserzeit die Furcht vor Sklavenrevolten offenbar recht verbreitet war, hat diese Furcht doch die langen blutigen Auseinandersetzungen der Bürgerkriegszeit nicht verhindern können, so daß man nicht sieht, warum gerade sie plötzlich nach dem Sieg Oktavians die Kompromißlösung des Jahres 27 bewirkt haben soll.

[43] A. Alföldi, Lorbeerbäume 12 f. Vgl. auch J. Bayet, Croyances et rites dans la Rome antique, Paris 1971, 327: «Ainsi le Sénat si en 27 il prétendait rétablir la République avait en fait travaillé à la surhumanisation du prince.»

hob. Es wird zwar überliefert, Oktavian habe ursprünglich den Namen Romulus annehmen wollen,[44] man hat sogar von einer „Romulusperiode" Oktavians gesprochen.[45] Das dürfte in dieser Zuspitzung jedoch übertrieben sein. Selbst wenn der junge Caesar aber ursprünglich den Romulusnamen erstrebt hat, wird er den Wert des von L. Munatius Plancus vorgeschlagenen Cognomens Augustus sogleich erkannt haben.[46] Durch diesen Namen wurde Oktavian eine besondere, das normale menschliche Maß überschreitende Weihe und Erhabenheit beigelegt. Gewiß war Oktavian bereits *Divi filius*. Es war für ihn jedoch von großer Bedeutung, daß die in der Sohnschaft eines Gottes liegende Heraushebung über das normale menschliche Maß nun durch den auf Beschluß des Senats und der Pontifices verliehenen Namen Augustus eine feierliche Bestätigung erfuhr.[47]

[44] Suet. Aug. 7, 2. Vgl. auch Dio 53, 16, 5, wonach das Haus des Augustus auf dem Palatin dadurch seine besondere Bedeutung hatte, daß sich in der Nähe die *Casa Romuli* befand.

[45] Zur „Romulusperiode" und zur Angleichung des Oktavian/Augustus an Romulus s. E. Kornemann, Klio 31, 1938, 81 ff. K. Scott, TAPA 56, 1925, 82 ff. J. Gagé, MEFRA 47, 1930, 138 ff., und Rev. Hist. 177, 1936, 330 ff. R. Merkelbach, Philologus 104, 1960, 149 ff. R. J. Getty, Class. Philol. 45, 1950, 1 ff. A. Alföldi, Vater des Vaterlandes 36 ff. mit weiterer Literatur. P. Zanker, Forum Augustum 21, betont mit Recht, daß die Romulusgestalt nicht bloß in der Frühzeit des jungen Caesar, sondern während der ganzen Regierung des Augustus eine Hauptrolle in der Prinzipatsideologie spielte. Auch H. Bengtson, RG³ 267, wendet sich gegen die Bezeichnung „Romulusperiode". Zu Augustus als neuer Romulus s. jetzt P. M. Martin, L'idee de royauté à Rome II 405 ff. – Die in diesem Zusammenhang gelegentlich genannte „Tendenzschrift" im 2. Buch der Römischen Archäologie des Dionys von Halikarnass (7–29), die Premerstein, Prinzipat 8 ff., in die „Romulusperiode" datiert, gehört möglicherweise schon in caesarische Zeit. Vgl. C. J. Classen, Philologus 106, 1962, 194 (zu Caesar und Romulus s. W. Burkert, Historia 11, 1962, 356 ff.). Vgl. zur „Tendenzschrift" bei Dionysios von Halikarnass auch M. Pohlenz, Hermes 59, 1924, 157 ff.; E. Gabba, Athenaeum 1960, 175 ff.; und J. P. V. D. Balsdon, JRS 61, 1971, 18 ff., der bestreitet, daß es sich bei den fraglichen Kapiteln überhaupt um eine Tendenzschrift handelt. – Neben Romulus wurde übrigens auch Numa als Vorbild des Augustus herausgestellt, vgl. unten Anm. 129 am Ende und R. Zoepffel, Chiron 8, 1978, 404 mit Anm. 70 (dort weitere Lit.).

[46] Sattler, Augustus 52 f., und Schmitthenner, Historia 11, 1962, 37, suchen zu Unrecht die Bedeutung des Augustusnamens im J. 27 herunterzuspielen. Die Verleihung des Augustusnamens darf jedoch nicht isoliert gesehen werden.

[47] Zur Verleihung durch Senat und Pontifices s. Lydus, De mensibus 111. Vgl. auch Florus 2, 34, 66. – Ovid, Fasti 1, 608 ff., und Suet. Aug. 7 beweisen, daß schon die Zeitgenossen das Wort *augustus* mit *augurium* und mit *augēre* in Verbindung gebracht haben. Auch ein Anklang an *auctoritas* scheint empfunden worden zu sein. H. Erkell, Augustus, Felicitas, Fortuna, Göteborg 1952, 9 ff., geht sicherlich zu weit, wenn er diese Beziehungen ganz leugnet. Seine Warnung, nicht überall, wo

94 Die innenpolitische Entwicklung

In enger Verbindung mit dem Augustusnamen sind die beiden Lorbeerzweige zu sehen, mit denen das Tor zum Hause des Caesar geschmückt werden sollte. Schon im Jahre 36 hatte Oktavian damit begonnen, auf dem Palatin einen neuen Apollontempel zu errichten und neben dem Tempel seinen eigenen Palast zu bauen.[48] Die Wohnung Oktavians rückte damit in die unmittelbare Nähe des Tempels seines Schutzgottes Apollon. Oktavian hat es jedoch vermieden, sein eigenes Haus selbst durch Hinzufügen eines Giebels, wie er für den Dictator Caesar beschlossen worden war, zu einem Tempel zu machen. Dafür wurden vor dem Palasttor jetzt die beiden Lorbeerzweige aufgestellt. Dem Haus des Prinzeps wurde damit der gleiche Schmuck zuteil, den sonst nur die Amtslokale einiger Staatspriester besaßen (wie vor allem die Regia, der Amtssitz des Pontifex Maximus). Zugleich wurde durch die dem Augustus beschlossenen Lorbeerzweige eine noch engere Verbindung seines Hauses mit dem Tempel des palatinischen Apollon, dem der Lorbeer heilig war, hergestellt. Der Palast des Augustus wurde damit ebenso wie dieser selbst mit einer besonderen sakralen Weihe ausgestattet.[49]

das Adjektiv *augustus* vorkommt, gleich einen Bezug auf den Prinzeps zu sehen, ist allerdings berechtigt. – Beachte auch den Gebrauch von *auctor* bei Augustus (in: Suet. Aug. 28, 2) und bei Sueton (Aug. 36, 1). Weitere Literatur: M. A. Koops, Mnemosyne 5, 1937, 34 ff. C. Koch, Das neue Bild der Antike 2, Leipzig 1942, 152 ff. G. Dumézil, REL 35, 1957, 126 ff., bes. 149 ff. K. Scott, TAPA 56, 1925, 84 ff. H. Hommel, Horaz, Heidelberg 1950, 120 ff. M. A. Levi, Il tempo di Augusto, 441 ff. J. Bayet, Croyances et rites 327. F. Guizzi, Principato 138 ff. F. Fabbrini, L'impero 97 ff., der zu Unrecht das Wort *augustus* auf einen Terminus der Auguralsprache einengen möchte und sogar den Begriff *auctoritas* dem Auguralrecht zuordnen will. Weitere Literatur bei A. Alföldi, Lorbeerbäume 16 Anm. 56.
[48] Dio 49, 15, 5 ff. Zum Verhältnis Oktavians zu Apollo vgl. E. Simon, Die Portlandvase, Mainz 1957, 35 ff., und P. Lambrechts, Nouvelle Clio 5, 1953, 55 ff. S. auch unten S. 230 ff. und S. 461 f.
[49] Dazu ausführlich A. Alföldi, Lorbeerbäume 2 ff. Zur augusteischen Bildpropaganda und zur Rolle jener Gegenstände im Herrscherkult s. ebda. 15 ff. Nach W. K. Lacey, LCM 6, 1981, 113 ff., und Augustus 87 A. 42, waren die *duo laurus* ursprünglich vielleicht Zweige, später aber immergrüne Büsche oder Bäumchen. B. Curran und F. Williams, LCM 6, 1981, 209 ff., betonen dagegen, daß es sich um Zweige handeln muß, die alljährlich erneuert wurden, wie dies Ovid, Fast. 3, 137 ff. analog für den Lorbeerschmuck an den Häusern der *flamines*, des *rex sacrorum* und der Vesta ausdrücklich bezeugt. Wenn Ovid, Trist. 1, 39 f. von *arbor* spricht, ist dies offenbar dichterische Freiheit (vgl. auch die oben zitierte Stelle aus den Fasti). Die stadtrömischen Münzbilder und die Darstellungen auf den Larenaltären zeigen denn auch meist deutlich erkennbar Zweige oder Äste und keine Bäume. Vgl. bes. die Rückseiten der Münzmeistersesterze und den Aureus des Caninius Gallus bei P. Zanker, Augustus und die Macht der Bilder Abb. 75 a. Nur auf den außerhalb Roms geprägten Denaren werden gelegentlich Lorbeerbäume abgebildet.

Dazu trug auch die über dem Palasttor angebrachte *corona civica* aus Eichenlaub bei. Die Geschichte dieses Eichenkranzes ist ebenfalls von A. Alföldi eingehend untersucht worden.[50] Die ursprünglich militärische Auszeichnung der Bürgerkrone war längst zu einem allgemeinen Symbol geworden, mit dem die römische Öffentlichkeit die Vorstellung vom Retter und Befreier, vom *conservator rei publicae* und vom *vindex libertatis* assoziierte. Brutus und Sex. Pompeius haben den Eichenkranz auf ihre Münzen gesetzt, und die Triumvirn wurden schon im Jahre 43 als „Retter und Wohltäter" gefeiert und mit dem Eichenkranz geehrt.[51] Wenn der Senat jetzt beschloß, über dem Palasttor des Augustus allen sichtbar den Eichenkranz anbringen zu lassen, so wurde damit dokumentiert, daß der Prinzeps der wahre und eigentliche *conservator civium* war. Zugleich aber wurde der Eichenkranz einbezogen in die sakrale Sphäre, in welche die Palastpforte des Hauses auf dem Palatin eingehüllt war. Denn die Eiche war dem Jupiter heilig, und der *conservator civium* war auf Erden der Stellvertreter des höchsten Gottes, des Jupiter Conservator. Schon auf einer ins Jahr 27 datierten römischen Goldmünze erscheint denn auch der Adler des Jupiter mit der *corona civica* in den Fängen. Hinter dem Adler erkennt man auch die beiden für den Prinzeps beschlossenen Lorbeerzweige.[52] Damit hat man ein unwiderlegbares Zeugnis dafür, daß Augustus selbst die mit dem Eichenkranz verbundenen Assoziationen von Anfang an gewünscht und gefördert hat. Allerdings blieb diese Prägung – vielleicht gerade wegen der Assoziationen, die sie weckte – vereinzelt.

Für die Begründung der Herrscherstellung des Augustus war schließlich auch der Tugendschild von großer Bedeutung, obwohl dieser sich zunächst besser in die republikanischen Traditionen einzufügen scheint als die übrigen im Jahre 27 beschlossenen Ehrungen. Schon der Dictator L. Papirius Cursor hatte im Jahre 310 v. Chr. an den *tabernae* des Forum vergoldete Schilde aus der Samnitenbeute aufhängen lassen. T. Flamininus hatte in Delphi im Jahre 196 v. Chr. dem Apollon silberne Schilde geweiht. Der Militärtribun L. Marcius Septimus hatte schon vorher im 2. Punischen Krieg den Schild des Hasdrubal den Göttern dediziert, und in der späteren Republik war auch der Brauch, den Göttern sog. Porträtschilde – *imagines*

[50] Vgl. A. Alföldi, Vater des Vaterlandes 40 ff., bes 49 ff. und 67 ff. Die Propagierung der *corona civica* auf den Münzen hat K. Kraft, JbNum 12, 1962, 23 ff., gut herausgearbeitet, auch wenn sich seine Deutung des SC auf den Aes-Münzen wohl kaum halten läßt. Vgl. unten S. 396 ff.

[51] Zu den Münzen des Brutus und des Sex. Pompeius s. Crawford, RRC Nr. 506, 1. 507, 1b. 511, 1. Zur Ehrung der Triumvirn s. Dio 47, 13, 3.

[52] RIC Augustus Nr. 22. Dazu V. Buchheit, Hermes 94, 1966, 86 ff. Zum 'development of a Jovian theology of power' unter Augustus s. jetzt R. Fears, Princeps a diis electus, Rom 1977, 205 ff., und ANRW II 17, 1, 1981, 56 ff.

clipeatae – zu weihen, sehr verbreitet.[53] Wenn allerdings jetzt dem Augustus selbst ein Ehrenschild dediziert wurde, so war das eine göttergleiche Ehre, welche den Prinzeps genauso über die übrigen Sterblichen erhob wie der Augustusnname.[54] Allerdings war auch diese Ehre lange nicht so anstößig wie die viel weiter gehenden Ehrungen für den alten Caesar. Anstoß erregen konnte vielleicht die Aufstellung des Ehrenschildes in der Curie. Aber die Curie war ja von dem Dictator Caesar erbaut und von seinem 'Sohn' vollendet worden. Wenn in der Curia Julia daher für diesen Caesar Augustus ein goldener Ehrenschild aufgestellt wurde, so konnte man dagegen nicht viel einwenden.

Der Ehrenschild wurde dem Augustus wegen seiner *virtus*, seiner *clementia*, seiner *iustitia* und seiner *pietas erga deos patriamque* gewidmet.[55] Von diesen vier Schildtugenden bezeichnet *virtus* vor allem die männliche Bewährung im Kampfe, aber auch die aufrechte und verantwortungsbewußte Haltung eines Politikers und seine Leistungen für den Staat.[56] *Cle-*

---

[53] Liv. 9, 40, 16. Plut. Flamininus 12. Liv. 25, 39, 17. Zu den *imagines clipeatae* s. J. Bolten, Die Imago clipeata, Paderborn 1937; G. Becatti, Enciclopedia dell'Arte Antica II, Rom 1959, 718ff.; W. H. Gross, Festschrift K. Ziegler, Stuttgart 1954, 66ff.; R. Winkes, Clipeata imago, Bonn 1969 mit weiterer Literatur.

[54] Die 'Sonderstellung' des augusteischen *clupeus* hat bereits H. Volkmann, Endoxos Duleia 187, betont, ohne jedoch die oben entwickelten Konsequenzen zu ziehen. Vgl. T. Hölscher, Victoria Romana 98ff., und A. Alföldi, Lorbeerbäume 17 mit Anm. 57, sowie K. Galinsky, Augustan Culture 80ff.

[55] So wird die *pietas* näher definiert auf dem Schild von Arelate: Ehrenberg–Jones, Documents Nr. 22. In der Inschrift heißt es: *Senatus populusque Romanus Augusto cos VIII* (= 26 v. Chr.) *dedit clupeum* ... Doch bezeichnet die Consulatsangabe wohl das Jahr der Aufstellung der Kopie in Arelate. W. K. Lacey, Augustus 93f., möchte dagegen auch die Verleihung des *clupeus virtutis* in Rom gegen die Aussage der Res Gestae in das Jahr 26 v. Chr. datieren. Ebenso S. Panciera, in: H. von Hesberg–S. Panciera, Das Mausoleum des Augustus, München 1994, 113ff. (zu einem im Mausoleum gefundenen Schildfragment). Daß der goldene Schild dem Augustus in seiner Abwesenheit verliehen worden wäre, ist jedoch kaum glaubhaft! Dagegen s. schon A. Fraschetti, MEFRA 92, 1980, 961f., und P. Gros, JdAI 102, 1987, 346f. Zu einer Kopie des Tugendschildes und der *corona civica* in Ostia wohl im Tempel der Roma und des Augustus s. M. Floriani Squarciapino, in: Miscellana archaeologica T. Dohrn dedicata, Rom 1982, 45ff. Vgl. allgemein H. Markowski, Eos 37, 1936, 109ff. I. S. Ryberg, in: The Classical Tradition, Studies in Honor of Harry Caplan, Ithaca N. Y. 1966, 232ff. T. Hölscher, Victoria Romana, Mainz 1967, 102ff. R. Gilbert, Beziehungen 191ff. – St. Weinstock, Divus Julius 228ff., möchte die Schildtugenden schon für Caesar in Anspruch nehmen.

[56] Zum Begriff *virtus* s. Hellegouarc'h, Vocabulaire latin 242ff., und W. Eisenhut, Virtus Romana, München 1973, 84ff., wonach *virtus* auf dem Tugendschild vor allem an die militärischen Taten des Prinzeps erinnert.

mentia meint die Milde und Schonung gegenüber den Besiegten, aber auch gegenüber denjenigen, die sich in irgendeiner Weise gegen den Prinzeps vergangen hatten.[57] Der alte Caesar hatte die *clementia* in den Mittelpunkt seiner Politik gestellt;[58] und wie Oktavian/Augustus in der kriegerischen Bewährung mit seinem 'Vater' wetteiferte, so erklärte er auch, sich an dessen *clementia* orientieren zu wollen.[59] Und er konnte ja darauf verweisen, daß er vielfach und zuletzt nach dem Untergang des Antonius zahlreiche politische Gegner begnadigt hatte. Ein gewisses Dependent zur *clementia* bildet die *iustitia*.[60] Schon Caesar hatte im Bürgerkrieg erklärt: *se vero iustitia et aequitate velle superare*.[61] Die *iustitia* des Oktavian/Augustus fand ihren Ausdruck vor allem in der Bestrafung der Caesarmörder und im *bellum iustum* gegen Kleopatra. Sie äußerte sich aber auch in der Hinrichtung der entlaufenen Sklaven nach der Niederlage des Sex. Pompeius und in der Ausmerzung des Räuberunwesens in Italien. Unter der *pietas* Oktavians schließlich verstand man die Frömmigkeit gegenüber den Göttern,[62] welche die Errichtung und Wiederherstellung zahlloser Tempel bezeugte, und nicht zuletzt das loyale Verhalten gegenüber dem Vaterland, das in dem symbolischen Akt vom Januar 27 v. Chr., in der Rückgabe der *res publica* an den Senat und das römische Volk, seine Krönung erfuhr. Die auf dem Schild genannten Tugenden und Wertvorstellungen sind der römischen Adelsethik entnommen und hatten in ihr schon lange vor Caesar ihren festen Platz. Indem sie jedoch jetzt in feierlicher Form dem Prinzeps attestiert wurden, konnte dieser sie als Herrschertugenden für sich in Anspruch nehmen. Bei der Formulierung der Schildinschrift mag man auch an Ciceros Staatsschrift gedacht haben, wo ja gegen Schluß der jüngere Scipio vom älteren Africanus aufgefordert wird: *Iustitiam cole et pietatem, quae cum magna in parentibus et propinquis, tum in patria maxi-*

---

[57] Zum Begriff *clementia* s. Hellegouarc'h a. O. 261 ff. Wickert, Princeps 2234, und ANRW II 1, 67. M. Fuhrmann, Gymnasium 70, 1963, 481 ff. T. Adam, Clementia Principis, Stuttgart 1970, dazu D. Kienast, Gymnasium 79, 1972, 142 ff., und H. Kloft, HZ 213, 1971, 657 f.
[58] Zur *clementia Caesaris* vgl. H. Gesche, Caesar 138 ff. mit Lit.
[59] Dio 48, 3, 6.
[60] Vgl. J. Hellegouarc'h, Vocabulaire latin 265 ff. L. Wickert, Princeps 2248 ff., und ANRW II 1, 69. Zu Augustus als *vir iustus* s. Horatius, Carm. 3, 3. Vgl. auch B. Lichocka, Iustitia sur les monnaies impérales romaines, Warschau 1974. Dazu W. E. Metcalf, Gnomon 49, 1977, 427 ff. – Zu dem von Tiberius am 8. Jan. 13 n. Chr. (FPraen) geweihten *signum iustitiae* und zur Verbindung von *iustitia* und *bellum iustum* s. J. B. Lott, ZPap 113, 1996, 263 ff.
[61] Caes., b. c. 1, 32, 9.
[62] Vgl. allg. zum Begriff *pietas* K. Latte, RRG 39 ff. J. Hellegouarc'h 276 ff. V. Buchheit, Vergil 19 Anm. 28 mit weiterer Lit.

*ma est. Ea vita via est in caelum.*⁶³ Es ist vielleicht doch kein Zufall, daß diese sonst in Rom nicht belegte Zusammenordnung von *iustitia* und *pietas in patriam* gerade auf der Schildinschrift wiederkehrt. Wollte Augustus als der von Cicero ersehnte ideale Staatslenker erscheinen?

Betrachtet man die Regelung des Jahres 27 v. Chr. im ganzen, so läßt sich sagen, daß der junge Caesar für den tatsächlichen Verzicht auf die unumschränkte Macht die Anerkennung seiner Ausnahmestellung durch den Senat erreicht hatte. Der Senat hat ferner durch die dem Prinzeps beschlossenen Ehren ganz wesentlich auch die äußere Form der neuen Monarchie mitbestimmt. Ob dies allen Senatoren sogleich bewußt war, kann man dahingestellt sein lassen. Tatsächlich muten die Ehren, die dem Oktavian im Jahre 27 beschlossen wurden, im Vergleich zu den überschwenglichen Ehrenbeschlüssen für den Dictator Caesar recht bescheiden an. Dennoch vermochten dem Erben Caesars die im Januar 27 beschlossenen Ehrungen zur Einkleidung und zur ideologischen Begründung seiner Monarchie zu dienen. Lorbeerbäume, Eichenkranz und Tugendschild wurden ihre in Wort, Schrift und Bild immer wieder propagierten Symbole. Zusammen mit anderen symbolischen Zeichen, wie etwa dem Capricornus, der Sphinx des Apollo, den Schiffsschnäbeln von Actium oder der Victoria auf dem Globus wurden sie Teile einer Bildersprache, die durch ihre leichte technische Reproduzierbarkeit in der Malerei, auf Münzen, Siegeln, Gemmen und Glaspasten, auf Tonlampen oder als Beschläge von Möbeln und Waffen weite Verbreitung finden sollte.⁶³ᵃ Während einige Senatoren vielleicht wirklich an die Rückgabe der *res publica* glaubten und dem Augustus als dem *restitutor libertatis* zujubelten, halfen sie im gleichen Augenblick mit, in Rom das Kaisertum zu konstituieren. Wieweit die Regelung des Jahres 27 insgesamt den Wünschen des Augustus entsprach, läßt sich schwer sagen. Offenbar wußten selbst seine engsten Mitarbeiter nicht so recht, was der Prinzeps wirklich wollte. Agrippa machte jedenfalls schon im Jahre 25 v. Chr. dem Augustus den Vorschlag, diesem das neu errichtete Pantheon zu weihen. Erst als dieser die kultische Verehrung zu Lebzeiten für Rom ablehnte, wurden im Tempel die Kultbilder von Venus, Mars und Divus Julius aufgestellt, während im Vorhof des Tempels Statuen des Augustus und des Agrippa selbst den Eintretenden empfingen.⁶⁴

---

⁶³ Cicero, De rep. 6, 16. K. Ziegler, RE XVIII 3, 1949, 730 ff.

⁶³ᵃ Vgl. P. Zanker, Augustus und die Macht der Bilder, bes. 88 ff. Vgl. unten S. 218 A. 52 und zum Tempo der Verbreitung S. 520 mit A. 12.

⁶⁴ Dio 53, 27, 3. Anders F. Taeger, Charisma 2, 122. Vgl. unten S. 229f.

2. Die erste Krise des Prinzipats (27–23 v. Chr.)

Die Rückgabe der *res publica* hat im übrigen nicht zu der innenpolitischen Entspannung geführt, die sich der Caesar gewünscht hat.[65] Ein Schlaglicht auf die Situation wirft schon die bald nach den Iden des Januar beschlossene Verdoppelung des Soldes der Prätorianer. Auch die *devotio* eines Volkstribunen,[66] der im Senat nach spanischer Sitte dem Augustus sein Leben weihte, zeigt, daß man in Rom noch immer mit Gewalttaten gegen den Prinzeps rechnete. Augustus verhinderte zwar, daß die übrigen Senatoren dem Beispiel des Volkstribunen folgten, ließ es aber geschehen, daß die *plebs urbana* in Form der *devotio* auf den Prinzeps vereidigt wurde.

Neue Spannungen ergaben sich, als M. Licinius Crassus, ein Enkel des Triumvirn, Mitte 27 mit einer siegreichen Armee nach Rom zurückkehrte und nicht nur den beschlossenen Triumph feiern, sondern auch wie einst Romulus dem Jupiter Feretrius die *spolia opima* weihen wollte. Das letzte wußte allerdings Augustus zu hintertreiben. Crassus wurde dann politisch kaltgestellt.[67] Schlimmer war es, daß noch im Jahre 27 ein alter Freund des Prinzeps, der Elegiendichter C. Cornelius Gallus, der als erster Praefekt von Ägypten beträchtliche militärische Erfolge errungen hatte, aus nicht ganz geklärten Gründen auf Betreiben des Augustus verbannt wurde und schließlich Selbstmord beging.[68] Konnte der Princeps seiner eigenen An-

---

[65] Vgl. allg. Syme, RR 331 ff.: 'Crisis in Party and State.' Sattler, Augustus 58 ff. Schmitthenner, Historia 11, 1962, 37 ff. – J. A. Crook, CAH X^2 80 ff., möchte die innenpolitischen Spannungen der Jahre 30–23 v. Chr. herunterspielen. *"Timor mortis, rather than fear of the opposition, was what preoccupies him."* Das dürfte aber doch etwas zu weit gehen, auch wenn der schwächliche Gesundheitszustand des Prinzeps manche seiner Entscheidungen stärker beeinflußt haben mag, als man bisher bemerkte.

[66] Solderhöhung: Dio 53, 11, 5. Zum Truppensold vgl. H. C. Boren, Historia 32, 1983, 449 f. J. Jahn, Studien zu Fundmünzen der Antike 2, 1984, 53 ff. bes. 58 ff. M. P. Speidel, JRS 82, 1992, 87 ff. R. Aliston, JRS 84, 1994, 113 ff. *devotio*: Dio 53, 20, 2 ff., dazu Schmitthenner a. O. und F. Olivier, Mélanges Charles Gilliard, Lausanne 1944, 24 ff. = Éssais dans le domaine du monde Gréco-romain, Genf 1963, 265 ff.

[67] Zu Crassus, S. E. Groag, RE XIII 1, 1926, 283 ff. Vgl. auch A. Mócsy, Der vertuschte Dakerkrieg des M. Licinius Crassus, Historia 15, 1966, 511 ff., und Chr. M. Danov, ANRW II 7, 1, 1979. 123 ff. Zur Frage der *spolia opima* s. unten S. 267.

[68] Dio 53, 23. 5. Suet Aug. 66: *ob ingratum et malivolum animum domo et provinciis suis interdixit*. Dazu R. S. Rogers, TAPA 90, 1959, 224 ff., und H. Volkmann, Rechtsprechung 113 ff., sowie L. J. Daly, The Gallus affair and Augustus' lex Iulia maiestatis, in: C. Deroux, Studies in Latin literature, Brüssel 1979, 289 ff. Allgemein zum Vorgehen gegen Gallus s. Schmitthenner, Historia 11, 1962, 40 ff. und 74 f. und

hänger nicht mehr sicher sein? Ein Reflex der Stimmung in Rom könnte das Verhalten des Messala Corvinus sein. Dieser war von Augustus im Jahre 26 zum Stadtpräfekten bestellt worden, hatte aber sein Amt schon nach 5 Tagen als eine verfassungswidrige Gewalt wieder niedergelegt *(incivilem potestatem esse contestans)*.[69]

Die für den Caesar so unangenehmen Erfolge von Leuten wie Cornelius Gallus und Crassus haben jenen wohl mit dazu bewogen, noch Mitte 27 nach Gallien und Spanien aufzubrechen, um durch neuen Kriegsruhm den ihm mit dem *imperium proconsulare* übertragenen Schutzauftrag zu rechtfertigen und dadurch seine politische Stellung zu festigen. Aber obwohl der Prinzeps in Spanien keine dauernden Erfolge erreichen konnte, kehrte er doch schon 24 wieder nach Rom zurück, da er spüren mochte, daß die Entwicklung hier seine Anwesenheit erforderlich machte.[70] Schon im Jahr zuvor war sein Neffe Marcellus, der ebenfalls den spanischen Feldzug mitgemacht hatte, nach Rom zurückgekehrt und hatte hier, ohne die Ankunft des Augustus abzuwarten, die Julia geheiratet. Agrippa mußte in Vertretung des erkrankten Prinzeps die Hochzeit ausrichten. Die auffäl-

---

W. Kierdorf, in: Saeculum Augustum I 223 ff. Zur Persönlichkeit des Gallus s. Th. Mommsen, Reden und Aufsätze, Berlin 1912, 449 ff., und J.-P. Boucher, Caius Cornelius Gallus, Paris 1966. Zur Herkunft des Gallus s. R. Syme, Class. Quart. 32, 1938, 39 ff. = Roman Papers 40 ff. Dazu G. E. Manzoni, Foroiuliensis poeta. Vita e poesia di Cornelio Galli, Mailand 1995. Zur Gallus-Inschrift von Philai s. H. Hauben, ZPap 22, 1976, 189 f. Vgl. ferner M. Treu, Chiron 3, 1973, 221 ff., wonach ein Papyrusfragment einen Bericht über den geplanten Abfall des Gallus enthalte. Vgl. E. A. Judge, Akten VI. Int. Kongr. f. Gr. und Lat. Epigraphik, München 1973, 571 ff. N. Lewis, Greek, Roman and Byzantine Studies 16, 1975, 295 ff. (skeptisch), und W. Luppe, Arch. f. Pap. 26, 1978, 33 ff., der im wesentlichen Treu folgt. Dazu jetzt E. Bresciani, in: G. Pugliese Carratelli u. a., Roma e l'Egitto nell'antichità classica, Rom 1992, 99 ff. Zur Obeliskinschrift des Gallus s. auch F. Magi, Studi Romani 11, 1963, 50 ff.; H. Volkmann, Gymnasium 73, 1965, 228 ff.; G. Guadagno, Opuscula Romana 6, 1968, 21 ff. G. Alföldy, Der Obelisk auf dem Petersplatz in Rom, Heidelberg 1990, 68 ff., und Gymnasium 98, 1991, 297 ff. (vgl. oben S. 74 Anm. 252). Zur Chronologie s. B. Manuwald, Cassius Dio und Augustus 111 f., wonach das Datum bei Hieronymus, Chronicon p. 164 (Helm), (27 v. Chr.) vor Dio den Vorzug zu verdienen scheint, der den Selbstmord des Gallus unter dem Jahr 26 berichtet. Vgl. auch W. Eisenhut, Die angebliche *damnatio memoriae* des Cornelius Gallus, in: Festschrift R. Werner, Konstanz 1989, 117 ff.

[69] Tac. ann. 6, 11. Hieron. Chron. p. 164 (Helm). Dazu Sattler, Augustus 59 f.; Schmitthenner, Historia 11, 1962, 75 ff., und F. Della Corte, Miscellanea E. Manni, Rom 1980, 667 ff.

[70] Zu den Kämpfen in Spanien s. Schmitthenner, Historia 11, 1962, 54 ff., und unten S. 351 ff. mit weiterer Literatur. – Zur Reisetätigkeit des Augustus s. allgemein H. Halfmann, Itinera principum 15 ff. und 157 ff.

lige Eile bei dieser ganzen Angelegenheit erklärt sich wohl am ehesten aus der gespannten innenpolitischen Situation, die zwei Jahre später zur Entladung kommen sollte.[70a]
Die Hintergründe der Ereignisse des Jahres 23 werden sich wohl nie ganz klären lassen. Daß der Prinzeps mit einer weitverbreiteten Mißstimmung zu rechnen hatte, zeigen die Vorgänge selbst allerdings deutlich. Auffällig ist auch das ständige Bemühen um das Wohlwollen der *plebs urbana* gerade in den Jahren nach 27.[71] Wieweit aber Augustus im Jahre 23 wirklich auf die Loyalität der Bevölkerung in Rom rechnen durfte, wird man offenlassen müssen. Leider ist auch die Chronologie umstritten. Cassius Dio berichtet den Prozeß gegen M. Primus und die Verschwörung des Varro Murena erst unter dem Jahre 22. Verschiedene Indizien weisen jedoch darauf hin, daß jene beiden Ereignisse bereits ins Jahr 23 v. Chr. gehören.[72]

Im Jahre 23 bekleidete Augustus zum 11. Male das Consulat, zusammen mit A. Terentius Varro Murena, der als ein Freund und Vertrauter des Prinzeps gelten durfte. In das Frühjahr fällt wohl der Prozeß gegen M. Primus. Dieser Mann wurde vor einem Quästionengericht angeklagt, als Pro-

---

[70a] Dio 53, 27,5. – Nach der Rückkehr des Augustus aus Spanien im J. 24 „erhielt Marcellus den Pontifikat, wurde als Quästorier in den Senat aufgenommen mit dem Recht, unter den Prätoren zu stimmen, und erhielt für 23 die curulische Ädilität mit einem zehnjährigen Altersnachlaß für die Bewerbung um das Consulat": Dio 53, 28, 3 f. Tac. ann. 1, 3, der den Marcellus als *subsidium dominationi* des Augustus vorstellt. Vgl. F. Münzer, RE III 2, 1899, 2765 f. mit weiteren Zeugnissen (Zitat ebda. Sp. 2766).

[71] Zu den Spenden an die *plebs urbana* nach dem Kantabrerkrieg s. Schmitthenner, Historia 11, 1962, 72 f. Zur Bautätigkeit in Rom nach 27 v. Chr. s. ebda 68 f. Vgl. allg. Yavetz, Plebs 89 ff.

[72] Dio 54, 3, 2 ff., berichtet die Ereignisse wohl irrtümlich erst unter dem Jahr 22 v. Chr. Nach K. M. T. Atkinson, Historia 9, 1960, 440 ff., fallen beide Ereignisse tatsächlich erst in das Jahr 22. Der Consul Murena sei nicht mit dem Verteidiger des Primus und dem Verschwörer identisch. Marcellus, auf den sich Primus beruft, sei nicht der Schwiegersohn des Augustus, sondern der Consul des J. 22. Ähnlich schon R. Hanslik, Rh. Mus. 96, 1953, 282 ff., sowie P. A. Brunt, JRS 51, 1961, 234 f.; J. P. V. D. Balsdon, Gnomon 33, 1961, 395; R. A. Bauman, Historia 15, 1966, 420 f. und: Crimen Maiestatis 184 ff.; M. Swan, HSPh 71, 1967, 235 ff., und P. J. Cuff, RFIC 101, 1973, 466 ff., sowie J. S. Arkenberg, Historia 42, 1993, 471 ff. Dagegen s. D. Stockton, Historia 14, 1965, 18 ff., Sh. Jameson, Historia 18, 1969, 204 ff., und L. J. Daly, Historia 27, 1978, 83 ff. mit weiterer Lit., sowie B. Manuwald, Cassius Dio und Augustus 118 f. Vgl. auch R. J. Rowland Jr., Class. Journ. 62, 1967, 362 f., und allg. W. C. McDermott, Varro Murena, TAPA 72, 1941, 255 ff. – Zur Familie der Varrones Murenae s. G. V. Summer, Harv. Stud. 82, 1978, 187 ff. – Zur *quaestio servorum* im Verfahren gegen Caepio und Murena s. L. Schumacher, Servus Index 111 ff.

consul von Macedonia ohne Erlaubnis des Senats einen Krieg gegen die thrakischen Odrysen geführt zu haben. Primus berief sich für sein Vorgehen auf Weisungen des Augustus bzw. des Marcellus, des Schwiegersohnes des Prinzeps. Daß Primus tatsächlich glaubte, im Einklang mit den Absichten des Augustus gehandelt zu haben, geht auch daraus hervor, daß er den A. Terentius Varro Murena zu seinem Verteidiger bestellte. Augustus erschien jedoch unaufgefordert zu dem Prozeß und gab zu Protokoll, daß er keine Weisungen erteilt habe. Dies wäre in der Tat auch ein schwerer Verstoß gegen die im Jahre 27 getroffene Regelung gewesen. Augustus zog es daher vor, den M. Primus fallenzulassen. Eine heftige Reaktion des Murena war die Folge.[73] Vielleicht war es nicht zuletzt auch das Verhalten des Augustus in der Primus-Affäre, das den Murena bewog, sich an einer gegen das Leben des Prinzeps gerichteten Verschwörung zu beteiligen. Die Motive des Murena und das Ausmaß seiner Schuld bleiben jedoch im dunkeln. Hauprädelsführer der Verschwörung war ein gewisser Fannius Caepio, der schon immer in Opposition zum Prinzeps gestanden zu haben scheint. Durch eine Anzeige eines gewissen Castricius wurde die Verschwörung zwar rechtzeitig aufgedeckt,[74] doch wurden die Verschwörer vorher gewarnt und konnten aus der Stadt fliehen. Maecenas hatte nämlich seiner Gattin Terentia von der Sache erzählt, und diese hatte ihren Bruder, Varro Murena, sofort benachrichtigt. Augustus konnte sich also damals offenbar nicht einmal mehr auf seine engsten Mitarbeiter voll und ganz verlassen. Doch der Prinzeps handelte schnell und entschlossen. In einem Quästionenverfahren wurden Caepio und Varro in Abwesenheit verurteilt. Dann schickte der Caesar seine Soldaten aus, welche die Flüchtigen aufspürten und töteten. Der Senat beschloß ein Denkopfer *pro salute principis*. Anstelle des Varro Murena wurde Cn. Calpurnius Piso, ein alter Republikaner, zum Consul gemacht.

Wenig später wurde der schon längere Zeit leidende Augustus von einer lebensgefährlichen Krankheit niedergeworfen.[75] Damit wurde zum unpassendsten Zeitpunkt die Nachfolgefrage akut. Man erwartete in Rom vielfach, daß der Prinzeps den 19jährigen Marcellus zu seinem Nachfolger designieren werde. Doch Augustus händigte nur seinen Siegelring dem

---

[73] Zum Prozeß gegen Primus s. H. Volkmann, Rechtsprechung 51 ff. Sattler, Augustus 62 f. W. Kunkel, Kleine Schriften 292 ff. B. Levick, Greece and Rome 22, 1975, 156 ff., und W. K. Lacey, ebda. 27, 1980, 31 ff.

[74] Zu diesem Castricius s. die interessanten Beobachtungen von D. Stockton, Historia 14, 1965, 26 f. – Zum Tode des Varro Murena s. L. J. Daly, Klio 65, 1983, 245 ff., und 66, 1984, 157 ff.

[75] Zur Erkrankung des Prinzeps s. Esser, Caesar 52 ff. Zur Behandlung durch Musa s. J.-F. Schulze, Ziva Antika 21, 1971, 498 ff.

Agrippa aus.[76] Seinem Mitconsul Cn. Piso übergab er dagegen ein *rationarium imperii*, d. h. ein Verzeichnis der Staatseinkünfte und der Truppen seiner Provinzen. Dennoch wollte das Gerede offenbar nicht verstummen, daß der Prinzeps in seinem Testament unter Umgehung des Senats einen Nachfolger für sich bestimmt habe.[77] Augustus erbot sich daher nach seiner Genesung, er wolle sein Testament im Senat öffentlich verlesen. Natürlich wurde dies Angebot von der Mehrheit der Senatoren abgelehnt.[78]

Das Angebot des Augustus, im Senat sein Testament zu verlesen, zeigt allerdings wieder – wie schon die Bestellung des Piso zum Consul –, daß es dem Caesar vor allem darauf ankam, die Meinung der republikanischen Kreise des Senats zu gewinnen. Dem gleichen Ziel diente schließlich auch die Niederlegung des Consulats, das der junge Caesar seit dem Jahre 31 v. Chr. ununterbrochen bekleidet hatte. Im Jahre 23 v. Chr. war Augustus bereits zum 11. Male Consul. Er übertraf damit den großen Caesar um das Doppelte und konnte mehr Consulate für sich buchen als selbst der Kimbernsieger Marius. Das vertrug sich schlecht mit der Wiederherstellung der *res publica*. Im Juni 23 legte daher Augustus bei der Feier der *feriae Latinae* auf dem Albanerberg sein Consulat nieder.[79] Er tat es außerhalb der Stadt, um nicht durch Kundgebungen der *plebs urbana* an seinem Vorhaben gehindert zu werden, wie ausdrücklich überliefert wird. Nachfolger des Prinzeps im Senat wurde L. Sestius, ein alter Republikaner, der einst an der Seite des Brutus gekämpft hatte und noch immer dessen Andenken in Ehren hielt. Der dem Consul Sestius zugeordnete Quästor scheint übrigens niemand anderes als Tiberius gewesen zu sein, der auch nach der Abdankung des Augustus die politische Kontinuität sichern helfen konnte. Tiberius hatte die Anklage gegen Fannius Caepio erhoben und seine Verurteilung wegen *laesa maiestas* durchgesetzt. Als Quästor verbesserte er die knapp gewordene Getreideversorgung und ging gegen das Räuberunwesen in Italien vor. Er ließ u. a. die *ergastula* inspizieren, in denen einige reiche Grundbesitzer gekidnappte Freie und Slaven hatten verschwinden lassen. Um die Sicherheit zu erhöhen, wurden an den Straßen Militärposten

---

[76] Dazu Sattler, Augustus 67f. Vgl. H. U. Instinsky, Siegel 36f.
[77] Vgl. H. U. Instinsky, Hermes 94, 1966, 335 ff.
[78] Der Prinzeps wollte damit wohl auch den Agrippa überzeugen, daß er nicht doch den Marcellus als Nachfolger ausersehen hatte. Vgl. Instinsky a. O. 341. Dennoch scheint Augustus eine künftige Nachfolge des Marcellus ernsthaft ins Auge gefaßt zu haben. Vgl. die Zeugnisse in PIR² C Nr. 925 sowie oben Anm. 70a und unten Anm. 97, ferner S. 211 mit Anm. 26.
[79] Zum Datum s. Degrassi, Inscr. Ital. XIII 1, 157. Zum Vorgang selbst s. Dio 53, 32, 3 ff.

stationiert. Illegale Vereine, die als Deckmantel für die Bildung räuberischer Banden dienten, wurden aufgelöst. Wie weit diese Maßnahmen mit der Verschwörung des Caepio und des Murena in direktem Zusammenhang standen, muß offenbleiben.[80]

Als Ersatz für das niedergelegte Consulat wurde dem Augustus in einer der nächsten Senatssitzungen die volle *tribunicia potestas* beschlossen. Oktavian hatte schon im Jahre 36 die tribunizische *sacrosanctitas* erhalten. Bereits im Jahre 30 waren ihm auch die übrigen Rechte eines Volkstribunen angeboten worden. Er scheint sich damals jedoch mit dem *ius auxilii* begnügt zu haben. Jetzt nach der Niederlegung des Consulats übernahm Augustus jedoch die volle Gewalt eines Volkstribunen.[81] Wenn der Prinzeps künftig die Jahre seiner *tribunicia potestas* in seiner Titulatur mit aufführte, wollte er damit vielleicht die 'unkonstitutionelle' Lebenslänglichkeit der tribunizischen Gewalt etwas kaschieren.[82]

Auf Grund seiner tribunizischen Gewalt konnte Augustus auch mit dem Senat verhandeln, allerdings nur nach und nicht vor den höheren Magistraten. Er verlor jedenfalls mit dem Consulat das Recht der *prima relatio*. Als Ersatz dafür wurde dem Prinzeps das Recht eingeräumt, in jeder Senatssitzung einen Punkt als erster zur Sprache zu bringen. Ebenso erhielt

[80] Vell. Pat. 2, 94, 3. Suet. Aug. 32, 1–3. Tib. 8, 2. 37, 1–2. Dazu W. K. Lacey, Augustus 106f., und bes. U. Laffi, Athenaeum 82, 1994, 48ff., der aufgrund von Dio 49, 43, 5 vermutet, daß unter den inkriminierten Grundbesitzern ehemalige, von Oktavian amnestierte Anhänger des Sex. Pompeius waren. Die Auflösung der illegalen Kollegien erfolgte offenbar durch einen Erlaß des Augustus im J. 23 oder 22 v. Chr. unter Berufung auf die caesarische *lex Iulia de collegiis*, vgl. F. M. De Robertis, Storia della corporazioni e del regime associativo nel mondo romano, I, Bari 1971, 238ff., und J. Linderski, ZSSR 79, 1962, 322ff. – Zum Datum der Quästur des Tiberius s. E. Badian, Mnemosyne 27, 1974, 160ff. – Auch wenn man an Dios Datierung der Verschwörung des Murena in das Jahr 22 festhalten will, wird man doch gegen E. Badian, in: Romanitas – Christianitas (Festschrift J. Straub), Berlin 1982, 28ff., in der Niederlegung des Consulats eine Antwort des Augustus auf die krisenhafte Situation in Rom und Italien zu sehen haben, auf die auch die Aktivitäten des Tiberius in seiner Quästur ein Schlaglicht werfen.

[81] So H. Last bei Schmitthenner, Augustus 241ff. Die Wendung des Tacitus (Ann. 1, 2): *ad tuendam plebem tribunicio iure contentum* bezieht Last auf die Verleihung der *tribunicia potestas* im Jahre 23. A. v. Premerstein, Prinzipat 260ff., dachte dagegen an eine stufenweise Entwicklung der tribunizischen Rechte des Augustus. Ähnlich A. G. Roos, De Verleening van tribunicische Bevoegdheden aan Caesar en Augustus, Med. nederl. Akad. Wetensch., Afd. Letterk. NS. 4 Nr. 16, Amsterdam 1941, sowie L. Wickert, Princeps 2283ff., und ANRW II 1, 73f. mit weiterer Literatur. Vgl. oben Anm. 34. Vgl. auch W. K. Lacey, Augustus and the Principate 100ff. u. 154ff.

[82] Dazu F. De Visscher, SDHI 5, 1939, 118f.

Augustus das Recht, jederzeit den Senat berufen zu dürfen (während die Volkstribunen den Senat nur ausnahmsweise einberufen konnten). Diese Sonderregelungen konnten jedoch nicht alle Rechte ersetzen, die Augustus mit dem Verzicht auf das Consulat verlor. So hatte er künftig nicht mehr das Recht, die Wahl der höheren Beamten zu leiten, und ebenso fehlte ihm künftig das Recht, einen Stadtpräfekten zu ernennen.[83]
Dafür wurden die Befugnisse des Augustus außerhalb Roms noch vergrößert. Sein *imperium proconsulare* wurde um das Recht erweitert, auch den Statthaltern der senatorischen Provinzen Weisungen zu erteilen. Bisher konnte er dies nur als Consul in Ausführungen eines Senatsbeschlusses. Augustus erhielt also damals, wie einst schon die Republikaner Brutus und Cassius, ein *imperium proconsulare maius*.[84] Nach der Niederlegung des Consulats hätte allerdings Augustus beim Überschreiten des Pomerium sein *imperium* verloren. Er hätte also sein *imperium* und seine *tribunicia potestas* nicht zugleich wahrnehmen können. So wurde beschlossen, der Caesar solle sein *imperium* „auf einmal und für immer" erhalten. Auf Grund dieser etwas vagen Angabe des Cassius Dio hatte A. v. Premerstein vermutet, daß dem Augustus im Jahre 23 ein *imperium proconsulare* auf

---

[83] Dio 54, 3, 3; 53, 32, 5. Vgl. Sattler, Augustus 69 und 81 f., und F. Guizzi, Principato 186f. Zum Relationsrecht des Prinzeps s. C. Nicolet, MEFRA 100, 1988, 827ff.

[84] Dio 53, 32, 5. Zur Natur des *imperium maius* des Augustus und zu den ähnlichen *imperia* des Brutus und des Cassius s. Béranger, Recherches 74 ff., und E. S. Staveley, Historia 12, 1963, 458 ff. Gegen die These von H. Last, JRS 27, 1947, 157 ff., der verschiedene Arten des *imperium maius* unterscheiden möchte, s. L. Wickert, Princeps 2272, P. A. Brunt, Cl. Rev. 1962, 70, und bes. Staveley a. O. Dazu W. J. O'Neal, AugAge 5, 1986, 55 ff., und A. Lintott, Imperium Romanum 115 f. Nach W. Ameling, Chiron 24, 1994, 15 f. erhielt Augustus im J. 23 ähnlich wie kurz darauf Agrippa ein – im Gegensatz zu dessen Kommando – uneingeschränktes *imperium aequum* auf 5 Jahre. J. Bleicken, Verfassungs- und Sozialgeschichte 38 f., folgend, nimmt Ameling an, daß es unter Augustus ein *imperium proconsulare maius* nicht gegeben habe. Nun hat aber jedenfalls Germanicus im J. 17 n. Chr. ein solches *imperium* erhalten, s. W. Eck–A. Caballos–F. Fernández, Das senatus consultum de Cn. Pisone patre, München 1996, 40 f. Z. 34 ff., worauf schon W. Ameling a. O. 15 A. 62 hingewiesen hat. Da gerade der konservativ eingestellte Tiberius das Institut des *imperium maius* kaum neu geschaffen hat (so mit Recht W. K. Lacey, Augustus 129), dürfte Dios Aussage, wonach der Senat dem Augustus καὶ ἐν τῷ ὑπηκόῳ τὸ πλεῖον τῶν ἑκασταχόθι ἀρχόντων ἰσχύειν ἐπέτρεψεν, doch richtig und auf die Verleihung eines *imperium proconsulare maius* zu beziehen sein. Hatte doch Cicero sogar für den Caesarmörder C. Cassius ein *imperium maius* beantragt (Cic. Phil. 11, 30), und das veraltete *imperium aequum* sich schon bei Pompeius als impraktikabel erwiesen (Ameling a. O. 10 f.). – Vgl. auch Ehrenberg–Jones, Documents 43, wonach der Proconsul von Africa Cossus Lentulus den Gaetulerkrieg *auspiciis imp. Caes. Aug.* geführt hat (zu diesem Krieg s. S. 349 f.).

Lebenszeit verliehen worden sei. Da aber derselbe Cassius Dio mehrfach von einer Verlängerung des *imperium proconsulare* spricht, kann die Deutung Premersteins kaum richtig sein. Der Kontext bei Dio legt es vielmehr nahe, mit L. Wickert die Angabe des Historikers dahin zu verstehen, daß Augustus „künftig von den lästigen Formalitäten beim Überschreiten des Pomerium befreit" sein solle.[85] Dadurch, daß die feldherrliche Gewalt des Prinzeps beim Überschreiten des *pomerium* nur ruhen, nicht mehr erlöschen sollte, war allerdings ein Vorrecht der Stadt Rom gefallen, „und es begann der Ausgleich zwischen Reich und Hauptstadt, über die beide sich der Herrscher erhob"[86].

Die Neuregelung des Jahres 23 hat verschiedene Deutungen erfahren. Zweifellos hat Augustus durch das sog. *imperium proconsulare maius* seine militärische Stellung im Reich auch rechtlich absichern können. Und in Rom konnte der Caesar künftig jeden unliebsamen Beschluß durch sein tribunizisches Veto verhindern. Es geht aber wohl doch zu weit, die Regelung des Jahres 27 als mehr republikanisch zu bezeichnen und mit der Neuregelung des Jahres 23 die eigentliche Autokratie des Augustus beginnen zu lassen.[87] Das Ziel des Augustus war immer die Errichtung einer Monarchie gewesen.[88] Und 'republikanisch' war auch die dauernde Bekleidung des Consulates nicht. Daß sich aber Augustus höchst ungerne von seinem Consulat trennte, beweist sein Vorschlag, das höchste Jahresamt dreistellig zu machen, der vom Senat allerdings in höflicher Form abgelehnt wurde.[89] Daß die Niederlegung des Consulats einen echten Verzicht für Augustus bedeutete, wurde schon gesagt. Der Prinzeps fürchtete daher auch nicht zu Unrecht Mißfallenskundgebungen der *plebs urbana*. Die Übernahme der früher abgelehnten *tribunicia potestas* dürfte mit deswegen erfolgt sein, um die *plebs* zu beruhigen.[90]

---

[85] Premerstein, Prinzipat 234ff. Dagegen s. L. Wickert, Princeps 2274f., und D. Stockton, Historia 14, 1965, 28 mit A. 38. Wie Premerstein jetzt wieder R. Ricks, Hermes 98, 1970, 110.

[86] H. Nesselhauf, Klio 30, 1937, 311. Vgl. J. S. Richardson, JRS 81, 1991, 9: "The *imperium* was effectively unified in a way that it had not been ... since the age of the kings. It is not surprising, then, that at this same time the notion of the empire, the *imperium Romanum*, as a unified *corpus* also emerged." Vgl. dazu unten S. 511f. A. 236.

[87] So schon Pelham, Essays 146, und Kolbe, bei Schmitthenner, Augustus 89ff. Ebenso D. Stockton, Historia 14, 1965, 28ff., und P. J. Cuff, Riv. filol. 101, 1973, 473ff.

[88] So auch E. T. Salmon, Historia 5, 1956, 458.

[89] Suet. Aug. 37.

[90] Die Meinung von P. J. Cuff a. O. (oben Anm. 87), die Übernahme der *tribunicia potestas* habe die Regelung der Nachfolgefrage erleichtern sollen, kann kaum überzeugen. Wieweit mit der Annahme der *tribunicia potestas* eine versteckte Dro-

Mit Recht hat W. Kunkel betont, daß das *imperium proconsulare* und die *tribunicia potestas*, die beiden hauptsächlichsten Instrumente, mit denen Augustus seit 23 regierte, keine Ämter, sondern nur von Ämtern entlehnte Gewalten waren.[91] Der Prinzeps übte sie im strengen Rechtssinne als Privatmann und konnte sie eben darum innehaben, ohne formal gegen das Prinzip der Annuität zu verstoßen. Man kann jene Gewalten auch nicht einmal als unrepublikanisch bezeichnen. Unrepublikanisch war höchstens die unbefristete Dauer der *tribunicia potestas*, die freilich dadurch etwas verschleiert wurde, daß der Prinzeps sie jedes Jahr neu zählte. Das *imperium proconsulare* war von vornherein befristet. In der allgemeinen Einschätzung trat diese Gewalt außerdem hinter dem *imperium* der Consuln im Range zurück. Die Republik konnte so als frei, ihre Organe mochten als souverän erscheinen.

Wenn das auch nur der äußere Schein war, so bleibt es doch eine Tatsache, daß Augustus im Jahre 23 sich gewisser Vorrechte freiwillig begeben und eine erneute Geste gegenüber den alten Republikanern gemacht hatte. Tatsächlich bemühte sich der Prinzeps nach der vorausgegangenen schweren Krise sichtbar um deren Unterstützung.[92] Den adelsstolzen Republikaner Cn. Calpurnius Piso hat Augustus geradezu drängen müssen, das durch den Tod des Murena vakant gewordene Consulat zu übernehmen.[93] Zum Nachfolger des Augustus selbst im Consulat wurde mit L. Sestius wieder ein Republikaner bestellt. Auch die beiden Consul des Jahres 22 konnten als ehemalige Republikaner gelten. Ein Entgegenkommen gegenüber der Senatsaristokratie war es ferner, wenn im Jahre 21 und im Jahre 19 die Proconsuln Africas einen Triumph feiern durften, die letzten Triumphe, welche in den Triumphalfasten verzeichnet sind.[94] Eine berechnete Geste war es auch, daß der Prinzeps im Jahre 22 die Provinzen Gallia Narbonensis und Cyprus dem Senat zurückgab, da sie befriedet seien. Die Rückkehr zu republikanischen Formen wurde schließlich auch durch den Versuch signalisiert, die Censur wiederzubeleben. Der Versuch scheiterte jedoch, da die beiden gewählten Censoren ständig Streit miteinander hatten und nicht in der Lage waren, ihren Amtspflichten nachzukommen.[95]

---

hung gegen den Senat beabsichtigt war (so Jones bei Schmitthenner, Augustus 302, und Yavetz, Plebs 92) muß offenbleiben.

[91] W. Kunkel, bei Schmitthenner, Augustus 330.

[92] So auch G. Alföldy, Gymnasium 79, 1972, 11.

[93] Zu Piso s. Tac. ann. 2, 43, und Sattler, Augustus 65f. Zu L. Sestius und den Consuln von 22 s. Syme, RR 338f.

[94] Im J. 21 v. Chr. triumphierte L. Sempronius Atratinus und im J. 19 v. Chr. L. Balbus *ex Africa*. Vgl. dazu M. Hammond, Augustan Principate 228 Anm. 33, und unten S. 347f. und S. 349.

[95] Dio 54, 2, 1ff. Vell. Pat. 2, 95, 3.

Alle die eben geschilderten Maßnahmen des Augustus liegen jedoch auf der gleichen Linie. Sie zielten darauf ab, die ehemaligen Gegner des Prinzeps mit dem neuen Regime zu versöhnen. Die Verschwörung des Varro Murena hatte gezeigt, daß es noch immer republikanisch gesinnte Männer gab, die sich mit der neuen Ordnung der Dinge nicht abfinden wollten, und daß der Prinzeps auch auf seine Anhänger nicht mehr unbedingt bauen konnte. Sogar im engsten Kreis um Augustus gab es Spannungen nicht nur mit Maecenas,[96] sondern auch mit Agrippa, der es nicht hinnehmen wollte, daß der junge Marcellus von Augustus als Nachfolger aufgebaut wurde.[97] Der Prinzeps hielt es daher für das Beste, den Agrippa zunächst einmal mit einem ehrenvollen Auftrag aus Rom zu entfernen. Welche rechtlichen Vollmachten Agrippa damals erhielt, ist in der Forschung umstritten. Aus dem neuen Fragment der Leichenrede des Augustus für Agrippa erfährt man, daß diesem durch ein Gesetz zugesichert wurde, daß seinem *imperium* in den ihm zu übertragenden Provinzen kein anderes *imperium* übergeordnet sein solle.[98] Über den Zeitpunkt der Ver-

---

[96] Von einem Bruch mit Maecenas zu reden, geht aber sicherlich zu weit. Vgl. K. J. Reckford, TAPA 90, 1959, 198f. G. Williams, in: Between Republic and Empire 258ff. P. White, Class. Phil. 86, 1991, 130ff. – Mit der Murena-Verschwörung bringt S. J. Bastomsky, Latomus 36, 1977, 129ff., auch die Kaltstellung des C. Proculeius, der eine Zeitlang sogar als Schwiegersohn des Augustus in Aussicht genommen war, in Verbindung.

[97] Auf Münzen des Proconsuls von Africa M. Acilius Glabrio erscheinen auf der Rückseite sogar die Köpfe des Marcellus und der Julia, vgl. M. Grant, Roman Imperial Money, Edinburgh 1954, 27ff.

[98] Vgl. L. Koenen, ZPap 5, 1970, 226ff. M. Gronewald, ZPap 52, 1983, 61ff. Die Natur des *imperium* des Agrippa ist umstritten. Koenen, a. O. 268ff., denkt an ein *imperium maius*. Nach E. W. Gray, ZPap 6, 1970, 227ff., habe Agrippa im J. 23 nur ein *imperium aequum* und erst im J. 13 ein *imperium maius* erhalten. Nach K. Bringmann, Chiron 7, 1977, 219ff., habe Agrippa dagegen in den Jahren 23, 18 und 13 v. Chr. das Privileg erhalten, daß die ihm übertragenen Kommandos dem *imperium maius* des Augustus nicht untergeordnet sein sollten. Unter Berücksichtigung dieser Bestimmung seien dem Agrippa dann einzelne Teile des Reiches unterstellt worden, in denen er jeweils als Kollege und Vertreter des Kaisers fungiert habe. Vgl. P. Arnaud, CCG 5, 1994, 221ff., und F. Hurlet, ebda. 225ff. W. Ameling, Chiron 24, 1994, 1ff. (mit weiterer Lit.) interpretiert die Aussage des Augustus in der *laudatio funebris*: καὶ εἰς δήποτέ σε ὑπαρχείας τὰ κοινὰ τῶν Ῥωμαίων ἐφέλκοιτο, μηθενός ἐν ἐκαίναις <εἶναι> ἐξουσίαν μείζω τῆς σῆς ἐν νόμῳ ἐκυρώθη, dahin, Agrippa habe damit das Privileg erhalten, „daß jedes ihm später einmal verliehene Imperium für den jeweils beschlossenen Einsatzbereich ein *imperium aequum* sein sollte ..." (a. O. 27). Doch schließt der Wortlaut des Gesetzes die Übertragung eines *imperium proconsulare maius* keineswegs aus, das zudem von Dio 54, 28, 1 für das Jahr 13 v. Chr. ausdrücklich bezeugt wird. Vgl. oben S. 105

leihung dieses Sonderkommandos wird in der Leichenrede nichts gesagt. Manches spricht dafür, daß sie bereits im Jahre 23 v. Chr. (und nicht erst im Jahre 18 v. Chr.) erfolgt ist. Im Besitz dieser außerordentlichen Kommandogewalt hätte Agrippa dann sowohl seine Mission im Osten (vor allem die Vorverhandlungen mit den Parthern) wie später auch seine Tätigkeit in Spanien und Gallien durchgeführt.

Noch im Jahre 23 starb allerdings plötzlich der junge Marcellus in Baiae. Augustus ließ seinem Neffen ein Staatsbegräbnis ausrichten und hielt selbst die Leichenrede. Vergil und Properz widmeten ihm einen poetischen Nachruf. Die sterblichen Reste wurden dann in dem neuerrichteten Mausoleum beigesetzt. Die Frage eines möglichen Nachfolgers des Augustus war nun wieder völlig offen.[99]

3. Die Konstituierung eines neuen Saeculum (22–17 v. Chr.)

Die Krise des Jahres 23 hatte den Prinzeps davon überzeugt, daß er seine Basis in der Aristokratie verbreitern mußte. Es durfte nicht wieder vorkommen, daß unversöhnliche Gegner und einstige Freunde sich zu einer Allianz gegen den Prinzeps zusammenfanden.

Die Ereignisse des Jahres 23 hatten allerdings auch in den Jahren 22 und 21 noch Nachwirkungen recht ernster Art.[100] In der zweiten Hälfte des Jahres 23 und im Jahre 22 kam es zu schweren Störungen in der Getreide-

---

A. 84. – Für die These von W. K. Lacey, Augustus 117 ff., wonach Agrippa schon im Januar 27 v. Chr. ein umfassendes *imperium* über den Mittelmeerraum ähnlich dem *imperium* des Pompeius im J. 67 v. Chr. bekommen habe, gibt es in den Quellen keinerlei Anhaltspunkte. – Zur Orientmission des Agrippa vgl. D. Magie, Roman rule 468 ff. mit Lit., und R. Hanslik, RE IXA 1, 1961, 1251 ff.

[99] Dio 53, 30, 4f. und 33, 4. Vgl. Verg. Aeneis 6, 863 ff., und Propert. 3, 18. Augustus hielt die Leichenrede und ließ den Marcellus in seinem Mausoleum bestatten. Vgl. A. Stein, PIR II² Nr. 925 mit den weiteren Zeugnissen, und F. Taeger, Charisma II 138. Zum Leichenbegängnis s. H. I. Flower, Ancestor Masks 240 f. – Zu Marcellus in den Jahren 29–23 v. Chr. s. H. Brandt, Chiron 25, 1995, 1 ff. Vgl. auch A. Mlasowsky, JdAI 111, 1996, 272 ff. – Zur Haltung des Livius gegenüber Marcellus s. E. Mensching, in: Satura lanx (Festschrift W. A. Krenkel), Hildesheim 1996, 257 ff. Vgl. auch F. Dupont–J.-P. Néraudau, Marcellus dans le chant VI de Eneide, REL 48, 1970, 259 ff. Zu den Bildnissen des Marcellus s. Z. Kiss, L'iconographie 24 ff. A. Mlasowsky, JdI 111, 1996, 272 ff. – Später wurde das von Caesar begonnene und von Augustus vollendete Theater zu Ehren des Marcellus *theatrum Marcelli* genannt. S. unten S. 417 mit Anm. 134a.

[100] S. zum Folgenden Sattler, Augustus 72 ff., und Gilbert, Beziehungen 244 ff. Vgl. auch R. J. Rowland, Class. Journ. 62, 1967, 362 f.

versorgung Roms.[101] Eine Seuche brach aus, und es kam mehrfach zu Hungerrevolten. Ein Opfer der Epidemie war auch der junge Marcellus. Das Volk betrachtete diese Vorgänge als eine Folge des Rücktritts des Augustus vom Consulat. Es bildete sich daher in Rom eine Bewegung, welche für Augustus die Dictatur verlangte.[102] Der Prinzeps, der sich zur Zeit der Unruhen nicht in Rom befand, eilte sofort in die Hauptstadt zurück. In einer großartigen, eindrucksvollen Szene lehnte er dann vor dem Volk die Dictatur ab, ließ sich aber dazu bewegen, die Sorge für die Getreidebeschaffung, die *cura annonae*, zu übernehmen. Innerhalb weniger Tage gelang es dem Augustus dann, der Hungersnot ein Ende zu bereiten. Man hat daher gemeint, Augustus habe durch Zurückhalten seines Getreides die Unruhen in Rom bewußt provoziert, um so den Senat zu weiteren Zugeständnissen zu veranlassen.[103] Aber der Caesar hatte mit dem hungernden Volk von Rom zu schlechte Erfahrungen machen müssen, als daß er sich auf ein solches Risiko eingelassen hätte. Auch war die politische Situation im Jahre 22 nach der Verschwörung des Vorjahres viel zu labil, als daß sich der Prinzeps neue Unruhen hätte leisten können. Die unkontrollierbaren Aktionen der Massen stellten vielmehr eine ernste Gefahr für die von Augustus erstrebte neue Ordnung dar. Bezeichnend für die Situation ist es, daß Augustus damals das Kollegienverbot erneuerte und den Aufwand für die Spiele einschränkte.[104]

Noch im Jahre 22 wurde dem Prinzeps auch die Censur angeboten. Er lehnte sie ebenfalls ab und ließ statt dessen damals – wie erwähnt – zwei Censoren wählen. Leider weiß man nicht, wer hinter der Agitation für Dictatur und Censur steckte (übereifrige Anhänger oder eine heimliche Opposition, die den Prinzeps als Tyrannen entlarven wollte?). Jedenfalls begann sich im Senat Unsicherheit über die wahren Absichten des Caesar auszubreiten. Zum Jahre 21 und zum Jahre 19 bot man daher dem abwesenden Augustus wieder das Consulat an, das er jedoch beide Male ablehnte. Im übrigen sind die Jahre 21–19 v. Chr. durch schwere Wahlunru-

---

[101] Vgl. Yavetz, Plebs 26f. und 93f. Zum wirtschaftlichen Hintergrund vgl. G. Rickman, The Corn Supply of Ancient Rome 64f.
[102] RgdA 5. Vgl. Volkmann z. St. Vell. Pat. 2, 89, 5. Suet. Aug. 52. Dio 54, 1. 1ff. Dazu G. Alföldy, Gymnasium 79, 1972, 1ff. – Vielleicht damals wurde dem Prinzeps auch der *consulatus annuus et perpetuus* angeboten: RgdA 5.
[103] So Sattler, Augustus 76ff. Dagegen schon E. S. Staveley, Class. Rev. 1962, 81, und G. Alföldy a. O. 5 Anm. 21. Zur *cura annonae* des Augustus s. allgemein P. Herz, Studien zur römischen Wirtschaftsgesetzgebung, Stuttgart 1988, 55ff. In Zusammenhang mit der Übernahme der *cura annonae* durch Augustus erfolgte vielleicht die Reorganisation des Arvalkultes, vgl. Chr. Böhme, Princeps und Polis 235f.
[104] Dio 54, 2, 3. Vgl. Suet. Aug. 32. Vgl. oben Anm. 80.

Konstituierung eines neuen Saeculum 111

hen gekennzeichnet.[105] Augustus war in dieser Zeit nicht in Rom. Er hatte noch im Jahre 21 seine große Reise in den Osten angetreten, von der er erst im Herbst 19 v. Chr. wieder in die Hauptstadt zurückkehren sollte.[106] Doch schon im Jahre 21 war die Situation in Rom so chaotisch, daß der Prinzeps Mitte des Jahres den Agrippa aus Lesbos in die Hauptstadt beorderte, um dort Ordnung zu schaffen. Aber selbst dem Agrippa gelang es nicht ganz, der Unruhen Herr zu werden. Und nach dem Weggang des Agrippa nach Gallien Ende 20 v. Chr. brach der Streit von neuem aus. Er ging vor allem um die Besetzung des Consulats. Da Augustus die eine ihm freigehaltene Consulstelle abgelehnt hatte, war im Jahre 19 dann eine Nachwahl erforderlich. Unter Mißachtung des gesetzlich vorgeschriebenen Intervalls bewarb sich damals M. Egnatius Rufus um das höchste Jahresamt.[107] Egnatius hatte im Jahre 21 als Ädil eine Feuerwehrtruppe aufgestellt, mit der er sehr erfolgreich die nicht seltenen Brände in der Hauptstadt bekämpft hatte. Gestützt auf seine Popularität beim Volk und wohl auch auf seine aus Sklaven und Freigelassenen gebildete Löschmannschaft konnte er unmittelbar nach der Ädilität die Prätur erlangen und bewarb sich dann im Anschluß an die Prätur ums Consulat. Der wahlleitende Consul C. Sentius Saturninus weigerte sich jedoch, die ungesetzliche Kandidatur des Egnatius anzunehmen. Die Unruhen erreichten danach ein solches Ausmaß, daß der Senat dem Saturninus sogar eine Leibwache beschloß, die dieser allerdings ablehnte. Man schickte jedoch eine Delegation an Augustus, um ihn über die Vorgänge in Rom zu unterrichten. Der Prinzeps sorgte dann dafür, daß die zweite Consulstelle mit einem geeigneteren Manne besetzt wurde, und beschleunigte seine Rückkehr. Der von Augustus eingesetzte Consul Q. Lucretius Vespillo und ein Teil des Senats zogen dem Prinzeps nach Campanien entgegen und geleiteten ihn feierlich nach Rom,[108] wo er am 12. Oktober 19 eintraf. Auf Beschluß des Senats wurde aus diesem Anlaß der Fortuna Redux ein Altar errichtet und der Tag der Ankunft des Prinzeps durch die jährlich wiederholten Augustalia festlich begangen.[109]

Die Position des Augustus war jetzt weit stärker als im Jahre 24 nach der Rückkehr aus Spanien. Inzwischen war Armenien als Klientelstaat dem

---

[105] Dio 54, 6 und 10f. Vgl. Frei-Stolba, Wahlen 101 ff.

[106] Zur Reise des Augustus in den Osten s. H. Halfmann, Itinera principum 158 ff.

[107] Zu Egnatius Rufus s. Dio 53, 24, 4 ff., und Vell. Pat. 2, 91, 3. Vgl. bes. zur Chronologie Ph. Badot, Latomus 32, 1973, 600 ff., der wohl ein zu positives Bild von Egnatius entwirft. Dazu jetzt D. A. Phillips, Historia 46, 1997, 109 ff.

[108] RgdA 12. Vgl. W. K. Lacey, Coming home, Augustus 17 ff. bes. 46. Zur Bedeutung des Jahres 19 v. Chr., nach Lacey der eigentliche Beginn des Prinzipats, s. ders., Augustus 132 ff.

[109] Dio 54, 10, 1 ff. RgdA 11. RIC I^2 Augustus Nr. 53–56.

Reich angeglichen worden und hatten die Parther die römischen Gefangenen und die erbeuteten Feldzeichen zurückgegeben. Auch Nordspanien war nach langen Kämpfen unterworfen worden. Einen ihm für seine Erfolge angebotenen Triumph lehnte Agrippa ab und setzte damit zugleich ein Zeichen. Seither blieb der Triumph dem Kaiser und seinen Angehörigen vorbehalten.[109a] Vor allem aber hatte Augustus schon im Jahre 21 den Agrippa veranlaßt, sich von seiner Gattin Marcella zu scheiden und die Kaisertochter Julia, deren Hand nach dem Tode des Marcellus frei geworden war, zu heiraten. Agrippa war damit dem Hause des Augustus eng verbunden worden. Da aus der Ehe mit der Julia bereits ein Sohn hervorgegangen war, schien die dynastische Politik des Augustus jetzt mehr Erfolg zu haben.[110] Schließlich hatte die Abwesenheit des Caesar aus Rom gezeigt, daß es zum Regiment des Prinzeps keine Alternative gab. Denn von dem gewalttätigen Egnatius – *per omnia gladiatori quam senatori proprior*[111] – hatte man nicht allzuviel Gutes zu erwarten.

Es gelang denn dem Prinzeps auch relativ leicht, den unbequemen Egnatius auszuschalten. Er und seine prominentesten Anhänger wurden wegen eines gegen das Leben des Augustus geplanten Attentats angeklagt, gefangengesetzt und getötet. Die Einzelheiten und die Hintergründe bleiben im dunkeln.

Noch Ende des Jahres 19 wurden dann die Rechte des Augustus erweitert. Nach dem Bericht des Cassius Dio wurde der Prinzeps auf 5 Jahre zum *curator moribus* gewählt, erhielt für den gleichen Zeitraum die *censoria potestas* und auf Lebenszeit das *imperium consulare* mit dem Recht, überall 12 *fasces* zu führen und im Senat auf einer *sella curulis* zwischen den Consuln Platz zu nehmen. Und nach Sueton habe der Caesar *morum legumque regimen ... perpetuum* besessen und auf Grund dessen dreimal einen Census abgehalten. Augustus berichtet jedoch, ihm sei dreimal, nämlich 19 v., 18 v. und 11 v. Chr., angetragen worden, *ut curator legum et morum summa potestate solus crearer*, aber: *nullum magistratum contra morem maiorum delatum recepi*. Der Prinzeps fügt dann hinzu: *quae tum per me geri senatus voluit, per tribuniciam potestatem perfeci*.[112] Tatsächlich

---

[109a] Dio 54, 11, 6. Dazu C. J. Simpson, LCM 16, 1991, 137f., und D. Wardle, Antichthon 28, 1994, 58ff. Vgl. unten S. 178f.

[110] Dio 54, 6, 5 und 8, 5. Dazu Reinhold, Agrippa 86f.

[111] Vell. Pat. 2, 91, 3. Zum Prozeß gegen Egnatius Rufus (Ende 19 oder 18 v. Chr.) vgl. R. A. Bauman, Crimen Maiestatis 190ff.

[112] RgdA 6 mit dem Kommentar von Volkmann. Nach Suet. Aug. 27, 5 und Dio 54, 10, 5 ff. (vgl. 30, 1) habe Augustus dagegen tatsächlich die *cura legum* übernommen. Ebenso Premerstein, Prinzipat 149ff., Bengtson, RG 267, und F. Hampl, Geschichte als kritische Wissenschaft III, Darmstadt 1979, 206ff. Dagegen s. jedoch Béranger, Recherches 207ff.

hat Augustus im Jahre 18 seine Sittengesetze als tribunizische Gesetze eingebracht. Sueton und Dio dürfte also bei ihren Angaben ein Irrtum unterlaufen sein. Auch die von Dio berichtete Übernahme der *censoria potestas* muß zweifelhaft bleiben. Auffällig ist jedenfalls, daß sich Augustus in der oben angeführten Stelle nicht auf sie, sondern auf die *tribunicia potestas* beruft.[113]

Dagegen dürfte der Caesar im Jahre 19 das volle *imperium consulare* erhalten haben.[114] In den Jahren 8 v. Chr. und 14 n. Chr. hat Augustus auf Grund dieses *imperium* einen Census durchgeführt.[115] Wahrscheinlich erfolgte auch die große „Säuberung" des Senats im Jahre 18 v. Chr. auf Grund des *imperium consulare*. Die Übernahme des consularen *imperium* war im übrigen nur die logische Konsequenz aus den Wirren der voraufgehenden Jahre. Denn weder das *imperium proconsulare* noch die *tribunicia potestas* konnten dem Prinzeps einen hinreichenden Ersatz für die Vorrechte des Consuls bieten. Nur der Consul konnte die Wahlen der höheren Magistrate leiten, nur der Consul konnte einen *praefectus urbi* ernennen, und nur der Consul konnte gewisse censorische Funktionen übernehmen. Da im Jahre 18 das dem Augustus 27 v. Chr. verliehene *imperium proconsulare* erlöschen sollte, ließ sich der Prinzeps außerdem die proconsularische Gewalt um 5 Jahre verlängern.[116]

Der Zuwachs an rechtlichen Machtbefugnissen darf jedoch nicht vergessen machen, daß Augustus mit seiner seit 23 v. Chr. betriebenen Innenpolitik gescheitert war. Der einstige Vorschlag des Caesar, das Consulat dreistellig zu machen, wurde nun – wenn auch in gemilderter Form – doch noch verwirklicht. Die *sella curulis* des Prinzeps erhielt wieder, wie in der Triumviratszeit, ihren Platz zwischen den Amtssesseln der Consuln. Der Schein der republikanischen Freiheit, der genügt hatte, Rom in blutige Unruhen zu stürzen, verblaßte immer mehr. Augustus bemühte sich allerdings weiterhin um die Loyalität der Republikaner. Im Jahre 19 hatte er in

---

[113] Ähnlich schon E. T. Salmon, Historia 5, 1956, 473. Anders jedoch A. H. M. Jones, Studies in Roman Government and Law 23 ff. Vgl. auch oben Anm. 14.

[114] L. Wickert, Princeps 2282 f., und Salmon a. O. 471 ff., nehmen eine Beschränkung auf die consularischen Ehrenrechte bzw. ein irgendwie eingeschränktes *imperium consulare* an, ebenso J. Bleicken, Zwischen Republik und Prinzipat, Göttingen 1990, 101 ff. Salmon glaubt jedoch, daß dem Prinzeps dann für 8 v. Chr. doch das volle *imperium consulare* verliehen worden sei, um dem Caesar die Durchführung des Census zu ermöglichen. Gegen derartige Konstruktionen s. mit Recht Béranger, Recherches 106 ff., und Frei-Stolba, Wahlen 107 ff., mit weiterer Literatur. Nach M. Grant, The army of the Caesars, London 1974, erhielt Augustus mit dem *imperium consulare* auch 'the explicit right to command troops in Italy.'

[115] RgdA 8.
[116] Dio 54, 12, 4.

Q. Lucretius Vespillo, einem ehemaligen Republikaner, zum Consulat verholfen. In den Jahren 19–4 v. Chr. erscheinen außerdem in den Consularfasten fast nur *nobiles* und keine *homines novi*.[117] Und im Jahre 19 oder 18 begann in Rom auch die sog. Münzmeisterprägung, die jungen Aristokraten die Möglichkeit eröffnete, wie in der Republik die Großtaten ihrer Ahnen auf den römischen Denaren zu propagieren.[118]

Dennoch vollzog sich der innenpolitische Kurswechsel des Augustus nicht ohne schwere Erschütterungen. Aus Furcht vor Attentaten ließ sich der Prinzeps im Senat nur noch umgeben von einer Leibwache von 10 Senatoren sehen und trug unter der Toga Panzer und Schwert. Cassius Dio, der einer offenbar sehr guten Quelle folgt, berichtet, daß nach der gleich zu erörternden *lectio senatus* des Jahres 18 v. Chr. viele angeklagt wurden, sie hätten sich gegen das Leben des Augustus und des Agrippa verschworen.[119] Im gleichen Zusammenhang sagt Dio, Augustus habe nicht nur diejenigen gehaßt, die durch ihre „Schlechtigkeit" verrufen waren, sondern auch diejenigen, welche durch ihre Schmeichelei auffielen.[120] Der Prinzeps betrachtete also nicht nur die unversöhnlichen Republikaner als seine Gegner, sondern auch jene Leute, die für das Angebot von Dictatur, Censur und Consulat und die damit verbundene Agitation verantwortlich waren. Vermutlich kamen auch die Attentäter sowohl aus den Kreisen der Republikaner wie der enttäuschten eigenen Parteigänger. Ihre Ausschaltung scheint in den nächsten Jahren die innenpolitische Opposition weitgehend zum Schweigen gebracht zu haben.

Es war gerade die gespannte innenpolitische Situation, die Augustus nach Dio dazu bewog, vom Senat auch für Agrippa die *tribunicia potestas* „und andere Rechte" beschließen zu lassen.[121] Unter diesen anderen Rech-

[117] Zu Lucretius Vespillo s. Sattler, Augustus 86. Zu den *nobiles* in den Fasten s. Syme, RR 372f.
[118] Zur Münzmeisterprägung s. Kraft, Kl. Schr. II, 42ff. Vgl. S. 177 und S. 394ff. m. A. 53.
[119] Suet Aug. 35, 1, nach Cremutius Cordus. Dio 54, 12, 3f. und 15, 1 ff. B. Manuwald, Cassius Dio und Augustus 254ff., vermutet, daß sich die Aussage des Cordus auf das Jahr 29 v. Chr. bezieht. Dagegen s. H. Tränkle, Mus. Helv. 37, 1980, 231 ff. K. A. Raaflaub, Between Republic and Empire 427 m. Anm. 38, bezweifelt den historischen Wert der Angaben Dios. Dio fand jedoch nach eigener Aussage den Bericht über Anklagen gegen die Attentäter in seiner Quelle und stellt resigniert fest, daß eine Überprüfung des Wahrheitsgehalts der Angaben unter den Bedingungen des Kaisertums nicht möglich sei. Nach B. Manuwald a. O. 106 m. Anm. 26 folgt Dio einer annalistischen Quelle, von der er auch die methodologischen Überlegungen übernommen hätte. J. W. Rich, Cassius Dio, The Augustan Settlement 190f. bemerkt dagegen zu Dio 54, 15, 1: probably his own work rather than drawn from a source.
[120] Dio 54, 13, 1.
[121] Dio 54, 12, 2ff. Vgl. oben Anm. 98 über das *imperium proconsulare* des Agrippa.

ten hat man vor allem das *imperium proconsulare* zu verstehen, das dem Agrippa im Jahre 18 offenbar um fünf Jahre verlängert wurde. Schon im Jahre 20 hatte die Julia dem Agrippa einen Sohn geschenkt. Im Jahre 17 gebar Julia dann einen zweiten Sohn. Gleich nach dessen Geburt, also Mitte des Jahres 17 v. Chr., adoptierte Augustus seine beiden Enkel unter den Namen C. und L. Caesar, „indem er sie als Nachfolger in seiner Herrschaft bezeichnete, damit weniger Anschläge auf ihn verübt würden", wie Cassius Dio schreibt.[122] Man kann daran zweifeln, ob Augustus seine Enkel wirklich öffentlich *expressis verbis* als seine Nachfolger bezeichnet hat. Angesichts des zarten Alters der Kinder wäre eine derartige Äußerung sicherlich verfrüht gewesen. Die dynastische Absicht der Adoptionen war jedoch auch so deutlich genug. Die Adoptionen des Jahres 17 sollten auch eine Warnung an die Gegner des Prinzeps sein. Sie hatten es jetzt nicht mehr nur mit dem einen Caesar Augustus, sondern mit einer Dynastie mehrerer Caesares zu tun.

Noch im Jahre 18 aber benutzte Augustus seine Macht zu einer Neuaufstellung des Senats. In einem höchst komplizierten, kombinierten Wahl- und Losverfahren wurde der Senat neu konstituiert.[123] Das raffinierte Verfahren, das der Prinzeps ersonnen hatte, um die Zahl der Senatoren auf 600 zu reduzieren, mußte mit Sicherheit zu Spannungen der Senatoren untereinander führen. Denn Augustus wählte zunächst nur 30 Senatoren. Jeder dieser von Augustus ausgewählten Senatoren hatte fünf weitere Kandidaten zu nominieren, unter denen dann das Los entschied. Der so bestimmte Senator hatte dann wieder fünf Kandidaten zu nominieren usf., bis schließlich Augustus die Prozedur abbrach und die Senatsergänzung selbst zu Ende führte. Dieses ganze Verfahren scheint viel böses Blut gemacht zu haben. Nach den massiven Eingriffen des Augustus ließ denn auch das Interesse der Senatoren an den Senatssitzungen spürbar nach.

[122] Dio 54, 18, 1. Man wird den von Dio angegebenen Grund nicht mit Sattler, Augustus 102 Anm. 235, zu bezweifeln brauchen. Später galt den Zeitgenossen der ältere der beiden Caesares jedenfalls als designierter Nachfolger. Vgl. auch G. Nenci, Gaio e Lucio Cesari nella Politica Augustea, in: Introduzione alle guerre Persiane e altri Saggi di Storia Antica, Pisa 1958, 309 ff., und H. U. Instinsky, Hermes 94, 1966, 324 Anm. 3, sowie C.-J. Simpson, Mnemosyne 49, 1996, 328 ff. Zur Form der Adoptionen s. M.-H. Prevost, Les adoptions politiques 35 ff.

[123] Dio 54, 13, 1. M. A. Levi, Il tempo di Augusto, Florenz 1951, 175, bezeichnet die *lectio senatus* des Jahres 18 als unblutige Revolution. S. auch H. Dessau, Geschichte der röm. Kaiserzeit I 97 ff. Nach O. Seeck, Kaiser Augustus 118, schuf Augustus dagegen mit der Senatslese des J. 18 einen unabhängigen Senat. Vgl. vor allem die eingehende Analyse des Dio-Berichtes bei Sattler, Augustus 95 ff. Zu den Folgen der Neukonstituierung des Senats s. auch T. P. Wiseman, New Men 10 f.

Der Prinzeps sah sich daher veranlaßt, schon im Jahre 17 schwere Strafen für ein Fernbleiben von den Senatssitzungen einzuführen.[124] Die Neukonstituierung des Senats konnte Augustus allerdings damit rechtfertigen, daß der hohen Körperschaft ihre Würde zurückgegeben werden sollte. Die Unruhen der vergangenen Jahre und die blutigen Wahlkämpfe forderten ja in der Tat, daß man die dafür direkt oder indirekt Verantwortlichen zur Rechenschaft zog.

Der Würde des Senatorenstandes sollte es auch zugute kommen, daß Augustus für die Zugehörigkeit zum Senatorenstand einen Census von 1 Mill. Sesterzen festsetzte.[125] Schließlich dienten auch die Sittengesetze des Jahres 18 vor allem dazu, den Bestand und das Ansehen der Aristokratie zu festigen. Daß man in Rom damals in breiten Kreisen von Augustus erwartete, daß er gegen den allgemeinen Sittenverfall, wie er sich als Folge der Bürgerkriege eingestellt hatte, vorging, zeigt schon die Tatsache, daß dem Prinzeps sowohl im Jahre 19 wie im Jahre 18 die *cura legum et morum* angeboten wurde. Das *ambitus*-Gesetz des Augustus ist denn auch eine direkte Antwort auf die Wahlumtriebe der voraufgegangenen Jahre.[126] Die *lex Iulia de maritandis ordinibus* sollte vor allem der Kinderlosigkeit oder Kinderarmut der oberen Stände abhelfen und reiht sich so in die Bemühungen des Augustus um den Senatorenstand ein. Auch das Gesetz gegen den Ehebruch sollte vor allem die Moral der oberen Schichten bessern und die Würde der Damen der Aristokratie schützen.[126a] Den Erfolg der Sittengesetzgebung des Augustus wird man allerdings nicht zu hoch einschätzen dürfen. Rom hatte sich schon in der ciceronischen Zeit weit der verfeinerten hellenistischen Zivilisation geöffnet, die jetzt unter Augustus ihre höchste Blüte erreichte. Der endlich erlangte Frieden und der neue wirtschaftliche Wohlstand trugen dazu ebenso bei wie die Tatsache, daß das neue Rom dank der Bautätigkeit des Prinzeps zu einer Marmorstadt mit zahlreichen Säulenhallen und Basiliken, Badeanlagen und Theatern wurde, die vielen Menschen ein Leben in Luxus und Müßiggang ermöglichte. In solch einem Milieu war eine Rückkehr zur strengen Zucht der Väter von vornherein kaum zu erwarten[127].

[124] Dio 54, 18, 3.
[125] Dazu C. Nicolet, JRS 66, 1976, 30 ff.
[126] Zur *cura legum et morum* s. oben Anm. 112. Zur *lex Iulia de ambitu* und zu den weiteren Gesetzen des Jahres 18 v. Chr. s. Kunkel, RE XXIV, 1963, 769 f. Zur Haltung der augusteischen Dichter zur Sittenreform s. unten S. 297. – Vielleicht gehörte zu den Gesetzen des Jahres 18 v. Chr. auch eine neue *lex Iulia maiestatis*. Vgl. zum Problem W. Kunkel, RE XXIV, 1963, 772 f., und zuletzt B. Levick, Historia 28, 1979, 358 ff., nach deren Auffassung in der Kaiserzeit weiterhin die *lex maiestatis* Caesars in Kraft war.
[126a] Zur *lex Iulia de maritandis ordinibus* s. unten S. 165 ff.
[127] Vgl. A. M. Ferrero, Bol. di Studi Latini 9, 1979, 52 ff., wonach bei den augu-

Konstituierung eines neuen Saeculum 117

Zu der Gesetzgebung des Jahres 18 über die Sitten kam im Jahr 17 eine Neuordnung des Gerichtswesens durch die beiden *leges Iuliae de iudiciis publicis* und *de iudiciis privatis*, durch die u. a. die umständlichen und längst obsolet gewordenen Legisaktionsverfahren abgeschafft wurden. Auch die *lex Iulia de vi publica et privata* gehört wohl in das Jahr 18 oder 17 v. Chr. Das umfangreiche Gesetz definierte nicht nur die verschiedenen Formen der Gewalt, sondern bedrohte auch Beamte und Statthalter, die einen römischen Bürger trotz *provocatio* folterten und bestraften, mit einem Kapitalprozeß. Daß dies die Stellung des Augustus, an den die *provocatio* gerichtet war, stärken mußte, ist deutlich genug.[127a]

In dem ihm eigenen Sinn für großartige, propagandawirksame Inszenierung nahm jedoch Augustus die Gesetzgebung des Jahres 18, das *ambitus*-Gesetz und die Ehegesetze sowie die Erneuerung des Senats zum Anlaß, für das folgende Jahr durch eine Saecularfeier den Anbruch eines neuen Saeculum zu verkünden. Als Vorbereitung für dieses Fest befahl er noch im Jahre 18 den Orakelbewahrern, die sibyllinischen Bücher eigenhändig abzuschreiben. Für das Jahr 17 ließ sich dann der Prinzeps zum *magister* des *collegium* der Quindecimvirn wählen, um zusammen mit Agrippa, welcher der Priesterschaft ebenfalls angehörte, die Saecularspiele auszurich-

steischen Autoren die *simplicitas* nur als Tugend der mythischen Vorzeit erscheint. – Berüchtigt war u. a. der Schlemmer M. Gavius Apicius, unter dessen Namen auch ein noch erhaltenes antikes Kochbuch läuft. Vgl. PIR²G Nr. 91. – Allg. s. zuletzt J. Griffin, Augustan Poetry and the Life of Luxury, JRS 66, 1976, 87 ff. Zur Wirtschaftsblüte unter Augustus s. unten S. 378 ff. Zur Baupolitik des Prinzeps s. S. 408 ff. Vgl. auch S. 300.

[127a] Zu den *leges Iuliae de iudiciis publicis et privatis* s. Gaius, Inst. 4, 30, FIRA I Nr. 67, 66 ff. Crawford, Roman Statutes II 787 ff. Nr. 61. Dazu M. Kaser, Das römische Zivilprozeßrecht, München 1966, 115 f. R. A. Bauman, ANRW II 13, 1980, 103 ff. D. Johnston, JRS 77, 1987, 62 ff. (*lex Iulia* und *lex Irnitana*. Zu dieser s. A. d'Ors–J. d'Ors, Lex Irnitana, Santiago di Compostela 1988 mit spanischem und lateinischem Text, sowie die Textemendationen von A. Rodger, JRS 86, 1996, 61 ff. Vgl. auch M. Kaser–K. Hackl, Röm. Zivilprozeßrecht, München² 1996, 161 f. (mit Literatur), wonach die *duo Iuliae* des Gaius beide *iudicia privata* betrafen. Vgl. unten S. 186 f. – Zur *lex Iulia de vi publica et privata* s. Crawford, Roman Statutes II 789 ff. Nr. 62. Dazu W. Kunkel, Kleine Schriften 93 ff. P. D. A. Garnsey, The *lex Iulia* and appeal under the Empire, JRS 56, 1966, 167 ff. (zu den Appellationen an Augustus vgl. oben S. 79 f, mit Anm. 6 und unten S. 171 Anm. 64). J. D. Cloud, The Augustan authorship of the *lex Iulia de vi publica*, LCM 12, 6, 1987, 82 ff. Die Autorschaft des Augustus, den Cloud als 'systematizer of Roman public and private law' bezeichnet, sei durch Liv. 10, 9, 4 bewiesen, der offenbar ein cäsarisches Gesetz *de vi publica* nicht kennt. – Vgl. allgemein zur Gesetzgebung des Augustus R. A. Bauman, ZSSR 99, 1982, 81 ff., bes. 83 ff., und ders., Crime and Punishment in Ancient Rome, London 1996, 50 ff.

ten.[128] Das neue Saeculum des Friedens wurde auf Münzen programmatisch auch unter den Schutz des Divus Iulius gestellt.[129] Den Festgesang, in dem auch noch einmal auf die Ehe- und Kindergesetze des Augustus angespielt wird, verfaßte im Auftrag des Prinzeps der Dichter Horaz.[130] Das neue *saeculum* des Segens und der Fülle, das er besingt, ist zugleich eine Zeit der Macht Roms. Die außenpolitischen Erfolge des Augustus, vor allem die Lösung der Partherfrage, werden von Horaz nicht vergessen, und neue Erfolge der römischen Waffen werden von den Göttern erbeten. Tatsächlich verließ ja Augustus ein Jahr nach der Saecularfeier Rom, um in Gallien die Voraussetzungen für eine römische Expansionspolitik großen Stiles zu schaffen, während gleichzeitig die Eroberung der Alpenländer in Angriff genommen wurde. Der neue Prinzipat war, so konnte und so sollte es scheinen, nach einem Jahrzehnt der Wirren endgültig konsolidiert.

4. Die Jahre 17–8 v. Chr.

Das Jahr 17 v. Chr. bedeutet in der Entwicklung des frühen Prinzipats einen tiefen Einschnitt. Bis zu diesem Jahr kann man die innere Entwicklung der augusteischen Ordnung beinahe Jahr für Jahr verfolgen. Es läßt

---

[128] RgdA 22. Suet. Aug. 31, 4. Dio 54, 18, 2. Dazu unten S. 223 ff.

[129] Die zuerst von V. Gardthausen, Augustus I 1009 ff. und II 622 ff., vertretene Auffassung, daß das Datum der Säkularspiele durch das Erscheinen eines Kometen bestimmt worden sei, läßt sich nicht halten. Die Denare des M. Sanguinius mit dem Kopf des Augustus und der damals ungewöhnlichen Legende AVGVSTVS DIVI F bzw. AVGVST · DIVI · F · LVDOS · SAE auf der Vs. zeigen auf der Rs. den Kopf des vergöttlichten Caesar mit einem Stern. (Der Gedanke, in dem Dargestellten vielmehr Julus oder den Genius Augusti zu sehen, vgl. M. Grant, Roman Imperial Money, Edinburgh 1954, 279 Anm. 58, ist unglücklich und schon ikonographisch kaum haltbar. Dazu bereits K. Kraft, Kleine Schriften II 390). Die Denare des Sanguinius sind durch ihre Legende sicher ins Jahr 17 datiert. In das gleiche Jahr gehören auch die Aes-Münzen. Ein As mit dem *pontifex-maximus*-Titel für Augustus ist offenbar eine antike Imitation. Vgl. H. Mattingly, BMC Empire I Nr. 191 f. mit Anm., und die Literatur bei A. S. Roberston, RICH I p. XXXIII. Damit erledigen sich die Einwände von G. Radke, Festschrift E. Stier 273 f., gegen die hier vorgenommene Datierung. Der Stern stellt aber nicht einen Kometen des Jahres 17 v. Chr. dar, sondern das Sidus Iulium des Jahres 44 v. Chr., unter dessen Schutz das neue *saeculum aureum* stehen sollte. Vgl. P. J. Bicknell, AHB 5, 1991, 123 ff., und unten S. 120 Anm. 133.

[130] Horaz, Carmen Saeculare. Dazu D. Barker, Cl. Quart. 90, 1996, 434 ff., und H. Cancik, in: Worte, Bilder, Töne. Studien zur Antike und Antikenrezeption, hrsg. von R. Faber–B. Seidensticker (Festschrift B. Kytzler), Würzburg 1996, 99 ff. Vgl. unten S. 286 f.

Die Jahre 17–8 v. Chr.   119

sich erkennen, daß Augustus bis zum Jahre 18 immer noch mit einer starken Opposition zu ringen hatte und in der Ausgestaltung seiner Monarchie auf oppositionelle Kräfte verschiedener Herkunft Rücksicht nehmen mußte. Erst die Erneuerung und Erweiterung der Vollmachten des Augustus im Jahre 18 sowie die damals erfolgte Neukonstituierung des Senats und die Unterdrückung mehrerer Verschwörungen gegen den Prinzeps scheint die Opposition gegen diesen zunächst zum Schweigen gebracht zu haben. Die Verleihung der *tribunicia potestas* an Agrippa und die Adoption der Söhne des Agrippa durch Augustus trugen das ihre zur Sicherung der neuen Ordnung bei. Die Saecularfeier des Jahres 17 inaugurierte daher tatsächlich eine neue Phase in der Regierungszeit des Augustus. In unserer Überlieferung treten denn auch in der Folgezeit die Ereignisse der inneren Politik stärker in den Hintergrund. In den modernen Darstellungen der augusteischen Zeit wird infolgedessen mit dem Jahre 17 zumeist das chronologische Prinzip zugunsten einer mehr systematischen Gliederung aufgegeben. Das läßt die zweite Hälfte der Regierungszeit des Augustus eigentümlich starr und monumental erscheinen und verleitet zu der irrigen Annahme, der Prinzipat sei schon unter Augustus ein völlig fertiges Gebilde gewesen. Das war jedoch keineswegs der Fall.

Es ist eine meist zu wenig gewürdigte Eigenart der augusteischen Regierung, daß dem Prinzeps die wichtigste seiner außerordentlichen Vollmachten, das *imperium proconsulare*, niemals auf Lebenszeit bewilligt worden ist. Das *imperium proconsulare* wurde dem Augustus vielmehr im Jahr 27 v. Chr. nur auf 10 Jahre übertragen und in den Jahren 18 v. Chr. und 13 v. Chr. jeweils um 5 Jahre verlängert. Dann erfolgte 8 v. Chr., 3 n. Chr. und 13 n. Chr. jeweils eine Verlängerung um 10 Jahre.[131] Jedesmal war diese Verlängerung der außerordentlichen Gewalt für den Prinzeps ein wichtiges Ereignis, da jedesmal – zumindest in der Theorie – die Berechtigung seiner Ausnahmestellung und der Erfolg seiner Regierungstätigkeit neu zur Debatte standen.[132] Je länger allerdings die Herrschaft des Prin-

---

[131] Dio 53, 13, 1 und 16, 2. 54, 12, 4f. 55, 6, 1 und 12, 3. 56, 28, 1. Dazu L. Wickert, Princeps 2270ff.

[132] Dies ist bereits von H. F. Pelham, Essays 60ff., herausgearbeitet worden. Leider haben jedoch seine Ausführungen in der Forschung nicht die Beachtung gefunden, die sie verdienen. Pelham betont mit Recht, daß Augustus (und Agrippa) in Rom waren bzw. nach Rom kamen, wenn eine Verlängerung ihrer Vollmachten anstand. Auch das Zusammentreffen der *lectiones senatus* und des Angebots der *cura legum* mit einer bevorstehenden Erneuerung des *imperium proconsulare* wurde bereits von Pelham beobachtet. – Vor der Erneuerung des *imperium* wurden übrigens die bei der früheren Übernahme gelobten *vota* feierlich eingelöst (Dio 53, 16, 3), woraus sich der Brauch der Decennalienfeier entwickelt hat, s. G. Wissowa, RE IV 2, 1901, 2265ff.

zeps dauerte, desto leichter konnte er die Verlängerung seiner Vollmachten erhalten. Seit der Jahrhundertwende tritt denn auch die Bedeutung der Vollmachtverlängerung hinter anderen, gewichtigeren Faktoren etwas zurück. Aber noch die Jahre 13 v. Chr. und 8 v. Chr. bedeuten wichtige Einschnitte in der Regierung des Augustus. Und die Unsicherheit, die Tiberius beim Antritt seiner Regierung zeigte und die für Tacitus der Gipfel der Heuchelei war, ist vermutlich darauf zurückzuführen, daß Tiberius abweichend von der augusteischen Praxis das *imperium proconsulare* gleich auf Lebenszeit übernehmen sollte.

Die im Jahre 16 eingeleitete expansive Außenpolitik des Augustus sollte wieder wie früher der spanische Krieg auch dazu dienen, das dem Prinzeps übertragene *imperium proconsulare* zu rechtfertigen. Während Augustus selbst in den Jahren 16–13 v. Chr. die Verhältnisse in Gallien neu ordnete und damit die Voraussetzungen für die Offensive gegen das freie Germanien schuf, unterwarfen seine beiden Stiefsöhne Drusus und Tiberius die Alpenländer.[133] In der gleichen Zeit, da Augustus in Gallien weilte, unternahm sein Mitregent Agrippa eine große Rundreise durch die östlichen Provinzen des Reiches (17–13 v. Chr.). Das wichtigste Ereignis dieser Reise war die Einsetzung des Polemon von Pontos als Klientelkönig im Bosporeanischen Reich. Seinen Sieg über einige pontische Stämme meldete Agrippa nicht dem Senat und lehnte auch den angebotenen Triumph ab, womit er erneut einen Präzedenzfall schuf.[134]

Im Jahre 13 v. Chr., in dem Tiberius sein erstes Consulat (zusammen mit Quinctilius Varus) bekleidete, kehrten Augustus und Agrippa nach Rom zurück, da für beide das auf 5 Jahre befristete *imperium proconsulare* ablief. Beide mußten den Senat daher um eine Verlängerung ersuchen. Die Situation war aber diesmal für Augustus sehr viel günstiger als im Jahre 18 v. Chr. Durch die Neukonstituierung des Senats war die Stellung des Prinzeps ebenso gefestigt worden wie durch die Mitregentschaft des Agrippa. Die Stiefsöhne des Augustus, Drusus und Tiberius, hatten sich soeben als erfolgreiche Feldherren bewährt. Und in den Adoptivsöhnen des Prinzeps, in C. und L. Caesar, wuchs eine neue Generation heran. Zu keiner Zeit

---

[133] Zur Neuordnung Galliens s. O. Hirschfeld, Kleine Schriften 113ff., und unten S. 360f. A. 157. Zur Eroberung der Alpenländer s. unten S. 355ff. – Bei der Abreise des Augustus nach Gallien soll in der Nacht eine Fackel am Himmel gestanden haben. Dio 54, 19, 7 (zum J. 16 v. Chr. Obsequens 71 berichtet das Omen unter dem J. 17 v. Chr.). Die Fackel wurde früher irrtümlich als Komet gedeutet und auf die Säkularspiele bezogen. Vgl. P. J. Bicknell, AHB 5, 1991, 123ff., und oben S. 118 A. 129.

[134] Dio 54, 24, 7f. Vgl. R. Hanslik, RE IXA 1, 1961, 1259f. und H. Halfmann, Itinera principum 163ff., sowie unten S. 178 A. 93.

Die Jahre 17–8 v. Chr.   121

war das Haus des Augustus so mächtig. In der Errichtung des riesigen Horologium Augusti mit seinen dynastischen Bezügen sollte wenige Jahre später das neue Selbstbewußtsein des ersten Mannes auch seinen monumentalen Ausdruck finden.[134a] Jede Opposition gegen den Prinzeps mußte unter diesen Umständen zur Erfolglosigkeit verurteilt scheinen.

Dennoch hat auch diesmal der Prinzeps die Vollmachtverlängerung entsprechend vorbereitet.[135] Noch vor der Rückkehr des Prinzeps wurde das Theater des Balbus fertiggestellt und eingeweiht. Aus Anlaß der Rückkehr des Caesar wurden dann von den Consuln feierliche Votivspiele veranstaltet. Der Senat beschloß außerdem die Errichtung der *Ara Pacis Augustae*. Jullus Antonius, der damals die Prätur bekleidete, gab aus Anlaß des Geburtstages des Augustus prächtige Circusspiele und bewirtete den Prinzeps und den Senat feierlich auf dem Kapitol. Augustus selbst ließ durch einen Quästor im Senat einen Rechenschaftsbericht verlesen und gab zugleich eine Neuregelung der Dienstzeit der Soldaten sowie die Abfindung der Veteranen mit Geld statt wie bisher mit Landzuweisungen bekannt. Cassius Dio, der dies berichtet, fügt hinzu, daß jene Maßnahmen bei der Bevölkerung die Hoffnung geweckt habe, in Zukunft nicht mehr ihren Besitz verlieren zu müssen. Tatsächlich wurden noch im Jahre 14 v. Chr. die Veteranen in Kolonien angesiedelt, deren Grund und Boden von Augustus sowohl in den Provinzen wie in Italien selbst aufgekauft worden war. In den Jahren 7–2 v. Chr. wurden die Veteranen dann jedoch, wie es Augustus versprochen hatte, mit Geld abgefunden.[136] Man wird kaum fehlgehen mit der Annahme, daß die Neuregelung der Veteranenversorgung gerade im Jahre 13 v. Chr. mit dazu dienen sollte, den Boden für die Verlängerung der Vollmachten des Prinzeps und seines Helfers Agrippa vorzubereiten.

Dem gleichen Zweck diente aber vor allem eine neuerliche Senatsergänzung. Cassius Dio berichtet nämlich, daß viele Senatorensöhne aus Armut oder auch aus Desinteresse nicht in den Senat aufgenommen werden konnten oder nicht aufgenommen werden wollten. Die Stellen des Vi-

---

[134a] Die Vorbereitungen dazu begannen gleich nach der Rückkehr des Augustus aus Gallien noch im J. 13 v. Chr. Vgl. G. W. Bowersock, in: Between Republic and Empire 380 ff. und unten S. 239 f.

[135] Zum Folgenden s. Dio 54, 25 ff. Nach Dio 54, 16, 1, wurde damals auch das Marcellustheater eingeweiht. Das Ereignis gehört jedoch nach Plinius, n. h. 8, 65, erst ins J. 11 v. Chr. Vgl. RgdA 24, Zur Ara Pacis s. RgdA 12. – Zur Örtlichkeit der Votivspiele von 13 v. Chr. s. R. E. A. Palmer, Studies of the Northern Campus Martius in Ancient Rome, TAPhS 80, 2, 1990, 14 ff.

[136] Zur Abfindung der Veteranen mit Geld s. auch RgdA 16. Dazu Brunt, Manpower 339 f. Offenbar hielt Augustus seine Stellung im Reich damals für so gefestigt, daß er auf eine politisch motivierte Anlage von Kolonien glaubte verzichten zu können. Vgl. unten S. 323.

gintivrats mußten daher in der Abwesenheit des Augustus mit Rittern und das Volkstribunat mit gewesenen Quästoren besetzt werden. Augustus überprüfte daher die Vermögensverhältnisse der adligen Jugend und zwang diejenigen, die den erforderlichen Census besaßen, zum Eintritt in den Senat. Ob es sich dabei nur um Senatorensöhne oder auch um reiche Ritter gehandelt hat, geht aus dem Bericht des Dio nicht eindeutig hervor.[137]

Nachdem Augustus auf diese Weise sein Interesse für den Bestand und die Würde des Senats bewiesen hatte, scheint ihm ohne Schwierigkeiten sein *imperium proconsulare* um fünf Jahre verlängert worden zu sein. Dio hält es nicht einmal für nötig, diesen Beschluß in seinem Bericht über die Ereignisse des Jahres 13 v. Chr. eigens zu erwähnen. Er berichtet lediglich, daß auch Agrippa für weitere fünf Jahre die *tribunicia potestas* und das *imperium proconsulare maius* erhielt.[138] Der Prinzeps dürfte die Verlängerung seines proconsularen Imperium vor allem mit dem bevorstehenden Krieg gegen das freie Germanien begründet haben, während die Vollmachten für Agrippa mit einer gefährlichen Erhebung in Pannonien gerechtfertigt werden konnten.

Agrippa reiste noch im Winter 13/12 v. Chr. aus Rom ab. Bei seinem Eintreffen in Pannonien wurde es dort sofort wieder ruhig, so daß Agrippa bald glaubte, die Rückreise antreten zu können. Er hatte sich jedoch im winterlichen Pannonien den Keim zu seiner Todkrankheit geholt und starb bereits im März 12 v. Chr. in Campanien im Alter von noch nicht 52 Jahren. Augustus geleitete den Leichnam Agrippas nach Rom und hielt dem Toten auf dem Forum die Leichenrede. Fragmente einer griechischen Übersetzung dieser *laudatio funebris* sind kürzlich auf einem Papyrus entdeckt worden. Der Leichnam wurde dann im Augustus-Mausoleum beigesetzt.[139] Der Tod seines treuen Helfers Agrippa mußte die innenpolitische

---

[137] Dio 65, 26, 3 ff. Vgl. C. Nicolet, JRS 65, 1975, 34 ff. Zu den Problemen des Vigintivirats s. auch C. Cichorius, Römische Studien 285 ff.; H. Schaefer, RE VIII A 2, 1958, 2579 ff.; A. Chastagnol, MEFR 85, 1973, 594 ff. Vgl. ders.: La crise de rectrutement sénatorial des années 16–11 av. J.-C., Miscellanea E. Manni, Rom 1980, II 463 ff.

[138] Dio 54, 18. 1. Vgl. oben S. 108 A. 98.

[139] Dio 54, 28 f. Zu den neugefundenen Fragmenten der *laudatio funebris* des Augustus auf Agrippa s. L. Koenen, ZPap 6, 1970, 227 ff. und M. Gronewald, ZPap 52, 1983, 61 f. (neues Fragment). Dazu B. D. Hoyos, Classicum 24, 10, 1, 1984, 8 ff. A. Fraschetti in: Il bimillenario di Agrippa, Genua 1990, 83 ff. W. Ameling, Chiron 24, 1994, 1 ff. Vgl. A. Fraschetti, Morte dei 'Principi' ed eroi della famiglia di Augusto, AION (archeol) 4, 1984 151 ff., sowie ders. MEFRA 92, 1980, 957 ff., und: Roma e il principe 280 ff., über einen Larenaltar mit der Darstellung einer Himmelfahrt (des Agrippa?). Zu den Leichenfeierlichkeiten s. auch H. I. Flower, Ancestor Masks and

Stellung des Augustus stark schwächen. Die Tatsache, daß nun Tiberius an die Stelle des Agrippa rückte und zum zweiten Mann im Staat wurde, sollte bald zu Verwicklungen führen. Denn Tiberius mußte sich kurz nach dem Tode des Agrippa von seiner ersten Gemahlin Agrippina trennen und die Julia, die Tochter des Augustus und Witwe des Agrippa, heiraten. Diese Verbindung sollte die Einheit des regierenden Hauses festigen.[140] Dafür, daß der Tod des Agrippa die innenpolitische Situation verändert hat, spricht auch die auffällige Tatsache, daß Augustus im Jahre 11 in Verbindung mit einem allgemeinen Census eine neuerliche *lectio senatus* vornahm, obwohl er erst im Jahre 13 die Senatsliste überprüft und ergänzt hatte.[141] Die Weihung einer Statue der Concordia im gleichen Jahr deutet ebenfalls darauf hin, daß die Eintracht in dieser Zeit zu einem Problem geworden war. Auch der Salus Publica wurde damals ein Bild geweiht, wohl wegen der Gesundheit der Octavia, die jedoch noch im Jahre 11 starb. Augustus hielt ihr ebenso wie im Jahr zuvor dem Agrippa die Leichenrede.[142]

Noch vor Agrippa war im Jahre 12 auch der ehemalige Triumvir M. Aemilius Lepidus gestorben, dem Augustus bis zuletzt das Priesteramt des Pontifex Maximus belassen hatte. Der Tod des Lepidus bot dem Prinzeps nun die erwünschte Gelegenheit, sich in aller Form den Oberpontifikat übertragen zu lassen. Die Wahl zu diesem Amt fand am 6. März 12 v. Chr. statt und wurde als ein wichtiges Ereignis in den römischen Festkalender aufgenommen. Die rege Wahlbeteiligung der Bevölkerung ganz Italiens, die Augustus in den *res gestae* ausdrücklich hervorhebt, mußte als neuer

---

Aristocratic Power in Roman Culture, Oxford 1996, 237 ff. – Vgl. allgemein: J.-M. Roddaz, Marcus Agrippa, Rom 1984, und ders.: Un thème de la propagande augustéenne. L'image populaire d'Agrippa, MEFRA 92, 1980, 947 ff. – Zu den Bildnissen des Agrippa s. L. Fabbrini, Eikones (Festschrift H. Jucker), Bern 1980, 96 ff. F. S. Johansen, ARID 6, 1971, 17 ff. K. Fittschen–P. Zanker, Katalog der römischen Porträts in den kapitolinischen Museen I 1985, 25 f. Nr. 1. – Daß der alte Adel die Trauerfeierlichkeiten für Agrippa boykottiert habe, wie man bisher meist annahm, beruht auf einer Fehlinterpretation von Dio 54, 29, 6. J. W. Rich, LCM 5, 1980, 217 ff., und: Cassius Dio. The Augustan settlement 208 z. St., konnte dagegen zeigen, daß bei Dio in Wahrheit davon die Rede ist, daß die *principes civitatis* aus Trauer über den Tod des Agrippa den Gladiatorenspielen aus Anlaß der Quinquatrus fernbleiben wollten, was Augustus jedoch verhinderte.

[140] Dio 54, 31, 1 f., und 35, 4.
[141] Dio 54, 35, 1.
[142] Dio 54, 35, 2 und 4 f. Dazu H. I. Flower, Ancestor Masks 241. – Zur Salus Publica s. L. Winkler, Salus. Vom Staatskult zur politischen Idee. Eine archäologische Untersuchung, Heidelberg 1995, 36 ff.

Beweis des *consensus universorum* gelten, von dem der Prinzeps seine Regierung getragen wissen wollte.[143]

Da der Pontifex Maximus in einem öffentlichen Gebäude und in der Nähe des Ewigen Feuers der Vesta wohnen mußte, erklärte Augustus einen Teil seines Palastes zum öffentlichen Eigentum und errichtete hier einen Altar und ein Heiligtum der Vesta, während er die *regia*, die bisherige Amtswohnung des Pontifex Maximus, den Vestalinnen übergab. Das am 28. April 12 v. Chr. eingeweihte palatinische Heiligtum hatte ebenfalls ein heiliges Feuer und besaß auch ein Palladium. Der Kult wurde in die Hände der Livia gelegt. Damit wurde deutlich zum Ausdruck gebracht, daß der Palast des Augustus nicht nur das politische, sondern auch das religiöse Zentrum des römischen Staates geworden war. Die schon 36 v. Chr. mit dem Bau des palatinischen Apollontempels eingeleitete und 27 v. Chr. durch die Verleihung der Lorbeerzweige und des Eichenkranzes über dem Palasttor fortgesetzte Entwicklung war damit zu einem gewissen Abschluß gelangt.[144]

Die neue Würde des Pontifex Maximus, die Augustus auch in seine Titulatur aufnahm, bot dem Prinzeps außerdem die Möglichkeit, eine Revision der Orakelliteratur vornehmen zu lassen.[145] Da sich oppositionelle Kreise im Kampf gegen die Regierung gerne fingierter Orakel zu bedienen pflegten, gab es für eine Überprüfung der umlaufenden Orakel auch politische Gründe. Augustus ließ jedenfalls alle Orakelbücher, welche im Reich verbreitet waren, einsammeln und mehr als 2000 Buchrollen verbrennen. Auch die sibyllinischen Orakel wurden gereinigt. Die für echt befundenen sibyllinischen Sprüche wurden dann in zwei Kapseln unter der Basis der palatinischen Apollonstatue, dicht bei der Wohnung des Prinzeps, niedergelegt.

Es ist vielleicht kein Zufall, daß um die gleiche Zeit, da der Prinzeps in

---

[143] Dio 54, 27, 2. RgdA 10. Vgl. unten S. 225 f. m. A. 72.

[144] Dio 54, 27, 2–3. Dazu C. Koch, RE VIIIA, 1958, 1757 ff. Vgl. unten S. 236 f. Es ist möglich, daß mit der Errichtung des Vestaaltars im Kaiserpalast auch die Sitte aufkam, dem Prinzeps in der Öffentlichkeit das heilige Feuer voranzutragen, wie dies bisher nur für den Triumphator üblich war. Goldmünzen des Augustus mit einem Kandelaber auf der Rückseite sind dafür als Stütze herangezogen worden. S. A. Alföldi, Repräsentation 111 ff. mit Abb. Taf. 3, 1. Die Münzen wurden von C. H. V Sutherland, Class. Rev. 58, 1944, 46 ff., auf Grund von Dupondien Domitians (RIC Domitian Nr. 380) auf die *ludi saeculares* des J. 17 v. Chr. bezogen. Bleitesserae aus Athen (s. M. Rostovtzeff, Festschrift O. Hirschfeld, Berlin 1903, p. 305) bezeugen jedoch die Verwendung des Kandelabers im Kult des Augustus. Sicher bezeugt ist die Sitte des Feuervorantragens jedenfalls erst für Marc Aurel.

[145] Suet. Aug. 31. Vgl. unten S. 235 f. mit Anm. 103. Zur politischen Bedeutung der Orakelliteratur s. G. W. Bowersock, Augustus and the Greek World 110 f.

Die Jahre 17–8 v. Chr.   125

Rom den Oberpontifikat übernahm, in Italien das erste Zeugnis für einen munizipalen Augustuskult begegnet.[146] Auf einer ins Jahr 13/12 v. Chr. datierten Inschrift aus Nepet in Etrurien werden jedenfalls zum ersten Male *magistri Augustales* genannt. Der Augustuskult wurde jedoch nicht in allen italischen Munizipien gleichzeitig eingerichtet. Und der Compitalkult in Rom, der als Dependant zum Augustalenkult gelten kann, wurde erst im Jahre 8/7 v. Chr. geschaffen.[147]

Außenpolitisch ist das auf die Rückkehr des Augustus aus Gallien folgende Quinquennium, die Jahre 13–8 v. Chr., gekennzeichnet durch die großen Kämpfe und Eroberungskriege im Donauraum und im freien Germanien. In den Jahren 13–11 v. Chr. (oder 11–9 v. Chr.) warf der Consular L. Calpurnius Piso einen Aufstand der thrakischen Besser gegen Rom nieder und erhielt dafür die Triumphalinsignien.[148] – In den Jahren 12–9 v. Chr. kämpfte auch Tiberius gegen die Pannonier und Dalmater und unterwarf das Gebiet zwischen Save und Donau der römischen Herrschaft.[149] – In die Jahre 12–9 v. Chr. fallen schließlich auch die Eroberungszüge des Drusus in Germanien, die durch den Tod des Feldherrn jäh beendet wurden. Bei einem Sturz vom Pferde brach sich Drusus den Oberschenkel und starb 30 Tage später im Alter von 29 Jahren an den Folgen seiner Verletzung (Herbst 9 v. Chr.). Seine Leiche wurde nach Rom überführt, wo Augustus und Tiberius die *laudationes* hielten.[150] Tiberius

[146] Dazu J. H. Oliver, Historia 7, 1958, 481 ff. Dazu unten S. 253 f.
[147] Vgl. G. Niebling, Historia 5, 1956, 303 ff., und unten Anm. 158.
[148] Dio 54, 34, 5 ff. Vell. Pat. 2, 98.
[149] Dio 54, 31, 2 ff. und 34, 3 ff.; 55, 2, 4. RgdA 30. Vgl. unten S. 367.
[150] Dio 54, 32, 1 ff.; 55, 1 ff. Außer der Leichenrede für Drusus hat Augustus auch ein *elogium* in Versen und eine *vita Drusi* verfaßt: Suet. Claud. 1, 5. Zu den weiteren Ehren für Drusus vgl. A. Stein, PIR II² p. 198. Zum sog. *Epicedium Drusi* s. H. Schoonhoven, The Pseudo-Ovidian Ad Liviam de morte Drusi (Consolatio ad Liviam, Epicedium Drusi). A Critical Text with Introduction and Commentary, Groningen 1992. Dazu A. Fraschetti, MEFRA 108, 1996, 191 ff. ('indice analitico'). – Aus der verlorenen Consolatio des Areios Didymos für Livia referiert Seneca (Cons. ad Marciam 4, 1–5, 6). Zu dem posthum für Drusus beschlossenen erblichen Beinamen Germanicus s. P. Kneissl, Die Siegestitulatur der römischen Kaiser, Göttingen 1969, 27 f. – Beim Legionslager in Mainz ließ Augustus, eine spontane Initiative des Heeres aufgreifend, einen *tumulus honorarius* (den sog. Drususstein) errichten, in den er auch das oben genannte *elogium* einmeißeln ließ. Später fand bei dem Denkmal jährlich eine Parade des Heeres zu Ehren des Toten statt. Außerdem vollzogen – wohl aufgrund eines Beschlusses des gallischen Landtages – Vertreter der gallischen *civitates* jährlich ein feierliches Opfer: Suet. Claud. 1, 3–5. Tab. Siar. (Crawford, Roman Statutes I Nr. 37) Fragm. a 26 ff. Dazu H. Bellen, JRGZM 31, 1984, 385 ff.; H. G. Frenz, ebda. 32, 1985, 394 ff., und in: Die römische Okkupation nördlich der Alpen 85 ff.; W. Lebek, ZPap 78, 1989, 45 ff.; und E. Künzl, in: Kaiser

führte dann das Werk seines Bruders fort und kämpfte in den Jahren 8 und 7 v. Chr. nochmals in Germanien. Schon im Jahre 8 wurde aber in Köln die *ara Ubiorum* eingeweiht.[151]. Und im gleichen Jahr hat Augustus möglicherweise auch das *pomerium* erweitert, weil er dem Reiche eine neue Provinz hinzugewonnen hätte.[152]

Der Tod des Drusus war ein neuer schwerer Schlag für Augustus; war ihm doch in dem tüchtigen und erfolgreichen Feldherrn eine starke Stütze seiner Herrschaft entrissen worden. Für den Prinzeps kam der Tod seines jüngeren Stiefsohnes vor allem auch deswegen sehr ungelegen, weil im Jahre 8 v. Chr. sein proconsulares *imperium* wieder erneuert werden mußte. Die *domus Augusta* stand aber jetzt weniger fest da als noch vor fünf Jahren. Die Erfolge des Tiberius in Pannonien und des Drusus in Germanien hatten dem Prinzeps zwar Ruhm und Prestigezuwachs gebracht, aber die politischen Gewichte in Rom hatten sich inzwischen zuungunsten des Augustus verschoben. Nach seinem treuen Helfer Agrippa war ihm nun auch der in weiten Kreisen recht beliebte Drusus entrissen worden. Auch der Tod der Octavia im Jahre 11 v. Chr. scheint sich unglücklich auf das politische Gleichgewicht in Rom ausgewirkt zu haben. Noch im Jahre 8 v. Chr. sollten auch Horaz und vor allem Maecenas sterben, der schon in den letzten drei Jahren an einer schweren Krankheit litt.[153] Allerdings stand dem Prinzeps noch der ruhmreiche, wenn auch schwierige Tiberius zur Seite, und konnte Augustus seine Hoffnungen noch auf seine Enkel und Adoptivsöhne C. und L. Caesar setzen, die freilich um diese Zeit noch Kinder waren.

Augustus und die verlorene Republik 554 (mit Plänen). – Zum Bildnis des Drusus s. Z. Kiss, L'iconographie 86 ff. Zur Leichenfeier in Rom s. H. I. Flower, Ancestor Masks 242 ff. – Zum Ehrenbogen s. W. Lebek, ZPap 86, 1991, 47 ff.

[151] Vell. Pat. 2, 97, 4. Dio 55, 6. Suet. Tib. 9. Vgl. unten S. 300 f.

[152] Dio 55, 6, 6. Tac. ann. 12, 23. Vgl. jedoch Seneca, De brev. vitae 13, 8, wonach die sullanische Erweiterung des *pomerium* bis auf Claudius die letzte gewesen sei. Dazu Mommsen, RStR II 2, 1072 mit Anm. 3, J. H. Oliver, Mem. Am. Acad. Rome 10, 1932, 145 ff. M. Labrousse, Mél. d'arch. et d'hist. 54, 1937, 167 ff., und F. Hampl, Geschichte als kritische Wissenschaft II, Darmstadt 1979, 81 ff. Dazu M. T. Boatwright, Historia 35, 1986, 13 ff., und P. Ørested, in: Studies in Ancient History and Numismatics pres. to R. Thomsen, Aarhus 1988, 135, sowie F. Hinard, in: La ciudad en el mundo romano I 233 ff. Nach M. Torelli, Ostraka 1, 1992, 126 ff., sei die Erweiterung des Pomerium nicht zu bezweifeln und habe vor allem den Nordteil des Marsfeldes mit Ara Pacis und Solarium in das Stadtgebiet mit einbezogen. – Zur Einweihung der Ara Ubiorum s. H. Schmitz, RE VIII A 1, 1955, 539.

[153] Zum Tod des Horaz am 27. November 8 v. Chr. s. Suet. De poetis p. 122 (Rostagni). Zum Tod des Maecenas s. Dio 55, 7. Seneca, De benef. 6, 32, 2. Zu Maecenas s. unten S. 264 f. mit A. 188. – Zum Tode der Octavia s. Dio 54, 35, 4. Vgl. oben S. 123 und zu Octavia unten S. 310 m. A. 331.

Die Jahre 17–8 v. Chr.

Doch für die veränderte Situation in Rom ist es bezeichnend, daß man nun wieder von Verschwörungen gegen das Leben des Caesar Augustus hört. Daß auch der Prinzeps selbst sich unsicher fühlte, geht aus einer Notiz des Cassius Dio hervor, wonach Augustus im Jahre 8 das gesetzliche Verbot, Sklaven auf der Folter eine Aussage gegen ihren Herrn zu erpressen, umging und damit praktisch außer Kraft setzte. Er befahl nämlich, daß erforderlichenfalls die Sklaven vom Staat oder aus seiner Privatschatulle ihren Eigentümern abgekauft wurden, damit sie dann zur Aussage gezwungen werden konnten.[154] – Auf Spannungen deutet auch hin, daß gerade die Consuln und die anderen Beamten des Jahres 8 v. Chr. wegen *ambitus*, wegen Wahlbestechung, belangt werden sollten, daß aber Augustus die Anklage niederschlug, „denn er wollte niemanden bestrafen, aber auch niemandem Verzeihung gewähren, wenn er überführt worden wäre". Offenbar sollten also mit der Anklage die Freunde des Prinzeps getroffen werden. (C. Asinius Gallus, der eine der beiden ordentlichen Consuln des Jahres 8 v. Chr., war Gatte der Vipsania Agrippina.[155])

Es ist vielleicht auch als eine Antwort auf die wieder schwieriger gewordene innenpolitische Situation des Prinzeps zu verstehen, wenn gerade um diese Zeit der Herrscherkult eine weitere Ausgestaltung erfuhr. Im Jahre 8 v. Chr. wurde anläßlich einer notwendigen Justierung des Julianischen Kalenders der Monat Sextilis in „Augustus" umbenannt.[156] Ein Jahr vorher war auch in Kleinasien ein neuer Kalender eingeführt worden, in dem der Jahresanfang auf den Geburtstag des Augustus gelegt und der erste Monat des Jahres ihm zu Ehren „Kaisar" genannt wurde.[157] Wohl im Zusammenhang mit dem im Jahre 8 stattfindenden Census erfolgte auch die Neueinteilung Roms in 14 Regionen und 265 *vici* sowie die Reorganisation des Compitalkultes. Der Kult des *genius Augusti* wurde nun mit dem Kult der Lares Compitales vereinigt und den *vicomagistri* anvertraut, die zum ersten Male im Jahre 7 v. Chr. in ihrer neuen Funktion begegnen. Augustus verstand es, mit der Reorganisation der Compitalvereine seinen Rückhalt bei den unteren Schichten der stadtrömischen Bevölkerung erheblich zu festigen.[158]

---

[154] Dio 55, 4, 3 und 5, 4.

[155] Dio 55, 5, 3f. Zu C. Asinius Gallus s. PIR² A Nr. 1229.

[156] Suet. Aug. 31, 2. Dio 55, 6, 6. Macrob. Sat. 1, 14, 13f. Censorin. De die nat. 22, 16. Solin. 1, 45f. Die Umbenennung des Sextilis in Augustus war schon im J. 27 v. Chr. beschlossen worden: Liv. per. 134. Vgl. zum Ganzen Fitzler–Seeck, Augustus 361f., und A. E. Samuel, Greek and Roman Chronology, München 1972, 156ff.

[157] Siehe dazu unten S. 247f. m. Anm. 141.

[158] Vgl. G. Niebling, Historia 5, 1956, 303ff., und A. Alföldi, Lorbeerbäume 18ff. – Gegen die noch von K. Latte, RRG 307, vertretene Ansicht, die Reform sei schon 12 v. Chr. begonnen und erst 7 v. Chr. vollendet worden, s. Niebling a. O. 328. – Bis

Mit der notwendig werdenden Erneuerung des proconsularischen Imperium hängt wohl das auffällige Interesse zusammen, daß der Prinzeps gerade um diese Zeit wieder dem Senat entgegenbrachte. Im Jahre 9 v. Chr. wurden von ihm die Senatsverhandlungen neu geregelt. Sie sollten künftig zweimal im Monat stattfinden. Für das Fernbleiben von den Senatssitzungen wurden neue Strafen festgelegt. Auch wurde das für eine Beschlußfähigkeit des Hauses notwendige Quorum herabgesetzt. War der Senat dennoch einmal beschlußunfähig, sollte sein Votum als *senatus auctoritas* gelten.[159]

Nach diesen vorbereitenden Maßnahmen wurde dem Prinzeps – wie es scheint, ohne besondere Schwierigkeiten und mit der erwünschten breiten Mehrheit – das *imperium proconsulare* verlängert, und zwar gleich für 10 Jahre, während die beiden letzten Perioden nur je fünf Jahre umfaßt hatten.[160]

5. Das Zerwürfnis mit Tiberius und die Krise des Jahres 2 v. Chr.

Im Mittelpunkt des innenpolitischen Geschehens der Jahre 8 v. Chr.– 4 n. Chr. stand die Frage, wie die Nachfolge des Prinzeps zu regeln sei und wer die Stelle einnehmen könnte, die früher Agrippa eingenommen hatte. Augustus hatte die Stelle des zweiten Mannes offenbar dem Tiberius zugedacht.[161] In der Forschung ist umstritten, ob dieser von vornherein nur als Platzhalter für die beiden jungen Caesares fungieren sollte oder ob Augustus ihn damals als möglichen Nachfolger betrachtet hat.[162] Der klugen und vorsichtigen Politik des Augustus würde es entsprechen, daß er sich mehrere Möglichkeiten offen ließ. Solange Drusus noch lebte, betrachtete der Prinzeps vielleicht auch diesen als einen möglichen Nachfolger.[163]

---

zum J. 6 n. Chr. hatten die *vici magistri* auch für das Feuerlöschwesen zu sorgen, das dann den *cohortes vigilum* anvertraut wurde (Dio 55, 8, 7). Vgl. J. Bleicken, RE VIII A 2, 1958, 2480ff. – Zu den 14 Regionen Roms s. unten S. 196.

[159] Dio 55, 3 f. Vgl. B. Levick, Latomus 31, 1972, 802, dazu unten S. 179 m. A. 98.

[160] Dio 55, 6, 1.

[161] Für die Zeit von 12 v. Chr.–2 n. Chr. vgl. P. Sattler, Studien 1 ff. = Schmitthenner, Augustus 486ff., und J. F. Bogue, Tiberius in the Reign of Augustus, Diss. Univ. of Illinois, Urbana 1970, 12ff.

[162] J. H. Corbett, Latomus 33, 1974, 87ff., wendet sich gegen die Auffassung, wonach dem Agrippa und später dem Tiberius nur die Rolle des Platzhalters zugedacht gewesen sei. Beide seien vielmehr als echte Nachfolger in Betracht gezogen worden.

[163] Nach Plutarch, Anton. 87, 2, galt in der Familie des Augustus die Rangfolge: 1. Söhne des Agrippa, 2. Söhne der Livia, 3. Jullus Antonius. Dazu Sattler, Studien 8 Anm. 23. Vgl. jedoch unten S. 211 f.

Nach dessen Tod aber hielt es Augustus für geraten, den Tiberius in der Öffentlichkeit als den Mann herauszustellen, der nach ihm den zweiten Platz einnahm und der einmal seine Nachfolge übernehmen konnte. Obwohl Tiberius erst im Jahre 13 das Consulat bekleidet hatte, wurde er schon im Jahre 8 für das Jahr 7 v. Chr. für ein zweites Consulat designiert.[164] Und während Augustus noch im Jahre 12 den Tiberius daran gehindert hatte, den ihm vom Senat beschlossenen Triumph über Pannonien zu feiern und ihm nur die *ornamenta triumphalia* als eine neue Art der Ehrung zugestand, durfte sein Schwiegersohn im Jahre 7 v. Chr. einen glänzenden Triumph über Germanien feiern.[165] Im folgenden Jahre 6 v. Chr. erhielt dann Tiberius auch die *tribunicia potestas* auf 5 Jahre und wohl zugleich ein *imperium proconsulare maius*. Er war damit praktisch zum Mitregenten des Augustus erhoben worden und nahm damals die gleiche Stellung ein, die zuletzt Agrippa bekleidet hatte.[166]

---

[164] Zu den Consulaten des Tiberius s. Degrassi, Fasti 4f.

[165] Zu den *ornamenta triumphalia* s. Dio 54, 31, 4 und Suet., Tiberius 9, 2. Dazu R. Syme, Akten VI. Int. Kongr. f. griech. u. lat. Epigraphik, München 1973, 586: 'Correct, for Tiberius did not have the imperium of a proconsul'. Zum Triumph im J. 7 v. Chr. s. Vell. Pat. 2, 97, 4 und Dio 55, 8, 1f. Dazu W. K. Lacey, Augustus 50ff. Mit dem Triumph des J. 7 v. Chr. möchte C. H. V. Sutherland, Quad. Tic. 7, 1978, 175ff., wieder die Ausgabe der sog. Triumphalasse in Verbindung bringen (gegen K. Kraft, der die Stücke für die Einweihung des Augustusforums im J. 2 v. Chr. geprägt sein läßt: Kl. Schriften II 48ß.). Ob die Darstellungen auf der Gemma Augustea [vgl. C. Küthmann, Arch. Anz. 65/66, 1950/1, 89ff. E. Will, Latomus 13, 1954, 597ff. H. Kähler, Die Gemma Augustea, Berlin 1967, und: Alberti Rubeni Dissertatio de Gemma Augustea, Berlin 1968. J. R. Fears, Princeps a diis electus, Rom 1977, 207f. (mit Lit.), J. Pollini, Studies in Augustan "historical" Reliefs 173ff., sowie F. L. Bastet, in: Studies in Class. Art and Archaeology (Festschrift P. H. von Blankenhagen), New York 1979, 217ff., und P. Scherrer, ÖJh 58, 1988, 115ff.] und auf dem Silberbecher von Boscoreale (A. Heron de Villefosse, Le Trésor de Boscoreale, Monuments Piot. 5, 1899, 7ff.; L. Polacco, Il trionfo di Tiberio nella tazza Rotschild di Boscoreale, Mem. Accad. Patavina di scienze, lett. e arti, 68, 1954/5. C. Vermeule, Antike Kunst 6, 1963, 35. H. Jucker, Festschrift E. Diez, Graz 1978, 94. T. Hölscher, JDAI 95, 1980, 281ff.) sich auf den Triumph von 7 v. Chr. oder von 12 n. Chr. bezieht, ist umstritten. Die Gemma Augustea bezieht H. Kähler a. O. auf die Rückkehr des Tiberius aus dem Pannonischen Krieg im Winter 9/10 n. Chr. Vgl. jedoch F. L. Bastet a. O. Vgl. allg. I. S. Ryberg, Rites of the State Religion in Roman Art, Mem. Am. Accad. Rome 22, 1955, bes. 141ff. Dazu jetzt Ann L. Kuttner, Dynasty and empire in the age of Augustus. The case of the Boscoreale Cups, Berkeley–Oxford 1995. Während Kuttner mit anderen die Becher in augusteische Zeit datiert, trat H. Gabelmann, Röm. Mitt. 93, 1986, 285, und: Antike Audienz- und Tribunalszenen, Darmstadt 1984, 115, für eine Datierung in die Zeit des Claudius ein.

[166] Vell. Pat. 2, 99, 1. Dio 55, 9, 4.

130 Die innenpolitische Entwicklung

Doch im gleichen Jahre 6 v. Chr. ging Tiberius nach Rhodos in ein freiwilliges Exil. Die Hintergründe für diesen überraschenden Schritt lassen sich nur vermuten. Die Untersuchungen von P. Sattler und B. Levick haben jedoch etwas Licht in die Affäre gebracht.[167] Tiberius selbst hat später erklärt, er habe sich zurückgezogen, um den Caesares nicht im Wege zu stehen.[168] Tatsächlich kann man beobachten, daß vor allem C. Caesar systematisch herausgestellt wurde. Schon im Jahre 8 erhielten die Truppen ein Geldgeschenk, weil C. Caesar das erste Mal an militärischen Übungen teilgenommen hatte. Sogar Aurei und Denare wurden damals in Gallien für den jungen C. Caesar in größerer Menge geprägt. Im folgenden Jahr erhielt der Jüngling die Leitung der *pro reditu Augusti* veranstalteten Spiele, als Tiberius plötzlich nach Germanien aufbrechen mußte.[169] In dem im gleichen Jahr einsetzenden Compitalkult wurden neben dem *genius Augusti* auch die *genii* der beiden *Caesares* besonders verehrt. Im Jahre 6 wählte das Volk dann den C. Caesar, der noch nicht einmal sein 14. Lebensjahr vollendet hatte, zum Consul. Augustus wies diese Ehre zwar zurück, gestattete aber immerhin, daß man den C. Caesar zum *pontifex* machte und ihm das Recht verlieh, nach Empfang der *toga virilis* den Senatsverhandlungen beizuwohnen.[170]

Es scheint, daß Tiberius in der Popularität des C. Caesar und in dessen auffälliger Bevorzugung eine Verletzung seiner eigenen *dignitas* sah, zumal offenbar C. Caesar von niemand anderem als von seiner Gattin Julia favorisiert wurde.[171] Auch die Haltung des Augustus war gewiß nicht ganz eindeutig. Selbst wenn es uns nicht überliefert wäre, müßte man schon aus dem ganzen Verhalten des Prinzeps schließen, daß er eine Nachfolge seiner eigenen Deszendenz lieber gesehen hätte als eine Herrschaftsübernahme des Claudiers Tiberius.[172] Es gab also für diesen genü-

---

[167] Sattler, Studien 13 ff. B. Levick, Latomus 31, 1972, 779 ff. Vgl. auch J. A. Weller, Phoenix 12, 1958, 31 ff., D. Sidari, AIV 137, 1978/9, 51 ff. und W. Jakob-Sonnabend, in: Rom und der Griechische Osten (Festschrift H. H. Schmitt), Stuttgart 1995, 113 ff.

[168] Suet. Tib. 11, 5.

[169] Dio 55, 6, 4. RIC Augustus Nr. 348 f. Dio 55, 8, 3.

[170] Dio 55, 9, 1 ff. Eine ins J. 5 v. Chr. datierte Inschrift aus Sardes erwähnt eine Gratulationsgesandtschaft der Stadt an Augustus aus jenem Anlaß (Sherk, Documents 68, Histor. Inschr. Nr. 16). Eine ähnliche Gesandtschaft wird in einem Beschluß aus Samos genannt (vgl. P. Herrmann, Athen. Mitt. 75, 1960, 68 ff.).

[171] Ein Sohn aus der Ehe des Tiberius mit der Julia war 10 v. Chr. zur Welt gekommen, aber bald nach der Geburt gestorben. Vgl. Sattler, Studien 13. Julia betrachtete den Tiberius als 'inferior', Tac. ann. 1, 53, 1. Dazu T. P. Wiseman, New Men 104.

[172] Dazu s. D. C. A. Shotter, Latomus 30, 1971, 1117 ff.

gend Gründe, sich aus der Politik zurückzuziehen und das Feld den Söhnen der Julia zu überlassen.

Nach der Abreise des Tiberius nach Rhodos sah Augustus den Weg frei, seine Adoptivsöhne offen als seine Nachfolger zu präsentieren. Der Prinzeps ließ sich daher im Jahre 5 v. Chr. nach 17jähriger Unterbrechung erneut das Consulat übertragen (es war sein 12. Consulat), um den C. Caesar nach Empfang der *toga virilis* mit großer Feierlichkeit auf dem Forum und im Senat einführen zu können. C. Caesar wurde bei dieser Gelegenheit für das Jahr 1 n. Chr. zum Consul designiert, also auf ein Quinquenium im voraus. Gleichzeitig wählten die Ritter den jungen Mann zum *princeps iuventutis*.[172a]

Wie für C. Caesar wurden im Jahre 2 v. Chr. auch für L. Caesar außerordentliche Ehren beschlossen. Augustus übernahm damals sein 13. Consulat, um den Lucius in der Öffentlichkeit vorzustellen. Auch L. Caesar erhielt ein Priestertum, das Augurat, und wurde auf 5 Jahre im voraus zum Consul designiert. Auch er erhielt den Titel eines *princeps iuventutis*, und wie schon bei der Einführung seines Bruders ließ auch jetzt wieder Augustus eine Geldspende an die *plebs urbana* verteilen.[173] Den Ehrentitel der *principes iuventutis* hat Augustus offenbar eigens für seine Adoptivsöhne geschaffen. Da sich für Augustus längst die Bezeichnung *princeps* eingebürgert hatte, mußten die *principes iuventutis* als seine designierten Nachfolger gelten. Dazu stimmt auch, daß die in Gallien für sie geschlagenen Münzen in großer Zahl ausgebracht wurden und vor allem auch bei der Rheinarmee die dynastischen Pläne des Augustus propagiert haben.[174] Schon im Jahre 3 v. Chr. hatte Augustus außerdem vom Senat für die beiden Caesares einen Ehrenbogen beschließen lassen. Die Attica-Inschriften, von denen die für L. Caesar ganz erhalten ist, lassen die dynastische Politik des Augustus besonders deutlich erkennen. Um dieselbe Zeit begann der Prinzeps auch den Neubau der Basilica Julia am Forum, die nach seinem Willen den Namen *Basilica Gai et Luci* tragen sollte.[175]

[172a] Wohl im Zusammenhang mit der Einführung des C. Caesar in das öffentliche Leben steht eine neugefundene Inschrift aus der Baetica mit einem Eid *pro salute Augusti*, in den auch Gaius und Lucius Caesar und M. Agrippa (Postumus) eingeschlossen sind: J. Gonzales, ZPap 72, 1988, 113ff. Vgl. dazu C. Castillo, in: L'Afrique, la Gaule, la religion à l'époque romaine. Mélanges M. Leglay, Brüssel 1994, 68ff.
[173] S. RgdA 14 mit dem Kommentar von Volkmann. Suet. Aug. 26, 2. Dio 55, 9, 9.
[174] RIC Aug. Nr. 350f. Vgl. M. L. Vollenweider, SchwMb 11. 13/14, 1963/4, 76ff. (zu Gemmenbildern der Augustusenkel als *principes iuventutis*). Zum Titel *princeps iuventutis* s. unten S. 208.
[175] Vgl. P. Zanker, Forum Romanum 16f.

Die Einführung des C. Caesar ins öffentliche Leben im Jahre 5 v. Chr. scheint Augustus auch dazu benutzt zu haben, die Amtszeit der Consuln neu zu regeln. Denn es ist wohl kaum ein Zufall, daß seit dem Jahre 5 v. Chr. in den Fasten regelmäßig Suffectconsuln begegnen. Dafür gab es objektive Gründe. Es fanden sich nämlich nicht genügend Consulare, die bereit waren, im Dienst des Prinzeps eine der hauptstädtischen *curae* zu übernehmen. Das Suffectconsulat sollte da Abhilfe schaffen. Zugleich aber bot dem Augustus das Suffectconsulat die Möglichkeit, bewährten und verdienten Parteigängern ihre Belohnung zu verschaffen und damit seine politische Basis zu erweitern. Darauf aber kam es dem Prinzeps gerade nach dem Weggang des Tiberius offenbar vor allem an.[176]

Mit der Einführung des C. und des L. Caesar ins öffentliche Leben schien Augustus am Ziel seiner Wünsche zu sein und den Höhepunkt seiner Regierung und seines Lebens erreicht zu haben. Am 5. Februar 2 v. Chr. bot dem Prinzeps vor versammeltem Senat der hochangesehene Consular M. Valerius Messala Corvinus im Namen aller Stände den *pater-patriae*-Titel an.[177] Schon früher wurde Augustus nicht nur in der höfischen Dichtung, sondern auch auf Münzen und Inschriften als Retter und Erhalter der Bürgerschaft, aber auch als Gründer der Kolonien und Munizipien mit dem Titel eines *parens* oder eines *pater (patriae)* geehrt. A. Alföldi hat gezeigt, daß schon die Ehrungen des Jahres 27 v. Chr., besonders die Verleihung der *corona civica* auf den *pater*-Titel vorausweisen. Aber erst im Jahre 2 v. Chr. „erhielten die zahlreichen offiziösen und offiziellen Vaterehrungen des Augustus ... ein einheitliches und dauerndes neues Gesicht durch den offiziellen Akt" im Senat.[177a] Dadurch, daß Augustus zuvor die Übertragung des Titels durch eine Abordnung der Plebs in Antium nicht akzeptierte, bekam die Initiative des Valerius Messala im Senat ihr besonderes Gewicht. Der *consensus universorum* wurde auch dadurch unterstrichen, daß die *appellatio* als *pater patriae*, die dann durch einen Senatsbeschluß gewissermaßen 'urkundlich beglaubigt' wurde, am Festtag der Concordia erfolgte. Nicht zufällig schließt Augustus seine *res gestae* mit der Übertragung des *pater-patriae*-Titels; denn das ganze römische Volk, einig

---

[176] Vgl. E. T. Salmon, Historia 5, 1956, 474 ff., und B. Levick, Latomus 31, 1972, 812 und in T. P. Wiseman (Ed.), Roman Political Life 90 B.C–A.D. 69, Exeter 1985, 49 f. Zu den *consules suffecti* s. auch T. P. Wiseman, New Men 165 f. Zuerst wurden meist nur *nobiles consules ordinarii*, während die *homines novi* sich mit einem Suffektconsulat begnügen mußten. Vgl. auch D. A. Phillips, Historia 46, 1997, 103 ff. (zum Amtsantritt, mit einer Liste der *consules suffecti* von 23–1 v. Chr.).

[177] RgdA 35. Suet. Aug. 58. Dazu E. Skard, Festschrift H. Koht, Oslo 1933, 42 ff. A. Alföldi, Der Vater des Vaterlandes, Darmstadt 1971, 92 ff. P. Zanker, Forum Augustum 25 f. A. Pabst, Comitia imperii 101 f.

[177a] Alföldi a. O. 93.

in seinen Ständen, unterstellte sich damit freiwillig der *patria potestas* des Prinzeps und fühlte sich geborgen in seiner *patria tutela*. Alle Pflichten, die auf Grund der *pietas* der Haussohn nach römischer Auffassung dem *pater familias* schuldete, hatte nun der Bürger auch dem *pater patriae* gegenüber zu erfüllen. Der Ehrentitel *pater patriae* bildete somit den Schlußstein im Gebäude der neuen Monarchie des Augustus. Am 1. August des Jahres 2 v. Chr. wurden dann auch der Mars-Ultor-Tempel und das neue Augustusforum feierlich eröffnet, das in seiner Bildausstattung noch einmal das Programm der Monarchie aufnimmt und grandios zur Darstellung bringt.[178]

Noch in demselben Jahre 2 v. Chr., in dem Augustus der *pater-patriae*-Titel übertragen worden war, wurden sein Haus und seine Stellung im Staate zugleich schwer erschüttert. Der Prinzeps sah sich veranlaßt, seine einzige Tochter Julia *gravi nomine leaesarum religionum ac violatae maiestatis* auf die Insel Pandateria zu verbannen und gegen ihre Freunde mit aller Schärfe vorzugehen.[179] In einem Schreiben, das Augustus im Senat verlesen ließ, warf er seiner Tochter Ehebruch und sexuelle Ausschweifungen vor.[180] Tiberius, der sich in mehreren Briefen von Rhodos aus vergeblich für seine Gattin eingesetzt hatte, mußte sich von der Julia scheiden lassen. Von den Freunden der Julia wurde Jullus Antonius mit dem Tode bestraft. Ein Sempronius Gracchus wurde nach Kerkina verbannt, sein Sohn Gaius, *admodum infans*, hatte seinen Vater in die Verbannung zu begleiten. Auch L. Antonius, der Sohn des Jullus Antonius, *admodum adulescentulus*, mußte ins Exil gehen.[181] Unter den übrigen Freunden der Julia

---

[178] RgdA 21. Dio 55, 10. Vgl. P. Zanker, Forum Augustum, Tübingen 1970. M. Pape, Griechische Kunstwerke aus Kriegsbeute, Diss. Hamburg 1975, 163f. Gegen C. J. Simpson, JRS 67, 1977, 91 ff. und G. Alföldy, Gymnasium 98, 1991, 295, wird man mit F. Cassola, in: Scritti sul mondo antico in memoria di F. Grosso, Rom 1981, 99ff., am 1. August als Dedikationsdatum des Tempels festhalten müssen und den 12. Mai als Datum der *constitutio templi* anzusehen haben. Nachtrag.

[179] Vell. Pat. 2, 100. Tac. ann. 3, 24. Dio 55, 10, 12 ff. Vgl. J. Carcopino, Passion et Politique 83ff. T. A. Dorey, Univ. of Birmingham Hist. Journ. 8, 1961, 4ff. Sattler, Studien 23ff. (= Schmitthenner, Augustus 514ff.). B. Levick, Latomus 31, 1972, 795ff. R. Syme, Sb. Akad. München 1974, Heft 7. E. Meise, Untersuchungen 3ff. (mit weiterer Literatur). Dazu jetzt A. Ferrill, in: Deroux, Studies in Latin Literature II 332ff., und W. K. Lacey, Augustus 190ff. Zu dem durch die Angaben des Tacitus aufgeworfenen juristischen Problem s. R. A. Bauman, Impietas in Principem, München 1974, 2ff., und: Crimen Maiestatis 198ff. – Erst 3 n. Chr. durfte Iulia nach Rhegium übersiedeln. Dazu J. Linderski, Roman Questions 375ff. und 663f.

[180] Seneca, De benef. 3, 32, 1 ff. Dio 55, 10, 14. Vgl. Sattler, Studien 27f. (= Schmitthenner, Augustus 518f.), der von der „repräsentative(n) Prüderie der neuen Machthaber" spricht.

[181] Tac. ann. 4, 13, 3 und 44, 3.

werden ein Quinctius Crispinus, ein Scipio und ein Appius Claudius namentlich genannt. Was aus ihnen wurde, ist nicht genau überliefert. Sie wurden wohl verbannt oder hingerichtet.

Die offizielle Version für das Vorgehen des Augustus gegen die Julia war Ehebruch und unsittlicher Lebenswandel. Diese Version fand auch in der modernen Forschung vielfach Glauben. Aber schon der Philosoph Seneca, der ältere Plinius und Cassius Dio deuten an, daß der eigentliche Grund für das Vorgehen des Augustus der war, daß er eine Verschwörung gegen seine Herrschaft und sein Leben zerschlagen wollte.[182] Nach Plinius war jedenfalls die Ermordung des Augustus geplant gewesen. Selbstverständlich lassen sich die Hintergründe der Affäre heute nicht mehr erhellen. Für eine weitverbreitete Verschwörung spricht aber die Härte, die Augustus bei seinem Vorgehen an den Tag legte, und der große Kreis der Betroffenen.[183]

Die Voraussetzungen für eine solche Verschwörung waren gerade damals in mehrfacher Hinsicht gegeben. Dem Prinzeps fehlte in dieser Zeit ein erfahrener Helfer. Nach Seneca habe er selbst damals geäußert: „Das wäre mir nicht passiert, wenn Agrippa oder Maecenas noch lebten."[184] Aber auch Tiberius stand dem Prinzeps damals nicht mehr zur Seite. Er hatte sich grollend nach Rhodos zurückgezogen. Andrerseits hatten die Einführung der beiden Caesares in das öffentliche Leben und die ganz außergewöhnlichen Ehren, die den beiden Prinzen erwiesen wurden, auch dem letzten Manne in Rom deutlich gemacht, daß Augustus auf eine Erbmonarchie zusteuerte. Es gab jedoch immer noch Männer in Rom, die sich dem Augustus nur widerwillig beugten und die offenbar eine Herrschaft seiner Enkel nicht ertragen wollten. Sie mußten in Jullus Antonius, dem Sohn des Triumvirn, der nach seinem Consulat (im Jahre 10 v. Chr.) mit Erfolg das Proconsulat von Asia bekleidet hatte, den geeigneten Repräsentanten ihrer Interessen sehen.[185] Was die damals 38 Jahre alte Augustustochter Julia bewog, sich mit Jullus Antonius in Umsturzpläne einzulassen, läßt sich schwer sagen. Daß sie aus Sorge um ihre beiden Söhne gehandelt habe,[186] ist aber recht unwahrscheinlich. Als Motiv wird man am ehesten

---

[182] Seneca, De brevit. vitae 4, 6. Plin., n. h. 7, 149. Dio 55, 10, 15. Vgl. R. Till, Würzb. Jb. N. F. 3, 1977, 132. – Vielleicht kam damals auch der gefälschte Brief Ciceros an Oktavian in Umlauf, den P. Grattarolo, Un libello antiaugusteo. La lettera dello pseudo-Cicerone a Ottaviano, Genua 1988, in das Ende des 1. Jh. v. Chr. oder den Anfang des 1. Jh. n. Chr. datiert.

[183] B. Levick, Latomus 31, 1972, 812, sieht allerdings im Vorgehen des Augustus eine 'astonishing mildness'. Vgl. auch L. Schumacher, Servus Index 115 ff.

[184] Sen., De benef. 6, 32, 3.

[185] Zu Jullus Antonius s. Groag PIR² A Nr. 800.

[186] So B. Levick, Latomus 31, 1972, 799.

unbefriedigten politischen Ehrgeiz und das Bemühen, den nach der Selbstverbannung des Tiberius verlorenen Einfluß zurückzugewinnen, vermuten dürfen. Ob die Tatsache, daß Julia und ihre Freunde sich an der Marsyas-Statue auf dem Forum versammelten, politisch gedeutet werden kann, muß offenbleiben.[187] Wenn Augustus kurz vor der Zerschlagung der Verschwörung den Oberbefehl über die Prätorianer reorganisierte und die Truppe zwei Präfekten aus dem Ritterstand unterstellte, so kann man daraus wohl entnehmen, für wie gefährlich der Prinzeps die Situation damals hielt.[188]

Der Sturz der Julia scheint in Tiberius die Hoffnung erweckt zu haben, wieder nach Rom und in das politische Leben zurückkehren zu können. Doch Augustus dachte nicht daran, seinen Stiefsohn zurückzurufen. Mit Mühe konnte Livia erreichen, daß Tiberius nach dem Auslaufen seiner *tribunicia potestas* und seines *imperium proconsulare* wenigstens den Titel eines Legaten erhielt. Der rhodische „Verbannte" mußte damals um seine Sicherheit fürchten. Wurden doch in der Kolonie Nemausus sogar die Statuen des Tiberius umgestürzt.[189]

Erst im Jahr 2 n. Chr. erlaubte Augustus dem Tiberius die Rückkehr nach Rom, doch durfte sich dieser zunächst nicht an den Staatsgeschäften beteiligen.[190] Warum der Prinzeps gerade damals seinen Stiefsohn zurückholte, wird nicht gesagt. Nur daß Livia sich nachhaltig für Tiberius eingesetzt hat, ist überliefert. Verschiedene Gründe mögen die Entscheidung des Prinzeps beeinflußt haben. Die Parteigänger des C. Caesar werden um diese Zeit zum größten Teil mit dem Prinzen im Osten und damit fern von Rom gewesen sein. M. Lollius, der heftigste Feind des Tiberius in der Umgebung des Gaius, soll bei diesem in Ungnade gefallen sein und nahm sich selbst das Leben.[191] Hinzu kam wohl, daß C. Caesar bei der Behandlung

---

[187] Für eine politische Deutung tritt J. Carcopino, Passion et Politique 130, ein, dem sich Sattler bei Schmitthenner, Augustus 520f., anschließt. Vgl. jedoch die Zweifel von Mommsen, RStR III 809 f. Anm. 5. Vgl. auch B. Levick, a. O. 798 ff., die vermutet, Julia habe feste Vorstellungen über die Gestaltung des Prinzipats gehabt. Julia und ihre Freunde seien für die populare *libertas* eingetreten, während Tiberius an einer Stärkung des Senats in republikanischem Sinne interessiert gewesen sei. – Zur Ikonographie der Julia Augusti s. G. Grimm, Röm. Mitt. 80, 1973, 279 ff. mit d. älteren Literatur.
[188] Dio 55, 10, 10. Dazu B. Levick, Latomus 31, 1972, 806. Vgl. M. Durry, Les cohortes prétoriennes, Paris 1968, 157 f., und A. Passerini, Le coorti pretorie, Rom 1969, 216 ff.
[189] Suet. Tib. 12, 1 und 13, 1. Dazu P. Sattler, in Schmitthenner, Augustus 526 ff. – Interessant ist, daß noch im J. 1 v. Chr. in Nysa am Mäander ein Priester des Tiberius genannt wird (Sherk, Documents Nr. 69 Z. 7 f.).
[190] Dio 55, 11, 3. Suet. Tib. 14, 1. Dazu Sattler a. O. 529 ff.
[191] Suet. Tib. 13, 2. Zu den Vorgängen im Osten s. unten S. 345 f.

der sehr verwickelten orientalischen Verhältnisse keine glückliche Hand zeigte und neue bewaffnete Auseinandersetzungen mit den Parthern drohten. Da war es wohl besser, Tiberius als einen erfahrenen Kenner der Verhältnisse im Osten wieder in Rom zu haben. Schließlich mußte im Jahre 3 n. Chr. das *imperium proconsulare* erneuert werden. Dafür aber war es gut, sich eine breitere Basis im Senat zu verschaffen. Stand auch die Verlängerung selbst keinen Augenblick im Zweifel, so mußte doch dem Augustus an einer möglichst überzeugenden Willenskundgebung der *patres conscripti* gelegen sein. Auch aus diesem Grunde war es gut, durch die Rückberufung des Tiberius dessen Parteigängern entgegenzukommen. Ohne Schwierigkeiten wurde dann auch das *imperium proconsulare* des Prinzeps um 10 weitere Jahre verlängert.[192]

6. Die Regelung der Nachfolge und die letzten Regierungsjahre des Augustus

Noch in demselben Jahre 2 n. Chr., in dem Tiberius nach Rom zurückgekehrt war, starb der junge L. Caesar auf der Reise nach Spanien am 20. August in Massilia an einer Krankheit. Schon 18 Monate später folgte ihm sein Bruder Gaius im Tode. Der Prinz starb am 21. Februar 4 n. Chr. in der lykischen Stadt Limyra an einer im Vorjahr empfangenen Verwundung.[193] Als die Unglücksnachricht Ende März in Rom eintraf, muß sie wie ein Donnerschlag gewirkt haben. Bis zur Beisetzung des C. Caesar am

---

[192] Dio 55, 12, 3.
[193] Vell. Pat. 2, 102, 2f. Suet. Aug. 65. Dio 55, 10a, 6ff. – In einem Turmbau mit Relieffragmenten aus augusteischer Zeit an der Hafenseite von Limyra in Lykien erkannte. J. Borchard ein Monument für C. Caesar: J. Ganzert, Das Kenotaph für Gaius Caesar in Limyra, Tübingen 1984, mit einem Beitrag von P. Herz, Das Kenotaph von Limyra, kultische und juristische Voraussetzungen (S. 178ff.). Herz vermutet, daß der Bau vom Senat in Rom beschlossen wurde und verweist als Parallelen auf den Drususstein in Mainz und das Kenotaph des Germanicus bei Antiochia. Zur Frage der Bauhütte s. J. Ganzert a. O. 175ff. Nach Meinung von J. Borchhardt sei der Bau „im Einvernehmen zwischen dem Senat der Stadt Limyra und dem lykischen Bund einerseits und dem römischen Senat sowie dem trauernden Kaiser andererseits" errichtet worden (Antike Welt 23, 1992, 109). Das Kenotaph war Teil einer Platzanlage, die zunächst dem Kult des C. Caesar gewidmet war und später zu einem Sebasteion erweitert wurde. Ob die Initiative zum Bau offiziell vom Lykischen Bund oder von Rom ausging, muß wohl offenbleiben. – Zu weiteren augusteischen Denkmälern in Lykien s. M. Wörrle, in: Fremde Zeiten (Festschrift J. Borchhardt), Wien 1996, 153ff. bes. 157. – Zum Verhältnis des Lykischen Bundes zu Augustus s. auch unten S. 387.

Regelung der Nachfolge 137

9. September wurden alle Rechtsgeschäfte ausgesetzt.[194] Den beiden toten Prinzen wurden in Rom und in den Munizipien außergewöhnliche Ehren beschlossen. Ihr Name wurde in das Salierlied aufgenommen. Auch wünschte Augustus, daß die neuerbaute Basilica Julia, die allerdings bei seinem Tode noch nicht fertig war, wie vorgesehen den Namen *Basilica Gai et Luci* erhalten sollte. In Nemausus wurde den beiden Brüdern ein Tempel, die Maison Carreé, geweiht. Die Ehren, welche die Kolonie Pisa für die Verstorbenen beschloß, sind auf zwei Marmortafeln noch heute großenteils zu lesen.[195]

[194] Ehrenberg–Jones, Documents p. 39 (Fasti zum J. 4 n. Chr.).
[195] Zum Elogium für L. Caesar s. CIL VI 895 mit 31195. Zu den Totenehren für L. Caesar in Ostia s. J. Gagé, Res Gestae Divi Augusti, Paris³ 1977, 230f. Zur Aufnahme der Namen der Caesares ins Salierlied s. Ehrenberg–Jones, Documents 94a Z 4ff. Zur Basilica Julia s. RgdA 20 mit dem Kommentar von Volkmann. Ein Wäldchen, das bei der Naumachia Augusti angelegt wurde, erhielt den Namen *nemus Caesarum*: RgdA 23. Zu den Ehrenbeschlüssen von Pisa s. Dessau 139 und 140, sowie A. R. Marotta D'Agata, Decreta Pisana (CIL XI, 1420–21), Leiden 1980 (Text mit italien. Übers. und Kommentar) = Historische Inschriften Nr. 17. Vgl. F. S. Kleiner, The Arch of Gaius Caesar at Pisa (CIL XI 1421), Latomus 44, 1985, 156ff. Im folgenden Jahre 5 n. Chr. wurden die zehn neugeschaffenen Destinationscenturien nach den beiden Caesares benannt, s. Ehrenberg–Jones, Documents 94a und b (vgl. dazu unten Anm. 204). – Eine Zusammenstellung der für die Caesares teils noch zu Lebzeiten, teils erst nach dem Tode beschlossenen Ehren bei D. Magie, Roman Rule in Asia Minor 482 und 1343 Anm. 41f. Vgl. Chr. Hanson–F. P. Johnson, AJA 50, 1946, 389ff. P. Herrmann, Ath. Mitt. 75, 1960, 106ff. F. Taeger, Charisma II 139. E. Simon, Mainzer Ztschr. 58, 1963, 8ff. und 71/2, 1976/7, 101ff. B. Forte, Rome and the Romans, Rom 1972, 178f. P. Collart, Mélanges Charles Gilliard, Lausanne 1944, 38ff. L. Berni Brizio, Centro Studi e Documentazione sull'Italia Romana, Atti IV Milano 1972/3, 149ff. A. von Gladiss, Röm. Mitt. 79, 1972, 62f. Dazu: Ch. Dunant–J. Pouilloux, Études Thasiennes V, Paris 1958, 62 Nr. 178. AE 1969/70 Nr. 19. T. D. Mitford, AJA 65, 1961, 107ff. W. Eck, Epigraphica 41, 1979, 94f. Nr. 3. Zu einem Monument (wohl einem Altar) für die Caesares in Reims (Durocortorum Remorum) s. A. Vassileiou, ZPap 47, 1982, 119ff., der weitere Denkmäler für die Caesaren in Gallien und Spanien zusammengestellt hat. Für die Patronate der Caesares s. L. Harmand, Le patronat sur les collectivités publiques, Paris 1957, 169. – Zu den Bildnissen der Caesares s. J. Pollini, The Portraiture of Gaius and Lucius Caesar, New York 1987. P. Zanker, in: Beiträge zur Ikonographie und Hermeneutik (Festschrift N. Himmelmann), Mainz 1989, 351ff. A. Mlasowsky, JdAI 111, 1996, 277ff. Vgl. auch die Literatur zum Augustusporträt unten S. 257f. A. 169. Vgl. auch PIR Iulius Nr. 216 und 222 sowie T. Ritti, Epigraphica 41, 1979, 183ff. (Altar für C. Caesar und die Dea Roma aus Hierapolis). – Im Letoon von Xanthos fanden sich Weihungen für Agrippa sowie für C. (und L.?) Caesar: FdeXanthos VII 45ff. – In Ephesos war der Leibarzt Trajans Priester der Dioskuren, des C. und L. Caesar und des Königs Alexander: IvEph. 3 Nr. 719. Vgl. auch TAM IV 1 Nr. 21 (Nikomedeia) und P. Frisch, Epigr. Anat. 4, 1984, 15 (Ilion).

Für Augustus war der Tod seiner geliebten Enkel und Adoptivsöhne ein neuer, sehr herber Schicksalsschlag. Doch er konnte sich nicht der Trauer hingeben. Noch bevor die sterblichen Reste des C. Caesar neben seinem Bruder im *Mausoleum Augusti* ihre letzte Ruhe gefunden hatten, und noch während des *iustitium*, adoptierte der Prinzeps am 26. Juni 4 n. Chr. den Tiberius und den Agrippa Postumus, den Bruder der verstorbenen Caesares, nachdem Tiberius zuvor den Germanicus, den Sohn seines Bruders Drusus, adoptiert hatte. Die Eile, mit der Augustus die Adoption vornahm, zeigt, daß er eine schnelle Nachfolgeregelung als eine politische Notwendigkeit ansah.[196]

Über die Hintergründe und den Sinn der Adoptionen des Jahres 4 n. Chr. ist in der Forschung noch immer eine lebhafte Kontroverse im Gang.[197] E. Kornemann hat vor allem auf die Adoptionen des Jahres 4 seine These vom Doppelprinzipat gegründet, wonach Augustus nach seinem Ableben zunächst an eine Zweiherrschaft des Tiberius und des Agrippa, dann an eine Dyarchie des Germanicus und des jüngeren Drusus gedacht habe. Diese These hat jedoch mit Recht wenig Beifall gefunden.[198] Augustus ließ vielmehr gleich nach der Adoption dem Tiberius – und zwar diesem allein – die *tribunicia potestas* verleihen, womit dieser als sein

---

[196] Vell. Pat. 2, 103f. Suet. Aug. 65; Tib. 15f. Dio 55, 13, 1af. Tac. ann. 1, 3. Vgl. M. L. Paladini, I poteri di Tiberio Cesare del 4 a 14 d. C., Mél. M. Renard II, Brüssel 1969, 573 ff. – Zu den Bildnissen des Tiberius vor seiner Thronbesteigung s. Z. Kiss. L'iconographie 71 ff. und A. Mlasowsky, JdAI 111, 1996, 308 ff. Zu den Bildnissen des Germanicus s. Kiss, ebda. 111 ff. und J. Fink, Festschrift H. E. Stier, Münster 1972, 280 ff. V. W. Hiesinger, Studies G. Hanfmann, Mainz 1971, 65 ff. A. Linfert, JdAI 91, 1976, 168 ff.

[197] Vgl. H. U. Instinsky, Hermes 94, 1966, 324 ff., und M.-H. Prevost, Les adoptions politiques, Paris 1949, 39. Zum Datum s. A. Bernecker, Das Adoptionsdatum des Tiberius und die Nundinalschaltung, 26. oder 27. 6. 4 n. Chr., Bonn 1980. Allgemein zum Problem der Adoption s. H. Nesselhauf, Hermes 83, 1955, 477 ff. – Zu Agrippa Postumus vgl. V. Gardthausen, RE X 1, 1918, 183 ff. Nr. 128. Zu Ehrungen des Agrippa nach seiner Adoption in Iasos und in Samos s. AE 1972, 98. SEG I 384 IGR IV 1718. Dazu P. Herrmann, Athen. Mitt. 75, 1960, 112. Zu weiteren Ehrungen des Agrippa vor der Adoption s. Chr. Hanson–F. P. Johnson a. O. (Anm. 195) 398. Dazu P. LeRoux, Bracara Augusta 29, 1975, 158 (von LeRoux falsch datiert), sowie F. Salviat–D. Terrier, Rev. Arch. Narb. 13, 1980, 65 ff. und 15, 1982 (1983) 237 ff. Nachtrag.

[198] E. Kornemann, Doppelprinzipat und Reichsteilung im Imperium Romanum, Berlin 1930, 24 ff. In ähnlichem Sinne B. Levick, Latomus 25, 1966, 227 ff. Gegen Kornemann schon H. St. Jones, JRS 23, 1933, 81 f., und B. Parsi, Désignation et Investiture de l'Empereur romain, Paris 1963, 33 ff., die mit Recht betont, daß der Mitregent in der Prinzipatszeit (nicht nur unter Augustus) der kaiserlichen Souveränität ermangelte. Erst unter den Antoninen änderte sich dies bis zu einem gewissen Grade.

künftiger Nachfolger bezeichnet war. Es mag jedoch sein, daß man in der Nachfolgeregelung des Jahres 4 n. Chr. eine Kompromißlösung zu sehen hat. Augustus soll ernsthaft erwogen haben, den Tiberius zu übergehen und den damals erst 19jährigen Germanicus zu seinem Nachfolger zu bestimmen.[199] Ob auch die von Dio unter dem Jahre 4 n. Chr. berichtete Verschwörung des Cn. Cornelius Cinna Magnus in diesen Zusammenhang gehört, ist allerdings sehr fraglich.[200] Cinna wurde jedenfalls von Augustus nicht bloß begnadigt, sondern erhielt sogar für das Jahr 5 n. Chr. das Consulat. Es ist möglich, daß Cinna zu den Parteigängern des Tiberius gehörte. Andrerseits hatte dieser, der nach seiner Rückkehr aus dem rhodischen Exil einen finsteren und arrogant-hochmütigen Eindruck gemacht haben soll, im Senat sicher nicht bloß Freunde. Wir hören, daß Augustus selbst es für nötig fand, den Tiberius im Senat und vor dem Volke mehrfach gegen den Vorwurf der Arroganz in Schutz zu nehmen.[201] Das könnte auch erklären, warum Augustus an Germanicus als an seinen Nachfolger gedacht hatte, der mit seinem offenen Wesen viel Sympathien besaß. Da aber Tiberius nicht zu übergehen war und *rei publicae causa* adoptiert werden mußte, sollten Germanicus und Agrippa Postumus fest in die neue dynastische Ordnung eingefügt werden, um einer möglichen Opposition keine Kristallisationspunkte zu bieten. Selbstverständlich konnte und sollte durch die Adoption des Germanicus der Tiberiussohn Drusus nicht ganz ausgeschaltet werden. Beide wurden aber auch offiziell nicht als völlig gleichrangig behandelt.[202]

Die Eile, mit der Augustus die Adoption des Tiberius und des Agrippa Postumus vorgenommen hat, zeigt, daß der Prinzeps sich der Gefahr bewußt war, in die er durch den Tod der beiden Caesares geraten war. Nach den Adoptionen aber „faßte er Mut, da er ja nun Nachfolger und Helfer hatte, und wollte wieder eine *lectio senatus* vornehmen". Er bestellte daher *tresviri senatus legendi*, welche die Senatslese durchführten. Es sollen je-

---

[199] Tac. ann. 4, 57. Vgl. allg. zur Nachfolgeregelung R. A. Birch, Class. Quart. 75, 1981, 443 ff.

[200] Seneca, De clem. 1, 9, 2 ff. Dio 55, 14 ff. Vgl. D. C. A. Shotter, Latomus 33, 1974, 306 ff. Die Datierung der Verschwörung ist umstritten; die Angaben Senecas führen in die Jahre 16–13 v. Chr. s. W. Speyer, Rh. Mus. 99, 1956, 277 ff., und B. Manuwald, Cassius Dio und Augustus 120 ff. – Für das von Dio gegebene Datum 4 n. Chr. trat besonders H. R. W. Smith, Problems Historical and Numismatic in the Reign of Augustus, Berkeley 1951 (passim), ein. Vgl. auch R. A. Bauman, Crimen Maiestatis 193 ff. J. Béranger, Principatus 191 ff., und G. Charles-Picard, unten Anm. 204. Dazu M. A. Giua, Athenaeum 69, 1981, 317 ff.

[201] Suet. Tib. 68, 3.

[202] Gegen B. Levick, Latomus 25, 1966, 227 ff., s. G. V. Sumner, Latomus 26, 1967, 413 ff. Dazu wieder B. Levick, Latomus 35, 1970, 315 ff.

doch nur wenige Herren aus dem Senat entfernt worden sein. Augustus nahm außerdem aufgrund seines *imperium consulare* einen Census vor, der sich jedoch nur auf die in Italien lebenden Bürger erstreckte, die mindestens 50000 Denare, d. h. den halben Rittercensus, besaßen. Der Sinn dieses Census scheint u. a. der gewesen zu sein, den Senat und den Ritterstand durch geeignete Leute zu ergänzen. Denn Cassius Dio, der diese Maßnahme berichtet, fügt hinzu, der Prinzeps habe vielen jungen Herren aus senatorischem Geschlecht und aus dem Ritterstand, die unverschuldet in Not geraten waren, den Census aufgefüllt.[203]

Hinter allen diesen Maßnahmen wird man auch das Bemühen des Augustus zu sehen haben, seine durch die Julia-Affäre und durch den Tod seiner Adoptivsöhne erschütterte Stellung zu festigen. In den gleichen Zusammenhang gehört wohl auch die Einführung der Destinationscenturien durch die *lex Valeria Cornelia*, durch welche die Wahl der oberen Magistrate praktisch den regulären Comitien entzogen wurde.[204] Vielleicht war es mit eine Folge dieser Neuerung, wenn in den Jahren 5–14 n. Chr. die Suffectconsulate zum größten Teil von *homines novi* bekleidet wurden. Das Auftauchen dieser neuen Leute in den Fasten hängt wohl auch damit zusammen, daß im Jahre 13 v. Chr. das Vigintivirat für die senatorische Laufbahn obligatorisch gemacht worden war. Die Herren, die seitdem ihre Karriere begonnen hatten, standen nun zum Consulat an. Augustus dürfte in den „neuen" Consuln eine Stütze seiner Herrschaft erblickt haben.[205]

Vor dem Hintergrund der angespannten innenpolitischen Situation dieser Jahre hat man wohl auch die beiden großen Sozialgesetze, welche die Freilassung von Sklaven neu regeln, zu sehen. Die *lex Fufia Caninia* vom Jahre 2 n. Chr. schränkte die Zahl der Sklaven, die durch Testament freigelassen werden durften, ein.[206] Mehr als 100 Sklaven *ex testamento* freizu-

---

[203] Dio 55, 13, 3f.

[204] Ehrenberg–Jones, Documents 94a. Dazu P. A. Brunt, JRS 51, 1961, 71 ff. Vgl. unten S. 163f. m. A. 40a. Zum politischen Hintergrund s. auch G. E. F. Chilver, Gnomon 27, 1955, 367; B. Levick, Latomus 35, 1970, 320f., und G. Charles-Picard, Augustus and Nero 75, der vermutet, daß Cinna durch das Einbringen dieses Gesetzes seine Loyalität unter Beweis stellen mußte.

[205] E. T. Salmon, Historia 5, 1956, 476, und A. Ferrill, Historia 20, 1971, 718ff., mit weiterer Literatur. Allerdings ist in der Forschung umstritten, ob die *destinatio* zwischen 5 und 14 n. Chr. auch wirklich angewandt wurde, vgl. R. Frei-Stolba, Wahlen 116 Anm. 130, und A. J. Holladay, Latomus 37, 1978, 874ff.

[206] Zu den augusteischen Freilassungsgesetzen s. A. N. Sherwin-White, Citizenship² 327ff. R. Gilbert, Beziehungen 133ff. M. Kaser, Römisches Privatrecht I², 296ff., mit weiterer Literatur. Ob die *lex Iunia Norbana*, welche die *manumissio domestica* neu ordnete, bereits unter Augustus (so Gilbert) oder erst unter Tiberius erlassen wurde, ist umstritten. Vgl. Sherwin-White a. O. 332ff. M. Balestri Fuma-

lassen, wurde überhaupt verboten. Da der Freilasser später der Patron der Freigelassenen war und sein Patronat sich auf seine Nachkommen vererbte, hatte eine nach Hunderten zählende Freilassung durchaus politisches Gewicht.[207] Augustus konnte es daher nicht gleichgültig sein, wenn einzelne adlige Herren die Klientel ihrer Söhne und Erben durch Freilassungen vergrößerten. Das Gesetz des Fufius Geminus und des Caninius Gallus wurde im Jahre 4 n. Chr. durch die *lex Aelia Sentia* ergänzt,[208] die für Freilassungen jeglicher Art ein Mindestalter festsetzte. Sklaven, die einer entehrenden Strafe unterworfen worden waren, wurden vom Erwerb des römischen Bürgerrechts ausgeschlossen und konnten nur die Rechtsstellung von Deditiziern erhalten. Sie durften das Gebiet Roms und seiner Umgebung nicht betreten. Die *plebs urbana* sollte durch diese Elemente, von denen Unruhe und Aufsässigkeit zu erwarten war, nicht noch vermehrt werden. Zugleich hat man die Gesetze, welche die Freilassungen einschränken sollten, auch vor dem Hintergrund der sich verschlechternden finanziellen Situation zu sehen. Da die Freigelassenen mit dem Bürgerrecht zugleich die Anwartschaft auf das *frumentum publicum* erwarben (jedenfalls soweit sie in Rom lebten), bedeutete eine Vermehrung der Zahl der Freigelassenen eine stärkere Belastung der Kasse des Prinzeps.[209]

Überblickt man die Vorgänge in Rom im letzten Jahrzehnt des Augustus, so gewinnt man den Eindruck, daß der alte Prinzeps die Zügel der Regierung nicht mehr so straff zu führen vermochte wie in den früheren

galli, Lex Iunia de Manumissionibus, Mailand 1985. A. J. B. Sirks, RIDA 30, 1983, 211 ff. – Zu den im Zusammenhang mit der *lex Aelia Sentia* eingerichteten Geburtsregistern vgl. F. Schulz, JRS 32, 1942, 78 ff., und 33, 1943, 55 ff. Wie weit solche Geburtsregister außerhalb Roms und Ägyptens verbreitet waren, ist fraglich. Vgl. A. Mócsy, Gesellschaft und Romanisation in der römischen Provinz Moesia Superior, Amsterdam 1970, 242, und M. Clauss, Chiron 3, 1973, 395 ff. (bes. 397) mit weiterer Literatur. Dazu C. Cogrossi, Preoccupazioni etniche nelle leggi di Augusto sulla „manumissio servorum"?, in: M. Sordi, Conoscenze etniche e rapporti di convivenza nell' antichità, Mailand 1979, 158 ff. Zur *lex Fufia Caninia* s. J. F. Gardner, EMC 35, 1991, 21 ff.

[207] Vgl. Z. Yavetz, Plebs 96 f. Allerdings blieb das Verbot auf die testamentarische Freilassung beschränkt. Eine Freilassung zu Lebzeiten des Freilassers wurde durch das neue Gesetz des Augustus nicht verhindert. Vgl. G. Alföldy, Riv. stor. ant. 2, 1972, 102 ff.

[208] Vgl. die Literatur bei M. Kaser, Römisches Privatrecht I², 252 Anm. 73. Dazu P. Jaubert, Rev. hist. de droit fr. et étr. 43, 1965, 5 ff. X. D'Ors, SDHI 40, 1974, 425 ff. M. De Dominicis, RIDA 20, 1973, 311 ff. G. Fabre, Libertus, Paris/Rom 1981, 71 ff. Vgl. allgemein K. R. Bradley, Slaves and Masters in the Roman Empire, Brüssel 1984, 148 f.

[209] Vgl. D. van Berchem, Les distributions de blé 48 f.

Jahren. *Iuncta deinde tot mala, inopia stipendi, rebellio Illyrici, servitiorum dilectus iuventutis penuria, pestilentia urbis, fames Italiae* ...[210] Die Hauptstadt wurde in den Jahren 5–9 n. Chr. von Hungersnöten heimgesucht, und es kam gelegentlich zu regelrechten Hungerrevolten, so daß Augustus einmal sogar seinem Leben durch Nahrungsentzug ein Ende bereiten wollte.[211] Im Jahre 6 n. Chr. brachen in Rom auch wieder mehrere schwere Feuersbrünste aus, so daß Augustus die im Jahre 21 v. Chr. eingerichtete, aus Sklaven bestehende Feuerbrigade auflöste und an ihrer Stelle 7 *cohortes vigilum* aus Freigelassenen aufstellte unter dem Kommando eines ritterlichen Präfekten.[212] In den Jahren 7 und 11 hört man ferner wieder von Wahlunruhen, und 6 und 12 n. Chr. mußte der Prinzeps gegen die Verbreitung von Schmähschriften vorgehen. Schließlich hat es in diesem Zeitraum auch nicht an aufsehenerregenden politischen Affären gefehlt.[213]

Die Hintergründe für diese Vorgänge sind dunkel oder doch in Zwielicht gehüllt. Die Hungersnöte in Rom und Italien hängen sicherlich damit zusammen, daß ein großer Teil der Getreidevorräte des Reiches zur Versorgung der Truppen erst in Germanien, dann in Illyricum dienen mußte. Da die pannonischen Insurgenten die Taktik der verbrannten Erde betrieben, waren die römischen Truppen – zeitweise mehr als 100 000 Mann – allein auf den Nachschub aus Italien angewiesen, was sich natürlich auf die Versorgungslage der Bevölkerung auswirken mußte.[214] Für die politische Situation bezeichnend ist, daß Augustus im Jahre 8 n. Chr. die Aufsicht über die Getreideversorgung der Hauptstadt den senatorischen *curatores annonae* entzog und einem Präfekten aus dem Ritterstand übertrug.[215] Über die Hintergründe der Wahlunruhen und über den Inhalt der Schmähschriften läßt sich nur wenig ermitteln. Zum Teil standen die Vorgänge wohl mit der Regelung der Nachfolgefrage in Zusammenhang. Die Opposition sammelte sich, wie es scheint, um die Figur des Agrippa Postumus. Zum Konflikt kam es wohl nicht zufällig im Jahre 6 n. Chr. Wir wis-

---

[210] Plin. n. h. 7, 149. Dazu R. Till, Würzb. Jahrb. N. F. 3, 1977, 127 ff. Zu der Finanzkrise dieser Jahre s. unten S. 404 ff.

[211] Plinius a. O. Dio 55, 26; 31, 3; 33, 4. 56, 12, 1.

[212] Dio 55, 26, 4. Vgl. P. K. Baillie Reynolds, The Vigiles of Imperial Rome, Oxford–London 1926, und unten S. 331 f. m. A. 42.

[213] Dio 55, 34, 2; 27, 1 ff. 56, 27, 1. – Im J. 7 n. Chr. hat anscheinend der Prinzeps die Magistrate nicht wählen lassen, sondern sie selbst ernannt. Vgl. R. Frei-Stolba, Wahlen 115 f.

[214] Dio 56, 12, 1. Dazu E. Koestermann, Hermes 81, 1953, 353.

[215] Vgl. W. Enßlin, RE XXII 2, 1954, 1263 ff., und unten S. 188 mit Anm. 125. Vgl. auch G. Rickman, The Corn Supply of Ancient Rome 66. – Vielleicht gehört auch die *lex Iulia de annona* (Dig. 48, 12, 2) in diesen Zusammenhang. Vgl. P. Herz, Studien zur römischen Wirtschaftsgesetzgebung, Stuttgart 1988, 81 ff.

sen, daß der Ausbruch des pannonischen Aufstandes in Rom wie ein Schock wirkte. Augustus erklärte im Senat, der Feind könne in zehn Tagen in der Hauptstadt sein, wenn man keine Gegenmaßnahmen treffe. In der Bevölkerung führten die Hungersnot und die Nachrichten vom Kriegsschauplatz zu Unruhen. Wegen der schweren Versorgungskrise verfügte der Prinzeps damals sogar die Ausweisung aller Fremden (mit Ausnahme der Lehrer und Ärzte) aus Rom. Neue Aushebungen und neue Steuern trugen im übrigen kaum zur Beruhigung der Lage bei. Wie immer in solchen Situationen schwirrte Rom von Gerüchten. Man wollte wissen, daß Augustus dem Tiberius nicht mehr voll vertraute und deshalb auch den Germanicus mit neuen Truppen nach Pannonien entsandt habe. In Wahrheit wußte aber wohl der Prinzeps nur zu gut, daß er mehr denn je auf die bewährte Tüchtigkeit des Tiberius angewiesen war.[216] Auch im Reich blieb es nicht ruhig. In nicht wenigen Städten gab es Unruhen; und Piraten machten das Mittelmeer wieder so unsicher, daß die Insel Sardinien einem ritterlichen Offizier mit Truppen unterstellt werden mußte.[216a]

In dieser höchst gespannten Situation kam es auch zum Bruch mit Agrippa Postumus. Dieser hatte im Jahre 5 n. Chr. gerade die *toga virilis* erhalten. Ihm waren aber die Vorrechte und Ehren, die einst seinen Brüdern, den beiden jungen Caesares, erwiesen worden waren, versagt worden. Agrippa mußte das als Zurücksetzung empfinden und scheint für diese Zurücksetzung die Livia verantwortlich gemacht zu haben. Augustus konnte es sich jedoch damals nicht leisten, durch eine betonte Förderung des Agrippa Postumus den Tiberius erneut zu brüskieren. Da andrerseits Agrippa nicht bereit war, sich den Vorstellungen des Prinzeps zu fügen, und als Sohn der Julia deren politische Freunde um sich sammeln konnte, suchte Augustus den jungen Mann politisch auszuschalten. Nach einer feierlichen *abdicatio* wurde Agrippa zunächst nach Sorrent relegiert und im folgenden Jahr (7 n. Chr.) auf der Insel Planasia interniert.[217]

Eine Folge der Ausschaltung des Agrippa war wohl die Verschwörung des Aemilius Paullus, des Gatten der jüngeren Julia, im Jahre 8 n. Chr. Julia Minor war die Schwester des Agrippa Postumus und fühlte sich durch die Nachfolgeordnung des Augustus gleich ihrem Bruder politisch zurückgesetzt. Ihr Gatte, der Patrizier Aemilius Paullus, sah sich offenbar um die politischen Hoffnungen, die er in die Ehe mit der Enkelin des

---

[216] Vell. Pat. 2, 110, 6ff. Dio 55, 31. – Zu den damals neu geschaffenen Steuern s. unten S. 406f.

[216a] Dio 55, 28, 1–2.

[217] Suet. Aug. 65. Dio 55, 32. Vgl. B. Levick, Historia 21, 1972, 676ff., und Sh. Jameson, Historia 24, 1975, 287ff., sowie M. Wurm, Apokeryxis, abdicatio und exheredatio, München 1972, bes. 52ff. Vgl. auch C.-J. Simpson, Mnemosyne 49, 1996, 332ff.

Augustus gesetzt hatte, betrogen. So kam es zur Verschwörung. Zu den Mitwissern gehörte nach Cassius Dio auch ein gewisser Plautius Rufus, der die Mißstimmung, die durch die damals in Rom herrschende Hungersnot entstanden war, zu einer Propaganda gegen den Prinzeps nutzte. Augustus ging nach der Aufdeckung des Komplotts äußerst hart gegen seine Widersacher vor. Paullus wurde relegiert und sein Name aus den Inschriften getilgt. Julia Minor wurde auf die Insel Trimerus vor der Nordküste Apuliens verbannt. Einen Sohn, den sie dort gebar, durfte sie nicht aufziehen. Den Palast seiner Enkelin in Rom ließ der Prinzeps zerstören.[218]

Wie schon ihrer Mutter wurde auch der Julia Minor öffentlich Ehebruch und Unmoral vorgeworfen. Ihr Liebhaber D. Junius Silanus kam jedoch relativ glimpflich davon. Augustus kündigte ihm seine *amicitia*, und Silanus begab sich freiwillig ins Exil. Auch der Dichter Ovid wurde in den Sturz der Julia Minor hineingezogen. Durch ein Edikt des Prinzeps wurde er nach Tomis am Schwarzen Meer verbannt, wo er noch bis zum Jahre 17 n. Chr. gelebt hat.[219] Vielleicht ist es kein Zufall, daß Augustus im gleichen Jahre 8 n. Chr., in das die oben geschilderten Ereignisse fallen, die Anwendung der Folter bei Sklaven in einem Edikt bekräftigte, *cum capitalia et atrociora maleficia non aliter explorari et investigari possunt*. Das *Senatusconsultum Silanianum* über Folterung und Hinrichtung der Sklaven eines ermordeten Herren dürfte eine weitere Verschärfung der Sklavengesetzgebung als Folge der durch die Varuskatastrophe hervorgerufenen Instabilität gewesen sein.[219a]

[218] Suet. Aug. 65, 72, 3. Tac. ann. 4, 71. Dazu B. Levick, Latomus 35, 1970, 301 ff., und E. Meise, Untersuchungen 35 ff., sowie R. Syme, Ovid 206 ff., und T. D. Barnes, Phoenix 35, 1981, 362 ff. Zu Plautius Rufus s. Dio 55, 27, 2, und Suet. Aug. 19. Zu dem im J. 6 beschlossenen *senatusconsultum de famosis libellis* s. R. A. Bauman, Impietas in Principem, München 1974, 27 f. – Zu L. Aemilius Paullus s. R. Syme, Roman Papers VI 247 ff., und Augustan Aristocracy 115 ff.

[219] Zu D. Silanus s. Tac. ann. 3, 24. Zu Ovids Verbannung s. M. von Albrecht, Anz. d. Altertumswiss. 26, 1973, 138, und J. C. Thibault, The Mystery of Ovid's Exile, Berkeley–Los Angeles 1964 mit der älteren Literatur. Thibault leugnet das Vorhandensein politischer Gründe für Ovids Verbannung. Dagegen s. schon E. Meise a. O. (Anm. 218) 223 ff., bes. 234 f. Dazu P. M. Martin, Latomus 45, 1986, 609 ff. Vgl. auch unten S. 304.

[219a] Zum Edikt des Jahres 8 n. Chr. s. Paulus, Dig. 48, 18, 8 (= Malcovati, Augusti operum fragmenta p. 65 Nr. XI). Dazu R. Syme, Ovid 214. Zum *Senatusconsultum Silanianum* s. Paul Sent. III 5. Dig. XXIX 5. Cod. Just. VI 3, 5. Tac. ann. 14, 42. Dazu H. Bellen, Antike Staatsräson, Universität im Rathaus 1, Mainz 1981, 59 ff. Bellen möchte den Senatsbeschluß dem Consul des Jahres 17 v. Chr. zuschreiben und ihn in den Rahmen der Gesetzgebung der Jahre 18/17 v. Chr. einordnen. Doch wird man eher mit Th. Mommsen, Römisches Strafrecht 631 m. A. 2 an den Consul des

Von den Männern, welche in Opposition zu Augustus standen, kennen wir noch einen gewissen Cassius Severus, der wohl ebenfalls im Jahre 8 n. Chr. verbannt wurde. Er pries in öffentlichen Deklamationen die *libertas*, machte heftige Ausfälle gegen die Tyrannen und soll in Rede und Schrift maßlose Schmähungen gegen hochstehende Männer und Frauen aus der Umgebung des Augustus verbreitet haben. Nach einem Verfahren im Senat wurde er wegen *laesa maiestas* nach Kreta verbannt. Seine Schriften wurden eingezogen. Später hat jedoch Caligula seine Werke sammeln und edieren lassen. Es spricht einiges dafür, daß auch Cassius Severus dem Kreis um Agrippa Postumus nahestand. Das würde auch erklären, warum Caligula, der ein Neffe des Postumus war, sich der Schriften des Severus annahm.[220] Unklar bleibt, was es mit jenem Sklaven Telephus auf sich hat, der *quasi debita sibi fato dominatione* einen Anschlag auf Augustus und den Senat geplant haben soll. Vielleicht ist die 11 n. Chr. erlassene Verfügung gegen die Wahrsager eine Reaktion auf jenen Vorfall.[220a]

Daß zumindest der eben genannte Agrippa Postumus auch im Exil noch ein politischer Faktor war, geht aus der Tatsache hervor, daß später, wohl im letzten Lebensjahr des Augustus, der Versuch unternommen wurde, die Augustustochter Julia und den Agrippa zu befreien und den Truppen vorzustellen. Wer die Hintermänner dieses Entführungsversuches waren, bleibt allerdings unklar.[221] Möglicherweise gehört das Ereignis ins Jahr 12 n. Chr., als Augustus erneut gegen die Verbreitung von Schmähschriften vorgehen mußte. Außerdem schränkte der Prinzeps damals den Aufwand ein, den die zahlreichen Verbannten im Exil bis dahin betreiben konnten.[222] In Rom fürchtete man offenbar den Agrippa und die Freunde der Julia. Augustus soll sogar wenige Monate vor seinem Tode den Agrippa Postumus in Planasia besucht haben. Auch der mysteriöse Selbstmord des hochangesehenen Aristokraten Paullus Fabius Maximus wurde mit dieser

---

Jahres 10 n. Chr. als Urheber zu denken haben. Vgl. auch G. Boulvert–M. Morabito, ANRW II 14, 1982, 107 f., und L. Schumacher, Servus Index 121 ff.

[220] Tac. ann. 1, 72. 4, 21. Suet. Calig. 16. Das Datum der Verbannung des Severus ist nicht überliefert. Außer 8 n. Chr. kommt auch das Jahr 12 n. Chr. in Betracht. Auch einem gewissen T. Labienus wurde noch unter Augustus *de famosis libellis* der Prozeß gemacht, s. D. Hennig, Chiron 3, 1973, 245 ff. Vgl. auch R. A. Bauman, Impietas in Principem 28 f., und: Crimen Maiestatis 246 ff. S. unten S. 265.

[220a] Suet. Aug. 19, 1 f. Vgl. Dio 56, 25, 5 f. – Im gleichen Jahr wurde von Augustus das Verbot von Ehrenbeschlüssen für amtierende Statthalter erneuert (vielleicht im Zusammenhang mit dem Prozeß gegen Messala Volesus), Dio a. O. Dazu J. Nicols, Chiron 9, 1979, 247 f. – Zu Volesus s. Maliovati, Augusti operum fragmenta, 53 Nr. IV.

[221] Sueton, Aug. 19, 2. Dazu E. Meise, Untersuchungen 32 ff.

[222] Dio 56, 27, 1 ff. Dazu B. Levick, Historia 28, 1979, 376.

Geschichte in Verbindung gebracht.²²²ᵃ Beim Regierungswechsel des Jahres 14 n. Chr. wurden jedoch Agrippa Postumus und Sempronius Gracchus, der Liebhaber der älteren Julia, sofort beseitigt. Ob noch Augustus oder schon Tiberius für diese Morde verantwortlich zu machen ist, wird wohl immer strittig bleiben.²²³

Die Möglichkeit, daß noch Augustus jene Morde befohlen hat, läßt sich jedenfalls keineswegs ausschließen. Denn der erste Prinzeps hat den Übergang der Herrschaft auf seinen Nachfolger zweifellos sehr sorgfältig vorbereitet.²²⁴ Er wußte, daß die von ihm geschaffene Staatsform beim Regierungswechsel ihre Bewährungsprobe zu bestehen hatte. Im Jahre 13 n. Chr. wurde zusammen mit der *tribunicia potestas* des Augustus auch die tribunizische Gewalt des Tiberius verlängert. Außerdem erhielt Tiberius ein *imperium proconsulare maius*, das dem des Augustus gleich war. Tiberius bekam also die rechtlichen Kompetenzen, durch die auch die Stellung des Augustus legalisiert worden war.²²⁵ Dieser hat ferner versucht, durch die Bildung einer erweiterten Senatskommission mit dem Recht, bindende Senatsbeschlüsse zu fassen, den Übergang der Herrschaft auf seinen Adoptivsohn und Nachfolger leichter zu gestalten. Daß seit der Adoption des Tiberius wichtige Beamtenstellen mit Vertrauensleuten des Tiberius besetzt worden waren, mußte den Herrschaftsübergang noch mehr erleichtern.²²⁶

---

²²²ᵃ Nach Tacitus, ann. 1, 5, soll einem Gerücht nach Augustus wenige Monate vor seinem Tode den Agrippa heimlich in Planasia besucht haben. Für die Historizität dieser im allgemeinen für apokryph gehaltenen Nachricht tritt neuerdings Sh. Jameson, Historia 24, 1975, 310, ein. Dazu R. Syme, Ovid 149 ff. mit weiteren Zeugnissen.

²²³ Tac. ann. 1, 6. E. Hohl, Hermes 70, 1935, 350 ff. B. Levick, Latomus 25, 1966, 242, und J. D. Lewis, Essays E. M. Blaiklock, Auckland Univ. Press 1970, 165 ff., machen Augustus verantwortlich. Für D. C. A. Shotter, Latomus 30, 1971, 1117 ff., trug Tiberius am Tod des Agrippa und des Sempronius Gracchus die Schuld. Nach W. Allen, Jr., TAPA 78, 1947, 131 ff., und R. S. Rogers, TAPA 98, 1967, 383 ff., starben jene beiden Männer dagegen eines natürlichen Todes. Vgl. auch R. Detweiler, Class. Journ. 65, 1969/70, 289 ff. mit weiterer Literatur. Dazu E. Merten, Bonner Festgabe J. Straub, Bonn 1977, 257 f., wonach das *codicillum*, das die Ermordung des Agrippa befahl, möglicherweise von Livia unterschrieben war. Vgl. auch M. Sordi, La morte di Agrippa Postumo e la rivolta di Germania del 14 d. C., in: Studi su Varrone. Scritti B. Riposati, Mailand 1979, 581 ff.

²²⁴ Zum Folgenden s. D. Timpe, Kontinuität 27 ff. Timpe erörtert auch die unterschiedlichen Versionen über das Ende des Augustus und über die Rolle der Livia. Vgl. schon M. P. Charlesworth, AJPh 44, 1923, 145 ff., der betont, daß Livia zuerst bei Tacitus negativ gezeichnet wird, und zwar nur in Verbindung mit der Nachfolgefrage. Vgl. auch C. Questa, Parola del Passato 64, 1972, 41 ff.

²²⁵ Dio 56, 28, 1. Vell. Pat. 2, 121, 1. Suet. Tib. 21, 1.

²²⁶ Zur Senatskommission s. Dio 56, 28, 2–3. Dazu unten S. 180. Zur Besetzung

Auch durch sein Testament und die dem Testament beigefügten Schriftstücke hatte der Prinzeps Vorsorge für einen reibungslosen Herrschaftswechsel getroffen.[227] In seinem Testament vom 3. April 13 n. Chr. suchte Augustus die *plebs urbana* und die Truppen mit reichen Geldgeschenken zufriedenzustellen. Vor allem aber setzte er den Tiberius mit zwei Dritteln und die Livia zu einem Drittel als seine Erben ein und bestimmte, daß beide den Augustusnamen tragen sollten, nachdem er die Livia außerdem in die *gens Iulia* adoptiert hatte.[228] Der Prinzeps verfügte damit nach seinem Belieben über den ihm vom Senat beschlossenen Augustusnamen, der nun praktisch zu einem Titel wurde, der nicht nur dem Nachfolger, sondern auch der Frau des Kaisers (die in diesem Falle zugleich die Mutter des neuen Kaisers war) verliehen werden konnte. Zugleich bedeutete diese Testamentsbestimmung die Vollendung der neuen Monarchie. Der Selbstdarstellung dieser Monarchie dienten letzten Endes auch die *mandata de funere suo*, der *index rerum a se gestarum* und das *breviarium totius imperii*, das in Form einer Bilanzaufstellung einen eindrucksvollen Überblick über die militärische und finanzielle Stärke des von Augustus verwalteten Reiches geboten haben dürfte.[229] Die *mandata de funere suo* enthielten die Bestimmung, daß im Leichenzug des Augustus die Masken der großen *duces* der Republik mitgeführt werden sollten. Augustus sollte

---

der Beamtenstellen vgl. Syme, RR 437 f., und J. F. Bogue, Tiberius in the Reign of Augustus 46 ff.

[227] Suet. Aug. 101. Dio 56, 32 f. Weitere Zeugnisse bei Malcovati, Augusti operum fragmenta p. 98 ff. Zum Testament des Augustus s. C. Nicolet, MEFRA 97, 1985, 799 ff., und E. Champlin, Rh. Mus. 132, 1989, 154 ff.

[228] Dazu H.-W. Ritter, Chiron 2, 1972, 313 ff. Augustus hat schon zu seinen Lebzeiten die Stellung der Livia systematisch aufgewertet, s. oben S. 56 f. und unten S. 236 f., 239 Anm. 114 und 256 Anm. 165. Zur kultischen Verehrung der Livia vgl. unten S. 251.

[229] Sueton (Aug. 101) erwähnt nur diese drei Werke, während Dio (56, 33, 1 ff.) von vier Bänden spricht, der letzte habe Anweisungen und Mahnungen für Tiberius und für die Allgemeinheit enthalten. Der Bericht Suetons scheint jedoch den Angaben Dios gegenüber den Vorzug zu verdienen. W. Weber, Princeps I 67 ff., möchte Dio mit Hinweis auf Tacitus (ann. 1, 11, 4) stützen. Das dort genannte *consilium coercendi intra terminos imperii* ist jedoch nach Tacitus dem *breviarium totius imperii* beigefügt. (J. Ober, Historia 31, 1982, 306 ff., hält übrigens das *consilium coercendi* für eine Fiktion des Tiberius.) Auch Tacitus kennt keinen besonderen Band mit *mandata de administranda re publica*. Die von Malcovati, Operum fragmenta 103, unter jenem Titel eingereihte *ordinatio comitiorum* (Vell. Pat. 2, 124, 3. Dazu M. Pani, Comitia e Senato, Bari 1974, bes. 18 ff.) ist offenbar separat abgefaßt worden. Anders D. Timpe, Kontinuität 52. Wie W. Weber jetzt wieder A. P. Corbeill, in: C. Deroux, Studies in Latin Literature V 267 ff.

als der letzte und größte in der langen Reihe der *principes viri* Roms erscheinen.[230] Der *index rerum gestarum* schließlich enthielt in Form eines Rechenschaftsberichtes zugleich die Rechtfertigung und die theoretische Grundlegung der neuen Monarchie, die in der Verleihung des Augustusnamens und des *pater-patriae*-Titels an den Prinzeps ihre Legitimation gefunden hatte.[231] Für den künftigen Augustus Tiberius mußte die Publikation dieser Dokumente eine starke Stütze seiner Herrschaft bedeuten. Es ist daher anzunehmen, daß der alte Prinzeps seinen 'Sohn' über den Inhalt der Dokumente unterrichtet hat.

Hatte Augustus also alle nur erdenkliche Vorsorge getroffen, daß sich der Regierungswechsel nach seinem Tode so reibungslos wie irgend möglich vollzog, so ließen ihn doch bis zuletzt die Sorgen nicht los. Als er sein Ende nahen fühlte, rief Livia den Tiberius, der sich damals auf dem Wege nach Illyricum befand, zurück. Tiberius hatte dann am Sterbelager des Augustus in Nola noch ein langes Gespräch mit seinem 'Vater'. Mehrfach soll sich der Prinzeps dabei danach erkundigt haben, ob es auch keine Unruhen gebe. Daß diese Befürchung nicht unbegründet war, zeigen die nach dem Tode des Augustus in Germanien und Pannonien ausgebrochenen Meutereien.[232]

Als jedoch am 19. August 14 n. Chr. der erste Prinzeps seine Augen für immer schloß, konnte Tiberius in Rom ungehindert die Herrschaft übernehmen. Nachdem in einer ersten Senatssitzung das Testament des Augu-

[230] Dio 56, 34, 1 ff. Dazu D. Timpe, Kontinuität 22 f.
[231] Zu den Res Gestae vgl. unten S. 208 ff.
[232] Vgl. Vell. Pat. 2, 123 f. Dazu Timpe, Kontinuität 24. Allg. zum Ende des Augustus s. Suet. Aug. 97 ff. Dio 56, 29 ff. Tac. ann. 1, 5. Dazu die ausführlichen Untersuchungen von W. Weber, Princeps I 1 ff. Zur menschlichen Seite s. J. Vogt, Saeculum 23, 1972, 10 ff. Durch das bekannte Wort von seinem *mimus vitae* (Suet. Aug. 99) zeigt sich Augustus nicht „noch im Sterbelager als der eitle Mime und Meister der Verstellungskunst" (so D. Flach, Gymnasium 79, 1972, 284, vgl. auch G. Radke, Antike und Universalgeschichte, Festschrift E. Stier, Münster 1972, 279), sondern äußert nur einen besonders in der stoischen Philosophie sehr geläufigen Gedanken. Vgl. schon Platon, Philebos 50 b. Seneca, epp. 80, 7 *(hic humanae vitae mimus, qui nobis partes, quas male agamus, adsignat)*. Epiktet bei Stobaios 2, 8, 27 (= Encheir. c. 17 Schw.). Anthol. Pal. X 72. Dazu bereits O. Hirschfeld, WSt. 5, 1833, 116 ff., und allg. E. R. Curtius, Europäische Literatur und lateinisches Mittelalter, Bern 1948, 146 ff. Zum Stoizismus des Augustus vgl. A. Zwaenepoel, Latomus 17, 1948, 585 ff., E. Koestermann, Philologus 87, 1932, 358 ff., und P. A. Brunt, PBS Rome 31, 1975, 30 ff. – Zu den *ultima verba* des Augustus s. auch H. Gugel, Studien zur biographischen Technik Suetons, Wiener Studien Beih. 7, 1977, 96 f. und A. I. Kessissoglu, Mnemosyne 41, 1988, 385 ff. – Vgl. auch C. Franko, Lexis 5/6, 1990, 197 ff., und A. Fraschetti, Roma e il principe 42 ff. (Morte del principe e tumulto) und 70 ff. (zu den Leichenfeierlichkeiten).

stus und die beigefügten Dokumente verlesen[233] und die Leichenfeierlichkeiten geregelt worden waren, erfolgte in der ersten Septemberhälfte die feierliche Beisetzung des Augustus. Sein Leichnam wurde auf den Schultern der designierten Beamten aufs Forum getragen, wo von den alten Rostra der Tiberiussohn Drusus, von den neuen Rostra vor dem Caesartempel aber Tiberius selbst die Leichenrede hielten. Dann begab sich der Trauerzug zum Marsfeld, wo der Leichnam des Augustus verbrannt und die Asche im nahen Mausoleum beigesetzt wurde.[234] In der zweiten Senatssitzung am 17. September 14 n. Chr. wurde Augustus schließlich durch Beschluß des Senats unter die Götter aufgenommen.[234a] In der gleichen Sitzung wurde dem Tiberius in aller Form der Prinzipat übertragen. Neben anderen Vollmachten übernahm der neue Prinzeps nach längerem Sträuben das proconsulare *imperium* – abweichend von der bisherigen Regelung – auf unbefristete Zeit. Damit war die Kontinuität der neuen Monarchie gesichert, und der Prinzipat hatte seine endgültige Form gefunden.[235]

[233] Das *breviarium totius imperii* kam allerdings erst in der Sitzung vom 17. September zur Verlesung (˘Tac. ann. 1, 11, 3. Dazu Timpe, Kontinuität 45). – Die erste Senatssitzung nach dem Tod des Augustus fand nach Weber, Princeps 39, am 3. oder 4. September statt.

[234] Suet. Aug. 100, 3. Dazu W. Weber, Princeps 76 ff. Vgl. auch P. Zanker, Forum Romanum, Tübingen 1972, 14, und J. C. Richard, REL 44, 1966, 352 f. Für sein Leichenbegräbnis hatte Augustus selbst schriftliche Anweisungen hinterlassen: Dio 56, 34, 1. Dazu H. I. Flower, Ancestor Masks 244 ff.

[234a] Zur Bedeutung der *consecratio* für die Herrschaftslegitimation des Nachfolgers s. allgemein H. Gesche, Chiron 8, 1978, 377 ff. – Zur Verstirnung des Augustus s. W. Orth, Laverna 5, 1994, 162 ff. – Zum Kult des Divus Augustus s. D. Fishwick, Imperial Cult I 1, 151 ff., bes. 161 f. zum *flamen Augusti* und zu den *sodales Augustales* (mit Lit.). Vgl. auch S. Price, in: D. Cannadine – S. Price, Rituals of Royalty, Cambridge 1987, 56 ff. Zu einer neuen Inschrift aus Messene vom J. 14 n. Chr. mit Ehrungen (Spielen) für den toten Augustus s. SEG XLI 1991 Nr. 328, und XLII 1992, Nr. 344, sowie JRS 87, 1997, 211.

[235] Die wichtigsten Quellen für den Regierungsantritt des Tiberius sind Sueton (Tib. 24 f.) und Tacitus (ann. 1, 6 ff. Vgl. dazu den Kommentar von E. Koestermann). Dio 57, 1, 1 ff., enthält nur Spekulationen und bringt nichts, was wirklich neu ist. Vgl. D. Timpe, Kontinuität 48 ff. D. Flach, Historia 22, 1973, 552 ff. R. Syme, Historia 23, 1974, 485 ff., und Antichthon 11, 1977, 79 ff. – Aus Sueton ergibt sich, daß über die künftige Form der Herrschaft bereits im Kabinett der Freunde keine Einigung erzielt werden konnte. Die entscheidende Senatssitzung am 17. September 14 n. Chr. begann mit einer *relatio* der Consuln, die das Angebot des Tiberius, seine außerordentlichen Vollmachten niederzulegen, zugleich aber auch den Antrag enthalten haben muß, den Prinzeps zu bitten, das *imperium proconsulare* auf Lebenszeit zu übernehmen (wenn Timpe a. O. 54 behauptet, die Sitzung müsse damit begonnen haben, daß Tiberius seine *tribunicia potestas* und sein *imperium proconsu-*

lare niederlegte, so ist das kaum richtig. Die bei Tacitus überlieferten Einwürfe der Senatoren in der Sitzung zeigen, daß Tiberius auch während der Verhandlungen im Senat weiter im Besitz seiner außerordentlichen Vollmachten war). Die merkwürdige, auch von Velleius Paterculus 2, 124, 2, berichtete *cunctatio* des Tiberius beruhte offenbar vor allem darauf, daß dieser die Übernahme des *imperium proconsulare* auf Lebenszeit scheute, für die es keinen Präzedenzfall gab. Dennoch scheint diese Regelung noch von Augustus ins Auge gefaßt worden zu sein, woran einmal das Verhalten der *amici* des Tiberius denken läßt, dann aber vor allem der Text der *res gestae*, der nur von der einmaligen Übertragung des *imperium* an den Prinzeps weiß und die befristete Verlängerung des *imperium proconsulare* wohl absichtlich verschweigt (vgl. oben Anm. 32. Dazu J. Béranger, REL 55, 1977, 325ff., wonach in der frühen Kaiserzeit die kaiserliche Gewalt immer durch den Begriff des *imperium* ohne Zusatz bezeichnet wird, erst in den SHA, Vita Probi 12, 8, findet sich die Beschränkung auf das *imperium proconsulare*). Wenn in den Quellen der Grund für das Zögern des Tiberius nicht genannt wird, so offenbar vor allem deshalb, weil bereits zur Zeit des Tacitus das lebenslängliche *imperium proconsulare* zu einer Selbstverständlichkeit geworden war (erfährt man doch auch die befristete Verleihung des proconsularen Imperium an Augustus nur von Dio). Tiberius scheint eher an eine Regelung analog der des Jahres 27 v. Chr. gedacht zu haben (soweit sich das heute noch sagen läßt). Jedenfalls könnte sich so am ehesten die von ihm vorgeschlagene Teilung der Herrschaft erklären (die Spekulationen Dios haben selbstverständlich keinen Anspruch auf Glaubwürdigkeit). Schließlich hat sich Tiberius jedoch zur Übernahme der zwar nicht lebenslänglichen, aber doch praktisch unbefristeten proconsularischen Gewalt erklärt. Daß er sich – wie Sueton berichtet – einen Rücktritt aus Altersgründen vorbehielt, zeigt am besten, daß gerade die fehlende zeitliche Befristung den Anstoß des Tiberius erregt hatte. Vgl. H. Castritius, Hist. Ztschr. 230, 1981, 41 ff. (dazu oben Anm. 38), und D. Kienast, Kleine Schriften 413 ff.

III. DAS VERHÄLTNIS DES AUGUSTUS ZU SENAT, RITTERSCHAFT UND VOLK

1. Augustus und der Senat

Der Senat[1], dem Oktavian/Augustus im Januar 27 die *res publica* zurückgab, war nicht mehr der Senat des Jahres 44 v. Chr. In den seitdem vergangenen 17 Jahren hatte sich die hohe Körperschaft in ihrer sozialen Zusammensetzung wesentlich verändert. R. Syme hat festgestellt, daß es im Dezember 43 nur 17 Consulare in Rom gab, von denen die meisten politisch keine große Bedeutung hatten. Bald sank die Zahl der Consulare noch weiter. Im Jahre 40, nach dem Pakt von Brundisium, gab es außer den Triumvirn höchstens noch 12 gewesene Consuln, von denen nur vier später noch erwähnt werden. Der Senat, der im Jahre 27 den jüngeren Caesar als Augustus grüßte, zählte jedoch wieder an die vierzig Consulare.[2]

[1] Zu Senat und Ritterstand vgl. C. Nicolet, Augustus, Government and the Propertied Class, in: Caesar Augustus. Seven Aspects 89ff. und W. Eck, La riforma dei gruppi dirigenti. L'ordine senatorio e l'ordine equestre, in: Storia di Roma II 2, 73ff. – Zum Senat vgl. die breitangelegte Skizze von J. Morris, Senate and Emperor, Acta Univ. Carolinae philosophica et historica 1, Prag 1963, 149ff. Für die Entwicklung des Senats hinsichtlich seiner Zusammensetzung und seiner Funktion von Caesars Tod bis zum Tode des Augustus s. L. Polverini, Aevum 38, 1964, 244ff. Das Buch von Th. A. Abele, Der Senat unter Augustus, Paderborn 1907 (ND 1967), bietet eine nützliche Übersicht über die Senatsverhandlungen unter Augustus. Allg. über den Senat in der Kaiserzeit s. A. O'Brien Moore, RE Suppl. VI, 1935, 760ff., und F. Millar, The Emperor in the Roman World 341ff. Dazu R. J. A. Talbert, Augustus and the Senate, Greece and Rome 31, 1984, 55ff.; The Senate of Imperial Rome, Princeton 1984 (dazu W. Eck, Gnomon 57, 1985, 624ff.); und CAH X² 324ff. P. A. Brunt, The role of the Senate in the Augustan regime, Cl. Q. 78, 1984, 423ff. (formale Funktionen). A. Chastagnol, Le sénat romain à l'époque impériale. Recherches sur la composition de l'assemblée et le statut de ses membres, Paris 1992. W. Eck, Senatorial Self-Representation: Development in the Augustan Period, in: Caesar Augustus. Seven Aspects 129ff. A. Ferrill, The senatorial aristocracy in the early Roman Empire, in: The Craft of the Ancient Historian. Essays in Honor of C. G. Starr, London 1985, 353ff. B. Levick, The Politics of the Early Principate, in: T. P. Wiseman (Ed.), Roman Political Life 90 B.C.–A.D. 69, Exeter 1985, 45ff. (zum Verfall des Senats im 1. Jh. n. Chr.).

[2] Vgl. R. Syme, RR 387.

Wir wissen, wie diese Zahl zustande kam. Die Triumvirn nominierten häufig mehrere Consulnpaare für ein einziges Jahr. Und wir hören, daß allein im Jahre 38 v. Chr. nicht weniger als 67 Prätoren bestellt wurden. Selbstverständlich kamen die Kreaturen der Triumvirn nur zu einem geringen Teil aus der alten Nobilität. Die sieben Jahre von 39 bis 33 v. Chr. sahen 19 *homines novi* im Consulat, aber nur 9 *nobiles*. Und in den Jahren 31 bis 29 v. Chr. stehen fünf *nobiles* immerhin vier *homines novi* gegenüber. Selbst nach der *restitutio rei publicae* änderte sich das Verhältnis nicht zugunsten der Nobilität. In den Jahren 25 bis 19 v. Chr. gelangten acht 'neue Leute' zum Consulat, aber nur fünf *nobiles*.[3]

Man weiß auch, woher die 'neuen Leute' kamen. Von keinem Geringeren als dem Kaiser Claudius erfährt man, daß Augustus *omnem florem ubique coloniarum ac municipiorum, bonorum scilicet virorum et locupletium* in den Senat aufgenommen habe.[4] Die reichen und angesehenen Männer aus den italischen Kolonien und Munizipien waren es also vor allem, die damals in die Curie gelangten und zu den höchsten Ämtern aufstiegen. Der Italiker P. Ventidius Bassus aus dem Picenerland war als Knabe einst im Triumph des Pompeius Strabo mitaufgeführt worden, um nach einer glänzenden Karriere 51 Jahre später selbst als Triumphator in Rom einzuziehen. Aus der italischen Munizipalaristokratie stammten auch Oktavians Jugendfreunde Salvidienus Rufus, Maecenas und Agrippa. Auch T. Statilius Taurus, einer der wichtigsten Helfer des Prinzeps, der im Jahre 26 ein zweites Consulat und 16 v. Chr. in Abwesenheit des Augustus die Stadtpräfektur bekleidete, war ein neuer Mann. Und das gleiche gilt für den Historiker C. Asinius Pollio und für P. Sulpicius Quirinius, Consul 12 v. Chr., 'Landpfleger in Syrien' *(legatus Augusti pro praetore)* im Jahre 6 n. Chr.[5]

---

[3] Syme, RR 196f. 372. zu den *homines novi* unter Augustus vgl. T. P. Wiseman, New Men 177f. Zur neuen Nobilität, den Söhnen der *homines novi*, vgl. M. Pani, Logica nobiliare e principato, in: Epigrafia e territorio III, Bari 1994, 383ff.

[4] Dessau Nr. 212 col. II z. 1ff. Der Ausdruck bezieht sich wohl auf die neuen Leute aus den italischen Munizipien und nicht, wie A. Chastagnol, Bull. Soc. nat. ant. France 1971, 289ff., meint, auf die latinischen Gemeinden auch der Narbonensis. Vgl. L. Polverini, Aevum 38, 1964, 447 A. 57; T. P. Wiseman, New Men 11f. und 19f., und unten Anm. 37. Zu den wenigen Senatoren aus den Provinzen s. A. Chastagnol, Les sénateurs d'origine provinciale sous le règne d'Auguste, Mélanges P. Boyancé, Rom 1974, 163ff. Vgl. auch H. Halfmann, Die Senatoren aus dem östlichen Teil des Imperium Romanum bis zum Ende des 2. Jahrhunderts n. Chr., Göttingen 1979.

[5] Syme, RR 359ff., mit weiteren Beispielen. Vgl. T. P. Wiseman, New Men 11f. M. Torelli, Senatori Etruschi della tarda repubblica e dell'impero, Dial. Arch. 3, 1969, 285ff.

Dem Aufkommen 'neuer Leute' entsprach das Aussterben alter Geschlechter. Catos Sohn fiel bei Philippi. Den Brutus überlebte von seiner Familie nur eine Schwester, die unter Tiberius im hohen Alter von 93 Jahren starb. Die Namen der Luculli, der Lutatii, der Hortensii, der Servilier und der Caepiones verschwinden aus den Consularfasten. Der letzte Scipio und der letzte Appius Claudius wurden im Jahre 2 v. Chr. verbannt oder hingerichtet. Ein Sempronius Gracchus wurde damals verbannt und starb später im Exil. Im ganzen kann man feststellen, daß sich die alte Nobilität von dem furchtbaren Aderlaß, der sie in der Triumviratszeit betroffen hatte, niemals mehr erholen sollte.[6]

Schon aus diesem Grund konnte der Akt des Jahres 27 v. Chr. keine echte Wiederherstellung der alten Republik sein. Dennoch war die Regelung des Jahres 27 nicht ein bloßes Manöver, um die römische Öffentlichkeit über den wahren Charakter der neuen Monarchie hinwegzutäuschen. Es handelte sich vielmehr um einen Kompromiß. Augustus konnte auch im Jahre 27 in Rom nicht völlig nach seinem Belieben schalten. Immer noch saßen im Senat Herren, welche die freie Republik gesehen hatten und welche über einen angesehenen Namen und einen beträchtlichen Anhang verfügten. Und von den 'neuen Leuten' werden sich gerade die wichtigsten Helfer des Prinzeps nicht mit einer bloßen Statistenrolle abgefunden haben. Diese *homines novi* hatten als Lohn für ihre Dienste nicht deswegen den Eintritt in den Senat und die höheren Ämter erstrebt, um nun mitsamt dem Senat einfach beiseite geschoben zu werden. Mögen sie auch als einzelne weniger Macht und Gewicht besessen haben, zusammen mit den Resten der alten Nobilität bildeten sie eine politische Größe, mit der Augustus rechnen mußte. Nach der vorausgehenden sehr intensiven Propaganda sowohl des Antonius wie des jüngeren Caesar selbst konnte dieser dann auch nicht anders, als dem Senat, wie er es versprochen hatte, die Rückgabe der *res publica* anzubieten.[7]

Mit der Neuverteilung der Kompetenzen, wie sie im Jahre 27 v. Chr. zwischen dem Prinzeps und dem Senat ausgehandelt wurde, wurde allerdings keine 'Dyarchie' geschaffen (wie dies einst Th. Mommsen glaubte).[8] Der Prinzeps hatte vielmehr von Anfang an dafür gesorgt, daß die eigentlichen Entscheidungen weiterhin bei ihm lagen. Die Truppen, auch diejenigen in den Senatsprovinzen, waren ihm ergeben. Und im Senat selbst hatte Augustus genügend Freunde, welche die Meinung des Hohen Hauses in seinem Sinne beeinflussen konnten.[9]

---

[6] Syme, RR 490 ff.
[7] Vgl. oben S. 81.
[8] Mommsen, RStR II³ 745 ff., bes. 748, und: Abriß des röm. Staatsrechts 340 ff.
[9] Vielleicht genügte schon unter Augustus gelegentlich die *oratio principis*, um

Während seiner ganzen Regierungszeit suchte denn Augustus auch immer wieder die Zusammensetzung des Senats zu bestimmen und zu kontrollieren. Schon im Jahre 29 hatte Oktavian auf Grund einer *lex Saenia* die Zahl der Patrizier erheblich erhöht. Etwa ein Dirttel der unter Augustus nachweisbaren Patrizier verdankte seinen Patriziat dem Prinzeps. von den Consularen waren aber die Hälfte Patrizier und unter den 84 eponymen Consuln finden sich sogar 61 Patrizier und nur 23 Plebejer. Es spricht daher vieles dafür, daß Augustus die alte Nobilität durch einen neuen Patrizieradel ablösen wollte, der ihm selbst – auch verwandtschaftlich – eng verbunden war und durch die Übernahme der obersten Magistratur und der höchsten Priesterämter ein gesteigertes soziales Prestige erwarb.[10] Der Caesar hat dann mehrfach eine Revision der Senatsliste vorgenommen bzw. vornehmen lassen. Dreimal hat der Prinzeps selbst die *lectio senatus* durchgeführt (29/28 v., 18 v. und 11 v. Chr.). Eine Ergänzung der Senatsliste fand auch im Jahre 13 v. Chr. statt. Und im Jahre 4 n. Chr. führten *tresviri legendi senatus* nochmals eine *lectio* durch.[11] Die im Jahre 18 vorgenommene Revision der Senatsliste bildete praktisch eine Neukonstitution des Senats und führte dazu, daß der Senat wieder wie in der letzten Zeit der Republik auf 600 Mitglieder beschränkt wurde. Man wird annehmen dürfen, daß Augustus die Senatslesen auch dazu benutzt hat, ritterbürtige Männer in den Senat aufzunehmen. Schon die republikanischen Censoren hatten ja das Recht gehabt, die Senatsliste durch neue Leute aus dem Ritterstand zu ergänzen. Verdiente Ritter erhielten denn

---

einen Senatsbeschluß herbeizuführen. Vgl. O'Brien Moore, RE Suppl. VI, 1935, 772 ff.

[10] S. J. De Laet, Aspects de la vie sociale et économique sous Auguste et Tibère, Brüssel 1944, 26 ff. (dort auch die Zahlenangaben). Pistor, Prinzeps und Patriziat 11 ff., 26 ff. und 159 ff., der zeigt, daß sich die Konzeption des Augustus unter seinen Nachfolgern nicht durchhalten ließ. Die Patrizierernennung durch Augustus hatte, wie Pistor deutlich macht, nicht (oder nicht ausschließlich) „den Charakter einer Dekorierung treu ergebener Anhänger mit einem klingenden Titel. Eher könnte man sie für das Werben um Männer halten, die der Prinzeps dem neuen Staat zu verpflichten suchte" (a. O. 27). Vgl. auch T. P. Wiseman, New Men 172 f. und 150 note 5. Zu den verwandtschaftlichen Verbindungen s. unten S. 171 ff., zu den Priestertümern unten S. 160 f. Zur Verwendung von Patriziern als Statthalter s. R. Szramkiewicz, Gouverneurs II 197 ff.

[11] Vgl. RgdA 8 mit dem Kommentar von Volkmann. A. H. M. Jones. Studies 22 ff., ist der Ansicht, im J. 13 v. Chr. habe keine *lectio senatus*, sondern nur eine *recognitio equitum* stattgefunden. Ebenso G. Pfister, Die Erneuerung der römischen iuventus durch Augustus, Diss. Regensburg 1976, 40 f. Es besteht jedoch kein Anlaß, dem Cassius Dio (54, 26, 3 ff.) einen Irrtum zu unterstellen. Vgl. auch oben S. 121 f. m. A. 137.

auch offenbar schon unter Augustus gelegentlich nach ihrem Militärtribunat den *latus clavus cum quaestura*. Außerdem hat Augustus mindestens zweimal vakante Stellen des Volkstribunats mit Rittern besetzt und diesen damit zugleich den Eintritt in den Senat ermöglicht. Ob schon Augustus die Revision der Senatsliste auch dazu verwendet hat, bewährte Männer aus dem Ritterstand durch *adlectio* in eine höhere Rangklasse des Senats auszuzeichnen, muß offenbleiben. Sicher bezeugt ist die *adlectio* erst unter Claudius, der als Censor dieses Recht für sich in Anspruch nahm. Es spricht einiges dafür, daß Claudius der erste war, der diese *adlectio* geübt hat.[12]

Dagegen hat schon Augustus durch Nomination und Commendation entscheidenden Einfluß auf die Magistratswahlen genommen.[13] Solange Augustus das Consulat bekleidete, hatte er mit der Wahlleitung selbstverständlich zugleich das Recht und die Pflicht, die Prüfung der Kandidaten vorzunehmen. Nach dem Jahre 23 v. Chr. nahmen dann wieder die jeweils die Wahlen leitenden Consuln die Prüfung der sich meldenden Kandidaten vor. Augustus beanspruchte aber weiterhin das Recht, Kandidaten, die sich bei ihm meldeten, auf ihre Eignung zu prüfen und u. U. dem wahlleitenden Magistrat als qualifiziert zu bezeichnen, sie also zu nominieren. Augustus hat von dieser Nomination zumindest gegen Ende seiner Regierung in ziemlich weitem Umfang Gebrauch gemacht. Tacitus berichtet, daß der Prinzeps bei den Prätorenwahlen 12 Kandidaten nominierte, also gerade so viele, als damals Stellen zu besetzen waren.[14] Die *nominatio* durch den Prinzeps bedeutete allerdings rechtlich nur die Zulassung zur Wahl und schloß daher nicht aus, daß Bewerber, die sich beim wahlleitenden Consul gemeldet hatten, ebenfalls als qualifiziert zur Wahl zugelassen wurden.[15] Die vom Prinzeps nominierten Bewerber hatten jedoch den Vorteil, daß hinter ihrer *nominatio* die *auctoritas* des Augustus stand.

Im Gegensatz zur *nominatio* war die *commendatio* eine ausdrückliche Empfehlung des Prinzeps.[16] Dieser erschien mit seinen *candidati* nach republikanischer Sitte auf dem Forum, um sie den Wählern zu empfehlen.

[12] Vgl. Mommsen, RStR II 2, 939 ff. G. Tibiletti, Principe e magistrati repubblicani, Rom 1953, 124. A. McAlindon, JRS 47, 1957, 191 ff. A. Chastagnol, Rev. Hist. de Droit fr. et etr. 53, 1975, 375 ff.
[13] Vgl. zum Folgenden Tibiletti 121 ff. und B. Levick, Historia 16, 1967, 207 ff. sowie P. M. Swan, Cl. Q. 76, 1982, 436 ff. (danach bezieht sich προβάλλεσθαι bei Dio 53, 21, 6 f. nicht auf die *commendatio*, sondern auf die *nominatio*).
[14] Tac. ann. 1, 14, 4. Dazu R. Frei-Stolba, Wahlen 131 ff.
[15] Ebenso Tibiletti 122 f., der jedoch 128 vermutet, daß Augustus „suggerisse al presidente di non ammetterne altri (candidati)". Eine andere Deutung bringt A. J. Holladay, Latomus 37, 1978, 880 ff.
[16] Zum Begriff der *commendatio*, die wohl nicht, wie oft angenommen wird, ein bindendes Empfehlungsrecht bedeutet, s. Frei-Stolba, Wahlen 33 ff. und 87 ff.

Erst in vorgerücktem Alter gab Augustus diese Gewohnheit auf und empfahl seine *candidati* durch einen öffentlichen Anschlag. Da es natürlich kaum jemand wagte, gegen einen Kandidaten zu stimmen, für den sich der Prinzeps persönlich verwandt hatte, entwickelte sich die *commendatio* praktisch zu einer Art Empfehlungsrecht. Augustus hat denn auch im Gegensatz zur *nominatio* von der *commendatio* nur relativ sparsam Gebrauch gemacht. Es galt daher als große Ehre, *candidatus principis* gewesen zu sein, als eine Ehre, die auch auf Inschriften betont herausgestellt wurde.[17]

Einen Einfluß auf die Zusammensetzung des Senats hatten auch die Freistellungen von den Vorschriften der *leges annales*, die Augustus verschiedentlich für männliche Angehörige seines Hauses vom Senat erbeten und erhalten hatte.[18] Die Annalgesetze wurden ferner durch die *lex Julia de maritandis ordinibus* modifiziert, die jedem Bewerber um eine Magistratur gestattete, von dem für das Amt vorgeschriebenen Mindestalter so viele Jahre (höchstens jedoch drei) abzuziehen, wie er Kinder besaß. Schon unter Augustus scheint dieses *ius liberorum* aber gelegentlich auch kinderlosen Personen verliehen worden zu sein.[19]

Konnte so Augustus auf die verschiedenste Weise die Zusammensetzung des Senats beeinflussen, so mußte es seine Stellung dem Senat gegenüber auch festigen, daß die Regelung des Jahres 27 den Senatoren die Möglichkeit bot, im Dienste des Prinzeps aufzusteigen. Selbstverständlich konnte Augustus die ihm übertragenen Militärprovinzen nicht alle alleine verwalten. Im allgemeinen hat der Prinzeps daher seine Provinzen senatorischen *legati* anvertraut. In der Regel waren es Prätorier und

---

[17] Zu den *candidati Caesaris* und den *quaestores Augusti* s. Frei-Stolba, Wahlen 214ff. und 257ff., sowie M. Cébeillac, Les quaestores principis et candidati aux Ier et IIe siècles de l'empire, Mailand 1972.

[18] Marcellus durfte sich 10 Jahre vor der gesetzlichen Frist um das Consulat bewerben, Tiberius und sein Bruder Drusus durften 5 Jahre vor dem gesetzlichen Alter für die Staatsämter kandidieren (Dio 53, 28, 3. 54, 10, 4). C. und L. Caesar wurden mit 15 Jahren zu Consuln designiert, *ut eum magistratum inirent post quinquennium* (RgdA 14). Von Germanicus berichtet Sueton (Calig. 1, 1), daß er (nach dem vollendeten 20. Lebensjahr 7 v. Chr.) *quaesturam quinquennio antequam per leges liceret et post eam consulatum statim gessit*. Für den um 15 v. Chr. geborenen Tiberiussohn Drusus wurde 13 n. Chr. beschlossen, daß er sich zwei Jahre später ums Consulat bewerben durfte, ohne die Prätur bekleidet zu haben (Dio 56, 28, 1). – Auch die Verleihung der *ornamenta praetoria* beschränkte Augustus auf Angehörige seines Hauses (während er die *ornamenta consularia* überhaupt nicht vergab), vgl. B. Rémy, REA 78/9, 1976/7, 160ff.

[19] A. Steinwenter, RE X 2, 1919, 1281ff. M. Hammond, Antonine Monarchy, Rom 1959, 135f.

Consulare, die als *legati Augusti pro praetore* die Provinzen des Prinzeps regierten. Im Gegensatz zu den senatorischen Statthaltern, die den Titel *proconsul* führen durften, besaßen sie das *ius gladii*, konnten also in ihrer Provinz Kapitalurteile fällen und vollstrecken. Auch das Kommando über die Legionen überließ Augustus zumeist *legati* aus dem Senatorenstand.[20]

Weitere senatorische Posten im Dienst des Prinzeps ergaben sich daraus, daß Augustus nach und nach bestimmte, bisher von Magistraten wahrgenommene Aufgaben *(curae)* übernahm und diese an Senatoren mandierte. So ließ sich Augustus schon im Jahre 22 v. Chr. aus Anlaß der schweren Hungersnot, die damals Rom heimsuchte, die *cura annonae* übertragen, die Sorge für die Getreidezufuhr der Hauptstadt. Der Prinzeps mandierte diesen Auftrag dann an jährlich bestellte *curatores annonae* mit consularischem Rang, die noch für das Jahr 7 n. Chr. bezeugt sind. Erst danach wurden jene beiden senatorischen Beamten durch einen einzigen *praefectus annonae* aus dem Ritterstand ersetzt.[21] – Auf die Über-

---

[20] Zu den *legati* des Kaisers s. allg. Mommsen, RStR II 244 ff., und G. Jacopi, Diz. ep. IV, 1948/9, 527 ff. Zum *ius gladii* s. Dio 53, 13, 2 ff. Dazu Mommsen, RStR II 269 ff. und 967 ff. Zu den *legati legionis* s. G. Alföldy, Die Legionslegaten der römischen Rheinarmeen, Epigr. Studien 3, Köln–Graz 1967., und Th. Franke, Die Legionslegaten in der römischen Armee von Augustus bis Trajan, 2 Bde., Bochum 1991. – Allgemein zu den Provinzstatthaltern unter Augustus s. R. Szramkiewicz, Les gouverneurs de province à l'époque augustéenne, 2 Bde., Paris 1971/76, der II 366 ff. eine Liste aller senatorischen Statthalter zusammengestellt hat. (Dazu H. Halfmann, Gnomon 51, 1979, 403 ff., und A. Chastagnol, Annales [ESC] 33, 1978, 349 ff.). Vgl. auch B. E. Thomasson, Laterculi praesidum I, Göteborg 1984, II–III, Göteborg 1972/78. Ferner: Laterculi praesidum Mosiae, Daciae, Thraciae, Göteborg 1977, sowie: Senatores procuratoresque Romani nonnulli, Göteborg 1975, und: Fasti Africani, Senatorische und ritterliche Amtsträger in den römischen Provinzen Nordafrikas von ′Augustus bis Diokletian, Stockholm 1996. Zu den Beamten Makedoniens s. T. C. Sarikakis, Ῥωμαῖοι ἄρχοντες τῆς ἐπαρχίας Μακεδονίας, 2 Bde., Thessalonike 1971/7 (u. a. Statthalter, Procuratoren, Legaten und Quästoren der Provinz). Dazu A. Aichinger, Arheol. vestnik 20, 1979, 603 ff. und F. Papazoglou, Ziva Antika 29, 1979, 227 ff. Zu den Proconsuln der Narbonensis s. H. G. Pflaum, Les Fastes de la Province de Narbonnaise, Gallia Suppl. 30, Paris 1978, 3 ff. Dazu B. Remy, Les Fastes sénatoriaux des provinces romaines d'Anatolie au Haut-Empire (31 avant J.-C.–284 après J.-C.). Pont-Bithynie, Galatie, Cappadoce, Lycie-Pamphylie e Cilicie, Paris 1988. W. Eck, Die Statthalter der germanischen Provinzen vom 1.–3. Jahrhundert, Bonn 1985. G. Alföldy, Fasti Hispanienses, Wiesbaden 1969. E. Dabrowa, The governors of Roman Syria from Augustus to Septimius Severus, Bonn 1997.

[21] Vgl. H. Pavis d'Escurac, La préfecture de l'annone. Service administratif impérial d'Auguste à Constantine, Rom 1976. Dazu unten Anm. 125.

nahme der *cura annonae* folgte schon im Jahre 20 die Übernahme auch der *cura viarum*, der Sorge für das Straßennetz Italiens, im Jahre 11 v. Chr. dann die Übernahme der *cura aquarum*, der Aufsicht über die Wasserleitungen, und bald wohl auch die Übernahme der *cura operum locorumque publicorum*, der Leitung des gesamten Bauwesens. Unter Tiberius kam dann noch die *cura riparum et alvei Tiberis* hinzu, welche die Regulierung des Tiberflusses zum Inhalt hatte.[22] Bei allen diesen *curae* handelte es sich um Aufgaben, die früher von den Censoren wahrgenommen wurden und für die nach dem Verfall der Censur neue Beamte bestellt werden mußten. Alle diese dem Prinzeps übertragenen Spezialkompetenzen wurden von jenem an senatorische *curatores* prätorischer oder consularer Rangklasse delegiert.[23] Damit bekam Augustus eine weitere Möglichkeit, auf die senatorische Laufbahn Einfluß zu nehmen. Man konnte nun im Dienst des

[22] Vgl. Mommsen, RStR II 1044 ff. Zur *cura riparum et alvei Tiberis* s. J. LeGall, Le Tibre, fleuve de Rome, Paris 1953, 134 ff. Zur *cura aquarum* s. M. Heinzmann, Untersuchungen zur Geschichte und Verwaltung der stadtrömischen Wasserleitungen, Wien 1975, 40 ff. (dazu W. Eck, Gnomon 50, 1978, 383 ff.). Chr. Bruun, The Water Administration of Ancient Rome, Helsinki 1991, bes. 140 ff. W. Eck, Die Verwaltung des römischen Reiches I 161 ff. R. J. A. Wilson, *Tot aquarum tam multis necessariis molibus* ... Recent Studies on aqueducts and water supply, JRA 9, 1996, 5 ff. – Zur *cura viarum* und zur *cura operum* s. W. Eck a. O. 281 ff. und 295 ff. Speziell zur *cura viarum* s. W. Eck, Die staatliche Organisation Italiens, München 1979, 25 ff., und P. C. Ertman, Curatores viarum, Diss. State Univ. of New York at Buffalo 1976, vgl. DA 37, 1977, 4521 A. Vgl. unten S. 504 f. m. A. 207. – Zur *cura operum* s. A. Kolb, Die Kaiserliche Bauverwaltung in der Stadt Rom. Geschichte und Aufbau der *cura operum publicorum* unter dem Prinzipat, Stuttgart 1993. Vgl. dazu W. Eck–A. Caballos–F. Fernández, Das senatus consultum de Cn. Pisone patre, München 1996, 210 f. Vgl. auch F. Kolb, Rom 480 f. – S. allg. L. Homo, Mélanges G. Glotz, Paris 1932, 439 ff., und A. Palma, Le 'curae' pubbliche, Neapel 1980, bs. 165 ff.

[23] Auch das im Jahre 6 n. Chr. geschaffene *aerarium militare* wurde drei senatorischen *praefecti* prätorischen Ranges unterstellt. Vgl. M. Corbier, L'aerarium Saturni et l'aerarium militare, Rom 1974, 347 ff. Eine Liste der *praefecti aerarii militaris* gibt auch H. G. Kolbe, Chiron 2, 1972, 416 ff. Das *aerarium Saturni* wurde dagegen nur von 28–23 v. Chr. von Präfekten geleitet und dann eigenen Prätoren unterstellt. Vgl. Corbier a. O. 634 ff. – Zu den oben genannten *curae* kam unter Tiberius noch die *cura urbis* hinzu. Unter Augustus war die *praefectura urbi* noch ein Ausnahmeamt. Erst unter Tiberius wurde der *praefectus urbi* mit consularischem Rang zum ständigen Polizeipräsidenten von Rom. Vgl. E. Sachers, RE XXII 2, 1954, 2513 f., und G. Vitucci, Ricerche sulla praefectura urbi in età imperiale, Rom 1956. – Daß die oben angeführten administrativen Reformen des Augustus nicht das Ergebnis einer langfristigen Planung waren, sondern im Laufe der Zeit als Antwort auf praktische Erfordernisse ins Werk gesetzt wurden, betont W. Eck, Die Verwaltung des römischen Reiches 83 ff., mit Recht.

Prinzeps nicht nur Legat einer Legion oder einer Provinz, sondern auch Verwalter einer der wichtigen hauptstädtischen *curae* werden und sich damit für eine weitere Verwendung empfehlen. Durch die Schaffung dieser senatorischen Posten im Dienst des Prinzeps erfuhr die Laufbahn eines Senators in der Kaiserzeit nicht unwesentliche Erweiterungen gegenüber der Republik.[24] Der Senator, der oft schon seine Wahl zu einer der republikanischen Magistraturen dem Einfluß des Prinzeps verdankte, mußte sich durch die Übernahme jener Posten noch mehr als Beamter des Prinzeps fühlen. Auch in der frühen Kaiserzeit zog es allerdings die Mehrzahl der Senatoren vor, nur die konventionellen Ämter zu bekleiden. Da die militärischen Provinzen der Verwaltung des Kaisers unterstellt waren, haben jene Senatoren also eine mehr oder minder zivile Laufbahn durchlaufen. Einfluß und Ruhm konnte man jedoch nur im Dienst des Augustus erlangen.[25] Wer allerdings als Senator seine Karriere im Dienst des Prinzeps machen wollte, hatte zuvor 2–3 Jahre Offiziersdienst in der Armee abzuleisten, ehe er sich um eine Stelle im Vigintivirat bewerben konnte, das ebenfalls noch vor dem Eintritt in den Senat bekleidet wurde.[26] Schon hier wird eine bewußte Auslese erkennbar. Im allgemeinen gelang es nur den *tresviri monetales* und den *quattuorviri virarum curandarum*, auf der Ämterstaffel weiter voranzukommen. Diese Männer erfreuten sich aber bei ihren Bewerbungen um die höheren Ämter oft der *commendatio* des Prinzeps. Vielleicht gab es in Rom schon unter Augustus eine Art Heerespersonalamt, welches unter den jungen Offizieren sehr früh diejenigen aussonderte, die später einmal die Legionen und die Provinzen des Augustus kommandieren sollten. Dabei ist es bezeichnend, daß Augustus keine Angehörigen der alten Nobilität zu seinen Legaten und Statthaltern machte. Für die Verwaltung von Spanien, Gallien, Germanien und Syrien stützte er sich vor allem auf *homines novi*, deren Söhnen, die nun ihrerseits zur Nobilität gehörten, aber schon nicht mehr die für die Machtstellung des Prinzeps so wichtigen Militärprovinzen anvertraut wurden.[26a] Da die Senatoren des Kaisers sowohl die kaiserlichen wie die senatorischen Provinzen verwaltet

---

[24] Dazu F. Millar, JRS 63, 1973, 62, und Fischer Weltgeschichte Bd. 8, Frankfurt a. M. 1966, 35 ff., sowie T. P. Wiseman, New Men 157 ff.

[25] Dazu E. Birley, PBA 39, 1953, 198 ff., und G. Alföldy, Epigraph. Studien 3, 1967, 79 f. mit weiterer Lit. Vgl. auch T. P. Wiseman, New Men 151 f., und K. A. Raaflaub, in: W. S. Hanson–L. J. F. Keppie, Roman Frontier Studies 1979, Oxford 1980, III 1016 ff.

[26] Vgl. Szramkiewicz, Gouverneurs I 27. Zum Vigintivirat vgl. oben S. 122, Anm. 137 und A. P. Steiner, The Vigintivirate during the Empire, Diss. Columbus, Ohio State University 1973. Vgl. auch G. A. Lehmann, Reformvorschläge 15 ff.

[26a] Vgl. K. Raaflaub, in: Saeculum Augustum I 290 ff.

haben,²⁷ mußte der Unterschied zwischen diesen beiden Arten von Provinzen an Bedeutung verlieren. Zumal Augustus ja auf Grund seines *imperium maius* auch den Statthaltern der senatorischen Provinzen Weisungen erteilen konnte und hin und wieder auch auf die Besetzung der senatorischen Statthalterschaften Einfluß nahm.²⁸ Wenn sich die Senatoren mit der Zeit mehr und mehr als Beamte des Kaisers fühlen mochten, so trug dazu schließlich wesentlich bei, daß Augustus wie für die ritterlichen Beamten so auch für die Senatoren eine feste Besoldung eingeführt hat, die offiziell allerdings nicht als Gehalt, sondern als Aufwandsentschädigung galt. Für den Proconsul der Senatsprovinz Africa betrug dieses *salarium* immerhin 1 Million Sesterzen.²⁹

Das Ansehen und das Prestige der Senatoren besonders der oberen Rangklassen wurde oft noch durch die Aufnahme in eine der von Augustus reorganisierten Priesterschaften erhöht.³⁰ Zu den vier großen Priesterschaften der *pontifices*, der *augures*, der *septemviri epulones*³¹ und der *quindecimviri sacris faciundis* hatte ja Augustus die reorganisierten Kollegien der Fetialen, der Arvalbrüder³¹ᵃ und der *Sodales Titii* hinzugefügt. Die Mitgliederzahl der großen Kollegien wurde ferner gegenüber der Republik erheblich vergrößert. Außerdem hatte der Prinzeps schon im Jahre 29 v. Chr. das Recht erhalten, für alle Kollegien Mitglieder *supra numerum* zu ernennen. Der Glanz und die gesellschaftliche Bedeutung auch der alten Priesterschaften hatten gegenüber der Republik noch zugenommen. Das lag einmal daran, daß Augustus selbst Mitglied aller dieser Priesterschaften war. Auch zählte z. B. das Kollegium der *quindecimviri sacris faciundis* in der Kaiserzeit mehr Consulare und Senatoren der oberen

²⁷ Szramkiewicz a. O. I 31 ff. Vgl. ebda. II 336, wonach diese Praxis zeigt, daß Mommsens Dyarchie-These «devenait vide de toute réalité humaine».
²⁸ Szramkiewicz a. O. I 19 ff.
²⁹ Mommsen, RStR I 302 ff.
³⁰ Vgl. Hoffmann-Lewis, The official Priests, bes. S. 17 ff., und J. Scheid, ANRW II 16, 1, 1978, 610 ff. zu den Arvalpriestern s. J. Scheid, Les Frères Arvales. Recrutement et origine sociale sous les empereurs Julio-Claudiens, Paris 1975. – S. allg. F. Millar, The Emperor in the Roman World 355 ff., der betont, daß die Mitgliedschaft in einem oder mehreren Priesterkollegien mehr galt als die Bekleidung einer Magistratur oder sonst eines Postens. Vgl. auch T. P. Wiseman, New Men 171.
³¹ Die *Septemviri epulones* wurden erst unter Augustus zu den *maiora collegia* gezählt: Hoffmann-Lewis, Priests 11.
³¹ᵃ Vgl. J. Scheid, Les Fréres Arvales, Paris 1975; Romulus et ses Frères. Le collège des Frères Arvales, Modèle du culte public dans la Rome des Empereurs, Rom 1990. I. Paladini, Fratres Arvales, Rom 1988. W. Eck, in: Religion und Gesellschaft in der römischen Kaiserzeit, Köln/Wien 1989, 15 ff. Chr. Böhme, Prinzeps und Polis 232 ff. S. Nachtrag zum Literaturverzeichnis.

Ränge zu seinen Mitgliedern als in der Republik. Vor allem aber gehörte die überwiegende Zahl der unter Augustus in die vier großen Kollegien und in die Arvalbrüderschaft kooptierten Priester dem Patriziat an. Bei den Pontifices und den Augurn bildeten die Patrizier sogar die Mehrheit.[32] Außer den feierlichen Opferhandlungen in der Öffentlichkeit und den von den Priestern veranstalteten Spielen mußten auch die Steinpublikationen der *acta* der Arvalbrüder oder der von den *quindecimviri* veranstalteten Saecularspiele mit den Namen der beteiligten Priester das Prestige der betreffenden Kollegien erhöhen. Zugleich wurden die Angehörigen aller der genannten Priesterkollegien eng an die Person des Prinzeps gebunden.[33] Gehörten doch zu den Aufgaben dieser Staatspriester auch die Gebete für das Heil des Prinzeps, die Feiern seiner Gedenktage und seiner Siege, die Opfer für den Caesar und sein Haus und die Spiele, die zu Ehren des Augustus bei den verschiedensten Gelegenheiten gefeiert wurden. Dagegen verloren die großen Staatspriester die politischen Einflußmöglichkeiten, die ihnen in der ausgehenden Republik zur Verfügung standen, fast ganz.[33a]

Konnte Augustus so die Mitglieder des Senats sich auf mannigfache Weise verpflichten, so suchte der Prinzeps doch auch die Würde des Senats als Institution zu betonen. Er ließ es sogar zu, daß der Senat in der Provinz Asia kultische Ehren erhielt. Die verschiedenen *lectiones senatus* und die Versuche, die Mitgliederzahl des Senats herabzusetzen, dienten nicht allein dazu, die in den Reihen des Senats noch vorhandene Opposition auszuschalten. Es ging vielmehr dem Augustus auch darum, unwürdige Elemente – Leute, die in der Triumviratszeit unverdient zu einem Senatssitz gekommen waren oder die sich schwere moralische Verfehlungen hatten zuschulden kommen lassen – wieder aus dem Senat zu entfernen.[34]

Um die wirtschaftliche Unabhängigkeit der Senatoren zu sichern, verfügte der Prinzeps noch vor dem Jahre 13 v. Chr., daß jeder Senator einen Mindestcensus von 1 Million Sesterzen aufweisen mußte (während früher für einen Senator der Rittercensus von 400000 Sesterzen genügte). Wer den Mindestcensus nicht erreichte, verlor seinen Senatssitz. Doch hat Augustus mehrfach verarmten Senatoren geholfen, indem er ihnen aus seiner Privatschatulle reiche Geschenke machte. Selbstverständlich war

[32] J. Gagé, Apollon romain 550f. Pistor, Prinzeps und Patriziat 124ff.
[33] Das hat schon Pelham, Essays 112, betont.
[33a] Vgl. J. H. W. G. Liebeschuetz, Continuity and Change in Roman Religion, Oxford 1979, 63.
[34] Suet. Aug. 35. Dazu Sattler, Augustus 31ff. und 95f. – Zu den kultischen Ehren für den Senat s. G. Forni, ΙΕΡΑ ΣΥΝΚΛΗΤΟΣ, Rom 1954, 50ff. und D. Kienast, Kl. Schriften 545ff. Dazu J. und L. Robert, Bull. Epigr. 1954, 111ff. Nr. 54, wonach der Kult offenbar erst in augusteischer Zeit eingerichtet wurde.

dies für den Prinzeps ein weiteres Mittel, sich im Senat ergebene Anhänger zu schaffen.³⁵

Augustus gab ferner den Senatorensöhnen das Recht, bei Anlegung der *toga virilis* zugleich die *tunica* mit dem *latus clavus*, dem breiten Purpurstreifen, der als senatorisches Standesabzeichen galt, anzunehmen und den Senatssitzungen beizuwohnen.³⁶ Allerdings blieben die Senatorensöhne unter Augustus weiterhin, wie A. Chastagnol zeigen konnte, Angehörige der Ritterschaft, unterschieden sich aber nun durch ihren höheren Census und durch den *latus clavus* von den übrigen Rittern, die einen niedrigeren Census hatten und den *angustus clavus* an der Tunica trugen. Noch unter Augustus scheint allerdings der Eintritt in den Senatorenstand erst mit der Bekleidung der Quästur erfolgt zu sein. Erst Caligula machte dann den *latus clavus* zum eigentlichen Distinktiv des Senators. Seitdem konnte der Kaiser einen Ritter durch Verleihung des *latus clavus* in den Senat aufnehmen.³⁷ Kann man also in strengem Sinne erst seit Caligula von einem geschlossenen Senatorenstand sprechen, so hat doch Augustus durch die Einführung des Senatorencensus und die Ausdehnung des Rechtes des *latus clavus* auch auf die Senatorensöhne die Voraussetzungen dafür geschaffen. Diese Maßnahmen bedeuteten aber zugleich, daß die Zahl der Bewerber für die senatorischen Ämter praktisch auf die Söhne und Nachkommen der Senatoren beschränkt wurde und infolgedessen für gewisse Ämter oft nicht genügend Bewerber zur Verfügung standen. Da die Patrizier sich nach der Quästur gleich um die Prätur bewerben durften, gab es besonders bei den Wahlen für Ädilität und Volkstribunat oft nicht genü-

---

³⁵ Zum Senatorencensus s. Dio 54, 26, 3. Suet. Aug. 41, 3, wonach zwischen 18 und 13 v. Chr. der Senatorencensus vorübergehend 800000 Sesterzen betrug. Dazu C. Nicolet, JRS 65, 1975, 20ff., und in: Des ordres à Rome (ed. C. Nicolet), Paris 1984, 143ff. bes. 160ff., sowie T. P. Wiseman, New Men 66f. Zur Unterstützung bedürftiger Senatoren s. Suet. Aug. 41, 1. Dio 54, 17, 3. Tac. ann. 2, 37. Seneca, De benef. 2, 27, 1ff. Macrob. Sat. 2, 4, 23. Vgl. F. Millar, Emperor 297f.

³⁶ Suet. Aug. 38, 2. Dazu A. Chastagnol, Bull. soc. nat. antiqu. de France 1971, 282ff.; MEFRA 85, 1973, 583ff.; Rev. hist. de droit fr. 53, 1975, 375ff.; Historia 25, 1976, 253ff. C. Nicolet, JRS 65, 1975, 30ff. – Änderungen der Toga, die von Augustus initiiert gewesen zu sein schienen, ließen übrigens den Praetextatstreifen der Toga und den *latus clavus* als senatorische Insignien deutlicher als zuvor sichtbar werden. Vgl. H. Wrede, Gnomon 67, 1995, 543 und 546.

³⁷ Ph. Fabia, La Table Claudienne de Lyon, Lyon 1929, 93ff., und A. Chastagnol, Bull. Soc. nat. antiqu. de France 1971, 289ff., vermuten, daß Augustus im J. 14 n. Chr. den latinischen Gemeinden der Gallia Narbonensis ein besonderes *ius adipiscendorum in urbe honorum* verliehen habe. Dagen s. schon F. Vittinghoff, Hermes 82, 1954, 353 Anm. 1. Das von Tacitus, ann. 11, 23, erwähnte *ius honorum* scheint vielmehr in der Verleihung des *latus clavus* bestanden zu haben, vgl. Vittinghoff a. O. 352 und U. Schillinger-Häfel, Historia 14, 1965, 443ff.

gend Kandidaten.[38] Bei den Prätorenwahlen dagegen nominierte Augustus später nur so viele Bewerber, wie Stellen vorhanden waren. Die Wahlen wurden dadurch mehr und mehr zu einer Fiktion.[39] Auch dort, wo es noch Wahlkämpfe gab, beschränkten diese sich doch auf einen kleinen Kreis von Rivalen. Praktisch konnte die Beförderung zu einem höheren Amt durch den Wahlausgang meist nur um einige Zeit hinausgeschoben, aber nicht für dauernd verhindert werden. Auch die Vorlage von Einkandidatenlisten durch den Prinzeps änderte daran nur wenig. Denn Augustus hatte bei seinen Entscheidungen auch auf gesellschaftliche Konventionen und Ansprüche Rücksicht zu nehmen und konnte es sich politisch nicht leisten, ohne schwerwiegende Gründe gegen die von ihm selbst geschaffene neue Ordnung zu verstoßen.[39a]

Der Beschränkung der Zahl der Bewerber und einer gewissen Kontrolle der Wahlen diente auch die sog. *destinatio*, die uns durch den Fund der 1947 erstmals publizierten *Tabula Hebana* bekanntgeworden ist.[40] Wir erfahren aus der Inschrift, daß im Jahre 5 n. Chr. durch eine *lex Valeria Cornelia* ein aus Senatoren und Rittern der obersten drei Richterdekurien bestehendes Gremium geschaffen wurde, das für die Prätur und das Consulat die geeignetsten Kandidaten vorauszubestimmen, zu 'destinieren' hatte. Gegliedert war dieses Gremium in zehn Centurien, von denen je fünf nach Gaius und Lucius Caesar, den verstorbenen Adoptivsöhnen des Augustus, benannt wurden. Im Jahre 19 n. Chr. wurden dann durch eine *lex Valeria Aurelia* zu Ehren des toten Germanicus fünf weitere Centurien hinzugefügt, die seinen Namen tragen sollten. Diese Erweiterung des Wahlkörpers machte eine Neuregelung des Wahlvorganges erforderlich, die in der *Tabula Hebana* etwas umständlich beschrieben wird.[40a] Im Jahre

---

[38] Vgl. Tibiletti, Principe 90ff. Zu der von Tibiletti erwähnten Funktion des Vigintivirats als Eingangsstufe der senatorischen Laufbahn vgl. jetzt A. Chastagnol, MEFRA 85, 1973, 594ff.

[39] Tibiletti, Principe 128ff. Frei-Stolba, Wahlen 114f. Gilbert, Beziehungen 254ff.

[39a] Vgl. D. Timpe, in: Latein und Europa 62: „Der Kaiser konnte zwar die Zusammensetzung des Senats beeinflussen, blieb aber auf den Stand als solchen angewiesen; dieser hatte seine Rolle als kollektive Regierung ausgespielt, jedoch seine Bedeutung als Reservoir der obersten Führungskräfte war größer denn je."

[40] Ehrenberg–Jones, Documents 94a (= Historische Inschriften Nr. 19). Dazu Tibiletti, Principe 133ff. P. A. Brunt, JRS 51, 1961, 71ff. Frei-Stolba, Wahlen 120ff. D. Flach, Chiron 6, 1976, 193ff. S. Demougin, L'ordre équestre (unter Anm. 104) 393ff.

[40a] Die Destinationscenturien mit dem Namen des Germanicus sind also Teil der umfangreichen, für den toten Germanicus beschlossenen Ehren, die Tacitus (ann. 2, 83) erwähnt. Der darauf bezügliche Senatsbeschluß ist jetzt durch die Tabula Siarensis zum größten Teil im Wortlaut bekannt geworden. Das umfangreiche Dos-

23 kamen dann nochmals fünf Centurien dazu, die den Namen des Tiberiussohnes Drusus erhalten haben.[41] Leider läßt der lückenhafte Text der *Tabula Hebana* nicht erkennen, ob die Destinationscenturien zu den bestehenden Centurien als eine Art *centuriae praerogativae* hinzutraten oder ob das Destinationsverfahren von der eigentlichen Wahl als ein eigenes Verfahren abgetrennt war. Wahrscheinlich wurden die Kandidaten für die beiden höchsten Ämter in einem gesonderten Verfahren bestimmt und als *candidati destinati* vom Wahlleiter dann in den Comitien vorgeschlagen. Die *destinatio* hätte danach den Charakter einer faktisch verbindlichen Empfehlung gehabt. Denn einmal waren die Kandidaten von den Vertretern der beiden oberen Stände destiniert worden. Zum anderen aber wurden sie offenbar als *candidati C. Caesaris* usw. vom Wahlleiter aufgerufen, so daß hinter ihnen die *auctoritas* des Kaiserhauses stand. Praktisch, wenn auch nicht rechtlich, wurde damit die Wahl zu den beiden oberen Magistraturen von den Comitien in die Destinationscenturien verlegt.

Das bedeutete einmal, daß dem Prinzeps die Kontrolle erleichtert wurde. Das Gremium der Destinationscenturien war relativ klein. Die Ritter für die Richterdekurien wurden von Augustus selbst bestimmt, und auch die Senatsliste war ja seiner Kontrolle unterworfen.[42] Auf der anderen Seite werden auch die meisten Senatoren die neue Regelung begrüßt haben, da sie den Aufwand für den Wahlkampf erheblich einschränkte und den Bewerbern das Betteln um die Volksgunst ersparte.

Mochten viele Senatoren darin die Sorge des Prinzeps für ihre *dignitas* erkennen, so hat Augustus bei seiner Sittengesetzgebung zweifellos ebenfalls besonders auch die Würde des Senatorenstandes im Auge gehabt.[43] Das zeigen nicht nur die Gesetze gegen Amtserschleichung und gegen den Luxus,[44] sondern vor allem die Ehegesetze des Kaisers. Gerade in den

---

sier – Tabula Siarensis, Tabula Hebana sowie Inschriftenfragmente aus Rom und Todi – mit dem einleitenden SC und der *lex Valeria Aurelia* ist jetzt von M. Crawford, Roman Statutes I 507 ff. Nr. 37, zusammen mit einer englischen Übersetzung, vorbildlich ediert worden. Dort ist auch die umfangreiche Literatur bis 1995 zusammengestellt.

[41] Ehrenberg–Jones, Documents 94b = Crawford, Roman Statutes I Nr. 38.
[42] Tibiletti, Principe 133. K. Bringmann, Chiron 3, 1973, 235 ff., bes. 243.
[43] Vgl. allgemein zur Sittengesetzgebung des Augustus V. Gardthausen, Augustus I 897 ff., II 518 ff. (mit den wichtigsten Zeugnissen), und H. Last, CAH X, 1934, 434 ff. (guter Überblick) sowie E. Baltrusch, Regimen morum. Die Reglementierung des Privatlebens der Senatoren und Ritter in der römischen Republik und frühen Kaiserzeit, München 1989, 133 ff. S. ferner S. Treggiari, CAH X² 893 ff., und K. Galinsky, Augustan Culture 128 ff.
[44] Zu den *leges Iuliae de ambitu* und *de sumptu* s. Suet. Aug. 34, 1. Florus 2, 34,

oberen Schichten der Gesellschaft hatte sich schon in der Spätrepublik eine sehr weitgehende Freizügigkeit im Bereich der sexuellen Moral eingebürgert, die zu einer bedenklichen Lockerung der Ehe geführt hatte. Die große Selbständigkeit der Frau erleichterte gerade in den oberen Ständen die Scheidung und führte oft dazu, daß die Herren der Gesellschaft in einem Verhältnis mit einer Freigelassenen einen Ersatz für die Freuden der Ehe suchten, ohne deren Pflichten tragen zu müssen. Kinderlosigkeit war gerade in der Senatorenschaft weit verbreitet. Die Maßnahmen des Augustus zielten deshalb darauf ab, das Ansehen der Ehe allgemein zu heben und die Kinderzeugung vor allem in den oberen Ständen kräftig zu fördern.

Durch die *lex Iulia de adulteriis coercendis*[45] wurden Ehebruch und Unzucht *(stuprum)* sowie Kuppelei zu einem öffentlichen Kriminaldelikt, das vor einem Quästionengericht verfolgt werden konnte. Als Strafe wurde außer der Einziehung eines Teiles des Vermögens auch die *relegatio in insulam* festgesetzt. Noch einschneidender waren die Bestimmungen der im Jahre 18 wohl zusammen mit dem vorigen Gesetz erlassenen *lex Iulia de maritandis ordinibus* und der sie ergänzenden *lex Papia Poppaea* vom Jahre 9 n. Chr.[46] Die beiden Gesetze enthielten für alle Männer von 25–60 und für alle Frauen von 20–50 Jahren eine Ehepflicht. Die Scheidung wurde erschwert, Wiederverheiratung nach der Scheidung oder dem Tod des einen Partners wurde zur Pflicht gemacht. Ehe- und Kinderlosigkeit wurden mit schweren Sanktionen geahndet. Wer nicht zur rechten Zeit eine Ehe oder wenigstens eine Verlobung eingegangen war, sollte vom Be-

---

65. Dio 54, 16, 1. G. Rotondi, Leges publicae 443 und 447 mit weiteren Zeugnissen. W. Kunkel, RE XXIV 1963, 769 f.

[45] Zur *lex Iulia de adulteriis coercendis* s. Crawford, Roman Statutes II 781 ff. Nr. 60. Dazu W. Kunkel, RE XXIV, 1963, 770 f., und: Untersuchungen zur Entwicklung des römischen Kriminalverfahrens 121 ff. M. N. Andréev, Studii clasice 5, 1963, 165 ff. D. Daube, The Irish Jurist 7, 1972, 373 ff., R. A. Bauman, Antichthon 2, 1968, 68 ff. – Vor dieser *lex Iulia* konnten *adulterium* und *stuprum* „vermutlich nur im Wege einer privaten Kriminalklage verfolgt werden": W. Kunkel a. O. Vgl. C. Edwards, The Policy of Immorality 34 ff., und E. Fantham, EMC 35, 1991, 267 ff.

[46] Crawford, Roman Statutes II 801 ff. Nr. 64. Zur Ehegesetzgebung des Augustus vgl. P. A. Brunt, Italian Manpower 558 ff., M. Humbert, Le remariage à Rome, Mailand 1972, 138 ff. R. Astolfi, La lex Julia et Papia, Padua² 1986, und SDHI 39, 1973, 187 ff. D. Nörr, in: Freiheit und Sachzwang (Festschrift H. Schelsky), Opladen 1977, 309 ff. S. Treggiari, Roman Marriage, Oxford 1991. A. Mette-Dittmann, Die Ehegesetze des Augustus, Stuttgart 1991 (mit weiterer Literatur). Zur *lex Papia Poppaea* vgl. G. Fabre, Libertus, Paris/Rom 1981, 313 f. Allgemein vgl. auch R. Friedl, Der Konkubinat im kaiserzeitlichen Rom, Stuttgart 1996, mit Literatur (dazu J.-U. Krause, HZ 265, 1997, 174 f.).

such der Theater ausgeschlossen sein. Er durfte auch keine Erbschaften oder Vermächtnisse außer von seinen engsten Blutsverwandten empfangen. Auch ein Witwer bzw. eine Witwe galten vor dem 60. bzw. 50. Lebensjahr als *caelebs* und durfte keine testamentarischen Zuwendungen empfangen. Verheiratete, aber kinderlose Personen durften nach den milderen Bestimmungen der *lex Papia Poppaea* wenigstens die Hälfte der ihnen ausgesetzten Zuwendungen, aber auch nicht mehr, erhalten.

Augustus hat bei seinen auf die Förderung der Ehe und der Kinderzeugung gerichteten gesetzlichen Maßnahmen sowohl die Senatoren wie die Ritter und die reichen Freigelassenen im Auge gehabt.[47] Daß aber diese Gesetze vor allem auch im Hinblick auf den ersten Stand erlassen worden waren, zeigen schon die Vorrechte, die kinderreichen Vätern bei der Ämterbewerbung eingeräumt wurden. Auch wurden nur den Angehörigen des Senatorenstandes Ehen mit Freigelassenen untersagt, während sonst die Heirat von *ingenui* mit Freigelassenen ausdrücklich legalisiert wurde.

Die Ehegesetzgebung des Augustus ist in alter und neuer Zeit viel kritisiert worden. Zweifellos war ihr nur ein begrenzter Erfolg beschieden. Selbst im engsten Kreis um Augustus entsprach die Realität keineswegs den vom Prinzeps propagierten Idealen. Ein vorbildlicher Ehemann war eigentlich nur Agrippa. Augustus selbst hatte nur eine Tochter, mit der er zudem nicht allzuviel Staat machen konnte. Maecenas war kinderlos, Vergil und Horaz unverheiratet. Selbst die beiden Consuln des Jahres 9 n. Chr., welche die *lex Papia Poppaea* eingebracht hatten, waren Junggesellen.[48] Dennoch werden die Gesetze schon wegen der einschneidenden erbrechtlichen Sanktionen wohl auch nicht ganz wirkungslos geblieben sein. Und die Nachfolger des Augustus haben wohl nicht nur aus fiskalischen Gründen an den Ehegesetzen festgehalten.[49]

Man darf auch nicht übersehen, daß sich Augustus für seine Sorge um

---

[47] Der Protest der Ritter soll nach Dio 56, 1 ff. den Augustus zu den Erleichterungen der *lex Poppaea* veranlaßt haben. Unter die Bestimmungen dieses Gesetzes fielen auch Freigelassene mit einem Vermögen von 100000 HS und mehr, die wohl auch allein Zugang zu den Augustalenkollegien hatten, s. Brunt, Manpower 565. Vgl. auch D. Nörr, a. O. 313ff.

[48] Dio 56, 10, 3. Zur Kinderlosigkeit des Maecenas s. A. Kappelmacher, RE XIV 1, 1928, 215.

[49] Fiskalische Gründe macht Brunt, Manpower 565f., verantwortlich. Anders H. Last, CAH X 455f. Vgl. auch die abgewogenen Urteile von M. Humbert, Le remariage à Rome 174f., und von L. Polverini, Aevum 39, 1965, 8ff., sowie bes. die eingehende Erörterung von D. Nörr, a. O. (oben Anm. 46) 313ff. Eine Folge der mit den Ehegesetzen inaugurierten Politik war es offenbar, daß sich die römischen Damen nun häufig in der rangbezeichnenden Stola darstellen ließen. Vgl. B. I. Scholz, Untersuchungen zur Tracht der römischen Matrona, Köln 1992, 75ff.

die Ehe und um die Kinderzahl auf die republikanische Tradition berufen konnte und berufen hat.[50] Noch Cicero hat in seinem Werk *De legibus* zu den Pflichten der Censoren die Aufgabe gezählt: *caelibes esse prohibento*.[51] Und der alte Caesar hatte bereits Maßnahmen zur Förderung kinderreicher Familienväter getroffen.[52] Dennoch fallen die Vorschriften der augusteischen Ehegesetzgebung durch ihre Rigorosität auf. Der Versuch, die Gesetzgebung als Instrument sozialer Planung zu benutzen, war in dieser Form neu und unerhört. Bedenklich war auch, daß die Gesetze Prämien für Delatoren bestimmten und so das Denunziantenunwesen förderten. Der heftige Widerstand der Betroffenen ist daher nur zu verstehen. Manche besonders harten Bestimmungen mußten deshalb auch sehr bald wieder erleichtert oder ganz aufgehoben werden, so vor allem die Benachteiligung der Ehelosen bei den Spielen. Eine Verfügung wie das Wiederverheiratungsgebot für Witwen verstieß außerdem eklatant gegen das Herkommen. Die jüngere Antonia hat sich denn auch nach dem Tode des Drusus trotz des Drängens des Augustus standhaft geweigert, eine neue Ehe einzugehen.[53] Gegen das Herkommen verstieß aber auch der Eingriff in die Testierfreiheit, wenn auch aus anderen Motiven in der Republik schon die Höhe der Legate durch verschiedene Gesetze beschränkt worden war. Gerade die Einschränkung der testamentarischen Zuwendungen bildete aber der Sache nach einen empfindlichen Eingriff in die Vermögensangelegenheiten der römischen Oberschicht, der deren Existenzgrundlage direkt berührte.[54] Die Sorge des Prinzeps für die Reinheit und die Erhaltung des Senatorenstandes mußte daher von den Senatoren selbst mit recht gemischten Gefühlen aufgenommen werden. Zumal schon unter Augustus einzelne Personen durch die Verleihung des *ius trium liberorum* von den Sanktionen der Ehegesetze befreit werden konnten.[55]

---

[50] Die Censoren verlangten von den Bürgern beim Census einen Eid, daß sie um der Kinderzeugung willen geheiratet hätten (Gellius 4, 3, 2). Die Censoren von 403 sollen nach Valerius Maximus (2, 9, 1) sogar eine Junggesellensteuer aufgelegt haben. Vgl. D. Nörr, a. O. 310. Augustus selbst verlas im Senat die Rede, die der Censor Q. Metellus Macedonicus 131 v. Chr. *de prole augenda* gehalten hatte (Suet. Aug. 89).
[51] Cicero, De leg. 3, 3, 7. Vgl. Brunt, Manpower 559.
[52] Cicero, Marc. 23. Vgl. Gelzer, Caesar 266.
[53] Val. Max. 4, 3, 3. Joseph., Antt. Jud. 18, 180. Zum Lob der *univira* vgl. H. Funke, Jb. f. Antike u. Chr. 8/9, 1965/6, 183 ff., und M. Lightman–W. Zeisel, Church History 46, 1977, 19 ff.
[54] Vgl. Nörr, a. O. 317 und 324 f. Die Intestaterbfolge blieb von den Gesetzen jedoch unberührt, s. R. Astolfi, SDHI 39, 1973, 192 ff.
[55] So sicher die Livia: Dio 55, 2, 5 ff. Vgl. D. Nörr, Festschrift H. Schelsky (o. Anm. 46) 318 ff. H. Dessau, in: Beiträge zur Alten Geschichte (Festschrift Hirsch-

Dem Prinzeps war damit eine neue Möglichkeit an die Hand gegeben, in die Verhältnisse der Senatorenschaft lenkend einzugreifen.

Die Rücksicht des Augustus auf die Senatorenschaft zeigt sich auch darin, daß dieser dem Senat gelegentlich richterliche Befugnisse zuschob. In die Regierung des Augustus fallen denn auch die Anfänge des Senatsgerichtes, das allerdings erst unter Tiberius zu einer festen Institution wurde. Über die Entstehung des Senatsgerichtes hat es in der Forschung eine Kontroverse gegeben. Während J. Bleicken die Strafjustiz des Senats aus dem Notstandsrecht der spätrepublikanischen Zeit entstanden sein läßt, sieht W. Kunkel die Anfänge der Senatsjustiz erst in der Spätzeit des Augustus.[56]

Fest steht, daß Oktavian/Augustus bei mehreren Gelegenheiten dem Senat richterliche Funktionen zugewiesen hat. So ließ schon der junge Oktavian im Jahre 43 anscheinend den Prätor Q. Gallius wegen eines Attentats auf sein Leben seines Amtes entheben und vom Senat zum Tode verurteilen.[57] Im Jahre 40 beschuldigte der Caesar dann seinen ehemaligen Freund Q. Salvidienus Rufus im Senat des Hochverrats. Der Senat erklärte daraufhin den Salvidienus zum *hostis* und erteilte den drei Triumvirn zusammen durch ein *Senatusconsultum* die beim Staatsnotstand üblichen Vollmachten.[58] Wenn auch in diesem Falle ein formales Gerichtsverfahren kaum stattgefunden hat, so scheint doch Oktavian seine Anschuldigungen gegen Salvidienus in dessen Anwesenheit erhoben und dieser Gelegenheit zur Stellungnahme erhalten zu haben. Insofern lag in diesem Falle zweifellos eine Weiterführung und Weiterentwicklung der Notstandspraxis des republikanischen Senats vor.

Ein regelrechtes Verfahren fand dann im Jahre 29 v. Chr. gegen den König Antiochos II. von Kommagene im Senat statt, weil der König einen

---

feld), Berlin 1903, 463 ff., möchte Livius, praef. 9, auf einen ersten gescheiterten Versuch zur Einführung eines Ehegesetzes beziehen. Ebenso P. A. Brunt, Manpower 558. Vgl. jedoch R. Syme, in: Prinzipat und Freiheit, Darmstadt 1969, 194 ff., und E. Badian, Philologus 129, 1985, 82 ff. (zu Prop. II 7, 1–3).

[56] J Bleicken, Senatsgericht und Kaisergericht, Göttingen 1962 (mit weiterer Literatur). W. Kunkel, Kleine Schriften, Weimar 1974, 267 ff. und 325 ff. Vgl. auch H. Bellen, Gnomon 36, 1964, 387 ff. – R. A. Bauman, Crimen maiestatis 171 ff., meint, der Senat habe in den Fällen des Q. Gallius, des Salvidienus Rufus und des C. Cornelius Gallus jeweils die Anwendbarkeit der *lex Pedia* festgestellt (die nach Bauman ein Majestätsgesetz gewesen sei). – Vgl. auch F. De Marini Avonzo, La funzione giurisdizionale del Senato romano, Mailand 1957. Dazu J. Gaudemet, Labeo 4, 1958, 335 ff.

[57] So Appian, b. c. 3, 394 f. Andere Versionen bei Sueton, Aug. 27, 4. Dazu W. Kunkel, a. O. 276, und R. A. Bauman, a. O. 173 f.

[58] Vgl. oben S. 47 f. mit Anm. 179 und Bauman, a. O. 177 ff.

nach Rom geschickten Gesandten seines Bruders hatte ermorden lassen. Dieses Verfahren hatte aber insofern einen Ausnahmecharakter, weil es keinen römischen Bürger betraf.[59]

Bei den oben genannten Ansätzen zu einer senatorischen Gerichtsbarkeit ist es aber anscheinend zunächst längere Zeit geblieben. In den ersten 25 Jahren der *res publica restituta* läßt sich kein Fall nachweisen, in dem der Senat als Gericht tätig geworden wäre. Das Verfahren gegen den ersten *praefectus Aegypti* C. Cornelius Gallus, dem man Erpressungen und Hochverrat vorwarf, bietet, wie Kunkel gezeigt hat, kein Beispiel für eine senatorische Gerichtsbarkeit.[60]

Ein Fall senatorischer Strafjustiz begegnet erst wieder im Jahre 2 v. Chr. Als damals die gegen den Prinzeps gerichtete Verschwörung des Jullus Antonius und anderer aufgedeckt wurde, brachte Augustus die Sache vor den Senat. Dieser sollte über Schuld und Strafe derjenigen befinden, die nicht wie die Kaisertochter Julia der Hausgerichtsbarkeit des Augustus unterstanden. Wahrscheinlich hat der Prinzeps die Sache vor allem deswegen vor den Senat gebracht, weil ihm ein öffentliches Verfahren vor dem ordentlichen Quaestionengericht politisch nicht opportun schien. Aus dem gleichen Grunde politischer Opportunität wurde auch der Fall des Redners Cassius Severus den Quaestionen entzogen. Wegen Verbreitung von Schmähschriften gegen Angehörige der Aristokratie wurde dieser im Jahre 12 n. Chr. *iudicio iurati senatus* in die Verbannung geschickt. Um den Pamphleten, die man ja gerade unterdrücken wollte, nicht noch mehr Publizität zu verleihen, übergab Augustus den Fall des Severus dem Senat zur Aburteilung.[61]

Alle aufgeführten Fälle tragen also den Charakter der Ausnahme und des übergesetzlichen Notstandes an sich und stehen insofern in der Tradition der spätrepublikanischen Notstandspraxis. Das Verfahren gegen Jullus Antonius war ebensowenig im Sinne einer strengen Legalität wie Ciceros Vorgehen gegen die Catilinarier, konnte aber durch diesen und ähnliche Präzedenzfälle gedeckt erscheinen. Daß auch dem Augustus selbst der Ausnahmecharakter jener Verfahren wohl bewußt war, zeigt die Tatsache, daß sich von 27 v. Chr. bis 14 n. Chr. nur zwei Fälle senatorischer Strafjustiz nachweisen lassen. Den Senatoren werden auch die ihnen zugewiesenen richterlichen Funktionen – vom Fall des Antiochos von Komma-

---

[59] Dio 52,43,1. Vgl. H. Volkmann, Rechtsprechung 33 f. Zu Antiochos II. s. R. D. Sullivan, ANRW II 8, 1977, 775 ff.
[60] Zu Cornelius Gallus s. oben S. 99 f. Nach W. Kunkel, Kleine Schriften 277 f., wurde Gallus in ein Repetundenverfahren verwickelt. Anders Bauman, Crimen maiestatis 180 ff.
[61] Vgl. Kunkel, a. O. 294 ff., und Bauman, a. O. 198 ff. und 257 ff.

gene einmal abgesehen – nicht unbedingt als ein Privileg erschienen sein. Auf der anderen Seite lag es aber auch in ihrem Interesse, daß die „Liebschaften" der Julia oder die Pamphlete des Cassius Severus nicht in der Öffentlichkeit der Quaestionen behandelt wurden. Hatte doch Augustus auch die von Caesar verfügte Publikation der *acta senatus* wieder eingestellt – was zweifellos ein Entgegenkommen gegenüber dem Senat darstellte.[61a]

Dem Ansehen des Senates kam auch zugute, daß Augustus wichtige Reformen durch den Senat beschließen ließ, wobei dieser offenbar zunächst auch eine gewisse Gestaltungsfreiheit besaß. Im Interesse der Senatsaristokratie lag vor allem die Neuregelung der Repetundenangelegenheiten durch das *Senatusconsultum Calvisianum* vom Jahre 4 v. Chr.[62] Dieser Senatsbeschluß gestattete den Provinzialen, sich in Repetundensachen durch Vermittlung eines Magistrats an den Senat statt an den Repetundengerichtshof zu wenden, aber nur dann, wenn sie keine Kapitalanklage erhoben, sondern lediglich einen Anspruch auf Rückerstattung erpreßter Gelder geltend machen wollten. Der Senat fungierte in diesem Verfahren in seiner Gesamtheit nicht als richterliches Organ. Er entschied nur über die Zulassung der Klage und über die Bildung eines aus Senatoren zusammengesetzten Rekuperatorenkollegiums, dem dann die Beweiserhebung und das Urteil oblag. Die kapitalen Repetundenprozesse mußten jedoch weiterhin vor dem Quaestionengericht geführt werden. Durch das *SC Calvisianum* sollte den Provinzialen, wie es in dem Beschluß heißt, ein einfacherer, schnellerer und billigerer Weg eröffnet werden, wieder zu ihrem Geld zu kommen. Man braucht diese Motivation nicht in Zweifel zu ziehen, muß aber hinzufügen, daß durch diesen Senatsbeschluß zweifellos die senatorische Standesgerichtsbarkeit, wie sie vor den Gracchen bestanden hatte, neu belebt wurde. Der Beschluß mußte außerdem zur Folge haben, daß die Zahl der kapitalen Repetundenanklagen merklich zurückging. Schon unter Tiberius scheinen daher die Repetundenprozesse ganz an den Senat gekommen zu sein. Dafür gab es auch technische Gründe, die offenbar auch schon die Entscheidung des *SC Calvisianum* beeinflußt haben. Denn die Senatsjustiz bot eine Möglichkeit, die Langwierigkeit und Schwerfälligkeit der Quaestionenverfahren zu vermeiden und ebenso die

---

[61a] Suet. Aug. 36.
[62] S. Sherk, Documents p. 174 ff. Nr. 31 mit Kommentar und Literatur. Vgl. J. Bleicken, Senatsgericht 35 ff. (mit älterer Lit.), und dazu die Modifikationen von W. Kunkel, Kleine Schriften 284 ff. sowie P. A. Brunt, Charges of Provincial Maladministration under the Early Empire, in: Roman Imperial Themes 53 ff. (bes. 63 ff.) und 487 ff. – Zur Einleitung von Reformen durch Senatsbeschlüsse s. A. Wallace-Hadrill, JRS 76, 1986, 81 ff.

Starrheit des Strafensystems, an das die Quaestionen durch Gesetz gebunden waren. Wie denn auch parallel zur Entwicklung der Senatsjustiz die Beamtenkognition auf Kosten der Quaestionen rasch an Boden gewann.[63] Zweifellos hätte man den technischen Mängeln der Questionengerichte aber auch auf andere Weise abhelfen können. Es entsprach ganz der um das Ansehen des Senatorenstandes bemühten Politik des Augustus, daß dieser in einer für die Aristokratie so zentralen Frage wie den Repetundenprozessen die senatorische Standesgerichtsbarkeit zumindest teilweise wiederhergestellt hat.

Auf der gleichen Linie liegt es auch, daß Augustus die aus den Provinzen an ihn gerichteten Appellationen an Consulare delegierte, die jeweils für bestimmte Provinzen die letztinstanzlichen Entscheidungen zu fällen hatten.[64]

Dem Ansehen des Senates mußte es auch zugute kommen, daß immer mehr Angehörige des Senatorenstandes in verwandtschaftliche Beziehungen zum Prinzeps und zu seinem Hause traten. Auch das Verhältnis des Augustus zu den führenden Mitgliedern der Senatsaristokratie läßt sich nur von den Voraussetzungen seines Aufstieges her erklären. Es wurde bereits betont, daß es auch nach dem Untergang des Antonius in Rom noch einflußreiche und mächtige Herren gab, mit denen der Caesar rechnen mußte. Eine Möglichkeit, diese Herren fester an die Person des Augustus zu binden, bestand darin, mit ihnen verwandtschaftliche Beziehungen zu knüpfen. Da in der römischen Aristokratie politische Eheverbindungen seit jeher eine große Rolle spielten, bot sich dieser Weg für den Prinzeps wie von selbst an. War doch Oktavian schon in der Zeit seines Aufstieges aus politischen Gründen mehrere Verbindungen eingegangen. Zunächst verlobt mit einer Tochter des Caesarianers P. Servilius, mußte er im Jahre 43 mit einer Stieftochter des Antonius, der Clodia, eine Ehe eingehen. Oktavian entließ das Mädchen jedoch schon im Jahre 41 wieder, ohne die Ehe vollzogen zu haben.[65] Er heiratete dann die Scribonia, von der er seine einzige Tochter Julia erhielt.[66] Die Ehe währte aber nicht lange.

[63] Vgl. W. Kunkel, a. O. 320ff.

[64] Suet. Aug. 33, 3. Zu den Appellationen an Augustus vgl. J. Bleicken, Senatsgericht 124ff., und W. Kunkel, Kleine Schriften 338ff., sowie F. Millar, Emperor 509f. Für die spätere Entwicklung vgl. H. Bellen, ZSSR 79, 1962, 143ff. Vgl. oben S. 79f. m. Anm. 6.

[65] Zu Oktavians Verlobung mit der Tochter des Servilius Isauricus s. oben S. 16. Zu Oktavians Verbindung mit Clodia, s. oben S. 38 Anm. 144. Allg. zu den Familienverhältnissen des Augustus s. Suet. Aug. 62ff. Zur Heiratspolitik des Augustus vgl. R. Syme, Roman Papers VI 341ff., und Augustan Aristocracy 140ff.

[66] Zur Verbindung mit der Scribonia s. J. Scheid, MEFRA 87, 1975, 349ff., und BCH 100, 1976, 485ff. – Zu den Töchtern der Scribonia s. E. F. Leon, TAPA 82,

38 v. Chr. führte Oktavian vielmehr die Livia Drusilla heim, die ihm zwei Stiefsöhne, den Tiberius und den Drusus, mit in die Ehe brachte. Die Ehe der Livia mit Augustus blieb dagegen kinderlos.[67]

Seine Tochter Julia gab der Prinzeps der Reihe nach dem Marcellus, dem Agrippa und schließlich dem Tiberius in die Ehe, der dafür seine bisherige Gattin Vipsania, eine Tochter des Agrippa, entlassen mußte.[68] Die Vipsania heiratete danach den Asinius Gallus, einen Sohn des bekannten Historikers Asinius Pollio.[69] Aber Augustus spannte nicht nur seine Tochter, sondern auch seine Schwestern in seine dynastische Politik ein. Seine leibliche Schwester Octavia war in erster Ehe mit C. Claudius Marcellus (cos. 50 v. Chr.) verheiratet. Nach dessen Tode mußte sie im Jahre 40 v. Chr. mit dem Triumvirn M. Antonius eine Ehe eingehen. Aus ihrer ersten Ehe hatte die Octavia drei Kinder, den C. Marcellus und zwei Marcellae.[70] Die ältere Marcella heiratete den Agrippa und später den Jullus Antonius, die jüngere Marcella den Paullus Aemilius Lepidus und dann den M. Valerius Messala Barbatus Appianus.[71] Aus der Ehe der Octavia mit Antonius entsprossen zwei Töchter. Die ältere Antonia heiratete den L. Domitius Ahenobarbus, dessen Enkel später den Kaiserthron besteigen sollte, nachdem er zuvor von Claudius adoptiert worden war. Die jüngere Antonia heiratete Augustus' Stiefsohn Drusus und wurde die Mutter des Germanicus und des späteren Kaisers Claudius.[72] Augustus hatte aber noch eine Stiefschwester, die ältere Octavia (eine Tochter des C. Octavius und der Ancharia). Diese war verheiratet mit einem Sex. Appuleius, Sex. f., und hatte von ihm zwei Söhne, Sex. Appuleius (cos. 29 v. Chr.) und M. Appuleius (cos. 20 v. Chr.).[73]

Aus den meisten dieser Verbindungen gab es wieder Kinder, die nun ihrerseits mit Angehörigen der alten oder der neuen Nobilität Ehen eingingen. So heiratete eine Enkelin der jüngeren Octavia, die Claudia Pulchra, den bekannten P. Quinctilius Varus. Eine Schwester des Varus war wieder mit Sex. Appuleius (cos. 29 v. Chr.) vermählt.[74] Eine andere Enkelin der

---

1951, 168 ff. – Zur Familie der Scribonii Libones in der Prinzipatszeit s. E. J. Weinrib, Harv. Stud. 72, 1967, 247 ff.

[67] Vgl. oben S. 50 f. Das einzige Kind des Augustus von der Livia war eine Totgeburt: Suet. Aug. 63, 1.

[68] Vgl. PIR² I Nr. 634.

[69] Tac. ann. 1, 12. Vgl. PIR² A Nr. 1229.

[70] Vgl. M. Hammond, RE XVII 2, 1937, 1859 Nr. 96.

[71] Vgl. PIR² C Nr. 1102 f. Vgl. R. D. Weigel, Augustus' relations with the Aemilii Lepidi, Rh. Mus. 128, 1985, 180 ff. (mit Stemma).

[72] Vgl. PIR² A Nr. 884 f. Dazu N. Kokkinos, Antonia Augusta, London 1992.

[73] Vgl. G. Herzog-Hauser, RE XVII 2, 1937, 1858 ff. Nr. 95, und PIR² A Nr. 959 ff.

[74] Vgl. dazu U. Weidemann, AAnz 1965, 457 ff. – In den neuen *laudatio funebris*

Octavia, die Domitia Lepida, war der Reihe nach verheiratet mit Messala Barbatus, Faustus Cornelius Sulla und C. Appius Silanus.[75] – Die Augustustochter Julia hatte von Agrippa fünf Kinder: Außer den beiden Caesares, die Augustus bald nach ihrer Geburt adoptierte, eine Tochter Julia, eine weitere Tochter Vipsania Agrippina, die dann den Germanicus heiratete, und den Agrippa Postumus.[76] Die jüngere Julia, die Enkelin des Augustus, heiratete einen L. Aemilius Paullus und gebar ihm u. a. eine Tochter Aemilia Lepida, die dann wieder einen M. Iunius Silanus Torquatus ehelichte.[77]

Es gab also bald kaum noch eine Familie, die sich nicht irgendwie der Verwandtschaft mit dem Hause des Prinzeps rühmen konnte. Die Antonii, Aemilii, Appulei, Claudii, Cornelii, Domitii, Fabii, die Iunii Silani, die Plautii, Rubelii, Quinctilii und die Valerii Messalae – sie alle waren in irgendeiner Form mehr oder weniger weitläufig mit dem Prinzeps verwandt oder wenigstens dem Hause des Augustus verwandtschaftlich verbunden.[78] Augustus erhoffte sich von dieser Heiratspolitik eine Festigung seiner Stellung und hat diese zweifellos bis zu einem gewissen Grade durch sie auch erreicht. Auf der anderen Seite zeigte es sich schon unter Augustus, daß es auch seine Gefahren hatte, wenn die Angehörigen der senatorischen Familien auf jene Weise dem Hause des Prinzeps verbunden wurden. Diese Gefahren wurden bezeichnenderweise in dem Augenblick deutlich, in dem die Frage der Nachfolgeregelung akut wurde. Denn nun zeigte es sich plötzlich, daß bei dem Mangel an männlichen Leibeserben und besonders nach dem Tode der beiden Caesares verschiedene Personen mit Ansprüchen auftraten. Auch rächte es sich jetzt, daß die rein nach der Staatsraison verfahrende Heiratspolitik des Prinzeps sich über die persönlichen Gefühle der Beteiligten kalt hinwegsetzte. So kam es zu den fortdauernden schweren Konflikten in der zweiten Regierungshälfte des Augustus, zur Selbstverbannung des Tiberius nach Rhodos, zum Exil der beiden Julien, zur Hinrichtung des Jullus Antonius, zur Verbannung und

---

auf Agrippa werden Tiberius und Varus als Schwiegersöhne des Agrippa bezeichnet. Von Varus war dies bisher nicht bekannt. Er scheint, bevor er die Claudia Pulchra heiratete, in erster Ehe mit einer Tochter des Agrippa verheiratet gewesen zu sein. Ob diese Tochter aus Agrippas Ehe mit Marcella oder aus dessen erster Ehe mit Caecilia Attica stammte, ist umstritten. Vgl. L. Koenen, ZPap 5, 1970, 257 ff., und M. Reinhold, Class. Philol. 67, 1972, 119 ff.

[75] Sie war die Mutter der berüchtigten Messalina, der dritten Gemahlin des Kaisers Claudius, vgl. PIR² D Nr. 180.

[76] Vgl. PIR² I Nr. 634.

[77] Vgl. PIR² I Nr. 635 und A Nr. 419.

[78] Dazu s. R. Syme, RR 421 ff., und Sb. Akad. München 1974 Heft 7, 9 f. und 28 ff. K. Kraft, Kleine Schriften I, 55 ff. Vgl. auch H. H. Pistor, Prinzeps und Patriziat 147 ff.

zur Beseitigung des Agrippa Postumus. Dabei konnte es gar nicht ausbleiben, daß sich persönliche Motive mit einer grundsätzlichen Opposition mischten und daß umgekehrt eine stets vorhandene Opposition sich den persönlichen Ehrgeiz einzelner Angehöriger der *domus Augusta* für ihre Pläne dienstbar machte. Dennoch hat zunächst die geschickte Heiratspolitik des Augustus zweifellos wesentlich dazu beigetragen, sein Verhältnis zur Senatsaristokratie zu verbessern und dadurch seine Stellung in Rom zu stabilisieren.

Nicht minder bedeutungsvoll war, daß Augustus bis zum Schluß seiner Regierung bestrebt war, seine Herrschaft durch den Senat legitimieren zu lassen. Es hätte zumindest in den letzten Jahrzehnten der langen Regierung des Prinzeps vielleicht in dessen Macht gelegen, sich das *imperium proconsulare* auf Lebenszeit übertragen zu lassen. Augustus hat dies jedoch nicht getan, weil ihm offenbar an einer immer neuen Bestätigung seiner Befugnisse gelegen war. Wahrscheinlich fühlte der erste Prinzeps, daß ihm der Makel des Usurpators bis an sein Lebensende anhaften würde. Es ist denn auch schwerlich ein Zufall, daß Augustus in den Res Gestae seine Legitimation durch den Staat in einer fast penetranten Art herausstreicht.[79] So kommt in den ersten vierzehn Kapiteln seines Tatenberichtes 18mal das Wort *senatus* vor. Und an den Schluß der Res Gestae sind absichtsvoll die Ehren des Jahres 27 v. Chr. und die Verleihung des *pater-patriae*-Titels durch den Senat im Jahre 2 v. Chr. gestellt.[80] Der Erfolg dieser fortdauernden Bemühungen des Augustus, seine Stellung durch den Senat legitimieren zu lassen, war der, daß sich nun eine Theorie entwickelte, wonach der Prinzeps durch den Senat überhaupt erst gemacht wurde.[81] Auch

---

[79] Vgl. dazu H. Braunert, Monumentum Chilon. 31 ff., dessen Folgerung, daß „der Senat in der *res gestae* nicht – oder wenigstens nicht in erster Linie – als eine Körperschaft mit wichtigen staatlichen Befugnissen, sondern als Versammlung der angesehensten Schicht der römischen Gesellschaft" erscheine, sich jedoch kaum halten läßt.

[80] Zwar betont Augustus auch in den Res Gestae die Rolle des *consensus universorum* bei der Übertragung des *pater-patriae*-Titels. Aber der Senat wird dabei doch besonders herausgestellt. Er ist es auch, der die ergänzenden Beschlüsse faßt, welche aus der *pater-patriae*-Appellation einen rechtsgültigen Akt machen. „Der *consensus* ist also nur Tarnung, die Legalisierung wird durch das aristokratische Staatsorgan vorgenommen": Alföldi, Vater des Vaterlandes 95.

[81] Vgl. O. T. Schulz, Das Wesen des römischen Kaisertums, Paderborn 1916, 28 ff. M. Hammond, Augustan Principate 119 ff. und 217. O.'Brien Moore, RE Suppl. VI 779. – Daß diese Theorie nicht die einzig mögliche war, zeigt die antike Berechnung der Regierungszeiten der einzelnen Kaiser, die teils von der tatsächlichen Annahme des *imperium*, teils vom Zeitpunkt der Anerkennung durch den Senat ihren Ausgangspunkt nimmt: Vgl. Béranger, Recherches 3 ff.

diese Theorie gründete sich auf den konstituierenden Akt des Jahres 27 v. Chr. Durch die Rückgabe der *res publica* war der Caesar zu einem *privatus* geworden. Die neue Stellung, die er seitdem einnahm, verdankte er rein rechtlich nicht mehr wie die Triumvirn einem Ausnahmegesetz, sondern der Bestellung durch den Senat (auch wenn sein proconsulares *imperium* von den Comitien bestätigt wurde).[82] Die Folge war, daß auch die Nachfolger des Augustus auf die Anerkennung und Bestätigung durch den Senat nicht verzichten konnten, obwohl ihre eigentliche Macht genauso wie die Macht des Augustus auf der praktischen Verfügungsgewalt über die Armee beruhte. Dadurch, daß bis ins 3. Jahrhundert n. Chr. der Senat die Herrschaft eines Kaisers erst legitimierte, behielt dieses Gremium selbstverständlich ein hohes Ansehen. Konnte es doch so scheinen, als seien die Caesares nur die Mandatare des Senats und als verkörpere allein der Senat die eigentliche Kontinuität der Herrschaft. Noch im Jahre 68 nannte sich Galba, nachdem er dem Nero den Gehorsam aufgekündigt hatte, „Legat des Senats und des römischen Volkes"[83]. Und als im Jahre 69 die Rheinarmee von Galba abfiel, erklärten die Sprecher der Truppen, daß sie *senatui ac populo Romano arbitrium eligendi imperatoris* überließen.[84] Offenbar konnte man noch damals auch dem einfachen Manne verständlich machen, daß die Bestellung eines Kaisers eigentlich Sache des Senates sei. Was aber der Senat durch die geschilderte Entwicklung an Würde gewann, das gewann er auch an Selbstbewußtsein. Gerade die fähigsten und einflußreichsten Senatoren fühlten sich daher nicht bloß als Beamte des Kaisers, sondern vor allem auch als Angehörige des Senats.[85] Denn die Stärkung des Ansehens des Senats hatte zugleich die Folge, daß im Senat

---

[82] Vgl. H. Nesselhauf, Hermes 83, 1955, 480 ff. „Nur wenn der Prinzeps gewählt wurde, konnte der Anspruch des Augustus, die Republik wiederhergestellt zu haben, aufrechterhalten werden." Zur Einschaltung der Comitien bei der Übertragung des *imperium proconsulare* s. K. Bringmann, Chiron 7, 1977, 222 mit Anm. 14 f.

[83] Suet. Galba 10.

[84] Tac. hist. 1, 12, 1.

[85] Vgl. A. H. M. Jones, The Decline of the Ancient World, London 1966, 15: "Above all the senate still enjoyed an immense prestige not only among the upper classes, but among the general public throughout the empire, and even in the army. It included among its members the army commanders of the individual legions. An emperor who quarrelled with the senate migth fear that his own generals and other higher officers might be more influenced by their loyalty to the senate than by their allegiance to himself." Augustus vermied daher auch «la concomitance, dans un même group familial, de gouvernements importants ou du consulat avec un gouvernement», d. h. «de fonctions dangereuses pour le pouvoir impérial»: R. Szramkiewicz, Gouverneurs II 274 ff. und 337. Vgl. auch die Ausführungen von K. Raaflaub a. O. (oben Anm. 25).

stärker als anderswo die Traditionen der Republik weiterlebten. Das Gefühl, einer altehrwürdigen Körperschaft anzugehören, mußte das Standesbewußtsein stärken und die Entwicklung eines Kastengeistes fördern. Der Prinzeps mußte daher auf die Eigenständigkeit des Senats stets von neuem Rücksicht nehmen. Aus dieser Tatsache erklärt sich das zwiespältige Verhältnis des Augustus zum Senat. Viele der Maßnahmen, die die Würde des Senats und des Senatorenstandes heben sollten, waren zugleich Maßnahmen, die dem Prinzeps neue Kontrollmöglichkeiten in die Hand gaben. Selbstverständlich übte der Caesar mit den verschiedenen Senatslesen eine starke Kontrolle aus. Und die Neukonstituierung des Senats im Jahre 18 v. Chr. sollte den Senat zwar nicht als Institution,[86] aber doch als eine Körperschaft mit einem kollektiven Willen schwächen. Aber auch die Festsetzung des Mindestcensus für Senatoren auf 1 Million Sesterzen und die Schließung des Senatorenstandes erleichterten die Kontrolle des Senates, sosehr sie auch der Würde des Senates dienten. Schon in der Republik scheint außerdem ein Senator eine spezielle Erlaubnis benötigt zu haben, wenn er Italien verlassen wollte. Caesar dehnte diese Vorschrift auch auf die Senatorensöhne aus. Und in der Kaiserzeit bestand diese Regelung weiter. Bis auf Claudius wurde der Urlaub zwar formell vom Senat erteilt, *de facto* hing die Erteilung aber natürlich vom Willen des Kaisers ab. Augustus besaß damit eine weitere wichtige Möglichkeit der Kontrolle.[87] Gleiches gilt erst recht für die Sittengesetze, die gerade wegen ihrer Eingriffe in die Privatsphäre auf den heftigen Widerstand der Aristokratie stießen, zu deren Gunsten sie vorgeblich erlassen waren. Dennoch genügten die dem Prinzeps mit den angeführten Maßnahmen an die Hand gegebenen Kontrollmöglichkeiten keineswegs, um dessen Mißtrauen gegenüber dem Senat zu zerstreuen.

Neben der Kontrolle kann man daher eine Einschränkung der Kompetenzen und besonders der Ehrenrechte der Magistrate und der Promagistrate beobachten. Schon durch die außerordentlichen Gewalten des Prinzeps mußten die ordentlichen Magistraturen an Gewicht verlieren. Durch die *tribunicia potestas* des Augustus wurde das Volkstribunat zu einer *inanis umbra*.[88] Die Statthalter auch der senatorischen Provinzen verloren

---

[86] So die etwas unglückliche Formulierung von Sattler, Augustus 96.
[87] Suet. Caes. 42. Claud. 23. Dio 52, 42, 6. 55, 26, 1. 60, 25, 6. Dazu Mommsen, RStR III 912f., und O'Brien-Moore, RE Suppl. VI, 1935, 767. Vgl. W. Eck, Chiron 7, 1977, 372. Nur Sizilien und seit Claudius auch die Narbonensis durften ohne Sondererlaubnis besucht werden. – Vgl. auch A. Chastagnol, Le problème du domicile légal des sénateurs romains à l'epoque impériale, Mélanges L. Senghor, Dakar 1977, 43 ff.
[88] Plin. ep. 1, 23, 1.

durch das *imperium proconsulare maius* des Prinzeps viel von ihrer Eigenständigkeit. Das Consulat schließlich mußte viel von seiner alten Bedeutung einbüßen, seit Augustus selbst das *imperium consulare* besaß und erst recht seit das System der Suffectconsulate eingeführt worden war. Auch die Bestellung des *praefectus urbi* bedeutete eine Beschränkung des republikanischen Oberamtes.[89]

Die wichtigsten Aufgaben, deren erfolgreiche Bewältigung Ansehen bei der *plebs urbana* verschaffte, wurden außerdem von Augustus nach und nach den republikanischen Magistraten genommen und der Verwaltung durch den Senat entzogen. Die Aufsicht über die Getreideversorgung der Hauptstadt und über die öffentlichen Bauten ging ganz in die Regie des Prinzeps über. Im Jahre 6 n. Chr. wurde auch das Feuerlöschwesen den curulischen Ädilen entzogen und einem ritterlichen *praefectus vigilum* übertragen.[90] Wenn in der spätestens im Jahre 19 v. Chr. einsetzenden stadtrömischen Münzprägung die Namen der senatorischen *tresviri monetales* auf den Münzen erschienen, war das offenbar eine Konzession an die alten Republikaner im Senat, die das vorläufige Ende der Prägung im Jahre 5 v. Chr. nicht überdauerte.[90a]

Die Sorge für die Spiele wurde zwar dem Einfluß des Senats nicht ganz genommen. Im Jahre 22 v. Chr. wurde jedoch die *cura ludorum* von den Ädilen auf die Prätoren übertragen.[91] Gleichzeitig wurde der Aufwand für die Spiele eingeschränkt und bestimmt, daß kein Prätor mehr als sein Kollege aus privaten Mitteln für die Spiele ausgeben dürfe. Gladiatorenspiele durften nur noch nach Autorisierung durch den Senat und auch dann nicht öfter als zweimal im Jahr ausgerichtet werden. Der Sinn dieser letzten Bestimmungen ist nicht schwer zu erraten. Es sollte offenbar verhindert werden, daß einflußreiche Senatoren sich unter dem Vorwand der Veranstaltung von Gladiatorenspielen eine private Fechtertruppe hielten und durch sie in dem von regulären Truppen weitgehend entblößten Italien einen politischen Druck ausüben konnten. Im übrigen vermochten selbstverständlich die von den republikanischen Magistraten veranstalteten Spiele in keiner Weise mit den von und für den Augustus

---

[89] Zum *imperium consulare* des Augustus s. oben S. 113. Zum Suffectconsulat s. oben S. 132. Zur *praefectura urbis* als einer *incivilis potestas* s. Hieronym. p. 164 (Helm), vgl. oben S. 100. Vgl. allgemein R. Engel, Senat und Prinzepskreierung, Latomus 36, 1977, 989 ff.

[90] Vgl. oben S. 142. Zur *praefectura annonae* s. unten A. 125. Zur *praefectura vigilum* unten A.124. Zu den Motiven für die Schaffung der ritterlichen Posten vgl. D. Kienast, Gnomon 71, 1999, mit Literatur.

[90a] Vgl. dazu unten S. 179 und S. 394 ff.

[91] Dio 54, 2, 3 f.

und seine Angehörigen bei jeder sich bietenden Gelegenheit inszenierten Feiern zu wetteifern.[92]

Ähnlich wie die Spiele waren auch die Triumphalfeiern ein Mittel, die Aufmerksamkeit der Öffentlichkeit auf sich zu lenken und Ansehen zu erwerben. Diese Tatsache hat offenbar den Prinzeps dazu veranlaßt, seit dem Jahre 19 v. Chr. siegreichen Feldherren nicht mehr den Triumph, sondern nur noch die *ornamenta triumphalia* zu bewilligen bzw. vom Senat bewilligen zu lassen.[93] Dies war um so leichter, als die Heerführer ja zumeist Legaten des Augustus waren und daher nicht unter eigenen Auspizien kämpften. Der Triumph wurde daher künftig nur noch Angehörigen der *domus Augusta* gestattet.[94] Wie der Triumph, so wurde aber auch die imperatorische Akklamation von Augustus sich und seinem Hause vorbehalten.[95]

Diese Monopolisierung des Triumphes erlaubte es dem Augustus auch, die Triumphalthematik ganz in den Dienst der monarchischen Propaganda zu stellen. Denn wie der Triumph allein ihm und seinem Haus vorbehalten blieb, so wurden auch die Triumphaldenkmäler nur noch ihm und seinen Angehörigen errichtet. Ja, der monumentale Triumphbogen war sogar erst eine Schöpfung der augusteischen Zeit, die mit dazu beitrug, den Gedanken vom Kaiser als dem Triumphator *par excellence* bis in die fernsten Winkel des Imperium zu tragen.[95a]

Selbst der verhältnismäßig geringe Spielraum, den Augustus den Münzmeistern eingeräumt hatte, sich auf den stadtrömischen Geprägen der Öf-

[92] Zu den Spielen des Prinzeps s. unten S. 198.

[93] Vgl. Mommsen, RStR I 135 f. Eine Liste der Triumphe und Ovationen sowie der verliehenen Triumphalornamente gibt C. Barini, Triumphalia, Turin 1952, 27 ff. Neben den *ornamenta triumphalia* konnte ein erfolgreicher Feldherr auch durch eine *statua triumphalis* auf dem Augustusforum geehrt werden. Vgl. W. Eck, in: Caesar Augustus. Seven Aspects 150 f. und unten S. 207 A. 13. Allgemein s. zur Entwicklung des Triumphalwesens unter Augustus F. V. Hickson, Latomus 50, 1991, 124 ff. Vgl. A. Petrucci, Il trionfo 237 ff., und oben S. 120.

[94] Augustus begnügte sich nach dem legendären Vorbild des Romulus mit einem *triplex triumphus* (den er im J. 29 v. Chr. gefeiert hat), vgl. A. Alföldi, Vater des Vaterlandes 115 A. 13.

[95] Dazu R. Combès, Imperator, Paris 1966, 155 ff., und A. Petrucci a. O. 246 ff.

[95a] Zu den Triumphaldenkmälern s. G. Ch. Picard, Les Trophées romains, Paris 1957, bes. 232 ff. Dazu die wichtige Besprechung von O. Brendel, Gnomon 36, 1964, 498 ff., bes. 504 ff., der sich mit Recht gegen die religionsgeschichtliche Ausdeutung und die theologisch-mythologischen Spekulationen Picards wendet. (Gegen die 'theology of Victory' s. auch P. A. Brunt, JRS 69, 1979, 170 f.) – Zum sog. Triumphbogen s. bes. H. Kähler, Rom und sein Imperium, Baden-Baden 1962, 55 ff., und RE VII A 1, 1939, 373 ff., A. von Gladiss, Kl. Pauly V 1975, 971 ff., G. Mansuelli u. a., Studi sull' arco onorario romano, Rom 1979, sowie zuletzt I. Paar, Chiron 9, 1979, 224 ff.

fentlichkeit vorzustellen und dabei zugleich an die Tradition ihrer Familie zu erinnern, blieb den jüngeren Senatoren nicht lange erhalten. Mit dem Ende der sog. Münzmeisterprägung verschwanden auch die Namen der Monetalen, um später nie wieder aufzutauchen.[96] Auch die Münzpropaganda blieb künftig allein dem Kaiser vorbehalten.

Für das Verhältnis des Augustus zum Senat und zu der im Senat vertretenen Schicht ist es schließlich auch bezeichnend, daß der Prinzeps die wichtigsten Angelegenheiten des Reiches oft überhaupt nicht mehr vor den Senat brachte oder ihm in einer Form zuleitete, die eine Debatte von vornherein ausschloß. So hat Augustus irgendwann zwischen 27 und 18 v. Chr. eine Kommission ins Leben gerufen, mit der er die Plenarsitzungen des Senats vorbereiten wollte.[97] Gegenüber der zwanglosen Absprache politisch einflußreicher Gruppen, d.h. in der Regel der Consulare, die auch in der Republik den Senatssitzungen vorauszugehen pflegte, hatten die Zusammenkünfte der von Augustus ins Leben gerufenen Senatskommission aber offenbar eine andere Aufgabe. Die Kommission bestand außer aus Augustus selbst, aus dem oder den Consuln, einem Prätor, einem Ädilen, einem Quästor und vielleicht einem Volkstribunen sowie aus fünfzehn durch das Los bestimmten Senatoren. Die Zusammensetzung dieser Kommission wechselte alle halbe Jahre. Selbstverständlich besaß eine derartig bestellte Kommission nicht die Qualitäten, die man etwa bei einem Kabinett erwartet. Die Kommission hatte denn auch wohl nicht so sehr die Aufgabe, den Prinzeps zu beraten, als vielmehr seine Meinung entgegenzunehmen und dafür zu sorgen, daß die Wünsche des Caesar der Senatsmehrheit in geeigneter Weise bekanntgemacht wurden. Die Mitglieder des Senats sollten schon vor der Sitzung über die Absichten des Augustus soweit ins Bild gesetzt werden, als nötig erschien, dessen Vorschlägen die erwünschte breite Zustimmung zu sichern. Die Funktionen des Plenums wurden dadurch immer mehr auf eine bloße Akklamation der Vorschläge des Prinzeps reduziert.

Immerhin ließ die Bestellung der Kommissionsmitglieder durch das Los und ihr halbjährlicher Wechsel den Ausschuß noch als repräsentativ für den Senat erscheinen. Und im Jahre 9 v. Chr. verfügte Augustus sogar, daß Gesetzesvorlagen vor der Senatssitzung durch Anschlag in der Curie bekanntgemacht wurden, damit den Mitgliedern des Hohen Hauses die Möglichkeit für eine sachliche Erörterung der Vorlagen gegeben werde.[98]

---

[96] Zum Ende der Münzmeisterprägung 3/2 v. Chr. vgl. K. Kraft, Kleine Schriften II. A. S. Robertson, RICHCC I p. XXXIIff.
[97] Vgl. zum Folgenden J. Crook, Consilium Principis 8ff., und F. Millar, Emperor 268f. sowie F. Amarelli, Consilia principum, Neapel 1983.
[98] Weitere Bestimmungen dieser *lex Iulia de senatu habendo* betrafen die Fixie-

Aber dabei blieb es nicht. Im Jahre 13 n. Chr., ein Jahr vor seinem Tode, bildete Augustus den Senatsausschuß um.[99] Der neuen Kommission gehörten außer ihm selbst Tiberius und dessen Sohn Drusus sowie Germanicus, der Adoptivsohn des Tiberius, an, ferner die Consuln und die *consules designati* sowie zwanzig Senatoren. Diese waren aber nicht mehr durch das Los bestimmt, sondern erwählt worden, und zwar gleich für ein ganzes Jahr. Außerdem sollte der Prinzeps die Kommission jederzeit um außerordentliche Mitglieder erweitern dürfen. Vor allem aber verfügte der Senat, daß die Beschlüsse dieser neuen Kommission automatisch die Gültigkeit von Senatsbeschlüssen haben sollten, ohne erst vom Plenum gebilligt zu sein. Diese sehr weitgehenden Kompetenzen wurden mit dem hohen Alter des Prinzeps motiviert. Bis dahin war dieser, wenn er in Rom war, offenbar immer zu den Senatssitzungen gekommen und hatte damit dem Hohen Haus seinen Respekt bezeugt. Man wird nicht daran zu zweifeln brauchen, daß es dem damals 76jährigen Augustus nicht mehr möglich war, regelmäßig zu den Senatssitzungen zu erscheinen. Das allein rechtfertigte es jedoch kaum, dem Senat praktisch einen Teil der ihm noch verbliebenen Kompetenzen zu entziehen und einer zahlenmäßig sehr begrenzten Kommission zu übertragen, die der Prinzeps außerdem durch Hinzuziehen seiner Freunde vollständig in seinem Sinne lenken konnte. Offenbar sollte die neue Kommission jedoch in den Stand gesetzt werden, in einer vorauszusehenden Übergangsperiode, in welcher der alte Augustus die Herrschaft bereits mehr und mehr dem Tiberius in die Hände geben mußte, politische Beschlüsse zu fassen, die als *senatusconsulta* auch die Autorität des Senats besaßen.[100]

Augustus hatte aus seinen Freunden schon früher eine Art Kabinett gebildet, in dem wichtige politische Entscheidungen gefällt wurden. Damit stand der Prinzeps durchaus in einer republikanischen Tradition. Saßen doch schon in der Republik im Consilium eines römischen Magistrats oder Promagistrats dessen Freunde, und begleitete die *cohors amicorum* doch den römischen Beamten auch in die Provinz. Schon in der Republik fanden sich die politischen Freunde der römischen Großen auch zum Mor-

---

rung fester Sitzungstage (zweimal im Monat), die Tagesordnung, die Bestimmung eines Quorums für die Rechtsgültigkeit der Senatsbeschlüsse, Strafen für Nichterscheinen und die Festlegung einer Altersgrenze für die Teilnahme an den Sitzungen. Eine in der Curie aufgestellte Tafel mit den Namen aller Mitglieder des Senats sollte die Übersicht und die Kontrolle erleichtern. S. Dio 55, 3f. Dazu R. J. A. Talbert, CAH X² 328f.

[99] Dio 56, 28, 2 ff.

[100] So Crook, Consilium Principis 15. Bezweifelt von W. Kunkel, Kleine Schriften 596.

genempfang ein und war die Reihenfolge ihrer Zulassung streng geregelt. Augustus hat diese republikanischen Ansätze ausgebaut und seinen politischen Absichten dienstbar gemacht. Er bildete aus seinen Freunden, zu denen neben Senatoren auch Männer aus dem Ritterstand gehörten, sein *consilium*, kein ständiges Kabinett allerdings, sondern ein Gremium mit wechselnder Besetzung, das fallweise bestellt wurde. Nur die engsten Freunde des Prinzeps, wie Agrippa und Maecenas, werden zu allen wichtigen Beratungen zugezogen worden sein. Im übrigen richtete sich die Zusammensetzung des *consilium* nach dem jeweils zu verhandelnden Gegenstand. Waren Rechtsfragen zu klären, so zog Augustus selbstverständlich die bedeutenden Juristen zu den Beratungen hinzu.[101] Dies gilt natürlich besonders bei Prozessen vor dem Kaisergericht. Aber auch in außenpolitischen Fragen beriet sich der Prinzeps mit seinen Freunden. So wurde z. B. 4 v. Chr. nach dem Tode des Herodes über das Schicksal Palästinas in einem *consilium* seiner *amici* entschieden.[102] Ebenso gelangten auswärtige Gesandtschaften häufig gar nicht vor den Senat, sondern trugen ihr Anliegen nur vor einem *consilium* des Prinzeps vor.[103] Da Augustus das *imperium proconsulare maius* besaß und das Recht hatte, ohne Befragen des Senats über Krieg und Frieden zu entscheiden, war jenes Verfahren auch formal durchaus rechtens. Allerdings bestand für Augustus immer die Versuchung, alle wirklich wichtigen politischen Fragen, auch diejenigen, für die eigentlich der Senat zuständig war, durch sein Kabinett entscheiden zu lassen.

Dennoch zeigt gerade die Tatsache, daß Augustus noch im Jahre 13 n. Chr. Wert darauf gelegt hat, wichtigen politischen Beschlüssen die Geltung von Senatsbeschlüssen zu geben, daß der Senat auch am Ende der Regierung des Augustus noch über eine hohe Autorität und damit auch über politisches Gewicht verfügte.

---

[101] So Crook a. O. 31 ff. Nach Mommsen, RStR II 903 f. und 988 ff., und W. Kunkel, Kleine Schriften 600, handelte es sich bei dem politischen Kabinett und dem Gerichtsbeirat um zwei ganz verschiedene Gremien. Vgl. allgemein zu den Prozessen vor dem Kaisergericht J. M. Kelly, Princeps Judex, Weimar 1957. J. Bleicken (o. Anm. 56). W. Kunkel, Kleine Schriften 151 ff. F. Millar, Emperor 443, 523, 529 f. P. E. Pieler, Kaisergericht und kaiserliche Gerichtsorgane von Augustus bis Justinian, vgl. Literaturverzeichnis.

[102] Joseph. b. Jud. 2, 25 und 85. Antt. Jud. 17, 229 und 301.

[103] Vgl. F. Millar, Emperor 343 ff.

2. Der Ritterstand unter Augustus

Die Übersicht über das zwiespältige Verhältnis des Augustus zum Senat sollte deutlich machen, warum Augustus zeit seines Lebens mit dem Senat als einer politisch wichtigen Größe rechnen mußte und warum er auch den ihm eng verbundenen Mitgliedern des ersten Standes niemals völlig trauen konnte und trauen wollte. Denn eine Reihe wichtiger Schlüsselpositionen entzog er nicht bloß der senatorischen Verwaltung, sondern besetzte sie auch nicht mit Senatoren, sondern mit Rittern.

Wie den Senatorenstand, so hat Augustus auch den Ritterstand neu organisiert.[104] In der Republik bestand der Ritterstand im eigentlichen Sinne aus den in den achtzehn Rittercenturien dienenden *equites equo publico*. Sie allein sind auch noch in der späten Republik als Korporation in Erscheinung getreten und haben z. B. Ehrenbeschlüsse gefaßt.[105] Neben den *equites equo publico* gab es aber wohl schon seit dem 2. Punischen Krieg diejenigen, die den für den Ritterdienst erforderlichen Mindestcensus besaßen. Sie wurden offenbar zusammen mit den *equites equo publico* durch das Richtergesetz des C. Gracchus erfaßt, das anscheinend für die Auswahl der Geschworenen den Census zugrunde gelegt hat.[106] Ein Gesetz des Volkstribunen L. Roscius Otho hat dann im Jahre 67 v. Chr. den Rittern mit einem Census von mindestens 400000 Sesterzen die vierzehn ersten Sitzreihen im Theater hinter der Orchestra reserviert.[107] Spätestens seit diesem Gesetz konnte man in Rom von den Rittern als einem durch ihr Vermögen ausgewiesenen zweiten Stand sprechen. Obwohl aber diese 'Ritter' den Goldring als Standesabzeichen trugen, besaßen sie doch keine

---

[104] Vgl. zum Folgenden Mommsen, RStR III 476ff. A. Stein, Der römische Ritterstand, München 1927. C. Nicolet, L'ordre équestre à l'époque républicaine I, Paris 1966 (dazu J. Martin, Gnomon 39, 1967, 795ff.). T. P. Wiseman, The definition of 'eques Romanus' in the late Republic and early Empire, Historia 19, 1970, 67ff. mit weiterer Lit. Dazu jetzt F. Millar, Emperor 279ff. Die politische Bedeutung der Reorganisation des Ritterstandes ist bereits von Pelham, Essays 129ff., gut herausgearbeitet worden. Dazu jetzt M. E. Pareti de Canessa, Argos 7, 1983 (1985), 5ff., und S. Demougin, L'ordre équestre sous les Julio-Claudiens, Rom 1988, und: Prosopographie des chevaliers Romains Julio-Claudiens (43 av. J.-C.–70 ap. J.-C.), Rom 1992.

[105] Vgl. Cic. Phil. 6, 13 und 7, 16. Dazu J. Martin a. O. 798.

[106] Vgl. A. Stein, Ritterstand 20, 2.

[107] Wiseman, a. O. 75, hält es für möglich, daß auch die *lex Roscia* nur die Angehörigen der 18 Rittercenturien begünstigte. Dann wäre jedoch nicht recht verständlich, warum die Vermögensgrenze von 400000 HS in den Quellen so sehr in den Vordergrund gerückt wird. Als *equites equo publico* wären die Ritter hinreichend definiert gewesen.

eigene Standesorganisation. Korporativ in Erscheinung treten konnten nur die *equites equo publico* der achtzehn Rittercenturien und die *publicani*, weshalb Cicero gelegentlich den *ordo equester* geradezu mit dem *ordo publicanorum* identifiziert. Die *equites a censu* insgesamt hatten – abgesehen von den für sie reservierten Theatersitzen – keine korporativen Rechte und keine korporativen Pflichten. Trotz ihres Vermögens konnten sich daher die *equites equo privato* gegenüber den *equites equo publico* zurückgesetzt fühlen. Augustus hat daher, wir wissen leider nicht wann, die Zahl der *equites equo publico* erheblich vermehrt.

Th. Mommsen und A. Stein haben sogar angenommen, daß es seit Augustus nur noch *equites equo publico* gegeben habe.[108] Nach den Quellen scheinen jedoch unter Augustus weiterhin neben den Staatspferdinhabern *equites a censu* existiert zu haben. Erst unter Tiberius scheint im Jahre 23 n. Chr. durch die Neuregelung des *ius anuli aurei* der Ritterstand geschlossen worden zu sein. Damals wurde bestimmt, daß niemand den goldenen Ritterring tragen dürfe, dessen Großvater nicht bereits den Rittercensus besessen hätte.[109] Schon Augustus hat aber wohl die Zahl der Staatspferdinhaber wesentlich vergrößert. Denn an der alljährlichen Reiterparade sollen bisweilen an die 5000 Inhaber des Ritterpferdes teilgenommen haben.[110] Gegliedert wurden diese *equites equo publico* in 6 *turmae*, als deren Unterabteilungen aber offenbar die 18 Rittercenturien weiter bestanden. Diese *turmae* wurden von den *seviri equitum Romanorum*, die Centurien von den selten bezeugten *centuriones equitum Romanorum* angeführt. Diese gehörten ebenso wie die *seviri* in der Regel dem Senatorenstande an.[111] Die in Turmen gegliederten *equites equo publico* bildeten unter Augustus den eigentlichen *ordo equester*. Dieser von Augustus neu konstituierte Ritterstand trat gelegentlich auch korporativ in Erscheinung, vor allem bei der Abfassung von Ehrenbeschlüssen.[112] Wenn auch die korporative Gliederung über Ansätze nicht hinausgekommen ist, mußte doch die Zugehörigkeit zu einer fest definierten Organisation das Prestige jedes einzelnen dieser Organisation angehörenden *eques Romanus* beträchtlich steigern, zumal ein Ritter nun nach dem Ausscheiden aus dem aktiven

---

[108] Mommsen, RStR III 491. Stein, Ritterstand 54 ff.

[109] Plinius, n. h. 33, 32. Dazu Wiseman, Historia 19, 1970, 82, der vermutet, daß die *equites equo publico* weiterhin ein besonderes Ansehen genossen haben. Vgl. T. Bollinger, Theatralis licentia 12.

[110] Dionys v. Halik. 6, 13. Zu den *centuriae* und den *centuriones equitum Romanorum* s. Yann Le Bohec, REA 77, 1975, 108 ff.

[111] Vgl. Mommsen, RStR II 523 ff. L. R. Taylor, JRS 14, 1924, 158 ff. A. Chastagnol, MEFRA 85, 1973, 593 ff. (wonach unter Augustus auch Ritter dieses Amt bekleidet haben).

[112] Vgl. RgdA 14 und 35, 1. Dazu Stein, Ritterstand 57 f.

Dienst mit Vollendung des 35. Lebensjahres sein Staatspferd nicht mehr wie früher abzugeben brauchte, sondern es bis an sein Lebensende behalten konnte.

Für Augustus bot aber nun die Neuordnung des Ritterstandes zugleich die Möglichkeit, dessen Zusammensetzung wirksam zu kontrollieren. Die Überprüfung der für den Ritterrang erforderlichen Qualifikationen erfolgte wie in der Republik im Zusammenhang mit dem *census* durch die *recognitio equitum*. Daneben hielt Augustus alljährlich am 15. Juli eine große Reiterparade, die *transvectio equitum* ab, bei der die jungen Ritter nach Turmen geordnet unter Führung der *seviri equitum Romanorum* am Prinzeps vorbeizogen. An diese *transvectio equitum* schloß sich dann eine Musterung, die *probatio equitum* an, bei der vor allem die körperliche Beschaffenheit und die Ausrüstung der jungen Reiter überprüft wurde. Die jungen Ritter waren also der steten Kontrolle durch den Prinzeps unterworfen.

Auch die ritterliche *iuventus*, der die vornehme Jugend mindestens vom 14. bis zum 16. Lebensjahr angehörte, wurde unter Augustus propagandistisch stark herausgestellt, besonders nachdem die beiden Prinzen C. und L. Caesar von der gesamten Ritterschaft zu *principes iuventutis* bestellt worden waren. Münzen, welche die Kaiserenkel mit Schild und Speer als Führer der Jungmannschaft zeigen, wurden in großer Zahl geschlagen.[113] Schon vorher hatten die augusteischen Dichter, vor allem Vergil und Horaz, die ritterlichen Spiele der *iuventus*, die *ludi sevirales*, gefeiert, ebenso wie das Trojaspiel der vornehmen Knaben, das von Augustus neu belebt worden war.[114] Wegen eines Unfalls wurde allerdings auf eine Klage des Asinius Pollio im Senat hin die Feier des Trojaspieles bald nach 2 v. Chr. wieder eingestellt. Wieweit die Herausstellung der ritterlichen Jugend in der augusteischen Propaganda die Zahl und die Struktur der *collegia iuve-*

---

[113] RgdA 14. RIC Augustus Nr. 350f. Die beiden Caesares waren allerdings nicht nur die Führer der *iuventus* in engerem Sinne, sondern auch die Ersten der gesamten wehrfähigen Jugend des Reiches, vgl. W. Beringer, RE XXII 2, 1954, 2299ff. Vgl. auch unten Anm. 115.

[114] Zum Trojaspiel vgl. Ed. Norden, Kleine Schriften, Berlin 1966, 373f. mit Anm. 41 (dort auch die Dichterstellen). H. v. Petrikovits, Klio 32, 1939, 209ff. K.-W. Weber, Ancient Society 5, 1974, 171ff. St. Weinstock, Divus Julius 88f. G. Pfister, Die Ursprünge der römischen *iuventus* und ihre Erneuerung durch Augustus, Diss. Regensburg 1976, 23ff., betont gegen Petrikovits, daß nur Knaben an der Troia teilgenommen haben. Die letzte Troia fand kurz vor der Zeitenwende statt. Das Spiel wurde dann wegen eines Unfalls des Marcellus Aeserninus abgeschafft: Suet. Aug. 43, 2. Dazu G. Pfister a. O. 30. Vgl. auch G. W. Houston, AugAge 1, 1981/2, 8ff. – Die Bleitesserae, die als Eintrittsmarken für die *ludi sevirales* dienten, wurden von M. Rostovtzeff, Römische Bleitesserae, Klio Beiheft 3, Leipzig 1905, 59ff. besprochen.

num in Italien und den Westprovinzen sowie der Ephebenvereine in den griechischen Städten des Ostens beeinflußt hat, ist umstritten.[115]

Die Zugehörigkeit zum Ritterstand war *de iure* niemals vererbbar gewesen. Aber in der Republik konnte doch mit dem Vermögen faktisch auch die Ritterqualifikation vererbt werden, so daß man mit einigem Recht von Ritterfamilien sprechen kann. Nach Beendigung der Bürgerkriege trug auch der junge Caesar dieser Tatsache Rechnung und gestattete denen, *quibus ipsis parentibusve equester census umquam fuisset*, weiterhin die vierzehn für die Ritter reservierten Theaterränge zu benutzen, auch wenn sie infolge der Bürgerkriegswirren inzwischen in Armut geraten waren.[116]

Nach der Neuordnung der Ritterschaft durch Augustus erfolgte nun aber die Aufnahme in den Ritterstand auf persönliches Ersuchen des Bewerbers. Auch weiterhin waren es vor allem Söhne von Rittern, die – von vornherein im Besitz des erforderlichen Vermögens – sich wieder um die Aufnahme in den Stand ihres Vaters bewarben. Es war aber etwas anderes, ob man nur alle vier Jahre dem Censor sein Vermögen angeben mußte – und seit Sulla nicht einmal mehr das – oder ob man schon als Knabe an den ritterlichen Übungen teilnehmen, sich dann beim Prinzeps persönlich

[115] Zur Iuventus vgl. M. della Corte, Iuventus, Arpino 1924. H.-I. Marrou, Geschichte der Erziehung im klassischen Altertum, Freiburg–München 1957, 435 ff. H. G. Pflaum, Essai sur le Cursus Publicus, Paris 1940, 214 f. M. Jaczynowska, Historia 4, Thorn 1968, 23 ff. H. W. Pleket, Mnemosyne, 1969, 281 ff. mit weiterer Lit. Dazu jetzt G. Pfister, Die Ursprünge der römischen *iuventus* und ihre Erneuerung durch Augustus, Diss. Regensburg 1976. Während Rostovtzeff meinte, die römische *iuventus* habe sich aus den jungen Männern im Alter von 15–17 Jahren zusammengesetzt, nimmt Pfister an, daß unter Augustus die *iuventus* mit dem *ordo equester* identisch gewesen sei. Seit einem bestimmten Alter sei die Teilnahme an den Übungen und den Spielen der *iuventus* jedoch freiwillig gewesen und habe daher merklich nachgelassen. Zum Verhältnis der römischen *iuventus* zu den munizipalen *iuventus*-Verbänden sowie zur griechischen Ephebie und zu den Vereinen der Neoi s. Pfister 69 ff. Pleket a. O. 286 ff. und (sehr skeptisch) D. Ladage, Chiron 9, 1979, 319 ff. Vgl. Suet. Aug. 98 (Augustus und die Epheben von Capri). IG RR III 546 (Neoi und Gerusia von Tlos ehren gemeinsam den Augustus als Soter und Ktistes). D. Knibbe, ÖJh. 49, 1968/71 Beiblatt 57 ff. (Augustus stiftet den Neoi von Ephesos einen Kultraum). – Nach J. Aymard, Les chasses Romaines, Paris 1951, 95 ff. habe Augustus im Zusammenhang mit der Neubelebung der *iuventus*-Verbände auch die Jagd besonders gefördert. – Vgl. allg. J.-P. Morel, Mèlanges J. Heurgon, Rom 1976, 668 ff. (zu den *collegia iuvenum*, zu den *principes iuventutis* und zum *lusus Troiae* mit Lit.) und H. Galsterer, Athenaeum 1981, 410 ff. sowie P. Ginestet, Les organisations de la jeunesse dans l'Occident Romain, Brüssel 1991 (zu den *ludi iuvenales*).

[116] Suet. Aug. 40. Zur faktischen Vererbbarkeit des Ritterranges s. Ovid, Amores 3, 8, 9 f. und 15, 5 f.

um den Ritterrang bewerben und sich jedes Jahr von neuem einer Überprüfung stellen mußte. Da die Aufnahme in den Ritterstand ganz im Belieben des Prinzeps stand, war nicht nur der Bewerber selbst von der Gunst des Augustus abhängig, sondern mußte auch der einmal in den Stand aufgenommene Ritter sich die Gunst des Prinzeps dauernd zu erhalten suchen, vor allem, wenn er etwa auch seinen Söhnen später den Eintritt in den Ritterstand ermöglichen wollte.

Waren aus diesen Gründen die Angehörigen des Ritterstandes weit stärker noch als die Senatoren vom Prinzeps abhängig, so fiel für diesen noch ins Gewicht, daß der Ritterstand einen reinen Geldadel darstellte, der frei war von den politischen Traditionen und dem politischen Erbe, das in den Senatorenfamilien auch in der Kaiserzeit sorgsam gepflegt wurde. Schließlich gehörten zum Ritterstand auch die Angehörigen des italischen Munizipaladels, dem Augustus selbst entstammte, sowie die mit dem römischen Bürgerrecht beschenkten Mitglieder der provinzialen Oberschichten. Auch vereinte der Ritterstand in seinen Reihen die militärische und die intellektuelle Elite des Reiches.[117] Es ist daher verständlich, daß der Prinzeps seine wichtigsten Vertrauensposten mit Männern jenes zweiten Standes besetzte.

Zunächst wurde den Rittern auf dem Gebiet der Rechtspflege ein weites Tätigkeitsfeld eröffnet. Durch die *leges Iuliae iudiciariae* des Jahres 17 v. Chr. wurde die Zahl der Richterdekurien für die Quästionengerichte von drei auf vier erhöht.[118] Gleichzeitig wurde die Sollstärke jeder Dekurie auf tausend Mitglieder festgesetzt und damit auf das Dreifache der ursprünglichen Sollstärke gebracht. Die Angehörigen der vierten Dekurie wurden nicht dem Ritterstand entnommen, sondern hatten einen geringeren Census aufzuweisen. Ihnen wurden zivilrechtliche Verfahren von geringerem Streitwert zugewiesen. Den ersten drei Dekurien gehörten dagegen nominell neben den Rittern auch die Senatoren an. *De facto* war jedoch nur ein Bruchteil der Senatoren in der Lage, sich als Richter aufstellen zu lassen. Neben den vielfältigen Aufgaben der Reichsverwaltung und der Heerführung gab es auch in Rom so viele Pflichten, die nur von Senatoren wahrgenommen werden konnten, daß diese die Richter-

---

[117] Vgl. bes. S. J. DeLaet, Rev. Belge Philol. 20, 1941, 509 ff., der p. 516 f. ausführt, daß unter Augustus 63% aller Ritter Italiker und 37 % Provinziale waren, während unter Tiberius schon 44% Provinziale und nur noch 56% Italiker festgestellt werden können. S. auch L. Polverini, Aevum 38, 1964, 283 f., der betont, daß alle großen augusteischen Dichter (Gallus, Vergil, Horaz, Tibull, Properz und Ovid) und ebenso die Historiker Pompeius Trogus und Livius dem Ritterstand angehörten.

[118] Vgl. zum Folgenden K. Bringmann, Chiron 3, 1973, 235 ff., und H. Galsterer, GGA 225, 1973, 40 ff.

tätigkeit praktisch ganz den Rittern überlassen mußten.[119] Diese ritterlichen *iudices selecti* wurden vom Prinzeps auf Lebenszeit bestellt und bildeten zusammen mit den Senatoren auch die Destinationscenturien, welche die Kandidaten für die höchsten Ämter vorherbestimmten. Diese Rechte hoben die ritterlichen *iudices* innerhalb des Ritterstandes als eine privilegierte Schicht heraus. Da Augustus sich das Recht vorbehielt, die Geschworenenlisten aufzustellen und zu ergänzen, konnte er auf die personelle Zusammensetzung dieser Schicht einen entscheidenden Einfluß ausüben.[119a]

Neben den Gerichten standen den *equites* schon immer die ritterlichen Offiziersstellen im Heer offen.[120] Es gab die ritterlichen *tribuni militum*, die *praefecti equitum*, den *praefectus castrorum*.[121] Dazu fügte Augustus als wichtigen Posten die *praefectura classis*, sowohl das Kommando über die beiden in Italien stationierten Flotten und über das Flottenkontingent der Reichsflotte in Fréjus wie auch die Befehlshaberstellen der Provinzialgeschwader in Ägypten und am Rhein.[122] Die Präfekturen der italischen

---

[119] Nach den Berechnungen von Bringmann konnten maximal 20% der 3000 Richter (nämlich 600) Senatoren sein. Praktisch wurde aber diese Zahl, wie Bringmann richtig sieht, wegen der zahlreichen anderweitigen Verpflichtungen der Senatoren niemals erreicht.

[119a] Daneben gab es noch die sog. nongenti „*ex omnibus (sc. equitibus) selecti ad custodiendas suffragiorum cistas in comitiis*" (Plin. n. h. 33, 31. Vgl. Ehrenberg–Jones, Documents 94a, 13ff. Dazu M. Pani, Comitia e senato 25).

[120] Vgl. E. Birley, The equestrian officers of the Roman Army und the origins of equestrian officers: Prosopographical method, in: Roman Britain and the Roman Army, Kendal 1953, 133ff. und 154ff. B. Dobson, in A. von Domaszewski, Die Rangordnung des römischen Heeres, 2. Aufl. Köln–Graz 1967, XXIXff. Dazu vgl. H. Devijver, Prosopographia militiarum equestrium, 5 Bde., Löwen 1976ff. Zu den ritterlichen Offizieren aus der Narbonensis s. H.-G. Pflaum, Les Fastes (o. Anm. 20) 195ff.

[121] Zu den *tribuni militum* s. J. Lengle, RE VI A 2, 1937, 2439ff. Nr. 9. Vgl. A. Passerini, Diz. epigr. IV, 1949, 575ff. Zum *praefectus fabrum* s. O. Seeck, RE V 12, 1909, 1920ff. E. Sander, BoJbb 162, 1962, 139ff. B. Dobson, in: Britain and Rome, Essays pres. to E. Birley, Kendal 1966, 61ff. Vgl. J. F. Drinkwater, Latomus 37, 1978, 848ff. Zum *praefectus castrorum* s. W. Enßlin, RE XXII 2, 1954, 1285ff. R. Syme, Germania 16, 1932, 109ff. B. Dobson, ANRW II 1, 1974, 413ff.; Die Primipilares, Bonn 1978, 7. Zum *praefectus* bei den Auxiliartruppen s. W. Enßlin a. O. 1278ff. Zu weiteren Offiziersposten und zu den Anfängen einer ritterlichen Laufbahn unter Augustus s. B. Dobson, Die Primipilares 8f. Nicht selten haben diese ritterlichen Offiziere nach ihrem Ausscheiden aus der Armee wichtige Posten in der Gemeindeverwaltung übernommen. Vgl. D. B. Saddington, The relationship between holding office in a *municipium* or *colonia* and the *militia equestris* in the early principate, Athenaeum 1996, 157ff.

[122] Zur Flottenpräfektur vgl. C. G. Starr, The Roman Imperial Navy, Cambridge

Flotten wurden an Wichtigkeit noch übertroffen durch die Prätorianerpräfektur, die im Jahre 2 v. Chr. eingerichtet worden war.[123] Von geringerer Bedeutung als diese war die 6 n. Chr. eingerichtete *praefectura vigilum* mit dem Kommando über die Feuerlöschbrigaden.[124] Dagegen schuf Augustus im Jahre 8 n. Chr. in der *praefectura annonae* einen weiteren höchst wichtigen ritterlichen Posten.[125] Hatte doch der *praefectus annonae* die Aufsicht über die weitverzweigte Organisation und Rechnungslegung im Zusammenhang mit der Getreidebeschaffung und die Verantwortung für die Lieferung und sachgemäße Einlagerung des Kornes für die hauptstädtische Plebs. Ferner hat Augustus die von ihm geschaffene Reichspost, den *cursus publicus*, offenbar einem eigenen Kommandeur, dem *praefectus vehiculorum*, unterstellt.[126]

Aber auch die Provinzialverwaltung hat Augustus teilweise ritterlichen Statthaltern anvertraut.[127] Schon gleich nach der Eroberung Ägyptens übertrug der Prinzeps die Verwaltung der neuen Provinzen einem *praefectus Alexandreae et Aegypti*, dem für die Rechtsprechung der *iuridicus* und für das Finanzwesen der Provinz der *idiologus* zur Seite standen, während über jeden der drei Landesteile Ägyptens wieder ein Epistratege gebot.[128] Alle diese Beamten gehörten dem Ritterstande an. Auch die in Ägypten stationierten Legionen wurden nicht von senatorischen Legaten, sondern

---

[2]1960, 30 ff. und 209 ff. D. Kienast, Untersuchungen zu den Kriegsflotten der römischen Kaiserzeit, Bonn 1966, 29 ff. D. B. Saddington, RGZM 35, 1988, 299 ff.

[123] Vgl. W. Enßlin, RE XXII 2, 1954, 2391 ff.

[124] Vgl. W. Enßlin, RE XXII 2, 1954, 1340 ff. P. K. B. Reynolds, The vigiles of imperial Rome, Oxford–London 1926, 122 ff. Vgl. unten S. 331 f.

[125] W. Enßlin, RE XXII 2, 1954, 1263 ff. H. Pavis d'Escurac, La prefecture de l'annone, Rome 1976. Dazu H.-G. Pflaum, Rev. hist. de droit fr. et étr. 56, 1978, 49 ff. Vgl. auch K. R. Bradley, Historia 27, 1978, 339 ff.

[126] W. Enßlin, RE XXII 2, 1954, 1336 ff. Dazu W. Eck, Chiron, 5, 1975, 378 ff.

[127] Vgl. dazu allgemein O. Hirschfeld, Verwaltungsbeamter 343 ff. Eine Liste aller unter Augustus bezeugten ritterlichen Statthalter bringt R. Szramkiewics, Gouverneurs II 471 ff. Vgl. auch oben Anm. 20.

[128] Zum *praefectus Aegypti* s. O. W. Reinmuth, RE XXII 2, 1954, 2353 ff. (mit älterer Lit.). P. Bureth und G. Bastianini, in ANRW II 10, 1, 1988, 472 ff., 503 ff. und 581 ff. Zu den *praefecti Aegypti* und den anderen römischen Offizieren in Ägypten s. auch H. Devijver, in: Egitto e storia antica 37 ff. (mit Bibliographie). Zum Juridicus s. A. Rosenberg, RE X 1, 1918, 1151 ff., und H. Kupiszewski, Journ. Jur. Pap. 7/8, 1953/4, 187 ff. Zum ebenfalls ritterlichen Posten des ἀρχιδικαστής s. A. Calabi, Aegyptus 32, 1952, 406 ff. Zum Idiologus s. G. Plaumann, RE IX 1, 1914, 882 ff., und P. R. Swarney, The Ptolemaic and Roman Idios Logos, Toronto 1970, bes. S. 41 ff. Zu den Epistrategen s. V. Martin, Les épistratèges, Diss. Genf 1911. M. Vandoni, Gli epistrateges nell'Egitto greco-romano, Mailand 1970. D. J. Thomas, The Epistrategos in Ptolemaic and Roman Egypt II, The Roman

von ritterlichen Präfekten befehligt.[129] War doch den Senatoren sogar das Betreten Ägyptens verboten.[130]

Ägypten war zweifellos ein Sonderfall. Doch gab es neben Ägypten noch eine Reihe kleinerer Gebiete, die von ritterlichen Offizieren verwaltet wurden. So wurden etwa die an Italien grenzenden Alpenstämme ritterlichen Präfekten unterstellt und später auch die Teilprovinz Iudaea.[131]

Neben diesen ritterlichen Offiziersstellen gab es nun aber eine weitere Gruppe von ritterlichen Posten, die in der Folgezeit immer wichtiger werden sollten, nämlich die Procuratorenstellen.[132] Schon in der Republik hat-

---

Epistrategos, Opladen 1982. Zu den weiteren ritterlichen Posten in Ägypten s. H. G. Pflaum, Carrières équestres 3 (vgl. unten Anm. 144), 1083 ff. Zur *militia equestris* in Ägypten s. H. Devijver, ANRW II 1, 1974, 159 ff., und De Aegypto et exercitu Romano sive Prosopographia Militiarum Equestrium, quae ab Augusto ad Gallienum seu statione seu origine ad Aegyptum pertinebant, Löwen 1975. Vgl. auch R. Cavenaile, Prosopographie de l'armée romaine d'Egypte d'Auguste à Dioclétien, Aegyptus 50, 1970, 213 ff., und P. A. Brunt, The Administrators of Roman Egypt, in: Roman Imperial Themes 215 ff. und 514 f. (bes. zur Laufbahn und zur Qualifikation).

[129] Zu den *praefecti legionis* s. W. Enßlin, RE XXII 2, 1954, 1323 ff., und B. Dobson, in: Domaszewski, Rangordnung² (o. Anm. 120), p. XXXI.

[130] Tac. ann. 2, 59; hist. 1, 11. Dio 51, 17, 1. Daß dies aus Sicherheitsgründen geschah, um Ägypten fest in der Hand zu behalten, wird von P. Brunt, JRS 73, 1983, 61 ff., und R. J. A. Talbert, CAH X² 342, gegen die einstimmige Aussage der senatorischen Quellenautoren zu Unrecht geleugnet. Vgl. D. Kienast, Gnomon 71, 1999, und H. Sonnabend, Fremdenbild und Politik 64 ff.

[131] Vgl. dazu A. H. M. Jones, Procurators and Prefects in the Early Principate, in: Studies in Roman Government and Law, Oxford 1968, 117 ff. mit Belegen. Pontius Pilatus, den Tacitus (ann. 15, 44) als *procurator* bezeichnet, führt auf einer kürzlich gefundenen Inschrift (Ehrenberg–Jones² 369. Dazu H. Volkmann, Endoxos Duleia 203 ff., und E. Weber, BoJbb 171, 1971, 194 ff.) den Titel *praefectus Iudae*. Auch Mösien scheint zunächst einem *praefectus civitatium* unterstanden zu haben, vgl. Dessau 1349. H. Braunert, Chiron 7, 1977, 207 ff., meint, daß die ritterlichen Präfekten unter Augustus keine Provinzen im Verwaltungssinne erhalten hätten. Braunerts These, daß Augustus überhaupt keine neuen Provinzen geschaffen hätte und erst Tiberius Rätien, Noricum und Pannonien zu Provinzen im Sinne von eigenständigen Verwaltungseinheiten gemacht habe, ist aber in dieser Form wohl kaum richtig (vgl. dazu unten S. 359 f. Anm. 153). Die von Braunert angeführte Stelle (Vell. Pat. 2, 39, 3) vermag seine Behauptung jedenfalls nicht zu beweisen. Leider hat der frühe Tod des Verf. eine Überarbeitung seines Aufsatzmanuskripts verhindert. So wird auch nicht deutlich, welchen Status nach Braunerts Ansicht Ägypten erhalten hat. Nach Sueton (Aug. 18) hat der Prinzeps das Land jedenfalls zur Provinz gemacht.

[132] Vgl. dazu und zum Folgenden A. H. M. Jones, Studies 123 ff. (Zum privaten Procurator s. die juristische Arbeit von P. Angelini, Il „procurator", Mailand 1971.)

ten die vornehmen Herren ihre großen Vermögen durch einen oder mehrere *procuratores* verwalten lassen. Es ist daher nicht weiter verwunderlich, daß auch Augustus sein Vermögen solchen *procuratores* anvertraute. Da es bei der Vermögensverwaltung weniger auf den sozialen Rang als auf die administrativen Fähigkeiten der damit betrauten Männer ankam, findet man unter den frühen *procuratores* nicht bloß Leute aus dem Ritterstand, sondern auch Freigelassene.

Den Procuratoren war vor allem das ständig wachsende Privatvermögen des Prinzeps anvertraut.[133] Zu diesem *patrimonium Caesaris* gehörten die ausgedehnten Ländereien des Augustus, die er z. T. durch die Proskriptionen, z. T. durch seine Heiratspolitik in seinen Besitz gebracht hatte und die durch Erbschaften und Legate ständig vergrößert wurden.[134] Auch Geldmittel flossen dem Prinzeps auf diese Weise dauernd zu. In das Patrimonium gelangte aber auch das *aurum coronarium*, das Kranzgeld, das dem Augustus bei seinen Siegen und Triumphen und aus ähnlichen Anlässen dargebracht wurde und das sich bald zu einer regelrechten Steuer entwickelte.[135]

Es ist nun aber eine Tatsache, die man nicht leugnen kann, daß die kaiserlichen *procuratores*, seien es Ritter, seien es Freigelassene, auch mit staatlichen Geldern zu tun hatten. In Spanien wurde den Legionen, wie Strabo berichtet, von ritterlichen Procuratoren der Sold angewiesen.[136] Und in Gallien wurden die Steuern der Provinzen durch den berüchtigten Freigelassenen Licinus eingezogen, der durch seine unverschämten Erpressungen ein Millionenvermögen auf die Seite brachte.[137] In Iudaea hat der Ritter Herennius Capito als *procurator* des kaiserlichen *patrimonium*

---

[133] Vgl. O. Hirschfeld, Verwaltungsbeamte 121 ff. – Für die Entwicklung des Patrimonium vgl. H. Nesselhauf, Patrimonium und res privata des römischen Kaisers, in: Historia-Augusta-Colloquium 1963, Bonn 1964, 73 ff. und H. Bellen, Die ‚Verstaatlichung' des Privatvermögens der römischen Kaiser im 1. Jahrhundert n. Chr., ANRW II 1, 1974, 91 ff. – Zum Patrimonium des Augustus vgl. F. Millar, Emperor 177.

[134] Vgl. F. Millar, Emperor 154, der darauf hinweist, daß die jährlichen Einkünfte aus Gallien sich nach Caesars Eroberung auf 40 Millionen HS beliefen, während Augustus nach seinem eigenen Zeugnis allein in den letzten 20 Jahren seiner Herrschaft 1400 Millionen HS durch testamentarische Zuwendungen erhielt. – Vgl. auch Millar 166 (Verfügung des Prinzeps über die *bona damnatorum*), 190 ff. (allg. über die Einkünfte des Kaisers). Dazu I. Shatzman, Senatorial Wealth and Roman Politics, Brüssel 1975, 357 ff.

[135] Zum *aurum coronarium* vgl Th. Klauser, Röm. Mitt. 59, 1944, 129 ff., und RAC 1, 1950, 1010 ff., und L. Neesen, Untersuchungen 142.

[136] Strabon 3, 40, 20 p. 167. Vgl. St. Mitchell, JRS 66, 1976, 124 f., der betont, daß der Procurator auch für die Versorgung der Truppen verantwortlich war.

[137] Dio 54, 21, 2 ff. Dazu unten S. 392 und 401.

von Jamnia zugleich die Steuern der ganzen Provinz eingesammelt.[138] Diese auf den ersten Blick etwas befremdliche Verquickung der privaten Funktionen des *procurator* mit öffentlichen Aufgaben erklärt sich daraus, daß für den Römer die Einhebung von Steuern nicht Sache eines Magistrats war. Die Procuratoren des Prinzeps verwalteten daher alle diese Gelder. Da der Kaiser auch aus den senatorischen Provinzen Einkünfte bezog, waren seine Procuratoren auch dort vertreten. Fast zwangsläufig fiel ihnen damit auch eine gewisse Kontrollfunktion gegenüber den vom Senat eingesetzten Proconsuln und Quästoren zu.[139]

Die Verwischung der Grenzen zwischen privaten und öffentlichen Interessen hatte außerdem schon in der Republik dazu geführt, daß ein Mann wie der Musterrepublikaner M. Brutus seinem privaten Finanzagenten eine *praefectura*, d. h. ein Truppenkommando, verschaffte, um seinen Geldanforderungen Nachdruck zu verleihen.[140] Der Brauch war aber anscheinend ziemlich verbreitet, denn ähnlich handelte nicht nur der übel beleumundete C. Verres, sondern auch der große Pompeius.[141] Und gerade die Finanzverwaltung des Pompeius scheint ja für Caesar und später für Oktavian als Vorbild gedient zu haben. So haben dann auch die Kaiser ihren Procuratoren gelegentlich Truppenmacht in die Hand gegeben. Herennius Capito, der bereits genannte *procurator* von Jamnia, verfügte als Steuereintreiber in Iudaea auch über Soldaten. Ebenso hatte Lucilius Capito, der *procurator* des Tiberius in Asia, Truppen zur Verfügung.[142]

Es ist demnach nicht verwunderlich, wenn sich die Procuratoren aus mehr oder weniger privaten Vermögensverwaltern des Prinzeps allmählich zu ritterlichen Staatsbeamten entwickelten und wenn die Grenzen zwischen den Präfekten als den vom Caesar kraft seines *imperium* eingesetzten ritterlichen Offizieren und den Procuratoren als den einstigen Hausbeamten des Augustus immer mehr schwanden. Spätestens unter Claudius führten auch Provinzstatthalter den Titel *procurator*. Diese *procuratores provinciae* sind dann allerdings streng von den *procuratores fisci* bzw. den *procuratores patrimonii Caesaris* zu unterscheiden. Ob es schon vor Claudius procuratorische Statthalterschaften gegeben hat, läßt sich nicht mit Sicherheit sagen. Es spricht jedoch vieles dafür, daß Augustus die ritterlichen Provinzen ausschließlich von Präfekten hat verwalten lassen.[143]

---

[138] Philo, Legatio ad Gaium 199. Joseph. Antt. Jud. 18, 158.
[139] Vgl. A. Garzetti, Athenaeum 41, 1953, 323.
[140] Cic. Att. 5, 21, 10. 6, 1, 4 ff.; 2, 8; 3, 5 ff.
[141] Cic. Verr. II 3, 75. Vgl. Pro Flacco 68. Att. 5, 21, 10. 6, 1, 6.
[142] Tac. ann. 4, 15.
[143] Vgl. Hirschfeld, Verwaltungsbeamte 382 ff.; Jones, Studies 124 ff.; und oben Anm. 131.

Die Ritter fanden also im Dienst des Augustus die mannigfachste Verwendung, sei es als Richter, sei es als Offiziere im Heer oder bei der Flotte, sei es als Verwalter des kaiserlichen Vermögens und als Steuereintreiber, sei es als Statthalter ganzer Provinzen oder als Chefs angesehener Ressorts in der Hauptstadt selbst. Natürlich waren die Posten von unterschiedlicher Wichtigkeit und Bedeutung. Es entwickelte sich daher bald eine gewisse Rangfolge der ritterlichen Posten und als Folge davon eine ritterliche Laufbahn, die dem *cursus honorum* der Senatoren vergleichbar ist.[144] Allerdings war das Schema dieser ritterlichen Laufbahn noch weit weniger starr als der senatorische *cursus*. Auch ergaben sich im Laufe der Prinzipatszeit innerhalb der ritterlichen Laufbahn nicht unwesentliche Verschiebungen. Schon unter Augustus bildete sich jedoch die Regel heraus, daß junge Ritter, welche im Verwaltungsdienst aufsteigen wollten, wenigstens drei ritterliche Offiziersstellen, die sog. *tres militiae*, bekleidet haben mußten. Erst nach Ableistung der *militia equestris* gelangte der Ritter dann zu den Procuraturen der mittleren Laufbahn, wurde als Finanz- oder später auch Provinzialprocurator. Oft war damit die ritterliche Laufbahn abgeschlossen. Denn nur wenigen fähigen Männern gelang es, zu den oberen Präfekturen aufzusteigen, welche die Spitze der ritterlichen Verwaltung bildeten, zur *praefectura vigilum*, zur *praefectura annonae*, zur *praefectura Aegypti* und schließlich zur Prätorianerpräfektur (wobei die Rangfolge der zuletzt genannten Präfekturen wechselte). Da seit Augustus die ritterlichen Beamten ebenso wie die senatorischen Beamten ein festes Gehalt bezogen, unterschieden sich die einzelnen Rangstufen der Procuraturen auch ihrem Gehalt nach. Man sprach von *sexagenarii, centenarii* und *ducenarii*, je nachdem, ob das Gehalt 60000, 100000 oder 200000 Sesterzen betrug.

Wichtiger als die Herausbildung dieser Besoldungsstufen ist jedoch die Tatsache, daß schon Augustus den Aufstieg von unten in den Ritterstand erleichterte und dadurch die soziale Mobilität erhöhte. Augustus ermöglichte nämlich bewährten Centurionen den Eintritt in den Ritterstand und eröffnete ihnen damit die ritterliche Laufbahn. Während es in der Republik auch einem tüchtigen Centurio grundsätzlich nicht möglich war, das den Rittern vorbehaltene Militärtribunat oder etwa die Reiterpräfektur zu erreichen, kam dies in der Triumviratszeit und unter Augustus mehrfach vor.[145] So richtete sich bei der großen Meuterei in Pannonien unmittelbar

---

[144] Hirschfeld, Verwaltungsbeamte 410ff. H.-G. Pflaum, Les procurateurs équestres sous le Haut-Empire romain, Paris 1950; Les carrières procuratoriennes équestres sous le Haut-Empire romain, 4 Bde., Paris 1960/1; und RE XXIII 1, 1957, 1240ff. A. N. Sherwin-White, Procurator Augusti, PBSRome 15, 1939, 11ff. F. Millar, Historia 13, 1964, 180ff., und 14, 1965, 362ff. (zur Jurisdiktion der Procuratoren).

[145] S. J. DeLaet, RevBelge Philol. 20, 1941, 525f.

nach dem Tode des Augustus die Wut der Soldaten vor allem gegen einen Mann namens Aufidienus Rufus, der es vom gemeinen Soldaten über den Centurionat zu dem ritterlichen Posten eines *praefectus castrorum* gebracht hatte (und der – wie viele Emporkömmlinge – ein besonders scharfes Regiment führte).[146] Der Aufstieg vom gemeinen Mann (dem *caligatus*) in den Ritterstand war allerdings wohl eine seltene Ausnahme. Dagegen scheint Augustus den Primipilat, den ranghöchsten Centurionat in der Legion, zu einem ritterlichen Posten gemacht und damit den Centurionen eine Möglichkeit zum Aufstieg in den Ritterstand eröffnet zu haben. Doch gehörten die Centurionen zumeist nicht der gleichen sozialen Schicht wie die *caligati* an, sondern kamen aus dem Dekurionenstand der Munizipien, so daß praktisch nur der Munizipaladel auf dem Weg über den Primipilat in den Ritterstand gelangen konnte.[147] Auch vergab Augustus höhere Offiziersstellen und den mit ihnen verbundenen Ritterrang gelegentlich an Angehörige der munizipalen Oberschicht *ex commendatione publica cuiusque oppidi*.[147a]

Nimmt man dazu noch die Tatsache, daß neben den begüterten Provinzialrömern mehr und mehr auch die Söhne reicher Freigelassener Aufnahme in den Ritterstand fanden,[148] so erkennt man, daß in der neuen Monarchie des Augustus der zweite Stand auch eine wichtige soziale Funktion erfüllte. Da aus den Reihen der Ritterschaft wie in der Republik so auch im Prinzipat immer wieder der Senat ergänzt wurde,[149] bot sich für den Prinzeps eine weitere Möglichkeit, treue Anhänger zu belohnen, und konnte er zugleich die Zusammensetzung des Senats in seinem Sinne beeinflussen. Durch die Möglichkeit des Aufstiegs von unten in den Ritter-

---

[146] Tac. ann. 1, 20. – Auch sonst wurden die neuen Ritter vielfach als Emporkömmlinge betrachtet, vgl. Ovid, Amores 3, 8, 9f. und 15, 5f.

[147] Vgl. S. J. DeLaet, Le rang sociale du primipile à l'époque d'Auguste et de Tibère, Ant. Class. 9, 1940, 13 ff. B. Dobson, The Centurionate and Social Mobility during the Principate, in: Recherches sur les structures sociales dans l'antiquité classique, Paris 1970, 99ff.; Ancient Society 3, 1972, 193ff.; und ANRW II 1, 1974, 395ff. und 411ff. sowie: Die Primipilares, Köln–Bonn 1978. Nach Dobson besaßen unter Augustus jedenfalls die gewesenen *primipili* Ritterrang, weshalb für diese die Bezeichnung *primipilares* verwendet wurde.

[147a] Suet. Aug. 46. Vgl. dazu C. Nicolet, Latomus 22, 1963, 721 ff., bes. 729ff.

[148] Zur Aufnahme von Freigelassenen in den Ritterstand s. Dio 47, 7, 5. 48, 45, 7. 53, 30, 3. Suet. Aug. 27. Dazu L. Polverini, Aevum 39, 1965, 7, und S. J. DeLaet, Rev. Belge Philol. 20, 1941, 524f.

[149] Dies gilt, obwohl spätestens seit Caligula der Senatorenstand ein geschlossener Stand war. Denn der Prinzeps besaß das Recht, durch Verleihung des *latus clavus* diesen Stand zu ergänzen. Vgl. oben S. 154f. und 162.

stand und durch die Aufnahme von Rittern in den Senat ergab sich außerdem eine gewisse vertikale soziale Mobilität, die das gesellschaftliche Gefüge des augusteischen Prinzipats vor einer Erstarrung bewahrte.[150]

3. Augustus und die Plebs urbana

Auch die Plebs urbana suchte Augustus auf verschiedene Weise an sich zu binden. Das Verhältnis des Prinzeps zur Plebs urbana war nicht frei von Spannungen. Zu Beginn seiner politischen Laufbahn hatte Oktavian durch die im Namen Caesars verteilten reichen Geldgeschenke – man kann sie auch Bestechungsgelder nennen – die hauptstädtische Menge für seine politischen Ziele zu gewinnen versucht.[151] In der Triumviratszeit hatte sich aber das Verhältnis zu ihr – vor allem infolge der Proskriptionen und der Blockade Italiens durch Sex. Pompeius – merklich abgekühlt. Es kam verschiedentlich zu schweren Unruhen, die einmal dem Oktavian fast das Leben gekostet hätten.[152] Erst nach dem Sieg von Naulochos konnte Oktavian daran denken, das Vertrauen der Plebs urbana wiederzugewinnen. Nach der 'Befreiung des Meeres' von dem 'Seeräuber' Pompeius und der Sicherung der Getreideversorgung verkündete er feierlich das Ende der Bürgerkriege. Ein Schuldennachlaß und Steuererleichterungen sollten dem Caesar weitere Sympathien einbringen. Und die Verleihung der tribunizischen *sacrosanctitas* stellte Oktavian als Vorkämpfer der *plebs* in einer Reihe mit der geheiligten Person des Volkstribunen.[153]

Um vor der Auseinandersetzung mit Antonius die hauptstädtischen Massen ganz für den Caesar zu gewinnen, übernahm dann Agrippa im Jahre 33 die Ädilität.[154] Mit einem umfangreichen Bauprogramm sorgte er für Beschäftigung. Gleichzeitig erfolgte die kostenlose Verteilung von Öl, Oliven und Salz an die Bevölkerung der Hauptstadt. Im Theater wurden Wertmarken verteilt, für die man Geld oder Kleidung einlösen konnte.

---

[150] Vgl. allg. zum Problem der sozialen Mobilität in der Kaiserzeit Dobson, The Centurionate etc. (oben Anm. 147). K. Hopkins, in: M. I. Finley, Studies in Ancient Society, London/Boston 1974, 103 ff., und Past and Present 32, 1965, 12 ff. H. Castritius, Mitt. Techn. Univ. Braunschweig 8, 1973, 38 ff. H. W. Pleket, Tijdschrift voor Geschiedenis 84, 1971, 215 ff.

[151] S. oben S. 27. Oktavian erhöhte von sich aus noch die Zahl der Legatsempfänger, vgl. Schmitthenner, Testament 84 f.

[152] Appian, b. c. 5, 138 ff. und 280 ff. Dio 48, 31, 1 und 43, 1. Dazu Yavetz, Plebs and Princeps 25 und 84 ff.

[153] Vgl. oben S. 56.

[154] Vgl. oben S. 69 f. Dazu Yavetz, Plebs 89 ff.

Der Besuch der Bäder und der Barbiere war kostenlos. Und zahlreiche Veranstaltungen im Theater und im Stadium sorgten für Unterhaltung. Dennoch brachen schon im Jahre 31 infolge der hohen Steuerauflagen Oktavians, die besonders die Freigelassenen betrafen und die den Charakter einer schamlosen Erpressung trugen, wieder schwere Unruhen und Brandstiftungen in Rom aus, die nur mit Waffengewalt unterdrückt werden konnten.[155]

Die großartigen Triumphe des Jahres 29 und die damit verbundenen Schenkungen an das Volk sowie das damals eingeleitete Bauprogramm haben dem Sieger von Actium sicherlich neue Sympathien eingetragen.[156] Aber gerade bei den Teilen der Plebs urbana, die Oktavian als den Sohn und Erben Caesars verehrten, mußte die *restitutio reipublicae* wieder Mißtrauen aufkommen lassen. Daß Augustus es geschehen ließ, daß im Jahre 27 ein Volkstribun die Plebs in Form einer *devotio* auf die Person des Prinzeps verpflichtete, ist bezeichnend genug.[157] Als der Caesar dann im Jahre 23 beschloß, sein Consulat niederzulegen, nahm er diesen feierlichen Akt außerhalb der Stadt vor, weil er in Rom Unruhen der Plebs befürchtete.[158] Auch die Annahme der vollen *tribunicia potestas* im Jahre 23 geschah wohl mit Rücksicht auf die Plebs urbana. Die Agitation für die Dictatur und für andere Sondervollmachten für den Prinzeps beleuchtet aber ebenso wie die erstaunlichen Erfolge des Egnatius Rufus das weiterhin prekäre Verhältnis des Augustus zur Plebs urbana.[159]

Keimzellen der Agitation waren die Vereine und Clubs der kleinen Leute, vor allem die Compitalvereine, die an den Straßenkreuzungen den Kult der Lares Compitales besorgten und zu Neujahr die Compitalia ausrichteten.[160] Diese waren das Fest der unteren Schichten der städtischen Bevölkerung, der Proletarier, Freigelassenen und Sklaven. Der Compitalkult konnte denn auch leicht zum Ausgangspunkt für revolutionäre Gärung werden. An den Compitalaltären stellte das Volk die Bilder der

---

[155] Dio 50, 10, 3 ff. Dazu Yavetz 25 ff. Die Steuer wurde nach Actium teilweise wieder erlassen: Dio 51, 3, 3. Vgl. L. Polverini, Aevum 39, 1965, 6 ff. Gerade in den Händen der Freigelassenen hatte sich in der Bürgerkriegszeit oft großer Reichtum angesammelt, vgl. P. Zanker, JdAI 90, 1975, 281 f. Vgl. allgemein zum Verhältnis des Augustus zu den Freigelassenen unten S. 253 f. und S. 316 ff.

[156] Zu den Spenden an Veteranen und Volk vgl. RgdA 15 mit dem Kommentar von Volkmann, Dio 51, 21. Zum Bauprogramm vgl. S. 410 ff.

[157] S. oben S. 99.

[158] Dio 53, 32, 3.

[159] Vgl. oben S. 110 f.

[160] Vgl. zum Folgenden A. Alföldi, Die zwei Lorbeerbäume des Augustus, Bonn 1973, 18 ff., und J.-M. Flambard, Collegia Compitalicia, Ktema 6, 1981, 143 ff.

toten Gracchen auf.[161] In den Compitalvereinen suchten und fanden Catilina und Clodius ihre Anhänger. Immer wieder aufgelöst, bildeten sich doch diese Kultvereine immer wieder von neuem. Für jede Regierung, die an der Aufrechterhaltung der Ordnung in Rom interessiert war, bildeten die Compitalvereine einen ständigen Unsicherheitsfaktor. Auch Caesar hat daher diese Vereine verboten.[162] Aber nach Caesars Ermordung waren sie wieder da. Bei den Ausschreitungen im Jahre 39 v. Chr. wegen des Ausbleibens des sizilianischen Getreides und bei den Wahlunruhen im Jahre 22 v. Chr. haben anscheinend die Compitalcollegien wieder eine wesentliche Rolle gespielt. Augustus erneuerte daher um das Jahr 22 das Vereinsverbot Caesars. Im folgenden Jahr verbot Agrippa auch den Isiskult, dessen Anhänger als Agitatoren und Aufrührer bekannt waren.[163] Aber der Prinzeps war sich auch klar, daß mit Verboten allein den Problemen, vor die ihn die Plebs urbana stellte, nicht beizukommen war. Augustus gab daher der Hauptstadt eine neue Verwaltungseinteilung. Rom wurde in vierzehn Regionen gegliedert, jede Region wieder in mehrere *vici* unterteilt. Die Verwaltung der Regionen wurde den Volkstribunen, Ädilen und Prätoren übertragen, von denen je einer für jede Region durch das Los bestimmt wurde.[164] Die insgesamt 265 *vici* unterstanden wieder Kollegien von je vier *vicomagistri*, die in ihrer überwiegenden Mehrzahl aus dem Freigelassenenstande kamen. Zu den administrativen Aufgaben dieser *vicomagistri* gehörte bis zum Jahre 6 n. Chr. auch die Sorge für das Feuerlöschwesen, für das dann die *cohortes vigilum* geschaffen wurden. Abgeschlossen wurde die Neuordnung Roms erst im Jahre 7 v. Chr. Mit diesem Jahr beginnen auch die Fasten der *vicomagistri*.[165]

Es war nun von großer Bedeutung, daß Augustus den *vicomagistri* auch die Pflege des Compitalkultes übertrug.[166] Denn dieser Compitalkult wurde zugleich dadurch in seinem Wesen verändert, daß zwischen die *Lares Compitales* eine Statuette des *Genius Augusti* aufgestellt wurde und daß die *Lares Compitales* mit den *Lares Augusti* verschmolzen. Schon im

---

[161] Dazu s. Alföldi, Vater des Vaterlandes 135.

[162] Suet. Caes. 42.

[163] Suet. Aug. 32, 1. Dio 54, 6, 6. Dazu P. Lambrechts, Augustus en de Egyptische Godsdienst, Brüssel 1956, bes. 21 ff. Vgl. oben S. 104 m. Anm. 80.

[164] Suet. Aug. 30. Dio 55, 8, 6 ff. Dazu Mommsen, RStR II 516. Zur Regioneneinteilung vgl. H. Jordan, Topographie der Stadt Rom I 1, Berlin 1871, 296 ff., und L. R. Taylor, The Voting Districts of the Roman Republic, Rom 1960, 69 ff. mit weiterer Literatur. Dazu C. Nicolet, L'inventaire du monde 201 ff., und F. Kolb, Rom 403 ff.

[165] Dazu J. Bleicken, RE VIIIA2, 1958, 2480 ff., und G. Niebling, Historia 5, 1956, 303 ff.

[166] Dazu s. Alföldi, Lorbeerbäume 22 ff. St. Weinstock, Divus Julius 214 ff. A. Fraschetti, Roma e il Principe 204 ff.

Jahre 59 v. Chr. waren die Compitalgötter als „erhabene Laren", als *Lares augusti*, verehrt worden.[167] Es war also für eine geschickte Regie nicht schwer, eine Brücke zwischen Larenkult und Augustuskult zu schlagen. Wir erfahren aber, daß es Augustus selbst war, der den *vicomagistri* Statuetten der *Lares Augusti* geschenkt und damit den Kult in seiner neuen Form erst eingesetzt hat.[168] Aber auch die Larenaltäre, ursprünglich 265 an Zahl, wurden offenbar von Augustus selbst gestiftet. Denn die erhaltenen Altäre mit ihren künstlerisch hochwertigen Darstellungen und ihrem die offizielle Propaganda widerspiegelnden Bildprogramm hätten aus den Mitteln der zumeist armen Mitglieder der Compitalvereine kaum errichtet werden können. Auch die Einheitlichkeit in Ausführung und bildlicher Programmatik läßt auf eine zentral gelenkte Aktion schließen.[168a] Die Initiative des Kaisers darf daher als gesichert gelten. Das gleiche gilt für die etwas bescheideneren Altäre der *ministri*, der Gehilfen der *vicomagistri*, die offenbar ebenfalls vom Prinzeps finanziert oder mitfinanziert wurden.

Durch diese Umgestaltung des Compitalkultes, der sehr bald auch in den italischen Munizipien nachgeahmt wurde,[169] traten die untersten Volksschichten Roms in ein ganz besonderes, kultisch begründetes Loyalitätsverhältnis zu Augustus und seinem Haus (denn neben dem *Genius Augusti* wurden von Anfang an auch die *Genii* der beiden *Caesares* an den Larenaltären verehrt).[169a] Besonders den Funktionären der Plebs, den *vicomagistri* und ihren Gehilfen, erwuchs aus ihrer Stellung im Compitalkult ein erheblicher Prestigegewinn. Die *vicomagistri* durften auch Spiele veranstalten und als Spielgeber der von Augustus neu belebten

---

[167] CIL I² 753 = Degrassi, Inscr. Lat. liberae reip. 200. Dazu Alföldi, Lorbeerbäume 24 Anm. 101. Zur Ikonographie des *Genius Augusti* im Kompital- und im Hauskult der frühen Kaiserzeit s. H. Hänlein-Schäfer, in: Subject and Ruler 73 ff.

[168] Inscr. Ital. XIII 1, 285. Augustus ließ außerdem aus den *strenae*, die ihm am Neujahrstag dargebracht wurden, in den *vici* Götterbilder aufstellen: Suet. Aug. 57, 3. Dazu M. Meslin, La fête des Kalendes de janvier dans l'empire romain, Brüssel 1970, 31 ff.

[168a] Vgl. Alföldi, Lorbeerbäume 35. S. jedoch P. Zanker, Boll. Comm. 82, 1970/1, 147 ff. Vgl. auch M. Hano, A l'origine du culte imperial: les autels des *lares Augusti* ANRW II 16, 3, 1986, 2333 ff. – Einen Larenaltar, der offenbar von den am Kult beteiligten Frauen gestiftet wurde, hat T. Hölscher, AA 1984, 291 ff., bekannt gemacht. – Vgl. auch oben S. 122 A. 139 und allgemein F. Fless, Opferdiener und Kultmusiker auf stadtrömischen historischen Reliefs, Mainz 1995, sowie K. Galinsky, Augustan Culture 302 ff.

[169] Vgl. K. Lehmann-Hartleben, RE III A 2, 1929, 2068, und J. Bleicken, RE VIII A 2, 1958, 2482 f.

[169a] A. Alföldi, Lorbeerbäume 32.

ludi compitalicii die sonst nur den Beamten senatorischen Standes vorbehaltene *toga praetexta* tragen und sich zweier Liktoren bedienen.[170] Die Führer und Funktionäre der *infima plebs* sollten damit eng an die Person des Prinzeps gebunden und zu Stützen der neuen Ordnung gemacht werden.[171]

Natürlich verschmähte Augustus auch massivere Formen der Beeinflussung nicht. Der Grundsatz des *panem et circenses* ist sicherlich nicht erst von ihm erfunden worden, wurde aber von Augustus souverän gehandhabt. *Spectaculorum et assiduitate et varietate et magnificentia omnes antecessit*, sagt sein Biograph von ihm.[172] Und in seinen *res gestae* zählt der Caesar insgesamt 67 Schaudarstellungen auf, darunter auch Fechterspiele mit insgesamt 10000 Gladiatoren und das Spektakel einer Seeschlacht in einem eigens dafür ausgehobenen Bassin.[173] Die Plebs urbana bekam ferner beim Actischen Triumph und nach der Rückkehr des Prinzeps aus dem spanischen Krieg ein Geldgeschenk und ebenso beim Tode des Agrippa. Auch als im Jahre 5 v. Chr. C. Caesar und im Jahre 2 v. Chr. L. Caesar die *toga virilis* erhielten, wurde die Plebs mit einer Spende bedacht. Und im Krisenjahr 23 verteilte Augustus nach eigener Aussage zwölf *frumentationes*.[174]

Die knapper werdenden Finanzmittel zwangen dann Augustus allerdings dazu, im Jahre 2 v. Chr. die Getreideverteilung an die Plebs urbana neu zu regeln. Der Prinzeps nahm einen *recensus* vor und reduzierte die

---

[170] Dio 45, 8, 7. Dazu Bleicken a. O. Zu den *ludi compitalicii* und den Larenfesten s. Sueton, Aug. 31.

[171] Vgl. A. Alföldi, Lorbeerbäume 23, der ohne Beleg behauptet, die Fasti der *vicomagistri* seien ebenso wie die Consularfasten am Augustusbogen angebracht gewesen. S. dagen A. Degrassi, Inscr. Ital XIII 1, 1947, 279.

[172] Suet. Aug. 43. Vgl. dazu und z. Folgenden R. Gilbert, Die Beziehungen zwischen Princeps und stadtrömischer Plebs im frühen Principat, Bochum 1976, 63 ff., sowie allgemein P. Veyne, Le pain et le cirque, Paris 1976, 476 ff., und J. Deininger, Gymnasium 86, 1979, 278 ff. mit Literatur. In den Res Gestae (19) stellt übrigens Augustus die Errichtung der Kaiserloge, die er unbekümmert *pulvinar* nennt, betont heraus. Vgl. R. Sablayrolles, Pallas 28, 1981, 66 f.

[173] RgdA 22 f. (und Appendix 4). Vgl. Volkmann z. St. mit weiteren Angaben. R. Gilbert, Beziehungen 71 ff. G. Pfister, Juventus 10 ff. Zum ökonomischen Aspekt s. M. A. Cavallaro, Spese e spettacoli, Bonn 1984.

[174] RgdA 15 mit Kommentar von Volkmann. Vgl. D. van Berchem, Les distributions de blé et d'argent à la plèbe romain sous l'empire, Genf 1939, 144. – Auch im J. 13 n. Chr. wurde *nomine Tiberi* ein *congiarium* von 75 Denaren pro Mann ausgegeben: Suet. Tib. 20. Vgl. Gilbert, Beziehungen 50 ff. Nachtrag: Vgl. hierzu und zum Folgenden auch G. E. Rickman, The Corn Supply of Ancient Rome, Oxford 1980, bes. 60 ff. und 179 ff.

Zahl der Getreideempfänger auf 200000.[175] Zugleich wurde die Berechtigung zum Empfang des kostenlosen Getreides von festumrissenen Bedingungen abhängig gemacht, die streng kontrolliert wurden.[176] Die Empfänger mußten römische Bürger sein und das 10. Lebensjahr überschritten haben. Auch Freigelassene sowie die dem Freigelassenenstand angehörende *vigiles* kamen in den Genuß des *frumentum publicum*. Dagegen wurden die Angehörigen der beiden oberen Stände, Senatoren und Ritter, vom Getreideempfang förmlich ausgeschlossen. Von ihnen abgesehen hatten jedoch alle in Rom ansässigen römischen Bürger ein Anrecht auf Getreidespenden. Die Listen der Getreideempfänger waren daher auch nach den 35 Tribus geordnet.[177] Innerhalb der Tribus gliederten sich die Bürger wieder in *corpora*. Neben *corpora* der *iuniores* und der *seniores* gab es auch ein *corpus Iulianum* und ein *corpus Augustale*. Diese Korporationen hatten in den *curatores* ihre eigenen Beamten mit entsprechendem Personal, sie hatten eigene „Vereinskassen", feierten gemeinschaftliche Feste und faßten Beschlüsse über ihre Angelegenheiten. Da die 35 Tribus identisch waren mit der *plebs frumentaria*, wurde das *frumentum publicum* geradezu zum Symbol des römischen Bürgerrechts. Das bedeutete aber zugleich, daß die *plebs frumentaria* innerhalb der stadtrömischen Bevölkerung, die sich ja zu einem großen Teil aus Peregrinen, d.h. aus freien Nichtrömern und aus Leuten latinischen Rechts, sowie aus Sklaven zusammensetzte, eine privilegierte Schicht gebildet hat. Augustus hat sich bemüht, die privilegierte Stellung der freien römischen Bürger auch nach außen hin zur Geltung zu bringen, indem er verlangte, daß sie die Toga und den *pileus*, die Filzmütze, trugen. Die Ädilen mußten die Einhaltung dieser Bestimmungen überwachen.[178] Auch im Theater wurde die bevorrechtigte Stellung der römischen Bürger deutlich, indem ihnen die Mitte der *cavea* reserviert blieb, während die Fremden (und die Frauen) sich mit

---

[175] Suet. Aug. 40. Dio 55, 10, 1. Suet. Aug. 42. Vgl. Pelham, Essays 142 ff. Brunt, Manpower 382. Und vor allem: D. van Berchem a. O. bes. 27 ff.

[176] Ähnliches hatte schon Caesar versucht: Suet. Caes. 41. Dazu van Berchem a. O. 21 ff. – Zu den *tesserae frumentariae* s. auch C. Nicolet, Mélanges J. Heurgon, Rom 1976, 695 ff., und G. E. Rickman a. O. (Anm. 174) 244 ff. sowie C. Virlouvet, Tessera frumentaria, Rom 1995.

[177] Vgl. dazu und zum Folgenden Mommsen RStR III 276 f. und 444 ff., und F. Kolb, Rom 514 f.

[178] Vgl. van Berchem, Les distributions de blé 55 ff. (bezweifelt von G. E. Rickman, Gnomon 50, 1978, 89). Als Begründung für die oben genannte Kleidervorschrift scheint dem Prinzeps gedient zu haben, er wolle das römische Volk *sincerum atque ab omni colluvione peregrini ac servilis sanguinis incorruptum servare*: Suet. Aug. 40.

200   Verhältnis zu Senat, Ritterschaft, Volk

Sitzen auf den oberen Rängen des Theaters begnügen mußten.[179] Es gelang damit dem Prinzeps, die amorphe Masse der großstädtischen Bevölkerung Roms zu organisieren und damit ihre Kontrolle zu erleichtern. Gleichzeitig machte er deutlich, daß der kostenlose Getreideempfang ein besonderes Privileg war, das natürlich die Empfänger dieses *beneficium* an die Person des Prinzeps band. In Weihungen der *corpora* an den Kaiser bzw. für den Kaiser kam denn auch die Dankbarkeit der Tribulen zum Ausdruck. Zugleich fand mit der festen Definierung der *plebs frumentaria* als der *plebs togata* und mit der Schließung des Senatorenstandes durch Augustus die ständische Gliederung der römischen Gesellschaft, die sich schon in der Republik herausgebildet hatte, ihren vorläufigen Abschluß.

Die Etablierung der Plebs urbana als eines geschlossenen Standes wurde begleitet von einer immer weitergehenden politischen Entmachtung der Plebs, die vor allem in der oben bereits angedeuteten Entwicklung der Wahlen zum Ausdruck kommt.[180] Sueton und Dio berichten, daß Augustus im Jahre 27 v. Chr. auch „das alte Recht der Comitien" wiederhergestellt habe.[181] Gleichsam zur Bekräftigung der wiedergewonnenen Wahlfreiheit wurde im Jahre 26 v. Chr. die schon von Caesar begonnene marmorne Riesenhalle der *saepta Iulia* vollendet, in der künftig die Abstimmungen stattfinden sollten und die mit dem vorgelagerten *diribitorium* zur Auszählung der Stimmen einen gewaltigen Baukomplex bildete.[182] Auch setzte Augustus – man weiß nicht genau wann – 900 Ritter zur Überwachung der Stimmabgabe ein.[183] Dennoch kann von einer Wiederherstellung der Comitien nur bedingt gesprochen werden. Denn in den Jahren 27–23 v. Chr. hat Augustus dafür gesorgt, daß nicht nur er selbst Jahr um Jahr zum Consul gewählt wurde, sondern daß er auch seine Mitarbeiter und Freunde zu Kollegen erhielt. Auch mußte die von Augustus eingeführte Neuerung, daß die Dekurionen der italischen Kolonien in ihren Gemeinden die Stimmen für die Magistratswahlen in Rom sammelten und in die Hauptstadt schickten,[184] den Einfluß der Plebs urbana auf den

---

[179] Vgl. van Berchem a. O. 61 f. und T. Bollinger, Theatralis licentia, Winterthur 1969, 13 f., wonach das Volk nach Tribus gegliedert war.

[180] Vgl. Frei-Stolba, Wahlen 87 ff., und F. Millar, Emperor 301 f., sowie A. J. Holladay, Latomus 37, 1978, 874 ff. und E. Gabba, in: Storia di Roma II 2, 23 ff. M. Pani, Quad. di Storia 5, 1979, 305 ff. B. Levick, Athenaeum 69, 1981, 378 ff.

[181] Suet. Aug. 40, 2. Dio 53, 21, 6.

[182] Vgl. Rosenberg, RE IA 2, 1920, 1725 ff. L. R. Taylor, Roman Voting Assemblies, Ann Arbor 1966, 47 ff. und 109 ff. E. Nash, Pictorial Dictionary II 291 mit weiterer Lit.

[183] Plin. n. h. 33, 31. Vgl. S. 187 A. 119a.

[184] Suet. Aug. 46.

Wahlausgang beeinträchtigen. Ein freieres Spiel der Kräfte konnte erst aufkommen, nachdem Augustus das Consulat niedergelegt hatte. Die schweren Wahlunruhen der Jahre 22 bis 19 boten jedoch den Anlaß für neue Eingriffe des Prinzeps in das Wahlverfahren. Durch die Übernahme des *imperium consulare* erhielt Augustus im Jahre 19 alle Befugnisse des wahlleitenden Consuls, die er bis 23 besessen hatte, zurück.[185] Durch die Aufstellung der Kandidatenlisten, die zumeist Einkandidatenlisten waren, und die rechtlich zwar nicht bindende, aber faktisch doch kaum zu ignorierende *commendatio* des Prinzeps gewann dieser in der Folgezeit wieder den entscheidenden Einfluß auf die Wahlen. Die Wahlkämpfe wurden außerdem durch das strenge *ambitus*-Gesetz des Jahres 18 weiter entschärft. Die Einführung der Destinationscenturien im Jahre 5 n. Chr. mußte den Wahlkämpfen dann praktisch ein Ende bereiten.[186] Dennoch hört man zum Jahre 7 n. Chr. nochmals von Wahlunruhen, die den Augustus sogar dazu bewogen, die Beamten jenes Jahres selbst zu ernennen.[187] In den folgenden Jahren schien jedoch die schriftliche Empfehlung des Prinzeps genügt zu haben, die Wahlen in seinem Sinne zu entscheiden. Nach dem Tode des Augustus hat dann Tiberius die Aufstellung der Kandidatenlisten in den Senat verlegt und dadurch die Beteiligung des Volkes an den Wahlen praktisch auf eine Akklamation beschränkt, da nur so viele Kandidaten auf die Listen kamen, wie Stellen zu besetzen waren. Ob die von Velleius Paterculus genannte *ordinatio comitiorum*, die Augustus eigenhändig niedergeschrieben und dem Tiberius hinterlassen hatte, sich nur auf die Aufstellung der Kandidatenliste für die Prätorenwahlen bezieht oder auch die Übertragung der Aufstellung in den Senat angeordnet hat, muß leider offenbleiben.[188]

Wurden die Wahlen auf diese Weise dem Einfluß des Volkes praktisch ganz entzogen, so gewannen dafür die Willensäußerungen der Plebs urbana bei den Spielen erhöhte politische Bedeutung. Die streng geregelte Sitzordnung im Theater[189] ermöglichte dem Prinzeps einerseits eine gewis-

---

[185] Dazu oben S. 113. Die Aufstellung der Kandidatenliste erfolgte selbstverständlich formal im Zusammenwirken mit den jeweiligen Consuln. Faktisch dürfte die *auctoritas* des Augustus hier wie sonst den Ausschlag gegeben haben.
[186] Vgl. oben S. 116 mit A. 126 (zum *ambitus*-Gesetz) und S. 140 mit S. 163 zu den Destinationscenturien.
[187] Vgl. Frei-Stolba, Wahlen 115 f.
[188] Vgl. Frei-Stolba, Wahlen 145 f. und 136.
[189] Suet. Aug. 44: ... *militem secrevit a populo. maritis e plebe proprios ordines assignavit, praetextatis cuneum suum, et proximum paedagogis, sanxitque ne quis pullatorum media cavea sederet. feminis ne gladiatores quidem, quos promiscue spectari sollemne olim erat, nisi ex superiore loco spectare concessit. solis virginibus Vestalibus locum in theatro separatim et contra praetoris tribunal dedit.* Den Senatoren war

se Kontrolle der versammelten Plebs, bot aber andrerseits gute Ansatzpunkte für eine Agitation.[190] Schon für Cicero war es nichts Ungewöhnliches, daß bei den Spielen die Zuschauer zu Tagesfragen Stellung nahmen.[191] Augustus wußte sich diesen Umstand zunutze zu machen. Wir erfahren von Sueton, daß er sich den Ehrennamen *pater patriae* durch das zu den Spielen versammelte Volk übertragen ließ, noch ehe der Senat ihn in der Curie mit diesem Namen begrüßte.[192] Der Prinzeps hat also in einer für ihn sehr wichtigen Angelegenheit der im Theater versammelten Plebs eine politisch bedeutende Funktion zugewiesen. Offenbar gedachte er, sich der Plebs bei Gelegenheit als eines Gegengewichtes zum Senat zu bedienen. Augustus hat jedenfalls die Publikumsreaktionen im Theater niemals unterbunden, auch wenn sie bisweilen gar nicht in seinem Sinne waren. Er war klug genug, der Bevölkerung dieses Ventil für ihre Unzufriedenheit oder ihre Forderungen zu lassen. Er sorgte jedoch dafür, daß diese Äußerungen ihm und seinen Plänen nicht gefährlich wurden. Erst unter den Nachfolgern des Augustus gelang es oppositionellen Gruppen verschiedentlich, durch organisierte Demonstrationen im Theater dem Kaiser gegen seinen Willen politische Entscheidungen von großer Tragweite aufzuzwingen.[193] Die Möglichkeit dazu hatte die Politik des ersten Prinzeps geschaffen.

Daneben darf jedoch nicht übersehen werden, daß Augustus offenbar gerade das Theater noch in anderer Weise seiner Politik dienstbar zu machen verstanden hat; denn das Theater war der Ort, wo die offiziöse Propaganda eine größere Menge am leichtesten erreichen konnte. Auch wissen wir, daß die dramatischen Aufführungen keineswegs nur Kritik am Prinzeps enthielten, sondern auch – und wohl weit öfter – seine Bestre-

die erste Sitzreihe reserviert. Zur Trennung der Soldaten von der Zivilbevölkerung s. T. Bollinger, Theatralis licentia 13, und A. Wallace-Hadrill, Augustan Rome 23 f. – Die Sitzordnung ist nur für Theater und Amphitheater einigermaßen sicher bezeugt bzw. erschließbar. Für die Sitzordnung im Circus fehlt es an Zeugnissen. Vgl. T. Bollinger, Theatralis licentia 17, und G. Pfister, Juventus 32 und 42, sowie A. Pocina Pérez, Zephyrus 26/7, 1976, 435 ff. Zur *lex Iulia theatralis* s. E. Rawson, PBS Rome 55, 1987, 83 ff. = Roman Culture 508 ff.

[190] Vgl. Bollinger a. O. 50 ff.
[191] Vgl. Bollinger a. O. 25 ff.
[192] Suet. Aug. 58. – Ein *Percennius quidam, dux olim theatralium operarum, dein gregarius miles*, wird von Tacitus (ann. 1, 16, 3) anläßlich der Meuterei in Pannonien im J. 14 n. Chr. erwähnt.
[193] Vgl. Bollinger, Theatralis licentia 30 ff. und 56 ff., und E. Tengström, Theater und Politik im kaiserlichen Rom, Eranos 75, 1977, 43 ff. Vgl. allgemein J. Blänsdorf, Theater und Gesellschaft im Imperium Romanum, Tübingen 1990, 7 ff., und L. Polacco, in: Théâtre et Spectacles 5 ff.

bungen unterstützten und von mehr oder minder offenen Schmeicheleien nicht frei waren.[194] Die festen Steintheater boten außerdem viel mehr Verwendungsmöglichkeiten als die jeweils für bestimmte Veranstaltungen neu zu errichtenden Holztheater der Republik.[195] Im Theater fanden daher jetzt auch Vorträge und Gesangsdarbietungen statt – u. a. wurden Dichtungen Vergils und Ovids im Theater vorgetragen und erhielten dadurch ein breites Echo in weiten Kreisen der Bevölkerung.[196] Nicht zuletzt aber gelangten im Theater auch Werke, die den Kaiser panegyrisch feierten, zur Aufführung.[197] So ist gerade das Theater, das regelmäßig seine Kaiserstatuen und oft sogar einen besonderen Kultraum für den Prinzeps hatte, ein bevorzugter Ort der Kaiserverehrung geworden.[198] Die Funktion des Theaters in der Propagierung seiner Politik war daher wohl mit ein Grund, warum Augustus den Bau permanenter Steintheater nicht nur in Rom, sondern auch in den Städten des Reiches tatkräftig gefördert hat.[199]

---

[194] Vgl. z. B. Suet. Aug. 53, 1. Varius Rufus bekam für sein (heute verlorenes) Drama 'Thyestes' vom Prinzeps sogar eine Belohnung von 1 Million Sesterzen (vgl. unten S. 298 mit Anm. 282). S. allg. L. Friedländer, Sittengeschichte II[10] 112 ff., bes. 143 f.

[195] Von daher erklären sich offenbar auch die Widerstände gegen feste Theaterbauten in der Republik. Mehrfach ließen die Censoren in Rom bereits begonnene Theaterbauten wieder einreißen (vgl. C. Fensterbusch, RE V A 2, 1934, 1410f. mit Belegen). Auch die Errichtung des ersten Steintheaters durch Pompeius stieß auf Ablehnung und Kritik (Cic. de off. 2, 60. Dio 39, 38, 2ff.). Dazu J. A. Hanson, Roman Theater-Temples, Princeton 1959, 43 ff., und bes. P. Gros, Architecture et société à Rome et en Italie centro-meridionale aux derniers siècles de la République, Brüssel 1978, 67 ff.

[196] Suet. Vita Verg. 26, 95 (p. 220 Bayer). Ovid, Trist. 2, 519. 5, 7, 25 f. Vgl. L. Friedländer a. O. 230.

[197] Plin. Paneg. 54, 1.

[198] Das gilt vor allem für die eigentlichen Theaterbauten, im Amphitheater fand man dagegen Kaiserstatuen nur sporadisch. Vgl. H. G. Niemeyer, Studien zur statuarischen Darstellung der römischen Kaiser, Berlin 1968, 23 und 33 f. S. auch J. A. Hanson a. O. 95 ff. P. Gros, in: Stadtbild und Ideologie 381 ff.; und M. Fuchs, Untersuchungen zur Ausstattung römischer Theater in Italien und in den Westprovinzen des Imperium Romanum, Mainz 1987, 166 ff.

[199] Dazu G. Bejor, L'edificio teatrale nell' urbanizzazione Augustea, Athenaeum 1979, 125 ff. Das Werk von M. Bieber, The History of Greek and Roman Theater, Princeton 1961 (bes. 190 ff.), ist typologisch, nicht historisch orientiert. Vgl. auch unten das Kapitel über die Baupolitik des Augustus.

IV. PRINZEPS UND MONARCH

1. Prinzeps

Augustus wollte seinen Standesgenossen und überhaupt den Angehörigen der römischen Oberschicht gegenüber nicht als Monarch erscheinen, sondern liebte es, als *princeps* bezeichnet zu werden. Als solcher nahm er alle Eigenschaften für sich in Anspruch, die auch die *principes* der Republik ausgezeichnet hatten, vor allem *virtus* und *auctoritas*.[1] Wie die *principes* der Republik schützte auch der *princeps* Augustus den Staat nach außen und erweiterte die Grenzen des *imperium*.[2] *Fortitudo* und *gloria* nahm er ebenso für sich in Anspruch wie *liberalitas* und *magnificentia*. *Severitas, gravitas* und *constantia* werden an ihm gerühmt.[3] *Iu-*

---

[1] Zu *virtus* und *auctoritas* s. oben S. 84f. und 96 mit Anm. 25 und 56. Caesar ist dem Oktavian auch in der Monopolisierung der *virtutes* vorausgegangen. Vgl. H. Bögli, Studien zu den Koloniegründungen Caesars, Diss. Basel 1966, 34ff., wo die Beinamen der caesarischen Kolonien mit den Zeugnissen der Münzpropaganda verglichen werden. S. auch St. Weinstock, Divus Julius 228ff. Allg. zum Herrscherideal der Prinzipatszeit vgl. L. Wickert, Princeps 2222ff., und ANRW II 1, 1974, 59ff., jeweils mit reichen Literaturangaben. Zu den einzelnen Wertbegriffen vgl. J. Hellegouarc'h, Le Vocabulaire Latin des Relations et des Partis politiques sous la république, Paris 1963 (mit Literatur), sowie H. Oppermann, Römische Wertbegriffe, Darmstadt 1974.

[2] Zum *tutela*-Gedanken s. J. Béranger, Recherches 252ff., und oben S. 85.

[3] Augustus hat offenbar in seiner Autobiographie besonders seine *fortitudo* im illyrischen Krieg herausgestellt, vgl. Florus 2, 23. Appian. Illyr. 42ff. und 56ff. Dazu W. Schmitthenner, Historia 7, 1958, 226. Aber noch im J. 16 v. Chr. spricht Horaz (c. 4, 2, 43) über *fortis Augusti reditu*; Augustus selbst preist in einem Brief seinen Adoptivsohn Tiberius als *vir fortissimus* (Suet. Tib. 21, 5). – Zur *gloria* des Augustus vgl. Cic. Phil. 5, 49. Suet. Aug. 71 *(benignitas et gloria)*. Seneca, De brev. vitae 4, 2f. *(gloria et dignitas)*. Tac. ann. 1, 10 (vgl. dagegen Suet. Aug. 21, 2). Dazu s. D. Earl, The Moral and Political Traditions of Rome, Ithaca/New York 1967, 73: „All real power and position, auctoritas, dignitas and gloria had passed into the possession of one man." Vgl. auch R. Syme, RR 442, und F. Guizzi, Principato 80f. – Für die *liberalitas* des Augustus s. H. Kloft, Liberalitas principis, Köln/Bonn 1970, 73ff., und Saeculum Augustum I 361 ff. Zur *magnitudo animi* vgl. Cic. Phil. 5, 23. – Zur *magnificentia* s. Suet. Aug. 43. – Zur *severitas* s. Suet. Aug. 24 und 42, 1. 67, 1. Vgl. Dio 76, 8, 1. – Zur *gravitas* und *constantia* s. Suet. Aug. 42. 53. 66. Vgl. Vell. Pat. 2, 59, 1 über Oktavians Vater: *gravis, sanctus, innocens, dives*.

stitia und *aequitas* gehörten wie *clementia* und *moderatio* zu seinen Tugenden.[4] *Eloquentia, providentia* und *pietas* durften nicht fehlen.[5] Alle Eigenschaften eines *nobilis* galten in besonderem Maße für Augustus. Aber wenn Augustus auch in besonderem Maße *princeps* war, so gab es neben ihm doch auch noch andere *principes viri*, die über große *dignitas*, über außergewöhnliche *virtus* und über hervorragende *auctoritas* verfügten.[6] Auch Augustus selbst betrachtete sich nicht als den einzigen *princeps*. Spricht er doch in den Res gestae von den *principes viri*, die ihm im Jahre 29, als er aus dem Osten zurückkehrte, nach Campanien entgegenzogen.[7] Die Existenz anderer *principes* neben dem *princeps* Augustus hat auch verhindert, daß dieser die Bezeichnung *princeps* titular führen konnte.[8]

Auf der anderen Seite suchte aber schon Augustus seine Stellung als *princeps* so herauszuheben, daß gegenüber dem *princeps Augustus* die anderen *principes* weit zurücktraten.[9] Bezeichnend ist hierfür der Wortgebrauch der Res gestae. Über die vielen *principes viri* hebt sich der eine *princeps*, der Caesar Augustus, heraus. Und wenn Augustus seine Regierungszeit bezeichnen will oder doch die Zeit seiner politischen Wirksamkeit (die Grenzen sind da fließend), schreibt er unbedenklich *me principe*, als ich Prinzeps war.[10]

[4] Zu *iustitia* und *clementia* s. oben S. 96 f. Vgl. zur *iustitia* des Augustus noch Ovid, Metam. 15, 832. Trist. 4, 4, 12. Zur Statue der *Iustitia Augusta* s. unten S. 238 f. Vgl. auch L. Wickert, Princeps 2248 ff., und K. Galinsky, Augustan Culture 80 ff. – Zur *moderatio* vgl. Suet. Aug. 21 ... *virtutis moderationisque fama Indos etiam ac Scythas ... pellexit ad amicitiam ... petendam* (nach der Autobiographie?).

[5] Zur *eloquentia* s. Suet. Aug. 84 ff. Zur *providentia* s. J. Béranger, Recherches 210 ff. M. P. Charlesworth, Harv. Theol. Rev. 29, 1936, 107 ff. J. Béranger, Principatus, Genf 1975, 331 ff. – Zur *pietas* des Augustus s. oben S. 97 ff. – Vgl. auch M. B. Flory, Rh.Mus. 135 1992, 290 ff., zur *felicitas* des Oktavian/Augustus (mit Literatur) und M. E. Clark, Numen 30, 1983, 80 ff., zur *Spes Augusta*.

[6] Zur *dignitas* des Augustus vgl. Vell. Pat. 2, 60, 2. Seneca, De brev. vitae 4, 2 f. – Allgemein s. M. P. Charlesworth, The Virtues of a Roman Emperor, Propaganda and the Creation of a Belief, Proceed. Brit. Accad. 23, 1937, 105 ff. = deutsch in: H. Kloft, Ideologie und Herrschaft in der Antike, Darmstadt, 1979, 361 ff. D. Fishwick, Imperial Cult II 1, 454 ff. J. R. Fears, The Cult of Virtues and Roman Imperial Ideology, ANRW II 17, 2, 1982, 884 ff.

[7] RgdA 12.

[8] Zum Begriff *princeps* s. L. Wickert, Princeps; Mél. Carcopino, Paris 1966, 979 ff.; ANRW II 1, 1974, 3 ff. J. Béranger, Recherches 31 ff. H. Drexler, Maria 10, 1958, 243 ff. F. Guizzi, Principato 34 ff.

[9] Zum Folgenden s. D. Timpe, Kontinuität 21 ff.

[10] Vgl. dazu H. U. Instinsky, Hermes 87, 1959, 380 f., wonach die Wendung *ante*

Augustus hat aber auch auf andere Weise versucht, dem Begriff des *princeps* einen monarchischen Inhalt zu geben. Es war sicherlich in seinem Sinne, wenn Vergil in der 'Heldenschau' im 6. Buch der Aeneis und Horaz im 12. Gedicht seines ersten Odenbuches die römische Geschichte als eine Abfolge von *principes* erscheinen lassen, an deren Ende Augustus steht.[11]

Der gleiche Gedanke, daß die Reihe der *principes* in dem *princeps* *Augustus* ihren Höhepunkt erreicht hat, kommt auch in der Tatsache zum Ausdruck, daß in die Wände des im Jahre 19 v. Chr. errichteten Triumphbogens auf dem Forum die Consular- und die Triumphalfasten eingemeißelt wurden. Die Triumphalfasten wurden eröffnet mit *Romulus Martis filius rex* als erstem Triumphator. „Auf dem Bogen aber stand die Quadriga mit dem Triumphator Augustus, sinnbildhaft erhoben über alle siegreichen Feldherrn der Vergangenheit."[12]

Als dann im Jahre 2 v. Chr. Augustus sein neues Forum einweihte, wurden dort Marmorstatuen der großen Männer Roms aufgestellt.[13] Wiedergegeben waren sowohl die Ahnherren der *gens Julia*, darunter Aeneas und die Könige von Alba Longa, wie die *summi viri* der Republik. Unter den

me principem die Zeit nach Actium bezeichne. Dagegen weist D. Timpe, Kontinuität 22, darauf hin, daß für Velleius Paterculus (2, 81, 1) Augustus schon vor Actium *princeps* ist.

[11] Horat. carm. 1, 12. Verg. Aen. 6, 756ff. Dazu E. Skard, Symb. Osl. 40, 1965, 53ff., der vermutet, daß Vergil durch die öffentliche Leichenfeier für Marcellus zu seiner „Heldenschau" angeregt wurde. Vgl. schon T. Frank, AJPh 59, 1938, 91ff., und jetzt S. Grebe, Die vergilische Heldenschau. Tradition und Fortwirken, Frankfurt a.M. 1990. Weitere Lit. s. unten S. 296 Anm. 276.

[12] Vgl. A. Degrassi–G. Gatti, Rendic. Pont. Accad. Arch. 21, 1944/5 (1946), 57ff. und 105ff. E. Nash, Pict. Dict. I 92ff. P. Zanker, Forum Augustum 21. J. R. Johnson, Augustan Propaganda 130ff., glaubt, daß die Fasti Capitolini im J. 30 v. Chr. auf dem für den Sieg von Actium errichteten Bogen angebracht und später auf den neuen Partherbogen übertragen wurden. Nach neueren Untersuchungen hat es jedoch einen Ehrenbogen für den Sieg von Actium niemals gegeben und waren die Fasti Capitolini ursprünglich an der Regia angebracht. Vgl. Ch. J. Simpson, Historia 42, 1993, 61ff., sowie E. Nedergaard, in: Kaiser Augustus und die verlorene Republik 224ff. – Nach H.-W. Ritter, Röm. Mitt. 85, 1978, 378, könnte in der Quadriga auf dem Bogen auch ein Gott (etwa Mars) gestanden haben.

[13] P. Zanker a. O. 14ff. H. Volkmann, Endoxos Duleia 183ff. Zu den Elogien s. A. Degrassi, Inscr. Ital. XIII 3. Vgl. die Bemerkungen von E. A. Judge, Akten des 6. Int. Kongr. f. Griech. und Lat. Epigr. München 1973, 573, und von M. M. Sage, Historia 28, 1979, 192ff., sowie von P. Frisch, ZPap 39, 1980, 91ff. – Nach L. Braccesi, Introduzione al 'De viris illustribus', Bologna 1973, und Riv. it. filol. 106, 1978, 63ff. steht die Schrift *De viris illustribus* in Inhalt und Struktur unter dem Einfluß der augusteischen Elogien. Dagegen M. M. Sage, Historia 28, 1979, 192ff. (mit weiterer Literatur!). Dazu L. Braccesi, Historia 30, 1981, 126ff. Vgl. T. Luce, in: Between Re-

Statuen dieser Männer waren ihre Taten und Verdienste verzeichnet. In der Mitte des Forums aber stand auf einer Triumphalquadriga die Statue des Augustus. Auch erinnerten *tituli* an die von Augustus bezwungenen Völkerschaften.[14] Nach Plinius hat Augustus die Elogien für die *summi viri* sogar selbst verfaßt. Zweifellos hat der Caesar aber die Auswahl der Männer getroffen, deren Statuen in seinem Forum aufgestellt werden sollten, *ut ad illorum velut exemplar et ipse, dum viveret, et insequentium aetatium principes exigerentur a civibus*, wie Augustus selbst in einem Edikt verkündet hat.[15]

Dem gleichen Gedanken, der in der Statuengalerie des Augustusforums und in der Heldenschau der Aeneis zum Ausdruck gebracht wurde, begegnet man schließlich auch beim Leichenzug des Augustus, in dem auf dessen eigene Anordnung Bilder der großen *duces* der Republik mit aufgeführt wurden.[16] Durch alle diese Manifestationen wurde bewußt der Eindruck erweckt, als sei die Geschichte der Republik eine Geschichte ihrer *principes viri* gewesen, eine Abfolge von Prinzipaten gleichsam, die im Prinzipat des Augustus ihren Höhepunkt hatte und in den Prinzipaten seiner Nachkommen ihre Fortsetzung finden sollte.[17]

Denn daß es schon unter Augustus starke Ansätze zu einer Institutionalisierung des Prinzipats gegeben hat, zeigt nicht zuletzt die Verleihung des

---

public and Empire 123 ff. (keine Benutzung des Livius für die Elogia). – Vielleicht empfing Augustus die Anregung für die Statuengalerie von Cicero, der Phil. 5, 48 den Oktavian mit den *summi viri* der Republik verglichen hatte, so H. Bellen, Gymnasium 92, 1985, 172 f. – Vgl. G. Camodeca, Una nuova fonte sulla topografia del foro d'Augusto, Athenaeum 1986, 505 ff. (*tabula vadimonii* aus dem Archiv der Sulpicii in Puteoli mit der Angabe *ad statuam Gracci*). – Zur Aufstellung von Statuen der *viri trimphales* der Prinzipatsepoche noch zu deren Lebzeiten auf dem Augustusforum s. W. Eck, in: Caesar Augustus. Seven Aspects 150 f. – Vgl. allgemein H. I. Flower, Ancestor Masks and Aristocratic Power in Roman Culture, Oxford 1996, 224 ff. – Zu den analog zu den Inschriften des Augustusforums auf dem Forum Romanum aufgestellten Elogien s. L. Chioffi, MEFRA 100, 1988, 9 ff., und: Gli elogia Augustei del Foro Romano, Rom 1996.

[14] Vell. Pat. 2, 39, 2. Vgl. R. Syme, Sb. München, phil.-hist. Kl. 1974, Heft 7, 12.

[15] Suet. Aug. 31, 5. (Der gleiche Gedanke auch RgdA 8 fin. Dazu H. Volkmann, Endoxos Duleia 183 ff.) Die propagandistische Wirkung dieser Monumente wurde dadurch noch vervielfältigt, daß bald auch in verschiedenen Städten Italiens und des Reiches die Statuengalerien des Augustusforums nachgeahmt wurden. Vgl. dazu das Material bei A. Degrassi, Inscr. Ital. III 3. Zu karikaturistischen Nachbildungen der in der Nordexedra des Augustusforums aufgestellen Aeneas-Gruppe s. P. Zanker, Augustusforum 35 Anm. 169.

[16] Suet. Aug. 101. Dio 56, 33, 1. Timpe, Kontinuität 22 f.

[17] Diese „Personalisierung" der Geschichte war in einer Adelsgesellschaft wie der römischen mit ihren starken Familientraditionen bis zu einem gewissen Grade

Titels *princeps iuventutis* an die Enkel und Adoptivsöhne des Augustus. Ursprünglich bezeichnete man mit dem Ausdruck *principes iuventutis* die gesamte Adelsreiterei. Cicero ehrte dann einzelne jüngere Angehörige der Aristokratie mit dem Prädikat *princeps iuventutis*. Aber „die offizielle Aufnahme des Ehrennamens, die Verwandlung der pluralistischen Form in einen den kaiserlichen Prinzen vorbehaltenen Titel und die feierliche Verleihung dieser Würde durch die Ritter ist die ureigenste Erfindung und Tat des ersten Princeps"[18].

Wie aus den *principes iuventutis* der Republik unter Augustus der Titel der kaiserlichen Prinzen wurde, so wurde aus den *principes viri* des Freistaates der monarchische Prinzeps. Während aber der Ausdruck *princeps iuventutis* schon unter Augustus titular wurde, vermied es dieser, die Bezeichnung *princeps* ohne Zusatz terminologisch eindeutig festzulegen. Denn „die Tradition der großen *principes* (der Republik) unterstützt(e) die republikanische Legitimation der Machtstellung des Augustus" und erleichterte damit zugleich den Übergang zur neuen Monarchie.[19]

Die Tatsache, daß Augustus bewußt an die Exempla der großen republikanischen *duces* anzuknüpfen versuchte, mag vielleicht auch ein Licht auf das Problem seines „Tatenberichtes" werfen. Für diesen *index rerum a se gestarum* gibt es in der ganzen antiken Literatur keine wirkliche Parallele.[20] Zweifellos diente das Dokument auch der politischen Rechtfertigung des Augustus. Das kann aber kaum sein Hauptzweck gewesen sein. Der

vorgegeben. Daß sie damals nicht mehr ganz selbstverständlich war, beweist die Notiz des Nepos (Cato 3, 4), daß der ältere Cato in seinen „Origines" „*bellorum duces non nominavit, sed sine nominibus res notavit*". Dazu vgl. Ed. Meyer, Kleine Schriften II, 456f. – Vgl. das Vorwort zur 3. Aufl.

[18] W. Beringer, RE XXII 2, 1954, 2296ff. (Zitat Sp. 2297). Zur offiziösen Auffassung des Titels vgl. Ovid, Ars amat. 1, 194, und Dessau Nr. 140, 12f.

[19] Timpe, Kontinuität 23. Vgl. auch H. Nesselhauf, Klio 30, 1937, 3: „Die Herrschaft des Einzelnen ... mußte sich von der republikanischen Tradition her gestalten lassen." – H. Gesche, Chiron 8, 1978, 377, bezeichnet den Prinzipat mit Recht als „eine Sonderform des Typs Monarchie". Vgl. zum Problem der Definition F. Guizzi, Principato 18.

[20] So O. Hirschfeld, Wiener Stud. 7, 1885, 174, und A. Heuß, Mon. Chilon. 56. – Zu den Problemen der Res Gestae vgl. allg. den Literaturbericht von H. Volkmann, Bursians Jahresber. 279, 1942, 1ff., sowie die bei Volkmann, Res Gestae Divi Augusti, Berlin³ 1969, und H. Malcovati, Imperatoris Caesaris Augusti Operum Fragmenta, Turin⁵ 1969, p. LVIIff. aufgeführten Werke. Dazu zuletzt W. Hoben, Gymnasium 85, 1978, 1ff. Vgl. auch A. Guarino, Res gestae divi Augusti, Mailand² 1968. – Zu Vokabular und Stil der RgdA s. H. Bardon, Les Empereurs et les lettres latines, Paris 1968, 46ff. Zum griechischen Text s. G. Vanotti, Giorn. ital. filol. 27, 1975, 30ff.,

klar gegliederte sog. Tatenbericht des Augustus ist auch alles andere als ein bloßer Bericht über die Taten des Prinzeps. Deutlich läßt sich eine Dreigliederung erkennen.[21] Der erste Teil enthält vor allem die dem Augustus erwiesenen Ehrungen sowie die für ihn vorgeschlagenen, aber von ihm abgelehnten Ehren und Ämter.

Der zweite Teil führte die Aufwendungen des Augustus für den Staat auf, vor allem für die Plebs urbana und für die Veteranen sowie für die von ihm errichteten Bauten in Rom. Der dritte Teil ist den außenpolitischen Erfolgen des Prinzeps gewidmet. Eingeleitet wird das Werk durch zwei Taten des jungen Oktavian, die Befreiung des Staates von der *dominatio* des Antonius und die Rache an den Mördern Caesars. In den beiden Schlußkapiteln wird die Rückgabe der *res publica* an den Senat und das

---

und G. C. Marrone, in: Contributi di Storia antica in onore di A. Garzetti, Genua 1977, 315 ff. – Vgl. auch J. Hellegouarc'h–C. Jodry, Les Res Gestae d'Auguste et l'Historia Romana de Velleius Paterculus, Latomus, 39, 1980, 803 ff., sowie D. N. Wigtil, ANRW II 30, 1, 624 ff., und AJPh 103, 1982, 189 ff. (zur griech. Übersetzung). Dazu jetzt G. G. Belloni, Le „Res Gestae Divi Augusti", Mailand 1987. E. S. Ramage, The Nature and Purpose of Augustus' „Res Gestae", Stuttgart 1987 (dazu D. Kienast, AJPh 110, 1989, 177 ff.). und Chiron 18, 1988, 71 ff. (zur Datierung). Allg. s. H.-J. Diesner, Klio 67, 1985, 35 ff., und C. H. V. Sutherland, in: Studi per Laura Breglia II, Rom 1987, 85 ff. C. Nicolet, L'inventaire du Monde 27 ff. J.-M. André und M. LeGlay, in: M.-F. Baslez–Ph. Hoffmann–L. Pernot, L'invention de l'autobiographie d'Hésiode à saint Augustin, Paris 1993, 97 ff. und 115 ff. B. Simon, Die Selbstdarstellung des Augustus in der Münzprägung und in den Res Gestae, Hamburg 1993, J. Fugmann, Historia 40, 1991, 308 ff. (*aemulatio* in den RgdA). Zum Eingangssatz der Res Gestae s. S. Lauffer, in: Althistorische Studien (Festschrift H. Bengtson), Wiesbaden 1983, 174 ff., und C. E. Ehrhardt, LCM 11, 8, 1986, 132 f. Zum Anhang der Res Gestae s. R. Wolters, ZPap 75, 1988, 197 ff. Vgl. allgemein F. Guizzi, „Res Gestae". Bilancio di quarantanni di governo, in: Res publica e Princeps 201 ff. mit (vorwiegend italienischer) Literatur. Zu den inschriftlich erhaltenen Kopien der Res Gestae s. unten S. 339 A. 70.

[21] Zur Gliederung vgl. E. Kornemann, RE XVI 1, 1933, 217, und A. Heuß, Mon. Chilon. 60 ff. – Als Rechenschaftsbericht wurden die Res Gestae bes. von Th. Mommsen, Ges. Schriften IV, Berlin 1906, 247 ff., und O. Hirschfeld a. O. aufgefaßt. Ähnlich äußerte sich E. Staedler, ZSSR 61, 1941, 77 f. – Als Tatenbericht wurden die Res Gestae u. a. von H. Dessau, Klio 22, 1929, 268, und von E. Kornemann, a. O. und: Mausoleum und Tatenbericht des Augustus, Leipzig–Berlin 1921, verstanden. Zweifellos stehen die Res Gestae auch in der Tradition der Triumphalberichte, wie J. Gagé, REL 17, 1939, 33 f., betont hat. Sie sind als Ganzes jedoch kein Triumphalbericht und lassen sich aus jener Tradition nicht „entièrement et exclusivement" erklären. – Vgl. auch G. Nenci, L'imitatio Alexandri nelle Res Gestae Divi Augusti, in: Introduzione alle guerre Persiane e altri Saggi di Storia Antica, Pisa 1958, 282 ff.

römische Volk im Jahre 27 v. Chr. sowie die damals beschlossenen Ehren, vor allem die Verleihung des Augustusnamens, und schließlich die Übertragung des Pater-patriae-Titels im Jahre 2 v. Chr. berichtet. Im ganzen ist also das Dokument sehr sorgfältig und überlegt komponiert und zweifellos nicht in einem Zuge heruntergeschrieben. Ob man eine Entstehung über Jahre hinaus anzunehmen hat, kann dahingestellt bleiben. Sicherlich gab es jedoch – wie bei jedem literarischen Werk – Entwürfe und Überarbeitungen, bevor die uns vorliegende monumentale Form gefunden war.[22]

Diese Bemühungen haben aber offenbar einem politischen Zweck gegolten, der dem Augustus wichtig war. Denn der *index rerum gestarum* war von vornherein zur Publikation vorgesehen und sollte in einem ganz bestimmten Sinne auf die Öffentlichkeit wirken.[23] Wenn Augustus im Hinblick auf seine Sittengesetze erklärt, er habe *multa exempla maiorum* wieder zum Leben erweckt und auch selbst der Nachwelt *multarum rerum exempla* zur Befolgung überliefert,[24] so gilt dies für seine Tätigkeit allgemein

---

[22] E. Kornemanns These von einem schon 28 v. Chr. verfaßten „Urmonument" (Mausoleum u. Tatenbericht 19ff. Vgl. RE XVI 1, 217ff.) hat sich in der Forschung nicht durchgesetzt. Doch spricht vieles dafür, daß eine erste Fassung der Res Gestae schon im J. 2 v. Chr. abgeschlossen war. So z. B. L. Braccesi, Giorn. ital. filol. 25, 1973, 25ff., und zuletzt R. Syme, Sb. München, phil.-hist. Kl. 1974, Heft 7, 12f. Vgl. auch J. Rehork, Tatenbericht und dichterisches Herrscherenkomion in augusteischer Zeit, in: F. Altheim, Die Araber in der Alten Welt II, Berlin 1965, 379ff. S. allgemein zu Plan und Genese der Res Gestae J. Gagé, Res gestae divi Augusti, Paris[3] 1977, 13ff.

[23] Das zeigt die von Augustus selbst angeregte Aufstellung vor seinem Mausoleum, dem monumentalen Grabbau der neuen Monarchie. Da die Res Gestae zuerst im Senat verlesen wurden, waren sie sicherlich nicht – oder doch nicht in erster Linie – für den Mann auf der Straße berechnet (so jedoch Th. Mommsen, Res Gestae, Berlin 1883, p. VI V. Gardthausen, Augustus 1286. E. Kornemann, RE XVI 1, 1933, 216. J. Gagé, Res Gestae[3] 23f. S. Koster, Historia 27, 1978, 245. Dagegen mit Recht schon F. Vittinghoff, Kaiser Augustus 8 sowie jetzt Z. Yavetz, in: Caesar Augustus. Seven Aspects 8ff., und G. G. Belloni [wie Anm. 20] 54ff.). Auch die Tatsache, daß sich Tacitus in seinem „Totengericht" über Augustus Punkt für Punkt mit den Res Gestae auseinandersetzt (vgl. unten S. 516 A. 1), beweist, daß der eigentliche Adressat des „Leistungsberichts" nicht der kleine Mann war. – Vgl. zur Benutzung der Res Gestae durch Velleius Paterculus und Sueton J. Gagé, Res Gestae[3] 39ff. und o. Anm. 20. – Der Versuch von H. Braunert, aus dem Text der Res Gestae und den darin genannten Personen und Gruppen Rückschlüsse auf die Gesellschaft des Römischen Reiches und auf das Selbstverständnis der sozialen Gruppen unter Augustus zu ziehen (Mon. Chilon. 9ff.), scheint mir wenig glücklich und wird den Intentionen der Res Gestae kaum gerecht.

[24] RgdA 8: *Legibus novis me auctore latis multa exempla maiorum exolescentia*

und liefert zugleich einen wichtigen Schlüssel für das Verständnis der Res Gestae. Man sollte ihn einerseits an den Helden der Republik messen, andrerseits aber auch anerkennen, daß er neue Maßstäbe geschaffen hatte. Es ist also der gleiche Gedanke, der auch durch den Triumphbogen mit den Fasti oder durch die Gestaltung des Augustusforums zum Ausdruck gebracht wurde.

Wie aber jene Monumente den Prinzeps nicht als Person, sondern als siegreichen Leiter des Staates und neuen Monarchen feierten, so dienten auch die Res Gestae nicht dem persönlichen Nachruhm des Oktavian/Augustus. Sie waren nicht ein etwas lang geratenes Elogium, sondern die Darstellung der neuen Monarchie in der Form eines Leistungsberichts.[25] Für diese Leistungen wurden dem Prinzeps vielfache Ehren erwiesen, die in den beiden für die neue Monarchie konstitutiven Akten, der Übertragung des Augustusnamens durch den Senat und der Appellation zum *pater patriae* durch Senat, Ritterschaft und Volk gipfelten. Zu den Leistungen des Augustus für den Staat gehörte aber auch seine Sorge für die Zeit nach seinem Tode. (Nicht von ungefähr sollten die Erztafeln mit dem Tatenbericht vor dem Mausoleum, dem monumentalen Grabmal der neuen Dynastie des Augustus, aufgestellt werden.) Die verschiedenen Versuche des Prinzeps, seine Nachfolge zu regeln, werden zwar nicht *expressis verbis* aufgeführt, aber Marcellus wird ebenso erwähnt wie die beiden Caesares und natürlich Tiberius, während etwa der Name des Drusus trotz seiner bedeutenden Kriegstaten nicht genannt wird, offenbar weil er niemals zum Nachfolger vorgesehen war.[26] Von den beiden Caesares wird dagegen berichtet, daß sie schon im 15. Lebensjahr zu Consuln designiert wurden und daß die Ritterschaft sie als *principes iuventutis* ehrte.[27] Implizit bedeuteten diese Ehren eine Anerkennung des dynastischen Prinzips, die ein wichtiges *exemplum* darstellte. Tiberius schließlich wird anläßlich des *lustrum* vom Jahre 14 n. Chr. als *filius* des Augustus und als Kollege in dessen *imperium consulare* genannt. Später wird er noch zweimal wegen seiner

iam ex nostro saeculo reduxi et ipse multarum rerum exempla imitanda posteris tradidi. Dazu A. Heuß, Mon. Chilon. 81 ff. mit Anm. 56, gegen H. Volkmann, Endoxos Duleia 184 ff. Vgl. D. Nörr, Deutsche Landesberichte zum 10. internation. Kongr. für Rechtsvergleichung, Budapest 1978, 161 ff., bes. 168 ff., und H. Bellen, Novus status – novae leges, in: Saeculum Augustum I 308 ff.

[25] Als Elogium werden die Res Gestae z. B. von H. Volkmann, Historia 3, 1954/5, 85 f., und von H. Braunert, Mon. Chilon. 11, bezeichnet. Dagegen s. A. Heuß, Mon. Chilon. 58 f. Als Leistungsbericht verstand die Res Gestae schon E. Hohl, Neue Jbb. 115, 1940, 136 ff.

[26] W. L. Westermann, Am. Histor. Rev. 17, 1911/1, 3 ff., und A. von Premerstein, Prinzipat 268 f.

[27] RgdA 14.

militärischen Taten herausgestellt.[28] Was das bedeutet, ermißt man sofort, wenn man sieht, daß von den übrigen Helfern des Augustus nur noch Agrippa zweimal Erwähnung findet,[29] der eine Zeitlang praktisch der Mitregent des Augustus war.

Tiberius hatte also einen von Augustus anerkannten Anteil an dessen Leistungen. Durch die Adoption aber und später durch die Übertragung auch des Augustusnamens mußte ein Teil der *auctoritas* des ersten Prinzeps auf Tiberius übergehen. Der monumentale Leistungsbericht des Augustus war unter diesem Aspekt geeignet, die Stellung seines Nachfolgers erheblich zu stärken. Solange sich dieser in den Bahnen des Augustus bewegte, konnte er sich auf die Res Gestae als die 'charte du Principat' berufen.[30] Tiberius wußte dies sehr wohl und hat daher den *index rerum gestarum* nicht nur in Rom, sondern auch in den Provinzen publizieren lassen[31] und sich zeit seiner Herrschaft immer wieder auf das Vorbild des Augustus berufen.[32] Nicht ohne Zutun des Augustus selbst wurde aus seiner einmaligen Führerstellung der Prinzipat als dauerhafte Institution, als neue Form der Monarchie.

---

[28] RgdA 8. 27. 30. Die Einfügung für das Jahr 14 n. Chr. wurde vielleicht von Tiberius selbst veranlaßt, war aber zweifellos im Sinne des Augustus.

[29] RgdA 8. 22.

[30] F. E. Adcock, CAH X 1934, 593 (state paper). L. Homo, Le Haute Empire Romain, Paris 1933, 185. N. A. Maschkin, Zwischen Republik und Kaiserreich, Leipzig 1954, 321 (Programm des Prinzipats). L. Canali, Riv. di cult. class. e medioev. 15, 1973, 151 ff. (politisches Manifest). F. Vittinghoff, Augustus 11: „Aus ihr (der Selbstdarstellung des Augustus) spricht nicht nur die Absicht, die persönliche Leistung für alle Zukunft ins grelle Licht der Geschichte zu rücken, sondern zugleich auch im beispielhaften Verhalten ein gültiges Leitbild, des ‚Ersten Mannes', eine Ideologie des Prinzipats zu entwerfen."

[31] A. E. Gordon, Calif. Studies of Class. Ant. 1, 1968, 125 ff., macht für die Publikation der Res Gestae im Osten allein den Statthalter der Provinz Galatia, in der bisher die einzigen Kopien des Leistungsberichts gefunden wurden, verantwortlich. Doch scheint die Versendung des Textes mit der Präambel von Rom aus erfolgt zu sein. Vgl. zur Frage der Präambel jetzt S. Koster, Historia 27, 1978, 241 ff.

[32] Vgl. dazu D. C. A. Shotter, Tiberius and the Spirit of Augustus, Greece and Rome 13, 1966, 207 ff. B. Levick, Tiberius The Politician, London 1976, 82 f. Während der ganzen Regierungszeit des Tiberius wurden außer für Tiberius jeweils auch für den Divus Augustus Münzen geprägt als Teil des regulären Prägeprogramms und nicht als bloße Erinnerungsmünzen.

2. Sendungsbewußtsein und göttlicher Auftrag

In der modernen Forschung wurde die Frage, wieweit Augustus in der Konzeption seines Prinzipats von Cicero beeinflußt war, viel diskutiert.[33] Daß Augustus nicht nur die wichtigen politischen Reden, sondern auch die staatstheoretischen Schriften Ciceros gelesen und gekannt hat, wird man annehmen dürfen. Sicher ist, daß Augustus einzelne Wendungen und Gedanken Ciceros aufgegriffen hat und es sich gefallen ließ, daß sein Wirken und seine Stellung in ciceronianischen Wendungen dargestellt wurde. Auf der anderen Seite hat Cicero wohl bei seinem *rector et gubernator rei publicae* nicht an einen monarchischen Prinzeps, sondern an den idealen Staatsmann (den ἀνὴρ πολιτικός im Sinne Platons) gedacht.[34] Der monarchische Prinzipat, wie er sich unter der Regierung des Augustus herausgebildet hat, hätte kaum die Billigung Ciceros gefunden.

Dennoch sind Ciceros Schriften für die werdende Prinzipatsideologie von höchster Bedeutung. Hat doch Cicero die Argumente geliefert, die es dem Erben Caesars erlaubten, für sein politisches Handeln eine Legitimation zu finden auch außerhalb der strengen Legalität. Cicero hatte schon in seinen theoretischen Schriften den Gedanken geäußert, *in conservanda civium libertate esse privatum neminem*.[35] In der dritten philippischen Rede übertrug dann Cicero diesen Gedanken auf Oktavian: *privato consilio rem publicam Caesar liberavit*.[36] Augustus hat später mit dem Anfangssatz seiner Res Gestae zweifellos bewußt an diese Formulierung Ciceros

---

[33] R. Reitzenstein, Die Idee des Prinzipats bei Cicero und Augustus, Göttinger Gelehrte Nachrichten 1917, 399 ff. und 436 ff. R. Heinze, Ciceros Staat als politische Tendenzschrift, in: Vom Geist des Römertums, Stuttgart³ 1960, Nachdr. Darmstadt 1972, 141 ff. Vgl. M. Schaefer, Gymnasium 64, 1957, 310 ff. (mit der älteren Literatur). J. Béranger, Principatus 117 ff. L. Wickert, ANRW II 1, 1974, 19 ff. (mit weiterer Lit.). Vgl. auch E. Lepore, Il princeps ciceroniano e gli ideali politici della tarda repubblica, Neapel 1954 (dazu L. Wickert, Gnomon 28, 1956, 294 ff.). B. Gallotta, Atti Centro studi e documentazione 6, 1974/5, 139 ff. P. Martin, Latomus 39, 1980, 850 ff., und L'idée de royauté à Rome II 450 ff. H. Bellen, Cicero und der Aufstieg Oktavians, Gymnasium 92, 1985, 161 ff.

[34] Vgl. bes. R. Heinze a. O. gegen Ed. Meyer, Caesars Monarchie und das Principat des Pompejus, Stuttgart/Berlin 1922, Nachdr. Darmstadt 1978, 176 ff., und R. Reitzenstein a. O. Dazu R. Meister, Wiener Stud. 57, 1939, 57 ff. Vgl. auch P. Martin, Cicéron Princeps, Latomus 39, 1980, 850 ff. (Cicero sah in sich selbst den postulierten Prinzeps, der die Republik retten sollte). – Zu Ciceros „Staat" vgl. die Literaturberichte von P. L. Schmidt, ANRW I 4, 1973, 262 ff., und von W. Suerbaum, Gymnasium 85, 1978, 59 ff.

[35] Cic. De rep. 2, 46; vgl. Brutus 212.

[36] Cic. Phil. 3, 5. Dazu A. Papst, Comitia Imperii 119 ff.

angeknüpft und sich mit einer ebenfalls von Cicero geprägten Wendung als *vindex libertatis*, als Befreier von der *dominatio* des Antonius, vorgestellt.[37] Auch zur Rechtfertigung des Actischen Krieges wurde wieder auf die Freiheitsparole zurückgegriffen, wie die nach dem Kriege geprägten Silbermedaillons mit der Legende IMP CAESAR DIVI F COS VI LIBERTATIS P R VINDEX zeigen.[38]

Aber Cicero ging noch weiter und schilderte den jungen Oktavian geradezu panegyrisch als den von der Vorsehung bestimmten Retter Roms, der vom *consensus universorum* getragen sei.[39] Auch diese Äußerungen fielen bei Oktavian auf fruchtbaren Boden. Denn dieser muß von Anfang an ein starkes Sendungsbewußtsein besessen haben, in dem er sich durch zahlreiche Götterzeichen bestätigt sah. Dabei läßt sich nur selten klar scheiden zwischen wirklicher religiöser Erfahrung und politischer Berechnung. Denn dem Sendungsbewußtsein Oktavians korrespondierte eine gesteigerte Erlösungssehnsucht breiter Schichten der Bevölkerung nicht nur in Rom, sondern auch in Italien und in den Provinzen. Nach einem Jahrhundert der Bürgerkriege erhoffte und erwartete man einen Retter und Erlöser, welcher der von Gewalt und Mord gequälten Welt den Frieden und das Glück wiederbringen sollte.[40] Oktavian trug diesem Bedürfnis Rechnung und ließ sich

---

[37] RgdA 1. Vgl. Cic. Brutus 212. Dazu H. Braunert, Zum Eingangssatz der res gestae Divi Augusti, Chiron 4, 1974, 343 ff., dessen interessante These, mit *res publica* sei in jenem Satz nur die Stadt Rom und ihre Angelegenheiten gemeint, kaum überzeugen kann. Vgl. K. Bringmann, Chiron 7, 1977, 223 Anm. 21, und unten S. 511 Anm. 236. Zum Begriff der *libertas* bei Cicero vgl. H. P. Kohns, Bonner Festgabe Straub, Bonn 1977, 201 ff., wonach Cicero zwischen der *libertas civium* (die auch unter einer Monarchie möglich war) und der *libertas populi* (als der republikanischen Verfassung) unterschieden habe.

[38] Vgl. L. Wickert, Princeps 2080 ff. A. U. Stylow, Libertas und Liberalitas, Diss. München 1970 (1971) 28 ff. R. Scheer, Gymnasium 78, 1971, 182 ff. K.-W. Welwei, Augustus als Vindex libertatis, Der altsprachliche Unterricht 16, 3, 1973, 29 ff. W. Kunkel, in: Prinzipat und Freiheit, Darmstadt 1969, 68 ff. L. Wickert, ebda. 94 ff. D. Mannsperger, Gymnasium 80, 1973, 281 ff. P. M. Martin, L'idée de royauté à Rome II 438 ff.

[39] Cic. Phil. 3, 5. 5, 49. 12, 9. 13, 46. Vgl. 13, 1 (über Antonius). Dazu K. Kraft, Kleine Schriften II 262 ff. Vgl. auch Anm. 52.

[40] Zur Erlösungssehnsucht der Zeit vgl. bes. die Untersuchungen von A. Alföldi, Redeunt Saturnia Regna (L'attente du roi-saveur à Rome), Rev. Num. 1971, 76 ff. Chiron 2, 1972, 215 ff. 3, 1973, 131 ff. 5, 1975, 165 ff. 6, 1976, 143 ff. Festschrift F. Schachermeyr, Berlin–New York 1977, 1 ff., Aion in Mérida und Aphrodisias, Madrider Beiträge 6, Mainz 1979, und die Untersuchungen zu Vergils 4. Ecloge, S. 291 Anm. 263. Vgl. auch K. Latte, RRG 288 ff., und W. Déonna, La légende d'Octave-Auguste, Dieu, Sauveur et Maitre du Monde, Rev. Hist. des Religions 83, 1921, 32 ff., 163 ff., und 84, 1922, 77 ff. – Vgl. dazu V. Pöschl (in: Prinzipat und Freiheit, Darmstadt 1969,

von Beginn seiner politischen Tätigkeit an als der vom Schicksal vorbestimmte Retter feiern. Man darf aber annehmen, daß er auch selbst von dem Gefühl seiner Berufung zutiefst erfüllt war. Schon in Apollonia bezeugte ihm der Astrologe Theogenes kniefällige Verehrung, als er die Stunde von Oktavians Geburt erfahren hatte.[41] Die Benennung in Caesars Testament als dessen Sohn und Erbe hat dem Oktavian dann vollends das Bewußtsein der Auserwähltheit gegeben.[42] Eine Bestätigung sah er darin, daß am Tage seines ersten Einzuges in Rom die Sonne einen Hof in Form eines farbigen Bogens hatte, *velut coronam tanti mox viri capiti imponens*.[43]

144): „Diese religiöse Sehnsucht ist der Ursprung des römischen Kaiserglaubens gewesen ... Eine Darstellung der augusteischen Zeit, die auf diese Kräfte keine Rücksicht nimmt und glaubt, es handele sich hier um ideologische Maskerade und gelenkte Meinungsbildung, muß ebenso unzureichend bleiben wie eine, die die harten Machtkämpfe übersieht, die sich damals abspielten."

[41] Suet. Aug. 49, 12. Dazu f. H. Cramer, Astrology in Roman Law and Politics, Philadelphia 1954, 82f. Vgl. allgemein zu den Prodigien für die Herrschaft des Augustus die ausführliche Interpretation bei W. Déonna a. O. sowie F. Blumenthal, Wiener Stud. 35, 1913, 122f., und R. Günther, Klio 42, 1964, 233 und 275ff. (aus marxistischer Sicht). Günther untersucht vor allem die bei Julius Obsequens überlieferten Prodigien und meint, „die Gestalt des Oktavian/Augustus als Soter und Schützling des Sonnengottes setzt zumindest die 4. Ecloge Vergils, noch mehr aber die Schlacht bei Aktium voraus". Ebenso gehöre die Gleichsetzung Oktavians mit Romulus in die Zeit nach der Schlacht bei Actium und sei in den Prodigien zurückverlegt worden. Diese sehr rationalistische Konstruktion einer Fälschung fast aller voractischen Prodigien läßt sich aber so kaum halten. Gewiß hat man in augusteischer Zeit mit verschiedenen Redaktionen der voractischen Prodigien zu rechnen, und nachträgliche Zutaten lassen sich dabei nicht ausschließen. Auf der anderen Seite darf man aber davon ausgehen, daß Oktavian gerade zu Beginn seiner Laufbahn besonders aufmerksam auf etwaige Vorzeichen geachtet und für ihn günstige Omina auch sofort propagiert hat. Für das *sidus Iulium* kann das auch Günther nicht bestreiten. Vgl. aber für die Triumviratszeit allgemein J. Bayet, Croyances et rites dans la Rome antique, Paris 1971, 312: «En aucune période de l'Histoire romaine ne sont mentionnées autant de prodiges.» Im übrigen ist Oktavian schon von Cicero als Heilbringer gefeiert worden. Es ist aber denkbar unwahrscheinlich, daß Oktavian die politischen Möglichkeiten, die Cicero ihm damit bot, nicht genutzt haben sollte. – Zur persönlichen Haltung des Oktavian/Augustus vgl. auch K. Latte, RRG 296f., der allerdings der religiösen Einstellung des Augustus und der Augusteer nicht ganz gerecht wird. Die sorgfältige Beachtung der verschiedenen Vorzeichen war sicherlich nicht bloße Propaganda und nach römischem Verständnis auch kein Aberglaube (vgl. J. H. Waszink, Gnomon 34, 1962, 441 und 436f. Bayet a. O. 326. P. Lambrechts, Latomus 6, 1947, 177ff., bes. 186ff. Taeger, Charisma II 102f.), doch war dem Augustus auch dieser nicht fremd (s. unten S. 518).
[42] Vgl. dazu Vell. Pat. 2, 60, 2.
[43] Vell. Pat. 2, 59, 6. Suet. Aug. 95, der noch berichtet, daß damals das Grabmal

Noch wichtiger wurde für Oktavian die Erscheinung eines Kometen gerade zu der Zeit, da er in Rom die *ludi Victoriae Caesaris* veranstaltete. Oktavian berichtet in seiner Autobiographie selbst, das Volk habe geglaubt, der Komet zeige an, daß die Seele Caesars unter die Götter aufgenommen worden sei. Oktavian brachte daher später über dem Kopf der von ihm geweihten Caesarstatuen einen Stern an und feierte das *sidus Iulium* auch auf seinen Münzen. Privat aber ließ er verlauten *sibi illum (cometen) natum seque in illo nasci*.[44] Auch die Erklärung des Haruspex Vulcatius, daß jener Stern das Ende des neunten und den Beginn des zehnten *saeculum* bedeute, fügte sich den Intentionen des jungen Caesar.[45]

Die Legalisierung seiner eigenmächtigen Erhebung durch den von Cicero geleiteten Senat mußte Oktavian in seinem Sendungsbewußtsein noch stärken. Eine weitere Bestätigung seiner Berufung erblickte der junge Caesar dann in den günstigen Zeichen, die ihm zuteil wurden, als er am 7. Januar 43 in Spoleto zum ersten Mal im Besitz der Feldherrenauspizien opferte.[46] Und als er am 19. August desselben Jahres noch nicht zwanzig-

---

der Caesartochter Julia vom Blitz getroffen worden sei. Vgl. B. Manuwald, Cassius Dio und Augustus 180 f. Das Einzugsprodigium und einige spätere *omina* werden auch von Orosius 6, 20 berichtet und in Christusvorzeichen umgedeutet. Dazu I. Opelt, Jb. Ant. Chr. 4, 1961, 44 ff.

[44] Plin. n. h. 2, 9, 93 f. (= Augustus bei Malcovati, Operum fragmenta p. 86 f. Nr. VI). Suet. Caes. 88. Dio 45, 7, 1. Serv. in Verg. Eclog. 9, 47 (= Augustus bei Malcovati p. 87 Nr. VII). Vgl. J. Gagé, Apollon romain 591 ff. L. R. Taylor, The Divinity of the Roman Emperor, Middletown 1931, 90 ff. K. Scott, Class. Philol. 36, 1941, 257 ff. F. Bömer, BoJbb. 152, 1952, 27 ff., der die römische Tradition der Apotheose Caesars und den Unterschied zum griechischen Katasterismos betont. Bei Suet. Caes. 88 *(animam esse Caesaris in caelum recepti)* sei der Text wohl verderbt und statt *'recepti'* vielmehr *'receptam'* zu lesen. F. H. Cramer, Astrology in Roman Law and Politics 78 ff. (der einen Katasterismos annimmt). St. Weinstock, Divus Julius, Oxford 1971, 370 ff. G. Radke, Festschrift Stier 274 ff. A. Alföldi, Festschrift Schachermeyr 26 f. W. Orth, Laverna 5, 1994, 158 ff., und in: H.-J. Drexhage–J. S. Thompson, Tod, Bestattung und Jenseits in der griechisch-römischen Antike, St. Katharinen 1994, 148 ff. S. auch S. 28 A. 107.

[45] Zur Vulcatius-Prophetie s. I. Hahn, AAHung 16, 1968, 239 ff. Zu Name und Person des Vulcatius s. H. Gundel, RE IX A 2, 1967, 1281 Nr. 1. – Zu den verschiedenen Interpretationen des *sidus Iulium* vgl. J. Bayet, Croyances et rites dans la Rome antique, Paris 1971, 311 f.: «Dans une atmosphère où les idées eschatologiques d'avenir se confrontaient sans relâche avec les anciennes crédulités, il y a plus de vraisemblance à admettre la concomitance d'idéologies à des stades d'évolution inégaux qu' à vouloir en critiquer le conflit pour n'en laisser subsister – arbitrairement – qu' une seule.»

[46] Plin. n. h. 11, 190. Ehrenberg–Jones, Documents Nr. 100. Dazu P. Herz, ANRW II 16, 2, 1978, 1148 und 1151. Vgl. B. Manuwald, Cassius Dio und Augustus 194 f.

jährig sein erstes Consulat antrat, sollen dem Oktavian zwölf Geier erschienen sein wie einst dem Romulus bei der Stadtgründung.[47] Dieses Zeichen und seine Propagierung zeigt den Anspruch des jungen Mannes, der bald darauf tatsächlich durch die *lex Titia* mit der Neuordnung des Staates beauftragt wurde – zusammen allerdings mit Antonius und Lepidus. Doch die Einlösung des Anspruchs, als ein *alter Romulus* den Staat neu zu gründen, ließ auf sich warten. Zwar verkündete Vergil schon nach dem Vertrag von Brundisium den Anbruch eines neuen Friedensalters.[48] Und nach dem Abkommen von Misenum wurden Oktavian und Antonius in den italischen Städten als rettende Götter empfangen.[49] Doch die Hoffnungen der Bevölkerung Italiens waren verfrüht. Zwar deutete Oktavian ein Vorzeichen, das der Livia im Jahre 37 zuteil wurde, auf künftige Siege (böse Zungen bezogen es auf die Herrschaft der Livia über ihren Gemahl),[49a] aber erst der Erfolg bei Naulochos brachte Italien und der Hauptstadt zunächst Ruhe. Der Senat verlieh dem jungen Caesar nun die tribunizische *sacrosanctitas* auf Lebenszeit und unterstrich damit die sakrale Überhöhung des *divi filius*. Ein Jahr später wurde für Livia und für Octavia dann die *sacrosanctitas* der Vestalinnen beschlossen. An der sakralen Überhöhung des Prinzeps erhielten so auch seine nächsten Angehörigen Anteil.[50]

Eine weitere Überhöhung mußte die Stellung des jungen Caesar durch den Treueid Italiens und der Westprovinzen im Jahre 32 erfahren, der die unmittelbare Vorstufe für den späteren Kaisereid bildete.[51] Neue Ehren folgten nach dem Sieg über Antonius und Kleopatra und der Einnahme Alexandrias. Schon Cicero hatte behauptet, Oktavian sei *deorum beneficio natus ad haec tempora*. Hinter dieser und ähnlichen Äußerungen stand der

---

[47] Suet. Aug. 95. Appian, b. c. 3, 388. Dio 46, 46, 2. Obsequens 69. Sueton und Obsequens berichten, daß damals die Opfertiere eine doppelte Leber gehabt hätten, was als glückverheißendes Omen angesehen wurde. Vgl. B. Manuwald a. O. 197 ff.

[48] S. unten S. 290 f. – Vergil stützte sich für seine Verkündigung übrigens auf eine sibyllinische Weissagung. Dazu A. Kurfess, Hist. Jb. 73, 1954, 120 ff., und F. Dornseiff, in: Römische Literatur der augusteischen Zeit, hrsg. von J. Irmscher und K. Kumaniecki, Berlin 1960, 43 ff.

[49] Appian, b. c. 5, 314.

[49a] Dio 48, 52, 3 f. Plin. n. h. 15, 136 f. Vgl. A. Alföldi, Lorbeerbäume 8 f.

[50] Zur *sacrosanctitas* für Oktavian s. RgdA 10 und Dio 49, 15, 5 f. (dazu oben S. 56 Anm. 204). Vgl. J. Bayet, Croyances et rites dans la Rome antique, Paris 1971, 327 f., der betont, daß die *sacrosanctitas* des Prinzeps noch über die Unverletzlichkeit der Volkstribunen hinausgeht. – Zur *sacrosanctitas* für Livia und für Octavia vgl. Dio 49, 38, 1. Dazu R. A. Bauman, Crimen maiestatis 217 f.

[51] Vgl. P. Herrmann, Kaisereid 78 ff. J. LeGall, Le serment à l'Empereur, CCG 1, 1990, 165 ff.

Glaube an die Schicksalsmacht der Gestirne, die das Leben und Wirken des Menschen prädestinierten. Cicero hatte allerdings auch von verschiedenen republikanischen Politikern und Staatsmännern erklärt, sie seien zum Heile des Staates geboren worden. Wenn Cicero aber das gleiche von dem *divi filius* behauptete, der so sichtbar von den Göttern begünstigt wurde, so mußte seine Aussage erhöhtes Gewicht erhalten. Oktavian hat denn auch Ciceros Äußerungen aufgenommen und das Sternzeichen seiner Geburt, den Capricornus, auf seinen Münzen propagiert.[52] Nach dem Sieg über Antonius beschloß der Senat dann, den Geburtstag Oktavians jährlich durch Dankfeste zu feiern, während gleichzeitig der Geburtstag des Antonius zum Unglückstag erklärt wurde.[53] In dieser Konzentration der Vorstellung von dem zum Heile des Staates geborenen einen Retter, dem einen *vindex libertatis* Caesar, lag natürlich ein wesentlicher Ansatzpunkt für die monarchische Propaganda und für die religiöse Überhöhung des Prinzeps. Und es geschah sicherlich nicht ohne Wissen und Billigung des jungen Caesar, daß nun auch die angeblich vor und bei seiner Geburt vorgefallenen Wunderzeichen verbreitet wurden.[54]

[52] Zu Ciceros Äußerungen s. oben Anm. 39. Zur Kontroverse, ob der Capricorn das Konzeptions- oder das Nativitätszeichen Oktavians darstellt, vgl. K. Kraft, Kleine Schriften II 62 mit Anm. 3 und G. Radke, Festschrift Stier 258 ff., der ausführt, Augustus sei am 17. Dezember 63 im Zeichen der Waage geboren worden. Nach der Kalenderreform Caesars sei das Geburtsdatum des Augustus auf den 23. September (julianisch) umgerechnet worden. Der Astrologe Theogenes habe jedoch irrtümlich den 17. Dezember des julianischen Jahres zur Grundlage seiner Berechnungen gemacht und sei so auf das Geburtszeichen des Steinbocks verfallen. Der Prinzeps habe den Irrtum zwar bemerkt, aber dennoch mit dem Capricorn seine Propaganda betrieben (was dem Augustus also eine bewußte Täuschung unterstellt). Dagegen mit Recht W. Orth, in: Kommunikation in politischen und kultischen Gemeinschaften 108 ff., der mit J. Kepler davon ausgeht, daß zur Zeit der Geburt Oktavians der Mond im Zeichen des Capricornus stand. Vgl. jedoch G. W. Bowersock, in: Between Republic and Empire 385 ff. – Zur Verbreitung des Capricorn in der Kunst s. T. Hölscher, JRGZM 12, 1965, 59 ff. E. J. Dwyer, Athen. Mitt. 80, 1973, 59 ff., und J. R. Fears, Princeps a diis electus, Rom 1977, 208 ff., bringen die Wahl des Capricorn mit ägyptischen Vorstellungen in Verbindung. – Dazu jetzt M. Schütz, A. u. A. 37, 1991, 55 ff. T. Barton JRS 85, 1995, 33 ff. G. Coeuret–H. Guiraud, Rev. arch. du Centre 19, 1980, 29 ff. (mit einer Liste der Capricornus-Darstellungen auf Intaglios). D. Salzmann, BoJbb 184, 1984, 158 ff. zu einem Siegel aus dem Nomophylakeion in Kyrene mit Kriegsschiff und Capricornus.

[53] Dio 51, 19, 2 f. Dazu St. Weinstock, Divus Julius 209 f. und 397 f., sowie K. Kraft, Kleine Schriften II 267.

[54] Die Wunderzeichen bei der Geburt sind aufgeführt von Sueton, Aug. 94, und von Dio 45, 1 f. Ein großer Teil dieser Wunderzeichen stand sicherlich in der Autobiographie, vgl. Blumenthal, WStud. 35, 1913, 122 f., dürfte aber schon vor deren Er-

Aber dabei blieb es nicht. Der Senat beschloß nämlich im Jahre 30 ferner, daß die Priester in die Gebete für den Senat und das römische Volk auch den Namen des jungen Caesar einschlossen. Auch in das Salierlied wurde sein Name aufgenommen. Bei allen öffentlichen und privaten Gastmählern sollte man dem Caesar wie den Göttern Trankspenden darbringen. In der Form einer Spende für den Genius bzw. das Numen des Prin-

scheinen verbreitet worden sein. So hat Augustus selbst über den angeblichen Traum Ciceros (Suet. 94, 9. Dio 45, 2, 2) berichtet (Malcovati, Operum fragm. p. 85 Nr. IV). Auch der Bericht über die Schlangenzeugung (Suet. 94, 4. Dio 45, 1, 2) geht vielleicht auf Äußerungen des Augustus selbst zurück (vgl. Suet. rel. p. 56 Reifferscheid). Anscheinend kannte schon der Augusteer Domitius Marsus die Geschichte: Epigrammata Bobiensia (ed. F. Munari) II, Rom 1955, S. 97f. Nr. 39. Später hat sie Asklepiades von Mendes dann in seine Theologumena aufgenommen. Da Augustus als Erbe Caesars schon *divi filius* war, scheint die Erzählung vor allem für die griechische Welt bestimmt gewesen zu sein (vgl. zu der hier bestehenden Aporie F. Taeger, Charisma II 98). Nach E. Simon (Die Portlandvase, Mainz 1957) war der Traum der Atia auf der berühmten Portlandvase dargestellt. Die Deutung der Vasenbilder ist jedoch noch immer umstritten, vgl. D. Haynes, The Portland Vase, London 1964; H. Möbius, Die Reliefs der Portlandvase und das antike Dreifigurenbild, Abh. Akad. Mchn., phil.-hist. Kl. Heft 61, 1965; E. B. Harrison, In Memoriam Otto J. Brendel, Mainz 1976, 131 ff. (mit weiterer Literatur), und J. G. F. Hind, JHS 99, 1979, 20 ff. Dazu J. D. Smart, JHS 104, 1984, 186. D. E. L. Haynes JHS 115, 1995, 146 ff. J. G. F. Hind, ebda. 153 ff. R. Lierke, Antike Welt 27, 1996, 191 ff. Nach Dio a. O. habe Atias Traum den Caesar vor allem zur Adoption des Oktavian bestimmt. Dazu W. Schmitthenner, Testament 97 mit Anm. 8 gegen St. Weinstock, Divus Julius 14. [Es ist vielleicht kein Zufall, daß der Caesarianer C. Oppius und der kaiserliche Freigelassene Hyginus beide die göttliche Zeugung schon des Scipio Africanus breit ausgemalt haben (Gellius 6, 1), während Livius 26, 19, 6 f. die Geschichte scharf kritisiert hat.] Vgl. I. Becher, in: Griechenland und Rom 95 ff., die zeigt, daß die Legende jedenfalls später von Augustus nicht weiter gefördert wurde, wie auch Atia selbst in der dynastischen Propaganda keine Rolle gespielt hat. – Zum Traum des Octavius (Suet. Aug. 94, 6. Dio 45, 1, 3) s. Weinstock, Divus Julius 358 und 383, sowie H. S. Versnel, Triumphus, Leiden 1970, 59 und 66 f. – Zu der angeblichen Prophezeiung des Nigidius Figulus s. A. Della Casa, Nigidio Figulo, Rom 1962, 22 ff., der mit Recht Zweifel an der Historizität erhebt. Vgl. auch R. Schilling, Mélanges L. Senghor 459, der in diesem Zusammenhang auf die Ablehnung der *dominus*-Anrede durch Augustus (Suet. Aug. 53, 1) verweist. – Das von Julius Marathus berichtete *prodigium* (Suet. Aug. 94, 3), in dem Augustus als künftiger *rex* erscheint, der gegen den Willen des Senats aufgezogen wird, dürfte von der senatorischen Opposition in Umlauf gebracht worden sein. Vgl. auch B. Manuwald, Cassius Dio und Augustus 28 f. 46 f. 188 f. 212 ff. und 264 f., und H. Gugel, Studien zur biographischen Technik Suetons, Wiener Studien Beiheft 7, 1977, 35 ff. Dazu jetzt R. S. Lorsch, Omina Imperii, Ann Arbor 1993, 48 ff. (Dreams concerning Augustus) und 233 ff. (Chronological List of Omens). E. Bertrand-Ecanvil, MEFRA 106, 1994, 487 ff.

zeps wurde zumindest in den privaten Haushalten dieser Beschluß später auch praktiziert. Schließlich leisteten am 1. Januar 29 in Rom alle Magistrate einen Eid auf die Verfügungen Oktavians.[55]

Den jungen Caesar umgab also eine sakrale Weihe, die ihn noch mehr als seine tatsächlichen Machtbefugnisse über seine Standesgenossen heraushob. Für das Verständnis des Prinzipats ist es wichtig zu erkennen, daß diese sakrale Überhöhung durch die Regelung des Jahres 27 nicht rückgängig gemacht, sondern bestätigt wurde. Auch die Verleihung des Eichenkranzes und der Lorbeerbäume und die Weihung des *clupeus virtutis* waren außerordentliche, das menschliche Maß übersteigende Ehrungen. Und der Name *Augustus* faßte alle Elemente, die den *divi filius* in eine übermenschliche Sphäre hoben, in einem Begriff zusammen.[56]

3. Religionspolitik

Die sakrale Überhöhung des *princeps* fand auch auf andere Weise Ausdruck und ist eng verbunden mit der Religionspolitik des Caesar Augustus.[57] Schon in der Triumviratszeit hat der *divi filius* offenbar in ganz bestimmter Zielsetzung die Mitgliedschaft in mehreren Priesterkollegien erworben. Schon unter Caesar zum *pontifex* gewählt, trat Oktavian um das Jahr 41 in das Augurenkollegium ein und wurde etwa im Jahre 37 *quide-*

---

[55] Dio 51, 19, 7 und 20, 1. RgdA 10. Zu den Ehren der Jahre 30 und 29 v. Chr. siehe auch oben S. 78 f. – Zur Spende für den Genius s. F. Taeger, Charisma II 133 ff. – Zum Eid der Magistrate s. St. Weinstock, Divus Julius 212 f. und 222 f.

[56] Die sakrale Weihe, die den Prinzeps umgab und an der bis zu einem gewissen Grade auch dessen Angehörige teilhatten, sollte bald auch rechtliche Konsequenzen haben. Denn offenbar erlaubte es die sakrale Sonderstellung dem Augustus, gegen Julia und ihre Liebhaber *gravi nomine laesarum religionum ac violatae maiestatis* vorzugehen: Tac. ann. 3, 24, 3. Dazu R. A. Bauman, Crimen maiestatis 198 ff. Zum Begriff der *maiestas* unter Augustus vgl. auch H. G. Gundel, in: Politeia und Res Publica, Wiesbaden 1969, 279 ff., bes. 296 ff.

[57] Vgl. allgemein zur Religionspolitik des Augustus M. Rostovtzeff, Röm. Mitt. 38/9, 1923/4, 281 ff.; P. Lambrechts, Latomus 6, 1947, 177 ff.; A. D. Nock, CAH X, 1952, 465 ff.; M. L. Clarke, The Roman Mind, New York 1968, 66 ff. R. M. Ogilvie, The Romans and their Gods in the Age of Augustus, London 1969 (dtsch. = Stuttgart 1982). R. Schilling, Mélanges L. Senghor, Dakar 1977, 453 ff., und: Rites, cultes, dieux de Rome, Paris 1979, 71 ff. J. H. W. G. Liebschuetz, Continuity and Change in Roman Religion, Oxford 1979, 55 ff. W. Speyer, in: ANRW II 16, 3, 1986, 1777 ff. S. R. F. Price, CAH X[2] 812 ff. J. Scheid, in: F. Jacques–J. Scheid, Rome et l'intégration de l'Empire 111 ff. K. Galinsky, Augustan Culture 288 ff. W. K. Lacey, Augustus and the religion of the Roman family, in: Augustus and the Principate 169 ff., vgl. ebda. 223 ff.

cimvir sacris faciundis. Er war damit Mitglied der drei höchsten Priesterkollegien der Republik, die bis dahin niemals zusammen von einem einzigen Manne bekleidet worden waren. Später (vor 16 v. Chr.) wurde Augustus auch *septemvir epulonum* und damit Mitglied einer Priesterschaft, die bald auch zu den höchsten gerechnet wurde.[58] Als Angehöriger der vier *amplissima collegia* konnte der Prinzeps selbstverständlich allein schon einen dominierenden Einfluß auf die Gestaltung des staatlichen Kultes ausüben, auch ohne vorerst im Besitz des Oberpontifikats zu sein. Augustus wurde aber darüber hinaus auch Mitglied einiger von ihm der Vergessenheit entrissenen und erneuerten Priestertümer. Schon im Jahre 32 erklärte der junge Caesar als Fetiale den Krieg an Kleopatra. Spätestens 21 v. Chr. wurde der Prinzeps dann Mitglied des von ihm erneuerten Arvalenkollegiums.[59] Und zu einem unbekannten Zeitpunkt trat er auch der Priesterschaft der *sodales Titii* bei, die angeblich einst von dem Sabinerkönig Titus Tatius eingesetzt waren. Außerdem erhielt Oktavian im Jahre 29 das Recht, Priester für alle Kollegien über die festgelegte Zahl hinaus zu benennen, was seinen Einfluß auf die Priesterschaften noch weiter verstärken mußte.[60]

Die Erneuerung alter, lange vernachlässigter Institutionen ist ein Teil der allgemeinen Restaurationspolitik des Augustus. Dieser hat damit nur Tendenzen aufgenommen und weitergeführt, die sich schon in der späten Republik zeigten. Das antiquarische Werk Varros ist für diese Tendenzen ebenso bezeichnend wie die Vorschriften Ciceros in seinem Werk über die Gesetze.[61] Auch Caesar hatte dieser Strömung Rechnung getragen mit sei-

---

[58] Vgl. RgdA 7 mit dem Kommentar von Volkmann. Dazu Hoffmann-Lewis, Priests 22. Vgl. allgemein jetzt J. Scheid, Les prêtres officiels sous les empereurs julio-claudiens, ANRW II 16, 1, 1978, 610 ff. Die Bedeutung der Kumulierung der altrömischen Priesterämter haben J. Gagé, MEFRA 47, 1931, 75 ff., und J. Bayet, Croyances et rites 275 ff., bes. 317 ff. und 348, gut herausgearbeitet. Zu der bildlichen Bezeugung der verschiedenen Priestertümer vgl. E. Zwierlein-Diehl in: Tainia, Festschrift R. Hampe, Mainz 1980, 405 ff. – Nach Dio 42, 51, 4 habe bereits Caesar den Wunsch gehabt, die drei großen Priestertümer der Republik zu erwerben. Ob Caesar allerdings außer dem Oberpontifikat und dem Augurat auch das Quindecimvirat bekleidet hat, ist sehr fraglich.

[59] Zum Fetialenamt des Augustus s. Dio 50, 4, 5. Dazu Ch. Saulnier, RHDFE 58, 1980, 171 ff. Zum Arvalenkollegium s. E. Olshausen, ANRW II, 16, 1, 1978, 820 ff. (mit Lit.). J. Scheid, Romulus et ses frères. Le collège des frères arvales, modèle du culte public dans la Rome des empereurs, Rom 1990 (dazu L. Schumacher, HZ 258, 1994, 153 ff.). Vgl. oben S. 160 m. A. 31a.

[60] Dio 51, 20, 3.

[61] Cic. De legibus, 2, 15 ff. Zu Varros Verhältnis zur römischen Religion s. B. Cardauns, ANRW II 16, 1, 1978, 80 ff. Varros *Antiquitates rerum humanarum et*

ner bewußten Anknüpfung an altrömische Traditionen und speziell an das altrömische Königtum. Daß gerade die Vernachlässigung der Götter und ihrer Kulte für die Not der Zeit und die Leiden der Bürgerkriege verantwortlich zu machen sei, ist ein Gedanke, der sich bei den augusteischen Dichtern öfter findet.

Augustus hat denn auch nicht nur das Arvalenkollegium und das Fetialenamt neu konstituiert, sondern ebenso das Amt des *flamen Dialis* wieder besetzt und dafür gesorgt, daß auch das Priestertum der Vestalinnen wieder mehr begehrt wurde, indem er für die vestalischen Jungfrauen gewisse Erleichterungen einführte. Eine Reihe weiterer Sakralämter, die in der Spätrepublik gelegentlich auch von Freigelassenen bekleidet worden waren, so die *luperci*, die *pontifices minores* und die *flamines minores* blieben jetzt Angehörigen des Ritterstandes vorbehalten.[62]

Es kann kaum einem Zweifel unterliegen, daß diese religiöse Erneuerungspolitik von der Zustimmung breiter Schichten in Rom und in Italien getragen wurde. Nur weil damals eine starke religiöse Empfänglichkeit vorhanden war, konnte der Prinzeps die Religionspolitik auch zugleich zur Ausweitung seines Einflusses und zur Überhöhung seiner eigenen Position benutzen.[62a] So kam er der Friedenssehnsucht der römi-

divinarum waren bezeichnenderweise dem Pontifex Maximus Caesar gewidmet. Dazu Th. Baier, Werk und Wirkung Varros im Spiegel seiner Zeitgenossen von Cicero bis Ovid, Hermes ESchr. 73, Stuttgart 1997. Vgl. allgemein zu den restaurativen Tendenzen jener Zeit A. D. Nock, CAH X[1], 1952, 469 ff. – Wenn W. Speyer, ANRW II 16, 3, 1805, von einer „weitgehend nur äußerlich betriebenen Restauration der altrömischen Religion" durch Augustus spricht und an der augusteischen Kultur bemängelt, sie sei nicht „aus der Tiefe der Seele" gewachsen (ebda. 1786), so geht er von einem christlich geprägten Religionsverständnis und einem romantisch bestimmten Kulturbegriff aus, welche die römische Wirklichkeit kaum angemessen erfassen können. Man wird daher auch nicht von einem Scheitern der Religionspolitik des Augustus sprechen dürfen. S. dagegen schon W. Liebeschütz, Continuity and Change (wie Anm. 57) 87 ff.

[62] Vgl. K. Latte, RRG 294 ff. mit Belegen. Die Lupercalia am 15. Februar wurden geradezu zu einem Fest des Ritterstandes: Val. Max. 2, 2, 9. Dazu H. Wrede, Statuae Lupercorum habitu, Röm. Mitt. 90, 1983, 185 ff. Zu den Kulten, die weiterhin von Freigelassenen besorgt wurden, gehörte auch der Magna-Mater-Kult. Vgl. K. Schillinger, Untersuchungen zur Entwicklung des Magna-Mater-Kultes im Westen des röm. Kaiserreiches, Diss. Konstanz 1979, 333 ff.

[62a] Vgl. S. R. F. Price, CAH X[2] 820: The ancestral cults of Rome were not simply restored; they were restructured ... At the centre was Augustus, sometimes seen as the new Romulus, and round him the whole religion system was restructured. Nicht erneuert wurde bezeichnenderweise das Prodigienwesen, dessen Verfall Livius (43, 13, 1–2) beklagt. Vgl. dazu J. Linderski, Roman Questions 608 ff., bes. 618 f. Offenbar

schen Welt entgegen, als er im Jahre 29 zum ersten Male den Janustempel schließen ließ, *cum per totum imperium populi Romani terra marique esset parta victoriis pax*.[63] Es scheint, als habe Augustus die Zeremonie der Schließung des Janusbogens aus verstreuten antiquarischen Notizen überhaupt erst neu entwickelt. (Das letzte Mal soll der Janustempel nach dem Ersten Punischen Krieg geschlossen worden sein.) Im Zusammenhang mit der Schließung des Janusbogens ließ der junge Caesar auch wieder ein sog. *augurium salutis* vornehmen, mit dem die Götter in feierlicher Form um Heil für den Staat gebeten wurden und das nur vollzogen werden durfte, wenn kein Heer im Felde stand.[64]

Die großartigste und wirkungsvollste dieser Zeremonien war aber doch die Säkularfeier des Jahres 17 v. Chr. Die Vorgeschichte dieser Feier ist unklar und umstritten. Fest steht, daß im Jahre 249 v. Chr. in der Not des Ersten Punischen Krieges *ludi Tarentini* gefeiert worden waren, die von Valerius Antias und Varro als Säkularspiele bezeichnet wurden. Obwohl schon in sullanischer Zeit der Säkulargedanke sehr verbreitet war, wurden jedoch in der späten Republik keine Säkularfeiern veranstaltet. Es spricht einiges dafür, daß die *ludi Tarentini* von Antias fälschlich als Säkularspiele gedeutet wurden und die übrigen von ihm und Varro mitgeteilten Spiele eine annalistische Fiktion darstellen.[65]

---

fürchtet der Prinzeps Störungen, die von einer allzu genauen Beachtung unheilvoller Ereignisse und ihrer *procuratio* ausgehen konnten.

[63] RgdA 13 mit dem Kommentar von Volkmann. Dio 51, 20, 4. 53, 27, 1. Vgl. W. F. Otto, RE Suppl. III 1918, 1179 ff., K. Latte, RRG 132, 2 und 197 f. L. A. Holland, Janus and the Bridge, Rom 1961, 121 ff. V. Buchheit, Vergil über die Sendung Roms, Heidelberg 1963, 80 ff. mit weiterer Literatur. Buchheit betont p. 84 Anm. 328 mit Recht, daß der feierlichen Schließung eine ebenso feierliche Öffnung des Janustempels bei Kriegsausbruch entsprochen haben muß (vgl. Orosius 7, 3, 7 f. und 19, 4). Vgl. auch R. Syme, Ovid 24 ff. und 170 f., und Am. Journ. Philol. 100, 1979, 188 ff., sowie R. Turcan, ANRW II 17, 1, 1981, 374 ff.

[64] Dio 51, 20, 4. Suet. Aug. 31, 4. Dazu K. Latte, RRG 140 f. und 298.

[65] Vgl. allg. J. Gagé, Recherches sur les jeux séculaires, Paris 1934; Apollon romain 583 ff. M. P. Nilsson, RE I A 2, 1920, 1696 ff. K. Latte, RRG 246 ff. und 298 ff. G. Radke, Festschrift Stier, Münster 1972, 270 ff. P. Brind'Amour, ANRW II 16, 2, 1978, 1334 ff. H. Erkell, Eranos 67, 1969, 166 ff. Weitere Literatur bei P. Herz, ANRW II 16, 2, 875 f. – Die inschriftlich erhaltenen Akten der augusteischen Säkularspiele findet man bei I. B. Pighi, De ludis saecularibus populi Romani libri sex, Amsterdam² 1965, 107 ff. Die bisher allgemein als Fragment der claudischen Säkularakten betrachtete Inschrift CIL VI 32324 = Pighi a. O. S. 131 ff. weist M. E. Cavallaro, Rh. Mus. 122, 1979, 49 ff., ebenfalls den augusteischen Akten zu. Dazu L. Moretti, RPAA 55/6, 1982/4, 361 ff. = Tra epigrafia e storia. Scritti scelti e annotati, Rom 1990, 247 ff. (neue Fragmente u. a. mit dem Gebet des Augustus). Einen Kommentar zu den Säkularakten bereitet Frau B. Schnegg-Köhler (Bern) vor. –

Nach Caesars Ermordung bekam der Säukulargedanke jedoch neue Aktualität. Das Erscheinen des Kometen bei den *ludi Victoriae Caesaris* deutete der *haruspex* Vulcatius als Hinweis auf das Ende des 9. und den Beginn des 10. Saeculum, der Endzeit der Welt.[66] Im Jahre 40 verkündete dann Vergil in seiner 4. Ecloge den Anbruch eines neuen *saeculum*. Man hat vermutet, daß in seiner Dichtung nicht nur die etruskische Lehre vom *saeculum*, sondern auch der astrologisch-chaldäische Gedanke der Weltperiode des *magnus annus* und stoische Vorstellungen von der Welterneuerung anklingen.[67] Auch die erstmals von Hesiod formulierte Auffassung von den metallischen Weltaltern und der Glaube an die Wiederkehr des *saeculum aureum* wird mit der Säkularidee verbunden. Die Wiederkehr des Goldenen Zeitalters aber wird von Vergil mit der Geburt eines Kindes symbolisiert, das man als künftigen Weltherrscher und Weltheiland deuten mochte und vielleicht deuten sollte.[68]

Es war für den jungen Caesar unmöglich, diese Ideen nicht aufzugreifen. Schon das *sidus Iulium* hatte er auf sich und seine Sendung bezogen. Als sich Oktavian in Brundisium nach dem Ende des Perusinischen Krieges wieder mit Antonius versöhnt hatte, entstand dann wohl Vergils 4. Ecloge. Der Anbruch des neuen Zeitalters war, so sah es Oktavian, das Ergebnis seiner Politik. Er, der junge Caesar, war der von den Sternen vorhergesagte Retter des Staates. Von ihm erwartete später auch Vergil, daß er das Goldene Zeitalter zurückbringen werde: *Augustus Caesar divi genus aurea condet saecula*.[69]

Vgl. allgemein M. Clavel-Lévêque, L'Empire en jeux. Espace symbolique et pratique sociale dans le monde romain, Paris 1984, 131 ff. H. Kloft, in: Kommunikation in politischen und sozialen Gemeinschaften 51 ff. K. Galinsky, Augustan Culture 100 ff. – Zur Frage der republikanischen Säkularspiele s. P. Weiss, Röm. Mitt. 80, 1973, 205 ff. – Möglicherweise hatte Augustus die Abhaltung der Säkularfeier schon für das Jahr 23 v. Chr. geplant, vgl. R. Merkelbach, Mus. Helv. 18, 1961, 91 ff. mit der älteren Literatur zu dieser Frage.

[66] Vgl. S. 216 Anm. 45. Dazu E. Norden, Die Geburt des Kindes, Leipzig–Berlin 1924, 14 ff. J. Gagé, Apollon romain 421 ff. St. Weinstock, Divus Julius 191 ff. Vgl. J. F. Hall III, The Saeculum Novum of Augustus and its Etruscan Antecedents, in: ANRW II 16, 3, 1986, 2564 ff.

[67] Schon Cicero kannte diese Vorstellung, vgl. De rep. 6, 24. Vgl. auch H. Pavis d'Escurac, Siècle et Jeux Séculaires, Ktema 18, 1993, 79 ff.

[68] Diese von E. Norden a. O. (Anm. 66) vermuteten Zusammenhänge werden allerdings teilweise bezweifelt von G. Jachmann, Annali della Scuola Norm. Super. di Pisa, Cl. di Lettere II 21, 1952, 13 ff. Vgl. auch unten S. 290 ff.

[69] Verg. Aen. 6, 792. Im Zusammenhang mit dem Säkulargedanken ist offenbar im Osten die Vorstellung vom Aion entwickelt und dieser kultisch verehrt worden. Vgl. G. Zuntz, Aion, Gott des Römerreichs, Heidelberg 1989, 56 ff. (zustimmend W. Pötscher, Gnomon 64, 1992, 390 ff.). Die Formulierung, daß Aion von Augustus

Der Prinzeps löste diese Erwartungen zu dem ihm passend erscheinenden Zeitpunkt ein. Nachdem er im Jahre 18 den Senat neu konstituiert und seine ersten großen Sittengesetze erlassen hatte, sagte er für das Jahr 17 die Spiele an, die den Anbruch eines neuen *saeculum* verkünden sollten. Die Ausgestaltung der Säkularfeier des Jahres war ganz das Werk des Augustus und seiner Berater. Zur Rechtfertigung der Feier rekonstruierten die Quindecimvirn eine Reihe von *saecula* von 110 Jahren Dauer, welche an die Stelle der bei Varro überlieferten 100jährigen *saecula* treten sollten. Das Ritual für die Feier entwarf der angesehene Jurist C. Ateius Capito.[70] Die Gottheiten Dis Pater und Proserpina, denen die *ludi Tarentini* gefeiert wurden, werden nicht mehr genannt. An ihre Stelle treten die Parzen, die Geburtsgöttin Ilithyia und Terra Mater. Ihnen gelten die nächtlichen, von Augustus selbst dargebrachten Opfer. Aber diese nächtliche Zeremonie tritt zurück hinter den am Tage vollzogenen Opferhandlungen für den Jupiter Optimus Maximus und die Juno Regina, aber auch für den Apollo und die Diana auf dem Palatin, die neuen Schutzgottheiten des Prinzeps. Ihnen opferten am dritten und letzten Tag der Feier Augustus und Agrippa, wobei sie ein feierliches Bittgebet sprachen. Damals trugen auch 27 Knaben und 27 Mädchen das von Horaz verfaßte *carmen saeculare* vor.[71] In dieses Lied war auch das politische Programm des Prinzeps einbezogen. Auf die Ehegesetze des Augustus wird Bezug genommen, und die Macht des Imperium, die der Prinzeps im Jahre 20 so eindrucksvoll zur Geltung gebracht hatte, wird besungen. Das vergilische *parcere subiectis* klingt an, und die Virtus garantiert mit Fides, Honos und Pudor ein neues Zeitalter des Friedens, dessen Symbol das Füllhorn ist. Über allem aber waltet der *augur Apollo*, der Gott vom Palatin.

Augustus hat seine religiöse Erneuerungspolitik begonnen und im wesentlichen auch durchgeführt, ohne im Besitz des Oberpontifikats zu sein. Erst nach dem Tod des Lepidus ließ er sich im Jahre 12 v. Chr. zum *pontifex maximus* wählen, nicht ohne diese Wahl zu einer eindrucksvollen Kundgebung des *consensus universorum* zu gestalten.[72] Als *pontifex maxi-*

---

als „neuer Gott des römischen Reiches proklamiert" wurde, dürfte allerdings zu weit gehen. – Die Verwendung des Aion-Motivs im Rom-Hymnus der Melinno spricht für eine Datierung dieses Gedichtes in die augusteische Zeit, vgl. J.-D. Gauger, Chiron 14, 1984, 267ff.

[70] Zosimos 2, 4, 2. Vgl. unten S. 471.

[71] Vgl. oben S. 117f. Zum Carmen saeculare s. oben S. 118 A. 130. Zu der im Säkulargedicht angerufenen Terra Mater s. T. Gesztelyi, ACD 17/18, 1981/2, 141ff., und ANRW II 17, 1, 1981, 429ff. Vgl. auch unten S. 286 m. A. 250.

[72] RgdA 10 mit dem Kommentar von Volkmann. Interessant – und sicherlich ein Spiegel der zeitgenössischen Propaganda – sind die Münzdarstellungen auf den da-

mus hat Augustus dann im Jahre 8 v. Chr. nochmals eine Kalenderregulierung verfügt, da der von Caesar reformierte Kalender unter dem Oberpontifikat des Lepidus wieder in Unordnung geraten war.[73] Gleichzeitig verstand es der Prinzeps, den offiziellen Kalender zu einem wirksamen Instrument monarchischer Propaganda zu machen. Schon im Jahre 44 v. Chr. waren zu Ehren des Dictators Caesar dessen Geburtstag und dessen Siege in den Staatskalender aufgenommen und der Monat Quinctilis in Julius umbenannt worden.[74] An diese Präzedenzfälle konnte Caesars 'Sohn' anknüpfen. Schon 27 v. Chr. war beschlossen worden, den Monat Sextilis in Augustus umzubenennen, da der junge Caesar in diesem Monat zum ersten Mal die *fasces* erhalten (43 v. Chr.) und später im Jahre 30 seinen endgültigen Sieg über Antonius errungen hatte.[75] Der Princeps hat diesen Beschluß aber zunächst nicht angenommen. Erst im Jahre 8 v. Chr. erfolgte die offizielle Umbenennung. Schon früher waren allerdings wichtige Daten aus dem Leben des Prinzeps in den offiziellen Kalender eingetragen worden,[76] zuerst die Unterwerfung des Lepidus, dann die Schlacht bei Actium und der Tod des Antonius. Auch der Geburtstag des jungen Caesar wurde unter die *feriae publicae* aufgenommen. Später wurde auch die Übernahme des Oberpontifikats und die Verleihung des *pater-patriae*-Titels in den Kalender eingetragen. Aber auch die Rückkehr des Prinzeps aus dem Osten im Jahre 19 v. Chr. wurde zum staatlichen Feiertag erklärt

mals geprägten Aurei und Denaren. Sie erinnern an die *restitutio rei publicae* des J. 27 v. Chr. (vgl. C. Vermeule, Numismatica 1, 1960, 5ff.), an die Ehrungen jenes Jahres für Augustus und an die Konsekration Caesars [RIC Aug. Nr. 173 (wo statt Agrippa vielmehr Caesar dargestellt ist) und 177]. Zur Übernahme des Oberpontifikats durch Augustus s. die ausführliche Erörterung von G. W. Bowersock, in: Between Republic and Empire 380ff.

[73] Suet. Aug. 31, 2. 55, 6, 6. Censorin., De die nat. 22, 16. Dazu K. Fitzler–O. Seeck, RE X 1, 1918, 361 ff. mit weiterem Material.

[74] Appian, b. c. 2, 443. Dio 44, 5, 2. 45, 7, 2. Zu den Festtagen für Caesar im römischen Kalender s. P. Herz, ANRW II 16, 2, 1978, 1150.

[75] Macrob. Sat. 1. 12, 35. Dazu A. B. Bosworth, Harv.St. 86, 1982, 151 ff., wonach Tiberius die Umbenennung auch mit dem Antritt des 1. Consulats durch Augustus am 19. August motiviert und damit den Versuch des Prinzeps vereitelt habe, jenes Datum durch den 22. September zu ersetzen.

[76] Vgl. für den offiziellen Festkalender Ehrenberg–Jones, Documents, 32ff.; J. Gagé, Res Gestae, Paris³ 1977, 163ff. und 224ff.; sowie P. Herz, Untersuchungen zum Festkalender der römischen Kaiserzeit nach datierten Weih- und Ehreninschriften, Diss. Mainz 1975, 6ff.; und: ANRW II 16, 2, 1978, 1147ff. Der Verf. untersucht in seiner Dissertation (p. 115ff.) „in welchem Umfang sich der offizielle Festkalender in den Dedikationen niederschlägt". – Vgl. allg. auch F. Taeger, Charisma II 124ff.

und mit den damals eingesetzten Augustalia festlich begangen. Ebenso wurde die Rückkehr des Augustus aus Gallien zum Feiertag erklärt. Auch die Gedenktage der beiden Caesares und des Tiberius wurden schon unter Augustus im Kalender registriert. Nimmt man noch die politisch bedingten Tempel- und Altarweihungen hinzu, die ebenfalls Aufnahme in den Kalender fanden, so sieht man, daß die Fasten voll waren von Gedenktagen sowohl des Caesar wie des Augustus und seiner Dynastie. Es geschah daher sicherlich mit Billigung, wenn nicht gar auf Anregung des Prinzeps, daß nach der Kalenderreform überall in den Munizipien große Kalendarien angebracht wurden,[77] daß der Grammatiker und Prinzenerzieher M. Verrius Flaccus ein gelehrtes Werk *De fastis Romanis* verfaßte und einen Teil dieses Werkes beim Heiligtum der *Fortuna populi Romani* in Praeneste in Stein hauen ließ[78] und daß schließlich ein gewisser Sabinus und vor allem Ovid im Anschluß an Verrius Flaccus das Thema in den Fasti dichterisch bearbeiteten.[79] Auch die Einführung eines militärischen Festkalenders geht offenbar auf Direktiven des Augustus zurück. Dieser Kalender sollte die römischen Legionen sowohl zur Pflege der alten *religio* wie zur Loyalität gegenüber dem Prinzeps und seinem Hause verpflichten.[79a]

4. Die neuen Götter der Monarchie

Zeigen schon die eben aufgeführten Tatsachen, wie sehr die Religionspolitik des Prinzeps zugleich der Propagierung der neuen Ordnung und der Überhöhung der eigenen Stellung diente, so kommt dies wohl am deutlichsten in der Einführung neuer Gottheiten und in den großen Tempelbauten des Augustus zum Ausdruck, welche zugleich die Götter der neuen Monarchie propagierten und zu neuen Mittelpunkten des religiösen und politischen Lebens in Rom wurden.

Schon Caesar hatte mit dem Bau einer neuen Curia begonnen. Dieser Bau wurde von Oktavian vollendet und als Curia Julia im Jahre 29 einge-

---

[77] Vgl. die Zusammenstellung bei A. Degrassi, Inscriptiones Italiae XIII 2, Fasti anni Numani et Juliani, Rom 1963. Dazu J. Rüpke, Kalender und Öffentlichkeit, Berlin 1995, 45ff. und 396ff.
[78] Suet. De gramm. 17. Dazu A. Dihle, RE VIII A 2, 1958, 1936ff., und F. Bömer, P. Ovidius Naso, Die Fasten I, Heidelberg 1957, 22f.
[79] Zu Ovids Fasten s. unten S. 301ff. mit Anm. 297ff. Zu Sabinus s. H. Bardon, La littérature latine inconnue II, Paris 1956, 60. Wohl in augusteischer Zeit verfaßten auch L. Cincius und ebenso M. Antistius Labeo ein Werk De Fastis, vgl. Bardon a. O. 108f., und P. Jörs, RE I 2, 1894, 2550 Nr. 3
[79a] Vgl. A. D. Nock, Essays on Religion and the Ancient World II, Oxford 1972, 736ff., und J. F. Gilliam, Harv. Theol. Rev. 47, 1954, 183ff.

weiht.⁸⁰ Dadurch, daß der Senat künftig gewöhnlich hier seine Sitzungen abhielt, konnte er gewissermaßen als ein julischer Senat erscheinen. Die neue Curia wurde aber auch dadurch mit der julischen Dynastie verbunden, daß Oktavian in dem Gebäude das aus Tarent herbeigeschaffte Standbild der Victoria auf dem Globus aufstellen ließ.⁸¹ Diese Victoria galt, wie die Münzdarstellungen zeigen, als die Siegesgöttin des jungen Caesar, die diesem bei Actium den Sieg verliehen hatte. Ihre Aufstellung in der Curia sollte dahin interpretiert werden, daß sie zugleich die *Victoria populi Romani* war.⁸² Sie blieb jedoch weiterhin eng mit dem Prinzeps verbunden, wie schon daraus hervorgeht, daß im Jahre 27 neben ihr der dem Augustus dargebrachte *clupeus virtutis* aufgestellt wurde. Seitdem erscheint die Victoria mit dem *clupeus* oft in der offiziellen Münzpropaganda. Die Bedeutung der Victoria wurde noch dadurch unterstrichen, daß Augustus als *pontifex maximus* im Jahre 12 anordnete, daß die Senatoren vor jeder Senatssitzung am Altar der Victoria ein Opfer darzubringen hätten. Die Göttin galt auch weiterhin so sehr als *Victoria Augusti*, daß nach dem Tod des Prinzeps sogar der Vorschlag gemacht wurde, die Statue aus der Curia im Leichenzug des Augustus mit aufzuführen.⁸³

Bald nach 36 v. Chr. muß Oktavian auch mit dem Bau des Tempels für seinen vergöttlichten 'Vater' begonnen haben, der dann ebenfalls im Jahre 29 aus Anlaß des actischen Triumphes eingeweiht wurde.⁸⁴ Auch dieser

⁸⁰ Dio 51, 22, 1. RgdA 19. Vgl. dazu und zum Folgenden P. Zanker, Forum Romanum 9 ff. Zur Curia s. E. Nash, Pict. Dict. I 301 ff., und L. Richardson Jr., Röm. Mitt. 85, 1978, 359 ff. Zu dem ebenfalls von Augustus errichteten sog. Chalcidicum hinter der Curie s. H. Braunert, Historia Augusta-Colloquium 1963, Bonn 1964, 9 ff., bes. 32 ff. Chr. Callmar, Opuscula Romana 7, 1969, 277 ff. E. Nash, Pict. Dict. I 230 f. Zu den griechischen Bildern, die Augustus in der Curia anbringen ließ (Plin. n. h. 35, 27 f.), s. T. Hölscher, in: Beiträge zur Ikonographie und Hermeneutik (Festschrift N. Himmelmann), Mainz 1989, 327 ff. – Vgl. auch M. Bonnefond-Coudry, Klio 77, 1995, 386 ff.

⁸¹ Vgl. M. R. Alföldi, JbNum 11, 1961, 25 ff., und M. Pape, Griechische Kunstwerke aus Kriegsbeute und ihre öffentliche Aufstellung in Rom, Diss. Hamburg 1975, 156 ff., sowie G. Hafner, AA 1989, 553 ff. Die Darstellung der Victoria auf dem Globus symbolisierte zugleich den Anspruch Roms auf die Weltherrschaft.

⁸² So T. Hölscher, Victoria Romana, Mainz 1967, 6 ff. und 163. Vgl. auch St. Weinstock, RE VIII A 2, 1958, 2521 f., und: Divus Julius 50 ff. und 111 ff. J. R. Fears, ANRW II 17, 2, 1981, 804 ff. G. Mennella, in: M. Pani, Epigrafia e territorio III, Bari 1994, 189 ff.

⁸³ Zur Victoria mit dem *clupeus virtutis* s. RIC Aug. Nr. 244 ff. 159 ff. Vgl. T. Hölscher a. O. 102 ff. – Augustus wird schon auf Denaren des J. 29 v. Chr. mit einer Victoria auf der Hand dargestellt, s. RIC Aug. Nr. 39. Dazu St. Weinstock, Divus Julius 101. – Zum Opfer am Altar der Victoria s. Suet. Aug. 35, 3. Dio 54, 30, 1 (12 v. Chr.).

⁸⁴ Dio 51, 19, 2 und 22, 2. Vgl. E. Nash, Pict. Dict. 512 ff. P. Zanker, Forum Roma-

Tempel des Divus Julius wurde zu dem großen Sieg Oktavians in enge Beziehung gesetzt. Im Tempel selbst wurde ein Teil der ägyptischen Beute deponiert. Und dem Podium des Tempels war eine breite Rednertribüne vorgelagert, die mit den *rostra*, den Schnäbeln der bei Actium erbeuteten Schiffe, geschmückt war. Diese neuen Rostra lagen direkt gegenüber den alten, von Caesar verlegten republikanischen Rostra und sollten mit diesen korrespondieren und in gewissem Sinne wohl auch konkurrieren. Der von Oktavian erfochtene Sieg bei Actium hatte, so sollte man es wohl deuten, die *res publica* zum zweiten Male gerettet, ebenso wie einst im Latinerkrieg der Seesieg über die Antiaten, deren Schiffsschnäbel die republikanischen Rostra zierten.[85] Die Verbindung des Divus-Julius-Tempels mit Oktavian/Augustus wurde im übrigen noch dadurch betont, daß direkt neben dem Tempel der Triumphbogen für den Erfolg über die Parther errichtet wurde.[86]

Der Divus Julius wurde schließlich auch in dem von Agrippa schon im Jahre 25 vollendeten Pantheon verehrt.[87] Ursprünglich wollte Agrippa hier die Statue des Augustus selbst aufstellen und den Bau nach ihm benennen (mit dem Namen Augusteum?). Der Prinzeps lehnte diese Ehre je-

num 12 f. St. Weinstock, Divus Julius 399 ff. M. Pape, Griechische Kunstwerke aus Kriegsbeute 169 ff. Der Tempel war am Fries mit Victorien geschmückt, die in Ranken übergingen: St. Weinstock, RE VIII A 2, 1958, 2516. Vgl. M. Montagna Pasquinucci, La decorazione architettonica del tempio del Divo Giulio nel Foro Romano, Monumenti antichi 48, Rom 1973, 257 ff. Vgl. auch A. Fraschetti, Roma e il Principe 59 ff. – Es geschah vielleicht nicht ohne Absicht, daß durch den Caesartempel die Regia, der Amtssitz des Pontifex Maximus, und der Vestatempel mit dem Haus der Vestalinnen, die der Gewalt des Pontifex Maximus unterstanden, vom Forum getrennt wurden. Daß durch die Verbannung des Lepidus der Oberpontifex seine Aufgaben nicht wahrnehmen konnte, fiel dadurch weniger in die Augen.

[85] In ähnlichem Sinne darf man mit P. Zanker, Forum Romanum 33 Anm. 68 auch die dem Oktavian schon 36 v. Chr. beschlossene *columna rostrata* (Appian, b. c. 5, 130. Vgl. RIC Aug. Nr. 38) deuten, die in Konkurrenz zu der Säule des Duilius trat. – Zum Tribunal des *praetor urbanus* auf den neuen Rostra vgl. L. Richardson, Röm. Mitt. 80, 1973, 228 ff.

[86] Zum Altar des Divus Julius in der Exedra in der Mitte der Rostra s. jetzt M. Montagna Pasquinucci, Athenaeum 52, 1974, 144 ff.

[87] Dio 53, 27, 2. Vgl. dazu D. Fishwick, Latomus 51, 1992, 329 ff. – S. allg. zum Pantheon K. Ziegler, RE XVIII 3, 1949, 729 ff., F. Coarelli, in: Città e Architettura 41 ff. L. Cozza, ebda. 65 ff. J. Scheid, Klio 77, 1995, 424 ff. A. Ziolkowski, Was Agrippa's Pantheon the temple of Mars in Campo?, PBSRome 62, 1994, 161 ff. (der Name Pantheon ist zuerst in den Arvalakten des J. 59 n. Chr. bezeugt). L. Richardson, A New Topographical Dictionary of Ancient Rome 283 ff. mit weiterer Literatur.

doch ab.[88] Und so erhielt im Tempel selbst die Trias Venus, Mars und Divus Julius ihren Platz, während die Statuen des Augustus und des Agrippa selbst in der Vorhalle Aufstellung fanden. Neben der eben genannten Trias scheinen im Tempel noch andere Götter verehrt worden zu sein, da der Name Pantheon für das Bauwerk schon im 1. Jahrhundert urkundlich bezeugt ist. Nach Cassius Dio hatte der Bau eine Kuppel, die das Himmelsgewölbe symbolisieren sollte; doch trifft Dios Angabe für den Bau Agrippas wohl noch nicht zu, sondern erst für den Neubau Hadrians.[89] Jedenfalls war aber das Pantheon zunächst ein Heiligtum der julischen Dynastie, in dem künftig auch wichtige Staatsopfer vollzogen wurden.

Der Hauptgott der neuen Monarchie war aber nicht der Divus Julius, sondern Apollon, der Gott des von der Sibylle verkündeten neuen Zeitalters. Das früh bezeugte enge Verhältnis Oktavians zu Apollon scheint viel mit diesen Zukunftshoffnungen zu tun zu haben.[90] Zugleich war Apollon

---

[88] Vgl. oben S. 98. F. Taeger, Charisma II 122, betont, daß aus Dio (53, 27, 3f.) nicht hervorgeht, ob Agrippa den Augustus damit als Gott in der Gesellschaft anderer Götter oder nur als σύντροvoς der Schutzgötter der *gens Iulia* einführen wollte oder ob es sich gar nur um einen reinen Weiheakt handeln sollte. Vgl. auch die Deutung der Dio-Stelle durch K. Ziegler, a. O. 731.

[89] Dio 53, 27, 2. Vgl. dagegen schon L. R. Taylor, The Divinity of the Roman Emperor 166f. – Nach H. Kähler, in: Meilensteine europäischer Kunst, München 1965, 47, war der Bau des Agrippa eine rechteckige Cella, deren nach Süden gewandter Breitseite eine halb so breite Vorhalle mit einer Freitreppe vorgelagert war, die zu dem auf einem Podium errichteten Bau hinaufführte. Vgl. auch K. De Fine Licht, The Rotunda in Rome, Kopenhagen 1968, 185.

[90] Vgl. zum Folgenden J. Gagé, Apollon romain 279ff., und ANRW II 17, 2, 1981, 561ff. P. Lambrechts, La nouvelle Clio 5, 1953, 55ff. E. Simon, Die Portlandvase, Mainz 1957, 30ff., und JdAI 93, 1978, 215ff. C. Cogrossi, in: M. Sordi, Aspetti dell' opinione pubblica nel mondo antico, Mailand 1978, 138ff. Weitere Literatur bei V. Buchheit, Vergil über die Sendung Roms, Heidelberg 1963, 155 Anm. 21. Dazu A. Gosling, Pegasus 28, 1985, 1ff. (Apollo in der augusteischen Literatur). K. Galinsky, Augustan Culture 213ff. – Gegen die u. a. von E. Norden (Kleine Schriften, Berlin 1966, 373), J. Gagé (Apollon romain 467ff.) und St. Weinstock (Divus Julius 12ff.) vertretene Auffassung, schon der Dictator Caesar habe ein besonders enges Verhältnis zu Apollon gehabt, s. G. Radke, Festschrift E. Stier, Münster 1972, 264. – Nach P. Wallmann, Münzpropaganda in den Anfängen des Zweiten Triumvirats (43/42 v. Chr.), Bochum 1977, 31 und 35, sei der Gott Oktavians zunächst Mars Ultor gewesen, während Sol/Apollon ursprünglich der Gott des Antonius gewesen sei. Oktavian habe auf Apollon erst zurückgegriffen, als Antonius begonnen habe, sich mehr und mehr mit Dionysos zu identifizieren. Wallmann stützt sich jedoch für seine These allein auf Denare des Antonius mit dem Kopf bzw. dem Tempel des Sol (Crawford, RRC p. 512 Nr. 496), für die es auch andere durchaus mögliche Deutungen gibt (vgl. Wallmann a. O. 31). Vgl. auch J. H. W. G. Liebeschuetz, Continuity and Change 82ff.

ein jugendlicher Gott. Auch dies mußte den jungen Caesar mit ihm verbinden. Vielleicht datiert sein Verhältnis zu Apollon schon von der Zeit her, da er in der Stadt Apollons, in Apollonia, seine Studien absolvierte. Sicher bezeugt ist, daß sowohl Brutus wie auch die Caesarianer bei Philippi die Parole 'Apollon' ausgaben. Und gut bezeugt ist auch, daß Oktavian schon um das Jahr 40 in einer geheimen Tischgesellschaft als Apollon auftrat.[91] Wir wissen außerdem, daß er vor Actium mit der Sphinx, dem Rätselwesen Apollons, siegelte.[92] Den Sieg über Sextus Pompeius brachte Oktavian mit Apollons Schwester Artemis/Diana in Verbindung, die bei Naulochos ein altes Heiligtum besaß. Die entscheidende Schlacht gegen Antonius wurde, wie der Caesar glaubte, mit Hilfe des Apollon von Actium gewonnen.[93] Schon gleich nach seinem Siege über Sex. Pompeius begann daher Oktavian mit dem Bau eines großen Apollontempels. Als Areal wurde ein Teil des Palatin gewählt, der eigentlich für das neue Haus des Oktavian vorgesehen war. Da aber dieses Areal von einem Blitzschlag getroffen worden war, erklärte es der junge Caesar nach Befragen der *haruspices* zu Staatseigentum und begann hier mit dem Bau des Tempels für den Apollo Palatinus. Der Senat schenkte daraufhin Oktavian Gelände zum Bau seines Hauses, das sich unmittelbar neben dem Apollontempel erheben sollte und mit diesem durch einen direkten Verbindungsgang verbunden wurde.[94] Außerdem errichtete Oktavian – wohl auf dem Weg zur *area*

[91] Zur Parole 'Apollon' bei Philippi s. Plut. Brut. 24, 7. – Das Zwölfgöttermahl, bei dem Oktavian als Apollon auftrat (Suet. Aug. 70, 1), wird von L. R. Taylor, Divinity 119, ins Jahr 40 v. Chr. datiert; nach J. Gagé, Apollon romain 487, fand es dagegen 39 oder eher noch 38/7 v. Chr. statt. Vgl. auch S. Eitrem, Symb. Osl. 10, 1931, 42f.

[92] Zwei Siegel mit einem identischen Sphinxbild übernahm Oktavian nach Plinius, n. h. 37, 10, aus dem Nachlaß seiner Mutter. Die Wahl dieser Siegelbilder erklärt sich gut aus den Heilserwartungen der ausgehenden Republik. Vgl. allgemein zum Sphinxsiegel H. U. Instinsky, Die Siegel des Augustus, Baden-Baden 1962, 23ff., der jedoch die sibyllischen Bezüge ohne Grund anzweifelt.

[93] Zur Diana von Naulochos s. Appian, b. c. 5, 484, und Dio 49, 8, 1 und 3. Dazu H. A. Grueber, Coins of the Roman Republic in the British Museum II, London 1910 (ND 1970), p. 431 mit Anm. 1. Vgl. oben S. 57. – Zu Apollons Rolle bei Actium s. Properz 4, 6, 29ff., und Vergil, Aen. 8, 698ff. Dazu J. Gagé, Apollon romain 499ff. P. R. Franke, Chiron 6, 1976, 159ff. – Zum Apollonrelief von Neapel s. V. M. Strocka, AAnz. 1964, 823ff., und A. Bonanno, Portraits and other Heads on Roman Historical Relief, Oxford 1976, 20ff., und unten Anm. 96.

[94] Zum Tempel des Apollon Palatinus s. G. Lugli, Roma antica, Il centro monumentale, Rom 1946, 434ff. und 468ff. E. Nash, Pict. Dict. I 31ff. J. Gagé, Apollon romain 523ff. F. Millar, Emperor 19ff. H. Bauer, Röm. Mitt. 76, 1969, 183ff. Vgl. auch M. Pape, Griechische Kunstwerke aus Kriegsbeute 145ff. Bei neuen Grabungen sind zahlreiche, z. T. polychrome Reste der Terracottaverkleidung des Tempels ge-

Apollinis oder als Propylon zum Tempel – einen Ehrenbogen für seinen leiblichen Vater Octavius, der von einer *aedicula* mit Apollo und Diana in einer Quadriga bekrönt wurde. Die dynastische Bedeutung dieses Monuments war offenkundig.[94a]
Schon die Tatsache, daß Oktavian dem Apollon auf dem Palatin in der Nachbarschaft des Capitols einen großen Tempel errichten ließ, war neu und ungewöhnlich. Denn bisher gab es für den Gott nur einen Tempel außerhalb des Pomerium. Dieser Tempel wurde nach einer Epidemie im Jahre 433 gelobt und 431 geweiht und später mehrfach erneuert, zuletzt von C. Sosius, einem Parteigänger des Antonius, der vor der Schlacht bei Actium rechtzeitig die Partei gewechselt hatte. Der Tempel wurde erst nach 27 v. Chr. von Sosius neu errichtet und feierte in seiner Ausstattung Augustus und seinen Prinzipat. Ein Fries im Tempelinnern stellte den dreifachen Triumph von 29 v. Chr. dar. Allerdings galt der Tempel des Sosius vor allem dem Apollo in seiner Eigenschaft als Lustrations- und Heilgott.[95] Für Oktavian/Augustus aber war Apollon weit mehr. Er war einmal der Orakelgott. Auf der Basis von Sorrent,[96] die wohl das Kultbild des

funden worden, s. G. Carretoni, RPAA 39, 1967, 55 ff.; 44, 1971/2, 123 ff.; und in: Kaiser Augustus und die verlorene Republik 267 ff. St. Tortorella, in: L'art décoratif à Rome 61 ff. Dazu M. J. Strazzulla, Il principato di Apollo. Mito e propaganda nelle lastre 'Campane' dal tempio di Apollo Palatino, Rom 1990. Zu Ausstattung und Sinnbezügen des Tempels s. P. Zanker, in: Città a Architettura 21 ff. Zu der dem Tempel offenbar vorgelagerten Danaidenhalle s. L. Balensiefen, Röm. Mitt. 102, 1995, 189 ff., und G. Sauron, in: L'art décoratif à Rome 285 ff. Vgl. auch B. Kellum, in: The Age of Augustus 169 ff. – Zu Münzen des Apollo Palatinus s. H. Jucker, Mus. Helv. 39, 1982, 82 ff., und H. W. Ritter, in: Actes du IX. Congres int. Num., Bern 1979, Louvaine la Neuve 1982, 365 ff. – Allg. zu den Bauten des Augustus auf dem Palatin s. G. Carretoni, Congres Eirene XVI, Prag 1983, II 133 ff., und in: Kaiser Augustus und die verlorene Republik 263 ff., sowie E. Lefèvre, Das Bildprogramm des Apollotempels auf dem Palatin, Konstanz 1989.

[94a] Plin. n. h. 36, 36. Dazu M. Pape, Griechische Kunstwerke 149, und F. S. Kleiner, Historia 37, 1988, 347 ff. Der Bogen sollte offenbar die Einbeziehung der *gens Octavia* in die neue Monarchie unterstützen. Aus dem gleichen Grund hat Augustus in den Res Gestae (19) die Wiedererrichtung der *Porticus Octavia* unter dem Namen ihres ersten Erbauers betont herausgestellt. Vgl. R. Sablayrolles, Pallas 28, 1981, 65 f. – Zur Rolle der *gens Octavia* in der dynastischen Politik des Oktavian/Augustus s. oben S. 56, 60 und 172 f.

[95] Vgl. J. Gagé, Apollon romain 99 ff. und 494 ff. E. Nash, Pict. Dict. I 28 ff. E. Simon, JdAI 93, 1978, 212 ff. E. La Rocca und A. Viscogliosi, in: Kaiser Augustus und die verlorene Republik 121 ff. und 136 ff. A. Viscogliosi, Il tempio di Apollo 'in Circo' e la formazione del linguaggio architetonico augusteo, Rom 1996. R. M. Cook, AA 1989, 525 ff. (Giebel). G. M. Koeppel, BoJbb. 189, 1989, 17 ff. (Reliefs).

[96] E. G. Rizzo, Bull. Comm. 60, 1932, 51 ff. (= La Base di Augusto, Napoli 1933).

palatinischen Tempels wiedergibt, steht Apollon mit einer Leier vor einem großen Dreifuß in der Mitte zwischen Diana und Latona. Zu Füßen Apollons aber kauert die Sibylle, die das neue Weltalter des Apollon geweissagt hatte. Die Leier weist den Apollo Citharoedus zugleich als Gott der Künste aus.[97] Da die Siege von Naulochos und Actium der Diana und dem Apollon verdankt wurden, waren die beiden göttlichen Geschwister aber auch Siegeshelfer. Der Apollo Palatinus wurde daher auch als Apollo Navalis apostrophiert.[98] Weitere Bezüge zeigt die Anlage des Baues selbst, der nach antikem Urteil der großartigste Bau des Augustus war. So war auf dem Tempelgiebel Sol im Sonnenwagen dargestellt, womit auf die solare Eigenschaft des Apollon Helios hingedeutet wurde. Auf den Elfenbeintüren des Tempels war die Vertreibung der Gallier aus Delphi und die Niobidentötung wiedergegeben. Die Darstellungen zeigten also Apollon als den rächenden und sühnenden Gott.[99]

Der Tempel war wohl von drei Seiten von Säulenhallen umgeben, die u. a. zwei Bibliotheken, je eine für die griechische und für die römische Literatur beherbergten. Diese Zuordnung der Bibliotheken zum Tempel läßt den palatinischen Apollon als Gott der Literatur und der Wissenschaften erscheinen.[100] Die Medaillons der großen Redner waren denn auch an den Wänden der Bibliothek zu sehen.[101] Mit der Anlage der Bibliotheca Pala-

G. Lugli, Roma antica 434 ff. und 460 ff. S. Stucchi, I monumenti della parte meridionale del Foro romano, Rom 1958, 7 ff. L. J. Roccos, AJA 93, 1989, 571 ff.

[97] Vgl. J. Gagé, Apollon romain 532. – Eine weitere Statue des Gottes stand vielleicht vor dem Tempel, eine dritte, welche die Züge des Augustus getragen haben soll, in der Bibliotheca Palatina (Gagé a. O. 535 und 537). – E. Simon, AA 1994, 149 ff., sieht in Diana und in Ceres Göttinnen der römischen Plebs und bezeichnet die Gruppe Diana – Apollo – Latona als „plebejisch-patrizische Trias". Da bisher Diana in Rom nicht mit Apollo zusammen verehrt worden sei, will die Verf. in deren Kultgemeinschaft eine geschickte Manipulation des Augustus erkennen. Aber Diana, die schon von Servius Tullius in Rom einen Tempel erhalten hatte, war ebenso eine Göttin der römischen Gesamtgemeinde wie Ceres, deren Kult einst auf Weisung der sibyllinischen Bücher in Rom eingeführt worden war, auch wenn in den Ständekämpfen beide Heiligtümer für die Plebs von besonderer Bedeutung wurden. In augusteischer Zeit jedoch war der Ausgleich der Stände längst vollzogen und brauchte nicht mehr durch eine religionspolitische „Manipulation" bekräftigt zu werden.

[98] Propert. 4, 1, 3.

[99] Vgl. E. Simon, Die Portlandvase, Mainz 1957, 36 ff., und E. Thomas, Mythos und Geschichte, Köln 1976, 91 f. Anm. 65, und 95 Anm. 86.

[100] Vgl. E. Nash, Pict. Dict. I 204 f. (mit Plan).

[101] Später wurden in der palatinischen Bibliothek auch die Statuen des Germanicus und des Tiberiussohnes Drusus, die als *viri fecundi* bzw. *illustris ingenii* bezeichnet wurden, aufgestellt (Ehrenberg–Jones, Documents 94a, 1 ff. Dazu J. Gagé,

tina aber wurde der palatinischen Apollontempel praktisch zum geistigen Zentrum des neuen Rom. Anders als der alte Apollo Medicus vor den Toren der Stadt war also der Apollo Palatinus von vornherein als ein Universalgott konzipiert. Mit dem Heiligtum dieses Gottes aber war der Palast des neuen Herrschers eng verbunden.[102] Oktavian hatte schon bald nach 42 v. Chr. das Haus des Q. Hortensius, des Sohnes des berühmten Redners, erworben. Q. Hortensius war nach Philippi von M. Antonius hingerichtet und sein Besitz spätestens damals konfisziert worden. In der Nähe der *domus Hortensii* befand sich die *casa Romuli* und das Lupercal, in dem Romulus und Remus von der Wölfin gesäugt worden sein sollen. Beides bot später der Romuluspropaganda des Prinzeps guten Stoff. Nach dem Sieg über Sex. Pompeius hatte Oktavian durch seine Procuratoren weitere Häuser, darunter das Haus des Kimbernsiegers Q. Lutatius Catulus, aufkaufen lassen. Nach der Konsekration des Tempelareals schenkte ihm dann, wie oben erwähnt, der Senat noch ein weiteres Haus, so daß der neue Apollontempel rings vom Palast des Prinzeps umgeben war.[102a] Ein direkter Verbindungs-

Apollon romain 535 Anm. 1). – In der Bibliotheca Palatina fanden verschiedentlich auch politische Konferenzen und Senatssitzungen statt, s. Suet. Aug. 29, 3. Tac. ann. 13, 5. Dio 58, 9, 4. Dazu F. Millar, Emperor 19 ff. – Nach J. K. Newman, Augustus und New Poetry, Brüssel 1967, 36 ff., traf sich im Apollontempel auch ein *collegium poetarum*, zu dem u. a. auch die großen Augusteer gehört hätten. Vgl. jedoch die Zweifel an der Existenz eines solchen *collegium poetarum* bei N. Horsfall, Bull. Inst. Class. Studies 23, 1976, 79 ff.

[102] Eine Tendenz zur „sakralen Erhöhung der Einzelpersönlichkeit" hat man schon bei den Wohnhäusern der spätrepublikanischen Aristokratie beobachtet, vgl. F. Kolb, Rom 282 f. mit Lit.

[102a] Suet. Aug. 29, 3. 57, 4. 72, 1. Vell. Pat. 2, 81. Suet. de gramm. 17. Dio 49, 15, 5. – Zur *casa Romuli* s. A. Balland, REL 62, 1984 (1986), 57 ff. – Während man früher das Haus des Augustus auf dem Palatin in der sog. casa di Livia wiedererkennen wollte (vgl. E. Nash, Pict. Dict. I 310 ff. mit Lit.), identifizierte G. Carretoni, RPAA 39, 1966/7, 56 ff., den Palast des Prinzeps mit dem 'edificio a Sud della casa di Livia'. N. Degrassi, ebda. 77 ff. glaubt, daß auch ein großer Teil der später *domus Tiberiana* genannten Baulichkeiten zum Palast des Augustus gehörte. Vgl. auch P. Castrén– H. Lilius, Graffiti del Palatino II, Helsinki 1970, 18 f. H. P. Isler, Antike Welt 9, 1978, Heft 2, 4 ff. G. Carretoni, Röm. Mitt. 90, 1983, 373 ff., und: Das Haus des Augustus auf dem Palatin, Mainz 1983. H. Gabelmann, Röm. Mitt. 93, 1986, 288 ff. M. Corbier MEFRA 104, 1992, 871 ff. H. Castritius, in: Die Pfalz. Probleme einer Begriffsgeschichte, Speyer 1995, 621 ff. I. M. Barton, in: Ders., Roman Domestic Buildings, Exeter 1996, 91 ff. M. R. Royo, in: Continuità e trasformazioni 83 ff. P. Gros, in: Basileia 234 ff. Nach M. Donderer, MEFRA 107, 1995, 621 ff., sei die casa di Livia das ehemalige Haus des Hortensius und habe später als Wohnhaus des Prinzeps gedient. Nach seinem Tode sei das Haus als *sacrarium* konserviert worden, so daß es

gang führte vom Haus des Prinzeps in den Tempel. Und die Ehren des Jahres 27, die dem Hause des Augustus eine religiöse Weihe gaben, trugen dazu bei, den Palast dem Tempel auch äußerlich noch mehr anzunähern. Waren doch die dem Prinzeps beschlossenen Lorbeerzweige zugleich Attribute Apollons. Die Bedeutung des Apollontempels als des geistigen Zentrums in Rom wurde noch gesteigert dadurch, daß Augustus im Jahr 12 v. Chr. nach der Einziehung der umlaufenden Orakelliteratur die als echt erwiesenen Sibyllinischen Weissagungen in zwei Kapseln unter der Basis des palatinischen Apollon niederlegen ließ,[103] während die alten

Sueton noch sehen konnte. Die Gebäude um den Apollontempel hätten Repräsentationszwecken gedient. Der Palast des Augustus habe im übrigen noch keinen einheitlichen Komplex gebildet, sondern aus Einzelhäusern, die z. T. durch Straßen getrennt waren, bestanden. „Nur die Hauptschauseite des augusteischen Häuserkonglomerats, die am ehesten unter der späteren *domus Augustana* am Ende des vom Forum aufsteigenden *clivus Palatinus* zu suchen ist, war durch die 27 v. Chr. vom Senat verliehenen Ehrenzeichen vor der normalen Privatarchitektur ausgezeichnet" (S. 626). Donderer behandelt S. 630 ff. auch die Häuser bzw. Villen des Augustus in Aquileia, im Albanergebiet, im Sabinum (ehem. Villa des Horaz), in Tivoli, auf Samos, in Velitrae und in Antium. – Vgl. zu den Häusern und Villen des Augustus und der Livia auch G. Sauron, Quis deum 571 ff., und allgemein zum Grundbesitz des Augustus I. Schatzman, Senatorial Wealth 363 ff. – Zur Entwicklung der Bauten auf dem Palatin s. M. Royo, MEFRA 106, 1994, 219 ff. Zum Haus auf dem Palatin s. auch P. Pensabene, Röm. Mitt. 104, 1997, 149 ff.

[103] Suet. Aug. 31, 1: *postquam vero pontificatum maximum ... suscepit, quidquid fatidicorum librorum Graeci Latinique generis nullis vel parum idoneis auctoribus vulgo ferebatur, supra duo milia contracta undique cremavit ac solos retinuit Sibyllinos, hos quoque dilecto habito; condiditque duobus forulis auratis sub Palatini Apollinis basi.* H. A. Cahn, Kleine Schriften zur Münzkunde und Archäologie, Basel 1975, 132 ff., dem J. Gagé, Apollon romain 542 ff., folgt, möchte die geschilderten Maßnahmen noch vor dem Jahre 17 v. Chr. im Zuge der Vorbereitungen für die Säkularfeier erfolgt sein lassen. Doch die dezidierte Aussage Suetons ist schwer zu entkräften. Die Verse Vergils (Aeneis 6, 69 ff.), die Cahn anführt, lassen sich kaum auf die Deponierung der Sibyllinen unter der Basis der Apollonstatue beziehen. Die auch von S. R. F. Price, CAH X[2] 832, angenommene Übertragung der alten Sibyllinischen Bücher vom Jupiter- auf den Apollontempel wäre ein Sakrileg gewesen, dessen sich Augustus kaum schuldig gemacht hätte. Wie penibel man damals in religiösen Dingen war, zeigt die Anekdote bei Plinius, n. h. 36, 43. Vgl. auch Dio 22, 76. 2. 48, 42, 4–6. Dazu F. Cassola (wie oben S. 133 A. 178) 107. Während außerdem nach Dio (54, 17, 2) die Quindecimvirn nur die in ihrer Obhut befindlichen Sibyllinischen Bücher abschrieben, weil sie teilweise unleserlich geworden waren, berichtet Sueton vielmehr von der Einziehung der umlaufenden Orakel einschließlich der sog. Sibyllinischen Sprüche (ähnlich wie man nach dem Brand des Kapitols im J. 83 v. Chr. aus anderen Gründen von überall her Sibyllische Orakel angefordert hatte: Dionys v. Hal. 4, 62. Tac. ann. 6, 12). Nur unter den als Sibyllinische Sprüche

Sibyllinischen Bücher weiter im Tempel des Jupiter auf dem Kapitol aufbewahrt wurden. Der neue Apollonkult trat also teilweise in Konkurrenz zum Kult des bisher höchsten Staatsgottes. Schon bei den Saecularspielen war Apollon gleichberechtigt neben Jupiter getreten. Zu der Trias Jupiter, Juno und Minerva auf dem Kapitol und der Dreiheit Ceres, Liber und Libera auf dem Aventin gesellte sich die Trias Apollo, Diana und Latona auf dem Palatin.

Das neue religiöse Zentrum Roms erfuhr noch eine Erweiterung, als Augustus nach dem Tode des Lepidus das Amt des Pontifex Maximus übernahm. Da der Oberpriester in einem öffentlichen Gebäude wohnen mußte, erklärte Augustus einen Teil seines Palastes zu Staatseigentum.[104] Auf Senatsbeschluß wurden ferner im Palast des Augustus ein Altar und ein Bild der Vesta aufgestellt. Ob die Vesta auf dem Palatin auch einen kleinen Tempel besaß, ist umstritten.[105] Der Kult der palatinischen Vesta

umlaufenden Orakeln konnte auch eine Auswahl vorgenommen werden, nicht aber unter den sich seit langem unter der Obhut der Quindevimvirn befindlichen, altehrwürdigen Sibyllinischen Büchern. Der Grund für die Aktion des Augustus ist denn auch sicherlich vor allem in der angespannten politischen Situation nach dem Tode des Agrippa zu suchen, welcher der stets vorhandenen Opposition gegen den Prinzeps neuen Auftrieb gegeben haben muß. Cahn stützt sich vor allem auf einen Denar des C. Antistius Vetus vom J. 16 v. Chr., der auf der Rückseite einen auf einer Basis stehenden Apollon mit einer Leier zeigt, der über einem Altar opfert. Unter der Basis erkennt man zwischen zwei Ankern (?) drei in ihrer Deutung umstrittene Gegenstände. Die Beischrift zu dem Bildwerk lautet APOLLINI/ACTIO. Es gibt jedoch keinen sicheren Beleg dafür, daß der palatinische Apollon offiziell als Apollo Actius bezeichnet wurde. (Auch Properz 4, 6, 67 kann nicht als Stütze dafür gelten. Die Stelle bezieht sich auf den Apollon von Actium und nicht auf den Gott vom Palatin.) In den drei Gegenständen unter der Basis will Cahn die von Sueton genannten *foruli* erkennen, in denen die Orakel aufbewahrt wurden. Sueton spricht jedoch nur von zwei, nicht von drei *foruli*. Die ältere Deutung dieser Gegenstände als Schiffsschnäbel scheint doch richtig zu sein. Jedenfalls muß man das Münzbild wohl auf den Apollon von Actium und nicht auf den palatinischen Apollon beziehen. (Die Silberschale von Fins d'Annecy, auf die Cahn in diesem Zusammenhang hinweist, ist wohl eine moderne Fälschung, vgl. E. Simon, Die Portlandvase 30, Anm. 2.) – Vgl. gegen Cahn schon G. Ch. Picard, Les Trophées romaines, Paris 1957, 261 Anm. 7, der betont, daß die Darstellung auf dem Antistius-Denar von allen anderen Darstellungen des Apollo Palatinus abweicht. Als Kultbild habe man eine Dreiergruppe (Apollon, Leto und Diana) für den palatinischen Tempel zu postulieren. Dazu ausführlich H. Jucker, Mus. Helv. 39, 1982, 82 ff.

[104] Dio 54, 27, 3.

[105] Vgl. C. Koch, RE VIII A 2, 1958, 1757 ff., und E. Nash, Pict. Dict. II 511 ff., mit der älteren Literatur. Nach A. Degrassi, Scritti Vari I 451 ff., ist in den Fasti Praenestini nur von *(sign)um et (ara) Vestae in domu imp. Caesaris Augu(sti po)ntif.*

scheint der Livia übertragen worden zu sein, die gelegentlich sogar selbst als Vesta dargestellt ist.[106] Die enge Verbindung zwischen dem Zentrum des römischen Staatskultes und dem Hause des Prinzeps war aber auf jeden Fall offenkundig geworden.

Doch obwohl das Haus des Augustus durch seine enge Verbindung mit dem palatinischen Apollontempel und mit der *Vesta in Palatio* ebenso wie durch seinen Torschmuck, die Lorbeerzweige und den Eichenkranz, den Charakter des Besonderen erhielt, kontrastierte es doch wieder auffallend zu dem prächtigen Tempel des Apollon. Das Haus des Prinzeps fiel nach Sueton weder durch seinen räumlichen Umfang noch durch seine bauliche Pracht in die Augen.[107] Es besaß nur kurze Säulenhallen aus Albaner Tuffstein und in den Zimmern keinen Marmor und keine kostbaren Mosaiken.[108] Auch das Mobiliar war von großer Sparsamkeit und das meiste *vix*

ma(x) die Rede. Das muß aber die Existenz eines kleinen Tempels nicht unbedingt ausschließen. Ovids Schilderung der Anlagen auf dem Palatin (Fasti 4, 949ff.) könnte für die Existenz eines Tempelchens sprechen. Die Darstellung eines Rundtempels, vor dem auf hohen Postamenten ein Widder und ein Stier stehen, auf der Basis von Sorrent sowie auf Münzen des Divus Augustus (RIC Divus Aug. Nr. 4) werden meist auf den vermuteten palatinischen Vestatempel bezogen, können aber auch den augusteischen Neubau des Vestatempels am Forum meinen. Vgl. H. G. Kolbe, Röm. Mitt. 73/4, 1966/7, 94ff. Fundamentreste, die allein einen Vestatempel auf dem Palatin sicher bezeugen könnten, sind jedenfalls bisher nicht gefunden worden. M. Guarducci, Röm. Mitt. 78, 1971, 89ff., bezieht dagegen den Vesta-Revers der Divus-Augustus-Pater-Serie auf den Vesta-Tempel auf dem Palatin. Ebenso R. T. Scott, Historia 31, 1982, 458f.

[106] Vgl. C. Koch a. O., der Ovid (Ex Ponto 4, 13, 29) als Beleg anführt und darauf hinweist, daß nach Dio (60, 5, 2) später Claudius den Vestalinnen den Kult der Diva Augusta übertrug. In Athen wurde der Kult der Livia und der Kult der Ἑστία vom gleichen Priester versehen, ohne daß jedoch Livia mit der Ἑστία identifiziert worden wäre. IG III 316. Athen. Mitt. 14, 1889, 321. Die früher oft als Vesta gedeutete sitzende Figur auf einigen Denaren des Augustus und des Tiberius wird dagegen von K. Kraft, Kleine Schriften II 330ff., überzeugend als Concordia interpretiert. Nachtrag: Zu Livia als Ἑστία und Νέα Δημήτηρ s. P. Frisch, Inschr. von Lampsakos, Bonn 1978, Nr. 11.

[107] Vgl. Sueton, Aug. 72, 1 und 73. Zum Torschmuck der *domus Augusta* s. oben.

[108] Zu den Wandmalereien der *domus Augusti* s. G. Carretoni, Das Haus des Augustus auf dem Palatin, Mainz 1983. Hervorzuheben ist ein Raum mit Masken und einem Kultpfeiler des Apollo Agyieus (a. O. 23ff.). Auch die Wandmalereien der sog. *casa di Livia* zeigen deutlich apollinische Symbolik, so besonders den Kultpfeiler des Apollon (wie er auf Münzen von Apollonia, Lugdunum und Vienna erscheint, s. H. Küthmann, JRGZM 4, 1957, 75ff.), ferner Doppelfüllhorn, Masken usw. Dazu M. Th. Picard-Schnitter, Monuments Piot 57, 1971, 43ff. Vgl. auch O. von Vacano, Neusser Jb. 1976, 29, und E. Simon, JdAI 93, 1978, 218ff. – Apollinische

privatae elegantiae. Dies alles entsprach zweifellos nicht nur dem Wesen des Augustus, der in seinen persönlichen Bedürfnissen von großer Anspruchslosigkeit war, sondern sollte zugleich dartun, daß eben auch Augustus als *princeps* immer noch ein *privatus* war. Privater Bauluxus aber galt als unschicklich und vertrug sich nicht mit dem augusteischen Programm der Wiederherstellung der alten Sitten.[109] Auch beim Palast des Augustus begegnet also wieder die gleiche Ambivalenz, die für seinen Prinzipat überhaupt charakteristisch ist.

Zum *Apollo Palatinus* gesellten sich bald weitere neue Gottheiten, die speziell mit Augustus verbunden waren. So wurde 22 v. Chr. auf dem Kapitol der kleine Tempel des *Jupiter Tonans* geweiht, den Augustus errichtet hatte, weil er im Kantaberkrieg knapp dem Tode durch einen Blitzschlag entronnen war.[110] Im Jahre 19 v. Chr. weihte dann der Senat nach der Rückkehr des Prinzeps aus dem Osten der *Fortuna Redux* einen Altar und feierte zur Erinnerung an die glückliche Heimkehr des Caesar jährlich die Spiele der Augustalia.[111] Eng mit Augustus und seinem Hause verbunden war auch die *Concordia Augusta*, die im Jahre 10 n. Chr. in Rom einen Tempel erhielt. Sie sollte vor allem die Eintracht innerhalb der neuen Dynastie zugleich symbolisieren und garantieren.[112] Im Jahre 13 n. Chr. erhielt dann auch die *Iustitia Augusta* ein Kultbild. Als eine besondere Qualität des Prinzeps erschien die Iustitia ja schon auf dem vom Senat dem Augustus

---

Motive zeigen übrigens auch die Fresken der Villa der Livia, vgl. M. M. Gabriel, Livia's Garden Room at Prima Porta, New York 1955. C. Calci–G. Messineo, La villa di Livia a Prima Porta, Rom 1984. F. Förtsch, Röm. Mitt. 96, 1989, 333 ff. G. Messineo, RPAA 65, 1992/3 (1996), 11 ff. J. C. Reeder, The statue of Augustus from Prima Porta, the underground complex, and the omen of the gallina alba, AJPh 118, 1997, 89 ff., mit weiterer Literatur.

[109] Das wird von G. Ch. Picard, Augustus and Nero, London 1966, gut herausgearbeitet. Vgl. allgemein schon H. F. Pelham, Essays 114, und bes. H. Drerup, Zum Ausstattungsluxus der römischen Architektur, Münster 1957.

[110] Ehrenberg–Jones, Documents p. 51. RgdA 19. Suet. Aug. 29, 3. Dio 54, 4, 2 f. RIC Aug. Nr. 240 und 276 ff. Vgl. E. Nash, Pict. Dict. I 535 f. Dazu AE 1972 Nr. 19.

[111] Ehrenberg–Jones, Documents p. 53 und 55. RgdA 11 (mit dem Kommentar von Volkmann). Dio 54, 10, 3. RIC Aug. Nr. 155 f. Vgl. K. Latte, RRG 305 mit Anm. 2.

[112] Ehrenberg–Jones, Documents p. 45. Dio 56, 25, 1. Suet. Tib. 20. Ovid, Fasti 1, 637 ff. (mit Kommentar von Bömer). Vgl. K. Kraft, Kleine Schriften II 328 ff. J. Béranger, Principatus 367 ff. St. Weinstock, Divus Julius 266. Th. Pekáry, Röm. Mitt. 73/74, 1966/7, 105 ff. M. Amit, Jura 13, 1962, 133 ff. L. Richardson Jr., Parola del Passato 33, 1978, 260 ff. B. Levick, Essays H. Sutherland, London 1978, 217 ff. C. Gaspari, Aedes Concordiae Augustae, Rom 1979. – Schon zwischen 12 und 7 v. Chr. war auf dem Forum Boarium der Concordia Augusta ein Altar errichtet worden, vgl. A. M. Colini, Rend. Pont. Accad. Arch. 43, 1970/1, 55 ff.

geweihten *Clupeus virtutis*.[113] Der Beiname Augusta mußte die Iustitia ebenfalls als eine besonders eng mit Augustus verbundene Gottheit erscheinen lassen. Daß dies beabsichtigt war, zeigt die Tatsache, daß der Beiname Augusta um diese Zeit auch bei anderen Gottheiten erscheint. Neben der *Concordia Augusta* und der *Victoria Augusta* ist noch die *Ops Augusta* zu nennen, die wohl im Jahre 7 n. Chr. in Rom einen Altar erhielt.[113a]

Wie eng diese Gottheiten mit der Konzeption der neuen Ordnung verbunden waren, zeigt sich vielleicht am deutlichsten an der Pax Augusta. Nach der Rückkehr des Augustus aus Gallien wurde im Jahre 13 v. Chr. vom Senat die Errichtung eines Altars für die Pax Augusta beschlossen. Diese *Ara Pacis Augustae* wurde dann im Jahre 9 v. Chr. eingeweiht.[114] Sowohl in seinem Rankenornament wie in dem Reliefschmuck symbolisiert dieser Altar eindrucksvoll das neue Zeitalter des Friedens, das der Prinzeps heraufgeführt hatte.[115] Der Anschein einer unrepublikanischen Über-

---

[113] Ehrenberg–Jones, Documents p. 44. Vgl. zur *iustitia* des Augustus oben S. 97. Zum Kult der „Begriffsgottheiten" vgl. K. Latte, RRG 300f., für den diese Götter ein Teil der neuen „Loyalitätsreligion", nicht aber der lebendigen Volksreligion waren. Diese Unterscheidung ist jedoch wenig glücklich, da die offizielle römische Religion ohnehin weniger ein Glauben als vielmehr die Ausübung von Kult und Ritus war.

[113a] Vgl. Ehrenberg–Jones, Documents p. 50. Zum Charakter der Ops als einer Schutzgottheit s. G. Radke, Der Kleine Pauly IV 1962, 318f. Dazu P. Pouthier, Ops et la conception divine de l'abondance, Rom 1981. – Die Victoria Augusta erscheint zuerst bald nach 4 n. Chr. im Feriale Cumanum (Dessau 108), wurde aber vielleicht schon früher unter diesem Namen verehrt, vgl. St. Weinstock, RE VIII A 2, 1958, 2519. – Vgl. allgemein zur ‹invasion augustéenne› (d. h. zur Ausbreitung des Augustusbeinamens) J. Le Gall, La religion romaine de l'époque de Caton l'Ancien au règne de l'empereur Commode, Paris 1975, 175f. D. Fishwick, Imperial Cult II 1, 446ff.

[114] Ehrenberg–Jones, Documents p. 46. RgdA 12 (mit dem Kommentar von Volkmann). Ovid, Fasti 1, 709, Dio 54, 25, 3. – Die Einweihung erfolgte zweifellos in dynastischer Absicht am 30. Januar, dem Geburtstag der Livia, vgl. W. Suerbaum, Chiron 10, 1980, 336.

[115] G. Moretti, Ara Pacis Augustae, Rom 1948. E. Simon, Ara Pacis Augustae, Tübingen 1967. H. Kähler, JdAI 69, 1954, 67ff. Th. Kraus, Die Ranken der Ara Pacis, Berlin 1955. H. P. L'Orange, Likeness and Icon, Odense Univ. Press 1973, 263ff. Z. Kiss, L'iconographie 31ff., A. Bonanno, Portraits 23ff., und J. Pollini, Studies 75ff., und AJA 90, 1986, 453ff., sowie V. N. Parfenov, Historia 45, 1996, 95ff. (zum Figurenfries). A. H. Borbein JdAI 90, 1975, 242ff. H. Büsing, AA 1977, 247ff. D. E. E. Kleiner, MEFRA 90, 1978, 753ff. M. Torelli, Typologie and Structure of Roman Historical reliefs, Ann Arbor 1982, 27ff.. K. M. Thornton, Latomus 42, 1983, 619ff. R. Syme, AJA 88, 1984, 583ff. R. R. Holloway, in: Alessandria e il mondo hellenisti-

höhung des Augustus wird zwar klug vermieden, aber die Reliefbilder und besondes der große Prozessionsfries, auf dem der Prinzeps und seine Angehörigen beim Gründungsopfer dargestellt sind, macht doch die Ara Pacis zum eindrucksvollsten Denkmal der neuen Dynastie. Zugleich mit der Ara Pacis wurde das *Solarium Augusti*, eine riesige, dem Sol geweihte Sonnenuhr, eingeweiht, als deren Zeiger ein eigens aus Heliopolis in Ägypten herangeschaffter Obelisk diente.[116] Der mit Travertin ausgelegte Boden des Liniennetzes bedeckt eine Fläche von 160 × 75 m (das Augustusforum maß nur 125 × 85 m). Einbezogen in das Liniennetz dieser Uhr war aber nicht nur das Mausoleum des Augustus, sondern auch die Ara Pacis. Gleichzeitig mit dem Obelisken aus Heliopolis, der dem Sol geweiht war und mit seiner Weihinschrift an die Unterwerfung Ägyptens erinnerte, wurden auch vor dem Mausoleum zwei weitere Obelisken aufgestellt. Die Ara Pacis scheint nach den Untersuchungen von E. Buchner ganz auf das Solarium hin orientiert gewesen zu sein. Die Äquinoktienlinie verlief durch die Mitte der Ara Pacis, und auch die Wintersonnenwendlinie war von zwei Punkten aus mit dem Friedensaltar verbunden. An den Herbstäquinoktien aber, dem Beginn des Zeichens der Waage, war der Geburtstag des Augustus, und zur Zeit der Wintersonnenwende, dem Beginn des Zeichens des Capricornus, war der Tag seiner Empfängnis. „Mit Augustus

co-romano. Studi Adriani III, Rom 1984, 625 ff. R. De Angelis Bertoletti, Röm. Mitt. 92, 1985, 221 ff. H. Gabelmann JdAI 100, 1985, 522 ff. E. La Rocca–V. Ruesch–B. Zanardi, Ara Pacis Augustae: in occasione del restauro della fronte orientale, Leiden 1986. G. M. Koeppel, BoJbb. 187, 1987, 101 ff., und 188, 1988, 97 ff. (zu den Reliefs). S. Settis, in: Kaiser Augustus und die verlorene Republik 400 ff. D. Castriota, The Ara Pacis and the imagery of abundance in later Greek and early Roman imperial art, Berlin 1995. E. Nash, Pict. Dict. I 63 ff., und J. Richardson, Topogr. Dict. 287 ff. mit weiterer Lit. – Vgl. auch G. W. Bowersock, in: Between Republic and Empire 38 ff., wonach auf dem Fries der Ara Pacis die Prozession bei der Übernahme des Oberpontifikats durch Augustus dargestellt sei. – Zu den Porträts s. H. V. Bender, AugAge 4, 1985, 1 ff. – S. auch F. Fless, Opferdiener und Kultmusiker auf stadtrömischen historischen Reliefs, Mainz 1995. D. A. Conlin, Artists of the Ara Pacis, Chapel Hill, N. C. 1997. Vgl. auch den interessanten, aber problematischen Beitrag von J. Elsner, Cult and Sculpture. Sacrifice in the Ara Pacis, JRS 81, 1991, 50 ff. Elsner behauptet (S. 52): While sacrifice held out a promise of divine blessing and fruitfulness and life, it simultaneously denied or at least undermined these benefits by the death and blood-spilling and sculls through which man approached god. Diese aus christlicher Sicht entwickelte Interpretation trifft aber sicherlich nicht das allgemeine Empfinden der heidnischen Antike. Vgl. auch M. Torelli, Ostraka 1, 1992, 105 ff. B. Spaeth, AJA 98, 1994, 65 ff., und: The Roman Goddess Ceres, Austin/Texas 1996, 125 ff. K. Galinsky, Augustan Culture 141 ff.

[116] Die Uhr war dem Sonnengott geweiht und als Siegesmonument über Ägypten konzipiert, s. CIL VI 702.

beginnt also – an Solarium und Ara Pacis ist es sichtbar – ein neuer Tag und ein neues Jahr: eine neue ... Ära des Friedens mit allen seinen Segnungen ... Diese Anlage ist sozusagen das Horoskop des neuen Herrschers, riesig in den Ausmaßen und auf kosmische Zusammenhänge deutend."[117]

Neben dem Apollontempel auf dem Palatin und der Ara Pacis wurde für die Selbstdarstellung der neuen Monarchie der Tempel des Mars Ultor am wichtigsten.[118] Schon in der Schlacht bei Philippi hatte Oktavian dem Mars Ultor einen Tempel gelobt. Aber erst im Jahre 2 v. Chr. wurde dieser Tempel zusammen mit dem prächtigen Augustusforum eingeweiht.[119] Ok-

[117] E. Buchner, Solarium Augusti und Ara Pacis, Röm. Mitt. 83, 1976, 319 ff. Nachgrabungen haben ergeben, daß sich über der augusteischen Uhr ein *solarium* wohl aus vespasianischer Zeit befand, s. E. Buchner, Röm. Mitt. 87, 1980, 355 ff. Vgl. auch G. W. Bowersock, in: Between Republic and Empire 380 ff. H. Bender, Aug Age 5, 1986, 1 ff. Skeptisch äußerte sich F. Kolb, Rom 342, ablehnend M. Schütz, Gymnasium 97, 1990, 432 ff., und M. Torelli, Ostraka 1, 1992, 107 f. Inzwischen haben weitere Untersuchungen Buchners ergeben, daß schon Augustus auch vor seinem Mausoleum zwei Obelisken hatte aufstellen lassen, die offenbar zusammen mit dem als Gnomon der Sonnenuhr dienenden Obelisken auf einem eigens angelegten Kanal vom Tiber auf das Marsfeld gebracht worden waren. Zweifellos waren die drei Obelisken aufeinander bezogen und Teil eines einheitlichen Konzepts; s. Antike Welt 27, 1996, 161 ff.

[118] Vgl. zum Folgenden K. Latte, RRG 302 ff. F. Panvini-Rosati, Il tipo di Marti Ultore sulle monete romane, Numismatica 12, 1946, 97 ff. M. Pape, Griechische Kunstwerke aus Kriegsbeute 177. J. H. W. G. Liebeschuetz, Continuity and Change 86 ff. Chr. Bauchhenß-Thüriedl, Arch. Korresp. Blatt 8, 1978, 45 ff. (zur Ikonographie des Mars Ultor). Vgl. V. Kockel, Röm. Mitt. 90, 1983, 421 ff., sowie F. Cassola (wie oben S. 133 A. 178) und J. Ganzert–V. Kockel, in: Kaiser Augustus und die verlorene Republik 149 ff. (Augustusforum und Mars-Ultor-Tempel). J. H. Croon, Die Ideologie des Marskultes unter dem Prinzipat und ihre Vorgeschichte, in: ANRW II 17, 1, 1981, 246 ff. M. Siebler, Studien zum augusteischen Mars Ultor, München 1988. J. Ganzert, Der Mars Ultortempel auf dem Augustusforum in Rom, Mainz 1996 (mit einem Beitrag von P. Herz, S. 266 ff.). Zur Dedikationsinschrift vgl. G. Alföldy, Studi sull'epigrafia augustea e tiberiana 17 ff. Vgl. auch A. Schmidt-Cobinet, in: Basileia 250 f. B. Wesenberg, JdAI 99, 1984, 161 ff. (zu den Säulenbasen des Mars-Ultor-Tempels und zu den Kopien der Erechteion-Koren am Augustusforum). Zur Bevorzugung des Mars durch Oktavian/Augustus gegenüber Hercules, dem Gott des Antonius, s. R. Schilling, Rev. Philol. 16, 1942, 31 ff. = Rites, cultes, dieux de Rome, Paris 1979, 263 ff. Dazu J. H. Croon, ANRW II 17, 1, 1981, 246 ff.

[119] Zum Augustusforum mit dem Marstempel vgl. oben Teil II S. 133 mit Anm. 178. Dazu E. La Rocca–L. Ungaro–R. Meneghini, I luoghi del consenso imperiale. Il Foro di Augusto, Il Foro di Traiano, 2 Bde., Rom 1995. Zum Marstempel s. auch J. E. Stambaugh, ANRW II 16, 1, 1978, 554 ff., und L. Morawiecki, Eos 64, 1976, 59 ff.

tavian hatte der Rache für Caesar bewußt einen sakralen Aspekt zu geben versucht. So sandte er nach dem Sieg von Philippi den Kopf des Brutus nach Rom und ließ ihn vor der Statue Caesars niederlegen.[120] Nach der Kapitulation von Perusia ließ er an den Iden des März 300 Senatoren und Ritter an einem Altar des Divus Julius hinopfern.[121] Nach der Einweihung des Mars-Ultor-Tempels wurden aber auch die von den Parthern zurückgewonnenen Feldzeichen in den neuen Tempel überführt (zuvor waren sie in einem eigens erbauten Rundtempelchen des Mars Ultor auf dem Kapitol aufbewahrt worden).[122] Der neue Mars-Ultor-Tempel bezog sich also in gleicher Weise auf die Rache für Caesar wie auf die „Rache" an den Parthern.

Der Tempel des Mars Ultor bildete zusammen mit dem Augustusforum eine einheitliche Anlage, die nach dem Willen des Gründers das neue administrative Zentrum Roms darstellen sollte. „Das Augustusforum ist die erste konsequent als Repräsentationszentrum konzipierte Platzanlage. Es sollte weder vom Marktbetrieb noch vom Verkehr belastet sein, es war nicht für Volksversammlungen bestimmt, sondern sollte ... dem täglichen Verwaltungs- und Schulbetrieb, in erster Linie aber den Gerichten dienen."[123]

Das Bildprogramm des Forums und des Mars-Ultor-Tempels fügte sich

---

[120] Suet. Aug. 13, 1. Dio 47, 49, 2.

[121] Zu den Vorgängen nach der Einnahme von Perusia s. oben S. 45 mit Anm. 169. – Auch das Siegesdenkmal in Nikopolis für den Sieg bei Actium war neben dem Neptun dem Mars geweiht, wie die von J. H. Oliver, AJPh 90, 1968, 178 ff., und von J. M. Carter, ZPap 24, 1977, 227 f., ergänzte Inschrift lehrt. Zum Denkmal vgl. H. Jucker o. Anm. 103 und unten S. 461 m. Anm. 36.

[122] RgdA 29. Ovid, Fasti 5, 579 ff. Dazu C. Bustang, RSA 24, 1994, 93 ff. Daß der Marstempel, aus dem Vitellius nach Sueton (Vitellius 8, 1) das Schwert Caesars erhielt, das Heiligtum in Rom war, wie Zanker (Forum Augustum 22) annimmt, ist sehr unwahrscheinlich.

[123] P. Zanker, Forum Augustum 6 f. Zanker betont, das neue Forum sei nicht mehr Versammlungsplatz der autonomen Bürgerschaft gewesen, sondern Verwaltungsmittelpunkt, von dem aus künftig die entpolitisierten Bürger regiert wurden. Das dürfte faktisch durchaus zutreffen. Es ist jedoch fraglich, ob die Anlage von den Zeitgenossen in diesem Sinne verstanden wurde. Gerade die Gerichtsgebäude galten schon den Griechen als Symbol der Demokratie (vgl. Plut., Timoleon 22). Vgl. auch M. Bonnefond, P. Zanker und H. Bauer, in: L'Urbs 251 ff., 483 ff., und 763 ff. G. Sauron, in: L'art décoratif à Rome 294 ff. (Seitenportiken). L. Ungaro, in: La ciudad en el mundo romano II 413 ff. K. Galinsky, Augustan Culture 197 ff. – Zu den Vorbildern und Vorläufern dieser Anlage s. H. Kyrieleis, in: Hellenismus in Mittelitalien, Göttingen 1976, 431 ff. – Vgl. auch J. C. Anderson Jr., The Historical Topography of the Imperial Fora, Brüssel 1984, 65 ff.; H. I. Flower, Ancestor Masks 224 ff.; J. E. Packer, AJA 101, 1997, 307 ff. (Lit.-Bericht).

Neue Götter der Monarchie

der Zweckbestimmung des neuen Baukomplexes. Die Statuengalerien in den Porticus und den Exedren riefen die Erinnerung an die große Vergangenheit Roms wach und ließen Augustus als den Vollender der römischen Geschichte erscheinen.[124] In der Mitte des Forums stand auf einer Triumphalquadriga seine Statue. Die zugehörige Inschrift feierte ihn als den *pater patriae* mit dem ihm im Jahre 2 v. Chr. vom Senat verliehenen Titel.

Der Triumphalquadriga des Augustus gegenüber erhob sich die Front des Marstempels, in dessen Giebel Mars Ultor zwischen Venus und Fortuna stand. Neben der Stammutter Venus saß Romulus, damit beschäftigt, das Stadtgründungsaugurium einzuholen. Der Fortuna war die sitzende *dea Roma* zugeordnet.[125]

Wie schon der Tempelgiebel, so zeigte auch die Kultbildgruppe in der Cella den Mars zugleich als Rächer und als Stammvater der Römer. Neben ihm stand Venus mit einem kleinen Amor zu ihren Füßen. Die dritte Hauptfigur der Gruppe sollte vielleicht den Divus Julius wiedergeben, der ja sein Geschlecht auf Mars und Venus zurückführte.[126]

Der Marstempel sollte nach dem Willen seines Erbauers zu einem religiösen und politischen Mittelpunkt des neuen Staates werden. In der Cella des Tempels wurden die von den Parthern zurückerhaltenen Feldzeichen aufbewahrt. Auch in Zukunft sollten vom Feind zurückgewonnene Feldzeichen dem Mars dediziert werden.[127] In der Cella des Tempels sollte der Senat auch über Krieg und Frieden und über die Gewährung von Triumphen beschließen. Hier wurden künftig auch die Statthalter vor der Abreise in die Provinzen zu ihrem Amt feierlich bestellt. Und die siegreichen heimkehrenden Feldherren sollten hier die *insignia triumphorum*, nämlich

---

[124] So oben S. 206f. mit Anm. 13ff. – Außerdem waren auf dem Forum Ehrenstatuen der Provinzen für Augustus aufgestellt: Vell. Pat. 2, 39, 2. Dessau 103. Dazu G. Alföldy, in: Migratio et commutatio. Festschrift Th. Pekáry, St. Katharinen 1989, 226ff., und Studi sull'epigrafia augustea e tiberiana 67ff. – Das römische Vorbild wurde später u. a. in Aphrodisias kopiert, s. R. R. R. Smith, JRS 78, 1988, 50ff. – Allg. s. auch G. Lahusen, Untersuchungen zur Ehrenstatue in Rom. Literarische und epigraphische Zeugnisse, Rom 1983, 23ff.

[125] Vgl. P. Hommel, Studien zu den römischen Figurengiebeln der Kaiserzeit, Diss. Heidelberg, Berlin 1954, 22ff.

[126] Zur Kultbildgruppe im Marstempel s. P. Zanker, Forum Augustum 20 mit Anm. 109. H. Meyer, Kunst und Geschichte 141ff. Vgl. auch E. Buchner, RE IX A 1, 1961, 576f. Zur Verbindung Mars–Venus s. R. Schilling, La religion romaine de Vénus, Paris 1954, 331ff.

[127] Vgl. P. Zanker, Forum Augustum 24. K. Latte, RRG 303. Auf die triumphale Symbolik an den das Forum umschließenden Portiken (Karyatiden und Rundschilde mit Götteremblemen) weist Zanker a. O. 12ff. hin. Vgl. jedoch B. Wesenberg oben Anm. 118.

den Lorbeerkranz und das Adlerzepter, niederlegen.[128] Es scheint, daß hier Rechte, die bisher dem Jupiter Optimus Maximus vorbehalten waren, teilweise auf den Mars, und das heißt auf den göttlichen Stammvater der neuen Dynastie, übertragen wurden.[129] Wir hören außerdem, daß im Marstempel die Knaben ihre *toga virilis* empfingen.[130] Auch veranstalteten hier die Arvalbrüder zu Ehren des Mars und für das Wohlergehen des Prinzeps und seiner Familie ihre Feiern. Die Betreuung des Heiligtums selbst lag anscheinend in den Händen der alten Marspriesterschaft der Salii, die in der Kaiserzeit zu den angesehensten Priesterkollegien zählte.[131]

Die Einweihung des Marstempels und des Augustusforums war also ein religionspolitischer Vorgang von großer Bedeutung. Wichtige staatliche Akte wurden jetzt symbolisch mit dem Kult des Mars Ultor, der zugleich der Stammgott der *gens Iulia* und der Stammvater des Römervolkes war, in Verbindung gebracht. Die enge Verflochtenheit des Augustus und seiner Dynastie mit dem Staat wurde damit einmal mehr eindrucksvoll verdeutlicht.

5. Herrscherkult

Alle bisher geschilderten Phänomene rückten den Prinzeps und sein Haus in eine besondere, übermenschliche Sphäre, machten ihn aber nicht selbst zu einem Gott.[132] Wohl ließ er es sich gefallen, wenn die Dichter

---

[128] Suet. Aug. 29, 2; vgl. 21, 2. Dio 55, 10, 2 ff. Dazu P. Zanker, Forum Augustum 24. Bei den Triumphalbestimmungen war offenbar vor allem an den erhofften Triumph des C. Caesar (dazu Ovid, Ars amat. 213 ff.) gedacht, vgl. F. E. Romer, G. and L. Caesar in the East, Diss. Stanford Univ. 1974, 85.

[129] Zum Verhältnis des Augustus zum capitolinischen Jupiter vgl. die Anekdoten bei Dio 54, 4, 2 ff.

[130] Dio 55, 10, 2. Dazu G. Pfister, Iuventus 33 f. und 45 f.

[131] Vgl. E. Buchner a. O. (Anm. 126) 577. Die Salier hatten beim Tempel des Mars Ultor einen eigenen Raum für ihre Mahlzeiten: Suet. Claudius 33, 1.

[132] Vgl. allgemein zum augusteischen Herrscherkult: L. R. Taylor, The Divinity of the Roman Emperor, Middletown 1931, 142 ff. F. Taeger, Charisma II, Stuttgart 1960, 102 ff. Chr. Habicht, Die augusteische Zeit, in: Le culte des souverains dans l'empire romain, Entretiens Hardt 19, Genf 1973, 42 ff. M. O. Paladini, Contributi dell'istituto di filogia classica, sez. di storia antica, I, Mailand 1963, 1 ff. Weitere Literatur bei L. Cerfaux–J. Tondriau, Un concurrent du Christianisme, Le culte des souverains dans la civilisation grécoromaine, Tournai 1957, 9 ff., und bei P. Herz, ANRW II 16, 2, 1978, 833 ff. Vgl. auch A. Wlosok, Römischer Kaiserkult, WdF 372, Darmstadt 1978, J. H. W. G. Liebeschuetz, Continuity and Change in Roman Religion 65 ff., und D. Ladage, Soziale Aspekte des Kaiserkults, Festschrift F. Vitting-

eine Divinisierung nach seinem Tode ankündigten.[133] Wie sein 'Vater' Caesar, so wünschte offenbar auch Augustus, nach seinem Tode als Divus unter die Staatsgötter aufgenommen zu werden. Andrerseits wußte er sehr wohl, daß an eine göttliche Verehrung seiner Person in Rom zu seinen Lebzeiten nicht zu denken war. Wenn schon *rex*-Titel und Diadem dem römischen Empfinden nicht zugemutet werden konnten, so erst recht nicht

hoff, Köln 1980, 377 ff. R. Albert, Das Bild des Augustus auf der frühen Reichsprägung. Studien zur Vergöttlichung des ersten Prinzeps, Diss. Mannheim 1980, Speyer 1981. Dazu G. W. Bowersock, The Imperial Cult, in: Studies on the Eastern Roman Empire 327 ff. Die dem Augustus errichteten Tempel und Altäre sind zusammengestellt und eingehend untersucht von H. Hänlein-Schäfer, Veneratio Augusti, Rom 1985. Für ein von Antonius auf Augustus umgewidmetes Heiligtum in Iria auf Naxos s. V. Lambrinodakis–G. Gruben, AA 1987, 569 ff. Zum Sebasteion in Aphrodisias s. F. Hueber und U. Outschar, in: J. de la Genière–K. Erim, Aphrodisias de Carie, Paris 1987, 63 ff. und 107 ff., R. R. R. Smith, JRS 77, 1987, 88 ff., und J. M. Reynolds, in: Subject and Ruler 41 ff. Zum Kaiserkult in Lesbos s. G. Labarre, REA 96, 1994, 437 ff. Zur Wiederherstellung öffentlicher Bauten in Messene im Zusammenhang mit der Errichtung eines Sebasteion, vgl. die von L. Migeotte, BCH 109, 1985, 597 ff., edierte und besprochene neue Inschrift, dazu D. Strauch, Römische Politik 94 m. A. 88. In Megalopolis wurde nach dem Tod der Livia von Privaten ein Tempel für Augustus und Livia errichtet: IG V2, Nr. 515. Dazu D. Strauch a. O. 102. Einen Bau für den Kaiserkult in Mainz vermutet G. Frenz, Die römische Okkupation nördlich der Alpen 89 f., aufgrund von Architekturfragmenten augusteischer Zeit. Zum Augusteum in Nîmes s. P. Gros, Rev. arch. Narb. 17, 1984, 123 ff., und P. Varène, Rev. arch. 1987, 91 ff. Zum Kult des Augustus in Arelate s. P. Gros, JdAI 107, 1987, 346 ff. In Kallatis in Mösien wurden in augusteischer Zeit die Säulen einer Stoa dem Kaiser Augustus gewidmet (SEG XXVIII, 1977, Nr. 385 = AE 1977 Nr. 743). Zum Kaiserkult in Alexandria s. oben S. 74 A. 252, in Tomi (?) unten S. 305 A. 312. H. Hänlein-Schäfer betont, daß Augustus im provinzialen Kult stets mit der *dea Roma* verbunden war. Allein ohne die Roma wurde Augustus nur in ganz wenigen Munizipalkulten verehrt (Veneratio Augusti 79 f.). Zum Kaiserkult in Ägypten s. E. G. Huzar, H. Heinen und J. C. Grenier, in: ANRW II 18, 5, 1995, 3092 ff., 3144 ff. und 3181 ff. – Vgl. auch M. Clauss, Klio 78, 1996, 400 ff., dessen Behauptung, Augustus sei schon zu seinen Lebzeiten auch in Rom offiziell als Gott verehrt worden, im Widerspruch zur antiken Überlieferung steht. K. Galinsky, Augustan Culture 322 ff. K. Hopkins, Conquerors and Slaves, Cambridge 1978, 197 ff. (Divine emperors or the symbolic unity of the Roman Empire). S. R. F. Price, Between Man and God: Sacrifice in the Roman Imperial Cult, JRS 70, 1980, 28 ff.

[133] Vgl. L. R. Taylor, Divinity 149 ff. R. Gilbert, Die Beziehungen zwischen Prinzeps und stadtrömischer Plebs, Bochum 1976, 218 ff. Nach 27 v. Chr. wird Augustus auf den Münzen und in offiziellen Denkmälern nicht mehr mit einer Gottheit identifiziert oder dieser angeglichen. Vgl. P. Lambrechts, in: Saeculum Augustum II 88 ff., und W. Kierdorf, in: Affirmation und Kritik 169 m. A. 10. Vgl. unten S. 283 f. und 293 f.

ein Gottkönigtum hellenistischer Prägung. Dennoch erkannte Augustus auch, daß eine kultische Verehrung seiner Person zu einer Stabilisierung der neuen monarchischen Herrschaftsform beitragen konnte. Und es läßt sich heute nicht mehr bestreiten, daß Augustus die kultische Verehrung seiner Person allenthalben im Reich schon zu seinen Lebzeiten bewußt gefördert und behutsam gelenkt hat.[134]

So hat der Prinzeps gleich nach seinem Sieg über Antonius den Hellenen von Asia und Bithynia gestattet, ihm in Pergamon und in Nikomedeia zusammen mit der Göttin Roma einen Tempel zu errichten. Der Kult galt der Thea Rhome und dem Autokrator Kaisar. Oktavian hat es also offenbar abgelehnt, sich als Gott (Theos) verehren zu lassen, wohl mit Rücksicht auf die Stimmung in Rom.[135] Gleichzeitig mit dem Kult wurden von den Pergamenern später penteterische Spiele zu Ehren des Augustus und der Roma, die Rhomaia Sebasta, veranstaltet.[136] Während die Kulte in Pergamon und Nikomedeia von den griechischen Provinziallandtagen ausgerichtet wurden, hat Oktavian die gleichzeitig in Ephesos und in Nikaia für die Roma und den Divus Julius erbauten Tempel den dortigen Kon-

---

[134] Vgl. z. B. M. L. Paladini, a. O. (Anm. 132) 26 f. A. Alföldi, Die zwei Lorbeerbäume des Augustus 44 ff. L. R. Taylor, Divinity 171. Anscheinend haben römische Kaufleute dem Augustus sogar außerhalb des Reiches in der südindischen Hafenstadt Muziris einen Tempel errichtet. Vgl. H. Hänlein-Schäfer, Veneratio Augusti 254.

[135] Dio 51, 20, 6ff. RIC Aug. Nr. 15. Vgl. Tac. ann. 4, 37, 3. Dazu Chr. Habicht a. O. (Anm. 132) 76ff. F. Millar, Emperor 386. C. Fayer, Il culto della dea Roma. Origine e diffusione nell' Impero, Pescara 1976, 107ff. R. Mellor, ΘΕΑ ΡΩΜΗ. The Worship of the Goddess Roma in the Greek World, Göttingen 1975, 140ff. und in: ANRW II 17, 2, 1981, 976ff. G. W. Bowersock, Augustus and the Greek World, Oxford 1965, 116ff. J. Deininger, Die Provinziallandtage der römischen Kaiserzeit, München 1965, 16ff. S. R. F. Price, Rituals and Power. The Roman Imperial Cult in Asia Minor, Cambridge 1984. St. Mitchell, Anatolia, Oxford 1993, 100ff. – In einer neuen Inschrift aus Milet erscheint ein C. Julius Epikrates als ἀρχιερεὺς Ἀσίας καὶ τῶν Ἰώνων διὰ βίου, wobei die Rolle des Jonischen Bundes bei der Konstituierung des Kaiserkults vorerst ein offenes Problem bildet. S. P. Herrmann, Ist. Mitt. 44, 1994, 203ff., und in: ENEPΓEIA. Studies H. W. Pleket, Amsterdam 1996, 1ff., der das Priestertum des Epikrates in die Zeit zwischen 29 und 9 v. Chr. datiert. – Zu einer Vorstufe des Kaiserkults in Pergamon s. M. LeGlay, Le culte de Rome et de Salus à Pergame, Festschrift F. K. Dörner II, Leiden 1978, 546ff. – Zur Ablehnung göttlicher Ehren durch Augustus vgl. M. P. Charlesworth, PBS Rome 15, 1939, 1ff., und H. Engelmann, Die Inschriften von Kyme, Bonn 1976, 65 mit weiterer Literatur. Daß man die taktisch bedingte Zurückhaltung des Augustus nicht überbewerten darf, zeigt die weitere Entwicklung.

[136] Zu den Spielen vgl. C. Fayer a. O. 113ff. R. Mellor a. O. 165ff. Dazu unten S. 436ff.

venten der römischen Bürger anvertraut. Offenbar sollte der Kult des Oktavian/Augustus auf die Provinzialen beschränkt bleiben. Ähnliche Kulte wie in Asia und Bithynia wurden bald auch auf Kreta und Kypros und nach 25 v. Chr. auch in Galatia eingerichtet (wobei in der neuen Provinz auch ein neuer Provinziallandtag geschaffen wurde). Ebenso hatte schon Syrien unter Augustus einen Landtag und einen Provinzialkult. Vielleicht geht auch der makedonische Kult bereits auf Augustus zurück.[137]

Schon vorher waren römischen Statthaltern im griechischen Osten Spiele beschlossen und Statuen aufgestellt worden.[138] Allerdings scheint bis auf Augustus den so geehrten Römern kein eigener Tempel errichtet worden zu sein. Der Prinzeps hat daran anscheinend auch etwas Anstoß genommen. Vor allem wohl, um unerwünschte Reaktionen in Rom zu vermeiden, ließ er daher den Kult des Divus Julius und seinen eigenen Kult nur in Verbindung mit dem Kult der Dea Roma zu. Denn die Göttin Roma hatte bereits in zahlreichen Orten des Ostens Tempel und Spiele. Und die Ephesier hatten schon früher den Servilius Isauricus zusammen mit der Roma kultisch verehrt.[139] In der jetzt überall durchgeführten Verbindung des provinzialen Augustuskults mit dem Kult der Dea Roma sollte aber auch deutlich werden, daß eben Augustus der Repräsentant Roms war.[140] In vielen Städten wurde außerdem eine neue Jahreszählung, die mit dem Sieg von Actium begann, eingeführt.[140a]

Wohl noch im Jahre 29 v. Chr. faßte der Landtag von Asia auch den Beschluß, demjenigen einen goldenen Kranz zu verleihen, „der die größte Ehre für den Gott erfände". Mit dem Ausdruck Gott bezeichneten die

---

[137] Vgl. J. Deininger, Provinziallandtage 84ff. (Kreta und Kypros), 66ff. (Galatia), 91ff. (Macedonia). Auch in Thessalien gab es seit 27 v. Chr. einen Priester und Agonotheten des Augustus, vgl. Ch. Edson, Harv. Stud. 51, 1940, 132ff. Zum galatischen Koinon s. auch C. Fayer a. O. 127f. Als Oberpriester der Provinz Syria ist jetzt für die augusteische Zeit ein gewisser Dexandros bezeugt, s. AE 1976, Nr. 678 mit Kommentar. – Ägypten, wo Augustus als Nachfolger der Pharaonen verehrt wurde, bildete einen Sonderfall, s. oben S. 74.

[138] S. H. Langenfeld, Mon. Chilon. 234f., und K. Tuchelt, Frühe Denkmäler Roms in Kleinasien I, Tübingen 1979, 45ff. (Denkmäler römischer Promagistrate in hellenistischer und augusteischer Zeit).

[139] Zum Kult der Dea Roma s. die in Anm. 135 genannten Werke von C. Fayer und R. Mellor. Zur Verehrung des Servilius Isauricus zusammen mit der Roma s. R. Mellor, ΘΕΑ ΡΩΜΗ 58.

[140] Vgl. U. Knoche, Gymnasium 59, 1952, 336.

[140a] Zur actischen Ära, die außer in Samos, Kleinasien und Syrien auch in Kyrene sowie in Makedonien begegnet, s. A. E. Samuel, Greek and Roman Chronology, München 1972, 247f. mit Lit. Dazu F. Papazoglou, ANRW II 7, 1, 1979, 327. (Vgl. auch unten Anm. 144.)

Griechen Oktavian (trotz der offiziell zur Schau getragenen Zurückhaltung des Prinzeps). Den Goldkranz erhielt dann zwei Jahrzehnte später im Jahre 9 v. Chr. der Proconsul Paullus Fabius Maximus für seinen Vorschlag, den lunisolaren Kalender der griechischen Städte Kleinasiens nach dem Vorbild des solaren römischen Kalenders zu reformieren und mit dem Geburtstag des Augustus beginnen zu lassen.[141] Denn „für die Welt war der Geburtstag des Gottes der Anfang der durch ihn bewirkten Freudenbotschaften"[142]. Die Neuordnung des Kalenderwesens wurde also um die gleiche Zeit wie in Rom auch in der Provinz Asia in den Dienst des monarchischen Gedankens gestellt. Schon vorher hatte man allerdings in Syrien oder in Kypros einen solaren Kalender römischen Typs in Gebrauch genommen, in dem die Monatsnamen nach dem Caesar und seinem Haus benannt waren.[143] Und ein ähnlicher Kalender, dessen Monatsnamen aber allein den Augustus und nicht auch seine Angehörigen ehrten, wurde zwischen 12 und 2 v. Chr. in Kypros neu eingeführt.[144] Wenn Oktavian im

[141] Das Edikt des Proconsuls in griechischer und lateinischer Fassung sowie zwei daran anknüpfende Beschlüsse des griechischen Koinon sind offenbar in allen größeren Städten Kleinasiens publiziert worden. Mehr oder minder große Fragmente kamen bis jetzt in der Konventsstadt Apameia Kibotos (Phrygien), in Priene (Karien), in Maionia (Lydien) sowie in Eumeneia und Dorylaion (beide in Phrygien) zutage. Die heute maßgebende Ausgabe aller Texte stammt von U. Laffi, Studi Classici e Orientali 16, 1967, 5ff. – Zum Inhalt vgl. M. P. Nilsson, GGR II², München 1961, 388f.; Chr. Habicht (o. Anm. 132) 80ff.; sowie den Kommentar von R. K. Sherk, Roman Documents p. 334ff., dessen Text jedoch durch die Ausgabe von Laffi überholt ist. – Zum Kalender selbst vgl. A. E. Samuel, Greek and Roman Chronology, München 1972, 181ff. – Zum Statthalter Paullus Fabius Maximus s. R. Syme, Ovid 135ff., und H. Dessau, Kaiserzeit I 104ff., der vermutet, daß Fabius auch für die Einführung des unten erwähnten Kalenders in Kypros verantwortlich war.

[142] Übrigens wurden der Geburtstag des Augustus und andere Kaiserfeste im Osten vielfach monatlich begangen. Vgl. zu diesen sog. ἡμέραι Σεβασταί bzw. *dies Augusti* W. F. Snyder, Aegyptus 18, 1938, 197ff., und 44, 1964, 145ff.; J. Schwartz, REA 46, 1944, 266ff.; P. Herz, Untersuchungen zum Festkalender der römischen Kaiserzeit. Diss. Mainz 1975, 85, und ANRW II 16, 2 (1978) 1135ff. Später spielte die monatliche Feier des Geburtstages des Divus Augustus besonders in den Kaisermysterien eine Rolle, s. H. W. Pleket, Harv. Theol. Rev. 58, 1965, 331ff.

[143] Zum Problem der lokalen Zuweisung und zur Anordnung der Monate s. U. Laffi, a. O. (o. Anm. 141) 43ff. M. Hofmann, RE XVIII 3, 1949, 1123, hat vermutet, daß der Kalender von P. Paquius Scaeva in Paphos eingeführt wurde (übernommen von R. Szramkiewicz, Gouverneurs II 25). Vgl. auch T. B. Mitford, ANRW II 7, 2, 1980, 1357ff., und die in der nächsten Anmerkung genannte Literatur.

[144] Vgl. K. Scott, Yale Class. Stud. 2, 1931, 264ff. St. Weinstock, Athen. Mitt. 77,

Jahre 30 noch zu verhindern suchte, daß auch die römischen Bürger in der Provinz ihm kultische Ehren darbrachten, so sehen wir im Jahre 6 v. Chr. in Paphlagonien Römer wie Provinziale am Altar des Augustus einen Loyalitätseid auf den Prinzeps ablegen. Unter den Schwurgöttern wurde dabei auch Augustus selbst angerufen, wie das im Osten auch in anderen Eiden sich einbürgerte.[145]

Wie sehr Augustus in dem Kult seiner Person ein Mittel zur Stabilisierung seiner Herrschaft sah, geht auch daraus hervor, daß er den Provinzialkult auch im Westen des Reiches einführte.[146] Es geschah sicherlich mit seiner Billigung und mit seinem Willen, wenn im Jahre 12 v. Chr. sein Stiefsohn Drusus in Lugdunum eine *ara Romae et Augusti* für die drei Provinzen der *Gallia Comata* weihte und dort den Sitz des neugegründeten

---

1962, 306 ff. F. Taeger, Charisma II 191 ff. A. E. Samuel a. O. (Anm. 141) 183 ff. R. Mellor, ΘΕΑ ΡΩΜΗ 161 f. – Zu syrischen Kalendern, die mit dem Geburtstag des Augustus begannen, s. den Vorbericht von J. P. Rey-Coquais, Akten des VI. Kongr. f. Gr. und Latein. Epigraphik, München 1973, 564 ff. (auf Grund noch unpublizierter Inschriften), und JRS 68, 1978, 47 (dort auch zur Verbreitung der Ära von Actium in Syrien). – In Italien machten übrigens viele Gemeinden den Tag des *adventus Augusti* zum *principum anni*, s. Suet. Aug. 59.

[145] OGIS 532 (= Historische Inschriften Nr. 7). Vgl. P. Herrmann, Der römische Kaisereid, Göttingen 1968, 96 ff.: „Nicht klar zu erkennen sind bei dieser Aktion der Anlaß und die dafür verantwortliche Instanz." Vgl. zu ähnlichen Eiden Herrmann 90 ff. und 95 ff. – Daß auch sonst in den Provinzen der Kult des Augustus nicht auf Peregrine beschränkt blieb, zeigt der *Augusto deo* geweihte Stein aus Africa, den die *cives Romani qui Thinissut negotiantur* gesetzt haben (Dessau Nr. 9495). Die Verlegenheit F. Taegers (Charisma II 147 f.) diesem Zeugnis gegenüber ist typisch für eine Richtung in der modernen Forschung, die sich Augustus allzu republikanisch vorstellt. Der Kaiserkult in den Provinzen konnte jedoch auf die Dauer gar nicht auf die Peregrinen beschränkt bleiben. Die Neubürger zumal werden kaum auf den Gedanken verfallen sein, nach Erhalt des Bürgerrechts dem Kult des Augustus zu entsagen. Gerade unter den provinzialen Oberpriestern finden sich ja auch zahlreiche römische Neubürger, vgl. unten S. 465 m. Anm. 50.

[146] Zum Augustuskult im Westen s. C. Fayer, Il culto della dea Roma 185 ff.; L. R. Taylor, Divinity 208 ff.; D. Fishwick, ANRW II 16, 2, 1978, 1204 ff., und: The Imperial Cult in the Latin West, 2 in 4 Bdn., Leiden 1987/92. D. Ladage, Städtische Priester und Kultämter im Lateinischen Westen des Imperium Romanum zur Kaiserzeit, Diss. Köln 1971, 34 ff. und 41 ff. R. Étienne, Le culte impérial dans la péninsule ibérique d'Auguste à Dioclétien, Paris 1958 (nicht nur für Spanien wichtig!) und in: Subject and Ruler 153 ff. Zum Kult des Augustus in den gallischen Städten s. M. LeGlay, in: Les Villes augustéennes 117 ff., der S. 126 bemerkt: Il semble bien que les Gaules ont occupé une position primordiale dans l'Occident latin pour l'adoption du culte d'Auguste et sa diffusion sinon dans les masses, du moins chez les particuliers. Zu den Kulten des Augustus in Gallien s. auch E. S. Ramage, Klio 79, 1997, 149 ff.

Landtages der *Tres Galliae* einrichtete.[147] Die seit 10 v. Chr. in großer Zahl geprägtes Aes-Münzen mit dem Altar und der Aufschrift ROM ET AVG waren geeignet, den Kult des Augustus vor allem bei den Truppen an der Rheinfront zu propagieren.[148] Für die neue germanische Provinz war offenbar der *ara Ubiorum* in Köln eine ähnliche Funktion wie dem Altar in Lyon zugedacht. In Nordwestspanien wurde schon unter Augustus die *Ara Romae et Augusti* zum Mittelpunkt eines *conventus* mehrerer *gentes* (u. a. der Asturer) mit ihren *civitates* gemacht. Welcher Art die Huldigung der norischen Stämme für Augustus und seine Angehörigen auf dem Magdalensberg in Kärnten war, muß vorerst offenbleiben. Im ganzen ist es jedoch bezeichnend, daß der Kult für Augustus sich gerade in den neuerworbenen Provinzen des Westens nachweisen oder doch wahrscheinlich machen läßt. Der Kult sollte offenbar der Herrschaftssicherung dienen.[149] Der Herrschaftssicherung und -stabilisierung diente auch der Totenkult für verstorbene Angehörige der Domus Augusta, sowohl die in der Regel auf lokale Initiative zurückgehenden Kulte für die beiden Caesares wie die provinzialen Kulte für Drusus, für C. Caesar und für Germanicus. Der Kult des Drusus in Mainz verdankt einer Initiative des Heeres und einem Beschluß des gallischen Landtages seinen Ursprung und seine Ausgestaltung, diente aber dann als Vorbild für die ähnlichen Kulte des C. Caesar in Limyra und des Germanicus, wobei jedenfalls für den Kult des Germanicus die Initiative von Rom ausging.[149a]

[147] Dio 54, 32, 1. Liv. epit. 139. Vgl. J. Deininger, Provinziallandtage 21 ff. und 99 ff., sowie A. J. Christopherson, Historia 17, 1968, 351 ff. – Zu den *sacerdotes* der *ara* von Lyon s. J. F. Drinkwater, Latomus 37, 1978, 817 ff. Dazu L. Turcan, in: ANRW II 12, 1, 1982, 607 ff., und H. Hänlein-Schäfer, Veneratio Augusti 246 ff. Zum Dedikationsdatum s. D. Fishwick, Latomus 55, 1996, 87 ff.

[148] RIC Aug. Nr. 359 ff. Dazu D. Fishwick ANRW I 205 f.

[149] Zur *ara Ubiorum* s. Tac. ann. 1, 57, 2. Dazu J. Deininger, Provinziallandtage 24 f., und D. Fishwick, ANRW II 16, 2, 1208. Vgl. auch S. 366. Zum *Conventus Arae Augustae* in Spanien s. AE 1984 Nr. 553. Dazu W. Eck, Chiron 27, 1997, 200 ff., und R. Rodríguez Colmenero, ZPap 117, 1997, 213 ff. Zu den Inschriften vom Magdalensberg s. J. Deininger, Provinziallandtage 25 f. H. Vetters, RE IX A 1, 1961, 262 f. G. Piccotini, ANRW II 6, 1977, 277 ff. Die Dedikationsinschriften reichen von 11–2 v. Chr. Vgl. jedoch D. Fishwick a. O.: "There is nothing definite as yet that would point to the existence of a provincial cult under Augustus (auf dem Magdalensberg)." Vgl. H. Hänlein-Schäfer, Veneratio Augusti 252 ff. (Ara Ubiorum) und 152 ff. (Magdalensberg). Einen guten Überblick über die Entwicklung der Stadt auf dem Magdalensberg gibt jetzt G. Piccotini, in: Die römische Okkupation nördlich der Alpen 61 ff. Danach wurde erst unter Tiberius ein Tempel für den Divus Augustus und die dea Roma errichtet. Zu weiteren Ansätzen zu einem überlokalen Augustuskult im Westen s. D. Fishwick a. O. 1208 f. Anm. 32.

[149a] Zu den lokalen Kulten für die Caesares s. oben S. 137 A. 195. Zum Kult des

Allerdings ging Augustus bei der Einrichtung und Verbreitung des Provinzialkultes sehr behutsam vor. Der Kult der Roma und des Augustus wurde keineswegs für alle Provinzen obligatorisch gemacht. Viele Provinzen erhielten erst lange nach dem Tode des Augustus einen Provinzialkult. Außerdem gab es aber schon zu Lebzeiten des ersten Prinzeps in zahllosen Gemeinden sowohl in den östlichen wie in den westlichen Provinzen Munizipalkulte, in denen Augustus als Gott verehrt wurde.[150] Daneben wurden die Livia und andere Angehörige seines Hauses kultisch verehrt. Auch Agrippa hatte schon zu seinen Lebzeiten in einigen Gemeinden einen eigenen Kult.[151]

Drusus s. oben S. 125 A. 150. Zum Kult des C. Caesar in Limyra s. oben S. 136 A. 193. Zum Kult des Germanicus s. M. Crawford, Roman Statutes I Nr. 37.

[150] Zu den munizipalen bzw. lokalen Kulten der *dea Roma* und des Augustus im Osten s. C. Fayer, Il culto della dea Roma 135 ff., und R. Mellor, ΘΕΑ ΡΩΜΗ 136 ff. Zu den Kaisareia in verschiedenen griechischen Städten s. R. Mellor 142 ff. (Zum Bautyp des Kaisareion vgl. E. Sjöquist, Opuscula Romana 1, 1954, 86 ff.) Zu den epigraphisch oder archäologisch nachgewiesenen Augustusaltären in Kleinasien und Griechenland s. K. Tuchelt, Istanb. Mitt. 25, 1975, 91 ff., bes. 137 ff., und A. Benjamin–A. E. Raubitschek, Hesperia 28, 1959, 65 ff. Dazu jetzt H. Hänlein-Schäfer, Veneratio Augusti, Rom 1985. – Zu *magistri Larum Augustorum* in Alexandria s. F. Kayser, in: G. Pugliese Carratelli u. a., Roma e l'Egitto nell'antichità classica, Rom 1992, 241 ff. – Oft erfolgte eine Identifikation des Augustus mit anderen Gottheiten (so mit Apollon Eleutherios: OGIS 457), gewöhnlich aber mit einer Erscheinungsform des Zeus, vgl. St. Weinstock, Divus Julius 304 f. mit Belegen. Für eine wohl an Augustus als Neos Apollon gerichtete Weihung eines Poseidonios, Sohn des Demetrios, ἀγωνοθέτης ἐν ἐφήβοις αὐτοῦ γενόμενος, s. D. Peppas-Delmousou, Am. Journ Phil. 100, 1979, 125 ff. – Zum Kult der Roma und des Augustus im Westen s. C. Fayer a. O. 213 ff. Zur kultischen Verehrung des Augustus schon zu seinen Lebzeiten in Spanien s. R. Étienne, Le culte impérial dans la péninsule ibérique d'Auguste à Dioclétien, Paris 1958 (ND 1974), 367 ff. Gelegentlich wurde die Einrichtung von Munizipalkulten durch die Freunde des Augustus finanziell gefördert. So hat der reiche Ritter Vedius Pollio in Benevent ein Caesareum gestiftet: CIL IX 1556. Dazu L. R. Taylor, Divinity 169., und H. Hänlein-Schäfer a. O. 141 f. Vgl. auch K. M. T. Atkinson, RIDA 1962, 261 ff., zu Stiftungen desselben Vedius Pollio in Ephesos und Tralleis. Dazu P. Herrmann, Festschrift F. Vittinghoff, Köln 1980, 339 ff., P. Scherrer, ÖJh 60, 1990, 87 ff., und H. Hänlein-Schäfer a. O. 280 f., die in dem Tempel auf Münzen des Pollio aus Tralleis einen Zeustempel sieht. Doch dürfte Tralleis den Augustus als Neugründer der Stadt (s. unten S. 435) schon zu Lebzeiten kultisch verehrt haben. Vgl. auch unten Anm. 156.

[151] Vgl. die Liste bei L. R. Taylor, Divinity 270 ff. Dazu G. W. Bowersock, Augustus and the Greek World 118 mit Anm. 3 und 4. F. Taeger, Charisma II 197 ff. St. Weinstock, Athen. Mitt. 77, 1962, 311. – Zu Agrippa vgl. R. Hanslik, RE IX A 1, 1961, 1269, und J.-M. Roddaz, Agrippa 440 ff. – Zu Agrippa Postumus s. oben S. 138 Anm. 197. Zum Kult der Caesares s. S. 137 f. Anm. 195. – Schon zu Lebzeiten des

Die städtischen Kulte waren allerdings zunächst nicht auf den Prinzeps und sein Haus beschränkt. Derartige Kulte sind etwa auch für M. Vinicius (cos. 19 v. Chr.), Paullus Fabius Maximus (cos. 11 v. Chr.) und C. Marcius Censorinus (cos. 8 v. Chr.) bezeugt. Censorinus war allerdings der letzte, dem eine solche Ehre zuteil wurde.[152] Und in dem Treueid, den die Zyprioten im Jahre 14 n. Chr. dem Tiberius leisteten, verpflichteten sich diese *expressis verbis*, außer ihren einheimischen Göttern nur Roma sowie Tiberius und seine Söhne durch göttliche Ehren auszuzeichnen.[153] Damit fand aber nur eine Entwicklung ihren Abschluß, die schon unter Augustus eingesetzt hatte.

Die göttliche Verehrung des Prinzeps blieb aber nicht auf die Provinzen beschränkt. Auch in den Klientelstaaten fand der Kult des jüngeren Caesar Eingang. Besonders König Herodes hat in den nichtjüdischen Städten seines Reiches zahlreiche Augustustempel errichten lassen.[154] Gegenüber den Juden durfte der König behaupten, daß er dabei auf Weisung gehandelt habe. Offenbar forderte die römische Regierung von Herodes den Kult des Augustus als ein Zeichen seiner Loyalität. Auch den Loyalitätseid hat Herodes von seinen Untertanen nicht für sich allein, sondern auch für Augustus verlangt.[155]

Augustus wurde im Osten die kultische Verehrung auch auf die Frau und die Tochter des Prinzeps ausgedehnt. Vgl. K. Hahn, Die Frauen des römischen Kaiserhauses und ihre Ehrungen im griechischen Osten, Saarbrücken 1994, bes. 34ff. (Livia) und 106ff. (Iulia); sowie T. Mikocki, Sub. specie deae 18ff. (Livia) und 30ff. (Iulia). Für Livia s. auch die Belege in PIR² L p. 75ff. Nr. 301. Dazu B. St. Spaeth, The Roman Goddess Ceres, Austin 1996, 169ff. (Livia als Ceres).

[152] G. W. Bowersock, Augustus 119f. (vgl. die Liste p. 150f.). In ähnlicher Weise wurden auch die Titel εὐεργέτης und κτίστης für den Prinzeps reserviert, vgl. Bowersock a. O. und S. Eitrem, Symb. Osl 15/6, 1936, 116. – Vgl. auch das Ehrendekret für M. Nonius Balbus aus Herculaneum (AE 1947, Nr. 53) mit den Ausführungen von L. Schumacher, Chiron 6, 1976, 165ff.

[153] St. Weinstock, Athen. Mitt. 77, 1962, 317ff. Vgl. P. Herrmann, Kaisereid 101ff. (ebda. 124ff. Nr. 5 auch ein Abdruck des Textes).

[154] Zum Kaiserkult des Herodes und zu den von ihm errichteten Augustustempeln s. W. Otto, RE Suppl. II, 1913, 64ff. L. R. Taylor, Divinity 171. C. Fayer, Il culto della dea Roma 149f. R. Mellor ΘΕΑ ΡΩΜΗ 94ff. und 143ff. Vgl. S. 445 A. 201.

[155] Joseph. Antt. Jud. 17, 2, 4 § 368. Dazu P. Herrmann, Kaisereid 98f. Zum Augustuskult auf Weisung (ἐξ ἐντολῆς καὶ προσταγμάτων) s. Joseph. Antt. Jud. 15, 9, 5 § 328ff. – Bezeichnend ist, daß sich Livia an den dem Augustus geweihten penteterischen Spielen, die Herodes im Jahre 10 n. Chr. aus Anlaß der Einweihung seiner neuen Hauptstadt gestiftet hatte, finanziell beteiligte: Joseph. Antt. Jud. 16, 4, 1 § 136ff. Dazu M. Lämmer, Die Kaiserspiele von Caesarea im Dienste der Politik des Königs Herodes, Kölner Beiträge zur Sportwissenschaft 3 (= Jb. der Deutschen Sporthochschule Köln 1974 [1975]), 95ff., der die Spiele aber ins Jahr 11 v. Chr. da-

Ebenso fand der Kult des Prinzeps in Italien Eingang und blieb auch hier nicht auf einzelne Privatleute beschränkt.[156] Schon bald nach dem Sieg über Sex. Pompeius im Jahre 36 v. Chr. errichteten die italischen Städte dem damals erst 28 Jahre alten Oktavian Statuen in den Tempeln ihrer Götter.[157] Im Jahre 2 v. Chr. wurden dann dem Augustus in Neapel *Italica Rhomaia Sebasta Isolympia* eingerichtet, die beim Tempel des Augustus und der Roma gefeiert wurden.[158] Auch in anderen italischen Städten wurde dem lebenden Augustus ein Kult gestiftet, oft zusammen mit einer anderen Gottheit. In anderen Gemeinden erhielt nicht Augustus selbst, sondern sein Genius einen Kult. Durch die Anknüpfung des Augustuskultes an bereits vorhandene Kulte anderer Gottheiten ergab sich von selbst, daß deren Priesterschaften auch die Pflege des Augustuskultes übernahmen. So begegnen in Pompeii *ministri Mercurii Maiae*, die sich später *ministri Augusti Mercurii Maiae* und seit dem Jahre 2 v. Chr. einfach *ministri Augusti* nennen. Einen *magister Mercurialis et Augustalis* findet man zu Lebzeiten des Prinzeps in dessen Geburtsstadt Nola. In Tibur war dagegen der Kult des Augustus mit dem Kult des Hercules verbunden, in Tusculum mit dem Kult der Dioskuren und in Padua mit dem Kult der Concordia.[159]

Träger des Kultes waren in Italien und den Westprovinzen die Augustales, meist Freigelassene, selten *ingenui*, die ein Kollegium bildeten und zu-

tiert. – Auf Kosten des Augustus selbst wurden ferner im Tempel von Jerusalem täglich zwei Widder und ein Stier für das Wohl des Kaisers geopfert (Philo, Leg. ad Gaium § 157 und 317. Dazu W. Otto, RE Suppl. II 1913, 64. Zu Weihgeschenken des Augustus und der Livia für den Tempel s. Joseph. b. Jud. 5, 13, 6 § 562 f.). Obwohl Augustus die jüdische Religion ablehnte, legte er doch aus politischen Gründen Wert darauf, in einer die jüdischen Empfindungen nicht verletzenden Weise im täglichen Kultbetrieb des Tempels berücksichtigt zu werden. – Zum Augustuskult außerhalb der Reichsgrenzen vgl. D. M. Pippidi, ÖJh. 44, 1957 (1959), Beibl. 229 ff.

[156] Vgl. L. R. Taylor, Divinity 214 ff. G. Herzog-Hauser, RE Suppl. IV 1924, 828 f. F. Taeger, Charisma II 141 ff. Zum Kult der Roma und des Augustus in Italien s. C. Fayer, Il culto della dea Roma 247 ff. Vgl. auch M. L. Paladini, Contributi dell'istituto di filol. class., Sezione di storia antica I, Mailand 1963, 1 ff. – Zu munizipalen Denkmälern des Kaiserkults s. H. von Hesberg, Röm. Mitt. 87, 1980, 349 ff. – Zu den privaten Kulten s. J. M. Santero, Athenaeum 1983, 111 ff.

[157] Appian, b. c. 5, 546. Dazu L. R. Taylor, TAPA 51, 1920, 116 ff.

[158] Dio 55, 10, 9. 56, 29, 2. Suet. Aug. 98, 5. Vell. Pat. 2, 123,1. Strabon 5, 4, 7 p. 246. Dazu I. R. Arnold, AJA 64, 1960, 246 f. R. Merkelbach, ZPap 15, 1974, 192 ff.

[159] CIL X 887. 888. 890 ff. (Pompeii). 1272 (Nola). XIV 3679. 3665. (Tibur). 2620 (Tusculum). dazu K. J. Neumann, RE II 2, 1896, 2350. Zu den Mercuriales s. jetzt B. Combet-Farnoux, ANRW II 17, 1, 1981, 457 f., und: Mercure romain, Rom 1980, 432 ff. Vgl. auch C. W. Samuels, The Mercury-Augustus identification, Diss. Univ. of Southern California, Los Angeles 1984. – Zum Kult des Genius Augusti in Pompeii s. I. Gradel, ARID 20, 1992, 43 ff. Vgl. auch unten S. 486 A. 133.

sammen mit den gewesenen Augustalen bald als ein eigener Stand zwischen der munizipalen Plebs und dem Dekurionenstand galten.[160] Neben den Augustales begegnen auch *seviri Augustales* und gelegentlich *magistri Augustales*. Das Verhältnis dieser Gruppen zueinander ist in der Forschung umstritten. Wahrscheinlich hat es an verschiedenen Orten und zu verschiedenen Zeiten jeweils verschiedene Organisationsformen gegeben.[161] Die Benennung *seviri Augustales* sollte dabei wohl nicht von ungefähr an die *seviri equitum Romanorum* erinnern, welche in Rom die jährliche Reiterparade anführten. Es mußte einem Freigelassenen schmeicheln, wenn er sich wie ein römischer Senator *sevir* nennen durfte, auch wenn die beiden Institutionen der *seviri Augustales* und der *seviri equitum Romanorum* von Haus aus nichts miteinander zu tun haben und in ihren Funktionen nicht miteinander vergleichbar sind. Die Augustalen hatten beim Eintritt in ihr Amt eine *summa honoraria* an die Gemeindekasse zu zahlen und die mit dem Kult verbundenen Opfer und Spiele auszurichten. Als Spielgeber trugen sie wie die städtischen Magistrate die *toga praetexta*, und es standen ihnen Liktoren und *fasces* zu. Das Augustalenamt war zwar einjährig, doch war Wiederwahl nicht ausgeschlossen. Wer als Freigelassener über ein entsprechendes Vermögen verfügte, hatte also die Möglichkeit, als Mitglied des Augustalenkollegiums zu einem gewissen Ansehen und zu einem nicht unbeträchtlichen Einfluß zu gelangen. Denn Opfer und Feste spielten im Wirtschaftsleben der antiken Stadt eine verhältnismäßig große Rolle. Darüber hinaus haben sich reiche Augustalen schon unter dem ersten Prinzeps durch die Errichtung von Bauten und durch sonstige Stiftun-

[160] Vgl. zusammenfassend jetzt R. Duthoy, ANRW II 16,2,1978, 1254 ff. mit Bibliographie. Wenn Duthoy (a. O. 1298 ff.) behauptet, die Augustalen hätten ausschließlich den *genius* und das *numen* des Kaisers und nicht den Augustus selbst göttlich verehrt, so läßt sich diese Auffassung allerdings aus den Quellen nicht beweisen. Vgl. schon H. Kasper, Griechische Soter-Vorstellungen und ihre Übernahme ins politische Leben Roms, Diss. Mainz 1959, 167 ff. – Vgl. jetzt allg. zur Augustalität P. Kneissl, Chiron 10, 1980, 291 ff. Dazu D. Fishwick, Imperial Cult II 1, 609 ff. F. Vittinghoff, HZ 230, 1980, 46 f. St. E. Ostrow, Historia 34, 1985, 66 ff., und in: Between Republic and Empire 364 ff. A. Abramenko, Athenaeum 79, 1991, 589 ff., und ZPap 103, 1994, 217 ff. (zur Augustalität der Narbonensis). A. de Franciscis, Il sacello degli Augustali a Miseno, Neapel 1991. Zu den Augustales in Mailand s. F. Stanley, AugAge 8, 1988, 54 ff., in Capua P. Palmieri, Misc. Graeca e Romana 7, 1980, 447 ff., in Herculaneum G. Guadagno und E. M. Moormann, Cronache ercolanesi 13, 1983, 159 ff. und 175 ff., A. Abramenko, Die munizipale Mittelschicht im kaiserzeitlichen Italien. Zu einem neuen Verständnis von Sevirat und Augustalität, Frankfurt a. M. 1993, und S. Mollo, L'Augustalità a Brescia, Rom 1997.

[161] Vgl. R. Duthoy, Epigraphische Studien 11, 1976, 143 ff., und G. Alföldy, AAntHung 6, 1958, 433 ff. – Zu den gelegentlich begegnenden Triumviri Augustales s. S. Demougin, MEFRA 100, 1988, 117 ff.

gen um ihre Gemeinden verdient gemacht. Die Einrichtung des munizipalen Augustuskultes erlaubte es also dem Prinzeps, die wohlhabenden Freigelassenen, die noch im Jahre 30 v. Chr. wegen der harten und ungerechten Besteuerung blutige Unruhen verursacht hatten, als eine bevorrechtete Schicht zu konstituieren und eng an seine Person zu binden. Da gerade die Freigelassenen einen nicht unwesentlichen Anteil am wirtschaftlichen Aufschwung nach den Bürgerkriegen hatten, wurden sie schnell zu loyalen Anhängern des Prinzeps und zu wichtigen Trägern der neuen Ordnung.[162]

In Rom hat Augustus den direkten Kult seiner Person, der sich schlecht mit der Prinzipatsideologie vertragen hätte, zu verhindern gewußt. Demonstrativ hat er im Jahre 27 sogar die etwa 80 ihm in der Stadt gesetzten Silberstatuen einschmelzen lassen, da sie als übermenschliche Ehrung galten. Von einem Teil des Ertrages weihte der Prinzeps dafür dem palatinischen Apollon goldene Dreifüße.[163] Doch auch in Rom hat Augustus eine indirekte kultische Verehrung nicht nur toleriert, sondern stark gefördert. So hat der Prinzeps die Neueinteilung Roms in Regionen dazu benutzt, den Kult der *Lares Augustales* zu konstituieren und damit die unteren Schichten der Plebs urbana in ähnlicher Weise wie die Freigelassenen in den Munizipien an sich zu binden.[164] Zum Kult des *Genius Augusti* gesellte sich dann später die Verehrung des *numen Augusti*.[165] Denn nach einer

---

[162] Vgl. dazu P. Zanker, JdAI 90, 1975, 281 ff. Der Reichtum der *liberti* zeigt sich vor allem auch in den von Zanker besprochenen Grabdenkmälern. – Vgl. allg. O. Behrends, Prinzipat und Sklavenrecht. Zu den geistigen Grundlagen der augusteischen Verfassungsschöpfung, in: Rechtswissenschaft und Rechtsentwicklung, hrsg. von U. Immenga, Göttingen 1980, 53 ff., bes. 83 ff. Behrends betont, daß der Sklave im Prinzipat Teil einer Standesordnung war, in welcher der Unterschied zwischen Freiheit und Unfreiheit, der von der spätrepublikanischen Eigentumstheorie sehr scharf gezogen worden sei, sich unter dem Einfluß der stoischen Naturrechtslehre relativiert hätte, nicht zuletzt durch eine Erleichterung der Freilassung. G. Alföldy, RSA 2, 1972, 97 ff., hat jedoch gezeigt, daß schon in der Spätrepublik die Freilassung von Sklaven in großem Umfang praktiziert wurde, so daß Augustus sogar gewisse Einschränkungen verfügen mußte (s. oben S. 140 f.). Vgl. dazu Dion. Hal., Antt. R. 4, 24.

[163] RgdA 24. Suet. Aug. 52. Dio 53, 22, 3 f. (vgl. 54, 55, 2). Dazu K. Scott, Archiv f. Religionswiss. 35, 1938, 121 ff., und C. Letta, Athenaeum 1978, 15 ff. Das Silber wurde nach Dio ausgemünzt. Ein Teil wurde zum Straßenbau verwandt. Vgl. unten S. 391 mit Anm. 39.

[164] Vgl. oben S. 127 und S. 196 f.

[165] Ehrenberg–Jones, Documents p. 46 (FPraenest). Dazu A. Alföldi, Lorbeerbäume 39 ff. (zur Datierung). Zum Begriff *numen* s. bes. D. Fishwick, Harv. Theol. Rev. 62, 1969, 356 ff., und Britannia 20, 1989, 231 ff.; ferner A. Grenier, Latomus 6, 1947, 297 ff.; D. Fasciano–P. Leblanc, Riv. di cultura class. et medioevale 15, 1973, 257 ff.; sowie zusammenfassend W. Pötscher, ANRW II 16, 1, 1978, 355 ff. mit weite-

Notiz der *Fasti Praenestini* veranstalteten im Jahre 6 n. Chr. die Priester der vier großen Kollegien ein blutiges Opfer an der von Tiberius dedizierten *ara numinis Augusti*.[165a] In republikanischer Zeit bezeichnete *numen* die Eigenschaft, besonders die Macht oder die Kraft einer Gottheit. Auch dem Senat oder dem römischen Volk wurde ein *numen* zugeschrieben. Der Begriff scheint übrigens relativ jung und in Anlehnung an die griechische Dynamis-Vorstellung gebildet worden zu sein. Während aber in der Republik einem einzelnen Menschen niemals ein *numen* beigelegt wurde, haben schon die augusteischen Dichter vom *numen* des Augustus gesprochen und dem Prinzeps damit eine übermenschliche, göttliche Kraft zugeschrieben. Da aber der Kult des *Genius Augusti* nach der Neuordnung der Compitalvereine anscheinend als eine Angelegenheit der unteren Schichten betrachtet wurde und zunächst auf diese beschränkt blieb,[166] bot die Dedikation der *ara numinis Augusti* die Möglichkeit, auch die oberen Stände noch stärker in den Herrscherkult einzubeziehen. Die Loyalitätsreligion der neuen Monarchie umfaßt also nicht bloß die Provinzen und Italien, sondern erstreckte sich auch auf die Hauptstadt Rom[167] und auf alle Stände.

Selbstverständlich wurde auch das Heer in die allgemeine – zweifellos von Augustus selbst gesteuerte – Loyalitätsreligion mit einbezogen. So hat schon Augustus veranlaßt, daß seine Bilder in den Lagerheiligtümern unter den Feldzeichen Aufstellung fanden und daß sein Bildnis an den Signa der Prätorianer angebracht wurde.[168] Auch die Hilfstruppen erhiel-

---

rer Literatur. Dazu St. Tortorella, Ostraka 1, 1992, 81 ff. – Die Einweihung des Altars fand wohl nicht zufällig am 17. Januar, dem Hochzeitstag des Augustus und der Livia, statt, vgl. W. Suerbaum, Chiron 10, 1980, 246.

[165a] R. T. Scott, Historia 31, 1982, 436 ff., liest jetzt in den Fasti Praenestini statt „*victumas inm[ol]ant n[umini] Augusti ad aram qu]am ...* " (so Mommsen, L. R. Taylor und A. Alföldi) vielmehr „*victumas inm[ol]ant m[aiores Providentiae Augustae ad aram qu]am ...* " und bezieht den Eintrag auf die Konstituierung der auf den Münzen des Divus Augustus Pater abgebildeten Ara Providentiae. Damit wäre Alföldis Datierung hinfällig. Doch wird man dennoch den Kult des Numen Augusti auch in Rom schon zu Lebzeiten des ersten Prinzeps ansetzen dürfen. – Zur Ara Providentiae s. M. Torelli, Ostraka 1, 1992, 109 ff.

[166] Vgl. F. Bömer, Athenaeum 44, 1966, 111.

[167] Hier blieb allerdings die Reserve gegen den Kult des lebenden Kaisers die ganze Prinzipatszeit hindurch lebendig, vgl. Dio 51, 20, 6 f. Dazu W. Kunkel, Kleine Schriften 507.

[168] Vgl. dazu neben den noch immer grundlegenden Ausführungen von A. von Domaszewski (Aufsätze zur römischen Heeresgeschichte, Darmstadt 1972, 68 ff.) vor allem die solide Dissertation von H. Ankersdorfer (Studien zur Religion des römischen Heeres von Augustus bis Diokletian, Diss. Konstanz 1973), der aller-

ten wohl schon unter Augustus Kaiserbilder, die von einem besonderen *imaginifer* getragen wurden. Augustus hat damit zumindest *de facto* den Herrscherkult auch auf das Militär ausgedehnt.[168a] Die sakrale Überhöhung und die kultische Verehrung des Augustus hatten auch Konsequenzen für sein Bildnis.[169] In den Jahren nach Caesars

dings wohl die religiöse Bedeutung der Feldzeichen und der Kaiserbilder etwas unterschätzt. Mit Recht betont Ankersdorfer (94f.) dagegen, daß mit Kaiserstatuen in den Lagern erst nach der Herausbildung fester Standlager zu rechnen ist. Vorher hatte man offenbar transportable Kaiserbilder aus vergänglichem Material. Übrigens war bei den Truppen das Kaiserbild auch auf Waffen und Gebrauchsgegenständen besonders verbreitet. Vgl. K. Vierneisel–P. Zanker, Die Bildnisse des Augustus, München 1979 (Ausstellungskatalog), 21 ff. Vgl. allg. zur röm. Heeresreligion J. Helgeland–E. Birley–M. P. Speidel–A. Dimitrova-Milčeva, ANRW II 16, 2, 1978, 1470 ff., 1506 ff., 1542 ff. (mit Bibliographie).

[168a] Schon zu Lebzeiten des Augustus wurde übrigens dessen Geburtstag beim Rheinheer durch ein Pferderennen gefeiert: Dio 56, 25, 3. – Vgl. allg. zum militärischen Festkalender o. Anm. 79a.

[169] Im Rahmen dieser Arbeit kann auf die sehr komplexen Probleme der Augustusikonographie, in der noch viele Fragen strittig sind, nicht näher eingegangen werden. Vgl. die Bibliographie von P. Herz, ANRW II 16, 2, 1978, 878f. Zu den (angeblichen?) Jugendbildnissen des Augustus s. Z. Kiss, L'iconographie 162 ff., und W. H. Gross, Eikones (Festschrift H. Jucker), Bern 1980, 126 ff., der die Existenz von Kinderbildnissen des Oktavian/Augustus überhaupt in Frage stellt (trotz Suet. Aug. 7, 1). S. auch U. Hausmann, ANRW II 12, 2, 1981, 526f. Zu den Augustusgemmen vgl. M. L. Vollenweider, Die Porträtgemmen der römischen Republik, Mainz 1974, 191 ff., und: Catalogue raisonné de sceaux, cylindres, intailles et Camées II, Mainz 1979, 165 ff. Dazu E. Zwierlein-Diehl, Der Divus-Augustus-Kameo in Köln, Kölner Jb. für Vor- und Frühgesch. 17, 1980, 12 ff. und H. Möbius, in ANRW II 12, 3, 1982, 32 ff. – Einen guten Überblick über die Augustusbildnisse gibt K. Fittschen, in: Saeculum Augustum III 149 ff. Zur Frage der Scheidung der zu Lebzeiten entstandenen Porträts von den postumen Bildnissen vgl. die grundsätzlichen Bemerkungen von H. von Heintze, in: In Memoriam Otto J. Brendel, Mainz 1976, 143 ff. – Allgemein zum Augustusporträt s. D. Boschung, Das römische Herrscherbild I 2, 1994, und A.-K. Massner, ebda. IV 1982. U. Hausmann, ANRW II 12, 2, 1981, 513 ff. W. H. Gross, ebda. 599 ff., M. Wegner, ebda. 646 ff. K. Fittschen–P. Zanker, Katalog der römischen Porträts in den kapitolinischen Museen I, Mainz 1984. W. Eck–K. Fittschen–F. Naumann, Kaisersaal. Porträts aus den kapitolinischen Museen in Rom, Rom 1986. S. Walker–A. Burnett, The Image of Augustus, London 1981, und: Augustus. Hand-list of the exhibition and supplementary studies, London 1981 (u. a. zu den Münzporträts des Augustus und der beiden Caesares). R. R. R. Smith, Hellenistic Royal Portraits, Oxford 1988, 137 ff. W. Schindler, Römische Kaiser. Herrscherbild und Imperium, Wien/Köln 1986 (Sachbuch). – Zu den Porträts des Actium-Typs s. P. Zanker, Studien zu den Augustus-Porträts I, Göttingen ²1978 (dort S. 55 auch die wichtigsten Besprechungen der 1. Auflage). – Vgl. auch R. R. R.

Tod wurde Oktavian auf den Münzen zunächst als junger Mann mit einem leichten Wangen- und (gelegentlich auch) Kinnbart, den er als Zeichen der Trauer trug, abgebildet. Die einzelnen Münzbildnisse Oktavians divergieren jedoch untereinander sehr stark. Die für die einzelnen Prägungen verantwortlichen Münzmeister hatten offensichtlich keine verbindliche Vorlage für ihre Darstellung.[170] Lediglich eine starke Anlehnung an die Bildnisse Caesars konnte beobachtet werden, die ganz der Propaganda des *divi filius* entsprach.

Nach Actium erscheint jedoch in der Großplastik und auf den Münzen, die wohl von einer rundplastischen Vorlage abhängig sind, ein neuer Darstellungstyp.[171] Auf einem verhältnismäßig langen Hals sieht man nun den gedrehten, leicht aufwärts gerichteten Kopf des Oktavian mit der für ihn charakteristischen Zangenfrisur. Das Porträt des Oktavian ist zweifellos in der Tradition eines hellenistischen Herrscherbildnisses entworfen worden. Dem Betrachter fällt sogleich die strahlende Klarheit auf, die von dem Bildnis ausgeht und die zumindest auf den Münzen durch das große Auge des Prinzeps noch betont wird. Und wie die damals geschaffene Statue des Apollon vor dem palatinischen Tempel die Züge Oktavians getragen haben soll, so scheinen auf den Münzen das Porträt Oktavians und die Darstellung des Apollon einander angeglichen.[172]

Smith, Typology and diversity in the portraits of Augustus, JRA 9, 1996, 31 ff. K. Galinsky, Augustan Culture 164 ff. – Die Augustusköpfe der griechischen Museen hat jetzt A. Stavridis, Röm. Mitt. 87, 1980, 345 ff., zusammengestellt. – Zu den Bildnissen des Augustus in Ägypten s. auch H. Jucker, ANRW II 12, 2, 667 ff., und V. M. Strocka, Eikones (Festschrift H. Jucker), Bern 1980, 177 ff. – Zu den postumen Augustusporträts s. auch H. Drerup, Madrider Mitt. 12, 1971, 138 ff., und N. Bonacasa, Röm. Mitt. 79, 1972, 221 ff. – S. jetzt auch P. Zanker, Provinzielle Kaiserporträts. Zur Rezeption der Selbstdarstellung des Prinzeps, München 1983. G. Sena-Chiesa, Augusto in Cisalpina. Ritratti Augustei e Giulioclaudi in Italia Settentrionale, Bologna 1995 (mit reicher Literatur). H. Jucker, Julisch-claudische Kaiser- und Prinzenporträts als „Palimpseste", JdAI 96, 1981, 236 ff. Ch. B. Rose, Dynastic commemoration and imperial portraiture in the Julio-Claudian period, Cambridge 1996. Gegen die These von E. La Rocca, wonach das Porträt des Augustus eine innere Verwandtschaft zwischen augusteischem Prinzipat und seleukidischer Monarchie widerspiegele, s. W. Orth, Klio 79, 1997, 354 ff. mit Lit. Vgl. H. G. Frenz, JRGZM 39, 1992, 615 ff.

[170] P. Zanker, Studien 42 f. Vgl. H. Zehnacker, Moneta II, Rom 1973, 1050 ff. und 1073 ff., sowie D. Mannsperger, ANRW II 1, 1974, 939 f. Anm. 44 und 47. Dazu jetzt W. H. Gross, Boreas 5, 1982, 105 ff. G. Grimm, Röm. Mitt. 96, 1989, 347 ff.

[171] P. Zanker, Studien, bes. 33 ff. R. Albert, Das Bild des Augustus auf den frühen Reichsprägungen, Speyer 1981.

[172] Vgl. L. R. Taylor, Divinity 154, und D. Mannsperger a. O. 940 Anm. 52 gegen K. Kraft, Kleine Schriften II 294. Vgl. auch U. Hausmann, ANRW II 12, 2, 537 ff.,

Herrscherkult 259

Bei dem neuen Porträt des jungen Caesar handelt es sich zweifellos um einen offiziellen Bildnistyp, der sich aber doch von den bisherigen römischen Bildnissen wesentlich unterschied. Hier wird nicht ein Privatporträt, nicht das genaue Abbild des Menschen Oktavian vorgestellt; das Bildnis zeigt vielmehr „eine besondere Hoheit, eine beinahe hieratische Unantastbarkeit". Es ist Herrscherbild und Kultbild zugleich.[173] Dies gilt zweifellos schon für das Actium-Porträt, auch wenn es für die hellenistische Porträtauffassung schon im republikanischen Rom vielleicht mehr Beispiele gibt, als man bisher annahm.[174]

„Aus dem besonderen Respektscharakter des Kaiserbildes erklärt sich auch der auffällige Grad der Beharrung der einmal festgelegten Erscheinung."[175] Nur zwei Bildnistypen erlangen in der 44jährigen Regierungszeit des Augustus offizielle Gültigkeit. Nach dem Actium-Typus ist es später das Bildnis, das vor allem durch den Kopf der Augustusstatue von Prima Porta vertreten wird.[176] Das Porträt gibt den älter gewordenen Augustus

der die Münzdarstellungen wegen des betont großen Auges der Alexanderimitation zuordnen will.

[173] Vgl. H. Kähler, Rom und seine Welt, München 1960, 131. Die Jugendlichkeit Oktavians und der Ausdruck seines Gesichts wurden als Zeichen seiner Göttlichkeit aufgefaßt, vgl. M. L. Paladini, Contributi dell'istituto di filologia class., sezione di storia antica I, Mailand 1963, 1 ff.

[174] So jetzt P. Zanker, Studien 34 ff., dessen Folgerung, „daß die Konzeption des Actium-Typus als hellenistisches Herrscherbildnis keine programmatische Aussage enthält, die für Oktavian spezifisch gewesen wäre" (S. 39), wohl doch zu weit geht. Vgl. dagegen schon W. Hornbostel, RevBPhilol 54, 1976, 127.

[175] H. Kähler a. O. (Anm. 173).

[176] Zu den bisher bekannten Exemplaren dieses Typs tritt jetzt eine bei Lemnos im Meer gefundene qualitätsvolle Reiterstatue. Vgl. E. Touloupa, Ath. Mitt. 101, 1986, 185 ff. Der Zeitansatz für die Schaffung des neuen Typus ist umstritten. Während H. Kähler a. O. 132 f. den Prima-Porta-Typ in die Zeit nach dem Tode des Augustus datiert, möchte P. Zanker den neuen Typus schon 27 v. Chr. entstanden sein lassen. Der Typus spiegele „die veränderte Selbstauffassung des zum ‚Augustus' gewordenen Herrschers wider" (Studien 44). Zanker postuliert damit im J. 27 v. Chr. einen Bruch in der Entwicklung des jungen Caesar, der sich so nicht beweisen oder auch nur wahrscheinlich machen läßt. Da schon seit 29 v. Chr. von Oktavian die *restitutio rei publicae* systematisch vorbereitet wurde, wäre auch kaum einzusehen, warum ein damals entwickelter Bildnistyp schon 27 v. Chr. durch einen neuen Typ hätte ersetzt werden sollen. Nach der Krise des J. 23 v. Chr. ist dagegen ein Wechsel in der Konzeption des Herrscherbildes sehr viel eher denkbar. Es spricht daher einiges dafür, daß der Prima-Porta-Typus zugleich mit der auch sonst programmatischen Prima-Porta-Statue in der Zeit unmittelbar nach 20 v. Chr. entwickelt wurde. (Die von Zanker, Studien 44, Anm. 120, für seine Datierung vorgebrachten Argumente sind jedenfalls nicht stichhaltig. Auf den Münzen der 2. Kisto-

wieder und wirkt im ganzen nüchterner als der Actium-Typ. „Der Hals ist breiter und kürzer geworden. Die Proportionen des Gesichts sind ausgeglichen ... Überall herrschen große Flächen und Idealformen vor."[177] Auch dieses Porträt, das bis zum Tode des Prinzeps kaum wesentliche Veränderung mehr erfuhr, strahlt eine unnahbare Hoheit aus und will nicht als Privatporträt, sondern als Herrscherbildnis wirken.[178]

Wenn der Herrscherkult in seinen verschiedenen Ausprägungen die Klammer bildete, welche die einzelnen Gruppen und Schichten in Rom, Italien und dem Reich an den Augustus band, so diente das repräsentative Bildnis des überhöhten Herrschers seiner Propagierung.[179].

phorenserien hat zwar Augustus einen gedrungenen Kopf und einen kurzen Hals, doch dürfte diese Darstellung eine Eigenart der Prägestätte sein. Die Stücke der Serien 3 und 4 bei C. H. V. Sutherland, The Cistophori of Augustus, London 1970, haben jedenfalls wieder ein Porträt, das den Actium-Denaren sehr nahe steht. Gar keinen Aussagewert besitzt der Augustuskopf aus Meroe, dessen Fundumstände offenbar Zanker selbst nicht als gesichert betrachtet.) Vgl. auch unten S. 344 Anm. 92 und U. Hausmann a. O. (o. Anm. 169) 565 ff. – Dazu jetzt B. Schmaltz, Röm. Mitt. 93, 1986, 211 ff., der eine östliche, relativ seltene 'Nebenüberlieferung', zu der auch der Kopf aus Meroe gehöre, annimmt, die im Zusammenhang mit der Etablierung des Kaiserkults in Kleinasien in den Jahren 31–27 v. Chr. entstanden sei, und eine 'Hauptüberlieferung', die vielleicht im Zusammenhang mit der Annahme des Pater-Patriae-Titels (2 v. Chr.) einsetzte. Vgl. jedoch K. Fittschen, Saeculum Augustum III 169. (Fittschen datiert den Prima-Porta-Typus wieder ins Jahr 27 v. Chr.)

[177] P. Zanker, Studien 45. Vgl. G. Fries, Der altsprachliche Unterricht 12, 1969, 1, 12.

[178] Neben dem sog. Actium-Typus und dem Prima-Porta-Typus nennt K. Fittschen noch den „Saeculartypus" (sog. Typus Forbes), der im Zusammenhang mit den Saecularspielen geschaffen worden sei (Saeculum Augustum III 170 ff.). Vgl. allgemein G. Ch. Picard, Augustus and Nero 19 und 28 f., wonach Augustus seine Schönheit wie eine Maske trug.

[179] Vgl. allgemein zur Bedeutung des Kaiserbildes S. Eitrem, Symb. Osloens. 15/6, 1936, 111 ff. A. Alföldi, Repräsentation 67 ff. (zum Schutz der Kaiserbilder durch die lex Iulia de maiestate). H. Kruse, Studien zur offiziellen Geltung des Kaiserbildes im Römischen Reich, Paderborn 1934. H. G. Niemeyer, Studien zur statuarischen Darstellung der römischen Kaiser, Berlin 1968, 14 ff. Dazu W. Hermann, Gnomon 43, 1971, 501 ff.; K. Fittschen, BoJbb 170, 1970, 541 ff.; und H. Blanck, GGAnz 223, 1971, 86 ff.; G. Lahusen, Porträtstatue und imago in der späten Republik und in der frühen Kaiserzeit, Rom 1980. K. Vierneisel–P. Zanker, Die Bildnisse des Augustus. Herrscherbild und Politik im kaiserlichen Rom, München 1979. J. P. Rollin, Untersuchungen zu Rechtsfragen römischer Bildnisse, Diss. Bonn 1979, 94 ff. Th. Pekáry, Das römische Herrscherbild III 5, Berlin 1985. – Zur Verbreitung der Kaiserporträts vgl. M. Stuart, in: H. von Heintze, Römische Porträts, Darmstadt 1974, 232 ff. Danach seien die Kaiserporträts auf privater Basis über den Kunsthandel verbreitet worden. Anders zu beurteilen seien nur die Vorlagen für die Münz-

6. Die Propagierung der neuen Monarchie in Wort und Schrift

Augustus war ein Meister der Propaganda und verstand es äußerst geschickt, die verschiedensten Medien, besonders aber Wort und Schrift, der Propagierung seiner neuen Monarchie dienstbar zu machen. Dabei kam dem Caesar zustatten, daß er sich von früher Jugend auf in der Rhetorik geübt und eine gute Ausbildung genossen hatte. Noch während des Mutinensischen Krieges soll er täglich gelesen, geschrieben und Redeübungen gehalten haben. Obgleich er sehr wohl aus dem Stegreif sprechen konnte, hat er später – wie Sueton berichtet – alle Reden an Senat, Volk oder Heer schriftlich ausgearbeitet und vom Blatt abgelesen.[180] Diese Nachricht zeigt, wie sorgfältig der Prinzeps sich alle Verlautbarungen zuvor überlegt hat. Es kann daher kein Zweifel daran bestehen, daß Augustus selbst in allen wichtigen Fragen den Ton angab, auf den die offiziöse Propaganda sich einzustellen hatte. Augustus hat anscheinend verhältnismäßig oft und gern die Gelegenheit ergriffen, seine Anschauungen in einer Rede darzulegen.[181] Selbstverständlich hat der Prinzeps auch in seinen Edikten und in seinen amtlichen Briefen seine Auffassung von der neuen Staatsform und überhaupt seine Absichten und Ziele propagiert.[182] Auch als Dichter hat

porträts und für die *imagines* der militärischen *signa*. Gerade unter Augustus hat man aber vielleicht doch mit einer offiziellen Versendung von Vorlagen zu rechnen. – Die Kaiserporträts der kleinasiatischen Städtemünzen scheinen als Auftrag an einige wenige Stempelschneider vergeben worden zu sein, die dann jeweils mehrere Städte mit Prägestempeln belieferten (vgl. J. M. Price, Class. World 67, 1973/4, 310ff., zu K. Kraft, Das System der kaiserzeitlichen Münzprägung in Kleinasien, Berlin 1972), während die Rückseitenstempel offenbar vielfach von den Städten selbst hergestellt und gelegentlich über einen längeren Zeitraum hinweg von ihnen aufbewahrt wurden (vgl. H. von Aulock, Münzen und Städte Lykaoniens, Tübingen 1976, 37, und: Münzen und Städte Pisidiens I, Tübingen 1977, 33). Zur Stiftung von *imagines Caesarum* s. C. Letta, Athenaeum 1978, 3ff., bes. 18: «All' origine, il ricorso alle imagines è un abile espediente suggerito 'discretamente' dal potere imperiale a cittadini e provinciali per consolidare il lealismo e introcurre il culto della dinastia senza traumi, gradualmente e con la necessaria elasticità che tenga conto delle diverse situazioni locali, lasciando all' iniziativa di comunità o di singoli il concretarsi di un vero e proprio culto». Vgl. Ovid, Ex Ponto 2, 8.

[180] Suet. Aug. 84, 1.
[181] Zur Publikation der frühen Reden im J. 36 v. Chr. s. oben S. 55 mit Anm. 201.
[182] Die Fragmente der Werke des Augustus sind gesammelt von E. Malcovati, Imperatoris Caesaris Augusti Operum Fragmenta, Turin⁵ 1969. Dazu s. auch S. Riccobono, Acta Divi Augusti I, Rom 1945 (alles Erschienene), mit einer textkritischen Ausgabe der Res Gestae Divi Augusti, einem numismatischen Kommentar zu den Res Gestae, einer Sammlung der *leges populi Romani* von 30 v. Chr. bis 13 n. Chr. und einer Zusammenstellung der Senatusconsulta der augusteischen Zeit. Die grie-

sich Oktavian versucht, hat aber wohl selbst rasch erkannt, daß die Dichtung nicht seine besondere Stärke war. Immerhin besitzen wir von ihm noch ein sehr bissiges Epigramm auf Antonius und wissen, daß auch Asinius Pollio Ziel von wohl politisch motivierten Versen des jungen Caesar war.[182a] Der Beeinflussung der Öffentlichkeit sollte zweifellos auch seine Autobiographie dienen, die nach dem Spanischen Krieg erschienen ist.[183] Aber auch den traurigen Anlaß des Todes eines seiner Angehörigen benutzte Augustus zu einer Manifestation seiner Auffassungen. So hielt er nacheinander dem Marcellus, dem Agrippa, der jüngeren Octavia und dem Drusus die Leichenrede und ließ diese auch publizieren. Augustus wußte sehr wohl, daß durch derartige Verlautbarungen das Bild des Verstorbenen für die Nachwelt entscheidend bestimmt wurde. Er hat daher für seinen verstorbenen Stiefsohn außer der Leichenrede auch noch ein Elogium und eine *vita Drusi* verfaßt.[184] Wie Augustus sich selbst und sein Werk gerne gesehen wissen wollte, hat er schließlich auch in seinem „Tatenbericht" festgelegt.[185]

Es läßt sich also nicht bezweifeln, daß dem Prinzeps an einer geeigneten

chisch überlieferten Senatsbeschlüsse und Epistulae aus dem Osten sind enthalten in dem Werk von R. K. Sherk, Roman Documents from the Greek East, Baltimore 1969. Wichtig ist ferner die Zusammenstellung von C. Balconi, Documenti greci e latini d'Egitto di età augustea, Aegyptus 56, 1976, 208 ff. (Nachweis der einzelnen Zeugnisse und ihrer Behandlung in der Literatur), sowie J. H. Oliver, Greek Constitutions of Early Roman Emperors from Inscriptions and Papyri, Philadelphia 1989 (dazu G. Petzl, Gnomon 64, 1992, 613 ff.). Vgl. auch V. Ehrenberg–A. H. M. Jones, Documents illustrating the reigns of Augustus and Tiberius, Oxford³ 1976. – Vgl. H. Bardon, La littérature latine inconnue II, Paris 1956, 79 ff., und: Les empereurs et les lettres Latines, Paris 1968, 14 ff. V. Bejarano, Augusto escritor, Hispania antiqua 4, 1974, 87 ff. P. Cugusi, Augusto epistolografo, Annali Fac. Lett. Cagliari 35, 1972, 112 ff. M. T. Sblendorio, Index verborum quae exhibent Augusti epistulae ad res privatas pertinentes, ebda. 36, 1973, 29 ff. I. Lana, Gli scritti di Augusto nelle Vite dei Cesari di Suetonio, Studi Urbinati 49, 1, 1975, 437 ff. Eine Zusammenstellung der Gräzismen im Werk des Augustus liefert R. Gelsomini, Maia 10, 1958, 148 ff. und 11, 1959, 120 ff. Vgl. auch E. E. Best, Class. Bull. 53, 1977, 39 ff. Vgl. ferner M. Schanz–C. Hosius, Geschichte der römischen Literatur II, München⁴ 1935 ND 1967 (mit der älteren Literatur), über die römische Literatur der augusteischen Zeit (einschließlich der Werke des Augustus). – Nachtrag: Die Fragmente der Briefe des Oktavian/Augustus und seiner Zeitgenossen sind jetzt zusammengestellt von P. Cugusi, Epistolographi Latini Minores, Vol. II Aetatem Ciceronianam et Augustam amplectens. Turin 1979. – Vgl. allgemein J. Gagé, Auguste écrivain, in: ANRW II 30, 1, 1982, 611 ff.

[182a] E. Malcovati, Operum fragmenta S. 1 ff. Nr. IV und VIII. Dazu J. P. Hallett, Am. Journ. Anc. Hist. 2, 1977, 151 ff. Auch die „Sicilia" (Nr. I) hatte wohl einen politischen Inhalt und Zweck (Auseinandersetzung mit Sex. Pompeius!).

Verbreitung seiner Anschauungen, Absichten und Pläne stets besonders gelegen war. Ein wichtiges Medium dafür waren die zahllosen epigraphischen Denkmäler, Bauinschriften, Meilensteine, Weih- und Ehreninschriften sowie Grabinschriften, die in ihrer Fülle und in ihrer Qualität (Marmor als Schriftträger) in der Republik nicht ihresgleichen hatten und überall an den Prinzeps und sein Werk erinnerten. Besonders die vergoldeten Bronzebuchstaben der Bauinschriften symbolisierten seit 17 v. Chr. den Anbruch eines neuen Goldenen Zeitalters.[185a] Auch die schon von Caesar eingeführte und von Augustus fortgesetzte Publikation der *acta diurna populi*, diente vor allem dazu, die Anschauungen und Absichten des Prinzeps zu propagieren.[186] Die Mitarbeiter des Augustus haben ihn bei der Propagierung seiner Anschauungen ebenfalls literarisch unterstützt. Agrippa hat nicht nur einen Teil seiner Reden publiziert, sondern auch eine Autobiographie verfaßt, in der er u. a. die Schlacht von Philippi und seinen berühmten Hafenbau im Jahre 37 v. Chr. behandelt hat.[186a] Offiziellen Charakter hatten die *commentarii de aquis* über die Regelung des Wasserverbrauchs und die *commentarii geographici*, in denen Agrippa das Material für eine große Weltkarte zusammengetragen hatte, die Augustus

---

[183] Vgl. H. Bardon, Littérature inconnue II 99 ff. F. Blumenthal, Wiener St. 35, 1913, 113 ff. 36, 1914, 84 ff. H. Hahn, La Nouvelle Clio 10, 1958(60, 137 ff. G. Misch, Geschichte der Autobiographie I 1, Bern 1949, 268 ff. J. Rehork, in: F. Altheim, Die Araber in der Alten Welt II, Berlin 1956, 456 ff. G. Dobesch, Grazer Beiträge 7, 1978, 91 ff. Vgl. unten S. 352. Die Autobiographie wurde zweifellos viel gelesen und schon von Nikolaos von Damaskos und von Velleius Paterculus benutzt. Die gegenteilige Ansicht von H. Dessau, Kaiserzeit I 585, läßt sich kaum halten. Auch die Augustus-Biographien des Baebius Macer und des Julius Marathus (vgl. H. Bardon a. O. 98 f.) dürften sich an der Autobiographie orientiert haben.

[184] Vgl. E. Malcovati, Augusti operum fragmenta p. 76 ff. Nr. XI ff., und W. Kierdorf, Laudatio funebris, Meisenheim 1980, 138 f. Nr. 20–23. Zum *elogium* und zur *vita Drusi* s. oben S. 125 A. 150. Zur Leichenrede für Agrippa s. oben S. 122 f. A. 139.

[185] Zu den *res gestae divi Augusti* und ihren Problemen s. oben S. 208 ff.

[185a] Dazu G. Alföldy, Gymnasium 98, 1991, 289 ff., und in: F. Beltrán Lloris (Ed.), Roma y el nacimiento de la cultura epigráfica en occidente, Zaragoza 1995, 121 ff.

[186] Zum Ganzen (bes. auch zur Form der Publikation) s. P. White, Chiron 27, 1997, 73 ff. mit Literatur. – Die Publikation der *acta senatus* wurde dagegen von Augustus untersagt.

[186a] Zur literarischen Tätigkeit Agrippas vgl. M. Reinhold, Marcus Agrippa 141 ff. R. Hanslik, RE IX A 1, 1961, 1269 ff. H. Bardon, La littérature latine inconnue II 81 f. 100 f. 103 ff. Von den Reden Agrippas ist kaum etwas erhalten. Das gleiche gilt von den Werken der übrigen Redner der augusteischen Zeit, vgl. H. Bardon a. O. 82 ff. Die Fragmente der Redner der Triumviratszeit sind gesammelt von E. Malcovati, Oratorum Romanorum Fragmenta Liberae Rei Publicae, 2 Bde., Turin [4]1976, Nr. 149 ff.

dann nach dem Tode Agrippas in der *porticus Vipsania* aufstellen ließ. Diese Weltkarte sollte offenbar der Dokumentation der imperialen Ansprüche Roms dienen und lag somit ganz in der Linie der augusteischen Außenpolitik.[187] Von den Schriften des Maecenas scheinen die meisten unpolitischer Natur gewesen zu sein. Doch hat er anscheinend auch ein Geschichtswerk verfaßt, in dem er u. a. die Schlacht bei Philippi behandelt hat.[188] Auch M. Valerius Messala Corvinus, der im Namen des Senats im Jahre 2 v. Chr. Augustus mit dem *pater patriae*-Namen begrüßte, hat sich literarisch im Sinne des Prinzeps betätigt. Mit seinen Flugschriften *De Antonii statuis* und *De vectigalium Asiae constitutione* unterstützte er mit der Feder den Kampf gegen Antonius.[189] Außerdem gab es von ihm eine Sammlung von

[187] Vgl. S. 416. Zur Weltkarte und zu den Commentarii des Agrippa vgl. außer den in der vorigen Anmerkung genannten Werken die Literatur bei K. G. Sallmann, Die Geographie des älteren Plinius in ihrem Verhältnis zu Varro, Berlin-New York 1971, XI f. Dazu J. J. Tierney, The Map of Agrippa, Proceedings of the Royal Irish Academy 63, Dublin 1962/4, 152 ff., R. K. Sherk, ANRW II 1, 1974, 558 ff., und J. P. Murphy, The Ancient World 1, 1978, 7 ff., sowie J. Hövermann, Abh. Braunschweig. Wiss. Gesellsch. 31, 1980, 94 f. R. Syme, Roman Papers VI 383 f. A. Grilli, in: Il Bimillenario di Agrippa 127 ff. R. Moynihan, in: The Age of Augustus 149 ff., wonach die Verzeichnungen auf der Karte einen Ausfluß der augusteischen Weltreichskonzeption darstellen. C. Nicolet, L'inventaire du monde 103 ff., und MEFRA 100, 1988, 127 ff. Nach K. Brodersen, Terra Cognita. Studien zur römischen Raumauffassung, Hildesheim 1995, 268 ff., sei „die 'Weltkarte Agrippas' gar keine Karte, sondern ... ein Text ... eine Liste von land marks" gewesen (S. 285).

[188] Plin. n. h. 7, 148. Horat. c. 2, 12. Serv. in Verg. Georg. 2, 41. Die Zweifel von A. Kappelmacher, RE XIV 1, 1928, 224 ff., und von R. Avallone, Mecenate, Neapel 1962, 124 ff. und 327 ff., sind wohl übertrieben. Wenn Maecenas seine Dichter immer wieder auf das Augustusthema hingewiesen hat, kann er sich selbst der Darstellung dieses Themas kaum ganz entzogen haben. H. Bardon (La Littérature inconnue II 102) denkt statt eines Geschichtswerkes vielmehr an Memoiren des Maecenas. – Vgl. allg. auch J.-M. André, Mécène. Essai de biographie spirituelle, Paris 1967 (dazu M. v. Albrecht, Gnomon 41, 1969, 700 ff.). W. Evenepoel, Maecenas: a Survey of Recent Literature, AncSoc 21, 1990, 99 ff. R. Avallone u. a., Studi su Mecenate, RSA 25, 1995, 133 ff., und 26, 1996, 7 ff. F. Bellandi, L'immagine di Mecenate protettore delle lettere nella poesia fra I e II secolo d. C., Atene e Roma, n. s. 40, 1995, 78 ff. – Zu der gelegentlich begegnenden Namensform Cilnius Maecenas s. Chr. Simpson, Latomus 55, 1996, 394 ff. Vgl. auch M. Hammond, An unpublished Latin Funerary Inscription of Persons Connected with Maecenas, Harv. Stud. 84, 1980, 263 ff. Allg. s. L. Petersen, PIR² M Nr. 37 (1983). S. Nachtrag.

[189] Vgl. Charisius, Grammatici Latini I 104, 18. 129, 7 f. 146, 34 f. S. allgemein zum literarischen Werk des Messala H. Bardon, La littérature latine inconnue II 101. E. Malcovati, Oratorum Romanorum Fragmenta Nr. 176. R. Hanslik, RE VIII A 1, 1955, 155 ff.

Reden und Memoiren, die nach Caesars Tod begannen und jedenfalls über Philippi hinausreichten. Vermutlich waren auch sie im Sinne des Prinzeps geschrieben.

Haben also die Mitarbeiter des Augustus dessen Absichten auch literarisch unterstützt, so sorgte der Prinzeps umgekehrt dafür, daß mißliebige Äußerungen unterdrückt wurden. Bezeichnend für die mehr oder minder offene Zensur des Augustus ist schon die Tatsache, daß er die postume Publikation der frühen Schriften Caesars verhinderte,[190] andrerseits aber später gegen den letzten Willen Vergils dessen Freunde Varius und Tucca mit der Edition der Äneis beauftragte *ea lege, ut nihil adderent*.[191] Selbst vor dem Mittel der Bücherverbrennung schreckte der Erbe Caesars nicht zurück. Die oppositionellen Schriften des T. Labienus und des Cassius Severus fielen seinem Autodafé zum Opfer.[192] Wohl nicht frei von politischen

---

[190] Suet. Caes. 56, 7.

[191] Suet. De poetis p. 95 ff. (Rostagni). Vgl. K. Ziegler, RE XXI, 1951, 1267, und K. Büchner, RE VIII A 1, 1955, 1059. Dazu H. Strasburger, Studien zur Alten Geschichte III, Hildesheim 1990, 281 ff., und W. Schetter, Drei Epigramme über die Rettung der Aeneis, in: Beiträge zur Ikonographie und Hermeneutik (Festschrift N. Himmelmann), Mainz 1989, 445 ff.

[192] Zu T. Labienus und Cassus Severus s. oben S. 145 mit Anm. 220, und J. R. Johnson, Augustan Propaganda 182 ff. Zu Labienus vgl. H. Bardon, La littérature latine inconnue II 96. Labienus und Severus scheinen eine Prozeßkampagne gegen die Günstlinge des neuen Regimes entfacht zu haben. So hat Labienus anscheinend den Pantomimendichter Bathyllos, einen Freigelassenen des Maecenas, angeklagt (vgl. Sen., controv. 10, praef. 8). Besonders zahlreiche Prozesse hat Cassius Severus geführt (Macrob. Sat. 2, 4, 9), u. a. gegen den mit Augustus eng verbundenen Senator Nonius Asprenas (Suet. Aug. 56, 3). Auch sein Vorgehen gegen den Rhetor L. Cestius Pius wegen Herabsetzung Ciceros (Sen., controv. 3, praef. 16) dürfte politisch motiviert gewesen sein. Haben doch noch die Enkel des Augustus die Schriften Ciceros nur heimlich zu lesen gewagt (Plut. Cic. 49, 5). Allerdings war Augustus klug genug, öffentlich nichts gegen das Andenken Ciceros zu unternehmen. Vgl. unten Anm. 203 und 283, sowie Sen. Suas. 7, 2 (17). Dazu W. Richter, in: Cicero, ein Mensch seiner Zeit, Berlin 1968, 161 ff. (mit Literatur). – Für die Atmosphäre im frühen Prinzipat ist übrigens eine von Sueton (De rhet. 6) überlieferte Geschichte sehr bezeichnend. Danach sei der Redner C. Albucius Silo als Verteidiger in einem Kapitalprozeß in Mailand vor dem Proconsul L. Calpurnius Piso (wohl zwischen 25 und 14 v. Chr.) wegen dessen unkorrekter Prozeßführung so in Wut geraten, *ut deplorato Italiae statu, quasi iterum in formam provinciae redigeretur, M. insuper Brutum, cuius statua in conspectu erat, invocaret legum ac libertatis auctorem et vindicem*. Silo hätte diesen Angriff beinahe mit dem Leben bezahlt, fügt Sueton hinzu *(paene poenas luit).* – Vgl. V. M. Smirin, Roman school rhetoric in the Augustan age as historical source material (russisch mit engl. Resümee), VDI 1977, Nr. 139, 95 ff.

Motiven war auch die Vernichtung eines großen Teils der Orakelliteratur im Jahre 12 v. Chr., die Vertreibung der Astrologen durch Agrippa im Jahre 33 v. Chr. und die Verbannung des Anaxilaos von Larissa wegen Zauberei im Jahre 28 v. Chr.[192a] Unterdrückt wurden nach dem Untergang des Cornelius Gallus auch dessen Elegien. Vergil, der ursprünglich das 4. Buch seiner Georgica *a medio usque ad finem* der Verherrlichung des Gallus gewidmet hatte, mußte auf Weisung des Augustus diesen Teil seiner Dichtung umschreiben.[193] Der Historiker Timagenes schließlich hat den auf Augustus bezüglichen Teil seines Geschichtswerkes selbst verbrannt, nachdem ihm der Prinzeps sein Haus verboten hatte, weil er *quaedam in ipsum, quaedam in uxorem eius et in totam domum dixerat*.[194]

Auch Ovids Werke wurden bei seiner Verbannung aus den öffentlichen Bibliotheken entfernt. Auf private Büchereien scheint sich allerdings die Zensur des Prinzeps nicht erstreckt zu haben.[195] Nach Ovids Angaben wurden unter dem späten Augustus vielmehr auch die Schriften des Antonius und des Brutus noch oder wieder gelesen.[196] Augustus fühlte sich daher veranlaßt, noch in seinem Alter eine Gegenschrift gegen den „Cato" des Brutus zu verfassen.[197]

[192a] Zur Verbrennung der Orakelliteratur s. oben S. 235f. mit Anm. 103. Zur Astrologenvertreibung im J. 33 v. Chr. s. Dio 49, 43, 5. Zur Ausweisung des gelehrten Naturforschers Anaxilaos von Larissa (zu diesem s. M. Wellmann, RE I 2, 1894, 2084, Nr. 5) im J. 28 v. Chr. wegen Zauberei s. Euseb. Chron. zu Olymp. 188, 1. Vgl. F. H. Cramer, Astrology in Roman Law and Politics, Philadelphia 1954, 83 und 85f. Dafür, daß die Astrologenvertreibung und die Ausweisung des Anaxilaos auch politisch motiviert waren, spricht vor allem der Zeitpunkt dieser Ereignisse.

[193] Serv. in Verg. Ecl. 10, 1. Georg. IV 1. Nach J. Hermes, C. Cornelius Gallus und Vergil. Das Problem der Umarbeitung des vierten Georgica-Buches, Diss. Münster 1977 (1980), seien die Angaben des Servius unglaubwürdig. – Zu Gallus vgl. oben S. 99f. und unten S. 298 und 301.

[194] Seneca, De ira 3, 23, 4ff. Ob die Partie über den Prinzeps wirklich nur *laudes Augusti* enthielt, wie Seneca an dieser auch sonst sehr tendenziösen Stelle behauptet, darf man angesichts der bekannten spitzen Feder des Timagenes wohl bezweifeln. Das Werk des Timagenes wurde übrigens im Altertum viel gelesen, wie die Biographie des Timagenes von Euagoras von Lindos und die Bemerkungen über Timagenes bei Plutarch und Seneca zeigen. Dazu s. B. Forte, Rome and The Romans as the Greeks saw them, Rom 1972, 193ff. Vgl. auch G. B. Sunseri, Sul presunto antiromanesimo di Timagene, Studi di Storia antica offerti a E. Manni, Rom 1976, 91ff., und M. Sordi, in ANRW II 30, 1, 1982, 775ff. Auch Ovid hat, bevor er in die Verbannung ging, einen Teil seiner Schriften, darunter ein Exemplar der Metamorphosen, verbrannt (Trist. 1, 7, 15. 4, 10, 61f.). Von den Metamorphosen gab es allerdings schon Kopien.

[195] Ovid, Trist. 3, 1, 63ff. (mit dem Kommentar von G. Luck).

[196] Ovid, Ex Ponto 1, 1, 23f.

[197] Suet. Aug. 85, 1. Die Annahme, daß es sich bei den *Rescripta Bruto de Catone*

Den lebenden Schriftstellern gegenüber genügte allerdings im allgemeinen die versteckte Zensur, die in den literarischen Zirkeln des Augustus und seiner Freunde im Rahmen der gesellschaftlichen Etikette in Form von Ratschlägen und Ergänzungshinweisen geübt wurde.[198] So hatte Livius in seinem Werk von der Weihung der *spolia opima* durch den Militärtribun A. Cornelius Cossus berichtet, der im Kampfe mit eigener Hand einen Etruskerkönig erschlagen hatte. Auf Hinweis des Prinzeps mußte Livius jedoch dieser aus seiner annalistischen Vorlage übernommenen Version die Korrektur beifügen, daß aus der Inschrift auf der im Tempel des Jupiter Feretrius aufbewahrten Rüstung hervorginge, daß Cossus seine Weihegabe als Consul dargebracht habe. Oktavian wollte das selbst auf dem Panzer gelesen haben.[199] Er hatte an der Sache ein gewisses politisches Interesse, weil im Jahre 28 v. Chr. der aus Makedonien zurückgekehrte Proconsul Crassus ebenfalls die *spolia opima* hatte weihen wollen. Oktavian hatte dies jedoch zu verhindern gewußt – offenbar mit der Begründung, daß Crassus nicht Consul war.

Auch der junge Prinz Claudius, der Zögling des Livius, mußte sich eine gesellschaftliche Kritik gefallen lassen. „Er begann sein Geschichtswerk mit der Zeit nach der Ermordung des Dictators Caesar, ging dann aber auf spätere Zeiten über und fing mit der Beendigung der Bürgerkriege an, weil er merkte, daß er keine Möglichkeit hatte, über das vorher Geschehene freimütig und wahrhaftig zu berichten, da er von seiner Mutter (Antonia) und seiner Großmutter (Octavia) häufig Tadel erfuhr."[200] Die Darum eine Jugendschrift handelte, die Augustus im Alter wieder hervorgezogen habe (so Ed. Meyer, Caesars Monarchie 429 Anm. 1, und H. Dessau, Kaiserzeit I 580f.), ist unnötig und läßt sich nur schwer mit den Angaben Suetons vereinbaren. Vgl. G. Zecchini, Athenaeum 1980, 39ff. bes. 55 und R. J. Goar, The Legend of Cato Uticensis, Brüssel 1987, 29f.

[198] Vgl. Horat. Sat. 2, 1. – Für eine spätere Zeit vgl. etwa Plin. epist. 3, 13 und 18. Fronto, Epistulae I p. 108ff. (Haines). – Die von Asinius Pollio eingeführten Rezitationen (s. S. 311 Anm. 335) boten dem neuen Regime die Möglichkeit einer relativ unauffälligen, aber wirksamen Kontrolle der literarischen Produktion. – Vgl. allgemein zur Literatur der augusteischen Zeit W. Huß, in: W. Huß–K. Strobel, Beiträge zur Geschichte, Bamberg 1983, 18ff. (oberflächlich!).

[199] Livius 4, 19 und 30ff. (mit dem Kommentar von R. M. Ogilvie). Dazu J. A. Bishop, Latomus 7, 1948, 187ff. C. Mensching, Mus. Helv. 24, 1967, 12ff. F. Cassola, Riv. stor. ital. 81, 1969, 1 ff. L. Braccesi, Riv. ital. filol. 106, 1978, 72ff. R. M. Rampelberg, Rev. hist. de droit fr. et étr. 56, 1978, 191 ff. M. Mori, JClass. Stud. 32, 1984, 91 ff. J. W. Rich, Chiron 26, 1996, 85 ff., wonach das Interesse des Augustus keinen aktuellen politischen Grund hatte. P. Kehne, in: Althistorisches Kolloquium aus Anlaß des 70. Geburtstages von J. Bleicken, hrsg. von Th. Hantos und G. A. Lehmann, Stuttgart 1998, 187ff.

[200] Suet. Claud. 41, 2. Vgl. V. M. Scramuzza, The Emperor Claudius, Cambridge 1940, 39.

stellung der augusteischen Zeit scheint danach keinen Anstoß erregt zu haben und dürfte ganz im Sinne des Prinzeps gewesen sein.

Allerdings haben gerade die großen Geschichtsschreiber der augusteischen Zeit, soweit wir sehen können, adulatorische Phrasen vermieden und sich um eine ausgewogene Darstellung bemüht. Den Livius hat Augustus deswegen sogar einen Pompeianer genannt. Tatsächlich läßt Livius gelegentlich eine gewisse Unabhängigkeit des Urteils erkennen, etwa bei der Behandlung der mythischen Genealogie des julischen Hauses. Dennoch war sein Werk offenbar weitgehend im Sinne des Prinzeps. Die ausführliche Darstellung der römischen Vorgeschichte mußte den restaurativen Tendenzen des Augustus entgegenkommen;[200a] und für die Zeit der Bürgerkriege hat sich Livius wohl weitgehend an der Autobiographie des Augustus orientiert.[201]

Eine gewisse Unabhängigkeit im Urteil hat sich auch Asinius Pollio bewahrt.[202] Pollio hatte sich zunächst dem Antonius angeschlossen, ging

[200a] Dazu M. Fox, Roman historical myths. The regal period in Augustan literature, Oxford 1996.

[201] Zu Livius vgl. P. G. Walsh, Livy, Cambridge 1961, und Proc. Afric. class. association 4, 1961, 26 ff. T. A. Dorey, in: Latin Historians, hrsg. von D. R. Dudley–T. A. Dorey, London 1966, 115 ff., und: Livy, London 1971. H. Petersen, TAPA 92, 1961, 440 ff. E. Burck, Gymnasium Beih. 4, Heidelberg 1964, 21 ff. Wege zu Livius, hrsg. von E. Burck, Darmstadt² 1977 mit Bibliographie (dort s. bes. die Arbeiten von H. Haffter, W. Hoffmann, H. J. Mette und R. Syme). V. Viparelli, Rassegna di studi liviani (1968–1973), Boll. di studi Latini 4, 1974, 49 ff. L. Canfora, Su Augusto e gli ultimi libri liviani, Belfagor 24, 1969, 41 ff. T. J. Luce, Livy. The Composition of history, Princeton 1977. W. Kissel, Livius 1933–1978: Eine Gesamtbibliographie, ANRW II 30, 2, 1982. Dort auch weitere Beiträge von J. E. Phillips (Bibliographie zur 1. Dekade für die Jahre 1959–1979), P. G. Walsh, J. Briscoe, E. Burck, R. Girod und L. Bessone. R. Marino, Miscellanea E. Manni, Rom 1980, IV 1403 ff. Für die 1. Dekade vgl. die Kommentare von R. M. Ogilvie, Oxford 1965 (I–V) und S. P. Oakley, Oxford 1997 (VI–X), für die 4. Dekade s. J. Briscoe, Oxford 1973 (XXXI–XXXIII) und 1981 (XXXIV–XXXVII). – Allg. s. K. Thraede, in: Saeculum Augustum II 394 ff. E. Lefèvre–E. Olshausen (Hrsg.), Livius. Werk und Rezeption (Festschrift E. Burck), München 1983. R. von Haehling, Zeitbezüge des T. Livius in der ersten Dekade seines Geschichtswerkes: *Nec vitia nostra nec remedia pati possumus*, Stuttgart 1989. E. Burck, Livius und Augustus, Ill. Class. Stud. 16, 1991, 269 ff. J. Deininger, Livius und der Prinzipat, Klio 67, 1985, 265 ff. E. Badian, Livy and Augustus, in: W. Schuller, Livius. Aspekte seines Werkes, Konstanz 1993, 9 ff. S. Koster, in: ΛΗΝΑΙΚΑ. Festschrift für C. W. Müller, Stuttgart/Leipzig 1996, 253 ff. (zur praefatio). K. Galinsky, Augustan Culture 280 ff.

[202] Vgl. H. Bardon, Littérature latine inconnue II 94 f., der betont, daß das Werk des Asinius Pollio nicht unparteiisch war und wegen der politischen Tätigkeit seines Verfassers auch gar nicht sein konnte. Ähnlich A. B. Bothworth, Asinius Pollio

dann aber zu Oktavian über und unterstützte dessen Propagandakrieg gegen Antonius mit einer Schrift *contra maledicta Antonii*. Auch später gehörte er weiter zu den Freunden des Prinzeps, dem gegenüber er jedoch mit großem Selbstbewußtsein auftrat. In seiner Geschichte der Bürgerkriege, die vom Jahre 60 v. Chr. bis mindestens zur Schlacht von Philippi reicht, scheint Pollio aus seiner republikanischen Einstellung keinen Hehl gemacht zu haben. Tacitus berichtet jedenfalls, daß der Historiker den Caesarmördern Brutus und Cassius eine *egregia memoira* bewahrt habe.[203] Leider ist das Werk des Asinius Pollio verloren. Doch vermutet man, daß Appian in seiner Geschichte der Bürgerkriege in weiten Teilen direkt oder doch zumindest indirekt auf Pollio zurückgeht.[204] Eine republikanische Haltung zeigte auch A. Cremutius Cordus in seinem Geschichtswerk, das von der Ermordung Caesars beginnend Zeitgeschichte behandelte. Er lobte in seinem Werk den Brutus und nannte Cassius den letzten Römer. Auch für Cicero fand er Worte höchsten Lobes. „Die Machthaber der Bürgerkriege, die ihre Mitbürger geächtet hatten, hat er selbst auf ewig geächtet", schreibt Seneca von ihm. Und Dio sagt: „Caesar und Augustus schmähte er durchaus nicht, verherrlichte sie aber auch nicht weiter."[205] Zur *lectio senatus* im Jahre 18 bemerkte Cremutius Cordus, daß damals die Senatoren nur einzeln und nach einer Leibesvisitation in die Curie herein-

and Augustus, Historia 21, 1972, 441 ff. Vgl. auch Anm. 204 und R. Häußler, Das historische Epos I, Heidelberg 1976, 234 ff. – Leider ist das Enddatum der Historien des Pollio nicht überliefert. Es spricht einiges dafür, daß das Werk bis zum J. 30 v. Chr. gereicht hat. Das hätte Gelegenheit geboten, den Prinzeps als Überwinder der Bürgerkriege zu feiern. (Zu diesem Anspruch s. A. Heuß, Monum. Chilon. 91 f.). Vgl. B. C. Haller (unten Anm. 204) 96 ff. Allg. zu Asinius Pollio s. G. Zecchini, in: ANRW II 30, 2, 1665 ff.

[203] Tac. ann. 4, 34, 4. – Zum Verhältnis des Augustus zu Brutus vgl. Plut. Comp. Dionis et Bruti 3. Nach Suet., De rhet. 6 fin., stand noch im frühen Prinzipat in Mediolanum eine Statue des Brutus an öffentlicher Stätte (vgl. oben Anm. 192).

[204] Vgl. dazu jetzt B. C. Haller, Asinius Pollio als Politiker und zeitkritischer Historiker, Diss. Münster 1967, 96 ff. mit der älteren Literatur. Auch Plutarch hat das Werk des Pollio benutzt, vgl. H. Bardon, La Littérature latine inconnue II 95, und A. Klotz, Mnemosyne 6, 1938, 313 ff. Vielleicht haben Plutarch und Appian die griechische Bearbeitung der Historien Pollios durch Asinius Pollio aus Tralleis (wohl einen Freigelassenen des Consulars) benutzt, so M. Gelzer, Gnomon 31, 1959, 180. Vgl. jedoch R. Häußler, Rh. Mus. 109, 1966, 339 ff., der die Existenz einer griechischen Version überhaupt in Frage stellt.

[205] Tac. ann. 4, 43, 1. Seneca, Ad Marciam 26, 1. Dio 57, 24, 2 ff. Vgl. F. Klingner, Mus. Helv. 15, 1958, 197. H. Bardon, La Littérature latine inconnue II 162 ff. B. Manuwald, Cassius Dio und Augustus 254 ff., wonach Cordus mit der Regelung des Jahres 27 sein Werk abgeschlossen habe. Anders wieder H. Tränkle, Mus. Helv. 37, 1980, 231 ff.

gelassen wurden. Das kann dem Prinzeps kaum sehr angenehm gewesen sein.[206] Dennoch durfte Cremutius Cordus dem Augustus aus seinem Werk vorlesen. Es muß für den Prinzeps also auch positive Passagen enthalten haben.

Im Sinne des Augustus war auch die ausführliche Behandlung der römischen Frühgeschichte in der römischen Archäologie des Dionysios von Halikarnass (die von der Gründung Roms bis zum Beginn des 1. Punischen Krieges reichte).[207] Sie hat ein gewisses Pendant in den von Augustus offenbar stark geförderten antiquarischen Studien, in den Schriften des Hyginus und des Verrius Flaccus[208] ebenso wie in den Untersuchungen des C. Ateius Capito.[209] – Pompeius Trogus hat in seinen Historiae Philip-

[206] Suet. Aug. 35, 2. Vgl. jedoch dazu B. Manuwald a. O. – Eine ähnliche Haltung wie Cremutius Cordus scheint auch der ältere Seneca in seinem Geschichtswerk eingenommen zu haben, s. G. Zecchini, Athenaeum 1980, 53.

[207] Zu Dionysios von Halikarnass s. unten S. 471 f. mit Anm. 85. – Die Stilkunde des Dionysios in seiner Schrift ›Über die alten Redner‹ deckte sich übrigens weitgehend mit der augusteischen Kunstauffassung, s. P. Zanker, Augustus und die Macht der Bilder 248 ff., und in: Kaiser Augustus und die verlorene Republik 622 ff. Vgl. Th. Hidber, Das klassizistische Manifest des Dionys von Halikarnass. Die Praefatio zu De oratoribus veteribus, Einleitung, Übersetzung, Kommentar, Stuttgart 1996. Vgl. K. Galinsky. Augustan Culture 340 f.

[208] Zu Hyginus s. H. Bardon, La Littérature latine inconnue II 102 ff. und 106, und J. Christes, Sklaven und Freigelassene als Grammatiker und Philologen, Wiesbaden 1979, 72 ff. Vgl. R. Syme, Ovid 112. Fast alle Schriften Hygins ordnen sich zwanglos dem Programm des Prinzeps ein, nicht nur seine Arbeiten über Landwirtschaft und Bienenzucht, sondern auch das Büchlein über die Penaten und die Vergilkommentare sowie vor allem auch die historischen und geographischen Werke, die Biographien und die Exemplasammlung ebenso wie die von Vergil benutzte Broschüre *De familiis Troianis* und die Schrift *De origine et situ urbium Italicarum*. Gewiß stand Hygin mit allen diesen Arbeiten (abgesehen von den Vergilkommentaren) bereits in einer literarischen Tradition. Dennoch darf man wohl annehmen, daß seiner schriftstellerischen Tätigkeit das Interesse des Augustus zugute gekommen ist. – Zu Verrius Flaccus s. A. Dihle, RE VIII A 2, 1958, 1636 ff., und J. Pinsent, ANRW II (im Druck). Zu der Fastenedition des Flaccus s. oben S. 227 mit Anm. 78. – Wohl in augusteischer Zeit schrieb auch ein gewisser L. Cincius (der wohl von dem Annalisten zu unterscheiden ist) über die Comitien, die Fasten und die Mysterien sowie *De re militari* und *De consulari potestate* (H. Bardon a. O. 108 f.). Auch der Philologe Sinnius Capito schrieb wohl in augusteischer Zeit [so Bardon 112 f. und M. Schanz–C. Hosius (o. Anm. 182) 380 f., während A. Klotz RE III A, 1927, 246 f. Nr. 2, für caesarische Zeit plädiert] über Spiele und vielleicht über den Senat.

[209] Die Häupter der beiden großen Juristenschulen, M. Antistius Labeo und C. Ateius Capito (zu diesen s. W. Kunkel, Herkunft und soziale Stellung der röm. Juristen, Köln² 1967, 114 f. und 409, N. Horsfall, Labeo and Capito, Historia 23, 1974,

picae noch die Rückgabe der Partherfeldzeichen und den spanischen Krieg des Augustus behandelt – ganz im Sinne der offiziellen Propaganda und von panegyrischen Tönen nicht frei.[210] Das gleiche wird man für die zeitgeschichtlichen Partien der Historien des Strabon, die bis zum Jahre 30 oder 27 v. Chr. reichten, vermuten dürfen.[211]

Eine Sonderstellung unter den Historikern der augusteischen Zeit nimmt Nikolaos von Damaskos ein.[212] Nikolaos, der aus einer Damaszener Honoratiorenfamilie stammte, hat sich als philosophischer Schriftsteller einen Namen gemacht. Er begegnet zuerst als Erzieher der Kinder der Kleopatra in Alexandria, hat sich aber dann dem Herodes angeschlossen, dessen Hofhistoriograph er wurde und in dessen Dienst er im Jahre 14 v. Chr. sicher bezeugt ist. Es spricht jedoch alles dafür, daß Nikolaos im Jahre 20 v. Chr. der von ihm beschriebenen indischen Gesandtschaft an Augustus in Antiochia schon im Gefolge des Herodes begegnet ist. Auch seine Biographie des Augustus scheint Nikolaos auf Anregung des Herodes geschrieben zu haben.[213] Denn wie die Autobiographie des Augustus

252 ff. Zu Labeo s. auch D. Liebs, ANRW II 15, 1976, 275 ff. und D. Nörr, Index 22, 1994, 61 ff. bes. 75 ff.), verfaßten jeder ein Werk über das Pontifikalrecht. Von Capito gab es außerdem Schriften *De iure sacrificiorum, De officio senatorio* und *De iudiciis publicis* (H. Bardon a. O. 110 ff.). Dazu vgl. F. Guizzi, Principato 25 f. mit Anm. 52. Zur Problematik des „Traditionalismus" der römischen Juristen s. D. Nörr, Deutsche Landesberichte zum 10. internation. Kongreß für Rechtsvergleichung, Budapest 1978, 161 ff., bes. 171 ff. – Außerdem schrieb ein gewisser Cloatius Verus *libri sacrorum* (Bardon 113 f.), ein Julius Aquila über die *disciplina Etrusca* und ein Nicostratus *De senatu habendo* (Bardon 109). – Vgl. dazu S. R. F. Price, CAH X² 821, der in den zahlreichen Werken über das Sakralrecht 'an index of the energy put in the Early Empire into the organization of religon' sieht.

[210] Zu Pompeius Trogus s. unten S. 472 mit Anm. 87.

[211] Vgl. F. Jacoby, FGrHist. Nr. 91 mit Kommentar. E. Honigmann, RE IV A 1, 1931, 85 ff. Zur Person des Strabon vgl. unten Anm. 336. – S. auch F. Lasserre unten S. 550.

[212] Vgl. R. Laqueur, RE XVII 1936, 362 ff. Nr. 20. F. Jacoby, FGrHist. Nr. 90 mit Kommentar. B. Z. Wacholder, Nicolaus of Damascus, Berkeley–Los Angeles 1962. G. W. Bowersock, Augustus and the Greek World 134 ff. B. Forte, Rome and the Romans 186 ff. E. Schürer, The History of the Jewish People in the Age of Jesus Christ I, Edinburgh ²1973, 28 ff.

[213] C. M. Hall, Nicolaus of Damascus' Life of Augustus. A historical Commentary embodying a Translation, Northampton/Mass. 1923. Vgl. G. Dobesch, Nikolaus von Damaskus und die Selbstbiographie des Augustus, Grazer Beiträge 7, 1978, 91 ff. Dazu: Nicolao di Damasco, Vita di Augusto. Introduzione, traduzione italiana e commento storico a cura di B. Scardigli in collaborazione con P. Del Bianco, Florenz 1983. B. Scardigli, Asinius Pollio und Nikolaos von Damaskus (sic!), Historia 32, 1983, 121 ff. (mit weiterer Lit.). M. Toher, GRBS 26, 1985, 199 ff. (zum Datum).

selbst politische Ziele verfolgte, so wird man dies auch für den Bios Kaisaros des Nikolaos anzunehmen haben, der sich offenbar weitgehend auf die wohl im Jahre 24 v. Chr. erschienene Vita des Prinzeps stützte. Leider ist das Werk des Nikolaos nur auszugsweise erhalten. Die konstantinischen Exzerpte aus dieser Schrift reichen bis zur Reise Oktavians nach Campanien im Oktober 44. Aus der erhaltenen Einleitung des Werkes geht jedoch hervor, daß Nikolaos nicht nur die Jugend Oktavians geschildert hat, sondern auch seine politische und militärische Tätigkeit in der Triumviratszeit und in den frühen Jahren der Alleinherrschaft. Endpunkt mag das Jahr 27 v. Chr. gewesen sein. Das Werk ist sicherlich Ende der zwanziger Jahre abgefaßt und wahrscheinlich damals auch publiziert worden.[214] Die stark panegyrische Darstellung wendet sich an die Griechen des Ostens und will zeigen, wie Oktavian/Augustus auf Grund seiner Herkunft, seiner Anlagen und Eigenschaften, seiner Erziehung und Bildung und nicht zuletzt seiner Taten in Krieg und Frieden zur Herrschaft legitimiert war. Nach der intensiven Propaganda, die besonders Antonius im Osten betrieben hat, war ein solches Vorhaben auch keineswegs überflüssig. Die Schrift war daher geeignet, dem Nikolaos und seinem Auftraggeber Herodes die Sympathien des Augustus zu gewinnen. Dies war wohl auch die Absicht, die Nikolaos bei der Abfassung des Bios Kaisaros geleitet hat.[215] Diese Schrift ist somit ein wichtiges Zeugnis für die rasche Wirkung der Autobiographie des Augustus und für die Art, wie damals wohl auch sonst die Person und die Herrschaft des Augustus propagiert wurden.

Auch in seinem Geschichtswerk muß Nikolaos die römische Geschichte und die Taten des Augustus in dessen Sinne dargestellt und vor allem das Verhältnis des Herodes zum Kaiser stark herausgearbeitet haben. Leider sind die betreffenden Partien der Historien des Nikolaos jedoch heute verloren.

Schließlich hat der König Juba von Mauretanien, der eine reiche schriftstellerische Tätigkeit entfaltet hat, seine Feder auch in den Dienst der

---

Ders., The Βίος Καίσαρος of Nicolaos of Damascus. An historiographical analysis, Diss. Brown University, Ann Arbor 1986.

[214] R. Laqueur läßt das Werk allerdings bereits mit der Reise Oktavians nach Campanien enden, weil die constantinischen Exzerpte nur so weit reichen. – Zur Abfassungszeit s. B. Z. Wacholder 25 ff. Der Gebrauch des Praeteritum in der Praefatio dürfte auf das Konto des Exzerptors gehen. Inhaltlich paßt die Einleitung nur für das Ende der zwanziger Jahre, nicht für die Zeit nach dem Tode des Augustus (für die u. a. B. Forte eintritt). Ebenso B. Scardigli, Stud. ital. di filol. class. 50, 1978, 245 ff.

[215] Nicht zu Unrecht wird die Schrift von G. W. Bowersock, Augustus and the Greek World 137, wieder mit dem zweiten Aufenthalt des Augustus im Osten in Verbindung gebracht.

Intentionen des Prinzeps gestellt.[216] Unter seinen Werken findet man den Abriß einer römischen Geschichte, eine an den Augustusenkel C. Caesar gerichtete Schrift über Arabien und eine vergleichende Zusammenstellung vor allem der griechischen und römischen Institutionen in 15 Büchern, die in ihrer allgemeinen Tendenz und besonders in der Behandlung der kultischen Einrichtungen Roms den Interessen des Augustus entgegenkam.

Das höfische Klima in Rom und der sich immer mehr ausbreitende Herrscherkult im Reich, in dem regelmäßig Hymnen auf Augustus von eigens bestellten Chören vorgetragen wurden,[217] mußte aber vor allem die Entwicklung einer auf Augustus bezogenen Herrscherpanegyrik stark begünstigen. An den inschriftlich noch erhaltenen Verlautbarungen und Ehrenbeschlüssen aus allen Teilen des Imperium läßt sich dies noch gut ablesen.[218] Sie bilden zwar nur einen verschwindend geringen Bruchteil des einstigen Bestandes, geben aber doch einen Eindruck der panegyrischen Form der an den Prinzeps nicht nur in den Munizipien, sondern auch vor dem Senat und der römischen Volksversammlung gerichteten Lob- und Dankadressen, die uns heute verloren sind. Hat doch schon unter Augustus ein Senatsbeschluß die neugewählten Consuln verpflichtet, dem Prinzeps für seine Förderung eine Dankrede zu halten.[218a] Auch die Widmung, mit der ein Schriftsteller sein Werk dem Prinzeps dedizierte, gab Anlaß zu panegyrischem Preis. Einen Eindruck davon kann noch heute die Einleitung zu Vitruvs *De architectura* vermitteln.[219] (Ein Gegenstück hat dieser höfische Stil übrigens in den Werken der Steinschneidekunst, die schon an den hellenistischen Residenzen als höfische Kunst gepflegt wurde. Die *Gemma Augustea* ist das berühmteste, aber keineswegs das einzige Beispiel dieser Kunst in augusteischer Zeit.[219a]) Dabei muß man gerechter-

---

[216] Zu Juba s. W. Kroll, RE IX 2, 1916, 2388 ff., und F. Jacoby, FGrHist. Nr. 275, der in der römischen Geschichte des Juba „eine Art Klientenarbeit" sieht.

[217] Dazu M. P. Nilsson, GGR II² 379. C. Fayer, Il culto della dea Roma 125 f. – Vgl. auch Suet. Aug. 57, 2, der berichtet, daß die Römer den Prinzeps *revertentem ex provincia non solum faustis ominibus sed et modulatis carminibus prosequebantur*.

[218] Vgl. z. B. Ehrenberg–Jones, Documents Nr. 69. 98. 98a. 100 u. a.

[218a] Plin. Paneg. 4, 1. Ovid, Ex ponto 4, 4, 35. Dazu M. Durry, Pline le Jeune Panégyrique de Trajan, Paris 1938, 3 f. Die Datierung ist jedoch umstritten, vgl. K.-H. Schwarte, BoJbb 179, 1979, 157 ff. mit Anm. 108.

[219] Vitruv, praef. 1 ff. Zu Vitruv vgl. unten S. 409 Anm. 106. – C. Valgius Rufus (zu diesem s. unten Anm. 281) hinterließ ein dem Augustus gewidmetes unvollendetes Werk über die Heilkräuter *inchoata etiam praefatione religiosa, ut omnibus malis humanis illius potissimum principis semper mederetur maiestas* (Plin. n. h. 25, 4).

[219a] S. dazu grundsätzlich H. Jucker, Schw. Mbll. 13/14, 1963/4, 81 f., und J. Board-

weise berücksichtigen, daß sich die panegyrische Verherrlichung großer Herren auch in Rom bereits vor Augustus kräftig entwickelt hatte.[220] Für die Dichtung braucht nur an den 'Scipio' des Ennius oder an die Einleitung zu Lukrezens Lehrgedicht erinnert zu werden, für die Prosa genügt es, auf Ciceros Rede für den Oberbefehl des Pompeius zu verweisen (von den Reden aus der Zeit der Dictatur Caesars und von den Philippicae ganz zu schweigen).[221]

Vor diesem Hintergrund hat man auch die Äußerungen der augusteischen Dichter zu verstehen,[222] die deshalb für den Historiker besonders

man, Greek Gems and Finger Rings, London 1970, 362f. Zur Gemma Augustea s. S. 129 Anm. 165. Die Porträtgemmen standen allerdings schon in einer republikanischen Tradition, s. M. L. Vollenweider, Die Porträtgemmen der röm. Republik, Mainz 1974, bes. 191ff. und 223ff. (zu den Gemmenbildnissen des Augustus und seiner Familie). W.-R. Megow, Kameen von Augustus bis Alexander Severus, Berlin 1987. W. Oberleitner, Geschnittene Steine. Die Prunkkameen der Wiener Sammlung, Wien 1985. M. Henig, Classical Gems, Cambridge 1994. Weitere Lit. bei P. Herz, ANRW II 16, 2, 888ff. G. Sena Chiesa und H. Mobius, ANRW II 12, 3, 1982, 3ff. und 32ff. Dazu U. Hausmann, ANRW II 12, 2, 1981, 589ff., der ebenfalls auf den Zusammenhang von höfischer Dichtung und Gemmenkunst verweist. Vgl. auch W.-R. Megow, JdAI 100, 1985, 445ff. C. Weiß, ebda. 109, 1994, 353ff. R. Thomas, ebda. 110, 1995, 367ff. Dazu oben S. 257f. A. 169 und unten S. 314 m. A. 346. – Auch toreutische Werkstätten arbeiteten übrigens für den Hof, s. C. Vermeule, Augustan und Julio-Claudian court-Silver, Antike Kunst 6, 1963, 33ff. Vgl. H. Küthmann, Beiträge zur späthellenistischen und frührömischen Toreutik, Kallmünz 1959. C. W. Müller, JdAI 109, 1994, 321ff. Zum Silberschatz von Hildesheim s. auch unten S. 372 Anm. 199. – Ebenso gehörten die Tabulae Iliacae (s. S. 294 Anm. 268) wohl zu dem Komplex der Hofkunst.

[220] Auf das Vorhandensein fester panegyrischer Formeln weist E. Doblhofer, Die Augustuspanegyrik des Horaz in formalhistorischer Sicht, Heidelberg 1966, mit Recht hin, betont aber vielleicht etwas zu sehr die griechische Tradition.

[221] Zum „Scipio" des Ennius s. J. Vahlen, Ennianae poesis reliquiae, Leipzig² 1928, 212ff. Schon in Ciceros Rede Pro Sex. Roscio Amerino (§ 131) findet sich – in apologetischem Zusammenhang – eine panegyrische Huldigung für Sulla, der bezeichnenderweise mit Jupiter parallelisiert wird. Dazu V. Buchheit, Hermes 94, 1966, 86.

[222] Hier kann nur auf einige Fragen eingegangen werden, die mit der Politik des Augustus in Zusammenhang stehen. Eine ausführliche Behandlung auch nur dieser Probleme, geschweige denn der augusteischen Dichtung überhaupt, würde den Rahmen dieser Arbeit sprengen. Es muß genügen, an ein paar Beispielen einige grundsätzliche Probleme aufzuzeigen und weiterführende Literaturhinweise zu geben. Vgl. allg. E. Burck, Die Rolle des Dichters und der Gesellschaft in der augusteischen Dichtung, AuA 21, 1975, 12ff. Allgemeine bibliographische Hinweise bei D. Gagliardi, Recenti studi di poesia augustea, Boll. di studi Latini 1, 1971, 447ff. Dazu Arethusa 13, 1980, 5ff. (Augustan Poetry Books, mit Bibliographie p. 115ff.).

wertvoll sind, weil mit Ausnahme Ovids alle großen Augsteer in der Frühzeit des Prinzipats gelebt haben und den Aufstieg Oktavians sowie das Werden der neuen Ordnung bewußt miterleben konnten. Vergil und Tibull starben schon im Jahre 19 v. Chr. Die letzten datierbaren Gedichte des Properz gehören in das Jahr 16 v. Chr. Und als Horaz im Jahre 17 v. Chr. sein Carmen saeculare verfaßte, hatte er bereits die Sammlung seiner Epoden, seine beiden Satirenbücher, das erste Buch seiner Episteln und die ersten drei Odenbücher herausgegeben. Es folgten dann nur noch das 4. Odenbuch (13 v.) und das zweite Epistelbuch (14 v.). Die Hauptwerke der augusteischen Dichter sind also zum größten Teil noch vor dem Saecularjahr 17 v. Chr. entstanden.

Von den genannten Dichtern hat nur Tibull dem neuen Herrn Roms nicht seinen Tribut entrichtet.[223] Vergeblich sucht man in seinen Elegien den Namen des Caesar Augustus. Tibull feiert lediglich in einem Gedicht seinen Gönner M. Valerius Messala Corvinus. Der Dichter war Republika-

---

B. K. Gold, Literary Patronage in Greece and Rome, London 1987, bes. 115 ff. und 142 ff. (dazu E. J. Kenney, Gnomon 61, 1989, 164 ff.). K. Quinn und D. Little, in: ANRW II 30, 1, 1982, 75 ff. und 254 ff. J. Griffin, in: Caesar Augustus. Seven Aspects 189 ff. A. Powell (Ed.), Roman Poetry and Propaganda in the Age of Augustus, Bristol 1992 (ND 1994). P. White, Promised verse. Poets in the Society of Augustan Rome, Cambridge/Mass. 1993. A. J. Woodman–D. A. West, Poetry and Politics in the Age of Augustus, Cambridge 1984. (Vgl. dort S. 195: Our contributors show that easy distinctions such as 'Is this poetry or propaganda?' and 'Are the poets sincere or are they puppets?' take us nowhere. The matter is complicated by the genuine friendships within the circle of writers and *principes viri*, by the delicacy with which Maecenas treats his poets, by the recognition that Augustus had restored peace, order and idealism to a society which had lost them, by the significance of the form a poem takes and of the time when it was written. There can have been few ages in which poets were so intimately and affectionately connected with the holders of political power, few regimes with a richer iconography, few poets so profoundly moved by a political ideal and so equipped to sing its praise with subtlety, humour, learning and rapture. The reader of these poems needs a touch of all of these.) Vgl. auch K. Galinsky, Augustan Culture 225 ff. Vgl. allgemein: Candide Iudex. Beiträge zur augusteischen Dichtung (Festschrift W. Wimmel), hrsg. von A. E. Radke, Stuttgart 1998. – Zum Bild Caesars bei den Augusteern s. P. Donié, Caesarbild 25 ff.

[223] Auch Tibulls Dichtungen standen aber nicht im Widerspruch zu den kulturellen Bestrebungen des Augustus. Vgl. schon K. Allen, AJPh 43, 1922, 250. Allg. s. M. C. J. Putnam, Tibullus. A Commentary, Oklahoma 1973. D. V. Bright, Haec Mihi Fingebam. Tibullus in his World, Cincinnati Class. Studies NS III, 1978. F. Cairns, Tibullus. A Hellenistic Poet at Rome, Cambridge 1979, und J. M. Fisher, The Life and Work of Tibullus, ANRW II 30, 3, 1924 ff. Dazu R. J. Ball, Grazer Beiträge 10, 1981 (1983), 135 ff., und Tibullus the elegist. A critical survey, Göttingen 1983. N. Holzberg, Bibliographie zum Corpus Tibullianum, München 1998.

ner und sein Vorbild war der Caesarmörder Cassius von Parma. Tibull war reich und unabhängig genug, um sich eine Verbeugung vor dem Prinzeps ersparen zu können. Er war römischer Ritter und lebte in gesicherten Verhältnissen. Auch in seinen Elegien finden sich Zeitanspielungen. Aber nirgends wird der actische Triumph, nirgends die Rückgabe der Partherfeldzeichen, nirgends das Programm der neuen Regierung gefeiert oder propagiert.

Vergil, Horaz und Properz sowie später auch Ovid haben dagegen, wenn auch in verschiedener Weise und in unterschiedlicher Intensität, ihre Stimme zum Preis des neuen Regimes erhoben. Wir wissen auch, daß die Wirkung der augusteischen Dichter auf die vornehme Jugend Roms, ja auf weitere Schichten der römischen Bevölkerung groß war. Vergils Bucolica und später Ovids Gedichte wurden im Theater vorgetragen. Verse von Vergil, Tibull, Properz und Ovid fanden sich unter den Wandkritzeleien in Pompeji.[224] Vor allem aber wurden Vergil und Horaz schon unter Augustus Schulautoren. Q. Caecilius Epirota, ein Freigelassener des Atticus, verwendete als erster Vergil und andere *poetae novi*, darunter sicherlich den Horaz, im Schulunterricht, was bestimmt ganz im Sinne des Prinzeps war; und Hygin, der gelehrte Freigelassene des Augustus, verfaßte zwei Vergil-Kommentare.[225] Von dem berühmten Rhetor Arellius Fuscus berichtet der ältere Seneca, daß er besonders oft Vergilverse zitierte, um dem Maecenas zu gefallen. Auch sein Kollege L. Cestius Pius zitierte mit Vorliebe Vergilstellen.[225a] Vergil selbst war in Rom so bekannt, daß er einmal vor seinen Bewunderern sogar die Flucht ergreifen mußte. Auch Horaz war offenbar eine stadtbekannte Persönlichkeit, auf die man mit dem Finger zeigte.[226]

War also die Wirkung dieser Dichter schon auf die Zeitgenossen nicht gering, so haben die Augusteer vor allem auch wesentlich dazu beigetragen, das moderne Bild des augusteischen Prinzipats mitzuprägen, obwohl die meisten Werke aus einer Zeit stammen, als die Macht des Prinzeps noch ungefestigt und die neue Staatsordnung erst im Werden war. Es ist

---

[224] Vgl. die Belege bei M. Schanz–C. Hosius, Geschichte der römischen Literatur II 96 ff. 203 ff. 260 ff. Dazu M. Gigante, Civiltà delle forme lettararie nell'antica Pompei, Neapel 1979, 163 ff.

[225] Zu Caecilius Epirota s. Suet. De gramm. 16. Dazu J. Christes, Sklaven und Freigelassene als Grammatiker und Philologen, Wiesbaden 1979, 61 ff. – Zu Hyginus als Kommentator Vergils s. Gellius 1, 21, 2 u. ö. Dazu M. Schanz–C. Hosius a. O. 369 f. mit Belegen. – Auch L. Varius Rufus verfaßte eine Abhandlung über Vergil, vgl. unten Anm. 282.

[225a] Zu Arellius Fuscus s. Sen. suas. 3, 5 und 4,4 f. – Zu L. Cestius Pius s. Sen. controv. 7, 1, 27.

[226] Donatus, Vita Verg. 11. Horat. c. 4, 3, 21 sat. 1, 9. – Vgl. allg. K. Quinn, ANRW II 30, 1, 1982, 75 ff.

daher begreiflich, daß man die Werke der augusteischen Dichter immer wieder auf ihren historischen Aussagewert hin untersucht hat. Da einige dieser Werke politische Dichtung waren und sein wollten, ist eine solche Untersuchung auch gerechtfertigt. Allerdings stellen sich ihr einige nicht geringe methodische Schwierigkeiten in den Weg.

Je nach dem Vorverständnis, mit dem man an die Augusteer heranging und herangeht, sah und sieht man in ihren Werken Schöpfungen höchster Kunst, in denen die Dichter zum Ausdruck brachten, was sie zutiefst bewegte. Bei einem solchen Vorverständnis müssen denn auch die politischen Äußerungen der Augusteer als Ausdruck echter Überzeugung gewertet werden. Wer dagegen von einem negativen Augustusbild herkommt, für den sind die politischen Dichtungen der Augusteer nur ein Ausdruck der politischen Propaganda, zu der sich die Dichter mehr oder minder ahnungslos hergegeben haben. Während viele Philologen noch dazu neigen, die Beeinflussung der Dichter durch den Prinzeps zu unterschätzen, und alle Zeugnisse, die für eine solche Beeinflussung sprechen, gerne abschwächen möchten, besteht auf der anderen Seite die Tendenz, den politischen Äußerungen, weil sie politische Äußerungen sind, nur einen minderen poetischen Rang zuzugestehen.[227] Beide Tendenzen dürften jedoch an der Sache vorbeigehen.

[227] So hat R. Syme in seinem Werk über The Roman Revolution (460 ff.) die augusteische Dichtung in dem Kapitel ›The organisation of opinion‹ behandelt. Für seine Sicht bezeichnend ist besonders sein Urteil über Horaz, der 'his lyrical vein drying up' den Augustusbrief geschrieben habe, und den Syme mit der Feststellung charakterisiert: 'The New State had its lyric poet, technically superb' (p. 461). Ähnlich äußert sich z. B. Ch. G. Starr (AJPh 90, 1969, 62 ff.). Vgl. auch den nützlichen, aber einseitig polemischen Überblick über die ältere Forschung bei A. LaPenna, Orazio e l'ideologia del Principato, Turin 1963, 13 ff. LaPenna spricht von einer "sopravalutazione della poesia politica oraziana". Er gesteht dem Horaz zwar sincerità morale, aber keine sincerità estetica zu und möchte zwischen eloquenza und poesia unterscheiden (p. 24). Ganz und gar unreflektiert setzt D. Flach panegyrische Dichtung mit schlechter Dichtung gleich, ohne den Versuch zu machen, seine apodiktischen Urteile zu begründen („Die Dichtung im frühkaiserzeitlichen Befriedigungsprozess", Klio 54, 1972, 157 ff.). Andererseits wendet sich C. Becker, Das Spätwerk des Horaz, Göttingen 1963, 9 ff. und 195, gegen den „Vorwurf der Auftragsdichtung", der für das horazische Werk vor und nach dem Jahre 23 v. Chr. keine Berechtigung habe und den er auch für den Augustusbrief zu entkräften sucht. Und E. Fraenkel, Horace, Oxford 1957, 240, 1, weist den "cynical view of great poetry" zurück, womit offenbar vor allem die Auffassung von R. Syme gemeint ist. Man sollte aber nicht leugnen, daß die politischen Dichtungen der Augusteer auch in den Rahmen der vom Prinzeps betriebenen Meinungsbildung gehören. E. Fraenkel stellt (a. O. 260) auch die Frage nach der Aufrichtigkeit des Horaz und möchte sie positiv beantworten. Mit Recht

Man hat längst erkannt, daß die Dichter bei ihrem Preis des Augustus in der Tradition der hellenistischen Herrscherpanegyrik standen, die in Rom schon in der Spätrepublik festen Fuß gefaßt hatte.[228] Die Dichter waren also an einen festen Formenschatz gebunden, wenn sie den Prinzeps feiern wollten. Wir wissen aber auch aus einer Fülle von Zeugnissen, daß sowohl Maecenas wie auch Augustus selbst die Dichter immer wieder auf die großen politischen Themen hingewiesen und sie gedrängt haben, diese Themen zum Gegenstand ihrer Dichtung zu machen.[229]

hat jedoch V. Pöschl (Horaz und die Politik, in: Prinzipat und Freiheit, Darmstadt 1969, 136 ff.) bezweifelt, ob sich der Grad der Aufrichtigkeit der augusteischen Dichter heute überhaupt noch bestimmen läßt, da Horaz keine Bekenntnis- und Erlebnisgedichte schrieb, sondern politische Dichtung, die durch feste, vorgegebene Formen weitgehend bestimmt war. Dennoch geht es nach der anderen Seite zu weit, wenn K. Thraede (in: Le culte des Souverains, oben Anm. 132, 280) schreibt: „Wenn nun Horaz als römischer Pindar diesen Typ von Lyrik erstmals in lateinische Formen gießen wollte, war er durch die Gattung selbst gezwungen, führende politische Figuren seiner Zeit poetisch und auch in religiöser Sprache zu erklären." Pindar hat weder Theron noch Hieron je so verherrlicht wie Horaz den Augustus! Vgl. schon Chr. Habicht (oben Anm. 132) 305. – Vgl. zum ganzen Problemkreis auch D. Little, Die politischen Implikationen der augusteischen Literatur, ANRW II 30, 1, 1982, 254 ff. (mit Bibliographie). Dazu M. Fuhrmann, in: Kaiser Augustus und die verlorene Republik 607 ff. S. Koster, Ille ego qui. Dichter zwischen Wort und Macht, Erlangen 1988. G. Binder, Herrschaftskritik bei römischen Autoren, in: Affirmation und Kritik 125 ff., bes. 138 ff. – Schwer zu beantworten ist die Frage, wie weit die frühaugusteischen Dichter ihrerseits die politischen Bestrebungen des Prinzeps (z. B. die Sittenreform oder die religiöse Erneuerung) beeinflußt haben. Vgl. dazu die Bemerkungen von K. Galinsky, Augustan Culture 121 ff.

[228] Zur panegyrischen Tradition s. E. Norden, Kleine Schriften 422 ff., und E. Doblhofer, Die Augustuspanegyrik in formalhistorischer Sicht, Heidelberg 1966. Zum panegyrischen Herrscherlob in den Georgica vgl. L. P. Wilkinson, The Georgics of Virgil, Cambridge 1969, 163 ff.

[229] Über die dabei von den Augusteern in Anlehnung an Kallimachos ausgebildeten apologetischen Formen höflicher Ablehnung s. W. Wimmel, Kallimachos in Rom, Wiesbaden 1960, und D. O. Ross, Backgrounds to Augustan Poetry, Gallus, Elegy and Rome, Cambridge 1975, 123 ff., mit einer besonnenen Stellungnahme zum ganzen Problem, sowie jetzt R. Häußler, Das historische Epos der Griechen und Römer bis Vergil, Heidelberg 1976, 211 ff. Die Rolle des Maecenas in der augusteischen Kulturpolitik ist zweifellos hoch einzuschätzen. Dennoch geht es zu weit, den Maecenas zum 'minister of culture' zu machen (so z. B. J. K. Newman, Augustus and New Poetry, Brüssel 1967, 455). Es gab in Rom noch andere einflußreiche Männer, die im Sinne des Prinzeps die Literatur förderten (s. unten S. 310 f.). Vgl. A. Dalzell, Phoenix 10, 1956, 151 ff. K. J. Reckford, TAPA 90, 1959, 195 ff. R. Avallone, Mecenate, Neapel 1962, 20 ff.

Die Dichtung der Augusteer war also, soweit sie politische Dichtung war, höfische Kunst, und sie war teilweise Auftragsdichtung. Dies ist für das *carmen saeculare* nicht zu bestreiten, und es gilt in verschiedenen Abstufungen auch für viele der politischen Oden und für den Augustusbrief des Horaz sowie für Vergils Aeneis.[229a] Auch Ovids Fasten dürften einer Anregung des Prinzeps ihre Entstehung verdanken. Die Tatsache, daß die Dichtung der Augusteer teilweise Auftragsdichtung war, sagt aber nicht das Geringste über ihren Rang als Kunstwerk. Wenn Auftragsdichtung *eo ipso* schlechte Dichtung wäre, dann müßten die Troubadourdichtung oder die mittelhochdeutsche Epik ebenso unter dieses Verdikt fallen wie Shakespeares 'Sommernachtstraum'.[230] Die Frage nach dem Rang der politischen Dichtungen der Augusteer ist also unabhängig davon, ob man in den politischen Aussagen der augusteischen Dichter Zeugnisse für den offiziel-

---

[229a] Selbstverständlich ist das Wort Auftragsdichtung *cum grano salis* zu verstehen. Die großen Augusteer gehörten als römische Ritter zu den oberen Schichten der Gesellschaft, und auch der Prinzeps hatte auf ihren gesellschaftlichen Rang Rücksicht zu nehmen. (Vgl. P. White, JRS 68, 1978, 74 ff., bes. 88 ff.). Andrerseits war es für die augusteischen Dichter kaum möglich, sich den Anregungen des Augustus ganz zu entziehen. Die antiken Zeugnisse lehren, daß diese Anregungen oft sehr konkrete Formen annahmen und einem Auftrag zumindest recht nahe kamen. Man wird aber Horaz (epist. 2, 1, 226 ff.) glauben dürfen, daß die Dichter für Anregungen und Aufträge des Prinzeps im allgemeinen sehr dankbar waren.

[230] Vgl. allg. über die mittelalterliche Dichtung B. Nagel, in: Philologische Studien, Gedenkschrift f. R. Kienast, Heidelberg 1978, 55 (mit Anm. 3): „Kunst ist hier grundsätzlich Auftragskunst", sowie J. Bumke, Mäzene im Mittelalter. Die Gönner und Auftraggeber der höfischen Literatur in Deutschland, 1150–1300, München 1979. Nach Bumke (S. 9 f.) „hat die Literaturgeschichte den Auftraggebern nicht das Interesse entgegengebracht, das ihrer Rolle im Literaturbetrieb der älteren Zeit angemessen wäre. Dabei hat wahrscheinlich mitgespielt, daß wir heute einem Kunstverständnis verpflichtet sind, das in der inneren Notwendigkeit des Künstlers die Kraft erblickt, die ihm auferlegt, was er zu tun hat, und daß wir daher geneigt sind, Auftragsdichtung für etwas Minderwertiges zu halten, weil wir befürchten, daß ein Dichten auf Bestellung die Unabhängigkeit des Künstlers ungebührlich einschränken und gefährden könnte. Solche Auffassungen, die in ästhetischen Vorstellungen des 18. Jahrhunderts ihre Wurzeln haben, müssen jedoch beiseite bleiben, wenn man sich mit älterer Kunst und Literatur beschäftigt. Mittelalterliche Kunst war Auftragskunst und muß so verstanden werden. ... Die Bindung an den Auftraggeber darf nicht als Alternative zur Freiheit des Künstlers gesehen werden. Vielmehr hat der literarische Auftrag des Gönners in der Regel überhaupt erst die Voraussetzung dafür geschaffen, daß der Dichter seinen eigenen künstlerischen Spielraum entfalten konnte." Das gilt ebenso bereits für die augusteischen Dichter! – Vgl. auch die besonnene Stellungnahme von M. L. Clarke, Greece and Rome 25, 1978, 46 ff.

len Kurs sehen will oder ob man in ihnen persönliche Bekenntnisse oder gar eine versteckte Kritik am Prinzeps erkennen möchte. Die Frage der persönlichen Haltung der Augusteer berührt den Rang ihrer Dichtungen als Kunstwerke nicht.

Wenn die Frage nach der Aufrichtigkeit der augusteischen Dichter so stark in den Vordergrund der wissenschaftlichen Diskussion getreten ist, so ist dies wohl vor allem darauf zurückzuführen, daß man gewisse Widersprüche zwischen den 'privaten' Auffassungen der Dichter und dem offiziellen Programm des Prinzeps, das in den politischen Dichtungen gefeiert wird, entdeckte oder zu entdecken glaubte[231] und daß man vor allem über den Lebensgang der Dichter und ihre Anschauungen durch ihre Gedichte so gut unterrichtet ist, daß ihre Stellung zum Prinzeps zu einem Problem werden konnte.

Tatsächlich ist die Haltung der einzelnen Dichter dem Caesar gegenüber sehr verschieden gewesen. Tibull nennt seinen Namen überhaupt nicht. Und auch Properz blieb lange Zeit sehr zurückhaltend.[232] Der um 50 v. Chr. in Assisi geborene Properz entstammte dem begüterten Landadel und gehörte wohl dem Ritterstand an. Er hatte unter dem Perusinischen

---

[231] Dies gilt vor allem für die Liebesdichtung der frühen Augusteer, in der man vielfach einen grundsätzlichen Widerspruch zur Sittengesetzgebung des Augustus zu erkennen meint (vgl. z. B. G. Williams, JRS 52, 1962, 28 ff.). Dagegen hat sich mit Recht E. Fraenkel in seinem Horazbuch gewandt. Vgl. auch C. Becker, Gnomon 31, 1959, 603 ff., und E. Burck a. O. (Anm. 222) 33 f. sowie R. Syme Ovid 199 ff., der betont, daß die Geliebten der römischen Elegiker keine Damen der Gesellschaft waren, sondern Freigelassene oder Frauen, die durch die Ereignisse der Bürgerkriege an den Rand der Gesellschaft gedrängt worden waren. – Siehe auch F. Della Corte, Le leges Juliae e l'elegia romana, ANRW II 30, 1, 1982, 539 ff. und A. Wallace-Hadrill, Klio 67, 1985, 180 ff.

[232] Vgl. allg. W. R. Nethercut, Twelve years of Propertian scholarship 1960–1972, Class. World 69, 1976, 289 ff., und: H. Harrauer, A Bibliography to Propertius, Hildesheim 1973. W. Nethercut, Recent Scholarship on Propertius, ANRW II 30, 3, 1983, 1813 ff. Colloquium Propertianum, Assisi 1976, Atti, Assisi 1977. M. L. Angrisani, Properzio tra politica e mitologia, Rom 1974, der im Werk des Dichters eine versteckte Opposition gegen den Prinzeps entdecken will. (Vgl. auch F. Sweet, Arethusa 5, 1972, 169 ff.) A. LaPenna, L'integrazione difficile. Un profilo di Properzio, Turin² 1977. J. Warden, Fallax opus: Poet and Reader in the Elegies of Propertius, Toronto 1980. M. von Albrecht, WSt N. F. 16, 1982, 220 ff., und in: Saeculum Augustum II 360 ff. H.-P. Stahl, Propertius: 'Love and War'. Individual and State under Augustus, Berkeley/London 1985. G. Catanzaro–F. Santucci (Edd.), Bimillenario della morte di Properzio. Atti del Convegno Intern. di Studi Properziani, Rom 1986. P. Fedeli, Properzio. Il libro terzo delle elegie, Bari 1985. D. T. Benediktson, Propertius. Modernist Poet of Antiquity, Carbondale 1989. J. K. Newman, Augustan Propertius, Hildesheim 1996.

Krieg selbst zu leiden gehabt. Ein naher Verwandter von ihm fand damals den Tod. Obwohl Maecenas den seit etwa 29 v. Chr. zu seinem Kreis gehörenden Dichter auch für politische Themen zu begeistern suchte[233], lehnte es dieser zunächst ab, *Mutinam aut civilia busta Philippos* zu besingen, und wollte beim Thema der Liebesdichtung bleiben.[234] Vor dem Aufbruch des Augustus in den Osten im Jahre 21 v. Chr. preist Properz zwar den *deus Caesar* und dessen erwartete Erfolge gegen die Parther, betont aber zugleich, daß er selbst am Krieg nicht teilnehmen, sondern nur später den Triumphzug in den Armen seiner Geliebten betrachten will.[235] Nur zwei Gedichte feiern – zudem reichlich spät – den Sieg von Actium und den Triumph über Kleopatra.[236] Vorher hatte sich Properz immer wieder geweigert, das Thema der Liebesdichtung zugunsten heroischer Stoffe aufzugeben. Man wird diese Weigerung wohl als solche ernst zu nehmen haben und aus ihr keine grundsätzliche Opposition gegen Augustus herauslesen dürfen. Die Ursprungsdichtung im 4. Buch seiner Elegien war zudem ganz im Sinne des Prinzeps.[237] Die Ablehnung des heroischen Stoffes hatte daher offenbar mehr persönliche als politische Gründe. Properz fühlte sich nicht zum Epiker, sondern zum Elegiker berufen.

Weit stärker als Properz haben dagegen Vergil und Horaz ihre Dichtung in den Dienst des Prinzeps gestellt. An sie denkt man daher auch zuerst, wenn von der augusteischen Dichtung die Rede ist. Beide Dichter hatten auch in besonderem Maße die Gunst des Caesar erfahren. Wie Vergil der Gunst Oktavians, so verdankte Horaz dem Maecenas sein Landgut. Sie standen daher dem Prinzeps von vornherein nicht so unabhängig gegenüber wie Tibull und Properz. Man kann dies feststellen, ohne mit dieser Feststellung gleich eine Abwertung zu verbinden. Es ist gewiß nicht so, daß Vergil und Horaz „gekauft" wurden. Aber sie hatten von dem Caesar bzw. von Maecenas – römisch gesprochen – *beneficia* empfangen und waren ihnen daher verpflichtet, schuldeten ihnen also *officium*. Es ist daher sicherlich kein Zufall, daß Vergil und Horaz gewissermaßen zu den Archegeten der höfischen Dichtung wurden. Beide sind allerdings nach ihrer Persönlichkeit, nach ihrem Lebensgang und nach der Art ihres Schaffens ganz verschieden.

[233] Vgl. B. K. Gold, Literary patronage in the Augustan age. Propertius and Maecenas. Diss. Univ. of North Carolina, Chapel Hill 1975.
[234] Prop. 2, 1, 27 ff. Dazu P. Jal, La guerre civile à Rome, Paris 1963, 78. Zum Motiv s. auch R. Häußler (Anm. 229) 195 ff.
[235] Prop. 3, 4, 21 f.
[236] Prop. 3, 11 und 4, 6 (dazu W. Richter, Wiener Stud. 79, 1966, 451 ff., J. Griffin, JRS 67, 1977, 17 ff.; und R. J. Baker, Antichthon 10, 1976, 56 ff. sowie W. Kierdorf, in: Affirmation und Kritik 165 ff. Vgl. auch die Literatur bei Anm. 241).
[237] Vgl. schon Ed. Norden, Kleine Schriften 381 f., und zuletzt A. W. J. Holleman, Rev. Belge Phil. 55, 1977, 78 ff.

Der am 8. Dezember 65 im apulischen Venusia als Sohn eines Freigelassenen geborene römische Ritter Horaz hatte auf seiten der Republikaner bei Philippi mitgekämpft.[238] Im Jahre 39 konnte er mit einem Teil seines zunächst konfiszierten Vermögens die Stelle eines *scriba quaestorius* kaufen. Um dieselbe Zeit begann Horaz seine ersten Gedichte zu schreiben, die ihm bald Eingang in den Kreis des Maecenas verschafften. Um das Jahr 33 erhielt der Dichter dann von seinem Gönner ein Landgut im Sabinerland. Horaz war seiner politischen Haltung nach ursprünglich Republikaner und hat aus seinem Eintreten für die republikanische Sache auch später nie einen Hehl gemacht. Obwohl er schon 38 bei Maecenas eingeführt wurde, hat er doch vor der Entscheidungsschlacht von Actium seine Stimme nicht zum Lobe des Caesar erhoben. Später hat er sich dann allerdings ganz auf die Seite des Prinzeps gestellt. Wenn dieser ihm sogar den Posten seines Privatsekretärs anbot, so zeigt dies, daß auch Augustus dem Horaz menschlich wie politisch voll vertraute. Aber der Dichter lehnte das

---

[238] Zu Horaz ist grundlegend E. Fraenkel, Horace, Oxford 1957 (deutsch Darmstadt[5] 1976). Dazu C. Becker, Gnomon 31, 1959, 592 ff. Die ältere Literatur verzeichnen K. Büchner, Horaz 1926–1936, Bursians Jahresber. Suppl. 267, 1939 ND 1974; E. Thummer, Anz. f. die Altertumsw. 15, 1962, 129 ff. 32, 1979, 21 ff. F. Cupaiuolo, Gli studi oraziani negli ultimi anni, Boll. di Studi Latini 2, 1972, 51 ff. Dazu die Horazbibliographie von W. Kissel (1936–1975) und die Beiträge von Ch. L. Babcock, P. Connor, A. Setaioli, J. Ter Vrught-Lenz, O. A. W. Dilke, F. Sbordone, E. Doblhofer und E. Lefèvre in ANRW II, 31, 3, 1981, 1403 ff., 1560 ff., 1612 ff., 1674 ff., 1827 ff., 1837 ff., 1866 ff., 1922 ff. und 1987 ff. E. Doblhofer, Horaz in der Forschung nach 1957, Darmstadt 1992 (für die Jahre 1957–1987). S. Koster (Ed.), Horaz-Studien, darin S. 115 ff.: W. Kissel, Gesamtbibliographie zu Horaz 1976–1991. W. Ludwig (Ed.), Horace, Genf 1992. E. Lefèvre, Horaz. Dichter im augusteischen Rom, München 1993. E. Paratore u. a., Quattro lezioni su Orazio, Florenz 1993. N. Rudd (Ed.), Horace 2000. Essays for the Bimillenium, London 1993. Atti del Convegno di Venosa del Bimillenario Oraziano (Venosa 1992), 3 Bde., Rom 1993/4. R. Uglione (Ed.), Atti del Convegno naz. di studi su Orazio (Aprile 1992), Turin 1993. R. Cortés Tovar–J. C. Fernández Corte (Edd.), Bimillenario de Horacio, Salamanca 1994. S. J. Harrison (Ed.), Homage to Horace. A Bimillenary Celebration, Oxford 1995. A Setaioli (Ed.), Orazio. Umanita Politica Cultura, Perugia 1995, R. O. A. M. Lyne, Horace. Behind the Public Poetry, New Haven–London 1995. M. Lowrie, Horrace's Narrative Odes, Oxford 1997. Vgl. auch die vom Centro internazionale di Studi oraziani in Rom jedes Jahr publizierten Atti del convegno di studio. – Zu den Lebensdaten des Horaz s. die Vita Horatii des Sueton. Dazu Viktor Steffen, in: Römische Literatur der augusteischen Zeit, hrsg. von J. Irmscher und K. Kumaniecki, Berlin 1960, 18 ff. (mit kritischem Text der Vita). Dazu P. Levi, Horace. A life, London 1997. Zu den Resten der Villa des Horaz, s. A. G. McKay, Römische Häuser, Villen und Paläste, Zürich 1975, 103 ff. mit Literatur. Dazu E. A. Schmidt, Sabinum. Horaz und sein Landgut im Licenzatal, Heidelberg 1997.

ehrenvolle Angebot ab, weil er seine Unabhängigkeit bewahren wollte. Und Augustus hat die Entscheidung seines Freundes respektiert.[238a] Wie Properz hatte auch Horaz persönlich unter den Ereignissen der Bürgerkriege schwer zu leiden gehabt. Immer wieder kommt der Dichter auf die Greuel der Bürgerkriegszeit in seinen Dichtungen zu sprechen, nicht nur in den frühen Epoden,[239] sondern auch in seinen späteren Gedichten.[240] Und wenn Horaz in ihnen den panegyrischen Preis des Prinzeps anstimmt, dann geschieht dies in der Hoffnung, daß es jenem gelingen werde, die Wunden der langen Bürgerkriegszeit zu heilen und das römische Gemeinwesen von Grund auf zu erneuern.

Noch vor der Einnahme Alexandrias hat Horaz in seiner 9. Epode die Erfolge des Caesar gegen Sex. Pompeius und gegen Antonius ganz im Sinne der offiziellen Propaganda als Erfolge gegen treulose Sklaven und freche Ägypter gefeiert. Und ebenso hat er unmittelbar nach dem Tod der Kleopatra sein bekanntes Triumphgedicht verfaßt, das der toten Gegnerin, der *non humilis mulier*, ein würdiges Denkmal setzte.[241] Doch bei der Feier der Triumphe Oktavians blieb Horaz nicht stehen. Noch vor dem Jahre 27 richtet der Dichter an den Prinzeps eine Ode, in der er ihn auffordert, die Frevel der Vergangenheit zu sühnen und den Sturz des *imperium* aufzuhalten.[242] Die Waffen, die sich bisher gegen Bürger gerichtet hatten, sollen sich nun gegen die Parther kehren. Die Aufgabe aber, endlich nach zwei Menschenaltern unheilvoller Bürgerkriege den inneren Frieden wiederherzustellen und die römische Herrschaft zu festigen und zu mehren, konnte nur ein Gott bewältigen. Von hier aus ergibt sich für Horaz zwanglos der Übergang zur Herrscherapotheose, auch wenn er die allzu direkte Form der Gleichsetzung des Caesar mit einem Gott noch vermeidet. Die

---

[238a] Sueton, Vita Horatii. Dazu O. Hirschfeld, Verwaltungsbeamte² 319.

[239] Horat. epod. 7 und 16. Die Datierung der 16. Epode und ihr Verhältnis zur 4. Ecloge Vergils ist umstritten. Vgl. D. Ableitinger-Grünberger, Der junge Horaz und die Politik 9ff. mit Lit., und unten Anm. 261. Dazu A. Cavarzere, Atti e Memorie Accad. Patavina di Scienze, Classe di Scienze morali 88 pt. 3, 1975/6, 35ff., und E. Coleiro, Miscellanea E. Manni, Rom 1980, II 515ff.

[240] Vgl. Horat. c. 1, 14 u. ö. (vgl. auch Anm. 244). Bei Horaz findet sich wie bei Vergil die Deutung, die Bürgerkriege seien eine Strafe für eine in mythischer Zeit liegende Schuld gewesen. Dazu s. V. Buchheit, Vergil über die Sendung Roms, Heidelberg 1963, 148f.

[241] Horat. c. 1, 37. Vgl. F. Wurzel, Der Krieg gegen Antonius und Kleopatra in der Darstellung der augusteischen Dichter (Diss. Heidelberg 1939), Borna–Leipzig 1941. I. Becher, Das Bild der Kleopatra in der griechischen und lateinischen Literatur, Berlin 1966. Vgl. oben S. 73 Anm. 249.

[242] Horat. c. 1, 2. L. A. MacKay, AJPh 83, 1962, 168ff. (mit Lit.). E. J. Bickerman, Parola del Passato 16, 1961, 5ff. T. Gesztelyi, Acta Class. Debr. 9, 1973, 77ff.

Identifizierung wird entweder als Vermutung offengelassen oder in anderen Gedichten in die Zukunft verlegt.[243] Denn das einmal angeschlagene Thema, die Frevel der Bürgerkriege durch Siege über die Barbaren, über Britannier und Perser, über Baktrier und Skythen, über Serer und Inder zu sühnen, begegnet in immer neuen Variationen.[244] Umgekehrt scheint das Ausbleiben eines schnellen Erfolges im Kantabrerkrieg und die gespannte politische Situation im Jahre 24 bei Horaz vorübergehend tiefe Sorge und Resignation ausgelöst zu haben.[245]

Es ging dem Horaz aber keineswegs nur um außenpolitische Erfolge. Diese waren für ihn viel mehr die natürliche Folge einer inneren Erneuerung Roms. In einer seiner frühesten Epoden hatte der Dichter den Römern oder doch der *melior pars populi* empfohlen, nach den Inseln der Seligen auszuwandern: *Piis secunda vate me datur fuga.* Schon hier klingt der Gedanke an, daß eine neue Welt nur den Frommen zu schaffen möglich ist.[246] Dieser Gedanke, daß ein neuer Anfang nötig sei, kehrt später immer wieder. Die Erwartungen des Dichters richteten sich nun auf die neuen Machthaber. Deutlich kommt dies etwa in der Plancusode zum Ausdruck. Munatius Plancus hatte zulassen müssen, daß sein Bruder auf die Proskriptionsliste gesetzt wurde. Die Mitschuld am Tode seines Bruders bedrückte ihn offenbar. Am Beispiel des Teukros von Salamis, der von seinem Vater vertrieben wurde, weil er ohne seinen Bruder aus Troja heimgekehrt war, sucht Horaz daher dem Plancus Trost zu spenden. Wie Apollon dem Teukros nach unendlichen Leiden ein neues Salamis versprochen hat, so wird auch Plancus ein neues Rom schaffen. Das will der Dichter offenbar sagen, damit aber auch zugleich die große Aufgabe andeuten, die Munatius Plancus als enger Helfer des Prinzeps noch zu bewältigen hatte.[247]

---

[243] Vgl. z. B. Horat. c. 1, 12. 3, 5. 3, 25. – Zur Angleichung des Augustus an Jupiter bei Horaz s. D. Pietrusinsky, Eos 68, 1980, 103 ff. Vgl. unten S. 286 A. 253.

[244] Vgl. Horat. c. 1, 12. 1, 2, 21 ff. und 51 ff. 1, 21, 13 ff. Vgl. schon epod. 7, 7 ff. Zu den Serern s. unten S. 336 Anm. 61.

[245] Horat. c. 3, 14. Dazu D. Kienast, Chiron 1, 1971, 239 ff. Ähnl. U. W. Scholz, Wiener Stud. 84, 1971, 123 ff. Anders M. Dyson, Greece and Rome 20, 1973, 169 ff. Auch sonst finden sich in den frühen Oden immer wieder auch Zeichen von Resignation. Nach G. Williams, JRS 52, 1962, 28 ff., habe der gescheiterte Versuch einer Sittengesetzgebung im J. 28 v. Chr. bei Horaz eine tiefe Niedergeschlagenheit zur Folge gehabt. Die Historizität jenes Versuches ist jedoch umstritten, vgl. R. Syme, in: Prinzipat und Freiheit 195. S. auch R. Besnier, Properce (Elégies II, VII et VII A) et le premier échec de la législation démographique d'Auguste, Rev. hist. de droit fr. et étr. 57, 1979, 191 ff. Vgl. oben S. 167 f. Anm. 55.

[246] Horat. epod. 16, 35 ff.

[247] Horat. c. 1, 7. Wie sehr man Horaz mißverstehen kann, zeigt die Interpretation der Ode durch F. R. Bliss (TAPA 91, 1960, 30 ff.), der allen Ernstes behauptet:

Und was für Plancus gilt, gilt offenbar auch für Augustus. Auch er war nicht frei von der Schuld der Bürgerkriege. Und er wußte dies. Auch seine Rechtfertigung bestand nur darin, den Bürgerzwist zu überwinden und ein neues Rom zu schaffen.

Das Problem des Sittenverfalls und die Aufforderung, zu den Sitten der Väter zurückzukehren, beherrschte vor allem die Römeroden.[248] Auch sie bilden keinen Fremdkörper im Werk des Horaz, sondern fügen sich zwanglos in die Gedankenwelt des Dichters ein. Es kann kaum ein Zweifel daran bestehen, daß der Dichter im Zyklus der in den Jahren 28 und 27 v. Chr. entstandenen Römeroden auch Vorstellungen des Prinzeps Ausdruck verleiht. Die alten Römertugenden der *moderatio*, der *virtus*, der *pietas* und der *iustitia* werden beschworen. Dem Ehebruch und jeder Form sexueller Freizügigkeit wird eine Absage erteilt. Die Wiederherstellung der verfallenen Tempel Roms wird als Voraussetzung für die moralische Erneuerung verlangt, kurz bevor Oktavian wirklich die Heiligtümer der Hauptstadt neu erstehen ließ. Im Sinne des Prinzeps war es auch, wenn Horaz in der 3. Ode die Juno den Römern die Weltherrschaft verkünden läßt, wenn sie nur Troja nicht neu erbauen.[249] Der Bezug auf die angeblichen Pläne des Antonius, die Hauptstadt in den Osten zu verlagern, ist deutlich genug. Auf das Kolonialisationswerk des Caesar wird in der 4. Ode angespielt und die 5., besonders aber die 3. Ode stellt dem Augustus am Ende seiner Mühen für den Staat die Apotheose in Aussicht. Dieses Aufgreifen panegyrischer Formen ist jedoch eingebettet in die allgemeine, von Besorgnis und Hoffnung gekennzeichnete Grundstimmung des Horaz. Lange vor Actium hatte der Dichter die Greuel der Bürgerkriege bitter beklagt. Nach dem Sieg des Caesar richteten sich offenbar seine Wünsche und Erwartungen ganz auf den Prinzeps. Wenn überhaupt irgendeiner, so konnte nur er der römischen Welt den Frieden schenken. Das Programm des Caesar deckte sich

---

"Wine and travel (subaudi exile) are the central themes" und: "The advise offered is of two kinds: retirement and relaxation" (a. O. 46).

[248] Zu den Römeroden s. Th. Mommsen, Reden und Aufsätze, Berlin 1905, 168 ff. R. Heinze, Vom Geist des Römertums 190 ff. E. Fraenkel, Horace 260 ff. K. Büchner, Studien zur römischen Literatur III, Wiesbaden 1962, 125 ff. L. Amundsen und F. Solmsen, in: Wege zu Horaz 111 ff. und 139 ff. Vgl. J. Korpanty, Meander 30, 1975, 61 ff. Ch. Witke, Horace's Roman Odes. A critical examination, Leiden 1983. – Zum Zusammenhang zwischen Sittenreform und religiöser Erneuerung bei den augusteischen Schriftstellern s. allg. J. H. W. G. Liebeschuetz, Continuity and Change in Roman Religion 90 ff. M. Lowrie, Horace's narrative Odes, Oxford 1997.

[249] Dazu V. Buchheit, Vergil über die Sendung Roms (Anm. 240) 145 ff. und 169 mit Lit. Zur Ambivalenz des Trojamythos s. M. Pani, Troia resurgens. Mito Troiano e ideologia del Principato, Ann. Fac. Lettere Bari 18, 1975, 65 ff.

weitgehend mit des Dichters eigenen Vorstellungen. So konnte Horaz es wagen, als *sacerdos Musarum* den Römern *carmina non prius audita* vorzutragen. Augustus konnte daher auch keinem Berufeneren die Abfassung des Festliedes für die Saecularspiele anvertrauen.[250] Und für Horaz hatte der Prinzeps mit seinem Erfolg über die Parther und mit seiner Sittengesetzgebung offenbar bewiesen, daß die in ihn gesetzten Hoffnungen und Erwartungen nicht vergebens waren.

Horaz scheint stolz darauf gewesen zu sein, daß Augustus gerade ihn mit der Abfassung des *carmen saeculare* beauftragt hatte.[251] Er kommt jedenfalls in seinen späteren Dichtungen mehrfach auf diese Tatsache zu sprechen. Gerade diese späten Dichtungen haben allerdings dem Horaz in der modernen Literatur vielfach Kritik eingebracht. Denn in diesen Dichtungen feiert Horaz den Augustus in vollen panegyrischen Tönen.[252] Das große Heimkehrgedicht des Jahres 13 v. Chr. liest sich wie ein Kultlied, wie ein Hymnus zu Ehren eines Gottes. Und tatsächlich wird Augustus als Gott gefeiert. Er ist der *custos gentis* – nicht mehr wie früher Jupiter.[253] Er schenkt mit seiner Rückkehr wie die aufgehende Sonne sein Licht dem Vaterlande wieder. Sein Antlitz leuchtet *instar veris*, wie der Frühling seinem Volke. Mit Bitten und Gelübden erfleht man die Heimkunft des Augustus. Denn er hat den Frieden gebracht und wird mit Recht als Gott verehrt, so wie die Dioskuren und Hercules als Götter verehrt werden. Nun erst sind die bangen Sorgen verscheucht. Im Lande herrschen Segen und Fülle. Sitte und Gesetz schützen die Eintracht und

---

[250] Zum Problem, wie das *carmen saeculare* in den Ablauf der durch die inschriftlich erhaltenen Akten bekannten Säkularfeierlichkeiten einzuordnen ist, s. J. Gagé, in: Wege zu Horaz 14ff., und C. Becker, Gnomon 31, 1959, 607ff. Dazu H. Cancik, in: Worte, Bilder, Töne. Studien zur Antike und Antikerezeption (Festschrift B. Kytzler), hrsg. von R. Faber–B. Seidensticker, Würzburg 1996, 99ff. E. Flores, AION 17, 1995 (1996) 161ff.

[251] Vgl. C. Becker, Das Spätwerk des Horaz, Heidelberg 1966, 247f. mit Anm. 30.

[252] J. W. Ambrose, Class. Journ. 69, 1973, 26ff., möchte allerdings die Drususode als 'crypto-panegyric' verstehen und in ihr eine Warnung vor 'conquest in Germany' sehen. Derselbe Verf. hat auch 'The ironic meaning of the Lollius-ode' entdeckt (TAPA 96, 1965, 1ff.). Die Arbeiten von Ambrose sind typisch für eine besonders im angelsächsischen Sprachraum verbreitete Tendenz, in den Äußerungen der Augusteer einer geheimen Opposition gegen den Prinzeps nachzuspüren.

[253] Dazu M. M. Ward, The Association of Augustus with Juppiter, Studi e Materiali stor. rel. 9, 1933, 203ff., J. R. Fears, Princeps a diis electus, Rom 1977, 121ff., und M. Beller, Jupiter Tonans, Heidelberg 1979, 70ff. Vgl. auch J. M. Benario, Book 4 of Horace's Odes: Augustan Propaganda, TAPA 91, 1960, 339ff. Dazu jetzt M. C. J. Putnam, Artifices of Eternity: Horace's Fourth Book of Odes, Ithaca N. Y. 1986.

den Frieden. Mächtig steht das Reich da und braucht die Kriege an seinen Rändern nicht zu fürchten. Erst jetzt ist die *pax Augusta* Wirklichkeit geworden. Ähnliche Gedanken kehren auch in den übrigen um diese Zeit gedichteten Liedern wieder und dürfen als symptomatisch angesehen werden. Wir wissen, daß Horaz die Odendichtung nach längerer Pause auf Drängen des Augustus hin wiederaufgenommen hat. Dennoch kann man die späte Odendichtung nicht vom Gesamtwerk des Horaz trennen. C. Becker hat vielmehr gezeigt, daß die Lieder des 4. Odenbuches vielfach mit den frühen Dichtungen verbunden sind und Horaz in ihnen seine künstlerische Reife und Vollendung erlangt hat.[254] Das dürfte auch für die politischen Gedichte gelten, wie immer man zu ihrer inhaltlichen Aussage stehen mag.

Den Abschluß der Dichtungen des Horaz scheint der berühmte Brief an Augustus zu bilden, in dem Horaz einen in scherzhaft-vorwurfsvollem Ton vorgetragenen Wunsch des Augustus erfüllt.[255] Auch in diesem Gedicht findet man die gleichen panegyrischen Töne wie im 4. Odenbuch. Gleich am Anfang wird der Prinzeps als Wohltäter der Menschheit gepriesen, während der Schluß die außenpolitischen Leistungen des Augustus, die Schließung des Janusbogens und die Einschüchterung der Parther, feiert. Augustus wird neben Hercules und die großen Heroen und neben Alexander gestellt. Die Mitte des Ganzen aber bildet die Behandlung der Dichtkunst in Rom, die zunächst unabhängig vom ersten Thema durchgeführt wird, sich aber zum Schluß mit dem Augustusthema vereinigt. Der Prinzeps erscheint nun auch als der verständnisvolle Förderer der modernen Literatur und der Kunst, der anders als Alexander nicht durch platte Schmeichelei Beifall, sondern durch wertvolle, große Dichtung dauernden Nachruhm erlangen will. Horaz selbst aber begegnet dem Prinzeps in der Unabhängigkeit, die ihm sein Dichtertum verleiht. Er unterstützt die politischen Bestrebungen des Augustus durch sein Lied und verkündet noch späteren Generationen von den Taten des Kaisers. So vermag Horaz bei allem – auch von seiner Seite sorgfältig ge-

---

[254] C. Becker, Das Spätwerk des Horaz, Heidelberg 1966.

[255] Der Vorwurf lautete: *irasci me tibi scito, quod non in plerisque eius modi scriptis mecum potissimum loquaris; an vereris ne apud posteros infame tibi sit, quod videaris familiaris nobis esse* (Suet. Vita Horatii = Malcovati, Operum fragmenta p. 23 Nr. XXXIX). Obwohl der Vorwurf halb scherzhaft gemeint war, läßt er doch etwas von dem Gefühl der Vereinsamung und Isoliertheit erkennen, das offenbar den Augustus selbst auf dem Höhepunkt seiner Macht nicht verließ. (Der Augustusbrief des Horaz entstand frühestens im J. 14 v. Chr. Der zitierte Brief des Prinzeps dürfte nur wenige Zeit vorher geschrieben sein.) Die Briefstelle sollte auch davor warnen, sich das Verhältnis des Augustus und des Horaz zueinander zu einfach und zu klischeehaft vorzustellen.

wahrten – Abstand doch dem Augustus als echter Partner gegenüberzutreten.[256]

Gerade im Verhältnis des Horaz zu Augustus wird deutlich, daß dieser es verstanden hat, für seine Bestrebungen nicht bloß propagandistische Lobredner zu finden. Denn zweifellos setzte die zwischen Horaz und dem Prinzeps bestehende geistige Partnerschaft, die in dieser Form in Rom neu und einmalig war, auch von seiten des Augustus viel Takt, Einfühlungsvermögen und Verständnis voraus. Nur weil der Prinzeps selbst ein gebildeter und kunstsinniger Mann war, konnte es ihm gelingen, die besten Dichter und die besten Künstler seiner Zeit für sich und sein Werk zu gewinnen.

Meint man bei Horaz eine innere Entwicklung feststellen zu können, die von der Verzweiflung der frühen Epoden über die bedingte Panegyrik des Augustus in den zwanziger Jahren, die nicht frei ist von Zeichen der Resignation, bis hin zum vollen Herrscherlob im 4. Odenbuch und im Augustusbrief reicht, so hat sich Vergil schon in den frühesten seiner größeren Dichtungen, den Eclogen, vorbehaltlos zum jungen Caesar bekannt. Der am 15. Oktober 70 v. Chr. in der Nähe von Mantua geborene Vergil war wohl von Anfang an römischer Bürger, vielleicht sogar römischer Ritter.[257] Von Jugend auf scheint er als Transpadaner auf seiten Caesars ge-

---

[256] Zum Augustusbrief vgl. bes. C. Becker, Spätwerk 194 ff., K. Büchner, Werkanalysen, Wiesbaden 1970, 97 ff., K. Bringmann, Philologus 118, 1974, 236 ff. sowie R. Syme, Ovid 172 ff., der wegen des Briefanfangs für ein Datum nach dem Tode des Agrippa (12 v. Chr.) plädiert. – G. D'Anna, Vichiana 12, 1983, 121 ff., datiert den Brief dagegen ins J. 19 v. Chr. – Vgl. auch G. Nenci, ASNP 1978, 1007 ff. C. O. Brink, Horace on Poetry III, Cambridge 1982, 31 ff. H. J. Hirth, Horaz, der Dichter der Briefe, Hildesheim 1985. C. Pellegrino, in: J. M. Croisille (Ed.), Neronia IV, Brüssel 1990, 351 ff.

[257] Grundlegend: K. Büchner, RE VIIIA, 1955/58, 1021 ff. mit der älteren Literatur. Vgl. die Literaturberichte von V. Pöschl im Anz. f. d. Altertumsw. 3, 1950, 69 ff. 6, 1953, 1 ff. 12, 1959, 193 ff. 21, 1968, 193 ff. 22, 1969, 1 ff. 32, 1979, 1 ff., und von R. D. Williams, Virgil, Oxford 1967, und Proceedings of the Virgil Society for 1976/7, London 1977. M. Squillante, Su alcuni recenti studi virgiliani, Boll. di Studi Latini 2, 1972, 266 ff., und: Studi sulle Bucoliche e sull' Eneide di Virgilio, Boll. di Studi Latini 5, 1975, 66 ff. Eine 'Vergilian Bibliography' erscheint außerdem seit 1962 in der Zeitschrift ›Vergilius‹ (Ontario, Canada). Vgl. H. Bardon–R. Verdière, Vergiliana, London 1971 (darin S. 212 ff.: A. Michel, Virgile et la politique impériale: un courtisan ou un philosophe?), und bes. W. Suerbaum, Hundert Jahre Vergil-Forschung: Eine systematische Arbeitsbibliographie mit besonderer Berücksichtigung der Aeneis, ANRW II 31, 1, 1980, 3 ff., und 31, 2, 1359 ff. (bis 1975 reichend). Wege zu Vergil, hrsg. von H. Oppermann, Darmstadt² 1976. V. Pöschl, Mélanges L. Senghor, Dakar 1977, 375 ff. The Classical World Bibliography of Vergil, New York 1978. R. Chevallier (Ed.), Presence de Virgile, Actes du Colloque de 9, 11 et 12. Decembre 1976, Paris 1978. Auf die kleineren, dem Vergil zugeschriebenen Schriften soll

standen zu haben.[258] Mit Asinius Pollio verband den Dichter offenbar schon früh enge Freundschaft. Doch hat Vergil seine Sympathien möglicherweise zunächst dem Antonius zugewandt. Denn nach dem für die Antonianer unglücklichen Ausgang des Perusinischen Krieges geriet der Dichter in Gefahr, sein väterliches Gut zu verlieren.[259] Der Intervention Oktavians, die auf Vermittlung des Cornelius Gallus erfolgte, verdankte Vergil jedoch den Erhalt oder die Rückgabe seines Besitzes. Daher ist Oktavian für ihn ein Gott, dem er Altäre errichtet und allmonatlich opfert. Allerdings sagt Vergil dies nicht direkt und vermeidet es auch, den Namen des Caesar zu nennen. Er legt sein Bekenntnis vielmehr dem Hirten Tity-

hier nicht eingegangen werden. Zum Problem s. K. Büchner a. O. 1061 ff. Dazu die Bibliographie von J. Richmond, ANRW II 31, 2, 1981, 1112 ff. Vgl. auch die Beiträge von V. Pöschl. R. Rieks und G. K. Galinsky, ebda. 707 ff., 728 ff. und 985 ff. Dazu Bimillenario de Virgilio. Simposio internacional, ed. J. Oroz Reta, Salamanca 1982. E. Benedini (Ed.), Nel bimillenario della morte di Virgilio. Studi Virgiliani, Mantua 1983. Atti del Convegno Virgiliano di Brindisi nel bimillenario della morte, Perugia–Napoli 1983. Atti del Convegno mondiale scientifico di studi su Virgilio, 2 Bde., Mailand 1984. J. D. Bernard (Ed.), Vergil at 2000. Commemorative Essays on the Poet and his Influence, New York 1986. F. Robertson (Ed.), Meminisse iuvabit, Selections from the Proceedings of the Virgil Society, Bristol 1988. M. Gigante (Ed.), Virgilio e gli Augustei, Neapel 1990. R. M. Wilhelm–H. Jones (Edd.), The Two Worlds of the Poet, New Perspectives on Vergil, Detroit 1992. N. Horsfall, A Companion to the Study of Virgil, Leiden 1995. J. Irmscher (Ed.), Vergil. Antike Weltliteratur in ihrer Entstehung und Nachwirkung, Amsterdam 1995. Speziell zum Verhältnis Vergils zu Augustus s. W. R. Johnson, Arthusa 14, 1981, 49 ff.; V. Pöschl, in: Humanismus und Politik, hrsg. von E. Olshausen, Stuttgart 1983, 1 ff.; S. Koster, in: Pratum Saraviense, Festgabe P. Steinmetz, Stuttgart 1990, 127 ff.; sowie die Beiträge von W. Schmitthenner und H. Strasburger, in: Gymnasium 90, 1983, 1 ff. und 41 ff. Vgl. allgemein auch die von F. Della Corte edierte Enciclopedia Virgiliana, 5 in 6 Bdn., Rom 1984–91, und Ch. Martindale (Ed.), The Cambridge Companion to Virgil, Cambridge 1997.

[258] Nach F. Bömer, BoJbb 152, 1952, 35 ff., und L. P. Wilkinson, The Georgics of Virgil, Cambridge 1969, 26 ff., verbirgt sich hinter dem Hirten Daphnis in der 5. Ecloge niemand anderes als der Dictator Caesar. Die Identifizierung ist jedoch umstritten. – Zur 8. Ecloge s. G. W. Bowersock, Harv. Stud. 75, 1971, 73 ff. (wonach das Gedicht an Oktavian gerichtet sei), dagegen R. J. Tarranti, ebda. 82, 1978, 197 ff., dazu wieder Bowersock a. O. 201 ff. – Vgl. allgemein zur Jugend Vergils L. P. Wilkinson a. O. 24 ff., sowie die ausführliche Erörterung der schwierigen Überlieferung bei K. Büchner, RE VIII A 1, 1044 ff. – Dazu die Biographien von J. Griffin, Virgil, Oxford 1986, M. Giebel, Vergil, Reinbek 1986 (rororo-Bildmonographie), P. Grimal, Vergil, Zürich/München 1987.

[259] M. Winterbottom, Virgil and the confiscations, Greece and Rome 23, 1976, 55 ff. L. Keppie, Class. Quart. 31, 1981, 367 ff. J. E. G. Zetzel, Class. Philol. 79, 1984, 139 ff.

rus in den Mund, der dem von den Militärkolonisten der Triumvirn von Grund und Boden vertriebenen Meliboeus berichtet, wie er in Rom jenen göttlichen Jüngling sah, der ihm auf seine Bitte die Antwort erteilte: *pascite ut ante boves pueri, summittite tauros*.[260] Das Einzelschicksal wird also vom Dichter hier ins Allgemeine gehoben und soll Hoffnung und Verheißung einer besseren Zukunft sein.

Um eine Verheißung geht es aber vor allem in der berühmten 4. Ecloge, die unmittelbar nach dem Perusinischen Krieg entstanden sein dürfte. Vergil verkündet hier nicht weniger als den Anbruch eines neuen Goldenen Zeitalters.[260a] Die Tatsache, daß dieses neue Goldene Zeitalter unter dem Consulat des Asinius Pollio seinen Anfang nehmen soll, macht das Gedicht allein schon zu einem wichtigen historischen Zeugnis. Aber schon eine genauere Datierung bereitet Schwierigkeiten.[261] Ed. Norden wollte die 4. Ecloge noch Ende 41 entstanden sein lassen und vermutet, daß Vergil mit ihr den Consulatsantritt Pollios feiern wollte.[262] Gerade auf dem

[260] Ecl. 1, 45. – Daran, daß Vergil in der Erzählung vom Schicksal des Hirten Tityrus auf sein eigenes Geschick anspielt, wird man wohl trotz der Bedenken von E. A. Schmidt, Poetische Reflexionen, Vergils Bukolik, München 1972, 120 ff., festhalten dürfen. Der politische Hintergrund auch der Bucolica ist durch die Namen von Zeitgenossen (Pollio in der 3. und 4. Ecloge, Varus in der 6. und 9. Ecloge, Gallus in der 6. und 10. Ecloge) gegeben, vgl. R. D. Williams, JRS 52, 1962, 9 f. Zu den verschiedenen Identifizierungsvorschlägen s. auch A. Grisart, Les études class. 34, 1966, 115 ff. Abgelehnt wird die Identifizierung des göttlichen *iuvenis* mit Oktavian u. a. von C. G. Hardie, Festschr. C. E. Stevens, Farnborough 1975, 109 ff. Vgl. auch P. Veyne, Die römische Gesellschaft, München 1995, 207 ff. – Vgl. allg. zu den Eclogen: H. J. Ross, The Ecloges of Virgil, Berkeley 1942. V. Pöschl, Die Hirtendichtung Virgils, Heidelberg 1964. M. C. J. Putnam, Virgil's Pastoral Art, Princeton 1970. W. Berg, Early Virgil, London 1974. E. W. Leach, Vergil's Eclogues, Ithaka 1974. R. Coleman, Vergil, Eclogues, Cambridge 1977. J. van Sickle, The design of Virgil's Bucolics, Rom 1978, und: Reading Vergil's Eclogue Book, ANRW II 31, 1, 1980, 576 ff. E. Coleiro, An introduction to Vergil's Bucolics with a critical edition of the text, Amsterdam 1979 (mit umfangreichem Literaturverzeichnis). P. Alpers, The Singer of the Eclogues, Berkeley 1979. Vgl. auch das oben Anm. 229 genannte Werk von D. O. Ross. Dazu W. W. Briggs, Jr., A Bibliography of Virgil's 'Eclogues', ANRW II 31, 2, 1981, 1265 ff. R. Leclercq, Le divin loisir. Essai sur les Bucoliques de Virgile, Brüssel 1996.

[260a] Vgl. F. R. Brenk, Thought 55, 1980, 81 ff., und K. Kubusch, Aurea Saecula, Frankfurt a. M. 1986, 91 ff.

[261] Vgl. R. D. Williams a. O. 10 f. und E. A. Schmidt, Zur Chronologie der Eklogen Vergils, Sb. Heidelberg, phil.-hist. Kl. 1974, 6. Abh., Heidelberg 1974. Vor allem das Verhältnis der 4. Ecloge zur 16. Epode des Horaz ist umstritten, vgl. oben Anm. 239 und Schmidt a. O. 55 ff.

[262] Ed. Norden, Die Geburt des Kindes, Stuttgart 1924 (ND 1969) 4 ff. Dagegen

Höhepunkt des Perusinischen Krieges gewinne Vergils Prophetie erst ihre tiefere Bedeutung. Es ist jedoch unwahrscheinlich, daß der taktvolle und eher zurückhaltende Vergil in der ungeklärten Situation der Jahreswende 41/40 v. Chr. das Consulat des Pollio als den Beginn eines neuen Weltalters gefeiert hätte. Nach dem durch Pollios Vermittlung mitbewirkten Abkommen von Brundisium konnte aber der Dichter keine Bedenken mehr haben, den Pollio in der Weise herauszuheben. Man nimmt dem Gedicht nichts von seiner Tiefe, wenn man an seinem vom Dichter selbst deutlich markierten Zeitbezug festhält. Auch in dem Knaben, dessen Geburt das neue Zeitalter heraufführen soll, wird man daher wohl einen menschlichen Knaben vermuten dürfen. Vielleicht dachte Vergil an das aus der neu geschlossenen Verbindung des Antonius mit der Octavia erwartete Kind, das dann allerdings ein Mädchen wurde (die im Jahre 39 geborene ältere Antonia).[263] Andere Deutungen sind allerdings nicht auszuschließen und

mit Recht B. Haller, Asinius Pollio 66. Wenn Servius (ad Eclog. 4, 11) den Pollio als *consul designatus* bezeichnet, ist das offensichtlich ein Autoschediasma.

[263] So R. Syme, RR 219 ff. Andere Interpreten denken an den erhofften Sohn aus der Verbindung des Oktavian mit der Scribonia (aus der dann allerdings ebenfalls ein Mädchen, die unglückliche Julia, hervorging). Ed. Norden a. O. 11 ff. und B. Haller a. O. 69, bestreiten dagegen, daß von Vergil ein menschliches Kind gemeint gewesen sei. Die Zeitgenossen dachten aber offenbar anders. Schon der Sohn des Pollio, Asinius Gallus, erhob offen den Anspruch, der von Vergil prophezeite Knabe zu sein (Serv. ad. Verg. Eclog. 4, 11). Ihm folgt H. Hommel, in: Wege zu Vergil 368 ff., vgl. die dort und in dem Nachwort (a. O. 415 ff.) aufgeführte Literatur. Dazu R. G. M. Nisbet, Bull. Inst. Class. Stud. 25, 1978, 59 ff., R. E. A. Palmer, Roman Religion and Roman Empire, Philadelphia 1974, 149 ff. (der in dem Kind den Veiovis erkennen will), sowie W. Kraus, ANRW II 31, 1, 1980, 604 ff., und S. Benko, ebda. 646 ff. Hinzuweisen ist besonders auf die nüchterne Interpretation von G. Lachmann, Die vierte Ekloge Vergils, Annali della Scuola norm. Super, di Pisa, cl. di lettere, ser. II 21, 1952, 13 ff., der noch stärker als Hommel betont, daß die Verse 31–36 den logischen Zusammenhang sprengen, da die *aurea aetas* ja mit der Geburt des Kindes bereits begonnen hat. Jachmann vermutet als Grund für die Unstimmigkeit die ungeschickte Einarbeitung seiner Vorlage, des uns nicht bekannten Sibyllinum, durch den Dichter. Diese Erklärung vermag allerdings nicht recht zu befriedigen. Möglicherweise soll man aus den Versen eine Anspielung auf den historischen Zeithintergrund entnehmen. Gerade die Betonung der Seefahrt in den genannten Versen dürfte kein Zufall sein. Trotz des Friedens von Brundisium war das Problem Sex. Pompeius noch nicht gelöst, wenn auch dessen Ausschaltung nur noch eine Frage der Zeit zu sein schien. (Auf den Zeithintergrund verweist schon Hommel, der das Gedicht jedoch ins Jahr 41 v. Chr. datiert.) – Vgl. auch I. M. Du Quesnay, Vergil's Fourth Eclogue, Papers of the Liverpool Latin Seminar I, Liverpool 1977, 25 ff. – Dazu jetzt G. Binder, Lied der Parzen zur Geburt Octavians, Gymnasium 90, 1983, 102 ff., und A. Uruschadse, Klio 67, 1985, 205 ff.

eine sichere Antwort auf die Frage nach der Identität des Kindes wird sich nie gewinnen lassen.

Wird der Zeithintergrund in Vergils Hirtengedichten nur angedeutet, so nimmt der Dichter in den Georgica an mehreren Stellen auf die Zeitereignisse direkt Bezug. Wenn Vergil gerade in den Jahren zwischen Naulochos und Actium, als nach der Ausschaltung des Sex. Pompeius ein neues italisches Gemeinschaftsgefühl im Wachsen war, mit der Ausarbeitung seiner Dichtung über den Landbau begann, so war dies gewiß ganz im Sinne Oktavians. Und dessen lebhaftes Interesse zeigte sich darin, daß er sich im Jahre 29 v. Chr. bei seiner Heimkehr aus dem Osten in Atella vom Dichter an vier aufeinanderfolgenden Tagen das gesamte Werk vorlesen ließ.[263a] Der düstere Hintergrund der Landenteignungen und der Bürgerkriege ist auch in den Georgica gegenwärtig.[264] Aber er weicht doch bald neuen Hoffnungen. Dieses Werk über die Arbeit und das Leben des italischen Landmannes, das seine Anregung und Förderung dem Maecenas verdankte, mußte den auf den Wiederaufbau Italiens gerichteten Bestrebungen des Prinzeps entgegenkommen. Und Oktavian wird in diesem Werk an mehreren wichtigen Stellen direkt angesprochen. Gleich zu Beginn des ersten Buches, das dem Ackerbau gewidmet ist, schließt Vergil sein Gebet an die Götter mit einer Anrufung Oktavians, der einst von der ganzen Welt als Gott verehrt werden wird: *ingredere et votis iam nunc adsuesce vocari.*

[263a] Nur Maecenas löste den Dichter beim Vorlesen ab, Donat. Vita Verg. 27. Gerade das lebhafte Interesse des Augustus an den Werken Vergils (er ließ sich später auch drei Bücher der Aeneis vortragen) zeigt, daß es doch etwas zu einfach ist, das Verhältnis des Prinzeps zu den großen Dichtern seiner Zeit ausschließlich unter dem Gesichtspunkt der Tagespropaganda zu sehen.

[264] F. Klingner, Vergils Georgica, Zürich–Stuttgart 1963. L. P. Wilkinson, The Georgics of Virgil, Cambridge 1969. T. Piscitelli, Studi sulle Georgiche di Virgilio (1968–1974), Boll. di Studi Latini 5, 1975, 240 ff. V. Buchheit, Der Anspruch des Dichters in Vergils Georgica, Darmstadt 1972 (dazu B. Effe, Gnomon 46, 1974, 663). Atti del Convegno sul bimillenario delle Georgiche, Napoli 17–19. dic. 1975, Neapel 1977. T. Oksala, Studien zum Verständnis der Einheit und der Bedeutung von Vergils Georgica, Helsinki 1978. J. Griffin, Greece and Rome 26, 1979, 61 ff. M. C. J. Putnam, Virgil's Poem on the Earth, Princeton 1979, P. A. Johnston, Vergil's Agricultural Golden Age. A Study of the Georgics, Leiden 1980. G. B. Miles, Virgil's Georgics. A new Interpretation, London 1980. W. Suerbaum, Spezialbibliographie zu Vergils Georgica, ANRW II 31, 1, 1980, 395 ff. (Vgl. auch die Beiträge von K.-H. Pridik, ebda. 500 ff., und von P. Boyancé, ebda. 549 ff.). A. J. Boyle, Virgil's Ascrean song. Ramus essays on the Georgics, Barwick, Victoria 1979. Dazu M. A. Levi, Il regno delle api e la 'domus Augusta', PP 38, 1983, 327 ff., und R. M. Wilhelm, AugAge 5, 1986, 60 ff. sowie E. Schäfer, Gymnasium 90, 1983, 77 ff. D. O. Ross, Virgil's Elements: Physics and Poetry in the Georgics, Princeton 1987. R. Thomas (Ed.), Virgil: Georgics, Cambridge 1988.

Am Schluß dieses ersten Buches werden dann die Zeichen aufgeführt, welche die Welt nach Caesars Ermordung beunruhigten. Der Dichter beschreibt, wie die Sonne „ihr strahlendes Haupt in finsterem Rostbraun verhüllte und die Welt eine ewige Nacht mußte fürchten", und schildert alle die anderen unheilverkündenden Erscheinungen, die auf den neuen Bürgerkrieg von Philippi hindeuteten. Dieser Schluß ist offenbar am Vorabend eines neuen Kampfes, der großen Auseinandersetzung zwischen Oktavian und Antonius, geschrieben. Schuld an dem Unheil der letzten Jahre ist in Vergils Sicht der Frevel des Königs Laomedon, welcher die Götter, die ihm Trojas Mauer gebaut hatten, um ihren versprochenen Lohn prellte. Zu diesem Frevel ist in der Gegenwart als neuer Frevel die Ermordung Caesars dazugekommen. Der einzige, der jetzt noch der verderbten Menschheit Hilfe bringen konnte, war Oktavian, Caesars Erbe. Er allein konnte das von allen Seiten bedrohte Italien retten und der Welt den Frieden wiederbringen.[264a]

Vergils Hoffnungen sollten nicht enttäuscht werden. Schon als er das zweite Buch seiner Georgica dichtete, hatten die Waffen des jungen Caesar die Entscheidung gebracht. Damals schrieb der Dichter seine *laudes Italiae*, die dem neuen italischen Gemeinschaftsgefühl einen bleibenden Ausdruck verliehen.[265] Wenn darin Italien als Mutter der Helden und als deren größter der junge Caesar gefeiert wird, so war dies ganz im Sinne der offiziellen, auch von Oktavian selbst propagierten Auffassung.

Im dritten Buch schildert der Dichter dann den Tempel, den er dem siegreichen Caesar am Ufer des Mincius bei seiner Heimatstadt Mantua errichten will, womit Vergil offensichtlich schon auf das geplante Epos auf Augustus hinweist.[266] Am Schluß des letzten Buches werden dann in Form einer Zeitbestimmung noch einmal die Erfolge des Prinzeps im Osten beschworen. Die Georgica erscheinen so im Ganzen als ein Gedicht zu Ehren des Oktavian als des *restitutor Italiae*.

Vergil war jedoch ein zu guter Dichter, als daß er es vermocht hätte, in adulatorischer Manier den Prinzeps selbst zum Mittelpunkt eines Heldenliedes zu machen. Gleich dem Horaz der früheren Oden lobte auch Vergil den Oktavian mehr in indirekter Weise, in verhüllter oder leicht verfremdeter Form. Das Bekenntnis zum Gott Caesar in der ersten Ecloge legte er

---

[264a] Vgl. V. Buchheit, Vergil in Sorge um Oktavian, Rh. Mus. 109, 1966, 78 ff.

[265] Italien schloß für Vergil selbstverständlich die Transpadana mit ein, vgl. L. P. Wilkinson a. O. 153 ff. Zu den *laudes Italiae* s. allg. H. V. Canter, Class. Journ. 33, 1938, 457 ff., und A. G. McKay, in: Cicero and Virgil, Studies H. Hunt, Amsterdam 1972, 149 ff.

[266] Vgl. U. Fleischer, Musentempel und Oktavianverehrung des Vergil, Hermes 88, 1960, 280 ff., und zuletzt R. Häußler, Das historische Epos (Anm. 229) 247 ff. mit weiterer Literatur.

dem Tityrus in den Mund. Und wer der Knabe ist, der das neue Goldene Zeitalter eröffnen werde, bleibt in der vierten Ecloge ganz offen. In den Georgica ist das Lob Caesars deutlicher – sein Name fällt überhaupt erst jetzt –, bleibt aber im Ganzen doch verhalten. Seine Erhöhung zum Gott wird als zukünftiges Ereignis vorausgesagt, und der Plan eines Tempels für den Caesar ist eben ein Plan. Das Herrscherlob wird erträglich dadurch, daß es bedingtes oder indirektes Lob ist.

Die Form des mehr indirekten Lobes wählte Vergil auch für sein Heldenepos, die Aeneis, die schon 29 begonnen wurde, aber beim Tode des Dichters 19 v. Chr. noch nicht ediert war.[267] Welches große Interesse Augustus gerade am Fortgang dieses Werkes nahm, zeigt die Nachricht, daß er sich während des Kantabrerkrieges bei Vergil nach dem Stand der Arbeit erkundigte und sich nach seiner Rückkehr aus Spanien vom Dichter die Bücher 2, 4 und 6 der Äneis vortragen ließ.[267a] Das formale Vorbild für die Äneis sind zweifellos die Werke Homers, die Odyssee im ersten und die Ilias im zweiten Teil des Epos.[268] Doch sind die Berührungen mit den Wer-

[267] Zur Aeneis s. V. Buchheit, Vergil über die Sendung Roms, Gymnasium Beih. 3, Heidelberg 1963. K. Quinn, Virgil's Aeneid, London 1968. V. Pöschl, Die Dichtkunst Virgils, Darmstadt² 1964. R. Häußler, Das historische Epos (Anm. 229) 239 ff. A. Thornton, The Living Universe: Gods and Men in Virgil's Aeneid, Mnemosyne Suppl. 46, Leiden 1976. M. Bonjour, Terre Natale. Ètudes sur une composante affective du patriotisme romain, Paris 1975, 465 ff. Weitere englische Literatur bei V. J. Clearx, Aeneida. Important Work on the Aeneid (1962–1976) for secondary school teachers, Vergilius 22, 1976, 2 ff. Dazu L. Canali, L'eros freddo. Studi sul Eneide, Rom 1976. R. J. Quiter, Aeneas und die Sibylle, Königstein/Ts. 1984. Ph. R. Hardie, Virgil's Aeneid. Cosmos and Imperium, Oxford 1986. J.-L. Pomathios, Le pouvoir politique et sa représentation dans l'Éneide de Virgile, Brüssel 1987. J. H. Bishop, The Cost of Power. Studies in the Aeneid of Virgil, Armidale (Australia) 1988. F. Cairns, Virgil's Augustan Epic, Cambridge 1988. K. W. Gransden, The Eneid, Cambridge 1990. M. C. J. Putnam, Virgil's Aeneid. Interpretation and Influence, London 1995. J. W. Zarker, Augustan Art and Architecture in Vergil's Aeneid, in: The Age of Augustus 197 ff. G. Binder, in: Saeculum Augustum II 255 ff. A. Wlosok und H. Funke, Klio 67, 1985, 216 ff. und 224 ff. W. R. Nethercut, AugAge 7, 1987, 142 ff. W. Clausen, Virgil's Aeneid and the Tradition of Hellenistic Poetry, Berkeley 1987. H.-Ch. Günther, Überlegungen zur Entstehung von Vergils Aeneis, Göttingen 1996. J. Dingel, Kommentar zum 9. Buch der Aeneis Vergils, Heidelberg 1997.

[267a] Donat. Vita 31 f. Die Antwort des Dichters auf den Brief des Prinzeps überliefert Macrob, Sat. 1, 24, 11. Vgl. K. Büchner, RE VIII A 1, 1955, 1058 f.

[268] Dazu G. N. Knauer, Die Aeneis und Homer, Göttingen ²1979, und ANRW II 31, 2, 1981, 870 ff., sowie I. Borszàk, AAHung 23, 1975, 141 ff. – Die Beliebtheit der homerischen Sagen in augusteischer Zeit bezeugen die sog. Tabulae Iliacae, deren Zweck und Verwendung nicht ganz geklärt sind. Vgl. A. Sadruska, Les tables Iliaques, Warschau 1964. N. Horsfall, JHS 103, 1983, 144 ff. SEG 33, 1983 (1986), Nr. 800–802. Vielleicht handelt es sich um Geschenke für Angehörige der Oberschicht.

ken Homers – so wichtig sie sind – nicht das Wesentliche. Die Äneis ist ihrem Charakter nach so durch und durch römisch, daß sie nur von ihren römischen Voraussetzungen her zu verstehen ist.[269] Schon in den ersten Versen wird gesagt, worum es in der Dichtung geht, nämlich um die Gründung Roms und der römischen Herrschaft. Und in einer großen Prophezeiung im 1. Buch läßt Vergil den Göttervater der Venus versprechen, daß Aeneas das Ziel seiner Irrfahrten endlich erreichen und in Italien eine neue Heimat finden wird.[270] Aber die Aeneis ist nicht nur das römische Nationalepos, sondern zugleich das Epos, das den mythischen Ursprung des julischen Hauses feiert. Beides ist untrennbar miteinander verbunden. Wie sich im Schicksal des Aeneas die ganze römische Geschichte symbolhaft verkörpert, der Krieg um Italien ebenso angedeutet wird wie die Auseinandersetzung mit Karthago, so ist Aeneas auch zugleich Ahnherr und Prototyp des Augustus.[271] Wie Aeneas erst nach unendlichen Mühen und Kämpfen seine Sendung erfüllen und auf italischem Boden ein neues Troja gründen konnte,[272] so konnte auch Augustus erst nach langem schwerem Ringen die Bürgerkriege beenden und Rom neu gründen. Wem kam nicht der Gedanke an den Prinzeps, wenn von Aeneas gesagt wird, er habe seinem Volk *mores et moenia* gegeben. Und was von Aeneas gilt, sollte gewiß auch von Augustus gelten: wie jener so war dieser *pietate insignis et armis*.[273] Augustus wurde damit zum Fortsetzer und Vollender der sakralen Mission des Aeneas, der die heimischen Götter nach Latium gebracht

---

[269] Zu den Voraussetzungen immer noch grundlegend E. Norden, Vergils Aeneis im Lichte ihrer Zeit, Kleine Schriften 358ff. – Auf das Verhältnis der Aeneis zu Naevius' Bellum Punicum und zu Ennius braucht hier nicht eingegangen zu werden. Dazu s. M. Wigodsky, Vergil and Early Latin Poetry, Wiesbaden 1972.

[270] Verg. Aen. 1, 257ff. Zur Rolle der Venus vgl. R. Schilling, La religion romaine de Vénus, Paris 1954, 358ff., und A. Wlosok, Die Göttin Venus in Vergils Aeneis, Heidelberg 1967.

[271] Dazu G. Binder, Aeneas und Augustus, Meisenheim 1971, und E. Wistrand, Eranos 82, 1984, 195ff. – Zum Verhältnis zu Karthago s. unten S. 487 A. 137.

[272] Aeneas war im Grunde ein unheroischer Held und im Gegensatz zu Odysseus auch ein sozialer Held, vgl. R. D. Williams, Virgil (Anm. 257) 28ff. und 36, sowie A. Wlosok a. O. (Anm. 270) 145f.

[273] Verg. Aen, 1, 264. 6. 403. Vgl. J. P. Brisson, Le pieux Enée, Latomus 31, 1972, 379ff. Zur Konzeption des *pius Aeneas* in der griechischen und lateinischen Literatur und Kunst s. G. K. Galinsky, Aeneas, Sicily and Rome, Princeton 1969, 3ff., und W. Fuchs, Die Bildgeschichte des Aeneas, ANRW I 4, 1973, 615ff., bes. 627ff. N. Petrochilos, Roman Attitudes to the Greeks, Athen 1974, 131ff. R. Scuderi, Aevum 52, 1978, 88ff. M. Wifstrand Schiebe, Vergil und die Tradition von den römischen Urkönigen, Stuttgart 1997. – Zur Bedeutung der trojanischen Sage für die Einigung Italiens s. M. Torelli, in: Continuità e trasformazioni 47ff. Vgl. auch J. Burian, Klio 67, 1985, 29ff.

und ein *imperium sollemne* gegründet hatte.[274] Denn schon die Prophezeiung Jupiters im ersten Buch verkündet nicht nur die Gründung Roms, sondern auch die endlich kommende Friedenszeit des Augustus, da *cana Fides et Vesta, Remo cum fratre Quirinus iura dabunt*.[275] Augustus erscheint als der vom Schicksal bestimmte Vollender der römischen Geschichte. Wie einst Saturn über Rom und Italien herrschte und dem Lande ein Goldenes Zeitalter schenkte, so wird sein später Nachfahre Augustus der Welt ein neues Goldenes Zeitalter bescheren, so heißt es in der anderen großen Verkündigung, in der Heldenschau des 6. Buches.[276] Und in der Beschreibung des Schildes, den der Gott Vulcan auf Bitten der Venus für Aeneas gefertigt hatte, ist nochmals die ganze römische Geschichte in eindrucksvollen Bildern erzählt, die zugleich die moralischen Qualitäten des römischen Volkes, *fides, fortitudo* und *religio*, illustrieren, sein Eintreten *pro libertate* zeigen und die Belohnungen der Frommen im Jenseits verkünden: *secretosque pios, his dantem iura Catonem*. Zum Abschluß aber ist auf dem Schild des Aeneas der actische Krieg als die größte der römischen Kriegstaten dargestellt. Und eine weitere Szene zeigt Augustus, wie er vor dem Tempel des Apollo sitzend die Abordnungen der besiegten Völker mit ihren Gaben empfängt. Auch hier macht Vergil also wieder deutlich, daß die römische Geschichte in Augustus kulminiert.[277]

Durch den Rückgriff auf die Gestalt des Aeneas hatte Vergil aber zugleich ein universales Epos geschaffen. Denn einmal ist „das Gedicht von

---

[274] Zur 'sakralen Mission' des Aeneas s. Ed. Norden, Kleine Schriften 396 ff.

[275] Verg. Aen. 1, 286 f.

[276] Verg. Aen. 6, 788 ff. Dazu Ed. Norden a. O. 422 ff. und W. P. Basson, Pivotal Catalogues in the Aeneid, Amsterdam 1975, 37 ff. (mit Literatur). S. Grebe, Die vergilische Heldenschau. Tradition und Fortwirken, Frankfurt a. M. 1989. Zur „Heldenschau" vgl. auch oben S. 206 f. mit Anm. 11.

[277] Verg. Aen. 8, 625 ff. Dazu G. Binder (o. Anm. 271) 150 ff. und C. Becker, Wiener Stud. 77, 1964, 111 ff. Vgl. P. T. Eden, A Commentary on Virgil, Aeneid VIII, Leiden 1975, 163 ff. K. W. Gransden, Virgil, Aeneid Book VIII, Cambridge 1976. Vgl. jetzt S. Lewuillon, Latomus 38, 1979, 125 ff., wonach Vergil an der angeführten Stelle nicht den Cato Uticensis, sondern den Censorius gemeint habe (wie schon Servius behauptet hat). S. dagegen H. Gabelmann, Röm. Mitt. 93, 1986, 299, mit Verweis auf Macrob., Sa. 2, 4, 18. Dazu R. J. Goar, The Legend of Cato Uticensis, Brüssel 1987, 26 f. – Der Empfang der besiegten Völker durch Augustus symbolisiert den Weltherrschaftsanspruch Roms, wie er auch in der unter Augustus errichteten Porticus ad nationes zum Ausdruck gebracht wird. Dazu H. Gabelmann a. O. 281 ff., bes. 294 ff., und D. Kienast, GGA 250, 1998, 14 f. Vgl. auch R. R. R. Smith, JRS 78, 1988, 50 ff. (Völkerdarstellungen nach römischem Vorbild im Sebasteion von Aphrodisias), und allg. P. Liverani, Röm. Mitt. 102, 1995, 219 ff.

Rom, wie es sollte, zugleich das Gedicht von Italien";[278] sodann aber war die Stadt des Euander auf dem Boden des späteren Rom eine *Graia urbs*, und die Trojaner selbst waren mit den Griechen verwandt. Durch die Betonung dieser Zusammenhänge wurde die Aeneis zu dem Epos, das durch die Aufnahme der römischen wie der griechischen Tradition die ideelle Begründung und Rechtfertigung des neuen römisch-griechischen Weltreiches des Augustus liefern konnte und sollte.[278a]

Die in der Aeneis überall zutage tretenden Bezüge auf Augustus und sein Werk sind Teil der kunstvollen Komposition des Ganzen und können aus ihm nicht herausgelöst werden, ohne das Ganze zu zerstören. Wer daher die politische Dichtung der Augusteer *eo ipso* für mindere Kunst hält, muß in dieses Verdikt auch die Aeneis einbeziehen.

Wenn man jedoch die Dichtungen des Vergil und des Horaz unvoreingenommen liest, wird man in ihnen immer wieder jene Stimmung und jene Zeitströmung ausgedrückt finden, die das Werk der Augusteer erst möglich gemacht haben. Lange vor der Saecularfeier war bei den Dichtern der Gedanke lebendig, daß unter die Vergangenheit ein Schlußstrich gezogen und daß ein neuer Anfang gemacht werden müsse. Dieser Neuanfang konnte nach römischer Auffassung nur eine Rückbesinnung auf die alten Werte sein, auf *religio* und *pietas*, auf *fortitudo* und *virtus*. Dabei ist es bezeichnend, daß es den Dichtern vor allem um die moralische Erneuerung ging, ohne die ein Frieden im Innern nicht erreicht werden konnte und als deren Konsequenz sich außenpolitische Erfolge gewissermaßen von selbst einstellen mußten. Der verfassungsrechtliche Vorgang der „Rückgabe der *res publica*" spielt dagegen bei den frühen Augusteern überhaupt keine Rolle, weil er offenbar nicht als das Wesentliche der neuen Ordnung empfunden wurde. Vergil und Horaz konnten jedoch auch dem Cato und dem Brutus die ihnen gebührende Achtung erweisen, weil der Caesar die Bürgerkriegszeit beendet hatte. Cato erscheint sogar bei Vergil als Herrscher der Frommen – aber im Jenseits, nicht in der neuen Welt des Augustus.[279]

Tibull, Properz, Horaz und Vergil waren nicht die einzigen Dichter der augusteischen Zeit. Dichten war damals in den oberen Gesellschaftsschichten Roms geradezu Mode geworden.[280] Der Prinzeps hat sich als

---

[278] Ed. Fraenkel, Gedanken zu einer deutschen Vergilfeier, Berlin 1930, 26. Vgl. H. J. Schweizer, Vergil und Italien. Interpretationen zu den italischen Gestalten der Aeneis, Aarau 1967.
[278a] Dazu ausführlicher unten S. 472f.
[279] Vgl. dazu R. Syme, RR 464, und oben Anm. 277.
[280] Zur Popularität des Dichtens in augusteischer Zeit s. allg. Horat. epist. 2, 1, 102ff., und Ovid,. der (ex Ponto 4, 16) einen Dichterkatalog von 30 Namen zusammengestellt hat. Zu diesen und noch anderen Dichtern der augusteischen Zeit s.

Dichter versucht, und Maecenas verfaßte zahlreiche poetische Werke. Auch Jullus Antonius, der Sohn des Triumvirn, trat als Dichter hervor. Großen Ruhm genossen die Elegiker C. Valgius Rufus und Cornelius Gallus. C. Melissus, der Freigelassene und Bibliothekar des Augustus, schuf sogar eine neue dramatische Gattung, die sog. *trabeata*.[281] L. Varius Rufus, der Freund Vergils, schrieb u. a. einen poetischen Panegyricus auf Augustus. Für sein Drama Thyestes, das anläßlich des actischen Triumphes aufgeführt wurde und wohl Anspielungen auf den voraufgegangenen Bürgerkrieg enthielt, bekam er vom Prinzeps eine Belohnung von 1 Million Sesterzen.[282] Den Kampf zwischen Antonius und Oktavian hat ein gewisser Rabirius in einem Epos behandelt, ein anderer Epiker schrieb über den Krieg gegen Sex. Pompeius.[283] Hohen Ruhm genossen auch die Epigram-

---

M. Schanz–C. Hosius (u. Anm. 281) 269 ff. Vgl. auch H. Bardon, La littérature latine inconnue II 11 ff. und L. Duret, in: ANRW II 30, 3, 1983, 1447 ff.

[281] Zu Jullus Antonius als Dichter und Schriftsteller s. M. Schanz–C. Hosius, Gesch. der röm. Literatur II 273 und 281, sowie H. Bardon, La littérature latine inconnue II 67. Zu C. Valgius Rufus s. H. Gundel, RE VIII A 1, 1955, 272 ff., und H. Bardon a. O. 19 ff. sowie R. Syme, Ovid 111 f. – Zu C. Cornelius Gallus s. D. O. Ross, Backgrounds to Augustan Poetry (o. Anm. 229) 39 ff. (mit Literatur), und L. Winniczuk, Eos 50, 1959/60, 127 ff. Zu neuen Fragmenten des Gallus s. R. D. Anderson–P. J. Parsons–R. G. M. Nisbet, JRS 69, 1979, 125 ff. Zweifel an der Zuweisung äußert G. Giangrande, Quad. Urbinati di cult. class. 34, 1980, 141 ff., und F. Brunhölzl, Codices manuscripti 10, 1984, 33 ff. Dagegen s. J. Blänsdorf, ZPap 67, 1987, 43 ff. Vgl. auch N. B. Crowther und G. Petersmann, in: ANRW II 30, 3, 1983, 1622 ff. und 1649 ff. J. D. Noonan, Latomus 50, 1991, 118 ff. A. M. Morelli, Rassegna sul nuovo Gallo, in: V. Tandoi, Disiecti membra poetae II, Foggia 1985, 140 ff. (mit Bibliographie bis 1984), und: Sulla genuinità del papiro di Gallo, ebda. III, 1988, 104 ff. (gegen Brunhölzl). Vgl. auch S. 99 f. mit Anm. 68. – Zu C. Melissus s. unten S. 313 mit Anm. 343.

[282] Zu L. Varius Rufus s. H. Bardon a. O. 28 ff. R. Helm, RE VIII A 1, 1955, 410 ff. Nr. 21. W. Wimmel, in: ANRW II 30, 3, 1983, 1562 ff. Varius Rufus schrieb u. a. ein Gedicht *De morte*, das vom Tode Caesars oder Ciceros gehandelt zu haben scheint und Ausfälle gegen Antonius enthielt. Nach anderer Auffassung handelt es sich um ein Lehrgedicht, das in epikureischer Tradition die Angst vor dem Tode bekämpfen sollte. Ein anderes nach 29 v. Chr. geschriebenes Gedicht handelte *De actis Caesaris et Agrippae*, vgl. E. Bickel, Symb. Osloens. 28, 1950, 17 ff. Außerdem verfaßte Varius eine Prosaabhandlung über das Werk Vergils. – Zum Drama 'Thyestes' s. I. Opelt, in: Das römische Drama, hrsg. von E. Lefèvre, Darmstadt 1978, 427 ff., und E. Lefèvre, Der Thyestes des Lucius Varius Rufus, Abh. Akad. Mainz, geistes- und sozialwiss. Kl., Jg. 1976 Nr. 9, bes. S. 16 ff. Dazu H. Heubner, Rh. Mus. 122, 1979, 362. S. jetzt auch W. Wimmel, Der tragische Dichter L. Varius Rufus, Abh. Akad. Mainz, geistes- und sozialwiss. Kl., Jg. 1981 Heft 5, und: ANRW II 30, 3, 1562 ff.

[283] Zu Rabirius vgl. H. Bardon a. O. II 73 f. und die Literatur bei M. Gigante, Ca-

matiker Domitius Marsus sowie unter den Griechen neben anderen besonders Krinagoras, der Hofpoet des Augustus.[284] Die Werke dieser und anderer Dichter sind uns bis auf geringe Bruchstücke und wenige Epigramme verloren. Erhalten geblieben ist dagegen noch der Anfang der Cynegetica des Grattius Faliscus, dessen Werk den auf die Förderung der Jagd gerichteten Bestrebungen des Prinzeps entgegenkam.[284a] Erhalten geblieben ist aber vor allem ein großer Teil der Dichtungen Ovids.[285] Nähert man sich ihnen vom Werk des Vergil oder des Horaz

talogo dei papiri ercolanesi, Neapel 1979, 186 ff. Nr. 817. Rabirius ist wohl auch der Verfasser des Carmen de bello Actiaco, s. H. W. Benario, in: ANRW II 30, 3, 1983, 1656 ff. G. Zecchini, Il Carmen de bello Actiaco. Storiografia e lotta politica in età augustea, Stuttgart 1987. G. Kloss, ZPap 116, 1997, 21. – Cornelius Severus schrieb – vielleicht in Anlehnung an die ›Sicilia‹ des Oktavian – über den Krieg gegen Sex. Pompeius und durfte es wagen, in einem anderen Werk den Tod Ciceros in lebhaften Tönen zu beklagen:

Unica sollicitis quondam tutela salusque
Egregium semper patriae caput, ille senatus
Vindex, ille fori, legum ritusque togaeque,
Publica vox saevis aeternum obmutuit armis.

Die Schuld an Ciceros Ermordung wurde selbstverständlich allein dem Antonius angelastet:

Nullo luet hoc Antonius aevo.

(Senec. Suas. 6, 26, 18 ff. und 26). Vielleicht entstanden die Verse allerdings erst unter Tiberius. Vgl. allgemein H. Bardon a. O. II 61 ff. H. Dahlmann, Cornelius Severus, Abh. Akad. Mainz 1975, Nr. 6, Wiesbaden 1975 (Ausgabe der Fragmente mit philologischem Kommentar). R. Häußler, Das historische Epos (Anm. 229) 242 ff. R. Syme, Ovid 80 f.

[284] Zu Domitius Marsus s. H. Bardon, a. O. II 52 ff. Zu Krinagoras s. C. Cichorius, Römische Studien, Stuttgart 1922, 306 ff. O. Weinreich, Epigramm und Pantomimus, Heidelberg 1948, 50 ff. Allgemein zu den griechischen Epigrammatikern der augusteischen Zeit s. H. Beckby, Anthologia Graeca I, München[2] 1965, 44 f., und G. Williams, Change and Decline, Berkeley 1978, 122 ff. Vgl. auch den Kommentar zu den einzelnen Epigrammatikern von A. S. F. Gow und D. L. Page, The Garland of Philipp and some Contemporary Epigramms, 2 Bde., Cambridge 1968.

[284a] Vgl. J. Aymard, Les chasses romaines, Paris 1951, 94 ff., und R. Helm, Lustrum 1956, 127 ff. (Literaturbericht).

[285] Zu Ovid s. die Forschungsberichte im Anz. f. d. Altertumsw. 11, 1958, 129 ff., und 16, 1963, 1 ff. (W. Kraus), sowie 25, 1972, 55 ff. und 267 ff. (M. von Albrecht). Dazu H. Fränkel, Ovid, Darmstadt 1970. Ovid, hrsg. von E. Zinn und M. von Albrecht, Darmstadt 1968. G. W. Binns, Ovid, London 1973. Ovidianum. Acta conventus omnium gentium Ovidianis studiis fovendis, cur. N. Barbu, E. Dobroiu, M. Nasta, Bukarest 1976 [darin Forschungsberichte von N. Barbu (S. 127 ff.), H. Le Bonniec (S. 407 ff.), A. Manzo (S. 429 ff.) und O. Pasqualetti (S. 487 ff.)]. R. Syme, History in Ovid, Oxford 1978. Vgl. G. Williams, a. O. (A. 284) 52 ff., und J. Barsby,

herkommend, so wird man in eine andere Welt geführt. Ovid war nicht wie Horaz und Vergil von den Landenteignungen betroffen, er hatte nicht wie auch Tibull und Properz unter den Ereignissen der Bürgerkriege zu leiden gehabt.[286] Der 43 v. Chr. in Sulmo im Paelignerland geborene römische Ritter Ovid war noch ein Knabe, als bei Actium gekämpft wurde. Für ihn wurde daher die *pax Augusta* zu einer Selbstverständlichkeit. Er bekennt sich in der *Ars amatoria* glücklich zur glanzvollen Gegenwart, *quia cultus adest* (weil Kultur und Bildung herrscht).[287] Und mit besonderer Liebe verweilt der Dichter immer wieder bei den prächtigen Bauten des neuen Rom.[288] Die Bürgerkriege waren dagegen für Ovid keine selbsterlebte Geschichte mehr. Die Frage, wie es zu dem unheilvollen Bürgerzwist kommen konnte, hatte für ihn höchstens noch akademische Bedeutung. Die moralische Erneuerung des römischen Volkes, in der Vergil und Horaz den einzigen Weg in eine neue Zukunft sahen, war für Ovid kein inneres Anliegen mehr.[289] So klingen seine Verse dort, wo er das Regiment des Augustus besingt, oft frivol und sind von ironischen Untertönen nicht frei.[290] In den Amores etwa warnt der Dichter vor der Abtreibung und bemüht in diesem Zusammenhang Ilia und die Zwillinge Romulus und Remus, um dann fortzufahren *si Venus Aenean gravida temerasset in alvo Caesaribus tellus orba futura fuit*. Und an anderer Stelle heißt es gar: *Rusticus est nimium, quem laedit adultera coniunx,* denn er kennt die Sitten und die Geschichte Roms nicht *non sunt sine crimine nati / Romulus Iliades, Iliadesque Remus*.[291]

Ovid, in: Greece and Rome, New Surveys in the Classics 12, Oxford 1978. Colloque: présence d'Ovid, ed. R. Chevallier, Paris 1982. A. Barchiesi, Il poeta e il principe. Ovidio e il discurso augusteo, Rom 1994 (engl. Übersetzung: Berkeley 1997). A. L. Uggenti, La figura di Ovidio alla corte augustea, in: Epigrafia e territorio IV, 1996, 313 ff. N. Holzberg, Ovid. Dichter und Werk, München² 1998. F. Millar, Ovid and the Domus Augusta, JRS 83, 1993, 1 ff. – Zu den *opera amatoria* s. den Forschungsbericht von M. L. Coletti, ANRW II 31, 4, 1981, 2385 ff. – Zu den Heroides s. A. Arena, Ovidio e l'ideologia augustea. I motivi delle Heroides ed il loro significato, Latomus 54, 1995, 822 ff.

[286] Vgl. in diesem Sinne etwa D. O. Ross, Backgrounds to Augustan Poetry, Cambridge 1975, 167 ff.

[287] Zum Begriff *cultus* bei Ovid s. E. Zinn, in: Ovid, Darmstadt 1968, 6 ff.

[288] Vgl. Ovid, Ars amat. 1, 67 ff. 3, 113 ff. und 387 ff.

[289] Vgl. zum Folgenden B. Otis, in: Ovid, Darmstadt 1968, 233 ff.

[290] Es geht aber wohl doch zu weit, von einem politischen „Anti-Augustanism" Ovids zu sprechen (so z. B. A. W. J. Holleman, Historia 20, 1971, 458 ff.). Dagegen s. G. Williams a. O. (Anm. 284) 70 ff.

[291] Ovid, Amores 2, 14, 17 f. 3, 4, 37 ff. Vereinzelt finden sich ähnliche Töne schon bei Properz (vgl. unten Anm. 294).

In der *Ars amatoria* wird der erwartete Sieg des Caesar über die Parther breit ausgemalt, aber der künftige Triumph soll doch nur dazu dienen, neue Liebschaften anzuknüpfen. Das Goldene Zeitalter ist zwar Wirklichkeit geworden, ist aber auch sehr teuer; sogar die Liebe ist nur noch für Gold zu haben.[292] Ovid betont zwar mehrfach, daß er sich an die Ehegesetze des Augustus gebunden fühle,[293] seine Anweisungen gelten nicht der verbotenen Liebe zu einer römischen Matrone, aber er rechtfertigt doch sehr offen den Ehebruch der Helena. Der Stadtgründer Romulus wird wegen des Raubes der Sabinerinnen zum Vorbild für spätere Liebhaber. Und die römische Stammutter Venus ist zugleich die Schutzgöttin aller leichten Mädchen[294]:

Quod caelum stellas, tot habet Roma puellas
Mater in Aeneae constitit urbe sui.

Wenn der Götterglauben zu einer reinen Zweckmäßigkeit erklärt wird oder wenn der Unglückstag der Schlacht an der Allia für den Liebhaber ein Glückstag sein soll, so war das alles sicherlich kaum im Sinne der Bestrebungen des Augustus.[295] Und ebensowenig kann es dem Prinzeps recht gewesen sein, daß Ovid neben den Dichtern Properz, Tibull und Vergil auch den Namen des Gallus nannte.[296]

Gewiß darf man an die Liebesdichtung nicht den gleichen Maßstab anlegen wie an das Epos Vergils oder an die ersten Oden des Horaz. Und gewiß haben auch die frühen Augusteer der leichten Muse in lockeren Versen gehuldigt. Was aber die Liebesdichtung Ovids in den Augen des Prinzeps so anstößig machen mußte, war die frivole Vermischung der heiter-erotischen Sphäre mit den ernsten Gestalten und Lehren der offiziellen Religion und der offiziellen Mythologie. Die Überschreitung der Grenzen, welche der Gattung bis dahin gesetzt waren, war neu und für die römische Jugend offenbar besonders attraktiv.

Auch Ovid sollte allerdings dem Prinzeps seinen Tribut entrichten. In den ursprünglich dem Augustus gewidmeten „Fasten" unternahm es der Dichter, *Caesaris aras* zu besingen *et quoscumque sacris addidit ille*

---

[292] Ovid, Ars amat. 1, 177 ff. 2, 277.
[293] A. O. 2, 599 f. 3, 613 f.
[294] A. O. 2, 365 ff. 1, 101 ff. 1, 59 f. – Schon bei Properz (2, 6, 19 ff.) wurde übrigens Romulus wegen des Raubes der Sabinerinnen als *criminis auctor* apostrophiert.
[295] Ovid a. O. 1, 637 und 413 f. – Vgl. W. Stroh, Ovids Liebeskunst und die Ehegesetze des Augustus, Gymnasium 86, 1979, 323 ff. M. Labate, Studi class. ed. orientali 27, 1977, 283 ff.
[296] Ovid, Amores 1, 15, 29. 3, 9, 64. Ars amat. 3, 334. Rem. amor. 765. Trist. 2, 445. 4, 10, 53. 5, 1, 17. Vgl. Lidia Winniczuk, Cornelius Gallus und Ovid, in: Römische Literatur in augusteischer Zeit, hrsg. von J. Irmscher und K. Kumaniecki, Berlin 1960, 26 ff.

dies.[297] Die Fasten ordnen sich also ihrem Sujet nach zwanglos in die augusteische Kulturpolitik ein und sind wohl auf allerhöchste Anregung entstanden. Allerdings ist das Werk nicht vollendet worden. Als die ersten sechs Bücher abgeschlossen waren, wurde Ovid nach Tomis relegiert. Nach dem Tode des Augustus hat der Dichter dann das erste Buch umgearbeitet, um es dem Germanicus zu widmen. Auch in den fünf folgenden Büchern hat man Überarbeitungsspuren festgestellt. Daher ist gelegentlich nicht sicher zu entscheiden, ob der Dichter mit einer Anspielung den Augustus oder den Germanicus meint. Dennoch lassen die erhaltenen sechs Bücher (für die Monate Januar bis Juni) das Lob des Prinzeps noch deutlich genug erkennen. Der Charakter des Werkes verlangte es, besonders die sakrale Seite der augusteischen Herrschaft herauszuarbeiten. So bot der Januar Gelegenheit, von Janus und von der Eigentümlichkeit seines Bogens zu sprechen. Der 13. Januar, an dem der Prinzeps die *res publica* zurückgab und den Namen Augustus empfing, forderte natürlich besondere Aufmerksamkeit. Und mit der Weihung der Ara Pacis am 30. Januar fand das 1. Buch seinen sinnvollen Abschluß.[298] Am 5. Februar bot die Verleihung des *pater-patriae*-Titels die Gelegenheit, den Prinzeps in einem Vergleich noch über Romulus zu stellen (der in den Fasten als Vorläufer des Augustus im übrigen eine deutliche Aufwertung erfährt).[299] Beim Fest der Caristia am 22. Februar kommt der Dichter dann auf die Laren und den mit den Laren verbundenen Herrscherkult zu sprechen. Weitere Gedenktage waren die Übernahme des Oberpontifikats durch Augustus am 6. März und die Ermordung Caesars am 15. März.[300] Im 4. Buch bean-

---

[297] Ovid, Fasti 1, 13f. Vgl. F. Bömer, P. Ovidius Naso. Die Fasten, Text, Übersetzung und Kommentar, 2 Bde., Heidelberg 1957f. N. Holzberg, Fasti-Festkalender, Lateinisch-deutsch, Zürich 1995. K. Allen, The Fasti of Ovid and Augustan Propaganda, Am. Journ. Philol. 43, 1922, 250ff. F. Corsari, Sicul. Gymnasium 29, 1976, 93ff. (zur Überarbeitung der Fasti). W. J. Johnson, Class. Journ. 74, 1978, 7ff., und D. Porte, Latomus 37, 1978, 851ff. Dazu allgemein H. Fränkel, Ovid, Darmstadt 1970, 157ff., und L. Braun, ANRW II 31, 4, 1981, 2376ff. (Bibliographie). R. J. Littlewood, Class. Quart. 79, 1981, 381ff. R. E. Fantham, Papers of the Liverpool Latin Seminar 5, 1985 (1986) 243ff. und Antichthon 29, 1995, 42ff. A. Wallace-Hadrill, in: Homo Viator. Class. Essays for J. Bramble, Bristol 1987, 221ff. H. Le Bonniec, Études ovidiennes. Introduction aux „Fastes" d'Ovid, Frankfurt a. M. 1989. G. F. Miller, Ovid's Elegiac festivals. Studies in the Fasti, Frankfurt a. M. 1991. J. Rüpke, AuA 40, 1994, 125ff. D. Porte, REL 72, 1994, 122ff. C. E. Newlands, Playing with time. Ovid and the Fasti, Ithaca/London 1995. G. Herbert-Brown, Ovid and the Fasti: A historical Study, Oxford 1994. Vgl. auch oben S. 227.
[298] Ovid, Fasti 1, 91ff. 587ff. 710ff.
[299] A. O. 2, 119ff. (zu Romulus vgl. bes. 5, 471ff.).
[300] A. O. 2, 617ff. 3, 415ff. 687ff.

spruchte die Gründungsfeier der Stadt besondere Aufmerksamkeit. Passend schloß das Buch mit der Aufnahme der Vesta auf dem Palatin. Im 5. Buch mußte selbstverständlich die Weihung des Mars-Ultor-Tempels breit ausgemalt werden.[301] Und im 6. Buch boten die Vestalia noch einmal die Gelegenheit, auf den Schutz des Caesar für die Vesta zu sprechen zu kommen.[302]

Aber obwohl die Fasten immer wieder die Möglichkeit boten, das Lob Roms und des Prinzeps zu singen, scheint dies dem Dichter nicht das Wesentliche gewesen zu sein. Was Ovid vorlegte, war weniger ein Beitrag zur Kulturpolitik des Augustus als vielmehr eine aitiologische Dichtung in der Nachfolge des Kallimachos.

Auch in den Metamorphosen stimmt Ovid das Lob des Augustus an.[303] Dieses Epos, das man eher als eine enzyklopädische Sammlung von Aitia bezeichnen kann, ist nach der Fiktion einer durchlaufenden Chronologie vom Urbeginn der Welt bis in die eigene Zeit des Dichters geordnet.[304] Schon im ersten Buch wird Augustus in Parallele zu Jupiter gesetzt.[305] Wie der höchste Gott die Frevel der aus dem Blut der Giganten entstandenen Menschen rächte, so rächte Augustus die Frevel der Caesarmörder. Und das ganze Werk schließt dann mit der Vergottung Caesars und mit einem Panegyricus auf Augustus als den *pater* und *rector* dieser Welt, den Stellvertreter Jupiters auf Erden.[306] – Die Verknüpfung des ganzen Werkes mit dem Augustusthema ist allerdings nur locker, und dieses hätte ohne Scha-

---

[301] A. O. 4, 721 ff. 949 ff. 5, 545 ff.

[302] A. O. 6, 249 ff.

[303] Vgl. F. Bömer, P. Ovidius Naso, Metamorphosen (Kommentar), Heidelberg 1969 ff. Dazu G. K. Galinsky, Ovid's Metamorphoses. An Introduction to the basic aspects, Oxford 1975. M. Boillat, Les Métamorphoses d'Ovid. Thèmes majeurs et prolèmes de composition, Bern–Frankfurt a. M. 1976. O. S. Due, Changing Forms. Studies in the Metamorphoses of Ovid, Kopenhagen 1974. A. H. F. Griffin, Greece and Rome 24, 1977, 57. S. Lundström, Ovids Metamorphosen und die Politik des Kaisers, Uppsala 1980. Vgl. auch die Bibliographie von A. G. Elliot für die Jahre 1968–1978, Class. World 73, 1980, 385 ff. Dazu U. Schmitzer, Zeitgeschichte in Ovids Metamorphosen, Stuttgart 1990. E. A. Schmidt, Ovids poetische Menschenwelt. Die Metamorphosen als Metapher und Symphonie, Sb. Heidelberg, phil.-hist. Kl. 1991 Nr. 2. R. Granobs, Studien zur Darstellung römischer Geschichte in Ovids Metamorphosen, Frankfurt a. M. 1997.

[304] Einen guten Überblick über die Deutungsgeschichte der Metamorphosen gibt V. Buchheit, Hermes 94, 1966, 80 ff. Vgl. auch die Arbeiten von H. Hofmann und M. von Albrecht, ANRW II 31, 4, 1981, 2161 ff. (Bibliographie) und 2328 ff.

[305] Ovid, Metam. 1, 199 ff.

[306] Vgl. dazu A. W. J. Holleman, Latomus 28, 1969, 42 ff., und G. Lieberg, in: Festschrift E. Zinn, Tübingen 1970, 125 ff.

den für das Ganze auch aus dem Epos herausgenommen werden können.[307] Dennoch geht es wohl zu weit, von einer antiaugusteischen Haltung Ovids in den Metamorphosen zu sprechen.[308] Die Verbeugung vor Augustus ist eine höfische Konvention, nicht mehr, aber auch nicht weniger.

In einem Nachwort spricht der Dichter dann in eigener Sache:
Iamque opus exegi, quod nec Iovis ira nec ignis
nec poterit ferrum nec edax abolere vetustas.[309]
Der Anklang an die berühmten Verse des Horaz ist deutlich und sicherlich gewollt. Als Ovid diese Zeilen schrieb, hatte ihn wohl bereits der Zorn des neuen Jupiters Augustus getroffen. Die Verse sind somit ein Monument des Stolzes, mit dem der Dichter dem Bannstrahl des Prinzeps begegnete.

Im Jahre 8 n. Chr. wurde Ovid in die Katastrophe der Jüngeren Julia mit hineingezogen und nach Tomis am Schwarzen Meer relegiert.[310] Der Dichter durfte zwar sein Vermögen behalten, sollte aber die Hauptstadt niemals wiedersehen. Was der Anlaß für seine Verbannung war, läßt sich nur vermuten. Der Dichter betont jedoch mehrfach, daß auch seine Liebesdichtung den Unwillen des Prinzeps erregt hatte. Es ginge wahrscheinlich zu weit, wollte man in Ovid einen Dichter der Opposition sehen. Es kann jedoch kein Zweifel sein, daß die oppositionellen Kreise gerade die erotischen Dichtungen Ovids begierig aufnehmen mußten, da in ihnen erstaunlich frei das wirkliche Rom geschildert wurde. Der Geist unbekümmerter Freiheit mußte alle diejenigen anziehen, die in der offiziösen, vom Prinzeps gelenkten literarischen Produktion eine Unterdrückung des freien Wortes argwöhnten.

[307] Anders jedoch V. Buchheit a. O. (Anm. 304) 80ff.
[308] So jedoch A. W. J. Holleman a. O. (Anm. 306); Ch. Segal, AJPh 90, 1969, 257ff. (der aber die Amoralität der Metamorphosen doch wohl etwas übertreibt); C. Moulton, Class. World 67, 1973, 4ff. Vgl. jedoch D. A. Little, The Non-Augustanism of Ovid's Metamorphoses, Mnemosyne 25, 1972, 389ff., und: Ovid's eulogy to Augustus, Prudentia 8, 1976, 19ff. (wonach die Verse 851ff. in Buch 15 nicht ironisch gemeint sind!). Gegen die Annahme einer politischen Opposition der römischen Elegiker s. jetzt auch R. Syme, Ovid 189ff.
[309] Ovid, Metam. 15, 871f. Dazu H. Fränkel, Ovid 119ff.
[310] Zu Ovids Verbannung vgl. oben S. 144 Anm. 219. Dazu H. Fränkel a. O. 121ff., R. Syme, Ovid 215ff., und R. Verdière, Helmantica 28, 1977, 541ff. Dazu A. W. Hollemann, in: Saeculum Augustum II 378ff. J.-M. Classen, Acta Class. 30, 1987, 31ff. Chr. Korten, Ovid, Augustus und der Kult der Vestalinnen, Frankfurt a. M. 1992. – Gegen die Hypothese von J. Carcopino (Rencontres de l'histoire et de la littérature romaines, Paris 1965, 59ff.), wonach Ovid zu einer neupythagoreischen Oppositionsgruppe gehört habe, s. schon H. Rahn, Gnomon 38, 1966, 31ff.

Ovid war sich seiner Wirkung sehr wohl bewußt. Und er hat in den Schriften seiner Verbannungszeit aus seinem Schicksal einen exemplarischen Fall zu machen verstanden.[311] Gewiß trifft man in diesen Schriften besonders oft auf das Lob des Augustus, der für den am Rand der damaligen Welt lebenden Dichter durchgängig ein Gott ist und immer wieder mit Jupiter gleichgesetzt wird.[312] Aber man kann sich fragen, ob dieses Lob mehr als eine konventionelle Form war, ob es wirklich nur den Prinzeps gnädig stimmen sollte oder ob es nicht auch dazu dienen sollte, Augustus ins Unrecht und unter moralischen Druck zu setzen. Schon die Tatsache, daß Ovid weiterhin seine Dichtungen nach Rom sandte, war eine Auflehnung, wenn nicht gegen den Befehl, so doch sicherlich gegen die Intentionen des Augustus. Denn Ovid wußte, daß der Prinzeps seine Werke aus den öffentlichen Bibliotheken hatte entfernen lassen und betont maliziös, daß seine Schriften auch das *Atrium Libertatis* nicht betreten durften.[313]

[311] Das gilt vor allem für die Tristien, in gewissem Maße aber auch für die Epistulae ex Ponto (anders N. Voulikh, Et. Class. 36, 1968, 370 ff.). Dazu grundlegend W. Marg, in: Ovid, Darmstadt 1968, 502 ff. Vgl. E. J. Kenney, ebda. 513 ff., und H. Froesch, Ovid als Dichter des Exils, Bonn 1976. Vgl. auch R. Gandeva, Klio 51, 1969, 267 ff. (ohne Kenntnis der Arbeit von Marg). Zu den Tristien s. G. Luck, P. Ovidius Naso, Tristia. Text, Übersetzung und Kommentar, 2 Bde., Heidelberg 1967/77. M. Drucker, Der verbannte Dichter und der Kaiser-Gott. Studien zu Ovids späten Elegien, Diss. Heidelberg 1977. B. B. Ford, Tristia II. Ovid's opposition to Augustus, Diss. Rutgers Univ. New Brunswick, N. J. 1977. Vgl. DA 38, 1977, 2755. A. R. B. Nagle, The Poetics of Exile. Program and Polemic in the Tristia and Epistulae ex Ponto of Ovid, Brüssel 1980. Dazu E. Block, Class. Ant. 1, 1982, 18 ff. P. Green, ebda. 202 ff. M. T. Davisson ebda. 28 ff., sowie Class. Ant. 2, 1983, 171 ff., und Class. Journ. 80, 1984/5, 238 ff. G. Mader, Latomus 50, 1991, 139 ff. S. J. Heyworth, PCPhS 41, 1995, 138 ff. S. G. Nugent, in: Between Republic and Empire 239 ff. Zu den Epistulae ex Ponto s. W. Willige–G. Luck, Publius Ovidius Naso, Briefe aus der Verbannung (Tristia, Epistulae ex Ponto), lateinisch und deutsch, Zürich/Stuttgart 1963. Publius Ovidius Naso. Briefe aus der Verbannung. Tristia. Epistulae ex Ponto. Latein und deutsch von W. Willige, eingeleitet und erläutert von N. Holzberg, Zürich ²1995. – Vgl. auch N. V. Vulikh, Ovid's Tristia and Letters from Pontus as historical source material, Vestnik Drevnej Istorii 1974, Nr. 127, 64 ff. (russisch mit englischem Resümee). H. B. Evans, Publica Carmina: Ovid's Books from Exile, Lincoln 1983. – Dazu W. Stroh, ANRW II 31, 4, 1981, 2638 ff. (mit Bibliographie).

[312] Vgl. das Material bei K. Scott, Emperor Worship in Ovid, TAPA 61, 1930, 43 ff. – Man wird annehmen dürfen, daß Tomi schon unter Augustus einen Kaisertempel erhielt. (Vgl. bes. N. Voulikh, Èt. Class. 36, 1968, 373 f., zur Ausbreitung des Kaiserkults an der westpontischen Küste. Zu Tomi vgl. Chr. M. Danoff, RE Suppl. IX 1962, 1397 ff., und D. M. Pippidi, Athenaeum 1977, 250 ff.)

[313] Ovid, Trist. 3, 1, 69 f. Im Atrium Libertatis befand sich die von Asinius Pollio

Auch das Schuldbekenntnis des Dichters war nicht ohne Absicht. Ovid betont, daß er nicht durch ein reguläres Gericht rechtskräftig verurteilt worden ist, und konnte so sein Schicksal als einen Ausfluß kaiserlicher Kabinettsjustiz erscheinen lassen. Und wenn er immer wieder die „Jugendsünde" seiner Liebesdichtungen als Ursache seiner Verbannung herausstellt, mußte damit der Prinzeps als Verfolger des freien Wortes und der freien Kunst erscheinen.[314] Man darf annehmen, daß Ovid dies gewußt und gewollt hat.

Alle Tugenden, die Augustus für sich in Anspruch nahm, mußten sich jetzt an dem Dichter gegen den Prinzeps bewähren; *fides* und *amicitia* und vor allem *pietas*.[315] In den Tristia war außerdem die ständige Betonung des Dichters, er könne die Namen seiner Freunde nicht nennen, ohne sie zu gefährden, geeignet, dem Prinzeps *invidia* zu schaffen.[316] Die mehrfache Beteuerung, daß sich die *pax Augusta* nicht auf Tomis erstreckte, war ebenfalls nicht im Sinne des Caesar.[317] Auch das Lob des Augustus ist in den Schriften der Verbannungszeit doppelbödig. Der *mitissimus princeps* war Ovid gegenüber gar nicht milde, der *pater orbis* hat dem Dichter gegenüber nicht wie ein Vater gehandelt, der *conservator civium* hat Ovid nicht vor der Verbannung bewahrt. Und wenn zu den Tugenden des Augustus die *clementia* gehörte, so erflehte der Dichter die kaiserliche Gnade vergebens. Wenn Ovid schließlich von Augustus als einem Gott spricht, dann ist der Caesar der finstere Gott, der seinen Zorn noch nicht gesättigt hat.[318]

Allerdings darf man auch Ovids Gedichte aus der Verbannung wohl nicht als oppositionelle Dichtung betrachten. In erster Linie ging es dem Dichter wohl um seine Kunst als solche, die ihm in seiner Situation Stärkung und Trost war. Wie das Werk der übrigen Augusteer ist im übrigen auch Ovids Dichtung eine höchst vielschichtige, voraussetzungsreiche Kunst und ist der politische Aspekt nur ein Aspekt in seinem Werk.

---

eingerichtete Bibliothek. Dazu T. K. Dix, AugAge 8, 1988, 27 ff. – An anderer Stelle betont Ovid (Trist. 3, 7, 47 f.), daß der Kaiser ihm zwar alles genommen habe, ihm aber doch sein Dichtertum lassen mußte:
   ingenio tamen ipse meo comitorque fruorque
   Caesar in hoc potuit iuris habere nihil.
   [314] Die Verwendung von Ars bzw. Artes ist dabei von Ovid – offenbar ganz bewußt – doppeldeutig gehalten. – Vgl. auch Trist. 2, 264: *posse nocere animis carminis omne genus.*
   [315] Ovid, Trist. 1, 3, 85 f.
   [316] Ovid, Trist. 4, 4, 1 ff. u. ö.
   [317] Ovid, Ex Ponto 2, 5, 17. 1, 8, 5 f. 3, 3, 25. Vgl. Trist. 3, 10, 51 ff. 4, 1, 69 ff. u. ö.
   [318] Ovid, Trist. 3, 8, 19 f. 2, 181 f. 147 f. Vgl. R. Syme, Ovid 222 ff.

Augustus hat Ovids Verbannung nicht aufgehoben.[319] Der Dichter starb unter Tiberius im Jahre 18 in Tomis im Alter von 60 Jahren.[320] Augustus hat jedoch nicht verhindern können, daß Ovids Verse in Rom bekannt wurden und daß das Schicksal des unglücklichen Dichters für immer einen Schatten auf sein Regiment warf. Augustus, der Meister subtiler Propaganda, hatte in Ovid einen Gegenspieler gefunden, der in seiner Person bewies, daß große Kunst in ihrem Kern nicht manipulierbar ist. Wenn Augustus in Horaz und Vergil ideale Fürsprecher seiner Politik gewonnen hatte, so nur deshalb, weil diese ihre eigenen Hoffnungen und Wünsche auf den Prinzeps übertragen hatten und von ihm ihre Erfüllung erwarteten und auch erhielten. Für den später geborenen Ovid fiel diese Motivierung fort. Sein Lob des Augustus war daher konventioneller und von Hintergedanken nicht frei. Für den Historiker aber spiegelt sich in den Dichtungen der großen Augusteer die ganze Entwicklung der augusteischen Zeit von der frühen Phase des Hoffens und des Neubeginnens über die reife Periode der Blüte bis zur düsteren, krisengeschüttelten Spätzeit, die durch den Sturz und die Klagen des pontischen Verbannten repräsentiert wird.

7. Die Hofhaltung und die Entstehung einer Hofgesellschaft

Zu einer Monarchie gehört eine Hofhaltung und eine höfische Gesellschaft.[321] Beide sind keine völligen Neuschöpfungen des Augustus, sondern haben sich aus republikanischen Vorstufen entwickelt. Schon der

---

[319] Die Briefe ex Ponto zeigen, daß Ovid in Rom einflußreiche Freunde besaß. Das erklärt vielleicht mit das Zögern des Augustus (und des Tiberius), die Verbannung des Dichters aufzuheben. Vgl. N. Voulikh, Ét. Class. 36, 1968, 373 (mit Literatur), und bes. R. Syme a. O. 72 ff., der ausführlich Ovids Freundeskreis erörtert und zeigt, daß der Dichter sich später besonders der Gruppe um Germanicus angeschlossen hat, was kaum im Sinne des Tiberius war.

[320] Nach Hieronymus (Chron. p. 171, 23 Helm) ist Ovid im Jahre 17 n. Chr. gestorben. Vgl. dazu W. Kraus, RE XVIII 2, 1942, 1920, und R. Syme a. O. 46 f.

[321] Marc Aurel, Selbstbetr. 8, 31, rechnet zum Hof des Augustus „Frau, Tochter, Enkel, Stiefsöhne, Schwester, Agrippa, Verwandte, Hausgenossen, Freunde, Areios, Maecenas, Ärzte und Opferpriester". Mit diesen letzten sind wohl die *haruspices* gemeint, die bei Augustus in hohem Ansehen gestanden haben müssen, seit der *haruspex* Vulcatius im J. 44 v. Chr. die Heraufkunft eines neuen Saeculum propheziet hatte (Serv. ad. Verg. eclog. 9, 46). So erfolgte der Bau des palatinischen Apollontempels nach Befragung der *haruspices* (Suet. Aug. 29, 3, vgl. auch 96, 2). Nach Dio (52, 36, 3) soll Maecenas dem Augustus den Rat gegeben haben, die *haruspices* selbst zu ernennen, was jedenfalls der Praxis der Kaiserzeit entsprach. Vgl. C. Thulin, RE VII 2, 1912, 2434 ff. und 2439. Zu den Verwandten des Augustus s. oben

republikanische *nobilis* wurde bei der täglichen Morgenvisite von einer großen Anzahl von Freunden und Klienten begrüßt. Und bereits die großen Volkstribunen C. Gracchus und M. Livius Drusus gingen dazu über, ihre 'Freunde' zum Zwecke der Zulassung nach hellenistischem Vorbild in drei Klassen einzuteilen. Auch war es schon in der Republik üblich, daß die 'Freunde' ihren einflußreichen Patron ins Feld oder in die Provinz begleiteten und daß der römische Magistrat sein *consilium* aus seinen 'Freunden' bildete.[322]

Selbstverständlich war aber das Haus eines römischen Adligen nicht bloß der Treffpunkt für seine Freunde und Klienten, sondern bot auch Wohnung für Leute verschiedenster Herkunft und verschiedensten Standes, nicht nur für das Gesinde der Sklaven und Freigelassenen, sondern auch für Dichter, Ärzte und Schriftsteller. In den Stadtwohnungen und auf den Landgütern der römischen Adligen stiegen in der Republik aber auch fremde Gesandte ab und lebten aus der Heimat vertriebene Staatsmänner, gestürzte Herrscher und politische Verbannte.[323]

Augustus konnte also auch mit seiner Hofhaltung an die Tradition der republikanischen Aristokratie anknüpfen.[324] Wie diese hatte Augustus seine 'Freunde', die er, wie einst C. Gracchus, in drei Klassen eingeteilt hat. Zu diesen 'Freunden' gehörten zahlreiche Senatoren und Ritter, darunter nicht wenige ehemalige Anhänger des Antonius.[325] Zu den 'Freunden' des

S. 171 ff. Vgl. allgemein zum kaiserlichen Hof A. Wallace-Hadrill, CAH X² 283 ff., der besonders die Rolle der 'patronage' durch Mitglieder der Hofgesellschaft betont. Vgl. auch A. Winterling, Hof ohne „Staat", in: ders., Zwischen „Haus" und „Staat". Antike Höfe im Vergleich, HZ Beih. 24, München 1997, 91 ff. Der Titel soll andeuten, daß der Hof des Kaisers im frühen Prinzipat nicht in die – republikanisch verstandene – *res publica* integriert war (in diesem Sinne könnte man auch vom Heer der Kaiserzeit als einer Armee ohne „Staat" sprechen). Wenn man jedoch – wie man wohl muß – den Prinzipat als Sonderform der Monarchie begreift und der Monarchie den Charakter eines Staates nicht absprechen will, war auch der Hof Teil dieses Staates.

[322] Vgl. M. Gelzer, Kleine Schriften I 102 ff.

[323] So stieg nach dem Tode Attalos' III. eine pergamenische Gesandtschaft im Hause des Tib. Gracchus ab (Plut. Tib. Gracchus 14, 1 f.). Der Historiker und Staatsmann Polybios hat lange als Geisel im Hause des L. Aemilius Paullus gelebt (Polyb. 31, 23 f.). Ptolemaios XII. Auletes lebte eine Zeitlang als Verbannter auf einem Landgut des Pompeius (Dio 39, 14, 3). Die Königin Kleopatra mit ihrem Anhang wohnte bei ihrem Rombesuch in den Gärten Caesars jenseits des Tiber (Dio 43, 27, 3. Vgl. Cic. Att. 15, 17, 2). Über Literaten und Ärzte in den Häusern der römischen Adligen vgl. das Material bei S. Treggiari, Roman Freedmen 110 ff.

[324] Vgl. allgemein L. Friedländer, Sittengeschichte I 33 ff., der jedoch chronologisch nicht differenziert und die gesamte Kaiserzeit als Einheit behandelt.

[325] Dazu M. Bang, in: Friedländer, Sittengeschichte IV 60 ff., und J. Crook, Consi-

Prinzeps zählte aber auch ein Mann wie der Judenkönig Herodes oder wie der spartanische Dynast C. Julius Eurycles.[326] Auch Ärzte und Literaten begegnen unter den 'Freunden' des Prinzeps, wie z. B. der Arzt M. Astorius Asclepiades, der dem Oktavian bei Philippi das Leben gerettet hat,[327] die Historiker Livius (der auch den jungen Prinzen Claudius zur Geschichtsschreibung ermunterte) und Timagenes (dem der Prinzeps später allerdings die Freundschaft aufkündigte),[328] und die Dichter L. Varius Rufus, Vergil und Horaz sowie der Jurist C. Trebatius Testa.[329] Denn mehr und mehr sollte das Haus des Augustus zum Zentrum nicht bloß des politischen, sondern auch des geistigen Lebens werden. Neben Augustus spielte zunehmend auch Livia eine wichtige Rolle; besonders gegenüber den Provinzialen erschien sie schon zu Lebzeiten des Augustus *de facto* als Kaiserin.[330] Die jüngere Schwester des Augustus, Octavia Minor, lebte

lium Principis, Cambridge 1955, ND 1975, 148 ff. Zu den Auswahlkriterien Crooks vgl. W. Kunkel, Kleine Schriften 598. Vgl. auch L. Mooren, Amici regis en amici principis, Kleio 1, 3, 1971, 24 ff., und R. Szramkiewicz, Gouverneurs II 136 ff., der unter der Überschrift 'La Cour' neben 'Le cercle d'Auguste' auch den Kreis um Agrippa (144 ff.), um die Livia (145 f.) und um Tiberius (154 ff.) behandelt.

[326] Zu C. Julius Eurycles s. Strabon 8, 5, 5 p. 366. Zu den Münzen des Eurykles s. jetzt S. Grunauer-von Hoerschelmann, Die Münzprägung der Lakedaimonier, Berlin 1978, 63 ff. und 162 ff. Vgl. allgemein G. W. Bowersock, JRS 51, 1961, 112 ff., und H. Berve, Die Tyrannis bei den Griechen, München 1967, 415 ff. – Zu Herodes s. IG II/III² 3441 und SEG 12, 150 (φιλοκαίσαρ). Dazu Joseph. Antt. Jud. 15, 10, 3 § 361 (= Bell. Jud 1, 20, 4 § 400). 16, 9, 3 § 290. Vgl. E. M. Smallwood, The Jews under Roman Rule, Leiden 1976, 71.

[327] Zu M. Astorius Asclepiades s. IG II² 4116. Ehrenberg–Jones, Documents 146. Dazu B. Forte, Rome and the Romans 169.

[328] Tac. ann. 4, 34. Sen. controv. 10, 5 (34), 22.

[329] Zu L. Varius Rufus s. Quint. 6, 3, 178. Zu Vergil s. Horat. epist. 2, 1, 247. Tac. dialog. 13. Zu Horaz vgl. Suet. vita Horatii. Zu C. Trebatius Testa s. P. Sonnet, RE VI A 2, 1937, 2251 ff. Nr. 7. Zu den Freunden des Augustus gehörte wohl auch der Jurist C. Ateius Capito (s. oben S. 270 mit Anm. 209), dem *consulatum ... acceleraverat Augustus* (Tac. ann. 3, 75). Auch der Jurist P. Alfenus Varus (Cos. suff. 39 v. Chr.) dürfte in engeren Beziehungen zu Oktavian/Augustus gestanden haben, zumal wenn der gleichnamige Consul des Jahres 2 n. Chr. sein Sohn war (vgl. W. Kunkel, Herkunft und soziale Stellung der römischen Juristen 29 Nr. 46). Leider weiß man nicht genau, wie lange Alfenus Varus gelebt hat und wann die 40 Bücher seines Digestenwerkes entstanden sind.

[330] Zu Livia s. L. Ollendorff, RE XIII 1, 1926, 904 ff. PIR² L Nr. 301. S. Treggiari, Jobs in the Household of Livia, PBS Rome 31, 1975, 48 ff. Vgl. F. Millar, Emperor 431 f., und H. Kammerer Grothaus, Camere sepolcrali de'liberti e liberte di Livia Augusta ed altri Cesari, MEFRA 91, 1979, 315 ff. Zur Rolle der Livia in der Öffentlichkeit s. N. Purcell, Livia and the womanhood of Rome, PCPhS 212, 1986, 78 ff.

nach dem Untergang des Antonius in großer Zurückgezogenheit weiter in dessen Haus und widmete sich der Erziehung ihrer Kinder, denen in der Familienpolitik des Augustus wichtige Funktionen zugedacht waren. Auch Jullus Antonius und Kleopatra Selene, die Tochter der großen Kleopatra, wurden in ihrem Hause erzogen. Octavia wetteiferte mit dem Prinzeps auch in der baulichen Ausschmückung Roms und hat den Baumeister Vitruv bei ihrem Bruder eingeführt.[331] Ein großes Haus führte ferner Antonia, die Witwe des Drusus. Zusammen mit ihren Kindern Germanicus, Livilla und Claudius wurde an ihrem Hofe Julius Agrippa, der spätere Judenkönig, dessen Mutter Berenike die Freundschaft der Antonia genoß, erzogen.[332] Der reiche alexandrinische Jude Alexander Lysimachos, ein Bruder des Philosophen Philo von Alexandria, begegnet als ihr Procurator in Ägypten. Dem Epigrammatiker Antonius Thallos von Milet erwirkte sie das römische Bürgerrecht.[333] Daß Antonias Hofhaltung unter den wachsamen Augen des Prinzeps erfolgte, lehren dessen Bemerkungen über den jungen Claudius in seinen Briefen an die Livia.[334] Augustus ließ es aber auch zu, daß seine Freunde ihre geselligen Zirkel hatten und sich in ihnen vor allem der Pflege des literarischen Lebens widmeten. Außer Maecenas hatten so auch Valerius Messala und Asinius Pollio einen litera-

Eine neue Inschrift aus Aphrodisias zeigt, daß sich Livia bei Augustus für die Gewährung von Freiheit und Abgabenfreiheit an Samos – allerdings zunächst vergeblich – eingesetzt hat. Vgl. J. Reynolds, Aphrodisias and Rome, London 1982, 104 ff. Doc. 13 (mit weiteren Zeugnissen). Zur Datierung s. G. W. Bowersock, Gnomon 56, 1984, 52. – Vgl. auch unten Anm. 370.

[331] Vitruv., De arch. 1 praef. 2. Vgl. Strabon 5, 3, 8 p. 236. Octavia lebte weiter im Hause des Antonius (Plut. Ant. 54, 2), wo sie sich der Erziehung ihrer Kinder sowie der Kleopatra Selene und des Jullus Antonius (Plut. Ant. 87) widmete, den es (zusammen mit der Antonierklientel) für die neue Monarchie zu gewinnen galt. [Ob der auch als Philologe hervorgetretene Lehrer des Jullus Antonius, L. Crassidius Pasicles (Pansa), nach 30 v. Chr. noch gewirkt hat, ist sehr fraglich, vgl. F. Münzer und G. Goetz, RE IV 2, 1901, 1681.] Zur Gestalt der Octavia s. R. Cosi, in: Epigrafia e territorio IV 255 ff. Vgl. zum Kreis um Octavia auch C. Cichorius, Römische Studien, Darmstadt 1961, 278 f.

[332] Joseph. Antt. Jud. 18, 6, 4 § 164 f. Als Lehrer des jungen Claudius sind die Historiker Livius und Sulpicius Flavus (sonst unbekannt) bezeugt (Suet. Claud. 41, 1). Der von Augustus (bei Suet. Claud. 4, 4) neben Sulpicius genannte Athenodoros ist wohl kaum mit dem Stoiker Athenodoros von Tarsos (s. unten Anm. 348) identisch. Zum Haushalt der Antonia s. auch PIR² A Nr. 885, wo auch auf den bei Galenos (12, 768) genannten Leibarzt Florus verwiesen ist. – Vgl. allgemein zum „Kindergarten" des Augustus R. Syme, Sb. München, phil.-hist. Kl. 1974, Heft 7, 9 f.

[333] Joseph. Antt. Jud. 19, 5, 1 § 276. – Zu Antonius Thallos vgl. C. Cichorius, Römische Studien 356 ff.

[334] Vgl. Suet. Claud. 3, 2 ff. und 4, 4 ff.

rischen Kreis um sich gesammelt.³³⁵ Zu den Freunden des Aelius Gallus, des 2. Präfekten von Ägypten, gehörte der berühmte Historiker und Geo-

³³⁵ Zum Dichterkreis des Maecenas gehörten neben Vergil, Horaz und Properz u. a. L. Varius Rufus, C. Valgius Rufus, Quintilius Varus aus Cremona, Aemilius Macer aus Verona und der Epigrammatiker Domitius Marsus. Auch M. Aristius Fuscus und Plotius Tucca waren wohl literarisch tätig. Vgl. A. Kappelmacher, RE XIV 1, 1928, 218 ff., und R. Avallone, Mecenate, Neapel 1962, 169 ff. Von den Freigelassenen des Maecenas haben sich Bathyllos (vgl. oben Anm. 192) und C. Melissus (vgl. unten Anm. 343) ebenfalls literarisch betätigt. Vgl. L. Duret, ANRW II 30, 3, 1983, 1478 ff. – Zum Kreis des M. Valerius Messala (zu diesem s. A. Valvo, ANRW II 30, 3, 1663 ff., und R. Syme, Augustan Aristocracy 200 ff.) gehörten u. a. Tibull, Ovid sowie die aus dem Corpus Tibullianum bekannten Dichter „Cerinthus", „Lygdmus" und die Dichterin Sulpicia. Auch Aemilius Macer und C. Valgius Rufus verkehrten bei Messala. Vgl. R. Hanslik, RE VIII A 1, 1955, 157, und C. Davies, Greece and Rome 20, 1973, 25 ff., sowie G. Williams, Change and Decline, Berkeley 1978, 65 ff. Vgl. L. Duret a. O. 1452 ff. – Asinius Pollio war von seiner Jugend an ein Förderer der Literatur. Zu seinen Freunden gehörten Catull und die Dichter Helvius Cinna und Cornelius Gallus. Später hat er besonders den Vergil gefördert, stand aber auch mit Horaz in engen Beziehungen. Der Historiker Timagenes konnte nach seinem Bruch mit Augustus unangefochten im Hause Pollios leben (Senec., De ira 3, 23, 5 ff.). Auch der Grammatiker L. Ateius Philologus gehörte zum Freundeskreis des Asinius Pollio (Suet. De gramm. 10. Dazu B. Forte, Rome and the Romans 181. S. Treggiari, Roman Freedmen 121) und ebenso der ältere Seneca (vgl. L. A. Sussman, The elder Seneca, Leiden 1978, 29 f.). Pollio, der in Rom im Atrium Libertatis die erste öffentliche Bibliothek eingerichtet hat und der auch ein bekannter Kunstsammler war, hat auch die Sitte der *recitationes* vor einem größeren Kreis geladener Gäste in Rom eingeführt (Sen. Controv. 4 praef. 2). Daß diese halböffentlichen Vorlesungen dem Prinzeps eine erwünschte Kontrolle des Literaturbetriebes ermöglichten, auch wenn dies kaum in der Absicht Pollios gelegen hat, wurde schon von J. Carcopino, La vie quotidienne à Rome, Paris 1939, 227 f. (= Rom. Leben und Kultur der Kaiserzeit, Stuttgart ²1979, 270 ff.), betont. Ein Freigelassener des Consulars war offenbar jener Asinius Pollio aus Tralleis, der das Geschichtswerk seines Patrons später in einer griechischen Überarbeitung herausgebracht hat (vgl. F. Jacoby, FGrHist Nr. 193. Dazu M. Gelzer, Gnomon 31, 1959, 180. Vgl. oben Anm. 204). S. allgemein zu den Aktivitäten des Pollio auf literarischem und künstlerischem Gebiet B. Haller, C. Asinius Pollio als Politiker und zeitkritischer Historiker, Diss. Münster 1967, 90 ff. (mit Literatur). J.-P. Néraudau, Asinius Pollion et la poésie, in: ANRW II 30, 3, 1732 ff. Auch der Consular L. Munatius Plancus tat sich als Förderer des geistigen Lebens hervor. Wir erfahren von Sueton (De rhetor. 6), daß er den berühmten Rhetor C. Albucius Silo in sein *contubernium* aufgenommen hatte. Vgl. auch R. Szramkiewicz, Gouverneurs II 26. – Zur Bedeutung der Deklamationen und der Rhetorik für die Ausformung einer neuen einheitlichen Bildungsschicht in Rom und im Reich, die bald auch politische Funktionen übernehmen und erfüllen konnte, s. K. Vössing, in: G. Binder–K. Ehlich (Hrsg.), Kommunikation durch Zeichen und Wort. Stätten und Formen der Kom-

graph Strabon aus Amaseia.[336] Und der Epigrammatiker Antipater von Thessalonike war, wie wir wissen, ein Klient des Consuls von 15 v. Chr., L. Calpurnius Piso.[337] Im Hause des Asinius Pollio stiegen aber auch die Söhne des Herodes, Aristobul und Alexander, ab, als sie von 23–17 v. Chr. in Rom weilten, obwohl es ihnen freigestanden hatte, im Palast des Augustus zu wohnen.[338]

In diesem konzentrierte sich allerdings mehr und mehr nicht nur das politische, sondern auch das geistige Leben Roms. Wenn man mit Recht von einer augusteischen Kultur spricht,[338a] zu der die Werke der Kunst und der Architektur ebenso gehörten wie die Literatur, so hatte an ihrer Ausformung und Pflege der Hof des Augustus zweifellos einen wesentlichen Anteil. Im Hause des Augustus lebten und verkehrten zahlreiche Gestalten des literarischen Lebens. Man denkt da natürlich zunächst an die Dichter, die der Prinzeps auf vielfache Weise gefördert hat. Männer wie Vergil und Horaz lebten allerdings nicht ständig am Hofe. Horaz hat sogar die Bitte des Prinzeps ausgeschlagen, sein Sekretariat zu übernehmen.[339] Dagegen

---

munikation im Altertum IV, Trier 1995, 91 ff. – Allgemein s. P. White, Amicitia and the profession of poetry in early imperial Rome, JRS 68, 1978, 74 ff.

[336] Strabon 2, 5, 12 p. 118. 17, 1, 46 p. 816. Dazu A. Stein, PIR² A Nr. 179, und G. W. Bowersock, Augustus and the Greek World 128 f. Vgl. auch B. Forte, Rome and the Romans 184 ff. Ob der Geograph Strabon auch mit Augustus verkehrt hat, wird nicht überliefert. Der bei Macrobius (Sat. 2, 4, 18 = Malcovati, Operum fragmenta p. 173 f. Nr. LXII) genannte Strabo ist offenbar der Prätorianerpräfekt Seius Strabo (vgl. die Anm. bei Malcovati a. O.). A. M. Biraschi u. a., Strabone, Perugia 1981 (Bibliographie). Dazu F. Lasserre, in: ANRW II 30, 1, 1982, 867 ff., sowie: Strabone, Contributi allo studio della personalità e dell'opera I ed. F. Prontera, II ed. G. Maddoli, Perugia 1984 und 1986. G. Maddoli, Strabone e l'Italia antica, Perugia 1988.

[337] Zu Antipater von Thessalonike s. R. Reitzenstein, RE I 2, 1894, 2514 Nr. 23. Antipater schrieb später auch ein Propemtikon für C. Caesar, s. Antholog. Graeca 7, 297. Vgl. C. Cichorius, Röm. Studien 6. G. W. Bowersock, Augustus and the Greek World 182 f. B. Forte, Rome and the Romans 183. G. Williams, Change and Decline 134 f.

[338] Joseph. Antt. Jud. 15, 10, 1 § 342 f. Vgl. dazu E. M. Smallwood, The Jews under Roman Rule, Leiden 1976, 89 mit Anm. 103, wonach auch P. Vedius Pollio der Wirt gewesen sein könnte. – Die Söhne des Herodes scheinen aber auch im Hause des Augustus verkehrt zu haben, wo u. a. der vom Prinzeps sehr geschätzte Freigelassene Celadus ihre Bekanntschaft gemacht haben wird. Siehe Joseph. Bell. Jud. 2, 7, 2 § 106 f. Antt. Jud. 17, 12, 2 § 332, Vgl. Suet. Aug. 67, 1. Dazu PIR² C Nr. 616.

[338a] Vgl. K. Galinsky, Augustan Culture. An interpretative Introduction, Princeton 1996, der die Augusteische Kultur geprägt sieht von der *auctoritas Augusti*, auf die Rolle des Hofes aber nicht eingeht.

[339] Vgl. oben Anm. 238a.

Hofhaltung und Hofgesellschaft 313

wissen wir, daß der Grammatiker und Lexikograph Verrius Flaccus, der die Enkel des Augustus zusammen mit anderen Kindern aus vornehmen Familien unterrichtete, mit seiner ganzen Schule in den kaiserlichen Palast umziehen mußte und fortan ein festes Jahresgehalt von 100000 Sesterzen empfing.[340] Ein anderer berühmter Grammatiker, der gelehrte Freigelassene C. Julius Hyginus, erhielt die Leitung der palatinischen Bibliothek.[341] Sein Vorgänger war vielleicht Cn. Pompeius Macer (der Sohn des Historikers Theophanes von Mytilene), *cui* (Augustus) *ordinandas bibliothecas delegaverat.*[342] C. Melissus, ein Freigelassener des Maecenas, der Schöpfer der *fabula trabeata*, übernahm auf Weisung des Augustus *curam ordinandarum bibliothecarum in Octaviae porticu.*[343] Der *a memoria* des Augustus, der Freigelassene Julius Marathus, ist ebenfalls als Schriftsteller hervorgetreten. Ein anderer Freigelassener des Augustus, der Grieche Phaedrus, der bekannte Fabeldichter, hatte am Hofe wohl eine pädagogische Funktion.[344] Auch der bekannte Architekt und Fachschriftsteller Vitruvius Pollio hatte enge Verbindungen zum Hof des Augustus. Weiter finden wir den Hausastrologen des Tiberius Thrasyllos später in geselligem Verkehr mit Augustus. Und das gleiche gilt sicherlich für den Mathematiker und Astronomen Facundus Nov(i)us, der für den Prinzeps das monumentale *solarium Augusti* berechnet hat.[345] Außerdem finden wir am Hofe den berühm-

[340] Suet., De gramm. 17. Vgl. G. Pfister, Juventus 8; E. R. Parker, Am. Journ. Phil. 67, 1946, 36, und J. Christes, Sklaven und Freigelassene als Grammatiker und Philologen, Wiesbaden 1979, 83 ff.

[341] Zu Hyginus s. oben Anm. 208. Vgl. allg. zur Verwaltung der kaiserlichen Bibliotheken O. Hirschfeld, Verwaltungsbeamte² 298 ff.

[342] Suet. Caes. 56 fin. Nach J. Christes a. O. 76 unterstanden vielmehr alle öffentlichen Bibliotheken dem Pompeius Macer, der danach die Funktion, wenn nicht den Titel eines *procurator bibliothecarum* gehabt hat. – Zur Person vgl. H. Bardon, La littérature latine inconnue II 64 ff.; R. Hanslik, RE XXI 2, 1952, 2276 f. Nr. 92; J. Crook, Consilium Principis 179 Nr. 268; R. Syme, Ovid 73 f.

[343] Suet. De gramm. 21. H. Bardon a. O. II 49 ff. J. Christes a. O. 86 ff. Vgl. L. Petersen, PIR V² 134 f. Nr. 38. – Zur Porticus Octaviae s. H. Lauter, BullCom 37, 1980/1, 37 ff. und 47 ff. Vgl. L. Richardson, Jr., A New Topographical Dictionary 317 f.

[344] Zu Julius Marathus s. Suet. Aug. 79, 2 und 94, 3. Dazu PIR² Julius Nr. 402. – Zu Phaedrus s. S. Treggiari, Roman Freedmen 125, und L. Herrmann, Phèdre et ses fables, Leiden 1970.

[345] Zu Vitruvius s. unten S. 409 Anm. 106. – Der Mathematiker und Astrologe Thrasyllos folgte nach der Rückkehr des Tiberius aus Rhodos diesem nach Rom und verkehrte später auch mit Augustus: Suet. Aug. 98, 4. Vgl. F. H. Cramer, Astrology in Roman Law and Politics, Philadelphia 1954, 93 ff. – Zu Facundus Nov(i)us s. Plin. n. h. 36, 72. (Zum *solarium Augusti* s. oben S. 240 f. mit Anm. 116 f.) – Ob auch Diogenes von Athen, der für Agrippa das Pantheon ausgeschmückt hat (Plin. n. h.

ten Gemmenschneider Dioscurides. Auch Bildhauer und Bronzegießer dürften schon unter Augustus ihre Werkstätten in der Nähe des Hofes, sei es in Rom, sei es bei den kaiserlichen Villen, gehabt haben.[346] Zur Hofgesellschaft gehörte wohl ebenso der auch literarisch hervorgetretene Leibarzt Antonius Musa, dem Augustus später die Freiheit geschenkt hat.[347]

Von den griechischen Lehrern des Oktavian lebten vielleicht noch Apollodoros von Pergamon, Athenodoros von Tarsos und Areios von Alexandria am Hof des Prinzeps.[348] Areios hat nach dem Tode des Drusus (9 v. Chr.) eine *consolatio* für Livia verfaßt. Die Söhne des Areios, Dionysios und Nikanor, befanden sich später ebenfalls in der engeren Umgebung des Augustus.[349] Zu den Lehrern des Prinzen Marcellus gehörten der Akademiker Nestor von Tarsos und der Peripatetiker Athenaios von Seleukeia. Auch ein anderer Peripatetiker, Xenarchos von Seleukeia, hatte enge

36, 38), am Hofe verkehrte, muß offenbleiben. Vgl. C. Robert, RE V 1, 1903, 777 Nr. 53.

[346] Zu Dioscurides s. Plin. n. h. 37, 8, und Suet. Aug. 50. Vgl. M. L. Vollenweider, Die Steinschneidekunst und ihre Künstler in spätrepublikanischer und augusteischer Zeit, Baden-Baden 1966, 47 ff. und 65 ff., die vermutet, daß die Gemmenschneider Solon und Dioscurides sowie deren Söhne – Herophilus, Eutyches und Hyllus – und Schüler – Saturninus, Epitynchanos und Agathopus – in einer kaiserlichen Gemmenwerkstatt gearbeitet haben. Vgl. E. Zwierlein-Diehl, Griechische Gemmenschneider und augusteische Glyptik, AA 1990, 539 ff. (Selbstverständlich war die Herstellung einfacher Gemmen und besonders der billigen, sehr verbreiteten Glaspasten nicht auf die Hof-Werkstätten beschränkt. Vgl. C. Maderna-Lauter, in: Kaiser Augustus und die verlorene Republik 441 ff.). – Außer den Gemmenschneidern arbeiteten anscheinend schon in augusteischer Zeit am Hofe Kopistenwerkstätten. Tonmodelle für die Herstellung von Statuen, die in einem Raum der *domus Tiberiana* gefunden wurden, gehören wohl in diese Zeit. Vgl. M. A. Tomei, Archeologia laziale 8, 1987, 73 f. mit fig. 6. Abgüsse von Bronzestatuen, nach denen Marmorskulpturen gefertigt wurden, fand man im Bereich der Thermen von Baiae. Auch das dortige Kopistenatelier arbeitete wohl für den Hof. Eine Villa Caesars in Baiae, die Augustus geerbt haben dürfte, ist durch Cicero (ad Att. 11, 6, 6) bezeugt. Vgl. C. Landwehr, Die antiken Gipsabgüsse in Baiae, Berlin 1985, und allgemein M. Torelli, CAH X^2 933.

[347] Zu Musa s. Suet. Aug. 59, 1 und 81, 1. Dem jungen Marcellus suchte Musa allerdings vergeblich das Leben zu retten: Dio 53, 30, 3 f. Der Bruder des Antonius Musa hieß Euphorbus und war Leibarzt des Königs Juba von Mauretanien: Plin. n. h. 25, 77. Vgl. S. Treggiari, Roman Freedmen 130 f.

[348] Zu Apollodorus s. Suet. Aug. 89, 1. Strabon 14, 4, 3 p. 625. Vgl. dazu und zum Folgenden G. W. Bowersock, Augustus 31 ff., und B. Forte, Rome and the Romans 183. – Zu Areios s. Dio 51, 16, 4. Plut. Ant. 80. Vgl. PIR^2 A Nr. 1035. – Zu Athenodoros von Tarsos s. Strabon 14, 5, 14 p. 674 f. Dio 56, 43, 2 f. Der Philosoph verfaßte u. a. eine Schrift für Octavia: Plut. Poplic. 17, 8. Vgl. PIR^2 A Nr. 1288.

[349] Sen. ad Marciam 4, 1 ff. Suet. a. O.

Verbindungen zum Hofe.³⁵⁰ Als Erzieher des Tiberius begegnet ferner der bekannte Rhetor Theodoros von Gadara, ein Freigelassener.³⁵¹ Genannt werden muß schließlich noch der Dichter Krinagoras von Mytilene, der in Rom die Rolle des Hofpoeten spielte (er besang z. B. die Hochzeit der Kleopatra Selene mit Juba II. von Mauretanien und den letzten Geburtstag der jüngeren Antonia vor ihrer Hochzeit mit Drusus).³⁵² Auch der von Tiberius so geschätzte Dichter Parthenius von Nikaia verkehrte vielleicht eine Zeitlang am Hofe.³⁵²ᵃ Im übrigen zog Augustus gerne Sänger, Schauspieler, Possenreißer vom Circus und sog. Aretalogen, eine Art Sektenprediger, an seine Tafel.³⁵³

---

³⁵⁰ Zu Nestor von Tarsos s. Strabon 14, 5, 14 p. 675. Zu Athenaios und Xenarchos s. Strabon 14, 5, 4 p. 670. Vgl. C. Cichorius, Röm. Studien 271 ff., und G. W. Bowersock a. O. 34 f.

³⁵¹ Der Erzieher des jungen Tiberius wurde in einem regelrechten Redewettstreit zwischen dem Rhetor Antipater, Potamon von Mytilene und Theodoros von Gadara ermittelt, aus dem Theodoros als Sieger hervorging: Suda s. v. Θεόδωρος Γαδαρεύς. Vgl. Suet. Tib. 57, 1. Potamon veröffentlichte später ein Enkomion auf Tiberius: Suda s. v. Ποτάμων Μιτυληναῖος. Vgl. W. Stegemann, RE XXII 1, 1953, 1023 ff. Nr. 3. Von den römischen Rhetoren hörte Augustus den Senator Q. Haterius (Sen. controv. 4, praef. 7) und den Declamator M. Porcius Latro, dessen Vorträge später auch Ovid besuchte (Sen. controv. 2, 4, 12 f. und 2, 2, 8). Auch von dem Rhetor Passienus hielt Augustus große Stücke und empfahl ihm den griechischen Rhetor Kraton, den er ebenfalls gehört hatte (Sen. controv. 10, 5, 21). Allgemein berichtet Sueton (Aug. 89, 3): *Ingenia saeculi sui omnibus modis fovit; recitantes et benigne et patienter audiit, nec tantum carmina et historias, sed et orationes et dialogos.* Vgl. auch R. Szramkiewics, Gouverneurs II 21 ff., und allgemein zur Rhetorik unter Augustus M. L. Clarke, Die Rhetorik bei den Römern, Göttingen 1968, 113 ff. S. F. Bonner, Roman Declamation in the Late Republic and Early Empire, Liverpool 1969, 31 ff. G. Kennedy, The Art of Rhetoric in the Roman World, Princeton 1972, 301 ff.

³⁵² Zu Krinagoras s. oben Anm. 284. – Auch der Geograph Dionysius von Charax mag eine Zeitlang am Hofe verkehrt haben (s. unten S. 346 Anm. 99). Zur Frage, ob Dionysius mit Isidoros von Charax identisch ist, s. zuletzt K. Sallmann, Die Geographie des Älteren Plinius, Berlin 1971, 50 ff. – Ob der Astronom M. Manilius sein Lehrgedicht für Augustus oder für Tiberius geschrieben hat, ist eine noch offene Streitfrage, vgl. F. Boll–C. Bezold–W. Gundel, Sternglaube und Sterndeutung, Darmstadt 1966, 102. Vgl. E. Flores, Augusto nella visione astrologica di Manilio ed il problema della cronologia degli Astronomicon libri, Anali della Fac. di Lettere di Napoli 9, 1960/1, Neapel 1962, 5 ff. Vgl. auch den Beitrag von W. Hübner in ANRW II 32, 1, 1984, 126 ff..

³⁵²ᵃ Vgl. Suet. Tib. 70, 2. Parthenius schrieb u. a. eine dem Krinagoras gewidmete Elegie. Vgl. Blumenthal, RE XVIII 4, 1949, 1895 ff. Nr. 15.

³⁵³ Suet. Aug. 74. Eine Zusammenstellung der Schauspieler der augusteischen Zeit gibt Ch. Garton, Personal Aspects of the Roman Theatre, Toronto 1972, 267 ff.

Zur Hofgesellschaft gehörten aber auch die fremden Fürstenkinder in Rom. So berichtet Sueton, daß Augustus die Kinder sehr vieler Fürsten mit den seinigen zusammen erziehen und unterrichten ließ.[354] Zu ihnen gehörte z. B. der spätere Maurenkönig Juba II.[355] Auch die vier Söhne des Partherkönigs Phraates IV., die dieser im Jahre 10 v. Chr. nach Rom geschickt hatte, wurden wohl am Hofe erzogen.[356]

Für seine Hofhaltung benötigte Augustus selbstverständlich auch eine reiche Dienerschaft. Tatsächlich finden wir im Haus des Prinzeps, wie schon in den Häusern der Vornehmen der ausgehenden Republik, eine große Zahl von Sklaven und Freigelassenen für die Verwaltung des Hauses und des Inventars, für die persönliche Bedienung und für die Bewirtung der Gäste, für Keller und Küche, für die ärztliche Versorgung und für den nötigen Komfort auf der Reise.[357] Auch die der Unterhaltung dienenden Sklaven seien nicht vergessen. Augustus hielt sich zum Zeitvertreib z. B. maurische und syrische Knaben.[358] Die Dienerschaft der *domus Augusta* war immerhin so groß, daß sie quasi militärisch in Dekurien organisiert war, die von Freigelassenen mit militärischen Titeln als Vorgesetzten geleitet wurden.

(eine Überarbeitung jetzt in ANRW II 30, 1, 1982, 580ff.). Von den Mimusdarstellern trat Pylades, ein kilikischer Freigelassener des Augustus, auch als Dichter hervor. Sein Rivale Bathyllos war ein Freigelassener des Maecenas. Vgl. S. Treggiari, Roman Freedmen 140f. und 247.

[354] Suet. Aug. 48.

[355] Juba II. war in Italien erzogen worden und lebte später in der Umgebung des Augustus: Dio 51, 15, 5f. – Auch Antipas, Archelaos und Philippos, die Söhne des Herodes, wurden in Rom erzogen: Joseph. Bell. Jud. 1, 31, 1 § 603. Antt. Jud. 17, 1, 3 § 20f., wo ausdrücklich gesagt wird, daß Archelaos und Antipas bei einem in Rom ansässigen Juden gewohnt haben.

[356] RgdA 32. Dazu Volkmann mit weiteren Zeugnissen. – Ob sonst noch fremde Geiseln am Kaiserhof erzogen oder überhaupt „einer politisch gezielten Ausbildung unterworfen wurden", ist allerdings fraglich, vgl. D. Timpe, Arminiusstudien 69f. mit Anm. 53 und 57f. (dort auch Literatur). Vgl. A. Aymard, JRS 51, 1961, 136ff. Zur Praxis der Geiselnahme s. auch Suet. Aug. 21, 2 (wonach Augustus von einigen Barbarenstämmen als *novum genus obsidum* Frauen verlangt habe). – C. Ricci, Principes et reges externi (e loro schiavi e liberti) a Roma e in Italia. Testimonianze epigrafiche di età imperiale, RAL 1996, 561ff.

[357] Vgl. G. Boulvert, Esclaves et affranchis imperiaux sous le Haut-Empire romain. Rôle politique et administratif, Neapel 1970, 22ff. F. Millar, Emperor 69ff. J. Griffin. JRS 66, 1976, 95f. und 105.

[358] Suet. Aug. 83. Vgl. W. J. Slater, Pueri, turba minuta, Bull. Inst. Class. Stud. 21, 1974, 133ff. – Erwähnt sei auch P. Servilius Balatro, *scurra Maecenatis* (PIR III[1] S. 226 Nr. 411), von dem berichtet wird: *Multa in Augustum amare nec sine ioco dixit* (Ps. Acro ad Hor. Sat. 1, 2, 2).

Eine besondere Stellung nahmen ferner die Leibwächter des Augustus ein. Seit Sulla hatten sich schon in der Republik gelegentlich die großen Heerführer mit einer Leibwache aus Sklaven und Ausländern umgeben. Caesar hatte eine Garde von Spaniern um sich, die er kurze Zeit vor seiner Ermordung entließ. Der Prinzeps hatte zunächst ebenfalls eine spanische Leibwache, die Calagurritani, die er nach dem Sieg über Antonius auflöste, weil sie sich offenbar mit der *res publica restituta* schlecht vertrug.[359] Aber bald findet man eine neue Leibwache – leider weiß man nicht, wann sie aufgestellt wurde. Diese *Germani corporis custodes* wurden dann nach der Varusniederlage ebenfalls entlassen, weil man sie offenbar nicht mehr für zuverlässig genug hielt. Aber schon beim Regierungsantritt des Tiberius bestand diese Germanen-Leibwache wieder. Die Sicherheit des Prinzeps war, wie es scheint, zu gefährdet, als daß dieser ohne seine fremden Leibwächter hätte auskommen können.[360]

Neben seinem Palast in Rom verfügte Augustus selbstverständlich über zahlreiche Villen und Liegenschaften in Italien wie in den Provinzen.[361] So besaß er eine Villa in Antium, eine weitere auf dem Posillipo bei Neapel, eine dritte auf Capri usw., die jeweils von einem Verwalter aus dem Sklavenstand geleitet wurden. Einem *vilicus* unterstanden auch die einzelnen Gartenanlagen im Besitz des Augustus, so die *horti Pompeiani* auf dem Marsfeld, die Gärten des Antonius in Trastevere und die *horti Maecenatiani* auf dem Esquilin, die dem Augustus von Maecenas vermacht worden waren.[362] Auch zur Bewirtschaftung dieser Liegenschaften hatte der Prinzeps natürlich zahlreiche Sklaven und Freigelassene.

Selbstverständlich verfügte Augustus auch über ein großes Sekretariat, das in der Lage war, seinen umfangreichen Schriftverkehr zu bewältigen. An der Spitze dieses Sekretariats stand der *ab epistulis*, der für seinen Posten Kenntnisse und diplomatischen Takt besitzen mußte. Dem

---

[359] Zur Leibwache Caesars s. Suet. Caes. 86, 1. Zu den Calagurritani des Oktavian s. Suet. Aug. 49.

[360] Dazu C. Jullian, Bull. épigr. de la Gaule 3, 1883, 61 ff. Th. Mommsen, Gesammelte Schriften VI, 17 ff. R. Keune, RE IV 2, 1901, 1900 ff. Nr. 2. G. Boulvert a. O. (Anm. 257) 63 ff. F. Millar, Emperor 61 ff. H. Bellen, Die germanische Leibwache der römischen Kaiser des julisch-claudischen Hauses, Abh. Akad. Mainz, geistes- und sozialwiss. Kl., Jg. 1981, Heft 1, wonach diese *Germani* keine Unfreien waren. Dazu M. P. Speidel, Germania 62, 1984, 31 ff., und: Riding for Caesar. The Roman Emperor's Horse Guard, London 1994. 15 ff.

[361] Vgl. O. Hirschfeld, Kleine Schriften 516 ff. L. Friedländer, Sittengeschichte I 398 ff. A. W. van Buren, RE VIII A 2, 1958, 2150 ff. F. Millar, Emperor 25 f. I. Shatzman, Senatorial Wealth and Roman Politics, Brüssel 1975, 363 ff.

[362] Vgl. P. Grimal, Les Jardins romains, Paris 1943, 188 ff.

ab epistulis unterstanden dann wieder zahlreiche Diktat- und Archivsklaven.[363]

Alle die genannten Sklaven und Freigelassenen bildeten den privaten Haushalt des Prinzeps, der sich wohl dem Umfang, aber nicht der Struktur nach von dem Hauswesen eines reichen Aristokraten unterschied. Auch ein Mann wie Cicero konnte über eine umfangreiche Dienerschaft verfügen und besaß für seine umfangreiche Korrespondenz ein leistungsfähiges Sekretariat.[364]

Augustus war nun aber nicht bloß der reichste „Privatmann", sondern bekleidete auch dauernd mehrere öffentliche, magistratische oder quasimagistratische Funktionen und wichtige Priesterämter. Auch die Wahrnehmung der mit diesen Funktionen und Ämtern verbundenen Aufgaben erforderte ein zahlreiches Personal. Augustus verwendete dafür ebenfalls – wie auch schon die republikanischen Magistrate – Sklaven und Freigelassene seines Haushaltes.[365] Schließlich bildete auch die *bibliotheca Palatina* einen Teil der *domus Augusta*, so daß auch für sie kaiserliche Sklaven und Freigelassene zu sorgen hatten. Auch der Bibliotheksdirektor C. Julius Hyginus war ja ein Freigelassener des Augustus.[366]

Unfreie und Freigelassene des Prinzeps begegnen aber auch in den Provinzen. Augustus ließ ja sowohl sein Patrimonium von Procuratoren verwalten wie auch die Steuern der Provinzen von ihnen einziehen. Meist gehörten diese Procuratoren dem Ritterstand an. Ein Mann wie der berüchtigte Freigelassene Licinus, dem die Finanzverwaltung der Gallia Comata übertragen worden war, scheint eine Ausnahme gewesen zu sein.[367] Aber auch die Procuratoren aus dem Ritterstand verfügten doch ihrerseits über ein zahlreiches Personal an Sklaven und Freigelassenen aus

---

[363] Zum Sekretariat des Augustus vgl. G. Boulvert a. O. (Anm. 257) 39f. Namentlich bekannt sind die Freigelassenen Polybius und Hilarion, die einen Teil des Testaments des Augustus geschrieben haben (Suet. Aug. 101, 1), und der *a manu* Thallus, dem der Prinzeps die Glieder zerbrechen ließ, weil er sich hatte bestechen lassen und ein Briefgeheimnis verriet (Suet. Aug. 67, 2).

[364] Cicero konnte z. B. im Dezember 45 den Dictator Caesar mit einem Gefolge von 2000 Mann auf seinem Landgut bei Cumae bewirten – und er war nicht der einzige, bei dem Caesar abstieg: Cic. Att. 13, 57 (52). Dazu M. Gelzer, Cicero, Wiesbaden 1969, 320f. Zu dem von dem gelehrten Tiro geleiteten Sekretariat Ciceros s. S. Treggiari, Roman Freedmen 259ff. Zur Leistung von Ciceros Sekretariat in den letzten Monaten seiner politischen Tätigkeit vgl. D. Stockton, Cicero, Oxford 1971, 302f.

[365] Vgl. G. Boulvert a. O. (Anm. 357) 40ff.

[366] Zur Verwaltung der kaiserlichen Bibliotheken vgl. oben Anm. 341.

[367] Zu dem *procurator* Licinus vgl. S. 392 und 401. Zu den ritterlichen Procuratoren s. S. 189ff.

der kaiserlichen *familia*, unter denen die *dispensatores*, die Kassenführer, den höchsten Rang einnahmen. (Einer dieser *dispensatores* namens Musicus Scurranus, ein Sklave des Tiberius, verfügte seinerseits über 16 Untersklaven.[368])

Schließlich begegnen unter Augustus Freigelassene seiner *familia* auch auf der Flotte. Die Kapitäne der von Augustus neugeschaffenen stehenden Flotte gehörten sogar fast ausschließlich dem Libertinenstand an.[369]

Es gab also unter den kaiserlichen Sklaven und Freigelassenen beträchtliche Unterschiede in Stellung und Rang, und es entwickelte sich in der Hausverwaltung des Prinzeps und in seiner Finanzverwaltung eine Bürokratie aus Sklaven und aus Freigelassenen, die auch bald eine hierarchische Gliederung erhielt. Unter Kaiser Claudius begegnet dann neben der ritterlichen Laufbahn bereits eine Sklaven- und Freigelassenen-Karriere, die in den großen Hausämtern *ab epistulis, a libellis* (Bittschriftenamt), *a studiis* (Rechtsabteilung) und *a rationibus* (Finanzverwaltung) gipfelte. Schon unter Augustus bildete jedoch die Bürokratie der Sklaven und Freigelassenen des Prinzeps ein festes Rückgrat für die neue Monarchie.[370]

---

[368] Dessau Nr. 1514. Vgl. P. R. C. Weaver, Familia Caesaris, Cambridge 1972, 201.
[369] Vgl. unten S. 326 ff. m. A. 27.
[370] Vgl. dazu P. R. C. Weaver, Familia Caesaris 197 ff., und: Social Mobility in the Early Roman Empire: The Evidence of the Imperial Freedmen and Slaves, in: M. I. Finley, Studies in Ancient Society, London 1974, 121 ff. S. auch G. Boulvert, Domestique et fonctionnaire sous le Haut-Empire Romain. La condition de l'affranchi et de l'esclave du prince, Paris 1974. Dazu C. Castello, SDHI 44, 1978, 488 ff. H. Chantraine, Freigelassene und Sklaven kaiserlicher Frauen, Festschrift F. Vittinghoff, Köln 1980, 389 ff. S. Treggiari, Jobs for Women, Am. Journ. Anc. Hist. 1, 1976, 76 ff. (bes. zu den Bediensteten der kaiserlichen Frauen). – Vgl. allg. H. Chantraine, Freigelassene und Sklaven im Dienst der römischen Kaiser, Studien zu ihrer Nomenklatur, Wiesbaden 1967.

V. MILITÄRWESEN UND AUSSENPOLITIK

1. Das Militärwesen unter Augustus

Nach der Schlacht bei Actium bildete das größte Problem des Siegers die weitere Verwendung der Truppen, sowohl der eigenen wie der des Antonius.[1] Die Soldaten verlangten Belohnungen und eine angemessene Altersversorgung. Man hat die Gesamtzahl der nach Actium unter Oktavians Kommando stehenden Truppen auf 230000 Mann geschätzt.[2] Bis zum Jahre 29 entließ der Caesar 120000 Mann mit dem Anspruch auf Versorgung, wobei nach den Res Gestae jeder einzelne Mann 1000 Sesterzen erhielt. Allerdings sind in den 120000 Mann wohl auch die Veteranen eingeschlossen, die schon nach Naulochos ihre Entlassung erhalten hatten.[3] Von den Legionen wurden einige ganz aufgelöst. Oktavian/Augustus behielt

---

[1] S. allgemein M. Grant, The Army of the Caesars, London 1974. H. D. M. Parker, The Roman Legions, Oxford 1928 ND 1971 (mit Bibliogr. von G. R. Watson), bes. 72 ff. G. Webster, The Roman Imperial Army, London[3] 1985, bes. 42 ff. G. R. Watson, The Roman Soldier, Ithaka–New York 1969. A. Momigliano, I problemi delle istituzioni militari di Augusto, in: Studi in occasione del bimillenario Augusteo, Rom 1938, 195 ff. Vgl. die Bibliographie von M. Clauss, ANRW II 1, 1974, 840 ff. Dazu jetzt K. A. Raaflaub, The political significance of Augustus' military reforms, in: W. S. Hanson–L. J. F. Keppie, Roman Frontier Studies 1979, Oxford 1980, III 1005 ff., und Saeculum Augustum I 246 ff. Raaflaub arbeitet schön die politische Bedeutung und die Tragweite der Militärreformen des Augustus heraus. Vgl. dazu auch oben S. 159 f. und 187 ff. Die integrierende Rolle der Armee betont mit Recht H. C. Boren, Rome: Republican Disintegration, Augustan Reintegration: Focus on the Army, Thought 55, 1980, 51 ff. Vgl. jedoch die Einschränkungen von K. Raaflaub, Saeculum Augustum I 275 f. S. ferner: L. Keppie, The Making of the Roman Army. From Republic to Empire, London[2] 1998, 145 ff. L. de Blois, The Roman Army and Politics in the First Century B. C., Rom[2] 1998, 52 ff. B. Dobson, The Roman Army: wartime or peacetime army?, in: Heer und Integrationspolitik, Köln 1986, 10 ff. (= D. J. Breece–B. Dobson, Roman Officers and Frontiers, Stuttgart 1993, 113 ff.).

[2] P. A. Brunt, Manpower 498 ff. W. Schmitthenner, HZ 190, 1960, 16.

[3] Vgl. P. A. Brunt a. O. 332 ff. W. Schmitthenner, The Armies of the Triumviral Period, D. phil.-Thesis, Oxford 1958, 144 ff. H.-Chr. Schneider, Das Problem der Veteranenversorgung in der späteren römischen Republik, Bonn 1977, 232 f. Nach Schmitthenner, HZ 190, 1960, 16, entließ Oktavian nach dem Sieg über Antonius 80000 Mann.

nur 26 Legionen, die weiterhin ihm persönlich und nicht der Verfügungsgewalt des Senats unterstanden.[4] Nach der Annexion Galatiens wurde die Zahl der Legionen dann auf 28 erhöht.[5] Schon Edward Gibbon hat sich über die geringe Zahl der Truppen gewundert, die nach dem Willen des Augustus der Reichsverteidigung zur Verfügung standen.[6] 150000 Legionare und ebenso viele Hilfstruppen – das war das ganze militärische Potential des Imperium. E. Kornemann und W. Schmitthenner meinen, Oktavian habe „die Ausschaltung der Armee als einer selbständigen politischen Größe mit einer langandauernden militärischen Schwäche des Reichs" bezahlt,[7] während für M. Grant die Größe des stehenden Heeres unter Augustus das Ergebnis einer messerscharfen Kalkulation war.[8] In der Tat war die Unterhaltung des Heeres vor allem auch eine Kostenfrage,[8a] zumal Augustus die Truppen bis zum Jahre 6 n. Chr. aus seiner eigenen Tasche bezahlte. Dennoch war diese Armee groß genug, Germanien und den Donauraum zu erobern. Erst der pannonische Aufstand und die Varuskatastrophe zeigten dann, daß den militärischen Möglichkeiten Roms Grenzen gesetzt waren. Die Konsequenz daraus scheint aber erst Tiberius gezogen zu haben.

Ein großer Teil der Entlassungen und Ansiedlungen der ausgedienten Truppen muß in den Jahren 30–27 bereits erfolgt sein.[9] Noch im Jahre 31

[4] M. Grant, The Army 36 und 55, spricht von 60 bis 70 Legionen, die Oktavian/Augustus auf 25 oder 26 Legionen reduziert habe. Vgl. auch W. Schmitthenner, Armies 151.

[5] Vgl. R. Syme, JRS 23, 1933, 19 ff.

[6] M. Grant, Army 55: "As Gibbon remarked, the total military strength of the Empire was equalled by the army of a single French king, Louis XIV, whose rule was confined to a single province of the former Roman empire."

[7] W. Schmitthenner, HZ 190, 1960, 16 f. E. Kornemann, Gestalten und Reiche, Leipzig 1943, 344 ff. Vgl. auch H.-G. Pflaum, Forces et Faiblesse de l'Armée romaine du Haut Empire, in: 'Problèmes de la guerre à Rome', Paris 1969, 85 ff. J. Harmand, ANRW II 1, 1974, 286 f., spricht in diesem Zusammenhang sogar von «un sentiment antimilitariste» des Augustus.

[8] Vgl. M. Grant, Army 55 f., der betont, daß es infolge der augusteischen Neuordnung während fast 2 Jahrhunderten keine militärische Rebellion gegeben habe (was allerdings nur *cum grano salis* zutrifft). Vgl. jedoch S. 108: "From a military point of view there was clearly something wrong when a local disaster ... plunged the entire empire into the gravest embarassment. But for political reasons ... the deficiency could not be made good." Ähnlich K. Raaflaub, Saeculum Augustum I 262 f.

[8a] Damit hängt wohl auch die Verlängerung der Dienstzeit im J. 5 n. Chr. (s. S. 405) und der auffallend starke Gebrauch von *evocati* (s. M. Grant, Army 81 ff.) zusammen.

[9] Vgl. R. Syme, JRS 23, 1933, 14 ff.

hatte Oktavian einen Teil der zur Entlassung vorgesehenen Veteranen nach Italien geschickt. Anfang des Jahres 30 kam es jedoch zu einer Meuterei dieser Truppenteile, so daß sich Oktavian gezwungen sah, den unzufriedenen Veteranen Land in Italien anzuweisen.[10] Die Bürgerschaft der betroffenen italischen Gemeinden wurde z. T. in Übersee, in Dyrrhachium, Philippi und anderen Orten angesiedelt. Den nicht angesiedelten Bürgern versprach Oktavian eine Geldentschädigung, die er später auch auszahlte. Die weiteren Entlassungen und Ansiedlungen erfolgten wohl erst nach den großen Triumphen Oktavians im Jahre 29 v. Chr. Der Caesar konnte jetzt aus der alexandrinischen Beute fürstliche Belohnungen zahlen und die Soldaten ohne Schwierigkeiten mit Landzuweisungen abfinden. Er brauchte auch nicht zu weiteren Enteignungen in Italien zu schreiten, sondern konnte nach Caesars Vorbild das Provinzialland zur Anlage von Kolonien heranziehen.[11] Die genaue Datierung der einzelnen Kolonien ist allerdings oft unbekannt; doch läßt sich so viel noch erkennen, daß die Demobilisierung der großen Armee der Bürgerkriegszeit ein Prozeß war, der sich in mehreren Etappen vollzog und nicht in wenigen Jahren beendet war. Die nicht gleich nach dem Sieg über Antonius entlassenen Truppen wurden teils zur Sicherung der Reichsgrenzen eingesetzt, teils fanden sie auf dem spanischen Kriegsschauplatz Verwendung, wo zeitweilig 7 Legionen gegen die Kantabrer und Asturer zum Einsatz kamen. Erst im Jahre 19 v. Chr. hat Agrippa in Spanien nach einer Meuterei die letzten Bürgerkriegsveteranen in Ungnade entlassen.[12]

Die Kriege gegen die Alpenvölker und in Germanien und Dalmatien wurden bereits mit einem neuen, besser ausgebildeten und disziplinierten Heer unter neuen, von Augustus sorgfältig ausgewählten Offizieren geführt.[13] Denn für Oktavian war es ohne weiteres klar, daß er die Armee, welche die Grundlage seiner Machtstellung war, nicht aus der Hand geben durfte. Eine Rückkehr zum System der Republik, wo der Magistrat Truppenaushebungen nur für einen bestimmten Feldzug vornahm, war undenkbar. Spätestens seit 13 v. Chr. war für die Truppen die Zahl der Dienstjahre fest geregelt und wurde 5 n. Chr. noch einmal erhöht. Das stehende Heer der Kaiserzeit war denn auch weniger das Ergebnis eines einzigen Willensaktes als vielmehr das Produkt einer längeren Entwicklung. Eine wichtige Stufe in dieser Entwicklung stellt es aber zweifellos dar, daß Oktavian seit dem Jahr 29 zugleich mit den Entlassungen offenbar auch in

---

[10] Suet. Aug. 17, 3. Dio 51, 4 f. RgdA 16 mit Kommentar von Volkmann.
[11] Zur Kolonisation des Oktavian/Augustus s. unten S. 474 ff.
[12] Dio 54, 11, 5. Zu den Kantabrerkriegen s. unten S. 351 ff.
[13] Vgl. R. Syme, JRS 23, 1933, 20 ff. Zu den senatorischen Offizieren s. oben S. 156 f. mit Anm. 20, zu den ritterlichen Offizieren s. ebda. S. 187 ff.

größerem Umfange neue Aushebungen vornehmen ließ. Die neue Soldatengeneration war dem Prinzeps gegenüber loyaler als die Veteranen der Bürgerkriegszeit, und sie erfuhr wohl auch eine bessere Ausbildung als jene. Es waren diese Truppen, mit denen die Stiefsöhne des Augustus die großen Eroberungskriege im Norden durchführten. Und es waren offenbar auch diese nach Actium ausgehobenen Soldaten, die in den Jahren 7–2 v. Chr. bei ihrem Abschied mit Geld und nicht mehr mit Land abgefunden wurden.[14] Anscheinend war auch diese Neuregelung der Altersversorgung erst möglich, nachdem die Veteranen der Bürgerkriege aus der Armee ausgeschieden waren. Augustus scheint es auch gewesen zu sein, der als erster einen militärischen Sanitätsdienst eingerichtet hat. Darauf deuten Funde von chirurgischen Instrumenten in augustuszeitlichen Lagern ebenso hin wie die Anlage von Lazaretten *(valetudinaria)*. Das *valetudinarium* scheint sogar ein eigens für die Bedingungen der Kriege in Germanien geschaffener neuer Bautyp zu sein.[14a]

Die Konskriptionspolitik[15] und die Eroberungskriege des Augustus führten dazu, daß die neue stehende Armee der Kaiserzeit weitgehend ein Grenzheer war. Im Osten lagen die Legionen allerdings nicht an der Euphratgrenze und auch im Donauraum scheinen die meisten Lager an der Flußgrenze erst nach Augustus angelegt worden zu sein.[15a] Aber auch dem Grenzheer hatte Augustus offensive Aufgaben zugedacht. Wie in republikanischer Zeit waren auch unter ihm die Legionslager vor allem Winterlager, die nicht für längere Dauer errichtet wurden. Am Rhein bildeten die Lager die Basen für den Vorstoß ins freie Germanien. Während der Eroberungskriege überwinterten die Legionen aber z.T. auch in Germanien selbst. Nach ihrer Rückkehr bezogen sie dann oft nicht wieder ihre alten Lager, sondern errichteten über diesen alten Anlagen neue Lager. So wurden in Neuß aus augusteisch-tiberischer Zeit allein sieben Lager übereinander entdeckt, davon vier aus der Zeit der Offensivkriege (12 v.–16 n. Chr.)[16]: Die beiden ältesten dieser Lager enthielten anscheinend noch

---

[14] Dio 54, 25, 5f. RgdA 16. Dazu oben S. 121 m. A. 136. – Zur Regelung des Jahres 5 n. Chr. s. Dio 55, 23, 1. RgdA 17, 2. Vgl. unten S. 405. Dazu K. Raaflaub, Saeculum Augustum I 249.

[14a] Vgl. J. C. Wilmanns, Der Sanitätsdienst im römischen Reich, Hildesheim 1995, 61 ff., und bes. E. Künzl, in: Die römische Okkupation nördlich der Alpen 185 ff.

[15] Die Legionare kamen zumeist aus Oberitalien, aus der Narbonensis und aus Spanien. Vgl. G. Forni, Il reclutamento delle legioni da Augusto a Diocleziano, Mailand–Rom 1953, 51 ff. und ANRW II 1, 1974, 339 ff. (mit Literatur). A. Grenier, Bull. Soc. Antiqu. France 1956, 35 ff. Vgl. R. Syme, RR 457.

[15a] Vgl. oben S. 75 m. A. 255a sowie unten S. 367f. A. 185 und 371 A. 198a.

[16] Vgl. H. von Petrikovits, BoJbb 161, 1961, 455 ff. – Auch in Vetera fand man

keine Innenbauten. Man kampierte wohl noch in Zelten. Dann ging man dazu über, Baracken aus Holz zu errichten; denn es konnte nicht ausbleiben, daß auch die Lager des stehenden Grenzheeres mit der Zeit zu ständigen Garnisonen wurden.[17] Diese Entwicklung hat schon unter Augustus eingesetzt und sich nach der endgültigen Aufgabe der Eroberungspolitik unter Tiberius stark beschleunigt. Aber erst unter Claudius wurden die Holzbauten in den Legionsfestungen durch dauerhaftere Steinbauten ersetzt.

Unter Augustus haben jedoch die Legionen die Mobilität, die sie in republikanischer Zeit besaßen, noch nicht oder doch nicht ganz verloren. Die großen Eroberungskriege des Augustus sind sogar durch besonders kühne und weiträumige Operationen gekennzeichnet, wie sie in dieser Weise die Republik kaum kannte.[17a] Die bedeutenden militärischen Erfolge der augusteischen Zeit werden dem strategischen Zusammenwirken mehrerer großer Heeresgruppen aus verschiedenen Provinzen verdankt, die den Gegner in die Zange nahmen und vernichteten, wenn er sich nicht vorher rechtzeitig durch die Flucht der römischen Zangenoperation entziehen konnte. Ein solches Zusammenwirken mehrerer Heeresteile läßt sich schon im Kantabrerkrieg und dann bei der Eroberung der Alpenländer und bei den Eroberungskriegen in Germanien und in Illyricum feststellen.[18] In der Republik waren derartige großangelegte strategische Operationen immer wieder am Ehrgeiz und an der Rivalität der adelsstolzen Magistrate und Promagistrate gescheitert. Einige der spektakulärsten Niederlagen der römischen Geschichte sind durch diese mangelnde Ko-

---

sechs verschiedene Lager aus augusteisch-tiberischer Zeit. Vgl. C. M. Wells, German policy 99 mit Literatur.

[17] Vgl. D. Timpe, Arminiusstudien 90 ff., und H. von Petrikovits, Die Innenbauten römischer Legionslager während der Prinzipatszeit, Opladen 1975, der S. 118 f. und 132 betont, daß der Übergang zur Defensive den Augustus gezwungen hat, die gesamte Logistik der römischen Armee auf eine neue Grundlage zu stellen.

[17a] Vgl. A. Lintott, Imperium Romanum 119 f., der zur Planung des Augustus bemerkt, daß "the entrenched supremacy of himself and his family made it possible to take a long-term view about imperial strategy". Erstmals sei für kriegerische Unternehmen eine Kosten-Nutzen-Analyse möglich gewesen. Dennoch könne man nicht von einer "grand strategy of the Roman empire" sprechen. Gegen E. N. Luttwak, The Grand Strategy of the Roman Empire, London 1977, s. auch B. H. Isaac, in: D. H. French–C. S. Lightfoot, The Eastern Frontier of the Roman Empire, Oxford 1989, 231 ff.

[18] Vgl. J. J. Wilkes, Dalmatia, London 1969, 62: "One of the greatest benefits to the Roman state arising from Augustus' unified control of virtually all the army was the possibility of strategic coordination between the different provincial army groups." Vgl. auch R. Syme, JRS 23, 1933, 23.

operationsbereitschaft der republikanischen Generale verschuldet worden. Die Monarchie brachte auch hier einen Wandel. An den großräumigen Operationen der römischen Armee nahmen neben den Legionen auch die Hilfstruppen teil. Ihre Zahl und Struktur in augusteischer Zeit wirft allerdings zahlreiche Probleme auf. Der Stand der Forschung ist kürzlich von D. Timpe übersichtlich zusammengefaßt worden.[19] Danach bedienten sich die Römer selbstverständlich wie in der Republik so auch unter Augustus bei ihrer Kriegführung irregulärer Stammesaufgebote, die für die Bedürfnisse eines Feldzuges angefordert und nach der Beendigung der Kampagne gleich wieder entlassen wurden. Diese Stammesaufgebote standen unter einheimischen Führern und entbehrten einer festen Organisation in römischem Sinne. Daneben gab es aber unter Augustus auch ständige Stammestruppen mit einer festen Organisation, die ebenfalls meist unter einheimischen Führern standen, die jedoch von den Römern mit dem Rang eines Präfekten bekleidet worden waren. Diese ständigen Auxiliartruppen bildeten anders als die irregulären Aufgebote einen festen Bestandteil der römischen Armee. Von hier aus war der Übergang zu den regulären, rein römisch organisierten Auxilien relativ leicht. Diese römischen Auxilien – Cohorten der Fußtruppe und Reiter-Alen – wurden durch Zwangsaushebung *(dilectus)* gebildet und standen unter römischen Offizieren. Sie wurden zwar auch meist aus Angehörigen eines bestimmten Stammes zusammengestellt, wurden aber im weiteren Verlauf ihres Bestehens durch Aushebungen in anderen Teilen des Reiches ergänzt und verloren so ihren nationalen Charakter. Die Romanisierung dieser regulären Auxilien war wegen der römischen Führung und der römischen Organisation noch weit stärker als in den ständigen nationalen Auxiliareinheiten. Schon Claudius konnte daher den Angehörigen dieser Auxiliartruppen bei ihrer *honesta missio* nach 25jähriger Dienstzeit generell das römische Bürgerrecht ver-

---

[19] D. Timpe, Arminius-Studien 50 ff. Von der älteren Literatur ist zu nennen: Th. Mommsen, Ges. Schriften 6, 103 ff. und 145 ff. K. Kraft, Die Rekrutierung der Alen und Cohorten am Rhein und Donau, Bern 1951. H. Callies, 45. Ber. RGK, 1964, 137 ff. G. Alföldy, Die Hilfstruppen der römischen Provinz Germania Inferior, Düsseldorf 1968, 77 ff. und 86 ff. Vgl. auch D. B. Saddington, ANRW II 3, 1975, 187 ff., und J. F. Drinkwater, Latomus 37, 1978, 828 ff., sowie P. A. Holder, Studies in the auxilia of the Roman army from Augustus to Trajan, Oxford 1980. Vgl. D. B. Saddington, The Development of the Roman auxiliary forces from Caesar to Vespasian 49 B.C.–A.D. 79, Harare 1982 (dazu S. Dušanic, Germania 62, 1984, 504 ff.), und: Prefects and lesser officers in the Roman auxilia of the early imperial period, PACA 15, 1980, 20 ff., sowie G. Wesch-Klein, in: Die römische Okkupation nördlich der Alpen 203 ff. (zu den Alen der Frühzeit des Prinzipats). – Zu den röm. Bürgercohorten des Augustus s. M. P. Speidel, TAPA 106, 1976, 339 ff. (mit Lit.).

leihen.[20] Auch wenn der Sold der Auxiliartruppen geringer war als der Sold der Legionare,[21] muß er übrigens für die Provinzialen attraktiv genug gewesen sein. Konnten sich doch nicht bloß die Legionare, sondern auch die Reiter der Alen und die unteren Chargen der Cohorten und der Flotten z. T. aufwendige Bildgrabsteine setzen lassen.[22] Die römische Zwangsaushebung bei den verbündeten oder unterworfenen Stämmen war etwas Neues und wurde von den Betroffenen als solches sehr bitter empfunden, wie verschiedentlich schwere Aufstände beweisen.[23] Da durch die Zwangskonskriptionen aber den Barbaren die wehrfähige Jugend entzogen wurde, mußte das von Augustus eingeführte System die Sicherheit des Reiches erhöhen. Daß der Prinzeps die Zwangsaushebungen gelegentlich ganz bewußt diesem Zweck dienstbar gemacht hat, zeigt z. B. die Aufstellung der Rätercohorten nach der Okkupation der Alpenländer und die Bildung neuer Hilfstruppen der Pannonier und Breuker nach der Niederwerfung des großen pannonischen Aufstandes.[24] Die verstärkte Romanisierung gerade der aktivsten Teile der peregrinen Stämme als Folge des römischen Militärdienstes mußte aber auch dem Zusammenhalt des Reiches zugute kommen. Schließlich konnte Augustus durch die Erstreckung der römischen Organisation auch auf die Auxiliartruppen das römische Heerespotential verdoppeln und durch Übernahme der Bewaffnung und Taktik der Barbaren qualitativ verbessern.

Auf gleicher Stufe wie die Hilfstruppen standen die Flottenangehörigen. Denn Augustus hat nicht nur ein stehendes Heer, sondern auch eine ständige Flotte geschaffen.[25] Nach dem Sieg von Actium wurden die eroberten

---

[20] Zum Problem der Datierung der generellen Bürgerrechtsverleihung bei der *honesta missio* s. D. B. Saddington a. O. 188 ff. Vgl. auch D. Kienast, Untersuchungen zu den Kriegsflotten der römischen Kaiserzeit, Bonn 1966, 52 mit Anm. 18.

[21] Vgl. G. R. Watson, Historia 8, 1959, 372 ff.

[22] Vgl. H. Hofmann, Die römischen Militärgrabsteine der Donauländer, Wien 1905. A. Schober, Die römischen Grabsteine von Noricum und Pannonien, Wien 1923. H. Gabelmann, BoJbb 172, 1972, 65 ff. (mit weiterer Literatur). Vgl. auch die einschlägigen Bände des Corpus Signorum Imperii Romani, bes. Deutschland II 2 (Mainz) und III 1 (Bonn) sowie Österreich I 3 und 4 (Carnuntum). – Zu den Kosten für die Grabsteine vgl. R. Duncan-Jones, The Economy of the Roman Empire, Cambridge 1974, 79 f. und 127 ff.

[23] Vgl. z. B. Tac. ann. 4, 46 (Aufstand der Thraker im J. 26 n. Chr.); hist. 4, 14 (Bataveraufstand). Dazu s. K. Kraft, Rekrutierung (o. Anm. 19) 39 f.

[24] Zu den Rätercohorten s. unten S. 358. Zu den Einheiten der Breuker und der Pannonier s. unten S. 371 mit Anm. 198a.

[25] Vgl. Ch. G. Starr, The Roman Imperial Navy 31 B.C.–A.D. 324, Cambridge² 1960. D. Kienast, Untersuchungen zu den Kriegsflotten der römischen Kaiserzeit,

Schiffe des Antonius nach Forum Julii gebracht und dort stationiert. In Italien selbst wurden Misenum und Ravenna zu Kriegshäfen ausgebaut und dienten künftig als Basen für die beiden Geschwader der Reichsflotte. Auch in einigen Provinzen hat schon Augustus stehende Flotten stationiert. So wird die Errichtung der *classis Alexandrina* und ebenso die Schaffung der Rhein- und der Donauflotte bereits dem ersten Prinzeps verdankt. Bei der römischen Offensive in Germanien spielte die Flotte eine entscheidende Rolle.[26] Die Kriegsschiffe wurden oft von Kapitänen aus dem Freigelassenenstand kommandiert, die offenbar über besondere nautische Erfahrungen verfügten und natürlich dem Augustus besonders ergeben waren. Die Mannschaften der Flotte waren dagegen keine Sklaven, wie gelegentlich angenommen wird, sondern freie Peregrine, denen später genauso wie den Auxiliarsoldaten der Weg ins Bürgerrecht eröffnet wurde.[27] – Am wichtigsten waren die in Italien stationierten Geschwader

Bonn 1966. G. Forni, Sull' ordinamento e impiego della flotta di Ravenna, in: Atti del Convegno intern. di Studi sulle Antichità di Classe, Ravenna 1968, 269 ff. M. Reddé, Mare Nostrum, Rom 1986.

[26] Zur *classis Alexandrina* s. Ch. G. Starr a. O. 109 ff. und D. Kienast a. O. 82 ff. Zu den Flotten an Rhein und Donau s. Starr 129 ff. Vgl. auch unten S. 364 f. m. A. 171 und 174 sowie S. 369. – Für den Einsatz einer Flotte in Spanien s. S. 353 A. 120.

[27] Vgl. D. Kienast a. O. 9 ff. H. Chantraine, Chiron 1, 1971, 253 ff., sucht dagegen erneut zu erweisen, daß es in der frühen Kaiserzeit Kapitäne gegeben habe, die dem Sklavenstand angehörten. Chantraine sieht allerdings die Schwierigkeiten, die sich für seine Annahme aus der literarischen Überlieferung und aus allgemeinen Überlegungen ergeben. Er glaubt jedoch diesen Schwierigkeiten dadurch entgehen zu können, daß er die Existenz besonderer Schiffe für die Kaiser und ihre Angehörigen postuliert. Diese Schiffe seien in Rom, in Forum Julii, in Brundisium und vielleicht in Misenum stationiert gewesen und von kaiserlichen Sklaven kommandiert worden. Chantraine hält es sogar für denkbar, „daß alle unfreien und libertinen Trierarchen von solchen Schiffen herkommen", und meint, daß „unter Claudius spätestens das bisherige System geändert worden" wäre (a. O. 265). Für diese Vermutungen gibt es jedoch in der Überlieferung nicht die geringsten Anhaltspunkte. Auch bei der *classis Alexandrina* begegnen vielmehr ein Trierarch und ein Subpräfekt aus dem Libertinenstand. Und noch unter Nero und Otho wurde die misenische Flotte sogar von einem Präfekten aus dem Freigelassenenstand kommandiert. Es kann daher kein Zweifel daran bestehen, daß die für die augusteische und tiberische Zeit bezeugten libertinen Kapitäne den Kriegsflotten angehörten. Daß man allein auf Grund des Formulars der Inschriften außerdem in vielen Fällen mit Sklaven als Kapitänen zu rechnen hat, ist zumindest sehr unwahrscheinlich. Selbst Chantraine muß zugeben, daß es bei der Verwendung seines Formulars Ausnahmen gab. Gewiß stellte für einen Libertinen die Freilassung einen hohen Wert dar und wurde daher meist hervorgehoben. Aber vielleicht stellte für die fraglichen Kapitäne die Tatsache, daß sie *Caesaris trierarchi* waren, einen noch höheren Wert dar. Wenn auf der Flotte, wie man aus der

der Reichsflotte, deren Bedeutung für den Zusammenhalt des Imperium kaum überschätzt werden kann. Sie kontrollierten das Mittelmeer und verhinderten für lange Zeit ein Wiederaufleben der Seeräuberei. Die Schiffe der italischen Flotte ermöglichten nicht nur den Transport von Truppen, sondern erlaubten auch die rasche Beförderung von Offizieren und Beamten der Reichsverwaltung sowie die schnelle Übermittlung von Befehlen und Nachrichten.[28] Zugleich bildeten die Reichsflotten für den Prinzeps ein wichtiges Machtinstrument in dem sonst von Truppen weitgehend entblößten Italien. In Rom selbst konnten die dorthin abkommandierten Flottensoldaten später außerdem ein gewisses Gegengewicht gegen die anderen städtischen Truppen, besonders gegen die Prätorianer, bilden.

Denn die Tatsache, daß nun in Italien und sogar in und bei Rom selbst ständig Truppen stationiert wurden, bildete eine weitere wichtige Neuerung des Augustus. Auch der erste Prinzeps hat allerdings dem Sondercharakter Roms und Italiens Rechnung getragen und dort keine Legionen stationiert. Aber in der ausgehenden Republik gab es in der Hauptstadt nicht einmal genügend reguläre Polizeikräfte.[29] Die Aufrechterhaltung der Ordnung war im allgemeinen Sache der *tresviri capitales*, denen dafür außer ihren Amtsdienern die aus Staatssklaven gebildeten *custodes* zur Verfügung standen. Diese Kräfte reichten aber in den turbulenten Jahren der ausgehenden Republik in keiner Weise aus, die Ordnung aufrechtzuerhalten. So hat Cicero in seinem Consulat eigens zur Unterdrückung der catilinarischen Verschwörung eine Truppe mit Schwertern bewaffneter junger Männer gebildet, um sie „zum Schutze des Staates" zu verwenden.[30] Als später die Banden des Clodius und des Milo die Straßen Roms unsicher machten, konnte Pompeius nur durch Einsatz von Militär die Ruhe wiederherstellen. Und Caesar und die Triumvirn haben ständig Militäreinheiten in Rom stehen gehabt, welche die schwachen Polizeikräfte Roms unterstützen mußten. Auch nach 27

---

literarischen Überlieferung schließen muß, grundsätzlich keine Sklaven dienten, wird allein auf Grund des Formulars – und das heißt allein auf Grund der Wortstellung – niemand in *Helios Caesaris trierarchus* einen kaiserlichen Sklaven gesehen haben. – Vgl. auch L. Casson, TAPA 97, 1966, 35 ff., und S. Panciera, Rend. Accad. dei Lincei, cl. di Scienze morali 19, 1964, 316 ff. M. J. Granino Cecere, 2 Pap 109, 1995, 289 ff.

[28] Vgl. R. Rougé, REA 55, 1953, 294 ff.

[29] Vgl. E. Echols, The Roman City Police: Origin and Development, Class. Journ. 53, 1957, 377 ff. W. Nippel, Aufruhr und „Polizei" in der römischen Republik, Stuttgart 1988 (dazu D. Kienast, BoJbb 190, 1990, 636 ff.), und: Public Order in Ancient Rome, Cambridge 1995.

[30] Cic. Catil, 3, 5: *ego ex praefectura Reatina complures delectos adulescentes, quorum opera utor assidue in reipublicae praesidio, cum gladiis miseram.*

Das Militärwesen unter Augustus 329

v. Chr. hat Augustus ständig drei seiner Prätorianercohorten in Rom selbst Dienst versehen lassen.[31] Denn wie die Feldherren der ausgehenden Republik und dann vor allem der Triumvir Antonius verfügte auch Oktavian über eine *cohors praetoria*. Nach der Schlacht bei Philippi wurde diese Gardetruppe durch Neueinstellung von Veteranen stark vergrößert und in mehrere Cohorten gegliedert.[32] Nach seinem Sieg über Antonius behielt dann Oktavian insgesamt neun Prätorianercohorten in Stärke von je 500 Mann. Die entlassenen Prätorianer wurden u. a. im makedonischen Philippi, in Gunugu in Mauretanien und in Aosta angesiedelt.[33] Unter Augustus waren die Prätorianercohorten in Quartieren in und um Rom verteilt (u. a. auch in Ostia) und unterstanden offenbar zunächst direkt dem Befehl des Prinzeps. Erst im Jahre 2 v. Chr. wurde anläßlich der Verschwörung des Jullus Antonius das Kommando über die Garde zwei Prätorianerpräfekten aus dem Ritterstand übertragen.[34] Als Elitetruppe im Dienst des Prinzeps erhielten die Prätorianer einen höheren Sold als die Legionare. Nach der Solderhöhung im Jahre 27 v. Chr. betrug die Löhnung das Doppelte des Legionarssoldes. In den letzten Jahren des Augustus wurde dann der Sold nochmals auf 750 Denare im Jahr erhöht, d. h. auf mehr als das Dreifache der Löhnung eines einfachen Legionars (225 Denare im Jahr).[35] Auch die Dienstzeit war kürzer als in der Legion (sie betrug zuletzt 16 Jahre). Wenngleich ein Teil der Prätorianer zu Polizeiaufgaben in Rom herangezogen wurde, so war doch die eigentliche und vornehmste Aufgabe der Garde der Schutz des Prinzeps. So dürften die Prätorianer schon unter Augustus Wachdienste in seinem Palast in Rom und in seinen italischen Villen versehen haben. Vor allem aber begleiteten sie den Prinzeps auf seinen Reisen und auf seinen Kriegszügen. – Eine eigene Cohorte innerhalb der Prätorianergarde bildeten unter Augustus noch die berittenen *specula-*

---

[31] Suet. Aug. 49. Dazu M. Durry, Les cohortes prétoriennes, Paris 1938, ND 1968, 43 Anm. 2. A. Passerini, Le coorti pretorie, Rom 1939, 49 Anm. 1. E. Echols a. O. (Anm. 29) 379. M. Grant, Army 88f. Nach R. E. A. Palmer, Athenaeum 1978, 320f., sei Maecenas schon 36 v. Chr. zum Präfekten der Prätorianergarde ernannt worden.

[32] Appian, b. c. 5, 13, 96 § 137. Plut. Ant. 39, 2 und 53, 3. Vgl. allgemein zu den *cohortes praetoriae* die in der vorigen Anmerkung genannten Werke von M. Durry und A. Passerini. Dazu M. Durry, RE XXII 2, 1954, 1607ff. G. Powell, History Today 18, 1968, 858ff. J. Šašel, Zur Rekrutierung der Prätorianer, Historia 21, 1972, 474ff. Dazu jetzt L. Keppie, The Praetorian Guard before Sejanus, Athenaeum 84, 1996, 101ff.

[33] Vgl. A. Passerini, Le coorti pretorie 45.

[34] Vgl. oben S. 135.

[35] Vgl. G. R. Watson, The Pay of the Urban Forces, Acta of the 5. Intern. Congr. of Gr. and Latin Epigraphy Cambridge 1967, Oxford 1971, 413ff.

tores, sie waren die eigentliche Leibwache des Prinzeps und übernahmen gelegentlich auch Kurierdienste und geheime Aufträge.[36] – Neben der Prätorianergarde hatte offenbar schon Augustus auch eine Abteilung Gardereiter *(equites singulares)* zur Verfügung.[37] – Der erste Prinzeps hat ferner aus den Männern, die sich als ranghöchste Centurionen *(primi pili)* bewährt hatten, in Rom eine Truppe der gewesenen *primi pili*, einen *numerus primipilarium*, gebildet.[38] Aus dieser Einheit konnten Offiziere für besondere Aufgaben abgestellt werden und eventuell entstehende Ausfälle in den Legionen durch zuverlässige Leute ersetzt werden. – Neben dieser Eliteeinheit und den Gardetruppen gab es schließlich noch die eigentlichen Leibwächter, die *Germani corporis custodes*, die jedoch nicht zum Militär zählten.[39]

Da die Prätorianer den Prinzeps auf seinen Reisen und Kriegszügen zu begleiten hatten, ergab sich das Problem, wem man in der Abwesenheit des Augustus den Schutz der Hauptstadt anvertrauen sollte. Zur Lösung dieses Problems hat der Prinzeps zusätzlich zu den neun prätorischen noch drei städtische Cohorten aufgestellt.[40] Wann diese Aufstellung erfolgte, wird nicht überliefert und ist in der Forschung umstritten. Es ist möglich, daß schon dem ersten Stadtpräfekten Messala Corvinus drei Cohorten unterstellt wurden. Wahrscheinlicher ist aber, daß erst vor dem Aufbruch des Augustus nach Gallien im Jahre 16 v. Chr. dem neuen *praefectus urbi* T. Statilius Taurus der Befehl über die vielleicht damals neu aufgestellten städtischen Cohorten gegeben wurde.[41] Diese *Urbaniciani* hatten

---

[36] Zu den *speculatores* s. M. Clauss, Untersuchungen zu den principales des römischen Heeres von Augustus bis Diokletian. Cornicularii, speculatores, frumentarii, Diss. Bochum 1973, 46 ff. Vgl. M. Grant, Army 91 ff. Die *frumentarii* scheinen erst nach Augustus als eine Art Secret Service eingerichtet worden zu sein, vgl. die bei Clauss a. O. 171 Anm. 3 genannte Literatur. – Nicht zur römischen Prätorianergarde gehörten die inschriftlich gelegentlich genannten *alae praetoriae*, vgl. P. A. Brunt, ZPap 13, 1974, 184: "the name suggests that it constituted the mounted guards of the general." Dazu jetzt M. P. Speidel, Guards of the Roman Armies, Bonn 1978.
[37] Vgl. allgemein M. Speidel, Die equites singulares Augusti, Bonn 1965, und ANRW II 3, 1975, 202 ff. F. Grosso, Latomus 25, 1966, 900 ff. Die *equites singulares Augusti* scheinen wie die provinzialen *equites singulares* schon unter Augustus entstanden zu sein. Vgl. M. Speidel, Germania 53, 1975, 165 f.
[38] B. Dobson, Die Primipilares, Bonn 1978, 6.
[39] Zu den *Germani corporis custodes* s. oben S. 317.
[40] H. Freis, Die cohortes urbanae, Köln/Graz 1967, und RE Suppl. X, 1965, 1125 ff. Dazu G. Giolo, Atti e memorie accad. Patavina di scienze 82, 1969/70, 249 ff. F. C. Mench, The cohortes urbanae of Imperial Rome, Diss. Yale Univ., New Haven 1968.
[41] H. Freis, Cohortes urbanae 4 ff. (mit Literatur), und RE Suppl. X, 1125 ff.

Das Militärwesen unter Augustus 331

wie die Legionare eine Dienstzeit von 20 Jahren, erhielten aber den anderthalbfachen Sold eines Legionars.

Daß die städtischen Einheiten nicht alle auf einmal nach einem festen System geschaffen worden sind, zeigt die Entstehung der *cohortes vigilum*.[42] In der Republik waren auch für die Nachtwache und für die Brandbekämpfung die *tresviri capitales* zuständig, die deswegen auch *tresviri nocturni* genannt wurden.[43] Ihnen stand vor allem wohl für feuerpolizeiliche Aufgaben ein Fünfmännerkollegium (die *quinqueviri cis Tiberim*) zur Seite.[44] Im Ernstfall konnten diese Organe mit ihrem wenigen Hilfspersonal allerdings nicht viel ausrichten. Schon Crassus hatte sich das zunutze gemacht und durch Aufstellung einer privaten Brandwehr seinen Einfluß erweitert und große Gewinne erzielt.[45] Dennoch hat die Republik die Feuerwehr der Hauptstadt nicht reorganisiert. Auch Augustus blieb auf diesem Gebiet zunächst untätig. So konnte im Jahre 21 v. Chr. der Ädil M. Egnatius Rufus durch die Organisation einer Feuerwehr aus seinen Sklaven und aus geworbenen Leuten beim Volk solche Popularität gewinnen, daß er gegen das Gesetz sofort im Anschluß an die Ädilität zum Prätor gewählt wurde. Augustus reagierte auf diese Vorgänge damit, daß er nun eine Feuerwehrmannschaft aus 600 Sklaven bildete und den curulischen Ädilen unterstellte.[46] Sehr effektiv scheint aber auch diese neue Truppe nicht gewesen zu sein. Jedenfalls nahm der Prinzeps im Jahre 6 n. Chr. einen neuen Großbrand zum Anlaß, die Feuerwehr der Hauptstadt nochmals zu reorganisieren.[47] Er errichtete damals aus Freigelassenen die sieben Cohorten der Vigiles, je eine für zwei der 14 Regionen Roms, und unterstellte sie dem Kommando eines Präfekten aus dem Ritterstand.

glaubt, Augustus habe die Stadtcohorten bereits im J. 27 v. Chr. geschaffen. Aber die Unruhen gegen Ende der 20er Jahre in Rom sprechen *pace* Freis gegen eine Existenz der *cohortes urbanae* schon zu jener Zeit. Für 16 v. Chr. als Entstehungsdatum plädierte schon E. Echols, Class. Journ. 53, 1957, 380, dessen Vermutung, Augustus habe drei Prätorianercohorten in städtische Cohorten umgewandelt, allerdings nicht zu überzeugen vermag. Noch später, 'in the years preceding A. D. 7', möchte M. Grant, Army 95f., die Entstehung der *cohortes urbanae* ansetzen.

[42] P. K. B. Reynolds, The Vigiles of Imperial Rome, Oxford 1926. M. Durry, Les cohortes prétoriennes 16ff. Vgl. O. Robinson, RIDA 24, 1977, 377ff. R. Sablayrolles, Libertinus miles. Les cohortes de Vigiles, Paris/Rom 1996.

[43] Zur Gleichsetzung der *tresviri capitales* mit den *tresviri nocturni* s. Th. Mommsen, RStR II 1, 594.

[44] Th. Mommsen a. O. 611 ff.

[45] Plut. Crassus 2, 5 und 34, 1.

[46] Vell. Pat. 2, 91, 3. Dio 53, 24, 4. 54, 2, 4. 55, 8, 7. Vgl. oben S. 111 und S. 127 f. Anm. 158.

[47] Dio 55, 26, 4.

332 Militärwesen und Außenpolitik

Schon M. Durry hat den gewaltigen Unterschied betont, der zwischen der alten Brandwehr von 600 Sklaven und der neuen militärisch organisierten Feuerwehr von ca. 3500 Vigiles bestand.[48] Gewiß war auch diese Truppe für eine Millionenstadt wie Rom[49] nicht zu groß. Dennoch läßt schon der Zeitpunkt der Neuaufstellung der Vigiles erkennen, daß es dem Prinzeps um mehr zu tun war als um eine effektive Brandbekämpfung. In der Krise des Jahres 6 n. Chr., die durch den Ausbruch des pannonischen Aufstandes ausgelöst wurde, kam es vor allem darauf an, eine schlagkräftige Truppe zur Verfügung zu haben, mit der man mögliche Unruhen unterdrücken konnte, zumal damals alle verfügbaren sonstigen militärischen Kräfte auf den Kriegsschauplatz geworfen werden mußten.[50] Deswegen empfahl sich auch die Bildung einer Truppe aus Freigelassenen, bei denen der Prinzeps außerdem mit einer besonderen Loyalität rechnen durfte. Denn die Vigiles hatten genauso wie die übrigen in Rom und Italien stationierten Einheiten in gleichem Maße der Sicherheit der Hauptstadt und dem Schutz der Halbinsel zu dienen wie der Festigung der Machtstellung des Augustus.

2. Die Außenpolitik des Augustus

Die Deutung der Außenpolitik ist in der modernen Forschung noch immer kontrovers. Bis in die jüngste Zeit wird die Auffassung vertreten, Augustus habe eine im Prinzip defensive Außenpolitik betrieben. So meint z. B. H. D. Meyer, der erste Prinzeps habe „mit Entschiedenheit die Außenpolitik auf eine grundsätzliche Defensive umgestellt". Diese habe allerdings „an manchen Stellen um der Abrundung willen" Expansionen nicht ausgeschlossen.[51] Meyer sieht sich auf Grund seiner Auffassung dann gezwungen, die Aussagen der augusteischen Dichter, die den uneingeschränkten Weltherrschaftsanspruch Roms verkündeten und einer expansionistischen Politik das Wort redeten, aus einem Unverständnis der Konzeption des Augustus zu erklären. Ähnlich wie H.-D. Meyer hat auch H. E. Stier von einer defensiven Außenpolitik des Augustus gesprochen.[52] Die

---

[48] M. Durry, Cohortes prétoriennes 18.
[49] Die Schätzungen schwanken zwischen 600000 und 2 Millionen Einwohnern. Vgl. zum Problem F. G. Maier, Historia 2, 1953/4, 318ff. G. Hermansen, Historia 27, 1978, 129ff.
[50] Vgl. oben S. 142.
[51] H.-D. Meyer, Die Außenpolitik des Augustus und die augusteische Dichtung, Köln 1961 (Zitat S. 2). Ähnlich R. Seager, Athenaeum 1980, 103ff. Gegen Meyer vgl. schon W. Schmitthenner, Gnomon 37, 1965, 152ff., und P. A. Brunt, JRS 53, 1963, 170ff.
[52] H. E. Stier, ANRW II 2, 1975, 3ff. (Zitat S. 33).

"Sicherung der Nordgrenze des Imperium, die von einer ständigen nach Süden gerichteten Völkerbewegung bedroht" gewesen sei, sei notwendig gewesen. „Die Ausdehnung der römischen Herrschaft bis zur Donau-Elbe-Linie" müsse daher „als Akt einer offensiven Defensive angesehen werden".

In der neueren Forschung gewinnt jedoch immer mehr die andere, schon von L. von Ranke vertretene Auffassung[53] an Boden, wonach Augustus eine Eroberungspolitik großen Stils, die an dem Gedanken der Weltherrschaft Roms orientiert war, betrieben hat.[54] Niemand hat in der Tat dem Reich mehr Territorien hinzuerworben als Oktavian/Augustus: Ägypten, Nordspanien, die Alpenländer, Rätien und Noricum, Pannonien und Mösien sowie Galatien und Paphlagonien mit einem Teil von Pontos kamen unter seiner Herrschaft zum Reich. Und wenn es nach seinem Willen gegangen wäre, hätte der erste Prinzeps wohl auch das freie Germanien bis zur Elbe und den böhmischen Kessel für das Imperium annektiert. Allein diese Tatsachen sollten es eigentlich verbieten, von einer grundsätzlich defensiven Außenpolitik des Augustus zu sprechen.

Schon rein praktische Überlegungen drängten ihn auf die Bahn der Offensive. Nach den blutigen Bürgerkriegen mußten die Truppen weiter beschäftigt und deren Energien nach außen abgelenkt werden. Durch die Verleihung des *imperium proconsulare* war Augustus außerdem so etwas wie ein Reichsfeldherr geworden. Und natürlich erwartete man von ihm, daß er die Übertragung des umfassenden *imperium* durch militärische Erfolge rechtfertigen werde.

Für die Haltung des Augustus waren aber sicherlich noch andere Faktoren von Bedeutung. So hat E. Badian gezeigt, daß von einer im strengen

---

[53] L. v. Ranke, Weltgeschichte 3, München–Leipzig[5] 1922, 5 ff.
[54] Vgl. z. B. A. Heuß, RG 301. D. C. Earl, Augustus und seine Zeit, Wiesbaden 1969, 150 ff. D. Timpe, in: Latein und Europa, hrsg. von K. Büchner, Stuttgart 1978, 63 f. Vgl. auch P. A. Brunt, in: P. D. A. Garnsey–C. R. Whittaker, Imperialism in the Ancient World, Cambridge 1978, 159 ff., und besonders in: Roman Imperial Themes, Oxford 1990, 433 ff. A. Mehl, Imperium sine fine dedi – die augusteische Vorstellung von der Grenzenlosigkeit des Römischen Reiches, in: E. Olshausen–H. Sonnabend, Stuttgarter Kolloquium zur historischen Geographie des Altertums, 4, 1990, Amsterdam 1994, 431 ff. G. Cresci Marrone, Ecumene Augustea, Rom 1993. Vgl. unten S. 360 ff. Gegen die Auffassung von E. S. Gruen, in: Between Republic and Empire 395 ff., und in: The Age of Augustus 51 ff., sowie CAH X[2] 147 ff., bes. 189 ff., Augustus habe 'a systematic image of himself as world conqueror' propagiert, aber keine 'broadgauged military strategy' entwickelt, s. D. Kienast, Gnomon 71, 1999. Vgl. allgemein zur Außenpolitik des Augustus auch R. Syme, Roman Papers VI 382 ff.

Sinne imperialistischen Politik in Rom erst seit dem Auftreten der Gracchen gesprochen werden kann.[55] Seit den Gracchen war jedenfalls die imperialistische Attitüde Bestandteil gerade der popularen Politik. Pompeius und Caesar haben dann eine Annexionspolitik großen Stils betrieben. Dem entspricht es, daß schon seit Sulla in Rom der Gedanke der Weltherrschaft und die Gleichsetzung des *imperium Romanum* mit dem *orbis terrarum* zu einer Selbstverständlichkeit geworden waren.[56] Daß die Römer damit Gedanken der Griechen (Polybios, Panaitios, Poseidonios) übernahmen und weiterentwickelten, ist seit langem bekannt. D. Timpe konnte auch zeigen, daß der Gedanke der uneingeschränkten römischen Weltherrschaft bereits in der Republik praktisch-politische Auswirkungen hatte.[57] Für Männer wie Caesar oder Crassus gab es keine endgültigen Grenzen und keine gleichrangigen außenpolitischen Partner mehr. Augustus aber knüpfte, wie sich zeigen wird, in seiner Außenpolitik durchaus an das caesarische Erbe an.

Der augusteische Friedensgedanke schloß im übrigen Kriege zu seiner Verwirklichung keineswegs aus. Die *pax Augusta* implizierte vielmehr den imperialen Anspruch auf Herrschaft über den *orbis terrarum*. „Die *pax Romana* war das durch Blut und Eisen und die unbedenkliche Verwendung aller staatlichen Kampfmittel herbeigeführte Ergebnis einer feindlichen Auseinandersetzung mit dem ganzen Erdkreis."[58] Und die Schließung des Janustempels erfolgte, *cum per totum imperium populi Romani terra marique esset parta victoriis pax*.[59] Der Friede im Reich war also mit einer expansiven, ja imperialistischen Politik nicht bloß sehr wohl vereinbar, sondern stand zu ihr in einem engen Wechselverhältnis. Der römische Weltherrschaftsanspruch blieb allerdings stets potentiell. Sowenig die Schließung des Janustempels neue Eroberungskriege ausschloß, sowenig verhinderte umgekehrt die Weltherrschaftsideologie friedliche Regelungen auf Zeit.

---

[55] E. Badian, Römischer Imperialismus in der Späten Republik, Stuttgart 1980, 69ff. Es handelt sich vor allem um einen politischen und nicht um einen wirtschaftlichen Imperialismus im modernen Sinne, auch wenn wirtschaftliche Motive in der Außenpolitik des Augustus sicherlich eine Rolle gespielt haben (z. B. in der Arabienpolitik). Vgl. zum Imperialismusbegriff D. Flach, HZ 222, 1976, 1ff., und E. Erdmann, GWU 1977, 461ff. (die beide den Begriff Imperialismus auf die moderne Geschichte beschränken möchten). Dazu F. Hampl, Geschichte als kritische Wissenschaft III, Darmstadt 1979, 53ff. und 76ff.

[56] Vgl. R. Werner, ANRW I 1, 1972, 523ff. mit Literatur.

[57] D. Timpe, Historia 14, 1965, 189ff., bes. 208f., und Mus. Helv. 19, 1962, 104ff.

[58] H. Fuchs, Augustin und der antike Friedensgedanke, Berlin/Zürich² 1965, 201f. P. A. Brunt, JRS 53, 1963, 173.

[59] RgdA 13.

Für den defensiven Charakter der Außenpolitik des Augustus beruft man sich vor allem auf die Ostpolitik des Prinzeps. Wieweit dies wirklich mit Recht geschieht, ist allerdings die Frage. So scheinen dem Arabienfeldzug des Aelius Gallus in den Jahren 25 und 24 v. Chr. imperialistische Motive zugrunde gelegen zu haben. Durch den Zeitgenossen Strabon ist man über die Expedition des Gallus relativ gut unterrichtet.[60] Danach hatte Aelius Gallus als Präfekt von Ägypten die Aufgabe bekommen, nicht bloß Südarabien, sondern auch das gegenüberliegende Äthiopien zu erforschen. Gallus habe daraufhin – doch wohl mit Billigung des Augustus – den Plan gefaßt, die südarabischen Stämme für Rom zu gewinnen oder zu unterwerfen. Gallus setzte daher nach umfangreichen Vorbereitungen auf einer eigens für diesen Zug errichteten Flotte mit einem großen Expeditionsheer nach Leuke Kome (an der Mündung des Yanbu'?) über und marschierte von dort auf dem Landweg nach Süden. Er drang in das Reich der Sabäer ein, besetzte einen von Strabon Athruba genannten Ort (= Yatill?) und schloß die Stadt Mariba im heutigen Jemen von allen Seiten ein. Wassermangel und Krankheiten zwangen ihn jedoch nach sechs Tagen, die Belagerung aufzuheben und den Rückzug anzutreten.

Aber obgleich die Expedition des Gallus mit einem totalen Fehlschlag endete, gab Augustus anscheinend den Plan nicht auf, in Südarabien die Verhältnisse in römischem Sinne zu beeinflussen, vor allem wohl, um den Handel mit Indien zu sichern. So hat C. Caesar, der Adoptivsohn des Augustus, im Jahre 1 v. Chr. eine Arabienexpedition unternommen, die ihn zumindest bis in den Golf von Akaba geführt hat. Und eine römische Flotte scheint noch unter Augustus in Aden erschienen zu sein und dort eine völlige Veränderung der Verhältnisse bewirkt zu haben.[61] Mit römischer

---

[60] Strabon 16, 4, 22 p. 780ff. Vgl. RgdA 26. Plin. n. h. 6, 160. Dio 53, 29, 3ff. Dazu ausführlich H. von Wissmann, ANRW II 9, 1, 1976, 308ff., bes. 313ff. A. Dihle, Umstrittene Daten, Köln–Opladen 1965, 80ff. S. Jameson, JRS 58, 1968, 71ff. Weitere Literatur bei H. von Wissmann a. O. Vgl. allg. zur augusteischen Arabienpolitik B. Isaac in: W. S. Hanson–L. J. F. Keppie, Roman Frontier Studies 1979, Oxford 1980, III 889ff. Dazu jetzt Chr. Marek, Chiron, 23, 1993, 121 ff., und Ph. Mayerson, GRBS 36, 1995, 17 ff.

[61] Plin. n. h. 2, 168. 6, 141 und 161. 12, 55f. 32, 10. Dazu G. W. Bowersock, JRS 61, 1971, 227ff., und J. E. G. Zetzel, GRBS 11, 1970, 259ff., der die in einem Dekret von Messene für C. Caesar beschlossenen Ehren auf dessen Erfolge im Arabienfeldzug bezieht (vgl. AE 1967, Nr. 458). Zur Schrift über Arabien, die Juba II. dem C. Caesar gewidmet hat, vgl. oben S. 272f. – Zur Fahrt einer römischen Flotte nach Aden und zu den Verhältnissen in Südarabien s. H. von Wissmann a. O. 434ff. (leider ohne Berücksichtigung der Münzen) und H. Frisk, Le périple de la mer Erythrée, Göteborg 1927, S. 8 § 26 am Ende. Zur Abfassungszeit des Periplus s. A. Dihle, Umstrittene Daten 9ff. mit weiterer Literatur. – Zum Indienhandel unter Augustus s. E. H.

Hilfe konnten die Homeriten (Himyar) die Sabäer von der Südküste ins Innere abdrängen. Ob die in großer Zahl geprägten Silbermünzen (Ganzstücke, Hälften und Viertel) der Homeriten mit dem belorbeerten Kopf des Augustus auf der Vorderseite und einer Eule auf der Rückseite darauf hindeuten, daß die Homeriten sich damals als Vasallen des Prinzeps betrachteten, muß offenbleiben.[62]

Im direkten Zusammenhang mit der Expedition des Aelius Gallus nach Südarabien steht der Zug des P. Petronius ins Land der Äthioper.[63] Schon

Warmington, The commerce between the Roman Empire and India, Cambridge 1928, 1 ff., und J. Thorley, Greece and Rome 16, 1969, 209 ff., sowie jetzt W. Schmitthenner, JRS 69, 1979, 90 ff., bes. 104 ff. Vgl. allgemein M. G. Raschke, New Studies in Roman Commerce with the East, ANRW II 9, 2, 1978, 604 ff. – Zur Frage der Flotten- und Zollstationen im Roten Meer s. D. Kienast, Untersuchungen zu den Kriegsflotten der römischen Kaiserzeit, Bonn 1966, 84 mit den Anm., und M. P. Speidel, The Eastern Desert Garrisons under Augustus and Tiberius, Studien zu den Militärgrenzen Roms II, Bonn 1977, 511 ff. – Indische Gesandtschaften an Augustus werden mehrfach erwähnt. So erschien 25 v. Chr. eine indische Gesandtschaft in Spanien (Oros. 6, 21, 19) und 20 v. Chr. eine weitere auf Samos (Dio 54, 9, 8 ff.). Vgl. allg. RgdA 31, 1 und Volkmann z. St. – Der indische Fürst Kadphises setzte sogar zeitweise das Bild des Augustus auf seine Münzen, s. O. Wecker, RE IX 2, 1916, 1296. – Vgl. auch F. Tola–C. Dragonetti, Augusto y la India, Archives d'histoire doctrinale et littéraire du Moyen Age 33, 1982, 148 ff., und oben S. 246 A. 134. Ob auch die Chinesen Gesandte an Augustus geschickt haben (Florus 2, 34, 62), ist fraglich. Florus kann die Serer irrtümlich für einen indischen Stamm gehalten haben. Von Augustus werden sie jedenfalls nicht genannt. Vgl. J. M. Poinsette, MEFRA 91, 1979, 435 Anm. 10., und allgemein J. Ferguson, China and Rome, ANRW II, 9, 2, 1978, 581 ff. Dazu jetzt L. Bessone, Athenaeum 1996, 93 ff. S. Nachtrag.

[62] Vgl. C. M. Kraay–C. H. V. Sutherland, Catalogue of Coins of the Roman Empire in the Ashmoleon Museum I, Augustus, Oxford 1975, Taf. 19 Nr. 758 ff. Die Aufnahme der Münzen der Homeriten in den Katalog der Augustusmünzen scheint zu zeigen, daß die Verfasser jene Münzen als eine Klientelprägung verstehen. Vgl. andrerseits G. Schlumberger, Le trésor de San'â (monnaies Himyaritiques), Paris 1880, bes. 49 ff., wonach die Münzporträts nicht den Augustus darstellen, sondern einen Homeritenherrscher 'disposée à la romaine'. Das Problem der Identifizierung muß wohl vorerst offenbleiben.

[63] Vgl. Strabon 17, 1, 54 p. 820 ff. Plin. n. h. 6, 181. Dio 54, 5, 4. RgdA 26. Dazu s. das Mailänder Papyrusfragment Nr. 40, dessen Einordnung in den Verlauf der Operationen umstritten bleiben wird. Vgl. A. Vogliano, Un papiro storico greco della raccolta Milanese e la campagne dei Romani in Etiopia, Mailand 1940. J. Stroux, Das historische Fragment des Papyrus 40 der Mailänder Sammlung, Sb. Berlin, Kl. f. Sprache, Lit. und Kunst 1952, Nr. 2, Berlin 1953. Vgl. zum Feldzug der Petronius auch F. Hintze, Studien zur meroitischen Chronologie, Abh. Akad. Berlin, Kl. f. Sprache, Lit. und Kunst 1959 Nr. 2, 24 ff. mit Abdruck der griechischen und lateinischen Quellen (S. 69 f.), sowie J. Desanges, Recherches, Rom 1978, 407 ff., und in:

der erste Präfekt Ägyptens, C. Cornelius Gallus, hatte 30/29 v. Chr. nach der Unterdrückung eines Steueraufstandes in der Thebais sein Heer über den ersten Katarakt, die bisherige Südgrenze Ägyptens, hinausgeführt und Gesandte eines Äthioperkönigs empfangen, die formell die römische Oberhoheit anerkannten. Außerdem hatte Cornelius Gallus im Gebiet der Triakontaschoinos einen 'Tyrannen' eingesetzt.[63a] Doch blieben die Verhältnisse an der Südgrenze Ägyptens nicht ruhig. Die Äthioper benutzten nämlich die Abwesenheit des Präfekten Aelius Gallus mit einem großen Teil der Truppen dazu, in Ägypten einzufallen. Sie konnten im Handstreich die Orte Syene, Elephantine und Philai in der Thebais einnehmen und deren Einwohner versklaven. P. Petronius, der Nachfolger des Aelius Gallus in der ägyptischen Präfektur, konnte die Äthioper jedoch wieder aus dem Lande jagen und bis tief in den Sudan hinein verfolgen. Er gelangte bis Napata bei Meroe, wo sich die Residenz der Königin (der Kandake) befand. Petronius konnte Napata zerstören, zog sich dann aber wieder zurück, nachdem er in einem anderen Ort eine Garnison zurückgelassen hatte. Als die Barbaren zwei Jahre (?) nach dem Weggang des Petronius die römische Besatzung angriffen, zog dieser noch einmal gegen die Äthioper und zwang die um Frieden bittenden Gesandten der Kandake, sich zu Augustus selbst zu begeben, der damals im Jahre 20 v. Chr. gerade in Samos weilte. Augustus begnügte sich mit einer formalen Huldigung und erließ den Äthiopern sogar die von Petronius auferlegten Tribute. Immerhin hatten die Feldzüge des P. Petronius erreicht, daß die Barbaren Respekt vor den römischen Waffen bekommen hatten. Ob Petronius noch weitergehende Ziele verfolgt hat, woran die Ausdrucksweise Strabons und der zeitliche Zusammenhang mit dem Unternehmen des Gallus denken lassen, muß vorerst offenbleiben. Es spricht jedoch vieles für die Ansicht von A. Vogliano, daß der offenbar von langer Hand vorbereitete erste Zug des Petronius parallel zum Arabienzug des Aelius Gallus erfolgte. Offenbar war eine Vereinigung der beiden Heeresgruppen geplant.[64] In diesem

ANRW II 10, 1, 3 ff., A. M. Micheli, in: Africa et Roma, Rom 1979, 94 ff., W. H. C. Frend, in: Roman Frontier Studies 1979 (oben Anm. 60) III 927 ff. S. M. Burstein, Ztschr. f. ägypt. Sprache und Altertumskunde 106, 1979, 95 ff., und S. E. Sidebotham, Roman economic policy in the Erythra Thalassa 30 B.C.–A.D. 217, Leiden 1986, bes. 116 ff. – Zu dem weiter unten genannten Meroe s. L. Török, in: ANRW II 10, 1, 107 ff.

[63a] Vgl. Strabon 17, 1, 53 p. 819, und Dessau 8995. Dazu G. Vitucci, in: Quarto Congr. intern. di Studi Etiopici, Rom 1974, 85 f., sowie die oben S. 99 f. Anm. 68 angeführte Literatur.

[64] So Vogliano a. O. (Anm. 63) 7 ff. Vgl. auch W. Schmitthenner a. O. (Anm. 61) 104. Wann Petronius Präfekt von Ägypten geworden ist, scheint noch offen zu sein, vgl. Sh. Jameson, JRS 58, 1968, 71 ff., die einen Zusammenhang zwischen dem Ara-

Falle hätte der Feldzug des Petronius ebensowenig sein Ziel erreicht wie das Unternehmen des Gallus.

In Asien bot der Tod des Königs Amyntas im Jahre 25 v. Chr. dem Augustus die Gelegenheit, eine Neuregelung der Verhältnisse vorzunehmen. Der Prinzeps hatte nach seinem Sieg über Antonius dem Amyntas nicht nur die Herrschaft über Galatien belassen, sondern ihm auch als Belohnung für den rechtzeitigen Übertritt auf seine Seite Teile des Rauhen Kilikien zugewiesen. Damit hatte Amyntas zugleich die Aufgabe erhalten, die noch immer unbezwungenen kilikisch-isaurischen Bergstämme zu unterwerfen. Dieser Aufgabe hat sich Amyntas mit Bravour unterzogen, bis er schließlich 25 v. Chr. im Kampf mit dem im Taurus lebenden Gebirgsvolk der Homonadenser den Tod fand.[65]

Obwohl Amyntas leibliche Söhne hatte, beschloß Augustus, sein Land einzuziehen und zur Provinz zu machen. Möglicherweise traute Augustus den Söhnen des Amyntas nicht zu, die Politik ihres Vaters tatkräftig fortzuführen. Auch bot die Einrichtung der neuen Provinz Galatia dem Prinzeps die erwünschte Gelegenheit, als Mehrer des Reiches zu erscheinen und damit seine zwei Jahre zuvor mit der Übernahme des *imperium proconsulare* eingegangene Verpflichtung wenigstens teilweise einzulösen. Völlig befriedet wurden die Homonadenser aber erst etliche Jahre später durch den Statthalter P. Sulpicius Quirinius.[66]

Zur neuen Provinz gehörten außer dem eigentlichen Galatien auch Lykaonien und Teile von Pisidien.[67] Pamphylien, das ebenfalls zum Reich des

bienfeldzug und dem äthiopischen Feldzug leugnet, und P. A. Brunt, JRS 65, 1975, 142. – Zu Petronius s. jetzt R. S. Bagnall, Yale Class. Stud. 28, 1985, 85 ff. (zum praenomen), und G. Geraci, ZPap 65, 1986, 195 ff.

[65] Zum Schicksal des Amyntas s. Dio 53, 26, 3. Vgl. W. Hoben, Untersuchungen zur Stellung kleinasiatischer Dynasten in den Machtkämpfen der ausgehenden Republik, Diss. Mainz 1969, bes. 132 ff. B. Levick, Roman Colonies in Southern Asia Minor, Oxford 1967, 26 ff. R. Syme, Anatolica 257 ff. Vgl. St. Mitchell, Asia Minor Studien 12, Bonn 1994, 97 ff. (neue Inschrift).

[66] Zum Homonadenserkrieg des P. Sulpicius Quirinius s. Tac. ann. 3, 48. Zum Datum (ca. 4 v. Chr.?) vgl. ausführlich B. Levick a. O. (Anm. 65) 206 ff. mit der älteren Literatur. Dazu R. Syme, Akten des 6. internat. Kongr. f. Epigraphik, München 1973, 592 f. – Später mußte der Legat M. Plautius Silvanus offenbar in der Provinz noch gegen die Isaurier kämpfen, vgl. R. Syme, Ovid 67 (mit Literatur) unter Berufung auf SEG VI 646 und Dio 55, 28, 2 ff. (zum Jahre 6 n. Chr.). Zu den Anfängen der Provinz Galatien s. W. Leschhorn, Chiron 22, 1992, 315 ff.

[67] Vgl. D. Magie, Roman Rule 453 ff., und R. K. Sherk, The Legates of Galatia from Augustus to Diocletian, Baltimore 1951, 12 ff. Eine revidierte Liste der galatischen Statthalter ist in ANRW II 7, 2, 1980, 954 ff., erschienen. Vgl. auch St. Mitchell, JRS 66, 1976, 113. und B. Remy, L'évolution administrative de l'Anatolie aux trois premiers siècles de notre ère. Lyon 1986, 20 ff. S. Mitchell, Anatolia I 70 ff.

Die Außenpolitik des Augustus 339

Amyntas gehört hatte, wurde dagegen nicht zur Provinz geschlagen. Auch das sog. Rauhe Kilikien wurde im Jahre 20 von der Provinz getrennt und dem König Archelaos von Kappadokien anvertraut.[68] Als Grenzprovinz bildete Galatien eine breite Schutzzone vor der von Truppen entblößten Senatsprovinz Asia. Durch den Bau von Straßen und die Anlage römischer Kolonien in Antiochia, Cremna, Comama, Olbasa, Parlais, Lystra und Iconium wurde die neu erworbene Provinz militärisch gesichert.[69] Für die Loyalität des Landes mußte der neu eingerichtete Kult des Augustus bürgen. In Ankara, der Hauptstadt der Provinz, wurde dem Prinzeps schon zu Lebzeiten ein Tempel errichtet, dessen Verwaltung in der Obhut des neuen galatischen Landtages lag.[70]

Im Jahre 6/5 v. Chr. nach dem Tode des Dynasten Deiotarus wurde auch dessen Herrschaft, die sich über das östliche Paphlagonien mit der Hauptstadt Gangra und die Landschaft Phazimonitis östlich des Halys erstreckte, der Provinz Galatien einverleibt. Der Loyalitätseid, den die Bewohner der neuen Teilprovinz und die dort ansässigen römischen Bürger damals dem Augustus leisten mußten, ist noch erhalten.[71] 3/2 v. Chr., wenige Jahre

---

[68] Zum Problem des Status von Pamphylien s. W. Hoben, Untersuchungen 136 Anm. 393. Zum Schicksal des Rauhen Kilikien s. Hoben 184 (nach Dio 54, 9, 2). Einen Teil Kilikiens erhielt damals Tarkondimotos II., der Sohn des alten kilikischen Dynasten Tarkondimotos I. (Hoben 209f.). Vgl. T. B. Mitford, ANRW II 7, 2, 1980, 1243f.

[69] Zu den Kolonien in Pisidien s. B. Levick, Colonies 29ff., und unten S. 490. Zu den römischen Straßen s. unten S. 508. Ob unter Augustus in Galatien römische Legionen standen, ist eine noch offene Frage. Während R. Syme, Klio 27, 1934, 143ff., an eine dauernde Stationierung römischer Truppen dort nicht glaubt, vermutet S. Mitchell, Class. Quart. 26, 1976, 298ff., daß bis zum J. 6 n. Chr. ein oder zwei Legionen (*legio VII* und *legio V. Maceondica?*) in Galatien stationiert waren. Jedenfalls lagen in Galatien mehrere Auxiliareinheiten, so in Ankara die *cohors I Augusta*, s. S. Mitchell, Anatolia I, Oxford 1993, 118ff.

[70] Zum galatischen Koinon s. J. Deininger, Die Provinziallandtage der römischen Kaiserzeit, München 1965, 20f. und 66ff. – Zum Tempel in Ankara s. D. Krenker-M. Schede, Der Tempel in Ankara, Berlin 1936. Schede datiert den Tempel selbst in hellenistische Zeit. Vgl. jedoch K. Fittschen AA 1985, 309ff. (für eine Erbauung in augusteischer Zeit), und K. Tuchelt-F. Preißhofen, ebda. 317ff. (Problem der Identität, Kybeletempel?). Dagegen s. St. Mitchell, Chiron 16, 1986, 28f. Nach W. Leschhorn, Chiron 22, 1992, 334ff. (mit weiterer Lit.), wurde der Tempel 19/20 n. Chr. geweiht. Damals seien auch die Res Gestae an den Wänden der Tempelvorhalle eingemeißelt worden. Zu den Kopien der Res Gestae in Apollonia und in Antiochia s. Mitchell a. O. 30f.

[71] Zur Einverleibung des östlichen Galatien s. D. Magie, Roman Rule 465, und W. Hoben, Untersuchungen 120 mit Anm. 329. Dazu jetzt Chr. Marek, Staat, Ära und Territorium in Pontus-Bithynia und Nord-Galatien, Tübingen 1993, 71ff. Zur

nach dem Tode des Königs Polemon von Pontos, wurde anscheinend auch die Gegend von Amaseia zur Provinz Galatien geschlagen.[72]

Mit der Errichtung der Provinz Galatien hatte Augustus die römische Macht im zentralen Kleinasien fest etabliert. Die wichtigsten Straßenknotenpunkte Iconium, Ankara und Gangra waren seitdem fest in römischer Hand. Das östlich anschließende Hochland von Kappadokien beließ Augustus allerdings unter der Herrschaft eines Klientelkönigs, des schon von Antonius eingesetzten Archelaos.[73] Im Jahre 20 wurde dieser dem Tiberius als Berater für die Expedition nach Armenien beigegeben. Nach dem erfolgreichen Abschluß dieses Unternehmens erhielt Archelaos – wie schon gesagt – zu seinem Reich noch das Rauhe Kilikien hinzu mit der Aufgabe, die dort lebenden unruhigen Bergstämme zu unterwerfen.[74] Nach dem Tode des Königs Polemon von Pontos heiratete Archelaos dann dessen Witwe Pythodoris, womit er auch Einfluß auf das Küstengebiet am Schwarzen Meer gewann.[75] Wenn auch die Heirat kaum ohne Einwilligung Roms erfolgt sein dürfte, scheint Augustus dennoch seitdem die Herrschaft des Archelaos mit einem gewissen Mißtrauen betrachtet zu haben. Als die geistigen und körperlichen Kräfte des Königs nachließen (so lautete jedenfalls die offizielle Begründung), schickte der Prinzeps daher einen Procurator nach Kappadokien, der zeitweilig für Archelaos die Regentschaft übernahm. Möglicherweise erfolgte diese Maßnahme im

Herrschaft Kastors II. und seines Sohnes Deiotarus Philadelphus s. W. Hoben a. O. 116 ff. Zum Eid von Gangra s. oben S. 249. Die lykischen Μιλυάδεις setzten im J. 5/4 v. Chr. – wohl nach der Befriedung von West-Pisidien – zusammen mit den römischen Geschäftsleuten und den thrakischen κατοικοῦντες der Roma und dem Augustus als τῷ ἰδίῳ σωτῆρι eine Weihinschrift, s. A. S. Hall, Anat. Stud. 36, 1986, 137 ff.

[72] So u. a. D. Magie, Roman Rule 465 f., auf Grund der städtischen Ären von Amaseia und Sebastopolis.

[73] Zu Archelaos s. Hoben, Untersuchungen 179 ff., und M. Pani, Roma e i re d'Oriente da Augusto a Tiberio, Bari 1972, 91 ff. (mit z. T. etwas gewagten Hypothesen). Vgl. auch Th. Liebmann-Frankfort, Les étapes de l'integration de la Cappadoce dans l'empire romain, in: Le Monde Grec, Hommages à C. Preaux, Brüssel 1975, 416 ff. Dazu R. Syme, Anatolica 144 ff.

[74] Joseph. Antt. Jud. 15, 105. Dio 54, 9, 2. Dazu Hoben, Untersuchungen 184. Zu den bei Dio genannten Dynasten Jamblichos und Tarkondimotos, die von Augustus wieder in ihre Herrschaft eingesetzt wurden, s. A. Stein, RE IX 1, 1914, 639 f. Nr. 1, und D. Magie, Roman Rule 1337 f. Anm. 22, sowie Hoben, Untersuchungen 209 ff. und R. Syme, Anatolica 161 ff. – Kleinarmenien hatte Oktavian nach Actium dem von den Parthern vertriebenen König Artavasdes von Medien anvertraut, der im J. 20 v. Chr. starb. Vgl. Pani 67 f.

[75] Strabon 12, 3, 29 p. 555 f. Die Heirat dürfte bald nach dem Tode des Polemon erfolgt sein. Vgl. Hoben, Untersuchungen 187.

Zusammenhang mit der Orientmission des C. Caesar.[76] Später findet man jedoch Archelaos wieder unangefochten im Besitz seiner Herrschaft, der erst Tiberius ein Ende machen sollte.

Im Königreich Pontos hatte Augustus den von Antonius eingesetzten Polemon im Besitz seines Reiches belassen. Polemon genoß so sehr das Vertrauen des Augustus, daß Agrippa ihn im Jahre 14 v. Chr. auf den kimmerischen Bosporos entsandte, um hier einen gewissen Scribonius niederzuwerfen, der in Anknüpfung an die Tradition des Mithridates begonnen hatte, eine romfeindliche Politik zu betreiben. Polemon konnte auch die Bosporaner besiegen (Scribonius war schon vorher beseitigt worden) und schließlich unterwerfen. Er heiratete dann – natürlich mit Billigung des Augustus – die Königin Dynamis, eine Enkelin des großen Mithridates.[77] Polemon hatte damit das bosporanische mit dem pontischen Reich vereinigt. Die Verbindung mit Dynamis hielt jedoch nicht lange. Polemon scheint dann die Pythodoris heimgeführt zu haben,[78] der er die Herrschaft über Pontos überließ, während er selbst den aufflammenden Widerstand in seinem bosporanischen Reich zu unterdrücken suchte. Im Kampf gegen den Stamm der Aspurgianer fand der König jedoch im Jahre 8 v. Chr. den Tod.[79] Fortan regierte dann wieder die Königin Dynamis zusammen mit einem gewissen Aspurgos das bosporanische Reich. Da beide die römische Oberhoheit anerkannten, sah Augustus keinen Anlaß, gegen sie vorzugehen. In Pontos führte nach Polemons Tod dessen Witwe Pythodoris die Herrschaft weiter. Sie verband sich dann mit Archelaos von Kappadokien, überlebte aber auch diesen und starb erst in der Mitte der Regierung des Tiberius.[80]

Zusammenfassend läßt sich also sagen, daß es Augustus gelungen ist, in Anknüpfung an die Politik des Antonius die kleinasiatischen Provinzen durch vorgelagerte Klientelstaaten, die sich fest in der Abhängigkeit Roms

---

[76] Dio 57, 17, 3 f. Vgl. Hoben, Untersuchungen 187 f. mit Anm. 198. Nach M. Pani, Roma e i re d'Oriente 112 f. sei das Verhältnis des Archelaos zu Rom schon um das Jahr 15 v. Chr. gestört gewesen, da der König offenbar eine Zusammenkunft mit dem damals im Osten weilenden Agrippa vermieden habe.

[77] Dio 54, 24, 4 ff. Zu Polemon vgl. W. Hoben, Untersuchungen 39 ff., bes. 50 ff., und E. Olshausen, ANRW II 7, 2, 1980, 910 ff. Zur Rolle des Agrippa bei den oben skizzierten Ereignissen s. R. Hanslik, RE IX A 1, 1961, 1261 und 1263 ff. Vgl. R. D. Sullivan, Dynasts in Pontus, in: ANRW II 7, 2, 1980, 913 ff., bes. 915 ff., sowie R. Syme, Pontus in the time of Augustus, Anatolica 289 ff. (mit Karte), und V. N. Parfenov, Historia 45, 1996, 95 ff.

[78] Die Zeit der Heirat ist umstritten, vgl. Hoben, Untersuchungen 51 Anm. 190.

[79] Strabon 11, 2, 11 p. 495.

[80] Das Todesjahr der Pythodoris steht nicht genau fest, vgl. H. H. Schmitt, RE XXIV, 1963, 585.

befanden, zu schützen. Diese Situation mußte dem Prinzeps die Auseinandersetzung mit den Parthern beträchtlich erleichtern. Diese Auseinandersetzung steht im Mittelpunkt des modernen Interesses und schon der augusteischen Propaganda.[81] Die Regelung der Partherfrage im Jahre 20 v. Chr. wird immer wieder als Beweis für die im Kern friedliche Außenpolitik des Augustus ins Feld geführt. Aber ein näheres Zusehen enthüllt doch auch hier eine sehr vielschichtige Problematik.[82] Während bis auf Caesars Alleinherrschaft der Untergang des Crassus in Rom offenbar nur geringen Widerhall gefunden hatte, motivierte Caesar seinen geplanten Partherkrieg u. a. mit der Rache für Carrhae. Die Caesarianer haben dann diese Parole übernommen. Oktavian selbst hat dem Antonius zum Vorwurf gemacht, er habe die Schmach von Carrhae ungerächt gelassen. Allgemein erwartete man daher, Oktavian werde nach seinem Sieg über Antonius gegen die Parther zu Felde ziehen. Oktavian selbst hat diesen Erwartungen Vorschub geleistet, indem er sich bewußt in die Nachfolge Alexanders des Großen gestellt hat.[83] Unter diesen Umständen ist die Annahme, die augusteischen Dichter, die immer wieder den bevorstehenden Sieg über die Parther verkündeten, hätten die Intentionen des Prinzeps mißverstanden,[84] wenig überzeugend. Aber auch die Auffassung, Oktavian/Augustus habe nur eine realistische Friedenspolitik nach dem Motto *si vis pacem, para bellum* getrieben,[85] ist wohl noch zu einfach. D. Timpe hat vielmehr wahrscheinlich gemacht, daß Oktavian trotz der vorübergehenden Verständigung mit den Parthern im Jahre 30 noch weitergehende Ziele verfolgte und damals noch keinen Verständigungsfrieden nach dem Muster der Abmachungen des Jahres 20 v. Chr. ins Auge gefaßt hatte.[86] Auch die Schließung des Janustempels im Jahre 29

---

[81] Vgl. allgemein zur Partherpolitik des Augustus N. C. Debevoise, A Political History of Parthia, Chicago 1938, 135 ff. Dazu die reiche Materialsammlung von M. Wissemann, Die Parther in der augusteischen Dichtung, Diss. Düsseldorf 1980. Zu den völkerrechtlichen Aspekten s. K.-H. Ziegler, Die Beziehungen zwischen Rom und dem Partherreich. Ein Beitrag zur Geschichte des Völkerrechts, Wiesbaden 1964, 45 ff. Dazu jetzt H. Sonnabend, Fremdenbild und Politik 197 ff. B. Remy, L'évolution administrative de l'Anatolie aux trois premiers siècles de notre ère, Lyon 1986, 29 f. A. N. Sherwin-White, Roman Foreign Policy in the East 168 B.C to A.D. 1, London 1984, 322 ff. D. Sidari, Problema Partico 7 ff.

[82] Vgl. zum Folgenden D. Timpe, Zur augusteischen Partherpolitik zwischen 30 und 20 v. Chr., Würzb. Jbb. NF 1, 1975, 155 ff.

[83] Dazu D. Kienast, Gymnasium 76, 1969, 448 ff.

[84] So H. D. Meyer, Die Außenpolitik des Augustus, passim. Vgl. oben Anm. 51. Dazu R. Saeger, Horace and the Parthians, Papers of the Liverpool Latin Seminar I, Liverpool 1977, 155 ff.

[85] So A. Oltramare, in: Schmitthenner, Augustus 122.

[86] Vgl. D. Timpe a. O. (Anm. 82) 163 ff.

v. Chr. sollte anscheinend nicht einen dauernden Verzicht auf ein offensives Ausgreifen im Osten signalisieren. Erst die genauere Kenntnis der wirklichen Machtverhältnisse im Partherreich unter Phraates IV., welche der vergebliche Versuch des Thronprätendenten Tiridates, nach seiner Rückkehr nach Mesopotamien dort eine dauerhafte Herrschaft zu etablieren, enthüllte,[87] hat möglicherweise Augustus dazu veranlaßt, den Tiridates fallenzulassen und eine friedliche Regelung mit Phraates anzustreben. Der Verzicht auf ein offensives Vorgehen gegen die Parther war jedoch nach den in Rom geweckten Erwartungen nicht unbedenklich. Schon das sollte davor warnen, ihn von vornherein als Ziel der augusteischen Politik zu postulieren. Dennoch war die Regelung der Partherfrage im Jahre 20 v. Chr. zweifellos ein Erfolg. Die Parther gaben die noch in ihrer Hand befindlichen römischen Gefangenen und die eroberten römischen Feldzeichen heraus.[88] Gleichzeitig konnte Tiberius nach der Ermordung des von den Parthern gestützten Artaxias den bis dahin in Rom lebenden Tigranes als neuen Klientelkönig in Armenien installieren.[89] *Parthos trium exercitum Romanorum spolia et signa reddere mihi supplicesque amicitiam populi Romani petere coegi. ea autem signa in penetrali, quod est in templo Martis Ultoris, reposui:* So liest man in den Res Gestae.[90] Der Senat beschloß dem Augustus einen Triumph, den dieser jedoch ablehnte. Aber auf dem Forum wurde ein Triumphbogen errichtet. Münzdarstellungen des neuen Bogens tragen die Beischrift *Civibus et signis militaribus a Parthis recuperatis.*[91]

[87] Justin 42, 5, 4 ff. Dio 53, 33, 1 f. Zur Frage, ob Tiridates zweimal (so Timpe a. O. 158) oder nur einmal den parthischen Thron erobert hat, vgl. K. Kraft, Kleine Schriften II 62 ff. – Zur Schließung des Janustempels s. RgdA 13 mit dem Kommentar von Volkmann.
[88] Suet. Aug. 21, 3. Tib. 9, 1. RgdA 29. Vell. Pat. 2, 91, 1. Strabon 16, 1, 28 p. 748. Liv. epit. 141. Oros 6, 21, 29. Florus 2, 63. Eutrop 7, 9. – Die Angabe Suetons, wonach Tiberius die römischen Feldzeichen in Empfang genommen habe, wird wegen des Schweigens des Velleius Paterculus bezweifelt von K. Krämer, Historia 22, 1973, 362 f.; von B. Levick, Tiberius the Politician, London 1976, 234 u. 38, und von R. Syme, Ovid 32. Dagegen vgl. jedoch R. Seager, Liverpool Class. Monthly 2, 1978, 201 f. – Eine ähnliche Regelung, wie sie Augustus erreicht hat, hatte bereits Antonius – allerdings vergeblich – angestrebt. Dio 49, 24, 3 ff. Plut. Anton. 37, 2. Vgl. D. Timpe, Würzb. Jbb. N. F. 1, 1975, 162 mit Anm. 34 (dort auch Literatur). Dazu o. S. 59 Anm. 213.
[89] Vell. Pat. 2, 94, 4; 122, 1. Suet. Aug. 21, 3. Tib. 9, 1. Dio 54, 9, 4 f. RgdA 27. Tac. ann. 2, 3. Joseph. Antt. Jud. 15, 105. Vgl. ausführlich über die römisch-armenischen Beziehungen M.-L. Chaumont, ANRW II 9, 1, 1976, 71 ff. (mit Literatur).
[90] RgdA 29.
[91] RIC Aug. Nr. 17 und 311 f. Dazu E. Nash, Pict. Dict. I 92 mit Lit. Weitere Münzen mit der Legende SIGNIS RECEPTIS oder ähnlich: RIC Aug. Nr. 46 ff. 98 ff.

Auch auf dem Panzer der Statue von Primaporta ist die Rückgabe der römischen Feldzeichen dargestellt.[92] Die unter erheblichem römischem Druck erfolgte Regelung der Partherfrage wurde also in Rom durchaus als ein militärischer Erfolg gewertet.[92a] Auch im Osten wurde anscheinend die Rückgabe der Feldzeichen als großer Erfolg gefeiert.[93] Dasselbe gilt für die Einsetzung des Tigranes in Armenien. Münzen mit einem knienden

256. 302 ff. Andere Stücke zeigen den Mars-Ultor-Tempel auf dem Kapitol (vgl. S. 386 Anm. 26) mit den dort deponierten Feldzeichen: RIC Aug. Nr. 16 und 281 ff. dazu H.-W. Ritter, Röm. Mitt. 85, 1978, 381 ff., wonach der Hinweis auf die Restitution der gefangenen Bürger in der Propaganda später bewußt unterdrückt wurde. – Aus Anlaß des Partherfolges wurde außerdem ein Dankfest beschlossen: Dio 54, 8, 3. Vgl. die Liste der *supplicationes* unter Augustus bei G. Freyburger, ANRW II 16, 2, 1978, 1428 ff.

[92] Zur Augustusstatue von Primaporta vgl. F. Studniczka, Röm. Mitt. 25, 1910, 27 ff. (grundlegend). E. Simon, Die Augustusstatue von Primaporta, Bremen 1959. H. Kähler, Die Augustusstatue von Primaporta, Köln 1959. H. G. Niemeyer, Studien zur statuarischen Darstellung der römischen Kaiser, Berlin 1968, 91 f. Nr. 36. K. Fittschen, JdAI 91, 1976, 203 ff. Eine erschöpfende Bibliographie gibt H. Jucker, Hefte des Archäol. Seminars der Univ. Bern 3, 1977, 16 ff. Dazu noch G. Grieco, Latomus 38, 1979, 147 ff., und Cahiers des études anciennes 11, 1980, 24 ff., E. Simon, Würzb. Jbb. 5, 1979, 263 ff. J. Pollini, Studies 8 ff. F. Brommer, Eikones (Festschrift H. Jucker), Bern 1980, 78 ff. – Die bes. von H. Kähler verfochtene Spätdatierung der Statue in tiberische Zeit hat mit Recht wenig Anklang gefunden, vgl. K. Fittschen a. O. Die Frage, ob die erhaltene Statue ein Original oder eine zeitgenössische Kopie darstellt, scheint noch offen. Ungeklärt ist auch der ursprüngliche Aufstellungsort der Statue bzw. des Originals. O. J. Brendel, Gnomon 36, 1964, 501, denkt an ein Rundmonument in Pergamon. Dazu s. Anm. 93. Meist nimmt man dagegen eine Aufstellung im Mars-Ultor-Tempel auf dem Kapitol an. Gefunden wurde die Marmorstatue in der Villa Ad Gallinas der Livia. – Auf Einzelfragen der Deutung, insbesondere des Panzerschmucks, kann hier nicht eingegangen werden. Vgl. jetzt H. Meyer, Kunst und Geschichte 123 ff. F. van Keuren, in: The Age of Augustus 177 ff. E. Simon, in: Saeculum Augustum III 204 ff. K. Galinsky, Augustan Culture 24 ff. und 155 ff. Vgl. auch oben S. 237 f. A. 108. – Vgl. allgemein zu den augusteischen Panzerstatuen K. Stemmer, Untersuchungen zur Typologie, Chronologie und Ikonographie der Panzerstatuen, Berlin 1978, 139 ff.

[92a] Horat. c. 4, 15, 4 ff.; epist. 1, 12, 25 ff. und 1, 18, 56; Prop. 5, 6, 79. Ovid. Fast. 5, 579 ff.; 6, 465 ff. Trist. 2, 228. Möglicherweise wurde damals ein von Barbarenstatuen getragener Dreifuß im Bezirk des Apollo Palatinus aufgestellt. So R. M. Schneider, Bunte Barbaren, Worms 1986, 18 ff.

[93] So wurde auf einem Rundsockel im Atheneheiligtum von Pergamon eine Kolossalstatue des Augustus aufgestellt, vielleicht an Stelle einer Athena-Promachos-Statue. Vgl. J. Schaller, Untersuchungen zur Kulturpolitik der pergamenischen

Armenier und der Legende *Armenia capta* (bzw. *recepta*) verdeutlichen, daß es sich auch hier um einen Erfolg der römischen Waffen handelte.[93a] Als später im Jahre 10/9 v. Chr. Phraates IV. seine vier vollbürtigen Söhne nach Rom sandte, um dem Sproß seiner Favoritin Thea Musa die Thronfolge zu sichern, wurde das als Geiselgabe gedeutet. Augustus selbst beschreibt den Vorgang vorsichtiger so: *Ad me rex Parthorum Phrates, Orodis filius, filios suos nepotesque omnes misit in Italiam non bello superatus, sed amicitiam nostram per liberorum suorum pignora petens.*[94] Auch damit aber soll zweifellos eine Unterordnung des Partherkönigs unter Augustus und Rom ausgedrückt werden. Offiziell galten die Parther in Rom also nicht als gleichrangige Partner.[95] Nach dem Tode des von Rom eingesetzten Armenierkönigs Tigranes (II.) – wohl im Jahre 8/7 v. Chr. – kam es jedoch zu neuen Spannungen mit den Parthern, welche die Kinder des verstorbenen Königs Tigranes (III.) und der Erato unterstützten, die sich allerdings nicht lange halten konnten. Augustus setzte dann einen gewissen Artavasdes zum König ein, der aber ebenfalls nach kurzer Zeit vertrieben wurde – *non sine clade nostra*, wie Tacitus schreibt.[95a]

Daß der Verzicht auf ein expansives Ausgreifen im Osten dennoch nicht als endgültig angesehen wurde, zeigen die Ereignisse im Jahre 2 v. Chr. Damals, nach der Ermordung des Phraates IV., rechnete man in Rom wieder fest mit einem neuen Eroberungskrieg gegen die Parther und den selbstbewußten Phraates V., der den Sturz des von Rom gestützten Armenierkönigs Artavasdes herbeigeführt hatte.[96] Ovid gab bei dieser Gelegenheit dem Gedanken Ausdruck, daß nun endlich die Schmach

---

Herrscher im 3. Jahrhundert v. Chr., Tübingen 1985, 53 ff. Dazu W. Radt, Pergamon, Köln 1988, 182 f. u. 373. – In Athen wurde vielleicht im Olympieion ein Siegesdenkmal errichtet. Vgl. R. M. Schneider, Bunte Barbaren, 82 ff. (nach Paus. 1, 18, 8).

[93a] RIC Aug. Nr. 40 f. 101 ff., 117 ff.

[94] RgdA 32. Vgl. Suet. Aug. 21, 3. Justin 42, 5, 12.

[95] Vgl. P. A. Brunt, JRS 53, 1963, 174. Die angeführten Tatsachen sprechen gegen K.-H. Ziegler, der a. O. (Anm. 81) 50 meinte, „von einer wie auch immer gearteten Unterordnung Phraates' IV. unter die *maiestas populi Romani* ist nichts bekannt". – Ob es im J. 20 v. Chr. (wie K.-H. Ziegler a. O. 47 f. annimmt) oder im J. 10/9 v. Chr. (wofür K. Krämer, Klio 55, 1973, 247 f., eintritt) zu einem förmlichen *foedus* kam, muß mangels eindeutiger Zeugnisse zumindest offenbleiben. (Properz 4, 6, 79 und Oros. 6, 21, 29 sind keine ganz sicheren Belege!). – Vgl. auch J. Gagé, Rev. hist. 221, 1959, 232. – Daß ausgerechnet auf dem Partherbogen und auf dem Panzer der Primaporta-Statue die „prinzipielle Gleichgestelltheit" der Parther mit den Römern zum Ausdruck kommen soll (so H.-W. Ritter, Röm. Mitt. 85, 1978, 379), kann kaum überzeugen.

[95a] Tac. ann. 2, 4.

[96] Zur Thronbesteigung Phraates' V. und zur Vertreibung des Artavasdes s. N. C.

von Carrhae gerächt werde. Daß Ovid sich damit nicht im Widerspruch zu der offiziellen Auffassung befand, beweist die Ausschmückung des gerade damals neu eröffneten Augustusforums, mit welcher plötzlich auch wieder an Alexander als den Bezwinger des Orients erinnert wurde.[97] Es kam dann allerdings im Jahre 1 n. Chr. bei einer persönlichen Zusammenkunft zwischen Phraates V. und dem von Augustus entsandten C. Caesar zu einem friedlichen Übereinkommen.[98] C. Caesar konnte den Meder Ariobarzanes als König in Armenien einsetzen.[98a] Dennoch blieb das Verhalten der Parther für Rom unbefriedigend, so daß sich C. Caesar zu einem neuen Krieg gegen sie rüstete. Sein vorzeitiger Tod machte jedoch diesen Plänen ein Ende.[99]

Debevoise, A Political History of Parthia, Chicago 1938, 147 ff. K.-H. Ziegler a. O. 53. M.-L. Chaumont a. O. (Anm. 89) 76 ff.

[97] Ovid, Ars amat. 1, 177 ff. Zur Ausschmückung des Augustusforums s. Plin. n. h. 35, 93 f. Dazu D. Kienast, Gymnasium 76, 1969, 454 ff. Die Einwände von O. Weippert, Alexanderimitatio und röm. Politik in republikanischer Zeit, Diss. Würzburg 1970, Augsburg 1972, 256 f., können nicht überzeugen. Vgl. jetzt auch R. Syme, Sb. München, phil.-hist. Kl., Jg. 1974, Heft 7, 15 f., und G. Marrone, Atene e Roma 25, 1980, 35 ff., sowie R. Daut, Röm. Mitt. 91, 1984, 115 ff. und oben S. 243 A. 127.

[98] Vell. Pat. 2, 101 f. Dazu W. John, Hermes 78, 1943, 108 ff. Dio 55, 10, 18 ff.; 10a, 4 ff. Dazu N. C. Debevoise 148 und K.-H. Ziegler 53 ff. Vgl. auch R. Syme, Ovid 8 ff., und Phoenix 33, 1979, 315 (zu den imperatorischen Akklamationen des C. Caesar). Zur Inspektionsreise des C. Caesar im Osten und zu seiner Tätigkeit im Orient s. R. Syme, Anatolica 317 ff., und F. E. Romer, TAPA 109, 1979, 199 ff., sowie AJPh 106, 1985, 75 ff. (C. Caesar und Archelaos von Kappadokien). D. Sidari, Problema Partico 19 ff.

[98a] RgdA 27. Dio 55, 10a, 5. Tac. ann. 2, 4. Dazu M.-L. Chaumont (Anm. 89) 80 ff. D. Magie, Roman Rule 482 ff. Zur Frage der Identität des Ariobarzanes vgl. M. Pani (Anm. 73) 65 ff. und: Miscellanea E. Manni, Rom 1980, V 1677 ff. Vgl. auch F. Grosso, Athenaeum 1957, 240 ff. und R. Syme, Anatolica 311 ff. – Die Inschrift CIL VI 30975 bezieht M. A. Cavallaro, Helikon 15/6, 1975/6, 146 ff., auf einen Sieg des C. Caesar im Osten.

[99] Vgl. Seneca, Ad Polyb. 15, 4. Dazu N. C. Debevoise 150, der (mit Verweis auf Seneca, De brev. vitae 4, 5) an eine beabsichtigte Expedition über den Euphrat hinaus denkt. Einen Hinweis auf expansionistische Absichten Roms darf man vielleicht darin sehen, daß Augustus nach einer Notiz des Plinius (n. h. 6, 140) den Geographen Dionysios von Charax vor der Expedition des Gaius nach Kleinasien vorausgesandt hatte, *ad commentanda omnia in orientem*. Zur Person des Dionysios vgl. F. H. Weißbach, RE IX 2, 1916, 2065, 28 ff., und oben S. 315 A. 352. – Mit Recht kritisiert P. A. Brunt, Roman Imperial Themes 456, daß die meisten modernen Erklärer der Partherpolitik des Augustus 'do not entertain the possibilities that he was merely deferring execution of Caesar's project in the east until he had sufficiently enlarged the empire in the north, and that he hoped in the interim to establish some sort of suzerainty over Parthia' (vgl. auch ebda. 437 f. und 461 f.).

Diese ganzen Vorgänge zeigen, daß man von einer grundsätzlichen defensiven Außenpolitik des Augustus auch im Osten nicht sprechen kann. Potentiell wurde auch dort der Anspruch auf Welteroberung und Weltherrschaft aufrechterhalten. Wenn dennoch Augustus im Osten keinen Eroberungskrieg geführt hat, sondern sich darauf beschränkte, durch Einsatz von Klientelkönigen die römische Suprematie über Armenien wiederherzustellen und zu behaupten, so lassen sich dafür mehrere Gründe vermuten. Einmal lag das Partherreich an der Peripherie des Imperium und konnte Rom nicht unmittelbar bedrohen, während die Weite jenes Reiches andrerseits einer Eroberung hinderlich war. Die damals deutlich zutage tretende innere Schwäche des Partherreiches trug ebenfalls dazu bei, daß Augustus von einem Partherkrieg Abstand nahm. Konnte er doch durch diplomatische Mittel die Anerkennung der römischen Suprematie erreichen. Es mag darüber hinaus durchaus sein, daß auch die Sorge für die Ostprovinzen, die in den Bürgerkriegen besonders schwer gelitten hatten, den Prinzeps immer wieder einen friedlichen Ausgleich mit den Parthern suchen ließ.

Verhältnismäßig wenige Probleme grundsätzlicher Art stellt die Politik des Augustus in Afrika. Der Prinzeps hat die afrikanischen Provinzen, wenn man von dem Sonderfall Ägypten absieht, dem Senat überlassen und schon dadurch zu erkennen gegeben, daß er an einer expansiven Politik in Afrika nicht interessiert war. Cyrene hatte Antonius mit einem Teil von Creta im Jahre 34 der Kleopatra Selene geschenkt. Diese Schenkung wurde von Oktavian nach seinem Sieg über Antonius selbstverständlich sofort annulliert. Cyrene bildete seitdem wieder wie unter der Republik zusammen mit Creta eine Provinz.[99a] Was die eigentliche Provinz Africa betrifft, so hatte Oktavian nach der Entmachtung des Lepidus zunächst die Absicht, diese Provinz persönlich aufzusuchen, nahm aber dann von diesem Plan wieder Abstand. Als Statthalter schickte er vielmehr seinen Vertrauten T. Statilius Taurus in das neugewonnene Land, der die alte Provinz Africa und das von Caesar zur Provinz gemachte numidische Reich als eine Provinz organiserte.[100] Sowohl Statilius Taurus selbst wie seine

---

[99a] P. Romanelli, La Cirenaica Romana, Verbania 1943, 63 ff. Zur Schenkung des Antonius s. Dio 49, 32, 5 und 41, 3. Plut. Anton. 54. Vgl. RgdA 27. Zu den Statthaltern von Cyrene und Creta in republikanischer Zeit s. G. Perl, Klio 52, 1970, 319 ff. und 53, 1971, 369 ff. – S. allg. zum römischen Afrika der von J. Desanges und S. Lancel begonnene und von J.-M. Lassere und Y. Le Bohec fortgeführte Bibliographie analytique de l'Afrique antique, zuletzt Bd. 27, 1993 (Paris 1998), sowie Y. Le Bohec, Archéologie militaire de l'Afrique du Nord. Bibliographie analytique de 1913 à 1977, Paris 1979.

[100] Dazu P. Romanelli, Storia delle Province romane dell'Africa, Rom 1949, 175 ff. M. Rachet, Rome et les Berbères, Brüssel 1970, 57 ff. M. Benabou, La rési-

Nachfolger L. Cornificius, L. Autronius Paetus und L. Sempronius Atratinus triumphierten in den Jahren 34, 33, 28 und 21 *ex Africa*,[101] konnten aber anscheinend keine dauerhaften Erfolge über die barbarischen Wüstenstämme erzielen, die immer wieder die Grenzen der Provinz beunruhigten. Obwohl Africa im Jahre 27 dem Senat zurückgegeben wurde, blieben dennoch dort weiterhin Truppen stationiert. Gegen Ende der Regierung des Augustus ist die *legio III Augusta* mit ihrem Standlager in Ammaedara (Haïra) sicher bezeugt.[102] Nach dem Tode des Bocchus von Mauretanien (33 v. Chr.) nahm Augustus zunächst auch dessen Reich in römische Verwaltung. Vielleicht unterstellte er es vorübergehend ritterlichen Präfekten. Zugleich legte er in Mauretanien eine Reihe von Kolonien an.[103] Eine dauernde Annektion des Landes schien dem Prinzeps aber anscheinend nicht opportun, so daß er Mauretanien im Jahre 25 v. Chr. dem in Rom erzogenen Prinzen Juba (II.) als Klientelkönigtum anvertraute.[104] Die Römer scheinen um diese Zeit noch vollauf mit der Konsolidierung der Provinz *Africa Proconsularis* und mit der Abwehr der Bar-

stance africaine à la romanisation, Paris 1976, 43 ff. Während D. Fishwick und B. D. Shaw, Hermes 105, 1977, 369 ff., annehmen, daß die vereinigte Provinz Africa schon 40/39 v. Chr. geschaffen wurde, glaubt M. Benabou (a. O. 46), daß von Anfang an eine ›union de fait‹ von Africa vetus und Africa nova bestanden habe, daß aber erst 27 v. Chr. die Vereinigung auch juristisch und administrativ besiegelt worden sei. – Zu den Statthaltern der Provinz vgl. B. E. Thomasson, Die Statthalter der römischen Provinzen Nordafrikas II, Lund 1960, 7 ff., und Eranos 67, 1969, 175 ff., sowie RE Suppl. XIII 1973, 1 ff., und oben S. 157 A. 20.

[101] Degrassi, Inscr. Italiae XIII 1 p. 569 ff.

[102] Dio 53, 12, 4. Zum Standlager der *legio III Augusta* in Ammaedara s. P. Romanelli, Storia 187, und M. Benabou a. O. 65. M. Rachet, Rome et les Berbères 63 ff., vermutet, daß die Kolonisation und die Urbanisierungspolitik des Augustus den halbnomadischen Stämmen ihr Weideland nahm und dadurch die Kriege und Aufstände der afrikanischen Stämme provozierte. Zum Widerstand der Einheimischen vgl. allg. das oben (Anm. 10) zitierte Werk von M. Benabou sowie Y. Thébert, M. Benabou, Ph. Leveau: La romanisation de l'Afrique: un débat, Annales E. S. C. 33, 1978, 64 ff. Dazu jetzt H. Freis, Chiron 10, 1980, 373 ff. Vgl. auch J.-M. Lassère, REA 81, 1979, 68 ff.

[103] Zum Schicksal von Mauretanien vgl. P. Romanelli, Storia 161 ff., und allgemein M. Benabou (Anm. 102) 48 ff. Zu den Münzen mit der Legende SOSI F s. J. Mazard, Corpus Nummorum Numidiae Mauretaniaeque, Paris 1955, 67 ff. Nr. 118 ff. Zu den römischen Kolonien in Mauretanien s. unten S. 487 f.

[104] Zur Einsetzung des Juba II. s. Dio 53, 26, 2. Dazu P. Romanelli 162 ff. Vgl. allg. M. R. Alföldi, in: Die Numider, Bonn 1979, 69 ff. Zu den Bildnissen Jubas II. s. K. Fittschen ebda. 213 ff. und 490 ff. Zur Münzprägung Jubas s. unten S. 391 und 504, zu seiner literar. Tätigkeit s. oben S. 272 f.

baren beschäftigt gewesen zu sein.[105] Erst als Augustus seinen alten Vertrauten L. Cornelius Balbus nach Africa schickte (21/20 v. Chr.), gelang es diesem, einen Erfolg über die Berber und besonders über den Stamm der Garamanten zu erzielen, die er tief im Süden im heutigen Fezzan aufsuchte, wo er deren Hauptstadt Germa (Djerma) eroberte. Der Triumph, den Balbus *ex Africa* heimbrachte, scheint wohlverdient gewesen zu sein.[106] In den nächsten 20 Jahren hört man von keinen Kämpfen in der *Africa Proconsularis*. Die Garamanten scheinen sich jedoch nach Süden gewandt und mit dem Stamm der Marmariden verbunden zu haben, der dann (zusammen mit einem Teil der Garamanten?) von P. Sulpicius Quirinius unterworfen wurde. Leider weiß man nicht genau, in welcher Stellung Quirinius seinen Feldzug unternahm. Wahrscheinlich war er Statthalter der von Augustus wiederhergestellten Provinz *Creta et Cyrenae*. Auch der Zeitpunkt der Statthalterschaft des Quirinius ist ungewiß. Die Vermutung Mommsens, Quirinius habe gleichzeitig mit Balbus in einer kombinierten Aktion die Barbaren der Wüse zu Paaren getrieben, läßt sich leider durch nichts beweisen.[107]

Eine neue Periode der Unruhe scheint in den Jahren 3–6 n. Chr. Africa heimgesucht zu haben. Der Proconsul Passienus Rufus verdiente sich die *ornamenta triumphalia*. Ein anderer Proconsul, L. Cornelius Lentulus, scheint sogar von den Händen der an der Großen Syrte lebenden Nasamonen den Tod gefunden zu haben.[108] Im Jahre 6 n. Chr. gelang dann dem

---

[105] Vgl. P. Romanelli, Storia 198 und 668 f., und D. Fushöller, Tunesien und Ostalgerien in der römischen Kaiserzeit, Bonn 1979, 105 ff. Zur Kolonisation des Augustus in Africa s. unten S. 486 ff.

[106] Zum Unternehmen des Balbus s. Plin. n. h. 5, 35 ff., und Degrassi, Inscr. Ital. XIII 1, p. 571. Vgl. H. Lhote, Rev. Africaine 98, 1954, 41 ff. (mit vielen Hypothesen), und (zurückhaltender) J. Desanges, Travaux de l'institut des recherches Sahariennes 14, 1956, 213 f.; und 'Recherches', Rom 1978, 189 ff. P. Romanelli, Mélanges L. Senghor, Dakkar 1977, 429 ff. (= Scripta Minora Selecta 393 ff.), und 'Africa et Roma' 69 ff. M. Benabou, La resistance 60. Vgl. auch Ch. Daniels, The Garamantes of Southern Libya, New York 1970 (zum Feldzug des Balbus bes. S. 20 f.), und G. Caputo, in: Miscellanea E. Manni, Rom 1980, 377 ff. Vgl. auch E. M. Ruprechtsberger, Die Garamanten, Mainz 1997.

[107] Florus 2, 31, 40 f. Vgl. Th. Mommsen, Res Gestae Divi Augusti 171 (ebenso V. Gardthausen, Augustus I 702 und 1137). E. Groag, RE IV A 2, 1931, 825 ff. P. Romanelli, Storia 181. M. Rachet, Rome et les Berbères 77, will in Quirinius einen Untergebenen des Cossus Cornelius Lentulus sehen, was sich aus dem Florustext jedoch nicht beweisen läßt.

[108] Zu Passienus Rufus s. Vell. Pat. 2, 116, 2. Zum Tod des L. Cornelius Lentulus s. Justinian, Inst. 2, 25 pr., und Eustathios in: Geographici Graeci Minores (ed. Müller) II 253 Z. 8 f. Dazu J. Desanges, Hommages à M. Renard II, Brüssel 1968, 197 ff., und M. Benabou (Anm. 50) 63 f.

Statthalter Cossus Cornelius Lentulus ein großer Erfolg über den Berberstamm der Gaetuler, die nicht nur die Römer, sondern auch König Juba hart bedrängt hatten. Der jüngere Sohn des Cossus durfte später dafür den Beinamen Gaetulicus tragen. Auch die Musulamii in Numidien (also in der Provinz Africa selbst) wurden von Cossus zur Ruhe gebracht. Vielleicht war die Anlage des Legionslagers in Ammaedara, wie Romanelli meint, eine Folge der Siege des Cossus.[109]

Im ganzen scheint die Politik des Augustus in Africa darauf abgestellt gewesen zu sein, diese wichtige Getreideprovinz gegen die Einfälle der Wüstennomaden nach Möglichkeit zu schützen. Weitergehende militärische Absichten hat der Prinzeps in Africa offensichtlich nicht verfolgt. Auch die Anlage zahlreicher Kolonien diente vor allem der Sicherung des Landes. Außerdem besaß Augustus in diesen Siedlern, meist ausgedienten Veteranen, eine zuverlässige Klientel, die es ihm erlaubte, die Provinz Africa ohne Bedenken dem Senat zu übergeben. Welche Bedeutung der Prinzeps jedoch dem Land als Getreidekammer Roms beimaß, zeigt sich daran, daß er eine Neuvermessung der gesamten Provinz veranlaßte. Sie sollte offenbar künftig zur Grundlage für die Besteuerung dienen und die Abgaben des Landes, vor allem den Getreidezehnten, vermehren.[110]

Anders als im Osten und in Africa hat dagegen im Westen und im Balkanraum Augustus eine ausgesprochen expansive Außenpolitik betrieben. Umstritten ist aber in der Forschung noch immer das Problem, ob Augustus von einer festen geopolitischen Konzeption ausging, die eine systematische Arrondierung des Imperium und die Errichtung einer festen, leicht zu verteidigenden Reichsgrenze zum Ziel hatte,[111] oder ob die Eroberungskriege des Augustus doch einen sehr viel stärker situationsbedingten Charakter trugen, als man gemeinhin annimmt.

Die illyrischen Unternehmungen Oktavians in den Jahren 35–33 standen, wie R. Syme und W. Schmitthenner wahrscheinlich gemacht haben, noch ganz in der Tradition vergleichbarer Grenzkriege der Republik, die dazu zu dienen pflegten, die Truppen zu trainieren und den Feldherren

---

[109] Vell. Pat. 2, 116, 2. Dio 55, 28, 3f. Florus 2, 31, 40. Oros. 6, 21, 18. IRT 301 (= AE 1940 Nr. 68). Vgl. P. Romanelli, Storia 186. M. Benabou 62ff. – Zu den Ehren, die König Juba II. für die Hilfe gegen die Berber dem Augustus erwies, s. K. Fittschen, JdAI 91, 1976, 202. [Die Datierung der Panzerstatue von Cherchel ist allerdings umstritten, s. K. Stemmer (o. Anm. 92) 10ff. E. Simon, Würzb. Jbb. 5, 1979, 263ff. Th. Kraus, in: Festschrift P. H. v. Blankenhagen, New York 1979, 243ff.]

[110] Zu den afrikanischen Kolonien s. unten S. 486ff. Zur Vermessung Afrikas vgl. R. Chevallier, MEFR 70, 1958, 89ff., und allgemein P. Romanelli, Storia 186f. Dazu J. Soyer, Ant. Afr. 10, 1976, 107ff., und P. Trousset, Ant. Afr. 11, 1977, 175ff.

[111] S. z. B. A. Heuß, RG 300ff.

Beute und Kriegsruhm zu verschaffen.[112] Trotz harter Kämpfe, in denen Oktavian sich selbst stark exponierte und zweimal verwundet wurde, war das Ergebnis dieser Feldzüge bescheiden. Die dalmatinischen Küstenstriche, die schon früher von den Römern unterworfen worden waren, kehrten unter die römische Oberhoheit zurück. Im südöstlichen Pannonien war außerdem mit der Besetzung von Siscia eine wichtige Basis für weitere Unternehmungen gewonnen. Die meisten pannonischen Stämme scheinen damals aber nicht einmal formell die römische Oberhoheit anerkannt zu haben.

Für den spanischen Krieg des Augustus nimmt Schmitthenner „eine mehr akzidentelle Entstehung" an.[113] Schon im Jahre 30 v. Chr. ging T. Statilius Taurus, der bei Actium die Landarmee befehligt hatte, nach Spanien, wobei er offenbar einen Teil der Legionen mitnahm.[114] Der Vorgang steht wohl im Zusammenhang mit der von Augustus verfügten Dislokation der actischen Truppen. Möglicherweise hatten die Römer aber schon seit dem Jahre 38 v. Chr. ständig in Nord- und Nordwestspanien zu kämpfen, wie jetzt F. Diego Santos auf Grund vor allem der Triumphalfasten und der allerdings erst durch einige spätantike Inschriften bezeugten hispanischen Ära vom Jahre 38 v. Chr. annimmt.[115]

Augustus selbst brach bald nach der *restitutio rei publicae* und der Rege-

[112] Appian, Illyr. 16, 46 ff. (dazu A. Mighali, Le Memorie di Augusto in Appiano, Ill. 14–28, Annali Fac. di Lettere di Cagliari 21, 1, 1953, 197 ff.). Dio 49, 38, 2 ff. Vgl. R. Syme, Danubian Papers, Bukarest 1971, 135 ff. und 143 ff. W. Schmitthenner, Historia 7, 1958, 189 ff. Dazu vgl. E. Swoboda, Gnomon 31, 1959, 444 f. Anm. 1, der an eine Unterwerfung Pannoniens bis zur Donau denkt. S. ferner S. Josifović, Ziva Antika 6, 1956, 138 ff., und M. Mirković, Ziva Antika 18, 1968, 113 ff. Weitere Lit. bei A. Mócsy, RE Suppl. IX 1962, 538 f. Zusammenfassend s. J. J. Wilkes, Dalmatia, London 1969, 46 f., und A. Mócsy, Pannonia and Upper Moesia, London 1974, 21 ff. Ferner A. M. Malevany, VDI 1977, Nr. 140, 129 ff. – Gegen die Annahme von J. Šašel, die Römer hätten damals in Illyrien einen Limes angelegt [Actes du IXe Congr. intern. d'études sur les frontières romaines (Mamaia), Köln–Wien 1974, 193 ff.], s. J. J. Wilkes, Studien zu den Militärgrenzen Roms II, Bonn 1977, 245 ff.

[113] Vgl. W. Schmitthenner, Historia 11, 1962, 29 ff. (Zitat S. 50). Einen Forschungsbericht zur Geschichte des römischen Spanien geben A. Tovar und J. M. Blázquez Martinez, ANRW II 3, 1975, 428 ff. Zu den senatorischen Beamten unter Augustus s. G. Alföldy, Fasti Hispanienses, Senatorische Reichsbeamte und Offiziere in den spanischen Provinzen des römischen Reiches von Augustus bei Diocletian, Wiesbaden 1969.

[114] Dio 51, 20. Dazu W. Schmitthenner, The Armies of the Triumviral Period, Oxford 1958, 147.

[115] F. Diego Santos, ANRW II 3, 1975, 523 ff. mit der älteren Literatur. Zur spanischen Ära s. O. Neugebauer, Chiron 11, 1981, 371 ff. und E. Roríguez Peregrina, VII Congr. Esp. Estud. Clás. III, Madrid 1989, 281 ff.

lung der Angelegenheiten in Rom noch Mitte 27 v. Chr. nach Gallien und Spanien auf und trat am 1. Januar 26 in Tarraco sein 8. Consulat an. Schmitthenner konnte zeigen, daß man den spanischen Krieg in engem Zusammenhang mit der Neuordnung des Jahres 27 v. Chr. zu sehen hat.[116] Die Situation in Rom war damals offenbar labil, und der Prinzeps mußte durch neuen Waffenruhm die Übertragung des *imperium proconsulare* zu rechtfertigen suchen. Der Krieg wurde zumindest auf seinem Höhepunkt mit dem Einsatz von 7 Legionen und mit dem Ziel der endgültigen Unterwerfung ganz Nordspaniens geführt. Es muß jedoch offenbleiben, ob dieses Ziel von Anfang an ins Auge gefaßt war oder erst in Angriff genommen wurde, als die Kantabrer sich nach dem Weggang des Augustus von neuem erhoben. Der Prinzeps hat jedenfalls schon im Jahre 25 nach den ersten Erfolgen der römischen Waffen die Unterwerfung der Kantabrer proklamiert und wegen dieses Erfolges den Janustempel schließen lassen. Auch seine Autobiographie beschloß Augustus nach Sueton mit der Darstellung des Kantabrerkrieges. Die Rückgewinnung einiger römischer Feldzeichen mochte ein passender Abschluß sein. Allerdings ist in der Forschung noch umstritten, ob die Schrift bis zum Weggang des Prinzeps aus Spanien im Jahre 25 v. Chr. oder bis zur endgültigen Unterwerfung Nordwestspaniens reichte.[117] Denn infolge seiner geschwächten Gesundheit und auf Grund der innenpolitischen Entwicklung[118] drängte es den Prinzeps, nach Rom zurückzukehren, obwohl der endgültige Sieg in Spanien noch ausstand. Es scheint aber, daß Augustus noch selbst alle organisatorischen Vorbereitungen für die folgende endgültige Unterwerfung der Astu-

---

[116] Florus 2, 33, 46 ff. Dio 53, 25, 2 ff.; 29, 1 f. 54, 5, 1 ff. und 11, 2 ff. Oros. 6, 20, 9 ff. Dazu W. Schmitthenner, Historia 11, 1962, 29 ff. R. Syme, AJPh 55, 1934, 293 ff., und „Legio VII Gemina", Leon 1970, 79 ff. G. Forni, ebda. 205 ff. R. F. J. Jones, JRS 66, 1976, 45 ff. R. Syme, Roman Papers V 648 ff.

[117] Suet. Aug. 85, 1: *composuit ... et aliqua de vita sua, quam tredecim libris Cantabrico tenus bello nec ultra exposuit*. A. Schulten ließ die Autobiographie im J. 19 v. Chr. enden, vgl. dazu W. Schmitthenner a. O. 64, Anm. 55. Nach F. Diego Santos, ANRW II 3, 1975, 550 (vgl. 534), habe die Schrift sogar bis zum Jahre 13 v. Chr. gereicht. Doch läßt sich dieses späte Enddatum kaum mit Suetons Angabe vereinen. – Zur Rückgewinnung der Feldzeichen s. RgdA 29 und Volkmann z. St. – Speziell für den spanischen Feldzug hat möglicherweise der Poliorketiker Athenaios sein Werk über die Kriegsmaschinen verfaßt. Vgl. C. Cichorius, Römische Studien, Darmstadt 1961, 271 ff., und A. Schürmann, Griechische Mechanik und antike Gesellschaft, Stuttgart 1991, 78 f. mit A. 77.

[118] Für die politische Stimmung in Rom ist die Reaktion des Horaz auf den spanischen Feldzug aufschlußreich, vgl. dazu D. Kienast, Chiron 1, 1971, 239 ff., und U. W. Scholz, WStud. 84, 1971, 123 ff., sowie W. Wistrand, Miscellanea Propertiana, Göteborg 1977, 20 ff. Dazu oben S. 284 m. Anm. 245.

Die Außenpolitik des Augustus 353

rer und der Kantabrer getroffen hat. Dabei haben wohl auch wirtschaftliche Gesichtspunkte, vor allem der Reichtum Nordwestspaniens an Gold und anderen Bodenschätzen, die Entscheidung des Augustus mitbestimmt.[119] Sofort nach der Abreise des Prinzeps brachen jedenfalls in Nordwestspanien die Kämpfe von neuem aus. Die antiken Autoren melden mehrere Erfolge der Legaten des Kaisers. Aber erst Agrippa konnte im Jahre 19 v. Chr. den Widerstand der spanischen Stämme endgültig brechen. Ein Aufstand im Jahre 16 blieb eine Episode und konnte rasch unterdrückt werden.[120] Auf die infolge der unzulänglichen Quellen lebhaft diskutierte Anlage und Abfolge der militärischen Operationen im einzelnen braucht in diesem Zusammenhang nicht weiter eingegangen zu werden. Nach der definitiven Unterwerfung Nordspaniens kam Augustus 15/14 v. Chr. noch einmal nach Spanien und leitete persönlich die Neuorganisation des Landes.[121] Unter anderem verpflanzte Augustus aus pazifikatorischen Grün-

---

[119] Vgl. W. Schmitthenner, Historia 11, 1962, 52. Dazu unten Teil VI S. 402 mit Anm. 79.

[120] Dio 53, 29, 1. 54, 5, 1 ff. und 11, 2 ff. Vgl. F. Diego Santos a. O. (Anm. 117) 537 ff. Florus 2, 33, 49 und Orosius 6, 21, 4 berichten vom Einsatz römischer Flotteneinheiten. Vielleicht hängt damit die Anlage des Portus Victoriae Juliobrigensium (Plin. n. h. 4, 111) zusammen. Vgl. F. Diego Santos 539. Vgl. allgemein zu den Operationen in Spanien N. Santos Yanguas, Latomus 41, 1982, 5 ff., und E. Martino, Roma contra Cántabros y Astures, Santander 1982 (dazu R. C. Knapp, Gnomon 57, 1985, 198 ff.). J. M. Solana Sainz, Los Cántabros y la ciudad de Iuliobriga, Santander 1981, 85 ff. J. González Echegaray, Los Cántabros, Santander 1986, 138 ff.

[121] Dio 54, 23, 7. Vgl. 56, 43, 3. Florus 2, 33, 51 ff. Dazu F. Diego Santos (wie A. 117) 543 ff. – Wahrscheinlich wurde erst 13 v. Chr. und nicht schon 27 v. Chr., wie Dio meint (54, 12, 4 f.), die Dreiteilung der spanischen Provinzen (in Citerior, Baetica und Lusitania) vorgenommen, s. bes. G. Alföldy, Fasti Hispanienses 207 und 223 ff. Vgl. B. Galsterer-Kröll, Arch. Esp. di Arqueol. 48, 1975, (1977) 121 mit Anm. 5. – Zu den römischen Besatzungstruppen in Spanien vgl. J. M. Roldán Hervás, Hispania y el ejército romano, Salamanca 1974, P. Le Roux, L'armée de la Péninsule Ibérique et la vie économique sous le Haut-Empire romain, in: Armées et Fiscalité dans le Monde antique, Paris 1977, 341 ff. (mit Lit.), und A. García y Bellido, Arch. Esp. Arq. 49, 1976, 59 ff. – Die Durchorganisation der neuen Provinz Lusitanien nahm allerdings noch längere Zeit in Anspruch, wie datierte Grenzsteine aus der Provinz beweisen. Vgl. J. Alarcâo–R. Etienne, in: Ciudades Augusteas de Hispania 176: «Nous pouvons remarquer que cette fixation des limites des peuples de la nouvelle province de Lusitanie ... a toutes chances ... d'avoir été générale. Elle parait concentrée dans le temps et nous croyons pouvoir l'attribuer aux années 4/5 et 5/6 après J. C. puisque Auguste a délimeté en Lusitanie les territoires des Salmanticenses (Salamanque) et des Mirobrigenses (Ciudad Rodrigo) et cette opération ... a certainement été confiée à Q. Articuleius Regulus dont le gouvernement couvre sûrement

den einige hispanische Stämme aus dem unzugänglichem Bergland in die Ebene[122] und gab ihnen eine neue politische Gliederung. Auch die Anlage der Kolonie Caesaraugusta scheint damals erfolgt zu sein. Weniger Schwierigkeiten als die Spanier bereiteten dem Prinzeps die Britannier.[123] Die Stämme im Süden der britischen Insel hatten sich im Jahre 54 dem Caesar unterworfen und den Römern Tribut gezahlt. In den Jahren nach Caesars Tod hatten sie jedoch ihre Verbindung zu Rom wieder abgebrochen.[124] Schon im Jahre 34 soll daher Oktavian den Plan gefaßt haben, eine Expedition nach Britannien zu unternehmen,[125] wandte sich aber dann nach Illyricum. Auch in den Jahren 27 und 26 hat der Prinzeps erneut den Plan eines Britannienfeldzuges ventiliert.[126] In der augusteischen Dichtung wird in dieser Zeit immer wieder auf einen bevorstehenden Krieg gegen Britannien angespielt.[127] Im Jahre 24 scheint der Prinzeps dann mit den britannischen Stämmen zu einer friedlichen Über-

cette période. Elle est intervenue après de longues opérations de cadastre destinées à renseigner l'administration du fisc et à fixer définitivement au sol des populations parfois errantes.» Vgl. auch die a. O. p. 175 f. aufgeführten Grenzsteine (darunter eine bisher unedierte Inschrift = AE 1976 Nr. 272 f.). Zu Mirobriga s. F. Dos Santos Barata, in: La ciudad en el mundo romano 128 ff. – Vgl. allg. P. Bosch-Gimpera, Katalonien in der römischen Kaiserzeit, ANRW II 3, 1975, 572 ff. (zur Tarraconensis), und C. Castillo García, Städte und Personen der Baetica, a. O. 601 ff. Dazu P. Le Roux, L'armée romaine et l'organisation des provinces ibériques d'Auguste à l'invasion de 409, Paris 1982, 52 ff., und: Romains d'Espagne, Paris 1995, 59 ff. A. Tranoy, La Galice romaine, Paris 1981, 132 ff. A. Rodríguez Colmenero, Augusto e Hispania. Conquista y organización del Norte Peninsular, Bilbao 1979. J. S. Richardson, The Romans in Spain, Oxford 1996, 127 ff. S. auch die Literatur unten S. 430 ff. Anm. 162a. und 484 f. Anm. 130 ff. – Zu dem von Augustus eingerichteten *conventus Arae Augustae* s. oben S. 250 m. A. 149.

[122] Dio 54, 11, 5. Dazu F. Diego Santos 545 ff. und unten S. 497 A. 184. Vgl. Strabon 3, 3, 5 p. 154, wonach die Römer die meisten Poleis der nordspanischen Stämme zu Dörfern machten und nur einige durch Synoikismos besserstellten, indem sie ihnen offenbar den Charakter von Distriktvororten gaben. Vgl. dazu H. Galsterer, Actas del II Coloquio sobre lenguas y culturas preromanas de la peninsula Iberica, Salamanca 1979, 457 f.

[123] Vgl. zum Folgenden C. E. Stevens, Antiquity 21, 1947, 3 ff., und Sh. Frere, Britannia, London ²1978, 55 ff. Dazu Ch. de Filippis, Riv. Stud. Class. 24, 1976, 35 ff.

[124] Vgl. Diod. 1, 4, 7. 3, 38, 3 (beide Stellen wurden nach Stevens unmittelbar nach Caesars Tod abgefaßt).

[125] Dio 49, 38, 2.

[126] Dio 53, 22, 3 und 55, 2. Skeptisch steht diesen Angaben R. Syme, Ovid 50 f., gegenüber.

[127] Z. B. Hor. carm. 1, 21, 13 ff.; 3, 5, 1 ff.; 1, 31, 29 ff.; 4, 14, 41 ff. Vgl. Epod. 7, 7 ff. Propert. 4, 3, 7 ff.

Die Außenpolitik des Augustus 355

einkunft gekommen zu sein, die als freiwillige Unterwerfung gedeutet werden konnte.[128] Als Horaz im Jahre 15 v. Chr. sein Siegesgedicht an Augustus richtete, konnte er die Britannier als unterworfen betrachten.[129] Ob dieses Verhältnis so blieb, ist fraglich. Augustus sagt in seinen Res Gestae lediglich, daß die *reges Britannorum Dumnobellaunus et Tincommius* als *supplices* zu ihm flohen.[130] Doch berichtet Strabon später wieder, daß die Britannier durch Gesandtschaften um die Freundschaft des Augustus nachgesucht und Weihgeschenke auf dem Kapitol aufgestellt hätten. Danach waren sie nach römischer Auffassung in die römische Klientel eingetreten und konnten als unterworfen gelten. Vielleicht erfolgte der Eintritt in die römische *amicitia* jedoch erst nach der Endredaktion der *Res Gestae*.[131]

Noch während in Spanien gekämpft wurde und noch bevor die Lage an der Ostgrenze durch die Verständigung mit den Parthern bereinigt war, scheint Augustus mit den organisatorischen Vorbereitungen für die Eroberung der Alpenländer begonnen zu haben.[132] Für die Öffnung des Alpenraumes haben besonders die jüngeren Forschungen der Provinzialarchäologie neue Ergebnisse gebracht. Aus den literarischen Quellen weiß man,

[128] Liv. frg. 64. Dazu Th. E. Mommsen, AJPh 75, 1954, 175 ff.
[129] Horat. carm 4, 14, 41 ff.
[130] RgdA 32. Vermutungen über die Chronologie (auf Grund der britannischen Münzen) bei S. Frere, Britannia 59 ff.
[131] Strabon 4, 5, 3 p. 200 (der wirtschaftliche Gründe für den Verzicht auf eine Okkupation anführt). Nach Sh. Frere gehe die Passage auf die Zeit nach 7 n. Chr. (in die Frere die letzte Revision der Res Gestae datiert) und beziehe sich auf die nominelle Anerkennung des Augustus durch den *rex Cunobellinus*. Vgl. auch allgemein P. A. Brunt, JRS 53, 1963, 173 f.
[132] Zum Folgenden s. C. M. Wells, The German Policy of Augustus, Oxford 1972. Dazu die wichtigsten Rezensionen von H.-J. Kellner, Bayer. Vorgeschichtsbl. 38, 1973, 176 ff. H. von Petrikovits, Göttinger Gel. Anz. 228, 1976, 163. H.-G. Simon, Gnomon 48, 1976, 272 ff. Vgl. H. Schönberger, JRS 59, 1969, 144 ff. K. Christ, Chiron 7, 1977, 149 ff. – Vgl. auch C. M. Wells, The Augustan Penetration of Germany. Dates and Destinations, Congress of Roman Frontier Studies, Tel Aviv 1967, 1 ff. – Einen Forschungsbericht zur römischen Germanienpolitik im ersten nachchristlichen Jahrhundert bereitet D. Timpe vor. – Zum Alpenkrieg s. auch C. M. Wells, in: Studien zu den Militärgrenzen Roms II, Bonn 1977, 199 ff., sowie Atti Centro studi e documentazione 7, 1975/6, 269 ff. (P.-A. Fevrier); 379 ff. (H.-J. Kellner) und 601 ff. (J. Šašel). Dazu B. Overbeck, Geschichte des Alpenrheintales in römischer Zeit I, München 1982, 185 ff.; G. Walser, Studien zur Alpengeschichte, Stuttgart 1994; H. Wolff, in: Ostbairische Grenzmarken. Passauer Jbb. 28, 1986, 155 ff.; sowie die Beiträge von E. Gabba, U. Laffi, H. Galsterer, W. Eck und G. Walser, in: M. Vacchina (Ed.), La Valle d'Aosta e l'Arco Alpino nella politica del mondo antico, Aosta 1988, 53 ff., 62 ff., 79 ff., 102 ff. und 118 ff.

daß die Annexion des Gebietes der Salasser mit der Gründung der Kolonie Augusta Praetoria (Aosta) im Jahre 25 v. Chr. ihren Abschluß fand. (Die Goldminen im Salasserland nahmen die Römer ebenfalls in Besitz und ließen sie durch Pächter bewirtschaften.[133]) Damals scheinen die Römer auch den Großen Sankt-Bernhard-Paß und damit den Zugang zur *Vallis Poenina* unter ihrer Kontrolle gebracht zu haben.[134] Um die gleiche Zeit hat vielleicht M. Vinicius von Gallien aus das Valais unterworfen.[135] Vidy bei Lausanne wird in den folgenden Jahren zu einem stark frequentierten Handelsplatz und zu einer wichtigen Nachschubstation für die römische Kolonie in Nyon.[136] Genf besaß als *vicus* der Kolonie Vienna anscheinend bereits seit 41 v. Chr. das römische Bürgerrecht.[137] Ob auch die römischen Befestigungen in Vindonissa, in Oberwinterthur, in Zürich und am Walensee sowie die Festung auf dem Dos Trento bei Trient schon in den zwanziger Jahren entstanden sind, ist in der Forschung umstritten.[138] Wenig später (20/19 v. Chr.) hat Agrippa in Gallien offenbar mit dem großzügigen Ausbau des dortigen Straßennetzes begonnen.[139]

Ob auch die Umsiedlung der Ubier auf das linke Rheinufer erst damals erfolgt ist, wie Timpe möchte, ist allerdings fraglich. Die älteste Kölner Hafenbefestigung wird dendrochronologisch z. T. ins Jahr 38 v. Chr. datiert,[140] d. h. also in die Zeit des ersten Gallienaufenthaltes des Agrippa. Wann die

[133] Strabon 4, 6, 7 p. 205 f. Vgl. R. A. van Royen, Talanta 5, 1973, 48 ff., der darauf aufmerksam macht, daß Augustus im Jahre 22 v. Chr. die Provincia Narbonensis dem Senat zurückgab, weil offenbar damals die angrenzenden Stämme der Westalpen befriedet waren.

[134] Die Datierung ist jedoch umstritten, vgl. R. Frei-Stolba, ANRW II 5, 1, 1976, 352 mit Literatur.

[135] Dio 53, 26, 4. Dazu R. Syme, Danubian Papers 32 f. Anders R. Hanslik, RE IX A 1, 1961, 113.

[136] Zur Frage des Fortbestandes der Kolonien Nyon und Raurica vgl. R. Frei-Stolba, Historia 25, 1976, 337 Anm. 100, und ANRW II 5, 1, 1976, 340 ff. (Ebda. S. 352 Anm. 231 zum Handelsplatz Vidy bei Lausanne). Dazu M. Martin, Zur Topographie und Stadtanlage von Augusta Rauricorum, Archäologie der Schweiz 2, 1979, 172 ff., und P. Bridel, Le programme architectural du forum de Nyon, in: La ciudad en el mundo romano I 137 ff. Vgl. W. Drack–R. Fellmann, Die Schweiz in röm. Zeit, Stuttgart 1988, 24 ff. und 323 ff.

[137] Vgl. R. Frei-Stolba, ANRW II 5, 1, 318 bes. 323.

[138] Vgl. R. Frei-Stolba a. O. 355 und B. Overbeck, ANRW II 5, 1, 668, der für frühestens 15 v. Chr. plädiert. Zu Vindonissa vgl. M. Hartmann in: Roman Frontier Studies 1979, Oxford 1980, 553 ff.

[139] Dazu D. Timpe, Mon. Chilon. 131 f. mit Anm. 22. Zu der Tätigkeit des Agrippa in Gallien s. auch unten S. 495 ff.

[140] So O. Doppelfeld, ANRW II 4, 1975, 718 f. Dagegen s. jetzt E. Hollstein, Mitteleuropäische Eichenchronologie, Mainz 1980, 72 ff.

Nemeter, Triboker und Wangionen auf linksrheinischem Gebiet angesiedelt wurden, ist ebenfalls noch unsicher.[141] Vielleicht gehören sie ebenso wie die Anfänge des Lagers von Novaesium in das Jahr 19 v. Chr., doch sind die Baumaßnahmen des Agrippa einstweilen archäologisch noch schwer zu fassen.[142] Verstreute Nachrichten und Funde scheinen jedoch darauf hinzudeuten, daß Augustus schon Ende der 20er Jahre mit der systematischen Vorbereitung für die Eroberung der Alpenländer und für die Angriffskriege gegen das freie Germanien begann.

Die eigentliche Unterwerfung der Alpen und des Voralpenlandes erfolgte im Jahre 15 v. Chr. Den Auftakt bildeten die Kämpfe des Proconsuls von Illyricum P. Silius Nerva, der im Jahre 16 v. Chr. die Stämme zwischen Como und dem Gardasee unterwarf.[143] Im Jahre 15 gelang es dann den Stiefsöhnen des Augustus, Drusus und Tiberius, die Zentralalpen und das nördliche Alpenvorland zu erobern und damit das gesamte Alpengebiet unter römische Herrschaft zu bringen.[144] Propagandistisch wurden diese militärischen Erfolge alsbald gebührend herausgestellt. In der Münzprägung wurde der Sieg des Drusus und des Tiberius zum Gegenstand der Darstellung gemacht.[145] Und Augustus veranlaßte den Horaz, wegen des Sieges seiner Stiefsöhne den drei bereits erschienenen Odenbüchern ein viertes Buch anzufügen, im welchem den beiden erfolgreichen Feldherren zwei lange Gedichte gewidmet waren.[146] Der Senat schließlich ließ später

---

[141] Vgl. D. Timpe, Mon. Chilon. 138, und F. Vittinghoff, Convegno internat. Renania Romana, Rom 1976, 74.

[142] Vgl. H. von Petrikovits, BoJbb 161, 1961, 468, und „Das römische Rheinland", Beih. BoJbb 8, Köln–Opladen 1960, 15 f.

[143] In den bei Dio (54, 20, 1) genannten Vennioi möchte D. van Berchem, Mus. Helv. 25, 1968, 1 ff., die im Oberrheintal zu lokalisierenden Vennonetes erkennen. Silius habe diese unterworfen und damals auch die Befestigungen am Walensee und bei Zürich sowie eine Militärstraße von Como über den Julier- oder Splügenpaß nach Basel angelegt. Ebenso H.-J. Kellner, Die Römer in Bayern, München³ 1976, 22. F. Fischer, Germania 54, 1976, 147 f. akzeptiert zwar die Identifizierung der Vennioi mit den Vennonetes, lehnt aber die weiteren Vermutungen van Berchems ab. B. Overbeck, ANRW II 5, 2, 665 ff., verwirft dagegen jene Identifizierung überhaupt. – Zur Kontroverse um die Datierung des Siliusunternehmens s. R. Frei-Stolba, ANRW II 5, 1, 352 f. mit Lit. Vgl. auch J. Prieur, ANRW II, 5, 2, 1976, 630 ff., und B. Overbeck a. O. 668 ff.

[144] Vell. Pat. 2, 95, 1. Florus 2, 22, 4 f. Dio 54, 22, 1. Strabon 4, 6, 8 f. p. 206. Vgl. die Literatur bei J. Prieur a. O. sowie bei B. Overbeck a. O. 668 Anm. 62. Zur Frage, ob im J. 15 v. Chr. auch das keltische *oppidum* Manching zerstört wurde, s. K. Christ, Chiron 7, 1977, 167 ff. (mit Literatur). Vgl. B. Overbeck a. O. 663 und K. Castelin, Die Goldprägung der Kelten in den böhmischen Ländern, Graz 1965, 162.

[145] K. Kraft, Kleine Schriften II 321 ff.

[146] Horat., Carm. 4, 4 und 14. Suet. Vita Horat.

Militärwesen und Außenpolitik

auf den Bergen hinter Monaco ein großes Siegesdenkmal mit den Namen der unterworfenen Völkerschaften errichten.[147] Die Seealpen wurden damals dem Sohn des früheren Königs Donnus, M. Julius Cottius, als *praefectus civitatium* unterstellt, der später dem Augustus in Segusio (Susa) einen Ehrenbogen errichten ließ.[148] Die Jungmannschaften der rätischen und vindelizischen Stämme wurden damals von den Römern weggeführt. Wahrscheinlich wurden aus ihnen die Rätercohorten gebildet, die dann im Krieg gegen das freie Germanien zum Einsatz kamen.[149] In Rätien und Vindelizien blieben bis zum Abschluß der Angriffskriege gegen Germanien, d. h. bis zum Jahre 16 n. Chr., zwei Legionen stationiert.[150] Leider ist deren Standort noch nicht ermittelt. Oberhausen bei Augsburg ist vielleicht niemals Legionslager gewesen.[151] Die neu ausgegrabene Legionsfestung Dangstetten diente wohl als Basis für

[147] Zu diesem Monument s. J. Formigé, Le Trophée des Alpes (La Turbie), Gallia Suppl. II, Paris 1949. N. Lamboglia, Le Trophée d'Auguste à La Turbie, Bordighera³ 1965. Der Text findet sich bei Plin. n. h. 3, 136 und CIL V 7817. Zur Textgestaltung s. H. Lieb, Schriften des Vereins für Geschichte des Bodensees 87, 1969, 146 Anm. 29. Zur Erklärung s. J. Šašel, Ziva Antica 22, 1972, 135 ff., und Akten VI. Intern. Kongr. f. Gr. und Latein. Epigr., München 1973, 476 ff. R. A. van Royen, Talanta 5, 1973, 76 ff. U. Laffi, Centro Studi e Documentazione sull'Italia Romana, Atti 7, 1975/6, 392 ff., mit weiterer Literatur. Dazu jetzt H. W. Marx, AugAge 1, 1981/2, 17 ff., und M. Reddé, L'armée romaine en Gaule, Paris 1996, 96 ff. – Zu den Stämmen der Westalpen s. die ausführliche Monographie von G. Barruol, Les peuples préromains du Sud-Est de la Gaule, Rev. Arch. Narbon. Suppl. I, Paris 1975, bes. 167 ff. und 309 ff.

[148] Dessau Nr. 94. Vgl. PIR² Iulius Nr. 274 und C. Letta, Athenaeum 1976, 37 ff. J. Prieur, La Province romaine des Alpes Cottiennes, Villeurbanne 1968, U. Laffi a. O. 401 ff. Zum Bogen von Susa s. H. Kähler, RE VII A 1, 1939, 412 Nr. 23 mit Literatur. Dazu B. M. Felletti Maj, Rend. Pontif. Accad. Arch. 33, 1960/1, 129 ff., und Atti del I. Congr. internaz. di Archeol. dell'Italia Settentrionale, Turin 1963, 125 ff. M. Carina Calvi, Archeologia Classica 28, 1976, 115 ff.

[149] Dio 54, 22, 5. Vgl. B. Overbeck, ANRW II 5, 2, 1976, 669 mit Literatur, bes. H. U. Nuber, in: Studien zu den Militärgrenzen Roms I, Köln–Graz 1967, 90 ff.

[150] Vgl. K. Kraft, Kleine Schriften I, 230 ff. H. Schönberger, JRS 59, 1969, 151. Vgl. allgemein zur Verwaltung von Rätien H. J. Kellner, Die Römer in Bayern 26 ff. B. Overbeck a. O. 669 ff. und 684 f. U. Laffi a. O. (Anm. 147) 397 ff. mit Literatur. Das neuerworbene Gebiet wurde zunächst einem kaiserlichen *legatus pro praetore* unterstellt, der das Land praktisch als Statthalter verwaltete, s. Dessau 847, dazu W. Eck, ZPap 70, 1987, 203 ff.

[151] C. M. Wells, German Policy 87 ff., bezweifelt die Existenz eines Legionslagers in Oberhausen. Gegen ihn wendet sich wieder B. Overbeck a. O. (Anm. 149) 670 f. Vgl. auch H.-J. Kellner, Die Römer in Bayern 27 f., und ANRW II 5, 2, 1976, 690 ff. sowie jetzt in: W. Csysz u. a., Die Römer in Bayern, Stuttgart 1995, 419 f. mit Lit.

Die Außenpolitik des Augustus 359

den Feldzug des Jahres 15 v. Chr. und war dann anscheinend noch bis ca. 8 v. Chr. besetzt.[152] Doch erst im Jahre 16 n. Chr. wurden die Legionen endgültig aus Rätien abgezogen. Rätien wurde damals mit Vindelizien und vier Stämmen der pöninischen Alpen einem Präfekten aus dem Ritterstand unterstellt (im wesentlichen also das heutige Bayern südlich der Donau, das nördliche Tirol und der östliche Teil der Schweiz).[153]

Wohl gleichzeitig mit der Eroberung der Alpenländer wurde auch das bisherige *regnum Noricum* (d. h. im wesentlichen das Gebiet des heutigen Österreich) zur römischen Provinz gemacht.[154] Da ein Statthalter für Noricum erst unter Claudius bezeugt ist, hat man früher auch diesem Kaiser die Einrichtung der Provinz zugeschrieben. Diese Auffassung hat jedoch G. Alföldy stark erschüttern können. Über die Verwaltung der Provinz in vorclaudischer Zeit ist allerdings so gut wie nichts bekannt. Möglicherweise war sie ebenfalls einem Präfekten aus dem Ritterstande unterstellt.

Die Besetzung des Alpenvorlandes war nur sinnvoll „im Zusammenhang mit der Angriffsplanung gegen den großgermanischen Raum. Dafür

---

[152] Vgl. Wells, German Policy 315f. Nach G. Fingerlin, Kölner Römerillustrierte 2, 1975, 109f., war in Dangstetten die 19. Legion stationiert, die dann an den Drususfeldzügen in Niedergermanien teilnahm. Vgl. jetzt ders., in: Ph. Filtzinger–D. Planck–B. Cämmerer, Die Römer in Baden-Württemberg, Stuttgart ³1986, 376ff. mit Lit. Nach F. Schön, Der Beginn der römischen Herrschaft in Rätien, Sigmaringen 1986, 70, deutet die Expedition des Tiberius in den Schwarzwald (Strabo 7, 1, 5 p. 292) darauf hin, daß die Römer von Dangstetten aus „ein wenn auch relativ kleines Vorfeld rechts des Rheins unter Kontrolle nahmen". Vgl. auch G. Wieland, Germania 72, 1994, 205ff.

[153] Dessau 2689. Dazu B. Overbeck a. O. (Anm. 149) 684. Zu Octavius Sagitta, der wohl unter Augustus Finanzprocurator war, s. U. Laffi, Athenaeum 1977, 369ff. Vgl. allgemein die wichtige Untersuchung von U. Laffi, Sull'organizzazione amministrativa dell'area alpina nell'età Giulio-Claudia, in: Centro Studi e Documentazione sull' Italia Romana, Atti 7, 1975/6, 391ff., der betont, daß die Alpenländer unter Augustus als Militärbezirke ritterlichen Offizieren (Präfekten) unterstellt waren und der direkten Kontrolle des Prinzeps unterlagen. Für diese Regelung scheinen allerdings weniger innenpolitische Gründe (wie Laffi meint) als vielmehr militärische Überlegungen ausschlaggebend gewesen zu sein. Vgl. in ähnlichem Sinne wie Laffi auch H. Braunert, Chiron 7, 1977, 207ff., dessen Thesen jedoch nach den Ausführungen Laffis der Modifikation bedürfen. Vgl. auch oben S. 189 Anm. 131.

[154] Dazu zusammenfassend G. Alföldy, Noricum. London 1974, 52ff., der ausführlich auf die Frage der Datierung und auf die in ihrem Verlauf ebenfalls umstrittenen Grenzen eingeht. Vgl. auch G. Winkler, Noricum und Rom, ANRW II 6, 1977, 183ff. (mit Literatur). Wenig überzeugend möchte P. Kneissl, Chiron 9, 1979, 261ff., die Okkupation Noricums erst in claudische Zeit datieren. Dagegen spricht u. a. Vell. Pat. 2, 39, dessen Interpretation durch Kneissl kaum haltbar ist.

war eine ausreichende nordalpine Basis und eine Verbindungsmöglichkeit zwischen den geplanten zangenförmig ansetzenden Angriffskeilen vom Rhein nach Osten zum Unter- und Mittellauf der Elbe und von der Donau nach Norden mit Richtung auf die Elbquellen nötig."[155]
Schon im Jahre 16 v. Chr. hatte Augustus die Niederlage seines Legaten M. Lollius am Niederrhein zum Anlaß genommen, sich nach Gallien zu begeben, um hier die Verhältnisse selbst zu ordnen.[156] Von 16–13 v. Chr. weilte Augustus in Gallien.[157] Wahrscheinlich erfolgte in diesen Jahren

[155] K. Kraft, Kleine Schriften I 190 ff. (Zitat S. 192). Gegen Kraft mit unzureichenden Argumenten K. Christ, Chiron 7, 1977, 183 ff. Dezidiert hat jetzt K. Dietz, in: W. Csysz, Die Römer in Bayern (o. Anm. 151) 18 ff., bes. 37 ff., die Ansicht von Kraft zurückgewiesen. Die Befriedung der Alpen sei die Antwort auf die ständigen Übergriffe der Alpenvölker gewesen und habe allein der Sicherung Italiens gedient. Man fragt sich aber dann, warum Augustus die Alpen nicht schon Mitte der 20er Jahre, sondern erst unmittelbar vor Beginn der Germanenkriege unterworfen hat. Die Erschließung der Alpen durch neue Straßen war im übrigen dazu geeignet, die Schutzfunktion des Gebirges für Italien zu schwächen. – Nach F. Schön (wie oben Anm. 152) 29 erfolgte dagegen die Unterwerfung der Alpenvölker mit dem Ziel, „die östlichen und die westlichen Reichsteile stärker miteinander zu verklammern". Schön glaubt, daß Augustus eine eher hegemoniale Politik verfolgt habe; meint aber, daß die Römer schon 16/15 v. Chr. erkannten, daß der Alpenfeldzug für ein späteres militärisches Engagement in Germanien eine notwendige Voraussetzung war.

[156] Vell. Pat. 2, 97, 1. Dio 54, 20, 4 ff. Vgl. Suet. Aug. 23, 1: *(clades) maioris infamiae quam detrimenti*. Die Datierung der *clades Lolliana* ist umstritten. F. Schön (wie Anm. 152) 25 f. (mit Lit.) plädiert für 17 v. Chr. Daß die *clades Lolliana* nur ein Anlaß für das Vorgehen gegen Germanien war, hat schon R. Syme mit Recht betont (JRS 23, 1933, 21; RR 360 ff.), der vor allem auf die Tatsache hinweist, daß schon im J. 25 v. Chr. die Zahl der Legionen von 26 auf 28 erhöht wurde, was bei einer bloß defensiven Zielsetzung der augusteischen Außenpolitik schwer erklärlich wäre. Vgl. auch R. Syme, Ovid 3 ff.

[157] Augustus bereiste in den Jahren 16–13 v. Chr. Gallien, wobei er einzelnen Gemeinden *libertas* und *civitas* gab oder nahm (so Dio 54, 25, 1). Nach H. J. van Dam, Mnemosyne 31, 1978, 61 ff., beziehe sich auch Plinius, n. h. 4, 106, *(Treveri liberi antea)* auf Augustus, der den Treverern die *libertas* genommen habe. Wahrscheinlicher ist aber wohl doch der allgemein angenommene Bezug auf den Trevereraufstand von 21 n. Chr. – Zur Neuordnung Galliens vgl. die grundlegenden Ausführungen von O. Hirschfeld, Kleine Schriften 112 ff., dessen negative Beurteilung der augusteischen Neuordnung allerdings auf Grund der inzwischen bekanntgewordenen Ergebnisse der Bodenforschung (dazu S. 426 ff. u. 495 ff.) revidiert werden muß. Vgl. jetzt R. Frei-Stolba, Historia 25, 1976, 337 f. (mit Literatur). Ob damals auch der Zollbezirk der Quadragesima Galliarum eingerichtet wurde, ist fraglich (vgl. Frei-Stolba a. O. 343 f.). Dafür jetzt J. France, MEFRA 105, 1993, 895 ff. – Zur Vorbereitung der römischen Offensive gegen Germanien gehörte möglicherweise die

auch die Verlegung der letzten der bis dahin in Innergallien stationierten Legionen an den Rhein.[158] Als frühe Militärlager, die teils mit Legionen, teils mit Auxilien belegt waren, sind archäologisch Nymwegen, Vetera bei Xanten, Moers-Asberg, Neuss, Bonn und Mainz gesichert. Erst später wurde auch Köln Truppenstandort. Eine Legion war wohl am Oberrhein stationiert, doch ist deren Lager noch nicht ermittelt.[159] Insgesamt wurden sechs Legionen und eine entsprechende Zahl von Hilfstruppen am Rhein massiert. Auch wenn die einzelnen Truppenkörper, die in den archäologisch festgestellten Lagern untergebracht waren, nicht alle bekannt sind, läßt doch die große Zahl und die Verteilung der Truppen bereits eine offensive Absicht deutlich erkennen. Die Zielsetzung der im Jahre 12 v. Chr. beginnenden Offensive gegen Germanien ist allerdings noch immer umstritten. C. M. Wells neigt der Auffassung zu, Augustus habe von einem allumfassenden Weltreich geträumt und auch an der Elbe nicht haltmachen

Verlegung einiger keltischer Bergstädte in die Ebene, vgl. unten S. 495 f. A. 173 und 174.

[158] Vgl. E. Ritterling, Zur Geschichte des römischen Heeres in Gallien unter Augustus, BoJbb 114/5, 1906, 159 ff. E. M. Wightman, La Gaule Chevalue entre César et Auguste, Actes du IXe Congrès international d'études sur les frontières romaines 1972, Köln–Wien 1974, 473 ff. und Helinium 17, 1977, 105 ff. R. Frei-Stolba a. O. 336 f. Nach M. Reddé, in: Die römische Okkupation nördlich der Alpen 41 ff., waren jedoch in Mirebeau, Arlaines, Aulnay-de-Saintonge und Néris in augusteischer Zeit keine Truppen stationiert und erscheint Ritterlings „Schema der römischen Besatzung Galliens unter Augustus ... heute restlos überholt". – Zu den augusteischen Lagern am Rhein s. T. Bechert–W. J. H. Willems, Die römische Reichsgrenze von der Mosel bis zur Nordseeküste, Stuttgart 1995, 29 ff. – A. Furger-Gunti, Arch. Korr.-Bl. 11, 1981, 231 ff., vermutet aufgrund von Funden keltischer Münzen in römischen Militärlagern, „daß bei der Germanenoffensive mit einer von den *auxilia Gallorum* durchgeführten Vorbereitungsphase zu rechnen sei" (S. 242). Vgl. allg. zum Folgenden R. Wolters, Römische Eroberung 153 ff.

[159] Vgl. E. Stein, Die Kaiserlichen Beamten und Truppenkörper im römischen Deutschland unter dem Prinzipat, Wien 1932, 87 ff. H. Nesselhauf, JRGZM 7, 1960, 151 ff. Vgl. jetzt H. Schönberger, Die römischen Truppenlager der frühen und der mittleren Kaiserzeit zwischen Nordsee und Inn, BerRGK 66, 1985, 321 ff. Zu *castra vetera* bei Xanten s. N. Hanel, in: Die römische Okkupation nördlich der Alpen 25 ff. Das Lager auf dem Hunerberg bei Nymwegen ist nach J. K. Haalebos, ebda. 97 ff., vermutlich schon in der Zeit entstanden, „als die Legionen in Vorbereitung der germanischen Offensive aus dem inneren Gallien an den Rhein versetzt wurden" (S. 107). Zum Lager in Bonn s. A. Rösger–W. Will, BoJbb 185, 1985, 27 ff. Zu den Lagern in Neuss s. Chr. B. Rüger, in: H. Chantraine u. a., Das römische Neuss, Stuttgart 1984, 9 ff. – Vgl. auch H. Bernhard, Militärstationen und frührömische Besiedlung in augusteisch-tiberischer Zeit am nördlichen Oberrhein, in: Studien zu den Militärgrenzen Roms III, Stuttgart 1986, 105 ff.

wollen.[160] Man wird aber die Weltherrschaftsideologie und die praktischen Nahziele des Augustus auseinanderhalten müssen.[160a] R. Syme hat dagegen vermutet, daß der Prinzeps beabsichtigt habe, durch das Vorschieben der Grenze an die Elbe und die Annexion Böhmens eine Frontverkürzung zu erreichen.[161] J. J. Wilkes glaubt sogar, Augustus habe auch alles Land östlich und südlich der Karpaten, einschließlich der Daker in Transsylvanien, okkupieren wollen.[162] P. A. Brunt hat gegen derartige Vorstellungen jedoch eingewandt, daß sie an modernen Karten entwickelt seien, die dem Augustus nicht zur Verfügung standen.[163] Nach den Überlegungen von D. Timpe ist es sogar fraglich geworden, ob der Prinzeps überhaupt die dauernde Besetzung Böhmens geplant hat. Timpe glaubt außerdem, in der Germanienpolitik des Augustus verschiedene Phasen erkennen zu können.[164] Zunächst habe Agrippa die Verteidigung am Rhein reorganisiert, um den Angriffen der Barbaren über den Strom besser begegnen zu können. Dann habe Augustus die Niederlage des Lollius zum Anlaß genommen, die Legionen an den Rhein zu verlegen, um die Verteidigung künftig offensiv zu führen. Auch die ersten Feldzüge des Drusus hätten nur defensiven Charakter gehabt und noch nicht der Eroberung Germaniens gedient. Das Ziel sei lediglich die Rache an den Sugambrern gewesen. Erst die Kooperation der Sugambrer mit den Cheruskern und anderen germanischen Stämmen habe dann zu einer Änderung der militärisch-politischen Zielsetzung geführt. Erst im Verlauf der Operationen sei also die Unterwerfung des freien Germanien bis zur Elbe zum eigentlichen Kriegsziel erhoben worden.[165] Angesichts der langjährigen Vorbereitungen der germanischen Feldzüge durch Augustus und seine Mitarbeiter wird man aber wohl daran festhalten dürfen, daß die Okkupation Germaniens bis zur Elbe von Anfang an die Absicht der römischen Operationen

---

[160] C. M. Wells, German Policy 3 ff.

[160a] Vgl. auch K. Bringmann, Antike und Abendland 23, 1977, 47 ff., der von einer Differenz zwischen ideologischem Imperialismus und einem extensiv ausgelegten Kalkül der Sicherheit spricht, das der Außenpolitik des Augustus zugrunde gelegen hätte.

[161] R. Syme, CAH X, 1952, 353 (vgl. jedoch jetzt "Ovid" 52 mit Anm. 5). Vgl. A. Heuß, RG 306.

[162] J. J. Wilkes, Dalmatia, London 1969, 66.

[163] P. A. Brunt, JRS 53, 1963, 172 f.

[164] D. Timpe, Saeculum 18, 1967, 286, und Mon. Chilon. 141 ff. (zustimmend K. Christ, Chiron 7, 1977, 188 ff.).

[165] Interne Kritik an dieser angeblich neuen Zielsetzung sei nach D. Timpe, Rh. Mus. N. F. 110, 1967, 289 ff., in der Erzählung von der Frauengestalt, die Drusus an der Elbe Halt geboten haben soll, zum Ausdruck gebracht worden. Dagegen s. K. Christ, Chiron 7, 1977, 164.

war. Ob die Gewinnung einer leichter zu verteidigenden Grenzlinie dabei wirklich die Rolle gespielt hat, die ihr meist zugeschrieben wird, ist allerdings sehr fraglich.[166] Als Augustus seine Offensive gegen Germanien startete, gab es ja noch nirgends eine lineare Grenzverteidigung. Diese ist vielmehr erst das Ergebnis der von Tiberius verfügten Einstellung der Offensive gegen Germanien. Man wird wohl doch auch in der Germanienpolitik den Augustus mehr als bisher als den Erben Caesars zu sehen haben, der jedenfalls den Rhein niemals als definitive Grenze des Imperium betrachtet hat.[167]

Die Operationen des Drusus in den Jahren 12–9 v. Chr. sollen hier nicht im einzelnen verfolgt werden.[168] Die umstrittene Frage der sogenannten

[166] Vgl. D. Timpe, in: Latein und Europa 64. – Als Schiffahrtsweg spielte die Elbe aber nicht nur in der strategischen, sondern sicherlich auch in der politischen Konzeption des Augustus eine wichtige Rolle. Vgl. allgemein zur Bedeutung der Flüsse Rhein, Elbe und Donau in der strategischen Konzeption des Augustus: A. Mócsy, Pannonia 34 f.

[167] Vgl. Caes., bell. Gall. 4, 16, 4. Dazu D. Timpe, Historia 14, 1965, 208 f. Vgl. auch W. Dahlheim, Gewalt und Herrschaft, Berlin 1977, 164 f., zum Rheinübergang Caesars: „Deutlicher war der Anspruch auf die unbegrenzte Weltherrschaft gar nicht formulierbar." – Das Zeugnis des Florus (2, 30, 21 f.), wonach Augustus *in illius (Caesaris) honorem concupierat (Germaniam) facere provinciam*, hat wohl doch mehr Gewicht, als man ihm gemeinhin beimißt. – Vgl. zur imperialen Konzeption des Augustus auch R. Dion, Mél. Carcopino, Paris 1966, 249 ff. (wonach Augustus von einem Seeweg durch die Nordsee um Jütland zum Kaspischen Meer geträumt habe). K.-W. Welwei, Gymnasium 93, 1986, 118 ff., meint dagegen, Augustus habe von vornherein nur die Positionen an der Lippe und an der von Mainz ausgehenden Ausfallroute gewissermaßen als „erheblich ausgeweitete Brückenköpfe" besetzt halten wollen. Gegenteilige Aussagen der Überlieferung gingen auf das Konto der augusteischen „Siegespropaganda". Gegen diese Auffassung spricht jedoch schon der immense Aufwand an Finanzmitteln und Truppen für die Germanenkriege. Vgl. dazu R. Wolters, Römische Eroberung 165, der zum Feldzug des Drusus im J. 11 v. Chr. bemerkt, „das Operationsziel (war) ... keinesfalls in erster Linie die Besiegung der Sugambrer ..., sondern eine flächige Durchdringung Norddeutschlands". – Zum Verhältnis der germanischen Stämme zu Rom s. W. Will, BoJbb 187, 1987, 1 ff., der sich mit Recht gegen die Annahme eines festen 'Systems' von Klientelrandstaaten am Rhein ausspricht. Ebenso R. Wolters, Römische Eroberung.

[168] Dio 54, 32 f. 55, 1 f. Florus, 2, 30, 21 ff. Vgl. G. Vitucci, Sulla strategia di Nerone Claudio Druso, in: Convegno intern. Renania Romana, Rom 1976, 117 ff., der glaubt, daß die Erfolge des Drusus von der nach seinem Tod einsetzenden Panegyrik übertrieben worden seien. Vgl. zum Folgenden allgemein: L. Schumacher, Römischer Kaiser in Mainz im Zeitalter des Principats, Bochum 1982, 6 ff. J.-S. Kühlborn, Die Zeit der augusteischen Angriffe gegen die rechtsrheinischen Germanenstämme, in: Kaiser Augustus und die verlorene Republik 530 ff. (mit Plänen). A. Becker, Rom und die Chatten, Darmstadt/Marburg 1992, 99 ff. – Zu den Arbei-

Drususkastelle[169] hat durch jüngere archäologische Forschungen, besonders durch die Freilegung eines römischen Nachschublagers in Rödgen in der Wetterau und eines Kastells auf dem Limberg bei Sasbach am Oberrhein, eine neue Beleuchtung erfahren.[170] Auch der Angabe des Florus über römische Flottenstationen in Gesoriacum und Bonn, die Drusus angelegt und durch *pontes* verbunden habe, wird heute wieder mehr Glauben geschenkt.[171]

Das Ergebnis der Feldzüge des Drusus war zweifellos bedeutend. Sein Nachfolger Tiberius erreichte es im Jahre 8 v. Chr. ohne besondere Schwierigkeiten, daß sich alle Germanenstämme zwischen Rhein und Elbe der römischen Macht unterwarfen.[171a] Die von der Überlieferung wenig erhellte Zeit vom Weggang des Tiberius aus Germanien bis zur Statthalterschaft des Varus ist von D. Timpe monographisch behandelt worden, der betont, daß tatsächlich unter den Statthaltern Sentius Saturninus und Quintilius Varus „die zivilisatorische Erschließung und damit die politische Durchdringung des Landes vorangetrieben wurde".[172] Die berühmte Angabe des Velleius Paterculus, daß Tiberius schon im Jahre 8 v. Chr. *Germaniam sic perdomuit ..., ut in formam paene stipendiariae redigeret provinciae*, erfährt eine Ergänzung durch die Entdeckung römischer Lager im freien Germanien.[173] Entlang der Lippe fanden sich in Holsterhausen ein Marschlager für zwei Legionen, in Haltern ein Versorgungslager,[174] in

---

ten von W. Will, R. Wolters und A. Becker sowie zu C. R. Whittaker, Frontiers of the Roman Empire, vgl. jetzt P. Kehne, Germania 75, 1997, 265 ff.

[169] Zu den „Drususkastellen" s. Chr. Rüger, Germania Inferior, Köln–Graz 1968, 16 ff., und W. Schleiermacher, Analecta Archaeologica, Festschrift Fritz Fremersdorf, Köln 1960, 231 ff., sowie G. Alföldy, Die Hilfstruppen der römischen Provinz Germania Inferior, Düsseldorf 1968, 137 und 144. Dazu R. Wolters, Römische Eroberung 170 ff.

[170] Zum Lager von Rödgen s. H. Schönberger–H. G. Simon, Römerlager Rödgen, Limesforschungen 15, Berlin 1976. Zum Kastell von Sasbach s. G. Fingerlin in: Studien zu den Militärgrenzen Roms II, Bonn 1977, 131 ff.

[171] Vgl. N. Reed, Historia 24, 1975, 315 ff. Vgl. jetzt die eingehende Analyse des Florustextes von A. Rösger und W. Will, BoJbb 185, 1985, 27 ff., wonach mit den *pontes* Rheinbrücken gemeint sind.

[171a] Dio 55, 6, 1 ff. – 40000 Germanen wurden damals von Tiberius auf das linksrheinische Ufer umgesiedelt (Suet. Tib. 9, 2; Aug. 21, 1), vgl. dazu Chr. Rüger, Germania Inferior 9, und R. Wolters, Römische Eroberung 175 ff.

[172] D. Timpe, Saeculum 18, 1967, 278 ff. (Zitat S. 289).

[173] Vell. Pat. 2, 97, 4. Zu den Lagern im freien Germanien s. allgemein C. M. Wells, German Policy 149 ff., und H. Schönberger, JRS 59, 1969, 147. Zu den römischen Lagern an der Lippe s. S. von Schnurbein, BerRGK 62, 1981, 5 ff., und T. Bechert–W. J. H. Willems (o. A. 158) 53 ff.

[174] S. von Schnurbein, Die römischen Militäranlagen bei Haltern, Bodenaltertü-

Die Außenpolitik des Augustus 365

Annaberg und Hofestatt römische Befestigungen, in Oberaden ein Legionslager, das mehrere Jahre belegt war,[174a] in Beckinghausen ein Fort und in Anreppen wieder ein Legionslager. In der Wetterau ist außer dem Nachschublager in Rödgen ein Fort in Bad Nauheim zu nennen, das wohl ebenfalls noch in die Zeit des Drusus gehört und Raum bot für eine halbe Legion. Allerdings lagen alle diese Militärstationen an den beiden großen Einfallrouten nach Germanien. Von einer flächigen Besetzung des ganzen Landes kann keine Rede sein. Der archäologische Befund bestätigt also die Angabe des Cassius Dio, wonach die Römer nur unzusammenhängende Teile Germaniens fest in der Hand gehabt hatten.[175] Dennoch hat Augustus ganz offenbar die Absicht gehabt, Germanien bis zur Elbe dem Imperium einzugliedern, und scheint diese Absicht auch bereits sehr weit-

mer Westfalens 14, Münster² 1981. Ders., Die unverzierte Terra Sigillata aus Haltern, Münster 1982, und: Halterner Sigillata-Produkte in rheinischen Stützpunkten, Germania 64, 1986, 45 ff. B. Galsterer, Die Graffiti auf der römischen Gefäßkeramik aus Haltern, Münster 1983. Dazu FMRD VI 4, Berlin 1971, 53 ff. S. von Schnurbein bemerkt zu den Funden aus einer Töpferei des Lagers Haltern, daß die militärischen Verhältnisse es erlaubt haben müssen, „daß die in Haltern stationierte Truppe darangehen konnte, neben der Produktion von Gebrauchskeramik auch anspruchsvollere und differenziertere Luxusgegenstände herzustellen" (Germania 52, 1974, 88). Vgl. auch S. von Schnurbein, in: Studien zu den Militärgrenzen Roms II, Bonn 1877, 169 ff. Danach sei der Platz in Hofestatt kein Uferkastell, wie man bisher annahm, sondern nur ein Platz für Nachschub und Versorgung gewesen. Neue Untersuchungen haben jedoch die ältere Auffassung bestätigt. Dabei kann J.-M. A. W. Morel (in: Die römische Okkupation nördlich der Alpen 159 ff.) sechs Perioden des Uferkastells unterscheiden und nachweisen, daß in der fünften Periode Hoffestatt einen völlig ausgebauten Kriegshafen mit Schiffshäusern erhielt. Auch in Anreppen könnte es nach Morel eine Hafenanlage gegeben haben.
[174a] Dazu J.-S. Kühlborn, Boreas 4, 1981, 216 ff., und Ders.–S. von Schnurbein, Das Römerlager in Oberaden III, Münster 1992, sowie P. Illisch, in: Die römische Okkupation nördlich der Alpen 141 ff. (Münzen). Der Beginn des Lagers in Oberaden ist dendrochronologisch für 11 v. Chr. gesichert. Nach dem Tode des Drusus wurde Oberaden ebenso wie Dangstetten und Rödgen aufgelassen (ca. 8 v. Chr.). Vgl. J. Kunow, in: H. G. Horn, Die Römer in Nordrhein-Westfalen, Stuttgart 1987, 27 ff., bes. 36 (mit Literatur). Während J.-S. Kühlborn ebda. 437 die Gründung von Haltern um Christi Geburt ansetzt, rückt S. von Schnurbein, Die römische Okkupation nördlich der Alpen 4 f. (mit weiterer Lit.), das Gründungsdatum weiter herauf in die Jahre 7–5 v. Chr. Wenn dies stimmen sollte, wäre damit der Ansicht von H.-G. Simon, in: D. Baatz–F.-R. Herrmann, Die Römer in Hessen, Stuttgart 1982, 46 f., wonach die Räumung der Lager Oberaden, Dangstetten und Rödgen Teil einer umfassenden Planung war, die den Verzicht auf großräumige Operationen einschloß, der Boden entzogen. Gegen Simon s. auch R. Wolters, Römische Eroberung 178 f.
[175] Dio 56, 18, 1. Anders deutet die Stelle D. Timpe, Saeculum 18, 1967, 288 ff., und: Arminius-Studien 82 ff. Dagegen s. K. Christ, Chiron 7, 1977, 194 f.

gehend verwirklicht zu haben. Dabei scheinen der *ara Ubiorum* die gleichen Funktionen für Germanien zugedacht gewesen zu sein wie dem Lyoner Altar für die drei Gallien. Dafür könnte jedenfalls die Wahl des Segimundus zum Priester *apud aram Ubiorum* sprechen.[176]

Parallel zur Eroberung des freien Germaniens bis zur Elbe durch Drusus erfolgte die Unterwerfung des illyrischen Raumes.[177] Sie wurde in der augusteischen Propaganda weniger herausgestellt und läßt sich daher heute nur noch in Umrissen skizzieren. Ziel der römischen Operationen scheint es vor allem gewesen zu sein, die wichtige Durchgangsstraße von Siscia über Sirmium (Mitrovica) nach Serdica (Sofia) und weiter an die Propontis fest in die Hand zu bekommen.[178] Das Bergland von Bosnien wurde dagegen offenbar nur einer lockeren Kontrolle unterworfen. Schon in den Jahren 30 und 29 hatte M. Licinius Crassus als Statthalter von Makedonien einen Einfall der germanischen Bastarner über den Balkan nach Thrakien abgewehrt und war im Gegenstoß bis zur Donau gelangt. Im Laufe dieser Operationen hat er auch die römische Oberhoheit über die Thraker wiederhergestellt, die schon Brutus im Jahre 42 v. Chr. in römische Abhängigkeit gebracht hatte. Wahrscheinlich hat schon Crassus in Serdica ein römisches Kastell anlegen lassen.[179] Im Jahre 14/13 haben dann die Römer einen Einfall der keltischen Skordisker zum Anlaß genommen, von Makedonien aus mit einer Armee in den Raum von Sirmium vorzustoßen. Die Truppen wurden möglicherweise von Tiberius kommandiert, dem die Skordisker jedenfalls im folgenden Jahr gegen die pannonischen Breuker Hilfe geleistet haben.[180] Die Abwesenheit der makedonischen Legionen dürfte der Grund dafür gewesen sein, daß im Jahre 13 L. Calpurnius Piso mit einer Armee von Pamphylien nach dem Balkan

---

[176] Tac. ann. 1, 57, 2. Dazu J. Deininger, Provinziallandtage 24 f. und 112. D. B. Saddington, ANRW II 3, 1975, 125. Zweifel äußern D. Timpe, Saeculum 18, 1967, 290, und: Arminius-Studien 86 ff., und K. Christ, Chiron 7, 1977, 197. Sicherheit wird sich in dieser Frage erst gewinnen lassen, wenn einmal der Bezirk des Kölner Altars gefunden ist. Vorläufig begegnet auf den über 600 Kölner Inschriften (vgl. B. und H. Galsterer, Die römischen Steininschriften aus Köln, Köln 1975) kein Kaiserpriester und findet sich keine Weihung für Roma und Augustus oder für den Divus Augustus!

[177] Vgl. zum Folgenden J. J. Wilkes, Dalmatia 60 ff.

[178] Vgl. bes. R. Syme, CAH X 1952, 355.

[179] Dio 51, 23, 2 ff. – Im Jahre 27 v. Chr. triumphierte Crassus *ex Thraecia et Geteis*: Inscr. Italiae XIII 1 p. 86f. (vgl. p. 344 f.), dazu vgl. den Kommentar von A. Degrassi a. O. p. 571. Vgl. A. Mócsy, Pannonia 23f. Zu dem römischen Kastell in Serdica s. M. Fluss, RE II A 2, 1923, 1669 f.

[180] Vgl. Dio 54, 20, 3. Vell. Pat. 2, 39, 3. Dazu A. Mócsy a. O. Zur militärischen Besatzung in Makedonien unter Augustus s. M. Le Glay, BSAF 1978/9, 294 ff.

kommandiert wurde, um eine Rebellion der Thraker niederzuschlagen.[181] Während die makedonischen Legionen von Süden aus nach Norden vorstießen, sollten im Jahre 13 Agrippa und M. Vinicius gegen die Völker zwischen Save und Drau vorgehen, doch erfuhr das Unternehmen durch die Krankheit und den Tod des Agrippa einen Aufschub.[182] Anstelle des Agrippa übernahm Tiberius das Kommando, der dann von 12–9 v. Chr. in Illyricum gekämpft hat. Das Ergebnis resümiert Augustus selbst so: *Pannoniorum gentes, quas ante me principem populi Romani exercitus numquam adit, devictas per Ti. Neronem, qui tum erat privignus et legatus meus, imperio populi Romani subieci protulique fines Illyrici ad ripam fluminis Danuvi*.[183] Es handelt sich vor allem um das Gebiet zwischen Save und Drau und um Dalmatien bis zur mittleren Donau. Das Land zwischen der Drau und dem Donauknie, die heutige Ungarische Tiefebene, ist vielleicht erst im Jahre 8 v. Chr. von Sex. Appuleius zur Anerkennung der römischen Oberhoheit gezwungen worden.[184] In der Folgezeit haben dann römische Armeen zweimal die mittlere und einmal die untere Donau überquert, ohne daß mit diesen Expeditionen expansive Absichten verbunden gewesen wären. Doch sicherte ein gewisser Cn. Lentulus die Donaulinie durch Kastelle. Und der Consular Sex. Aelius Catus siedelte 50000 Geten südlich der Donau im späteren Mösien an.[185]

[181] Dio 54, 34, 5f. Vell. Pat. 2, 98. Zum Problem der Statthalterschaft des Piso s. PIR² Calpurnius Nr. 289. Vgl. auch Chr. M. Danov, ANRW II 7, 1, 1979, 128ff.

[182] Dio 54, 28, 1f. Vell. pat. 2, 96, 2.

[183] RgdA 30. Vgl. Dio 54, 31, 2f.; 34, 3; 36, 2. 55, 2, 4. Vell. Pat. 2, 90, 1; 96, 2f. Liv. Per. 141. Florus 2, 24, 8f. Zur Ovatio und den Triumphalornamenten des Tiberius s. oben S. 129.

[184] Vgl. Cassiod. Chron. Min II 135. Entgegen der *communis opinio* vermutet J. Fitz, ANRW II 6, 1977, 543ff., daß das Gebiet zwischen Drau und Donau damals noch nicht von den Römern okkupiert wurde. Ähnlich äußert sich E. Tóth, Arheološki vestnik 28, 1977, 278ff., und 31, 1980, 80ff., der drei Phasen der Okkupation unterscheidet, 1. die Besetzung der *deserta Boiorum* von Noricum bis zum Plattensee wohl im Jahre 15 v. Chr., 2. die Besetzung des Landes zwischen Drau und Save 12–9 v. Chr. und 3. die kampflose Besetzung Nordostpannoniens um die Mitte des 1. Jahrhunderts n. Chr. Zur Reorganisation Illyriens ca. 8 v. Chr., s. J. J. Wilkes, The Illyrians, Oxford 1992, 209ff.

[185] Dessau 8965 (Elogium von Tusculum). Florus 2, 28f. Die bei Florus genannten Kastelle scheinen noch nicht sicher identifiziert zu sein. Vgl. J. J. Wilkes, Dalmatia 67f. und CAH X² 552 m. A. 10, sowie A. Mócsy, Pannonia 34ff., der auch kurz auf die dakischen Kriege des Augustus eingeht und auf die Umsiedlungsaktion des Sex. Aelius Catus, der im 1. Jahrzehnt des 1. Jh. n. Chr. 50000 Geten südlich der Donau ansiedelte (Strabon 7, 3, 10 p. 303). Vgl. C. Daicoviciu, Klio 38, 1956, 175. Mócsy macht den oben genannten Lentulus auch für die Ansiedlung der sarmatischen Jazygen in der späteren Ungarischen Tiefebene verantwortlich. Doch fehlen

Die Gleichzeitigkeit des Vorgehens in Illyricum und in Germanien spricht im übrigen für eine großräumige Konzeption des Augustus. Dabei ging es bei den Operationen in Dalmatien wohl zunächst weniger um die Erreichung einer festen, gut zu verteidigenden Grenzlinie als um die Gewinnung einer Landbrücke zwischen den Balkanländern einerseits und den neu unterworfenen Alpenländern sowie dem noch zu erobernden freien Germanien auf der anderen Seite. Derartige militärisch-strategische Überlegungen dürften für das Vorgehen in Illyrien ausschlaggebend gewesen sein.[186]

Über die Geschichte des germanischen Raumes vom Weggang des Tiberius bis zum Beginn der christlichen Ära liegen kaum Nachrichten vor. Erst dann wird die Überlieferung wieder reicher. Wir erfahren, daß L. Domitius Ahenobarbus, der Großvater des Kaisers Nero, von Illyricum aus nach Nordwesten marschierte, die Donau überquerte und die Hermunduren, die auf der Suche nach neuen Wohnsitzen waren, in einem Teil des

---

dafür die Belege. Zur Frage der Statthalterschaft des Lentulus s. R. Syme, Danubian Papers, Bukarest 1971, 69ff., Ovid 67ff. Roman Papers VI 435ff., Augustan Aristocracy 288ff. Syme glaubt, daß die Tätigkeit des Cn. Lentulus und des Aelius Catus in die Zeit 1–4 n. Chr. zu datieren sind und u. a. die Gründung der Provinz Moesia vorbereiteten, deren erster Statthalter A. Caecina Severus gewesen sei, der von Dio (55, 29, 3) für das Jahr 6 n. Chr. bezeugt ist (vgl. jedoch E. Groag, PIR² C Nr. 106). Nach A. von Premerstein, ÖJh. 1, 1900, Beibl. 162, und M. Mirković, in: P. Petrović, Roman Limes on the Middle and Lower Danube, Belgrad 1996, 28ff., wurde dagegen unter Augustus zunächst nur ein mösischer Heeresbezirk – vielleicht mit Naissus als Zentrum – errichtet. Damals wurden jedenfalls die makedonischen Legionen in den mösischen Raum verlegt. B. Gerov, AAntHung 15, 1967, 85ff. (= Beiträge zur Geschichte der römischen Provinzen Mösien und Thrakien, Amsterdam 1980, 147ff.) glaubte, daß schon in spätaugusteischer Zeit Oescus zur Garnison der *legio V Macedonica* wurde. R. Ivanov, in: P. Petrović, Roman Limes 161ff., schließt sich Gerov an. Doch spricht das von G. Kabakčieva, Germania 74, 1996, 95ff. vorgelegte Material eher für eine Datierung in tiberische Zeit. Nach J. Fitz, in: Roman Frontier Studies 1989, 218ff., erfolgte der römische Aufmarsch an der Donau erst gegen Ende der Regierungszeit des Tiberius. M. R. Werner, in: The Age of Augustus 163ff., glaubt dagegen, daß Tiberius mit der Anlage des Donau-Limes nur Pläne des Augustus ausgeführt habe. – Zum Elogium von Tusculum s. K. Lennartz, Zwischeneuropa in den geographischen Vorstellungen und der Kriegführung der Römer von Caesar bis Marcus Aurelius, Diss. Bonn 1969, 18ff. – Zur umstrittenen Datierung der Operationen des M. Vinicius s. R. Syme, Danubian Papers, 26ff. und 34ff., und J. Fitz, ANRW II 6, 1977, 546 Anm. 14. – Zu den Kämpfen an der unteren Donau vgl. M. S. Kos und K. Wachtel, in: Limes, Akten des XI. intern. Limes-Kongresses, Budapest 1977, 277ff. und 377ff.

[186] Vgl. R. Syme, CAH X 355: "It was Illyricum that held the Empire together and bound East to West, whether the frontier was to follow Elbe or Rhine."

Markomannenlandes am oberen Main und im südlichen Thüringen ansiedelte. Dann habe er die Elbe überschritten, mit den Germanen jenseits des Stromes Frieden geschlossen und sei zum Rhein marschiert, wohl um im Anschluß an seine illyrische Statthalterschaft das Kommando über die Rheinarmee zu übernehmen.[187]

Nach dem Weggang des Domitius im Jahre 1 n. Chr. kam es zu einem großen Krieg in Germanien, der noch andauerte, als im Jahre 4 n. Chr. Tiberius nach seiner Adoption durch Augustus auf den Kriegsschauplatz nach Germanien entsandt wurde. Tiberius stieß zunächst bis zur Weser vor, überwinterte dann in Germanien und konnte im folgenden Jahr das ganze Land durchziehen und sich an der Elbe mit der römischen Flotte treffen.[188] *Nihil erat iam in Germania, quod vinci posset, praeter gentem Marcomannorum.*[189] Der Angriff des folgenden Jahres sollte daher dem Markomannenkönig Marbod gelten.

Der in Rom erzogene Marbod[190] hatte nach dem Tode des Drusus den suebischen Stamm der Markomannen vom oberen und mittleren Main in das vor kurzem von den keltischen Boiern weitgehend geräumte Böhmen geführt, wo er sich ein straff organisiertes Königtum errichtete und eine große und schlagkräftige Armee schuf, die ihm gestattete, seine Macht auch nach Norden in die Gegend des heutigen Sachsen und Brandenburg auszudehnen. Die elbgermanischen Stämme der Semnonen und der Langobarden sowie die Lugier an der mittleren Oder gehorchten seinen Befehlen. Solange aber der Einfluß des Marbod auf die elbgermanischen Stämme nicht gebrochen war, konnte die Macht der Römer an der Elbe nicht als gesichert gelten. Das dürfte der Grund für das römische Vorgehen gegen Mar-

---

[187] Dio 55, 10a, 2ff. Diese schon von R. Syme a. O. 364 vertretene Auffassung dürfte der Ansicht von D. Timpe, Saeculum 18, 1967, 280ff., wonach Dio das illyrische und das germanische Kommando des Domitius „in einer nicht mehr zu klärenden Weise durcheinandergebracht" habe, vorzuziehen sein. Wie Syme auch J. J. Wilkes, Dalmatia 68, und K. Christ, Chiron 7, 1977, 181 ff. – Domitius siedelte übrigens damals einen Teil der Hermunduren im oberen Maingebiet an (Dio a. O. Tac. Germ. 41). Vgl. K. Lennartz a. O. (Anm. 185) 22ff. – Zur Tätigkeit des Domitius Ahenobarbus s. jetzt ausführlich R. Wolters, Römische Eroberung 181 ff.

[188] Dio 55, 13, 2; 28, 5 ff. Vell. Pat. 2, 104, 2 ff. Suet. Tib. 18 ff. Zum Winterlager des Tiberius (an der Emsmündung?) vgl. W. Hartke, Philologus 128, 1984, 111 ff. – Zu einem neuentdeckten augusteischen Standlager für 2500 Mann aus dem 1. Jahrzehnt n. Chr. an der Lahn nördlich der Dillmündung bei Waldgirmes s. S. von Schnurbein–A. Wigg–D. G. Wigg, Germania 73, 1995, 337 ff.

[189] Vell. Pat. 2, 108, 1. Zur römischen Herrschaft in Germanien in den Jahren vor der Varuskatastrophe s. R. Wolters, Römische Eroberung 199 ff.

[190] Vgl. J. Dobiáš, King Maroboduus as a Politician, Klio 38, 1960, 155 ff., und K. Lennartz a. O. (Anm. 185) 25 ff. sowie D. Timpe, Münchener Beiträge zur Vor- und Frühgeschichte 27, 1978, 127. Dazu L. Petersen, PIR² M Nr. 329 (1983).

bod gewesen sein. Ob das Ziel wirklich die Besetzung Böhmens war, ist von D. Timpe in Frage gestellt worden. Nach Timpe galt der Angriff gegen Marbod „schwerlich der böhmischen Festung, sondern der Position des suebischen Herrschers an der mittleren und unteren Elbe"[191]. Die Anlage der römischen Operationen spricht jedoch dafür, daß wirklich ein Einfall in Böhmen und wohl auch eine dauernde Okkupation der „böhmischen Festung" geplant war, sei es, weil man auf diese Weise in der Nachfolge des Marbod die elbgermanischen Stämme in Schach halten wollte, sei es, weil man in Marbod (wohl zu Unrecht) einen Gegner fürchtete, der Noricum und Pannonien, ja Italien selbst gefährlich werden konnte.[192] Jedenfalls wurden 12 Legionen, die gesamten Streitkräfte vom Rhein, aus Rätien und aus Illyricum, gegen Marbod in Marsch gesetzt. Während eine Armee von Mainz aus nach Böhmen vorstoßen sollte, wollte Tiberius mit der illyrischen Armee von Carnuntum aus direkt in Böhmen einmarschieren. Die Offensive lief auch gut an, als die Nachricht vom Ausbruch des pannonischen Aufstandes die Römer zwang, das Unternehmen abzubrechen und mit Marbod Frieden zu schließen.[193]

Der große Aufstand in Pannonien und Dalmatien war nach Cassius Dio eine Folge der hohen römischen Tributforderungen.[194] Die Konzentration einer großen Anzahl illyrischer Hilfskontingente,[195] die gegen Marbod ein-

[191] D. Timpe, Saeculum 18, 1967, 286.

[192] So E. Swoboda, Carnuntum, 3. Aufl., Köln–Graz 1958, 26, mit Verweis auf Tac. ann. 2, 63: *quam propinquus Italiae hostis*. Zur Vorbereitung des Krieges gegen Marbod gehörte sicherlich die Anlage des Legionslagers in Marktbreit am sog. Maindreieck. Vgl. M. Pietsch–D. Timpe–L. Wamser, BerRGK 72, 1991, 263 ff., bes. 311 ff. M. Pietsch, Roman Frontier Studies 1989, Exeter 1991, 196 ff.; Germania 71, 1993, 355 ff.; in: Arminius und die Varusschlacht 41 ff. und in: W. Czysz, Die Römer in Bayern 475 ff. L. Wamser, in: Die römische Okkupation nördlich der Alpen 109 ff. – Jenseits der Donau gegenüber dem erst später angelegten Carnuntum entstand offenbar in Bratislava/Pressburg-Devín ein befestigtes Lager. Auch frührömische Funde aus dem *oppidum* Staré Hradisko (Bez. Prostejov/Proßnitz) im Marchtal könnten mit dem Unternehmen gegen Marbod im Zusammenhang stehen. Vgl. T. Kolník, in: Die römische Okkupation nördlich der Alpen 71 ff. Ebenfalls in diesen Zusammenhang gehört offenbar das frühkaiserzeitliche Lager bei Mušnov, Bez. Břeclav/Ludenburg, vgl. M. Bálek–O. Šedo, Germania 74, 1996, 399 ff. – Die Anlage dieser Lager spricht gegen die Annahme von R. Wolters, Römische Eroberung 195 f., daß sich die Operationen des Tiberius auf die Demonstration der Stärke gegenüber Marbod hätten beschränken sollen.

[193] Dio 55, 28, 7. Tac. ann. 2, 46.

[194] Dio 55, 28, 7 ff. Vell. Pat. 2, 110 ff. Vgl. E. Koestermann, Hermes 81, 1953, 345 ff., und J. J. Wilkes, Dalmatia 69 ff., sowie A. Mócsy, Pannonia 37 ff.

[195] Es handelte sich wohl um Stammesaufgebote, vgl. zum Problem D. Timpe, Arminius-Studien 67, Anm. 52.

Die Außenpolitik des Augustus 371

gesetzt werden sollten, in der Gegend von Sarajevo gab dem Fürsten der Daesitiaten Bato die Gelegenheit, zum Abfall von Rom aufzurufen. Nach ersten Erfolgen der Rebellen breitete sich der Aufstand rasch aus, so daß bald ganz Illyricum gegen Rom in Waffen stand. In der Hauptstadt war die Unruhe groß. Augustus selbst erklärte im Senat, *decimo die, ni caveretur, posse hostem in urbis Romae venire conspectum*.[196] Im Zeichen des Notstandes wurden neue Aushebungen vorgenommen, die Veteranen wieder unter die Fahnen gerufen und zur Verteidigung der Kolonien an der illyrischen Grenze sogar Sklaven freigelassen und in besonderen Einheiten formiert. Immerhin konnten die Römer die wichtigen Stützpunkte Siscia und Sirmium halten. Aber obwohl Tiberius sofort mit Marbod Frieden gemacht und seine Armee nach Illyrien zurückgebracht hatte, und obwohl auch der Thrakerkönig Rhoimetalkes seine Reiterei herbeiführte und M. Plautius Silvanus aus Asien mit 2 Legionen herüberkam, so daß schließlich insgesamt 10 Legionen, 10 000 Veteranen und über 80 Auxiliarregimenter in Illyricum standen,[197] dauerte es doch ganze vier Jahre, bis der Aufstand unterdrückt werden konnte. Es war einer der verlustreichsten und teuersten Kriege, die Rom je geführt hat: *gravissimum omnium externorum bellorum post Punica*.[198] Zur Sicherung des so teuer erkauften Friedens wurden unter den einheimischen Stämmen in großem Umfange Zwangsaushebungen vorgenommen und Illyricum in zwei Provinzen geteilt.[198a]

[196] Vell. Pat. 2, 111, 2. „Eine wohl mit berechnender Absicht erfolgte Übertreibung, um die von ihm geplanten Gegenmaßnahmen populärer zu machen": E. Koestermann, Hermes 81, 1953, 349.

[197] Vgl. Vell. Pat. 2, 113, 1: *Iunctis exercitibus, quique sub Caesare fuerant quique ad eum venerant, contractisque in una castra decem legionibus, septuaginta amplius cohortibus, dedem alis et pluribus quam decem veteranorum milibus, ad hoc magno voluntariorum numero frequentique equite regio tanto denique exercitu, quantus nullo umquam loco post bella fuerat civilia* ... (die Zahl der Alen ist unsicher überliefert). Diese Truppenkonzentration erfolgte offenbar auf Befehl des Augustus selbst und gegen die Intentionen des Tiberius (so Koestermann a. O. 263).

[198] Suet. Tib. 16. Von der schlechten Stimmung bei den römischen Truppen und von Aufstandsgelüsten weiß Dio (56, 16, 2) zu berichten.

[198a] Außer einigen Alen und Cohorten der Pannonier wurden damals nicht weniger als acht Breukercohorten aufgestellt. Vgl. A. Mócsy, Pannonia 39. – Zur Teilung des Landes in die beiden Provinzen Illyricum Superius (später Pannonia) und Illyricum Inferius (später Dalmatia) s. A. Mócsy, RE Suppl. IX 1962, 583; J. Fitz, ANRW II 6, 1977, 547 f.; und H. Braunert, Chiron 7, 1977, 215 ff. (mit Literatur), dessen Zweifel an der sonst allgemein akzeptierten Auffassung nicht überzeugen. Damals sei auch die *legio XV Apollinaris* an die Donau nach Carnuntum verlegt worden, so J. Fitz a. O. 549, während nach Moczy a. O. 612 f. die Verlegung erst im Jahre 14 n. Chr. erfolgt sei. Vorher war die Legion in Emona stationiert. Außerdem lag unter Augustus in Poetovio die *legio VIII Augusta* und vielleicht in Siscia die

Tiberius erhielt für seine Erfolge einen Triumph, kam jedoch nicht dazu, diesen zu feiern. Schon fünf Tage nach Beendigung des dalmatinischen Krieges traf in Rom die Nachricht ein, daß der Legat P. Quinctilius Varus mit drei Legionen, drei Reiter-Alen und sechs Cohorten in Germanien den Untergang gefunden hatte (wohl im September 9 n. Chr.).[199] Augustus ließ auf die Unglücksnachricht hin die Hauptstadt militärisch bewachen, um Unruhen zu verhindern. Den Provinzstatthaltern wurde das Kommando verlängert, weil der Prinzeps befürchtete, daß ein Wechsel im Oberbefehl zu diesem Zeitpunkt zu weiteren Aufständen führen könnte. Außerdem entließ Augustus seine aus Germanen gebildete Leibwache. Neue Aushebungen in Italien wurden veranstaltet. Wieder wurden die Veteranen unter die Fahnen zurückgerufen und wieder wurden freigelassene Sklaven zum Militärdienst herangezogen. Wegen zahlreicher Fälle von Kriegsdienstverweigerung verfügte der Prinzeps mehrfach Vermögenskonfiskationen und verhängte schließlich auch zahlreiche Todesurteile.[200]

Die Frage, wie es zur Katastrophe des Varus kommen konnte, wird sich beim Zustand unserer Überlieferung nie ganz klären lassen.[201] Wahr-

IX Hispana. – Die Teilung Illyricums datiert J. Fitz, Latomus 47, 1988, 13 ff. jetzt in die Zeit nach 19/20 n. Chr.

[199] Vell. Pat. 2, 117, 1 ff. Dio 56, 23, 1 ff. Florus 2, 30, 29 ff. Suet. Aug. 23, 1 f.; Tib. 17, 1 f. Zur Person des Varus s. W. John, RE XXIV 1963, 907 ff. Nr. 20. und R. Syme, Augustan Aristocracy 313 ff. Zum Bildnis des Varus vgl. F. J. Hassel, JRGZM 20, 1973, 191 ff. – Ob der sog. Hildesheimer Silberfund im Zusammenhang mit der Varuskatastrophe in den Boden gekommen ist, muß wohl offenbleiben. Vgl. U. Gehrig, Hildesheimer Silberfund in der Antikenabteilung Berlin, 1967, bes. 12 ff., und R. Nierhaus, Studien zur Römerzeit in Gallien, Germanien und Hispanien, ed. R. Wiegels, Bühl/Baden 1977, 211 ff., der einen Zusammenhang leugnet. – Als Örtlichkeit der Varus-Niederlage ist jetzt wohl eindeutig die Gegend um Kalkriese (nördlich von Osnabrück im Wiehengebirge) identifiziert worden, wo schon Th. Mommsen die Schlacht lokalisiert hatte. Vgl. W. Schlüter (Hrsg.), Kalkriese – Römer im Osnabrücker Land. Archäologische Forschungen zur Varusschlacht, Bramsche 1993. Dazu jetzt R. Stupperich, in: Arminius und die Varusschlacht 97 ff.

[200] Dio 56, 23. Suet. Aug. 25, 2; 49, 1. Vgl. Tac. ann. 1, 34, 4. – In einer Inschrift aus Alexandria Troas erscheint ein C. Fabricius C. f. Tuscus als *tribunus dilectus ingenuorum, quam Romae habuit Augustus et Ti. Caesar.* Fabricius hat diesen Posten entw. im J. 6 n. Chr. oder im J. 9/10 n. Chr. bekleidet, s. P. A. Brunt, ZPap 13, 1974, 161 ff. (= Historische Inschriften Nr. 6). Dazu W. Orth, ZPap 28, 1978, 57 ff. Zur Datierung s. unten Anm. 208. – Zur Reaktion auf die Varus-Katastrophe in Rom vgl. A. Kneppe, Metus Temporum. Zur Bedeutung von Angst in Politik und Gesellschaft der römischen Kaiserzeit des 1. und 2. Jahrhunderts n. Chr., Stuttgart 1994, 73 ff. – Zur literarischen Überlieferung s. F. Borca, Aufidus 30, 1996, 37 ff.

[201] Ausführliche Erörterungen bei W. John a. O. (Anm. 199) 919 ff. und bei D. Timpe, Arminius-Studien, Heidelberg 1970, und: Lippische Mitteilungen aus

scheinlich wurde gleich von Anfang an von offizieller Seite vieles vertuscht. Auffällig bleibt, daß es während der schweren Kämpfe in Dalmatien offenbar in Germanien ruhig blieb. Man mag darin sehr wohl einen Erfolg der römischen Diplomatie erblicken.[202] Der Ort, an dem Varus mit seinen Legionen vernichtet wurde, ist jetzt wohl mit Sicherheit festgestellt. Dagegen enthält die Arminiusbiographie noch eine Reihe offener Fragen. Die Vermutung von D. Timpe, wonach Arminius Präfekt eines regulären, ständigen Stammeskontingentes der Cherusker war (ähnlich wie später noch der Bataverfürst Julius Civilis) und als ritterlicher Offizier die Erhebung begonnen hat, hat jedoch manches für sich. Danach wäre die Ursache für die *clades Variana* eine Meuterei der germanischen Auxilien gegen die Legionen des Rheinheeres gewesen.[203] Vieles spricht dafür, daß Arminius die Verwundbarkeit der Römer im pannonischen Aufstand erkannt hatte. Die Varusniederlage wäre demnach eine Spätfolge des pannonischen Krieges gewesen. Von einer spontanen Volkserhebung der Germanen oder auch nur einzelner Stämme kann jedenfalls nach allem, was wir wissen, keine Rede sein.

Die Auswirkungen der Varusschlacht auf die Germanienpolitik und allgemein auf die Außenpolitik des Augustus sind nicht leicht abzuschätzen. Hat der 72jährige Prinzeps angesichts der schweren Rückschläge in Pannonien und in Germanien resigniert und seine Außenpolitik auf eine grundsätzliche Defensive umgestellt?[204] Das von Tacitus überlieferte *consilium coercendi intra terminos imperii* könnte dafür sprechen.[205] Aber ist

Geschichte und Landeskunde 42, 1973, 5 ff. Vgl. auch H. von Petrikovits, Arminius, BoJbb 166, 1966, 175 ff. und J. Straub, WbJbb N. F. 6a, 1980, 223 ff. Dazu jetzt R. Wiegels–W. Wesler, Arminius und die Varusschlacht, Paderborn 1995.

[202] So E. A. Thompson, The Early Germans, Oxford 1968, 72 ff. – Daß der Versuch, in Germanien Geldsteuern zu erheben, zum Ausbruch des Aufstandes beigetragen hat, erscheint plausibel. Vgl. auch unten S. 406. D. Timpe, Arminius-Studien 88, sieht in jenen Tributleistungen die Anfänge eines Census.

[203] So D. Timpe a. O., bes. 35 ff. Vgl. jedoch C. M. Wells, Am. Class. Rev. 1, 1971, 252. und zuletzt R. Wolters, Römische Eroberung 212 f. mit Lit. K. Tausend, Klio 79, 1997, 372 ff.

[204] So etwa M. Grant, The Army of the Caesars, London 1974, 108. J. C. Mann, ANRW II 1, 1975, 511.

[205] Tacitus, ann. 1, 11. Vgl. Agric. 13. Dio 56, 33, 5 wird der angebliche Rat des Augustus rhetorisch noch breiter ausgeführt und damit noch unglaubwürdiger. Gegen die Echtheit der Angaben des Tacitus und des Dio sprechen nicht nur die weiter unten im Text aufgeführten Tatsachen, sondern ebenso der ganz andere Tenor der Res Gestae, die ja im Senat verlesen wurden. Möglich wäre immerhin, daß sich Tiberius später für die Einstellung der Offensive gegen Germanien auf einen Rat des Augustus berufen hat. Daß dieser (angebliche) Rat des Augustus

es überhaupt authentisch? Bezieht es sich wirklich auf die Grenze im Westen und nicht vielleicht auf die Ostgrenze des Imperiums? Und betrachtete Augustus den Rhein oder die Elbe als Grenze des Reiches?[206] Die Tatsache, daß Augustus die untergegangenen Legionen sofort ersetzte und die Gesamtzahl der Rheinlegionen von 6 auf 8 erhöhte, die weiterhin ebenso wie die Mehrzahl der Auxiliarformationen hauptsächlich gegenüber den alten Einfallpforten nach Germanien in Lagern aus leicht vergänglichem Material (Holz-Erde-Lager) stationiert blieben, spricht eher für die Absicht des Prinzeps, die Offensivpolitik gegenüber dem freien Germanien fortzuführen.[207] Noch im Jahre 13 n. Chr. erteilte Augustus dem Germanicus den Oberbefehl über die gesamte Rheinarmee und ließ ihn (wie einst den Drusus vor Beginn seiner Offensive) in Gallien einen neuen Census abhalten. Germanicus hat außerdem noch unter Augustus einen Sieg über die Germanen erfochten.[208] Vieles deutet daher darauf hin, daß die neue

jedoch als ein Zusatz am Schluß des *breviarium totius imperii* gestanden hätte und mit diesem zusammen öffentlich verlesen worden sei, hat alle Wahrscheinlichkeit gegen sich. Dio führt das *consilium coercendi imperii* denn auch unter den (wohl apokryphen) *mandata de administranda republica* auf. – Vgl. allg. J. C. Mann, JRS 69, 1979, 176 f. und oben S. 147 A. 229.

[206] D. Timpe, Der Triumph des Germanicus, Bonn 1968, 34, bezieht die Notiz auf den Orient. B.-J. Wendt, Roms Anspruch auf Germanien, Diss. Hamburg 1961, 9 ff., glaubt, daß die Elbelinie gemeint sei. An die Rheinlinie denkt K. Christ, Chiron 7, 1977, 198 ff. (dort weitere Literatur).

[207] Zur Vermehrung der Zahl der Rheinlegionen s. E. Stein, Beamte und Truppenkörper 91. Zur Dislokation der Truppen am Rhein vgl. bes. H. Nesselhauf, JRGZM 7, 1960, 151 ff. Das Rheinkommando wurde damals in einen „oberen" und einen „unteren" Kommandosprengel mit je vier Legionen geteilt (vgl. Tac. ann. 1, 31), von denen je zwei in Xanten, Köln und Mainz stationiert waren. – Zu der Angabe des Tacitus, ann. 1, 3, 6: *bellum ea tempestate nullum nisi adversus Germanos supererat, abolendae magis infamiae ... quam cupidine proferendi imperii*, s. K. Kraft, Kleine Schriften II 16, der eine grundsätzliche Wende des Augustus zur Defensive ebenfalls bezweifelt und bemerkt, daß die Worte des Tacitus 90 Jahre später aus der Kenntnis der endgültig defensiven Wendung geschrieben sind und die Entwicklung kaum ganz richtig wiedergeben. In ähnlichem Sinne wie Kraft auch G. A. Lehmann, ZPap 86, 1991, 79 ff., in: Arminius und die Varusschlacht 123 ff., und in: Die römische Okkupation nördlich der Alpen 217 ff., der dem Tiberius den Verzicht auf Germanien zuschreibt. Ebenso R. Wolters, Römische Eroberung 239 ff.

[208] Tac. ann. 1, 3, 6 (dazu s. die vorige Anm.). Ein C. Fabricius Tuscus ... *praefectus alae praetoriae IIII hasta pura et corona aurea donatus est a Germanico Caesare imp. bello Germanico*. Dazu T. D. Barnes, JRS 64, 1974, 25 ff. (vgl. zu Fabricius Tuscus auch oben Anm. 200), und R. Syme, Ovid 53 ff., wonach Germanicus mit einem *imperium proconsulare* ausgestattet war. – Zur umstrittenen Datierung der Fabri-

Offensive des Prinzen in den Jahren 14–16 n. Chr. noch von Augustus geplant war.[209] Wenn dieser in den Res Gestae (26) schreibt: *Gallias et Hispanias provincias, item Germaniam, qua includit Oceanus a Gadibus ad Ostium Albis fluminis, pacavi*, so spricht auch dies dafür, daß Augustus den Anspruch auf Germanien nicht aufgegeben hat.[210] Wahrscheinlich hat auch Tiberius mit der Abberufung des Germanicus keinen endgültigen Verzicht auf die Okkupation des freien Germanien beabsichtigt. Jedenfalls hat man auch nach dem Weggang des Germanicus die linksrheinischen Gebiete nicht als Provinzen organisiert, sondern als Militärverwaltungsbezirke den Legaten des ober- und des niedergermanischen Heeres unterstellt. „Es gab also germanische Heere und germanische Heeresbezirke, aber es gab keine germanischen Provinzen, weil eben Germanien, das Land rechts des Rheins, der römischen Herrschaft nicht mehr – oder besser – noch nicht wieder unterworfen war."[211] Erst Domitian hat dann nach seinem Chattenkrieg diesem Zustand ein Ende bereitet.

Auch an der Donaugrenze blieb es übrigens nicht ruhig. Orosius berichtet von Bewegungen der Daker *sub extrema Augusti senectute*. Und von Ovid erfährt man, daß die Geten im J. 12 n. Chr. einen Einfall in Moesien gemacht und die Städte Aegissus und Troesmis eingenommen haben.[211a]

Hatte also Augustus im Westen das Problem der Reichsgrenze ungelöst

---

cius-Tuscus-Inschrift vgl. W. Orth, ZPap 28, 1978, 57 ff., und R. Syme, Phoenix 33, 1979, 317 ff.

[209] Die entgegengesetzte Auffassung vertritt K. Telschow, Mon. Chilon. 148 ff., bes. 164 ff.

[210] RgdA 26 (vgl. Volkmann z. St.). Dazu D. Timpe, Saeculum 18, 1967, 292, und Chiron 1, 1971, 267 ff. Vgl. schon B.-J. Wendt, Roms Anspruch auf Germanien, Untersuchungen zur römischen Außenpolitik im ersten Jahrhundert n. Chr., Diss. Hamburg 1960, 3 ff. – Zur Bedeutung des römischen Ausgreifens nach Gallien und Germanien für die Entwicklung des Europagedankens s. D. Kienast, Kleine Schriften 308 ff.

[211] H. Nesselhauf, Hermes 80, 1952, 236. Zu den Folgen der augusteischen Feldzüge für Germanien vgl. C. M. Wells, The impact of the Augustan Campaigns on Germany, in: Assimilation et résistance à la culture gréco-romaine dans le monde ancien, Paris 1976, 421 ff., der z. T. die von R. Hachmann, G. Kossack und H. Kuhn, Völker zwischen Germanien und Kelten, Neumünster 1962, vertretene These übernimmt, wonach erst die Okkupation rechtsrheinischer Gebiete durch die Römer die Voraussetzung für das Eindringen der Germanen in diesen Raum geschaffen habe. Vgl. zu diesem Fragenkomplex jedoch K. Kraft, Kleine Schriften I, 144 ff., und D. Timpe, Die Siedlungsverhältnisse Mainfrankens in caesarisch-augusteischer Zeit nach den literarischen Quellen, Münchener Beiträge zur Vor- und Frühgeschichte 27, 1978, 119 ff., sowie H. von Petrikovits, Rheinische Geschichte 1, 1, Düsseldorf 1978, 57 ff.

[211a] R. Syme, Ovid 81 ff.

seinem Nachfolger hinterlassen, so waren auch im Osten die Verhältnisse beim Tode des Augustus keineswegs stabilisiert. Der von C. Caesar im Jahre 2 n. Chr. in Armenien installierte König Ariobarzanes starb bald darauf eines natürlichen Todes. Ihm folgte mit Billigung Roms sein Sohn Artavasdes, der sich jedoch schnell den Haß der Armenier zuzog und nach kurzer Regierung ermordet wurde. Augustus setzte nun einen Enkel Herodes' des Großen als König über Armenien ein, der den Namen Tigranes trug oder erhielt. Aber auch er konnte sich im Lande nicht halten und wurde bald vertrieben. Für eine kurze Zeit tauchte dann Erato, die Schwester und Witwe Tigranes' III., wieder auf. Doch auch sie konnte den armenischen Thron nicht behaupten. Als Augustus im Jahre 14 n. Chr. starb, herrschte in Armenien Anarchie.[212]

Noch schlimmer sahen für Rom die Verhältnisse im Partherreich aus. Die Parther hatten nach der Vertreibung des Phraates V. (2 vor–4 nach Chr.) und der Ermordung seines Nachfolgers Orodes von Augustus einen König erbeten. Dieser entsandte auch den Vonones, den ältesten Sohn des Phraates IV., der seit 9 v. Chr. in Rom gelebt hatte und seit etwa 6 n. Chr. als König der Parther durch Münzen bezeugt ist. Er konnte sich jedoch nicht allzulange halten und wurde im Jahre 12 n. Chr. von Artabanos III. vertrieben. Beim Tode des Augustus war daher das Partherreich dem römischen Einfluß vollständig entglitten.[213]

Überblickt man die Außenpolitik des Augustus im ganzen, so sind die großen Erfolge des ersten Prinzeps nicht zu übersehen: *Mari Oceano aut amnibus longinquis saeptum imperium, legiones, provincias, classes, cuncta inter se conexa*, resümiert Tacitus rückschauend die Leistung des Augustus. Der Historiker relativiert dieses Lob allerdings selbst, wenn er die Gegner des Prinzeps sagen läßt: *pacem sine dubio ... verum cruentam: Lollianas Varianasque clades ...*[214] In der Tat folgte auf die Zeit der großen, wohlvorbereiteten Eroberungskriege eine defensive Phase. Und die Verluste in den pannonischen und germanischen Kriegen, besonders im letzten Jahrzehnt der Herrschaft des Augustus, waren so schwer, daß Tiberius schließlich die erneute Offensive des Germanicus nach einigen teuer erkauften Anfangserfolgen stoppte und sich damit begnügte, die Rheingrenze zu verteidigen.

Im Osten aber hatte sich das Partherreich dem römischen Einfluß ganz

---

[212] RgdA 27. Dio 55, 10a, 7. Tac. ann. 2, 4, 4. Zu Tigranes, dem Enkel des Herodes, s. Joseph., Antt. Jud. 17, 5, 4 § 139. Bell. Jud. 2, 11, 6 § 222. Vgl. D. Magie, Roman Rule 485. Pani (o. Anm. 73) 55 ff. M.-L. Chaumont, ANRW II 9, 1, 1976, 83 ff.

[213] RgdA 33. Vgl. N. C. Debevoise, A Political History of Parthia 150 ff. K.-H. Ziegler (Anm. 81) 56 f. U. Kahrstedt, Artabanos III und seine Erben, Bern 1950, 1 ff.

[214] Tac. ann. 1, 9, 5 und 10, 4.

entzogen, und in Armenien herrschte völlige Anarchie. Von grundsätzlicher Bedeutung war schließlich, daß Augustus nach außen hin bis zum Ende seines Lebens den imperialen Anspruch Roms auf die Weltherrschaft aufrechterhalten hat. Die Spannung zwischen diesem imperialen Anspruch und den Erfordernissen der Realpolitik war das Erbe, das Augustus seinen Nachfolgern hinterließ und das eine Hypothek bildete, welche die ersten beiden Jahrhunderte der Kaiserzeit schwer belasten sollte.

VI. WIRTSCHAFTS- UND BAUPOLITIK

1. Die Wirtschaftspolitik des Augustus

Die wirtschaftspolitischen Maßnahmen des Augustus stehen in engem Zusammenhang mit seiner allgemeinen Politik, erfordern aber dennoch eine gesonderte Behandlung.[1] Selbstverständlich hat man sich zunächst zu fragen, wieweit von einer bewußten Wirtschaftspolitik des Augustus überhaupt die Rede sein kann. Die Quellen gestatten auf diese Frage keine eindeutige Antwort. Natürlich hat allein schon die Wiederherstellung des Friedens und geordneter Verhältnisse in Italien und im Reich zu einer Belebung des Handels und zu einem Wiederaufblühen der Wirtschaft geführt.

Eine Entscheidung von größter Tragweite war zweifellos die Einziehung Ägyptens, das gewissermaßen als Kronland des Prinzeps zur Getreidekammer Roms und zur Versorgung der Plebs urbana bestimmt wurde. Diese auch wirtschaftspolitisch wichtige Maßnahme des Augustus stand also ganz im Dienste seiner Sozialpolitik. Ägypten stellt jedoch einen Sonderfall dar, der sich nicht verallgemeinern läßt.[1a]

---

[1] Vgl. allg. T. Frank, An Economic History of Rome, Baltimore[2] 1927, 347 ff.; und: An Economic Survey of Ancient Rome II–V, Baltimore 1936 ff. M. Rostovtzeff, Gesellschaft und Wirtschaft im römischen Kaiserreich I, Heidelberg 1929, 34 ff. M. A. Levi, Il tempo di Augusto, Florenz 1951, 273 ff. F. M. Heichelheim, Wirtschaftsgeschichte des Altertums, Leiden[2] 1969, 677 ff. (sehr allgemein, der Vf. zeigt trotz interessanter Bemerkungen und Hinweise wenig Verständnis für die Probleme und die Leistung des Augustus). S. J. DeLaet, Aspects de la vie sociale et économique sous Auguste et Tibère, Brüssel 1944. G. Ürögdi, Zeichen hellenistischer Einflüsse auf die augusteische Wirtschaftspolitik, Oikumene 1, 1976, 157 ff. (vermutet – nicht ganz überzeugend – ptolemaiische Einflüsse bes. auf die Fiskalpolitik des Augustus). F. De Martino, Wirtschaftsgeschichte des alten Rom, übers. von B. Galsterer, München 1985, 246 ff., behandelt die wirtschaftlichen Maßnahmen des Augustus relativ knapp im Rahmen der „Wirtschaft der Kaiserzeit". Der aus marxistischer Sicht geschriebene Beitrag von V. A. Sirago, L'aspetto economico dell'opera di Augusto, Labeo 26, 1980, 378 ff., wird dem Werk des Augustus in keiner Weise gerecht. Vgl. auch M. A. Levi, Politica economica e nuova società, in: Augusto, Rom 1994, 431 ff., sowie die wichtigen Bemerkungen zu Augustus bei F. Vittinghoff (Hrsg.), Europäische Wirtschafts- und Sozialgeschichte in der römischen Kaiserzeit (= Handbuch der europäischen Wirtschafts- und Sozialgeschichte, hrsg. von W. Fischer u. a., Bd. 1), Stuttgart 1990.

[1a] Zur Einziehung Ägyptens s. oben S. 74.

In der antiken Überlieferung wird vor allem die neue Blüte der italischen Landwirtschaft betont und als das sichtbarste Ergebnis der Pax Augusta immer wieder gefeiert.[2] Es braucht nur an die Georgica Vergils erinnert zu werden, in denen Oktavian als derjenige gepriesen wird, der Italien und der Welt den Frieden wiedergeben wird und unter dessen Schutz der Landmann ohne Sorgen seinem Tagewerk nachgehen kann. Den gleichen Gedanken drückte später Horaz in der fünften Ode seines vierten Odenbuches aus. Und den gleichen Gedanken künden auch einige Reliefs der Ara Pacis Augustae.[3] Der altehrwürdige Beruf des Landmannes galt als der vornehmste Beruf des Bürgers, und der reiche Erntesegen symbolisierte das neue Goldene Zeitalter. Dennoch sind direkte Maßnahmen des Augustus zur Förderung der Landwirtschaft nicht überliefert. Es ist möglich, daß sich die Schaffung vieler kleiner und mittlerer Bauernstellen im Zuge der Veteranenansiedlung mittelfristig günstig auf die italische Landwirtschaft ausgewirkt und den Prozeß der Konzentration des Bodens in den Händen weniger Latifundienbesitzer eine Zeitlang aufgehalten hat.[4] Andrerseits weiß man nicht, wieweit die von Augustus nach der Einnahme Alexandrias betriebene Politik des leichten Geldes und seine großzügige Kreditgewährung die italische Agrarstruktur beeinflußt haben. Eine zielgerichtete Maßnahme zur Förderung der Landwirtschaft wird man aber in jenen Krediten nicht zu sehen haben. Der Prinzeps scheint sich vielmehr der italischen Landwirtschaft gegenüber im wesentlichen an

---

[2] Vgl. S. J. DeLaet a. O. 41 ff.; S. Riccobono Jr., La politica agraria di Augusto, Atti Accad. Peloritana 40, 1938, 24 ff.

[3] Vgl. Verg. Georg. 1, 24 ff. 2, 136 ff.; Horatius, Carm. 4, 5, 17 ff.; sowie die Darstellung der Italia an der Ara Pacis (das sog. Tellusrelief) bei E. Simon, Ara Pacis Augustae, Tübingen o. J. (1967), Taf. 26, dazu p. 25 ff. Vgl. St. Mrozek, Die gesellschaftliche Rolle der Arbeit in der Augusteischen Zeit, Klio 67, 1985, 65 ff.

[4] Wie sich die italische Kolonisation des Oktavian/Augustus auf die italische Landwirtschaft ausgewirkt hat, ist nicht ganz geklärt. T. Frank, Economic History of Rome, Baltimore 1927, 355, nimmt an, daß durch die Ansiedlungen der Veteranen der Prozeß der Konzentration des Grundbesitzes eine Zeitlang aufgehalten wurde. Vgl. jedoch jetzt H.-Chr. Schneider, Veteranenversorgung 260 ff. mit weiterer Literatur. Wie sich die Gewährung zinsloser Darlehen und die finanzielle Unterstüzung bedürftiger Senatoren auf die Struktur der ital. Landwirtschaft ausgewirkt haben, ist ebenfalls offen. Zu Tarius Rufus, der es nach Plinius (n. h. 18, 37) *liberalitate Augusti* zu dem gewaltigen Vermögen von 100 Millionen Sesterzen gebracht hatte, das er *exhausit agros in Piceno coemendo colendoque*, s. I. Shatzman, Senatorial Wealth 400 Nr. 203. Vgl. unten Anm. 68. – Auch Suet. Aug. 46 ... *iis, qui a plebe regiones sibi revisenti filios filiasve approbarent, singula nummorum milia pro singulis dividebat (Augustus)*, hat man wohl nicht als Vorstufe der späteren Alimentarstiftungen zu verstehen, sondern im Rahmen der Bestrebungen des Prinzeps, die Geburtenrate zu steigern. Vgl. F. C. Bourne, TAPA 91, 1960, 49 ff.

die Maxime des 'laisser faire' gehalten zu haben. Das gleiche gilt auch für die Industrie und den Handel, in die Augustus im allgemeinen nicht dirigistisch eingegriffen hat.[5] Die Befriedung des Mittelmeers und der Ausbau der Straßen in Italien und im Reich mußten selbstverständlich auch dem Handel zugute kommen. Wenn man von der wohl politisch bedingten Förderung des Verkehrs mit Indien absieht, blieb jedoch der Handel weiterhin sich selbst überlassen.[5a]

Dagegen darf angenommen werden, daß in der Baupolitik und in der Urbanisierungspolitik des Augustus auch wirtschaftliche Gesichtspunkte eine wichtige Rolle gespielt haben.[6] Einzelne Städte wurden durch Privilegien, durch die Gewährung von Zollfreiheit oder durch Baustiftungen des Prinzeps und seiner Angehörigen bewußt gefördert. Pergamon erhielt sogar – offenbar auf Antrag des asiatischen Koinon – für sein Kaiserfest und die damit verbundene Messe für 30 Tage eine Befreiung von sämtlichen Einfuhrzöllen, in die anscheinend auch Pergamons Hafen Elaia mit

---

[5] Vgl. DeLaet a. O. (oben Anm. 1) 53 ff. Dem Seehandel kam zweifellos zugute, daß Augustus das griechische Seerecht in Form der *lex Rhodia* als allgemein verbindlich anerkannt hat. S. Dig. 14, 2, 9. Dazu K. M. T. Atkinson, Jura 25, 1974, 46 ff. – Die Reeder der ägyptischen Getreideschiffe, die das Korn von Alexandria nach Puteoli brachten, standen zum Staat zwar in einem Vertragsverhältnis, genossen aber in den ersten beiden Jahrhunderten der Kaiserzeit weitgehende Freiheit. Vgl. A. Stoeckle, RE XVI 2, 1935, 1912 ff. Vgl. auch G. Rickman, Granaries and Store Buildings, Cambridge 1971, bes. Appendix 3 (s. 207 ff.): "The private corntrade and the functions of the praefectus annonae." Rickman schließt aus den Namen der *horrea Galbana, Lolliana, Volusiana* und *Agrippiana* ferner, daß deren Erbauer und Eigner, Angehörige angesehener, dem Prinzeps nahestehender senatorischer Familien oder enge Freunde des Prinzeps, im privaten Kornhandel engagiert waren (a. O. 172). Vgl. F. Astolfi u. a., Horrea Agrippiana, Archeologia classica 30, 1978, 31 ff. – Die Bergwerke waren schon zu Beginn der Prinzipatszeit weitgehend, aber keineswegs ausschließlich in der Hand des Kaisers. Sie wurden jedoch bis ins 3. Jh. ebenso wie das übrige Staatsgut von Publikanengesellschaften oder privaten Einzelpächtern bewirtschaftet. Vgl. O. Hirschfeld, Verwaltungsbeamte 145 ff., und M. Rostovtzeff, Geschichte der Staatspacht, Leipzig 1902, 445 ff. C. Domergue, Les mines de la péninsule ibérique dans l'antiquité romaine, Rom 1990. G. Soricelli, Lo sfrutamento minerario delle Gallia Transalpina tra il II secolo A. C. ed il I secolo D. C., RAL 1994, 215 ff.

[5a] Zur Arabienpolitik des Augustus, die zweifellos dem Schutz und der Förderung des Indienhandels diente, s. o. S. 335 ff. Es scheint, daß die Förderung des Indienhandels weniger wirtschaftlichen Zwecken als vielmehr politisch-propagandistischen Zielen dienen und die *maiestas imperii* demonstrieren sollte. – Zum Ausbau des Straßennetzes in Italien und im Reich s. unten S. 504 ff. Zur Bedeutung für den Handel vgl. H.-Chr. Schneider, Scripta Mercaturae 14, 2, 1980, 85 ff.

[6] Zur Baupolitik s. unten S. 408 ff. Zur Urbanisierungspolitik S. 474 ff.

Die Wirtschaftspolitik   381

eingeschlossen war. Auch Milet bekam für seine Didymeia Abgabenfreiheit.⁶ᵃ

Noch wichtiger aber war die Finanzpolitik des Augustus. Hier ist vor allem die Frage, wie *aerarium, fiscus* und *patrimonium* gegeneinander abzugrenzen sind, in der Forschung noch umstritten.⁷ Wahrscheinlich war wie in der Republik so auch in der frühen Kaiserzeit das Aerarium weiterhin die eigentliche Staatskasse. Natürlich waren nicht sämtliche Gelder des römischen Volkes im Aerarium deponiert. In den Provinzen, in denen die Abgaben durch Steuerpächter eingetrieben wurden, behielten diese die eingenommenen Gelder zunächst in Verwahrung und leisteten auf Anweisung des Senats auch den Statthaltern davon Zahlungen. Später wurden diese Gelder gegen die vereinbarte Pachtsumme verrechnet. Die Pachtgesellschaften fungierten also in den ihnen anvertrauten Provinzen als Großbanken. Anders war es in den Provinzen, welche ein festes *stipendium* an Rom zu entrichten hatten, etwa in Spanien, Gallien und Makedo-

---

⁶ᵃ Siehe dazu das neue von H. Engelmann und D. Knibbe publizierte Zollgesetz der Provinz Asia (Epigr. Anat. 14, 1989, 1 ff. Dazu C. Nicolet, MEFRA 105, 1993, 929 ff. G. Merola, MEFRA 108, 1996, 263 ff. S. Carrelli, in: Studi ellenistici a cura di B. Virgilio VIII, 1996, 175 ff. M. Dreher, Epigr. Anat. 26, 1996, 111 ff. R. Gordon u. a., JRS 87, 1997, 221 f.) Das republikanische Zollgesetz wurde in augusteischer Zeit mehrfach, so in den Jahren 17 v., 12 v., 2 v. und 5 n. Chr., ergänzt. 17 v. Chr. wurde außerdem eine dem berüchtigten Vedius Pollio (zu diesem R. Syme, Roman Papers II 518 ff.) gewährte Zollfreiheit eingeschränkt (a. O. S. 109 § 40 mit Komm.). Im J. 12 v. Chr. erhielt die *colonia Augusta Troas* die eigene Zollhoheit (a. O. S. 114 § 44). 5 v. Chr. bekräftigte der Senat die von Augustus den Gesandten des asiatischen Koinon versprochene Zollfreiheit für die Dauer der Sebasteia (a. O. S. 125 ff. § 57. Vgl. schon Epigr. Anat. 8, 1986, 28 ff.). Zum Zollwesen unter Augustus vgl. auch oben S. 360 A. 157. – Für Milet erreichte C. Iulius Epikrates, ein „Freund" des Augustus, von diesem außer einer Erweiterung des städtischen Territoriums die Asylie für den Apollontempel von Didyma sowie die Atelie für die Didymeen und für die zu Milet gehörenden Inseln, s. P. Herrmann, Ist. Mitt. 44, 1994, 203 ff., und in: ENEPΓEIA. Studies H. W. Pleket, Amsterdam 1996, 1 ff. mit dem Kommentar von Herrmann.

⁷ Dazu grundlegend A. H. M. Jones, Studies in Roman Government and Law, Oxford 1960, 99 ff. Vgl. C. H. V. Sutherland, AJPh 66, 1945, 151 ff. (mit älterer Literatur). Einen guten Überblick über die Forschung von Mommsen bis Jones gibt A. Garzetti, Athenaeum 41, 1953, 298 ff. Vgl. F. Millar, JRS 53, 1963, 29 ff., und 54, 1964, 33 ff. Gegen die These, wonach *fiscus* nur die private Kasse des Kaisers bezeichne, s. P. A. Brunt, Roman Imperial Themes 134 ff. Vgl. ebda. 347 ff. Vgl. allg. F. Fabbrini, L'impero di Augusto, Mailand 1974, 292 ff. (mit weiterer Literatur). G. Valera, Erario e fisco durante il principato: stato della questione, in: Storia della società Italiana 2, 1, 1983, 301 ff. E. Noè, La fortuna privata del principe e il bilancio dello Stato romano, Athenaeum 75, 1987, 27 ff.

nien. Hier floß die Steuer zunächst in die Kasse *(fiscus)* des Statthalters bzw. seines Quästors. Aus diesem *fiscus* entnahm der Statthalter die Gelder, die er für seine Aufwendungen benötigte und rechnete darüber später mit dem Aerarium ab. Der unverbrauchte Überschuß verblieb wohl im *fiscus* und stand später dem Nachfolger zur Verfügung.

Praktisch gelangte also nur der geringste Teil der provinzialen Einkünfte wirklich in das Aerarium. Die meisten der einkommenden Gelder dürften an Ort und Stelle verbraucht worden sein. A. H. M. Jones vermutet nun ansprechend, daß, wie für Pompeius und dann für Caesar so auch für Augustus, zugleich mit dem *imperium proconsulare* vom Senat die nötigen Gelder bewilligt wurden, damit der Prinzeps seine Funktionen als Proconsul auch wirklich erfüllen konnte. Später müssen dem Augustus dann bei der Übernahme der verschiedenen *curae*[8] weitere Summen zusätzlich bewilligt worden sein. Wie Pompeius muß auch Augustus ermächtigt worden sein, die Gelder den provinzialen *fisci* zu entnehmen oder bei den Pächtergesellschaften abzuheben. Theoretisch hätte Augustus über diese Gelder mit dem Aerarium abrechnen müssen, sobald sein Auftrag abgelaufen war. Da aber in Wirklichkeit seine Vollmachten bis an sein Lebensende immer wieder verlängert wurden, unterblieb praktisch eine Abrechnung. Erst nach dem Tode des Augustus wurde im Senat ein *breviarium totius imperii* verlesen, in dem u. a. verzeichnet war, *quantum pecuniae in aerario et fiscis et vectigaliorum residuis* zu finden sei.[9] Eine eigentliche Abrechnung war jedoch auch dieses *breviarium totius imperii* nicht.

Kompliziert wird allerdings die Situation dadurch, daß *fiscus* (eigentlich = Geldkorb) in seiner Bedeutung nicht klar festgelegt ist. Das Wort konnte auch gebraucht werden, um die private Kasse des Augustus zu bezeichnen, dessen Geld ebenfalls in *fisci* aufbewahrt wurde. Denn der Prinzeps verfügte ja über ein ständig wachsendes Privatvermögen. Zu diesem sog. *patrimonium* gehörten die ausgedehnten Ländereien des Augustus, die dieser zum Teil durch die Proskriptionen, zum Teil durch seine Heiratspolitik an sich gebracht hatte, und die durch Erbschaften und Legate ständig vergrößert wurden. Auch Geldmittel flossen dem Prinzeps auf diese Weise dauernd zu.[10] Ebenso wanderte die ägyptische Beute offenbar in die pri-

---

[8] Zu diesen *curae* s. oben S. 157f.

[9] Suet. Aug. 101.

[10] Vgl. oben S. 190 A. 133f. und M. Alpers, Das nachrepublikanische Finanzsystem. Fiscus und Fisci in der frühen Kaiserzeit, Berlin 1995, 29ff. Zum Grundbesitz des Augustus s. O. Hirschfeld, Kleine Schriften 516ff. L. Friedländer, Sittengeschichte I[10], 1932, 398ff. E. Kornemann, RE Suppl. IV 1924, 240ff. A. Kränzlein, RE Suppl. X, 1965, 494ff. M. Rostovtzeff, Studien zur Geschichte des römischen Kolonats, Leipzig/Berlin 1910, 287ff. Vgl. A. W. van Buren, RE VIII A 2, 1958, 2150f., und J. H. d'Arms, Romans on the bay of Naples, Cambridge 1970, 73ff. S. bes.

Die Wirtschaftspolitik 383

vate Kasse des Caesar. Schließlich erhielt dieser auch das sog. Kranzgold, das *aurum coronarium*, das schon in der Republik siegreichen Feldherren dargebracht wurde.[11] Das Kranzgold entwickelte sich unter Augustus bald zu einer regelrechten Steuer, die bei Triumphen und imperatorischen Akklamationen fällig wurde und von der Augustus nur die italischen Kolonien und Munizipien auf dem Gnadenwege befreite. Alle diese Einkünfte flossen nicht ins Aerarium oder in die provinzialen *fisci*, sondern in die private Kasse des Kaisers und ermöglichte dem Augustus – jedenfalls in der ersten Hälfte seiner Regierungszeit – Ausgaben von bisher unbekannten Dimensionen.[11a]

Augustus unterscheidet in seinen Res Gestae sorgfältig zwischen seinen eigenen Geldern und denen des Aerarium, das unter ihm noch immer die Hauptkasse des Staates war.[12] Ob allerdings in der Praxis eine strenge Trennung zwischen der Privatkasse und den provinzialen *fisci* immer erfolgt ist und überhaupt immer möglich war, kann dahingestellt bleiben. Die Tatsache, daß dasselbe Verwaltungspersonal die öffentlichen und die privaten Gelder des Prinzeps verwaltete, mußte ihre säuberliche Trennung noch schwerer machen.[13] Wesentlich ist vielmehr, daß Augustus *de facto* auch für die Ausgabenpolitik des Senats, d.h. des Aerarium, letzten Endes allein verantwortlich war.[14] Es empfiehlt sich daher, die Finanzpolitik unter Augustus als Einheit zu behandeln.

Dies gilt auch für den wohl wichtigsten Aspekt der Finanzpolitik, für die monetäre Politik des Prinzeps.[14a] Leider sind gerade auf dem Gebiet der

I. Shatzman, Senatorial Wealth 363 ff., sowie G. M. Parássoglou, Imperial Estates in Roman Egypt, Amsterdam 1978, 15 ff.

[11] Vgl. oben S. 190 Anm. 135.

[11a] Vgl. H. Kloft, in: Saeculum Augustum I 377 f., und unten S. 401 ff.

[12] Vgl. U. Wilcken, Zu den Impensae der Res gestae divi Augusti, Sb. Akad. Berlin, phil.-hist. Kl. 1931, 772 ff., und T. Frank, JRS 23, 1933, 143 ff. Weitere Literatur bei M. A. Cavallaro, Rh. Mus. 122, 1979, 49 f. Anm. 4. – Augustus rühmt sich in den *res gestae* (17), er habe viermal das *aerarium* durch sein Geld unterstützt. Das klingt so, als habe der Prinzeps viermal einen Staatsbankrott abgewendet. Es kann aber auch sein, daß im *aerarium* in Rom kein Geld war, weil die Außenstände der Provinzen noch nicht nach Rom abgeführt waren. Augustus hätte dann mit seinen generösen Spenden auch eine für ihn lästige Abrechnung vermieden. – Vgl. jedoch auch Dio 53, 2, 1 und 54, 30, 3. Dazu H. A. Grueber, BMC Republic II p. 49, note 2.

[13] Vgl. P. A. Brunt, JRS 56, 1966, 75 und 88.

[14] Von 28 bis 23 v. Chr. unterstand das *aerarium* sogar Präfekten, die von Augustus eingesetzt worden waren. Vgl. M. Corbier, L'aerarium Saturni et l'aerarium militare, Rom 1974, 637 ff., und A. Bay, JRS 62, 1972, 120 f.

[14a] Im Folgenden soll nur der monetäre Aspekt der Münzpolitik des Augustus behandelt werden. Daß die Münzen – nicht erst seit Augustus – auch als Propagan-

Münzpolitik noch viele Fragen offen. So ist vor allem der Umfang und die Lokalisierung einzelner unter Augustus geprägter Münzserien noch umstritten. Das Verhältnis der lokalen und provinzialen Gepräge, besonders der Aes-Münzen, zur Reichsprägung ist in den letzten Jahren Gegenstand mehrere Untersuchungen gewesen.[15]

Tatsache ist, daß unter Augustus die römische Währung zu einer Reichswährung wurde. Dies gilt vor allem für die auf dem Denar basierende Silberwährung. Schon in der Republik haben die Römer in den Provinzen

datträger gedient haben, braucht kaum betont zu werden. Vgl. W. Trillmich, Münzpropaganda, in: Kaiser Augustus und die verlorene Republik 474 ff., und W. H. Gross, in: The Age of Augustus 29 ff. Zur Problematik des Begriffes „Münzpropaganda" vgl. die guten Bemerkungen von A. Wallace-Hadrill, JRS 76, 1986, 67 ff.

[15] Vgl. C. J. Howgego, Greek Imperial Countermarks, London 1981, und R. Ziegler, Litterae Numismaticae Vindobonenses 4, 1992, 189 ff. mit weiterer Lit. Allgemein s. K. Butcher, Roman Provincial Coins. An Introduction to the „Greek Imperials", London 1988. Die Arbeit von M. Grant, From Imperium to Auctoritas, Cambridge 1946 (ND 1969), der erstmals das Material für die lokalen Aes-Prägungen zusammengestellt hat, ist heute überholt. Eine neue Grundlage für alle Probleme der Münzprägung in augusteischer Zeit haben C. M. Kraay und C. H. V. Sutherland mit ihrem Catalogue of Coins of the Roman Empire in the Ashmolean Museum (CREAM), Part 1 (Augustus ca. 31 B. C. to A. D. 14), Oxford 1975, gelegt, der erstmals außer den römischen Denaren und der römischen Aes-Prägung auch die provinzialen und die lokalen Gepräge sowie die Münzen der Klientelstaaten berücksichtig (vgl. dazu die Bemerkungen von W. E. Metcalf, Gnomon 49, 1977, 95 ff., und von A. Burnett, JRS 68, 1978, 173 ff.). Erst wenn in ähnlicher Weise auch das Material der übrigen großen Sammlungen publiziert vorliegt, lassen sich über die Bedeutung vor allem der lokalen Aes-Münzen für den Geldumlauf und für das Wirtschaftssystem vielleicht verbindlichere Aussagen machen. Vgl. jetzt A. Burnett–M. Amandry–P. P. Rippollès, Roman Provincial Coinage, Vol. I. From the death of Caesar to the death of Vitellius (44 B. C.–A. D. 69), London/Paris 1992. Eine Tabelle der unter Augustus in Kleinasien geprägten Münzen auf Grund des Materials der wichtigsten internationalen Sammlungen findet man bei P. R. Franke–W. Leschhorn–A. U. Stylow, Sylloge Nummorum Graecorum Deutschland. Sammlung Hans von Aulock, Index, Berlin 1981, 246 ff. Vgl. auch die Beiträge in: Nomismata 1, Internationales Kolloquium zur kaiserzeitlichen Münzprägung Kleinasiens, hrsg. von J. Nollé–B. Overbeck–P. Weiss, Mailand 1997. – Vgl. allgemein zur Münzprägung unter Augustus die Literaturübersicht bei M. R. Alföldi, Antike Numismatik, Mainz 1978, 306. Dazu C. H. V. Sutherland, Quad. Tic. 7, 1978, 163 ff. M. H. Crawford, Coinage and Money under the Roman Republic, London 1985, 256 ff. C. H. V. Sutherland, Roman Imperial Coinage I^2, London 1984, 21 ff. (mit gegenüber der 1. Auflage teilweise veränderten Zuweisungen), und: Roman History and Coinage 44 B.C.–A.D. 69, Oxford 1987, 3 ff. (historische Erklärung ausgewählter Münztypen). B. Mannsperger, in: Saeculum Augustum III 348 ff. K. W. Harl, Coinage in the Roman Economy, Baltimore/London 1996, 73 ff.

Die Wirtschaftspolitik

gelegentlich Silbergeld geprägt, so in Makedonien Tetradrachmen mit dem Bilde Alexanders und in Asien Kistophoren.[16] Dieses Silbergeld paßte sich jedoch in Standard und Typ der früheren Landeswährung an und kann nicht als römisches Geld angesprochen werden. In anderen Provinzen, wie z. B. in Spanien, wurde in der Republik auch unter römischer Herrschaft lokales Silbergeld weiter geprägt.[17] In Gallien wurden sogar noch bis etwa 20 v. Chr. auch die dort stationierten Truppen zum Teil mit lokalen keltischen Münzen versorgt.[18] Erst in den Bürgerkriegen bahnte sich ein Wandel an. Die Notwendigkeit, ihre Truppen mit reichlichem Geld, und zwar mit römischem Geld, zu versorgen, zwang die Führer der Bürgerkriegsarmeen dazu, nun auch in den Provinzen in großem Umfang römische Denare zu prägen. So haben die Republikaner Brutus und Cassius im Osten und in Griechenland und Sex. Pompeius in Sizilien reichlich Denare schlagen lassen.[19] Auch M. Antonius hat im Osten zahlreiche Denare ausgegeben – neben den Kistophoren, die schon unter ihm immer mehr zu römischen Münzen wurden.[20] Oktavian/Augustus hat dann auch nach der Er-

[16] Vgl. H. Gaebler, Die antiken Münzen von Makedonien und Paeonien, 2. Abt., Berlin 1935, 9. Zu den Stücken des Aesillas s. M. Thompson, Rev. Num. 1973, 54 ff. – Nach Chr. Boehringer, Zur Chronologie mittelhellenistischer Münzserien 220–160 v. Chr., Berlin 1972, 107 ff., wurden auch die Tetradrachmen mit den Typen 'Zeuskopf/Artemis Tauropolis auf Stier' und 'Artemiskopf in Schild/Keule im Eichenkranz' noch nach 148 v. Chr. weitergeprägt. Ebenso M. Price, Coins of the Macedonians, London 1974, 30 ff. – Vgl. allg. zur nichtrömischen Silberprägung im römischen Einflußbereich in republikanischer Zeit C. Rodewald, Money in the Age of Tiberius, Manchester 1974, 18 ff. und 24 f. – Zu den Kistophoren vgl. den Literaturüberblick im JbNum 11, 1961, 157 ff. – Dazu jetzt M. H. Crawford, Coinage and Money (wie A. 15) 195 ff. (über römische Prägungen in den Provinzen in republikanischer Zeit).

[17] Vgl. M. H. Crawford, Num. Chron. 1969, 77 ff., und R. C. Knapp, Num. Chron. 1977, 1 f.

[18] Vgl. dazu E. M. Wightman, Actes du IXe Congrès intern. d'études sur les frontières romaines, Köln/Wien 1974, 480 ff., und J.-R. Richard, in: M. R. Alföldi, Studien zu Fundmünzen der Antike, Berlin 1979, 197 ff., und S. Scheers, ebda. 225 ff. Allg. zur gallischen Münzprägung unter römischem Einfluß s. J. B. Colbert de Beaulieu und J. C. M. Richard, Rev. ét Ligures 35, 1969 (1972), 1 ff. – Dazu jetzt H. Huysecom, RBNum 128, 1982, 27 ff. (zum keltischen Münzumlauf in Gallien unter Caesar und Augustus), und D. G. Wigg, Das Ende der keltischen Münzgeldwirtschaft am Rhein, Germania 74, 1996, 377 ff.

[19] Crawford, PRC Nr. 500, 6 ff. Nr. 498 ff. und 505 Nr. 511.

[20] Crawford, RRC Nr. 527 f. 531. 533. 536. 539. 541 ff. Vgl. A. E. Chapman, Num. Chron. 1968, 20 ff., und T. V. Buttrey, Studies in the Coinage of M. Antony, New York 1952, sowie E. Bernareggi, Quad. Tic. 2, 1973, 89 ff., und Ph. V. Mill, a. O. 5, 1976, 121 ff.

ringung der Alleinherrschaft weiterhin in den Provinzen römische Denare und teilweise auch römische Aes-Münzen schlagen lassen – hauptsächlich wohl zur Besoldung seiner Truppen. Offenbar nahm Augustus auch nach der *restitutio rei publicae* die Münzprägung in den Provinzen als imperiales Recht in Anspruch.[21]

Im Osten hat Oktavian die Ausgabe der schon von Antonius in großer Zahl geprägten Kistophoren mit anderen, rein römischen Typen fortgesetzt.[22] Schon im Jahr 29 v. Chr. erschien die Serie der PAX-Kistophoren, auf denen sich Oktavian als LIBERTATIS P R VINDEX feiern ließ.[23] Wohl noch im Jahre 27 wurde dann mit der Ausprägung der AVGVSTVS-Kistophoren begonnen. Die älteren Serien trugen als Typen den Altar der ephesischen Artemis, die Sphinx (das Rätseltier Apollons), ein Ährenbündel (eine Anspielung auf die Einweihung des Augustus in Eleusis)[24] sowie den Capricornus (das Sternzeichen des Augustus) mit dem Füllhorn.[25] Eine letzte Serie wurde in den Jahren 19/18 ausgegeben. Die Typen zeigen den Tempel des *Commune Asiae* in Pergamon, den Rundtempel des Mars Ultor auf dem Kapitol[26] und den für die Rückgabe der Partherfeldzeichen beschlossenen Ehrenbogen. Neben diesen zu drei Denaren gerechneten Kistophoren wurden auch Aurei und Denare im Osten geschlagen.[27] Be-

---

[21] Bis zum J. 23 v. Chr. konnte Augustus als Consul über den Senat auch in den senatorischen Provinzen eine Prägung veranlassen. Seit dem J. 23 erlaubte ihm wohl sein *imperium maius*, auch in den senatorischen Provinzen zu prägen, vgl. A. M. Burnett, Num. Chron. 1977, 59.

[22] Vgl. C. H. V. Sutherland, The Cistophori of Augustus, London 1970.

[23] RIC Augustus Nr. 10. CREAM Nr. 673 ff. Vgl. oben S. 214 mit Anm. 38. Dazu D. Mannsperger, Gymnasium 80, 1973, 381 ff.

[24] Vgl. D. Kienast, JbNum 10, 1959/60, 61 ff. Anders A. Alföldi, Chiron 9, 1979, 583, der darin eine Anspielung auf den Kaiser als Ährenspender sieht, was angesichts der Thematik der übrigen Kistophoren kaum überzeugt. Daß der einmal eingeführte Typ später gedankenlos wiederholt wurde, ist kein Einwand gegen die oben vorgeschlagene Deutung.

[25] Dazu K. Kraft, Kleine Schriften II 262 ff., und E. J. Dwyer, Röm. Mitt. 80, 1973, 59 ff.

[26] Gewöhnlich bezieht man die Darstellung auf eine *aedicula* für Mars Ultor auf dem Kapitol. Nach C. J. Simpson, JRS 67, 1977, 91 ff., habe es ein solches Bauwerk jedoch nicht gegeben. Die Abbildung auf den Kistophoren beziehe sich vielmehr auf den geplanten, aber damals noch nicht fertiggestellten Marstempel auf dem Augustusforum. Vgl. auch L. Morawiecki, Eos 64, 1976, 59 ff.

[27] Vgl. C. H. V. Sutherland, Rev. Num. 1973, 129 ff., und 1974, 49 ff., sowie: The Emperor and the Coinage, London 1976, 53 ff. Vgl. auch J.-B. Giard, Catalogue des Monnaies de l'Empire romain I, Auguste, Paris 1976, 8 ff. und 43 ff., der für Kleinasien und Syrien zwei Hauptmünzstätten (Ephesos und Pergamon) und «deux ateliers secondaires» annimmt. Wenn Giard (a. O. 5) meint, Augustus habe im J. 19

sonders die Kistophorenprägung des Augustus muß einen großen Umfang gehabt haben.[28] Als Prägestätten kommen Pergamon und Ephesos sowie vielleicht noch ein dritter Ort in Betracht.[29] Die Prägung diente wohl hauptsächlich, wenn auch sicherlich nicht ausschließlich, den Bedürfnissen des römischen Ostheeres.[30] Die Ausgabe dieser Stücke erfolgte möglicherweise deswegen, weil im Osten das Preisniveau höher war als in Italien.

Ergänzend zu den Kistophoren, die unter Augustus als rein römische Münzen gelten können, trat noch die Silberprägung des Lykischen Bundes. Die Drachmen zeigen auf der Vorderseite den Kopf des Augustus und auf der Rückseite eine oder zwei Leiern mit den Anfangsbuchstaben der Distrikte Kragos und Massikytes.[31] Die Stücke wurden von dem nominell autonomen Lykischen Bund vielleicht auf Weisung, jedenfalls aber wohl nicht ohne Billigung des Augustus geschlagen. Daneben haben in geringerem Umfang auch Polemon I. von Pontos und Archelaos von Kappa-

v. Chr. «aux quatre coins du monde» neue Münzstätten eröffnet, um seinen Erfolg über die Parther zu propagieren, so übersieht er, daß auch unter Augustus die Münzen in erster Linie ein Zahlungsmittel und kein bloßes Propagandamaterial waren.

[28] Nach C. H. V. Sutherland, The Cistophori of Augustus, London 1970, 105 ff. (vgl. Emperor and Coinage 26 und 84 f.), seien aus einem Vs.-Stempel mindestens 5000 Münzen geschlagen worden (unter Berufung auf die Untersuchungen von D. G. Sellwood, Num. Chron. 1963, 217 ff.). Sutherland schätzt, daß mit den 355 derzeit bekannten Vs.-Stempeln der augusteischen Kistophoren 25–40 Tonnen Metall verprägt worden seien. Vgl. dazu C. Rodewald, Money in the Age of Tiberius 10 mit Anm. 55 und 56. Woher das Metall für diese Prägungen kam, ist noch nicht genauer untersucht. Vgl. für die kleinasiatischen Metallvorkommen einstweilen F. Orth, RE Suppl. IV, 1924, 113 ff., und R. J. Forbes, Studies in Ancient Technologie 8, Leiden 1971, 217 ff. (Silber) und 9, 1972, 14 f. (Kupfer) und 140 ff. (Zinn).

[29] Vgl. C. H. V. Sutherland, The Cistophori of Augustus 85 ff.

[30] Anders A. Kunisz, Recherches sur le monnayage et la circulation monétaire sous le règne d'Auguste, Warschau 1976, 49 f., wonach die Kistophoren hauptsächlich für die Städte des Ostens geprägt wurden. Aber als römisches Geld dürften die Kistophoren dennoch vor allem für die römischen Beamten und Funktionäre sowie für die römischen Truppen geprägt worden sein. Das schließt selbstverständlich nicht aus, daß sie von vornherein für den Umlauf in den Wirtschaftszentren Kleinasiens bestimmt waren, auf die auch bei der Typenwahl Rücksicht genommen wurde.

[31] CREAM Nr. 720 ff. Syll. Aulock Nr. 4311–13 (Kragos) und Nr. 4347–4360 (Massikytes). Die Stücke von Massikytes wurden, wie die Beizeichen zeigen, in mehreren Serien ausgebracht. Daneben gab es Großbronzen ähnlichen Typs (Syll. Aulock 4361). Der Stil der Porträts auf der Vs. entspricht dem der in den Jahren 29/28 v. Chr. in Rom geschlagenen Aurei und Denare sowie dem der Kistophorenserien III–VI (nach der Anordnung von Sutherland). Warum gerade die Lykier eine offenbar relativ umfangreiche Silberprägung besaßen, läßt sich nicht sagen. Vgl. jetzt H. A. Troxell, The Coinage of the Lycian league, New York 1982.

dokien Silbergeld ausgegeben.[32] – Für die Bedürfnisse des Ostheeres wurden in Syrien, wo damals drei Legionen ständig stationiert waren, silberne Tetradrachmen attischen Standards mit griechischen Legenden geprägt. Eine erste Gruppe mit dem Kopf des Augustus auf der Vorderseite und dem sitzenden Zeus Nikephoros auf der Rückseite wurde 20/19 v. Chr. anläßlich des Besuchs des Prinzeps im Osten ausgegeben. Damals befanden sich die wegen der Parthergefahr in den Orient verlegten zusätzlichen Truppen wohl noch in Syrien. Eine zweite Gruppe mit der Tyche von Antiochia auf der Rückseite gehört offenbar vor allem in die Jahre 5–1 v. Chr. und dürfte im Zusammenhang stehen mit dem Unternehmen des C. Caesar. (Auch damals waren wieder zusätzliche Truppen in den Osten verlegt worden.[33]) Neben jenen Silbertetradrachmen mit griechischer Legende wurden Kupfermünzen (Asse und Dupondien) mit lateinischer Legende geschlagen, die sich an den Typ der Münzmeisterasse in Rom (zu diesen s. weiter unten) anlehnen und wie diese ein großes SC in einem Kranz auf der Rückseite tragen.[34] Ähnliche Stücke in Kupfer mit einem CA (= Caesaris auctoritate?) auf der Rückseite, zu denen sich Sesterze und Dupondien in Messing gesellen, wurden ebenfalls in größeren Mengen ausgebracht. Zu nennen sind ferner noch Sesterze und Asse, die statt des CA die Aufschrift AVGVSTVS in einem Kranz tragen.[35] Bei allen diesen Aes-

[32] CREAM 853f. und 864f. Gerade die Prägungen der Klientelkönige lassen vermuten, daß die Edelmetallprägung im Reich von den Weisungen des Augustus abhängig war. Während Polemon und Archelaos nur in geringem Umfange Silber schlugen, gibt es von Juba II. von Mauretanien eine überaus reiche Denarprägung. Dagegen haben z. B. der Thrakerkönig Rhoimetalkes und der sonst eine so große Pracht entfaltende Judenkönig Herodes nur Bronze geprägt. Vgl. dazu unten S. 503f.

[33] W. Wruck, Die syrische Provinzialprägung von Augustus bis Trajan, Stuttgart 1931, 12ff. Vgl. Syll. Cop. 130ff. (Nr. 133 ist ins J. 5/6 n. Chr. datiert). Nach A. Kunisz, Recherches 53, sei die Ausgabe von Stücken mit griechischer Legende vom Standpunkt der Reichspolitik aus nicht wünschenswert gewesen. Vgl. jedoch unten S. 471ff. Offenbar war die Ausgabe von Silbermünzen mit griechischer Legende eine Geste gegenüber den Griechen in Syrien. Noch bis in die Zeit des Augustus wurden übrigens in Antiochia Tetradrachmen mit dem Bilde des Philippos Philadelphos geprägt, vgl. A. Kunisz, Recherches 51f., und C. Rodewald, Money in the Age of Tiberius 25 (mit älterer Literatur). – Zu den römischen Truppen in Syrien s. E. Ritterling, RE XII 1, 1924, 1220, 8ff. 1224, 36ff. 1231, 54ff. Dazu S. 75 m. A. 255a.

[34] Vgl. W. Wruck, Die syrische Provinzialprägung 14 (Katalog Nr. 9ff.).

[35] CREAM 691ff. und 704ff. Banti-Simonetti, CNR VII 1571ff. IV p. 15 Nr. 2. 1020. 721. p. 30 p. 32 36ff. Prägezeit und Prägeort dieser Stücke sind umstritten (vgl. die Übersicht bei Banti-Simonetti a. O.). C. H. V. Sutherland, Rev. Num. 1965, 96ff., und Emperor and Coinage 56, möchte die Prägung der CA-Münzen schon 29 v. Chr. beginnen lassen. Nach A. M. Burnett, NumChron. 1977, 46ff., seien sogar die östlichen SC-Stücke noch vor den römischen Münzmeisterstücken geschlagen wor-

Die Wirtschaftspolitik 389

[Forts. Anmerkung 35.]
den. Ähnlich J.-B. Giard, Catalogue 7. Gewöhnlich datiert man jedoch sowohl die SC- wie die CA- und die AVGVSTVS-Stücke erst in die Zeit nach 19 v. Chr. (vgl. dazu A. S. Robertson, RICHCC I p. XXVIII f.). Der Bimetallismus der CA-Stücke spricht dafür, diese ebenso wie die SC-Stücke erst nach der augusteischen Reform der stadtrömischen Aes-Prägung anzusetzen. Die Serien dürften nebeneinander umgelaufen sein.

Auf Grund der stilistischen Ähnlichkeit der Augustusporträts der CA-Stücke mit den Porträts der Augustus-Kistophoren läßt man die Mehrzahl der CA-Münzen im allgemeinen in Kleinasien geprägt sein. Nach C. H. V. Sutherland, Emperor and Coinage 55 ff., wurden die Stücke mit CA in Pergamon, die AVGVSTVS-Stücke in Ephesos geschlagen. M. Grant, FITA 98 ff.; The Six Main Aes-Coinages of Augustus, Edinburgh 1953, 111 ff.; und Roman Imperial Money, Edinburgh 1954, 63 ff., nimmt sowohl für die CA- und die AVGVSTVS-Stücke wie für die östlichen SC-Bronzen mehrere Prägeorte in Kleinasien, Syrien, Kypros und auf dem Balkan an, da die Stücke weit verbreitet waren und die Münzen jeden Typs untereinander wieder starke stilistische Unterschiede aufweisen. L. Laffranchi, Riv. ital. Num. 1952/3, 3 ff., nimmt für die CA-Stücke Beirut als Prägeort an, weil bei den dortigen Händlern jene Münzen besonders oft aufgetaucht seien. Die CA-Stücke unterscheiden sich jedoch von den syrischen SC-Münzen deutlich in ihrer Fabrik, so daß man vielleicht doch mit Sutherland für die Mehrzahl der CA-Gepräge an eine kleinasiatische Münzstätte zu denken hat.

Umstritten ist auch die Auflösung der Buchstaben CA (vgl. die Übersicht über die verschiedenen Auflösungsvorschläge bei Banti-Simonetti, CNR VII 252 ff.). A. M. Burnett (Num. Chron. 1977, 47) schlägt zuletzt wieder vor, CA als *Commune Asiae* aufzulösen und in den CA-Stücken das Geld des asiatischen Koinon zu sehen. Aber das Koinon der Griechen in Asien prägte selbstverständlich Münzen mit griechischer Legende, wie die von Burnett angeführten Stücke aus der Zeit des Caligula beweisen. (Analog gab auch das galatische und das kretische Koinon Münzen mit griechischer Aufschrift aus.) C. H. V. Sutherland (Emperor and Coinage 16 ff.) bezieht in Analogie zu K. Krafts Deutung des SC der Münzmeisterserien (s. unten S. 396 ff.) das CA auf die Verleihung eines Lorbeerkranzes bzw. einer *corona navalis* durch das kleinasiatische Koinon. Eine solche Verleihung ist jedoch nirgends bezeugt und zumal für die *corona navalis* auch ganz unglaubhaft. Auch die auf einigen östlichen Denaren (RIC Augustus Nr. 57) abgebildete Schiffskrone ist zweifellos eine römische *corona rostrata*. Der Beschluß des asiatischen Koinon vom J. 29 v. Chr. (s. oben Seite 247 f.) schließt aber auch die Verleihung eines Goldkranzes an Augustus praktisch aus. Unwahrscheinlich ist auch, daß auf römischem Provinzialgeld die Kränze des asiatischen Koinon in Konkurrenz zu den vom Senat verliehenen Ehrenkränzen hätten erscheinen können. Burnett und Sutherland gehen außerdem davon aus, daß alle CA-Stücke in Kleinasien geprägt worden sind, was keineswegs sicher ist. – Die Auflösung des CA als Caesar Augustus scheitert daran, daß auf der Vs. einiger CA-Stücke bereits der Name IMP CAESAR (IMP CAISAR) bzw. AVGVSTVS zu lesen ist. – Am meisten befriedigt noch die von M. Grant (FITA 108 und 446. Six Main Aes Coinages 42 ff. Roman Imperial Money 66 f.) vorgeschlagene Auflösung *Caesaris Auctoritate*. Die Formel würde bedeuten,

Münzen handelt es sich um römisches Geld, das offensichtlich vor allem für die im Osten befindlichen römischen Truppen ausgegeben wurde.[36] Für Ägypten schließlich, wo unter Augustus drei Legionen und neun Cohorten standen, wurden für den lokalen Markt Aes-Münzen in beträchtlichem Umfang geprägt.[37] Diese übertarifierten Scheidemünzen zirkulierten jedoch nur in Ägypten und waren nur schwer konvertierbar.

Stilistisch eng verwandt mit den älteren Augustuskistophoren ist eine Serie von Aurei und Denaren, die auf der Vorderseite den Kopf des Oktavian oder einer Gottheit und auf der Rückseite die Ganzfigur einer Gottheit oder des siegreichen Feldherrn Oktavian zeigen. Auch die Curia Julia,

daß die Prägung zwar auf Grund eines Senatsbeschlusses erfolgt ist, dieser Beschluß jedoch von Augustus veranlaßt worden war (vgl. dazu J. Béranger, Recherches 120 ff.). Die Folgerung von Grant, die *auctoritas* des Augustus habe die rechtliche Grundlage des Prinzipats gebildet, wird allerdings damit in keiner Weise gestützt.

Als weitere überlokale römische Bronzeprägung im Osten möchte M. Grant (Roman Imperial Money 40 f. und: Six Main Aes Coinages 1 f.) Kleinerze ansprechen, die auf der Vs. den Kopf des Augustus nach rechts mit der Beischrift AVG und auf der Rs. zwei *togati* mit einem Ochsengespann zeigen (CREAM 1194 f. unter Parium). Nach Grant seien die Stücke erst in Antiocheia in Pisidien und später in Parion geprägt worden. Das Fehlen des Stadtnamens deute auf eine überlokale Emission. 'Many thousands of specimens which constantly come to ligth in Anatolia' zeigten nach Grant große Verschiedenheit in Stil und Technik. Obwohl K. Pink, NumZeitschr. 1947, 136, und K. Kraft, Kleine Schriften II 359, Vorbehalte äußerten, schließt sich A. Kunisz, Recherches 67 f., Grants Auffassung an. Tatsächlich scheinen die genannten Kleinerze ungemein häufig zu sein.

[36] Daß gerade die Aes-Prägung wesentlich der Versorgung der Truppen diente, zeigen die Funde in den römischen Militärlagern deutlich genug. Vgl. zuletzt C. Rodewald, Money in the Age of Tiberius 55 f. Wenn demgegenüber C. H. V. Sutherland, Emperor and Coinage 15, von 'a mere civilian aspect' des Aes-Geldes spricht, bleibt er den Beweis dafür schuldig.

[37] Vgl. C. H. V. Sutherland, Emperor and Coinage 28 f. und 59. Das Material ist zusammengestellt bei J. Vogt, Die alexandrinischen Münzen, Stuttgart 1924 (ND 1976) I 12 ff., II 1 ff., CREAM 771 ff., und bei A. Geissen, Katalog der alexandrinischen Kaisermünzen der Sammlung des Instituts für Altertumskunde der Universität zu Köln I, Opladen 1974, 16 ff. Vgl. A. Gara, Prosdiagraphomena e circolazione monetaria: Aspetti dell'organizzazione fiscale in rapporto alla politica monetaria dell'Egitto romano, Mailand 1976. (Dazu E. Christiansen, JRS 69, 1979, 204 ff.). Vgl. jetzt E. Christiansen, The Roman Coins of Alexandria. „State of Affairs", in: A. Bülow-Jacobsen, Proceedings of the 20th Intern. Congress of Papyrologists, Kopenhagen 1994, 478 ff. (mit der älteren Literatur), und K. Maresch, Bronze und Silber, Opladen 1996, 110 ff. – Die Billonprägung von Alexandria begann ebenso wie die reiche Silberprägung von Caesarea in Kappadokien erst unter Tiberius. – Zu den Silbermünzen der Homeriten s. oben S. 336.

Die Wirtschaftspolitik 391

Triumphbogen und *currus triumphalis* begegnen als Darstellungen. Die Rückseitenlegende der Stücke lautet entweder CAESAR DIVI F oder IMP CAESAR. Alle diese Münzen sind offenbar nach Actium geprägt worden. Wahrscheinlich sind sie nicht, wie man vielfach meint, im Osten, sondern in Rom selbst ausgegeben worden. Das Bildprogramm der Serie, welche die Siege von Naulochos und vor allem von Actium feiert, deutet darauf hin, daß diese Münzen das Geld waren, das für den großen dreifachen Triumph des Jahres 29 geprägt wurde.[38] Die Prägung wurde aber wohl auch im folgenden Jahr noch fortgesetzt. Das Silber für die Prägung stammte offenbar zum Teil von den Silberstatuen Oktavians, die dieser nach seiner eigenen Aussage einschmelzen (und verprägen) ließ. Aus dem so gewonnenen Geld ließ der Caesar dem palatinischen Apollon goldene Weihgeschenke aufstellen. Das Geld diente aber nach Cassius Dio auch dazu, die Straßenbauten des Jahres 27 zu finanzieren.[39]

In Afrika hat der Klientelkönig Juba II. wohl im Einverständnis mit der römischen Regierung in großer Zahl Silberdenare geschlagen, die auf der Rückseite teilweise Darstellungen aus dem reichsrömischen Typenschatz übernehmen.[40]

Weitere römische Denare wurden in Spanien geprägt. So schlug wohl in den Jahren 23–19 v. Chr. der Legat P. Carisius in Emerita Denare und loka-

[38] Vgl. K. Kraft, Kleine Schriften II 292 ff. Dazu C. H. V. Sutherland, CREAM I Plate 4 zu Nr. 190 ff.: 'Die-links, type-links and type content argue a single mint centre in Italy.' Vgl. auch Emperor and Coinage 49 ff., und Quad. Tic. 5, 1976, 129 ff. Anders als K. Kraft, J.-B. Giard (Catalogue 4 und 65 ff. Nr. 1) und Th. Pekáry (s. die folgende Anm.) möchte Sutherland diese Denarserie schon vor Actium beginnen lassen. Ebenso A. M. Burnett, Num. Chron. 1977, 60. Vgl. auch P. R. Franke, Chiron 6, 1976, 163 Anm. 32 f. (mit weiterer Literatur). Sutherland stellt zu dieser Serie auch die ASIA RECEPTA-Quinare (mit der Cista mystica auf der Rs.) und die AEGVPTO CAPTA-Denare (mit dem Krokodil auf der Rs.) sowie den Aureus mit der Legende AVGVSTVS und einem Adler mit der *corona civica* auf der Rs. (zu diesem s. oben Teil II S. 95 mit Anm. 52). Der Aureus dürfte jedoch eine Sonderemission dargestellt haben. Die ASIA RECEPTA-Quinare scheinen dagegen, nach den Funden zu urteilen, in größeren Mengen ausgebracht worden zu sein, vielleicht um dem Kleingeldmangel der zwanziger Jahre abzuhelfen. Vgl. C. Rodewald, Money in the Age of Tiberius 9 mit Anm. 47. – Zu den nach Actium geprägten Denaren s. auch die kunsthistorisch orientierte Arbeit von J. Liegle, JdAI 56, 1941, 91 ff. – A. Kunisz, Recherches 46, hält an der Zuweisung jener Denare in den Osten fest.

[39] RgdA 24. Suet. Aug. 52. Dio 53, 22, 3. Dazu Th. Pekáry, in: Monumentum Chiloniense, Amsterdam 1975, 96 ff.

[40] J. Mazard, Corpus Nummorum Numidiae Mauretaniaeque, Paris 1955, 76 ff. CREAM 879 ff. Dazu D. Salzmann, Madrider Mitt. 15, 1974, 174 ff. Zum Umlauf der Juba-Denare s. B. Fischer, Les monnaies antiques d'Afrique du Nord trouvées en Gaule, Gallia Suppl. 36, Paris 1978, 64 f., 129 f. und 151 f.

le Bronzemünzen.[41] In den Jahren 19 bis 15 v. Chr. wurden dann in einer oder mehreren unbekannten spanischen Münzstätten Aurei und Denare geprägt, welche vor allem die 27 für Augustus beschlossenen Ehrungen, die Rückgabe der Partherfeldzeichen im Jahre 20 und die Saecularspiele im Jahre 17 v. Chr. feierten.[42] Wenn man bedenkt, daß Spanien über reiche Bodenschätze verfügte und daß wegen der erst im Jahre 19 v. Chr. abgeschlossenen Kantabrerkriege sieben römische Legionen in Spanien standen, wird der große Umfang der spanischen Denarprägung sofort verständlich.

Schon in den Jahren 30–28 v. Chr. wurden in Lugdunum Bronzemünzen auf den Namen der Kolonie (Copia) geschlagen.[43] Die Aufnahme der Offensive gegen Germanien führte dann zu einer regen Prägetätigkeit der Lyoner Münzstätte zunächst in Edelmetall, dann auch in Erz.[44] Das Material für die Prägungen stammte wohl zu einem guten Teil aus den Tributen der Gallier. Cassius Dio berichtet zum Jahre 15 v. Chr. die Geschichte des Finanzprocurators Licinus, der sich durch Erpressung der Provinzialen schamlos bereichert hatte.[45] Zwischen 15 und 12 v. Chr. wurde dann auch die erste Denarserie emittiert, die durch die Angabe der 10. imperatorischen Akklamation des Augustus chronologisch festgelegt ist. Die Stücke feiern die Siege des Drusus und des Tiberius über die Alpenvölker und erinnern gleichzeitig an die Siege des Augustus selbst bei Philippi, Naulochos und Actium.[46] Weitere Denare mit IMP XI und IMP XII (11–9

---

[41] CREAM 7 ff. (AR) und 328 ff. (AE). RIC Augustus 221 ff. Vgl. C. H. V. Sutherland, Emperor and Coinage 15 ff. und 22 ff.

[42] CREAM 1 ff. RIC Augustus 240 ff. Vgl. C. H. V. Sutherland, Num. Chron. 1945, 58 ff., und: Emperor and Coinage 42 ff., sowie J.-B. Giard, Catalogue 8 ff. und 45 ff. – M. H. Crawford, JRS 65, 1975, 177 ff., bezweifelt die Zuweisung der Stücke an Spanien, ebenso A. Burnett, JRS 68, 1978, 176 f., der für die der *colonia Patricia* zugewiesene Gruppe an Lyon als Münzstätte denkt. Vgl. die von Burnett genannte weitere Literatur.

[43] Banti-Simonetti, CNR I 166 f. Vgl. jetzt J.-B. Giard, Le monnayage de l'atelier de Lyon des origines au règne de Caligula (43 av. J.-C.–41 après J.-C.), Wetteren 1983.

[44] RIC Augustus 325 ff. Vgl. K. Kraft, Kleine Schriften II 18 ff. C. H. V. Sutherland, Emperor and Coinage 45 ff. J.-B. Giard, Rev. Num. 1967, 119 ff., und: Catalogue 8 ff. und 50 ff., sowie A. Kunisz, Recherches 31 f. und 72, nehmen an, daß neben Lugdunum noch eine oder mehrere gallische Nebenmünzstätten gearbeitet haben.

[45] Vgl. Dio 54, 21, 2 ff. Die Römer haben außerdem den Betrieb der gallischen Erzgruben übernommen (Plin. n. h. 34, 3). Vgl. allg. zur Metallgewinnung in Gallien J. Ramin, Mélanges R. Dion, Paris 1974, 417 ff. Daneben wurde vielleicht weiterhin Metall aus den spanischen Gruben verprägt.

[46] Zur Deutung der Typen vgl. K. Kraft, Kleine Schriften II 311 ff.

Die Wirtschaftspolitik 393

v. Chr.) sowie mit IMP XIIII (8–1 v. Chr.) zeigen, daß die Prägung während der ganzen Offensive des Drusus und darüber hinaus weitergeführt wurde.[47] Neben den Denaren wurden auch Goldquinare mit dem Bild der Victoria auf dem Globus ausgegeben, die durch die Angabe der 13.–17. und der 24.–31. *tribunicia potestas* in die Jahre 11–7 v. Chr. und 1–8 n. Chr. datiert werden können. Zu Ehren seines jungen Enkels und Adoptivsohnes C. Caesar, der im Jahre 8 v. Chr. den rheinischen Legionen vorgestellt wurde, ließ Augustus dann Denare schlagen, die auf der Rückseite den C. Caesar zu Pferde zeigen.[48] Seit dem Jahre 2 v. Chr. wurden schließlich für die beiden Adoptivsöhne des Augustus die schönen Aurei und Denare geschlagen, die sie als *principes iuventutis* mit Speer und Schild zeigen. Die Prägung lief möglicherweise weiter bis zum Tode des C. Caesar im Jahre 4 n. Chr. Jedenfalls sind diese Denare sehr zahlreich ausgebracht und auch des öfteren nachgeprägt worden.[49] Dieses Silbergeld wurde ergänzt durch die Aes-Prägung von Vienna, Lugdunum und Nemausus. Besonders die um 10 v. Chr. einsetzenden Serien mit dem Bilde des Augustusaltars von Lyon haben die Zusammensetzung des Geldumlaufs in Gallien und Germanien wesentlich bestimmt.[50] In Zentralgallien wurden aber unter Augustus

[47] Zur Datierung der imperatorischen Akklamationen s. T. D. Barnes, JRS 64, 1974, 21 ff., und R. Syme, Phoenix 33, 1979, 308 ff.

[48] RIC Augustus 348 f. CREAM 148 ff. Wenig überzeugend möchte diese Denare jetzt F. E. Romer, TAPA 108, 1978, 187 ff., ins J. 2 v. Chr. verlegen und mit dem Aufbruch des C. Caesar in den Osten in Verbindung bringen.

[49] RIC Augustus 350 f. Vgl. M. Bahrfeldt, Rassegna Numismatica 1932, 120 = Banti-Simonetti, CNR IV p. 67 Nr. 26 (ein goldner Quaternio vom gleichen Typ). Zugleich mit diesem Multiplum wurde auch ein goldener Quaternio mit dem Typ der laufenden Diana von Naulochus und der Legende IMP XV ausgebracht, s. S. L. Cesano, Atti e Memorie dell'Istituto Ital. di Num. 8, 1934, 104 ff., und G. Gorini, ebda. 15, 1968, 39 ff. M. Grant, Roman Imperial Money 77 ff., vermutet, daß die Caesares-Denare bis zum Tode des Augustus weitergeprägt wurden. Ebenso D. McDonald, JbNum 28/29, 1978/79, 27 ff. Vgl. auch E. Nuber, Kölner Jb. für Vor- und Frühgeschichte 14, 1974, 65 ff., mit einer Liste von Schatzfunden, die mit den Caesares-Denaren enden. Nachprägungen sind verzeichnet bei A. S. Robertson, RICHCC Augustus 222 ff. CREAM 182 (aus dem Bereich der unteren Donau). J.-B. Giard, Catalogue 228 Nr. 1669–1676 (des régions danubiennes), 229 Nr. 1677 (de Colchide). P. Berghaus, in: Studien aus Alteuropa II, Köln–Graz 1965, 183 f. (aus Westfalen. Vgl. ebda. 184: „Nachahmungen ... kommen überaus häufig vor. Kaum ein anderer Münztyp ist derart weit ... gewandert. Außerhalb des römischen Imperiums läßt er sich bis nach Norwegen im Norden, im Osten bis nach Indien nachweisen"). – Abweichend von der *communis opinio* will jetzt Th. Fischer die Caesares-Denare in Rom geprägt sein lassen: LAGOM. Festschrift P. Berghaus, Münster 1981, 31 ff. (mit Literatur zur Ikonographie der Caesares).

[50] Zu den frühen Prägungen von Vienna und Lugdunum s. H. Küthmann,

und Tiberius noch weiterhin keltische Bronzemünzen für den lokalen Bedarf geprägt.[50a]

Ein anderes Bild als die spanischen und gallischen Prägungen bietet die bald nach 20 v. Chr. einsetzende römische Münzprägung. Die große Denarserie, die Oktavian in den Jahren 29 und 28 ausbrachte, hatte er auf Grund seiner triumviralen *potestas* prägen lassen. Nachdem er jedoch im Jahre 27 seine außerordentlichen Vollmachten niedergelegt und die *res publica* dem Senat und dem römischen Volk zurückgegeben hatte, legte Augustus offenbar Wert darauf, auch in der Münzprägung wieder an die republikanische Tradition anzuknüpfen und die Zuständigkeit des Senats für die Münzprägung sogar demonstrativ zu betonen. Wie in der Republik wurde die Münzprägung jetzt wieder ganz den durch Volkswahl bestellten *tresviri monetales* anvertraut, denen in der Edelmetallprägung auch die Auswahl der Typen überlassen wurde.[51] Die Darstellungen der Aurei und Denare hatten denn auch teilweise wie in der Republik Themen der Familiengeschichte der Münzmeister zum Gegenstand. Zum Teil feierten ihre Stücke natürlich auch die Taten des Augustus und die diesem beschlossenen Ehrungen. Ähnlich hatten aber auch schon in der ausgehenden Republik Münzmeister die Taten der großen Feldherren, besonders des Pompeius und des Caesar, verherrlicht.[52] Die Denare der augusteischen Münzmeisterserie zeigen daher meist auf der Vorderseite den Kopf einer Gottheit, die zur Familie des Monetalen in engerer Beziehung steht, und auf der Rückseite ein Augustus-Thema, oder sie zeigen auf der Vorderseite den Kopf des Prinzeps und auf der Rückseite ein Thema der Familiengeschichte des Monetalen. Je länger die Prägung lief, desto mehr tritt jedoch die Familiengeschichte der Münzmeister in den Hintergrund und

---

JRGZM 4, 1957, 73 ff. Zur Datierung der Nemaususstücke vgl. K. Kraft, Kleine Schriften II 18 ff. C. M. Kraay, Num. Chron. 1955, 75 ff. J.-B. Giard, Rev. Num. 1967, 119 ff. H. Chantraine, Novaesium III p. 12 (mit weiterer Literatur). Zur Datierung der Lyoner Altarserien s. H. Chantraine a. O. 14 und C. M. Kraay, Vindonissa 16 ff. – Neben diesen Aes-Münzen bestimmten in Gallien weiter keltische Kleinerze den Geldumlauf, die vielleicht als Quadranten gewertet wurden, s. H. Chantraine, RE XXIV, 1963, 660, und Novaesium III p. 11; sowie E. Nuber a. O. (Anm. 49) 48 ff. – Vgl. jetzt H. Chantraine in Novaesium VIII, Berlin 1981, 14 ff. (Nominalfragen und Datierungsprobleme).

[50a] Vgl. dazu D. Nash, in: Scripta Nummaria Romana (Essays H. Sutherland), London 1978, 12 ff. Die Verf. betont, daß in den zentralgallischen *civitates* in der 1. Hälfte des 1. Jahrhunderts n. Chr. praktisch kaum römisches Geld in Umlauf war (im Gegensatz zu dem Befund in den Militärlagern am Rhein).

[51] Das Material der sog. Münzmeisterprägungen ist zusammengestellt in RIC Augustus 63 ff.

[52] Vgl. K. Kraft, Kleine Schriften II 273 ff.

Die Wirtschaftspolitik 395

desto stärker dominiert die Gestalt des Augustus. In den späteren Serien erinnern nur noch die Namen der Monetalen daran, daß ihre Denare zur Münzmeisterprägung gehören. Insgesamt haben 14 Monetalenkollegien Münzen geprägt. Die Münzmeisterprägung begann 19 oder 18 v. Chr. und reichte bis 5 v. Chr. oder spätestens 2 v. Chr. herab. Die Datierung läßt sich nicht nur aus der Thematik der Münzen selbst und aus Fundbeobachtungen gewinnen, sondern vor allem aus der Tatsache, daß für einige Münzmeister das Consulatsjahr bekannt ist oder ermittelt werden kann. Da aber zwischen Münzmeisteramt und Consulat in der Regel eine Zeitspanne von 10 Jahren liegt, läßt sich daraus ein ungefährer Zeitansatz und vor allem eine relative Chronologie der verschiedenen Kollegien gewinnen. Im einzelnen bleibt allerdings noch immer manche Frage offen.[53]

Während das erste Münzmeisterkollegium in Edelmetall prägte, brachte schon das zweite Monetalenkollegium Sesterze und Dupondien aus. Später wurden dann auch Asse und Quadranten geprägt. Während sich aber die Aurei und Denare eng an die republikanischen Münzen anlehnten, hat Augustus die Aes-Prägung neu gestaltet. Bis dahin gab es praktisch keine einheitliche römische Aes-Prägung mehr. Der Kleingeldbedarf wurde gedeckt durch die lokalen Prägungen der zahllosen römischen und peregrinen Gemeinden im Reich. Während des Bürgerkrieges hatten die Pompeianer in Spanien Bronzegeld mit dem Kopf des großen Pompeius schlagen lassen, das sich eng an die alten römischen Janus-Prora-Asse anlehnte.[54] Im Jahre 37 wurden von den Flottenpräfekten des Antonius verschiedene Bronzenominale ausgeprägt, die sich im Typ ebenfalls an die alten Janus-Prora-Stücke anschlossen.[55] Nach Actium hat dann Oktavian in Lugdunum und in Vienna Bronzemünzen ausgebracht, die auf der Vorderseite die voneinander abgewandten Köpfe des alten Caesar und des Oktavian

[53] Zur Datierung s. K. Kraft, Kleine Schriften II 42 ff., dem sich J.-B. Giard, Catalogue 41 ff. und 73 ff. Nr. 106 ff., anschließt. A. Kunisz, Recherches 13 und 132 ff. A. M. Burnett, Num. Chron. 1977, 48 ff. und C. H. V. Sutherland, Emperor and Coinage 40, lassen die Münzmeisterprägung wieder mit dem Jahre 23 v. Chr. beginnen. Vgl. auch die von A. S. Robertson, RICHCC I p. XXXII ff., angeführte ältere Literatur. – Dazu jetzt A. Wallace-Hadrill, JRS 76, 1986, 85 ff., der ebenfalls für einen Beginn der Münzmeisterprägung schon im J. 23 v. Chr. plädiert und sich gegen eine zu starre Anwendung der 10-Jahre-Regel ausspricht. Der Münzmeister Cn. Piso, der Sohn des Consuls von 23 v. Chr., habe noch im Consulatsjahr seines Vaters die neue Bronzeprägung begonnen. – Zu den Monetalenkollegien der Jahre 13 und 12 v. Chr. und ihren Münzen s. M. D. Fullerton, AJA 89, 1985, 473 ff. – Vgl. allgemein auch K. Gallinsky, Augustan Culture 28 ff.
[54] Vgl. M. Crawford, RRC 471 und 478 f. Banti-Simonetti, CNR I 22 und 249.
[55] Zu den Münzen der Flottenpräfekten s. M. Bahrfeld, NumZ. 37, 1905, 9 ff.

und auf der Rückseite den Bug bzw. den Vorderteil eines Kriegsschiffes zeigen. Die Anlehnung an die alten Janus-Prora-Asse der Republik ist auch hier noch deutlich. Selbst die in Nemausus (Nîmes) geprägten Bronzemünzen mit den Köpfen des jungen Caesar und des Agrippa auf der Vorderseite und einem Krokodil auf der Rückseite, die in mehreren Serien von etwa 28 v. Chr. bis in die Anfangszeit des Tiberius geprägt wurden, lassen noch die alten Janus-Prora-Stücke der Republik als Typenvorbild erkennen, nur daß eben an die Stelle des Schiffes auf der Rückseite das Krokodil getreten ist.[56]

Mit dieser Tradition wurde jetzt radikal gebrochen. Die neuen Erzmünzen der Münzmeister erhielten neue feste Typen und ein neues festes System. Während die Asse und die Quadranten oder Viertelasse in einem sehr roten Kupfer ausgebracht wurden, prägte man jetzt die Sesterzen und Dupondien (Doppelasse) in Messing, also einer Kupfer-Zink-Legierung aus. Da Zink damals wahrscheinlich Staatsmonopol war, erleichterte die Ausbringung in Messing offenbar die Kontrolle der Prägung.[57] Am meisten ins Auge fielen aber die neuen Typen. Die Sesterzen zeigten auf der Vorderseite einen Eichenkranz mit zwei Lorbeerzweigen und in der Mitte die Aufschrift OB CIVIS SERVATOS. Die Dupondien trugen auf der Vorderseite die Worte AVGVSTVS TRIVBNIC POTEST im Eichenkranz. Die Asse schließlich zeigten auf der Vorderseite den Kopf des Augustus mit der Umschrift CAESAR AVGVSTVS TRIBVNIC POTEST. Nur die Typen der Quadranten, die erst seit 9 v. Chr. ausgebracht wurden, variierten etwas (Altar, Priestersymbole etc.). Die Rückseite aller genannten Nominale trug dagegen in der Mitte einheitlich ein großes SC und als Umschrift Namen und Titel des Monetalen. Dieses SC der Rückseite ist das auffälligste Charakteristikum der neuen Stücke. Es behielt auch nach dem Tode des Augustus seinen Platz auf den römischen Aes-Münzen, obwohl schon unter Tiberius für diese neue Rückseitendarstellungen geschaffen wurden. Noch in der zweiten Hälfte des 3. Jh. n. Chr. erscheint auf den Sesterzen des Postumus in Gallien das inzwischen traditionelle SC.[58]

Die Bedeutung dieser beiden Buchstaben ist in der Forschung umstritten. Im allgemeinen interpretiert man sie so, daß die neue Aes-Prägung

---

[56] Zu diesen Stücken s. oben Anm. 50. Zum Krokodil auf den Nemaususmünzen s. zuletzt R. Ziegler, Neusser Jb. 1976, 30. Wahrscheinlich handelt es sich bei den Nemaususstücken um Asse (und nicht, wie man gelegentlich meint, um Dupondien). Vgl. H. Chantraine, Novaesium III, 11 f. mit Literatur.

[57] Vgl. A. Bay, JRS 62, 1972, 113 ff. – Allg. s. E. LoCascio, JRS 71, 1981, 76 ff.

[58] Vgl. P. Bastien, Le monnayage de bronze de Postume, Wetteren 1967, 117 ff. – Zum Geldsystem des Augustus s. jetzt allgemein O. von Vacano, Neusser Jb. 1976, 27 ff., und J.-B. Giard, Catalogue 6 ff.

auf Senatsbeschluß S(enatus) C(onsulto) erfolgte. Da aber die Buchstaben SC nur auf den Aesmünzen erscheinen, sah Mommsen darin eine Bestätigung für seine These von der Dyarchie, der angeblich im Jahre 27 installierten Zweiherrschaft von Senat und Kaiser.[59] Während dem Augustus die Edelmetallprägung vorbehalten geblieben sei, habe die Aes-Prägung dem Senat unterstanden. Davon kann jedoch, wie K. Kraft gezeigt hat, keine Rede sein.[60] Schon daß die bis zum Ende des 2. Jh. n. Chr. in Rom bezeugten *tresviri monetales* für alle Prägemetalle (Gold, Silber und Aes) zuständig waren, spricht gegen die These Mommsens. Die Praxis der Finanzwirtschaft läßt im übrigen eine scharfe Trennung zwischen einer kaiserlichen und einer senatorischen Prägung besonders fragwürdig erscheinen. Kraft hat daher versucht, das SC auf der Rückseite der Münzmeisterasse auf die Ehrung des Augustus durch den Senat, speziell auf den Eichenkranz, zu beziehen und nicht auf die Prägung als solche. Diese anregende These läßt sich aber wohl nicht halten.[61] Das Parallelmaterial in der syrischen Provinzialprägung und in lokalen Aes-Serien[62] zwingt dazu,

[59] Vgl. Mommsen, RStR II 1146.
[60] K. Kraft, JbNum. 12, 1962, 7 ff. Ebenso G. Ürögdi, Oikumene 1, 1976, 160 f. A. Kunisz, Recherches 16 ff., und A. M. Burnett, Num. Chron. 1977, 45 ff., glauben dagegen weiter an eine strikte Trennung zwischen kaiserlicher Edelmetall- und senatorischer Aes-Prägung.
[61] Gegen Kraft vgl. bes. A. Bay, JRS 62, 1972, 111 ff., und H. R. Baldus, Chiron 3, 1973, 449 ff. Vgl. auch O. von Vacano a. O. (oben Anm. 58) und J.-B. Giard, Catalogue 7 f. An Krafts Deutung des SC möchte dagegen C. H. V. Sutherland, Emperor and Coinage, London 1976 (abgeschlossen schon 1973), 11 ff., festhalten. Neben dem Bezug des SC auf die dem Augustus im Jahre 27 v. Chr. verliehenen Ehren solle die Formel 'in secondary place' auch die Erlaubnis des Senats bezeichnen, dem *aerarium* das Prägemetall für die Aes-Prägung zu entnehmen, während über das Metall für die Edelmetallprägung Augustus selbst verfügt habe. Die Argumente von Sutherland können jedoch nicht überzeugen, zumal dieser die für die Deutung des SC entscheidenden Parallelen der lokalen Aes-Münzen mit DD nicht berücksichtigt hat (vgl. die folgende Anmerkung).
[62] Auf einigen lokalen Aes-Serien erscheint anstelle des SC der römischen Prägungen die Formel DD (für *decreto decurionum*). So gleichen die von M. Grant (FIRA p. 282) der Kolonie Pella zugewiesenen Asse des P. Baebius im Typ völlig den Münzmeisterassen (s. FITA Taf. IX 20. Banti-Simonetti CNR VII Nr. 1449). Ähnliches gilt für eine As-Serie der Kolonie Carthago (Grant, FITA Taf. VI 25. Banti-Simonetti CNR VII Nr. 1654), wo die Formel auf der Rs. in der erweiterten Form PP/DD *(pecunia publica/decreto decurionum)* erscheint. Vergleichbar sind ferner Asse einer wohl sardinischen Prägestätte (FITA Taf. VI 5. Banti-Simonetti CNR VII Nr. 1441). Auch die Semisse der Münzmeister haben in der lokalen Aes-Prägung ihre Entsprechungen, wobei wieder das SC durch DD ersetzt wird (FITA p. 194 und 197 Taf. VII Nr. 7 und 8). In allen genannten Fällen scheidet jeder Bezug

an der alten Deutung festzuhalten, wonach die mit SC gezeichneten Stücke auf Senatsbeschluß geprägt wurden. Dies festzustellen bedeutet aber keine Rückkehr zur Dyarchiethese Mommsens. Man muß vielmehr annehmen, daß der Senatsbeschluß zur Reform der Aes-Prägung von Augustus veranlaßt wurde. Die Aes-Stücke sind daher nicht ein Beweis für die Dyarchiethese. Ihre Typen mit dem Augustusthema auf der Vorderseite und dem großen SC auf der Rückseite besagen vielmehr, daß Augustus der Repräsentant des Senates war und daß der Senat *de facto* zu einem Organ des Kaisers geworden war. Wenn das SC nur auf den neuen Aes-Münzen erscheint und nicht auch auf den Denaren, so liegt der Grund dafür einfach darin, daß nur in der Aes-Prägung neue Typen eingeführt wurden, welche die alten Janus-Prora-Asse und die sich an diese im Typ anlehnenden Aes-Prägungen ersetzen sollten. Diesen neuen Typen wurde mit dem SC das Zeichen der staatlichen Autorität aufgeprägt. Das SC besagt also nicht, daß nur die Aes-Prägung senatorisch war. Auch die Edelmetallprägung der Münzmeister war, solange die Münzmeister amtierten (also nicht nur in den sog. Münzmeisterserien), 'senatorisch', d. h., sie wurde veranlaßt durch einen Senatsbeschluß.[63] Dennoch waren sowohl die Edelmetallgepräge wie die Aes-Münzen Geld des Kaisers, insofern dieser die Prägung veranlaßte und über das geprägte Geld vor allem verfügte. Jeder in Rom wußte, daß Augustus Wert darauf legte, als Mandatar des Senates zu erscheinen. Jedermann wußte aber auch, daß die eigentliche Macht trotz der republikanischen Fassade und trotz der Herausstellung des Senats allein beim Prinzeps lag. Auf der letzten, im Jahre 11/12 n. Chr. ausgegebenen Aes-Serie erscheint denn auch nur noch der Kopf des Augustus auf der Vorderseite und das SC auf der Rückseite, wobei Name und Titulatur des Kaisers über Vorder- und

auf irgendeine Kranzverleihung an Augustus von vornherein aus. Auch bei einem As aus Sinope mit EX DD in einem Eichenkranz auf der Rs. (Banti-Simonetti CNR VII Nr. 1509) kann sich der Beschluß des Decurionenrates nur auf die Prägung, nicht auf eine Kranzverleihung beziehen. (In anderen Fällen stehen die Namen der für die Prägung verantwortlichen Beamten im Kranz, vgl. z. B. Banti-Simonetti [CNR VII Nr. 1466ff. und öfter].) Nach den angeführten Analogiefällen wird man also auch das SC der Münzmeisterstücke nicht mit Kraft und Sutherland auf die Verleihung der *corona civica* an Augustus beziehen dürfen, sondern nur auf den Senatsbeschluß, der die Prägung autorisiert hat. So jetzt auch A. Wallace-Hadrill, JRS 76, 1986, 80ff.

[63] A. Kunisz, Recherches 39, spricht kuriöserweise von einer kaiserlichen Edelmetallprägung der Münzmeister im Gegensatz zur Aes-Prägung des Senats. Das ist natürlich barer Unsinn. Daß es unter Augustus noch keinen *procurator monetae* gab, ist sicherlich richtig (a. O. 40). Vgl. C. H. V. Sutherland, Emperor and Coinage 31, und A. M. Burnett, NC 1977, 60f.

Die Wirtschaftspolitik   399

Rückseite verteilt sind.[64] Obwohl auch diese Münzen eine 'senatorische' Prägung sind, erscheint doch Augustus jetzt eindeutig als Prägeherr. Der Name des Münzmeisters dagegen ist verschwunden, um nie mehr aufzutauchen. Die Münzmeister amtierten zwar weiter. Man hat ihnen aber offenbar nicht mehr gestattet, ihre Namen auf die unter ihrer Aufsicht geprägten Münzen zu setzen.

Der von Plinius für das letzte Jahrzehnt der Herrschaft des Augustus bezeugten Geldknappheit[65] könnte die Lücke entsprechen, die sich in der Edelmetallprägung beobachten läßt. In Rom hört die Prägung von Aurei und Denaren durch die Münzmeister schon im Jahre 12 v. Chr. auf, zu einer Zeit, da Lugdunum gerade den Höhepunkt seiner Prägetätigkeit erreicht hatte. Die Zahl der Münzmeisterdenare ist daher selbst in italischen Funden im Verhältnis zu den spanischen und den gallischen Denaren gering.[66] In Lugdunum wurde noch 2 v. Chr. bis vielleicht 4 n. Chr. in großen Mengen die Denarserie für die beiden Caesares, die Adoptivsöhne des Augustus, geschlagen. Dann erscheint erst wieder 13/14 n. Chr. eine Denarserie, in der Tiberius als Nachfolger des Augustus herausgestellt und zugleich wohl die dynastische Concordia, die Grundlage der Nachfolgeregelung des Augustus, betont werden soll.[67] Ob diese Denare in Lugdunum (wie meist angenommen wird) oder in Rom geprägt wurden, ist durchaus offen.[68] Zwischen ca. 4 n. Chr. und 13 n. Chr. gab es also im Westen keine Silberprägung. Es mag daher sein, daß die zahlreichen barbarischen Nachprägungen der Caesares-Denare schon bald nach 4 n. Chr. einsetzten. Doch fehlen darüber genauere Untersuchungen.[69] Andrerseits wurden in Rom Aes bis etwa 2 v. Chr. (Ende der Münzmeisterprägung) und nochmals ca. 11/12 n. Chr. ausgebracht, während in Lugdunum die 2. Altarserie in den Jahren 10–14 n. Chr. geprägt wurde und wohl in der gleichen Zeit auch Nemausus seine 3. Aes-Serie ausgab, das ebenfalls als subsidiäre Münzstätte für die Versorgung der Rheinarmee fungierte. Daneben prägten im ganzen Reich weiter zahlreiche lokale Münzstätten Bronze für den

---

[64] RIC Augustus 219f. Vgl. Sutherland a. O.

[65] Plin. n. h. 7, 149.

[66] Vgl. A. Kunisz, Recherches 100ff. Wieweit dafür außer wirtschaftlichen und geographischen Gründen auch politische Motive verantwortlich zu machen sind, muß vorerst offenbleiben.

[67] RIC Augustus 355f. CREAM 185ff. Vgl. K. Kraft, Kleine Schriften II 328ff.

[68] Zurückhaltend gegenüber der Zuweisung der genannten Denare an Lugdunum äußert sich K. Kraft a. O. A. Kunisz (Recherches 23ff.) und C. H. V. Sutherland (Emperor and Coinage 48f.) vermuten dagegen im Anschluß an H. Mattingly, Augustus habe die Edelmetallprägung definitiv von Rom weg nach Lugdunum verlegt. Erst Caligula habe wieder Silber und Gold in Rom geschlagen.

[69] Zu den Barbarisierungen der Caesares-Denare s. oben Anm. 49.

eigenen Bedarf.[70] Schon unter Augustus machte sich allerdings der Mangel an kleinen Nominalen störend bemerkbar, was sich in der Halbierung der Lugdunum- und der Nemaususstücke äußerte.[71] Die eigentliche Lücke in der Aes-Versorgung, die zu umfangreicher Gegenstempelung der in Umlauf befindlichen Münzen und zu massenweisen barbarisierenden Nachprägungen führte, fällt aber erst in die Zeit des Tiberius und seiner beiden Nachfolger, als die lokale Aes-Prägung des Westens fast

---

[70] Wieweit diese Prägungen der Kontrolle des Augustus unterworfen waren, ist eine offene Frage. C. H. V. Sutherland, Emperor and Coinage 27f., nimmt unter Berufung auf M. Grant, FITA (passim), eine sehr weitgehende Kontrolle des Prinzeps an: "If there was to be a monetary system at all, the system of control must be absolute; and the available evidence suggests that it was." Zweifel sind jedoch am Platze. Sutherland selbst muß die "non-uniformity of this empire-wide 'system' in terms of weight, metal-content and denominational structure" zugeben (a. O. 28, note 81. Vgl. jetzt auch Quad. Tic. 7, 1978, 177f., wo Sutherland implizit von seiner früheren Auffassung abrückt). Münzlegenden zeigen zwar, daß einige Orte *permissu Augusti* (bzw. *permissu proconsulis* oder *legati*) prägten. Ob aber eine Prägegenehmigung für alle Gemeinden im Reich oder nur für die Städte römischen oder latinischen Rechts erforderlich war, läßt sich vorerst nicht sicher sagen. Die seit Nero auf einigen kleinasiatischen Bronzen begegnende αἰτησάμενος-Formel (zu dieser s. L. Robert, Hellenica XI/XII, Paris 1960, 53ff.) zeigt jedoch, daß spätestens damals für die Aufnahme oder Wiederaufnahme einer Prägung auch der peregrinen Gemeinden eine Erlaubnis des Kaisers erforderlich war. Eine derartige Prägeerlaubnis kann aber nicht bloß *ad hoc*, sondern ebensogut generell (etwa mit der Verleihung der *libertas* zusammen) erteilt worden sein. Einstweilen legt das Material jedenfalls die Vermutung nahe, daß eine Vereinheitlichung und Systematisierung des Münzwesens von Augustus nur bei der Edelmetallprägung angestrebt wurde. Wenn wirklich schon unter Augustus die Aufnahme auch der Aes-Prägung generell von einer Genehmigung des Kaisers bzw. des Statthalters abhängig gemacht wurde, so wurde diese Genehmigung offenbar relativ großzügig erteilt und war mit keinerlei Auflagen hinsichtlich der Gestaltung der Gepräge verbunden. Läßt sich doch selbst im Rahmen der römischen Provinzialprägung ein hohes Maß an Improvisation und eine erstaunliche Variationsbreite erkennen. Vgl. C. Rodewald, Money in the Age of Tiberius 64 mit Anm. 521, und D. Nash, Essays Sutherland (o. Anm. 50a) bes. 27. Vgl. dazu jetzt J. Nollé, Riv. it. Num. 95, 1993, 487ff., der die αἰτησάμενος-Formel nicht wie L. Robert auf Eingaben an den Kaiser, sondern auf Anträge an die städtischen Behörden bezieht. Ebenso P. Weiß, in: Studien zum antiken Kleinasien II, Bonn 1992, 167ff.

[71] Vgl. H. Chantraine, Novaesium III 11 und 17f. C. Rodewald, Money in the Age of Tiberius 58f. Zum Wert der halbierten Stücke s. T. V. Buttrey, AJA 76, 1972, 31ff., und gegen ihn Rodewald a. O. 140f. Neben den Halbierungen begegnet auch die Viertelung von Assen, vgl. Chantraine a. O. und D. Nash a. O. 25f., wonach in Gallien vor dem Eingreifen der Römer kleinere Münzen mit geringerem Wert in Umlauf waren, die einem generell niedrigeren Preisniveau in Gallien (im Vergleich zu den Mittelmeerländern) entsprachen.

ganz aufgehört hatte und auch die Münzstätte von Lugdunum geschlossen worden war.[72]

Die Münzprägung des Augustus diente offenbar in erster Linie der Besoldung der Truppen. Die Notwendigkeit, die Truppen und ihre Offiziere mit einer einheitlichen, überall gültigen Kurantmünze zu entlohnen, führte wohl vor allem zur Bildung einer Reichswährung und zur Vereinheitlichung besonders der Edelmetallprägung im ganzen Imperium.[73] Die Münzstätten lagen denn auch nicht zufällig meist dort, wo auch die großen Armeeverbände stationiert waren oder von wo diese Armeeverbände doch leicht erreicht werden konnten: in Spanien und später in Gallien sowie im Osten in den Küstenstädten der Provinz Asia und besonders in Syrien, wo unter Augustus drei Legionen stationiert waren.

Die Besoldung der Truppen war jedoch nur ein Motiv für die Geldschöpfungspolitik des Augustus. Der Prinzeps hatte einen ungeheuren Geldbedarf. Von ihm empfing die *plebs urbana* ihre Spenden und verarmte Adlige eine Aufbesserung ihres Vermögens. Nicht zuletzt aber müssen auch die Bauten des Prinzeps in Rom und im ganzen Reich Unsummen verschlungen haben. (Die Gelder dafür besorgte u. a. sein gallischer Procurator, der berüchtigte Freigelassene Licinus.[74]) Augustus hat zweifellos

---

[72] M. Grünewald, Die römischen Bronze- und Kupfermünzen mit Schlagmarken im Legionslager Vindonissa, Basel 1946, hat die These aufgestellt, daß um das Jahr 6 v. Chr. in Legionslagern am Rhein augusteische Münzen überstempelt worden wären mit den Gegenstempeln TIB, TIB IMP und TIB AVG. Diese Gegenstempel seien dann teilweise wieder überprägt worden mit Gegenstempeln des Augustus (IMP AVG). Gegen diese These von einem „Stempelkrieg" zwischen Augustus und Tiberius s. aber schon K. Kraft, Kleine Schriften II 349 ff., und Th. V. Buttrey, Mus. Notes 16, 1970, 57 ff. (mit weiterer Literatur), wonach zumindest ein Teil der oben genannten Schlagmarken erst in der Regierungszeit des Tiberius eingestempelt wurden. Vgl. auch H. Chantraine, Novaesium III 22 ff., J.-B. Giard, Catalogue 25 ff., und B. Overbeck, Hamb. Beiträge zur Numism. 24/6, 1970/72, 336. – Zu den Barbarisierungen s. H. Chantraine, a. O. 31 f. und D. Nash a. O. 26 f.

[73] Eine Berechnung der Steuereingänge unter Augustus und des Geldbedarfs des Kaisers für die Truppen und für zivile Ausgaben legt C. H. V. Sutherland, Emperor and Coinage 87 ff., vor. Sutherland vermutet sogar, 'that, when Augustus travelled, his gold and silver bullion for coinage travelled with him' (a. O. 25). Auch der Ausstoß der römischen Münzstätte diente teilweise der Besoldung der in Rom und Italien stehenden Truppen sowie natürlich für die Congiarien des Kaisers, s. C. Rodewald, Money in the Age of Tiberius 66 f. Vgl. allgemein zum Zusammenhang von Münzprägung und Truppenbesoldung M. Crawford, JRS 54, 1964, 29 ff. Zur Frage, wie weit es in der Kaiserzeit eine systematische Geldpolitik gab, s. F. Beyer, Geldpolitik in der römischen Kaiserzeit, Wiesbaden 1995, mit der neueren Lit. (dazu H. Schubert, HZ 264, 1997, 722 f.).

[74] Macrob. Saturn. 2, 4, 24.

nach seinem Sieg über Antonius über lange Jahre hin eine Politik des leichten Geldes betrieben. Nach dem actischen Triumph wurden die früher von Oktavian aufgenommenen Anleihen zurückgezahlt. Der Prinzeps selbst verzichtete nicht nur auf die ihm von den italischen Gemeinden beschlossenen Goldkränze, sondern auch auf eine Rückzahlung der noch ausstehenden Staatsschulden, die im folgenden Jahr durch eine Verbrennung der Schuldbücher offiziell getilgt wurden. Beim Triumph erhielten außer den Truppen auch die Senatoren und Ritter, die auf Oktavians Seite am Krieg teilgenommen hatten, große Summen. Damals kam in Rom so viel Geld in Umlauf, daß die Preise auf das Doppelte stiegen und der Zinsfuß von 12% auf 4% sank.[75] Augustus war offenbar bestrebt, den Zinsfuß niedrig zu halten. Jedenfalls berichtet Sueton, er habe mehrfach das aus den *bona damnatorum* einkommende Geld gegen doppelte Sicherheit als zinsloses Darlehen vergeben.[76] Auf eine inflationäre Entwicklung zu Anfang der Regierungszeit des Augustus deutet auch die Klage Vitruvs, daß die Baukosten die Voranschläge der Architekten gelegentlich um 50% und mehr überschritten. Strabon berichtet außerdem, daß das Aufkaufen und Niederreißen alter Gebäude und deren Ersetzung durch Neubauten in Rom an der Tagesordnung war.[77]

Das Geld für seine inflationäre Politik bekam Augustus vor allem aus dem reichen Schatz der Ptolemaier.[78] Wir erfahren aber auch, daß die Römer gleich nach der Eroberung Nordwestspaniens mit der Ausbeutung der dortigen Goldminen begannen.[79] Auch die Goldminen der Salasser

---

[75] Suet. Aug. 41. Dio 51, 21, 5. Orosius 6, 19, 19. – Zur Schuldentilgung und zur Liberalität des Augustus s. Dio 51, 17, 8 f.; 21, 4 und 53, 2, 3. Suet. Aug. 32, 2.

[76] Suet. a. O. Dazu H. Bellen, Historia 25, 1976, 226, der die Nachricht auf Agrarkredite bezieht.

[77] Vitruv, De archit. 10 praef. 2. Strabo 5, 3, 7 p. 235. Vgl. allg. Horaz, carm. 2, 15 und 18. 3, 24, 1. Im Zusammenhang mit diesem Bauboom ist auch an die *lex Iulia de modo aedificiorum urbis* zu erinnern, die – wohl aus Sicherheitsgründen – für die Bauten in Rom eine Maximalhöhe von 70 Fuß (knapp 21 m) vorschrieb. Strabon 5, 3, 7 p. 235. Vgl. Suet. Aug. 89, 2. Das Gesetz bezog sich wohl vor allem auf Miethäuser (vgl. Vitruv 2, 8, 17). Dazu R. Gilbert, Die Beziehungen zwischen Prinzeps und stadtrömischer Plebs, Bochum 1976, 128 ff., und H. Vetters, Die römerzeitlichen Bauvorschriften, in: Festschrift B. Neutsch, Innsbruck 1980, 477 ff., der vermutet, daß das Gesetz im Jahre 6 n. Chr. im Zusammenhang mit der Aufstellung der *cohortes vigilum* erlassen wurde.

[78] Vgl. dazu T. Frank, JRS 23, 1933, 143 ff. bes. 145 ff.

[79] Florus 2, 33, 60. Vgl. P. R. Lewis–G. D. B. Jones, JRS 60, 1970, 169 ff. R. F. J. Jones–D. G. Bird, JRS 62, 1972, 59 ff. D. G. Bird, BoJbb 172, 1972, 36 ff. C. Domergue, Legio VII Gemina, Leon 1970, 253 ff., und: Minas de oro romanas de la provincia de Leon, 2 Bde., Madrid 1977. Dazu C. Domergue–G. Hérail, Mines d'or romaines d'Espagne: Le district de la Valduerna (Leon), Toulouse 1978.

und der Taurisker in Noricum wurden von den Römern nach der Annexion jener Länder in eigene Regie übernommen.[79a] Ebenso wurde später nach der Niederwerfung des pannonischen Aufstandes im Jahre 9 n. Chr. von dem Statthalter C. Vibius Postumus der Goldabbau im Urbas-Tal organisiert.[80] Postumus verstand es mit großem Erfolg, die einheimische Bevölkerung für den Bergbau heranzuziehen. Auch die in der Nähe des unteren Drintales gelegenen Silberminen von Gradina mögen schon in augusteischer Zeit ausgebeutet worden sein.[81] Wenn auch für die Eroberungskriege des Augustus nicht (oder jedenfalls nicht in erster Linie) wirtschaftliche Motive verantwortlich gewesen sein dürften, so hat doch der Prinzeps nicht gezögert, überall in den neu erworbenen Ländern sofort an die Ausbeutung der Bodenschätze zu gehen, um so seine stets knappen Kassen aufzufüllen.

Augustus hat aber auch versucht, durch eine Neuordnung der Besteuerung die Steuereingänge aus den Provinzen zu vermehren.[82] Der Prinzeps hat wahrscheinlich den römischen Census auch auf die römischen Bürger in den Provinzen erstreckt. Dieser römische Census war jedoch in erster Linie demographischer Natur und finanziell später nur wegen der Einziehung der Erbschaftssteuer von Bedeutung. Neben dieser wohl im Jahre 8 v. Chr. erstmals durchgeführten 'Reichsbürgerschätzung' hat aber Augustus auch den Provinzialcensus eingerichtet, der vor allem die Besteuerung der Provinzialen erleichtern sollte. Diesem Provinzialcensus waren aber die in den Provinzen ansässigen *cives Romani* nicht unterworfen. Der Provinzialcensus erfolgte vielmehr unabhängig vom römischen Census meist bei der Einrichtung einer neuen Provinz sowie vor großen militärischen Unternehmungen. Jedenfalls fand der Provinzialcensus in den einzelnen Provinzen zu verschiedenen Zeiten und in unregelmäßigen Abständen statt. Einen allgemeinen Reichscensus, wie ihn der Wortlaut des Lukas-Evangeliums zu bezeugen scheint, hat es dagegen nicht gegeben.

Die Einführung des Provinzialcensus steht in engem sachlichen Zusam-

---

[79a] Strabon 4, 6, 7 p. 205 und 4, 6, 12 p. 208. Vgl. dazu H. Vetters, RE IX A 1, 1961, 299 ff. – Zur Ausbeutung der gallischen Metallvorkommen s. oben Anm. 45.

[80] Florus 2, 25. Dazu J. J. Wilkes, Dalmatia, London 1969, 272, und M. Zaninović, ANRW II 6, 1977, 796.

[81] Wilkes a. O. 378.

[82] Dazu grundlegend H. Braunert, Historia 6, 1957, 192 ff. Vgl. auch E. Stauffer, in: Studien zum Neuen Testament und zur Patristik, Texte und Untersuchungen Bd. 77, Berlin 1961, 9 ff.; und E. Schürer, The History of the Jewish People I, Edinburgh² 1973, 399 ff. mit weiterer Literatur. Zum Bürgercensus vgl. auch P. A. Brunt, Manpower 113 ff. Allgemein zum Census s. auch C. Nicolet, L'inventaire du Monde 133 ff. L. Neesen, Untersuchungen 33 ff. und bes. 40 ff. Dazu P. A. Brunt, Roman Imperial Themes 239 ff. – Vgl. auch unten S. 509 Anm. 227.

menhang mit der Übertragung der Steuereinziehung von den Publikanengesellschaften auf die Gemeinden, deren einzelne Phasen heute nicht mehr erkennbar sind, die aber in den kaiserlichen Provinzen sehr früh erfolgt sein muß.[83] Augustus knüpfte hier an eine Maßnahme Caesars an, der bereits die Steuererhebung in der Provinz Asia den Publikanen genommen hatte. Dennoch wurden auch in Asia nicht alle Steuerquellen den Publikanen entzogen. Die Portoria der Provinz wurden weiter an die Pächtergesellschaften – wohl in Rom – versteigert.[84] Während die neue direkte Steuererhebung seit Augustus in den senatorischen Provinzen den Proconsuln oblag, wurde sie in den kaiserlichen Provinzen vor allem von den Procuratoren und ihrem Personal durchgeführt, die dadurch über beträchtliche Mittel verfügen konnten.[85]

Auf die wirtschaftliche Prosperität zu Beginn des Prinzipats folgte in der zweiten Hälfte der Regierung des Augustus eine ausgesprochene Depression. Als Folge wohl vor allem der ehrgeizigen Eroberungskriege in Germanien und auf dem Balkan kam es zu einer empfindlichen Geldverknappung. Schon im Jahre 7 v. Chr. gab es offenbar eine weitverbreitete Verschuldung. Schuldner sollen damals durch Brandstiftung ein Großfeuer verursacht haben, dem viele Gebäude in der Nähe des Forum zum Opfer fielen.[86] Ein wichtiges Indiz ist auch der Rückgang der Bautätigkeit in Rom. Nach der Vollendung des Augustusforum im Jahre 2 v. Chr. hört man kaum noch von neuen Großbauten in Rom. Was an Bauvorhaben in Angriff genommen war, ging nur sehr zögernd voran. Eine ganze Reihe von Bauten des Augustus, darunter vielleicht auch die große Basilica Julia, hat erst Tiberius vollendet.[87] Als im Jahre 3 n. Chr. ein neues Feuer große Teile

---

[83] Vgl. M. Rostovtzeff, Geschichte der Staatspacht in der römischen Kaiserzeit, Leipzig 1902, 381 ff. und 415 ff., und G. Ürögdi, RE Suppl. XI, 1968, 1201 ff. Vgl. auch oben S. 190 f. Gewisse Zölle und Abgaben wurden aber auch in der Kaiserzeit weiterhin von privaten Steuerpächtern eingezogen. Vgl. W. Eck, ZPap 27, 1977, 201 ff.

[84] Vgl. oben Anm. 6a. Für die Entwicklung der Staatspacht in der späten Republik und zu den Maßnahmen Caesars in Asia vgl. E. Badian, Zöllner und Sünder, Darmstadt 1997, 107 ff. Zur Entwicklung unter Augustus s. A. Lintott, Imperium Romanum 122 f., und P. A. Brunt, Publicans in the Principate, in: Roman Imperial Themes 354 ff., der leider die neue *lex de portorio Asiae* (o. Anm. 6a) nicht mehr berücksichtigen konnte.

[85] Zugleich konnten die Procuratoren auch gewisse Kontrollfunktionen gegenüber den Statthaltern übernehmen. Vgl. Rostovtzeff, Staatspacht 381 f.

[86] Dio 55, 85 ff.

[87] Vgl. die Zusammenstellung von F. W. Shipley, Mem. Amer. Acad. Rome 9, 1931, 55 ff. Der Rückgang der Bautätigkeit wird sofort deutlich, wenn man die von Shipley für die Jahre 33 bis 2 v. Chr. aufgeführten Monumentalbauten (a. O. 47 ff.)

des Palatin zerstörte, hat Augustus zum Wiederaufbau seines Palastes sogar von Gemeinden und Privaten eine Umlage von einem Aureus bzw. einem Denar erheben müssen.[88] – Schon im Jahre 2 v. Chr. hielt es der Prinzeps außerdem für notwendig, die Zahl der Getreideempfänger in Rom zu beschränken. Er dachte sogar daran, die kostenlose Getreideverteilung ganz abzuschaffen, nahm von diesem Plan aber wieder Abstand.[89] Daß Augustus in jener Zeit anscheinend jedes Mittel recht war, seine Kassen aufzufüllen, zeigt auch das Vorgehen des syrischen Finanzprocurators Sabinus, der nach dem Tode des Herodes sofort seine Hand auf die Schätze des Königs legte, ohne die Bestätigung des zum Nachfolger ausersehenen Archelaos durch den Kaiser abzuwarten. Offenbar handelte Sabinus dabei auf Weisung, jedenfalls aber mit Billigung des Augustus.[89a] Die Abfindung für die ausgedienten Soldaten, die *praemia militiae*, hatte der Prinzeps bis zum Jahre 6 n. Chr. noch aus eigener Tasche bezahlt.[90] Im Jahre 5 n. Chr. sah sich Augustus jedoch gezwungen, eine Neuregelung ins Auge zu fassen. Der Wunsch, für den Krieg gegen Marbod kampferprobte Truppen zur Verfügung zu haben, veranlaßte den Prinzeps, die Dienstzeit der Soldaten der Garde von 12 auf 16 Jahre und der Legionare von 16 auf 20 Jahre zu erhöhen. Die Dienstzeit der Auxiliarsoldaten ist wohl damals auf 25 Jahre festgesetzt worden.[91] Um diese Erhöhung der Dienstzeit den Truppen schmackhafter zu machen, wurden ihnen bei der Entlassung 20000 Sesterzen pro Mann für die Prätorianer und 12000 Sesterzen pro Mann für die Legionare versprochen. Diese Summen konnte Augustus allerdings nicht aus eigener Tasche bezahlen. Er trat deshalb mit dem Senat in Beratungen ein, die im Jahre 6 n. Chr. zur Gründung des *aerarium militare* führten.[92] Augustus selbst stiftete dieser militärischen Versorgungskas-

---

zum Vergleich heranzieht. – Die Basilica Julia wurde nach Dio 56, 27, 5 schon im J. 12 n. Chr. geweiht. Vgl. jedoch Volkmann zu RgdA 20.

[88] Dio 55, 12, 4.
[89] Suet. Aug. 42.
[89a] Joseph. Bell. Jud. 2, 2, 2 § 16ff., bes. § 25 und 3, 1, § 39ff. Antt. Jud. 17, 9, 3 § 221 ff. 10, 1 § 252. Josephos läßt Sabinus allein aus persönlicher Habsucht handeln. Da wir jedoch von keiner Bestrafung des Sabinus hören, war sein Vorgehen offenbar ganz im Sinne des Prinzeps.
[90] RgdA 3 und 16. Dio 54, 25, 5ff. – Zum normalen Truppensold unter Augustus s. oben S. 99 A. 66.
[91] Dio 55, 23, 1. Vgl. Tac. ann. 1, 35, 2f.
[92] Suet. 49, 2ff. Dio 55, 24, 9 und 25, 1 ff. Vgl. zum Ganzen H.-Chr. Schneider, Das Problem der Veteranenversorgung in der späteren römischen Republik, Bonn 1977, 237 ff. Zum *aerarium militare* s. M. Corbier, L'aerarium Saturni et l'aerarium militare, Rom 1974, 347 ff., 664 ff., 699 ff.; und: Armées et Fiscalité dans le monde antique, Paris 1977, 197 ff. Dazu H. Aigner, Grazer Beiträge 8, 1979, 173 ff.

se 170 Millionen Sesterzen.[93] Diese Summe genügte allerdings höchstens für zwei Entlassungsjahrgänge. Um die übrigen Mittel zu bekommen, legte Augustus eine Erbschaftssteuer von 5% (die *vicesima hereditatium*) auf. (Für diese sehr unpopuläre Maßnahme berief sich Oktavian übrigens, wie Dio berichtet, auf die *acta Caesaris*.[94]) Vielleicht damals, oder wenige Zeit später, wurde auch die einprozentige Warenumsatzsteuer (die *centesima rerum venalium*) eingeführt.[95] Außerdem wurde im Jahre 6 n. Chr. eine aus drei Consularen bestehende Sparkommission eingesetzt, die den Staatshaushalt auf Sparmöglichkeiten durchforsten sollte.[96] Der Ausbruch des pannonischen Aufstandes zwang dann zu weiteren Einsparungen. Der Aufstand wurde u. a. durch den harten Steuerdruck der römischen Beamten veranlaßt.[97] Ein Motiv, das auch für die Erhebung der germanischen Stämme im Jahre 9 n. Chr. ins Feld geführt wird.[98] Es ist daher sehr wohl möglich, daß die allgemeine Finanzmisere der römischen Zentralregierung auch zu einer schärferen Besteuerung der Provinzialen geführt hat. Im Jahre 6 n. Chr. fand ja in Judaea auch die berühmte Quiriniusschatzung statt, die u. a. die Bildung einer radikal antirömischen Bewegung zur Folge hatte.[99] Daß der pannonische Aufstand ungeheure Verluste nicht nur an

[93] RgdA 17. Nach M. Grant, The Army of the Caesars, London 1974, 83, genügte die Summe bestenfalls für 14000 Mann ("that is to say for less than two years' quota of discharged veterans").

[94] Dio 55, 25, 4ff. Dazu G. Wesener, RE VIII A 2, 1958, 2471ff. S. J. De Laet, Ant. Class. 16, 1947, 29ff. C. Nicolet, Le métier de citoyen dans la Rome républicaine, Paris 1976, 248ff. L. Neesen, Untersuchungen 136ff. Wenn Neesen im Zusammenhang mit der Einführung dieser Steuer von einem „von Augustus vorsichtig angestrebte(n) Belastungsausgleich" zwischen römischen Bürgern und Provinzialen spricht (a. O. 141 und 156), so gibt es dafür keinen Beleg. Aus dem oben dargestellten Zusammenhang ergibt sich vielmehr, daß es sich bei der Einführung neuer Bürgersteuern durch Augustus um Notmaßnahmen handelt. Da durch die Ausweitung des römischen Bürgerrechts die Zahl gerade der steuerkräftigsten Provinzialen empfindlich verringert wurde, dürfte sich schon aus diesem Grunde eine stärkere Besteuerung auch der römischen Bürger empfohlen haben (vgl. jedoch unten S. 492f.). – Im Zusammenhang mit der Einführung der *vicesima hereditatium* steht vielleicht die Einteilung Italiens in 11 Regionen, s. R. Thomsen, The Italic Regions, Kopenhagen 1947, 149ff. Vgl. jedoch W. Eck, Die staatliche Organisation Italiens 125ff. und 132ff.

[95] Tac. ann. 1, 78, 2.

[96] Dio 55, 25, 6.

[97] Dio 55, 29, 1; vgl. 56, 16, 3. Anders Vell. Pat. 2, 110, 2.

[98] Dio 56, 18, 3f. Vgl. Vell. Pat. 2, 117, 2.

[99] Joseph. Antt. Jud. XVII 13, 5 § 355; XVIII 1, 1 § 1ff. – Vgl. H. Braunert, Historia 6, 1957, 192ff., und oben Anm. 82. Der Census erfolgte nach der Absetzung des Archelaos und der Einziehung seines Landes durch Rom. Vielleicht hat man auch die Einziehung der Ethnarchie des Archelaos vor dem Hintergrund der allgemeinen Wirtschaftskrise jener Zeit zu sehen.

Menschen, sondern auch Mitteln forderte und kaum Beute einbrachte, wird von Cassius Dio ausdrücklich betont.[100] So sah sich Augustus schon im Jahre 7 n. Chr. gezwungen, auf Sklavenverkäufe eine Steuer von 4% zu legen und gleichzeitig den Prätoren den Staatszuschuß für die Gladiatorenspiele zu streichen.[101] Die im Jahre 6 eingeführte Erbschaftssteuer wurde übrigens besonders von den Senatoren als so drückend empfunden, daß Augustus im Jahre 13 ihre Abschaffung zur Debatte stellte. Offenbar wollte er sie durch eine allgemeine Vermögenssteuer ersetzen. Er begann jedenfalls bereits mit einer Aufnahme des Haus- und Grundbesitzes. Die beabsichtigte Vermögenssteuer stieß aber anscheinend auf noch schärferen Widerstand, so daß es Augustus schließlich bei der bisherigen Erbschaftssteuer beließ.[102] Auch der Verzicht auf die Eroberung Britanniens wird von Strabon mit wirtschaftlichen Überlegungen motiviert und in die letzten Regierungsjahre des Prinzeps datiert.[102a]

Die allgemeine Geldknappheit scheint in den letzten Jahren des Augustus auch wieder zu einer erheblichen Steigerung des Zinssatzes geführt zu haben. Unter Tiberius kam es dann rund zwei Jahrzehnte nach dem Tod des Augustus wegen der von den Geldverleihern verlangten Wucherzinsen zu einer schweren Finanzkrise.[103]

Im ganzen kann man ohne Übertreibung sagen, daß die zweite Hälfte der Regierungszeit des Augustus gekennzeichnet ist durch eine sich ständig verschärfende wirtschaftliche Krise, die erst Tiberius durch den Verzicht auf jegliche Eroberungspolitik und durch eiserne Sparsamkeit schließlich überwinden konnte.

---

[100] Dio 56, 16, 4.
[101] Dio 55, 31, 4. Dazu J. Marquardt, Röm. Staatsverwaltung II² 1881, 278 f.
[102] Dio 56, 28, 4 ff. Nach Dio habe Augustus mit der Einführung der Vermögenssteuer nur gedroht, um dafür um so leichter an der Erbschaftssteuer festhalten zu können. Dem scheint jedoch zu widersprechen, daß der Prinzeps nach Dios eigenen Angaben für die neue Vermögenssteuer bereits einigen Verwaltungsaufwand investiert hatte. Vgl. auch H. Braunert, Historia 6, 1957, 204 ff.
[102a] Strabon 2, 5, 8 p. 115 f. 4, 5, 3 p. 200.
[103] Tac. ann. 6, 16 ff. (zum J. 33 n. Chr,). Dazu T. Frank, AJPh 56, 1935, 336 ff., und H. Bellen, Historia 25, 1976, 217 ff. – C. Rodewald, Money in the Age of Tiberius, Manchester 1976, 1 ff., unterzieht die Ausführungen von T. Frank einer harten Kritik, geht aber wohl doch zu weit, wenn er jeden Zusammenhang der Krise des Jahres 33 n. Chr. mit der spätaugusteischen Entwicklung leugnet (vgl. auch die Rezension von E. Lo Cascio, JRS 68, 1978, 201 f., und ders., in: Ann. Ist. Ital. Num. 25, 1978, 241 ff.).

2. Die Baupolitik des Augustus

Unter wirtschafts- und sozialpolitischem Aspekt kann man auch die Baupolitik des Prinzeps sehen. Augustus selbst führt in seinen Res Gestae unter den *impensae* über drei Kapitel hinweg auch die Bauten in Rom auf, die er von seinem Geld hat errichten oder restaurieren lassen. Auch die Bautätigkeit sollte als Ausfluß seiner *liberalitas* erscheinen.[104] Sueton stellt dagegen die Ausschmückung der Urbs unter den Gesichtspunkt der *maiestas imperii*,[105] worin er einen Vorgänger in Vitruv hat. Gerade dieser lehrt auch, wie wichtig die Baupolitik im Rahmen der gesamten augusteischen Politik war. Denn Vitruv, der Ende der 30er Jahre sein Werk über die Baukunst zu schreiben begann, begründete später dieses Vorhaben dem Prinzeps gegenüber damit: *quod animadverti multa te aedificavisse et nunc*

---

[104] RgdA 19–21. Dazu H. Kloft, Liberalitas Principis, Köln–Wien 1970, 74 ff. – Vgl. allgemein zur Baupolitik des Augustus R. Paribeni, in: Augustus. Studi in occasione del bimillenario Augusteo, Rom 1938, 405 ff. – Die Arbeit von F. C. Bourne, The Public Works of the Julio-Claudians and Flavians, Diss. Princeton 1941 (1946), enthält u. a. ein (unvollständiges) Verzeichnis der Bauten des Augustus (einschließlich der Straßen). – Unter dem Blickwinkel einer bewußten Arbeitsbeschaffungspolitik behandelt M. K. Thornton, Historia 35, 1986, 30 ff., die julisch-claudische Baupolitik. Vgl. auch M. K. und R. L. Thornton, Julio-Claudian Building Programs. A Quantitative Study in Political Management, Wauconda/Ill. 1989 (dazu R. H. Darwall-Smith, JRS 81, 1991, 211 ff. und die vernichtende Kritik von P. Herz, Gnomon 63, 1991, 131 ff.). Vgl. außer den unten genannen Werken von F. W. Shipley noch M. E. Blake, Ancient Roman Constructions in Italy from the Prehistoric Period to Augustus, Washington 1947 (ND 1968), 163 ff. und 333 ff. Für die Bautätigkeit in Rom s. P. Gros, Aurea Templa. Recherches sur l'architecture religieuse de Rome à l' époque d'Auguste, Rom 1976 (grundlegend, s. dazu H. Plommer, JRS 69, 1979, 215 f.). P. Zanker, Augustus und die Macht der Bilder 107 ff. P. Gros–G. Sauron, F. Coarelli, H. v. Hesberg, in: Kaiser Augustus und die verlorene Republik 48 ff., 68 ff. und 93 ff. F. Kolb, Rom. Die Geschichte der Stadt in der Antike, München 1995, 330 ff. D. Favro, The Urban Image of Augustan Rome, Cambridge 1996. N. Purcell und M. Torelli, CAH² 782 ff. und 934 ff. G. A. Mansuelli, Forme e significati dell'architettura in Roma nell'età del principato, in: ANRW II 12, 1, 1982, 212 ff. L. Richardson, jr., Urban Development in Ancient Rome and the Impact of Empire, in: City States in Classical Antiquity and Medieval Italy, ed. by A. Molko– K. Raaflaub–J. Emlen, Stuttgart 1991, 381 ff. J. R. Patterson, JRS 82, 1992, 186 ff. (Forschungsbericht). K. Galinsky, Augustan Culture 141 ff. G. Sauron, Quis deum? 485 ff. B. Andreae, „Am Birnbaum." Gärten und Parks im Antiken Rom, Mainz 1996. Vgl. die Literatur bei L. Richardson, jr., A New Topographical Dictionary of Ancient Rome, Baltimore/London 1992, und bei E. M. Steinby, Lexicon topographicum Urbis Romae, 4 Bde., Rom 1993 ff. Dazu P. Sommella–L. Migliorati, in: Storia di Roma II, Turin 1991, 291 ff.

[105] Suet. Aug. 28 f.

aedificare, reliquo quoque tempore et publicorum et privatorum aedificiorum, pro amplitudine rerum gestarum ut posteris memoriae traderentur, curam habiturum.[106] In der Zeit nach Sulla war tatsächlich – z. T. infolge des Verfalls der Censur – die Bautätigkeit in Rom weitgehend zum Erliegen gekommen und selbst notwendige Reparaturarbeiten vernachlässigt worden.[107] In den fünfziger Jahren waren außerdem durch einen Großbrand zahlreiche Stadtviertel in Schutt und Asche gelegt worden.[108] Aber in dem Jahrzehnt vor dem Ausbruch des caesarischen Bürgerkrieges setzte auch wieder eine lebhafte Bautätigkeit ein. Pompeius errichtete damals als Treppenanlage des Tempels der Venus Victrix das erste große Steintheater in Rom, das mit der anschließenden Porticus Pompeiana und der Curia Pompeia einen riesigen Baukomplex bildete, der bereits auf ähnliche Bauensembles der Kaiserzeit vorausdeutete.[109] Caesar begann um dieselbe Zeit mit der Neugestaltung des *Forum Romanum* und der Anlage des nach ihm benannten

[106] Vitruv., De architect. 1 praef. Dazu E. Gabba ACD 16, 1980, 49 ff., der vermutet, daß Vitruv schon Caesar als Architekt gedient habe, ehe er von Antonius als Ingenieur für den Bau von Kriegsmaschinen verwendet wurde. Seine Einführung bei Augustus verdankte Vitruv jedenfalls der Octavia. Vielleicht war Vitruv auch am Ausbau des römischen Wasserleitungsnetzes unter Agrippa beteiligt. Vgl. A. Schürmann, Griechische Mechanik und antike Gesellschaft, Stuttgart 1991, 10 f. (zu Vitruv 8, 6, 2). – Vgl. über Vitruv K. Sallmann, Der Kleine Pauly V, 1975, 1309 ff. mit Literatur, sowie P. Gros, Aurea Templa 54 ff. und 246 ff., und ANRW II 30, 1, 1982, 659 ff. (mit Biographie). Dazu L. Callebat, ebda. 696 ff. A. McKay, Vitruvius. Architect and Engeneer, London 1978 (ND 1985). H. Knell, Vitruvs Architekturtheorie, Darmstadt ²1991. P. Gros (Ed.), Le projet de Vitruv. Objet, destinataires et réception du De Architectura. Actes du colloque de Rome (26–27 mars 1992), Rom 1994. P. Gros, Statut social et rôle culturel des architectes, in: Architecture et Société 425 ff. Vgl. auch unten Anm. 154 und S. 498 Anm. 185. – Zur Bautätigkeit in Rom unter Augustus s. noch Strabon 5, 3, 8 p. 235 f. Vgl. Lit.-Nachtrag.
[107] Zum Folgenden s. D. E. Strong, Bull. Inst. Class. Stud. 15, 1968, 101 ff. – Zur Tiberregulierung unter Augustus s. J. LeGall, Le Tibre, Fleuve de Rome, Paris 1953, 117 ff.
[108] Vgl. Oros 7, 2, 11. Dazu R. Gilbert, Die Beziehungen zwischen Prinzeps und stadtrömischer Plebs, Bochum 1976, 127 ff. – Auch später wurde die Bausubstanz Roms immer wieder durch Naturkatastrophen schwer betroffen. Vgl. die Liste der Brände und Tiberüberschwemmungen von 31 v. Chr. bis 15 n. Chr. bei P. Gros, Aurea Templa 18 f.
[109] Zum Pompeiustheater s. E. Nash, Pictorial Dictionary II 423 ff. Die Anregung für seinen Theaterbau hat Pompeius übrigens in Mytilene empfangen, vgl. Plut. Pomp. 42, 3. – Interessant ist, daß Cicero die Bautätigkeit des Pompeius als *largitio* prinzipiell abgelehnt hat (De off. 2, 60). – Vgl. jetzt F. Kolb, Rom 256 ff. mit Anm. 2 (Lit). P. Gros–G. Sauron, in: Kaiser Augustus und die verlorene Republik 51 ff.

Forum Iulium. Außerdem entstand auf dem Marsfeld in der Nähe des Pompeiustheaters der für die Volksabstimmungen bestimmte Bau der *Saepta Iulia.* In seiner Dictatur hat Caesar dann den Plan einer völligen Neugestaltung Roms gefaßt. Seine Ermordung verhinderte jedoch dessen Durchführung ebenso wie die Vollendung seiner Großbauten. Die *Saepta* wurden erst von Agrippa fertiggestellt. Die *Basilica Iulia,* das Caesarforum und die *Curia Iulia* hat erst Oktavian vollendet, der sich später gerade in seiner Baupolitik als echter Erbe Caesars erweisen sollte.[110]

In den ersten Jahren der Triumviratszeit waren es vor allem die Feldherren und Legaten des Antonius, die durch glänzende Triumphe und prächtige Bauten die Augen der stadtrömischen Öffentlichkeit auf sich lenkten.[111] Im Jahre 39 kehrte L. Marcius Censorinus aus Makedonien im Triumph nach Rom zurück, und triumphierte Asinius Pollio über die illyrischen Parthiner. Im folgenden Jahr feierte Ventidius Bassus seinen großen Triumph über die Parther. Und im Jahre 34 zog C. Sosius im Triumph in Rom ein. Pollio und Sosius verewigten ihren Namen auch durch glanzvolle Bauten. Pollio stellte den Libertas-Tempel wieder her und legte bei ihm die erste öffentliche Bibliothek Roms an. Sosius hat später den alten Apollontempel auf dem Marsfeld neu erbaut.[112] Cn. Domitius Ahenobarbus hat in den dreißiger Jahren einen Tempel für Neptun errichten und reich ausschmücken lassen.[113]

Aber in den Jahren nach Naulochos vermochten Oktavian und seine Parteigänger den Ruhm der Anhänger des Antonius zu verdunkeln. Im

---

[110] Zur Bautätigkeit und zu den Bauplänen Caesars s. M. Gelzer, Caesar 127, 265 und 291, sowie Z. Yavetz, Caesar in der öffentlichen Meinung, Düsseldorf 1979, 159ff. Dazu F. Kolb, Rom 261ff. m. A. 3–5 (Lit.), und D. Favro, The Urban Image 60ff. Vgl. jedoch P. Donié, Caesarbild 10ff., wonach Augustus sich auch in der Baupolitik in Rom bewußt von Caesar (besser: von einigen Plänen und Methoden Caesars) distanzierte. S. dazu unten S. 522 A. 13a. – Zu den Saepta und zum Diribitorium s. unten S. 415 mit Anm. 128.

[111] Vgl. zum Folgenden F. W. Shipley, Mem. Am. Acad. Rome 9, 1931, 7ff., und P. Gros, Aurea Templa 22, sowie allg. A. Boethius–J. B. Ward-Perkins, Etruscan and Roman Architecture, Harmondsworth–Baltimore 1970, 183ff.

[112] Zum Apollontempel des Sosius s. oben S. 232 m. A. 95. Zum Libertastempel s. F. Coarelli, in: E. M. Steinby, Lexicon topographicum (wie A. 104) I 133f. s. v. Atrium Libertatis. Zum Libertastempel s. S. B. Platner–Th. Ashby, A Topographical Dictionary of Ancient Rome, Oxford 1929, 56ff. Vgl. B. Haller, Asinius Pollio 92f.

[113] Zum Neptuntempel des Domitius s. E. Nash, Pictorial Dictionary II 120. M. Crawford, RRC Nr. 519. G. Fuchs, Architekturdarstellungen auf römischen Münzen, Berlin 1969, 32f. und 63f. Dazu M. Pape, Griechische Kunstwerke aus Kriegsbeute, Diss. Hamburg 1975, 180ff. L. Richardson, Jr., New Topographical Dictionary 267.

Jahre 36 feierte Cn. Domitius Calvinus, ein politischer Freund des jungen Caesar, einen Triumph über Spanien und erneuerte aus der spanischen Beute die Regia. 34 kehrte Statilius Taurus im Triumph aus Africa zurück und begann mit dem Bau eines großen Amphitheaters, des ersten steinernen Amphitheaters in Rom (das im Jahr 30 vollendet wurde).[114] 34 oder 33 triumphierte Oktavians Stiefbruder L. Marcius Philippus über die Spanier und erneuerte aus seiner Beute den Tempel des *Hercules Musarum* und umgab ihn mit einer Säulenhalle. Das Jahr 33 sah auch einen Triumph des L. Cornificius über Africa, der ebenfalls mit Beutegeldern den Tempel der Diana auf dem Aventin wiederherstellte. Oktavian selbst hatte schon 36 mit dem Bau des palatinischen Apollontempels begonnen und damals auch den Tempel der Diana *'in circo Flaminio'* sowie ein Heiligtum für die Pietas neu errichtet. Nach dem Dalmatinischen Krieg errichtete er die *Porticus Octavia* auf dem Marsfeld neu. Um die gleiche Zeit erfolgte der Neuaufbau des Tempels des *Iupiter Feretrius* auf dem Capitol.[115]

Vor allem aber ließ Oktavian durch Agrippa im Jahre 33 ein großes Bauprogramm durchführen.[116] Agrippa hatte vielleicht schon als Prätor eine neue Wasserleitung, die *Aqua Iulia*, errichten lassen.[117] Obwohl er 33 bereits ein hochangesehener Consular war, übernahm er doch das niedere

---

[114] Zum Amphitheater des Statilius Taurus s. Dio 51, 23, 1. Suet. Aug. 29, 5. Vgl. A. Nagl, RE III A 2, 1929, 2201. – Eine Liste der Theaterbauten im Römischen Reich unter Augustus gibt Ch. Garton, Personal Aspects of the Roman Theatre, Toronto 1972, 270ff. Vgl. dazu G. Bejor, Athenaeum 1979, 126ff.

[115] Zum Dianatempel auf dem Aventin s. P. Gros, Aurea Templa 117f. – Zum Tempel des *Hercules Musarum* s. H. Cancik, Röm. Mitt. 76, 1969, 323ff. Vgl. M. Pape, Griech. Kunstwerke (Anm. 113) 158. – Zur *Porticus Philippi* s. E. Nash, Pict. Dict. I 471. Dazu M. Pape a. O. 187ff. Vgl. L. Richardson, Hercules Musarum and the Porticus Philippi, AJA 81, 1977, 355ff. F. Castagnoli, ARID Suppl. X, 1983, 93ff. Zur Person des Erbauers s. F. Münzer, RE XIV, 1930, 1571f. – Zum Apollontempel auf dem Palatin s. oben S. 230ff. – Zum Dianatempel und zum Tempel der Pietas s. oben S. 57 m. Anm. 207a. – Zur *Porticus Octavia* s. B. Olinder, Porticus Octavia in Circo Flaminio, Lund 1974. Dazu M. Pape a. O. 185ff. T. P. Wiseman, PBSRome 42, 1974, 20. Die Bauinschrift der *Porticus Octavia* ist offenbar bei Festus p. 188 L überliefert. Vgl. auch F. Zevi, Mélanges J. Heurgon, Rom 1974, 1052ff. – Zum Tempel des Jupiter Feretrius s. RgdA 19 und Nepos, Att. 20, 3 (wonach die Restauration *Attici admonitu* erfolgte). Dazu G. Wissowa, RE VI 2, 1909, 2209f.

[116] Dio 49, 43, 1ff. Plin. n. h. 31, 41 und 36, 121ff. Dazu Yavetz, Plebs and Princeps 89f., und R. Hanslik, RE IX A 1, 1961, 1241ff. sowie E. Tortorici, L'attività edilizia di Agrippa a Roma, in: Il Bimillenario di Agrippa 19ff.

[117] So F. W. Shipley, Washington Univ. Stud. 1933, 26f., nach Dio 48, 32, 3, während Frontin, De aquis 9, auch die *Aqua Iulia* im Jahre 33 v. Chr. erbaut sein läßt. R. Hanslik a. O. 1233 und 1241 nimmt offenbar zwei Wasserleitungen mit dem

Amt des Ädilen, um als solcher eine rege Bautätigkeit zu entfalten. Die Staatskasse war damals zwar nicht allzu voll, aber Agrippa war dafür einer der reichsten Herren Roms. Schon 37 hatte er die Tochter des Bankiers Atticus geheiratet, die ihm wohl die Besitzungen auf der thrakischen Chersones in die Ehe einbrachte. Nach dem Sieg bei Naulochos konnte Agrippa dann umfangreiche Ländereien auf Sizilien und in Bruttium erwerben. Er verfügte also über Mittel und Kredit genug, um seine umfangreiche Bautätigkeit aus eigener Tasche zu finanzieren. Wir erfahren von Cassius Dio etwas summarisch, daß Agrippa alle Straßen Roms restaurieren ließ und zahlreiche öffentliche Bauten neu aufführte. Vor allem aber galt seine Sorge der Wasserversorgung der Hauptstadt. Agrippa restaurierte die Bogen der *Aqua Marcia*, der *Aqua Appia* und des *Anio vetus* und ließ die *Cloaca maxima* reinigen und restaurieren.[118] Zusammen mit den prächtigen Spielen sollte diese Bautätigkeit des Agrippa dem Regime Oktavians die Sympathien der *plebs urbana* gewinnen, die er für die bevorstehende Auseinandersetzung mit Antonius benötigte.[118a]

Nach seinem Sieg über Antonius vollendete Oktavian zunächst im Jahre 29 die schon von Caesar begonnene oder geplante *Curia Iulia* und den Tempel für den *Divus Iulius*.[119] Im folgenden Jahre 28 weihte er dann den 36 begonnenen palatinischen Apollontempel feierlich ein und begann mit dem Monumentalbau seines Mausoleums.[120] Vor allem aber rühmte er sich

Namen *Aqua Iulia* an. Vgl. auch E. Nash, Pict. Dict. 47 mit Lit. M. Hainzmann, Untersuchungen zur Geschichte und Verwaltung der stadtrömischen Wasserleitungen, Wien 1975, 109 ff. (dazu W. Eck, Gnomon 50, 1978, 383 ff.). Vgl. T. P. Wiseman, PBSRome 38, 1970, 151 Anm. 226, der darauf hinweist, daß nach Plinius (n. h. 36, 121) seit über 100 Jahren keine Wasserleitung in Rom mehr gebaut worden war (seit der Aqua Marcia 143 v. Chr.). W. Eck, in: Sextus Iulius Frontinus. Curator aquarum. Wasserversorgung im antiken Rom, Wien 1982, 66 ff., und ders.: Die Wasserversorgung im römischen Reich, in: Die Wasserversorgung antiker Städte, hrsg. von G. Garbrecht, Mainz 1987, 51 ff. P. J. Aicher, A Guide to the Aqueducts of Ancient Rome, Wauconda, Ill. 1995. D. Kek, Der römische Aquädukt als Bautypus und Repräsentationsarchitektur, Münster 1996. R. J. A. Wilson, JRA 9, 1996, 5 ff. (mit Lit.).

[118] Agrippa bildete für den Wasserleitungsbau aus seinen Sklaven und Freigelassenen eine Art ständiger Bauhütte, der neben Architekten auch Steinmetze und Stukkateure sowie verschiedene Aufsichtspersonen angehörten (Frontin, De aquis 116 f.). Als Agrippa starb, wurden diese Leute vom Staat übernommen. Ihre Zahl belief sich auf 240 Köpfe. Vgl. O. Hirschfeld, Verwaltungsbeamte 273 ff. und G. Fabre–J. M. Raddaz, Athenaeum 1982, 84 ff.

[118a] Die bei Plinius n. h. 36, 121 genannten 170 *gratuita balinea* sind nach G. G. Fagan, Class. Phil. 88, 1993, 333 ff., als *gratuitae lavationes* zu verstehen und bezeichneten nicht die Zahl der Badeanlagen.

[119] Zur Curia Iulia und zum Tempel des Divus Iulius s. oben S. 227 ff.

[120] Zum Apollontempel auf dem Palatin s. oben S. 230 ff. Später erhob sich auf

später, in diesem Jahr 82 Tempel in der Stadt wiederhergestellt zu haben.[121] Diese rege Bautätigkeit Oktavians wurde offenbar durch die alexandrinische Beute ermöglicht. Ebenso wie eine Reihe anderer Maßnahmen dieses Jahres sollte wohl auch die Bautätigkeit die Rückgabe der *res publica* im Jahre 27 propagandistisch vorbereiten. Oktavian wollte als Schützer und Erneuerer der alten Religion erscheinen und den Rang Roms als Hauptstadt betonen. Daneben hat wohl damals, ebenso wie schon im Jahre 33, der Gesichtspunkt der Beschäftigung der *plebs urbana* eine wesentliche Rolle gespielt, auch wenn dieser Gesichtspunkt in der Überlieferung nicht herausgestellt wird.

Die rege Bautätigkeit des Augustus in Rom braucht hier nicht im einzelnen dargelegt zu werden. In den Jahren unmittelbar nach Actium hat der Prinzeps vor allem in der Gegend des *Circus Flaminius* gebaut. Neben den Bauten auf dem Palatin ist dann besonders das 2 v. Chr. geweihte Augustusforum mit dem Tempel des *Mars Ultor* zu nennen. Das Forum wurde auf von Augustus angekauftem privaten Grund errichtet. Für die Behutsamkeit, mit der Augustus dabei vorging, spricht, daß er das Forum kleiner als geplant anlegte, da er vor Enteignungen zurückschreckte.[122] Aber auch

dem Palatin auch ein Ehrenbogen für den leiblichen Vater des Augustus, der *Arcus Octavii*: Plin. n. h. 36, 36. Dazu oben S. 231 f. mit Anm. 94a. Zum *Mausoleum Augusti* s. E. Nash, Pict. Dict. II 38 ff. mit der älteren Literatur. Gegen die von K. Kraft, Kleine Schriften I 29 f., vorgeschlagene Datierung des Baubeginns in die Zeit vor Actium s. J.-C. Richard, Latomus 29, 1970, 370 ff., der auch nachweist, daß der Name Mausoleum auf Augustus selbst zurückgeht. Richard betont mit Recht den dynastischen Charakter des Grabbaus, ebenso G. Waurick, JRGZM 20, 1973, 107 ff., der darauf hinweist, daß das Monument kein Gentilgrab der Julier war, da sowohl Marcellus wie Agrippa, die beide dort bestattet wurden (obwohl Agrippa schon einen Grabbau besaß!), nicht zur *gens Iulia* gehörten. Waurick betont außerdem, daß das *Mausoleum Augusti* außerhalb des *pomerium* lag. (In der Datierung folgt Waurick dem Ansatz von K. Kraft.) Vgl. auch P. Gros, Aurea Templa 29 ff., und M. Eisner, Röm. Mitt. 86, 1979, 319 ff., sowie J.-C. Richard, Klio 62, 1980, 461 ff. Dazu D. Boschung, Hefte des arch. Sem. der Univ. Bern 6, 1980, 38 ff. J. Linderski, ZPap 72, 1988, 191 ff. J. C. Reeder, Class. Ant. 11, 1992, 265 ff. H. von Hesberg–S. Panciera, Das Mausoleum des Augustus. Der Bau und seine Inschriften, München 1994.

[121] RgdA 20. Eine Liste der von Augustus neu errichteten oder restaurierten Tempel gibt P. Gros a. O. 32 f. – Im Zusammenhang mit der Wiederherstellung und Ausschmückung der Tempel steht offenbar auch die Rede, die Agrippa (wohl als Censor) *De tabulis omnibus signisque publicandis* gehalten hat (Plin. n. h. 35, 26). Dazu s. M. Pape, Griech. Kunstwerke 76 ff. Vgl. unten Anm. 133a.

[122] Zu den Bauten in der Gegend des Circus Flaminius s. Strabon 5, 3, 8 p. 236. Dazu P. Gros, Aurea Templa 81 ff. Zum Circus Flaminius s. T. P. Wiseman, PBSRome 42, 1974, 3 ff. und 44, 1976, 44 ff.; Liverpool Class. Monthly 4, 1979, 129 ff.; und

das *Forum Romanum* erhielt vor allem in den letzten Jahren des Augustus zahlreiche neue Bauten. Zur *Curia Iulia* und zum Tempel des *Divus Iulius* kamen im Jahr 6 n. Chr. der Castortempel und 10 n. Chr. die *Aedes Concordiae*.[123] Der Caesartempel wurde flankiert durch den Triumphbogen des Augustus für den Erfolg über die Parther und den Ehrenbogen für die beiden jungen Caesares.[124] Auch ließ Augustus die *Basilica Iulia* vollenden und nach einer Brandkatastrophe wieder neu errichten. Sie sollte nach dem Willen des Prinzeps den Namen *Basilica Gai et Luci* erhalten.[125] Auf der anderen Seite des Forum wurde die im Jahre 14 v. Chr. durch Brand zerstörte *Basilica Aemilia* von L. Aemilius Paullus mit Unterstützung des Augustus wieder aufgebaut.[126]

Auf der Velia errichtete der Prinzeps den Penaten ein Heiligtum.[126a] Wie weit die Baupolitik des Augustus auch den republikanischen Wohnvierteln mit ihren engen, labyrinthischen Gassen und ihren schlechten Wohnver-

F. Zevi, Mélanges J. Heurgon, Rom 1976, 1047 ff. – Suet. Aug. 56, 2: *Forum angustius fecit, non ausus extorquere possessoribus proximas domos*. – Zum Augustusforum und zum Mars-Ultor-Tempel vgl. oben S. 133 und 241 ff. Vgl. allgemein zur Bautätigkeit des Augustus in Rom auch D. E. Strong–J. B. Ward-Perkins, PBS Rome 30, 1962, 1 ff.

[123] Vgl. P. Zanker, Forum Romanum, Die Neugestaltung durch Augustus, Tübingen 1972. P. Gros, Aurea Templa 84 ff. – Zum Tempel der Concordia s. außerdem E. Nash, Pict. Dict. I 292 ff.; P. Gros a. O. 34. 147 f. 159; M. Pape, Griech. Kunstwerke 155 f. B. A. Kellum, in: Between Republic and Empire 276 ff. C. J. Simpson, Historia 40, 1991, 449 ff. mit Lit. (bes. Beteiligung der Livia). Vgl. auch oben S. 238 mit Anm. 112. Zum Castortempel s. D. E. Strong–J. B. Ward-Perkins a. O. S. Sande–J. Zahle, in: Kaiser Augustus und die verlorene Republik 213 ff. Zur Dedikationsinschrift s. G. Alföldy, Studi sul epigrafia augustea e tiberiana 39 ff.

[124] Die Annahme, daß der Partherbogen als Vorläufer einen Ehrenbogen für den Sieg bei Actium hatte, läßt sich nach neueren Untersuchungen wohl nicht halten. Vgl. E. Nedergaard, in: Kaiser Augustus und die verlorene Republik 224 ff. (mit Lit.). Für die Existenz eines Actium-Bogens tritt aufgrund von Münzdarstellungen M. Roehmer, Der Bogen als Staatsmonument 19 ff., ein. Zur Inschrift des Partherbogens vgl. H.-W. Ritter, Röm. Mitt. 85, 1978, 371 ff. – Zur Symbolik des Bogens s. oben S. 206 mit Anm. 12. – Zum Bogen für die beiden Caesares s. E. Nash, a. O. II 244.

[125] RgdA 20, vgl. Volkmann z. St. Dazu E. Nash, Pict. Dict. I 186, und P. Gros, Aurea Templa 88 mit Anm. 69.

[126] Zur Basilica Aemilia s. E. Nash, Pict. Dict. I 174. Dazu H. Bauer, in: Kaiser Augustus und die verlorene Republik 200 ff., und R. M. Schneider, Bunte Barbaren, Worms 1986, 115 ff. – Auch der Saturntempel am Forum Romanum wurde von Munatius Plancus erst nach dem Sieg über Antonius – offenbar im Einklang mit den Intentionen des Augustus – neu errichtet, s. K. Fittschen, JdAI 91, 1976, 208 ff.

[126a] RgdA 19. Dazu A. Dubourdieu, Les origines et le développment du culte des pénates à Rome, Rom 1989, 399 ff. D. Palombi, Röm. Mitt. 104, 1997, 435 ff.

hältnissen zugute kam, muß offenbleiben. Der oben erwähnte Bauboom scheint eher unkontrolliert verlaufen zu sein. Eine durchgreifende Sanierung hätte schwerwiegende Eingriffe in religiöse Traditionen und private Besitzverhältnisse erfordert, wovor Augustus offenbar zurückschreckte.[127] Auf dem bisher weitgehend unbebauten Gelände des Marsfeldes brauchte man solche Rücksichten nicht zu nehmen. So entstand hier als weiteres monumentales Zentrum ein neues, modernes Stadtviertel. Agrippa vollendete die große, schon von Caesar begonnene Platzanlage für die Abstimmungen, die *Saepta Iulia*, an die sich im Süden das *Diribitorium*, ein gedeckter Raum für die Stimmauszählungen, anschloß.[128] Von den *Saepta Iulia* konnte man über die *Porticus Argonautarum* in die *Basilica Neptuni* gelangen, die Agrippa im Jahre 25 v. Chr. zur Erinnerung an seine Seesiege dem Meergott geweiht hatte.[129] An den Südteil der *Porticus Argonautarum* schlossen sich die 25 v. Chr. begonnenen Thermen des Agrippa an, die erste öffentliche Badeanlage Roms. Gespeist wurden die Thermen durch die 19 v. Chr. in Betrieb genommene neue Wasserleitung des Agrippa, die *Aqua Virgo*, die auch das *Lavacrum Agrippae* und das *Stagnum Agrippae*, einen künstlichen Teich an der Westseite der Thermen, mit Wasser versorgte. Umgeben war der ganze äußerst reich ausgestattete Komplex von großen Parkanlagen, den *Horti Agrippae*.[130] Zwischen den Thermen und der *Basilica Neptuni* erhob sich schließlich das 25 v. Chr. vollendete *Pantheon*, das als Tempel der neuen

---

[127] Vgl. P. Zanker, Augustus und die Macht der Bilder 159. D. Favro, Urban Image 116.

[128] Zu den Saepta Iulia und zum Diribitorium s. E. Nash, Pict. Dict. II 291 ff. Die ältere, noch von F. W. Shipley, Washington Univ. Studies 1933, 37 ff., vertretene Lokalisierung ist danach zu korrigieren. Nach Dio 55, 8, 3 f., war das Diribitorium in Rom der größte jemals von einem Dach überspannte Raum. Vgl. F. Castagnoli, Influenze alessandrine nell'urbanistica della Roma augustea, in: Alessandria e il mondo ellenistico-romano. Studi A. Adriani, Rom 1983, 520 ff. = RIFC 109, 1981, 414 ff. (Saepta Iulia, Pantheon, Basilica Neptuni, Iseum). B. G. Ackroyd, The Porticus Argonautarum and the Saepta, Athenaeum 1996, 591 ff. – Zu den Marmorstatuen in der Saepta s. M. Pape, Griech. Kunstwerke 191. – Allg. zur Topographie des Marsfeldes s. F. Coarelli, MEFR 89, 1977, 807 ff. Zur Bautätigkeit des Agrippa in Rom s. allg. E. Tortorici, in: Il bimillenario di Agrippa 19 ff.

[129] Zur *Porticus Argonautarum* s. E. Nash, Pict. Dict. II 291. Zur *Basilica Neptuni* s. E. Nash ebda. I 196 f.

[130] Zu den Thermen des Agrippa s. E. Nash, Pict. Dict. II 429 ff. Vgl. M. Pape, Griech. Kunstwerke 192 f. – Zur *Aqua Virgo* s. M. Hainzmann, Untersuchungen (Anm. 117) 114 ff. und R. B. Lloyd, AJA 83, 1979, 193 ff. – Zu den Parkanlagen s. P. Grimal, Les Jardins Romains, Paris 1943, 193 ff. Vgl. ebda. 188 ff. allgemein zu den öffentlichen Gärten in augusteischer Zeit. Dazu P. Zanker, Augustus und die Macht der Bilder 144 ff.

Dynastie den ideellen Mittelpunkt der von Agrippa auf dem Marsfeld errichteten Bauten bildete.[131]

Jenseits der *Vita Lata* hatte Agrippa privaten Grundbesitz, den *Campus Agrippae*. Hier erbaute seine Schwester die *Porticus Vipsania*, die Augustus nach ihrem Tode vollendete und später mit der berühmten Weltkarte des Agrippa schmückte, die den Weltherrschaftsanspruch Roms deutlich dokumentierte.[132]

Etwas nördlich der Bauten des Agrippa wurde in den Jahren 13–9 v. Chr. auf dem Marsfeld schließlich der monumentale Komplex des *Solarium Augusti* und der *Ara Pacis Augustae* errichtet, durch den das neue Weltalter des Friedens eindrucksvoll symbolisiert wurde. Abgeschlossen wurde das Marsfeld im Norden dann durch den mächtigen Grabbau des Augustus mit seinen Parkanlagen.[132a]

Auf dem Oppius schließlich erbte Augustus die Villa des wegen seines Luxus und seiner Grausamkeit berüchtigten Vedius Pollio. Der Prinzeps ließ sie einreißen und an ihrer Stelle die Porticus Liviae mit weitläufigen Parkanlagen errichten. In der Mitte weihte Livia selbst der (ehelichen) Concordia einen Altar. Dem Volk wurde mit diesem Baukomplex in einem dichtbesiedelten Quartier ein weiterer Erholungsraum geöffnet.[133]

Die politische Bedeutung der Bautätigkeit des Augustus und seiner Helfer in Rom kann kaum überschätzt werden. Das Stein gewordene Programm des neuen Regimes war aus dem Leben der Hauptstadt nicht mehr wegzudenken und erinnerte auch den einfachen Bürger immer wieder daran, daß ein neues Zeitalter angebrochen war. Die Großbauten, Tempel und Altäre propagierten mit ihrem reichen Schmuck an Statuen und Reliefs den Erfolg und die Ideale der neuen Zeit und dienten zugleich der mythischen Überhöhung des neuen Staates. Anders als in der späten Republik wandten sich die neuen Denkmäler nicht nur an die Führungselite in Rom, sondern auch an die Unterschichten und an weite Kreise im Im-

---

[131] Zum Pantheon s. oben S. 229f. mit Anm. 87ff.

[132] Zum *Campus Agrippa* und zur *Porticus Vipsania* s. F. W. Shipley, Washington Univ. Studies 1933, 73ff., und R. Hanslik, RE IX A 1, 1961, 1269f. – Zur politischen Bedeutung der Weltkarte des Agrippa s. P. A. Brunt, JRS 53, 1963, 176 (vgl. Propert. 4, 3, 35ff.); anders K. Langlouis, Raumauffassung und geographisches Weltbild in der römischen Politik von Pompeius bis Trajan, Diss. Tübingen 1951, 86ff. Vgl. oben S. 264 A. 187.

[132a] Zum *Solarium Augusti* und zur Ara Pacis s. oben S. 239f. mit Anm. 114ff. Zum *Mausoleum Augusti* s. oben S. 413 mit Anm. 120.

[133] Dazu M. Boudreau Flory, Historia 33, 1984, 309ff. (mit wichtigen Bemerkungen zur Rolle Livias als Beschützerin der Ehe). Zu Vedius Pollio vgl. oben S. 381 A. 6a.

perium.¹³³ᵃ Wie die großen Tempelbauten den ideellen Anspruch der neuen Monarchie manifestierten und die wiederhergestellten Tore der Servianischen Mauer die Macht und die Wehrhaftigkeit Roms symbolisierten,¹³⁴ so zeigten die Bade- und Parkanlagen, die Wasserleitungen und die großen Steintheater, das schon von Caesar begonnene, aber erst von Augustus vollendete Marcellustheater ebenso wie das Amphitheater des Statilius Taurus und das Theater des Balbus oder die *Naumachia Augusti* die Sorge der neuen Regierung für die *plebs urbana*.¹³⁴ᵃ Mit Recht konnte sich Augustus schließlich rühmen, Rom aus einer Ziegelstadt zu einer Marmorstadt gemacht zu haben. Weit mehr als Caesar durfte sich Augustus als Neugründer Roms betrachten.¹³⁵

Die Bautätigkeit des Augustus beschränkte sich aber keineswegs auf Rom. Noch vor der Anerkennung durch den Senat hat Oktavian in Brixia

---

¹³³ᵃ Vgl. P. Zanker, Augustus und die Macht der Bilder 171 ff. T. Hölscher, Staatsdenkmal und Publikum, Konstanz 1984. Zu der offenbar von Augustus gewünschten Überführung privater Kunstdenkmäler in öffentlichen Besitz vgl. J. J. Pollitt, TAPA 108, 1978, 155 ff. bes. 164 ff.

¹³⁴ M. Torelli, CAH X² 937, spricht von "The powerful symbolic value of both wall and gates, which was to find a very special echo in the architecture and town planning of the Augustan Cities of Italy and Gaul". Vgl. auch D. Favro, The Urban Image 160 f. Obwohl die Servianische Mauer damals vielfach in Wohngebäude verbaut war, scheint sie doch an einigen Stellen noch als Regionengrenze gedient zu haben, s. F. Kolb, Rom 405.

¹³⁴ᵃ Zum Balbustheater s. E. Nash, Pict. Dict. II 414 ff., G. Marchetti Longhi, MEFRA 82, 1970, 117 ff., T. P. Wiseman, PBSRome 42, 1974, 8 ff. (gegen Marchetti), und G. Gatti, MEFRA 91, 1979, 237 ff. – Zum Marcellustheater s. P. Fidenzoni, Il teatro di Marcello, Rom 1970. A. Marabottini–B. Origo–E. Crea, Theatrum Marcelli, Rom 1973. Der Bau wurde bereits von Caesar begonnen: Dio 43, 49, 2. 53, 30, 5 f. 54, 26, 1. Zur „Festkulisse", die sich den Theaterbesuchern von den höheren Umgängen des Marcellustheaters und des Theatrum Balbi darbot, s. P. Zanker, in: L'Urbs 486 ff. – Zu der von Augustus angelegten Naumachie, die er zu Ehren seiner Adoptivsöhne *Nemus Caesarum* nennen ließ, s. E. Bernert, RE XVI 2, 1935, 1971, und S. B. Platner–Th. Ashby, Topographical Dict. 357. Zur Lage s. F. Coarelli, Ostraka 1, 1992, 39 ff. Gespeist wurde die Naumachie von einer eigens dafür errichteten Wasserleitung, der *Aqua Augusta*. Zu dieser s. M. Hainzmann, Untersuchungen (Anm. 117) 119 ff. R. Taylor, AJA 101, 1997, 465 ff. – Vgl. zur Bautätigkeit des Augustus in Rom allgemein Sueton, Aug. 28 f., der betont, daß Augustus auch *ceteros principes viros saepe hortatus est, ut pro facultate quisque monimentis vel novis vel refectis et excultis urbem adornarent*. Dazu P. Gros, Aurea Templa 38. Vgl. auch Seneca, ep. 91, 13: *Timagenes felicitati urbis inimicus aiebat Romae sibi incendia ob hoc unum dolori esse, quod sciret meliora surrectura quam arsissent.*

¹³⁵ Vgl. dazu P. Gros a. O. 28, der in diesem Zusammenhang mit Recht auf Romulus als Vorbild des Augustus verweist.

ein öffentliches Gebäude, vielleicht einen Tempel errichtet.[135a] Später förderte der Prinzeps allenthalben in den Gemeinden Italiens und den Städten des Imperiums die Bautätigkeit und trat in zahlreichen Städten Italiens sowie der Provinzen selbst als Bauherr auf. Diese Bautätigkeit eines Römers in offizieller Stellung außerhalb Roms ist etwas völlig Neues.[136] Einen Vorläufer hatte Augustus nur in Caesar, von dem Sueton berichtet, er habe schon vor Ausbruch des Bürgerkrieges nicht nur in Italien, Gallien und Spanien, sondern auch in Asien und Griechenland die bedeutendsten Städte mit großartigen Bauwerken geschmückt, um sie sich zu verpflichten.[137] Offenbar knüpfte

[135a] Dessau Nr. 75. Dazu G. Alföldy, Gymnasium 98, 1991, 293 f.

[136] Vgl. allg. M. Horster, Literarische Zeugnisse kaiserlicher Bautätigkeit. Eine Studie zu Baumaßnahmen in Städten des römischen Reiches während des Prinzipats, Stuttgart 1997. – Vor Caesar haben sich römische Senatoren und Beamte nur ganz vereinzelt als Bauherren in den Provinzen betätigt. So hat P. Scipio Nasica (cos. 138), der für den Tod des Ti. Gracchus verantwortlich war, in Pergamon einen Monumentalbau errichten lassen (Dessau Nr. 8886). Doch weilte Scipio *sub specie legationis* faktisch als Verbannter in Pergamon und ist dort auch gestorben. (Eine Ausnahme war es auch, daß L. Mummius *Corintho capta non Italiam solum sed etiam provincias tabulis statuisque exornavit*: Frontin, Strateg. 4, 3, 15. Vgl. F. Münzer, RE XVI 1, 1933, 1199 ff. mit weiteren Zeugnissen.) – Weitere Beispiele lassen sich erst aus der ausgehenden Republik anführen. Der große Pompeius erbaute oder restaurierte in Antiocheia in Syrien das Rathaus (Malalas, 8 p. 211 [Dindorf]) und stiftete aus der mithridatischen Beute der Stadt Athen für den Wiederaufbau 50 Talente (Plut. Pomp. 42, 5 f.), von denen u. a. das sog. Deigma im Piräus (wohl eine Markthalle) wiederhergestellt wurde (vgl. W. Judeich, Topographie von Athen, München² 1931, 448). – Q. Marcius Rex hat während seines kilikischen Proconsulats (67–66 v. Chr.) bei einem Besuch in Antiocheia ein Hippodrom und einen Palast errichten oder wiederherstellen lassen (Malalas 9, 225, 7. Dazu A. von Stauffenberg, Die römische Kaisergeschichte bei Malalas, Stuttgart 1931, 176 f. und 457, sowie G. Downey, Class. Philol. 32, 1937, 144 ff., der betont, daß es sich allenfalls um eine Restauration handeln kann. Downeys Annahme, die römische Regierung habe die Kosten für diese Arbeiten bestritten, steht im Gegensatz zu den Angaben des Malalas und ist auch an sich wenig glaubwürdig). – Ap. Claudius Pulcher (cos. 54) spendete Geld für den Bau der sog. Kleinen Propyläen in Eleusis, die erst sein gleichnamiger Adoptivsohn vollendete (Degrassi, Inscr. Latin. lib. reip. Nr. 401). Cicero mokierte sich ziemlich über den ihm unpassend scheinenden Baueifer seines kilikischen Amtsvorgängers (Attic. 6, 1, 26 und 6, 2). – Inschriftlich wird ferner ein unbekannter Bau eines sizilischen Quästors an dessen Amtssitz auf dem *mons Eryx* bezeugt (Degrassi, Inscr. Lat. lib. reip. Nr. 446). – Selbst in den italischen Städten haben römische Senatoren verhältnismäßig selten Bauten errichten lassen. Vgl. das (unter anderen Gesichtspunkten gesammelte) Material bei I. Shatzman, Senatorial Wealth and Roman Politics, Brüssel 1975, 90 f. Vgl. W. Eck, in: Caesar Augustus. Seven Aspects 129 m. Anm. 4.

[137] Suet. Caes. 28. Caesar hatte u. a. dem syrischen Antiocheia eine sog. Basilica,

Die Baupolitik 419

der Prinzeps auch in seiner imperialen Baupolitik an Vorstellungen Caesars an. Wenn diese Bautätigkeit des Augustus bisher nur ungenügend berücksichtigt worden ist, so liegt dies vor allem an der auf Rom hin orientierten antiken Überlieferung, die dem Phänomen keine rechte Beachtung geschenkt hat. Zahlreiche Inschriften bezeugen jedoch die Bautätigkeit des Augustus in Italien und in allen Teilen des Reiches.[138] Aus Inschriften und

eine Thermenanlage mit einer Wasserleitung, ein Theater und ein Amphitheater gestiftet sowie das Pantheon der Stadt erneuert. Auch in Alexandria hat Caesar einen Kaisareion genannten Bau errichtet. Vgl. A. von Stauffenberg, Die römische Kaisergeschichte bei Malalas 118ff., 445 und 493. G. Downey, A History of Antioch in Syria, Princeton 1961, 154ff. Zu den Kaisareia in Alexandria und in Antiocheia s. E. Sjöquist, Opuscula Romana 1, 1954, 86ff., und oben S. 74 Anm. 252. – Für Gallien muß P.-M. Duval (Atti del colloquio sul tema La Gallia Romana, Rom 1973, 11) jedoch feststellen: «La phrase de Suéton ... est pour nous un mystère: aucun trace n'est apparue jusqu'à présent de ces grands travaux du conquérant.»

[138] Eine ausführlichere Untersuchung der Bautätigkeit in Italien und in den Provinzen unter Augustus ist ein dringendes Desiderat der Forschung. Die folgenden Ausführungen erheben nicht den Anspruch auf Vollständigkeit und versuchen lediglich, das Phänomen der das ganze Reich umspannenden Baupolitik des Prinzeps stärker ins Bewußtsein zu bringen. Schreibt doch noch G. Bodei-Giglioni, Lavori pubblizi e occupazione nell'antichità classica, Bologna 1973, 145ff.: «Le opere pubbliche promosse direttamente da Augusto non sono cosi numerose come ci si potrebbe aspettare e si concentrare spratutto a Roma ... Relativamente poche sono le opere compiute in Italia e nelle province.» In ähnlichem Sinne äußert sich H. von Hesberg, Gnomon 50, 1978, 587, mit Berufung auf Bodei-Giglioni und auf die unzureichende Zusammenstellung von F. C. Bourne (vgl. o. Anm. 104). Daß diese Ansicht unhaltbar ist, zeigt bereits das heute verfügbare Material, das sich durch Neufunde ständig vermehrt. Da sich Baustiftungen des Prinzeps im allgemeinen nur inschriftlich nachweisen lassen (die stadtrömisch orientierte literarische Überlieferung schweigt darüber meist) und da die Inschriftenfunde in der Regel Zufallsfunde sind, muß man damit rechnen, daß noch weitere augustuszeitliche Bauten dem Augustus selbst verdankt werden. Allerdings ist die Datierung der Baureste oft unsicher und umstritten. Zumal dort, wo die chronologische Einordnung nicht auf Grund von Inschriften, Münzen oder münzdatierter Keramik erfolgen konnte, sondern allein nach typologischen Gesichtspunkten. Dennoch dürften sich wohl an dem Gesamtbild, das sich auf Grund der archäologischen Forschungen und Funde der letzten Jahrzehnte immer deutlicher herausschält, keine grundsätzlichen Korrekturen mehr ergeben. Vgl. G. Bejor, Athenaeum 1979, 128, der von dem 'ampio fenomeno di urbanizzazione, agevolato e guidato dal potere centrale, che è stato da qualche anno messo in luce' spricht. Ebenso D. J. Geagan, ANRW II 7, 1, 1979, 379: "Augustus as an active builder in the provinces was surpassed only by Hadrian. The emperor himself and Agrippa were responsible directly for a great amount of this building and indirectly through the example they set for others." – Zur kaiserlichen Bautätigkeit in Italien s. allg. H. Jouffroy, La con-

durch Münzen erfährt man außerdem, daß Augustus und seine Angehörigen mehrfach munizipale Ämter übernommen haben.[138a] Zum Teil dürfte die Bekleidung dieser Ämter im Zusammenhang mit einer Bautätigkeit in jenen Gemeinden stehen. Wie in Rom, so haben sich außerdem auch in Italien und in den Provinzen die Freunde des Prinzeps als Bauherren betätigt. Zahlreiche nur archäologisch datierbare Monumente dürften ebenfalls direkt oder indirekt auf die Initiative des Prinzeps zurückgehen. Vor allem muß man mit der Möglichkeit rechnen, daß Augustus die Bauten für den städtischen Kaiserkult teilweise unterstützt hat – etwa durch Zuwendung von Geldern oder durch Bereitstellung von Architekten und Handwerkern. Die neuen Städte konnten sich auch wie in Rom mit Statuen und Reliefs schmücken, wobei die römischen Werke vielfach systematisch kopiert wurden.[139] Auch an den umfangreichen Straßenbau des Augustus, der später noch ausführlicher behandelt werden soll, sei in diesem Zusammenhang erinnert.

Sueton berichtet, Augustus habe Italien durch die Gründung von 28 Kolonien bevölkert, die er mit öffentlichen Bauten und Steuereinkünften vielfältig ausgestattet habe.[139a] Tatsächlich bezeugt eine Inschrift, daß Augustus der Kolonie Tergeste in Istrien Mauern und Türme schenkte. Ebenso erhielt Fanum Fortunae in Umbrien einen Mauerring mit Toren.[140] Und Drusus und Tiberius stifteten der Kolonie Saepinum in Samnium ihre

struction publique en Italie et dans l'Afrique romaine, Straßburg 1986, 62 ff. (mit Liste der Monumente). Vgl. den Forschungsbericht von E. Curti–E. Dench–J. R. Patterson, The archaeology of Central and Southern Roman Italy, JRS 86, 1996, 170 ff.

[138a] Vgl. G. Mennella, Sui prefetti degli imperatori e dei Cesari nelle città dell' Italia e delle province, Epigraphica 50, 1988, 65 ff., zu den für die Verwaltung der munizipalen Ämter an Kaisers Statt eingesetzten Präfekten.

[139] Dazu M. Torelli, CAH X² 933 f. und oben S. 314 m. A. 346. – Vgl. auch P. Zanker, Veränderungen im öffentlichen Raum der italischen Städte unter Augustus, in: L'Italie d'Auguste à Dioclétien, 259 ff.

[139a] Suet. Aug. 46. Zur Problematik der Zahl der italischen Kolonien des Prinzeps s. unten S. 481 mit Anm. 117.

[140] Dessau Nr. 77. 104. F. Milesi (Ed.), Fano romana, Fano 1992, 153 ff. Vgl. auch Anm. 144 und 154. – Nicht recht geklärt ist die Frage, welche Funktion die Wehranlagen in dem befriedeten Italien und in der ebenfalls befriedeten Narbonensis hatten. H. Bögli (BoJbb 172, 1972, 180 mit Anm. 12) vermutet z. B. für die Anlagen von Nemausus und Vienna einen im wesentlichen repräsentativen Charakter. Doch bedarf diese Frage wohl einer genaueren Untersuchung. Vgl. dazu E. Gabba, Studi class. e orientali 21, 1972, 108 ff.: «Rinnovamento urbanistico e costruzione delle mura sono due aspetti dello stesso fenomeno.» Vgl. auch F. Rebecchi, in: Les enceintes augustéennes 129 ff. G. Rosada, Mura, Porte e Archi nella Decima Regio, in: La Città nell'Italia Settentrionale 367 ff.

Die Baupolitik   421

Wehranlagen.[141] Die ebenfalls in Samnium gelegene Kolonie Venafrum erhielt von Augustus ein Aquaedukt und ebenso Capua und Brixia, deren Wasserleitung allerdings erst Tiberius vollendete.[142] Zu nennen ist ferner die gewaltige *Aqua Augusta*, die schon in der Triumviratszeit begonnen wurde und später Puteoli, Neapel, Pompeii, Nola, Atellae, Cumae, Acerrae, Baiae und Misenum mit Wasser versorgte.[143] In Ariminum errichtete der Senat dem Augustus einen Ehrenbogen. C. Caesar, sein Enkel und Adoptivsohn, ließ die Straßen der Stadt pflastern, und Augustus selbst stiftete eine Brücke, die Tiberius dann einweihte.[144] In Ostia erbaute Agrippa während seines Consulats im Jahre 27 v. Chr. ein Theater.[145] Bononia erhielt von Augustus eine Badeanlage. Dem Municipium Altinum stiftete Tiberius in oder bald nach seinem ersten Consulat (13 v. Chr.) Tempel, Säulenhallen und Gärten. Puteoli bekam von Augustus eine große Sonnenuhr. Ein unbekanntes Bauwerk ließ der Prinzeps durch seinen Legaten M. Appuleius in Tridentum errichten. Auch in Perusia, das im Bürgerkrieg so sehr gelitten hatte, ließ der Prinzeps bauen.[146] Zu nennen sind auch die

---

[141] Dessau Nr. 147. Zur Datierung der Inschrift von Saepinum (das keine Kolonie, sondern ein *municipium* war) s. jetzt A. U. Stylow, Chiron 7, 1977, 487 ff. Vgl. auch M. Gaggiotti, Athenaeum 56, 1978, 145 ff.

[142] Dessau Nr. 5743 = Histor. Inschriften Nr. 27 (Venafrum), vgl. A. Pantoni, Rend. Pont. Accad. Arch. 33, 1960/1, 155 ff. Dessau Nr. 114 (Brixia). Dio 49, 14, 5 (Capua).

[143] Zur Wasserleitung von Serino vgl. I. Sgobbo, NotScav. 1938, 75 ff., und J. H. d'Arms, Romans on the Bay of Naples, Cambridge/Mass. 1970, 79. – Auch für Caere ist eine Wasserleitung des Augustus bezeugt (CIL XI 3594). – Ein weiterer augusteischer Aquaedukt ist für Lucus Feroniae nachgewiesen, vgl. G. D. B. Jones, PBS Rome 30, 1962, 193. – Spätaugusteisch oder tiberisch sind die Wasserleitungen von Minturnae (J. Johnson, RE Suppl. VII, 1940, 480) und von Amiternum (CIL IX 4209). Minturnae besaß auch ein Theater augusteischer Zeit (Johnson a. O. 493). Wieweit diese Bauten auf Initiative des Prinzeps zurückgingen, muß offenbleiben.

[144] Dessau Nr. 84. 133. 113. Zum Bogen von Ariminum vgl. G. A. Mansuelli, Il monumento augusteo del 27 a. C. Nuove ricerche sull'Arco di Rimini, Bologna 1960, und I. Di Stefano Manzella, Documenti inediti sugli archi augusti di Fano e Rimini, RAL 32, 1977, 435 ff. Dazu G. Riccione, in: Hommages Vermaseren III, Leiden 1978, 979 ff., und S. de Maria, in: G. Mansuelli u. a., Studi sull'arco onorario romano, Rom 1979, 73 ff.

[145] CIL XIV 82 (Ostia, *rep. in cavea theatri*): [M. AG] RIPPA COS. Vgl. G. Calza, Il teatro romano di Ostia, Rom–Mailand 1927, 10 ff. R. Hanslik, RE IX A 1, 1961, 1249. Zu den Theatern Italiens im 1. Jh. n. Chr. s. P. Gros, in: L'Italie d'Auguste à Dioclétien, 287 ff.

[146] Dessau Nr. 86 (Tridentum) 5674 (Bononia). CIL V 2149 (Altinum), X 1617 (Puteoli). W. Eck, Athenaeum 1995, 83 ff. (Perusia). – Zu Puteoli vgl. allg. P. Sommella, Forma e urbanistica di Puzzuoli Romano, 'Puteoli' 2, 1978 (1980). – Bononia hatte auch ein Theater aus augusteischer Zeit, s. J. Ortalli, Il teatro romano di Bologna, Bologna 1986.

Hafenanlagen des Augustus in Misenum und in Ravenna, das durch einen Kanal, die *Fossa Augusta*, mit dem Po und dem Meer verbunden wurde.[147] Weitere Bauten in Italien lassen sich nur archäologisch für die Zeit des Augustus nachweisen. Das gilt z. B. für den großen Apollontempel von Cumae, der vielleicht vom Prinzeps selbst in den Jahren 28–23 v. Chr. neu erbaut wurde.[148] Augustuszeitlich sind wohl die Toranlagen und Stadtbefestigungen von Augusta Taurinorum, Hasta, Hispellum, Asculum, Minturnae und Comum.[149] Auch die Amphitheater in Fanum, Ariminum und

[147] Zu den Hafenanlagen in Misenum und in Ravenna vgl. Ch. G. Starr, The Roman Imperial Navy, Cambridge 1960, 13 ff. und 21 ff., und J. H. d'Arms a. O. (Anm. 143) 81 und 136 f. (wonach die Flottenbasis vom Lucrinersee nach Misenum verlegt wurde, um im *lacus Lucrinus* die Austernzucht kultivieren zu können). Bei der sog. Piscina Mirabilis, die meist als Trinkwasserreservoir für die misenische Flotte angesehen wird, handelt es sich wohl überhaupt nicht um eine Zisterne, sondern vielleicht um einen Tempel aus voraugusteischer Zeit, vgl. R. F. Paget, Vergilius 16, 1970, 11 ff. Vgl. auch M. Borriello–A. d'Ambrosio, Baiae-Misenum, in: Forma Italiae Regio I, Vol. XIV, Florenz 1979, und L. Bovini, Atti del I. Congresso internaz. di archeol. dell'Italia Settentrionale, Turin 1963 (über den Portus Augusti von Ravenna).

[148] Agrippa hatte im J. 37 v. Chr. die ganze Gegend der sog. Phlegräischen Felder zu einer großen Militärzone gemacht. Im Zusammenhang damit wurde auch der alte Hafen von Cumae erweitert und den neuen militärischen Bedürfnissen angepaßt. Ebenso wurde die Akropolis von Cumae zu einer modernen Festung ausgebaut. Selbst die Grotte der Sibylle scheint zeitweilig als Zisterne oder Verteidigungsstellung gedient zu haben. Nach seinem Sieg sorgte dann offenbar Oktavian selbst für eine Wiederherstellung der Kulte und der Tempel. Ob der obere, dem Apollo oder dem Jupiter geweihte Tempel vom Prinzeps neu erbaut wurde, muß allerdings offenbleiben (J. Christern, Der 'Jupitertempel' in Cumae und seine Umwandlung in eine Kirche, Röm. Mitt. 73/4, 1966/7, 232 ff., neigt dazu, die erhaltenen Reste des Tempels in trajanisch-hadrianische Zeit zu datieren). Sicher aus augusteischer Zeit stammt dagegen der untere Bau, der der Dreiheit Apollo, Artemis und Latona geweiht war und wohl den palatinischen Tempel zum Vorbild hatte. Die gewaltigen Tripelsäulen an den Ecken haben allerdings in der griechischen und römischen Zeit keine Parallele. Architekt des Baues war vielleicht der Freigelassene L. Cocceius Auctus (zu diesem s. unten Anm. 153). Vgl. A. G. McKay, Vergilius 19, 1973, 51 ff. (der den unteren Bau in die Zeit von 28 bis 23 v. Chr. datiert). R. v. Schoder, Scientific American 209, 1963, Nr. 6, 109 ff. J. H. d'Arms a. O. 80. E. Kirsten, Süditalienkunde, Heidelberg 1975, 147 ff. R. J. Clark, Latomus 36, 1977, 482 ff.

[149] Vgl. I. A. Richmond, JRS 23, 1933, 149 ff., und PBS Rome 12, 1932, 52 ff. Dazu H. Kähler, Die römischen Torburgen der frühen Kaiserzeit, JdAI 57, 1942, 1 ff. Nach E. Gabba a. O. (Anm. 140) 96 sei die Anlage von Asculum voraugusteisch. Vgl. S. De Maria, Gli archi onorari di Roma e dell'Italia romana, Rom 1988. Zur Entwicklung der Bogenarchitektur (der Stadttore und der Ehrenbögen) s. auch W. L. Macdonald, in: The Age of Augustus 137 ff. – Zu Asculum vgl. allg. U. Laffi und

Verona stammen vielleicht aus der Zeit des Augustus oder gehen auf augustuszeitliche Anlagen zurück.[150] Dabei muß selbstverständlich offenbleiben, ob diese Bauten von den Gemeinden finanziert sind, ob sie dem Augustus verdankt werden oder ob sie von privaten Stiftern finanziert worden sind, wie dies beim Sergierbogen in Pola oder beim Bogen der Gavier in Verona der Fall ist.[151] Denn die italischen und provinzialen Städte orientierten sich bald an dem neuen augusteischen Rom, indem sie ihre Stadtanlagen nach dem römischen Vorbild konzipierten oder doch zumindest einzelne Baukomplexe nach Modellen in Rom – oft in Marmor – neu errichteten, wie dies P. Zanker exemplarisch für Pompeji gezeigt hat.[151a] I. A. Richmond hat jedoch wahrscheinlich gemacht, daß die Stadtanlagen von Aosta, Hasta, Hispellum und Turin das Produkt einer Schule augusteischer Stadtplaner und Architekten sind.[152] Eine ähnliche Architektenschule ist epigraphisch für Puteoli, Cumae, Formiae und Tarracina nachgewiesen.[153] Eine weitere Architektengruppe scheint in Verona gear-

M. Pasquinucci, in: Asculum I, Pisa 1975, XIII ff. und 3 ff. (nach M. Crawford, JRS 71, 1981, 159, the paradigm book about an Augustan city). – Zu Augusta Taurinorum s. G. Cresci Marrone–E. Culasso Gastaldi, Per pagos vicosque. Torino romano fra orco e stura, Turin 1987.

[150] Vgl. I. A. Richmond–W. G. Holford, PBS Rome 13, 1935, 69 ff. – Für weitere augustuszeitliche Bauten vgl. M. E. Blake, Ancient Roman Constructions in Italy, Washington 1947, 112 ff. und 199 ff.

[151] Dessau 2229 und 7730. Vgl. G. Traversari, L'Arco dei Sergi, Padua 1971, und H. Kähler, Die römischen Stadttore von Verona, JdAI 50, 1935, 179 ff. Zu Verona s. allg. G. C. Manasse, in: Il Veneto nell'età romana 2, 1 ff., und R. Brigo, Verona romana, Rom 1991.

[151a] P. Zanker, Pompeji, Mainz 1988, 26 ff. Dazu D. Fishwick, Epigraphica 57, 1995, 17 ff.

[152] I. A. Richmond, PBS Rome 12, 1932, 61. J. Prieur, in: ANRW II 12, 1, 1982, 442 ff. (zu den Bögen von Aosta, Susa und Aix-les-Bains). – Augustuszeitlich ist auch die Stadtanlage des Munizipiums Augusta Bagiennorum (Bene Vagienna), vgl. C. Carducci–L. Rochetti, Enciclopedia dell'arte antica I, 1958, 913 ff., und PECS 114 mit Literatur.

[153] Die Arbeiten in Puteoli und Cumae standen unter der Leitung des berühmten L. Cocceius Auctus, eines Freigelassenen des C. Postumius (Pollio): CIL X 1614 (= Dessau Nr. 7731 mit Kommentar) und 3707. Dieser Cocceius ist wohl derselbe Mann, der im Auftrage des Agrippa für die Straße von Cumae nach Puteoli den Tunnel durch den Monte Grillo durchbrechen ließ, vgl. Strabon 5, 4, 5 p. 245. Dazu A. Stein und E. Groag, PIR² C Nr. 1213 und 1223. Zu den Tunnelbauten des Cocceius vgl. E. Kirsten, Süditalienkunde 144 f., 189 f., 237. – C. Postumius Pollio ist als *architectus* für Formiae und Tarracina bezeugt: CIL X 6126 und 6339. – Vgl. zu den genannten Männern P. Gros, in: Architecture et Société 436 ff., und M. Donderer, Die Architekten der späten römischen Republik und der Kaiserzeit, Erlangen

beitet zu haben, vielleicht unter der Leitung des berühmten Vitruv, der, wie er berichtet, auch in Fanum eine Basilica gebaut hat.[154] In Spanien, in der Gallia Narbonensis und in Africa scheinen ebenfalls Architekten und Werkleute aus Rom und Italien gearbeitet zu haben.[155] Durch die nach

1996, 208 ff. m. A. 104 f., und 247 f. m. A. 133 f. Dazu J. C. Anderson Jr., Roman Architecture and Society, Baltimore–London 1997, 39 ff.

[154] Dessau 7730 mit Kommentar. Vgl. Vitruv., De arch. 5, 1, 6. Vgl. auch F. Pellati, La basilica di Fano e la formazione del trattato di Vitruvio, Rend. Pont. Accad. Arch. 23/4, 1947/49, 155 ff. (Pellati rechnet mit einer 2. Auflage von De architectura ca. 15 v. Chr.).

[155] Vgl. I. A. Richmond, PBS Rome 12, 1932, 61: 'Zaragoza even provides an example of the importation of a complete working staff. Here, however, the actual remains bear witness to a connection, while the personages are now to seek'. Für die 'importation of a complete working staff' beruft sich R. auf Ephem. Epigr. VIII Nr. 316: *Porta(m) Romana(m) qui faciunt elares [pro hilares] recedant.* Dazu bemerkte E. Huebner: *'ab operariis Italicis puto, qui inter longi laboris taedia patriae memores finem operis desiderabant.'* – Interpretation und Datierung der Inschrift sind jedoch umstritten und unsicher. Nach C. Castillo, VII Congr. Esp. Estùd. Clás. (1987), Madrid 1989, III 56 ff. (mit Bibliographie), hatten einheimische Werkleute die Inschrift gesetzt. Nach Auskunft von A. U. Stylow, ist die von Hübner vorgeschlagene Datierung und der Bezug auf die erste Mauer von Caesaraugusta (frühaugusteisch) „weder paläographisch noch linguistisch haltbar (vgl. auch syllabische Interpunktion)". Stylow datiert die Inschrift ins 3. Jh. n. Chr. („um 250 n. Chr., als die Mauer hastig erneuert wurde") und liest: „*Porta(m) Romana(m) qui faciunt, hilares recedant* = Die Bauleute der Porta Romana mögen froh heimkehren ..., also eine private, keine öffentliche Inschrift". – A. Beltrán Martinez, in: Ciudades Augusteas de Hispania I 233, liest dagegen: *Porta romana. Qui faciun(t) te, lares recedant*, und versteht *porta Romana* als Vocativ und *lares* als Akkusativ des Zieles. Vgl. auch G. Fatas, Ciudades Augusteas II 112 ff. (mit Foto der Inschrift). – Für die Narbonensis vgl. W.-D. Heilmeyer, Korinthische Normenkapitelle, Heidelberg 1970, 106 ff. und 111: „Die Tätigkeit stadtrömischer oder mindestens italischer Werkleute ist in augusteischer Zeit in der Provence mehrfach nachzuweisen" (vgl. auch unten Anm. 159). Für ein den Kapitellen der Maison Carrée in Nîmes sehr ähnliches Kapitell aus Caesarea Mauretaniae s. K. Fittschen, in: H. G. Horn–Chr. B. Rüger, Die Numider, Bonn 1979, 242, der aus dem Befund schließt, „daß in Cherchel Bauhütten tätig waren, die nach reichsrömischen Vorbildern gearbeitet haben oder die selbst im römischen Reichsgebiet tätig gewesen sind". Zu Caesarea Mauretaniae s. unten S. 445 f. A. 202. – Zu einer reisenden Bauhütte in Gallien, die auf die Errichtung von Grabmonumenten spezialisiert war, s. F. S. Kleiner, MEFRA 89, 1977, 661 ff. – Man darf allerdings diese Beobachtungen nicht verallgemeinern. H. von Hesberg, in: Stadtbild und Ideologie 341 ff., kommt bei einer Untersuchung der provinzialen Bauornamentik zu dem Ergebnis, daß für diese generell keine Reproduktionen nach Gipsabgüssen oder Zeichnungen und dergleichen nachzuweisen sind. Von Hesberg nimmt an, daß nur vereinzelt Handwerker kompliziertere

dem Bundesgenossenkrieg deutlich intensivierte Urbanisierung Italiens[155a] standen offenbar dem Prinzeps genügend Spezialisten (Architekten, Ingenieure, Steinmetzen usw.) zur Verfügung, die nicht nur seine Bautätigkeit in Italien, sondern auch das Urbanisierungswerk in den Provinzen (besonders des Westens) überhaupt erst möglich machten. Denn die Bautätigkeit des Prinzeps beschränkte sich nicht auf Italien. Die in Italien entwickelten Stadtanlagen und Bautypen (Forum und Straßennetz, Basilica, Theater, Ehrenbogen und Toranlagen) wurden vielmehr im großen und ganzen unverändert in die westlichen Provinzen übertragen und leiteten dort eine neue Periode des Städtebaus ein.[156] Wieweit dafür die Direktiven von Augustus selbst ausgingen, wird in der Überlieferung nicht gesagt. Da aber die Übertragung italischer Stadtanlagen in enger Verbindung mit der Kolonisationstätigkeit steht, wird man zumindest für die Städte römischen oder latinischen Rechts in den west-

Details in Abgüssen und Mustern aus Rom mitbrachten. Man bemühte sich in den provinzialen Städten offenbar, das römische Vorbild auch ohne sklavisches Kopieren zu erreichen. Für Italien kommt die Magisterarbeit von H. Heinrich, Korinthische Marmorkapitelle in Pompeji, München 1984, zu einem ähnlichen Ergebnis: „Es darf als gesichert gelten, daß die Typen der pompejanischen Kapitelle als Produkte regional beschränkter Werkstätten von bescheidenem Umfang nicht in direktem Kopienverhältnis zu stadtrömischen Vorbildern standen, sondern ein aus Rom stammendes, über abwandelnde und vereinfachende Zwischenträger vermitteltes Formenrepertoire verwendeten. Auch außerhalb Pompejis lassen sich genaue Übernahmen einzelner Entwürfe nicht belegen" (S. 149). Vgl. auch unten Anm. 159 fin. und 180.

[155a] S. dazu grundlegend E. Gabba, Urbanizzazione e rinnovamenti urbanistici nell'Italia Centro-Meridionale del I sec. A. D., Studi class. e orient. 21, 1972, 73 ff.

[156] Vgl. dazu J. B. Ward-Perkins, JRS 60, 1970, 1 ff. Zur Monumentalisierung der Städte s. H. von Hesberg, in: Die Stadt in Oberitalien und in den nordwestlichen Provinzen des römischen Reiches, hrsg. von W. Eck und H. Galsterer, Mainz 1991, 179 ff. (mit vielen Plänen). H. von Hesberg betont, daß sich die Provinzialstädte an den von Augustus gesetzten Normen orientierten, wie sich besonders deutlich an der zentralen Lage des auf das Forum ausgerichteten Haupttempels der Stadt zeigt. Zum Folgenden s. auch unten Teil VII Kap. 2: Die Koloniegründungen im Reich und die Urbanisierungspolitik im Westen (S. 474 ff.). Diese Politik ist besonders eindrucksvoll, wenn man sich vor Augen hält, daß erst unter Augustus Rom selbst sein zweites steinernes Theater und sein erstes Amphitheater erhielt. (Zum politischen Aspekt dieser Theaterbauten s. oben S. 201 ff.) – Vgl. auch A. Balil, Las ideas urbanisticas en epoca Augustea, in: Ciudades Augusteas I 29 ff. Das ältere Material findet man zusammengestellt bei K. Lehmann-Hartleben, RE III A 2, 1929, 2046 ff. – Zu den Rathäusern der italischen und der provinzialen Gemeinden vgl. das typologisch angelegte Werk von J. Ch. Balty, Curia ordinis, Brüssel 1983. (Dazu E. Thomas, JRS 85, 1995, 295 f.)

lichen Provinzen eine zentrale Planung anzunehmen haben, die sich nicht auf die Wehrbauten und die Anlage des Straßennetzes beschränkte, sondern sich auch auf die öffentlichen Gebäude erstreckte. Eine solche zentrale Planung wird man aber auch für die Übertragung der italischen Stadttypen auf peregrine Gemeinden voraussetzen dürfen, zumal die Neugründung peregriner Orte nach italischem Muster oft im Zusammenhang mit dem römischen Straßenbau stand. Auch für diese peregrinen Städte waren hochqualifizierte Stadtplaner und Architekten notwendig, die nach Lage der Dinge nur die Römer stellen konnten. Es kommt hinzu, daß für nicht wenige Provinzialgemeinden verschiedener Rechtsstellung Baustiftungen des Augustus und seiner Angehörigen sicher bezeugt sind.[156a]

So gab der Prinzeps der Stadt Iader in Dalmatien als *parens coloniae* Mauern und Türme. Das gleiche ist für Arba in Illyrien bezeugt.[157] Auch die Kolonie Aleria auf Corsica scheint von Augustus ihre Mauern erhalten zu haben. Der Prinzeps und seine beiden Adoptivsöhne werden von der Stadt als *patroni* geehrt.[157a]

In Gallien erhielten die latinischen Colonien Nemausus und Vienna Mauern und Türme von Augustus.[158] Außerdem errichtete der Prinzeps

---

[156a] Vgl. unten S. 474 A. 95a und S. 499 A. 189.

[157] Cil III 2907 (= 13264) und 3117 (= 10117). Augustuszeitlich ist wohl auch das Forum und das Capitolium von Aenona, vgl. J. J. Wilkes, Dalmatia, London 1969, 205. Dagegen erhielt Emona seine Ummauerung wohl erst zu Beginn der Regierungszeit des Tiberius, vgl. J. Šašel, RE Suppl. XI, 1968, 564. – Vgl. allg. zur Baupolitik des Augustus in den Provinzen R. MacMullen, Roman Imperial Building in the Provinces, Harv. Stud. 64, 1959, 207 ff., und J. B. Ward-Perkins, From Republic to Empire: Reflections on the Early Provincial Architecture of the Roman West, JRS 60, 1970, 1 ff. Vgl. auch W. Mierse, in: Between Republic and Empire 308 ff.

[157a] Vgl. J. Jehasse, CRAI 1961, 369 f. CIL 8035. Dazu L. Harmand, Le Patronat sur les collectivités publiques des origines au Bas-Empire, Paris 1957, 170.

[158] CIL XII 3151 (16/15 v. Chr.). E. Esperandieu, Inscr. Lat. de la Gaule Narb. 263. Zu Vienna vgl. A. Bruhl, RE VIII A 2, 1958, 2113 ff., A. Pelletier, Vienne antique, 2 Bde., Paris/Lyon 1982/3, P. André–A. Desbat–R. Lauxerois–A. Le Bot-Helly, in: Les villes augustéennes 61 ff., A. Le Bot-Helly, in: Les enceintes augustéennes 51 ff. Die riesigen (allerdings wohl erst nachaugusteischen) Speicherbauten auf dem rechten Rhoneufer weisen den Ort als wichtigen Umschlageplatz für den Warenverkehr mit dem gallogermanischen Raum aus. Vgl. C. Laroche–H. Savay-Guerraz, Saint-Romain en Gal, Paris 1984, 85 ff., und zur Deutung C. Goudineau, CAH X² 480. Schon zu seinen Lebzeiten wurde dem Augustus zusammen mit der Roma eine heute noch stehender Tempel errichtet, s. A. Bruhl a. O. 2120. Vielleicht stammt auch das Theater aus augusteischer Zeit, so A. Grenier, Manuel d'archéologie gallo-romaine III 2, Paris 1958, 779. – Zur Stadtmauer von Nîmes s. P. Varène, L'enceinte gallo-romaine de Nîmes. Les murs et les tours, Paris 1992. – Vgl. allgemein: A. L. F. Rivet, Gallia Narbonensis with a chapter on Alpes Maritimae: Southern Gaul in Roman Times,

während seines Aufenthaltes in Gallien dem keltischen Windgott Circius einen Tempel.[158a] Agrippa ließ in Nemausus das Nymphaeum bauen und sorgte vielleicht auch für die Anlage des Pont du Gard. Für seine beiden leiblichen Söhne, die Caesares, wurde die Maison Carrée errichtet.[159] Von C. Caesar als ihrem *patronus coloniae* erhielt Nemausus eine Gartenanlage.[160] In Glanum ließ Agrippa der Valetudo einen Tempel errichten. Wieweit andere augustuszeitliche Bauten der Stadt auf den Prinzeps selbst oder seine Angehörigen zurückgehen, muß offenbleiben.[161] Das gleiche

London 1988, und C. Goudineau, CAH X^2 464 ff. Dazu J. Bromwich, The Roman Remains of Southern France. A Guidebook, London 1993. Dazu J. Gruber, Gnomon 70, 1998, 726 f.

[158a] Seneca, Quaest. nat. 5, 17, 5: *Divus certe Augustus templum illi (Circio), cum in Gallia moraretur et vovit et fecit.* Dazu M. Clerc, Massilia II, Marseille 1929, 255 ff.

[159] Zu den Bauinschriften der Maison Carrée s. Ehrenberg–Jones, Documents Nr. 75, und R. Amy, CRAI 1970, 670 ff. Zum Bau selber s. J. Chr. Balty, Études sur la Maison Carrée de Nîmes, Brüssel 1960, und R. Amy–P. Gros, La Maison Carrée de Nîmes, Gallia Suppl. 38, Paris 1979, bes. 177 ff., wonach die Weihung des Baues an die Caesares die ursprüngliche war und eine frühere Inschrift, die eine Dedikation durch Agrippa selbst bezeugen könnte, nicht existiert hat. P. Mingazzini wollte die Maison Carrée in die Zeit zwischen 160 und 210 n. Chr. datieren (zuletzt Rend. Pont. Accad. Arch. 44, 1971/2, 141 ff.). Dagegen s. schon G.-Ch. Picard, REL 40, 1962, 253. Zu den übrigen Bauten Agrippas in Nemausus s. J. Chr. Balty, RevBPhil. 38, 1960, 59 ff.; J. B. Ward-Perkins, JRS 60, 1970, 4; sowie R. Hanslik, RE IX A 1, 1961, 1255 mit älterer Literatur. Zum Pont du Gard vgl. H. Kähler, Rom und sein Imperium, Baden-Baden 1962, 54: „Manches spricht dafür, daß der Kaiser oder Agrippa sich für die südfranzösische Wasserleitung desselben Architekten bedienten, der kurz zuvor diesen Viadukt [die Brücke, auf der die Via Flaminia bei Narni den Nar in ca. 30 m Höhe überquerte] geschaffen hat." Vgl. jedoch jetzt G. Fabre–J.-L. Fiches–J.-L. Paillet, JRA 4, 1991, 63 ff., sowie: L'aqueduc de Nîmes et le Pont du Gard. Archéologie, géosystème et histoire, Nîmes 1991, und: Le Pont du Gard. L'eau dans la ville antique, Paris 1992 (zus. mit Ph. Leveau). Danach ist die Wasserleitung über den Gard nachaugusteisch (claudisch? Nach R. J. A. Wilson, RJA 9, 1996, 12 f. = flavisch). – Zum Augusteum in Nîmes s. oben S. 245 A. 132.

[160] CIL XII 3155. Auch die sog. Tour Magne stammt aus augusteischer Zeit, vgl. Gallia 20, 1962, 632. Aus der gleichen Zeit datiert wohl die Porte d'Auguste, s. J. B. Ward-Perkins, JRS 60, 1970, 12. Weitere Lit. über Nemausus s. P. Gros, PECS 616 ff. Dazu G. Barruol–D. Darde (Edd.), Archéologie à Nîmes 1950–1990. Bilan de 40 années de recherches, Nîmes 1990. D. Roman, in: Les villes augustéennes 35 ff. P. Garmy, ebda. 41 ff. und P. Gros, ebda. 139 ff.

[161] Zum Valetudo-Tempel s. Ann. épigr. 1955, 11b. Dazu H. Rolland, Rev. arch. 46, 1955, 27 ff., und J. Chr. Balty, RevBPhilol. 38, 1960, 64 f. mit Anm. 1. Vgl. allg. zu den Denkmälern von Glanum G. Picard, Gallia 21, 1963, 111 ff., und 22, 1964, 1 ff., sowie die Literatur bei M. Leglay, Der Kleine Pauly II, 1967, 806. Nach J. B. Ward-Perkins, JRS 60, 1970, 2 f., sind als augustuszeitlich anzusprechen der Tempel für C. und L. Caesar, die Basilica und das Forum, eine Badeanlage, ein Ehrenbogen

gilt für die augusteischen Bauten in bereits bestehenden Gemeinden wie in den zahlreichen Augustusstädten teils römischen oder latinischen, teils peregrinen Rechts, für Orte wie Arelate, Arausio, Augustodunum, Baeterrae (als dessen Patron der Augustusenkel C. Caesar genannt wird), Forum Iulii, die beiden Lugdunum oder Vasio. Der 46 v. Chr. gegründeten römischen Kolonie Arelate scheint bei der Urbanisierung eine Modellfunktion zugekommen zu sein, ähnlich wie in Spanien der Provinzhauptstadt Tarraco.[162]

(dazu H. Rolland, L'Arc de Glanum, Gallia Suppl. XXX1, Paris 1977, und P. Gros, Gallia 37, 1979, 55 ff., und Gallia 42, 1984, 21 ff. [mit P. Varène]. RANarb 14, 1981, 125 ff. A. Roth Congès, in: La ciudad en el mundo romano II 376 ff. A. Küpper-Böhm, Die römischen Bogenmonumente 77 ff.) und vielleicht auch das berühmte Juliermonument (zu diesem s. H. Rolland, Le Mausolée de Glanum, Gallia Suppl. XXI, Paris 1969. Dazu die Literatur bei D. Boschung, Gnomon 61, 1989, 187 A. 9). Nach F. Kleiner, MEFRA 89, 1977, 661 ff., wurde dieses zusammen mit anderen Grabdenkmälern der augusteischen Zeit in Gallien von einer wandernden Werkstätte hergestellt. Vgl. auch S. Agusta-Boularot–J. L. Paillet, Rev. arch. 1997, 27 ff. (Äquadukt), und J. C. Balty (wie Anm. 156) 326 ff.

[162] In Arelate gehören ein Teil der Stadtumwallung mit dem noch sichtbaren Osttor, das Forum mit seinen Portiken und mit den Kryptoportiken, der Tempel am Forum und das Theater in frühaugusteische Zeit, vgl. A. von Gladiss, Röm. Mitt. 79, 1972, 21 ff. mit weiterer Lit. Dazu s. P. Gros, JdAI 107, 1987, 339 ff., der vermutet, daß Augustus selbst und Agrippa während ihrer Reisen in die Provinz die Gelegenheit wahrnahmen, „de susciter, d'orienter et d'encourager directement les initiatives des notables régionaux, et éventuellement de les aider à les mener à terme" (S. 340). Forum und Theater bildeten eine städtebauliche Einheit, die mit ihren Bauten und mit architektonischem Schmuck zentrale Aussagen der Prinzipatsideologie übernahmen. Die in das Jahr 26 v. Chr. datierte Kopie des Tugendschildes, der nach P. Gros zu einem Altar für den Genius Augusti auf dem Forum gehörte, und die Altäre für Apollo vom Theater sind dafür die wichtigsten Zeugnisse. Die in der Frühzeit in der Provinz noch seltene Verwendung von Marmor und der Einsatz griechischer oder italischer Steinmetzen weisen ebenfalls auf eine Sonderstellung der Kolonie hin (S. 343). Vgl. auch P. Gros, in: Les villes augustéennes 135 ff. J.-M. Rouquette, in: Les enceintes augustéennes 97 ff. – Zu den Kryptoportiken s. R. Etienne (Hrsg.), Les cryptoportiques dans l'architecture romaine, Paris 1973, und F. Benoit, Atti del I. Congresso di archeol. dell'Italia Settentrionale, Turin 1963, 145 ff., sowie Rev. arch. 21, 1952, 30 ff.. Auch der 'Arc du Rhone' stammt wohl aus den 20er Jahren des 1. Jh. v. Chr. und wurde vielleicht später dem C. Caesar dediziert (A. von Gladis a. O. 22 ff.). Zu den Bögen von Arelate s. jetzt A. Küpper-Böhm, Die römischen Bogenmonumente 14 ff. und 63 ff.

Arausio besitzt einen Bogen, dessen Datierung umstritten ist. R. Amy, L'Arc d'Orange, Paris 1962, und J. B. Ward-Perkins, JRS 60, 1970, 4, und P. Gros, Gallia 37, 1979, 82, halten das Monument für tiberisch. P. Mingazzini, Röm. Mitt. 75, 1968, 163 ff., möchte den Bogen sogar in die Zeit des Commodus oder gar des Septimius Severus datieren. A. Piganiol, CRAI 1954, 20 f., nimmt dagegen ein älteres munizi-

Die Baupolitik 429

[Forts. Anmerkung 162]
pales Denkmal frühaugusteischer Zeit an, das Tiberius später wiederhergestellt habe. Ähnlich schon I. A. Richmond, JRS 23, 1933, 151 ff. und jetzt I. Paar, Chiron 9, 1979, 215 ff. sowie D. Boschung, Gnomon 61, 1989, 187. Dazu A. Küpper-Böhm, Bogenmonumente 89 ff. – Vgl. auch A.-G. Magdinier–P. Thollard, in: Les enceintes augustéennes 77 ff.
In Augustodunum ist die Porte Saint André wohl augusteisch (J. B. Ward-Perkins a. O. 12). Die eindrucksvolle Stadtmauer aus der Zeit des Augustus ist nach A. Grenier (in: T. Frank, An Economic Survey of Ancient Rome III, Baltimore 1937, 490 f.) wahrscheinlich «l'éffet d'une générosité de sa part». Auch der sog. Tempel des Janus wird von A. Grenier (Manuel III 1, 458 ff.) in augusteische Zeit datiert. Dazu J.-P. Guillaumet–A. Rebourg, in: Les enceintes augustéennes. A. Rebourg, in: Les villes augustéennes 99 ff. M. Matter–M.-J. Morant, in: Les Villes antiques de France III 1997, 3 ff. (mit Literatur). P. Chardron-Picault, in: Les Villes de la Gaule lyonnaise 35 ff.
In Forum Iulii «le développement du port et de la ville daterait surtout de l'arrivée de la flotte d'Actium et de l'installation de la colonie de vétérans de la VIIIe legion» (A. Grenier, Manuel III 1, 100 Anm. 3). Das Theater der Stadt stammt aus dem Ende des 1. Jh. v. Chr. (Grenier, Manuel III 2, 741). Eine untersuchte *insula* deutet auf eine Anlage der Stadt um 5 v. Chr. oder später hin, vgl. P.-A. Février, JRS 63, 1973, 23 ff. Vgl. auch Gallia 20, 1962, 177 ff. (augustuszeitliche Bauten). Dazu P.-A. Fevrier, in: Les enceintes augustéennes 103 ff.
Lugdunum (Lyon) verdankt vielleicht dem Agrippa seine Wasserleitung (vgl. P. Wuilleumier, Lyon, métropole des Gaules, Paris 1953, 71) und besaß ein Theater aus augusteischer Zeit (16–14 v. Chr.), vgl. J. B. Ward-Perkins, JRS 60, 1970, 4. Dazu Chr. Goudineau, Aux origines de Lyon, Lyon 1989. J. Jeancolas, Les aqueducs antiques de Lyon, Avignon 1986. A. Desbat–B. Maudy, in: Les villes augustéennes 79 ff. A. Desbat, in: Les enceintes augustéennes 63 ff. A. Pelletier, in: Les Villes de la Gaule lyonnaise 167 ff.
Lugdunum Convenarum (Saint-Bertrand de Comminges) besaß ein Forum aus dem letzten Viertel des 1. Jh. v. Chr. mit reichem Statuenschmuck und eine Basilica augusteischer Zeit (A. Grenier, Manuel III 1, 327 ff. und 496 ff.) sowie eine Badeanlage aus der gleichen Zeit (J. B. Ward-Perkins, JRS 60, 1970, 3 und 8 f.). Dazu jetzt: A. Badie–R. Sablayrolles–J.-L. Schenck, Saint-Bertrand de Comminges I. Le temple du Forum et le monument à enceinte circulaire, Toulouse 1994. – Vasio (Vaison), der Hauptort der Voconti, wurde um 20 v. Chr. von seinem Felsen am linken Ufer der Ouvèze an einen günstigeren Platz auf dem rechten Ufer verlegt, vgl. C. Goudineau, Vaison-la-Romain, Paris 1991 (mit Literatur). Dazu P.-A. Février, JRS 63, 1973, 25, und C. Goudineau, Les Fouilles de la Maison au Dauphin. Recherches sur la romanisation de Vaison-la-Romaine, Gallia Suppl. 37, Paris 1979. Zur Rechtsstellung der Stadt vgl. A. N. Sherwin-White, Roman Citizenship[2] 357.
Ein Theater wohl augusteischer Zeit besaßen auch Alba Helviorum [(Apt, vgl. G. Barruol, Rev. arch. Narb. 1, 1968, 101 ff. und 159 ff., und M. Leglay PECS 31 f. Dazu A. Küpper-Böhm, Die röm. Bogenmonumente 110 ff. (tiberischer Bogen)] sowie Augustoritum Lemovicum (Limoges, vgl. J. Perrier, PECS 126 mit Lit. J. P.

In Spanien[162a] hat Agrippa der Kolonie Emerita ein Theater gestiftet. Die Stadtmauern verdankt der Ort vielleicht dem Augustus.[163] Ob der Loustaud, Limoges gallo-romain, Limoge 1980). Ruscino (Castel Roussillon bei Perpignan) besaß ein Forum mit Statuengalerie, eine Badeanlage und andere Bauten aus augusteischer Zeit, vgl. A. Grenier, Manuel III 1, 323 ff., und G. Barruol, PECS 775, sowie: Ruscino, RANarb Suppl. 7, 1980, 41 ff. R. Mar–J. Ruiz de Arbulo, in: Los Foros Romanos 45 ff.

Ehrenbögen aus augusteischer Zeit gab es außer an den oben genannten Orten auch in Avennio (Avignon), vgl. H. Kähler, RE VII A 1, 1939, 415 Nr. 6, Aquae Sextiae (Aix-en-Provence), Kähler a. O. 414 Nr. 2, vielleicht auch in Aquae (Aix-les-Bains), Kähler a. O. Nr. 3, ferner in Cabelio (Cavaillon), Kähler a. O. 416 Nr. 10, in Carpentorate (Carpentras), Kähler a. O. Nr. 9, in Dea Augusta Vocontiorum (Die), Kähler a. O. 417 Nr. 11, sowie beim Vorort der Lingonen (Langres), Kähler a. O. 418 Nr. 14. Weitere nicht erhaltene Bögen augusteischer Zeit sucht I. Paar, Chiron 9, 1979, 225, nachzuweisen. Vgl. auch unten S. 483 ff. sowie den Forschungsbericht von R. Chevallier über die Gallia Narbonensis und die Gallia Lugdunensis, ANRW II 3, 1975, 686 ff. und 860 ff. Dazu J. Prieur, ANRW 12, 1, 1982, 460 ff. (Aix-les-Bains). A. Küpper-Böhm, Die römischen Bogenmonumente 48 ff. (Carpentras) und 42 ff. (Cabelio) sowie 5 ff. (Brückenbogen von Saint Chamas bei Toulouse, mittelaugusteisch).

[162a] Spanien erlebte schon zu Anfang des 1. Jh. v. Chr. eine starke Romanisierung, der in der 2. Hälfte des 1. Jh. eine eindrucksvolle Monumentalisierung folgte, vgl. M. Pfanner, in: Stadtbild und Ideologie 63 ff. P. Zanker, ebda. 18 ff., unterscheidet zwei Phasen dieser Monumentalisierung, die erste begann um ca. 40 v. Chr., die zweite fällt in die 2. Hälfte der Regierungszeit des Augustus und war geprägt durch eine „Marmorisierung" und durch die „augusteische Ideologie", die sich in einer konsequenten Übernahme bzw. Nachahmung von Modellen und Mustern aus Rom äußerte. Vgl. auch H. von Hesberg, oben S. 425 A. 156. Zu den spanischen Städten vgl. den Literaturbericht von A. M. Canto, Boletin 30/1, 1991, 247 ff. Dazu C. González Román, Imperialismo y romanización en la provincia Hispania Ulterior, Granada 1981. G. Alföldy, Römisches Städtewesen auf der neukastilischen Hochebene. Ein Testfall für die Romanisierung, Heidelberg 1987 (dazu J. M. Roddaz, Gnomon 62, 1990, 338 ff.). P. Le Roux, Romains d'Espagne, Paris 1995, bes. 79 ff. (la diffusion de la civitas). A. T. Fear, Rome and Baetica. Urbanization of Southern Spain ca. 50 B.C.–A.D. 150, Oxford 1996. J. M. Blázquez, Urbanismo y sociedad en Hispania, Madrid 1991.

[163] Dessau Nr. 130. Dazu H. Halfmann, Itinera principum 164. Zur Stadtmauer von Emerita s. I. A. Richmond, Arch. Journ. 87, 1930, 98 ff. Vgl. A. Velazquez Jiminez, Repertorio de bibliografia arqueologica Emeritense, Merida 1992. U. Grewe, Antike Welt 24, 1993, 244 ff. R. M. Durán Cabello, J. Edmondson, L. E. Hertz Büchert, T. Nogales Basarrate und U. Vedder, in: La ciudad en el mundo romano II 132 ff. 135 ff. 204 ff. 309 ff. und 419 ff. W. Trillmich, Madr. Mitt. 27, 1986, 279 ff. (Relief mit Agrippa beim Gründungsopfer), und: Zum Statuenprogramm des Forum Augustum in Merida, in: Il Reunió sobre escultura romana a Hispània, Actas, Tarragona 1996, 95 ff. J. L. de la Barrera–W. Trillmich, Röm. Mitt. 103, 1996, 119 ff. (Wiederholung der Aeneasgruppe vom Forum Augustum in Rom). W. Trillmich, in: Colonia

Prinzeps auch in Tarraco gebaut hat, muß offenbleiben. Augustuszeitlich ist der römische Bogen über die Via Augusta bei Tarraco.[164] Die terrassenförmige Stadtanlage ist aber offenbar das Werk eines römischen oder italischen Architekten der augusteischen Zeit. Das gleiche gilt für die augustuszeitlichen Anlagen des Municipium Bilbilis oder der peregrinen Stadt Conimbriga. Jedenfalls wird man besonders in den Provinzhauptstädten Emerita Augusta, Tarraco und Cordoba mit Stiftungen seitens des Prinzeps oder seiner Familie rechnen dürfen. Zumal man in augusteischer Zeit gerade an den Bauten „eine Hierarchisierung in der Bedeutung der Städte" ablesen kann. Das 45 v. Chr. weitgehend zerstörte Cordoba wurde unter Augustus neu errichtet. Seine Architekturornamentik läßt die römischen Vorbilder noch deutlich erkennen.[164a] In den Orten wie Caesaraugu-

Patricia Corduba 175ff. (Fora). Zum Kaisertempel s. R. Étienne, in: Subject and Ruler 153 ff. Vgl. auch J. Alvarez Sáenz de Buruaga, in: El Teatro en la Hispania 303ff. Allg. zu den spanischen Stadtmauern s. Th. Hauschild, in: La ciudad en el mundo romano I 223ff., und M. Martín-Bueno, in: Les enceintes augustéennes 107ff. – Zum Territorium von Emerita s. unten S. 486 Anm. 133. – S. Nachtrag.

[164] Zum Bogen über die Via Augusta s. X. Dupré i Raventós, L'arc romà de Berà, Barcelona 1994, und G. Alföldy, Klio 78, 1996, 158ff. – Zum Ianus Augustus über die Via Augusta an der Grenze der Provinz Baetica s. P. Sillières, in: Mélanges R. Chevallier II 1, Limoges 1994, 305ff.

[164a] Zur „Hierarchisierung" der Städte auf der spanischen Halbinsel s. P. Zanker, in: Stadtbild und Ideologie 22f., und R. Étienne, Le culte impérial, vecteur de la hierarchisation urbaine, in: Les villes de Lusitanie 215ff. Zu Tarraco vgl. M. I. Henderson, Oxford Dictionary[2] 1970, 1039: 'Within the Scipionic walls it was virtually rebuilt by Augustus, to whom it dedicated an altar and on his death a temple.' A. Fick, Arch. Anz. 1933, 485, notiert „umfangreiche Turmerneuerungen aus der frühen Kaiserzeit (wohl augusteisch)". Nach J. Arce, PECS 882f., war der „Palatin" von Tarraco "belonging to Augustus", ehe er Sitz des Statthalters wurde. Vgl. jedoch jetzt G. Alföldy, RE Supply. XV 1978, 599ff., wonach sich auf der höchsten Terrasse der Stadt die Kultbauten, vor allem auch der 15 n. Chr. errichtete Augustustempel, befanden. Die Existenz eines als „Palast des Augustus" bezeichneten Gebäudes auf der zweiten Terrasse wird von Alföldy bezweifelt, der an jener Stelle vielmehr das große Forum der Stadt lokalisiert (das um 70 n. Chr. entstanden sei). Das ältere und kleinere Forum befand sich in der Unterstadt. Seine Anfänge reichen noch in republikanische Zeit zurück. Aus der „frühesten Kaiserzeit" stamme dagegen das Theater der Stadt. Nach Th. Hauschild, Terraco en la epoca Augustea in: Ciudades Augusteas de Hispania I 213ff., zeigen einige architektonische Elemente des unteren Forum, besonders die Säulenkapitelle, augusteische Formen. Auch die Kapitele der Säulen des Theaters wiesen deutlich Formen auf, die in augusteische Zeit datierbar sind. Nach W. Grünhagen (Ciudades Augusteas II 262f.) hat auch die Terrassenanlage von Tarraco ihr Vorbild in der italisch-hellenistischen Architektur und ist offenbar das Werk eines ranghohen Architekten der

sta, Carthago Nova, Gades, Italica, Salaria oder Ulia, wo Augustus selbst oder seine Angehörigen städtische Ämter bekleidet oder den Stadtpatronat übernommen haben, darf man vielleicht mit kaiserlicher Bautätigkeit rechnen.[165] Wieweit sonst in den zahlreichen augusteischen Neugründun-

augusteischen Zeit. Vgl. auch Th. Hauschild, Arch. Esp. Arq. 45/47, 1972/4, 3 ff. (wonach man die oberste Terrasse noch vor dem Jahre 41 n. Chr., vielleicht gleich nach dem Regierungsantritt des Tiberius aufzumauern begann), sowie in: 'Greece and Italy in the Classical World', Acta of the XI. Intern. Congr. of Class. Arch. 1978, London 1979, 260. R. Mar–J. Ruiz de Arbulo und E. M. Coppel, in: Stadtbild und Ideologie 155 ff. und 328 ff. Th. Hauschild, Arquitectura romana de Tarragona, Tarragona 1983, und in: Arqueología de las ciudades modernas 171 ff. J. Diloli Fons– A. Vilaseca Canalis, in: La ciudad en el mundo romano II 123 ff. (Forum); G. Foguet–J. López, ebda. 162 ff., M. Güell–L. Piuol, ebda. 184 ff. M. T. Miró Alaix, ebda. 287 ff. J. M. Carreté–S. Keay–M. Millett, A Roman Provincial Capital and its Hinterland. The Survey of the territory of Tarragona, Spain, 1985–1990, Ann Arbor 1995. Zu den Tempeln für Augustus s. D. Fishwick, in: Subject and Ruler 165 ff. Vgl. auch M. Berges-Soriano–E. M. Koppel, in: El Teatro en la Hispania 115 ff. – Auch in Bilbilis wurde eine Terrassenanlage geschaffen sowie ein wohl von Portiken gesäumter Platz und ein Podiumtempel. Die Anlage entstand vielleicht erst – in Anlehnung an Tarraco – in tiberischer Zeit. Der Tempel war offenbar dem Divus Augustus geweiht. Vgl. H. Hänlein-Schäfer, Veneratio Augusti 275 f. Die Anfänge des Theaters gehen anscheinend noch auf augusteische Zeit zurück. Ein weiterer Tempel in der Unterstadt ist durch seine Kapitelle ebenfalls in augusteische Zeit datiert, vgl. M. A. Martín Bueno, Ciudades Augusteas II 145 ff., und: 'Bilbilis', Zaragoza 1975, 215, sowie in: Stadtbild und Ideologie 219 ff., und in: Arqueología de las ciudades modernas 253 ff. M. Cisneros–M. Martin-Bueono, in: La ciudad en el mundo romano II 107 ff., und in: El Teatro en la Hispania 79 ff. – Zu den Bauten in Conimbriga s. unten S. 498 Anm. 185. Zu Corduba vgl. A. M. Canto, Latomus 50, 1991, 846 ff., sowie A. U. Stylow und H. von Hesberg, in: Stadtbild und Ideologie 259 ff. und 283 ff. (das Zitat = S. 283). Dazu C. Márquez, J. F. Murillo Redondo, D. Vaquerizo Gil und A. Ventura Villanueva, in: La ciudad en el mundo romano II 260 ff., 303 ff., 416 ff. und 422 ff. P. León (Ed.), Colonia Patricia Corduba, Córdoba 1996. W. Trillmich, in: Colonia Patricia Corduba 175 ff. (Theater). Nach A. M. Canto, Gerion 15, 1997, 253 ff., sei der Augustusneffe Marcellus der Gründer der Kolonie gewesen. Dagegen s. A. U. Stylow, in: Colonia Patricia Corduba 77 ff.
[165] Zum Patronat des Augustus und seiner Angehörigen über spanische Städte s. L. Harmand, Le patronat sur les collectivités publiques, Paris 1957, 159 ff. Zum Patronat des Agrippa s. J.-M. Roddaz, in: Il Bimillenario di Agrippa 57 ff. – Zu den von Angehörigen des Kaiserhauses bekleideten Munizipalämtern vgl. W. Trillmich, Madrid. Mitt. 14, 1973, 154. – Caesaraugusta besaß eine Stadtmauer aus augusteischer Zeit (s. I. A. Richmond, JRS 21, 1931m 84 ff.), die vielleicht von italischen Arbeitern errichtet wurde (s. jedoch Anm. 155). Vgl. allg. zu Caesaraugusta A. Beltrán Martínez, Ciudades Augusteas I 219 ff. II 265 ff.; J. Arce, ebda. II 115 ff., und M. Beltrán Lloris, ebda. II 87 ff. Dazu ders., Les origines de Zaragoza y la epoca de Augu-

gen der Prinzeps selbst als Bauherr oder Stifter aufgetreten ist, muß offenbleiben.
In Africa sind augustuszeitliche Bauten u. a. in Leptis Magna und Hippo Regius nachgewiesen und in Karthago sowie in den übrigen augusteischen Kolonien zu postulieren. Stiftungen des Kaisers selbst scheinen dagegen bisher nicht nachgewiesen zu sein.[166]
Im griechischen Osten wurden vor allem die von Augustus neugegründeten Städte mit Bauten geschmückt.[167] So errichtete der Prinzeps in dem

sto, Zaragoza 1983, und in: Stadtbild und Ideologie 179 ff. und 200 ff., sowie in: Arqueología, prehistoria, historia antigua, Zaragoza 1986. J. F. Casabona Sebastián–J. A. Perez Casas, in: La ciudad en el mundo romano II 91 ff. (Forum), A. Mostalc Carrillo, ebda. 301 ff., J. Gómez-Pantoja, ebda. 177 ff. A. Beltrán, in: El Teatro en la Hispania 41 ff. – Auch in Neukarthago sind augustuszeitliche Bauten festgestellt worden (A. Beltrán, PECS 202). Vgl. P. A. San Martin Moro, in: Arqueología de las ciudades modernas 335 ff. Als Patron der Stadt ist M. Agrippa inschriftlich bezeugt, s. M. Koch, Chiron 9, 1979, 205 ff. S. F. Ramallo, in: Colonia Patricia Corduba 221 ff. (Theater). In Gades erbaute der jüngere Balbus einen neuen Stadtteil und einen neuen Hafen (Strabon 3, 5, 3 p. 169).

[166] In Leptis Magna entstand schon 8 v. Chr. der erste Markt mit einem Tholos-Bau (IRTrip 319). Wenige Jahre später ließ der Proconsul Cn. Piso das alte Forum pflastern (IRTrip 520). Das Theater der Stadt läßt sich in die Jahre 1–2 n. Chr. datieren (IRTrip 321–323, dazu G. Caputo, Il teatro augusteo di Leptis Magna, 2 Bde., Rom 1987) und das Chalcidicum in die Zeit 11–12 n. Chr. (IRTrip 324). Vgl. P. Romanelli, Storia delle province Romane dell'Africa, Rom 1959, 219. J. B. Ward-Perkins, JRS 60, 1970, 14 und PECS 499 f. (mit weiterer Literatur). Vgl. auch M. Benabou, La résistance africaine à la romanisation, Paris 1976, 512. Dazu J. B. Ward-Perkins, Röm. Mitt. Erg.-Heft 25, 1982, 29 ff. A. Di Vita, in: La ciudad en el mundo romano I 159 ff. S. Lefebure, ebda. II 237 ff. – Auch für Karthago muß man ab 29 v. Chr. mit einer lebhaften Bautätigkeit rechnen, vgl. P. Romanelli a. O. 194 ff. Dazu s. unten S. 486 f. – In Sabratha geht wohl die Errichtung des Capitolium auf augusteische Zeit zurück (vgl. IRTrip 14: Dazu Romanelli a. O. 220). Dazu J. B. Ward-Perkins, Röm. Mitt. Erg.-Heft 25, 1982, 36 ff. – Zu Hippo Regius s. J. Lassus, PECS 395 f. mit Literatur. – In Kyrene wurde in den späteren Jahren des Augustus das Caesareum restauriert, vgl. E. Sjöquist, Opuscula Romana 1, 1954, 98 ff., und J. M. Reynolds, PBS Rome 26, 1958, 159 (vgl. jedoch C. Fayer, Il culto della dea Roma 151, Anm. 76). Der Tempel des Zeus 'was redidicated Iovi Augusto', s. R. G. Goodchild–J. M. Reynolds, PBS Rome 26, 1958, 30 ff. bes. 35 ff. Vgl. S. Stucchi, Architettura Cirenaica, Rom 1975, 195 ff. Dazu S. M. Marengo, L'agora di Cirene in età romana, MEFRA 100, 1988, 87 ff. – Allg. zu Nordafrika s. P. Leveau, in: Les enceintes augustéennes 151 ff. D. J. Mattingly–R. Bruce Hitchner, Roman Africa. An archaeological review, JRS 85, 1995, 165 ff.

[167] Vgl. allgemein das Material bei C. C. Vermeule, Roman Imperial Art in Greece and Asia Minor, Cambridge, Mass. 1968, bes. 421 ff. Appendix C. Für Kleinasien s. auch R. L. Vann, A Study of Roman Construction in Asia Minor, Diss. Cornell

nach der Schlacht bei Actium gegründeten Nikopolis in Epeiros dem Apollon einen großen Tempel. Der Ort erhielt außerdem zwei Häfen und wurde mit Theater, Stadion und Gymnasium ausgestattet.[168] Ein weiteres Nikopolis legte Augustus 30 Stadien östlich von Alexandria an. Strabon rühmt sein Amphitheater und sein Stadion. Heute ist von dieser Stadt jedoch nichts mehr erhalten.[169] In Alexandria selbst hat Augustus offenbar außer dem Sebasteion keine größeren Bauten aufgeführt. Doch ließ er später das Kanalsystem in Ägypten wesentlich verbessern und einen Kanal, das *flumen Sebaston*, durch Alexandria leiten.[170]

Korinth hatte zwar von Caesar oder bald nach dessen Tode neue Kolonisten erhalten, der eigentliche Wiederaufbau der seit 146 zerstörten Stadt begann jedoch erst unter Augustus. Agrippa, der Korinth kurz vor der Schlacht bei Actium dem Antonius entriß, wurde später als Patron der Stadt geehrt. Über dem Markt erhob sich, wie Pausanias berichtet, ein Tempel der Octavia, der Schwester des Augustus. Die engen Bindungen Korinths an das Kaiserhaus zeigen sich auch darin, daß die Stadtviertel der Neugründung ihren Namen meist von Verwandten oder Freunden des Prinzeps hatten, wie die Tribus Agrippa, Atia, Domitia, Livia und Vinicia zeigen. Weder für Korinth noch für Patras, dessen Territorium Augustus beträchtlich erweiterte, sind allerdings bisher Baustiftungen des Prinzeps selbst bezeugt. Doch berichtet Pausanias, daß Augustus neben anderer Beute aus Aetolien den Kolonisten in Patras ein Kultbild der Artemis Laphria schenkte.[171] Ob Augustus die Errichtung des neuen Tempels in

---

Univ. 1976, der S. 216 ff. eine (unvollständige) Liste der privaten Stifter, der öffentlichen Bauherren und der kaiserlichen Stiftungen zusammenstellt und S. 235 ff. alphabetisch geordnet ausführliche Literaturangaben zu den einzelnen Grabungsorten bietet. Dazu E. Winter, Staatliche Baupolitik und Baufürsorge in den römischen Provinzen des kaiserzeitlichen Kleinasien, Asia Minor Studien 20, Bonn 1996, mit einer Liste der inschriftlich bezeugten Bauten des Augustus (S. 306 ff.).

[168] Zu Nikopolis und seinen Bauten vgl. die unten S. 458, Anm. 25 angeführte Literatur.

[169] Dio 51, 18, 1. Strabon 17, 1, 10 p. 795. Vgl. unten S. 459.

[170] Ehrenberg–Jones, Documents Nr. 285. Dio a. O. Vgl. Suet. Aug. 18, 2. Dazu W. L. Westermann, Class. Philol. 12, 1917, 237 ff., und P. M. Fraser, Ptolemaic Alexandria, Oxford 1972, 26 und 801. Zum Sebasteion s. oben S. 74 A. 252.

[171] Zur Geschichte von Neukorinth vgl. Th. Lenschau, RE Suppl. IV 1924, 1033 ff. Daß die Kolonie schon in den Bürgerkriegen nach Caesars Tod eine bedeutende Stadt war, wie Lenschau behauptet, geht aus Plutarch (Antonius 67) nicht hervor. Die von Strabon (8, 6, 23 p. 381 f.) berichtete Grabräuberei könnte im Gegenteil darauf hindeuten, daß die Kolonisten zunächst kein besonders gutes Auskommen hatten. – Zur Besetzung Korinths durch Agrippa s. Vell. Pat. 2, 84, 2. Dio 50, 13, 5. Zum Patronat des Agrippa s. A. B. West, Corinth VIII 2, 14 ff. Nr. 16 mit

Heliopolis (Baalbek) und der Bauten in Antiochia in Pisidien veranlaßt hat, muß offenbleiben.[172] Dagegen weiß man, daß in der Kolonie Alexandreia in der Troas *iussu Augusti* gebaut wurde.[173] Aber nicht nur die augusteischen Neugründungen kamen in den Genuß kaiserlicher Zuwendungen. Nach einem schweren Erdbeben im Jahre 25 v. Chr. hat Augustus die Stadt Tralleis in Lydien wiederaufgebaut. Der Ort nannte sich seitdem Kaisareia Tralleis und verehrte Augustus als Gründer.[174] Auch Laodikeia, Thyateira, Chios und Kos empfingen vom Prinzeps Wiederaufbauhilfe.[175] Und Paphos auf Kypros bekam nach einem schweren Erdbeben im Jahre 15 v. Chr. eine finanzielle Unterstützung vom Kaiser und durfte nach einem Senatsbeschluß den Beinamen Augusta führen. (Diese Tatsache lehrt zugleich, daß die Führung jenes Beinamens ein besonderes Privileg darstellte.[176]) In Stratonikeia in Karien unterstützte der Prinzeps offenbar

Kommentar (= Ehrenberg–Jones Nr. 73). – Zum Tempel der Octavia s. Pausan. 2, 3, 1. – Zu den Tribus der Stadt s. A. B. West, Corinth VIII 2, 90f. Nr. 110 mit Kommentar. – Die Stadt war offenbar seit Augustus Sitz des Statthalters von Achaia (Acta Apost. 18, 12). – Vgl. allg. zur Topographie von Korinth F. J. de Waele, RE Suppl. VI, 1935, 182 ff., und Ernst Meyer, Supp. XII 1970, 514 ff., sowie H. S. Robinson, PECS 240 ff., und J. Wiseman, ANRW II 7, 1, 1979, 497 ff. Dazu Chr. Böhme, Princeps und Polis 99 ff. M. Walbank, ABSA 84, 1989, 361 ff., wonach Octavia eine Porticus gestiftet hatte, in welcher der sog. Tempel E stand. – Für Patras s. Pausan. 7, 18, 2 ff. Dazu U. Kahrstedt, Historia 1, 1950, 549 ff., und: Das wirtschaftliche Gesicht Griechenlands in der Kaiserzeit, Bern 1954, 246 ff.

[172] Für Baalbek vgl. H. Winnefeld in: Baalbek, Ergebnisse der Ausgrabungen II, Berlin–Leipzig 1923, 146. Dazu H. E. Stier, in: Dauer und Wandel der Geschichte, Festgabe für K. von Raumer, Münster 1966, 29 ff., bes. 32 ff. = Kleine Schriften, Meisenheim 1979, 329 ff. bzw. 333 ff. Dagegen s. W.-D. Heilmeyer, Korinthische Normenkapitelle, Heidelberg 1970, 117 ff. Zu Antiochia vgl. K. Tuchelt, Bemerkungen zum Tempelbezirk von Antiochia ad Pisidiam, in: Beiträge zur Altertumskunde Kleinasiens (Festschrift K. Bittel), Mainz 1983, 501 ff. Danach sei der von W. M. Ramsay auf Augustus bezogene Tempel vielmehr dem Kult der Meter (= Kybele) geweiht gewesen. Die Anfänge der Anlage seien in augusteische Zeit zu datieren. Vgl. auch H. Hänlein-Schäfer, Veneratio Augusti 191 ff., und unten S. 490 A. 154.

[173] Vgl. JRS 64, 1974, 25, und ZPap 13, 1974, 161 ff. und 28, 1978, 57 ff.

[174] Strabon 12, 7, 18 p. 579. Agathias 2, 17. BCH 10, 1886, 516 Nr. 5. Vgl. D. Magie, Roman Rule 1331 Anm. 7.

[175] Suet. Tib. 8. Strabon a. O. 1332 Anm. 8. – Für Kos s. Inschr. von Olympia Nr. 53 mit Kommentar. – Vgl. allg. RgdA Appendix 4 (wonach auch durch Brandkatastrophen geschädigte Städte Wiederaufbauhilfe empfingen) und Suet. Aug. 47.

[176] Dio 54, 23, 7f. Dazu B. Galsterer-Kröll, Epigr. Studien 9, 1972, 48 f. Vgl. allg. zur Vergabe von Kaisernamen an Städte des Imperium J. und L. Robert, Rev. ét. gr. 83, 1970, 416 Nr. 407. – Allg. zu Kypros s. T. B. Mitford, ANRW II 7, 2, 1980, 1285 ff., bes. 1295 ff. (mit Liste der Statthalter).

mit einer Geldspende die Wiederherstellung des von den Parthern zerstörten Hekatetempels von Lagina.[177] Wie Tralleis und Kos, so verehrten auch andere Städte den Kaiser als Ktistes, so Athen, Ephesos, Ilion, Klazomenai, Samos und Teos.[178] Termessos und Mytilene feierten Augustus bzw. Agrippa als „Retter und Wohltäter".[179] In einigen der genannten Städte sind denn auch Bauten des Prinzeps oder seiner Angehörigen gut bezeugt.[179a] In Athen wurde aus Spenden des Caesar und des Augustus (und

[177] Vgl. Ch. Diehl–G. Cousin, BCH 11, 1887, 151f. Nr. 56. Dazu T. R. S. Broughton, in: T. Frank, Economic Survey IV 722, und bes. A. Laumonier, Les cultes indigènes en Carie, Paris 1958, 344ff., bes. 361f.

[178] Dazu B. Prehn, RE XI 2, 1922, 2086, und G. Dunst, Mélanges G. Daux, Paris 1974, 121ff. Vgl. allgemein A. Stefan, Actes de la XIIe Conférence intern. d'études class. Eirene (1972), Amsterdam 1973, 623, die unter Berufung auf L. Robert als eine besondere Kategorie von κτίσται nennt «les empereurs romains ou autres ‹fondateurs› de l'époque impériale pour lesquels ce titre se rattache dans la pluparts des cas à la construction des monuments ou des larges zones urbaines.» Doch wurde der Titel eines „Gründers" auch etwa für die Wiederherstellung oder die Rückgabe der städtischen Freiheit verliehen (vgl. unten und Anm. 179). Vgl. auch M. Grant, FITA 456ff. [Es ist jedoch methodisch sehr bedenklich, allein auf Grund z. T. nur wenig gesicherter sog. foundation issues (a. O. 290ff.) einzelner Städte den Augustus als deren κτίστης zu reklamieren.] Außer in den oben genannten Orten begegnet Augustus auch in Tlos in Lykien (IGRR III 546) und in Pergamon (IGRR IV 311) als κτίστης. In Amisos wurde der Prinzeps als σωτήρ und κτίστης gefeiert (IGRR IV 314), wohl weil er der Tyrannis des Straton ein Ende gemacht hatte (vgl. H. Berve, Die Tyrannis bei den Griechen 437f. und 726). Auch die Stadt Sebaste in Phrygien verehrte Augustus als ihren Gründer, s. R. Merkelbach, Epigr. Anat. 28, 1997, 140ff.

[179] Zu Termessos s. IGRR III 426, Inschrift vom Theater. Vgl. allgemein zu den augustuszeitlichen Theaterbauten in Kleinasien D. de Bernardi Ferrero, Teatre classici in Asia Minore, 4 Bde., Rom 1966–1974. In Mytilene wurden Augustus (IG XII Suppl. 41f. Arch. Ephem. 1932, Arch. Chron. 15 Nr. 6) und Agrippa als σωτήρ und κτίστης verehrt (IGRR IV 68 und 70). Die Gemahlin Agrippas, Julia, wird in einer weiteren Ehreninschrift (a. O. Nr. 64) als Wohltäterin genannt. – Wegen der Bewahrung ihrer „Freiheit" feierte Thasos den Augustus als „Wohltäter", vgl. Ch. Dunant–J. Pouilloux, Recherches sur l'histoire et les cultes de Thasos, Paris 1958, 64f. – Auch Kyzikos feierte den Agrippa als Gründer, weil er der Stadt die von Augustus genommene Freiheit zurückgegeben hatte (Syll.³ 799. Vgl. R. Hanslik, RE IX A 1, 1961, 1261). Vgl. allgemein zu den Ehrungen des Augustus und seiner Angehörigen als „Retter" und „Wohltäter" L. R. Taylor, The Divinity of the Roman Emperor, Middletown 1931, 270ff. Dazu jetzt J. H. M. Strubbe, Anc. Soc. 15/17, 1984/6, 291ff. Vgl. auch oben S. 340 A. 71. – W. Leschhorn hat dem Vf. freundlicherweise Einsicht in sein Material der Kitistes-Zeugnisse gewährt.

[179a] In Pergamon hat der Prinzeps den Tempel des Zeus und der Athena auf der Burg wiederherstellen lassen (OGIS 328). Auf Samos wurde die hellenistische Villa

unter Heranziehung römischer Architekten?) eine neue große Marktanlage errichtet und die alte Agora völlig umgestaltet. Agrippa erbaute an ihr als neuen beherrschenden Mittelpunkt ein Odeion.[180] Gleichzeitig wurde der Tempel des Ares und dessen Altar von seinem ursprünglichen Standort in Acharnai entfernt und auf der Agora neu errichtet. Weihungen bezeugen, daß Augustus selbst und sein Adoptivsohn C. Caesar als neuer Ares gefeiert wurden.[181] Am Nordende der Agora entstand in augusteischer Zeit eine große Stoa. Auf die Agora versetzt wurde damals auch der sog. Südost-Tempel.[182] Auch die Stiefsöhne des Augustus, Drusus und Tiberius, wurden in Athen als Wohltäter verehrt, ohne daß wir über die Art ihrer Wohltaten allerdings Näheres erfahren.[182a] Der aus augusteischer Zeit stammende Rundtempel für Roma und Augustus auf der Akropolis

in Kastro Tigani ohne wesentliche Veränderung zum Palast des Augustus gemacht, vgl. R. Tölle-Kastenbein, Samos XIV, Das Kastro Tigani, Bonn 1974, 67 ff. – Das Proskenion des Theaters von Ikonien stammt dagegen offenbar nicht, wie noch F. C. Bourne (Anm. 104) behauptet, aus augusteischer Zeit, vgl. W. M. Ramsay, JHS 38, 1918, 169.

[180] IG II² 3175. 3251. Dazu H. A. Thompson, The Athenian Agora XIV 1972, 23. K. Schefold, ANRW I 4, 1973, 962f. J. Travlos, Pictorial Dictionary of Ancient Athens, London 1971, 28 ff. und 365 ff. W. Zschietzschmann, RE Suppl. XIII 1973, 82 ff. Vgl. H. A. Thompson, Hesperia 21, 1952, 81 f.: 'It is altogether probable that Roman architects from the Capital had participated in this building programm, particulary in determining the site and design of the Odeion.' Thompson vermutet außerdem einen typologischen Zusammenhang zwischen dem Altar des Eleos auf der Agora und der Ara Pacis in Rom (a. O. 79 f. Vgl. auch A. H. Borbein, JdAI 90, 1975, 246 ff.). A. Benjamin und A. E. Raubitschek, Hesperia 28, 1959, 84 f., betonen, daß alle Augustus-Altäre Athens bis auf eine Ausnahme in oder bei der alten oder der römischen Agora gefunden wurden. – Vgl. R. Meinel, Das Odeion, Frankfurt a. M. 1980, 44 ff. – S. allgemein T. L. Shear, Hesperia 50, 1981, 356 ff. Chr. Böhme, Princeps und Polis 55 ff. und 183 ff. P. Baldassari, in: La ciudad en el mundo romano II 42 ff. M. C. Hoff–S. I. Rotroff, The Romanization of Athens, Oxford 1997.

[181] Dazu H. M. McAllister, Hesperia 28, 1959, 1 ff. Vgl. H. A. Thompson, Hesperia 21, 1952, 81: 'There is reason to believe that Augustus and/or his adopted son Gaius Caesar was associated with Ares in the rededication of the temple.' Vgl. dazu W. B. Dinsmoor, Hesperia 9, 1940, 49 ff., und G. W. Bowersock, Augustus and the Greek World 95. Weitere Literatur bei J. Travlos a. O. 104 ff.

[182] Zur Nord-Stoa s. J. L. Caskey, Am. Journ. Arch. 75, 1971, 296. Zum Südosttempel der Agora s. W. Zschietzschmann a. O. 83.

[182a] Vgl. zu den Ehren für Augustus und sein Haus in Athen W. Judeich, Topographie von Athen² 98 f. mit Belegen. Zu dem großen in Zweitverwendung dem Agrippa dedizierten Monument bei den Propyläen s. J. Travlos a. O. p. 493 Abb. 622. Vgl. allg. zur Bautätigkeit in Athen unter Augustus D. J. Geagan, ANRW II 7, 1, 1979, 378 ff. (mit Bibliographie).

scheint – nach seinen bescheidenen Ausmaßen zu urteilen – von den Athenern selbst errichtet worden zu sein.[183] Dagegen dürfte der Wiederaufbau des Piräus mit kaiserlicher Hilfe erfolgt sein.[184] Eine erst kürzlich neu bearbeitete Inschrift lehrt außerdem, daß in augusteischer Zeit in Athen und Umgebung etwa 80 Heiligtümer wiederhergestellt wurden (vielleicht mit finanzieller Unterstützung des Prinzeps).[184a] In Ilion hat der Prinzeps vielleicht am Athenatempel Restaurierungsarbeiten vornehmen lassen.[185] Besonders rege war die Bautätigkeit unter Augustus in Ephesos.[186] Die Stadt, die damals zum Vorort der Provinz Asia wurde, verdankt ihre neue Blüte

[183] Vgl. W. Binder, Der Roma-Augustus Monopteros der Akropolis und sein typologischer Ort, Stuttgart 1966, und J. Travlos a. O. 494 ff. (mit Lit.). Dazu M. C. Hoff, in: Subject and Ruler 185 ff.

[184] Vgl. J. Day, An Economic History of Athens under Roman Domination, New York 1942, 145 ff. (Zweifel daran äußert jedoch G. W. Bowersock, Augustus and the Greek World 95, 7.)

[184a] Vgl. dazu G. R. Culley, The restoration of sacred monuments in Augustan Athens and IG II/III² 1035, Diss. Univ. of North Carolina, Chapel Hill 1973 (Microfilm), bes. XVII und 228 f. – Der Vf. bringt den Beschluß über die Wiederherstellungsarbeiten ansprechend mit dem Edikt des Augustus vom J. 27 v. Chr. (Sherk, Roman Documents Nr. 61) zusammen. – Zur Wiederherstellung verfallener Bauten und zu augusteischen Neubauten in anderen Städten Griechenlands s. D. Strauch, Röm. Politik 94 ff.

[185] Nach F. W. Goethert–H. Schleif, Der Athenatempel von Ilion, Berlin 1962, 34 ff., wurde der Tempel von Augustus neu erbaut. Ebenso C. C. Vermeule, Roman Imperial Art, Cambridge/Mass. 1968, 457, und D. Magie, Roman Rule 469. Dagegen s. H. Kähler, Gnomon 36, 1964, 82 ff. (wonach der Tempel aus dem späten 4. oder der ersten Hälfte des 3. Jh. stammt. Ebenso K. Parlasca, Gnomon 44, 1972, 57). Dazu P. Frisch, Die Inschriften von Ilion, Bonn 1975, Nr. 84.

[186] Vgl. zum Folgenden W. Alzinger, Augusteische Architektur in Ephesos, Wien 1974. Dazu s. H. von Hesberg, Gnomon 50, 1978, 582 ff., der darauf hinweist, daß die Datierung der Basilica in augusteische Zeit durch neue Inschriftenfragmente inzwischen bestätigt worden ist (ÖJh. 50, 1972/5, Beiblatt 87 f. und 264 ff.). Von Hesberg äußert ferner Zweifel an der Benennung des Tempels auf der Agora als Isistempel und meint, daß jener Tempel „zumindest nach der Besetzung der Stadt durch Oktavian dem Kaiserhaus geweiht wurde". Zusammen mit dem eng mit dem Kaiserhaus verknüpften Doppeltempel „und der wohl der Basilika zugehörigen Statuengruppe, die Angehörige der iulisch-claudischen Dynastie darstellt, ergäbe sich eine umfassende Ausrichtung auf Augustus" (a. O. 584). – Zu einem Altar für Augustus, die beiden Caesares und M. Agrippa (Postumus) s. F. Eichler, WStud 79, 1966, 592 ff. – Die Errichtung einer Statue des Augustus und die Inauguration eines Temenos für den Prinzeps bald nach 27 v. Chr. ergibt sich aus der Inschrift AE 1975 Nr. 799. Zur Lokalisierung des Augusteum s. W. Jobst, Ist. Mitt. 30, 1980, 241 ff., und W. Alzinger, ÖJh. 56, 1986, 59 ff., bes. 61 ff. Allg. s. D. Knibbe, ANRW II 7, 2, 1980, 757 ff. P. Scherrer, ÖJh 60, 1980, 87 ff., und in: H. Koester (Ed.), Ephesos. Metropolis of Asia,

Die Baupolitik 439

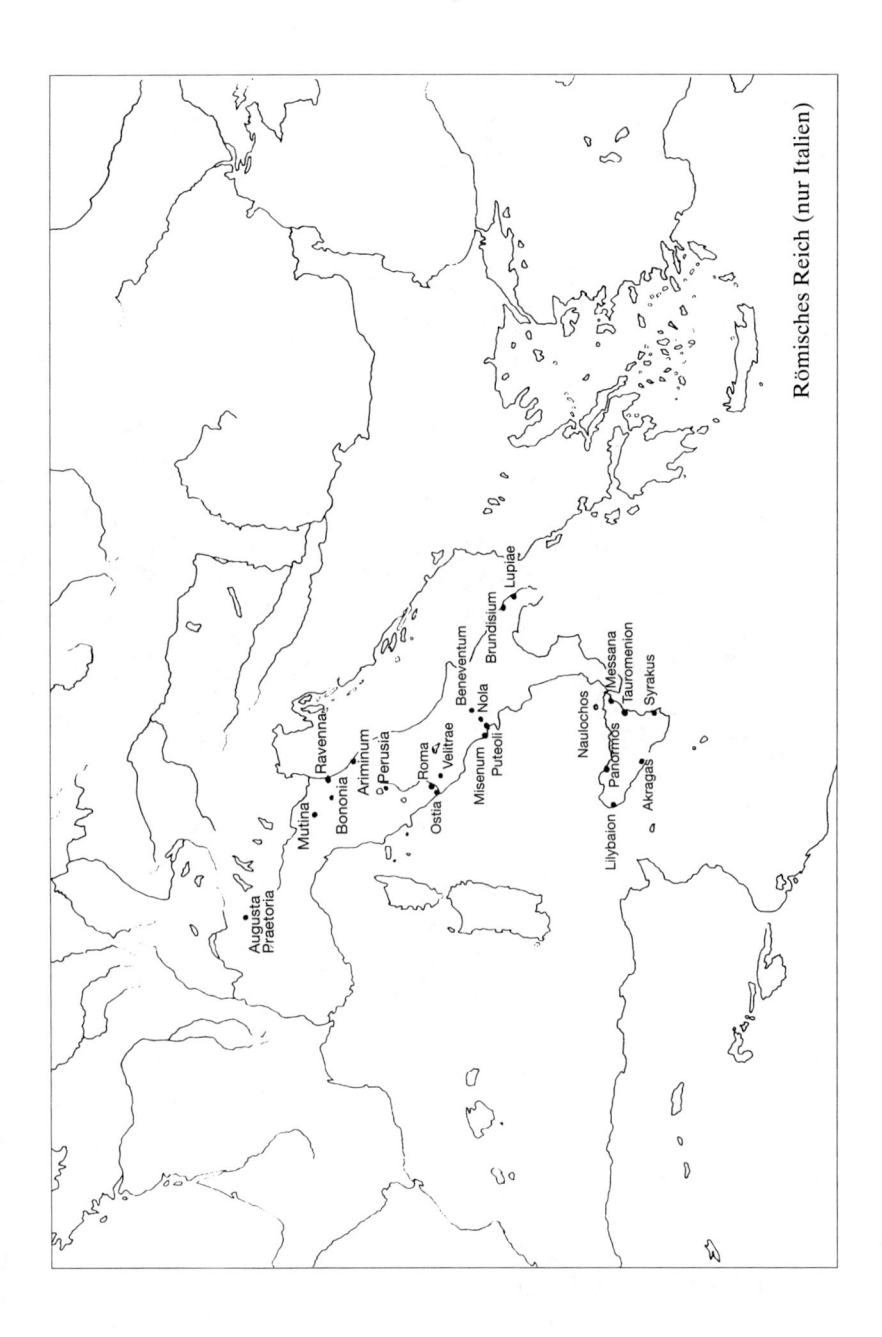

Wirtschafts- und Baupolitik

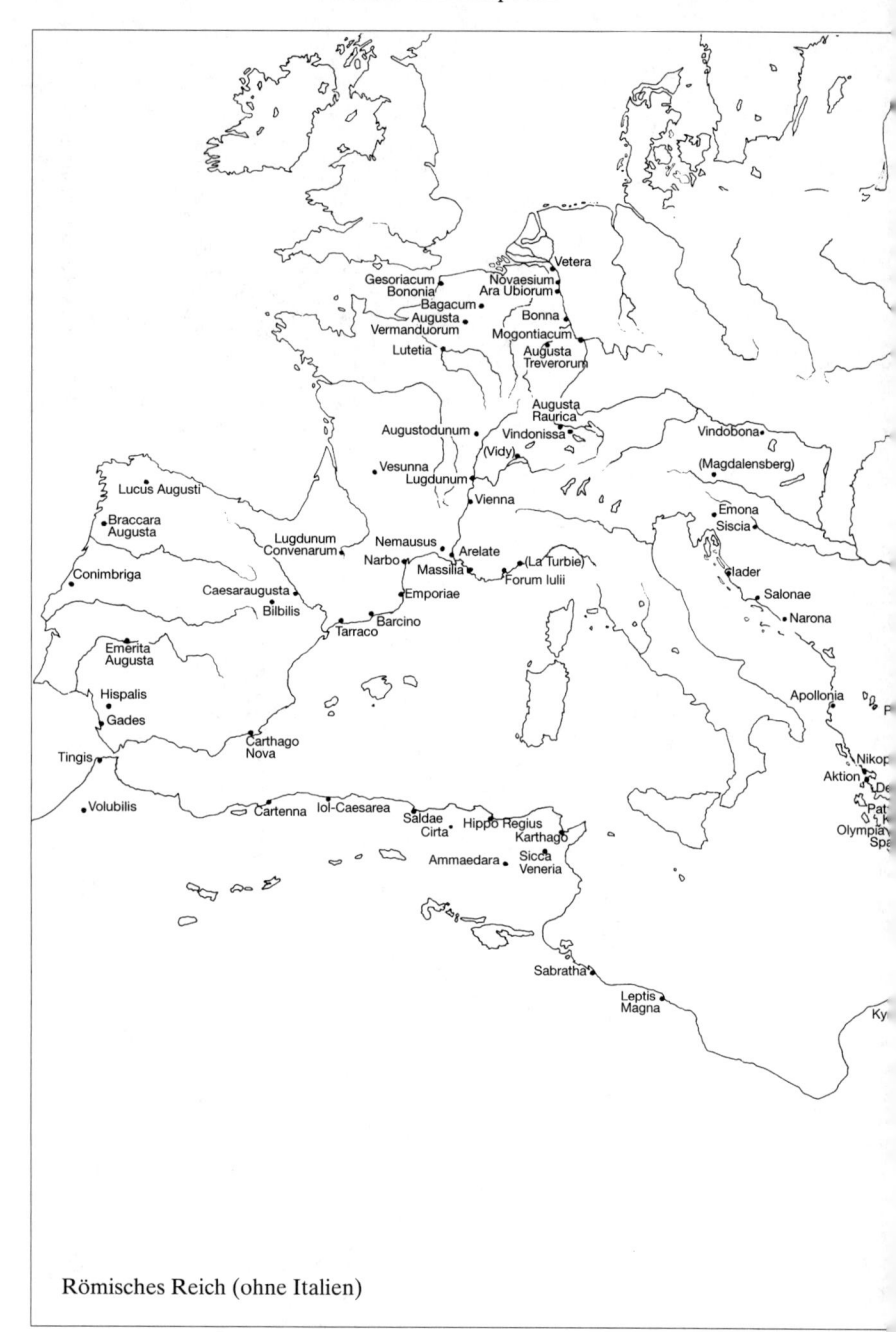

Römisches Reich (ohne Italien)

Die Baupolitik 441

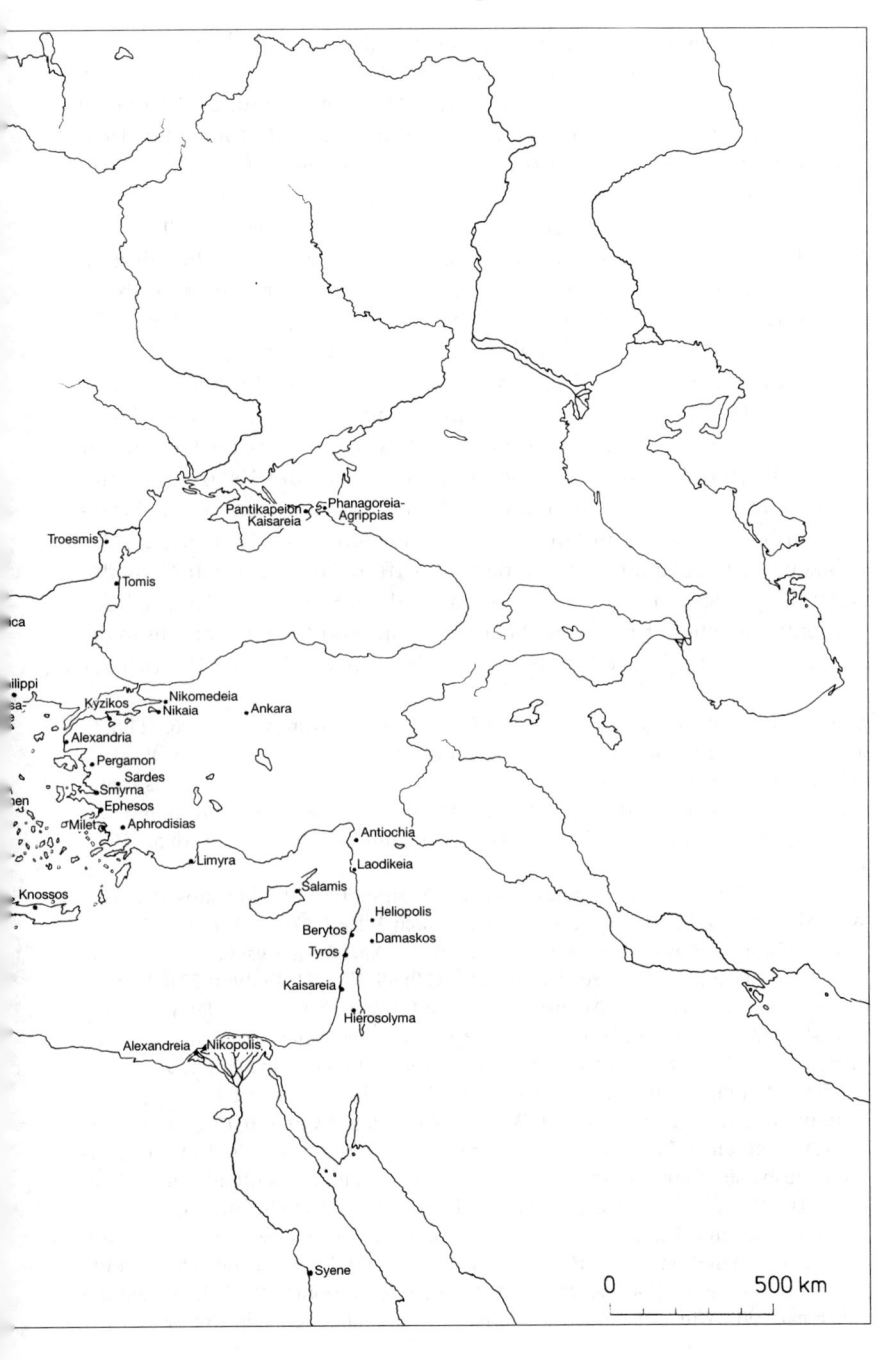

der Fürsorge und den Anregungen des Prinzeps. Schon im Jahre 29 v. Chr. gestattete der Prinzeps den Bau eines Tempels für die Dea Roma und den Divus Iulius in Ephesos. Später errichtete er mit Agrippa für die Stadt eine Wasserleitung (die *Aqua Iulia*). Eine weitere Wasserleitung (die *Aqua Troessitica*) legten in seinem Auftrag die römischen Bürger C. Sextilius Pollio und dessen Stiefsohn C. Ofilius Proculus an, die aus eigenen Mitteln für diese Leitung einen großen Aquädukt errichteten. Von demselben Sextilius Pollio wurde wahrscheinlich auch die neue Marktbasilica erbaut. Sein Stiefsohn hat ihn dafür später mit einem repräsentativen Grabbau geehrt. Zwei Freigelassene des Agrippa (und des Augustus?)[187] haben im Jahre 4/3 v. Chr. zu Ehren des Kaiserhauses als Südtor der Agora einen Ehrenbogen errichtet. Bei einem weiteren Denkmal für Augustus und seine Enkel wird der Stifter nicht genannt. Unter den Auspizien des Augustus selbst wurde unter dem Proconsul Sex. Appuleius im Gebiet der Agora eine Straße gepflastert und im Jahre 5 v. Chr. der Bezirk der Artemis und das sog. Augusteum mit einer Mauer umschlossen. Beide Arbeiten wurden aus den Einkünften des Artemistempels finanziert, die der Prinzeps neu geordnet hatte. Außerdem stiftete Augustus den Neoi, der Jugendorganisation der Stadt, einen Saal.[188] Ein Ehrendenkmal für C. Memmius, einem Enkel des Dictators Sulla, gehört wohl ebenfalls in die Zeit des Augustus.[189] Weitere Bauten in Ephesos werden von W. Alzinger

Valley Forge 1995, 1 ff. P. Gros, in: Aphrodisias Papers 3, Ann Arbor 1996, 111 ff. In mehreren, inschriftlich teilweise erhaltenen Briefen u. a. von Caesar (?), Oktavian aus dem J. 29 v. Chr., Tiberius aus dem J. 14 n. Chr. (noch vor dem Tode des Augustus) und Agrippa wurden den Ephesiern ihre Gesetze sowie τὰ τείμια καὶ φιλάνθρωπα bestätigt, s. D. Knibbe–H. Engelmann–B. Iplikçioglu, ÖJh 52, 1993, 113 ff.

[187] Mithridates ist als Freigelassener des Agrippa bezeugt. Mazaios war nach W. Alzinger a. O. 11 *libertus* des Augustus. Nach J. Keil, ÖJh. 29, 1935, 88, seien sowohl Mithridates wie Mazaios Freigelassene des Agrippa gewesen.

[188] Zur Stiftung für die Neoi s. D. Knibbe, ÖJh 49, 1968/71, Beiblatt 57 ff. Es handelt sich um einen Bau des Augustus, der „zweifellos in erster Linie der Verehrung seines vergöttlichten (Adoptiv)vaters, der Roma sowie seiner eigenen Verehrung dienen sollte" (Knibbe a. O. 59). – Zum Artemision s. unten S. 462 Anm. 39.

[189] C. Memmius war *consul suffectus* im J. 34 v. Chr. Über seine Haltung in der Triumviratszeit ist nichts bekannt. Wenn er Antonianer war, dürfte er spätestens nach Actium seinen Frieden mit Oktavian gemacht haben. Sollte die Datierung des Memmiusbaues in augusteische Zeit zutreffen, wird man die Deutung von A. Bammer (ÖJh. 50, 1972/5, 220 ff.), wonach das Monument zur Einschüchterung der Provinzialen dienen sollte, zu überprüfen haben. – Die Friesplatten im Museum von Selçuk mit Darstellung einer Reiterschlacht bezieht H. Lauter, Proceedings of the Xth Intern. Congr. of Class. Archeol., Ankara 1973, II, Ankara 1978, 925 ff., auf ein gleich nach 30 v. Chr. entstandenes römisches Triumphaldenkmal in Ephesos.

aus stilistischen Gründen auch in augusteische Zeit datiert, ohne daß sich bis jetzt eine Verbindung zu Augustus oder seinen Freunden nachweisen läßt.

In Antiochia in Syrien, das schon Caesar mit mehreren Bauten geschmückt hatte, ließ Agrippa eine Thermenanlage und ein neues Stadtviertel mit einer Badeanlage errichten. Außerdem erhielt das von Caesar erbaute Theater einen weiteren Rang, und wurde der Circus erneuert. Im nahen Laodikeia erbaute Augustus selbst ein großes Theater und einen viertorigen Bogen.[190] Der Chronograph Malalas, der dies berichtet, weiß auch von einer Bautätigkeit des Augustus in Ankara.[191] Möglicherweise gab es auch in Herakleia am Latmos, in Priene, in Milet und in Didyma, wo Augustus oder seine Angehörigen als eponyme Magistrate bezeugt sind, kaiserliche Bauten.[192]

Ähnlich wie in Rom hat Augustus auch im Reich seine Freunde ermuntert, durch Spenden die Bautätigkeit zu fördern, wie sich schon am Beispiel von Ephesos gezeigt hat. Im karischen Aphrodisias hat sich der einflußreiche Freigelassene Oktavians C. Julius Zoilus schon vor dem Jahre 27 v. Chr. als Bauherr betätigt. In Salamis auf Kypros hat ein Legat des Augustus einen Markt wiederherstellen lassen.[193] In Kyrene hat der Pro-

---

[190] Vgl. A. von Stauffenberg, Die römische Kaisergeschichte bei Malalas, Stuttgart 1931, 2 § 216 ff. und 7 f. § 222 f. Dazu Stauffenberg 468 ff. und G. Downey, A History of Antioch in Syria, Princeton 1961, 169 ff. Vgl. J. Lassus, La ville d'Antioche à l'époque romaine d'après l'archéologie, ANRW II 8, 1978, 54 ff., bes. 68 f. – Zum Bogen von Laodikeia s. I. Kader, Propylon und Bogentor. Untersuchungen zum Tetrapylon von Latakia und anderen frühkaiserzeitlichen Bogenmonumenten im Nahen Osten, Mainz 1996, 7 ff. und 187 ff. (mit Lit.). Die Verf. vermutet, daß der Bogen zu einer Anlage für den Kaiserkult gehört hat. – Zu den augustuszeitlichen Theatern Syriens s. F. Frézouls, Syria 36, 1959, 210 ff.

[191] Malalas 9, 221, 18 ff., weiß von einer Bautätigkeit des Augustus in Ankara. Vgl. dazu A. von Stauffenberg a. O. 156 ff. Zur Datierung des Augustustempels in Ankara s. oben S. 339. Anm. 70. Vgl. C. Bosch, Quellen zur Geschichte der Stadt Ankara im Altertum, Ankara 1967, 24 ff. (mit Übersetzung und Kommentar). Die angebliche Bautätigkeit des Prinzeps in Bostra (Malalas 9, 223, 12 ff.) ist dagegen wohl eine Legende, vgl. Stauffenberg a. O. 165 ff.

[192] Vgl. dazu L. Robert, Études épigraphiques et philologiques, Paris 1938, 143 ff., bes. 147. – In Priene ist Bautätigkeit in augusteischer Zeit nachgewiesen, vgl. G. E. Bean, PECS 737 ff. Der Athena-Tempel in Priene scheint für Athena und Augustus neu geweiht worden zu sein. Vgl. J. C. Carter, The Sculpture of the Sanctuary of Athena Polias at Priene, London 1983 (zustimmend R. Fleischer, Gnomon 67, 1985, 350). – S. auch P. Herrmann, Milet unter Augustus, Ist. Mitt. 44, 1994, 203 ff. Vgl. oben A. 6a.

[193] Vgl. J. A. R. Munro–H. A. Tubbs, JHS 12, 1891, 80 und 179 f. Nr. 12. – Zu Aphrodisias s. J. Reynolds, Aphrodisias and Rome, London 1982, 156 ff. bes. 161

consul Clodius Vestalis eine großzügige bauliche Erweiterung der Anlagen im Bezirk der Quelle des Apollon vornehmen lassen.[194] In Leptis Magna veranlaßte der Statthalter Cn. Calpurnius Piso zwischen 5 v. und 2 n. Chr. die Pflasterung des Forums.[195] Die reich gewordenen ehemaligen Offiziere des Augustus haben vor allem die italischen Städte mit Bauten geschmückt. So hat der Praefectus Aegypti L. Seius Strabo, Sejans Vater, der Stadt Volsinii eine Badeanlage gestiftet.[196] In Luceria und im Paelignerland haben ehemalige Offiziere ein Amphitheater erbauen lassen (von der einen Anlage heißt es in der Bauinschrift ausdrücklich, sie sei *in honorem Caesaris Augusti coloniaeque Luceriae* errichtet worden!).[197] In Rufrae in Campanien hat ein Militärtribun eine Wasserleitung angelegt. In Pola hat die Witwe eines *tribunus militum* einen Bogen errichten lassen.[198] Der reiche, wegen seiner Grausamkeit berüchtigte Ritter P. Vedius Pollio stiftete Benevent ein Caesareum.[199] L. Ateius Capito, ein Verwandter des berühmten, dem Augustus nahestehenden Juristen C. Ateius Capito, ließ in Castrum Novum mehrere Bauten, darunter das Rathaus und das Archiv der Stadt, von seinem Gelde aufführen.[200] Der Senator M. Nonius Balbus, ein Parteigänger Oktavians, finanzierte in Herculaneum den Bau einer Basilica sowie der Tore und Mauern der Stadt. Möglicherweise hat er als Proconsul auch in Kreta bauen lassen.[200a]

Doc. 36, wonach Zoilus der Stadt "the stage and the *scaenae frons*" des Theaters gestiftet hat. Zur *scaenae frons* s. D. Theodorescu, in: Aphrodisias Papers 3, Ann Arbor 1996, 127 ff. Zur Neugestaltung der Stadt unter Augustus s. P. Gros, ebda. 111 ff. Zur Laufbahn des Zoilos s. R. R. R. Smith–Chr. M. Hallett, The Monument of C. Julius Zoilos, Mainz 1983, 4 ff. Dazu I. Kader, Gnomon 71, 1999, 61 ff.

[194] Vgl. R. Horn, Arch. Anz. 1938, 730 ff., und P. Romanelli, La Cirenaica Romana, Verbania 1943, 89. Zur Person des Clodius Vestalis s. PIR² C Nr. 1192 und R. Szramkiewicz, Gouverneurs II 529.

[195] Vgl. IRTrip Nr. 520.

[196] Dessau Nr. 8996.

[197] Ehrenberg–Jones, Documents Nr. 236 und 244.

[198] Ehrenberg–Jones, Documents 332 und 339. Dazu G. Traversari, L'arco dei Sergi, Padua 1971.

[199] Dessau Nr. 109. Vgl. Dio 54, 23.

[200] Dessau Nr. 5515. Zur Familie des Capito vgl. W. Kunkel, Herkunft und soziale Stellung der römischen Juristen, Graz–Wien–Köln² 1967, 114 f. – Vgl. ferner Ehrenberg–Jones, Documents 248 und 329.

[200a] CIL X 1425. Dazu L. Schumacher, Chiron 6, 1976, 165 ff. Die Ehreninschriften der Kreter für Nonius Balbus in Herculaneum (CIL 1430 ff.) beziehen sich aber kaum auf eine Bautätigkeit des Balbus in Kreta (so jedoch R. Szramkiewicz, Gouverneurs II 49 ff.). – Vgl. allg. zur Bautätigkeit von Senatoren in Italien unter Augustus W. Eck, Studien zur antiken Sozialgeschichte, Festschrift F. Vittinghoff, Köln–Wien 1980, 295.

Auch die von Augustus abhängigen Klientelfürsten haben durch reiche Spenden und Stiftungen die Bautätigkeit im Reich gefördert. Am bekanntesten ist die Bautätigkeit des Herodes. Dieser ist nicht nur in seinem eigenen Reich als Städtegründer hervorgetreten, sondern hat sich auch durch zahlreiche Stiftungen im römischen Imperium einen Namen gemacht. Daß er dies nicht ohne Billigung, ja Ermunterung des Augustus getan hat, sagt der König selbst und zeigen schon seine reichen Geldspenden für die öffentlichen Bauten in Nikopolis, der Siegesstadt bei Actium. Von Josephos erfährt man ferner: „Den Städten Tripolis, Damaskos und Ptolemais errichtete er Gymnasien, Byblos eine Stadtmauer, Berytos [das unter Augustus römische Kolonie wurde] und Tyros Hallen, Säulengänge und Marktplätze, Sidon und Damaskos sogar Theater, Laodikeia am Meer eine Wasserleitung, Askalon Bäder und kostbare Brunnen, dazu noch Kolonnaden von bewundernswerter Kunstfertigkeit und Größe." In Rhodos ließ Herodes den Tempel des Apollon neu errichten. In Antiocheia in Syrien wurde auf seine Kosten die Hauptstraße auf eine Länge von 20 Stadien (= 3,6 km) mit Marmorplatten belegt und zu beiden Seiten mit Säulenhallen geschmückt. Kos und Samos sowie die Ionier, die Lykier und die Kilikier empfingen Stiftungen der verschiedensten Art. Auch die Abhaltung der Olympischen Spiele wurde durch eine Stiftung des Herodes finanziell gesichert. Athen, Sparta, Nikopolis und Pergamon waren voll von Weihgeschenken des Königs.[201]

Auch der in Rom aufgewachsene und mit dem römischen Bürgerrecht beschenkte König Juba II. von Mauretanien hat sich als Bauherr betätigt. Seine Residenz wurde unter dem Namen Caesarea prächtig ausgebaut. Auch in Volubilis und Tamuda scheint der König gebaut zu haben.[202] Die

[201] Joseph. Bell. Jud. 1, 21, 11 § 422ff. Antt. Jud. 16, 5, 3 § 146ff. Vgl. OGIS 414. Dazu W. Otto, RE Suppl. II, 1913, 73ff. A. Schalit, König Herodes, Berlin 1969, 328ff. E. M. Smallwood, The Jews under Roman Rule, Leiden 1976, 80ff. Zu den Städtegründungen des Herodes s. auch B. Galsterer-Kröll, Epigr. Studien 9, 1972, 47, und unten S. 469f. Zur Reorganisation der Olympischen Spiele s. unten S. 460. Zur Anregung durch Augustus s. Joseph. Antt. Jud. 15, 9, 5 § 328ff. – Dazu jetzt K. Fittschen, Gnomon 66, 1994, 63ff., und H. von Hesberg, The Significance of the Cities in the Kingdom of Herod, in: K. Fittschen–G. Foerster, Judaea and the Graeco-Roman World in the Time of Herod in the Light of Archaeological Evidence, Göttingen 1996, 9ff. D. W. Roller, The Building Program of Herod the Great, Berkeley 1998.

[202] Zu Iol/Caesarea s. J. Lassus, PECS 413f. mit Literatur, und K. Fittschen, in: Die Numider, Bonn 1979, 227ff. Dazu G.-Ch. Picard, CRAI 1975, 386ff., wonach das Theater von Caesarea aus augusteischer Zeit stammt: «Le parallélisme de la conduite de Juba et d'Hérode est évident: Le théâtre de Cherchel et celui de Jérusalem sont exactement contemporains; il est évident qua la similitude de politique des deux rois vassaux s'explique par des instructions communes qu'ils avaient reçues

Tatsache, daß Juba in Gades zum *duumvir* gewählt wurde und in Neukarthago Patron und *duumvir quinquennalis* war,[203] scheint darauf hinzudeuten, daß der König auch diese spanischen Städte mit Schenkungen gefördert hat. Die Athener haben dem Juba eine Statue im Gymnasium des Ptolemaios gesetzt. Offenbar hat er sich auch gegenüber Athen als Wohltäter erwiesen.[204]

Selbst kleinere Dynasten standen an Baueifer nicht zurück. So hat der spartanische Tyrann C. Julius Eurycles in Sparta ein Gymnasium und vielleicht auch das Theater (oder dessen Ausstattung mit Marmor) gestiftet und in der römischen Kolonie Korinth eine Thermenanlage errichten lassen.[205]

du ›cabinet‹ impérial, et qui avaient pour but, à la fois d'introduire un type d'activité culturelle spécifiquement gréco-romain chez des populations peu réceptives à l'égard du classicisme, et d'en profiter pour diffuser des thèmes de la propagande impériale» (a. O. 397). Vgl. G. Bejor, Athenaeum 1979, 128 ff. Dazu P. Leveau, ANRW II 10, 2, 1982, 683 ff., und: Caesarea de Maurétanie, une ville romaine et ses Campagnes, Paris/Rom 1984, sowie in: Architecture et Société 349 ff. P. Pensabene, Röm. Mitt. Erg.-Heft 25, 1982, 116 ff. – Juba besaß in seiner Hauptstadt übrigens auch eine *cohors urbana* und die Einrichtung der *corporis custodes*, vgl. M. P. Speidel, Ant. Afr. 14, 1979, 121 f. – Zu Volubilis s. M. Euzennat, RE IX A 1, 1961, 864 ff., und PECS 988 f. sowie M. Lenoir, in: Los Foros Romanos 203 ff.

[203] Avienus, Ora marit. 275 ff. Dessau Nr. 840.

[204] Pausan. 1, 17, 2. Vgl. auch die Ehreninschriften für seinen Sohn Ptolemaios in Athen und in Xanthos (OGIS 197 und 198) und für seine zweite Gemahlin Glaphyra in Athen (OGIS 363). Diese Ehreninschriften lassen es als unwahrscheinlich erscheinen, daß Juba nur wegen seiner literarischen Verdienste geehrt wurde oder weil er sich als Kunstaufkäufer betätigt hätte (so jedoch P. Graindor, Athènes sous Auguste, Kairo 1927, 85 f. und 162 f.).

[205] Pausan. 3, 14, 6 und 2, 3, 5. Allerdings ist umstritten, ob es sich bei dem an der letzten Stelle genannten Eurykles um den Zeitgenossen des Augustus oder um dessen unter Trajan und Hadrian lebenden gleichnamigen Enkel handelt (vgl. PIR² Iulius Nr. 302). Zum Theater von Sparta vgl. A. M. Woodward, Annual Brit. School Athens 26, 1923/25, 154. Im Gymnasium in Asopos stiftete Eurykles das Öl (Ehrenberg–Jones, Documents Nr. 351). Auch in Athen wurde dem Dynasten – offenbar wegen seiner Munifizenz – zusammen mit seinem Sohn Deximachos eine Ehrenstatue gesetzt (Syll.³ 787 f.). Vgl. allg. die oben S. 309 A. 326 genannte Literatur. Dazu P. Cartledge–A. Spawforth, Hellenistic and Roman Sparta, London 1989, 97 ff. H. Lindsay, Rh. Mus. 135, 1992, 290 ff. Chr. Böhme, Princeps und Polis 149 ff. Daß die Munifizenz des Eurykles über den von Augustus gesteckten Rahmen hinausging, wie H. Berve, Die Tyrannis bei den Griechen 416, glaubt, läßt sich nicht erweisen und ist nach dem oben Gesagten eher unwahrscheinlich. Daß Eurykles zeitweise in Ungnade gefallen war, hängt wohl, wie G. W. Bowersock, in: Caesar Augustus. Seven Aspects 169 ff., dargelegt hat, damit zusammen, daß er als Parteigänger des Tiberius nach dessen Rückzug nach Rhodos politisch für Augustus nicht mehr

Allgemein resümiert Sueton: *Reges amici atque socii et singuli in suo quisque regno Caesareas urbes condiderunt et cuncti simul aedem Iovis Olympii Athenis, antiquitus incohatam, perficere communi sumptu destinaverunt Genioque eius (Augusti) dedicare.* Das Bauvorhaben wurde dann aber anscheinend nicht verwirklicht.[206]

Fragt man nach den Gründen für die ausgedehnte Bautätigkeit unter Augustus, so steht wohl das Bedürfnis nach Repräsentation im Vordergrund. Bei den Wehrbauten der Kolonien und der Städte in den Grenzprovinzen spielten selbstverständlich auch militärische Gesichtspunkte eine Rolle. Die Anlage der peregrinen Städte im Westen erfolgte zumindest teilweise auch aus pazifikatorischen Überlegungen.[206a] Wieweit die Baupolitik des Augustus auch der Beschäftigung von Arbeitskräften dienen sollte, ist in der Forschung umstritten. M. Rostovtzeff meinte, die Arbeiterfrage habe für Augustus überhaupt nicht existiert.[207] Diese Auffassung dürfte in dieser allgemeinen Form aber kaum haltbar sein. Der Zusammenhang zwischen Baupolitik und Vollbeschäftigung war den Griechen schon zur Zeit des Perikles bekannt. Und es gibt genügend Anzeichen dafür, daß diese Kenntnis in der Folgezeit nicht wieder verlorenging.[208]

---

tragbar war. – Zur Familie des Eurykles in der Kaiserzeit s. A. R. Birley, ZPap 116, 1997, 237 ff. mit Lit. – Zu Sparta unter Augustus s. auch D. Strauch, Röm. Politik 99 mit Lit.

[206] Suet. Aug. 60. Münzen der Reichsprägung mit einem sechssäuligen Tempel und der Beischrift IOVI OLY(M) auf der Rückseite beziehen sich aber offenbar nicht auf den geplanten Bau, sondern auf den Zeustempel in Olympia. Vgl. C. H. V. Sutherland, Rev. Num. 1974, 50 ff., und: Emperor and Coinage 57 f.

[206a] Vgl. dazu unten S. 495 m. A. 173.

[207] M. Rostovtzeff, Gesellschaft und Wirtschaft im römischen Kaiserreich 63. Ähnlich G. Bodei-Giglioni, Lavori pubblici e occupazione nell'antichità classica, Bologna 1974, 137 ff. Dazu s. die begründete Kritik von H. Beister, Gnomon 50, 1978, 550 ff. Vgl. schon L. Polverini, Aevum 38, 1964, 271, und jetzt P. A. Brunt, JRS 70, 1980, 81 ff.

[208] Plut. Perikl. 12. Dazu E. Ruschenbusch, Athenische Innenpolitik im 5. Jahrhundert v. Chr., Bamberg 1979, 74 ff. Vgl. auch A. Podlecki, Pericles and Augustus, Echos du monde classique 22, 1978, 45 ff. (Die perikleische Baupolitik wurde noch von Cicero unter dem Gesichtspunkt der Notwendigkeit und des Nutzens kritisch diskutiert: De off. 2, 60.) Vgl. Joseph. Antt. Jud. 20, 9, 7 § 219 ff., wonach nach der Vollendung des von Herodes begonnenen Tempels in Jerusalem 18 000 Handwerker arbeitslos zu werden drohten, weshalb Agrippa II. als Notstandsarbeit die Pflasterung der Straßen der Stadt mit weißem Marmor verfügte (s. dazu M. Lämmer, Kölner Beiträge zur Sportwissenschaft 2, 1973, 204). Vgl. ferner die bekannte Anekdote bei Sueton, Vesp. 18, 2. Augustus war wie Vespasian Sproß einer Bankiersfamilie und hatte schon deshalb durchaus Sinn für wirtschaftliche Zusammenhänge (vgl. die bezeichnende Geschichte bei Sueton, Aug. 98, 2). Übrigens hatte

Allerdings muß man berücksichtigen, daß ein großer Teil der augusteischen Bauten – vor allem natürlich die Wehranlagen der Kolonien – von Soldaten ausgeführt wurde, die damals einen sehr wichtigen und keineswegs nur unproduktiven Wirtschaftsfaktor darstellten. Dabei hat zweifellos eine Rolle gespielt, daß die nicht im Einsatz befindlichen Truppen mit der Errichtung öffentlicher Bauten in nützlicher Weise beschäftigt wurden. Außerdem wissen wir, daß viele Bauten von Unternehmern vor allem mit Sklaven und Freigelassenen errichtet wurden.[208a] (Gerade die italischen Unternehmer müssen auch von der Baupolitik des Augustus besonders profitiert haben.) Dennoch wird man annehmen dürfen, daß der Bauboom, der im ganzen Reich nach dem Ende der Bürgerkriege einsetzte, nicht nur wesentlich zur Wiederankurbelung der Wirtschaft beigetragen hat, sondern auch Menschen, die durch die Kriegsereignisse ihre Existenzgrundlage verloren hatten, die Wiedereingliederung in den Wirtschaftsprozeß ermöglichte oder doch erleichterte.[209] Dies war vielleicht sogar mit ein Grund, warum Augustus nicht nur selbst eine so rege Bautätigkeit entfaltet hat, sondern auch seine Freunde zu Baustiftungen ermunterte und es gerne sah, wenn die von ihm abhängigen Könige und Dynasten sich im ganzen Reich als Bauherren betätigten.

Die Bauten des Augustus in Italien und in den Provinzen sollten aber auch die Fürsorge beweisen, die der Prinzeps als *rector orbis terrarum* der gesamten Reichsbevölkerung angedeihen ließ. Die Republik war über vereinzelte Ansätze zur Einbeziehung Italiens und der Provinzen in die römische Baupolitik nicht hinausgekommen. Die Regierung des Augustus bezeichnet hier einen echten Wandel. Seine Bautätigkeit machte an den Stadtgrenzen Roms nicht halt, sie erstreckte sich auch nicht bloß auf Ita-

Sallust schon dem Caesar ein Arbeitsbeschaffungsprogramm unterbreitet (ep. ad Caes. 1, 7, 2. 2, 5, 8). Doch dachte Sallust vor allem an die Landarbeit.

[208a] Vgl. R. MacMullen, Harv. Stud. 64, 1959, 214. H. von Petrikovits, Römisches Militärhandwerk, Anz. Akad. Wien, phil. hist. Kl. 111. Jg. 1974, 1 ff. (mit weiterer Literatur). Für Spanien s. P. LeRoux, in: Armées et Fiscalité dans le Monde antique, Paris 1977, 348 f. – Vgl. allgemein zur Organisation der Bautätigkeit H. Gummerus, RE IX 2, 1916, 1461 ff., 1483 ff. und 1501 ff. – Zu den für die öffentlichen Bauten der julisch-claudischen Zeit erforderlichen Arbeitskräfte vgl. die Berechnungen von M. K. und R. L. Thornton, Journ. Econ. Hist. 43, 1983, 373 ff. und P. A. Brunt, JRS 70, 1980, 81 ff.

[209] Die Auffassung von T. Frank, Economic History of Rome, Baltimore² 1927, 331, die Bürgerkriegsarmeen hätten sich zum größten Teil aus stadtrömischen Proletariern zusammengesetzt, die dann in den Kolonien über das ganze Imperium verteilt worden wären, läßt sich nach den Untersuchungen von P. A. Brunt, Italian Manpower 473 ff., nicht mehr halten. Damit wird auch T. Franks Folgerung 'they are all drawn from the channels of commerce and industry to agriculture' hinfällig.

lien oder einige wenige Provinzen, sondern kam dem ganzen Reich zugute und verteilte sich über seine gesamte Regierungszeit. Seine Bautätigkeit bildete so einen wichtigen Aspekt seiner Urbanisierungspolitik. Der Anspruch des Augustus, *conservator generis humani* und *pater orbis* zu sein, konnte sich außer auf seine militärischen Erfolge vor allem auf diese Urbanisierungspolitik gründen, in welcher die *pax Augusta* ihren sichtbarsten und dauerhaftesten Ausdruck fand.

VII. DIE REICHSPOLITIK DES AUGUSTUS

Einleitung: Das Problem

In der Republik verstanden die Römer ihre Herrschaft über weite Teile des Mittelmeerraumes mehr als eine Tatsache denn als eine Aufgabe. Das Imperium – von Reich kann man für jene Zeit höchstens unter Vorbehalt sprechen – war ein verhältnismäßig lockeres Gefüge. Die unter der Verwaltungsform der *provincia* zusammengefaßten Stämme, Städte und Dynastien waren Fremde *(peregrini)*, die rechtlich zumeist als Bündner *(socii)* Roms galten, wobei die Bündnerschaft nur in wenigen Fällen auf einem zweiseitigen Vertrag *(foedus)* beruhte, sondern gewöhnlich durch eine einseitige Erklärung des Senats zustande gekommen war *(societas sine foedere)*.[1] Diese provinzialen Bündner Roms besaßen zwar eine weit-

---

[1] S. dazu grundlegend D. Kienast, Entstehung und Aufbau des römischen Reiches, ZSRR 85, 1968, 330 ff. (= Kleine Schriften 187 ff. mit Nachtrag). Die Ergebnisse dieser Untersuchung sind leider in einigen neueren Arbeiten zu deren Schaden nicht genügend berücksichtigt worden. So spricht W. Dahlheim in seiner zusammenfassenden Darstellung des provinzialen Herrschaftssystems (Gewalt und Herrschaft, Berlin 1977, 277 ff. u. ö.) wieder mit Theodor Mommsen von den provinzialen Untertanen der Römer, obwohl der Begriff „Untertanen" in den Quellen für die Republik keine Entsprechung hat und mit ihm leicht falsche Vorstellungen assoziiert werden können. (Erst in der späteren Kaiserzeit galten Provinziale und römische Bürger in gleicher Weise als *subiecti* des Kaisers.) Man braucht nur die Reden Ciceros unvoreingenommen zu lesen, um zu erkennen, daß noch für den Römer der ausgehenden Republik die Provinzialen durchaus als Ausländer betrachtet wurden. Wer die Interessen dieser Bündner vertreten wollte, hob gegebenenfalls ihre Treue zu Rom hervor. Wer in einem Repetundenprozeß die Glaubwürdigkeit der provinzialen Zeugen erschüttern wollte, verwies dagegen auf Fälle von Treulosigkeit und Verrat. Wenn die Provinzialen in den gesamten spätrepublikanischen Quellen (nicht bloß in den Reden) als *socii* bezeichnet werden, so ist dies also nicht bloß eine juristische Konstruktion, sondern hat seine Entsprechung im römischen Denken und in der Einstellung der Römer zu den Provinzialen. Selbstverständlich waren auch die föderierten Städte innerhalb einer Provinz Teil dieser Provinz (anders z. B. Dahlheim a. O. 186). In der *civitas foederata Messana* hielt sogar der römische Statthalter regelmäßig seine Gerichtskonvente ab. Zu Dynasten innerhalb einer Provinz s. z. B. [Caes.] Bell. Alex. 65, 4. Dazu M. Gelzer, Caesar, Wiesbaden⁶ 1960, 238 Anm. 308. – Wenig hilfreich ist die Abhandlung von K.-H. Ziegler, Das Völkerrecht der römischen Republik, ANRW I 2, 1972, 68 ff., der versucht, den modernen Völkerrechtsbegriff seines Lehrers W. Preiser auf die Ver-

gehende Selbstverwaltung vor allem im kommunalen Bereich, unterstanden aber einem römischen Militärbefehlshaber, der auch eine mehr oder minder umfangreiche Gerichtsbarkeit in seiner Provinz (vor allem in Kriminalfällen) übte, und waren den Zugriffen der römischen Steuerpächter ziemlich schutzlos ausgeliefert.[2] Denn nur wenige *socii* besaßen die Steuerfreiheit, weitaus die meisten hatten in der einen oder anderen Form Abgaben an Rom zu entrichten. Auch betrachteten die Römer ihre Provinzen immer mehr als bloße Ausbeutungsobjekte, die ähnlich wie die von Pächtern verwalteten Landgüter den Herren in Rom eine möglichst hohe Rendite abwerfen mußten.[3]

hältnisse der republikanischen Zeit anzuwenden (ohne die berechtigte Warnung von D. Nörr, Imperium und Polis in der hohen Prinzipatszeit, München 1966, 1, zu beachten). Ziegler stört sich an der seiner Meinung nach „terminologisch verunglückten Kategorie" der vertraglosen Bündnerschaft (a. O. 84). Wie soll man aber die Tatsache, daß der Senat fremde Staaten durch einseitige Erklärung und Eintrag in das Register der Bündner (die *formula sociorum*) zu römischen *socii* machen konnte, anders bezeichnen? Gewiß ist der Terminus *societas sine foedere* so nicht belegt. Doch spricht Cicero (Verr. 2, 3, 13) von den *civitates sine foedere immunes et liberae* Siziliens und redet im gleichen Abschnitt (§ 15) im Hinblick auf die *lex Hieronica* von der *condicio amicitiae* und dem *ius societatis* der Sizilier. Demnach waren für ihn die tributpflichtigen Gemeinden Siziliens doch wohl *civitates sine foedere sociae et decumanae*. Solange allerdings die antiken Zeugnisse zugunsten einer vorgefaßten Theorie ignoriert werden, läßt sich eine sinnvolle Diskussion kaum führen. Vgl. zur Entwicklung der römischen Provinzialordnung jetzt M. Crawford, in: Storia di Roma II 1, Turin 1990, 91 ff., und A. Lintott, Imperium Romanum, London 1993. – Zur Problematik des Reichsbegriffs s. unten Anm. 237. Vgl. auch A. Lintott, Greece and Rome 28, 1981, 53 ff.

[2] Selbstverständlich hatten die römischen *socii*, gleich welcher Rechtsstellung, auf eine eigene Außenpolitik zu verzichten. Wieweit dieser Verzicht rechtlich fixiert war, ist allerdings eine offene Frage. Völlig unterbunden hat Rom den diplomatischen Verkehr seiner *socii* untereinander jedenfalls nicht. – Vgl. allg. zum Umfang und zu den Grenzen der statthalterlichen Macht die treffenden Bemerkungen von D. Timpe, in: Latein und Europa 56 f.

[3] Zu den Provinzen als *praedia populi Romani* vgl. H. D. Meyer, Cicero und das Reich, Diss. Köln 1957, 228 ff. Daß die Phrase kein Eigentum des römischen Volkes am Provinzialboden implizieren soll, hat schon T. Frank, JRS 17, 1927, 141, gesehen. – Die historische Entwicklung tendierte zu einer immer stärkeren Vereinheitlichung des Provinzialgebietes. Dennoch hatte nicht jede Provinz eine *lex provinciae*, die wie die *lex Pompeia* für Bithynien allgemeine Bestimmungen für alle Provinzialgemeinden enthielt. Ob man z. B. aufgrund von Strabon, 4, 4, 3 p. 197, mit H. Wolff (BoJbb 176, 1976, 51 f.) eine *lex provinciae* für die Gallia Comata annehmen darf, ist doch fraglich. Für die Gallia Narbonensis hat es anscheinend niemals eine *lex provinciae* gegeben, vgl. E. Badian, Mélanges Piganiol II, Paris 1966, 901 ff.

Die römische Herrschaft wurde vor allem damit gerechtfertigt, daß sie den einzelnen Bündnispartnern Schutz gegen äußere Feinde gewährte und Auseinandersetzungen zwischen den Partnern verhinderte bzw. in rechtmäßige Bahnen lenkte.[4] Wie diese Aufgabe, so wurden aber auch die Konflikte zwischen den *socii* und den römischen Organen als Probleme der Außenpolitik angesehen. Der Senat und gegebenenfalls die Gerichte (vor allem der Repetundengerichtshof) sollten den Bündnern zu ihrem Rechte verhelfen. Die Römer gestatteten auch den *socii* einzelner Provinzen, wie Asia und Sicilia, sich in Bünden zusammenzuschließen, deren Abgeordnete dann in Rom die Interessen der gesamten Provinz wahrnehmen konnten.[5] Doch haben diese Bünde offenbar in der Republik nicht allzuviel ausgerichtet, so daß es doch meist den einzelnen Gemeinden überlassen blieb, sich gegen Übergriffe der Steuerpächter oder der Statthalter in Rom zur Wehr zu setzen. Weitergehende Pflichten über den Rechtsschutz und die militärische Verteidigung hinaus kannte die Republik gegenüber den Provinzialen nicht.

Wohl traten einzelne Bündner oder ganze Gemeinden in die Klientel eines oder mehrerer römischen *nobiles*.[6] Und der Patronat der römischen Großen gewährte den Bündnern zweifellos oft mehr Schutz als der Buchstabe der zu ihren Gunsten erlassenen Gesetze. Ohne die Existenz solcher Nahverhältnisse hätten denn auch die provinzialen Bündner in Rom kaum ihr Recht erwirken können. Allerdings wurden in der Praxis die Vorteile der Klientel für die Provinzialen oft dadurch aufgehoben, daß deren Patrone auf die materiellen Interessen ihrer Standesgenossen Rücksicht zu nehmen hatten und auch sonst durch mancherlei Rücksichten daran gehindert waren, sich voll und ganz für die Belange der Provinzialen einzusetzen.

Erst die großen Heerführer der ausgehenden Republik waren in der Lage, ihren Klienten auch größere Vorteile zu verschaffen, wobei sowohl Pompeius wie dann Caesar und Antonius den Senat ganz oder doch sehr weitgehend ausgeschaltet haben. Bezeichnenderweise sprengte diese neue Klientelpolitik auch in anderer Weise den republikanischen Rahmen. Pompeius trat besonders im Osten als Städtegründer auf,[7] Caesar hat eine

---

[4] Vgl. Cic. Ad Quintum fr. 1, 1, 34. Wenn Cicero die römische Herrschaft als *patrocinium orbis terrae* bezeichnet (De officiis 2, 27), denkt er wohl vor allem an den Gerichtspatronat. Nach H. D. Meyer a. O. 223 liegt im Begriff des *patrocinium* als Schutzherrschaft „ein Element der Passivität".

[5] Zu den Koina von Asia und Sicilia s. unten S. 464.

[6] Vgl. E. Badian, Foreign Clientelae, Oxford 1958, 154 ff. und 252 ff. Vgl. auch H. D. Meyer, Cicero und das Reich, Diss. Köln 1957, 211 ff.

[7] Vgl. S. 469 Anm. 65.

in ihrem Umfang neuartige Kolonisations- und Bürgerrechtspolitik und eine sich auf das ganze Reich erstreckende Baupolitik betrieben, und Antonius hat seine Klientelpolitik mit einer dynastischen Politik hellenistischen Zuschnitts verbunden.[8]

Diese politischen Maßnahmen schufen aber zugleich eine Situation, auf welche die alte, in der Terminologie und im Sprachgebrauch weiterlebende Auffassung, wonach das außeritalische Herrschaftsgebiet Roms Ausland und bestenfalls Land abhängiger Bündner war, immer weniger passen wollte.

Augustus knüpfte in vielen Punkten an die Politik der großen Heerführer der ausgehenden Republik an. Der Prinzeps erwies sich aber auch darin als Erbe Caesars, daß er das Reich als eine Einheit sah oder sehen lernte (und nicht als ein Konglomerat von Provinzen, aus denen man Steuern zog und in die man Jahr für Jahr *nolens volens* Statthalter und Truppen zu schicken hatte). Diese neue Haltung gegenüber dem Imperium kündigte sich bereits darin an, daß sich Oktavian vor der letzten großen Auseinandersetzung mit Antonius nicht bloß von Italien, sondern auch von den Provinzen seines Reichsteiles einen Treueid schwören ließ. Er gab damit zu erkennen, daß er in dem bevorstehenden Kampf den gesamten Westen als seine persönliche Machtbasis betrachtete. Nicht zufällig bildete daher der Treueid vom Jahre 31 die Vorstufe zu dem späteren, das ganze Reich erfassenden Kaisereid.[9] Die neue Haltung des jungen Caesar gegenüber dem Reich fand dann wenige Jahre nach dem Sieg über Antonius ihren Ausdruck in der sog. Teilung der Provinzen zwischen dem Senat und Augustus. Indem der Prinzeps versprach, seine Provinzen an den Senat zurückzugeben, sobald sie befriedet seien, gab er zugleich zu erkennen, daß er das Reich als ein Ganzes sah und daß sich auf dieses ganze Reich die Pax Augusta erstrecken sollte, wobei er auch hier wieder an Vorstellungen anknüpfte, die schon Caesar propagiert hatte.[10] Die neue Auffas-

---

[8] Zur Kolonisations- und Bürgerrechtspolitik Caesars s. unten S. 474ff. Zur Politik des Antonius vgl. unten Anm. 12.

[9] Vgl. dazu P. Herrmann, Der römische Kaisereid, Göttingen 1968, 78ff.

[10] Caes., Bell. civ. 3, 57, 4. Dazu M. Gelzer, Caesar, Wiesbaden[6] 1960, 213 Anm. 191, gegen H. Strasburger, Caesar im Urteil seiner Zeitgenossen, Darmstadt[2] 1968, 49 (vgl. jedoch Strasburgers Nachtrag, ebda. 69ff.). S. auch H. Gesche, Caesar 137f., und E. Wistrand, Caesar and Contemporary Roman Society, Göteborg 1978, 54f., der sich wieder im wesentlichen Strasburger anschließt. – Schon Cicero hat übrigens die Provinzialverwaltung seines Bruders Quintus als *pars rei publicae* bezeichnet, deren Aufgabe die *custodia* bzw. *tutela provinciae*, die *salus Asiae* und die Aufrechterhaltung von *otium* und *pax sempiterna* sei (Ad Quintum fr. 1, 1, 4f.; 10; 27; 30; 34). Aber Cicero war offenbar weit davon entfernt, diese Gedanken zu verallgemeinern und zu einem Programm mit praktischen Konsequenzen zu erheben (vgl.

sung des Augustus vom Reich fand ihren Ausdruck aber vor allem in seinem Verhältnis zum griechischen Osten und in seiner Urbanisierungspolitik, die in ihrem Charakter und ihren Konsequenzen weit über die Ansätze Caesars hinausging.

1. Die Gewinnung des Ostens

Das erste Problem bildete für Oktavian die Integrierung des Ostens in seine Herrschaft. Der junge Caesar kannte die Verhältnisse der östlichen Provinzen nicht aus eigener Anschauung. Auch hatte Antonius im Osten eine keineswegs ungeschickte und nicht ganz erfolglose Politik betrieben. Er hatte sich den Beinamen eines Philhellenos und eines Philathenaios verdient und sich als Neos Dionysos weithin Ruhm erworben.[11] Der Sinn des Antonius für glanzvoll arrangierte Feste und die Vergabe von Für-

---

M. Gelzer, Cicero, Wiesbaden 1969, 123, und H. D. Meyer, Cicero und das Reich 103ff.). – Daß Cicero wie die meisten seiner Standesgenossen (vgl. Sallust, Epist. ad Caesarem 2, 5, 8ff.) ein Gegner der von Caesar eingeleiteten und später von Oktavian/Augustus fortgeführten Kolonisations- und Bürgerrechtspolitik war, darf nach seinen Äußerungen in den Reden *De lege agraria* (1, 16ff. 2, 86ff. und 98ff.) als sicher gelten. [Vgl. P. Mac Kendrick, Cicero, Livy and Roman Colonization, Athenaeum 1954, 201ff., der betont, daß Cicero nur wenig über Caesars außeritalische Kolonien spricht und auch die Kolonien im Norden und Nordwesten Roms nur selten erwähnt. Einen Posten in Caesars Landverteilungskommission hat der Redner abelehnt (Cic. Att. 2, 15, 2. 9, 3, 1. De prov. cons. 41. Dazu M. Gelzer, Cicero 128 Anm. 188). Nach den oben angeführten Zeugnissen war es aber sicherlich nicht allein die mit den Koloniegründungen verbundene *iniuria privatorum*, welche Cicero das caesarische Kolonisationswerk ablehnen ließ.] Auch die caesarisch-augusteische Baupolitik fand sowohl nach Umfang wie nach Inhalt bestimmt nicht Ciceros Billigung (vgl. oben S. 409 Anm. 109 und S. 418 Anm. 136). – Bezeichnend für die Einstellung gewisser senatorischer Kreise in Rom ist es, daß Velleius Paterculus (2, 7, 7) noch unter Tiberius schreiben konnte: *In legibus Gracchi inter perniciosissima numeraverim, quod extra Italiam colonias posuit* – und das, nachdem in Gallien und Spanien dank der Kolonisationstätigkeit des Augustus eine völlig neue Stadtkultur entstanden war. Aber gerade diese Entwicklung scheint den Historiker mit Besorgnis erfüllt zu haben, wie seine weiteren Ausführungen zeigen. – Zur Haltung des Augustus vgl. K. Buraselis, Augustus and the civitas Romana: the discord between the 'national programme' and the needs of the empire, Α' Πανελληνίου Συμποσίου Λατινικῶν Σπουδῶν, Jannina 1984, 195ff. (griechisch mit englischem Résumée).

[11] Zu den Beinamen Philhellenos und Philathenaios s. Plut. Anton. 23, 2. Zur dionysischen Politik des Antonius s. R. F. Rossi, Marco Antonio 110ff. D. Michel, Alexander als Vorbild für Pompeius, Caesar und Marcus Antonius, Brüssel 1967, 126ff. D. Mannsperger, Gymnasium 80, 1973, 383ff. G. Marasco, Marco Antonio 'Nuovo Dionisio' e il De sua ebrietate, Latomus 51, 1992, 538ff..

stentümern und Königreichen an seine Freunde und nicht zuletzt seine eigene dynastische Politik haben ihren Eindruck nicht verfehlt.[12] Für die Griechen des Ostens war es ein ganz unerhörtes Ereignis, daß ein römischer *imperator* aus eigener Machtvollkommenheit den ehrwürdigen Titel eines Königs der Könige verlieh[13] und seinen Kindern von der Ptolemaierin Kleopatra ganze Königreiche zuwies. Weiter wie von Antonius konnte die Vereinigung der römischen mit der hellenistischen Welt kaum getrieben werden.

Wie für Rom, so gilt erst recht für den Osten, daß das Gedächtnis an Antonius mit dessen Tod nicht einfach erlosch. Was Antonius getan hatte, war beispielhaft und war geeignet, die Einbildungskraft noch auf lange Zeit zu bewegen. Für den Sieger Oktavian aber war es doppelt schwer, das Andenken an Antonius im Osten zu tilgen. Denn er hatte den Krieg gegen Marc Anton als einen Krieg des Westens gegen den Osten propagiert. Er hatte den Liebhaber der Kleopatra als den völlig entarteten Römer bloßgestellt, der nicht einmal vor dem Gedanken zurückschreckte, die Hauptstadt des Imperium in den Osten zu verlegen, der Rom und Italien dem Orient unterwerfen wollte.[14] Nur mit dieser Propaganda glaubte Oktavian den Antonius von seinen römischen Freunden trennen zu können. Diese Propaganda ging so weit, daß Oktavian sogar den Antonius neben Kleopatra in Alexandria begraben ließ.[15] Und in Rom wurde diese Beeinflussung der öffentlichen Meinung auch in den ersten Jahren nach der Einnahme Alexandrias noch fortgesetzt. Wie schon unmittelbar nach Actium feierten die Dichter weiter den Sieg des Caesar als einen Sieg des Römertums über den Orient.[15a]

Diese Propaganda darf jedoch nicht darüber hinwegtäuschen, daß Oktavian nach der Eroberung des Ostens vor Problemen stand, die denen

---

[12] Zur Politik des Antonius im Osten s. L. Craven, Antony's Oriental Policy, Missouri 1920, und H. Buchheim, Die Orientpolitik des Triumvirn M. Antonius, Heidelberg 1960. Vgl. H. Langenfeld, Monumentum Chiloniense 237 f. Zur dynastischen Politik des M. Antonius s. bes. D. Kienast, Gymnasium 76, 1969, 442 ff. Zur Vergabe des römischen Bürgerrechts durch Antonius und zur Verbreitung der Antonii im Osten s. L. Robert, in: J. des Gagniers u. a., Laodicée du Lycos. Le Nymphée, Québec–Paris 1969, 306 ff.
[13] Zur Verleihung des Titels *regina regum* an Kleopatra s. D. Kienast a. O. 445. – Erst Constantin der Große hat wieder einem römischen Klientelfürsten, seinem Neffen Hannibalianus, den Titel eines *rex regum (et Ponticarum gentium)* verliehen: Anonym. Vales. 6, 35.
[14] Zum angeblichen Plan einer Verlegung der Hauptstadt in den Osten s. P. Ceaușescu, Historia 25, 1976, 86 ff.
[15] Vgl. dazu K. Kraft, Kleine Schriften I 36 ff.
[15a] Vgl. dazu oben S. 283 mit Anm. 241.

ganz ähnlich waren, vor denen einst Antonius gestanden hatte. Mit einer bloßen militärischen Unterwerfung des Ostens und der Anlage einiger weniger Kolonien war es nicht getan. Die Dauerhaftigkeit der römischen Herrschaft beruhte nur zum Teil auf den Legionen. Die Römer hatten es vielmehr schon in der Republik verstanden, die politische Führungsschicht des Ostens, die Klientelkönige, Priesterfürsten, kleinen Dynasten und die reiche Oberschicht in den Städten für sich zu gewinnen. Materielle Interessen banden diese Leute fest an Rom und an die römischen Herren, welche ihre Interessen vertraten. Die Bedeutung dieser Klientelverhältnisse für die Festigkeit der römischen Herrschaft darf nicht unterschätzt werden.[16] Vor allem Pompeius hatte im Osten eine große Klientel erworben, die Caesar und Antonius in ihrer Politik zu berücksichtigen hatten. Auch Caesar besaß dann selbstverständlich im Osten seine Klientel. Und wir wissen, daß Oktavian an diese Klientel sehr frühzeitig angeknüpft hat.[17]

Oktavian hatte sich bis zu Caesars Ermordung in der griechischen Kolonie Apollonia an der Südküste Illyriens aufgehalten und von dort als Caesars designierter *magister equitum* auch Kontakte mit den östlichen Provinzen aufgenommen. Seine Vertrauensleute in Asia schickten ihm später sogar die Steuergelder dieser Provinz.[18] In Kleinasien verband den Oktavian über seinen 'Vater' Caesar mit Aphrodisias in Karien ein Nahverhältnis, das schon im Jahre 38 dazu führte, daß sich Oktavian für den Ort mit seinem berühmten Aphroditeheiligtum bei Antonius verwandte.[19] Man darf annehmen, daß Oktavian auch mit anderen Orten, die in der Klientel Caesars standen, schon früh Kontakte pflegte. Dennoch fehlte im ganzen dem Oktavian eine genauere Kenntnis der griechischen und besonders der kleinasiatischen Verhältnisse. Um so erstaunlicher ist die Sicherheit, mit der er nach seinem Sieg über Antonius sogleich eine sehr zielbewußte, neue Politik im Osten begonnen hat.

Der Sieg Oktavians brachte auch der griechischen Welt endlich den lang ersehnten Frieden. So begeistert der Neos Dionysos Antonius zunächst im Osten bejubelt worden sein mag, seine hohen Geldforderungen haben ihm zweifellos viele Sympathien verscherzt. Der junge Caesar sah sich dagegen in der Lage, den griechischen Provinzen nach dem Fall Alexandrias einen allgemeinen Schuldenerlaß zu gewähren.[20] Auch konnte der Prinzeps

---

[16] Vgl. G. W. Bowersock, Augustus and the Greek World 7 ff.
[17] Vgl. dazu D. Kienast, Gymnasium 76, 1969, 438 f.
[18] Vgl. oben S. 26.
[19] Vgl. F. Millar, JRS 63, 1973, 56 f., und zuletzt J. Reynolds, in: A. Alföldi, Aion in Mérida und Aphrodisias, Madrider Beiträge 6, Mainz 1979, 38 ff. Vgl. S. 47 A. 176.
[20] Dio Chrys. or. 31, 66. Auf den allgemeinen Schuldenerlaß nach der Einnahme Alexandrias bezieht G. W. Bowersock, AJPh. 91, 1970, 226 ff., auch die *epistula ma-*

seine Anhänger durch Privilegien – wie etwa die Verleihung der *libertas* – belohnen.[21] Schon vorher hatte er in Griechenland an die darbende Bevölkerung Korn verteilen lassen, das Antonius für seine Armee requiriert hatte.[22] Oktavian zeigte den Griechen seinen Respekt aber auch darin, daß er den griechischen Städten viele der von Antonius geraubten Kunstwerke restituierte. Da es sich zumeist um Götterbilder handelte, zeigte der junge Caesar damit zugleich seine *pietas*. Auch mit dem Erlaß, der die Restituierung des Tempelguts in den Städten des Ostens regelte, bewies Augustus seine Sorge für die Religion.[23]

Die Wiederherstellung des Friedens, die auch auf den Münzen propagiert wurde, die materiellen Erleichterungen und die Restituierung geraubter Kunstwerke wurden sicherlich von den Griechen dankbar begrüßt. Doch sie allein genügten nicht, die Verhältnisse zu stabilisieren und den Schatten des Antonius zu verdrängen. Bei allem Bemühen um die Gunst der Griechen hielt es Oktavian daher für notwendig, Griechenland durch die Anlage neuer Kolonien zu sichern und als Provinz Achaia einem eigenen Statthalter zu unterstellen.[23a] Mit dem seit 146 v. Chr. existieren-

gistratus Romani ad Milesios aliosque (Sherk, Documents Nr. 52). – Im Jahre 31 v. Chr. hatte Oktavian allerdings seinerseits noch Geld von den kleinasiatischen Städten eingetrieben: Dio 51, 2, 1. Dazu D. Magie, Roman Rule in Asia Minor 441. (Zur Tätigkeit des Vedius Pollio in Kleinasien s. S. 251 A. 150.)

[21] Vgl. dazu R. Bernhardt, Imperium und Eleutheria, Diss. Hamburg 1971, 177ff., und Historia 29, 1980, 190ff. (zum Unterschied zwischen *libertas* und *immunitas*). – Zur Politik des Augustus gegenüber den einzelnen griechischen Städten s. G. W. Bowersock, Augustus and the Greek World 85ff. Außer dem Werk von Bowersock ist für die Politik des Augustus im Osten noch immer wichtig L. Hahn, Rom und Romanismus im griechisch-römischen Osten, Leipzig 1906, 89ff. Vgl. auch L. A. Stella, Augusto e la cultura ellenica, Annali Fac. di lettere della Univ. di Cagliari 9, 3, 1938, 1ff.

[22] Vgl. Plut. Anton. 68, 6ff. Zur römischen Herrschaft in Griechenland in den Jahren 48 bis 27 v. Chr. s. E. J. Owens, Latomus 35, 1976, 718ff.

[23] Zur Restituierung der von Antonius geraubten Kunstwerke s. RgdA 24. Dazu K. Kraft, Kleine Schriften I 42. Vielleicht spielte auch die Tatsache eine gewisse Rolle, daß Augustus die Kunstsammelleidenschaft so vieler vornehmer Römer seiner Zeit nicht teilte. In seinen Villen sah man keine Statuen, sondern naturgeschichtliche Merkwürdigkeiten: Suet. Aug. 72. – Für den Erlaß über die Restituierung des Tempelgutes der griech. Städte des Ostens s. Sherk, Documents Nr. 61 (= Histor. Inschriften Nr. 25). Dazu T. S. Scheer, in: Rom und der Griechische Osten (Festschrift H. H. Schmitt), Stuttgart 1995, 209ff. D. Strauch, Röm. Politik 92ff.– Vgl. zur Rückgabe der *signa* und zur Sorge des Augustus für die *sacra* auch M. Pape, Griechische Kunstwerke aus Kriegsbeute und ihre öffentliche Ausstellung in Rom, Diss. Hamburg 1975, 78ff. – Vgl. oben S. 438 m. A. 184a.

[23a] Zum Status Griechenlands vor dem Jahre 27 v. Chr. s. S. Accame, Il dominio

den Sonderstatus Griechenlands war es nun vorbei. Aber Oktavian ging noch weiter. Antonius hatte als Philhellene, besonders in Athen und in Alexandria, zahlreiche Anhänger gewinnen können. Das Andenken des Antonius muß gerade in diesen beiden wichtigsten Metropolen der griechischen Welt, in denen der Triumvir längere Zeit residiert und prunkvolle Feste gefeiert hatte, besonders lebendig gewesen sein.[24] Um diese Städte zu demütigen und ihr Ansehen in der griechischen Welt zu mindern, hat Oktavian daher gleich nach seinem Sieg über Antonius zwei 'Siegesstädte' gegründet. Die Stadt Nikopolis bei Actium entstand durch einen riesigen Synoikismos. Eine große Zahl von Städten der Umgebung mußte Siedler an die neue Großstadt abgeben.[25] Manche Orte Akarnaniens und Aitoliens veröden deswegen in der Folgezeit vollständig. Nikopolis sollte nach dem Willen des Prinzeps anstelle Athens, das sich durch seine Parteinahme für Antonius kompromittiert hatte,[26] das neue Zentrum des Griechentums werden. Deswegen wurde der Stadt die Ausrichtung der actischen Spiele übertragen, die den Olympischen Spielen an Rang gleichgestellt wurden. Deswegen haben wohl auch die kilikischen Städte Aigai und Mallos, die sich griechischer Abstammung rühmten, Weihungen an Augustus gerade in Nikopolis aufgestellt.[27] Und deswegen hat auch König Herodes als Philhellene der Stadt mehrere Bauten gestiftet.[28] Den panhellenischen

romano in Grecia dalla guerra acaica ad Augusto, Rom 1946. Th. Schwertfeger, Der Achaiische Bund von 146–27 v. Chr. München 1974. R. Bernhardt, Historia 26, 1977, 62 ff. Zur Einrichtung der Provinz Achaia s. Dio 58, 12, 4 und Strabon 17, 3, 25 p. 840. Danach umfaßte die neue Provinz im Norden auch Thessalien, Aitolien, Akarnanien und Epeiros. Vgl. S. Accame, a. O. 109 f. E. Groag, Die römischen Reichsbeamten von Achaia bis auf Diokletian, Wien 1939. – Zur Haltung des Augustus gegenüber Griechenland s. Chr. Böhme, Princeps und Polis, München 1995. Dazu D. Strauch, Röm. Politik 77 ff.

[24] Zum Aufenthalt des Antonius in Athen s. Plut. Ant. 23. 33 f. 57. Zum Aufenthalt in Alexandria s. Plut. Ant. 28 f. 54. 71.

[25] Paus. 10, 38, 4. Strabon 10, 2, 2 p. 450. Dio 51, 1, 3. Vgl. F. Schober, RE XVII 1, 1936, 411 ff. Nr. 2. U. Kahrstedt, Historia 1, 1950, 554 ff. Ernst Meyer, Der Kleine Pauly IV 1972, 124 ff. (mit Literatur). Vgl. auch V. Buchheit, Vergil über die Sendung Roms 147 ff. (ebenfalls mit Literatur). Dazu M. Karamesini-Oikonomidou, Le Monnayage de Nicopolis, Athen 1975 (vgl. W. E. Metcalf, Gnomon 49, 1977, 632 ff., und C. M. Kraay, NC 1976, 235 ff.). Dazu D. Strauch a. O. 156 ff. und 205 ff. mit Lit.

[26] Zur Bestrafung Athens s. R. Bernhardt, Athen. Mitt. 90, 1975, 233 ff.

[27] Vgl. A. Benjamin–A. E. Raubitschek, Hesperia 28, 1959, 73. – Zu den actischen Spielen s. unten S. 461 mit Anm. 37.

[28] Zu den Stiftungen des Herodes für Nikopolis s. Joseph. Bell. Jud. 1, 21, 11 § 425, und Antt. Jud. 16, 5, 3 § 147. Auch actische Spiele hat Herodes nach dem Vorbild der epirotischen Wettkämpfe gefeiert: Joseph. Antt. Jud. 15, 8, 1 § 268. Vgl. Bell. Jud. 1, 20, 4 § 398. Dazu W. Otto, RE Suppl. II 1913, 64 f. mit Anm. Zu den

Charakter der Neugründung dokumentiert auch die Rolle von Nikopolis in der von Augustus neugeordneten delphischen Amphiktyonie. Von den 30 Mitgliedern des Synedrions der Amphiktyonen stellten Nikopolis, die Makedonen und das von Augustus reorganisierte thessalische Koinon je 6 Vertreter, je 2 die Phoker, die Delpher und die Boioter, je 1 die opuntischen, die westlichen Lokrer, die Athener, die mittelgriechischen sowie die peloponnesischen Dorier. Nur die Städte Nikopolis, Delphi und Athen entsandten jedoch zu jeder Sitzung die gleichen Vertreter, während bei den eben genannten Stämmen turnusmäßig jeweils eine andere Stadt einen Delegierten stellen durfte.[29] Praktisch bedeutete dies, daß damit Nikopolis mit seinen 6 Vertretern die Amphiktyonie beherrschen und das delphische Heiligtum, wo schon bald auch für Augustus ein Kult eingerichtet wurde, kontrollieren konnte.[29a]

Wie das epirotische Nikopolis Athen den Rang streitig machen sollte, so war das ägyptische Nikopolis angelegt worden, um Alexandria eine Rivalin zu schaffen. Strabon sagte denn auch ausdrücklich, daß die neuerrichteten Tempel in Nikopolis solchen Zuspruch fanden, daß die alten Heiligtümer in Alexandria vernachlässigt wurden.[30] Das gleiche gilt für die Spiele. Mit den penteterischen Aktia in Nikopolis konnten die Alexandriner nicht konkurrieren. Erst unter Hadrian sind in Alexandria selbst wieder größere Festspiele bezeugt. Das hochangesehene Museion in Alexandria konnte Oktavian allerdings nicht ersetzen. Er wählte jedoch – wie vordem die Ptolemaierkönige – die Mitglieder aus und ernannte den Vorsteher des Museions.[30a]

Selbstverständlich ließen sich auch die alten Zentren der griechischen Welt auf die Dauer nicht beiseite schieben. So hat Augustus nach seiner Aussöhnung mit Athen im J. 19 v. Chr. in dieser Stadt eine lebhafte Bau-

---

Wettkämpfen selbst s. M. Lämmer, Kölner Beiträge zur Sportwissenschaft 2, 1973, 182 ff.

[29] Vgl. J. A. O. Larsen, Acta Classica 1, 1958, 123 ff. Zu Thessalien vgl. außerdem R. Bernhardt, Imperium und Eleutheria (o. Anm. 21) 180. 198. 202. G. W. Bowersock, Rh. Mus. 108, 1965, 281 f., und: Augustus and the Greek World 104 und 160 f. H. Kramolisch, Die Strategen des Thessalischen Bundes vom Jahre 196 v. Chr. bis zum Ausgang der römischen Republik, Bonn 1978, 107 ff. und 124 ff. Zur Frage, ob Makedonien schon unter Augustus ein Koinon erhielt, s. J. Deininger, Provinziallandtage 21. Zur Reorganisation Makedoniens im J. 27 v. Chr. s. jetzt F. Papazoglou, ANRW II 7, 1, 1979, 325 ff.

[29a] Pausan. 10, 8, 3 f. F. Cauer, RE I 2, 1894, 1932. G. W. Bowersock, Augustus 97 f. Vgl. Anm. 38. G. Daux, CRAI 1975, 348 ff.

[30] Strabon 17, 1, 10 p. 795. Vgl. P. M. Fraser, Ptolemaic Alexandria, Oxford 1972, 12. 32. 25 f. 28. 809 und bes. 300 f., der jedoch den Sinn der Gründung von Nikopolis nicht erkannt hat. – Zum Namen der Stadt s. A. E. Hanson, ZPap 37, 1980, 249 ff.

[30a] Strabon 17, 1, 8 p. 793 f. Vgl. E. Müller-Graupa, RE XVI 1, 1933, 807 ff.

tätigkeit entfaltet. (Die Behauptung, daß C. Iulius Nicanor den Athenern die Insel Salamis, die sie unter Sulla verloren hatten, mit Billigung des Augustus zurückgegeben hätte, läßt sich allerdings nicht aufrechterhalten.[31]) Die Leitung der Isthmischen Spiele, die nach der Zerstörung Korinths an Sikyon gefallen war, erhielt das neue Korinth noch im letzten Jahrzehnt des 1. Jahrhunderts v. Chr. zurück.[32] Und ebenso wandte der Prinzeps dem alten Heiligtum von Olympia nach seiner zweiten Orientreise offenbar eine stärkere Aufmerksamkeit zu. Es war sicherlich im Sinne des Augustus, wenn Herodes während einer Reise nach Rom (12 v. Chr.?) in Olympia das Amt eines Agonotheten übernahm und durch finanzielle Spenden eine Reorganisation der Olympischen Spiele ermöglichte. Im Jahre 4 n. Chr. hat dann sogar Tiberius bei den Olympien einen Wagen laufen lassen und einen Sieg davongetragen. Augustus' Helfer Agrippa hat ferner in Olympia den Zeustempel wiederherstellen lassen. Vor dem Tempel wurde dann eine zweieinhalb Meter hohe Statue des Augustus in Gestalt des Zeus mit Szepter und Blitzbündel aufgestellt. Das Metroon in der Altis wurde schließlich zu einem Zentrum des Herrscherkultes gemacht.[33]

[31] Zur Bautätigkeit in Athen unter Augustus s. oben S. 436 ff. Zur Aussöhnung des Augustus mit Athen s. M. Rostovtzeff, Festschrift O. Hirschfeld, Berlin 1903, 303 ff. D. Kienast, Kleine Schriften 351 ff. Chr. Böhme, Princeps und Polis 42 ff. und 176 ff. (zur kultischen Verehrung des Augustus in Athen). – Die Rückgewinnung von Salamis durch Nicanor ist nach Chr. Habicht, ZPap 111, 1996, 79 ff., in neronische Zeit zu datieren. – Zur athenischen Kontrolle über Lemnos (und Imbros) in augusteischer Zeit s. R. M. Kallet-Marx–R. S. Stroud, Chiron 27, 1997, 155 ff., bes. 188 ff. – Für Ehrungen des Augustus in Athen s. G. A. Stamires, Hesperia 26, 1957, 260 ff. Nr. 98, und J. Bousquet, BCH 85, 1961, 88 ff.

[32] Die Leitung der Isthmischen Spiele kam 146 an Sikyon (Pausanias 2, 2, 2). Nach J. H. Kent (Corinth VIII 3, Princeton 1966, p. 70 zu Nr. 152) wurde die Agonothesie zwischen 7 und 3 v. Chr. Korinth zurückgegeben. F. E. Romer, G. and L. Caesar in the East, Diss. Stanford Univ. 1974, 87 ff., möchte die Rückgabe dagegen mit dem Besuch des C. Caesar im J. 2 v. Chr. in Verbindung bringen. Vgl. jetzt Chr. Böhme, Princeps und Polis 99 ff.

[33] Zur Agonothesie des Herodes in Olympia s. Joseph. Bell. Jud. 1, 21, 12 § 426 ff. Dazu M. Lämmer, Kölner Beiträge zur Sportwissenschaft 1, Jahrb. der dtsch. Sporthochschule Köln, 1972, 160 ff. – Zum Wagensieg des Tiberius s. Syll.³ 782 (vgl. Syll.³ 792). Zur Wiederherstellung des Zeustempels und zum Kult im Metroon s. H. I. Herrmann, Olympia, Heiligtum und Wettkampfstätte, München 1972, 183 f. mit Belegen. – Vgl. auch G. Pfister, Iuventus 10 ff. Dazu A. Mallwitz, Olympia und Rom, Antike Welt 19, 1988, H. 2, 21 ff. bes. 23 ff. Chr. Böhme, Princeps und Polis 83 ff. K. Hitzl, Die Kaiserzeitliche Statuenausstattung des Metroon, Berlin 1991 (danach wurde der Bau zu Lebzeiten des ersten Prinzeps renoviert und dem Kult des Augustus (allein ohne die Roma) geweiht. Allg. zu den vier großen panhellenischen Spielen unter Augustus s. D. Strauch, Röm. Politik 96 ff.

Doch dies ist eine spätere Entwicklung. Zunächst hatte sich Oktavian/ Augustus auch ideologisch mit Antonius und der von ihm geschaffenen Situation auseinanderzusetzen. Der Propaganda, die Antonius als neuer Herakles und als neuer Dionysos betrieben hatte, mußte Oktavian eine wirkungsvolle Gegenpropaganda entgegensetzen. So hat sich der junge Caesar – vielleicht auf Drängen der Athener – 31 v. Chr. als Myste und 19 v. Chr. als Epopte in die Eleusinischen Mysterien einweihen lassen (in die vor ihm auch Sulla und Antonius eingeweiht worden waren) und hat diese Tatsache auch propagandistisch ausgewertet.[34] Vor allem aber trat Oktavian dem Neos Dionysos Antonius als Schützling Apollons gegenüber und dem Gemahl der Ptolemaierin Kleopatra als ein neuer Alexander.

Der Sieg von Actium wurde von Oktavian ganz unter das Zeichen Apollons gestellt.[35] Die Entscheidungsschlacht gegen Antonius fand ja in der Nähe eines alten Apollonheiligtums statt. Nach seinem Sieg ließ daher der Caesar den Tempel des Apollon von Actium vergrößern und weihte dem Gott zehn Schiffe aus der Beute.[36] Außerdem stiftete er zu Ehren Apollons große Siegesspiele, welche den Olympischen Spielen gleichgestellt wurden.[37] Auch das nach dem Sieg Actium gegenüber gegründete

---

[34] Dazu s. D. Kienast, Kleine Schriften 489ff. sowie 358 und 361 mit weiterer Literatur, und R. Bernhardt, Athen. Mitt. 90, 1975, 233ff., wonach die Athener den Augustus aus politischen Gründen zur Einweihung gedrängt hätten. Vgl. jetzt die guten Bemerkungen von Chr. Böhme, Princeps und Polis 198ff. Zur Einweihung Sullas s. Plut. Sulla 26. Daß auch Antonius sich in die Mysterien hatte einweihen lassen, darf man wohl aus Plut. Anton. 23 schließen. Vgl. L. Craven a. O. (Anm. 12) 20 und H. Bengtson, Antonius 155. Anders Bernhardt a. O. 236f.

[35] Vgl. J. Gagé, Apollon romain 499ff.

[36] Zur Weihinschrift vgl. J. H. Oliver, Am. Journ. Philol. 90, 1969, 178, und J. M. Carter, ZPap 24, 1977, 227f. – Die Schiffe sind vielleicht auf dem Budapester Actium-Relief dargestellt, vgl. H. Prückner, in: Forschungen und Funde. Festschrift B. Neutsch, Innsbruck 1980, 357ff., und I. Pekáry, Bull. Mus. Hongr. 52, 1979, 11ff. – Vgl. jetzt W. M. Murray–Ph. M. Petsas, Octavian's Campsite Memorial for the Actian War, Philadelphia 1989. Dazu W. Kierdorf, in: Affirmation und Kritik 175ff. Zur Datierung s. Th. Schäfer, Ath. Mitt. 108, 1993, 239ff. (wohl Sommer 29 v. Chr.). S. auch T. Hölscher, Klio 74, 1992, 502ff., und J. Isager, Proc. of the Danish Inst. at Athens 2, 1998, 399ff.

[37] Zu den Spielen s. H. Langenfeld, Monumentum Chilon. 238ff. Zur Chronologie der Aktia von Nikopolis s. R. Rieks, Hermes 98, 1970, 96ff., der die ersten Aktia nicht (wie J. Gagé, MEFRA 53, 1936, 37ff.) ins J. 28, sondern vielmehr ins J. 27 v. Chr. datiert und im gleichen Jahr auch die Einweihung von Nikopolis erfolgt sein läßt. Die Agonothesie hatten die Spartaner, weil diese als einzige Griechen auf seiten Oktavians bei Actium mitgekämpft hatten. Eine ἱερὰ Ἀκτιακὴ βουλή (von Nikopolis?) ist Syll.³ 813 erwähnt. – Zu den voraugusteischen Aktia vgl. Chr. Habicht, Hermes 85, 1957, 102ff.

Nikopolis sollte ganz als Stadt Apollons erscheinen und durfte wie Delphi den Beinamen ἱερά führen. Ihr wurde die Ausrichtung der actischen Spiele übertragen, und sie dominierte in der von Augustus reorganisierten delphischen Amphiktyonie. Auch das Heiligtum in Delphi wurde von Oktavian gefördert und erhielt kostbare Weihgeschenke.[38] Den Ephesiern gab Augustus eine von Antonius geraubte Apollonstatue zurück und kümmerte sich um die Finanzen der ephesischen Artemis, der Schwester Apollons.[39] Von den kleinasiatischen Silbermedaillons verschwindet mit dem Porträt des Antonius auch der Efeu des Dionysos. Statt dessen erscheint der Kopf Oktavians und der Lorbeer des Apollon sowie der Altar der ephesischen Artemis.[40] Auch die Geschichte, wonach Apollon selbst der Atia in Gestalt einer Schlange den Oktavian gezeugt habe, wird damals in Umlauf gesetzt worden sein.[41] Da Apollon noch immer zu den angesehensten Göttern des griechischen Pantheon zählte, konnte die Apollonpropaganda des jungen Caesar auf die Griechen nicht ohne Wirkung bleiben.

[38] Augustus weihte dem delphischen Apollon sein Schwert (Synkell. chron. I p. 307 Dind.). Livia stiftete ein goldenes E für Delphi (Plutarch, De E apud Delphos p. 385 Ff.). Marcellus, der als Nachfolger vorgesehene Neffe des Augustus, wurde in Delphi (und Tanagra) als Patron geehrt (Syll.³ 774). – Der Tholos in der Marmaria wurde noch unter Augustus dem Kaiserkult dienstbar gemacht, vgl. G. Roux, Rev. Et. Anc. 67, 1965, 51 ff. – Obwohl das delphische Heiligtum damals sehr verarmt war (vgl. Strabon 9, 3, 8 p. 420), kann man von einer Vernachlässigung Delphis durch Augustus also nicht sprechen (so jedoch H. Langenfeld, Monum. Chilon. 247 ff. Vgl. dagegen schon Th. Mommsen, RG V 232). – Vgl. auch J. Pouilloux, Les épimélètes des Amphictions, in: Mélanges P. Wouilleumier, Paris 1980, 281 ff. (L'épimélète des Amphictions fut sans doute crée par Auguste. En respectant une antique tradition, mais en personnalisant ses rapports avec elle, l'empereur modifiait profondément les relations avec les Amphictions).

[39] Vgl. D. Kienast, JbNum 10, 1959/60, 66, und F. Millar, Emperor 448 mit den dort angeführten Zeugnissen. Dazu: Inschriften von Ephesos Ia, Bonn 1979, Nr. 17–19 (Edikt des Paullus Fabius Persicus = Historische Inschriften Nr. 32), und V, Bonn 1980, Nr. 1522 ff. (Wiederherstellung der Umfassungsmauer des Artemision sowie Neuvermessung der Wege und Kanäle im Besitz des Artemistempels), sowie VII 2, Bonn 1981, Nr. 3501 f. Vgl. D. Knibbe, R. Meriç und R. Merkelbach, ZPap 33, 1979, 139 ff. Vgl. auch die von G. Alföldy, ZPap 87, 1991, 157 ff., edierte Inschrift aus Ephesos: *Beneficio Caesaris Augusti ex reditibus agrorum sacrorum quos is Dianae dedit via strata Sex. Appuleio pro cos.*

[40] Vgl. D. Kienast, a. O. 65 f. und D. Mannsperger, Gymnasium 80, 1973, 381 ff.

[41] Zum Traum der Atia s. oben S. 218 f. A. 54. Daß Augustus die Dionysosverehrung nicht völlig unterdrückt hat und auch selbst gelegentlich mit Dionysos in Beziehung gesetzt wurde, zeigt I. Becher in ihrem materialreichen Aufsatz über 'Augustus und Dionysos', Zeitschrift für ägyptische Sprache und Altertumskunde 103, 1976, 87 ff.

Propagandistisch nicht weniger geschickt war die Anknüpfung an Alexander den Großen.[42] Der Makedone galt als Vorbild des Weltherrschers schlechthin, und vor allem Pompeius war im Osten als neuer Alexander aufgetreten und hatte sich bewußt in die Nachfolge des großen Makedonen gestellt. Oktavian nahm diese Tradition wieder auf. Demonstrativ berief er sich vor den Alexandrinern auf ihren Gründer Alexander und besuchte dessen Grab. Er ehrte den toten König durch einen goldenen Kranz und berührte dessen einbalsamierten Leichnam, womit nach antiker Auffassung die magische Kraft des Heros Alexander auf den jungen Caesar überging. Wie Alexander, so trat auch Oktavian als Städtegründer auf und legte gegenüber von Actium und bei Alexandria je eine 'Siegesstadt', ein Nikopolis, an. Auch benutzte der Caesar künftig das Bild Alexanders als sein Siegelbild. Wie einst Alexander, so wollte jetzt Oktavian als der jugendliche Vorkämpfer des Griechentums erscheinen. Und als Vorkämpfer gegen die Barbaren des Ostens, die Parther vor allem, wird Oktavian dann in den Farben der Alexanderpanegyrik auch von den augusteischen Dichtern gefeiert.[43]

Um den griechischen Osten ganz für sich und seine Politik zu gewinnen, hat aber Oktavian auch die kultische Verehrung seiner Person zugelassen. Die in Verbindung mit dem Romakult neu eingerichteten Kulte für den Divus Iulius und für Oktavian selbst[44] sollten in der Situation des Jahres 30 zunächst wohl auch dazu dienen, in Kleinasien die Erinnerung an den Neos Dionysos Antonius vollends auszulöschen.

Dazu aber war der provinziale Kult wie kein anderer geschaffen.[45] Die Jahr um Jahr prunkvoll gefeierten Kaiserfeste mit ihren feierlichen Pro-

[42] Vgl. D. Kienast, Gymnasium 76, 1969, 430 ff., und O. Weippert, Alexander-Imitatio und römische Politik in republikanischer Zeit, Diss. Würzburg 1970 (Augsburg 1972), 214 ff. – Allgemein zum Alexanderbild der augusteischen Zeit s. P. Treves, Il mito d'Alessandro e la Roma d'Augusto, Mailand–Neapel 1953. S. Alessandri, Stud. Class. Orient. 18, 1969, 194 ff. G. Wirth, in: Alexandre le Grand, Entretiens Hardt XXII, Genf 1975, 190 ff. L. Braccesi, Livio e la tematica d'Alessandro in età augustea, in: M. Sordi, I canali della Propaganda nel mondo antico, Mailand 1976, 179 ff. G. Cresci Marrone, Giorn. ital. filol. 30, 1978, 245 ff. D. Gillis, Atti Centro Studi e documentazione sull'antichità classica 9, 1977/8, 45 ff. mit weiterer Literatur. Dazu S. Adamo Muscettola, RAAN 58, 1983, 275 ff. J.-M. André und L. A. G. Moreno, in: J. M. Croisille (Ed.), Neronia IV. Alejandro Magno modelo de los emperadores romanos, Brüssel 1990, 11 ff. und 132 ff. G. Pugliese Carratelli, in: G. Pugliese Carratelli u. a., Roma e l'Egitto nell'antichità classica, Rom 1992, 299 ff. R. Thomas, JdAI 110, 1995, 367 ff. Vgl. auch oben S. 258 f. Anm. 172.
[43] Vgl. bes. Ed. Norden, Kleine Schriften 422 ff.
[44] Zur Einrichtung des provinzialen Kaiserkults s. oben S. 246 f. Zum Kaiserkult in Griechenland s. Chr. Böhme, Princeps und Polis, 163 ff.
[45] Vgl. A. N. Sherwin-White, Roman Citizenship, Oxford[2] 1973, 402 ff.

zessionen, Gebeten und Opfern waren eine eindrucksvolle Demonstration der ganzen Provinz für den jungen Caesar und seinen vergöttlichten Vater. Vor allem fanden selbstverständlich die mit dem Kult verbundenen Spiele im Osten das größte allgemeine Interesse.[46] Zahlreiche Inschriften berichten von den Siegen der Athleten bei den Festspielen, die ja Teilnehmern aus allen Teilen des Reiches offenstanden. Die Wettbewerbe umfaßten meist alle Arten von Agonen, musische, literarische und sportliche. Und der Ehrentitel eines Asioniken konkurrierte bald mit dem Titel eines Olympioniken. Die Kaiserfeste und besonders die Festspiele brachten der mit dem Kaisertempel ausgezeichneten Stadt aber auf die Dauer auch beträchtliche ökonomische Vorteile und förderten deren Aufschwung.[46a]

Trugen Kultfeiern und die Festspiele besonders wegen ihrer Wirkung auf die Massen der Bevölkerung und wegen der wirtschaftlichen Vorteile, welche sie den 'tempeltragenden' Städten brachten,[47] wesentlich dazu bei, das neue Regiment populär zu machen, so hatten die Provinziallandtage, welche die Kaiserfeste ausrichteten, noch eine andere Funktion, die für den Prinzeps von Nutzen war. Schon in republikanischer Zeit hatten die Landtage, die Koina, der Provinzen Asia und Sicilia zur Wahrnehmung der Interessen dieser Provinzen Gesandtschaften nach Rom entsandt.[48] Wenn die Beispiele dafür auch nicht eben häufig sind, wird man doch diese provinziale Interessenvertretung von Anfang an als eine der wesentlichen Aufgaben der Landtage ansehen dürfen. Oktavian konnte nicht die Absicht haben, diese Tätigkeit zu unterbinden. Nach der Rückgabe der Provinzen Asia und Bithynia an den Senat im Jahre 27 mußte es dem Prinzeps im Gegenteil ganz erwünscht sein, daß die Landtage, die ihm nun durch ihren Kult besonders verbunden waren, eine gewisse Kontrolle über die senatorischen Statthalter ausübten.[48a]

---

[46] Vgl. J. Deininger, Provinziallandtage passim. H. Langenfeld, Monumentum Chilon. 252 ff. Vgl. R. Merkelbach, Epigr. Anat. 1, 1983, 33 ff.

[46a] Dem wirtschaftlichen Aspekt trug schon Augustus dadurch Rechnung, daß er der Stadt Pergamon zur Feier der Romaia Sebasteia für die Dauer von 30 Tagen Zollfreiheit gewährte. Vgl. oben S. 381 A. 6a.

[47] Als νεωκόρος konnten sich allerdings auch die Orte mit einem munizipalen Kaisertempel bezeichnen. Vgl. L. Moretti, Riv. ital. filol. 32, 1954, 276 ff., und J. Deininger, Provinziallandtage 143 Anm. 5 mit weiterer Literatur.

[48] Vgl. J. Deininger, Provinziallandtage 12 ff. Th. Drew-Bear, BCH 96, 1972, 443 ff.

[48a] Das hat zweifellos das politische Gewicht der Landtage verstärkt (vgl. Tac. ann. 15, 20 ff.) und die Lage der Provinzialen gegenüber der Republik verbessert. Ganz unterbunden wurden aber damit Mißwirtschaft und Ausbeutung nicht; zumal auch der Prinzeps gegenüber den senatorischen Statthaltern mancherlei politische Rücksichten zu nehmen hatte. Vgl. R. Szramkiewicz, Gouverneurs II 31 ff., bes. 37.

Die Gewinnung des Ostens 465

Die Einrichtung des Herrscherkultes öffnete außerdem den Anhängern des Prinzeps angesehene und begehrte Posten, die ihnen auch politischen Einfluß sicherten. So findet man nicht nur die Provinzialoberpriester und die Delegierten der Provinziallandtage, sondern auch die munizipalen Kaiserpriester öfters als Gesandte in Rom.[49] Umgekehrt gewann der Prinzeps in den Kaiserpriestern sowie in den Vorsitzenden und den Delegierten der Landtage oft sehr brauchbare Agenten für seine Politik. Unter ihnen befanden sich wohl kaum zufällig oft auch Männer, die schon von Caesar oder von Oktavian/Augustus selbst mit dem römischen Bürgerrecht ausgezeichnet waren.[50]

Man versteht danach sehr gut, daß der Prinzeps der Bildung neuer Landtage keine Hindernisse in den Weg legte. So wurde außer in Asia und Bithynia auch in Kreta und in Kypros sowie in Syrien ein provinzialer Kult für ihn eingerichtet. Und nach der Annexion Galatiens erhielt auch diese Provinz einen Landtag und einen Kaisertempel. Ebenso hat der Prinzeps die Bildung von Bünden in Griechenland gefördert, wenn es dort auch keinen Landtag für die gesamte Provinz Achaia gab.[51]

Gebildet wurden diese Landtage überall von den 'Griechen'. Schon in der ersten Hälfte des ersten Jahrhunderts v. Chr. trägt der asiatische Landtag den Namen „Bund der Hellenen in Asia" und tritt Rom gegenüber als Sprecher der Stämme und Städte der Provinz auf.[52] Man muß daraus wohl schließen, daß auch die politische Oberschicht der nichtstädtischen Gemeinwesen aus Männern bestand, die das Gymnasium durchlaufen hatten und daher als 'Hellenen' gelten konnten. Wahrscheinlich hat sich dieser Hellenisierungsprozeß bereits unter den Attaliden vollzogen.[53] Die Römer haben dann die politisch-sozialen Verhältnisse, die sie in Asien vorfanden, konsolidiert. Die Gründung des Hellenenbundes in Bithynien ist sogar

[49] Vgl. D. Kienast, RE Suppl. XIII 1973, 532 mit Belegen.
[50] Vgl. A. N. Sherwin-White, Roman Citizenship 310 f. G. W. Bowersock, Augustus and the Greek World 117 ff. M. Rossner, Asiarchen und Archiereis Asias, Studii Classice 16, 1974, 101 ff. (mit prosopographischem Anhang). M. D. Campanile, I sacerdoti del Koinon d'Asia, Pisa 1994.
[51] Zur Einrichtung weiterer Provinzialkulte im Osten s. oben S. 247 f. Zu den Bünden in Griechenland s. J. Deininger, Provinziallandtage 88 ff., und G. W. Bowersock, Augustus and the Greek World 91 ff. Zu dem von Augustus im J. 21 v. Chr. unter dem Namen Κοινὸν τῶν Ἐλευθερολακώνων reorganisierten Bund der Lakedaimonier s. S. Grunauer-von Hoerschelmann, Die Münzprägung der Lakedaimonier, Berlin 1978, 60.
[52] Vgl. J. Deininger a. O. 14 ff. und Th. Drew-Bear a. O. (oben Anm. 48). – Vgl. allgemein zur Förderung des Griechentums durch Augustus die panegyrischen Worte Philons, Legatio ad Gaium § 147. Dazu Gh. Ceaușescu, Klio 69, 1987, 46 ff.
[53] Vgl. C. V. Hansen, The Attalids of Pergamum, Ithaca/London[2] 1971, 186 f.

möglicherweise erst unter römischem Einfluß erfolgt. Waren also schon vor Augustus die Hellenen von Bithynien und Asien als eine bevorrechtete Gruppe anerkannt, so finden wir diese Vorrechte von Augustus bestätigt und auf andere Provinzen erweitert. Denn auf den ersten Prinzeps geht offenbar die Bestimmung zurück, daß ein Ägypter nicht das römische Bürgerrecht erwerben konnte, wenn er nicht zuvor das Bürgerrecht der griechischen Polis Alexandria erworben hatte.[54] Auch waren wohl schon seit Augustus die 'Hellenen' in Ägypten, ebenso wie die 'Hellenen' in Kyrene, eine privilegierte Gruppe.[55]

In den ägyptischen Metropoleis, den Gauhauptorten, bildeten die Griechen (die das Gymnasium durchlaufen hatten) eine neue 'municipale' Führungsschicht, die zugleich – auch das eine Neuerung der augusteischen Zeit – über beträchtlichen Grundbesitz verfügte. Im Gegensatz zur ptolemäischen Zeit handelte es sich dabei um echtes Privateigentum. (Daneben hatte Augustus von den Ptolemäern ein ausgedehntes Patrimonium erworben, von dem er große Teile an Verwandte und Freunde verschenkte.[55a])

In der Provinz Kyrene bildeten offenbar die 'Hellenen' in den einzelnen Gemeinden nächst den Römern die politische Oberschicht.[56] Aus den Ky-

[54] Vgl. Plin. epist. 10, 5–7. Vgl. A. N. Sherwin-White, The Letters of Pliny. A Historical and Social Commentary, Oxford 1966, 566 ff.

[55] Zu diesen „Hellenen" gehörte jeder, der das Gymnasium durchlaufen hatte, und zwar nicht nur gebürtige Griechen, sondern auch „Elemente fremdnationaler Herkunft". Doch war offenbar auch die Aufnahme in das Gymnasium an gewisse Vorschriften gebunden. Ein Ägypter, der sich fälschlich als Sohn eines gewesenen Epheben ausgab, wurde im übrigen mit schweren Vermögensstrafen belegt. (Vgl. Gnomon des Idios Logos § 44 mit dem Kommentar von W. Graf Uxkull-Gyllenband, Berlin 1934, 58.) S. dazu L. Wenger, in: J. Stroux– L. Wenger, Die Augustusinschrift auf dem Marktplatz von Kyrene, München 1928, 45 ff. (Zitat S. 54), und F. De Visscher, Les édits d'Auguste découverts a Cyrène, Löwen 1940, 48 ff. Zu den 'Hellenen' in Ägypten s. U. Wilcken, in: L. Mitteis–U. Wilcken, Grundzüge und Chrestomathie der Papyruskunde I 1, Leipzig–Berlin 1912, 61 ff., und H. Braunert, Die Binnenwanderung. Studien zur Sozialgeschichte Ägyptens, Bonn 1964, 277 ff.

[55a] Vgl. allgemein E. G. Huzar, in: ANRW II 10, 1, 1988, 343 ff., und G. Geraci, ebda. 383 ff. A. K. Bowman, CAH X² 676 ff. M. Amelotti, in: Egitto e la storia antica dall'ellenismo all'età araba, Bologna 1989, 243 ff. = Serta historica antiqua II, Rom 1989, 119 ff. – Zu den Schenkungen des Augustus s. A. Lukaszevicz, Meander 39, 1984, 23 ff. (polnisch mit lateinischem Resümee). Vgl. auch S. A. Bari, Economic Interests of Augustan Rome in Egypt, in: G. Pugliese Carratelli u. a., Roma e l'Egitto nell antichità classica, Rom 1992, 69 ff. H. Sonnabend, Fremdenbild und Politik 62 ff. G. Giliberti, Ostraka 1, 1992, 177 ff. bes. 184 ff., zur ägyptischen Chora in der Kaiserzeit.

[56] U. Wilcken a. O. glaubte auf Grund von Z. 56 ff. der Kyreneinschriften (Εἴ

rene-Edikten erfahren wir, daß Augustus im Jahr 7/6 v. Chr. diesen 'Hellenen' wichtige Privilegien im Bereich des Prozeßrechtes eingeräumt hat.[57] Vor jenem Zeitpunkt setzte sich das *consilium iudicum* in Kapitalprozessen aus den in der Provinz ansässigen römischen Bürgern mit einem Census von 2500 Drachmen zusammen. Da es aber in der ganzen Provinz damals nur 215 römische Bürger aller Altersstufen gab, war es in der Rechtspflege zu unhaltbaren Zuständen gekommen. Augustus räumte nun im 1. Edikt einem angeklagten Hellenen das Recht ein, ein Gericht zu erhalten, dessen 50 Richter zur Hälfte aus Griechen bestehen. Außerdem sollten Römer nicht als Ankläger gegen Griechen zugelassen werden, es sei denn, ein mit dem römischen Bürgerrecht geehrter Grieche wolle wegen Ermordung eines Verwandten oder Gemeindegenossen Klage erheben. In die Geschworenenliste wurden demnach Römer und Griechen mit einem Mindestalter von 25 Jahren und einem bestimmten Mindestcensus aufgenommen. Im 4. Edikt verfügte der Prinzeps ferner, daß in zivilen und kriminalen Prozessen zwischen Griechen verschiedener Gemeinden griechische Richter auszulosen seien, außer wenn der Beklagte oder der Angeklagte römische Bürger als Richter haben wolle. „Beide Edikte bedeuten ein überaus weitreichendes Entgegenkommen gegenüber dem Bürger der griechischen Poleis von Kyrenaika und ihren Rechtsanschauungen, ein Kompromiß zwischen griechischem Geschworenengericht und römischem Prozeßrecht."[58]

Augustus kam den Griechen ferner darin entgegen, daß er die Regelung ihrer Angelegenheiten oft Griechen aus seinem literarischen Freundeskreis anvertraute. So schickte er den Areios von Alexandria, dessen Heimatstadt er einst vor allem um seinetwillen geschont hatte, zuerst als seinen *procurator* nach Sizilien und bot ihm dann – allerdings vergeblich – einen Posten in Ägypten an.[59] Auch Athenodoros von Tarsos, der Lehrer

τινες ἐκ τῆς Κυρηναϊκῆς ἐπαρχίας πολῖταί τετείμηνται, τούτους λειτουργεῖν οὐδὲν ἔλασσον ἐμ μέρει τῷ τῶν Ἑλλήνων σώματι κελεύω), daß die 'Hellenen' in den einzelnen Gemeinden besondere Verbände (σώματα, corpora) gebildet hätten. F. DeVisscher a. O. 89ff. zieht dagegen σώματι zu λειτουργεῖν und leitet daraus die Verpflichtung der Griechen ab, die *munera personalia* zu leisten. A. N. Sherwin-White, Roman Citizenship 334ff., versteht statt dessen τῷ τῶν Ἑλλήνων σώματι als in *numero Graecorum* und ἐμ μέρει als *invicem*.

[57] Zum Text der Kyrene-Edikte s. FIRA I² Nr. 68 (= Historische Inschriften Nr. 28). Zu den prozeßrechtlichen Privilegien s. A. Steinwenter, RE Suppl. V 1931, 353ff.

[58] A. Steinwenter a. O. 354, der weiter auf die *lex Rupilia* für die Provinz Sicilia vom J. 131 v. Chr. als Parallele verweist (Cic. Verr. II 32. Dazu E. Weiss, RE XII 2, 1925, 2413).

[59] Plut. Anton. 80. Dio 51, 16, 4. Plut. Apophth. p. 207 B. Julian, Epist. ad Themist.

Oktavians, mag als *procurator* in Sizilien gewesen sein. Er wurde jedenfalls mit einem Sonderauftrag des Prinzeps in seine Heimatstadt Tarsos geschickt, um dort den von Antonius eingesetzten Tyrannen Boethos zu vertreiben, was auch gelang.[60] Später entsandte Augustus dann einen anderen Philosophen, den Akademiker Nestor, ebenfalls nach Tarsos. Und Pompeius Macer, der Sohn des Historikers Theophanes von Mytilene, begegnet später als Procurator in Asia.[61] Offenbar hatte es sich als nützlich erwiesen, die oft nicht leichten griechischen Angelegenheiten in die Hände von Griechen zu legen.

Wie wichtig für Augustus die östlichen Provinzen waren, zeigt sich daran, daß der Prinzeps seinen engsten Mitarbeiter Agrippa zweimal für längere Zeit mit umfassenden Vollmachten in den Orient entsandte, zum ersten Mal im Winter 23/22 und später noch einmal in den Jahren 17–13 v. Chr.[62] Auch Augustus selbst hat in den Jahren 21–19 v. Chr. noch einmal den griechischen Osten besucht.[63] Dieser Besuch stand selbstverständlich in engem Zusammenhang mit den armenischen und den parthischen Problemen. Der Prinzeps benutzte jedoch seinen Aufenthalt im Orient auch zu einer großen Rundreise durch Kleinasien und Syrien, wobei er die Lasten einzelner Gemeinden neu verteilte und einige erdbebengeschädigte Städte durch große Geld- und Wiederaufbauhilfen unterstützte.[64]

Denn Augustus hat die Griechen auch durch die Förderung des Städtewesens mit seinem Regiment zu versöhnen gewußt. Die Zahl der römischen Kolonien im Osten war klein. Selbst diese wenigen Kolonien trugen aber offenbar von Anfang an meist einen starken griechischen Charakter, sei es, weil die Ansiedler selbst griechischer Herkunft waren, sei es, weil

265 C. Vgl. F. Millar, Emperor 85, und bes. G. W. Bowersock, Augustus and the Greek World 30 ff., bes. 38 ff.

[60] Strabon 14, 5, 14 p. 674 f. Vgl. H. Berve, Die Tyrannis bei den Griechen 439 f. B. Forte, Rome and the Romans 181 f. Auf Bitten des Athenodoros wurde Tarsos Steuerfreiheit gewährt: Ps. Lukian, Makrobioi 21.

[61] Strabon a. O. und 13, 2, 3 p. 618. Vgl. G. W. Bowersock, a. O. 38 f.

[62] Vgl. R. Hanslik, RE IX A 1, 1961, 1252 f. und 1259 ff. H. Halfmann, Itinera principum 163 ff.

[63] Vgl. Dio 54, 6, 1; 7, 1–6; 9, 7–10. Dazu H. Halfmann, Itinera principum 158 und 160 f. Nach Dio gründete Augustus damals Syrakus und andere sizilische Kolonien. Die Insel Kythera wurde an Sparta gegeben. Kyzikos, Sidon und Tyros verloren ihre Freiheit, während Samos die *libertas* erhielt. Dazu E. Badian, GRBS 25, 1984, 157 ff., bes. 165 ff. Auch soll den Athenern damals Aigina und Eretria genommen worden sein (doch dürfte dies bereis 31 v. Chr. geschehen sein, vgl. R. Bernhardt, Imperium und Eleutheria, Diss. Hamburg 1971, 199 Anm. 539).

[64] Vgl. R. Bernhardt a. O. 177 ff. bes 198 ff. Zur Wiederaufbauhilfe für einige kleinasiatische Städte s. oben S. 435 f.

die griechischen Altbürger früher oder später in die neue römische Kolonie aufgenommen wurden.[64a] Dagegen hat Augustus nicht nur nach seinem Sieg über Antonius die beiden Nikopolis bei Actium und bei Alexandria als griechische Poleis neu anlegen lassen, sondern ist auch später – besonders bei seinem zweiten Aufenthalt im Osten – als Städtegründer oder als Neugründer von Städten hervorgetreten, womit er eine früher von Pompeius praktizierte Politik in großem Stil wiederaufnahm.[65] Leider reicht das Material nicht aus, um immer mit Sicherheit sagen zu können, ob es sich bei einer Gründung des Augustus um eine echte Neugründung handelt oder nur um die Umbenennung einer alten Stadt, die schon zuvor unter anderem Namen existiert hat. Wir erfahren jedenfalls, daß der Prinzeps in Phrygien in eigener Person die Stadt Sebaste gegründet haben soll. Eine Stadt gleichen Namens gab es auch in Paphlagonien.[66] In Galatien führten Ankara, Pessinus und Tavium den Beinamen Sebaste. Die galatischen Stammesgebiete der Tolistobogier, Tectosagen und Trocmer wurden zu Territorien der neuen Städte.[67] In Pontos erhielten in der Zeit um Christi Geburt zwei Städte die Namen Sebastopolis und Sebasteia.[68] In Bithynien gründete Augustus den Ort Kaisareia (Germanike).[69] Eine ganze Reihe weiterer Orte, die vom Prinzeps in der einen oder anderen Weise unterstützt worden waren, verehrten den Augustus als ihren Gründer oder als Retter und Wohltäter.[70] Da vor allem dem Gründer auch kultische Ehren erwiesen wurden, war die Freigebigkeit des Prinzeps geeignet, die begünstigten Gemeinden noch fester an sich und sein Haus zu binden.

Auch die Klientelkönige gründeten übrigens zahlreiche Augustusstädte. So hat Herodes das alte Samaria als Sebaste neu gegründet und an der Stelle des alten Stratosturmes die Stadt Kaisareia angelegt.[71] Die alte See-

---

[64a] Vgl. dazu das folgende Kapitel, bes. S. 493f. mit Anm. 166ff.

[65] Das Material über die Städtegründungen des Pompeius ist jetzt bequem zusammengestellt von A. Dreizehnter, Pompeius als Städtegründer, Chiron 5, 1975, 213ff. Dreizehnters neue Thesen vermögen allerdings nicht voll zu überzeugen.

[66] IGRR IV 682, wonach die Gründung des phrygischen Sebaste auf Weisung eines Orakels des Apollon erfolgte. Vgl. D. Magie, Roman Rule 472. N. Firatli, PECS 816. A. H. M. Jones, The Cities of the Eastern Roman Provinces (CERP), Oxford² 1971, 71f. und 167f. (zu Pompeiopolis-Sebaste).

[67] Dazu St. Mitchell, Anatolia, Oxford 1993, 86ff.

[68] Vgl. D. Magie a. O. 471f., der noch ein weiteres Sebastopolis (in Karien) aufführt. Dazu Th. Pekáry, ANRW II 7, 2, 1980, 630: „möglicherweise von Augustus gegründet".

[69] Vgl. D. Magie a. O. 497.

[70] S. oben S. 435f.

[71] Zu Samaria s. J. W. Crowfoot u. a., The Buildings at Samaria, London 1942, 31ff. und 123ff., und A. Negev, PECS 800, sowie E. M. Smallwood, The Jews under

stadt Anthedon erhielt zu Ehren Agrippas vom König den Namen Agrippeion.[72] Ein weiteres Kaisareia (Caesarea Philippi) gründete im Jahre 2 v. Chr. der Tetrarch Philippos, der auch den Ort Beth Saida zur Stadt erhob und nach der Kaisertochter Iulias benannte (der Ort muß also zwischen 4 und 2 v. Chr. neu gegründet worden sein).[73] Herodes Antipas taufte das frühere Sepphoris in Autokratoris um und gab einem anderen Ort den Namen 'Livias', der 14 n. Chr. in 'Iulias' umbenannt wurde.[74] Der Dynast Kleon erhob in Kleinasien den Ort Gordiukome am Oberlauf des Sangariosflusses zur Stadt und gab ihm den Namen Juliopolis.[75] Archelaos von Kappadokien taufte seine Residenzstadt Mazaka in Kaisareia um und gründete Elaiussa in Kilikien unter dem Namen Sebaste neu.[76] Die Stadt Anazarbos wurde von dem Dynasten Tarkondimotos Philopator als Kaisareia neu gegründet.[77] In Pontos hat die Witwe König Polemons I., Pythodoris, die Stadt Kabeira unter dem Namen Sebaste zu ihrer Residenz gemacht.[78] Am kimmerischen Bosporos erhielten die Städte Pantikapaion und Phanagoreia von dem Dynasten Aspurgos die Namen Kaisareia und

Roman Rule, Leiden 1976, 77 ff., und E. Schürer, The History of the Jewish People I, Edinburgh² 1973, 306. – Zu Caesarea s. L. I. Levine, Caesarea under Roman Rule, Leiden 1975, 11 ff., und: Roman Caesarea, Jerusalem 1975. J. Ringel, Césarée de Palestine, Paris 1975. B. Lifshitz, ANRW II 8, 1977, 490 ff. Zur älteren Literatur s. E. K. Vogel, A Bibliography of Holy Land Sites, Hebrew Union College Annual 42, 1971, 1 ff., und E. Schürer a. O. II 1979, 85 ff. Dazu R. L. Vann (Ed.), Caesarea Papers, Ann Arbor 1992, und A. Raban–K. G. Holum, Caesarea Maritima. A Retrospective after Two Millenia, Leiden 1996. – Vgl. allg. Suet. Aug. 60: *reges amici atque socii in suo quisque regno Caesareas urbes condiderunt* (ähnlich Eutrop 7, 10, 3). Dazu B. Galsterer-Kröll, Epigr.-Studien 9, 1972, 46 f.

[72] Joseph. Antt. Jud. 13, 13, 3 § 357. Bell. Jud. 1, 21, 8 § 416.

[73] Joseph. Bell. Jud. 2, 9, 1 § 168. Antt. Jud. 18, 2, 1 § 28. Zu Caesarea Philippi s. J.-P. Rey-Coquais, PECS 670 (s. v. Paneas). W. Leschhorn, „Gründer der Stadt", Stuttgart 1984, 310 ff.

[74] Joseph. Bell. Jud. 2, 9, 1 § 168. Vgl. H. W. Hoehner, Herod Antipas, Cambridge 1972, 88 ff. und 86 mit Anm. 1. – Außerdem gab es im Pontos eine Stadt mit dem Namen Liviopolis: Plin. n. h. 6, 11.

[75] Vgl. A. H. M. Jones, CERP 164. H. Berve, Die Tyrannis bei den Griechen 439.

[76] Zu Mazaka-Kaisareia s. A. H. M. Jones, CERP 179, und B. Galsterer-Kröll a. O. 47. R. P. Harper, PECS 182. W. Leschhorn (wie A. 73) 295 f. – Zu Elaiussa-Sebaste s. D. Magie, Roman Rule 475 f. und 1338 f. Anm. 24. T. S. MacKay, PECS 294. E. Kirsten, in: Mélanges A. Mansel, Ankara 1974, 777 ff. W. Leschohrn 294 f. S. Nachtrag.

[77] M. Gough, PECS 53 f. (mit Literatur). – Auch Antiochia in Pisidien erhielt wohl noch von Amyntas den Beinamen Caesarea·s. B. Galsterer-Kröll, Epig. Studien 9, 1972, 47, und B. Levick, Roman Colonies in Southern Asia Minor, Oxford 1967, 137.

[78] Vgl. D. Magie, Roman Rule 486 und 1071.

Agrippias.[79] Und im Innern Paphlagoniens war möglicherweise auch die Stadt Kaisareia Proseilemmeniton eine königliche Gründung.[80] Im Westen gründete Juba II. in Mauretanien die Stadt Iol unter dem Namen Caesarea neu und machte sie zu seiner Residenz.[81] Alle diese Städtegründungen waren geeignet, die Macht und den Ruhm des Augustus und seines Hauses weithin zu propagieren.

Auch die Gründung griechischer Städte durch den Prinzeps zeigt wieder, daß für Augustus das Imperium ein zweisprachiges Reich war, das von Römern und Griechen gemeinsam getragen werden sollte. Der Prinzeps hat daher auch auf literarischem und kulturellem Gebiet die Angleichung der beiden großen Kulturen bewußt gefördert. So hat der junge Caesar schon bei der Anlage der Bibliotheca Palatina je eine Abteilung für griechische und lateinische Literatur eingerichtet. Und Sueton berichtet, daß Augustus bei der Lektüre der Schriftsteller beider Sprachen sein Augenmerk hauptsächlich auf nützliche Beispiele und Lehren richtete, die er dann wörtlich exzerpierte und an passender Stelle seinen Briefen und Erlassen einfügte.[82] Bezeichnend ist auch, daß bei der Säkularfeier des Jahres 17 v. Chr. Hymnen in lateinischer und in griechischer Sprache gesungen wurden.[83] Und im Jahre 14 n. Chr., wenige Tage vor seinem Tode, ließ Augustus auf Capri römische Togen und griechische Mäntel unter seine Freunde verteilen und verlangte, daß die Römer griechische Gewänder tragen und griechisch sprechen, die Griechen aber römische Kleidung tragen und lateinisch sprechen sollten.[84]

Es war daher gewiß ganz im Sinne des Prinzeps, wenn der Grammatiker und Historiker Dionysios von Halikarnass sich um den Nachweis bemühte, daß die Römer selbst Hellenen waren und die alten Bräuche der Griechen sogar besser als die zeitgenössischen Hellenen bewahrt hätten. Der Gedanke war nicht ganz neu, ist aber niemals so umfassend dargelegt worden wie in der „Römischen Archäologie" des Dionysios.[85] Auch die latei-

---

[79] Vgl. W. Blawatsky, Mélanges Piganiol III, Paris 1966, 1541f.
[80] Vgl. D. Magie, Roman Rule 1308 Anm. 8.
[81] Zu Iol-Caesarea s. oben S. 445. – Auch Caesarea war eine hellenistische Stadt!
[82] Suet. Aug. 89. Zur Homer-Kenntnis des Augustus s. J.-F. Berthet, REL 56, 1978, 314ff. Zur Bibliotheca Palatina s. oben S. 233f. Vgl. allgemein G. Williams, Change and Decline, Berkeley–Los Angeles 1978, 118ff.: Greek culture in the age of Augustus.
[83] Zosimos, Historia nova 2, 5, 5.
[84] Suet. Aug. 98.
[85] Ed. Norden, Kleine Schriften 407ff. V. Buchheit, Vergil über die Sendung Roms, Heidelberg 1963, 166ff. mit Literatur. B. Forte, Rome and the Romans 195ff. Vgl. allg. P. M. Martin, La propagande augustéenne dans les Antiquités romaines de Denys d'Halicarnasse (Livre I) REL 49, 1971, 162ff., sowie A. Hurst, Un critique

nische Sprache wurde von ihm aus der griechischen abgeleitet. Und es ist für den Geist der Zeit bezeichnend, daß sich um diese Ableitung oder doch um den Nachweis der Verwandtschaft beider Weltsprachen damals noch andere Gelehrte bemüht haben.[86]

Während Dionysios von Halikarnass hauptsächlich griechischen Lesern die römische Urgeschichte nahezubringen suchte, wollte der Historiker Pompeius Trogus umgekehrt die römischen Leser mit der griechischen Geschichte vertraut machen.[87]

Für griechische Leser schrieb dagegen König Juba seine vergleichende Zusammenstellung griechischer und römischer Sitten und Institutionen.[88]

Auch in der bildenden Kunst, z. B. in der Anlage und in den Reliefs der Ara Pacis mit ihrer Mischung griechischer und römischer Elemente,[89] sowie in der augusteischen Dichtung läßt sich die Tendenz zum Ausgleich zwischen Römertum und Griechentum feststellen. Die augusteischen Dichter erkennen die Überlegenheit der griechischen Literatur und Kunst bereitwillig an und sehen ihren Ruhm darin, griechische Dichtungsformen in lateinischer Dichtung nachgeschaffen zu haben, seien es die Epen Homers, die Bukolik des Theokrit, die Lieder des Tyrtaios, die Oden eines Pindar und eines Alkaios, die Jamben des Archilochos oder die Aitia des

---

grec dans la Rome d'Auguste: Denys d'Halicarnasse, ANRW II 30, 1, 1982, 799 ff. und 839 ff. Zur Haltung des Dionysios vgl. auch G. Williams, Change and Decline, Berkeley 1978, 119 und 123 f. Dazu jetzt E. Gabba, Dionysios of Halicarnassus and the History of Archaic Rome, Berkeley 1991 (ital. Ausgabe = Bari 1996).

[86] Vgl. Ed. Norden a. O. 411 ff.

[87] Vgl. Justin., praef. 1 ff.: *Cum multi ex Romanis, etiam consularis dignitatis viri, res Romanas Graeco peregrinoque sermone in historiam contulissent, seu aemulatione gloriae sive varietate et novitate operis delectatus vir priscae eloquentiae, Trogus Pompeius, Graecas et totius orbis historias Latino sermone composuit, ut, cum nostra Graece, Graeca quoque nostra lingua legi possent, prorsus rem magni et animi et corporis adgressus.* Das Werk des Trogus gehört wohl in mittelaugusteische Zeit, so A. Klotz, RE XXI 2, 1952, 2300 ff. Nr. 142. M. Schanz–C. Hosius, Geschichte der röm. Literatur II, München[4] 1935, 320 f. P. L. Schmidt, Der Kleine Pauly IV, 1972, 1031 ff. Die Datierung von O. Seel, Eine römische Weltgeschichte, Nürnberg 1972, 172 ff. (vgl. auch: Pompeius Trogus und das Problem der Universalgeschichte, ANRW II 30, 2, 1982), in tiberische Zeit vermag nicht zu überzeugen. Vgl. jetzt G. Forni–G. Bertinelli Angeli, in: ANRW II 30, 2, 1982, 1298 ff., und R. Urban, ebda. 1424 ff., sowie Historia 31, 1982, 82 ff. J.-M. Alonso-Núñez, Greece and Rome 34, 1987, 56 ff. G. Cresci Marrone, in: L. Braccesi u. a., L'Alessandro di Giustino, Rom 1993, 11 ff.

[88] Zu den Ὁμοιότητες des Juba und ihrer Tradition s. FGrHist. Nr. 275 F. 13 f. mit dem Kommentar von F. Jacoby und W. Kroll, RE IX 2, 1916, 2394.

[89] Vgl. A. H. Borbein, JdAI 90, 1975, 242 ff., dem man wohl im grundsätzlichen trotz einiger etwas überspitzter Deutungen zustimmen kann.

Die Gewinnung des Ostens

Kallimachos. „Sogar der Grieche Phaedrus ... versuchte die Fabeln des Aesop nicht nur zu übersetzen, sondern ihnen etwas Gleichwertiges in lateinischer Sprache gegenüberzustellen."[90] In der lateinischen Dichtung erscheinen nun die griechische und die römische Sphäre gleichberechtigt nebeneinander. Neben den olympischen Sieg tritt der römische Triumph,[91] und Legenden der römischen Frühgeschichte werden von Horaz den Szenen der griechischen Mythologie gegenübergestellt. Ebenso durchdringen sich in den letzten Büchern der Metamorphosen Ovids die griechischen Mythen eng mit den römischen Sagen. Ihren großartigsten Ausdruck aber fand diese Tendenz des Ausgleichs in Vergils Aeneis.[92] Zunächst werden hier zwar die Griechen als die Feinde der Trojaner bezeichnet, wie es durch den Stoff des Epos vorgegeben war. Aber im 6. Buch prophezeit die Sibylle dem Aeneas die Rettung durch eine *Graia urbs*, nämlich die Stadt des Euander auf dem Boden des späteren Rom. Im zweiten Teil der Aeneis, der die Ansiedlung der Trojaner in Latium schildert, legt Vergil die Verwandtschaft der Trojaner mit den Griechen und der Griechen mit den Latinern in Form eines regelrechten Stammbaums dar.[93] Dardanus, der Gründer Trojas, war als Enkel des Atlas und Sohn der Elektra Grieche, und er war zugleich der Urrömer. Denn er stammte aus der Gegend des späteren Rom, wie Latinus den Gesandten des Aeneas erklärt.[94] Dadurch, daß Vergil so die griechische Vorgeschichte Roms und seiner trojanischen Gründer als von der Legende gegebene Tatsachen rezipierte und zugleich ausdeutete, sicherte er seinem Werk in dem neuen Reich des Augustus einen besonderen Platz.[95] Der Gegensatz zwischen Griechenland und Rom ist in der Sprache des Mythos überwunden und der römische Herrschaftsanspruch auch gegenüber den Griechen erst jetzt ideell legitimiert worden. Augustus löste nun den Anspruch ein, den Rom als Urheimat des Dardanus zu erheben berechtigt war.

---

[90] A. H. Borbein a. O. 266.
[91] Vgl. H. Langenfeld, Monumentum Chilon. 243 ff.
[92] Ed. Norden, Kleine Schriften 407 ff.
[93] Verg. Aen 8, 126 ff.
[94] Verg. Aen 7, 195 ff.
[95] V. Buchheit, Vergil über die Sendung Roms 151 ff. G. Binder, Aeneas und Augustus, Meisenheim 1971, 49 ff.

2. Die Koloniegründungen im Reich und die Urbanisierungspolitik im Westen

Während Augustus im Osten das Hellenentum anscheinend bewußt gefördert hat, wurde die Romanisierung des Westens schon durch den Dictator Caesar, dann durch Oktavian/Augustus mächtig vorangetrieben. Die mit der Munizipialisierung Italiens nach dem Bundesgenossenkrieg neu einsetzende Urbanisierung verstärkte sich unter ihnen und wurde durch ihre Politik auf die gesamten Westprovinzen ausgedehnt.[95a] Diese Politik ist vor allem in den letzten Jahrzehnten Gegenstand zahlreicher Untersuchungen gewesen[96] und wird noch immer lebhaft diskutiert.[96a] Dabei stehen Fragen der Chronologie und der Rechtsstellung einer Stadt im Vordergrund des Interesses. Die Ungunst der Überlieferung[97] gestattet es viel-

[95a] Vgl. die wichtigen Ausführungen von E. Gabba, Studi class. e orientali 21, 1972, 73 ff. und 'Hellenismus in Mittelitalien' II, Göttingen 1976, 315 ff., der darauf hinweist, daß sowohl die *lex municipii Tarentini* (FIRA I² Nr. 18 Z. 39 ff.) wie später die *lex Ursonensis* (FIRA I² Nr. 21 Abs. LXXVII) Bestimmungen für den Fall enthielt, daß ein städtischer Beamter *vias, fossas, cloacas* bauen wollte. Gabba vermutet, daß mit der Vergabe des römischen Bürgerrechts nach dem Bundesgenossenkrieg die Auflage verbunden war, die baulichen Voraussetzungen für ein munizipales Leben zu schaffen (a. O. 86 ff.).

[96] Grundlegend ist noch immer F. Vittinghoff, Römische Kolonisation und Bürgerrechtspolitik unter Caesar und Augustus, Abh. Akad. Mainz, geistes- und sozialwiss. Kl. 1951, Nr. 14, Wiesbaden 1952 (mit der älteren Literatur). Dazu vgl. S. J. De Laet, Latomus 11, 1952, 385 ff. H. von Petrikovits, BoJbb 153, 1953, 159 ff. W. Schmitthenner, DLZ 77, 1956, 416 ff. Vgl. E. T. Salmon, Roman Colonization under the Republic, London 1969, 132 ff. P. A. Brunt, Italian Manpower 234 ff. 581 ff. Appendix 13–17. H. Chr. Schneider, Das Problem der Veteranenversorgung in der späteren römischen Republik, Bonn 1977, 245 ff. E. Ferenczy, ANRW II 14, 1982, 1020 ff.

[96a] Hinzuweisen ist in diesem Zusammenhang vor allem auf die Arbeiten von Vittinghoff und seiner Schule. Außerdem sind Fragen der Urbanisierungspolitik und der Stadtentwicklung in jüngster Zeit auf zahlreichen Kongressen erörtert worden (vgl. besonders den auch für Fragen der Kolonisationspolitik wichtigen Aufsatz von M. Clavel-Lévêque, Structures urbaines et groupes heterogenes, Atti Centro studi e documentazione 5, 1973, 7 ff. Vgl. auch die folgenden Anmerkungen). – Zu den caesarischen und augusteischen Städten in Italien und in den Westprovinzen s. allg. T. Lorenz, Römische Städte, Darmstadt 1987, 113 ff.

[97] Umstritten sind vor allem die Herkunft und der Quellenwert der Angaben des Plinius. Dieser hat zweifellos die augusteische „Reichsstatistik", d. h. die *formulae provinciarum*, und die Weltkarte des Agrippa benutzen können, hat aber offenbar auch voraugusteisches Material (besonders aus dem Werk Varros) verwertet. Vgl. K. G. Sallmann, Die Geographie des älteren Plinius in ihrem Verhältnis zu Varro. Versuch einer Quellenanalyse, Berlin–New York 1971, 89 ff. (Überblick über die Forschung.) Für Afrika vermutet L. Teutsch, Das Städtewesen in Nordafrika in

Koloniegründungen und Urbanisierung

fach nicht, mit Sicherheit zu sagen, ob die Gründung einer Kolonie oder eines Munizipium auf Caesar oder auf Oktavian/Augustus zurückgeht. Auch die Rechtsstellung einer Stadt läßt sich den Quellen oft nicht mit Sicherheit entnehmen, da deren Terminologie vielfach unscharf ist.[98] Mit *municipium* kann sowohl eine römische wie eine latinische Gemeinde gemeint sein. Und ebenso ist der Ausdruck *oppidum civium Romanorum* nicht eindeutig festgelegt.[99] Vielfach wurde auch die gleiche Stadt sowohl von Caesar wie von Augustus begünstigt. So sind alle nur denkbaren Kombinationen theoretisch möglich und im Einzelfall auch wirklich vorgekommen: Eine Kolonie kann von Caesar geplant, aber erst von seinem 'Sohn' ausgeführt worden sein. Eine Kolonie Caesars kann aber auch von Augustus neue Siedler erhalten haben. Eine latinische Stadt Caesars kann von Augustus das volle römische Bürgerrecht bekommen haben. Und ebenso

---

der Zeit von C. Gracchus bis zum Tode des Kaisers Augustus, Berlin 1962, 27 ff. und 79 ff., die Verwendung vorcaesarischen Materials. Allg. zu den Städtelisten des Plinius s. jetzt E. Folcando, in: Epigrafia e territorio IV 75 ff. – Vgl. auch J. P. Murphy, M. Vipsanius Agrippa and later writers depending upon his 'chorographia' on Spain and Gaul, The Ancient World 1, 1978, 7 ff. – Problematisch ist auch der Quellenwert der sog. *Libri coloniarum*. Vgl. dazu Th. Mommsen (unten Anm. 117), P. Mac Kendrick, Athenaeum 32, 1954, 203 und 213, und F. T. Hinrichs, Die Geschichte der gromatischen Institutionen, Wiesbaden 1974, 31 ff. – Vgl. S. 264 Anm. 187.

[98] Auch epigraphische Kriterien helfen nicht immer weiter. Vgl. zum Methodischen F. Vittinghoff, Akten des VI. Intern. Kongresses für griech. und lat. Epigraphik 1972, München 1973, 85 ff., und ANRW II 6, 1977, 3 ff. Auch die Zuweisung der *coloniae Iuliae* in die Zeit vor 27 v. Chr. (im Gegensatz zu den sicher nach 27 v. Chr. gegründeten *coloniae Augustae*) ist nicht immer zwingend. Das frühestens 25 v. Chr. gegründete Lystra führte z. B. den Namen *colonia Iulia Felix Gemina Lustra* (ohne *Augusta!*), vgl. H. von Aulock, Münzen und Städte Lykaoniens, Tübingen 1976, 60. – Vgl. auch H. Wolff, Kriterien für latinische und römische Städte in Gallien und Germanien und die 'Verfassung' der gallischen Stammesgemeinden, BoJbb 176, 1976, 45 ff. – Einen gewissen chronologischen Anhalt bieten jedoch die römischen Tribus der von Caesar und Augustus angelegten Kolonien und Munizipien. (Die augusteischen Städte in Spanien haben meist die Tribus Galeria.) S. dazu A. U. Stylow, Veleia 12, 1995, 105 ff.

[99] Zu den *oppida civium Romanorum* vgl. A. N. Sherwin-White, Roman Citizenship 344 ff., und J. Desanges, Le statut des municipes d'après les données Africaines, Rev. hist. droit fr. et étrang. 50, 1972, 353 ff., gegen L. Teutsch, Das Städtewesen in Nordafrika, Berlin 1962, 234 f., und Ch. Saumagne, Publ. de l'Inst. de Droit Romain de l'Univ. de Paris 22, 1965, 81, wonach die *oppida civium Romanorum* Städte mit einem *conventus* römischer Bürger, aber keine Munizipien gewesen seien. (A. N. Sherwin-White neigt allerdings auch dazu, den voraugusteischen *oppida civium Romanorum* den Munizipalstatus abzusprechen.) Dazu E. Ferenczy (Anm. 96) 1037 ff.

ist es denkbar, daß ein caesarisches Munizipium von Oktavian/Augustus römische Veteranen als Kolonisten erhielt. Auch ein Nebeneinander von Gemeinden verschiedener Rechtsstellung ist verschiedentlich vorgekommen, wenn auch in der Regel peregrine Gemeinden einer römischen Stadt nicht bei-, sondern untergeordnet wurden.[100]

Die wichtige Frage nach der Rechtsstellung und der Chronologie der caesarisch-augusteischen Kolonien und Munizipien hat aber ein anderes höchst bemerkenswertes Phänomen etwas in den Hintergrund treten lassen, nämlich die Gründung peregriner Städte durch Augustus auch im Westen des Reiches. Die Tatsache, daß Augustus auch diesen Städten oft gestattete, seinen Namen zu führen und daß er auch sie gelegentlich wohl mit Bauten geschmückt hat, läßt auf eine bewußte Angleichung dieser Städte an die römischen und latinischen Provinzialgemeinden schließen, auch wenn man über die innere Struktur der peregrinen Augustusstädte des Westens noch sehr wenig weiß.

Insgesamt läßt sich aber erkennen, daß der Stadt in der Politik des Augustus eine wesentliche Rolle zugedacht war. So erhielten die Städte wichtige Funktionen bei der Steuereinhebung, die den Publikanengesellschaften weitgehend genommen wurde.[100a] Wie den Neugründungen im Osten wichtige Verwaltungsaufgaben übertragen wurden, so hatten auch die Kolonien und die Munizipien des Westens wichtige administrative Funktionen zu erfüllen. Die neuen peregrinen Städte aber wurden meist zu Verwaltungsmittelpunkten der alten oder der von Augustus neu konstituierten spanischen und gallischen *civitates*.

Angesichts der Lage unserer Überlieferung und des gegenwärtigen Standes der Forschung können jedoch selbst die großen Linien der Kolonisations- und der Urbanisierungspolitik des Caesar und des Augustus nur als vorläufig betrachtet werden. Dabei werden zweckmäßigerweise deren Koloniegründungen im Osten hier mitbehandelt.

Caesar hat seine Legionen außer in Italien selbst auch in verschiedenen Provinzen angesiedelt. Er hat ferner rund 80000 stadtrömische Bürger außerhalb Italiens mit Land versorgt.[101] Die so entstandenen Kolonien dienten aber nicht bloß der Versorgung der Veteranen und der *proletarii* der Hauptstadt, sondern ebenso der Sicherung der Provinzen. Sie sollten die Provinzen zugleich schützen und in der Abhängigkeit Roms halten, und sie sollten vor allem für Caesar selbst eine feste Stütze seiner Macht

---

[100] Vgl. zum Problem der „Doppelgemeinden" A. N. Sherwin-White, Roman Citizenship 353 ff. mit der älteren Literatur.
[100a] Dazu s. oben S. 403 f.
[101] Suet. Caes. 42. Vgl. Vittinghoff, Kolonisation 56 ff., und P. A. Brunt, Italian Manpower 255 ff. S. auch H. Gesche, Caesar 143 ff. und 293 ff. mit weiterer Literatur.

bilden. Das Gros der caesarischen Kolonien findet man nämlich in Spanien,[102] wo Caesar einst als Propraetor fungiert hatte, wo er aber auch zweimal gegen die Pompeianer kämpfen mußte. Mindestens zehn Kolonien wurden hier von Caesar angelegt oder geplant.[103] In Spanien finden sich auch die einzigen römischen Munizipien Caesars außerhalb Italiens.[104]

[102] Vgl. Vittinghoff, Kolonisation 72 ff. Brunt, Manpower 584 ff. und 590 ff. Schneider, Veteranenversorgung 203 f. H. Galsterer, Untersuchungen zum römischen Städtewesen auf der Iberischen Halbinsel, Berlin 1971, 17 ff. – Vgl. allgemein C. González Román, Imperialismo y Romanización en la provincia Hispania Ulterior, Granada 1981, bes. 93 ff. R. Étienne–F. Mayet (Edd.) Histoire et Archaeologie de la Peninsule Iberique. Vingt ans de recherches 1968–1987, Paris 1993, 159 ff. A. T. Fear, Rome and Baetica. Urbanization in Southern Spain, Oxford 1996.

[103] Vittinghoff nennt als caesarische Kolonien Hasta Regia, Hispalis, Ucubi, Urso, Metellinum, Norba, Praesidium Julium, Nova Carthago, Celsa und Tarraco. Zu Hispalis s. J. Campos–J. González, Los foros de Hispalis Colonia Romula, AEspA 60, 1987, 123 ff., und J. González, in: Ciudad y Communidad civica en Hispania, Madrid 1993, 127 ff. – Zu Celsa s. M. Beltrán Lloris, in: Stadtbild und Ideologie 190 ff., und: Celsa, Zaragoza 1985. Zu Nova Carthago vgl. H. Galsterer, Untersuchungen 29, wonach die Gründung der Kolonie „möglichst früh unter Caesar" anzusetzen sei. Urso und Norba wurden erst nach Caesars Tod deduziert, vgl. B. Galsterer-Kröll, Archivo Español de Arqueología 48, 1975 (1977), 120 ff., die auch Praesidium Iulium für nachcaesarisch hält. Zum Stadtrecht von Urso s. unten S. 479 m. A. 111 sowie A. Lintott, Imperium romanum 137 ff. und 141 mit Lit. Norba Caesarina wurde wohl von C. Norbanus Flaccus zwischen 36 und 34 v. Chr. gegründet, vgl. H. Galsterer, Untersuchungen 23 f. – Inschriftlich ist ferner Onoba als Kolonie bezeugt (AE 1963, 109), doch ist unbekannt, seit wann der Ort Kolonialrecht besaß. – Vgl. allg. B. D. Hoyos, Historia 28, 1979, 439 ff.

[104] Nach Vittinghoff, Kolonisation 75 und 78, waren Gades und Olisippo (Lissabon) caesarische Munizipien. Zum Problem der Rechtsstellung von Gades s. H. Galsterer, Untersuchungen 17 ff. Vgl. J. F. Rodriguez Neila, El municipio romano de Gades, Cadiz 1980, 44 ff. – Zu Olisippo s. I. Moita, in: Arqueología de las ciudades modernas 285 ff. Th. Hauschild, Madr. Mitt. 31, 1990, 348 ff. (Theater). Vgl. allg. über das Gebiet des heutigen Portugal unter Augustus J. de Alarcão, in: Stadtbild und Ideologie 43 ff. Auch Dertosa war nach H. Galsterer (a. O. 31) schon in caesarischer Zeit Municipium. J. de Alarcão–R. Etienne, in: Ciudades Augusteas de Hispania, Zaragoza 1976, II 173, vermuten auch für Ebora (Liberalitas Julia) Munizipalrechtsverleihung durch Caesar. Zu Dertosa s. M. Genera Monells, in: La ciudad en el mundo romano II 171 f. – Zu Eobra s. Th. Hauschild, ebda. 197, und R. Étienne, in: Subject and Ruler 160 ff. (zum Kaisertempel). J. M. Mascarenhas und R. Plana-Mallhart, in: M. Clavel-Lévêque–R. Plana-Mallhart, Cité et Territoire, Paris 1995, 227 ff. und 231 ff. sowie J. d'Encarnação, in: Les Villes de Lusitanie romaine 233 ff. Außerdem sei Julia Myrtilis von Caesar als peregrine Stadt gegründet worden. Pax Julia sei caesarische Kolonie gewesen (vgl. jedoch F. Vittinghoff, Kolonisation 109 mit Anm. 4).

Daneben hat der Dictator vielleicht in Spanien auch mehrere latinische Städte angelegt.

Ein weiterer Schwerpunkt der caesarischen Siedlungspolitik lag in Africa, wo der republikanische Widerstand gegen Caesar besonders heftig gewesen war.[105] Doch ist die genaue Zahl der caesarischen Kolonien und Munizipien umstritten. In der Narbonensis hat der Dictator ebenfalls mehrere Kolonien anlegen lassen, um dies wichtige Durchgangsland zu sichern, so Narbo, Arelate und das erst nach Caesars Tod ausgeführte Lugdunum.[106] Die Gründungen Julia Equestris (Nyon) und Raurica (Augst) sollten die Provinzen gegen die Helvetier sichern, dienten also rein militärischen Zwecken.[107] In Achaia hat Caesar neben Buthrotum und Dyme (wo zuvor Pompeius einige Seeräuber angesiedelt hatte) in Wiederaufnahme älterer popularer Pläne auch in Korinth eine römische Bürgerkolonie anlegen lassen.[108]

Schließlich hat Caesar auch im Osten römische Kolonien gegründet, wahrscheinlich sog. Versorgungskolonien und keine Veteranenansiedlungen. Es handelt sich um die Kolonien Lampsakos, Apamea Myrlea, Heraclea Pontica und Sinope, also zumeist Orte an der Propontis und am Pon-

---

[105] Vgl. Vittinghoff, Kolonisation 81 ff. P. Romanelli, Storia delle provincie romane dell'Africa, Rom 1959, 133 ff. und 137 ff. L. Teutsch, Das Städtewesen in Nordafrika, Berlin 1962, 101 ff. H. Boegli, Studien zu den Koloniegründungen Caesars, Diss. Basel 1966, 11 ff. Brunt, Manpower 581 ff. und 593 ff. Schneider, Veteranenversorgung 204 f. S. jetzt besonders die ausführliche Untersuchung von J.-M. Lassère, Ubique Populus, Paris 1977, 145 ff.

[106] Vittinghoff, Kolonisation 64 ff. Brunt, Manpower 589 f. Schneider, Veteranenversorgung 202 f. Nach Brunt und P.-A. Février, JRS 63, 1973, 19 f., hat der Dictator auch in Baeterrae und Forum Julii Veteranenkolonien gegründet. Zum Gründungsdatum von Forum Julii vgl. J. Gascou, Latomus 41, 1982, 132 ff. – Zur Kolonie Narbo s. M. Gayraud, ANRW II 3, 1975, 829 ff., und: Narbonne antique, Paris 1981.

[107] Dazu K. Kraft, Kleine Schriften I 181 ff. (der an eine Ansiedlung römischer Reiterveteranen dachte). J. G. P. Best, Colonia Iulia Equestris and Legio Decima Equestris, Talanta 3, 1971, 1 ff. (vgl. Historia 23, 1974, 439 ff.), wonach die Kolonie ihren Namen von dem Beinamen der 10. Legion Caesars erhielt. B. H. Isaac, Colonia Munatia Triumphalis and Legio Nona Triumphalis, Talanta 3, 1971, 11 ff. Vgl. R. Frei-Stolba, Historia 25, 1976, 333 ff., und Talanta 10/11, 1978/9, 44 ff. mit weiterer Literatur. Dazu M. C. J. Miller, Legio Decima Equitata: The Tenth Legion after Caesar and the Colonists of Patrae, Ancient World 2, 1979, 139 ff. Vgl. L. Keppie, Class. Quart. 75, 1981, 367 ff.

[108] Vittinghoff, Kolonisation 85 ff. Boegli, Studien 8 f. Brunt, Manpower 598 f. Schneider, Veteranenversorgung 205. A. D. Rizakis, Dial. d'hist. anc. 22, 1996, 255 ff. J. Bergemann, Die römische Kolonie von Butrint und die Romanisierung Griechenlands, München 1998. D. Strauch, Röm. Politik 104 ff. (bes. zur römischen Zenturiation in Dyme).

tos.¹⁰⁹ Von Lampsakos abgesehen, das wohl der Sicherung des Hellespont dienen sollte, lagen alle die genannten Kolonien in der Provinz *Bithynia et Pontus*, die Pompeius eingerichtet und in der er sechs neue Städte gegründet hatte. Offenbar sollten die caesarischen Kolonien ein Gegengewicht bilden gegen die Klientel des Pompeius.¹¹⁰ Wenn Caesar römische Bürgerstädte anlegte, wo Pompeius griechische Poleis gegründet hatte, so muß das nicht heißen, daß Caesar etwa römischer dachte als Pompeius. Es waren offenbar rein machtpolitische Überlegungen, die den Dictator gerade in *Bithynia et Pontus* römische Kolonien anlegen ließen – und sonst nirgends in Kleinasien. Denn auch die Versorgungskolonien hatten selbstverständlich militärische Bedeutung. Sie waren befestigt, und zu ihrem Schutz konnten außer den Bürgern auch die Beisassen aufgeboten werden, wie wir aus der Gründungsurkunde der Kolonie Urso in der Baetica erfahren.¹¹¹

Oktavian/Augustus hat das Siedlungswerk seines Adoptivvaters in weit größerem Umfang fortgeführt. Zahlreiche Kolonien entstanden vor allem in Italien. Die Bedeutung, die Italien im Werk des ersten Prinzeps zukam, ist bekannt. Erst durch Oktavian wurde Italien überhaupt zu einer politischen Einheit. Denn auf sein Betreiben ist im Jahre 42 die Gallia Cisal-

---

¹⁰⁹ Vittinghoff, Kolonisation 87 ff. Brunt, Manpower 600. Schneider, Veteranenversorgung 205. Vgl. G. W. Bowersock, Augustus and the Greek World 62 ff., wonach Lampsakos ebenso wie eine Reihe andrer Orte im Osten ein 'non-colonial settlement of Roman citizens' (p. 64) gehabt habe. Die Kolonie Apamea Myrlea sei erst von Antonius angelegt worden.

¹¹⁰ Vgl. D. Kienast, Gymnasium 76, 1969, 439. Bowersock, Augustus 68, denkt in erster Linie an militärische Gründe, räumt aber ein, daß einige Siedler 'were inexperienced Italians, ill prepared for defence'. Boegli, Studien 7, macht für die Anlage der bithynischen Kolonien den Wunsch Caesars verantwortlich, sich eine Versorgungsbasis für seinen geplanten Partherkrieg zu schaffen. Kommerzielle Gründe und das Bestreben, durch Anlage der aus Freigelassenen bestehenden Kolonien 'a foreign element' aus Rom zu entfernen, vermutet T. Frank, An economic History of Rome, Baltimore² 1927, 348f.

¹¹¹ FIRA I² Nr. 21 (Crawford, Roman Statues I 393 ff. Nr. 25 = Historische Inschriften Nr. 85), cap. XCVIII und CIII. Bezeichnend ist auch das Verbot, einen Senator oder den Sohn eines Senators zum Patron der Kolonie zu wählen, es sei denn, er wäre ohne *imperium* und besitze die Zustimmung von drei Vierteln der Decurionen (cap. CXXX vgl. cap. XCVII). Vgl. dazu Vittinghoff, Kolonisation 52 mit Anm. 10, der die Bestimmung über die *patroni* und die Strafandrohung von 100000 Sesterzen „mit dem Vorhandensein starker pompeianischer Klientelen" erklärt. Das gilt aber wohl nicht bloß für diesen konkreten Fall und nicht nur für Spanien. Jene Bestimmung scheint vielmehr zu zeigen, vor welchem allgemeinen Hintergrund man die caesarische Kolonisationstätigkeit zu sehen hat. Vgl. auch J. Nicols, Chiron 9, 1979, 249f.

pina, die zwar schon von Caesar das volle römische Bürgerrecht erhalten hatte, aber weiterhin als Provinz behandelt wurde und dem Regiment eines Statthalters unterstand, mit dem übrigen Italien vereinigt worden.[112] Es ist daher vielleicht kein Zufall, daß Augustus seinen Historiker in T. Livius aus dem oberitalischen Padua fand und daß sich der Transpadaner Vergil aus Mantua zum Sprecher des neuen, von Augustus kräftig geförderten italischen Gemeinschaftsgefühls machte. Schon seit dem Ende des Bundesgenossenkrieges hatte die Umwandlung der italischen Städte in römische Munizipien zu einer gewissen Vereinheitlichung Italiens geführt. Ob dann Caesar oder Augustus die Verhältnisse in den italischen Gemeinden durch eine allgemeine *lex Iulia municipalis* geregelt hat, ist in der Forschung umstritten.[112a] Auch ohne eine solche Regelung brachte jedoch die Romanisierung der italischen Gemeinden eine gewisse Vereinheitlichung mit sich. Durch den Census des Jahres 29/28 v. Chr. wurden dann auch die letzten Italiker, die bisher noch dem römischen Staatsverband ferngeblieben waren und an ihren alten Bräuchen und lokalen Bindungen festgehalten hatten, in die römischen Bürgerlisten eingetragen. Sie mußten nun die römischen *tria nomina* übernehmen und sich der lateinischen Sprache bedienen. Erst unter Augustus verschwindet denn auch das Etruskische völlig aus den Inschriften.[113] Die alten Stammesgrenzen verlieren

[112] Appian, bell. civ. 5, 12. Dazu G. E. F. Chilver, Cisalpine Gaul, Oxford 1941, 9ff. Vgl. auch das typologisch angelegte Werk von G. A. Mansuelli, Urbanistica e architettura della Cisalpina romana fino al III sec. e. n., Brüssel 1971. Zu der nach dem Bundesgenossenkrieg einsetzenden Urbanisierung der Cisalpina s. E. Gabba a. O. (Anm. 95a) 88ff. (mit weiterer Lit.). Zur Haltung der oberitalischen Städte gegenüber Augustus vgl. G. Tibiletti, L'Italia settentrionale nell' età antica. Convegno in memoria di P. Fraccaro, Athenaeum fasc. spec., Pavia 1976, 51ff., bes. 58ff. Die Vereinigung der Cisalpina mit dem übrigen Italien war im übrigen begleitet von einer Neuvermessung des Landes, s. dazu E. Gabba, Athenaeum 73, 1985, 279ff. – Vgl. allgemein: E. T. Salmon, The Making of Roman Italy, London 1982, 143ff. T. W. Potter, Roman Italy, London 1987 (mit vielen Plänen). P. Sommella, Italia antica. L'urbanistica romana, Rom 1988, 143ff. St. L. Dyson, Community and Society in Roman Italy, Baltimore–London 1992, 89ff.

[112a] Die Diskussion ist bes. durch die Publikation der *lex Irnitana*, eines Munizipalgesetzes aus flavischer Zeit, neu belebt worden. Vgl. J. González, JRS 76, 1986, 147ff., und A. d'Ors, La ley Flavia municipal, Rom 1986. Das Gesetz enthält in Kap. 91 einen Hinweis auf die *lex Iulia de iudiciis privatis* (wohl vom J. 17 v. Chr.). J. González a. O. 150 und T. Giménez-Candela, RIDA 30, 1983, 125ff., postulierten daher eine von Augustus erlassene *lex Iulia municipalis*. Dagegen hat sich mit guten Gründen H. Galsterer, RHDFE 65, 1987, 181ff. (mit Lit.) ausgesprochen. Vgl. ders., in: CAH X² 403f. und 410f.

[113] Dazu P. Bruun, Studies in the Romanization of Etruria, Rom 1975 (vgl. oben S. 82 Anm. 14). Vgl. allg. J. Vogt, Saeculum 26, 1975, 1ff.

durch die Einteilung Italiens in 11 Regionen weiter an Bedeutung.[114] In dem von Augustus geschaffenen *ius Italicum* schließlich findet der neue Rang des römischen Italien einen konkreten Ausdruck.[115] Zur Vereinheitlichung Italiens trugen aber vor allem die Kolonien des Oktavian/Augustus bei, die das Land fest in die Hand des Prinzeps brachten und die durch ihr einheitliches Stadtbild das Gesicht des neuen Italien prägen sollten. Schon nach der Schlacht bei Philippi begann Oktavian damit, die Veteranen der Triumvirn in Kolonien anzusiedeln. Nach dem Sieg über Antonius hat der Prinzeps dann noch einmal zahlreiche Kolonien auf italischem Boden angelegt.[116] Da die Ungunst der Überlieferung nicht immer den Zeitpunkt der Gründung genau zu bestimmen erlaubt, seien die wichtigsten Kolonien in Italien hier zusammen aufgeführt.[117] In Oberitalien erhielten Ateste, Bononia, Brixia (Brescia), Cremona, Parma und Pola römische Kolonien, ebenso Augusta Taurinorum (Turin). Im Gebiet der Salas-

[114] Die Regioneneinteilung Italiens wurde vielleicht 6 n. Chr. im Zusammenhang mit der Einführung der *vicesima hereditatium* vorgenommen, vgl. R. Thomsen, The Italic Regions from Augustus to the Lombard Invasion, Kopenhagen 1947, 149 ff. Vgl. auch P. Bruun a. O. 499 und oben S. 406 A. 94. Dagegen hat sich jetzt jedoch W. Eck, Die staatliche Organisation Italiens 132 ff., ausgesprochen. Vgl. jetzt P. Ørested, in: Studies in Ancient History and Numismatics pres. to R. Thomsen, Aarhus 1988, 124 ff., der die Regioneneinteilung schon 8 v. Chr. abgeschlossen sein läßt. Dazu C. Nicolet, CCG 2, 1991, 73 ff. – Zur Situation Italiens unter Augustus s. auch F. De Martino, Athenaeum 1975, 245 ff., der besonders die Beschränkungen der lokalen Autonomie durch den Prinzeps untersucht. Vgl. auch M. H. Crawford, CAH X² 414 ff., zum Verschwinden der autochthonen Kultur Italiens. – Das Fortbestehen eines hohen Maßes an lokaler Autonomie betont dagegen E. Gabba, in: Continuità e transformazioni fra repubblica e principato 69 ff.

[115] Zum *ius Italicum* s. unten S. 492 f.

[116] Zu den Ansiedlungen nach Philippi und nach Actium vgl. oben S. 42 ff. und S. 320 ff. Vgl. auch H.-Chr. Schneider, Veteranenversorgung 213 ff., und L. Keppie, Colonisation and Veteran Settlement in Italy 47–14 B. C., London 1983.

[117] Augustus rühmt sich, in Italien 28 blühende Kolonien gegründet zu haben (RgdA 28). Plinius (n. h. 3, 46 ff.) bezeichnet 46 Städte in Italien als Kolonien, wobei er sich ausdrücklich auf eine *descriptio Italiae* des Augustus beruft. Wahrscheinlich sind in der Zahl des Plinius auch die triumviralzeitlichen Gründungen mit inbegriffen. Weitere Städte werden im sog. *Liber coloniarum I* als augusteische oder triumvirale Gründungen genannt. Doch ist der Quellenwert des *Liber coloniarum* umstritten. Vgl. oben Anm. 97 und F. Blume–K. Lachmann–A. Rudorff, Die Schriften der römischen Feldmesser, Berlin 1848/52, I 209 ff. (Text des *Liber coloniarum*), II 145 ff. (Th. Mommsen, Die libri coloniarum [= Th. Mommsen, Ges. Schriften V, Berlin 1908, 146 ff.]). Vgl. allgemein zur italischen Kolonisation P. A. Brunt, Manpower 608 ff. H.-Chr. Schneider, Veteranenversorgung 222 f. und 246 ff. Zu den Ansiedlungen, die Oktavian nach Philippi in Italien vornahm, vgl. Teil I oben S. 43 ff. mit Anm. 160 ff. Zu den augusteischen Bauten in Italien s. oben S. 420 ff.

ser wurde 25 v. Chr. die Festung Augusta Praetoria (Aosta) angelegt. In Venetien ist Concordia als *colonia Iulia* bezeugt. In Istrien wurden Parentium (Parenzo) und Tergeste römische Kolonien. Südlich des Po wurden Ariminum (Rimini) und Dertona (Tortona) kolonisiert.[118] In Etrurien entstanden Kolonien in Florentia (Florenz), Pisae, Luca, Lucus Feroniae, Rusellae (Roselle), Saena (Siena) und Sutrium. In Umbrien begegnen Fanum Fortunae (Fano), Hispellum (Spello) und Tuder (Todi) sowie Pisaurum (Pesaro) als römische Kolonien.[119] Für Latium ist Sora und für Picenum Firmum (Fermo) als Kolonie bezeugt.[119a] In Campanien sind Capua und Nuceria (Nocera), vielleicht auch Nola, der Sterbeort des Augustus, sowie Suessa (Ausonia),[120] Teanum Sidicinum (Teano) und Venafrum zu nennen. Vielleicht erhielten auch Cumae und Puteoli damals römische Kolonien.[121]

[118] Vgl. G. E. F. Chilver, Cisalpine Gaul 15 ff., der auch für Placentia und für Veleia augusteische Kolonien vermutet. Vgl. M. L. Pagliani, Piacenza. Forma e urbanistica, Rom 1991. Cremona romana, Atti del congresso storico archeologico, Cremona 1982, 2 Bde., Cremona 1985. G. Fischer, Das römische Pola, München 1996. St. Mlakar, Das Amphitheater in Pula, Pula 1997. Zu Augusta Taurinorum s. oben S. 423 Anm. 149. Zu Parentium vgl. M. Lambertz, RE XVIII 4, 1949, 1461 ff. – Zu Augusta Praetoria s. P. Barocelli, Rev. ét. Ligur. 36, 1970 (= Omaggio F. Benoit IV), 7 ff. F. Condina, Atti Centro studi e documentazione 6, 1974, 5, 91 ff., und oben S. 355 f.. Dazu Atti del congresso sul bimillenario della città di Aosta, Aosta 1982, und F. Corni, Aosta antica. La città romana, Aosta 1989. Zu Concordia s. P. Croce da Villa, in: Il Veneto nell'età romana 391 ff. Zu Bononia vgl. oben S. 69 Anm. 241. Dazu G. Tibiletti a. O. (Anm. 112) 59, wonach man in Bononia unter Augustus eine rege Bautätigkeit feststellen kann.

[119] Vgl. W. V. Harris, Rome in Etruria and Umbria, Oxford 1971, 299 ff., und H. H. Scullard, The Etruscan Cities and Rome, London 1967, 280. G. Ciampoltrini, Studi class. et orient. 31, 1981, 41 ff. Dazu P. Menacci–M. Zecchini, Lucca Romana, Lucca 1982. – Zu Pisa s. S. Bruni–M. Pastinucci–S. Menchelli, in: La ciudad en el mundo romano II 76 f. – Zu Hispellum s. D. Manconi–P. Camerieri–V. Cruciani, in: G. Bonamente–F. Coarelli, Assisi e gli Umbri nell'antichità, Assisi 1996, 375 ff. Zu Pisaurum s. I. Zicàri RE Suppl. XI, 1968, 1092 ff. M. R. Valazzi (Ed.), Pesaro nell'antichità, Pesaro 1984, ²1995, – Veji wurde römisches Municipium: P. Liverani, Municipium Augustum Veiens, Rom 1987.

[119a] L. Polverini u. a., Firmum Picenum I, Pisa 1987. Vgl. Chr. Delplace, La romanisation du Picenum, L'exemple d'Urbs Salvia, Rom 1983. – Ancona war eine Kolonie des Antonius s. Appian, b. c. 5, 23 § 90. S. Sebastiani, Ancona. Forma e urbanistica, Rom 1996.

[120] Zu Suessa vgl. H. Philipp, RE IV A 1, 1931, 584 ff. und E. Gizzi, in: La ciudad en el mundo romano 172 ff. – Zu Capua s. K. J. Rigsby, TAPA 106, 1976, 313 ff.

[121] Vgl. lib. colon. I p. 232, 10 ff. und 236, 11 ff. Dazu H.-Chr. Schneider, Veteranenversorgung 248, und P. A. Brunt, Manpower 609. – Zum Verhältnis des Augustus zu Cumae vgl. die oben S. 422 Anm. 148 genannte Literatur. – Unsicher ist auch, wann Abellinum Kolonie wurde, vgl. P. A. Brunt a. O.

In Samnium bekamen Bovianum (Boiano) und Benevent, in Apulien schließlich Luceria (Lucera) und Venusia (Venosa) Kolonien.[122] In der Narbonensis erhielt u. a. Forum Julii (Fréjus) eine römische Kolonie. Vielleicht hat der Prinzeps auch nur eine bereits von Caesar angelegte Kolonie verstärkt. Oktavian schaffte außerdem die bei Actium erbeuteten Schiffe des Antonius nach Forum Julii und ließ den Ort als Kriegshafen ausbauen.[123] Weitere römische Kolonien entstanden in Baeterrae (Béziers) und Arausio (Orange). Die von Caesar geplante und von Munatius Plancus ausgeführte Kolonie Raurica hat Augustus neu gegründet, weshalb sie seitdem den Namen Augusta Raurica führte.[124] Eine Kolonie latinischen Rechtes wurde Nemausus (Nîmes).[125] Weitere latinische Städte der Narbonensis waren nach Plinius u. a. Alba Helviorum (Alba), Apollinaris Reiorum (Riez), Cabelio (Cavaillon), Carpentorate (Carpentras), Avennio (Avignon), Carcasio (Carcassonne), Tolosa (Toulouse), Vasio (Vaison), Lucus Augusti (Luc-en-Die), Apta Iulia (Apt), Glanum (Saint-Rémy), Aquae Sextiae (Aix-en-Provence) und Vienna (Vienne).[126] Valentia (Valence) hatte wohl schon vor Augustus das latinische Recht erhalten.[127] In der Gallia Comata war u. a. Lugdunum Convenarum (Saint-Bertrand de Comminges) eine Stadt latinischen Rechtes.[128] Auffällig ist

[122] Zur Kolonie Venusia s. G. Radke, RE VIII A 1, 1955, 892 ff. Nr. 1 sowie P. Fedeli u. a., Venosa, Rom 1992, und M. L. Marchi Sabbatini, Venosa, Rom 1997.

[123] Zu den Kolonien in der Narbonensis und in der Gallia Comata s. F. Vittinghoff, Kolonisation 100 ff. P. A. Brunt, Manpower 589 ff., H.-Chr. Schneider, Veteranenversorgung 252. M. Chrstol, Les colonies de Narbonnaise et l'histoire sociale de la province, in: Prosopographie und Sozialgeschichte, hrsg. von W. Eck, Köln 1993, 277 ff. Zur augusteischen Kolonisation in Gallien s. jetzt E. S. Ramage, Klio 79, 1997, 120 ff. Zu Baeterrae und Forum Julii vgl. oben Anm. 106. Vgl. außerdem die umfangreiche Monographie von M. Clavel, Béziers et son territoire dans l'antiquité, Paris 1970. Dazu M. Clavel–Lévêque, M. Christol und Ch. Olive, in: Cité et Territoire (wie Anm. 104) 89 ff. 101 ff. und 207 ff. Zu den augustuszeitlichen Bauten in Gallien s. oben S. 426 ff.

[124] Dazu H. Lieb, Chiron 4, 1974, 415 ff.

[125] Zur Deutung der Krokodilmünzen von Nemausus s. F. Vittinghoff, Kolonisation 101, 2, und R. Ziegler, Neusser Jb. 1976, 30. – Nach C. Goudineau, Rev. Arch. Narb. 9, 1976, 105 ff., hatte Nemausus schon vor Caesar das latinische Recht erhalten, der ihr auch das Gebiet der Volcae Arecomici attribuiert hätte. Augustus habe die Regelung dann bestätigt (vgl. Strabon 4, 1, 12 p. 186 f.). – Vgl. allg. zu Nîmes oben S. 426 f. m. A. 160.

[126] Plin. n. h. 3, 36. Zum Stadtrecht von Vienna s. R. Frei-Stolba, Mus. Helv. 41, 1984, 81 ff. Allg. zu Vienna s. oben S. 426 m. A. 158.

[127] Vgl. P. Goessler, RE VII A 2, 1948, 2150 ff. Nr. 5 (bes. 5154), und A. Blanc, Valence romaine, 1953 (mit Bibliographie).

[128] Strabon 4, 2, 2 p. 191. Ptolem. 2, 6. Dazu H. Wolff, BoJbb 176, 1976, 48 ff. Zu den Bauten der Stadt s. oben S. 429 Anm. 162.

besonders die große Zahl privilegierter Gemeinden und die rege augusteische Bautätigkeit gerade in der Narbonensis. Gewiß war dieses Land schon zu Ciceros Zeit stark romanisiert, so daß die Verleihung des römischen oder latinischen Stadtrechtes nur konsequent schien. Aber andere Gründe müssen hinzugekommen sein. Es scheint so, als habe der Prinzeps die Narbonensis, die er im Jahre 22 v. Chr. dem Senat zurückgab,[129] als wichtiges Durchgangsland nach Spanien mit seinem Erzreichtum, aber auch als Basis, von der aus die Erschließung der Gallia Comata erfolgen sollte, fest seiner Klientel eingliedern wollen.

In Spanien erhielten in der Baetica, die vor anderthalb Jahrzehnten noch eine starke Anhängerschaft für Sex. Pompeius gestellt hatte, u. a. Astigi und Tucci römische Kolonisten.[130] Nach Caesars Vorbild verlieh aber Oktavian/Augustus auch einer ganzen Reihe von peregrinen Gemeinden das römische Munizipalrecht, darunter wohl auch Italica, wo einst der ältere Scipio Soldaten seiner Armee angesiedelt hatte. Die Stadt sollte später der Geburtsort der Kaiser Trajan, Hadrian und Theodosius werden.[131] – In der Provinz Tarraconensis sind die wichtigsten Gründun-

[129] Dio 54, 4, 1.
[130] Plin. n. h. 3, 12. Vgl. zu den spanischen Städten F. Vittinghoff, Kolonisation 104 ff.; P. A. Brunt, Manpower 584 ff. und 590 ff.; H.-Chr. Schneider, Veteranenversorgung 249 ff.; H. Galsterer, Untersuchungen zum römischen Städtewesen auf der Iberischen Halbinsel, Berlin 1971, 17 ff., sowie das Sammelwerk Ciudades Augusteas de Hispania, Bimilenario de la Colonia Caesaraugusta, 2 Bde., Zaragoza 1976. Allg. s. auch B. D. Hoyos (o. Anm. 103) und A. Tovar, Iberische Landeskunde II, Die Völker und Städte des antiken Hispanien, 1. Baetica, 2. Lusitanien. Baden-Baden 1974/76. Dazu R. Wiegels, Gnomon 50, 1978, 654 ff. Vgl. oben S. 430 A. 162a.
– Zugleich mit der römischen Stadtkultur verbreitete sich auch der Typ der italischen Villa in Spanien, s. J. G. Gorges, Les villas hispano-romaines. Inventaire et problématique archéologiques, Paris 1980.
[131] So F. Vittinghoff, Kolonisation 105. Nach H. Galsterer, Untersuchungen 12, war Italica schon 47 v. Chr. Munizipium. Vgl. J. González Fernández, Mél. de la Casa de Velázquez 20, 1984, 17 ff., und P. L. Alonso, in: Arqueología de las ciudades modernas 213 ff. S. jetzt A. Caballos Rufino, Itálica y los Italicenses, Sevilla 1994, 62 (zwischen 16 und 13 v. Chr.). Ebenso S. J. Keay, in: Italica MMCC. Actas de las Journadas del 2200 Aniversario de la Fundación de Itálica, Sevilla 1997, 37 f. Vgl. auch H. Galsterer, ebda. 56 ff. Auch Carteia wurde wohl unter Augustus römisches Munizipium, vgl. gegen H. Galsterer, Untersuchungen 9, jetzt R. Wiegels, Madrider Mitteilungen 15, 1974, 203 ff. Dazu L. Roldán Gomez, in Actas del XXIII Congreso nacional de arqueología II, Elche 1995, 37 ff. Zu den *oppida civium Romanorum* bes. in Spanien s. A. N. Sherwin-White, Citizenship 225 ff. und 344 ff. Vgl. auch die 'List of Provincial Municipia down to A. D. 14' bei P. A. Brunt, Manpower 602 ff. (ohne die gallischen Munizipien). Auf dem Kongreß „Las ciudades privilegiadas", Sevilla 1996, hat A. Caballos Rufino das Fragment einer Bronzetafel wohl aus augustei-

gen des Augustus Ilici (Elche) und Barcino (Barcelona) sowie am Ebro Caesaraugusta (Zaragossa). Auch im nördlichen Spanien erhielten zahlreiche Orte römisches Munizipalrecht, von denen Emporiae, Sagunt und Osca (einst die Residenz des Sertorius) die bekanntesten sind. Die 138 v. Chr. angelegte Kolonie Valentia wurde im Sertoriuskrieg vollkommen zerstört und erst von Augustus neu gegründet.[132] In Lusitanien schließlich entstand als neue Hauptstadt des Landes Emerita Augusta, das schon

scher Zeit vorgestellt, die anscheinend das Stadtrecht der latinischen Kolonie Aurelia Carissa (bei Bornos, Prov. Cádiz) enthielt. Die Kongreßakten sind im Druck. (Frdl. Mitteilung von Herrn A. U. Stylow.)

[132] Zu den augusteischen Städten der Tarraconensis vgl. auch H. Galsterer, Untersuchungen 24 ff. In Barcino ist eine Stadtmauer aus augusteischer Zeit festgestellt worden. Aus gleicher Zeit stammt wohl die Entwässerungsanlage der Stadt, vgl. J. O. Granados García, in: Ciudades Augusteas II 215 ff. (vgl. auch I. Rodà de Mayer, ebda. II 225 ff., zur Frage einer Vorläufersiedlung auf dem Montjuic). Allg. s. F. Pallarés, La topografia e le origine di Barcelona romana, Rev. ét. Ligur. 36, 1970 (Omaggio F. Benoit IV) 63 ff. Dazu J.-N. Bonneville, REA 80, 1978, 37 ff. J. O. Granadoz, in: Los Foros Romanos 61 ff. J. Guitart, in: Les enceintes augustéennes 125 ff. M. Raya de Cárdena–B. Miró Juárez, in: La ciudad en el mundo romano II 349 ff. R. Étienne, in: Subject and Ruler 157 ff. (Kaisertempel). – Caesaraugusta wurde nach Galsterer zwischen 17 und 12 v. Chr. angelegt. Zu Caesaraugusta s. oben S. 432 f. A. 165. – Zu Osca s. unten S. 496 A. 173a. Auch Salaria war nach Galsterer und Vittinghoff (Kolonisation 107) römische Kolonie (vgl. dazu auch oben S. 431 f.) ebenso wie Libisosa (beide nach Plin. n. h. 3, 25). – Zu Emporiae vgl. Livius 34, 9, 1 f. (dazu F. Vittinghoff, Kolonisation 80, und H. Galsterer, Untersuchungen 26 f.), wonach Augustus die dreigeteilte Stadt vereinigte und zum Munizipium erhob. Vgl. auch N. Lamboglia, Rev. ét. Ligur. 39, 1973, 21 ff. Dazu E. Sanmartí i Grego u. a., in: Stadtbild und Ideologie 117 ff. R. Mar–J. Ruiz de Arbulo, ebda. 145 ff. (Forum). J. Aquillé Abadiás u. a., El Forum Romà d'Empurias, Barcelona 1984. E. Rispoll Perelló, in: Arqueología de las ciudades modernas 313 ff. – Zu Sagunt s. R. Mar–J. Ruiz de Arbulo, in: Stadtbild und Ideologie 158 ff., sowie C. Aranegui und E. Hernández, a. O. 241 ff. und 251 ff. (augustuszeitliches Theater). Die Ausgrabungen zeigen, daß Saguntum unter Augustus in architektonischer Hinsicht ein ganz neues „Stadtbild" erhielt, so G. Alföldy, in: F. Beltrán Lloris (Ed.), Roma y el nacimiento de la cultura epigráfica en Occidente, Zaragoza 1995, 124 f. Vgl. auch M. Beltrán Lloris, in: El Teatro en la Hispania 153 ff. – Zu Valentia s. G. Alföldy, ebda. 122 (mit Lit.). Dazu A. Ribera i Lacomba, in: Los Foros Romanos 113 ff. – Neben den oben genannten Orten erhielten auch Iluro, Baetulo, Bilbilis, Turraso, Calagurris, Ilerda und Biscargis römisches Munizipalrecht: Plin. n. h. 3, 22 ff. Vittinghoff, Kolonisation 107 f. Zu Baetulo s. J. Guitart i Curán, Baetulo, Badalona 1976. P. Padrós i Marti, Baetulo, arqueología urbana 1975–1985, Badalona 1985. J. Guitart i Durán–P. Padrós i Marti, in: Stadtbild und Ideologie 156 ff. – Zu Bilbilis s. oben S. 432 A. 164. – Zu Calagurris s. U. Espinosa, Calagurris Iulia [Calahora], Logroño 1984. *Municipia iuris Latini* waren u. a. Lesera, Saetabis, Dianium und Lucentum. Vgl. G. Alföldy a. O. 122 mit Lit.

durch seinen Namen sich als Veteranenkolonie ausweist. Die Stadt erhielt das *ius Italicum* und verfügte über ein ungewöhnlich großes Territorium. Weitere Kolonien und Munizipien nennt Plinius; sie gingen zum Teil auf Caesar, zum Teil wohl auf Augustus zurück.[133]
Zahlreiche Kolonien des Augustus gab es auch in Africa. „Tatsächlich ist die wirkliche Kolonisation Africas das Werk von Caesars Erben."[134] Genannt sei etwa Cirta (Constantine) im ehemaligen Königreich Numidien. Die Stadt hatte einst der alte Catilinarier P. Sittius für Caesar dem Numiderfürsten Juba I. abgenommen und hier seine Anhänger angesiedelt. Augustus hat die Stadt im Jahre 26 v. Chr. durch neue Kolonisation verstärkt.[135] Auch Carthago erhielt neue Siedler. Caesar hatte hier eine Versorgungskolonie angelegt, die aber unter dem Regiment des Lepidus schwer gelitten hatte. Oktavian schickte daher im Jahre 29 v. Chr. 3000

---

[133] Zu Emerita s. Galsterer, Untersuchungen 23, und R. Wiegels, Zum Territorium der augusteischen Kolonie Emerita, Madrider Mitt. 17, 1976, 258ff. „Mit Emerita schuf der Prinzeps einen zentralen Ort, von dem aus die administrative Erfassung der in diesem Bereich siedelnden, im übrigen auf dem Lande sicherlich sehr dünnen Bevölkerung einschließlich Steuererhebung und Rechtsprechung erleichtert, wenn nicht gar erst ermöglicht wurde", a. O. 282. Nach A. M. Canto, in: Stadtbild und Ideologie 289ff., war das Stadtgebiet jedoch kleiner als früher angenommen und hatte der Ort schon eine caesarische Vorgängersiedlung. Vgl. auch W. Trillmich, ebda. 299ff. R. Étienne, in: Cité et Territoire (wie A. 104) 27ff. F. Mayet, Mérida: capitale économique, in: Les villes de Lusitanie romaine, 207ff. Zu einem *augustalis Emeritensis* und zu dem anscheinend mit dem Kaiserkult verbundenen Kult der *Confluentes* in Emerita s. A. M. Canto, Madr. Mitt. 38, 1997, 247ff. S. auch oben S. 430 Anm. 163 und unten S. 494 Anm. 167. Zu dem wohl von C. Norbanus Flaccus zwischen 36 und 34 v. Chr. gegründeten Norba Caesarina s. H. Galsterer, Untersuchungen 23f., und oben Anm. 103. Zu den römischen Städten Lusitaniens s. P. Le Roux, in: Les villes de Lusitanie romaine 35ff.

[134] H.-G. Pflaum, in: Akten des VI. intern. Kongr. für griech. und latein. Epigraphik 1972, München 1973, 58. Zu den augusteischen Städten Afrikas vgl. außer Pflaum (a. O. 58ff.) ferner F. Vittinghoff, Kolonisation 110ff. P. Romanelli, Storia delle provincie romane dell'Africa, Rom 1959, 188ff. L. Teutsch, Das Städtewesen in Nordafrika, Berlin 1962, 130ff. P. A. Brunt, Manpower 581ff. 593ff. H.-Chr. Schneider, Veteranenversorgung 204ff. J.-M. Lassère, Ubique Populus (o. Anm. 105), 201ff., der versucht, an Hand des onomastischen Materials der Inschriften die Herkunft der augusteischen Siedler zu ermitteln. H. Freis, Chiron 10, 1980, 361ff.

[135] Zu Cirta und seinem Städteverband s. F. Vittinghoff a. O. 112f. und J.-M. Lassère a. O. 166ff. Oktavian/Augustus schickte neue Kolonisten nach Cirta, vgl. AE 1955 Nr. 202 (vom J. 26 v. Chr.). Dazu P. Romanelli a. O. 198 und 668, sowie H.-G. Pflaum a. O. 59. Daneben wurde von Oktavian die Colonia Julia Veneria Cirta Nova Sicca gegründet, s. Romanelli a. O. und J.-M. Lassère a. O. 219ff., sowie A. Beschaouch, CRAI 1981, 105ff.

neue Kolonisten (wohl Veteranen) nach Carthago.[136] Während Caesar (wohl aus religiösen Rücksichten) seine Kolonie westlich des Byrsa-Hügels vom Meer entfernt landeinwärts angelegt hatte, besiedelte Oktavian den Boden des alten Carthago neu und legte seine Stadt am Meer an. Da die Kolonie außerdem über ein umfangreiches Territorium verfügen konnte, wurde Carthago schnell wieder zum natürlichen Zentrum Africas.[137] Außer in einer Reihe weiterer Kolonien[138] hat der Prinzeps seine Veteranen auch auf dem Land außerhalb der städtischen Territorien, in den *pagi*, angesiedelt.[139] Oktavian bekam durch diese Ansiedlungen das fruchtbare Getreideland Africa so fest unter seine Kontrolle, daß er die Verwaltung der Provinz später ohne Gefahr senatorischen Statthaltern anvertrauen konnte. Außer den Kolonien bezeugt Plinius für Africa 15 *oppida civium Romanorum*, in denen man wohl römische Munizipien erblicken darf. Sie lagen offenbar zumeist im fruchtbaren Bagradas-Tal, doch kennt man nur wenige genauer. Am frühesten erhielt im Jahre 36, gleich nach dem Sieg über Sex. Pompeius, Utica römisches Munizipalrecht.[140] – Ebenso wie die alte Provinz Africa war auch Mauretanien reich an augusteischen Kolonien. Die bekanntesten sind vielleicht Saldae und Cartena.[141] Die Stadt

---

[136] Dio 52, 43, 1. Appian, Lib. 136 § 647. Zur Tätigkeit des Lepidus in Afrika s. J.-M. Lassère a. O. (Anm. 105) 200 f. Zum Wiederaufbau von Carthago s. F. Rakob, in: 150 Jahre Deutsches Archäologisches Institut 1829–1979, Mainz 1983, 107 ff.

[137] Vgl. P. Romanelli a. O. 189 ff. und 669 ff., sowie J.-M. Lassère a. O. 204 ff., der auch auf die mit der Neugründung Carthagos verbundene Propaganda eingeht, die bei Vergil noch faßbar ist (vgl. auch die bei Lassère angeführte Literatur). Zum Territorium von Carthago s. D. Fishwick–B. D. Shaw, Hermes 105, 1977, 372 ff. mit der älteren Literatur. Dazu P. Gros, in: L'Afrique dans l'Occident romain, Rom 1990, 547 ff., und A. Beschaouch, CRAI 1995, 868 ff. Vgl. J. Holst u. a., Die deutschen Ausgrabungen in Karthago I, Mainz 1991.

[138] Nach H.-G. Pflaum a. O. 58 waren «très probablement» Neapolis und Hippo Diarrhytos augusteische Kolonien, ferner sicher Uthina Tertia Decimanorum, Thuburbo Minus Octavanorum und Maxulla. Dazu im Innern: Smitthus, Thuburnica, Sicca Veneria, Assuras und vielleicht Thub … Vgl. auch N. Ferdiou, Les mausolées augustéennes d'Assuras, MEFRA 99, 1987, 767 ff.

[139] Vgl. z. B. Dessau Nr. 9400. Dazu P. Romanelli a. O. 188 und 197 f. sowie H.-G. Pflaum, Ant. Afr. 4, 1970, 75 ff. = Afrique Romaine, Paris 1978, 300 ff. – Zu den afrikanischen *pagi* vgl. allgemein G. Ch. Picard, Karthago 15, 1969, 3 ff., M. Clavel-Lévêque (o. Anm. 96a) 12 f., und G. Luzzatto, Festschrift Zepos I, Athen 1973, 527 ff.

[140] Plin. n. h. 5, 29. Dazu P. Romanelli a. O. 209 ff. Zu Utica s. Plin. n. h. 5, 24 und Dio 19, 16, 1. Dazu F. Vittinghoff, Kolonisation 114.

[141] Vgl. H.-G. Pflaum, Akten des VI. intern. Kongr. für griech. und lat. Epigraphik, München 1973, 59, wonach die *coloniae Iuliae* in den Jahren 31 bis 27 v. Chr., die *coloniae Iuliae Augustae* in der Zeit von 27 bis 25 v. Chr. angelegt worden seien (ebenso schon P. Salama, Rev. Afric. 99, 1955, 33). Vgl. jedoch oben Anm. 98. S. jetzt N. K. Mackie, Augustan Colonies in Mauretania, Historia 32, 1983, 332 ff.

Tingis (Tanger) wurde römisches Munizipium.[142] Betrachtet man die Verteilung der augusteischen Kolonien auf der Karte, so erkennt man, daß sie in Africa und in Mauretanien am dichtesten gesät sind. Das ist wohl kaum ein Zufall. Africa war neben Ägypten die wichtigste Kornkammer Roms.[143] Schon deshalb mußte Oktavian daran liegen, das Land fest in seine Hand zu bekommen. Mauretanien war überhaupt noch keine römische Provinz, als Oktavian seine Kolonien dort anlegte. König Bocchus II. war 33 v. Chr. gestorben, und erst 25 v. Chr. wurde Juba II. als neuer König eingesetzt. In der Zwischenzeit verfügte Oktavian über das Königreich wie über herrenloses Land. Das Gebiet war für die Ansiedlung von Veteranen besonders geeignet, weil die Küstenorte für den Handel günstig lagen und über ein fruchtbares Hinterland verfügten. Gleichzeitig konnte Rom mit diesen Kolonien die wichtige Küstenstraße von Karthago nach Spanien kontrollieren.[144]

In Sizilien,[145] das im Bürgerkrieg den Sex. Pompeius unterstützt hatte, hat Oktavian schon nach seinem Sieg bei Naulochos Soldatenkolonien anlegen lassen, später kamen noch weitere Gründungen dazu. Im Osten wurden Syrakus, Katane und Tauromenion, im Norden Tyndaris, Thermae und Panormos römische Kolonien. Eine Reihe von Orten erhielt auch römisches Munizipalrecht, zuerst Messana, später noch andere Gemeinden. Ebenso hat Augustus wohl in Sardinien einigen Orten römi-

[142] P. Romanelli, Storia 201. H.-G. Pflaum a. O. 60. H. Galsterer, Untersuchungen 32 f. – Vgl. jedoch J. Gascou, Ant. Atricaine 8, 1974, 67 ff., wonach Tingis 38 v. Chr. das röm. Bürgerrecht erhalten habe. Zwischen 33 und 25 v. Chr. sei dann eine Veteranendeduction erfolgt, während gleichzeitig ein Teil der Bürger von Tanger nach Iulia Traducta umgesiedelt worden sei. Vgl. auch M. Ponsich, ANRW II 10, 2, 1982, 787 ff.
[143] Ägypten produzierte ein Drittel des römischen Getreidebedarfs, Afrika ein weiteres Drittel, vgl. D. van Berchem, Les distributions de blé, Genf 1939, 80.
[144] Vgl. allgemein über Mauretanien St. Weinstock, RE XIV 2, 1930, 2344 ff., und J.-M. Lassère, Ubique Populus 221 ff.
[145] Zu den Ansiedlungen nach der Schlacht bei Naulochus s. oben S. 57 f. mit Anm. 210. Zu den Gründungen des Jahres 21 v. Chr. s. Dio 54, 7, 1. Allgemein s. Plin. n. h. 3, 88 ff. Dazu F. Vittinghoff, Kolonisation 118 ff. P. A. Brunt, Manpower 597 und 605 f. H.-Chr. Schneider, Veteranenversorgung 249. M. A. Goldsberry, Sicily and its Cities in Hellenistic and Roman Times, Diss. Univ. of North Carolina at Chapel Hill, Ann Arbor 1979, 489 ff. (The Caesarian-Augustan reorganisation of Sicily). Vgl. auch G. Manganaro, in: Storia della Sicilia II, Neapel 1979, 451 ff., und in: ANRW II 11, 1, 1988, 3 ff. R. J. A. Wilson, ebda. 90 ff., und: Sicily under the Roman Empire, Warminster 1990, 33 ff., sowie CAH X^2 434 ff. Zur Chronologie vgl. C. Reid Rubincam, AJA 89, 1985, 521 f. – Syrakus besaß ein Theater und ein Amphitheater aus augusteischer Zeit, vgl. H.-P. Drögemüller, RE Suppl. XIII 1973, 835 f., und R. A. Wilson, Miscellanea E. Manni, Rom 1980, IV 2217 ff.

sches Munizipalrecht verliehen. Auf Corsica erhielt die Kolonie Aleria neue Siedler.[146]

Relativ wenige Kolonien hat der Prinzeps in Illyricum angelegt; nur Iader, Salona, Narona und Epidaurum lassen sich benennen, wobei es fraglich ist, ob alle Orte ihr Kolonialrecht von Oktavian/Augustus haben.[147] Plinius bezeugt außerdem in augusteischer Zeit für Illyricum sieben Munizipien römischer Bürger.[148]

Auch Makedonien und Achaia wurde in die augusteische Kolonisation mit einbezogen.[149] Oktavian hat im Jahre 30 die Bürgerschaft verschiedener italischer Gemeinden nach Dyrrhachium (Epidamnos) und Philippi umgesiedelt.[150] Dyrrhachium war als Ausgangspunkt der Via Egnatia, die von der Adria bis Thessalonike führte (und später bis Byzanz verlängert wurde), von höchster strategischer Bedeutung. In Philippi hatte schon Antonius eine Kolonie anlegen lassen, die also im Jahre 30 verstärkt wurde. Die bedeutendste augusteische Kolonie aber war Patras, die wichtigste Hafenstadt am Eingang des Korinthischen Golfes, welche Antonius und Kleopatra im actischen Krieg zu ihrem Hauptquartier gemacht hatten. Der jüngere Caesar siedelte hier zwei Legionen an.[151] Die Altbürger von Patras wurden zu gleichen Rechten in die neue Kolonie aufgenommen. In

---

[146] Vgl. F. Vittinghoff, Kolonisation 123f., und P. A. Brunt a. O. Zu Aleria s. J. Jehasse, CRAI 1961, 369ff., und C. Goudineau, PECS 29f. Zum Forum von Aleria s. P. André, in: Africa Romana XI 2, 1994, 1163ff.

[147] F. Vittinghoff, Kolonisation 124ff. P. A. Brunt, Manpower 597f. und 606f. J. J. Wilkes, Dalmatia, London 1969, 57. – G. Alföldy, AAHung 10, 1962, 376ff., und Historia 13, 1964, 167ff., hat noch für weitere Orte augusteische Kolonien vermutet. Vgl. jedoch F. Vittinghoff, ANRW II 6, 1977, 11ff. – Salona war nach M. Zaninović, Akten des VI. intern. Kongresses für griech. und lat. Epigraphik, München 1973, 499, caesarische Kolonie. G. Alföldy, Historia 13, 1964, 169, hält ebenfalls Salona sowie Narona und Epidaurus für caesarische Kolonien. Salona sei eine „Doppelkolonie" gewesen (erschlossen aus den unterschiedlichen Tribusangaben der Stadtbürger, vgl. jedoch F. Vittinghoff a. O. 14). Vgl. auch H. Boegli, Studien (o. Anm. 105) 10. Vgl. auch N. Duval–E. Martin, Salona I, Sculpture architecturale. Rom 1994. – Emona dürfte erst eine tiberische Gründung sein, s. J. Šašel, RE Suppl. XI, 1968, 564f. Anders jedoch C. M. Wells, in: Roman Frontier Studies 1969, Oxford 1971, 185ff. Vgl. auch L. Plesničar-Gec, Antichità altoadriatiche 9, 1976, 119ff.

[148] Plin. n. h. 3, 141ff.

[149] Vgl. F. Vittinghoff, Kolonisation 126ff. P. A. Brunt, Manpower 598f. H.-Chr. Schneider, Veteranenversorgung 249. G. W. Bowersock, Augustus and the Greek World 65ff.

[150] Dio 51, 4, 6. Vgl. P. Collart, Philippes, ville de Macédoine, Paris 1937, 220ff. Vgl. F. Papazoglou, Les villes de Macédoine à l'époque romaine, Paris 1988, 405ff.

[151] U. Kahrstedt, Historia 1, 1950, 549ff. Vgl. oben Anm. 107. Dazu D. Strauch, Röm. Politik 106 (Kataster), 185ff. und 208ff. A. 154.

Makedonien erhielten ferner Dion und Pella, die einstige Königsresidenz, römische Kolonien und ebenso Kassandreia, das schon von Brutus im Jahre 43 römische Kolonisten empfangen hatte.[152] Aber auch im Osten hat Oktavian kolonisiert. Zu nennen sind Knossos auf Kreta sowie im nördlichen Kleinasien Parion und Alexandreia Troas, beide vielleicht noch auf Pläne Caesars zurückgehend, der ja in diesem Raum ebenfalls kolonisiert hatte. Die Kolonie Alexandria Augusta Troas erhielt außerdem im J. 12 v. Chr. die eigene Zollhoheit.[153] – Nach der Annektion von Galatien im Jahre 25 hat ferner Augustus im galatisch-pisidischen Raum mehrere Soldatensiedlungen anlegen lassen, welche vor allem die unruhigen Bergstämme des westlichen Taurus unter Kontrolle halten und damit zur Befriedung des Landes beitragen sollten. Am wichtigsten wurde die Kolonie Antiochia-Caesarea Pisidiae. Außerdem gehen noch einige weitere Kolonien auf Augustus zurück.[154] – Sicherungsaufga-

---

[152] Dium und Cassandrea besaßen ebenso wie Dyrrhachium und Philippi das *ius Italicum*, s. Paulus, Dig. 50, 15, 8, 8. Dazu vgl. unten S. 492f. Vgl. F. Papazoglou (wie A. 150) 108ff. (Dion), 135ff. (Pella) und 424ff. (Cassandreia).

[153] Vgl. F. Vittinghoff, Kolonisation 130ff. P. A. Brunt, Manpower 600f. H.-Chr. Schneider, Veteranenversorgung 251f. G. W. Bowersock, Augustus and the Greek World 65f. – Zu Alexandria Troas vgl. oben S. 381 A. 6a und S. 435 sowie C. Letta, Athenaeum 1978, 11ff. Die Stadt besaß (seit Augustus?) das ius Halicum. Dig. 50, 15, 7 und 8. 9.

[154] Zu den augusteischen Kolonien in Galatien s. B. Levick, Roman Colonies in Southern Asia Minor, Oxford 1967, bes. 29ff. Zu Antiochia s. B. Levick, RE Suppl. XI 1968, 49ff.; A. Krzyzanowska, Monnaies coloniales d'Antioche de Pisidie, Warschau 1970, und H. von Aulock, Münzen und Städte Pisidiens I, Tübingen 1977, 25. Augusteische Gründungen waren auch Cremna (H. von Aulock, Münzen und Städte Pisidiens II, Tübingen 1979, 36ff. St. Mitchell, Cremna in Pisidia, London 1995, 53ff.), Parlais (B. Levick, RE Suppl. XII 1970, 990ff. H. von Aulock, JbNum 23, 1973, 7ff., und: Münzen und Städte Lykaoniens, Tübingen 1976, 60), Olbasa (H. von Aulock, JbNum 21, 1971, 15ff., und 23, 1973, 18; Münzen und Städte Pisidiens 39f.), Comama (B. Levick, RE Suppl. XI 1968, 859ff. H. von Aulock, JbNum 20, 1970, 151ff.; Münzen und Städte Pisidiens 34) und Lystra (H. von Aulock, Chiron 2, 1972, 509ff., und: Münzen und Städte Lykaoniens 59f.). F. Vittinghoff, Röm. Kolonisation 132, läßt auch Ninica und Germa unter Augustus gegründet sein. Nach B. Levick (Roman Colonia 34) handele es sich bei jenen Kolonien dagegen um Gründungen Domitians. Zumindest Germa war aber nach Ausweis der Münzen eine augusteische Kolonie, s. H. von Aulock, Istanb. Mitt. 18, 1968, 221ff. (Zu den Münzen von Ninica s. W. Kubitschek, NumZ 34, 1902, 1ff.) Die galatischen Kolonien wurden nach B. Levick, Roman Colonies 34ff., wohl im J. 25 v. Chr. oder bald danach gegründet (Zweifel an dieser Datierung äußert E. L. Bowie, JRS 60, 1970, 202ff.). – außer den eben genannten Kolonien war wohl auch Iconium eine augusteische Gründung, s. H. von Aulock, Münzen und Städte Lykaoniens 51ff. Auch nach S. Mitchell, Historia 28, 1979, 409ff., wurden Ico-

ben hatten schließlich auch die beiden Kolonien, welche Augustus in Syrien gründete, nämlich Berytos (Beirut) und Heliopolis (Baalbeck).[155] Beide Kolonien sollten wohl dazu dienen, die Bergstämme des Libanon in Schach zu halten. Gleichzeitig waren sie auch handelspolitisch günstig gewählt und blühten daher rasch auf.

Vergleicht man das gewaltige Kolonisationswerk des Augustus mit der caesarischen Kolonisation, so darf man vielleicht sagen, daß der Sohn das Werk seines Adoptivvaters nicht nur weiterführte, sondern auch in seiner Zielsetzung teilweise modifizierte. Caesar hat seine Bürgerkolonien vor allem dort gegründet, wo seine innenpolitischen Gegner und besonders natürlich Pompeius von alters her über eine starke Anhängerschaft verfügten. So in Africa, in Spanien und in Bithynien. Selbstverständlich hat auch bei Caesar dieser Gesichtspunkt nicht allein im Vordergrund gestanden. Die von Caesar geplanten Kolonien Nyon und Augst waren z. B. rein unter außenpolitischen und strategischen Gesichtspunkten angelegt.[156] Bei Augustus dominierten außenpolitische und rein strategische Gesichtspunkte noch stärker. Vor allem aber stand er nach Actium vor der Aufgabe, weit über hunderttausend Menschen mit Siedlungsland zu versorgen. Die Absicht, ein Gegengewicht gegen die auswärtige Klientel seiner politischen Gegner zu schaffen, trat demgegenüber anscheinend in den Hintergrund, zumal viele Kolonien erst lange nach der Beendigung der Bürgerkriege ausgesandt wurden. Die italische Kolonisation und die Siedlungspolitik des Prinzeps in Afrika ist aber sicherlich auch unter dem Gesichtspunkt der Klientelpolitik zu verstehen.[157] Im ganzen trat dieser jedoch in der Kolonisationstätigkeit des Oktavian/Augustus etwas zurück. Damit hängt es vielleicht auch zusammen, daß Oktavian/Augustus offenbar nur sehr wenige Proletariatskolonien angelegt hat,[158] sondern fast aus-

---

nium und ebenso Ninica von Augustus angelegt und bildeten später Doppelgemeinden. Vgl. ders. in: ANRW II 7, 2, 1980, 1067 (wo auch auf die 'non colonial settlements' in Attaleia, Isaura, Neapolis und Apollonia verwiesen wird), sowie: Anatolia, Oxford 1993, 90ff. Vgl. auch R. Syme, Anatolica 225 ff.

[155] Vgl. G. W. Bowersock, Augustus and the Greek World 66, wonach auch Heliopolis zweifelsfrei eine augusteische Kolonie war (gegen A. H. M. Jones, The Greek City, Oxford 1940, 465, Anm. 86). Bowersock betont ferner (a. O. 71 f.) gegen A. N. Sherwin-White, Citizenship 174, die militärischen Funktionen von Berytus und Heliopolis und stellt heraus, daß die Ostkolonien nicht den Zweck hatten, der Romanisierung zu dienen. Vgl. auch J. Lauffray, ANRW II 8, 1977, 145 ff., zum Gründungsdatum von Berytus und F. Millar, in: H. Solin–F. M. Kajava, Roman Policy in the East and other Studies in Roman History, Helsinki 1990, 10 ff.

[156] Vgl. oben S. 478 mit Anm. 107.
[157] Vgl. oben S. 43 ff. und S. 350.
[158] Vgl. Sherwin-White, Citizenship 229.

schließlich Militärkolonien (wenn man von den italischen Umsiedlern einmal absieht.)[159]

Noch weniger sichere Aussagen lassen sich über die Munizipalisierungspolitik machen, da hier das Quellenmaterial meist noch dürftiger ist als für die Kolonien. Fest steht, daß Oktavian/Augustus zahlreichen Gemeinden teils latinisches, teils aber auch römisches Munizipalrecht verliehen hat. Deutlich ist ferner, daß zu den Voraussetzungen für die Gewährung des Munizipalrechts eine bereits erfolgte „Selbstromanisierung" ebenso gehörte wie der Beweis der Loyalität gegenüber Caesar oder seinem „Sohn". Es läßt sich auch erkennen, daß oft gerade diejenigen Gemeinden mit dem Munizipalrecht beschenkt wurden, in denen bereits eine größere Zahl römischer Bürger ansässig war, die also einen *conventus civium Romanorum* hatten.[160] Zu den Motiven für die Verleihung des Munizipalrechtes dürfte außer der Belohnung der eigenen Anhänger und der Erweiterung der eigenen Klientel auch der Wunsch gehört haben, auf diese Weise das Potential für die Rekrutierung der Legionen zu vergrößern. Diese Absicht läßt sich bei Caesar ganz deutlich fassen und dürfte auch das Verhalten des Oktavian/Augustus entscheidend mitbestimmt haben.[161]

Die Ansiedlung vieler Tausender römischer Bürger jenseits der Grenzen Italiens und die Vergabe des römischen Bürgerrechts an zahlreiche peregrine Städte in den Provinzen mußten aber selbstverständlich Folgen für die Struktur des römischen Imperium haben, die vielleicht von Caesar und seinem Sohn nicht beabsichtigt, möglicherweise nicht einmal alle vorauszusehen waren, die aber schließlich von Augustus nicht ignoriert werden konnten.

Die Ansiedlung römischer Bürger außerhalb Italiens scheint von diesen selbst zunächst nur mit einem gewissen Widerstreben akzeptiert worden zu sein. Wohl aus diesem Grunde hat Augustus einer Reihe von Bürgerkolonien das *ius Italicum* verliehen. Er konnte dabei daran anknüpfen, daß in den Augen republikanisch gesinnter Adliger eine Ansiedlung römischer Bürger in den Provinzen nicht gerne gesehen wurde und die römischen Provinzialgemeinden wohl auch minder angesehen waren als die italischen Kolonien und Munizipien. Es war daher ein kluger politischer Schachzug

---

[159] Solche Umsiedlerkolonien waren z. B. Dyrrhachium und Cnossus, Vgl. G. W. Bowersock, Augustus and the Greek World 67. Zu Cnossus s. auch K. J. Rigsby, TAPA 106, 1976, 313 ff.

[160] A. N. Sherwin-White, Roman Citizenship 225 ff. Zu diesen *conventus civium Romanorum* scheinen übrigens außer den Altrömern und den nach 89 v. Chr. zu Römern gewordenen Italikern auch die mit dem römischen Bürgerrecht beschenkten Einheimischen gehört zu haben. Vgl. A. Chastagnol, Atti Centro studi e documentazione 5, 1973, 29.

[161] Vgl. P. A. Brunt, Manpower 227 ff.

des Augustus, derartige Vorbehalte im Prinzip anzuerkennen, sie aber gleichzeitig im Einzelfall durch das Privileg des *ius Italicum* außer Kraft zu setzen.[162] Die Schaffung des *ius Italicum* bedeutete, daß künftig nur noch Bürger der mit diesem Recht ausgestatteten Gemeinden außerhalb Italiens Eigentum zu vollem quiritischen Recht erwerben und vor allem Steuerfreiheit beanspruchen konnten. Daneben hat Augustus auch die *immunitas* gesondert verliehen.[163] Römische Bürgergemeinden, welche weder das *ius Italicum* noch die *immunitas* besaßen, waren aber seitdem wie die peregrinen Gemeinden der Provinzialsteuer unterworfen. So verfügte Augustus im Jahre 6 v. Chr. im dritten Kyrene-Edikt, daß nur diejenigen Neubürger von der römischen Provinzialsteuer befreit sein sollten, denen mit dem Bürgerrecht auch die Immunität verliehen worden war. Selbst für diese galt die Immunität nicht generell. Für alle neu erworbenen Vermögen hatten auch diese Bürger Steuern zu entrichten.[164] Ob die Angehörigen einer peregrinen Gemeinde auch nach dem Erhalt des römischen Bürgerrechts aufgrund jenes Ediktes weiterhin die Lasten ihrer Heimatgemeinde zu tragen hatten, ist dagegen nicht ganz sicher, da der griechische Text der Verfügung unklar und in seiner Deutung umstritten ist.[165]

Die Besteuerung auch der römischen Bürger in den Provinzen führte aber jedenfalls zu einer Angleichung von Römern und Provinzialen. Zudem stammten ja auch die römischen Kolonisten oft aus der Provinz oder waren mit der peregrinen Bevölkerung durch vielfältige Bande oft auch verwandtschaftlicher Art verbunden.[166] Wurden doch nicht selten die Einheimischen aufgefordert, sich an der Gründung einer neuen Stadt zu

---

[162] Dazu J. Bleicken, Chiron 4, 1974, 359 ff. Die Theorie des *dominium in solo provinciali* diente nach Bleicken der nachträglichen theoretisch-rechtlichen Begründung des *ius Italicum* durch die systematisierenden Juristen. Vgl. auch A. N. Sherwin-White, Roman Citizenship 316 ff., und S. Mazzarino, Ius Italicum e storiografia moderna, Atti del convegno intern. sul tema: I diritti locali nelle province romane, Roma 1971, Rom 1974, 357 ff., sowie T. H. Watkins, A Study of the Origin and historical Development of the Ius Italicum, Diss. Univ. of North Carolina, Chapel Hill 1972, und ders., in: C. Deroux, Studies in Latin literature I, Brüssel 1979, 59 ff. Dazu E. Ferenczy (o. S. 474 Anm. 96) 1053 ff.

[163] Vgl. FIRA I² Nr. 55 II 18 und Nr. 56.

[164] Vgl. L. Wenger, in: J. Stroux–L. Wenger, Die Augustusinschrift auf dem Marktplatz von Kyrene, München 1928, 55 ff.

[165] Vgl. oben S. 466 f. Anm. 56.

[166] Vgl. z. B. für die Ostprovinzen G. W. Bowersock, Augustus and the Greek World 71. Für den Westen sei (für eine etwas spätere Zeit) an die bekannte Schilderung des Tacitus (Hist. 4, 65) erinnert. R. Wiegels (Madr. Mitt. 17, 1976, 262 A. 13) bezweifelt wohl mit Recht, daß die Frauen der augusteischen Neusiedler in Spanien mehrheitlich Italikerinnen waren.

beteiligen.[167] Die Angleichung von römischen Bürgern und peregrinen Provinzialen wurde durch die Anlage zahlreicher latinischer Gemeinden weiter gefördert. Genügte doch die Bekleidung eines Amtes in einer Gemeinde latinischen Rechts, um automatisch das römische Bürgerrecht zu erlangen.[168] Aber selbst in den peregrinen Städten des Westens gab es eine Schicht römischer Bürger – teils zugewanderte Römer, teils mit dem Bürgerrecht beschenkte Einheimische –, die dort die neue politische Oberschicht bildeten.[169] Bei der Bürgerrechtsverleihung wird auch im Westen den Neurömern wie im Osten ausdrücklich konzediert worden sein, daß sie die Ehren und Priestertümer in ihrer Heimatgemeinde behalten durften.[170]

Diese Romanisierung der Oberschicht in den Städten und ebenso der Führungsschicht der gallischen und später auch der germanischen Stämme scheint von Caesar und dann von Oktavian/Augustus bewußt vorangetrieben worden zu sein. Schon unter Augustus wurde so im Westen aus dem römischen Bürgerrecht, das bereits vorher aus einem Stadtbürgerrecht ein italisches Bürgerrecht geworden war, eine Art Reichsbürgerrecht der politischen Oberschicht, neben dem die Zugehörigkeit zu einer bestimmten Gemeinde durch das munizipale Bürgerrecht bezeichnet wurde.[171] In der

[167] Vgl. allg. P. A. Brunt, Manpower 246 ff. Für Spanien s. P. LeRoux in: Armées et Fiscalité dans le Monde antique, Paris 1977, 341 ff., wonach aus Strabon 3, 2, 15 p. 151 hervorgehe, daß Emerita und andere spanische Kolonien in Form eines Synoikismos gegründet wurden: «des indigènes furent appelés à participer à la formation de la cité, peut-être à partir de groupements préexistants dans la région». Als Parallele verweist LeRoux auf die Gründung von Corduba (Strabon 3, 2, 1 p. 141). Vgl. dazu M. Clavel-Lévêque (o. Anm. 96a) 14. und P. León (Ed.), Colonia Patricia Corduba, Córdoba 1996. – Wurde eine Kolonie in eine schon bestehende Stadt deduziert, so fanden unter Augustus anscheinend nicht selten auch die Altbürger Aufnahme in die neue Kolonie, wie es für Patras ausdrücklich bezeugt ist. (Vgl. F. Hampl, Rh. Mus. 95, 1952, 52 ff. bes. 71 ff.) Vgl. für Africa jetzt H. Freis, Chiron 10, 1980, 366 ff.

[168] Vgl. F. Vittinghoff, Kolonisation 45 ff. – Zu den schwierigen Problemen, die besonders das latinische Recht einiger gallischer Gemeinden aufweist, vgl. A. N. Sherwin-White, Citizenship 367 ff., und H. Wolff, BoJbb 176, 1976, 46 ff.

[169] Vgl. P.-A. Février, JRS 63, 1973, 25: 'We may recall ... that the non-Roman status of the tribe did not prevent and perhaps actually permitted the attainment of equestrian honours by certain of its most illustrious members under the Julio-Claudians.'

[170] Vgl. FIFRA I² Nr. 55 II Z 30. Nr. 56 Z 16. Dazu A. N. Sherwin-White, Citizenship 291 ff. Die viritanen Bürgerrechtsverleihungen wurden wohl schon unter Augustus in einem eigenen *commentarius civitate Romana donatorum* aufgezeichnet. Vgl. A. N. Sherwin-White, JRS 63, 1973, 68 ff. bes. 90 ff.

[171] Zur Frage des Doppelbürgerrechts vgl. H. Braunert, Der altsprachliche Un-

Narbonensis und in den schon stärker romanisierten Provinzen Spaniens hat man daher unter Augustus die Römer wohl kaum als Vertreter einer fremden Besatzungsmacht empfunden. Das Bewußtsein der peregrinen Provinzialen, nicht mehr Fremde, sondern Reichsangehörige zu sein, mußte auch durch die Sorge des Prinzeps für die peregrinen Städte gefördert werden, auch wenn diese Sorge zum Teil militärischen und pazifikatorischen Überlegungen entsprungen sein mag.[171a] Wurden doch unter Augustus im Westen nicht nur römische und latinische Gemeinden neu gegründet, sondern auch zahlreiche peregrine Städte. So legte Agrippa in Gallien nach der Umsiedlung der Ubier auf das linke Rheinufer das *oppidum Ubiorum* an. In Noricum wurden in Aguntum schon bald nach der römischen Eroberung die älteren Holzbauten durch Steingebäude in guter Mörteltechnik ersetzt.[172] In Gallien wurden die Bergstädte Gergovia und Bibracte durch die Neugründungen Augustonemetum (Clermont-Ferrand) und Augustodunum (Autun) abgelöst.[173] In Augustodunum entstand außerdem wohl schon unter Augustus –

terricht IX 1, 1966, 70f., und für den Osten A. N. Sherwin-White a. O. 311. – Dazu E. Ferenczy (o. S. 474 Anm. 96) 1046 ff.

[171a] Vgl. Tac. Agricol. 21: *Namque ut homines dispersi ac rudes eoque in bella faciles quieti et otio per voluptates adsuescerent, hortari privatim, adiuvare publice, ut templa fora domos extruerent, laudando promptos et castigando segnes: ita honoris aemulatio pro necessitate erat ... inde etiam habitus nostri honor et frequens toga. paulatimque discessum ad delenimenta vitiorum, porticus et balinea et conviviorum elegantiam. idque apud imperitos humanitas vocabatur, cum pars servitutis esset.* Was Tacitus hier für die Zeit Domitians ausführt, gilt offenbar schon für die augusteische Zeit. Vgl. H. Wolff, BoJbb 176, 1976, 118.

[172] Zur Anlage des *oppidum Ubiorum* als römischer Stadt s. O. Doppelfeld, ANRW II 4, 1975, 718f., der auch auf das sog. „Ubiermonument", einen Quaderbau aus der Zeit vor der Gründung der römischen Kolonie (50 n. Chr.), verweist. Vgl. oben S. 356 zur Datierung und U. Bracker-Wester, Gymnasium 87, 1980, 496 ff. Zur Frage der Rechtsstellung der peregrinen Augustusstädte in Gallien vgl. H. Wolff a. O. 92 ff. mit Literatur. – Zu den Bauten in Aguntum s. St. Karwiese, Atti Centro Studi e Documentazione 7, 1975/6, 365 ff., der besonders auf ein 14 n. Chr. zerstörtes Gebäude mit einer Apsis und mit einem Sockel für ein Kultbild aufmerksam macht. – Auch auf dem Magdalensberg in Kärnten wurden nach dem J. 15 v. Chr. neue Steinbauten errichtet, vgl. G. Piccottini, ANRW II 6, 1977, 277 ff.

[173] Zu Augustodunum s. oben S. 429. Zu Augustonemetum s. P. Fournier, PECS 125f. und J. M. und B. Sauget, in: Les débuts de l'urbanisation 221 ff. – Bibracte hat 15 v. Chr. noch existiert, vgl. O. Büchsenschütz–J.-P. Guillaumet–D. Paunier, in: Die römische Okkupation nördlich der Alpen 33 ff. – Die Gründe für die Aufgabe der Bergstädte in Gallien müssen nicht in jedem Fall die gleichen gewesen sein wie in Spanien (oben S. 353f.). Gegen die Vorstellung eines „transfert de capitale" wendet sich J.-Cl. Béal, Latomus 55, 1996, 339ff. (mit einer 'Annexe': L'origine des capitales

und offenbar von Rom stark gefördert – eine Art Hochschule für die vornehme gallische Jugend, welche diese dem Einfluß der Druidenschulen entziehen sollte. (Auch für diese Art Hochschulpolitik gab es in der Republik kaum eine Parallele.[173a]) Vesunna, das oppidum der Petrucorii (Perigueux), wurde in der Ebene neu errichtet.[174] Wie diese Orte, so wurden die meisten anderen peregrinen Gemeinden im Zusammenhang mit dem großen Straßenbau des Agrippa angelegt oder neu angelegt,[175] so Bononia (Boulogne-sur-Mer),[176] Bagacum (Bavai),[177] Augusta Vermanduorum (Saint-Quentin),[178] Lutetia Parisiorum (Paris),[179] Augusta Suessionum (Soissons),

des Trois Gaules. Bilan bibliographique). Nach Béal existierten die alten Siedlungen weiter 'sous la forme d'agglomérations secondaires.' Vgl. zum Folgenden auch F. Vittinghoff, Kolonisation 102 f., und zum Problem des 'abandonment of the oppida' P.-A. Février, JRS 63, 1973, 17 f. Für republikanische Vorläufer dieser Erscheinung in Italien s. E. Gabba, Studi class. e orientali 21, 1972, 85 f.

[173a] Tac. ann. 3, 43, 1 mit dem Kommentar von Koestermann. H. Galsterer verweist auf die von Sertorius im spanischen Osca eingerichtete Schule (Plut. Sert. 14) als Parallele (Actas dell II Coloquio sobre lenguas y culturas preromanas de la peninsula Iberica, Salamanca 1979, 456, 1). Augustus knüpfte also auch hier an ein populares Vorbild an. – Zur römischen Haltung gegenüber den Druiden s. R. Freudenberger, Das Verhalten der römischen Behörden gegen die Christen im 2. Jh., München[2] 1969, 86 ff.

[174] Zu Vesunna Petrucoriorum s. P. Goessler, RE XIX 2, 1938, 1309, und A. Blondy, PECS 972 f. sowie L. Maurin, in: Les villes augustéennes 45 ff. – Im Helvetierland bricht die keltische Besiedlung auf dem Mt. Vully ab und wird ca. 15 v. Chr. in der Ebene nach römischem Plan die Stadt Aventicum angelegt – zunächst allerdings noch in Holzbauweise, vgl. H. Bögli, BoJbb 172, 1972, 178 und 180. – Anders zu beurteilen als die Neugründung jener Orte ist die Anlage von Noviodunum (Nyon) als neuem Vorort der Tricastini nach der Gründung der Kolonie Arausio und die Anlage von Feurs als neuem Zentrum der Segusiavii nach der Gründung der Kolonie Lugdunum, s. A. Chastagnol, Atti Centro studi e documentazione sull'Italia Romana 5, 1973/4, 29. Zu Feurs s. P. Valette, in: Les Villes de la Gaule lyonnaise 79 ff.

[175] Vgl. J. B. Ward-Perkins, JRS 60, 1970, 4: 'But although the ideas may in many cases go back to Caesar, the actual settlement emerges every day more clearly as the work of Agrippa, after 19 B. C.'

[176] Neben dem keltischen Unterstadt Gesoriacum wurde Bononia als neue augusteische Oberstadt angelegt, s. J. Heurgon, REA 50, 1948, 101 ff. E. Will, Gallia 20, 1962, 89. M.-Th. und G. Raepsaet-Charlier, ANRW II 4, 1975, 167 ff.

[177] Vgl. E. Will a. O. 87. J. Heurgon, L'antiquité class. 17, 1948, 323 ff. (inschriftliche Weihung an Tiberius 4 n. Chr. wegen seines *adventus*). Dazu J.-L. Boucly, in: Les villes de la Gaule Belgique 19 ff.

[178] Das keltische *oppidum* der Ver(o)mandui (oder Viromandui) bei Vermand wurde nicht aufgegeben, doch legte Agrippa 10 km ostwärts davon in der Ebene die Stadt Augusta Vermanduorum (Saint-Quentin) an. Vgl. J. Heurgon, RE IX A 1, 1961, 241 f. s. v. Vironmandui, und M.-Th. und G. Raepsaet-Charlier a. O. 176.

[179] Das keltische Lutetia war im J. 52 v. Chr. niedergebrannt worden (Caes. b.

Augustobona (Troyes), Augustoritum Lemovicum (Limoges),[180] Augusta Treverorum (Trier),[181] Caesarodunum (Tours) und Caesaromagus, die Hauptstadt der Bellovaci (Beauvais) sowie Juliobona (Lillebonne) und Juliomagus (Angers).[182] Später sind vielleicht anzusetzen Augustodurum (Bayeux), Augustomagus (Senlis) und Augusta Ambianorum (Eu, Dpt. Seine-Maritime).[183] In Spanien wurden Lucus Augusti (Lugo), Asturica Augusta (Astorga), Bracara Augusta (Braga),[184] Juliobriga (Retortillo),

Gall. 7, 58). Vgl. P.-M. Duval, RE Suppl. XII 1970, 989 f., und: Paris antique des origines au troisième siècle, Paris 1961, 110 ff. («vers le début de notre ére»). S. Robin, in: Les Villes de la Gaule lyonnaise 241 ff.

[180] Vgl. P. Leman, Augusta Suessionum, PECS 118. Dazu D. Defente, in: Les villes de la Gaule Belgique 205 ff. E. Frézouls, Augustobona, PECS 122 ('Early Empire Settlement'). J. Perrier, Augustoritum Lemovicum, PECS 126, wonach der Ort ein augustuszeitliches Theater besaß.

[181] Reste einer Ehreninschrift für L. Caesar als *princeps iuventutis* von einem Monumentalbau sind noch erhalten: CIL XIII 3671. – Die Pfahlbrücke über die Mosel ließ sich dendrochronologisch auf 18/17 v. Chr. datieren. Die Gründung der Stadt erfolgte vielleicht im J. 17 v. Chr. Vgl. H. Heinen, Hommages L. Lérat (ed. H. Walter), Paris 1984, 329 ff., und Trier, Augustusstadt der Treverer, Mainz ²1984, 32 ff., sowie allg. ders., Trier und das Trevererland in römischer Zeit, Trier 1985, bes. 47 ff. (jeweils mit Lit.).

[182] Vgl. C. Lelong, Caesarodunum (Tours), PECS 182 f. (built by the Romans probably in the 1st c. A.D.). R. Bedon, in: Les Villes de la Gaule lyonnaise 279 ff. P. Leman, Caesaromagus, PECS 183 (ancient city under the Early Empire). Dazu Les villes antiques de France I 107 ff. M. Yvart, Juliobona (Lillebonne), PECS 427 f. (built in the 1st c. A.D.). M. Petit, Angers (Juliomagus), PECS 58 (occupied from the 1st. c. A.D. to the 4th c. and thereafter in the Merovingian period). Dazu M. Provost, in: Les debuts de l'urbanisation 211 ff. Auch Nemetacum (Arras) wurde vielleicht schon unter Augustus angelegt, vgl. M.-Th. und G. Raepsaet-Charlier, ANRW II 4, 169 f.

[183] Vgl. J. J. Bertaux, Augustodurum, PECS 12 ff. M. Mangard, Augusta Ambianorum, PECS 113 f. Augustomagus (Senlis) ist wohl claudisch, vgl. M.-Th. und G. Raepsaet-Charlier a. O. 175 f. (vgl. auch ebda. 195 f. über die Anfänge von Metz). Dazu C. Lefebure–P. Wagner, in: Les villes de la Gaule Belgique 149 ff. (Metz), und M. Durant, ebda. 193 ff. (Senlis). Les villes antiques de France I 235 ff. (Metz).

[184] Zu Asturica, Bracara und Lucus Augusti vgl. H. Galsterer, Untersuchungen 30, wonach für keine Stadt römische oder latinische Rechtsstellung bezeugt ist. Am meisten Wahrscheinlichkeit habe, daß Asturica ein höheres Stadtrecht besaß. Die Stadt wurde an der Stelle eines Lagers der 10. Legion neu errichtet, vgl. Oros. 6, 21, 9 und Florus 2, 33, 54 und 59: *Certa mox fides et aeterna pax ... consilio Caesaris, qui fiduciam montium timens in quos se recipiebant, castra sua quia in plano erant, habitare et incolere iussit.* Die römischen Entwässerungsanlagen der Stadt datieren vielleicht schon aus der Zeit ihrer Gründung (vgl. M. Pastor Muñoz, in: Ciudades Augusteas de Hispania II 73). Sichere Beweise für eine vorrömische Besiedlung

Conimbriga (Condeixa-a-Velha) und vielleicht Augustobriga (Talavera la Vieja) unter dem ersten Prinzeps gegründet.[185] Die Gründung so vieler neuer peregriner Gemeinden hat in der Republik keine Parallele. Zwar haben die Erbauer der großen Straßen der Republik an ihnen gewöhnlich ein Forum angelegt, aber bei diesen Fora handelt es sich um Ansiedlungen römischer Bürger.[186] Nur ganz vereinzelt hat (besonders in Spanien) ein

des Ortes gibt es nicht (vgl. T. Mañanes a. O. II 77 ff. gegen M. Pastor Muñoz a. O. II 69 ff.). Vgl. auch V. García Marcos, in: La ciudad en el mundo romano II 167 ff. Dagegen «pour Bracara et Lucus Augusti au moins il y a de fortes présomptions en faveur de l'élargissement de sites indigènes en un lieu où les populations avaient depuis longtemps coutume de se réunir» (P. LeRoux in: Armées et Fiscalité dans le Monde antique, Paris 1977, 348, vgl. jedoch F. Arias Vilas, in: Ciudades Augusteas de Hispania II 64). Zu Lucus Augusti vgl. P. LeRoux, Actas del Coloquio internacional sobre el bimilenario del Lugo, Lugo 1977, 83 ff. A. Rodríguez Colmenero, Lucus Augusti, La Coruña 1997. In Bracara, der Conventshauptstadt der Callaecia, wo dem C. Caesar zwischen 6 und 1 eine Ehreninschrift gesetzt wurde (Dessau Nr. 6922), sind um die Mitte des 1. Jh. n. Chr. *cives Romani qui negotiantur Bracaraugusta* bezeugt. Die Stadt war also damals noch peregrin (vgl. G. Alföldy, Madrider Mitt. 8, 1967, 185 ff.) Dazu: Les villes antiques de France I 107 ff. – Vgl. auch oben S. 138 Anm. 197.

[185] Vgl. allgemein H. Galsterer, Untersuchungen 16. Zu Juliobriga s. R. Teja, PECS 422: "It was the first Roman establishment in Cantabria and the main one, settled probably between 29 und 19 B. C. Its name indicates its founding by Augustus, perhaps during the Cantabrian wars. Pliny calls it an oppidum, meaning that it enjoyed privileges similar to those of a colony" (die letzte Vermutung ist sicherlich nicht richtig). Vgl. J. M. Solana Sainz, Los Cantabros y la ciudad de Iuliobriga, Santander 1981, 147 ff. J. M. Iglesias Gil in: La ciudad en el mundo romano II 209 ff. – Zu Augustobriga in Lusitania (Talavera la Vieja) s. J. M. Blázquez, PECS 122. Augustobriga in der Tarraconensis (Muro de Agredo, Prov. Soria) war dagegen Municipium, s. H. Galsterer, Untersuchungen 17 Anm. 6. – Zu Conimbriga s. J. Alarcão und R. Étienne, Fouilles de Conimbriga I, L'architecture, Paris 1977, bes. 27 ff., Latomus 38, 1979, 877 ff., sowie in: Greece and Italy in the Classical World, Acta of the XI. Intern. Congr. of Class. Arch. 1978, London 1979, 260, wonach die Forumanlage mit *tabernae*, Basilica, Curia und einem Tempel mit Krypta ebenso wie die ältesten Thermen und eine Wasserleitung in die aug. Zeit gehören. Die Plangestaltung der Stadt folge den Vorschriften des Vitruv. Vgl. auch M. Pfanner, Madr. Mitt. 30, 1989, 184 ff. S. zuletzt A. M. Arruda u. a., in: J.-M. Roddaz (Ed.), Itinéraires Lusitaniens, Paris 1997, 13 ff. mit Lit.

[186] Zu den *fora* an den republikanischen Straßen s. A. Schulten, RE VII 1, 1910, 62 f. Nr. 3. G. Radke, RE Suppl. XIII, 1973, 1465 ff. Nr. 8. F. T. Hinrichs, Historia 16, 1967, 162 ff., bes. 170 ff. Zweifel an der bisher angenommenen Funktion dieser Fora als Straßenstationen äußert E. Ruoff-Väänäen, Studies on the Italian Fora, Historia Einzelschr. 32, Wiesbaden 1978. Vgl. auch T. P. Wiseman, PBSRome 38, 1970, 122 ff.

römischer Feldherr auch einmal eine peregrine Stadt gegründet. Diese republikanischen Orte unterschieden sich aber offenbar wesentlich von den augusteischen Städten. Selbst das von Pompeius im Winter 75/74 v. Chr. gegründete Pompaelo (Pamplona) scheint erst in augusteischer Zeit seine Entwässerungsanlagen und seine ersten Großbauten erhalten zu haben.[187] Von einer systematischen Urbanisierung, wie sie Agrippa im Auftrag des Augustus in Gallien durchführte, kann in der Republik jedenfalls keine Rede sein. Viele dieser neuen Siedlungen durften außerdem den Namen des Caesar Augustus führen und wurden durch dieses Privileg[188] äußerlich bis zu einem gewissen Grade den römischen und latinischen Gemeinden angeglichen. Und wie diese Gemeinden wurden offenbar auch die peregrinen Orte nach italischem Schema, z. T. sogar von römischen Architekten, entworfen und gelegentlich wohl von Augustus selbst oder seinen Angehörigen mit Bauten geschmückt.[189] Diese peregrinen Gemeinden durften sich außerdem nun der Hoffnung hingeben, daß die Übernahme römischer Lebensformen[189a] und die Loyalität gegenüber Rom und dem Prinzeps über kurz oder lang zur Aufnahme ins römische Bürgerrecht und zur Teilhabe an den Privilegien der römischen Herrenschicht führen werde.

3. Das Werden der Reichseinheit

Mußte die Kolonisations- und Bürgerrechtspolitik des Augustus allmählich zu einem neuen Reichsbewußtsein führen, so wirkte in die gleiche Richtung auch die neue Konskriptionsordnung des Prinzeps. Mehr und

---

[187] Vgl. H. Galsterer, Untersuchungen 12 ff. Zu den Bauten in Pompaelo s. M. A. Mezquíriz, in: Ciudades Augusteas de Hispania II 191. Zur Gründung von Pompaelo s. Strabon 3, 4, 10 p. 161.

[188] Zum Privileg des Augustusnamens s. oben S. 435 mit Anm. 176.

[189] Vgl. oben S. 425 ff. Selbstverständlich konnte der Einsatz römischer Architekten und römischer oder italischer Werkleute ebenso wie die Baustiftungen des Augustus für den Urbanisierungsprozeß nur eine Initialzündung abgeben. Nach welchen Gesichtspunkten jener Einsatz und die Schenkungen des Augustus erfolgten, wäre noch zu untersuchen. Daß die römischen Kolonien und die Hauptorte der Provinzen bevorzugt wurden, ist deutlich. Ebenso spielten sicherlich alte Klientelverhältnisse und das Wirken der *amici Caesaris* eine wesentliche Rolle. Der Einsatz von italischen Architekten, Ingenieuren und Bauleuten wird aber auch von deren Verfügbarkeit und vom Fortschritt der „Selbstromanisierung" der provinzialen Gemeinden abhängig gewesen sein. Vgl. auch die Bemerkungen von P. Zanker, M. Pfanner und H. von Hesberg in: „Stadtbild und Ideologie" 9 ff., 59 ff. und 341 ff. Zum Phänomen der „Hierarchisierung der Städte" s. oben S. 431 m. A. 164a und D. Strauch, Röm. Politik 104 ff.

[189a] Zur Bedeutung der Rhetorik in diesem Prozeß s. oben S. 311 ff. A. 335.

mehr wurde die Truppengestellung der Bündner besonders innerhalb der Reichsgrenzen abgelöst durch die römische Aushebung. Die so aufgestellten Hilfstruppen wurden in römischer Disziplin und in römischem Geiste erzogen. Die wehrfähige Jugend des Reiches wurde damit aus ihren alten Bindungen gelöst und fand nach einer Dienstzeit von 25 Jahren nicht mehr den Weg zurück in ihren angestammten Volksverband. Diese Auxiliarsoldaten waren vielmehr durch ihren langen Dienst unter Roms Fahnen vollständig romanisiert worden. Viele von ihnen haben wohl schon unter Augustus beim Abschied das römische Bürgerrecht als *praemium virtutis* erhalten. Spätestens unter Claudius wurde dann die Bürgerrechtsverleihung bei der *honesta missio* die Regel.[190]

Von großer Bedeutung für das Werden der Reichseinheit war es ferner, daß erst unter Augustus das Imperium auch geographisch zu einem Ganzen geworden war, das zudem im Innern weitgehend von Truppen entblößt war und sich eines ungestörten Friedens erfreuen konnte. Denn erst durch die Einverleibung der Alpen und des Voralpenlandes, durch die Okkupation Illyricums und die Einziehung Ägyptens wurde das Mittelmeer völlig zu einem römischen Meer. Gehörte doch auch Mauretanien als römischer Klientelstaat bereits *de facto* zum Römischen Reich. Denn während die Römer noch bis zur Schlacht bei Actium die Klientelkönigreiche offenbar nicht als Teile des römischen Herrschaftsbereiches im engeren Sinne betrachteten,[191] waren für Augustus die *reges socii* ebenso wie die Provinzen *membra partesque imperii*.[192] Der Prinzeps hat denn auch die Kontrolle über die Klientelstaaten wesentlich intensiviert. Erleichtert

---

[190] Vgl. oben S. 325f.

[191] Vgl. bes. Appian, b. civ. 5, 11 § 43. Dio 50, 6, 5 (vgl. 53, 12, 9). Auch Cicero scheint die Klientelkönige nicht zum römischen Herrschaftsbereich im engeren Sinne zu rechnen (vgl. P. C. Sands, The Client Princes of the Roman Empire, Cambridge 1908, ND 1975, 114f. mit den dort angeführten Quellenstellen. Zur Problematik des Reichsbegriffes in republikanischer Zeit vgl. S. 450ff. und S. 511f. Anm. 236). Die von Oktavian gegen Antonius betriebene Propaganda konnte nur deswegen auf so fruchtbaren Boden fallen, weil jener die Einsetzung von Klientelkönigen durch Antonius als Preisgabe von römischem Herrschaftsgebiet darstellen konnte. Ein Nachklang dieser Propaganda bei Plut. Ant. 36 und Dio 49, 32, 3ff. Vgl. RgdA 27: *Provincias omnis, quae trans Hadrianum mare vergunt ad Orientem Cyrenasque, iam ex parte magna regibus ea possidentibus ... recuperavi.* – Wenn M. R. Cimma, Reges socii et amici populi Romani, Mailand 1976, 223, behauptet, daß schon in der ausgehenden Republik «il territorio attributio ad un re dopo la conquista viene considerato come facente parte dell'impero romano», so trifft dies nicht zu. Die von Cimma zitierte Dio-Stelle (53, 12, 9) beweist eher das Gegenteil. Beweiskräftig ist nur die Aussage Strabons (s. Anm. 192), die aber schon in die augusteische Zeit führt.

[192] Suet. Aug. 48. Vgl. Strabon 17, 3, 24 p. 839. Eutrop. 7, 9f.

wurde ihm dies dadurch, daß die meisten Klientelfürsten überhaupt erst von den Römern eingesetzt worden waren. Antonius hatte außerdem vielfach Männer zu Königen erhoben, die keiner alten Dynastie angehörten und daher auf ein gutes Verhältnis zu Rom angewiesen waren.[193] Nach Actium verdankten dann diese Könige und Dynasten der Gnade des Siegers die Fortdauer ihrer Herrschaft. Sie waren damit nach der damals herrschenden Auffassung zu persönlichen Klienten des Augustus geworden mit allen sich daraus ergebenden Verpflichtungen.[194] Wie der Prinzeps die meisten der von Antonius installierten Klientelkönige in ihrer Herrschaft beließ, so folgte er offenbar auch darin der Politik des Antonius, daß er die verwandtschaftlichen Bindungen der Klientelkönige untereinander stärkte und dadurch die Klientelfürsten als gesellschaftliche Gruppe enger an seine Person band und noch stärker von ihren jeweiligen Untertanen isolierte.[195] Dem gleichen Ziel diente es auch, daß die Söhne der Klientel-

[193] Zur Einsetzung einer neuen Art von Klientelkönigen s. H. Buchheim, Orientpolitik 94, und W. Hoben, Untersuchungen 125. Der Begriff 'Klientelkönige' für die von Rom anerkannten oder eingesetzten *reges socii*, der hier aus konventionellen Gründen beibehalten wird, verdeckt allerdings die Tatsache, daß die Beziehungen der abhängigen Bündner zu Rom rechtlich nicht unter den Begriff der Klientel gefaßt wurden (vgl. dazu J. Bleicken, Gnomon 36, 1964, 180ff.) und daß erst die großen Heerführer der ausgehenden Republik, Pompeius, Caesar, Antonius und Oktavian, fremde Könige zu ihren persönlichen Klienten gemacht haben.
[194] Vgl. J. Gagé, Rev. hist. 221, 1959, 242ff.
[195] Suet. Aug. 48. Zur Heiratspolitik des M. Antonius s. G. W. Bowersock, Augustus and the Greek World 153f. Vgl. allgemein G. M. Staffieri, La discedenza di Marco Antonio nei regni clienti medio-orientali e nord-africani, Numismatica e Antichità classiche 3, 1974, 85ff. – Herodes hatte aus seiner Ehe mit Mariamne einen Sohn Alexander, der die Glaphyra, eine Tochter des Königs Archelaos von Kappadokien, heiratete. Ein Sohn und ein Enkel aus dieser Ehe begegnen später als Könige von Armenien (Tigranes IV. und Tigranes V.). Herodes Antipater, ein anderer Sohn Herodes' I., heiratete eine Tochter des Nabatäerkönigs Aretas IV. (vgl. den Stammbaum des Herodes bei W. Otto, RE Suppl. II, 1913, nach Sp. 16). Juba II. von Mauretanien war in erster Ehe mit Kleopatra Selene, einer Tochter des Antonius und der großen Kleopatra, verheiratet, in zweiter Ehe hatte er Glaphyra, die Tochter des Archelaos, zur Frau (F. Jacoby, RE IX 2, 1916, 2384ff. Nr. 2). Archelaos von Kappadokien hatte aus erster Ehe mit einer unbekannten Frau einen gleichnamigen Sohn, der später König der Kieten, eines Volkes im Rauhen Kilikien, wurde und eine Tochter, die eben genannte Glaphyra, die nacheinander mit Alexander, dem Sohn des Herodes, mit Juba II. und mit Herodes Archelaos, einem anderen Sohn des großen Herodes, vermählt war (H. Willrich, RE VII 1, 1910, 1381 Nr. 2. W. Hoben, Untersuchungen 191f.). In zweiter Ehe war Archelaos von Kappadokien mit der Pythodoris verheiratet, die ihrerseits in erster Ehe mit dem König Polemon I. von Pontos verbunden war. Von den Kindern aus dieser Ehe begegnet

könige in Rom erzogen wurden und damit zugleich als Geiseln für das Wohlverhalten ihrer Väter dienen konnten.[196] Die von Augustus neu eingesetzten Klientelkönige waren denn auch zumeist in Rom aufgewachsen und boten schon deshalb eine gewisse Gewähr für ihre Loyalität gegenüber dem Prinzeps und dem Reich. Im übrigen behielt sich Augustus die Entscheidung über die Nachfolge der Klientelkönige vor. Das Testament des Herodes bedurfte z. B., um gültig zu sein, der Bestätigung durch den Prinzeps.[197] Nicht immer hat dieser den Söhnen eines Klientelkönigs ihr väterliches Reich überlassen. Und selbst dort, wo dies der Fall war, hat er nach seinem Gutdünken Veränderungen vorgenommen und Auflagen gemacht.[198] – Selbstverständlich hatten die abhängigen Könige und Dyna-

Zenon (Artaxias) später als König von Armenia Minor. Die Tochter des Polemon und der Pythodoris, Antonia Tryphaina, heiratete später den Thrakerkönig Kotys. Von den Töchtern aus dieser Ehe ging die jüngere Pythodoris mit dem Thrakerkönig Rhoimetalkes II. und die Gepaipyris mit Aspurgos, dem König von Bosporos, eine Verbindung ein. Von den Söhnen der Antonia Tryphaina war Rhoimetalkes III. König von Thrakien, Polemon II. König von Pontos und Kotys König von Kleinarmenien. (Vgl. R. Hanslik und H. H. Schmitt, RE XXIV 1963, 581 ff. mit dem Stammbaum von R. Hanslik. Vgl. auch die Stammtafeln und die Dynastenlisten bei M. Pani, Roma e i re d'Oriénte, Bari 1972, 275 ff. Zur thrakischen Dynastie vgl. G. W. Bowersock, a. O. 152 ff. und R. D. Sullivan, ANRW II 7, 1, 1979, 186 ff. mit Stammtafel.) Mithridates III. von Kommagene heiratete vielleicht die Iotape, eine Tochter Artavasdes' I. von Atropatene. Vgl. R. D. Sullivan, ANRW II 8, 1977, 780 ff. (mit Stammfafel nach S. 742), der eine Vermutung von G. H. Macurdy, JRS 26, 1936, 40 ff. folgt. Zu den Dynasten von Pontos und von Kappadokien s. R. D. Sullivan, ANRW II 7, 2, 1980, 913 ff. und 1149 ff. (mit Stammtafeln).

[196] Vgl. M. R. Cimma, Reges socii (o. Anm. 191) 309 Anm. 42. S. auch oben S. 316 mit Anm. 354 ff.

[197] Zum Testament des Herodes und der Notwendigkeit seiner Bestätigung durch den Prinzeps s. Joseph. Bell. Jud. 1, 33, 8 § 668 f. und Antt. Jud. 17, 8, 1 § 188 ff. Zur Reaktion des Augustus auf die ohne seine Zustimmung erfolgte Sukzession des Nabatäerfürsten Aretas IV. s. Joseph. Antt. Jud. 16, 10, 9 § 353 ff. Dazu vgl. M. Lemosse, Le régime des relations internationales dans le Haut-Empire romain, Paris 1967, 52 ff.

[198] Zur Einziehung des Reiches des Amyntas und zur Übergehung der Erbansprüche seiner Söhne s. oben S. 338 mit Anm. 65. – Zur Einziehung der Ethnarchie des Archelaos s. Joseph., Antt. Jud. 17, 13, 5 § 355. Bell. Jud. 2, 8, 1 § 117. Vgl. oben S. 406 Anm. 99. – In Kommagene wurde 20 v. Chr. ein gewisser Mithridates eingesetzt, vgl. Dio 54, 9, 3: καί Μιθριδάτῃ τινὶ τὴν Κομμαγηνήν, ἐπειδὴ τὸν πατέρα αὐτοῦ ὁ βασιλεὺς αὐτῆς ἀπεκτόνει, καίτοι παιδίσκῳ ἔτ' ὄντι ἐπέτρεψε. Vgl. dazu F. Geyer, RE XV 2, 1932, 2213 Nr. 30, und R. D. Sullivan, ANRW II 8, 780 ff. Für die zeitweilige Einsetzung einer Vormundschaft für den bereits älteren Archelaos von Kappadokien s. oben S. 340 f. mit Anm. 76. Vgl. allgemein M. R. Cimma, Reges socii 301 ff.

sten auf jede eigenständige Außenpolitik zu verzichten und alle außenpolitischen Aktionen, besonders solche kriegerischer Art, mit Rom abzustimmen. Aber auch in anderen politischen Bereichen erwartete man von den Klientelkönigen, daß sie sich die Intentionen des Prinzeps zu eigen machten. Dies gilt z. B. für die Haltung gegenüber dem Kaiserkult oder für die Baupolitik.[199] Zumindest einige der Klientelfürsten waren außerdem den Römern tributpflichtig.[200] Auch äußerlich kam die völlige Abhängigkeit der Klientelkönige von Rom deutlich zum Ausdruck. So besaßen alle diese Könige und Dynasten das römische Bürgerrecht, und Sueton berichtet von ihnen, daß sie dem Augustus *saepe regnis relictis, non Romae modo sed et provincias peragranti cottidiana officia togati ac sine regio insigni, more clientium praestiterunt.*[201] Besonders deutlich äußerte sich die Abhängigkeit von Augustus darin, daß die Könige ihre Städte nach dem Kaiser oder seinen Angehörigen benannten und auf ihren Münzen nicht nur das eigene Porträt, sondern auch das des Augustus prägen ließen.[202] Nicht

[199] Zum Kult des Augustus in den Klientelkönigreichen s. oben S. 252. Vgl. auch S. 447. Juba errichtete dem Augustus einen Tempel und einen Altar, die auch auf den Denaren des Königs erscheinen, s. J. Mazard, Corpus Nummorum Numidiae Mauretaniaeque, Paris 1955, 79 ff. Nr. 144 ff. Die Altarmünzen tragen die Aufschrift LVCVS AVGVSTI und zeigen neben dem mit einer Girlande geschmückten Altar die beiden Lorbeerzweige des Augustus.

[200] Ob Herodes tributpflichtig war, ist fraglich. Nach Appian, bell. civ. 5, 75, 319, gab Antonius ἐπὶ φόροις τεταγμένοις u. a. Samaria und Idumaea an Herodes. Da Augustus später Samaria dem Herodes „schenkte" (Joseph. Bell. Jud. 1, 20, 3 § 396. Antt. Jud. 15, 7, 3 § 217), vermuten W. Otto, RE Suppl. II 1913, 49 und 55, und E. Schürer, The History of the Jewish People I, Edinburgh 1973, 317, der Prinzeps habe dem König die Tributpflicht erlassen. Doch ist das *argumentum e silentio* nicht restlos beweisend. Für eine Beibehaltung der Tributpflicht treten denn auch H. W. Hoehner, Herod Antipas, Cambridge 1972, 298 ff., und E. M. Smallwood, The Jews under Roman Rule, Leiden 1976, 85, ein. Selbst wenn aber Herodes von der Tributpflicht befreit worden sein sollte, wird man eine derartige Befreiung doch kaum für alle Klientelfürsten annehmen dürfen. – Vgl. allgemein zur Rechtsstellung des Herodes E. Bammel, Ztsch. dtsch. Palästina-Verein 84, 1968, 73 ff., und A. Schalit, König Herodes, Berlin 1969, 146 ff.

[201] Suet. Aug. 60. Vgl. J. Gagé a. O. (Anm. 194) 244 Anm. 1.

[202] Zur Benennung der Städte der Klientelfürsten nach Augustus oder seinen Angehörigen s. oben S. 469 f. Auf den Bronzemünzen des Thrakerkönigs Rhoimetalkes I. und seiner Nachfolger Kotys und Rhaskuporis sowie des Tetrarchen Zenodoros von Chalkis erscheint jeweils der Kopf des oder der Klientelfürsten auf der Vorderseite und der Kopf des Augustus auf der Rückseite. Die Aes-Münzen des Priesterfürsten Aias, Sohn des Teukros, aus Olba in Kilikien zeigen bei den größeren Nominalen den Kopf des Augustus auf der Vorderseite, nur die kleineren Nominale tragen den Kopf des Dynasten. Die seltenen Silberdrachmen der Könige

alle Klientelkönige hatten außerdem das Recht der Edelmetallprägung. König Juba II. aber, der in großen Mengen Silbermünzen ausgeben durfte, prägte nach dem Standard des römischen Denars.[203] Denn gerade auch in wirtschaftlicher Hinsicht waren die *regna* Teile des *imperium* geworden. Augustus hat sein Reich aber auch verkehrstechnisch zu erschließen gesucht. Die neu geschaffenen Reichsflotten machten das Mittelmeer wirklich zu einem Binnenmeer und ermöglichten ebenso wie das großzügig ausgebaute Straßennetz eine schnelle Verschiebung von Truppen und eine rasche Beförderung von Nachrichten.[204] Wie die Kolonisations- und die Bürgerrechtspolitik, so war in der Spätrepublik auch „der Straßenbau geradezu in den Sog des Streites um die Gracchenreform geraten". Das hatte zur Folge, daß nach dem Jahre 109 v. Chr. (d. h. nach der Anlage der *via Aemilia Scauri*) der römische Straßenbau ganz aufzuhören scheint.[205] Der Prinzipat hat auch hier einen Wandel gebracht. Schon 33 v. Chr. hatte

Polemon von Pontos und Archelaos von Kappadokien zeigen keinen Hinweis auf den Prinzeps. Dagegen haben die Silbermünzen der Pythodoris von Pontos auf der Vorderseite den Kopf des Augustus. Aspurgos von Bosporos prägte Goldmünzen mit dem Kopf des Augustus auf der Vorderseite, nur seine Bronzen tragen sein eigenes Porträt. Vgl. CREAM Nr. 837ff. BMC Thrace p. 208ff. Nr. 1ff. BMC Pontos p. 49. Zu den Münzen der Pythodoris s. H. H. Schmitt, RE XXIV, 1963, 585 mit Belegen. Vgl. allgemein M. R. Alföldi, Antike Numismatik, Mainz 1978, 196f.

[203] Zu der reichen Denarprägung Jubas II. s. J. Mazard a. O. 71 ff. Vgl. dazu oben Anm. 199 und H. R. Baldus, in: Die Numider, Bonn 1979, 196ff. und 656ff. Vielleicht hängt die auffällig reiche Silberprägung des Königs mit dessen Tributpflicht zusammen, über die allerdings nichts überliefert ist.

[204] Zu den Flotten der Kaiserzeit s. oben S. 326ff. Anm. 25f. Eine zusammenfassende Untersuchung über den augusteischen Straßenbau ist ein Desiderat. Vgl. allgemein: R. Chevallier, Roman Roads, transl. by N. H. Field, London 1976 [mit einer gegenüber der franz. Originalausgabe (1972) stark erweiterten Bibliographie]. Dazu H. E. Herzig, Germania 52, 1974, 208ff. S. ferner K. Schneider, RE Suppl. VI, 1935, 401ff. H. E. Herzig, ANRW II 1, 1974, 626ff. Th. Pekáry, Untersuchungen zu den römischen Reichsstraßen, Bonn 1968, 71ff. Vgl. auch die Angaben bei F. C. Bourne, The Public Works of the Julio-Claudians and Flaviens, Diss. Princeton 1946, 23ff. Für die italischen Straßen s. G. Radke, RE Suppl. XIII, 1973, 1417ff., und Kleiner Pauly V 1975, 1243ff. Dazu T. P. Wiseman, PBS Rome 38, 1970, 122ff. Zur Via Augusta nach Falerii s. B. Levick, Roman Colonies in Southern Asia Minor, Oxford 1967, 41 Anm. 1. Für Sizilien s. G. P. Verbrugghe, Sicilia, Itinera Romana, Beiträge zur Straßengeschichte des römischen Reiches II, Bern 1976. Dazu A. Palma, ANRW II 14, 1982, 850ff.

[205] F. T. Hinrichs, Historia 16, 1967, 162ff. (Zitat S. 171). Im gleichen Sinne T. P. Wiseman PBS Rome 38, 1970, 149ff., der außerdem darauf hinweist, daß bis auf Augustus nur sehr wenige Straßen gepflastert waren. Vgl. Caelius bei Cic. Fam. 8, 9, 5 zur *lex viaria* des Curio.

Agrippa alle Straßen in der Umgebung Roms wiederherstellen lassen.[206] Nach Actium schritt dann Augustus zu einer Erneuerung des italischen Straßennetzes. Für die Wiederherstellung der *via Flaminia* mit ihren Brückenbauten und für die Instandsetzung anderer Straßen wurde dem Prinzeps schon im Jahre 27 v. Chr. in Ariminum vom Senat ein Ehrenbogen errichtet. Im Jahre 20 v. Chr. wurde Augustus dann eine allgemeine *cura viarum* für die italischen Straßen übertragen.[207] Der Prinzeps ließ damals in Rom den goldenen Meilenstein aufstellen, auf dem die Entfernungen von Rom zu den größeren Städten Italiens verzeichnet waren.[208] Im Jahre 16 wird dann auf römischen und ungefähr gleichzeitig auch auf spanischen Denaren erneut die Straßenbautätigkeit des Augustus bezeugt.[209] Vergeblich erwartete der Prinzeps allerdings, daß auch die Senatoren nach der *restitutio rei publicae* ihre Mittel zur Wiederherstellung und Verbesserung des italischen Straßennetzes zur Verfügung stellten. Augustus ließ daher die meisten italischen Straßen auf eigene Kosten erneuern. Nur die *via Latina* wurde in den Jahren 28 und 27 v. Chr. von C. Calvisius Sabinus und M. Valerius Messala Corvinus restauriert.[210]

---

[206] Dio 49, 43, 1.

[207] Dio 54, 8, 4. Augustus ließ die *cura viarum* durch zwei Prätorier ausüben, vgl. O. Hirschfeld, Verwaltungsbeamte² 205. Allg. s. W. Eck, Die staatliche Organisation Italiens 25 ff., und: Die Verwaltung des römischen Reiches in der hohen Kaiserzeit I, Basel 1995, 281 ff. und 295 ff. Dazu Ph. Culham, AugAge 8, 1988, 5 ff., und M. Luni–P. Busdraghi, Atti Acc. dei Lincei 385, 1988, 235 ff. (Brückenbauten des Augustus an der Via Flaminia). Augustus sah in der *cura viarum* eine Legitimation für die Aufstellung von Meilensteinen mit seinem Namen an den wichtigsten Straßen des Reiches, s. G. Alföldy, Gymnasium 98, 1991, 299 ff. – Zum Bogen von Ariminum s. oben S. 421 Anm. 144. Vgl. RgdA 20: *Consul septimum viam Flaminiam ab urbe Ariminum refeci pontesque omnes praeter Mulvium et Minucium.* Dazu M. H. Ballance, PBS Rome 19, 1951, 79 ff. (Vgl. auch die Liste der römischen Brücken bei P. Gazzola, Ponti Romani II, Florenz 1963. Dazu J. Briegleb, Gnomon 43, 1971, 66 ff.) – Zur Entwässerung der Pontinischen Sümpfe im Zusammenhang mit dem Ausbau der Via Appia s. M. Hofmann, RE Suppl. VIII, 1956, 1186 ff.

[208] Dio a. O. Plin. n. h. 3, 66. Man hat wohl an die Entfernungen zu den Städten Italiens zu denken, so schon O. Viedebantt, RE Suppl. IV, 1924, 499 f. Nr. 28, und P. Zanker, Forum Romanum 44. Nach L. Curtius, Das antike Rom, Wien ³1944, 29, seien die Städte des Imperium auf dem Miliarum aureum verzeichnet gewesen. Ebenso K. Schneider a. O. (Anm. 204) 402 und E. Nash, Pict. Dict. II 64. Vgl. K. Brodersen, Miliarium aureum und Umbilicus Romae, WJbb 21, 1996/7, 273 ff.

[209] RIC Augustus Nr. 147 f. und Nr. 315 ff. Dazu T. P. Wiseman, PBS Rome 38, 1970, 146.

[210] Dio 53, 22, 1. Dazu T. P. Wiseman a. O. und oben Teil IV Anm. 163. Vgl. CIL X Nr. 6895. 6897. 6899 ff. Tibull. 1, 7, 57 ff. – Zur Finanzierung der Straßenbauten s. W. Eck (Anm. 207) 69 ff.

Außer der Erneuerung des italischen Wegenetzes ist vor allem der Neubau von Straßen durch die Alpen zu nennen. Die großen Querverbindungen durch die Alpen, die Route von Ventimiglia über La Turbie nach Arles, die Straße von Turin über den Mont Genèvre nach Briançon (Brigantio), die Verbindung über den Großen und Kleinen Sankt Bernhard, die Straßen über den Splügenpaß und über den Reschenpaß nach Rätien und die Route über den Plöckenpaß nach Noricum scheinen alle schon von Augustus angelegt oder doch in Angriff genommen worden zu sein.[211]

In Gallien schuf Agrippa ein großzügiges Straßennetz, wie uns Strabon berichtet. Danach „zog Agrippa von Lyon aus seine Straßen, die eine durch das Cevennengebirge bis ins Gebiet der Santonen und nach Aquitanien, die andere zum Rhein und eine dritte zum Ozean durch das Land der Bellovaker und der Ambianen. Die vierte aber verläuft durch die Narbonensis und zur Massiliotischen Küste"[212]. Es handelt sich also um die Straßen von Lyon über Langres, Metz, Trier zum Niederrhein bzw. Langres, Reims, Bavai, Boulogne-sur-Mer sowie um die Route Lyon–Clermont-Ferrand–Limoges–Saintes–Royan und um die Rhônestraße. Von Bavai führte außerdem eine Militärstraße über Tongern, wo eine Militärstation festgestellt wurde, nach Köln, wo sie auf die ebenfalls in augusteischer Zeit angelegte Rheinstraße traf.[213] Eine weitere, ebenfalls von Agrippa angelegte Straße führte über den Großen Sankt Bernhard an den Genfer See und von dort über den Jura zum Plateau von Langres.[214] Selbstverständlich wurden in der Narbonensis auch die Ost-West-Straßen ausgebaut, durch die die oberitalische *via Iulia Augusta* mit der spanischen *via Augusta* verbunden wurde.[215]

Diese *via Augusta* verlief von den Pyrenäen südwärts über Tarraco nach

---

[211] Vgl. R. Chevaliier a. O. (o. Anm. 204) 137ff. Dazu A. Grilli, Sulle strade augustee nel Friauli, Atti Centro Studi e Documentazione sull'Italia Romana 7, 1975/6, 315ff. G. Walser, Die römischen Straßen der Schweiz, A. Die Meilensteine, Itinera Romana 1, Bern 1967.

[212] Strabon 4, 6, 11 p. 208. Vgl. R. Chevallier a. O. 160f. und E. Frézouls, Ktema 13, 1988, 275ff. Zur Entwicklung des Straßennetzes in Africa, Spanien, Gallien und Britannien vgl. allgemein auch L. Harmand, L'Occident romain, Paris 1960, 410ff.

[213] Zur Militärstraße von Bavai nach Köln, die durch Keramikfunde in die Jahre 15–10 v. Chr. datiert ist, s. E. M. Wightman, Actes du IXe Congr. intern. d'études sur les frontières romaines, Köln–Wien 1974, 479. – Zur Militärstraße am Rhein vgl. C. Koenen, BoJbb 111/2, 1904, 101ff. bes. 105. – Zum Begriff der Militärstraße s. J. Šašel, Viae Militares, Studien zu den Militärgrenzen Roms II, Bonn 1977, 235ff.

[214] Zu einer an dieser Straße aufgedeckten augusteischen Basis in Mirabeau s. E. M. Wightman a. O. 478.

[215] I. König, Die Meilensteine der Gallia Narbonensis, Itinera Romana 3, Bern 1970, 110.

Neukarthago und von dort über Castulo den Baetis abwärts an den Atlantik. Die Straße bestand schon in der Republik, wurde aber von Augustus großzügig ausgebaut. Von Tarraco führte eine Straße über Caesaraugusta und Clunia nach Asturica und von dort sowohl nach Lucus Augusti (Lugo) wie nach Bracara Augusta (Braga). Von dieser Stadt führte wieder eine Straße nordwärts über Tudae (Tuy) nach Lucus Augusti. Eine weitere Route ging von Caesaraugusta den Ebro aufwärts nach Juliobriga. Von dieser Straße führte wieder eine Abzweigung über Pompaelo nach Oeasso (Oyarzun) am Golf von Biskaya. Von Hispalis gab es eine Straße nach Norden, die über Emerita Augusta bis Salmantica (Salamanca) reichte. Eine weitere Straße führte von Emerita Augusta nordwestwärts nach Braccara Augusta und vereinigte sich bei Talabriga mit der von Olisipo (Lissabon) über Conimbriga nach Braccara führenden Route. Außerdem entstand unter Augustus eine Straße von Castulo in das wichtige Bergbaugebiet der Sierra Morena.[216] Auch in Sardinien sind Straßenbauten unter Augustus bezeugt.[217]

In Africa legte schon Augustus eine Straße an, die vom Lager der 3. Legion in Ammaedara über Capsa (Gafia) zur Hafenstadt Tacapes (Gabès) an der Kleinen Syrte führte. Einen Ausbau des afrikanischen Straßennetzes in großem Stil veranlaßten allerdings dann erst die flavischen Kaiser.[218]

Auf dem Balkan führte eine wichtige Straße von Tergeste über Nauportus, Emona nach Siscia und das Savetal abwärts nach Sirmium, an der

[216] R. Chevallier a. O. (Anm. 204) 155 ff. Vgl. J. Alarcão–R. Étienne in: Ciudades Augusteas de Hispania I, 177 ff. Zur Via Augusta in Spanien s. auch B. Levick, a. O. (Anm. 204) 41, und P. Sillières, Mélanges de la casa de Velasques 12, 1976, 27 ff. Vgl. auch AE 1976 Nr. 325b und 355. 1977 Nr. 450 (neue Meilensteine). Allg. s. J. M. Roldán Hervás, Itineraria Hispana. Fuentas antiguas para el estudio des las Vias Romanas, Madrid 1975. Dazu jetzt T. Mañanes, Ciudades y vias romanas en la cuenca del Duero (Castilla-Leon), Valladolid 1985. J. A. Abásolo, in: La ciudad en el mundo romano I 57 ff. A. Nünnerich-Asmus, in: Hispania antiqua 128 ff. (allg. zu Straßen, Brücken und Bögen augusteischer Zeit in Spanien), und Madr. Mitt. 36, 1995, 246 ff. (augusteische Brücken in Spanien). M. Cisneros Cunchillos–P. López Noriega, in: Actas del XXIII congreso nacional de arqueología II, Elche 1995, 61 ff. E. Cerrillo Martín de Cáceres–J. M. Fernández Corrales–G. Herrera Carcía de la Santa, in: Les Villes de Lusitanie romaines 51 ff. und P. Sillières, ebda. 73 ff., sowie ders.: Les voies de communication de l'Hispanie méridionale, Paris 1990. G. Castelvi u. a., Voies romaines du Rhône à l'Èbre, Paris 1997. Vgl. S. 431 m. A. 164.

[217] Vgl. die beiden von F. C. Bourne a. O. (Anm. 204) 25 Nr. 25 und 27 angeführten Meilensteine aus dem letzten Regierungsjahr des Augustus (Eph. VIII Nr. 742. Dessau Nr. 105). Dazu P. Melone, Epigraphica 15, 1953, 34 ff.

[218] Vgl. P. Salama, Les Voies Romaines de l'Afrique du Nord, Algier 1951, 24 f.

schon in der Spätzeit des Augustus gebaut wurde. Auch die Straße nach Carnuntum und Vindobona über Poetovio wurde wohl schon unter Augustus begonnen.[219] Straßenbauten sind außerdem in Griechenland und Makedonien bezeugt.[220] In Kleinasien wurde u. a. die Straße von Ephesos nach Smyrna wiederhergestellt. Vor allem aber hat Augustus in der neuen Provinz Galatia zur Sicherung der römischen Herrschaft zwei wichtige Straßen anlegen lassen. Sein Statthalter Cornutus Aquila zog im Jahre 6 v. Chr. eine Straße von Antiochia in Pisidien nach dem phrygischen Apollonia und weiter nach Kommana und eine andere Straße von Antiochia in südöstlicher Richtung nach Ikonion und weiter nach der römischen Kolonie Lystra. Auch auf Kypros hat Augustus eine neue Straße angelegt.[221]

Wenn auch der Straßenbau ganz wesentlich militärischen Bedürfnissen diente, so mußten die neuen Kommunikationslinien doch auch dem zivilen Verkehr zugute kommen und die Tendenz einer Vereinheitlichung des Reiches fördern. Augustus hat daher auch dem Straßenbau in seiner Propaganda einen großen Platz eingeräumt. Schon im Jahre 27 v. Chr. wurde ihm wegen seiner Sorge für die italischen Straßen in Ariminum ein Ehrenbogen errichtet. Andere Ehrenbogen sieht man auf den in Spanien geprägten Denaren mit der Beischrift *quod viae munitae sunt*.[222] Die Sorge des Prinzeps für den Straßenbau wurde auch auf stadtrömischen Denaren herausgestellt. Vor allem aber verkündeten die Meilensteine entlang den Straßen selbst, was der Prinzeps für den Reisenden getan hatte. Augustus war überhaupt der erste, der seit der Gracchenzeit in größerem Umfange Meilensteine hat setzen lassen. Sie trugen in allen Teilen des Reiches seinen Namen und brachten damit die Einheitlichkeit des neuen Reichsregiments nachdrücklich zur Geltung. Der Name des Prinzeps auf den Meilensteinen erhielt damit eine ähnliche Funktion wie sein Name und sein Bild auf den Münzen und wurde zum Ausdruck der kaiserlichen Souveränität im Reich.[223]

Das von Augustus zielbewußt ausgebaute Verkehrsnetz erleichterte aber vor allem auch die Verwaltung des Reiches. Ihr diente auch die von

---

[219] Vgl. Tac. ann. 1, 20, 1. Dazu A. Mócsy, RE Suppl. IX, 1962, 635 ff., und M. Zaninović, ANRW II 6, 1977, 778.

[220] F. C. Bourne a. O. 26, Nr. 51 und 52 verzeichnet einen Meilenstein aus Larissa und eine Brücke über den Strymon (AE 1932 Nr. 5. 1936 Nr. 18). Dazu F. Papazoglou, ANRW II 7, 1, 1979, 340 f. mit Anm. 165.

[221] Vgl. D. Magie, Roman Rule 463 und 488. B. Levick, Roman Colonies 38 ff. St. Mitchell, Anatolia I, Oxford 1993, 76 ff. – Zu Kypros s. T. B. Mitford, ANRW II 7, 2, 1980, 1335.

[222] RIC Augustus Nr. 315 ff. Dazu Th. Pekáry a. O. (Anm. 204) 105 ff.

[223] S. dazu H. U. Instinsky, Das neue Bild der Antike II, Leipzig 1942, 351 ff., und Th. Pekáry a. O. 73 ff. sowie W. Eck (Anm. 207) 26 f.

Augustus neu geschaffene Reichspost, der *cursus publicus*.[224] Zunächst hatte der Prinzeps für die Übermittlung von Botschaften und Depeschen die in den *collegia iuvenum* organisierte vornehme Jugend der Munizipien eingesetzt.[225] Einzelne berittene Kuriere brachten die Briefe von Station zu Station. Das System bewährte sich jedoch offensichtlich nicht, so daß Augustus dazu überging, seine Depeschenboten im Wagen reisen zu lassen und für sie an den wichtigsten, militärisch gesicherten Reichsstraßen Stationen für Pferde- und Wagenwechsel und für die Übernachtung einzurichten. Der Prinzeps konnte so seinen Boten, die nun meist Sklaven und Freigelassene der kaiserlichen *familia* waren, auch mündliche Instruktionen mit auf den Weg geben. Auch die Beamten konnten mit der kaiserlichen Post schneller in die Provinzen gelangen. Ebenso wurde wohl die Versorgung von kleineren Truppeneinheiten mit den notwendigen Gütern gelegentlich über den *cursus publicus* abgewickelt. Verantwortlich für die Organisation dieses *cursus publicus* war offenbar schon unter Augustus der *praefectus vehiculorum*.[226] Der Gespanndienst bedeutete allerdings für die mit ihm belasteten Gemeinden eine schwere Bürde.[226a]

Obwohl die Einrichtung des *cursus publicus* die Aufgaben der Reichsverwaltung beträchtlich erleichtert hat, strebte der Prinzeps aber doch keine zentralistische Einheitsverwaltung an. Es gab unter ihm weder einen allgemeinen Reichscensus[227] noch einen allgemeinen Reichskataster.[228] Allerdings erforderte sowohl die Anlage der Kolonien und die Neugrün-

---

[224] Vgl. H.-G. Pflaum, Essai sur le Cursus Publicus sous le Haut-Empire Romain, Mémoires présentées à l'académie des inscriptions 14, Paris 1940, 210ff., und W. Eck a. O. 88ff.

[225] Suet. Aug. 49, 3. Dazu H.-G. Pflaum a. O. 214f., anders G. Pfister, Juventus 71, wonach *iuvenes* bei Sueton nicht technisch zu verstehen sei. – Übrigens hat Augustus für vertrauliche Nachrichten eine Geheimschrift entwickelt, die er im Verkehr mit seinen engsten Mitarbeitern, bes. mit Agrippa und Maecenas, gelegentlich verwandt hat: Suet. Aug. 88. Dio 51, 3, 7.

[226] Dazu W. Eck, Chiron 5, 1975, 380ff., und: Die staatliche Organisation Italiens 89ff.

[226a] Vgl. dazu das zweisprachig aufgezeichnete Edikt des Statthalters von Galatia Sex. Sotidius Strabo aus tiberischer Zeit, das von St. Mitchell, JRS 66, 1976, 106ff., publiziert und kommentiert worden ist (= Historische Inschriften Nr. 30). Vgl. ders. ZPap 45, 1982, 99f., und Chiron 16, 1986, 25ff. Aus der Inschrift geht hervor, daß offenbar schon Augustus durch ein *edictum* oder eine *lex* Mißständen bei der *vehiculatio* abzuhelfen versucht hat.

[227] Dazu H. Braunert, Historia 6, 1957, 202ff. Vgl. jedoch J. Thorley, Greece and Rome 26, 1979, 81ff. S. auch H. Hengel, Die Zeloten, Leiden 1976, 132ff., und oben S. 403 Anm. 82.

[228] Auch von einer Vermessung des gesamten Provinziallandes kann nicht die

dung peregriner Städte wie der Ausbau des Straßennetzes in den Provinzen umfangreiche Vermessungsarbeiten, auf die sich auch Agrippa bei der Anfertigung seiner Weltkarte, die wohl im wesentlichen eine Straßenkarte war, stützen konnte.[229]

Zur Vereinheitlichung des Reiches trug die Entstehung einer einheitlichen Reichswährung bei.[230] Auch hier wurde jedoch von Augustus eine völlige Uniformität weder erreicht noch erstrebt. Weitgehend einheitlich war überhaupt nur die Silberwährung, die auf dem Denar basierte. Dagegen herrschte in der Bronzeprägung eine verwirrende Vielfalt. Neben den reichsrömischen Aes-Münzen standen regionale und lokale Gepräge in großer Zahl.

Diese Vielfalt in der Münzprägung war u. a. dadurch bedingt, daß es neben den neuen römischen Kolonien und Munizipien weiterhin peregrine Gemeinwesen unterschiedlicher Rechtsstellung gab. Das *foedus* Mytilenes mit Rom hat Augustus ausdrücklich bestätigt.[231] Auch Athen behielt sein Bündnis mit Rom.[232] Und ebenso gab es im Westen weiterhin föde-

---

Rede sein. Bei Cassiodor (Varia 3, 52) ist zwar von einer Vermessung des ganzen Reiches durch Augustus die Rede, doch ist der Quellenwert dieser Stelle gering, vgl. schon Th. Mommsen, Die libri coloniarum (o. S. 481 Anm. 117) 176ff. Vermessen wurde außerhalb Italiens vor allem das Gebiet der neu gegründeten Kolonien, der Militärterritorien und des *ager publicus*. Vgl. O. A. W. Dilke, ANRW II 1, 1974, 583 f. (A Select List of Centuriation Sites in Italy mit Literatur) und 590ff. (Centuriation and Land Planning Outside Italy, Bibliography). Dazu s. den Sammelband Estudios sobre centuriaciones romanas en España, Madrid 1974. Ferner s. J. Soyer, Les centuriations de Provence, Rev. arch. Narb. 6, 1973, 197ff., und 7, 1974, 179ff., und L. Neesen, Untersuchungen 30ff. Dazu P. Bonvicini, La centuriazione augustea della Valtenna, Fermo 1978. Vgl. auch AE 1976 Nr. 354 (Grenzziehung zwischen den *prata legionis IIII*. und dem Territorium von Juliobriga). – Wenn Augustus in Afrika eine Neuvermessung der gesamten Provinz veranlaßte (o. S. 350 Anm. 110), so war der Grund dafür offenbar der, daß Afrika für Rom als Getreideland von existentieller Bedeutung war. Daher hatte man schon in der Republik eine Vermessung vorgenommen, die unter Augustus durch eine neue Limitation ersetzt wurde. Auch die Getreideländer Sizilien und Sardinien waren offenbar schon in der Republik relativ gut vermessen, vgl. F. T. Hinrichs, Historia 18, 1969, 544 Anm. 95. – Zur römischen Vermessung der neuen Provinz Lusitania und ihren politischen Hintergründen vgl. oben S. 353ff. Anm. 121.

[229] Vgl. F. T. Hinrichs a. O. 543f. (zur Sammlung der *formae* des centuriierten Landes in Rom) und: Geschichte der Gromatischen Institutionen, Wiesbaden 1974, 113ff. Vgl. auch F. Millar, Emperor 263 und 399.

[230] Vgl. oben S. 383ff.

[231] Vgl. Sherk, Documents Nr. 26 mit Kommentar.

[232] Dazu R. Bernhardt, Athen. Mitt. 90, 1975, 233.

Das Werden der Reichseinheit 511

rierte Staaten.[233] Andere Orte wie Aphrodisias und später Samos erhielten vom Prinzeps die *libertas*.[234] Im Osten war ohnehin die Zahl der römischen Bürger relativ gering. Gab es doch in der ganzen Provinz Kyrene nach dem Zeugnis des Augustus selbst noch im letzten Jahrzehnt des ersten Jahrhunderts v. Chr. nur 215 römische Bürger aller Altersklassen.[235] Auch die römischen Kolonien waren im Osten dünn gesät. Für den Prinzeps bot es sich daher von selbst an, Gemeinden, die sich um ihn oder um Rom verdient gemacht hatten, in alter Form durch Gewährung eines *foedus* oder durch Verleihung der *libertas* zu privilegieren. Die Gliederung der peregrinen Provinzialgemeinden in föderierte, freie und tributpflichtige Gemeinden wurde also beibehalten und weiter ausgebaut.

Stellt so das Römische Reich unter Augustus keineswegs einen Einheitsstaat dar, so lassen sich die aufgezeigten Tendenzen zu einer Vereinheitlichung des Imperium doch nicht übersehen. Obwohl diese Tendenzen von Augustus zweifellos gefördert wurden, fehlt es doch an programmatischen Äußerungen. Das ist vielleicht kein Zufall. Denn in der offiziellen Theorie wurde unter Augustus der von der ausgehenden Republik übernommene Anspruch auf eine Herrschaft ohne Grenzen aufrechterhalten.[236] Man kann daher nicht erwarten, daß der Prinzeps gleichzeitig eine

[233] So z. B. Massilia (Plin. n. h. 3, 34. Dazu M. Clerc, Massilia II, Marseille 1929, 246 ff.). Im Osten war offenbar auch das neugegründete Nikopolis eine föderierte Stadt, vgl. J. A. O. Larsen, Economic Survey IV, 1938, 446, und Acta Class. 1, 1958, 129. Allgemein s. H. Horn, Foederati, Diss. Frankfurt am Main 1930, bes. 39 ff., und M. Lemosse a. O. (Anm. 197) 21 ff.

[234] Zu Samos s. Dio 54, 9, 7. Plin. n. h. 5, 135. Zu Aphrodisias s. Plin. n. h. 5, 109. Vgl. allgemein R. Bernhardt, Imperium und Eleutheria, Diss. Hamburg 1971, 177 ff.

[235] FIRA I² Nr. 68 I Z 4 ff. Allerdings sind nur die römischen Bürger mit einem Mindestcensus von 10000 HS gezählt. Doch ist dieser Census äußerst niedrig, vgl. J. Stroux, Die Augustusinschrift auf dem Marktplatz von Kyrene, München 1928, 97 ff.

[236] Der Begriff Reich als eine politische, soziale und kulturelle Einheit, deren Mitglieder als Reichsangehörige gelten und sich als solche fühlen durften, konnte sich in Rom erst entwickeln, nachdem der römische Herrschaftsbereich wirklich ein zusammenhängendes Ganzes mit deutlich markierten Grenzlinien geworden war (so wie es Tacitus, ann. 1, 9, 5 für das Reich des Augustus klassisch formuliert hat: *mari Oceano aut amnibus longinquis saeptum imperium, legiones, provincias, classes cuncta inter se conexa*). Zuvor entsprach den fließenden und gerade in der Spätrepublik noch als wesentlich erweiterungsfähig erkannten Grenzen der römischen Herrschaft die vage Vorstellung von einem *imperium* über den *orbis terrarum* (s. dazu J. Vogt, Orbis, Freiburg 1960, 156 ff., und oben S. 334). Wenn daher Cicero das Wort *imperium* gelegentlich in einem räumlichen Sinne braucht, so steht dahinter in aller Regel nicht die Vorstellung eines Reichsganzen, sondern der Gedanke an die konkrete Ausdehnung der römischen Herrschaft. (Vgl. dazu W. Suer-

Reichskonzeption propagiert hätte, die im Grunde von dem Reich in den bestehenden Grenzen als einer gegebenen Größe ausging.[237]

baum, Vom antiken zum frühmittelalterlichen Staatsbegriff, Münster[3] 1977, 52 ff.) Wenn Cicero das römische Herrschaftsgebiet als Raum, in dem staatliche Aufgaben wahrgenommen werden, bezeichnen will, kann er dafür *res publica* gebrauchen. Auch die Provinzialverwaltung ist für ihn *pars rei publicae* (Ad Q. fr. 1, 1, 4 f. Vgl. dazu allg. W. Suerbaum a. O. 10 ff.). Die Wendung *corpus rei publicae*, die Cicero noch im Hinblick auf Rom geprägt hat (De off. 1, 85. Phil. 8, 15 f.), wird dann von Asinius Gallus in der Senatsdebatte beim Regierungsantritt des Tiberius auf das ganze Reich bezogen (Tac. ann. 1, 12, 3). Auch für Tiberius selbst umfaßt der Begriff *res publica* zweifellos das ganze Reich [der Versuch von H. Braunert, dem Begriff *res publica* in den Res Gestae auf die stadtrömischen Verhältnisse einzuengen (Chiron 4, 1974, 343 ff. Mon. Chilon. 36 ff.), ist schon deswegen wenig überzeugend]. Schon Ovid (Trist. 2, 231 f.) und Seneca (De clem. 2, 2, 1) können aber von *corpus imperii* sprechen. – Außer bei Ovid klingt die Vorstellung von dem *imperium* als einer räumlichen Einheit vielleicht auch in der augusteischen Formel für die Schließung des Janusbogens – *cum per totum imperium populi Romani terra marique esset parta victoriis pax* (RgdA 13) – an. Die Res Gestae stehen sonst allerdings mit dem Anspruch auf Weltherrschaft, den sie verkünden, noch durchaus in der Tradition der Spätrepublik (vgl. dazu die klärenden Ausführungen von A. Heuß, Mon. Chil. 70 ff.). Daß im übrigen in der augusteischen (und allgemein in der kaiserzeitlichen) Herrschaftsideologie wie in der Panegyrik der Anspruch als Wirklichkeit ausgegeben und das Imperium mit dem *orbis terrarum*, die Reichsbevölkerung mit dem *genus humanum* gleichgesetzt wurde, ist bekannt (vgl. J. Vogt a. O.), berührt aber das oben angesprochene Problem nur am Rande. Richtig sieht das Problem F. Vittinghoff, Kaiser Augustus, Göttingen 1959, 75: „Die Vergilverse (Aen. 6, 8, 47 ff.) machen wie so viele andere Aussagen bewußt, daß das römische Imperium nicht in einem tieferen Sinne als ‚Reich', als eine organische Einheit, in der die einzelnen Glieder nur aus dem Sinnzusammenhang einer größeren Ordnung leben, begriffen wird. Die Provinzen des römischen Volkes sind bloße Objekte der uneinschränkbaren Machtpolitik des Herrenvolkes. Die Republik und der augusteische Staat besitzen darum wohl eine Rom-, aber doch keine Reichsidee. Augustus aber hat den Grund dafür bereitet, daß in Jahrhunderten ein einheitliches ‚Reich' erstehen konnte." – Vgl. D. Kienast, Corpus Imperii, in: Beiträge zur Geschichte und Literatur der Kaiserzeit, Festschrift J. Straub, Bonn 1982, 1 ff. = Kleine Schriften 281 ff. Interessant ist, daß seit Augustus in den Stadtrechten das Wort *publicus* und seine Ableitungen durch *communis* und seine Ableitungen ersetzt wird, vgl. M. H. Crawford, in: B. Cunliffe– S. Keay, Social Complexity 429.

[237] Vielleicht hängt damit auch das Fehlen moderner Untersuchungen über die Reichspolitik des Augustus zusammen. Das großangelegte Buch von F. Fabbrini, L'impero di Augusto come ordinamento sovrannazionale, Mailand 1974, bes. 245 ff., stellt eine stark juristisch-systematisch orientierte Bestandsaufnahme der verschiedenen Gliederungselemente des Imperium Romanum unter Augustus dar. Das Werk leidet außerdem darunter, daß der Vf. in gewissem Sinne noch unter dem

Wo sich in dieser Zeit Äußerungen über das Reich finden, beziehen sie sich fast alle auf die Stellung des Augustus. Er war es ja, der das Reich eigentlich zusammenhielt und der dem Imperium eine monarchische Spitze gegeben hatte, die allein seinen Bestand noch garantieren konnte. Aus diesem Grunde hat auch der Prinzeps selbst im Osten wie im Westen die Verbreitung des Kaiserkultes gefördert, und zwar nicht nur in den Provinzen, sondern auch in den zum Reich gehörenden Klientelstaaten. Aus diesem Grund erscheint nicht nur auf den Münzen der Reichsprägung, sondern auch auf den Geprägen der autonomen Städte und Stämme sowie der Klientelfürsten das Porträt des Augustus. Aus diesem Grunde setzte man an den Straßen des Reiches Meilensteine mit Namen und Titel des Kaisers. Und aus diesem Grunde hat der Prinzeps überall im Reich Städte mit seinem Namen gegründet und sogar die Klientelfürsten veranlaßt, ihre Residenzstädte nicht mit ihrem eigenen Namen zu schmücken, sondern sie nach ihrem Oberherren zu benennen.

Als Augustus im Jahre 27 v. Chr. unter der Devise der *cura et tutela rei publicae* die Provinzen übernahm, in denen noch gekämpft wurde, versprach er diese dem Senat zurückzugeben, sobald sie befriedet seien.

Einfluß der Mommsenschen Dyarchiethese steht und von einer strengen Trennung zwischen der *res publica populi Romani*, vertreten durch den Senat, und dem Kaiser als *imperator* ausgeht. Die Verflochtenheit der senatorisch-'republikanischen' mit der 'kaiserlichen' Sphäre ist aber größer, als Fabbrini wahrhaben will. Auch die Vorstellung des Vf. vom 'Friedensreich' des Augustus (p. 437ff.) muß wohl stark modifiziert werden. – Terminologische Ungenauigkeit hat übrigens noch in der modernen Forschung dazu geführt, Weltherrschaftsanspruch und „Reichsidee" in eins zu setzen. Vgl. z. B. R. Werner, ANRW I 1, 1972, 525, wonach Vergil den römischen Weltherrschaftsanspruch mit dem römischen Weltsendungsbewußtsein begründet habe. Werner geht dann kurz auf Livius und Horaz ein und folgert dann: „Für die Augusteer war mithin die Reichsidee und der Prinzeps als deren Inkarnation ... ebenso eine Selbstverständlichkeit wie die Rechtfertigung des Imperiums und des zum Ruhmestitel erhobenen imperialen Gedankens in Dichtung und Prosa." Diese terminologische Unschärfe ist jedoch geeignet, die Problematik des augusteischen Reichsdenkens und der augusteischen Reichspolitik zu verschleiern. Wozu es führen kann, wenn man Weltherrschaftsidee und Reichsgedanken terminologisch nicht trennt, zeigen vielleicht am besten die Ausführungen von U. Knoche (Das neue Bild der Antike II, Leipzig 1942, 213), der Ciceros theoretische Rechtfertigung der römischen Weltherrschaft als Reichsgedanken versteht und dann sein Fehlen bei Caesar rügt: „Geradezu erstaunlich und erschreckend ist es aber, eine wie geringe Rolle dort der Reichsgedanke spielt, und es ist sonderbar, daß Caesar, der Meister der Propaganda, sich diese Parole hat entgehen lassen." Daß Caesar in der Praxis eine neue Reichspolitik eingeleitet hat, die in ihren Auswirkungen nicht minder folgenreich war als Ciceros Weltherrschaftsideologie, ist Knoche offenbar nicht bewußt gewesen.

Darin kommt deutlich zum Ausdruck, daß sich die *cura* des Prinzeps auch auf die Provinzen erstrecken sollte und daß nicht nur Rom und Italien, sondern das ganze Reich in den Genuß der Pax Augusta kommen sollte.[238] Tatsächlich begründete Augustus im Jahre 4 v. Chr. die Neuordnung des Repetundenverfahrens den Kyrenäern gegenüber mit seiner *cura*.[239] Die Repräsentations- und Zweckbauten, die allenthalben in den römischen und in den peregrinen Gemeinden des Reiches entstanden, waren zudem ein sichtbarer Ausdruck dafür, daß nach der Verlegung der Truppen an die Peripherie des Imperium die kaiserliche Fürsorge auch den Provinzen zugute kam.

Diese Fürsorge des Prinzeps für das ganze Reich wurde auch von den Provinzialen anerkannt. So errichtete die dankbare Hispania Baetica dem Augustus auf dem Forum eine goldene Statue, *quod beneficio eius et perpetua cura provincia pacata est*. Ovid im fernen Tomis erklärte, den Prinzeps habe seine *cura* zum *dominus terrarum* gemacht, und für die Kolonie Pisa war Augustus *custos imperii Romani totiusque orbis terrarum praeses*.[240] Wenn in derartigen Äußerungen der Gedanke der *cura et tutela rei publicae* auf das ganze Imperium erstreckt wurde, so zeigt dies, daß das alte Klienteldenken zumindest in der Theorie aufgehoben war zugunsten eines universal verstandenen Herrschertums.[241] Hatte schon Cicero für Rom die Herrschaft über den *orbis terrarum* in Anspruch genommen, so verband sich für die Zeitgenossen des Augustus mit diesem Herrschafts-

---

[238] Vgl. A. v. Premerstein, Prinzipat 120 ff. J. Béranger, Recherches 201 ff. M. Hauser, Der römische Begriff cura, Winterthur 1954, 36 ff. mit weiteren Belegen. Auch auf die Klientelstaaten erstreckte sich die Cura des Prinzeps, s. Suet. Aug. 48. Vgl. jetzt A. Palma (o. S. 158 Anm. 22) 69 ff.

[239] S. Riccobono, Fontes I² Nr. 68, V 80 ff. Vitruv. 1 praef. 2 und 3 (vgl. oben S. 408 f.). In den Bauinschriften kommt diese *cura* in der Formel *muniendum (faciendum) curavit* zum Ausdruck, vgl. z. B. Dessau Nr. 97. Vgl. F. Beckmann, Der Friede des Augustus, Münster 1951, der das Werk des Augustus speziell unter dem Gesichtspunkt der *cura* behandelt.

[240] Dessau Nr. 103. Ovid, Ex Ponto 2, 7, 25 f. Ehrenberg–Jones, Documents Nr. 69 Z. 7 ff.; vgl. ebda. p. 46 (Feriale Cumanum z. 30. Jan. 9 v. Chr.). Dazu J. Vogt, Orbis, Freiburg 1960, 160 ff.

[241] Vgl. P. Herrmann, Kaisereid 93. Damit stimmt überein, daß Augustus nach der Annahme des *Pater-patriae*-Titels absichtlich nicht mehr den Stadtpatronat für einzelne Orte übernommen zu haben scheint, vgl. F. Engesser, Der Stadtpatronat in Italien und in den Westprovinzen des römischen Reiches bis Diokletian, Diss. Freiburg 1957, 13 ff. – Vgl. auch N. Rouland, Pouvoir politique et dépendance personnelle dans l'Antiquité romaine, Brüssel 1979, 494 ff. In der Praxis spielten allerdings die Klientelverhältnisse, wie sie zwischen einzelnen Kaisern und bestimmten Gemeinden bestanden, noch eine wichtige Rolle. Und für Velleius Paterculus (2, 120, 1) war Tiberius unter Augustus *patronus imperii Romani*.

anspruch ungezwungen die Vorstellung, daß der Prinzeps der *rector orbis terrarum* war.[242] Dabei bleibt durchaus offen, ob in derartigen Äußerungen der *orbis terrarum* synonym für das Römische Reich steht oder ob sich in ihnen ein sehr viel weiter gehender Anspruch dokumentiert (wie viele Stellen bei den augusteischen Dichtern nahezulegen scheinen).

Für die Augusteer war aber der Prinzeps nicht nur der Herr des Erdkreises, sondern auch der Vater des Reiches. Horaz feiert schon in seinen Oden den Augustus als *pater urbium*.[243] Und Ovid meint, der Prinzeps sei schon lange, bevor ihn der Senat mit dem Namen *pater patriae* begrüßte, *pater orbis* gewesen. Für Ovid war Augustus *pater hominum*, so wie Jupiter *pater deum* war.[244] Und kurz nach dem Tode des ersten Prinzeps schreibt Strabon: „Es ist aber schwer, ein solches Reich zu regieren, wenn es nicht einem einzigen wie einem Vater übergeben wird. Denn niemals hätten sich die Römer und ihre Bündner eines solchen Friedens und Wohlstandes erfreuen können, wie ihn der Caesar Augustus allen verschafft hat, seit er die alleinige Macht übernahm."[245] Nach wie vor besteht also für Strabon das Reich aus den Römern und ihren Bündnern. Sie alle unterstehen aber jetzt in gleicher Weise dem väterlichen Schutz des Prinzeps, der allein die Blüte und die Existenz des Reiches gewährleistet.

---

[242] Ehrenberg–Jones, Documents Nr. 100.

[243] Horat., carm. 3, 24, 27. Zu Augustus als *pater (patronus, parens) coloniae* bzw. *municipii* s. F. Vittinghoff, Kolonisation 51 f. Vgl. auch G. A. Manuselli, La rappresentazione della città in scrittori latini dell'epoca di Augusto, Mélanges offerts à R. Dion (Caesarodunum IX bis), Paris 1974, 182.

[244] Ovid. Fasti 2, 5, 127. Metam. 15, 856 ff.

[245] Strabon 6, 4, 2 p. 288 (anschließend ist von Tiberius und seinen Söhnen die Rede, die nach dem Vorbild des Augustus regieren). Die deutsche Übersetzung folgt P. Zanker, Forum Augustum 26.

SCHLUSS

Augustus

Gestalt und Leistung des Augustus waren schon in der Antike umstritten. Plinius widmet dem ersten Prinzeps einen sehr düsteren Abschnitt in seiner Naturgeschichte, und Tacitus arbeitet in seinem berühmten „Totengericht" die negativen Züge im Bilde des Augustus stark heraus.[1] Diese negative Tradition läßt sich bis in die Lebenszeit des Augustus zurückverfolgen.[2] Und sie kann im Grunde nicht überraschen. Denn Augustus verdankte seine Stellung einem sehr langen und blutigen Bürgerkrieg, einem der längsten und blutigsten, den die römische Geschichte je erlebt hat. Die Machtstellung des Prinzeps beeinträchtigte zudem die politischen Rechte des Senats und drängte diesen immer mehr in den Hintergrund. Traditionsbewußte Senatoren haben diese weitgehende politische Ausschaltung des Senats und den Verlust der republikanischen *libertas* nie verwunden. Tatsächlich sollte die Frage, ob und wie sich Prinzipat und Freiheit vereinigen ließen, noch lange ein heiß umstrittenes Problem bilden.[3] Dennoch wäre es verkehrt, wollte man Augustus allein vom Standpunkt der Republikaner beurteilen. Ihre Sicht vermag der Leistung des Prinzeps nicht ge-

---

[1] Plin. n. h. 7, 149. Dazu R. Till, Würzb. Jb. N. F. 3, 1977, 127 ff. – Tac. ann. 1, 9 ff. Dazu H. Willrich, Hermes 62, 1927, 54 ff. F. Klingner, Sb. München, phil.-hist. Kl. 1953, H. 7 = Studien zur griech. u. röm. Literatur, Zürich–Stuttgart 1964, 624 ff. B. Witte, Tacitus über Augustus, Diss. Münster 1963. D. C. A. Shotter, Mnemosyne 20, 1967, 171 ff. H. Tränkle, Wiener Stud. 3, 1969, 108 ff. D. Flach, Tacitus in der Tradition der antiken Geschichtsschreibung, Göttingen 1973, 126 ff. P. Ceauşescu, Klio 56, 1974, 183 ff. K. Christ, Historia 27, 1978, 449 ff. J. Wankenne, Les études class. 45, 1977, 323 ff. R. Urban, Gymnasium 86, 1979, 59 ff. B. Manuwald, Hermes 101, 1973, 352 ff., und: Cassius Dio und Augustus 131 ff. und 140 ff. A. Mehl, Gymnasium 88, 1981, 54 ff. H. H. Schmitt, in: Althistorische Studien (Festschrift H. Bengtson), Wiesbaden 1983, 178 ff. Vgl. auch K. Galinsky, Augustan Culture 79, der betont, "that Tacitus' influence on later historiography ... has been disproportionate."

[2] Dazu s. Suet. Aug. 51 und 55 f. Vgl. oben S. 61 Anm. 222. S. 266 f. mit Anm. 196 f., vgl. S. 287 Anm. 255.

[3] Vgl. R. Klein (Hrsg.), Prinzipat und Freiheit, Darmstadt 1969 [bes. die Aufsätze von L. Wickert (S. 94 ff.) und W. Jens (S. 391 ff.)]. M. Hammond, Harv. Stud. 67, 1963, 93 ff. Ch. Wirszubski, Libertas als politische Idee im Rom der späten Republik und des frühen Prinzipats, Darmstadt 1967, 121 ff. L. Wickert, ANRW II 1, 1974, 27 ff. D. C. A. Shotter, Ancient Society 9, 1978, 235 ff. T. Yuge, Klio 62, 1980, 439 ff.

recht zu werden. Wenn jemand in der Geschichte, so hat Augustus die Macht nicht um ihrer selbst willen und zur Befriedigung seiner persönlichen Bedürfnisse geübt.[3a] Bei dem jungen Oktavian fehlt es gewiß nicht an Handlungen, die man nur als krassen Machtmißbrauch bezeichnen kann.[4] Für einen jungen Mann, der zu Beginn seiner politischen Laufbahn noch nicht einmal 20 Jahre alt war, wird das kaum verwundern. Betont werden muß jedoch, daß schon der junge Oktavian sein Streben an einem überpersönlichen Ziel ausrichtete und durch dieses in Pflicht genommen und geprägt wurde. Das Erbe Caesars war für ihn Anspruch und Verpflichtung zugleich. Nichts ist für Oktavian so bezeichnend wie die Tatsache, daß er ganz in die Nachfolge Caesars eintrat und schon in seinem Namen jede Erinnerung an seine Herkunft gelöscht hat. Von seinem ersten Auftreten an hat der junge Caesar keinen Zweifel daran gelassen, daß er nach den Ehren seines 'Vaters' strebte, und das hieß in seinen Augen, nach dessen monarchischer Stellung. Es hatte schon seinen besonderen Sinn, wenn Oktavian demonstrativ immer wieder versucht hat, gerade das Symbol der neuen monarchischen Stellung Caesars, den goldenen Kranz, öffentlich auszustellen.[5] Diejenigen, die sich um Oktavian scharten, waren daher nicht in dem Sinne eine Partei wie die Anhänger des Antonius oder wie die Pompeianer, sie waren vielmehr vor allem die Gruppen, die in Caesar den Begründer der Monarchie gesehen hatten und für die Oktavian dessen durch Caesars Testament legitimierter Nachfolger war. Dieser

---

[3a] Das Wirken des Oktavian/Augustus allein auf die Stichworte 'Erringung der Macht', 'Sicherung der Macht' und 'Vererbung der Macht' zu reduzieren, so W. Schmitthenner, Saeculum 36, 1985, 286 ff., ist etwas problematisch und dürfte der staatsmännischen Leistung des ersten Prinzeps kaum gerecht werden. Leider wird aus Schmitthenners Ausführungen auch nicht deutlich, daß sich Augustus zur Sicherung seiner Macht um die Zustimmung aller Schichten und Stände in Rom und im Reich bemüht und diese auch weitgehend erreicht hat. Vgl. die Bemerkungen von K. Raaflaub, Saeculum Augustum I 290 ff., zum Bemühen des Prinzeps um die republikanische Nobilität unter dem Aspekt der Herrschaftsstabilisierung. – Etwas skurril mutet der Versuch von M. Reinhold, Thought 55, 1980, 36 ff. an, den Aufstieg und den Erfolg des Oktavian/Augustus aus dem Bestreben zu erklären "to compensate for his damaged self-esteem", hervorgerufen durch die Erlebnisse seiner frühen Kindheit (Verlust des Vaters mit 4 Jahren, seiner Großmutter Julia mit 12 Jahren). Leider wissen wir jedoch nicht, wie sich diese Kindheitserlebnisse ausgewirkt haben. Daß Oktavian schon mit 16 Jahren von Caesar mit dem Pontifikat und mit militärischen Auszeichnungen geehrt wurde, dürfte aber seine "ego-needs" mehr als befriedigt haben. Wenn es für Oktavian ein Trauma gab, so waren es kaum die Erlebnisse der Kindheit, sondern die Ermordung Caesars. So auch K. Christ, Römische Geschichte und Wissenschaftsgeschichte I 253.

[4] Vgl. Suet. Aug. 13, 1 f. 15. 27, 2 ff.
[5] Vgl. oben S. 28.

Auffassung waren die Republikaner gewiß nicht und nicht einmal alle Caesarianer, schon gar nicht die Angehörigen der senatorischen Kreise. Aber diese Auffassung war offenbar in den Reihen des Militärs weit verbreitet (wie schon das Verhalten der Truppen in Brundisium zeigt), und diese Auffassung hatte offenbar auch in der Plebs urbana ihre Anhänger. Auch die von Oktavian von Anfang an gesuchte charismatische Begründung seiner politischen Stellung fand offenbar bei den Soldaten und bei der Menge die gewünschte Resonanz. Erst nach dem Sieg über Sextus Pompeius wurde allerdings deutlich, daß Oktavian den Anspruch, den er erhob, auch einlösen konnte, und erst nach dem Ende des Antonius konnte die neue Monarchie Gestalt gewinnen.

Hatte schon der junge Oktavian seine ganze persönliche Existenz dem Anspruch und der Verpflichtung, die das Erbe Caesars stellte, untergeordnet, so trat Augustus erst recht hinter der von ihm selbst geschaffenen Monarchie zurück. Dank der Nachrichten Suetons wissen wir recht gut über den persönlichen Lebenswandel des Prinzeps, über seine Gestalt, sein Aussehen, seine Schwächen und seine Gebrechen Bescheid. Wir hören etwa, daß er auch in späteren Jahren sich der Liebe zu fremden Frauen hingegeben habe und daß er bis in sein Alter Freude am Würfelspiel hatte.[6] Auch seine homosexuellen Neigungen sind bekannt. Private Briefe an seinen Freund Maecenas und an den Dichter Horaz sind von einer derben Herzlichkeit.[7] Die Enthaltsamkeit des Augustus und seine Sparsamkeit in den Dingen des täglichen Lebens rühmt sein Biograph ausdrücklich. Seine Wohnung und sein Hausrat waren bescheiden, seine Kleidung handgewebt. Sein Essen bestand aus derber Hausmannskost, aus Schwarzbrot, Käse und Feigen. Im Weingenuß war er meist mäßig. Gerühmt werden sein ruhiger und heiterer Gesichtsausdruck und seine klaren und durchdringenden Augen. Doch war seine Gestalt etwas kurz geraten (er maß nur etwa 1,72 m), weswegen er besonders hohe Schuhe trug. Auch hinkte er wegen einer Hüftschwäche gelegentlich auf der linken Seite etwas. Seine Zähne waren abstehend, klein und schadhaft. Sein Körper war von Flecken und Schwielen entstellt. Seine Konstitution war schwächlich. Scharfes Sonnenlicht konnte er auch im Winter nicht ertragen. Sein Schlaf war unregelmäßig, und er litt an mancherlei Krankheiten und Leiden. Über alles dies und noch vieles andere (z. B. über seine Rechtschreibschwäche, über seine Gewitterfurcht und seinen Aberglauben) berichtet uns Sueton in breiter Ausführlichkeit.[8]

---

[6] Suet. Aug. 69 ff.

[7] Vgl. Malcovati, Augusti operum fragmenta p. 20 Nr. XXXII und p. 24 Nr. XLI. Dazu vgl. J. Griffin, JRS 66, 1976, 100.

[8] Suet. Aug. 76 ff. und 90 ff. Vgl. dazu und zum Folgenden die schönen Aus-

Dennoch treten diese persönlichen Dinge ganz zurück hinter dem offiziellen Bild des Prinzeps. Noch heute sieht man Augustus so, wie er selbst gesehen sein wollte. Sein scheinbar altersloses, ebenmäßig-schönes Porträt zeigt den Herrscher, nicht den Menschen, der sich hinter der Schönheit wie hinter einer Maske verbirgt. Wir wissen, daß Augustus nicht nur bei sich selbst, sondern auch bei seinen Angehörigen auf ein würdevolles, ihrer Stellung angemessenes Auftreten geachtet hat. In einem Brief an Livia erörtert er ausführlich, ob und wie man den etwas linkischen jungen Claudius der Öffentlichkeit präsentieren könne.[9] Seinen Stiefsöhnen und seinen Enkeln verbot er ausdrücklich, die Soldaten als Commilitonen anzureden und begründete dies Verbot u. a. damit, daß eine derartige Herablassung mit seiner und seines Hauses *maiestas* nicht vereinbar sei.[10] Wie er selbst, so sollten sich also auch seine Angehörigen den Erfordernissen seiner Monarchie unterordnen. Augustus hat diesen Erfordernissen sein persönliches Glück geopfert. Der frühe Tod des Marcellus und seiner beiden geliebten Enkel, das Zerwürfnis mit Tiberius und schließlich die Katastrophen seiner leiblichen Tochter und seiner Enkelin Julia sind weitgehend darauf zurückzuführen, daß jene die ihnen zugedachte Stellung im neuen Staat – sei es auf Grund ihrer körperlichen Konstitution, sei es auf Grund ihrer geistigen und charakterlichen Veranlagung – nicht einnehmen konnten oder wollten. Nicht zuletzt das Vorgehen gegen die beiden Julien und die allein von der Staatsraison bestimmte Ehepolitik des Augustus haben dem Prinzeps immer wieder den Vorwurf der Kälte und Hartherzigkeit eingetragen. Dieser Vorwurf ist sicherlich, sobald man ihn verallgemeinert, unberechtigt. Augustus besaß sehr wohl die Gabe, Menschen an sich zu binden. Dies beweist nicht nur sein Verhältnis zu Agrippa und Maecenas, sondern auch seine Freundschaft zu Männern wie dem Republikaner Messala oder den Dichtern Vergil und Horaz. Und Oktavian/Augustus besaß außerdem ein südländisches Temperament. Es genügt, dafür an die Art, wie er die Livia heimführte, zu erinnern. Aber der Prinzeps war Römer und wußte als solcher den Wert von Formen zu würdigen. Vor allem aber hatte er seine entscheidende Prägung in den Jahren der Anarchie erfahren. Und mit der Erringung der Alleinherrschaft sah er seine Aufgabe darin, dem Bürgerzwist einmal und für immer ein Ende zu bereiten. Die neue Monarchie und ihre Form sollten daher die widerstrebenden Kräfte in der römischen Gesellschaft, in Italien und im Reich bin-

---

führungen von Z. Yavetz, The Personality of Augustus, in: Between Republic and Empire 21 ff.

[9] Suet. Claud. 4. – Vgl. auch Plinius, n. h. 35, 21 (Familienrat über den stumm geborenen Knaben Q. Pedius, einen Enkel des Consuls von 43 v. Chr.).

[10] Suet. Aug. 25, 1.

den und zusammenhalten. Weil ihr diese Aufgabe zugedacht war und weil sie mit dieser Aufgabe erst werden und erstarken konnte, mußte auch der Träger der Monarchie selbst sich ihr unterordnen und konnte er auch von seinen Angehörigen und Mitarbeitern ein Ausbrechen aus der einmal festgelegten Form und aus den einmal aufgestellten Regeln nicht hinnehmen, ohne sein Werk zu gefährden.

Bewies Augustus in allen Fragen, die die Grundlagen seiner Monarchie zu gefährden drohten, große, bisweilen vielleicht zu große Härte gegen sich und andere, so zeigt er in der Ausgestaltung seiner neuen Staatsform eine erstaunliche Elastizität, gepaart mit großer Behutsamkeit und Geduld.[11] Bei aller Klarheit seines Ziels hat er doch noch nach der *restitutio rei publicae* zehn Jahre experimentiert, ehe er für seine Stellung im Staat im großen und ganzen die passende Form gefunden hatte. Sein Sinn für Formen und Institutionen ließ ihn andrerseits nicht nur alte Einrichtungen und Bräuche mit neuem Leben erfüllen, sondern ließ ihn auch zögern, den Wert bestehender Institutionen dadurch zu gefährden, daß er sich ohne Not über sie hinwegsetzte oder sich ihrer zur Unzeit bediente. So ruhte er nicht eher, als bis seine testamentarische Adoption auch durch die Curiatcomitien bestätigt worden war. Obwohl er sich spätestens seit dem Erscheinen des *sidus Iulium* als *divi filius* fühlte, nahm er diese Filiation offiziell erst an, nachdem sich Antonius in aller Form zum *flamen* des Divus Julius hatte inaugurieren lassen. Obwohl er von Caesar das *nomen imperatoris* geerbt hatte, nahm er diesen Namen erst nach seinem Sieg über L. Antonius als Praenomen an und ließ ihn sich später durch den Senat bestätigen. Das gleiche zögernde Abwarten kann man in bezug auf die Übernahme der *tribunicia potestas* beobachten. Auch die Ehrungen des Jahres 27 scheinen in der Münzpropaganda erst nach der Regelung der Partherfrage intensiver herausgestellt worden zu sein.[12] Lange hat Augustus auch gewartet, bis durch den Tod des Lepidus der für seine monarchischen Ab-

---

[11] „Eile mit Weile" (σπεῦδε βραδέως) war sein Grundsatz: Suet. Aug. 25, 4. K. Christ, Römische Geschichte und Wissenschaftsgeschichte I 253ff., spricht in diesem Zusammenhang von der „Dialektik des augusteischen Prinzipats". Die Flexibilität des Prinzeps bei der Verfolgung seiner Ziele zeigt sich auch in seiner Bautätigkeit in Rom. Im Hinblick auf die im Vergleich zu Caesar sehr viel größere Vorsicht in der Vorgehensweise und auf das ständige Bemühen, den Rahmen der Legalität zu wahren, „stellt die augusteische Baupolitik einen wahren Drahtseilakt dar", so P. Gros–G. Sauron, Kaiser Augustus und die verlorene Republik 56.

[12] Vgl. K. Kraft, Kleine Schriften II 42ff. H.-W. Ritter, Röm. Mitt. 85, 1978, 371ff. – Schon im J. 26 v. Chr. wurde jedoch in Arelate und in Tarraco an den dort dem Augustus bzw. seinem Genius gesetzten Altären eine Kopie des Tugendschildes angebracht. Die Ehrungen standen offensichtlich im Zusammenhang mit der Reise des Princeps nach Spanien. Vgl. P. Gros, JdAI 102, 1987, 346ff.

sichten so wichtige Oberpontifikat frei wurde. Lange hat er gezögert, die schon 27 beschlossene Umbenennung des Monats Sextilis in Augustus auch wirklich durchführen zu lassen. Und klug hat er gewartet, bis er nach der Einführung seiner Adoptivsöhne ins öffentliche Leben endlich den Namen *pater patriae* annahm. Ja, die endgültige Ausgestaltung der Monarchie hat Augustus anscheinend bewußt auf die Zeit nach seinem Tode verschoben. Den Oberbefehl über die Provinzialarmeen, die eigentliche Grundlage seiner Machtstellung, hat er sich jedenfalls immer nur auf eine befristete Zeit übertragen lassen. Dadurch, daß er sich diese proconsularische Gewalt aber immer von neuem verlängern ließ, schuf er ein Exemplum für seinen Nachfolger. Und es scheint auf seinen Wunsch zurückzugehen, daß der Senat dem Tiberius das *imperium proconsulare* auf Lebenszeit übertrug.

Wenn der Prinzipat als die neue Form der Monarchie Bestand haben sollte, mußte er von einer breiten Zustimmung aller Schichten getragen sein. Niemand wußte das besser als Augustus, der sich für die Legitimierung seiner Stellung immer wieder auf den *consensus universorum* berief. Hierin nur eine geschickte Propaganda sehen zu wollen, wäre ganz verfehlt. Augustus hat seinem Staat vielmehr zahlreiche Gruppen gewinnen können, die bisher vernachlässigt worden waren. Die republikanische Nobilität war befangen gewesen in einem engen aristokratischen Standesdenken, das sich scharf abgrenzte gegenüber den anderen Ständen und Schichten der römischen Gesellschaft. Die politischen Vorstellungen der republikanischen Führungsschicht waren zudem ganz auf die Stadt Rom konzentriert. Schon aus der ihr abgetrotzten Ausweitung des römischen Bürgerrechts auf Italien hat sie keinerlei Konsequenzen gezogen, es sei denn die einer noch strengeren Abkapselung gegenüber allen, die nicht zu ihrem Kreis gehörten. Daß das römische Italien inzwischen zu einer Realität geworden war und daß die römische Welt auch an den Grenzen Italiens nicht endete, wurde von ihr kaum wahrgenommen, geschweige denn akzeptiert. Welche politischen Möglichkeiten die aristokratische Engstirnigkeit einer politischen Agitation gegen das Senatsregiment bot, hatte bereits C. Gracchus erkannt. Aber erst Caesar war es vergönnt, diese Möglichkeiten im großen Stil politisch auszunutzen. Doch auch Caesar benutzte diese Möglichkeiten, wie es scheint, im wesentlichen zur Erweiterung seiner persönlichen Klientel, wie es seinem ganz persönlichen Regiment entsprach.[13] Augustus konnte an das Werk seines 'Vaters' anknüpfen und

---

[13] Auch Caesar hat allerdings die Macht sicherlich nicht allein um der Macht willen erstrebt (wie eine etwas kurz greifende Interpretation heute gerne annimmt), sondern zur Durchsetzung und Sicherung politischer Maßnahmen und Vorstellungen, die sich auch an der Größe Roms, an den drängenden Aufgaben des

hat dessen Ansätze aufgenommen.[13a] Aber für ihn vermehrten die bisher vernachlässigten Schichten und Gruppen nicht – oder doch nicht nur – seine persönliche Klientel, sondern wurden zu Stützen der neuen Monarchie. Während für Caesar die *res publica* ein Nichts war, ein Name ohne Körper und Gestalt,[14] verstand sich Augustus als Vertreter und Garant der *res publica*.[14a] Das aber bedeutete, daß nun auch diejenigen Gruppen, die bisher außerhalb jeder politischen Verantwortung standen oder sich Rom und der römischen *res publica* gegenüber indifferent verhielten, dadurch, daß sie von Augustus gewonnen und an ihn gebunden wurden, zugleich in den Staat integriert wurden. Dies gilt in hohem Maße für das Heer und die Veteranen und ebenso für die ritterlichen Offiziere und Beamten. Dies gilt aber auch für die Compitalvereine in Rom und für die Augustalenkollegien im Westen des Reiches. Dies gilt weitgehend auch für die Schicht der Intellektuellen. Und dies gilt erst recht für die griechischen Städte des Ostens, wo Augustus als Vertreter Roms zusammen mit der Göttin Roma kultisch verehrt wurde. Auch in seiner Bautätigkeit handelte Augustus nicht als adliger Gefolgschaftsführer, sondern in erster Linie als Vertreter

Imperium und an den sozialen Erfordernissen seiner Zeit orientierten, die von der regierenden Oligarchie allzusehr vernachlässigt wurden. Aber Caesar verstand es schließlich – aus welchen Gründen auch immer – nicht, auf dem Gipfel der Macht seinem Regiment eine objektive Form zu geben.

[13a] Mit R. Syme, RR 317 ff., will man heute oft eine bewußte Distanzierung des Augustus von Caesar erkennen, so E. S. Ramage, Historia 34, 1985, 223 ff., und I. Hahn, Klio 67, 1985, 12 ff. sowie P. Donié, Caesarbild 3 ff. Vgl. dagegen die abgewogene Untersuchung von P. White, Phoenix 42, 1988, 334 ff. Zum Verhältnis Oktavians zu Caesar s. auch D. Lotze, Klio 67, 1985, 6 ff. Die Tatsache, daß Augustus aus innenpolitischen Gründen seiner Monarchie eine andere Form gab als Caesar, kann nicht verdecken, daß er in seiner Baupolitik, in der Kolonisations- und Bürgerrechtspolitik und mit seiner expansiven Außenpolitik dem caesarischen Vorbild folgte (die positive Einschätzung Caesars bei Strabo, Diodor und Velleius Paterculus erklärt sich wohl z. T. daraus. Vgl. Donié, Caesarbild 70 ff.). Im übrigen wurde Caesars Geburtstag in der Kaiserzeit regelmäßig gefeiert, er ist etwa im Feriale Duranum und noch im Kalender des Polemius Silvius (5. Jh. n. Chr.) als Festtag verzeichnet. Die *ludi Victoriae divi Caesaris* sind immerhin bis in trajanische Zeit bezeugt. Vgl. P. Herz, ANRW II 16, 2, 1978, 1150. Vgl. auch K. Galinsky, Augustan Culture 377 f. und oben S. 406.

[14] Suet. Caes. 77. – Vgl. dagegen Ovid, Trist. 4, 4, 15 über den augusteischen Staat: *Res est publica Caesar.*

[14a] Das hat auch zur Folge, daß die Mitarbeiter und Helfer des Augustus – von Agrippa und Maecenas abgesehen – im Hintergrund bleiben und für uns nur schwer faßbar sind. Der Anteil von Männern wie Messala Corvinus, Statilius Taurus oder Cn. Calpurnius Piso, dem Consul von 23 v. Chr., an der Gestaltung der Politik des Augustus war sicherlich sehr viel größer, als heute noch erkennbar ist.

des römischen Staates, sah er doch diese Bautätigkeit als einen Teil der von ihm übernommenen *cura*, der Fürsorgepflicht für die Provinzen und das Reich, an. Gefördert wurde diese Bautätigkeit dadurch, daß in dem neuen Staat des Augustus alle technischen Mittel ohne Rücksicht auf trennende Grenzen und bürokratische Hindernisse eingesetzt werden konnten. Reisende Bauhütten und Architekten sowie die Versendung von Modellen und Abgüssen erleichterten und beschleunigten die Urbanisierung des Reiches. Gewiß lebten im frühen Prinzipat auch die alten Klientelvorstellungen weiter. Und Augustus hat auch diese in mannigfacher Weise sich dienstbar zu machen gewußt. Sie allein reichen jedoch zur Erklärung der Struktur und der Lebensfähigkeit der neuen Staatsform nicht aus. Augustus selbst hat sich jedenfalls nicht in erster Linie als Gefolgsherr, sondern als Lenker und Verwalter des Staates verstanden.

Die Fürsorge des Prinzeps hat zweifellos besonders in der ersten Hälfte seiner langen Regierungszeit für das Gros der Reichsbevölkerung gegenüber der Republik echte Verbesserungen gebracht. Wohlstand, Frieden, Sicherheit und ein verstärkter Rechtsschutz zählten zu den wichtigsten Errungenschaften des neuen Regimes.[15] Auch wenn Augustus nicht die Genialität Caesars besaß, so war er doch in seinem Wesen vielfältig angelegt und hatte einen feinen Sinn für Literatur und Kunst. Die großen Schöpfungen der augusteischen Kunst waren sicherlich so nur möglich wegen der lebendigen Anteilnahme des Prinzeps. Die Schattenseiten des neuen Regimes konnten allerdings nicht verborgen bleiben. Sosehr sich der Prinzeps um ein gutes Verhältnis zum Senat bemühte und seine Stellung als getragen vom Willen des Senats darzustellen trachtete, so wenig gelang es ihm doch, den Senat ganz in seinen Staat zu integrieren. Die Traditionen der Republik erwiesen sich dafür als zu stark. Und die Konstruktion des Prinzipats als der *res publica restituta* war geeignet, jene Traditionen noch zu fördern. Anders als man erwarten sollte, wurden jene Traditionen in der zweiten Hälfte der Regierung des Augustus eher wieder lebendiger, so daß

---

[15] Vgl. H. Galsterer, The administration of justice, CAH X^2 397 ff. – Für die weite Akzeptanz der augusteischen Ordnung auch in den führenden Schichten ist die Übernahme der kaiserlichen Bildsymbolik in den privaten Bereich ein untrügliches Zeichen. Vgl. dazu P. Zanker, Augustus und die Macht der Bilder 264 ff., und in: R. Gordon–S. Walker–P. Zanker, Image and Mystery in the Roman World, Cambridge 1988, 1 ff. – Auch die Rolle der Opposition unter Augustus wird heute zurückhaltender beurteilt als früher, allerdings gelegentlich zu sehr heruntergespielt. Eine Opposition Einzelner oder kleiner Gruppen hat es immer wieder gegeben, von einer organisierten Opposition in größerem Umfang und über einen längeren Zeitraum kann aber wohl keine Rede sein. Vgl. K. A. Raaflaub–L. J. Samons II, in: Between Republic and Empire 417 ff., sowie J. A. Crook, CAH X^2 80 ff. Dazu s. oben S. 99 A. 65, S. 104 f. m. A. 80, S. 114 m. A. 119, und S. 133 f.

Augustus noch in seinem Alter in einer Gegenschrift wider Brutus sich mit der Figur Catos auseinandersetzen mußte.[15a] Schlimmer war, daß Augustus auch vor einer Unterdrückung der Meinungsfreiheit nicht zurückschreckte. Gerechterweise muß allerdings gesagt werden, daß auch die Republik eine freie Meinungsäußerung in modernem Sinne nicht kannte und sich nicht vor Einschränkungen der Meinungsfreiheit scheute. Dagegen hat Augustus verbale Angriffe gegen sich persönlich offenbar recht großzügig behandelt.[16] Doch wo ihm der Bestand seiner neuen Ordnung und der Monarchie bedroht schien, kannte er keine Bedenken. So kam es zu den Prozessen gegen Cassius Severus und T. Labienus und zur Verbannung Ovids. Besonders im Falle Ovids, der in seinen Dimensionen vergleichbare Fälle in republikanischer Zeit weit in den Schatten stellte, hatte der Prinzeps eine ungeschickte Hand. Er konnte den Dichter zwar verbannen, aber nicht mundtot machen. Er war aber offenbar auch politisch nicht in der Lage, den Fall durch einen Gnadenakt aus der Welt zu schaffen.

Daß diese spektakulären Ereignisse alle in die letzten Jahre der Regierung des Augustus fallen, ist sicher nicht oder nicht allein einer gewissen Altersstarrheit des Prinzeps zuzuschreiben. Die schwierige Frage der Nachfolge in seiner Herrschaft und die schweren Rückschläge in Pannonien und Germanien haben vielmehr zu einer sehr angespannten Situation in Rom geführt und dem Prinzeps ernste Sorgen bereitet. Die nach dem Tod seiner beiden als Thronfolger in Aussicht genommenen Enkel akut gewordene Nachfolgefrage konnte Augustus durch die Adoption des Tiberius lösen. Daß der Prinzeps sich entschloß, seinen im Grunde ungeliebten Stiefsohn trotz gewisser Bedenken wegen dessen schwierigen und wenig umgänglichen Charakters zu adoptieren, hatte sicherlich keine persönlichen Gründe und dürfte auch nicht in erster Linie auf das Drängen der Livia zurückgehen. Es ging Augustus vielmehr um den Bestand seiner Monarchie, der nur durch einen reibungslosen Herrschaftswechsel gesichert werden konnte. Hinter dieser Sorge um seinen Staat hatten persönliche Sympathien, etwa für den jungen Germanicus, zurückzutreten. Nachdem sich Augustus aber einmal für die Nachfolge des Tiberius entschieden hatte, war er auch darum bemüht, seinem Adoptivsohn die künftige Herrschaftsübernahme auf jede Weise zu erleichtern und mögliche weitere Thronprätendenten von vornherein auszuschalten, wie besonders die Behandlung des Agrippa Postumus deutlich zeigt. Aber wenn es auch nach der Adoption des Tiberius noch heftige und nicht ungefährliche Auseinandersetzungen in Rom gab, so konnte doch durch jene Entscheidung die Nachfolgefrage als gelöst gelten.

[15a] Vgl. oben S. 266f. Anm. 197.
[16] Suet. Aug. 51.

Anders stand es mit der schwierigen außenpolitischen Situation, wie sie besonders durch die ehrgeizige Germanienpolitik des Augustus heraufbeschworen worden war. Man darf jedoch diese Politik nicht isoliert sehen, sondern muß sie einordnen in die allgemeinen außenpolitischen Vorstellungen des Prinzeps, die geprägt waren durch die von der Republik übernommene Weltherrschaftsideologie. Es läßt sich nicht leugnen, daß zwischen der Übernahme dieser Weltherrschafts- und Welteroberungsgedanken und dem Anspruch des Augustus, Rom und dem Reich den Frieden zu bringen, ein gewisser Widerspruch besteht, auch wenn man in Rechnung stellt, daß die römische Friedensvorstellung keinen pazifistischen Charakter trug.[17] Mit der dreimaligen Schließung des Janustempels bezeugt Augustus nicht nur den dem Reich gewonnenen Frieden, sondern zugleich die Tatsache, daß zumindest an den Rändern seines Reiches die *pax Augusta* nicht von Dauer war und daß die Herrschaft über den *orbis terrarum* ein Anspruch blieb, dessen Realisierung zu wünschen übrig ließ. Auf der anderen Seite war der Anspruch auf Welteroberung und Weltherrschaft für den augusteischen Prinzipat von mehr als nur akzidentieller Bedeutung. Militärische Erfolge waren vielmehr eine notwendige Konsequenz aus der Struktur des Prinzipats selbst. Mit dem *imperium proconsulare* erhielt der Prinzeps eine den großen außerordentlichen Imperien der späten Republik vergleichbare Gewalt. Seine Stellung war in bezug auf diese Gewalt etwa der Stellung des Pompeius nach der *lex Gabinia* vergleichbar. Und wie Pompeius die ihm übertragene außerordentliche Gewalt durch seine Siege über die Seeräuber und über Mithridates gerechtfertigt hatte, so mußte auch Augustus sein *imperium proconsulare* durch außerordentliche militärische Erfolge rechtfertigen, und zwar immer aufs neue rechtfertigen, da ihm die proconsulare Gewalt immer von neuem verlängert wurde. Man versteht von daher besser, daß Augustus den Anspruch auf Weltherrschaft immer aufrechterhalten und auch in seinen *res gestae* noch stark herausgestellt hat. Und in der Tat konnte der Prinzeps ja nach anfänglichen Rückschlägen dank der Tüchtigkeit seiner Feldherrn bedeutende Erfolge erringen. Der Unterwerfung Nordwestspaniens folgte die Eroberung der Alpenländer und des Donauraumes sowie die Vorstöße römischer Armeen bis an die Elbe. Hinter diesen Erfolgen verblaßten die Leistungen des Pompeius und selbst die Siege Caesars. Allerdings mußte dem Prinzeps klar sein, daß an eine tatsächliche Welteroberung bei den begrenzten Kräften des Reiches nicht zu denken war. Vor allem gegenüber den Parthern, aber auch gegenüber Britannien hat Augustus daher auf eine Eroberungspolitik zugunsten diplomatischer Mittel verzichtet.

In der Germanienpolitik scheint sich der Prinzeps dagegen dem Erbe

---

[17] Vgl. oben S. 334 m. Anm. 58.

Caesars verpflichtet gefühlt zu haben. Nachdem aber einmal die Unterwerfung Germaniens als Ziel proklamiert worden war – und das war spätestens seit den Feldzügen des Drusus der Fall –, konnte Augustus von dieser Politik nicht mehr abrücken, ohne ihr Scheitern einzugestehen. Nach den voraufgegangenen enormen militärischen und finanziellen Anspannungen hätte aber ein Eingeständnis des Scheiterns in einer so wichtigen Frage dem Prestige des Augustus als des Mehrers des Reiches schweren Schaden zugefügt und sein Ansehen als „Reichsfeldherr" erschüttert. Erst Tiberius vermochte in einer veränderten Situation die ehrgeizige Germanienpolitik seines Adoptivvaters zumindest de facto zu liquidieren – wenn auch gegen erhebliche Widerstände der auch im Senat einflußreichen Gruppe um Germanicus. Ganz abrücken konnte selbst Tiberius von dem römischen Weltherrschaftsanspruch nicht. Die Diskrepanz zwischen diesem Anspruch und den realen, auf längere Sicht nur für eine Defensivpolitik ausreichenden Kräften des Reiches bildete zusammen mit der latenten Spannung zwischen dem Prinzeps und dem Senat, die gerade an außenpolitischen Fragen immer wieder zum offenen Ausbruch kommen sollte, für die Nachfolger des Augustus ein schweres Erbe.

Trotz der Rückschläge an den Grenzen (auch im Osten war ja die Lage beim Tode des Augustus wieder offen) konnte der Prinzeps sein Versprechen, das Reich zu befrieden, weitgehend einlösen. Genauso wie die militärischen Unternehmungen des Augustus muß auch dessen Friedenspolitik verstanden werden aus der Konstruktion seines Prinzipats. Augustus hatte seine militärischen Ausnahmegewalten erhalten, um die noch nicht befriedeten Provinzen zur Ruhe zu bringen. Die Herstellung des Friedens im Reich war also seine vornehmste Aufgabe, und nur als Garant dieses Friedens konnte er seine monarchische Stellung behaupten und ausbauen. Tatsächlich hat Augustus durch die Befriedung Nordwestspaniens und die Verlegung der Legionen an den Rhein für die Westprovinzen überhaupt erst die Voraussetzungen für die lange Periode des Kaiserfriedens geschaffen. Auch im Osten hat der Prinzeps durch die Beendigung der Bürgerkriege und die friedliche Regelung der Partherfrage im Jahre 20 v. Chr. die Grundlagen für den Wiederaufbau und für die neue Wirtschaftsblüte der dortigen Reichsländer geschaffen. Durch die Einrichtung der Provinz Galatien, deren Truppen[18] zusammen mit den in Syrien stationierten Legionen nun den Grenzschutz gegen die Parther übernahmen, konnte Augustus außerdem den Frieden der Provinz Asia über zwei Jahrhunderte hinweg sichern.

Man versteht danach sehr wohl, daß trotz der schweren Rückschläge besonders an der Nordfront des Reiches und der mit ihnen verbundenen

---

[18] Vgl. oben S. 339 Anm. 69.

wirtschaftlichen Krise die Monarchie des Augustus prinzipiell nicht mehr in Frage gestellt wurde. Die neue Staatsform war bereits zu tief verwurzelt, als daß es noch hätte gelingen können, sie wieder zu beseitigen. Zu viele Gruppen der römischen Gesellschaft und die maßgebenden Schichten im Reich waren so fest an den Kaiser gebunden, daß eine Rückkehr zur Republik nicht mehr möglich war. Allein der Prinzeps konnte schließlich den Frieden, ja den Bestand des Reiches garantieren. Augustus durfte sterbend die Gewißheit haben, daß die Grundlagen des Staates, die er geschaffen hatte, sich für die Zukunft als ein tragfähiges Fundament erweisen würden.[19] Wenn das Kaisertum in Rom trotz manch eines unzulänglichen oder unwürdigen Vertreters so lange Bestand haben konnte, so verdankt es dies jenen Grundlagen und dem immer wieder beschworenen Beispiel und Vorbild des ersten Augustus.

---

[19] Suet. Aug. 28, 2.

LITERATUR

Aufgenommen sind nur
1. Gesamtdarstellungen und häufiger oder im Text nur abgekürzt zitierte Werke,
2. im Text nicht zitierte neuere Literatur,
3. Aufsätze, die in Sammelbänden wieder abgedruckt wurden.

Der Hinweis auf die Erstpublikation soll sowohl der Identifizierung dienen als auch den Zugriff auf diese wichtigen Arbeiten erleichtern.
Zahlreiche weitere Literaturangaben findet man oben in den Anmerkungen.

1. Bibliographische Hinweise

Christ, K.: Römische Geschichte. Eine Bibliographie, Darmstadt ²1980, bes. S. 313 ff.
Haller, B.: Augustus und seine Politik: Ausgewählte Bibliographie, ANRW II 2, 1975, 55 ff.
Wickert, L.: Neue Forschungen zum römischen Prinzipat, ANRW II 1, 1974, 3 ff.
Guarino, A.: Gli aspetti giuridici del principato. Rassuaglio di bibliografia essenziale, ANRW II 13, 1980, 44 ff.
Carusillo, A.–F. Lucrezi–F. Reduzzi–L. Solidoro: Bibliografia, in: La rivoluzione romana, Neapel 1982, 319 ff.
Kierdorf, W.: Saeculum Augustum I, 1987, 389 ff.
Binder, G.: Saeculum Augustum II, 1988, 447 ff.
–: Saeculum Augustum III, 1991, 401 ff.
Cambridge Ancient History X², 1996, 1006 ff.
Die von der Vergilian Society herausgegebene Zeitschrift Augustan Age (AugAge) enthält hauptsächlich Beiträge zur augusteischen Literatur.

2. Literatur in Auswahl

Adcock, F. E.: The interpretation of Res gestae Divi Augusti 34, 1, Class. Quart. 45, 1951, 130 ff. = deutsch in: Schmitthenner, Augustus, 230 ff.
Affirmation und Kritik. Zur politischen Funktion von Kunst und Literatur im Altertum, hrsg. von G. Binder und B. Effe, Trier 1995.
Africa et Roma. Acta omnium gentium ac nationum conventus Latinis litteris linguaque fovendis Dacariae habiti, Rom 1979.
The Age of Augustus. Conference held at Brown University, Rhodes Island 1982. Ed. by R. Winkes, Louvaine-la-Neuve-Providence 1985 (1986).
Alföldi, A.: Studien über Caesars Monarchie, Lund 1953.
–: Der Vater des Vaterlandes im römischen Denken, Darmstadt 1971.

Alföldi, A.: Der neue Romulus, Mus. Helv. 8, 1951, 190 ff. = Der Vater des Vaterlandes 14 ff.
–: Parens Patriae, Mus. Helv. 9, 1952, 204 ff., und 11, 1954, 133 ff. = Der Vater des Vaterlandes 40 ff.
–: Die zwei Lorbeerbäume des Augustus, Bonn 1973.
–: Oktavians Aufstieg zur Macht, Bonn 1976.
–: Die monarchische Repräsentation im römischen Kaiserreiche, Darmstadt ³1980.
–: Die Ausgestaltung des monarchischen Zeremoniells am römischen Kaiserhofe, Röm. Mitt. 49, 1934, 1 ff. = Die monarchische Repräsentation 1 ff.
–: Insignien und Tracht der römischen Kaiser, Röm. Mitt. 50, 1935, 1 ff. = Die monarchische Repräsentation 119 ff.
Alföldy, G.: Die Stellung der Ritter in der Führungsschicht des Imperium Romanum, Chiron 11, 1981, 169 ff. = Die römische Gesellschaft, Stuttgart 1986, 162 ff.
–: Römische Heeresgeschichte, Amsterdam 1987.
–: Das Ende der Bürgerkriege in den Fasti Amiternini, ZPap 85, 1991, 167 ff.
–: Studi sull' epigrafia augustea e tiberiana di Roma, Rom 1992.
Alonso-Núñez, J. M.: Die politische und soziale Ideologie des Geschichtsschreibers Florus, Bonn 1983.
Amandry, M.: Le monnayage augustéen de Leptis Minor, SchwMbll 33, 1983, 11 ff.
Amatucci, A. G.: Augusto negli scrittori del suo tempo, in: Conferenze Augustee nel Bimillenario della Náscita, Mailand 1939, 39 ff.
Anderson, Jr., J. C.: Roman architecture and society, Baltimore 1997.
André, J.-M.: Le siècle d'Auguste, Paris 1974.
Antonelli, G.: Roma tra repubblica e impero. Fatti, momenti, personaggi della fine dell' antica repubblica romana, la più aggressiva e fortunata istituzione del mondo classico, Rom 1990 (Sachbuch).
Architecture et société. De l'archaisme Grec à la fin de la république romaine, Rom 1983.
Arminius und die Varusschlacht. Geschichte – Mythos – Literatur, hrsg. von R. Wiegels–W. Woesler, Paderborn 1995.
Arnaud, P.: Transmarinae provinciae: réflexions sur les limites géographiques et sur la nature des pouvoirs en Orient des 'co-régents' sous les régnes d'Auguste et de Tibère, CCG 5, 1994, 221 ff.
Arqueología de las ciudades modernas superpuestas a las antiguas, Ed. M. Martín-Bueno e A. Beltrán, Madrid 1985.
L'Art décoratif à Rome à la fin de la république et au début du principat, edd. X. Lafon–G. Sauron, Rom 1982.
Art and Text in Roman Culture, ed. by J. Elsner, Cambridge 1996.
Atkinson, K. M. T.: The Governors of the Province of Asia in the Reign of Augustus, Historia 7, 1958, 300 ff.
Augustus. Studi in occasione del bimillenario augusteo, Rom 1938.
Avallone, R.: Mecenate, Neapel 1962.
Badian, E.: Roman Imperialism in the Late Republic, Oxford 1968 = Römischer Imperialismus in der späten Republik, Stuttgart 1980.
–: "Crisis Theories" and the Beginning of the Principate, in: Romanitas–Christianitas (Festschrift J. Straub), Berlin 1982, 18 ff.

Balconi, C.: Documenti greci e latini d'Egitto di età augustea, Aegyptus 56, 1976, 208 ff.
Balty, J. Chr.: COL(onia) NEM(ausus). Notes d'archéologie et d'histoire augustéennes, RBPhil 38, 1960, 59 ff.
–: Curia ordinis. Recherches d'architecture et d'urbanisme antiques sur les curies provinciales du monde romain, Brüssel 1991.
Bane, R. W.: The Composition of the Roman Senate in 44 B.C., Diss. Univ. of Southern California, Ann Arbor 1971.
Bardon, H.: La Littérature Latine inconnue, 2 Bde., Paris 1952/6.
–: Les empereurs et les lettres latines d'Auguste à Hadrien, Paris 1940.
Barnes, T. D.: The Victories of Augustus, JRS 64, 1974, 21 ff.
Bartels, H.: Studien zum Frauenporträt der augusteischen Zeit. Fulvia, Octavia, Livia, Julia, München 1963.
Basileia. Die Paläste der hellenistischen Könige, hrsg. von W. Hoepfner und G. Brands, Mainz 1996.
Baumann, R. A.: The Crimen Maiestatis in the Roman Republic and Augustan Principate, Johannesburg 1967.
–: Impietas in Principem: a Study of Treason against the Roman Emperor, München 1974.
–: The 'leges iudiciorum publicorum' and their interpretation in the Republic, Principate and Later Empire, ANRW II 13, 1980, 103 ff.
–: The resumé of legislation in Suetonius, ZSSR 99, 1982, 81 ff.
–: Lawyers in Roman Transitional Politics, München 1985.
–: Lawyers and Politics in the Early Roman Empire. A Study of the relations between the Roman jurists and the emperors from Augustus to Hadrian, München 1989.
Bayet, J.: Croyances et rites dans la Rome antique, Paris 1971.
–: Les sacerdoces romains et la pré-divinisation impériale, Bull. de l'Acad. royale de Belgique. Class. des Lettres 41, 1955, 453 ff. = Croyances et rites 275 ff.
–: Prodromes sacerdotaux de la divinisation impériale, in: The Sacral Kingship, Numen Suppl. IV, Leiden 1958, 418 ff. = Croyances et rites 337 ff.
Becher, I.: Octavians Kampf gegen Antonius und seine Stellung zu den ägyptischen Göttern, Das Altertum 11, 1965, 40 ff.
–: Augustus und seine Religionspolitik gegenüber orientalischen Kulten, in: Saeculum Augustum II, 143 ff.
–: Augustus und der Kult der ägyptischen Götter, Klio 67, 1985, 61 ff.
–: Tiberüberschwemmungen. Die Interpretation von Prodigien in augusteischer Zeit, Klio 67, 1985, 471 ff.
–: Atia, die Mutter des Augustus – Legende und Politik, in: Griechenland und Rom 95 ff.
Becht, E.: Regeste über die Zeit von Caesars Ermordung bis zum Umschwung in der Politik des Antonius, Diss. Freiburg 1911.
Becker, C.: Das Spätwerk des Horaz, Heidelberg 1966.
Beckmann, F.: Der Friede des Augustus, Münster 1951.
Behrends, O.: Prinzipat und Sklavenrecht. Zu den geistigen Grundlagen der augusteischen Verfassungsschöpfung, in: Rechtswissenschaft und Rechtsentwicklung.

Ringvorlesung von Professoren der Juristischen Fakultät der Georg-August-Universität Göttingen, hrsg. von U. Immenga, Göttingen 1980, 53 ff.

Bejor, G.: L'edifictio teatrale nel urbanizzazione Augustea, Athenaeum 1979, 125 ff.

Bellen, H.: Novus status – novae leges. Kaiser Augustus als Gesetzgeber, in: Saeculum Augustum I 308 ff. = Politik – Recht – Gesellschaft 183 ff.

–: Antike Staatsräson. Die Hinrichtung der 400 Sklaven des römischen Stadtpräfekten L. Pedanius Secundus im Jahre 61 n. Chr., in: Universität im Rathaus 1, Mainz 1981, 59 ff. = Politik – Recht – Gesellschaft 283 ff.

–: Das Drususdenkmal apud Mogontiacum und die Galliarum civitates, JRGZM 31, 1984, 385 ff. = Politik – Recht – Gesellschaft 85 ff.

–: Cicereo und der Aufstieg Oktavians, Gymnasium 92, 1985, 161 ff. = Politik – Recht – Gesellschaft 47 ff.

–: AEGYPTO CAPTA. Die Bedeutung der Eroberung Ägyptens für die Prinzipatsideologie, in: Festschrift zum 16. Deutschen Numismatikertag, Mainz 1991, hrsg. von R. Albert, Speyer 1991, 33 ff. = Politik – Recht – Gesellschaft 71 ff.

–: La monarchia nella coscienza storica dello stato repubblicano. Un problema di continuità della storia Romana, Athenaeum 79, 1991, 5 ff. = Das Königtum im Geschichtsbewußtsein des republikanischen Staates. Ein Kontinuitätsproblem der römischen Geschichte, Politik – Recht – Gesellschaft 35 ff.

–: Rezension von J. Bleicken, Senatsgericht und Kaisergericht, Gnomon 36, 1964, 387 ff. = Politik – Recht – Gesellschaft 231 ff.

–: Politik – Recht – Gesellschaft. Studien zur Alten Geschichte, hrsg. von L. Schumacher, Stuttgart 1997 (Historia Einzelschriften 115).

Belloni, G. G.: Le „Res Gestae Divi Augusti". Augusto: il nuovo regime e la nuova urbe, Mailand 1987.

Benario, H. W.: Bellum Varianum, Historia 35, 1986, 114 ff.

Bengtson, H.: Römische Geschichte, München ³1982.

–: Marcus Antonius: Triumvir und Herrscher des Orients, München 1977.

–: Kleine Schriften, München 1974.

–: Die letzten Monate der römischen Senatsherrschaft, ANRW I 1, 1972, 967 ff. = Kleine Schriften 532 ff.

–: Untersuchungen zum Mutinensischen Krieg, in: Kleine Schriften, München 1974, 479 ff.

–: Zur Geschichte des Brutus, Sb. München 1970, 1.

–: Zum Partherfeldzug des Antonius, Sb. München 1974, 1.

–: Kaiser Augustus. Sein Leben und seine Zeit, München 1981 (populär).

Benjamin, A.–A. E. Raubitschek: Arae Augusti, Hesperia 28, 1959, 65 ff.

Béranger, J.: Recherches sur l'aspect idéologique du Principat, Basel 1953.

–: Principatus. Études de notions et d'histoire politiques dans l'antiquité greco-romaine, Genf 1973.

–: L'accession d'Auguste et l'Idéologie du ‹Privatus›, Palaeologia 7, 1958, 1 ff. = Principatus 243 ff. = deutsch in: Kloft, Ideologie und Herrschaft 315 ff.

–: La démocratie sous l'Empire romain: les opérations électorales de la Tabula Hebana et la ‹destinatio›, Mus. Helv. 14, 1957, 216 ff. = Principatus 209 ff.

–: Cicéron précurseur politique, Hermes 87, 1959, 103 ff. = Principatus 117 ff.

–: Diagnostic du principat: l'empereur romain, chef de parti, REL 37, 1959, 151 ff. = Principatus 259 ff.
–: Pour une définition du principat, Auguste dans Aulu-Gelle XV 7, 3, REL 21/2, 1943/4, 144 ff. = Principatus 153 ff.
–: La prévoyance (providentia) impériale et Tac. ann. 18, Hermes 88, 1960, 475 ff. = Principatus 331 ff.
–: Remarques sur la CONCORDIA dans la propagande monétaire impériale et la nature du principat, in: Beitr. z. alten Gesch. u. deren Nachleben (Festschrift F. Altheim), Berlin 1969, 477 ff. = Principatus 367 ff.
–: Idéologie impériale et épopée latine, in: Mélanges J. Carcopino, Paris 1966, 97 ff. = Principatus 383 ff.
–: Le GENIVS POPVLI ROMANI dans la politique impériale, BoJbb 165, 1965, 72 ff. = Principatus 411 ff.
–: Tacite, Annales 1, 8, 6: provisis etiam heredum in rem publicam opibus: fortune privée impériale et État, in: Mélanges M. G. Bonnard, Lausanne 1966, 151 ff. = Principatus 353 ff.
–: De Sénèque à Corneille: Lueurs sur Cinna, in: Hommages M. Niedermann, Brüssel 1956, 52 ff. = Principatus 191 ff.
–: Le refus du pouvoir, Recherches sur l'aspect idéologique du principat, Mus. Helv. 5, 1948, 178 ff. = Principatus 165 ff.
–: L'hérédité du principat. Note sur la transmission du pouvoir impérial aux deux premiers siècles, REL 17, 1939, 171 ff. = Principatus 137 ff.
–: Imperium, Expression et conception du pouvoir impérial, REL 55, 1977, 325 ff.
Berchem, D. van: Les distributions de blé et d'argent à la plèbe romaine sous l'empire, Genf 1939.
–: Les ‹clients› de la plèbe romaine, Rend. Pont. Acad. Arch. 18, 1941/42, 183 ff.
Berthiaume, Th.: César et Auguste: un comparaison, Echos du monde classique 15, 1971, 101 ff.
Berve, H.: Die Tyrannis bei den Griechen, 2 Bde., München 1967.
–: Zum Monumentum Ancyranum, Hermes 81, 1936, 242 ff. = Schmitthenner, Augustus 100 ff.
–: Kaiser Augustus, Leipzig 1934 = Gestaltende Kräfte der Antike, München ²1966, 396 ff.
Besnier, R.: Properce (Elégies II, VII et VII A) et le premier échec de la législation démographique d'Auguste, RHDFE 57, 1979, 191 ff.
Bessone, L.: Floro: un retore storico e poeta, ANRW II 34, 1, 1993, 80 ff.
–: La storia epitomata. Introduzione a Floro, Rom 1996.
–: Floro e le legazioni ecumeniche ad Augusto, Athenaeum 84, 1996, 93 ff.
Between Republic and Empire. Interpretations of Augustus and his Principate, ed. by K. A. Raaflaub–M. Toher, Berkeley–Los Angeles–Oxford 1990. Dazu D. Kienast, HZ 255, 1992, 163 ff.
Bianchini, F.: Camera ed iscrizioni sepulcrali dei liberti, servi, ed ufficiali della casa di Augusto scoperte nella via Appia, Neapel–Paris 1991.
Il Bimillenario di Agrippa, ed. Ceresa-Gastaldo, A., Genua 1990.
Biondi, B.: La legislatione di Augusto, in: Conferenze Augustee nel Bimillenario della Nàscita, Mailand 1939, 139 ff.

Birch, R. A.: The Correspondence of Augustus. Some Notes on Suetonius, Tiberius 21, 4–7, Class. Quart. 75, 1981, 155 ff.
Blagg, T.–M. Millet (Edd.): The Early Roman Empire in the West, Oxford 1990.
Bleicken, J.: In provinciali solo dominium populi Romani est vel Caesaris. Zur Kolonisationspolitik der ausgehenden Republik und frühen Kaiserzeit, Chiron 4, 1974, 359 ff.
–: Lex Publica: Gesetz und Recht in der römischen Republik, Berlin–New York 1975.
–: Senatsgericht und Kaisergericht, Göttingen 1962.
–: Verfassungs- und Sozialgeschichte des römischen Kaiserreichs I, Paderborn 1978.
–: Zum Regierungsstil des römischen Kaisers. Eine Antwort auf Fergus Millar, Wiesbaden 1982.
–: Prinzipat und Republik. Überlegungen zum Charakter des römischen Kaisertums, Stuttgart 1991.
–: Zwischen Republik und Prinzipat. Zum Charakter des Zweiten Triumvirats, Göttingen 1990. Dazu K. Bringmann, HZ 256, 1993, 151 ff.
–: Augustus. Eine Biographie. Berlin 1998.
Boegli, H.: Studien zu den Koloniegründungen Caesars, Diss. Basel 1966.
Böhme, Chr.: Princeps und Polis. Untersuchungen zur Herrschaftsform des Augustus über bedeutende Orte Griechenlands, München 1992.
Bogue, J. F.: Tiberius in the Reign of Augustus, Diss. Univ. of Illinois, Urbana 1970.
Bollinger, T.: Theatralis licentia. Die Publikumsdemonstrationen an den öffentlichen Spielen im Rom der früheren Kaiserzeit und ihre Bedeutung im politischen Leben, Winterthur 1969.
Bonanno, A.: Portraits and other Heads on Roman Historical Relief up to the Age of Septimius Severus, Brit. Arch. Reports Suppl. Ser. 6, Oxford 1976.
Borca, F.: La clades Variana in Velleio Patercolo, Tacito, Floro e Cassio Dione: osservazioni su una retorica della disfatta, Aufidus 30, 1996, 37 ff.
Botermann, H.: Die Soldaten und die römische Republik in der Zeit von Caesars Tod bis zur Begründung des Zweiten Triumvirats, München 1968.
Boulvert, G.: Esclaves et affranchis impériaux sous le Haut-Empire romain. Rôle politique et administratif, Neapel 1970.
Bourne, F. C.: The Public Works of the Julio-Claudians and the Flavians, Diss. Princeton 1946.
Bowersock, G. W.: Augustus and the Greek World, Oxford 1965 = deutscher Teilabdruck in: A. Wlosok, Römischer Kaiserkult, Darmstadt 1978, 289 ff.
–: Augustan Aegina, Class. Quart. 58, 1964, 120 f. = Studies on the Eastern Roman Empire, 17 f.
–: Eurycles of Sparta, JRS 51, 1961, 112 ff. = Studies on the Eastern Roman Empire, 19 ff.
–: The Imperial Cult: Perceptions and Persistence, in: B. F. Meyer–E. P. Sanders (Edd.), Jewish and Christian Self-Definition III, London 1982, 171 ff. und 238 ff. = Studies on the Eastern Roman Empire 327 ff.
–: Augustus and the East: The Problem of Succession, in: Caesar Augustus. Seven Aspects, 169 ff. = Studies on the Eastern Roman Empire, 27 ff.

–: Studies on the Eastern Roman Empire. Social, Economic and Administrative History, Religion, Historiography, Goldbach 1994.
–: Dio on Augustus, in: A Cameron, History as Text. The Writing in Ancient History, Chapel Hill–London 1990, 86 ff.
–: Zur Geschichte des römischen Thessaliens, Rh. Mus. 108, 1965, 277 ff. = Studies on the Eastern Roman Empire, 47 ff.
Bradley, K. R.: The Imperial Ideal in Suetonius' Caesares, ANRW II 33, 5, 1991, 3701 ff.
Braunert, H.: Politik, Recht und Gesellschaft in der griechisch-römischen Antike. Gesammelte Aufsätze und Reden, Stuttgart 1980.
–: Die Gesellschaft des römischen Reiches im Urteil des Augustus, in: Monumentum Chiloniense, 9 ff. = Gesammelte Aufsätze, 255 ff.
–: Zum Eingangssatz der res gestae Divi Augusti, Chiron 4, 1974, 343 ff. = Gesammelte Aufsätze 238 ff.
–: Verfassungsnorm und Verfassungswirklichkeit im spätrepublikanischen Rom. Eine Interpretation zu Ciceros Rede für Balbus, Der altsprachliche Unterricht 9, 1, 1966, 51 ff. = Gesammelte Aufsätze 191 ff.
–: Omnium provinciarum populi Romani ... fines auxi. Ein Entwurf, Chiron 7, 1977, 207 ff. = Gesammelte Aufsätze 294 ff.
–: Der römische Provinzialzensus und der Schätzungsbericht des Lukas-Evangeliums, Historia 6, 1957, 192 ff. = Gesammelte Aufsätze 213 ff.
Bretone, M.: Il „diritto antico" nella polemica antiaugustea, Quaderni di Storia 4, Bari 1978, Nr. 8, 273 ff.
–: Geschichte des römischen Rechts, München 1992.
Broughton, T. R. S.–M. L. Patterson: The Magistrates of the Roman Republic, 2 Bde., New York 1951/2, Supplement New York 1960.
Brunt, P. A.: Italian Manpower 225 B.C.–A.D. 14, Oxford 1971.
–: Lex de imperio Vespasiani, JRS 67, 1977, 95 ff.
–: The lex Valeria Cornelia, JRS 51, 1961, 71 ff.
–: The Fall of the Roman Republic and Related Essays, Oxford 1988.
–: Charges of Provincial Maladministration under the Early Principate, Historia 10, 1961, 189 ff. = Roman Imperial Themes 53 ff. und 487 ff.
–: Rezension von H. D. Meyer, Die Außenpolitik des Augustus und die augusteische Dichtung, in: JRS 53, 1963, 170 ff. = Roman Imperial Themes 96 ff.
–: The Fiscus and its Development, JRS 56, 1966, 75 ff. = Roman Imperial Themes 134 ff.
–: The administration of Roman Egypt, JRS 65, 1975, 124 ff. = Roman Imperial Themes 215 ff. und 514 f.
–: Rezension von L. Neesen, Untersuchungen zu den direkten Staatsabgaben der römischen Kaiserzeit, in: JRS 71, 1981, 161 ff. = Roman Imperial Themes 324 ff. und 531 ff.
–: Remarks on the Imperial Fiscus, LCM 9, 1, 1984, 2 ff. = Roman Imperial Themes 347 ff.
–: Publicans in the Principate, in: Roman Imperial Themes 354 ff.
–: Roman Imperial Illusions, in: Roman Imperial Themes 433 ff.

Brunt, P. A.: The Emperor's Choice of Amici, in: Antike Geschichte und Wissenschaftsgeschichte (Festschrift K. Christ), Darmstadt 1988, 39 ff.
–: Roman Imperial Themes, Oxford 1990.
Brunt, P. A.–J. M. Moore: Res Gestae Divi Augusti, Oxford 1967.
Buchan, J. (Lord Tweedsmuir): Augustus. (Mit einem Nachwort von A. Heuß.) Frankfurt 1979 (historischer Roman).
Buchheim, H.: Die Orientpolitik des Triumvirn M. Antonius. Ihre Voraussetzungen, Entwicklung und Zusammenhang mit den politischen Ereignissen in Italien, Heidelberg 1960.
Buchheit, V.: Alexanderideologie beim frühen Horaz, Chiron 11, 1981, 131 ff.
Burns, M. A. Th.: An historical Commentary on the reign of Augustus based on the evidence of Pliny the Elder, Diss. Pennsylvania 1960.
Burstein, S. M.: The Nubian Campaign of C. Petronius and George Reisner's Second Meroitic Kingdom of Napata, Zeitschrift für ägypt. Sprache und Altertumskunde 106, 1979, 95 ff.
Buti, I.: La 'cognitio extra ordinem': da Augusto a Diocleziano, ANRW II 14, 1982, 29 ff.
Caesar Augustus. Seven Aspects, ed. by F. Millar–E. Segal, Oxford 1984.
Caesar und Augustus, hrsg. von E. Gabba–K. Christ, Como 1989.
Cahn, H.: Zu einem Münzbild des Augustus, Mus. Helv. 1, 1944, 203 ff. = Kleine Schriften zur Münzkunde und Archäologie, Basel 1975, 132 ff.
Calderini, A.: Le riforme sociali di Augusto, in: Conferenze Augustee nel Bimillenario della Nàscita, Mailand 1939, 119 ff.
The Cambridge Ancient History (CAH), vol. X², The Augustan Empire, edd. A. K. Bowman–E. Champlin–A. Lintott, Cambridge 1996. Dazu D. Kienast, Gnomon 71, 1999.
Campbell, J. B.: The Emperor and the Roman Army 31 B.C.–A.D. 235, Oxford 1984.
Canali, L.: Potere e consenso nella Roma di Augusto. Guida storica e critica, Bari 1975.
Carcopino, J.: Passion et politique chez les Césars, Paris 1958.
–: Le marriage d'Octave et de Livie et la naissance de Drusus, Rev. Hist. 161, 1929, 225 ff. = Passion et Politique 65 ff.
Carter, J. M.: The Battle of Actium. The Rise and Triumph of Augustus Caesar, London 1970 = Die Schlacht bei Actium, Wiesbaden 1972.
–: Suetonius, Divus Augustus, Text with Introduction and Notes, Bristol 1982.
Castritius, H.: Der römische Prinzipat als Republik, Historische Studien 439, Husum 1982.
Cavallaro, M. A.: Spese e Spettacoli. Aspetti economici – strutturali degli spettacoli nella Roma giulio-claudia, Bonn 1984.
Ceauşescu, P.: Das programmatische Edikt des Augustus, Rh. Mus. 124, 1981, 348 ff. (zu Suet. Aug. 28, 2).
Chamoux, F.: Marcus Antonius. Der letzte Herrscher des griechischen Orients, Gernsbach 1989 (populär).
Chantraine, H.: Novaesium III. Die antiken Fundmünzen der Ausgrabungen in Neuss, Limesforschungen Bd. 8, Berlin 1968.

–: Novaesium VIII. Die antiken Fundmünzen von Neuss. Gesamtkatalog der Ausgrabungen 1955–1978, Limesforschungen Bd. 20, Berlin 1981.

Charbonnel, N.: A propos de l'inscription de Kymé et des pouvoirs d'Auguste dans les provinces au lendemain du réglement de 27 av. n. e., RIDA 26, 1979, 177 ff.

Charlesworth, M. P.: The Virtues of the Roman Emperor. Propaganda and the Creation of Belief, Proc. Brit. Acad. 23, 1937, 105 ff. = deutsch in: H. Kloft, Ideologie und Herrschaft 361 ff.

–: Pietas and Victoria: The Emperor and the Citizen, JRS 33, 1943, 1 ff. = deutsch in: H. Kloft, Ideologie und Herrschaft 473 ff.

Chevallier, R.: Les voies romaines, Paris 1972 = Roman Roads, Oxford 1976.

Chioffi, L.: Gli elogia Augustei del Foro Romano. Aspetti epigrafici e topografici, Rom 1996.

Chrisholm, K.–J. Ferguson: The Augustan Age. A Source Book, Oxford 1981.

Christ, K.: Zur römischen Okkupation der Zentralalpen und des nördlichen Alpenvorlandes, Historia 6, 1957, 416 ff. = Römische Geschichte und Wissenschaftsgeschichte I 240 ff.

–: Zur Beurteilung der Politik des Augustus, GWU 19, 1968, 329 ff. = Römische Geschichte und Wissenschaftsgeschichte I 168 ff.

–: Zur augusteischen Germanienpolitik, Chiron 7, 1977, 149 ff. = Römische Geschichte und Wissenschaftsgeschichte I 183 ff.

–: Der Untergang der römischen Republik in moderner Sicht, in: Römische Geschichte und Wissenschaftsgeschichte I 134 ff.

–: Die Dialektik des augusteischen Prinzipats, in: Römische Geschichte und Wissenschaftsgeschichte I 253 ff.

–: Römische Geschichte und Wissenschaftsgeschichte, 3 Bde., Darmstadt 1982.

–: Neue Forschungen zur Geschichte der späten Römischen Republik und zu den Anfängen des Prinzipats, Gymnasium 94, 1987, 307 ff. = Von Caesar zu Constantin 9 ff.

–: Krise der Republik und „Römische Revolution", Labeo 26, 1980, 82 ff. = Von Caesar zu Constantin 49 ff.

–: Rezension von Th. Mommsen, Römische Kaisergeschichte, GGA 245, 1993, 201 ff. = Von Caesar bis Constantin 178 ff.

–: Von Caesar zu Constantin. Beiträge zur römischen Geschichte und ihrer Rezeption, München 1996.

–: Geschichte der römischen Kaiserzeit, München 1988.

–: Krise und Untergang der römischen Republik, Darmstadt ²1984.

Christes, J.: Sklaven und Freigelassene als Grammatiker und Philologen im antiken Rom, Wiesbaden 1979.

Città e architettura nella Roma imperiale, Analecta Romana Instituti Danici Suppl. X, Odense 1983.

La Città nell' Italia settentrionale in età romana, ed. F. Cassola–Ch. Pietri, Triest–Rom 1990.

City States in Classical Antiquity and Medieval Italy, ed. by A Molho–K. Raaflaub–J. Emlen, Stuttgart 1991.

La ciudad en el mundo romano. Actes XIV Congres int. d'Arqueología classica, 2 Bde., Tarragona 1994.

Ciudades Augusteas de Hispania, Bimillenario de la colonia Caesaraugusta, 2 Bde., Zaragoza 1976.

Clarke, M. L.: The Roman Mind. Studies in the History of Thought from Cicero to Marcus Aurelius, New York 1968.

Clavel-Lévêque, M.: L'Empire en jeux. Espace symbolique et pratique sociale dans le monde romain, Paris 1984.

–: L'espace des jeux dans le monde romain: hégémonie, symbolique et pratique sociale, ANRW II 16, 3, 1986, 2405 ff.

Colonia Patricia Corduba. Actas del Coloquio intern. Cordoba 1993, Sevilla 1996.

Consigliere, L.: „Slogans" monetarii e poesia augustea, Genua 1978.

Continuità e trasformazioni fra repubblica e principato, ed. M. Pani, Bari 1991.

Crawford, M. H.: Roman Statutes, 2 Bde., London 1996.

Cresci Marrone, G.: Ecumene Augustea. Una politica per il consenso, Rom 1993.

Croon, J. H.: Die Ideologie des Marskultes unter dem Prinzipat und ihre Vorgeschichte, ANRW II 17, 1, 1981, 246 ff.

Crook, J.: Consilium Principis, Cambridge 1955.

Cunliffe, B.–S. Keay (Edd.): Social Complexity and the Development of Towns in Iberia. From Copper Age to the Second Century AD, Oxford 1995.

Dahlheim, W.: Augustus, in: M. Clauss, Die römischen Kaiser. 55 Portraits von Caesar bis Iustinian, München 1997, 26 ff. (populär).

Debevoise, N. C.: A Political History of Parthia, Chicago 1938.

Les débuts de l'urbanisation en Gaule et dans les provinces voisines, ed. R. Bedon–P. Audin, Actes du colloque, Paris 18./19./20. Mai 1984, Paris 1985.

Degrassi, A.: I fasti consolari dell' impero romano dal 30 avanti Cristo al 613 dopo Cristo, Rom 1952.

–: Scritti Vari di Antichità, 4 Bde., Rom–Triest 1962–1971.

–: L'edificio dei Fasti Capitoloni = Rend. Pont. Accad. Rom. di Arch. 21, 1945/6, 57 ff. = Scritti Vari I, 239 ff.

–: Virgilio e il foro di Augusto, Epigraphica 7, 1945, 88 ff. = Scritti Vari I, 283 ff.

–: Esistette sul Palatino un tempio di Vesta, Röm. Mitt. 62, 1955, 144 ff. = Scritti Vari I, 451 ff.

–: Sull' iscrizione di Ponzio Pilato, Rend. Acc. Naz. dei Lincei, Class di Scienze morali 1964, 59 ff. = Scritti Vari III, 269 ff.

–: I nomi dell imperatore Augusto. Il praenomen imperatoris, Studi E. Volterra 5, Mailand 1971, 573 ff. = Scritti Vari III, 353 ff.

–: Le iscrizionie dell' arco dei Sergi in Pola, in: G. Traversari, L'arco dei Sergi a Pola, Padua 1971 = Scritti Vari IV, 179 ff.

Deininger, J.: Die Provinziallandtage der römischen Kaiserzeit von Augustus bis zum Ende des dritten Jahrhunderts n. Chr., München 1965.

–: Von der Republik zur Monarchie: Die Ursprünge der Herrschertitulatur des Prinzipats, ANRW I 1, 1972, 982 ff.

–: Der Wandel von der Republik zum Prinzipat in Rom: ein Ausnahmefall in der antiken Verfassungsentwicklung, in: Griechenland und Rom 81 ff.

Della Corte, F.: La tragédie romaine au siècle d'Auguste, in: Théâtre et Spectacles 227 ff.

De Laet, S. J.: Portorium, Brügge 1949.

–: Aspects de la vie sociale et économique sous Auguste et Tibère, Brüssel 1944.
Del Castillo, A.: The position of women in the Augustan age, Liverpool Class. Monthly 2, 1977, 167 ff.
Deman, A.: Virgile et la colonisation romaine en Afrique du Nord, Hommages Grenier 1, Brüssel 1962, 514 ff.
Demandt, A.: Das Privatleben der römischen Kaiser, München ²1997.
De Martino, F.: Storia della costituzione romana IV 1 (epoca del principato), Neapel 1962.
–: Diritto e società nell' antica Roma, Rom 1979.
–: Note sull' Italia augustea, Athenaeum 53, 1975, 245 ff. = Diritto e società nell' antica Roma, 392 ff.
–: Wirtschaftsgeschichte des alten Rom, München 1985.
Demougin, S.: L'ordre équestre sous les Julio-Claudiens, Rom 1988.
Déonna, W.: La légende d'Octave–Auguste, Dieu, Sauveur et Maître du Monde, Rev. Hist. Rel. 83, 1921, 32 ff. und 163 ff.; 84, 1922, 77 ff.
Deroux, C.: Studies in Latin literature and Roman history, 8 Bde., Brüssel 1979 ff.
Desanges, J.: Recherches sur l'activité des Méditerranéens aux confins de l'Afrique (VIe siècle avant J.-C.–IVe siècle aprés J.-C.), Rom 1978.
Dessau, H.: Geschichte der römischen Kaiserzeit I, Berlin 1924.
–: Livius und Augustus, Hermes 41, 1906, 142 ff. = Schmitthenner, Augustus 1 ff.
De Visscher, F.: Les édits d'Auguste découverts à Cyrène, Löwen 1940.
–: Les pouvoirs d'Octavien en 32 av. J.-C., Bull. de l'Inst. Hist. Belge de Rom 19, 1938, 103 ff. = Nouvelles Études de droit Romain public et privé, Mailand 1949 (mit Nachtrag) = deutsch in: Schmitthenner, Augustus 199 ff.
Domenicucci, P.: Astra Caesarum. Astronomia, astrologia e catasterismos da Caesare a Domiziano, Pisa 1996.
Donié, P.: Untersuchungen zum Caesarbild in der römischen Kaiserzeit, Hamburg 1996.
Douza, V. de: Politische Aussage und Propaganda auf Denkmälern der spätrepublikanischen und augusteischen Zeit, Diss. München 1974.
Driessche, J. van: De mythe von Hercules bij de augusteische dichters, Kleio 6, 1976, 11 ff.
Drumann, W.–P. Groebe: Geschichte Roms in seinem Übergange von der republikanischen zur monarchischen Verfassung, 6 Bde., Berlin–Leipzig ²1899–1926.
Duret, L.: Dans l'ombre de plus grands. I. Poètes et prosateurs mal connus de l'époque augustéenne, ANRW II 39, 3, 1983, 1447 ff.
Earl, D.: The Age of Augustus, London 1968 = Augustus und seine Zeit, Wiesbaden 1969.
Eck, W.: Die staatliche Organisation Italiens in der hohen Kaiserzeit, München 1979.
–: Organisation und Administration der Wasserversorgung Roms, in: Wasserversorgung im antiken Rom 1, hrsg. von der FRONTINVS-Gesellschaft e. V., München 1982, 49 ff. = Die Verwaltung des römischen Reiches 161 ff.
–: Augustus' administrative Reformen: Pragmatismus oder systematisches Planen?, AClass. 29, 1986, 105 ff. = Die Verwaltung des römischen Reiches 83 ff.
–: Die Ausformung der ritterlichen Administration als Antisenatspolitik?, in: Op-

position et résistance à l'Empire d'Auguste à Trajan, Genf 1987, 249 ff. = Die Verwaltung des römischen Reiches 29 ff.

Eck, W.: Die Administration der italischen Straßen: Das Beispiel der Via Appia, in: La Via Appia, Quad. AEI 18, 1990, 29 ff. = Die Verwaltung des römischen Reiches 295 ff.

–: Cura viarum und cura operum publicorum als kollegiale Ämter im frühen Prinzipat, Klio 74, 1992, 237 ff. = Die Verwaltung des römischen Reiches 281 ff.

–: Die Verwaltung des römischen Reiches in der Hohen Kaiserzeit. Ausgewählte und erweiterte Beiträge 1, Basel–Berlin 1995.

–: La riforma dei gruppi dirigenti. L'ordine senatorio e l'ordine equestre, in: Storia di Roma II 2, 1991, 73 ff.

–: Augustus und seine Zeit, München 1998.

Eder, W.: Augustus and the Power of Tradition: The Augustan Principate as Binding Link between Republic and Empire, in: Between Republic and Empire 71 ff.

Edwards, C.: The Politics of Immorality in Ancient Rome, Cambridge 1993.

Egitto e storia antica dall' ellenismo all' età Araba. Bilancio di un confronto, edd. L. Criscuolo–G. Geraci, Bologna 1989.

Ehrenberg, V.–A. H. M. Jones: Documents Illustrating the Reigns of Augustus and Tiberius, Oxford ³1976.

Ehrenwirth, U.: Kritisch-chronologische Untersuchungen für die Zeit vom 1. Juni bis zum 9. Oktober 44 v. Chr., Diss. München 1971.

Elsner, J.: Inventing imperium, texts and the propaganda of monuments in Augustan Rome, in: Art and Text 32 ff.

Les enceintes augustéennes dans l'occident romain (France, Italie, Espagne, Afrique du Nord). Actes du colloque international de Nîmes, 9.–12. octobre 1985, ed. M.-G. Colin, Nîmes 1987.

Epigrafia e territorio. Politica e società, ed. M. Pani, 4 Bde., Bari 1983 ff.

Ercolani Cocchi, E.: Metodi della ricerca numismatica e problemi della prima monetazione imperiale. Parte prima. Augusto, Bologna 1978.

Esser, A.: Caesar und die julisch-claudischen Kaiser im biologisch-ärztlichen Blickfeld, Janus Suppl. 1, Leiden 1958.

Ètienne, R.: Le siécle d'Auguste. Textes choisis et présentés, Paris ²1989.

Fabbrini, F.: L'impero di Augusto come ordinamento sovrannazionale, Mailand 1974.

Fadinger, V.: Die Begründung des Prinzipats. Quellenkritische und staatsrechtliche Untersuchungen zu Cassius Dio und der Parallelüberlieferung, Berlin 1969.

Favro, D.: The Urban Image of Augustan Rome, Cambridge 1996.

Favuzzi, A.: Sulla politica moralizzatrice di Augusto, in: Epigrafia e territorio III, 1994, 323 ff.

–: Osservazioni su alcune proposte di Mecenate nel libro LII di Cassio Dione, in: Epigrafia e territorio IV, 1996, 273 ff.

Fears, J. R.: Princeps a diis electus: The Divine Election of the Emperor as a Political Concept at Rome, Rom 1977.

–: The Cult of Virtues and Roman Imperial Ideology, ANRW II 17, 2, 1981, 827 ff.

–: Rome: The Ideology of Imperial Power, Thought 55, 1980, 98 ff.

Ferrill, A.: Augustus and his daughter: a modern myth, in: C. Deroux, Studies in Latin Literature II 332 ff.
Février, P.-A.: The Origin and Growth of the Cities of Southern Gaul to the third Century A. D. An Assessment of the most recent archaeological Discoveries, JRS 63, 1973, 1 ff.
Fischer, Th.: Entwurf eines Standart-Proseminars in Alter Geschichte: Herrschaft und Prinzipat des Augustus, Bochum 1979.
Fishwick, D.: The Imperial Cult in the Latin West, 2 in 4 Bdn., Leiden 1987 ff.
–: The inscription of Mamia again. The cult of the Genius Augusti and the temple of the imperial cult on the forum of Pompeii, Epigraphica 57, 1995, 17 ff.
Fittschen, K.: Caesar und Augustus – Zur Kaisergalerie im Augsburger Rathaus, in: Ikonographie und Hermeneutik (Festschrift N. Himmelmann), Mainz 1989, 507 ff.
Fitzler, K.–O. Seeck: Iulius (Augustus) Nr. 172, RE X 1, 1918, 275 ff.
Fless, F.: Opferdiener und Kultmusiker auf stadtrömischen historischen Reliefs. Untersuchungen zur Ikonographie, Funktion und Benennung, Mainz 1995.
Flory, M. B.: The Meaning of Augusta in the Julio-Claudian Period, AJAH 13, 2, 1988 (1997), 113 ff.
Flower, H. I.: Ancestor Masks and Aristocratic Power in Roman Culture, Oxford 1996.
Los Foros Romanos de las provincias occidentales, ed. C. Aranegui Gascó, Madrid 1987.
Forte, B.: Rome and the Romans as Greeks saw them, Rom 1972.
Fortuin, R. W.: Der Sport im augusteischen Rom, Diss. Saarbrücken 1995, Stuttgart 1996.
Fraschetti, A.: Roma e il Principe, Rom 1990.
Frei-Stolba, R.: Untersuchungen zu den Wahlen in der römischen Kaiserzeit, Zürich 1967.
Frere, Sh.: Britannia. A History of Roman Britain, London [1]1967, 2. rev. ed. 1978.
Frézouls, Ed.: Le Principat Augustéen: Innovation ou Permanence du Passé? Centro ricerche e documentazione sull' antichità classica, Atti 9, 1977/8, 179 ff.
Friedländer, L.: Darstellungen aus der Sittengeschichte Roms, 4 Bde. Leipzig [10]1921/3.
Fuhrmann, M.: Augustus, in: Die Großen der Weltgeschichte 2, Zürich 1972, 137 ff.
Gabba, E.: Appiani Bellorum Civilium liber quintus. Introduzione, testo critico e commento con traduzione e indici, Florenz 1970.
–: L'età triumvirale, in: Storia di Roma II 1, 1990, 795 ff.
–: L'impero di Augusto, in: Storia di Roma II 2, 1991, 9 ff.
–: The Historians and Augustus, in: Caesar Augustus. Seven Aspects 61 ff.
–: Political and cultural aspects of the classical revival in the Augustan age, Class. Ant. 1, 1982, 43 ff.
–: Riflessione sul cap. 13 delle Res Gestae Divi Augusti, in: I. Malkin–Z. W. Rubinson, Leaders and Masses in the Roman World, Studies in Honor of Zvi Yavetz, Leiden 1995, 11 ff.
Gabelmann, H.: Antike Audienz- und Tribunalszenen, Darmstadt 1984.
Gärtner, H. A.: Imperium Romanum, RAC XVII, 1996, 1142 ff.
Gagé, J.: Actiaca MEFRA 53, 1936, 37 ff.

Gagé, J.: Apollon romain, Paris 1955.
–: Les Classes sociales dans l'Empire romain, Paris 1964.
–: Res Gestae Divi Augusti, Paris ³1977.
Galland-Hallyn, P.: Bibliographie suétonienne (Les Vies des XII Césars) 1950–1988, ANRW II 33, 5, 1991, 3576 ff.
Galinsky, K.: Recent Trends in the Interpretation of the Augustan Age, AugAge 5, 1986, 22 ff.
–: Augustan Culture. An interpretive Introduction, Princeton 1996. Dazu N.-B. Kampen, AJA 101, 1997, 610 ff.
Galsterer, H.: Untersuchungen zum römischen Städtwesen auf der Iberischen Halbinsel, Berlin 1971.
–: A Man, a Book and a Method: Sir Ronald Syme's Roman Revolution After Fifty Years, in: Between Republic and Empire 1 ff.
Gandeva, R.: Thrakien und die Thraker in den Werken von Horaz, in: Studia in honorem V. Beševliev, Sofia 1978, 450 ff.
Gardthausen, V.: Augustus und seine Zeit, 2 Bde., Leipzig 1891, ND Aalen 1964 mit bibliographischem Nachtrag.
Gatti, C.: A proposito di una rilettura del epigrafe di Pontio Pilato, Aevum 55, 1981, 13 ff.
Gelzer, M.: Caesar. Der Politiker und Staatsmann, Wiesbaden ⁶1960.
–: Kleine Schriften, 3 Bde., Wiesbaden 1962 ff.
–: Die Nobilität der römischen Republik, Leipzig 1912 = Kleine Schriften 1, 17 ff.
–: War Caesar ein Staatsmann?, HZ 178, 1954, 449 ff. = Kleine Schriften 2, 286 ff.
–: Cicero, Ein biographischer Versuch, Wiesbaden 1969.
Gesche, H.: Die Vergottung Caesars, Kallmünz 1968.
–: Caesar, Darmstadt 1976.
Giard, J.-B.: Catalogue des Monnaies de l'Empire romain I, Auguste, Paris 1976.
Giebel, M.: Augustus, Reinbek 1984 (rororo-Bildmonographie).
Gilbert, R.: Die Beziehungen zwischen Princeps und stadtrömischer Plebs im frühen Principat, Bochum 1976.
Giuliano, L.: Gioventù e istituzioni nella Roma antica: condizione giovanile e processi di socializzazione, Rom 1978.
Gmyrek, C.: Römischer Kaiser und griechische Göttin. Die religiös-politische Funktion der Athena/Minerva in der Selbst- und Reichsdarstellung der römischen Kaiser, Nomismata 2, Mailand 1998.
Goar, R. J.: The Legend of Cato Uticensis from the First Century, B.C. to the Fifth Century A.D., Brüssel 1987.
Goldsworthy, A. K.: The Roman Army at War 100 B.C.–A.D. 200, Oxford 1996.
González, J.: Tabula Siarensis. Fortunales Siarenses et municipia civium Romanorum, ZPap 55, 1984, 55 ff.
Goodman, M.: The Roman World 44 B.C.–A.D. 180, London 1997.
Gordon, R.–J. Reynolds–M. Beard–C. Roueché: Roman Inscriptions 1991–1995, JRS 87, 1997, 203 ff.
Gosling, A.: Octavian, Brutus and Apollo. A Note on Opportunistic Propaganda, AJPh 107, 1986, 586 ff.
Gowing, A. M.: The Triumviral Narratives of Appian and Cassius Dio, Ann Arbor 1992.

Grant, M.: From Imperium to Auctoritas, Cambridge 1946, ND 1969.
–: Roman Anniversary Issues, Cambridge 1950.
–: Roman Imperial Money, Edinburgh 1954, ND Amsterdam 1972.
–: The Army of the Caesars, London 1975.
Grelle, F.: „Antiqua forma rei publicae revocata": il principato e l'amministrazione dell' impero nell' analisi di Velleio Patercolo, in: Res Publica e Princeps 323 ff.
Grenade, P.: Essai sur les origines du principat, Paris 1961.
Grenier, A.: Manuel d'archéologie gallo-romaine, 3 in 5 Bdn., Paris 1931 ff.
Griechenland und Rom, Vergleichende Untersuchungen zu Entwicklungstendenzen und Höhepunkten der antiken Geschichte, Kunst und Literatur, hrsg. von E. G. Schmidt, Tiblissi–Erlangen–Jena 1996.
Grimal, P.: Art décoratif et poésie au siècle d'Auguste, in: L'art décoratif à Rome 321 ff.
Gros, P.: Aurea Templa. Recherches sur l'architecture religieuse de Rome à l'époque d'Auguste, Rom 1976.
Gruber, J.: Das Bild des Orients in der augusteischen Dichtung, in: Festgabe für Hans Rudolf Singer, hrsg. von M. Forster, Bd. 2, Frankfurt a. M. 1991, 453 ff.
Guarino, A.: Res Gestae Divi Augusti (Testo critico, introduzione, traduzione e commento), Mailand ²1968.
–: Gli aspetti giuridici del principato, ANRW II 13, 1980, 3 ff.
Guia, M. A.: Augusto nel libro 56 della storia di Cassio Dione, Athenaeum 61, 1983, 439 ff.
Guizzi, F.: Il prinzipato fra «res publica» e potere assoluto, Napoli 1974.
Gullini, G.: Il «classicismo» augusteo. Cultura di regime e «dissenso», Turin 1978 (zur bildenden Kunst der augusteischen Zeit).
Habicht, Chr.: Die augusteische Zeit, in: Le culte des souverains dans l'empire romain, Entretiens Hardt XIX, Genf 1973, 39 ff.
Habinek, Th.–A. Schiesaro: The Roman cultural revolution, Cambridge 1997.
Hadas, M.: Sextus Pompey, New York 1930, ND 1966.
Hänlein-Schäfer, H.: Veneratio Augusti. Eine Untersuchung zu den Tempeln des ersten römischen Kaisers, Rom 1985.
Haensch, R.: Capita provinciarum. Statthaltersitze und Provinzialverwaltung in der römischen Kaiserzeit, Mainz 1997.
Halfmann, H.: Itinera principum. Geschichte und Typologie der Kaiserreisen im Römischen Reich, Stuttgart 1986.
Haller, B.: C. Asinius Pollio als Politiker und zeitkritischer Historiker. Ein Beitrag zur Geschichte des Überganges von der Republik zum Prinzipat in Rom (60 bis 30 v. Chr.), Diss. Münster 1967.
Hallett, J. P.: Perusinae Glandes and the Changing Image of Augustus, Am. Journ. Anc. Hist. 2, 1977, 151 ff.
–: Propertius' Cornelia-elegy and the Res gestae divi Augusti, in: The Age of Augustus 73 ff.
Hammond, M.: The Augustan Principate in Theory and Practice during the Iulio-Claudian Period, Cambridge 1933, ND New York 1968 mit bibliographischem Anhang.

Hammond, M.: Hellenistic Influence on the Structure of the Augustan Principate, Mem. Am. Acad. Rome 17, 1940, 1 ff.

Hampl, F.: 'Denkwürdigkeiten' und 'Tatenberichte' aus der alten Welt als historische Dokumente. Ein Beitrag zur Glaubwürdigkeit von Selbstdarstellungen geschichtlicher Persönlichkeiten, in: Geschichte als kritische Wissenschaft III, Darmstadt 1979, 167 ff.

Hanell, K.: Kaiser Augustus, Gymnasium 78, 1971, 188 ff.

Hannestadt, N.: Roman Art and Imperial Policy, Aarhus 1986. Dazu D. Kienast, HZ 245, 1987, 688 f.

Harrison, S. J.: Augustus, the Poets and the spolia opima, Class. Quart. 83, 1989, 408 ff.

Hausmann, U.: Zur Typologie und Ideologie des Augustusporträts, ANRW II 12, 2, 1981, 589 ff.

Heinze, R.: Vom Geist des Römertums, Stuttgart ³1960, ND 1972.

–: Ciceros „Staat" als politische Tendenzschrift, Hermes 59, 1924, 73 ff. = Vom Geist des Römertums 141 ff. = Klein, Staatsdenken 291 ff.

–: Kaiser Augustus, Hermes 65, 1930, 385 ff. = Vom Geist des Römertums 163 ff.

Hellegouarc'h, J.: Le Vocabulaire latin des relations et des partis politiques sous la république, Paris ²1972.

–: État présent des travaux sur l' 'Histoire Romaine' de Velleius Paterculus, ANRW II 32, 1, 1984, 404 ff.

–: Suétone et le Principat d'après la vie d'Auguste, in: Studi F. Della Corte, Urbino 1988, 79 ff.

Hellegouarc'h, J.–C. Jodry: Les res gestae divi Augusti et l'historia Romana de Velleius Paterculus, Latomus 39, 1980, 803 ff.

Herbig, R.: Gedanken über die bildende Kunst zur Zeit des Augustus, in: Probleme der augusteischen Erneuerung, Frankfurt a. M. 1938, 76 ff. = Oppermann, Römertum 400 ff.

Herrmann, P.: Der römische Kaisereid. Untersuchungen zu seiner Herkunft und Entwicklung, Göttingen 1968.

–: Milet unter Augustus. Erkenntnisse aus einem Inschriftenfund, in: ΕΝΕΡΓΕΙΑ. Studies in Ancient History and Epigraphy pres. to H. W. Pleket, Amsterdam 1996, 1 ff. = Ist. Mitt. 44, 1994, 203 ff.

Herz, P.: Kaiserfeste der Prinzipatszeit, ANRW II 16, 2, 1978, 1135 ff.

–: Der Aufbruch des Gaius Caesar in den Osten, ZPap 39, 1980, 285 ff.

Heuß, A.: Römische Geschichte, 6. Aufl., Paderborn 1998 (mit neuem Forschungsteil).

–: Zeitgeschichte als Ideologie. Bemerkungen zu Komposition und Gedankenführung der Res Gestae Divi Augusti, in: Monumentum Chiloniense 55 ff. = Gesammelte Schriften II, 1319 ff.

–: Der Untergang der römischen Republik und das Problem der römischen Revolution, HZ 182, 1956, 1 ff. = Gesammelte Schriften II 1164 ff.

–: Cicero und Matius, Historia 5, 1956, 53 ff. = Gesammelte Schriften II 1192 ff.

–: Matius als Zeuge von Caesars staatsmännischer Größe, Historia 11, 1962, 118 ff. = Gesammelte Schriften II 1213 ff.

–: Ciceros Theorie vom römischen Staat, Nachrichten der Akad. der Wiss. in Göt-

tingen, phil.-hist. Kl., Jg. 1975 Nr. 8, Göttingen 1976, 195 ff. = Gesammelte Schriften II 1222 ff.
–: Gesammelte Schriften in 3 Bdn., Stuttgart 1995.
Hirschfeld, O.: Die kaiserlichen Verwaltungsbeamten bis auf Diocletian, Berlin ²1905, ND Darmstadt 1975.
Hispania antiqua. Denkmäler der Römerzeit, hrsg. von W. Trillmich und anderen, Mainz 1993.
Historische Inschriften zur römischen Kaiserzeit, übersetzt und hrsg. von H. Freis, Darmstadt 1984.
Hoben, W.: Caesar-Nachfolge und Caesar-Abkehr in den res gestae divi Augusti, Gymnasium 85, 1978, 1 ff.
–: Untersuchungen zur Stellung kleinasiatischer Dynasten in den Machtkämpfen der ausgehenden römischen Republik, Diss. Mainz 1969.
Höbenreich, E.: Annona. Juristische Aspekte der stadtrömischen Lebensmittelversorgung im Prinzipat, Grazer Rechts- und Staatswissenschaftliche Studien Bd. 55, Graz 1997.
Hölscher, T.: Victoria Romana, Mainz 1967.
–: Historische Reliefs, in: Kaiser Augustus und die verlorene Republik 351 ff.
–: Staatsdenkmal und Publikum. Vom Untergang der Republik bis zur Festigung des Kaisertums in Rom, Konstanz 1984.
Hofmann, W.: Der Widerstreit von Tradition und Gegenwart im Tatenbericht des Augustus, Gymnasium 76, 1969, 17 ff.
Hoffmann-Lewis, M. W.: The Official Priests of Rome under the Julio-Claudians. A Study of the Nobility from 44 B.C. to 68 A.D., Rom 1955.
Hohl, E.: Das Selbstzeugnis des Augustus über seine Stellung im Staat, Mus. Helv. 4, 1947, 101 ff. = Schmitthenner, Augustus 176 ff.
Holder, P. A.: Studies in the Auxilia of the Roman Army from Augustus to Trajan, Oxford 1980.
Hollemann, A. W.: Keizer Augustus en de Flamen Dialis, Hermeneus 44, 1972/73, 263 ff.
–: An enigmatic function of the Flamen Dialis (Ovid Fast. II 282) and the Augustan Reform, Numen 20, 1973, 222 ff.
Holtheide, B.: Römische Bürgerrechtspolitik und römische Neubürger in der Provinz Asia, Freiburg i. Br. 1983.
Honoré, T.: Emperors and Lawyers, London 1981.
Humbert, M.: Le guerre civili e l'ideologia del principato nel pensiero dei contemporanei, in: Res publica e Princeps 15 ff.
Humphrey, J.–M. Reinold: Res Gestae 4, 1 and the Ovations of Augustus, ZPap 57, 1984, 60 ff. (zum griechischen Text der RgdA).
Hurlet, F.: Recherches sur la durée de l'imperium des 'corégents' sous les principats d'Auguste et de Tibère, CCG 5, 1994, 225 ff.
–: Les collègues du Prince sous Auguste et Tibére, Paris–Rom 1997.
Huttner, U.: Hercules und Augustus, Chiron 27, 1997, 369 ff.
Instinsky, H. U.: Die Siegel des Augustus. Ein Kapitel zur Geschichte und Symbolik des antiken Herrschersiegels, Baden-Baden 1962.
L'Italie d'Auguste à Dioclétien, ed. C. Nicolet, Paris–Rom 1994.

Jacques, F.–J. Scheid: Rome et l'intégration de l'Empire 44 av. J.-C.–260 ap. J.-C., Paris 1990. Dtsche. Übers. Stuttgart–Leipzig 1998.
Jal, P.: La guerre civile à Rome. Étude littéraire et morale, Paris 1963.
Jens, W.: Libertas bei Tacitus, Hermes 84, 1956, 331 ff. = Klein, Prinzipat und Freiheit 391 ff.
Johnson, J. R.: Augustan propaganda. The battle of Actium, Marc Anthony's will, the fasti Capitolini Consulares and early imperial historiography, Diss. Univ. of Calif. at Los Angeles 1976.
Jones, A. H. M.: Augustus, London 1970.
–: Cities in the Eastern Roman Provinces, Oxford ²1971, ND 1980.
–: The Criminal Courts of the Roman Republic and Principate, Oxford 1972.
–: Studies in Roman Government and Law, Oxford 1968.
–: The imperium of Augustus, JRS 41, 1951, 112 ff. = deutsch in: Schmitthenner, Augustus 291 ff.
–: The Elections under Augustus, JRS 45, 1955, 9 ff. = Studies 29 ff.
–: 'I appeal unto Caesar', in: Studies D. M. Robinson II, St. Louis 1953, 918 ff. = Studies 51 ff.
–: The aerarium and the fiscus, JRS 40, 1950, 22 ff. = Studies 99 ff.
–: Procurators and Prefects in the Early Principate, in: Studies 115 ff.
–: 'In eo solo dominium populi Romani est vel Caesaris', JRS 31, 1941, 26 ff. = Studies 141 ff.
–: The Roman Civil Service (Clerical and Sub-Clerical-Grades), JRS 39, 1949, 38 ff. = Studies 151 ff.
Jones, P.–K. Sidwell: The World of Rome. An Introduction to Roman Culture, Cambridge 1997.
Jucker, H.: Die Prinzen auf dem Augustus-Relief in Ravenna, in: Mélanges d'histoire ancienne et d'archéologie offerts à Paul Collard, Lausanne 1976, 237 ff.
–: Dokumentation zur Augustusstatue von Primaporta, Hefte des Archäol. Seminars d. Univ. Bern 3, 1977, 16 ff.
–: Apollo Palatinus und Apollo auf augusteischen Münzen, Mus. Helv. 39, 1982, 82 ff.
Junkelmann, M.: Die Legionen des Augustus, Mainz 1986 (populär).
Kähler, H.: Triumphbogen, RE VII A 1, 1939, 373 ff.
–: Die römischen Torburgen der frühen Kaiserzeit, JdAI 57, 1942, 1 ff.
–: Rom und seine Welt, 2 Bde., München 1958/60.
Kaiser Augustus und die verlorene Repubulik, hrsg. von W.-D. Heilmeyer–E. La Rocca–E. Künzel, Berlin 1988.
Kienast, D.: Augustus und Alexander, Gymnasium 76, 1969, 430 ff. = Kleine Schriften 323 ff.
–: Der Regierungsantritt des Tiberius, in: Lagom (Festschrift Peter Berghaus), hrsg. von Th. Fischer–P. Ilisch, Münster 1981, 41 ff. = Kleine Schriften 413 ff.
–: Corpus Imperii, Überlegungen zum Reichsgedanken der Römer, in: Romanitas–Christianitas (Festschrift J. Straub), hrsg. von G. Wirth u. a., Berlin–New York 1982, 1 ff. = Kleine Schriften 281 ff. (mit Nachtrag).
–: Der augusteische Prinzipat als Rechtsordnung, ZSSR 101, 1984, 115 ff. = Kleine Schriften 387 ff.

–: Der heilige Senat. Senatskult und „kaiserlicher" Senat, Chiron 15, 1985, 253 ff. = Kleine Schriften 545 ff. (mit Nachtrag).

–: Auf dem Wege zu Europa. Die Bedeutung des römischen Imperiums für die Entstehung Europas, in: Europa – Begriff und Idee. Historische Streiflichter, Kultur und Erkenntnis, Schriften der Philosophischen Fakultät der Universität Düsseldorf, Bd. VIII, hrsg. von H. Hecker, Bonn 1991, 15 ff. (Vortragsfassung ohne Anmerkungen) = Kleine Schriften 299 ff. (mit Anmerkungen).

–: Antonius, Augustus, die Kaiser und Athen, in: Klassisches Altertum, Spätantike und frühes Christentum (Festschrift A. Lippold), hrsg. von D. Dietz–D. Hennig–H. Kaletsch, Würzburg 1993, 171 ff. = Kleine Schriften 351 ff.

–: Kleine Schriften, Aalen 1994.

–: Römische Kaisertabelle, Darmstadt ²1996.

Kierdorf, W.: Freundschaft und Freundschaftskündigung. Von der Republik zum Prinzipat, in: Saeculum Augustum I 223 ff.

–: Laudatio funebris, Meisenheim 1980.

Kiss, Z.: L'iconographie des princes julio-claudiens au temps d'Auguste et de Tibère, Warschau 1975.

Klein, R.: Das Staatsdenken der Römer, Darmstadt ³1980.

–: Prinzipat und Freiheit, Darmstadt 1969.

Kleiner, D. E. F.: Private Portraiture in the Age of Augustus, in: The Age of Augustus 107 ff.

Kleiner, F. S.: The Arch of Nero in Rome. A Study of the Roman Honorary Arch before and under Nero, Rom 1985. Dazu D. Boschung, Gnomon 61, 1989, 186 ff.

Klingenberg, G.: Imperium, RAC XVII, 1996, 1121 ff. bes. 1126 ff.

Kloft, H.: Die Freigebigkeit (liberalitas) des Augustus als gesellschaftliches und ideologisches Problem, in: Saeculum Augustum I 361 ff.

–: Aspekte der Prinzipatsideologie im frühen Prinzipat, Gymnasium 91, 1984, 306 ff.

–: Ideologie und Herrschaft in der Antike, Darmstadt ³1980.

Kneißl, P.: Die Siegestitulatur der römischen Kaiser. Untersuchungen zu den Siegerbeinamen des 1. und 2. Jahrhunderts, Göttingen 1969.

Knight, D. W.: The Political Acumen of Cicero after the Death of Caesar, Latomus 27, 1968, 157 ff.

Knoche, U.: Die augusteische Ausprägung der Dea Roma, Gymnasium 59, 1952, 324 ff. = Oppermann, Römertum 359 ff.

–: Die geistige Vorbereitung der augusteischen Epoche durch Cicero, in: Das neue Bild der Antike II, Leipzig 1942, 200 ff. = Oppermann, Römertum 203 ff. = Klein, Staatsdenken 405 ff.

Koeppel, G.: Official State Reliefs of the City of Rome in the Imperial Age, ANRW II 12, 1, 1982, 477 ff.

–: The Role of Pictorial Models in the Creation of the Historical Relief during the Age of Augustus, in: The Age of Augustus 89 ff.

Koestermann, E.: Statio Principis, Philologus 87, 1932, 358 ff. und 430 ff. = H. Kloft, Ideologie und Herrschaft 388 ff.

Kokkinos, N.: The Honorand of the Titulus Tiburtinus: C. Sentius Saturninus?, ZPap 105, 1995, 21 ff.

Kolb, F.: Rom. Die Geschichte der Stadt in der Antike, München 1995. Dazu
D. Kienast, GGA 250, 1998, 2 ff.

Kolbe, W.: Der zweite Triumvirat, Hermes 49, 1914, 273 ff. = Schmitthenner, Augustus 12 ff.

–: Von der Republik zur Monarchie, in: Aus Roms Zeitwende, hrsg. von Otto Immisch, Leipzig 1931, 37 ff. = Schmitthenner, Augustus 72 ff.

Kommunikation in politischen und sozialen Gemeinschaften. Stätten und Formen der Kommunikation im Altertum 5, hrsg. von G. Binder–K. Ehlich, Trier 1996.

Kornemann, E.: Mausoleum und Tatenbericht des Augustus, Leipzig–Berlin 1921.

Kraft, K.: Gesammelte Aufsätze zur antiken Geschichte und Militärgeschichte, Darmstadt 1973 = Kleine Schriften I.

–: Der Sinn des Mausoleums des Augustus, Historia 16, 1967, 189 ff. = Kleine Schriften I, 29 ff.

–: Zu Sueton, Divus Augustus 69, 2: M. Anton und Kleopatra, Hermes 95, 1967, 496 ff. = Kleine Schriften I 47 ff.

–: Der politische Hintergrund von Senecas Apoxolocyntosis, Historia 15, 1966, 96 ff. = Kleine Schriften I 51 ff.

–: Die Rolle der Colonia Julia Equestris und die römische Auxiliarrekrutierung, JRGZM 4, 1957, 81 ff. = Kleine Schriften I 181 ff.

–: Rezension von R. Hachmann–G. Kossack–H. Kuhn, Völker zwischen Germanen und Kelten, Germania 42, 1964, 313 ff. = Kleine Schriften I 144 ff.

–: Zum Legionslager Augsburg-Oberhausen, in: Aus Bayerns Frühzeit. Friedrich Wagner zum 75. Geburtstag, München 1962, 139 ff. = Kleine Schriften I 216 ff.

–: Gesammelte Aufsätze zur antiken Geldgeschichte und Numismatik, 2 Bde., Darmstadt 1978 ff. = Kleine Schriften II–III.

–: Zu den Schlagmarken des Tiberius und Germanicus, Jb. f. Num. u. Geldgesch. 2, 1950/51, 21 ff. = Kleine Schriften II 3 ff.

–: Das Enddatum des Legionslagers Haltern, BoJbb 155/6, 1955/56, 95 ff. = Kleine Schriften II 18 ff.

–: Zur Datierung der römischen Münzmeisterprägung unter Augustus, Mainzer Zeitschrift 46/47, 1951/52, 28 ff. = Kleine Schriften II 42 ff.

–: Q. Aelius L. f. Lamia, Münzmeister und Freund des Horaz, Jb. f. Num. u. Geldgesch. 16, 1966, 23 ff. = Kleine Schriften II 57 ff.

–: Zum Capricorn auf den Münzen des Augustus, Jb. f. Num. u. Geldgesch. 17, 1967, 17–27 = Kleine Schriften II 262 ff.

–: Zur Münzprägung des Augustus, Wiesbaden 1969 = Kleine Schriften II 291 ff.

–: Rezension zu K. Pink, Die Triumviri monetales unter Augustus; F. Panvini Rosati, Le emissioni in oro e argento dei 'Tresviri Monetales' di Augusto; K. Pink, The Triumviri Monetales and the Structure of the Coinage of the Roman Republic, JbNum 2, 1950/1, 146 ff. = Kleine Schriften II 343 ff.

–: Rezension zu M. Grünwald, Die römischen Bronze- und Kupfermünzen mit Schlagmarken im Legionslager Vindonissa, Germania 30, 1952, 223 ff. = Kleine Schriften 349 ff.

–: Rezension zu M. Grant, The Six Main Aes Coinages of Augustus, Germania 32, 1954, 97 ff. = Kleine Schriften II 358 ff.

–: S(enatus) C(onsulto), JNG 12, 1962, 7 ff. = Schmitthenner, Augustus 336 ff. = Kleine Schriften III, 143 ff.
–: Der goldene Kranz Caesars und der Kampf um die Entlarvung des 'Tyrannen', JbNum 3/4, 1952/53, 7 ff. = Kleine Schriften III, 1 ff.
Kromayer, J.: Die rechtliche Begründung des Principats, Diss. Straßburg, Marburg 1888 (= Diss.).
Kühnert, F.: Augusteische Dichtung und Dichtung der Augusteischen Zeit, Klio 67, 1985, 118 ff.
Küpper-Böhm, A.: Die römischen Bogenmonumente der Gallia Narbonnensis in ihrem urbanen Kontext, Espelkamp 1996.
Kuhoff, W.: FELICIOR AUGUSTO MELIOR TRAIANO. Aspekte der Selbstdarstellung der römischen Kaiser während der Prinzipatszeit, Frankfurt a. M. 1993.
Kunisz, A.: Recherches sur le monnayage et la circulation monétaire sous le règne d'Auguste, Warschau 1976.
Kunkel, W.: Das Wesen des ius respondendi, ZSSR 66, 1948, 437 ff.
–: Untersuchungen zur Entwicklung des römischen Kriminalverfahrens, Abh. Akad. München, phil.-hist. Kl. N. F. Heft 56, München 1962.
–: Herkunft und soziale Stellung der römischen Juristen, Graz–Wien–Köln ²1967.
–: Kleine Schriften. Zum römischen Strafverfahren und zur römischen Verfassungsgeschichte, Weimar 1974.
–: Über die Entstehung des Senatsgerichts, Sb. München 1962, Heft 2 = Kleine Schriften 267 ff.
–: Besprechung von J. Bleicken, Senatsgericht und Kaisergericht, ZSSR 81, 1964, 360 ff. = Kleine Schriften 325 ff.
–: Über das Wesen des augusteischen Prinzipats, Gymnasium 68, 1961, 354 ff. = Schmitthenner, Augustus 311 ff. = Kleine Schriften 383 ff.
–: Bericht über die neueren Arbeiten zur römischen Verfassungsgeschichte, ZSSR 75, 1958, 302 ff. = Kleine Schriften 441 ff. = Klein, Prinzipat und Freiheit 68 ff. (Teilabdruck).
–: Besprechung von A. Magdelain, Auctoritas Principis, ZSSR 70, 1953, 437 ff. = Kleine Schriften 587 ff.
–: Besprechung von J. A. Crook, Consilium Principis, ZSSr 72, 1955, 463 ff. = Kleine Schriften 595 ff.
Kuttner, A. L.: Dynasty and empire in the age of Augustus. The case of the Boscoreale cups, Berkeley–Oxford 1995.
Labruna, L.: Le forme della politica tra innovazione e ripristino del passato. Dalle idi di marzo ad Augusto principe, in: Res publica e Princeps 159 ff.
Labuske, H.: Segestes – Verräter oder Lügner?, Klio 66, 1984, 183 ff.
Lacey, W. K.: Octavian and the senat, January 27 B. C., JRS 64, 1974, 176 ff. = Augustus and the Principate 77 ff.
–: Summi fastigii vocabulum: the story of a title, JRS 69, 1979, 28 ff. = Augustus and the Principate 154 ff.
–: 2 B. C. and Julia's adultery, Antichthon 14, 1980, 127 ff. = Augustus and the Principate 190 ff.
–: 19 B. C., Classicum 23 (9, 2), 1983, 30 ff. = Augustus and the Principate 132 ff.

Lacey, W. K.: Augustus and the Senate, 23 B. C., Antichthon 19, 1985, 57 ff. = Augustus and the Principate 100 ff.
–: Augustus and the Principate. The Evolution of a System, Leeds 1996.
Laird, A.: Ut figura poesis: writing art and art of writing in Augustan poetry, in: Art and Text in Roman Culture 75 ff.
Lambrecht, U.: Herrscherbild und Prinzipatsidee in Suetons Kaiserbiographien. Untersuchungen zur Caesar- und Augustusvita, Diss. Bonn 1984.
Land, City and Trade in the Roman Empire, ed. C. R. Whittaker, Aldershot/Hamshire 1993.
Lassère, J.-M.: Ubique Populus. Peuplement et mouvements de population dans l'Afrique romaine de la chute de Carthage à la fin de la dynastie des Sévères (146 a. C.–235 p. C.), Paris 1977.
Lasserre, F.: Strabon devant l'empire romain, ANRW II 30, 1, 1982, 867 ff.
Last, H.: On the 'tribunicia potestas' of Augustus, Rendiconti del Ist. Lomb. di Scienze e Lettere 84, 1951, 93 ff. = Schmitthenner, Augustus 241 ff.
Latein und Europa. Traditionen und Renaissancen, hrsg. von K. Büchner, Stuttgart 1978.
Latte, K.: Römische Religionsgeschichte, München ²1967.
Leach, E. W.: Landscape and Prosperous Life: Discrimination of Genre in Augustan Literature and Painting, in: The Age of Augustus 189 ff.
Lefèvre, E.: Die unaugusteischen Züge der augusteischen Literatur, in: Saeculum Augustum II 173 ff.
Lehmann, G. A.: Politische Reformvorschläge in der Krise der späten römischen Republik. Cicero De legibus III und Sallusts Sendschreiben an Caesar, Meisenheim 1980.
Lehnen, J.: Adventus Principis. Untersuchungen zu Sinngehalt und Zeremoniell der Kaiserankunft in den Städten des Imperium Romanum, Frankfurt a. M. 1997.
Lemosse, M.: L'adoption d'Octave et ses rapports avec les règles traditionelles du droit civil, in: Studi Albertario 1, 1950, 369 ff. = Études romanistiques, Clermont-Ferrand 1991, 29 ff.
Lepore, E.: La società italiana dalla 'pax Augusta' alla fine dei Giulio-Claudii. Principato e 'nobilitas', in: Storia della società Italiana 2, 1, 209 ff.
Le Roux, P.: Romains d'Espagne. Cités et politique dans les provinces IIe siècle av. J.-C.–IIIe siècle ap. J.-C., Paris 1995.
Levi, M. A.: Augusto e il suo tempo, Rom 1994.
–: Ottaviano Capoparte, 2 Bde., Florenz 1933.
–: Il tempo di Augusto, Florenz 1951.
Levick, B.: Roman Colonies in Southern Asia Minor, Oxford 1967.
–: The Politics of the Early Principate, in: T. P. Wiseman, Roman Political Life 90 B. C.–A. D. 69, Exeter 1985, 45 ff.
Liebeschuetz, G.: Continuity and Change in Roman Religion, Oxford 1979.
Lilja, S.: Homosexuality in Republican and Augustan Rome, Helsinki 1983.
Linderski, J.: Mommsen and Syme: Law and Power in the Principate of Augustus, in: Between Republic and Empire 42 ff.

–: The mother of Livia Augusta and the Aufidii Lurcones of the Republic, Historia 23, 1974, 463 ff. = Roman Questions 262 ff. und 653.
–: Rome, Aphrodisias and the Res Gestae: the Genera Militiae and the Status of Octavian, JRS 74, 1984, 74 ff. = Roman Questions 147 ff. und 642 f.
–: Julia in Regium, ZPap 72, 1988, 181 ff. = Roman Questions 375 ff. und 663 f.
–: Roman Religion in Livy, in: W. Schuller, Livius. Aspekte seines Werkes, Konstanz 1993, 53 ff. = Roman Questions 608 ff. und 679.
–: Roman Questions. Selected Papers, Stuttgart 1995.
Lintott, A.: Imperium Romanum, London 1993.
–: Cassius Dio and the History of the Late Roman Republic, ANRW II 34, 3, 1997, 2497 ff.
Lobrano, G.: Fondamento e natura del potere tribunizio nella storiografia giuridica contemporanea, Index 3, 1972, 235 ff.
Lo Cascio, E.: Le tecniche dell' amministrazione, in: Storia di Roma II 2, 119 ff.
Loewenstein, K.: Die konstitutionelle Monokratie des Augustus. Ein Beitrag zur Morphologie der Regierungstypen, Zeitschrift für Politik 8, 1961, 197 ff. = Beiträge zur Staatssoziologie, Tübingen 1961, 3 ff. = Schmitthenner, Augustus 531 ff. (mit Veränderungen und Berichtigungen).
Lorsch, R.-S.: Omina imperii: The omens of power received by the Roman Emperors from Augustus to Domitian, their religious interpretation and political influence, Diss. of the University of North Carolina at Chapel Hill, Ann Arbor 1993.
Losemann, V.: Arminius, Varus und die Schlacht im Teutoburger Wald, München 1998.
Lübtow, U. von: Das römische Volk, sein Staat und sein Recht, Frankfurt a. M. 1955.
Lummel, P.: Zielgruppen römischer Staatskunst. Die Münzen der Kaiser Augustus bis Trajan und die trajanischen Staatsreliefs, München 1991.
Magdalain, A.: Ius respondendi, RHD 28, 1950, 1 ff. und 157 ff. = Ius Imperium Auctoritas. Études de droit romain, Rom 1990, 103 ff.
–: Auctoritas Principis, Paris 1967.
Magie, D.: Roman Rule in Asia Minor, 2 Bde., Princeton 1950.
Magnino, D.: Una testimonianza dell' autobiografia di Augusto, Athenaeum 64, 1986, 501 ff.
–: Le 'Guerre Civili' di Appiano, ANRW II 34, 1, 1993, 523 ff.
Malcovati, E.: Imperatoris Caesaris Augusti Operum fragmenta, Turin ^{5}1969.
Manfredini, A. D.: Crimini e pene da Augusto ad Adriano, in: Res publica e Princeps 219 ff.
Manuwald, B.: Cassius Dio und Augustus. Philologische Untersuchungen zu den Büchern 45–56 des Dionischen Geschichtswerkes, Wiesbaden 1979. Dazu C. B. R. Pelling, Gnomon 55, 1983, 221 ff.
Manuselli, G. A.: La città romana nei primi secoli dell' imperio. Tendenze dell' urbanistica, ANRW II 12, 1, 1982, 145 ff.
Marc Antoine, son idéologie et sa descendance. Actes du colloque organisé à Lyon le jeudi 28 juin 1990, ed. E. Cizek, Paris 1993.
Martin, J. P.: Providentia Deorum. Recherches sur certains aspects religieux du pouvoir impérial romain, Rom 1982.
–: L'idée de royauté à Rome, 2 Bde., Clermont-Ferrand 1992/4.

Maschkin, N. A.: Principat Augusta (= The Principat of Augustus: Origin and Social Reality), Moskau/Leningrad 1949 = deutsch: Zwischen Republik und Kaiserreich. Ursprung und sozialer Charakter des augusteischen Prinzipats. Übersetzung aus dem Russischen von M. Brandt, Leipzig 1954.

Meier, Chr.: Augustus. Die Begründung der Monarchie als Wiederherstellung der Republik, in: Die Ohnmacht des allmächtigen Diktators Caesar, Frankfurt a. M. 1980, 225 ff.

–: C. Caesar Divi filius and the Formation of the Alternative in Rome, in: Between Republic and Empire 54 ff.

Meise, E.: Untersuchungen zur Geschichte der Julisch-Claudischen Dynastie, München 1969.

Mellor, R.: ΘΕΑ ΡΩΜΗ, The Worship of the Goddess Roma in the Greek World, Göttingen 1975.

Mette, H. J.: Livius und Augustus = Gymnasium 68, 1961, 278 ff. = E. Burck, Wege zu Livius, Darmstadt ²1977, 156 ff. (Teilabdruck).

Mette-Dittmann, A.: Die Ehegesetze des Augustus. Eine Untersuchung im Rahmen der Gesellschaftspolitik des Princeps, Stuttgart 1991.

Meulder, M.: C. Vibius Pansa: un guerrier impie selon Auguste, Dialogues d'hist. anc. 21, 1995, 247 ff.

Meyer, Ed.: Caesars Monarchie und das Principat des Pompejus. Innere Geschichte Roms von 66–44 v. Chr., Stuttgart–Berlin 1922, ND 1963.

–: Kaiser Augustus, Kleine Schriften 1, Halle ²1924, 423 ff.

Meyer, H.: Kunst und Geschichte. Zur antiken Historienkunst, München 1983.

Meyer, H. D.: Die Außenpolitik des Augustus und die augusteische Dichtung, Köln 1961.

Mikocki, T.: Sub specie deae. Les impératrices et princesses romaines assimilées à des déesses. Étude iconographique, Rom 1995.

Millar, F.: State and Subject: The Impact of Monarchy, in: Caesar Augustus, Seven Aspects 37 ff.

–: Triumvirate and Principate, JRS 63, 1973, 50 ff.

–: The Emperor in the Roman World, London ²1992.

Millás, E. T.: Aspectos menos conocidos del triumvirato, Cuadernos del Filología clásica 14, 1978, 328 ff.

Mitchell, St.: Imperial Building in the Eastern Provinces, Harv. Stud. 91, 1987, 333 ff.

Mitteis, L.–U. Wilcken: Grundzüge und Chrestomathie der Papyruskunde, 2 in 4 Bdn., Leipzig–Berlin 1912.

Mlasowsky, A.: Nomini ac fortunae Caesarum proximi. Die Sukzessionspropaganda der römischen Kaiser von Augustus bis Nero im Spiegel der Reichsprägung und der archäologischen Quellen, JdAI 111, 1996, 249 ff.

Mócsy, A.: Pannonia and Upper Moesia. A History of Middle Danube Provinces of the Roman Empire, London 1974.

Momigliano, A.: I problemi delle istituzioni militari di Augusto, in: Studi in occasione del Bimillenario Augusteo, Rom 1938, 195 ff. = Nono Contributo alla storia degli studi classici e del mondo antico, Rom 1992, 425 ff.

–: L'esercito di Augusto e la romanizzazione dell' Oriente (1938) = Nono Contributo 445 ff.

–: La leggenda di Enea nella storia di Roma fino ad Augusto, in: Saggi di storia della religione romana, ed. R. Di Donato, Brescia 1988, 171 ff. = Nono Contributo 745 ff.
–: How Roman Emperors became Gods, The American Scholar, Spring 1986, 181 ff. = Ottavo Contributo alla storia degli studi classici, Rom 1987, 297 ff.
–: Review of R. Syme, The Roman Revolution, JRS 30, 1940, 75 ff. = Secondo Contributo alla Storia degli Studi Classici, Rom 1960, 407 ff. = deutsch in: Schmitthenner, Augustus 140 ff.
Mommsen, Th.: Römische Kaisergeschichte. Nach den Vorlesungsmitschriften von Sebastian und Paul Hensel 1882/86. Hrsg. von B. und A. Demandt, München 1992.
Monumentum Chiloniense, Studien zur augusteischen Zeit, Kieler Festschrift für Erich Burck zum 70. Geburtstag, hrsg. von Eckard Lefèvre, Amsterdam 1975.
Mratschek, S.: Est enim ille flos Italiae. Literatur und Gesellschaft in der Transpadana, Athenaeum 64, 1984, 154 ff.
Müller, K.: Götterattribute in ihrer Anwendung auf Augustus. Eine Studie über die indirekte Erhöhung des ersten Princeps in der Dichtung seiner Zeit, Idstein 1985. Dazu D. Kienast, HZ 244, 1987, 144 ff.
Muller, F.–K. Gross: Augustus, RAC I 1950, 993 ff.
Nash, E.: Pictorial Dictionary of Ancient Rome, 2 Bde., London [2] 1968, = deutsch: Bildlexikon zur Topographie des antiken Rom, 2 Bde., Tübingen, 1961/2.
Neesen, L.: Untersuchungen zu den direkten Staatsabgaben der römischen Kaiserzeit (27 v. Chr.–284 n. Chr.), Bonn 1980.
Nenci, G.: Gaio e Lucio Caesari nella Politica Augustea, in: Introduzione alle Guerre Persiane e altri Saggi di Storia Antica, Pisa 1958, 309 ff.
Néraudau, J.-P.: Auguste, Paris 1996 (populär).
Nicolet, C.: L'invention du monde. Géographie et politique aux origines de l'Empire romain, Paris 1988.
Nigdélis, P. M.: M. Insteius L f. αὐτοκράτωρ et la province de Macédoine au début du second triumvirat: à propos d'une inscription inédite d'Europos, BCH 118, 1994, 215 ff.
Nock, A. D.: Essays on Religion and the Ancient World, 2 Bde., Oxford 1972.
–: Σύνναος Θεός, Harv. Stud. 41, 1930, 1 ff. = Essays 202 ff.
–: The Augustan Restoration, Class. Rev. 39, 1924/25, 60 ff. = Essays 16 ff.
–: Seviri and Augustales, Annuaire de l'Inst. de Phil. et d'Hist. orient. 2 (Mélanges Bidez) 1934, 627 ff. = Essays 348 ff.
–: The Roman Army and the Roman Religious Year, Harv. Theol. Rev. 45, 1952, 187 ff.
–: The Institution of Ruler-Worship, CAH X[1], 1934, 481 ff. = deutsch in: A. Wlosok, Römischer Kaiserkult, Darmstadt 1978, 377 ff.
Noé, E.: Commento storico a Cassio Dione LIII, Como 1994.
Nörr, D.: Imperium und Polis in der hohen Prinzipatszeit, München 1966.
–: Planung in der Antike. Über die Ehegesetze des Augustus, in: Freiheit und Sachzwang. Beiträge zu Ehren Helmut Schelskys, hrsg. von Horst Baier, Opladen 1977, 309 ff.
Oltramare, A.: Auguste et les Parthes, REL 16, 1938, 121 ff. = deutsch in: Schmitthenner, Augustus 118 ff.

Oppermann, H.: Römertum. Ausgewählte Aufsätze und Arbeiten aus den Jahren 1921-1961, Darmstadt 1967.
Oppermann, M.: Der Ostbalkanraum in Augusteischer Zeit, Klio 67, 1985, 111 ff.
Pabst, A.: Comitia Imperii. Ideelle Grundlagen des römischen Kaisertums, Darmstadt 1997.
Paladini, M. L.: A proposito del ritiro di Tiberio a Rodi e della sua posizione prima dell' accessione all' impero, Nuovo Rivista Storica 41, 1957, 1 ff.
Palazzolo, N.: Il princeps, i giuristi, l'editto. Mutamento istituzionale e strumenti di trasformazione del diritto privato da Augusto ad Adriano, in: Res Publica e Princeps 289 ff.
Pani, M.: Roma e i re d'Oriente da Augusto a Tiberio (Cappadocia, Armenia, Media Atropatene), Bari 1972.
–: Comitia e Senato: Sulla trasformazione della procedura elettorale a Roma nell' età di Tiberio, Bari 1974.
–: Tendenze politiche della successione al principato di Augusto, Bari 1979.
–: Potere e valori a Roma fra Augusto e Traiano, Bari 1992. Dazu H. Kloft, Gnomon 69, 1997, 735 f.
Pape, M.: Griechische Kunstwerke aus Kriegsbeute und ihre öffentliche Aufstellung in Rom. Von der Eroberung von Syrakus bis in augusteische Zeit, Diss. Hamburg 1975.
Parfenov, V. N.: Dynamis, Aggrippa und der Friedensaltar. Zur militärischen und politischen Geschichte des Bosporanischen Reiches nach Asandros, Historia 45, 1996, 95 ff.
Parsi, B.: Désignation et investiture de l'empereur romain, Paris 1996.
Pavis d'Escurac, H.: La préfecture de l'annone. Service administratif impérial d'Auguste à Constantin, Rom 1976.
Pelham, H. F.: Essays on the Roman History, ed by F. Haverfield, Oxford 1911.
Pera, R.: Venere sulle monete da Silla ad Augusto. Aspetti storico-politici, in: Contributi A. Garzetti, Genua 1977, 239 ff.
Petrucci, A.: Il trionfo nella storia costituzionale romana dagli inizi della repubblica ad Augusto, Rom 1996.
Pfister, G.: Die Erneuerung der römischen iuventus durch Augustus, Bochum 1977 (= Diss. Regensburg 1976).
Pflaum, H.-G.: Afrique romaine. Scripta Varia I, Paris 1978.
–: La romanisation de l'ancien territoire de la Carthage, Antiquités Africaines 4, 1970, 75 ff. = Scripta Varia I 300 ff.
–: La romanisation de l'Afrique, in: Akten des VI. Intern. Kongr. für Gr. und Lat. Epigraphik, München 1972, Vestigia 17, 1973, 55 ff. = Scripta Varia I, 375 ff.
Pieler, P. E.: Kaisergericht und kaiserliche Gerichtsorgane von Augustus bis Justinian. Studien zur Gerichtsorganisation des Imperium Romanum, Wien 1981 (noch unveröffentlichte Habilitationsschrift der rechtswissenschaftlichen Fakultät der Universität Wien).
Pieri, G.: L'Histoire du Cens jusqu' à la fin de la république romaine, Paris 1968.
Pietrusinski, D.: Éléments astraux dans l'apothéose d'Octavien Auguste chez Virgil et Horace, Eos 68, 1980, 267 ff.

Pistor, H. H.: Prinzeps und Prinzipat in der Zeit von Augustus bis Commodus, Diss. Freiburg 1965.

Platner, S. B.–Th. Ashby: A Topographical Dictionary of Ancient Rome, Oxford 1929, ND 1965.

Podlecki, A. J.: Pericles and Augustus, Echos du monde classique 22, 1978, 45 ff.

Pöschl, V.: Horaz und die Politik, Sb. Heidelberg 1956, Heft 4 = Klein, Prinzipat und Freiheit 136 ff. = Kleine Schriften I 145 ff.

–: Grundzüge der augusteischen Klassik, in: Neue Einsichten. Beiträge zum altsprachlichen Unterricht, hrsg. von F. Hörmann, München 1970, 6 ff. = Kleine Schriften I, 21 ff.

–: Virgil und Augustus. Dichtung im politischen Kampf, in: Mélanges L. Senghor, Dakar 1977, 375 ff. = Kleine Schriften I, 110 ff.

–: Kunst und Wirklichkeitserfahrung in der Dichtung. Abhandlungen und Aufsätze zur römischen Poesie. Kleine Schriften I, Heidelberg 1979.

Pollini, J.: Studies in Augustan "Historical" Reliefs, Diss. Univ. of California, Berkeley 1978.

–: Man or God: Divine Assimilation and Imitation in the Late Repbulic and Early Principate, in: Between Republic and Empire 334 ff.

Polverini, L.: L'aspetto sociale del passaggio dalla repubblica al principato, Aevum 38, 1964, 241 ff.; 39, 1965, 77 ff.

Poma, G.: Provedimenti augustei su debiti e schiavi nell' interpretazione di Orosio, RSA 16, 1986, 155 ff.

Porte, D.: Romulus – Quirinus, prince et dieu, dieu des princes. Étude sur le personnage de Quirinus et sur son évolution des origines à Auguste, ANRW II 17, 1, 1981, 300 ff.

Potter, D.: Prophets and Emperors. Human and Divine Authority from Augustus to Theodosius, Cambridge/Mass. 1994.

Premerstein, A. von: Vom Wesen und Werden des Prinzipats, Abh. Bayer. Akad. d. Wissensch., philos.-histor. Abt. NF. Heft 15, München 1937.

Price, S. R. F.: Between Man and God: Sacrifice in the Roman Imperial Cult, JRS 70, 1980, 28 ff.

–: Gods and Emperors: The Greek Language of the Roman Imperial Cult, JHS 104, 1984, 79 ff.

–: Rituals and Power. The Roman Imperial Cult in Asia Minor, Cambridge 1984.

Raaflaub, K. A.: Dignitatis Contentio, München 1974.

Raaflaub, K. A.–L. J. Samons II.: Opposition to Augustus, in: Between Republic and Empire 417 ff.

Radke, G.: Augustus und das Göttliche, in: Antike und Universalgeschichte (Festschrift H. E. Stier), Münster 1972, 257 ff.

–: Quirinus. Eine kritische Überprüfung der Überlieferung und ein Versuch, ANRW II 17, 1, 1981, 276 ff.

Raepsaet-Charlier, M.-Th. et G.: Gallia Belgica et Germania Inferior, ANRW II 4, 1975, 3 ff.

Ramage, E. S.: Velleius Paterculus 2, 126, 2–3 and the Panegyric Tradition, Class. Ant. 1, 1982, 266 ff.

Ramage, E. S.: The Nature and Purpose of Augustus' "Res Gestae", Stuttgart 1987. Dazu D. Kienast, AJPh 110, 1989, 177 ff.
–: Augustus' Propaganda in Gaul, Klio 79, 1997, 117 ff.
Rawson, E.: Cassius and Brutus: The Memory of the Liberators, in: Past Perspectives: Studies in Greek and Roman Historical Writing, ed. I. Moxon–J. D. Smart– A. J. Woodmann, Cambridge 1986, 101 ff. = Roman Culture and Society 488 ff.
–: Discrimina ordinum: The lex Iulia theatralis, PBS Rome 55, 1987, 83 ff. = Roman Culture and Society 508 ff.
–: Roman Culture and Society, Oxford 1991.
Reinhold, M.: Agrippa a Biography, Diss. Columbia Univ., New York 1933.
–: From Republic to Principate. An Historical Commentary on Cassius Dio's Roman History, Books 49–52 (36–29 B. C.), Atlanta, Georgia 1988.
Reinhold, M.–P. M. Swan: Cassius Dio's Assessment of Augustus, in: Between Republic and Empire 155 ff.
Res publica e Princeps. Vicende politiche, mutamenti istituzionali e ordinamento giuridico da Caesare ad Adriano, Atti del convegno internazionale di diritto romano. Copanello 25–27 maggio 1994, a cura di F. Milazzo, Neapel 1996.
Reynolds, J.: Aphrodisias and Rome, London 1982.
Riccobono, S.: L'organizzazione amministrativa imperiale nel Saeculum Augustum, Atti dell Accademia di scienze di Palermo 35, 1975/76 (1977), IX ff.
Rice Holmes, T.: The architect of the Roman Empire, 2 Bde., Oxford 1928/31.
Rich, J. W.: Dio on Augustus, in: A. Cameron, History as Text. The Writing of Ancient History, London 1989, 86 ff.
–: Cassius Dio. The Augustan Settlement (Roman History 53–55, 9), ed. with translation and commentary, Warmington, Wilts. 1990.
Richardson, J. S.: Imperium Romanum: Empire and the Language of Power, JRS 81, 1991, 1 ff.
Richardson, Jr., L.: A New Topographical Dictionary of Ancient Rome, Baltimore–London 1992.
Rickman, G. E.: The Corn Supply of Ancient Rome, Oxford 1980.
Ridley, R. T.: History of Rome. A documented Analysis, Rom 1987 (Zusammenstellung der wichtigsten Fakten mit genauen Quellenbelegen).
Ritter, St.: Hercules in der römischen Kunst von den Anfängen bis Augustus, Heidelberg 1995.
La rivoluzione romana. Inchiesti tra gli antichisti, ed. A. Guarino, Neapel 1982.
Roberts, A.: Marc Anthony. His Life and Times, Upton-upon-Severn 1988 (Sachbuch).
Rocca-Serra, G.: Une Formule culturelle chez Suétone (Divus Augustus 98, 2), in: Mélanges P. Boyancé, Rom 1974, 671 ff.
Roddaz, J.-M.: Marcus Agrippa, Rom 1984.
–: De César à Auguste: L'image de la monarchie chez un historien du siècle des Sévères. Réflexions sur l'œuvre de Dion Cassius, à propos d'ouvrages récents, REA 85, 1983, 67 ff.
Rodenwaldt, G.: Kunst um Augustus, Berlin 1942.
Rodewald, C.: Money in the Age of Tiberius, Manchester 1976.
Roehmer, M.: Der Bogen als Staatsmonument. Zur politischen Bedeutung der römischen Ehrenbögen des 1.Jh. n. Chr., München 1998.

Die römische Okkupation nördlich der Alpen zur Zeit des Augustus. Kolloquium Bergkamen 1989, hrsg. von B. Trier, München 1991.

Roman, Y.: Auguste, l'Océan Atlantique et l'imperialism romain, Ktema 8, 1983, 261 ff.

Romanelli, P.: La Cirenaica Romana, Verbania 1943.

–: Storia delle provincie romane dell' Africa, Rom 1959.

–: Note storico-geografiche relative all' Africa al tempo di Augusto, Rendiconti della Classe di scienze morali dell' Accademia dei Lincei 8. Ser. 5, 1950, 472 ff. = Scripta Minora Selecta 125 ff.

–: La politica municipale romana nell' Africa Proconsolare, Athenaeum 53, 1975, 144 ff. = Scripta Minora Selecta 365 ff.

–: Riflessi virgiliani dei rapporti tra Roma e l'Africa, Scripta Minora Selecta 609 ff.

–: In Africa e a Roma. Scripta Minora Selecta. Rom 1981.

Rose Evans, J. de: The Legends of Early Rome used as Political Propaganda in the Roman Republican and Augustan Period, Diss. of the University of Pennsylvania, Ann Arbor 1985.

Rossi, L.: Le insegne militari nella monetazione imperiale romana da Augusto a Commodo, Riv. it. num 1965, 41 ff.

Rossi, R. F.: Marco Antonio nella lotta politica della tarda repubblica romana, Triest 1959.

Rotondi, G.: Leges publicae populi Romani, Mailand 1912 (ND 1966).

Rüger, Chr. B.: Germania inferior. Untersuchungen zur Territorial- und Verwaltungsgeschichte Niedergermaniens in der Prinzipatszeit, Köln 1968.

Runchina, G.: Letteratura e ideologia nell' età augustea, AFLC 1978/79, 15 ff.

Ryberg, I. S.: Rites of the State Religion in Roman Art, Mem. Am. Acad. Rome 22, Rom 1955.

Sablayrolles, R.: Escape urbain et propagande politique: L'organisation du centre de Rome par Auguste (Res Gestae 19 à 21), Pallas 28, 1981, 59 ff.

Sacks, K. S.: Diodorus Siculus and the First Century, Princeton 1990.

Sadurska, A.: La politique d'Auguste et l'art de son temps, Études et Travaux III, Warschau 1969, 94 ff.

–: L'art d'Auguste: progrès, regrès ou transformation?, Klio 67, 1985, 70 ff.

Saeculum Augustum, hrsg. von G. Binder, 3 Bde., Darmstadt 1987–91.

Saller, R.: Anecdotes as Historical Evidence for the Principate, Greece and Rome 27, 1980, 69 ff.

Sattler, P.: Augustus und der Senat. Untersuchungen zur römischen Innenpolitik zwischen 30 und 17 v. Chr., Göttingen 1960.

–: Studien aus dem Gebiet der Alten Geschichte, Wiesbaden 1962.

–: Julia und Tiberius. Beitr. zur römischen Innenpolitik zwischen 12 v. Chr. und 2 n. Chr., in: Studien aus dem Gebiet der Alten Geschichte 1 ff. = Schmitthenner, Augustus 486 ff.

Sauron, G.: Quis Deum? L'expression plastique des idéologies politiques et religieuses à Rome à la fin de la république au début du principat, Paris–Rom 1994.

Scarano Ussani, V.: Le forme del privilegio. Beneficia e privilegia tra Caesare e gli Antonini, Neapel 1992.

Schalit, A.: König Herodes. Der Mann und sein Werk, Berlin 1969.

Schall, U.: Augustus. Kaiser, Rächer, Komödiant. Masken und Metamorphosen eines Herrschers, Pfungstadt 1990 (Sachbuch).
Schilling, R.: La religion romaine de Vénus depuis les origines jusqu' au temps d'Auguste, Paris 1954.
–: Rites, cultes, dieux de Rome, Paris 1979.
–: Les romains de la fin de la république et du début de l'Empire en face de la religion, L'antiquité classique 41, 1972, 540 ff. = Rites, cultes, dieux 71 ff.
–: L'Hercule romain en face de la réforme religieuse d'Auguste, Rev. de Philol. 16, 1942, 31 ff. = Rites, cultes, dieux 263 ff.
Schillinger-Häfele, U.: Varus und Arminius in der Überlieferung. Zwei Quellenbeobachtungen, Historia 32, 1983, 123 ff.
Schindler, W.: Iulia Augusta – im Spiegel politischer Allegorien, Consilium Eirene XVI, II, Prag 1983, 40 ff.
Schmitthenner, W.: The Armies of the Triumviral Period: A Study of the Origins of the Roman Imperial Legions, D. Phil. Thesis, Oxford 1958.
–: Augustus, Darmstadt 1969.
–: Oktavian und das Testament Caesars. Eine Untersuchung zu den politischen Anfängen des Augustus, München ²1973.
–: Augustus' spanischer Feldzug und der Kampf um den Prinzipat, Historia 11, 1962, 29 ff. = Schmitthenner, Augustus 404 ff.
–: Caesar Augustus – Erfolg in der Geschichte, Saeculum 36, 1985, 286 ff.
Schneider, H.-Chr.: Das Problem der Veteranenversorgung in der späteren römischen Republik, Bonn 1977.
Schneider, R. M.: Bunte Barbaren. Orientalenstatuen aus farbigem Marmor in der römischen Repräsentationskunst von Augustus bis Trajan, Worms 1986.
Schnurbein, S. von: Zur Datierung der augusteischen Militärlager, in: Die römische Okkupation nördlich der Alpen 1 ff.
Schor, B.: Beiträge zur Geschichte des Sex. Pompeius, Diss. München 1977.
Schürer, E.: The History of the Jewish People in the Age of Jesus Christ, A new English version by G. Vermes and F. Millar, 3 Bde., Edinburgh 1973 ff.
Schumacher, L.: Servus Index, Sklavenverhör und Sklavenanzeige im republikanischen und kaiserzeitlichen Rom, Wiesbaden 1982.
–: Die imperatorischen Akklamationen der Triumvirn und die Auspicia des Augustus, Historia 34, 1985, 191 ff.
Seager, R.: Neu sinas Medos equitare inultos: Horace, the Parthians and Augustan foreign policy, Athenaeum 1980, 103 ff.
Serrao, F.: Il modello di costituzione. Forme giuridiche, caratteri politici, aspetti economico-sociali, in: Storia di Roma II 2, 29 ff.
Shatzman, I.: Senatorial Wealth and Roman Politics, Brüssel 1975.
Sherk, R. K.: Roman Documents from the Greek East. Senatus Consulta and Epistulae to the Age of Augustus, Baltimore 1969.
–: The Roman Empire: Augustus to Hadrian. Translated Documents of Greece and Rome, vol. 6, Cambridge 1988.
Sherwin-White, A. N.: The Roman Citizenship, London ²1972.
Shipley, F. W.: Agrippa's Building Activities in Rome, Wash. Univ. Studies N. S. 4, St. Louis 1933.

–: Chronology of the Building operations in Rome from the Death of Caesar to the Death of Augustus, Mem. Am. Acad. Rome 9, 1931, 7 ff.
Shotter, D. C. A.: Tacitus' View of Emperors and the Principate, ANRW II 33, 5, 1991, 3263 ff.
–: Augustus Caesar, London 1991. Dazu D. Kienast, Gnomon 65, 1993, 462 f.
Sidari, D.: Problema partico ed imitatio Alexandri nella dinastia Giulio-Claudia, Istituto Veneto di scienze, lettere ed arti, Memorie Cl. di scienze morali, lettere ed arti, vol. XXXVIII fasc. III. Venedig 1982.
Simon, B.: Die Selbstdarstellung des Augustus in der Münzprägung und in den Res gestae, Hamburg 1993.
Simon, E.: Augustus, München 1986. Dazu D. Kienast, HZ 247, 1988, 137 ff.
Sirago, V. A.: Il Principato di Augusto, Bari 1978.
Smith, H. R. W.: Problems Historical and Numismatic in the Reign of Augustus, Univ. of California Publications in Class. Archaeology 2, 4, Berkeley 1951, 133 ff.
Śniezèwski, S.: The Divinity of Augustus in the late Poetry of Horace and in the Elegies of Tibullus and Propertius, Eos 81, 1993, 61 ff.
Sonnabend, H.: Fremdenbild und Politik. Vorstellungen der Römer von Ägypten und dem Partherreich in der späten Republik und frühen Kaiserzeit, Frankfurt a. M. 1986.
Sordi, M.: I canali della propaganda nel mondo antico, Mailand 1978.
Speidel, M.: The Eastern Desert Garnisons under Augustus and Tiberius, in: Studien zu den Militärgrenzen Roms II, Köln 1977, 511 ff. = Roman Army Studies I 323 ff.
–: Augustus' development of the legions in Egypt, CE 47, 1982, 120 ff. = Roman Army Studies I 317 ff.
–: Roman Army Studies I, Amsterdam 1984.
Stadtbild und Ideologie. Die Monumentalisierung hispanischer Städte zwischen Republik und Kaiserzeit. Kolloquium in Madrid 19.–23. Oktober 1987, hrsg. von W. Trillmich und P. Zanker, München 1990.
Starr, Ch. G.: Civilisation and the Caesars, New York 1965.
–: Essays on Ancient History, Leiden 1979.
–: How did Augustus stop the Roman Revolution?, Class. Journ. 52, 1956/57, 107 ff. = Essays 222 ff.
–: Virgil's Acceptance of Octavian, AJPh 76, 1955, 34 ff. = Essays 228 ff.
–: Horace and Augustus, AJPh 90, 1969, 58 ff. = Essays 241 ff.
Ste. Croix, G. E. M. de: The Class Struggle in the Ancient Greek World from the Archaic Age to the Arab Conquest, London 1981. Dazu W. Schuller, HZ 236, 1983, 403 ff.
Steidle, W.: Beobachtungen zum Geschichtswerk des Cassius Dio, 1. Die Rede des Maecenas im 52. Buch, Würzb. Jbb. 14, 1988, 203 ff.
Stein, A.: Der römische Ritterstand. Ein Beitrag zur Sozial- und Personengeschichte des Römischen Reiches, München 1927, ND 1963.
Stewens, W.: Marcus Brutus als Politiker, Diss. Zürich 1963.
Stier, H. E.: Kleine Schriften, Meisenheim am Glan 1979.
–: Die Stätte der Varusschlacht, Welt als Geschichte 2, 1936, 368 ff. = Kleine Schriften 103 ff.

Stier, H. E.: Die Bedeutung der römischen Angriffskriege für Westfalen. Ein Beitrag zum Verständnis der 'germanischen Revolution', Westf. Forschungen 1, 1938, 269 ff. = Kleine Schriften 111 ff.

–: Der Staatsaufbau des Prinzipats im Spiegel römischer Reichsarchitektur, in: Dauer und Wandel der Geschichte. Festgabe für K. von Raumer, Münster 1966, 29 ff. = Kleine Schriften 323 ff.

–: Augustusfriede und römische Klassik, in. ANRW II 2, 1975, 3 ff. = Kleine Schriften 383 ff.

Stocker, A. F.: Vergil in the Service of August, 'Vergilius' 26, 1980, 1 ff.

Stockton, D. L.: Augustus sub specie aeternitatis, Thought 55, 1980, 5 ff.

Storia della società Italiana 2, 1. La tarda repubblica e il principato, ed. G. Cherubini u. a., Mailand 1983.

Storia di Roma, ed. A. Schiavone, II 2, I principi e il mondo, Turin 1991.

Strasburger, H.: Caesar im Urteil seiner Zeitgenossen, HZ 175, 1953, 225 ff. = Darmstadt ²1968 (mit Nachträgen) = Studien zur Alten Geschichte I, 343 ff.

–: Vergil und Augustus, Gymnasium 90, 1983, 41 ff. = Studien zur Alten Geschichte III 281 ff.

–: Studien zur Alten Geschichte, 3 Bde., hrsg. von W. Schmitthenner und R. Zoepfel, Hildesheim 1990.

Strauch, D.: Römische Politik und griechische Tradition. Die Umgestaltung Nordwest-Griechenlands unter römischer Herrschaft, München 1996.

Strong, D. E.: Administration of Public Building in Rome during the Late Republic and Early Empire, Bull. Inst. Class. Stud. 15, 1968, 97 ff.

Stroux, J.–L. Wenger: Die Augustus-Inschrift auf dem Marktplatz von Kyrene, Abh. Akad. Mchn., phil.-hist. Kl. 34 (2), 1928.

Subject and Ruler: The Cult of the Ruling Power in Classical Antiquity, JRA Suppl. 17, ed. by A. Small, Ann Arbor 1996.

Sumner, G. V.: The Truth about Velleius Paterculus. Prolegomena, Harv. Stud. 74, 1970, 257 ff.

Sutherland, C. H. V.: Coinage in Roman Imperial Policy, 31 B. C.–A. D. 68, London 1951, DN New York 1971.

–: The Emperor and the Coinage. Julio-Claudian Studies, London 1976.

–: Some observations on the coinage of Augustus, Quad. Tic. di Numism. 7, 1978, 163 ff.

–: Variation of emphasis between the Res Gestae and the types of the imperial Augustan coinage, in: Studi per Laura Breglia II, Rom 1997, 85 ff.

Swan, P. M.: Cassius Dio on Augustus, Phoenix 41, 1987, 272 ff.

–: How Cassius Dio Composed his Augustan Books: Four Studies, ANRW II 34, 3, 1997, 2524 ff.

Syme, R.: The Roman Revolution, Oxford 1939.

–: Danubian Papers, Bukarest 1971.

–: Augustus and the South Slav Lands, Rev. intern. des études balkaniques 3, Belgrad 1937, 33 ff. = Danubian Papers 13 ff. mit Add.

–: M. Vinicius (cos. 19 B. C.), Class. Quart. 27, 1933, 142 ff. = Danubian Papers 26 ff. mit Add.

–: Lentulus and the Origin of Moesia, JRS 24, 1934, 113 ff. = Danubian Papers 40 ff. mit Add.
–: The Campaigns of Octavian: Review of E. Swoboda, Octavian and Illyricum, JRS 23, 1933, 66 ff. = Danubian Papers 135 ff. mit Add.
–: Vassal Tribes: Review of J. Klose, Roms Klientel-Randstaaten am Rhein an der Donau, JRS 25, 1935, 95 ff. = Danubian Papers 145 ff. mit Add.
–: Governors of Dalmatia: Review of A. Jagenteufel, Die Statthalter der römischen Provinz Dalmatien von Augustus bis Diokletian, Gnomon 31, 1957, 510 ff. = Danubian Papers 192 ff. mit Add.
–: The Crisis of 2 B.C., Sb München 1974, Heft 7 = Roman Papers III 912 ff.
–: History in Ovid, Oxford 1978.
–: Mendacity in Velleius, AJPh 99, 1978, 45 ff. = Roman Papers III 1090 ff.
–: Roman Papers, 7 Bde., hrsg von E. Badian und A. Birley, Oxford 1979–1991.
–: Pollio, Saloninus and Salonae, Class. Quart. 31, 1937, 39 ff. = Roman Papers I 18 ff.
–: Pamphylia from Augustus to Vespasian, Klio 30, 1937, 227 ff. = Roman Papers I 42 ff.
–: The Origin of Cornelius Gallus, Class. Quart. 32, 1938, 39 ff. = Roman Papers I, 47 ff.
–: The Allegiance of Labienus, JRS 28, 1938, 113 ff. = Roman Papers I 62 ff.
–: Observations on the Province of Cilicia, Anatolian Studies W. M. Buckler, Manchester 1939, 299 ff. = Roman Papers I 120 ff.
–: Review of H. Siber, Das Führeramt des Augustus, JRS 36, 1946, 149 ff. = Roman Papers I 181 ff. (deutsch = Schmitthenner, Augustus 153 ff.).
–: A Roman Post-Mortem: An Inquist on the Fall of the Roman Republic, Todd Memorial Lecture Nr. 3, Sydney 1950 = Roman Papers I 205 ff.
–: Review of A. E. Gordon, Potitus Valerius Messala, Consul Suffect 29 B.C., JRS 45, 1955, 155 ff. = Roman Papers I 260 ff.
–: Imperator Caesar: A Study in Nomenclature, Historia 7, 1958, 172 ff. = Roman Papers I 361 ff. (deutsch = Schmitthenner, Augustus 264 ff.).
–: Livy and Augustus, Harv. Stud. 64, 1959, 27 ff. = Roman Papers I 400 ff. (deutsch = Wege zu Livius, Darmstadt 1967, 152 ff. = Prinzipat und Freiheit 169 ff.).
–: The Titulus Tiburtinus, in: Akten des VI. internationalen Kongresses für griechische und lateinische Epigraphik, München 1972, 585 ff. = Roman Papers III 869 ff.
–: Problems about Janus, AJPh 100, 1979, 188 ff. = Roman Papers III 1179 ff.
–: Some Imperial Salutations, Phoenix 33, 1979, 308 ff. = Roman Papers III 1193 ff.
–: No Son for Caesar?, Historia 29, 1980, 422 ff. = Roman Papers III 1236 ff.
–: Rival Cities. Notably Tarraco and Barcino, Ktema 6, 1981, 271 ff. = Roman Papers IV 74 ff.
–: Neglected Children on the Ara Pacis, AJA 88, 1984, 583 ff. = Roman Papers IV 418 ff.
–: Dynastic Marriages in the Roman Aristocracy, Diogenes 135, 1986, 1 ff. = Roman Papers VI 338 ff.
–: Isaura and Isauria: Some Problems, in: Sociétés urbaines, sociétés rurales dans l'Asie Mineure et la Syrie hellénistiques et romaines, ed. E. Frézouls, Straßburg 1987, 131 ff. = Roman Papers VI 287 ff.

Syme, R.: Lentulus on the Danube (without Benefit from Epigraphy), Vortrag auf dem 9. intern. Kongreß für Griechische und Lateinische Epigraphik, Sofia 31. 8.–5. 9. 1987 = Roman Papers VI 435 ff.
–: Military Geography at Rome, Class. Ant. 7, 1988, 227 ff. = Roman Papers VI 372 ff.
–: Janus and Parthia in Horace, in: Studies in Latin Literature and its Tradition (Festschrift C. O. Brink), Cambridge 1989, 113 ff. = Roman Papers VI 441 ff.
–: Tacitus, 2 Bde., Oxford 1958.
–: The Augustan Aristocracy, Oxford 1985.
–: Anatolica. Studies in Strabo, ed. A. Birley, Oxford 1995.
Szramkiewicz, R.: Les Gouverneurs de Province à l'Époque Augustéenne. Contribution à l'histoire administrative et sociale du Principat, 2 Bde., Paris 1975 f.
Taeger, F.: Charisma. Studien zur Geschichte des antiken Herrscherkultes, 2 Bde., Stuttgart 1957/60.
Talbert, R. J. A.: The Senat of Imperial Rome, Princeton 1984. Dazu W. Eck, Gnomon 57, 1985, 624 ff.
Taylor, L. R.: The Divinity of Roman Emperor, Middletown 1931.
El Teatro en la Hispania Romana, Actas del Simposio, Merida 13–15 de Novembre de 1980, ed. J. M. Álvarez Martínez, Badajoz 1982.
Teutsch, L.: Das Städtewesen in Nordafrika in der Zeit von C. Gracchus bis zum Tode des Kaisers Augustus, Berlin 1962.
Théâtre et spectacles dans l'antiquité, Actes du colloque de Strabourg 5–7 novembre 1981, ed. H. Zehnacker, Leiden 1983.
Thomas, E.: Griechisches Mythenbild und augusteische Propaganda, in: Griechenland und Rom 252 ff.
Thomsen, R.: The Italic Regions from Augustus to the Lombard Invasion, Copenhagen 1947, ND 1966.
Tibiletti, G.: Principe e magistrati repubblicani. Ricerca di Storia Augustea e Tiberiana, Rom 1953.
Timpe, D.: Untersuchungen zur Kontinuität des frühen Prinzipats, Wiesbaden 1962.
–: Arminius-Studien, Heidelberg 1970.
Toher, M.: Augustus and the Evolution of Roman Historiography, in: Between Republic and Empire 139 ff.
Tondo, S.: Fattualità e normatività nello svolgimento del principato, in: Res publica e Princeps 373 ff.
Torelli, M.: Typology and Structure of Roman Historical Reliefs, Ann Arbor 1982.
Tränkle, H.: Zu drei Stellen von Suetons Augustusvita [7, 2. 18, 1. 64, 3], in: Studi F. Della Corte IV, Urbino 1988, 95 ff.
Travlos, J.: Pictorial Dictionary of Ancient Athens, London 1971.
Treggiari, S.: Roman Freedmen during the Republic, Oxford 1969.
–: Roman Marriage, Oxford 1991.
Trillmich, W.: Münzpropaganda, in: Kaiser Augustus und die verlorene Republik 474 ff.
Trummer, R.: Die Denkmäler des Kaiserkults in der römischen Provinz Achaia, Graz 1980.

L'Urbs. Espace urbain et histoire (Ier siècle av. J. C.–IIIe siècle ap. J. C.), Actes du colloque international, Rome 8.–12. mai 1985, Rom 1987.

Vacchina, M.: La Valle d'Aosta et l'Arco Alpino nella politica del mondo antico, Aosta 1988.

Vanotti, G.: Prospetti ecumeniche e limiti reali nella definizione dei confini augustei, CISA 13, 1987, 234 ff. (Interpretation der einschlägigen Stellen der Res Gestae).

Il Veneto nell' età romana, ed. E. Buchi, 3 Bde., Verona 1987.

Vermeule, C. C.: Roman Imperial Art in Greece and Asia Minor, Cambridge (Mass.) 1968.

Villers, H.: La Dévolution du Principat dans la Famille d'Auguste, REL 28, 1950, 235 ff.

Les villes antiques de la France, ed. E. Frézouls, 3 Bde., Straßburg 1982 ff.

Les villes augustéennes de Gaule, ed. Chr. Goudineau–A. Rebourg, Autun 1991.

Villes et campagnes dans l'empire romain: actes du colloque organisé à Aix-en-Provence, mai 1980, ed. F. A. Février–Ph. Leveau, Université de Provence 1982.

Les villes de la Gaule Belgique au Haut-Empire, Actes du colloque tenue à Saint-Riquer (Somme), les 22–23–24 octobre 1982, Rev. arch. de Picardie 3–4, 1984.

Les Villes de la Gaule lyonnaise. Atti del convegno, Paris 1995, ed. R. Bedon, Paris 1996.

Les villes de Lusitanie romaine. Hièrarchies et territoires, ed. J.-G. Gorges, Paris 1990.

Virlouvet, C.: Famines et émeutes à Rome des origines de la Republique à la mort de Néron, Rom 1985.

Vittinghoff, F.: Römische Kolonisation und Bürgerrechtspolitik unter Caesar und Augustus, Abh. Akad. Mainz, geistes- und sozialw. Klasse 1951 Nr. 14, Wiesbaden 1952. (Kap. 1 B: Römische Stadtrechtsordnungen = Civitas Romana 25 ff.).

–: Kaiser Augustus, Göttingen ³1991.

–: Civitas Romana. Stadt und politisch-soziale Integration im Imperium Romanum der Kaiserzeit, hrsg. von W. Eck, Stuttgart 1994.

Vittinghoff, F. (Hrsg.): Stadt und Herrschaft. Römische Kaiserzeit und Hohes Mittelalter, HZ Beiheft 7, München 1982.

Voit, L.: Horaz – Merkur – Augustus, Gymnasium 89, 1982, 479 ff.

Volkmann, H.: Res gestae divi Augusti. Das Monumentum Ancyranum, Berlin ³1969.

–: Zur Rechtsprechung im Principat des Augustus. Historische Beiträge, München 1935.

–: Endoxos Duleia. Kleine Schriften zur Alten Geschichte, Berlin–New York 1975.

–: Die Pilatus-Inschrift von Caesarea Maritima, Gymnasium 75, 1968, 124 ff. = Endoxos Duleia 203 ff.

–: Kritische Bemerkungen zu den Inschriften des Vatikanischen Obelisken, Gymnasium 74, 1967, 501 ff. = Endoxos Duleia 194 ff.

–: Zur Gallus-Inschrift auf dem Vatikanischen Obelisken, Gymnasium 72, 1965, 328 ff. = Endoxos Duleia 191 ff.

–: Mos Maiorum als Grundzug des augusteischen Prinzipats, in: Das neue Bild der Antike II, Leipzig 1942, 246 ff. = Endoxos Duleia 173 ff.

Volkmann, H.: Caesars letzte Pläne im Spiegel der Münzen, Gymnasium 64, 1957, 299 ff. = Endoxos Duleia 159 ff. = Klein, Staatsdenken 581 ff.
Vollenweider, M. L.: Die Steinschneidekunst und ihre Künstler in spätrepublikanischer und augusteischer Zeit, Baden-Baden 1966.
–: Die Portraitgemmen der römischen Republik, Mainz 1974.
Volponi, M.: Lo sfondo italico della lotta triumvirale, Genua 1975.
Wallace-Hadrill, A.: The Emperor and his virtues, Historia 30, 1981, 298 ff.
–: Civilis Princeps: Between Citizen and King, JRS 72, 1982, 32 ff.
–: Image and Authority in the Coinage of Augustus, JRS 76, 1986, 66 ff.
–: Augustan Rome (An interpretative essay). London 1993
Ward-Perkins, J. B.: From Republic to Empire: Reflections on the Early Provincial Architecture of the Roman West, JRS 60, 1970, 1 ff.
Weaver, P. R. C.: Familia Caesaris. A Social Study of the Emperor's Freedman and Slaves, Cambridge 1972.
Weber, W.: Princeps I. Studien zur Geschichte des Augustus, Stuttgart 1936.
Weinrib, E. J.: The Family Connections of M. Livius Drusus Libo, Harv. Stud. 72, 1968, 247 ff.
Weinstock, S.: Divus Iulius, Oxford 1971.
Wells, C. M.: The German Policy of Augustus. An Examination of the Archaeological Evidence, Oxford 1972.
Welwei, K.-W.: Abi, nuntia Romanis ... Ein Dokument augusteischer Geschichtsauffassung in Livius I 16?, Rh. Mus. 127, 1984, 326 ff.
–: Si vis pacem, para bellum – eine Maxime der römischen Politik?, in: G. Binder–B. Effe (Hrsg.), Krieg und Frieden im Altertum, Trier 1989, 85 ff.
Werner, R.: Wesen und Voraussetzungen des augusteischen Prinzipats, GWU 29, 1978, 277 ff.
Whittaker, C. R.: The Frontiers of the Roman Empire. A Social and Economic Study, Baltimore–London 1994.
Wickert, L.: Princeps (civitatis), RE XXII 2, 1953, 1998 ff. = H. Kloft, Ideologie und Herrschaft 339 ff. (Teilabdruck).
–: Der Prinzipat und die Freiheit, in: Symbola Coloniensia, Festschrift J. Kroll, Köln 1949, 111 ff. = Klein, Prinzipat und Freiheit, 94 ff.
Wieacker, F.: Zur Verfassungsstruktur des Augusteischen Prinzipats, in: Im Dienste Deutschlands und des Rechtes (Festschrift W. G. Grewe), hrsg. von F. J. Kroneck–Th. Oppermann, Baden-Baden 1981, 639 ff.
Wightman, E. M.: Gallia Belgica, London 1985.
Wilcken, U.: Berliner Akademieschriften zur Alten Geschichte und Papyruskunde (1883–1942), 2 Bde., Leipzig 1970.
–: Zur Genesis der Res gestae divi Augusti, Sb. Akad. Berlin 1932, 225 ff. = Akademieschriften II 1 ff.
–: Zu den Impensae der Res gestae divi Augusti, Sb. Akad. Berlin 1932, 772 ff. = Akademieschriften I 342 ff.
–: Der angebliche Staatsstreich Octavians im Jahre 32 v. Chr., Sb. Akad. Berlin 1925, 66 ff. = Akademieschriften I 208 ff. = Schmitthenner, Augustus 38 ff.
Wilkes, J. J.: Dalmatia, London 1969.
–: The Illyriens, Oxford 1992.

Will, E.: Recherches sur le développement urbain sous l'empire romain dans le Nord de la France, Gallia 20, 1962, 79 ff.

Williams, G.: Change and Decline, Roman literature in the Early Empire, Berkeley 1978.

Wilson, R. J. A.: Sicily under the Roman Empire 36 B. C.–A. D. 535. The Archaeology of a Roman Province, Warminster 1990.

Wirszubski, Ch.: Libertas als politische Idee im Rom der späten Republik und des frühen Prinzipates, Darmstadt 1967.

Wirth, G.: Augustus, Weltreich und Weltherrschaft. Zur Genese einer Ideologie, in: Macht und Ideologie im Rom der Kaiserzeit, hrsg. von K. Rosen, Bonn 1994, 77 ff.

Wiseman, T. P.: New Men in the Roman Senate 139 B. C.–14 A. D., Oxford 1971.

Wissemann, M.: Die Parther in der augusteischen Dichtung, Diss. Düsseldorf 1980, Frankfurt a. M. 1982.

Wlosok, A.: Römischer Kaiserkult, Darmstadt 1978.

Wolters, R.: Römische Eroberung und Herrschaftsorganisation in Gallien und Germanien. Zur Entstehung und Bedeutung der sogenannten Klientel-Randstaaten, Bochum 1990.

Woodman, A. J.: Velleius Paterculus: The Caesarian and Augustan Narrative, Cambridge 1983.

Woolf, G.: Monumental Writing and the Expansion of Roman Society in the Early Empire, JRS 86, 1996, 22 ff.

Yavetz, Z.: Plebs and Princeps, New Brunswick [2]1988.

Zanker, P.: Forum Augustum. Das Bildprogramm, Tübingen 1970.

–: Forum Romanum. Die Neugestaltung durch Augustus, Tübingen 1972.

–: Studien zu den Augustus-Porträts. 1. Der Actium-Typus, Göttingen [2]1978.

–: Immagine e valori colletivi, in: Storia di Roma II 2, 193 ff.

–: Augustus und die Macht der Bilder, München [2]1990. Dazu G. Alföldy, Gnomon 61, 1989, 407 ff. A. Wallace-Hadrill, JRS 79, 1989, 157 ff. D. Kienast, HZ 248, 1989, 415 ff. A. Geyer, GGA 241, 1989, 192 ff.

Zecchini, G.: La morte di Catone e l'oppozionale intellettuale a Cesare e ad Augusto, Athenaeum 1980, 39 ff.

Ziegler, K.-H.: Die Beziehungen zwischen Rom und dem Partherreich, Wiesbaden 1964.

Zinserling, G.: Parthenon – Pergamonaltar – Augusteische Repräsentationskunst. Zum Problem des Klassizismus als formalem und inhaltlichem Phänomen, Consilium Eirene 16, 2, 1983, 100 ff.

–: Die Programmatik der Kunstpolitik des Augustus, Klio 67, 1985, 74 ff.

Zografska, E.: Das augusteische Principat und seine Ideengrundlage, Ziva Antica 21, 1971, 303 ff. (russisch mit dtsch. Resümee).

3. Literatur zum Nachleben des Augustus
(in Auswahl)

Alföldi, A.: Augustus als Vorbild des Gallienus, in: Studien zur Geschichte der Weltkrise des 3. Jahrhunderts nach Christus, Darmstadt 1967, 52 ff.
Alföldy, G.: Two Principes: Augustus and Sir Ronald Syme, Athenaeum 1993, 101 ff.
André, J.-M.: L'héritage de l'idéologie augustéenne, in: La conception de l'État et de l'Empire dans la pensée gréco-romaine des deux premiers siécles de notre ère, ANRW II 30, 1, 1982, 3 ff.
Binder, G.: 'Augusteische Erneuerung': Kritische Anmerkungen zu einem Schlagwort der Klassischen Altertumswissenschaften im 20. Jahrhundert. In: Antike Texte in Forschung und Schule. Festschrift für W. Heilmann zum 65. Geburtstag. Hrsg. von Ch. Neumeister. Frankfurt am Main 1993, 279 ff.
Buchheit, V.: Hippolyt, Origines und Ambrosius über den Census Augusti, in: Vivarium (Festschrift Th. Klausner), Münster i. W. 1984, 50 ff.
Cagnetta, M.: Die Rezeption in der Geschichtsschreibung und Politik der Neuzeit, in: Kaiser Augustus 612 ff.
Canfora, L.: Wilamowitz und die augusteische Dichtung, in: Kaiser Augustus 619 ff.
Ceauşescu, Gh.: Augustus, der „Hellenisator" der Welt (Kommentar zu Philo, Legatio ad Gaium 143–147), Klio 69, 1987, 46 ff.
Ceauşescu, P.: L'image d'Auguste chez Tacite, Klio 56, 1974, 183 ff.
–: Caligula et les legs d'Auguste, Historia 22, 1973, 269 ff.
Christ, K.: „... die schwere Ungerechtigkeit gegen Augustus". Augustus, Mommsen und Wilamowitz, in: Tria Corda. Scritti in onore di A. Momigliano, Como 1983, 89 ff. = Römische Geschichte und Wissenschaftsgeschichte I 215 ff.
–: Rezension von Theodor Mommsen, Römische Kaisergeschichte, hrsg. von B. und A. Demandt, München 1992, in: GGA 245, 1993, 201 ff. = Von Caesar zu Constantin 178 ff.
Christ, K.–E. Gabba: Caesar und Augustus. Römische Geschichte und Zeitgeschichte in der deutschen und italienischen Altertumswissenschaft während des 19. und 20. Jahrhunderts, Como 1989.
Contini, A. M. V.: L'apothéose d'Augusto di Lévi-Strauss, Maia 37, 1985, 171 ff.
De Blois, L.: The Policy of the Emperor Gallienus, Leiden 1976 (129 ff. zu Augustus als Vorbild des Gallienus).
Delling, G.: Philons Enkomion auf Augustus, Klio 54, 1972, 171 ff.
Demandt, A.: Theodor Mommsen, i Cesari e la decadenza di Roma. Con una prefazione di Carl Nylander, un' introduzione di Karl Christ e una bio-bibliografia dell' autore, Rom 1995.
Drerup, H.: Augustusköpfe in Spanien, Madrider Mitt. 12, 1971, 139 ff.
Dudley, D. R.: The Celebration of Claudius' British Victories, Univ. of Birmingham Hist. Journ. 7, 1959, 7 ff.
Edmondson, J.: Two dedications to Divus Augustus and Diva Augusta from Augusta Emerita and the early development of the imperial cult in Lusitania, Madr. Mitt. 38, 1997, 89 ff.
Erskine-Hill, H.: The Augustan Idea in English Literature, London 1983.
Espinosa Ruiz, U.: Debate Agrippa – Mecenas en Dion Cassio. Respuesta senatori-

al a la crisis del Impero Romano en época Severiana, Madrid 1982. Dazu K.-P. Johne, Klio 72, 1990, 321 ff.

Faber, R.: Die Verkündigung Vergils, Hildesheim 1975 (Augustus-Theologie in Mittelalter und Neuzeit).

Fishwick, D.: Prudentius and the Cult of Divus Augustus, Historia 39, 1990, 475 ff.

Frauenholz, E. von: Imperator Octavianus Augustus in der Geschichte und Sage des Mittelalters, Hist. Jb. 46, 1926, 86 ff.

Friedrich, W.: Nachahmung und eigene Gestalt in der bukolischen Dichtung des Titus Calpurnius Siculus, Diss. Frankfurt 1976 (S. 140 Nero als 2. Augustus).

Gagé, J.: Divus Augustus: L'Idée Dynastique chez les Empereurs Julio-Claudiens, Rev. Arch. 34, 1931, 11 ff.

Getzeny, H.: Kaiser Augustus in der christlichen Geschichtstheologie und in der Legende des Mittelalters, Magazin für Pädagogik 100, 1937, 381 ff.

Grant, M.: Roman Anniversary Issues, Cambridge 1950.

Gross, K.: Christentum und Augustus, RAC I Stuttgart 1950, 999 ff.

Gross, W. H.: Augustus als Vorbild, ANRW II 12, 2, 1981, 599 ff.

Haehling von Lanzenauer, B.: Imperator Soter. Der römische Kaiser als Heilsbringer vor dem Hintergrund des Ringens zwischen Asklepioskult und Christusglauben, Düsseldorf 1996.

Haehling, R. von: Augustus in der Historia Augusta, Bonner HA-Colloquium 1982/83, Bonn 1985, 197 ff.

Hafner, G.: Zum Augustus-Relief in Ravenna, Röm. Mitt. 62, 1955, 160 ff.

Harnack, A. von: Die Mission und Ausbreitung des Christentums in den ersten drei Jahrhunderten, Leipzig [4]1924, ND 1965 (275 ff. zu Augustus).

Haushofer, A.: Augustus, Berlin 1939 (modernes Drama im Rahmen des geistigen Widerstandes gegen das NS-Regime).

Herz, P.: Die Arvalakten des Jahres 38 n. Chr., BoJbb 181, 1981, 89 ff.

Hönn, K.: Augustus im Wandel zweier Jahrtausende, Leipzig 1938.

Isager, J.: Vespasiano e Augusto, in: Studia Romana in honorem Petri Krarup, Odense 1976, 64 ff.

Jucker, H.: HISPANIA CLVNIA SVL. Zu einem Sesterz des Kaisers Galba, Schw. Mbll. 15, 1965, 94 ff.

–: Der Ring des Kaisers Galba, Chiron 5, 1975, 349 ff.

Kienast, D.: Zur Baupolitik Hadrians in Rom, Chiron 10, 1980, 391 ff. = Kleine Schriften 503 ff.

–: Hadrian, Augustus und die eleusinischen Mysterien, Jb Num 10, 1959/60, 61 ff. = Kleine Schriften 489 ff.

Kirsch, W.: Die Augusteische Zeit. Epochenbewußtsein und Epochenbegriff, Klio 67, 1985, 43 ff.

Köberlein, E.: Caligula und die ägyptischen Kulte, Meisenheim 1962 (S. 47 ff. zur Augustus-Aretalogie bei Philo).

Koep, L.: Antikes Kaisertum und Christusbekenntnis im Widerspruch, Jahrb. f. Antike und Christentum 4, 1961, 58 ff. = Das frühe Christentum im römischen Staat, Darmstadt 1971, 302 ff., bes. 327 f. (über Augustus bei Origenes).

Küthmann, H.: Claudius, Germanicus und Divus Augustus, JbNum 10, 1959/60, 47 ff., bes. 55 ff.

Langmann, G.: Eine Kaisertaufe (?) in Ephesos, ÖJh 56, 1985, 65 ff.
Levick, B. M.: Antiquarian or revolutionary? Claudius Caesar's conception of his principate, AJPh 99, 1978, 79 ff.
–: Claudius, London 1990, bes. 89 ff.
Mannsperger, D.: ROM ET AVG. Die Selbstdarstellung des Kaisertums in der römischen Reichsprägung, ANRW II, 1, 1974, 919 ff., bes. 945 ff.
Martin, P.-H.: Die anonymen Münzen des Jahres 68 n. Chr., Mainz 1974, bes. 57 ff.
Mckechnie, P.: Cassius Dio's Speech of Agrippa: A realistic Alternative to imperial Government, Greece and Rome 28, 1981, 150 ff.
Mehl, A.: Orosius über Christi Geburt und die Regierung des Augustus, ANRW II (im Druck).
Narducci, E.: La providenza crudele: Lucano e la distruzione dei miti augustei, Pisa 1979.
Nauen, B.: Kaiser Augustus und sein Zeitalter im Urteil der griechischen Überlieferung bis zur Karolingerzeit, Diss. Münster 1953.
Opelt, I.: Augustustheologie und Augustustypologie, Jb. f. Antike u. Christentum 4, 1961, 44 ff.
Pekáry, Th.: Zur Datierung des DIVVS AVGVSTVS PATER/PROVIDENTIA-Prägungen. Ein Münzfund in Vidy bei Lausanne, Schw. Mbll. 15, 1965, 128 ff.
Pelletier, A.: Legatio ad Caium, Paris 1972, S. 359 ff. (Exkurs V: Le temple d'Auguste Épibatérios).
Peterson, E.: Der Monotheismus als politisches Problem, Leipzig 1935 (bes. S. 63 ff. Augustus bei Origines, Eusebios und Orosius).
Pfeil, S. von: Der Augustustitel der Karolinger, Welt als Geschichte 19, 1959, 194–210.
Pleket, H. W.: An Aspect of the Emperor cult: Imperial Mysteries, Harv. Theol. Rev. 58, 1965, 331 ff. (zum Kult des Divus Augustus).
Price, J. M.: Elephants in Crete? New Light on a Cistophorus of Caligula, Πεπραγμένα τοῦ γ διεθνοῦς Κρητολογικοῦ συνεδρίου I, Athen 1973, 279 ff.
Salzmann, D.: Beobachtungen zur Münzprägung und Ikonographie des Claudius, Arch. Anz. 1976, 252 ff.
Schlumberger, J.: Die Epitome de Caesaribus, München 1974, 242 ff. (Theodosius und Augustus).
Schumacher, L.: Augusteische Propaganda und faschistische Rezeption, ZRGG 40, 1988, 307 ff.
Scriba, F.: Augustus im Schwarzhemd? Die Mostra Augustea della Romanità in Rom 1937/38, Frankfurt a. M. 1995.
–: Il mito di Roma, l'estetica e gli intellettuali negli anni del consenso: la Mostra Augustea della Romanità 1937/38, Quad. di Storia 41, 1995, 67 ff.
Shotter, D. C. A.: Tiberius and the Spirit of Augustus, Greece and Rome 1966, 207 ff.
Simon, H. G.: Historische Interpretationen zur Reichsprägung der Zeit der Kaiser Vespasian und Titus, Diss. Marburg 1952 (bes. S. 65 ff. und 209 ff.).
Stahlmann, I.: Imperator Caesar Augustus. Studien zur Geschichte des Prinzipatsverständnisses in der deutschen Altertumswissenschaft bis 1945, Darmstadt 1988.

–: Vom Kaiser zum Gewaltherrscher. Das politische Principatsverständnis der Schaefer-Schule, Archiv für Kulturgesch. 72, 1990, 1 ff.

Strack, P. L.: Untersuchungen zur römischen Reichsprägung des zweiten Jahrhunderts, Teil II: Die Reichsprägung zur Zeit des Hadrian, Stuttgart 1933, bes. 13 ff. und S. 105 ff. (zu Augustus unter Hadrian).

Sydenham, E. A.: Divus Augustus, NumChron 1917, 258 ff.

Tracy, S.: Philo Judaeus and the Roman Principate, Diss. Williamsport (Penns.) 1933.

Trillmich, W.: Familienpropaganda der Kaiser Caligula und Claudius, Agrippina Maior und Antonia Augusta auf Münzen, Berlin 1978.

Von Kanael, H.-M.: Augustus, Caligula oder Claudius?, Schw. Mbll. 28, 1978, 39 ff.

Weileder, A.: Valerius Maximus. Spiegel kaiserlicher Selbstdarstellung, München 1998.

Weinbrot, H. D.: Augustus Caesar in "Augustan" England, Princeton, N. Y. 1978.

Wolf, S.: Die Augustusrede in Senecas Apocolocyntosis, Königstein 1986. Dazu D. Kienast, HZ 245, 1987, 688 f.

Ziegler, R.: Eine bisher kaum beachtete Kolonieprägung für Divus Augustus, Mitt. Österr. Num. Ges. 21, 1980, 169 ff.

Zwierlein-Diehl, E.: Der Divus-Augustus-Kameo in Köln, Kölner Jb. für Vor- und Frühgesch. 17, 1980, 12 ff.

Zwierlein, O.: Zur Rede des Augustus in der Apocolocyntosis, Rh. Mus. 125, 1982, 162 ff.

Nachträge zum Literaturverzeichnis

Alcock, S. E. (Ed.): The early Roman empire in the East, Oxford 1997.

Arnaldi, A.: Ricerche storico-epigrafiche sul culto di „Neptunus" nell'Italia romana, Cambridge 1997.

Beard, M.–North, J.–Price, S.: Religions of Rome, 2 Bde., Cambridge 1998.

Becker, A.: Zur Logistik der augusteischen Germanienfeldzüge, in: Imperium Romanum, Festschrift K. Christ, Stuttgart 1998, 41 ff.

Bedon, R.–Chevallier, R.–Pinon, P. (Edd.): Architecture et urbanisme en Gaule romaine, 2 Bde., Paris 1988.

Becker, A.–Rasbach, G.: Der spätaugusteische Stützpunkt Lahnau-Waldgirmes. Vorbericht über die Ausgrabungen 1996–1997, Germania 76, 1998, 673 ff.

Bergemann, J.: Römische Reiterstatuen. Ehrendenkmäler im öffentlichen Bereich, Mainz 1990.

Berger, F.: Kalkriese I. Die römischen Fundmünzen, Frankfurt a. M. 1996. Dazu J. Bleicken, HZ 267, 1998, 453 ff.

Bergmann, M.: Die Strahlen der Herrscher. Theomorphes Herrscherbild und politische Symbolik im Hellenismus und in der römischen Kaiserzeit, Mainz 1998.

Bernstein, F.: Ludi publici. Untersuchungen zur Entstehung und Entwicklung der öffentlichen Spiele im republikanischen Rom, Stuttgart 1998 (Historia Einzelschriften 119).

Blanckenhagen, P. H. von–Alexander, Chr.: The Augustan Villa at Boscotrecase, Mainz 1990 (Villa des Agrippa Postumus ?).

Bleicken, J.: Gedanken zum Untergang der römischen Republik, Sb. der Wissensch. Gesellsch. der Johann-Wolfgang-Goethe-Universität, Frankfurt a.M. XXXIII Nr. 4, Stuttgart 1995.

–: Gesammelte Schriften, hrsg. von F. Goldmann–M. Marl–M. Sehlmeyer–U. Walter, 2 Bde., Stuttgart 1998.

Bowersock, G. W.: Vita Caesarum. Remembering and Forgetting the Past, in: W. W. Ehlers (Hrsg.), La Biographie antique, Genf 1997, 193 ff.

Brashear, W. M.: The Archive of Athenodoros (and assorted documents of the Augustan Period), Berlin 1995.

Bravi, A.: Tiberio e la collezione di opere d'arte dell'aedes Concordiae Augustae, Xenia antiqua 7, 1998, 41 ff.

Brodersen, K.–Günther, W.–Schmitt, H. H.: Historische griechische Inschriften in Übersetzung, Bd. 3: Der griechische Osten und Rom (250–1 v. Chr.), Darmstadt 1999.

Bruhns, H.–David, J.-M.–Nippel, W.: Die späte römische Republik. La fin de la republique romaine, Rom 1997.

Brunhölzl, F.: Zum sogenannten Carmen de bello Actiaco (P. Herz. 817), Codices manuscripti 22, 1998, 3 ff.

Butrica, J. L.: Messala and the Principate, in: Deroux, Studies 7, 1994, 279 ff.

Citroni, M.: Poesia e lettori in Roma antica. Forme della communicazione letteraria, Rom–Bari 1995. Dazu S. J. Harrison, Gnomon 70, 1998, 592 ff.

Cizek, E.: La formation du principate d'Auguste, Latomus 57, 1998, 72 ff.

Clauss, M.: Kaiser und Gott. Herrscherkult im Westen des römischen Reiches, Stuttgart–Leipzig 1999.

Cresci Marrone, G. (Ed.): Temi augustei. Atti dell'incontro di studio Venezia, 5 giugno 1996, Amsterdam 1998.

Deininger, J.: Zur Kontroverse über die Lebensfähigkeit der Republik in Rom, in: Imperium Romanum, Festschrift K. Christ, Stuttgart 1998, 123 ff.

De la Barrera, J. L.: La decoración arquitectonica de los Foros de Augusta Emerita, Rom 1998.

Dreher, M.: Das Monumentum Ephesenum und das römische Zollwesen, in: XI Congresso intern. di Epigrafia Greca e Latina, Roma 18.–24. settembre 1997. Preatti, Rom 1997, 489 ff.

Eck, W.: Kaiserliche Imperatorenakklamation und ornamenta triumphalia, Z. Pap. 124, 1999, 223 ff.

Elaiussa Sebaste I. Primo rapporto sulle campagne di scavo 1995–1997. A cura di E. E. Schneider, Rom 1998.

Ergler, K.: Augusteische Repräsentationskunst als Text. Zum Problem der Erzählbarkeit von bildender Kunst in augusteischer Dichtung am Beispiel des Schildes des Aeneas, Gymnasium 105, 1998, 289 ff.

Fabre-Serris, J.: Mythe et poésie dans les Métamorphoses d'Ovide. Fonctions et significations de la mythologie dans la Rome augustéenne, Paris 1995. Dazu W. S. Anderson, Gnomon 70, 1998, 557 ff.

Fantham, E.: Literarisches Leben im antiken Rom. Sozialgeschichte der römischen Literatur von Cicero bis Apuleius, Stuttgart 1998.

Fein, S.: Die Beziehungen der Kaiser Trajan und Hadrian zu den Litterati, Stuttgart–Leipzig 1994 (S. 69 ff. zu Augustus).

Foss, C.: Augustus and the poets in Mussolini's Rome, in: Style and Tradition. Studies in honor of W. Clausen, ed. by P. Knox–C. Foss, Stuttgart–Leipzig 1998, 306 ff.

Franzius, G.: Die römischen Funde aus Kalkriese 1987–1995 und ihre Bedeutung für die Interpretation und Datierung militärischer Fundplätze der augusteischen Zeit im nordwestdeutschen Raum, in: Roman Military Equipment: Experiment and Reality, ed. by C. van Driel-Murry, Oxford 1996 = Journal of Roman Military Equipment Studies 6, 1995, 69 ff.

Freyberger, B.: Die Entwicklung Südgalliens zwischen Eroberung und augusteischer Reorganisation (125/22 bis 27/22 v. Chr.), Gymnasium 104, 1997, 319 ff.

Gabba, E.: Aspetti culturali del imperialismo romano, Florenz 1993.

–: Italia Romana, Como 1994 (Aufsatzsammlung).

–: Cultura classica e storiografia moderna, Bologna 1995.

Gardner, J. F.: Hadrian and the social legacy of Augustus, Labeo 42, 1996, 83 ff.

Geertman, H.–De Jong, J. J. (Edd.): Munus non ingratum. Proceedings of the International Symposion on Vitruvius' De architectura and the Hellenistic and Republican Architecture, Leiden 1989. Darin S. 134 ff.: H. von Hesberg, Vitruv und die Stadtplanung in republikanischer und augusteischer Zeit.

Gély, S.: Le pouvoir et l'autorité. Avatars italiens de la notion d'auctoritas d'Auguste à Domitian (27 a. C.–96 p. C.), Paris 1995.

Giovannini, A.: Les pouvoirs d'Auguste de 27 à 23 av. J.-C. Une relecture de l'ordonnance de Kymè de l'an 27 (IK 5, Nr. 17), Z. Pap. 124, 1999, 95 ff.

Giovannini, A.–Hirt, M.: L'inscription de Nazareth: nouvelle interprétation, Z. Pap. 124, 1999, 107 ff. (= Edictum Augusti (?) de violatione sepulcrorum, FIRA I Nr. 69).

Glei, R. F.: Der Vater der Dinge. Interpretationen zur politischen, literarischen und kulturellen Dimension des Krieges bei Vergil, Trier 1991.

Graverini, L.: Un secolo di studi su Mecenate, RSA 27, 1997, 231 ff.

Gros, P.: L'Architecture romaine du début du III siècle av. J.-C. à la fin du Haut-Empire. I. Les monuments publics, Paris 1996 (nach Bautypen geordnet, jeweils mit Bibliographie).

Habinek, Th. N.: The politics of Latin literature. Writing, identity, and empire in ancient Rome, Princeton 1998.

Hannah, R.: The temple of Mars Ultor and 12. May, Röm. Mitt. 104, 1997, 527 ff.

–: Games for Mars and the Temples of Mars Ultor, Klio 80, 1998, 422 ff.

Havas, L.: Il ritratto di Augusto nella storiografia in lingua latina del primo periodo Antonino, Acta antiqua et archaeologica 25, 1994, 21 ff.

Jenkis, K.: Die Ursachen für den Übergang von der Republik zum Prinzipat in Rom im antiken historischen Denken, Diss. Hamburg 1997.

Koloski-Ostrow, A. u. a.: Water in the Roman town: new research from Cura Aquarum and the Frontinus society, JRA 10, 1997, 181 ff. (mit Bibliographie).

Kragelund, P.: Galba's Pietas, Nero's Victims and the Mausoleum of Augustus, Historia 47, 1998, 152 ff.

Lebek, W. D.: Mussolini, Lucius Caesar und die staatlichen Totenopfer am Augustusmausoleum, in: IX Congresso intern. di Epigrafia Greca e Latina, Roma 18.–24. settembre 1997. Preatti, Rom 1997, 385 ff.

Lendon, J. E.: Empire of Honour. The Art of Government in the Roman World, Oxford 1997. Dazu R. Schulz, HZ 267, 1998, 728 f.

Leo, I.: L'immagine di Marco Vipsanio Agrippa, Rom 1998.

Lepelley, C.: Rome et l'intégration de l'Empire 44 av. J.-C.–200 ap. J.-C. Tome 2: Approches régionales du Haut Empire romain, Paris 1998 (deutsche Übersetzung in Vorbereitung).

Lica, V.: Die siebente Akklamation Octavians, Tyche 12, 1997, 159 ff.

Lorsch, R. S.: An omen of divus Augustus: portent of triumph or divinity, in: Deroux, Studies 8, 1997, 278 ff.

–: Augustus' Conception and the Heroic Tradition, Latomus 56, 1997, 790 ff.

Luik, M.: Die römischen Militäranlagen der Iberischen Halbinsel von der Zeit der Republik bis zum Ausgang des Prinzipats. – Ein Forschungsüberblick, JRGZM 44, 1997, 213 ff.

Marasco, G.: I medici di corte nella società imperiale, Chiron 28, 1998, 267 ff.

Martin, E.: Découverte d'un Augusteum à Narona, CRAI 1996, 1029 ff.

Raepsaet-Charlier, M.-Th.–Raepsaet, G.: Drusus et les origines augustéennes de Namur, in: Mélanges M. Le Glay, Brüssel 1994, 447 ff.

Raepsaet-Charlier, M.-T.: Cité e municipe chez les Tongres, les Bataves et les Canninéfates, Ktema 21, 1996, 251 ff.

Ramage, E. S.: Augustus' Propaganda in Spain, Klio 80, 1998, 434 ff.

Ratti, St.: Les empereurs romains d'Auguste à Dioclétien dans le Bréviaire d'Eutrope. Les livres 7 à 9 du Bréviaire d'Eutrope: introduction, traduction et commentaire, Paris 1996.

Reeder, J. C.: The statue of Augustus from Prima Porta and the underground complex, in: Deroux, Studies 8, 1997, 287 ff.

Rich, J. W.: Augustus' Parthian honours, the temple of Mars Ultor and the arch in the Forum Romanum, PBS Rome 66, 1998, 71 ff.

Rizakis, A. D.: Roman Colonies in the Province of Achaia: Territories, Land and Population, in: S. E. Alcock, The Early Roman Empire in the East, Oxford 1997, 15 ff.

Romer, F. E.: Explaining Suetonius (Tib. 16, 1): Tiberius' Tribunicia Potestas in A. D. 4, Eranos 95, 1997, 89 ff.

Romnick, C. V.: Res gestae 25: damnatio memoriae as a strategy of rhetoric, Maia n.s. 49, 1997, 381 ff.

Sauron, G.: Rezension von D. Castriota, The Ara Pacis and the Imagery of Abundance (o. S. 240 A. 115), Gnomon 70, 1998, 350 ff.

Scheid, J.: Commentarii fratrum Arvalium qui supersunt. Recherches archéologiques à la Magliana. Les copies épigraphiques des protocoles annuels de la confrérie arvale (20 av. J.-C.–304 ap. J.-C.), Rom 1998 (Texte mit Kommentaren und französischer Übersetzung).

Schenk, R.: Der korinthische Tempel bis zum Ende des Prinzipats des Augustus, Espelkamp 1997.

Schmitt, T.: Die drei Bögen für Germanicus und die römische Politik in frühtiberischer Zeit, RSA 27, 1997, 73 ff.

Schönebeck, M.-P.: Augustus als pater patriae und pater familias im zweiten Tristienbuch des Ovid, Hermes 126, 1998, 454 ff.

Schubert, W. (Hrsg.): Ovid. Werke und Wirkung. Festgabe für Michael von Albrecht zum 65. Geburtstag, 2 Bde., Frankfurt a.M. 1999.

Schwarz, F. F.: Rom und der indische Kulturraum. Eine Bilanz der frühen Kaiserzeit, Ziva antica 45, 1995, 329 ff. (mit Lit.).

Simpson, C. J.: Reddita omnis provincia. Ratification by the People in January, 27 B. C., in: Deroux, Studies 7, 1994, 297 ff.

–: Imp. Caesar Divi filius. His second imperatorial acclamation and the evolution of an allegedly "exorbitant" name, Athenaeum 1998, 419 ff.

Southern, P.: Augustus, London–New York 1998.

Stahl, H.-P. (Ed.): Vergil's Aeneid: Augustan epic and political context, London 1998.

Strothmann, M.: Augustus – Vater der res publica. Zur Funktion der drei Begriffe restitutio – saeculum – pater patriae im augusteischen Prinzipat, Diss. Bochum 1997.

Takács, S. A.: Alexandria and Rome, Harv. Stud. 97, 1995, 263 ff.

Timpe, D.: Kaiserzeit und Weltgeschichte bei Alfred Heuß, in: Alfred Heuß, Ansichten seines Lebenswerkes, hrsg. von H.-J. Gehrke, Stuttgart 1998, 79 ff.

Watkins, Th. H.: L. Munatius Plancus: serving and surviving in the Roman Revolution, Atlanta/Georgia 1997.

Whittaker, H.: Two notes on Octavian and the cult of Divus Iulius, Symbolae Osloenses 71, 1996, 87 ff.

Wigg, D. G.: The function of the last Celtic coinages in Northern Gaul, in: Coin Finds and Coin Use in the Roman World, Studien zu Fundmünzen der Antike 10, Berlin 1996, 415 ff.

Wille, G.: Einführung in das römische Musikleben, Darmstadt 1977, 122 ff. [Das Zeitalter des Augustus als Höhepunkt römischer Musikgeschichte (30 v. Chr.– 14 n. Chr.)]

Woolf, G.: Becoming Roman. The Origins of Provincial Civilization in Gaul, Cambridge 1998.

REGISTER

Namen und Sachen

Abdicatio 143 m. A. 217
Acerrae 421
Achaia 435 A. 171. 457 m. A. 23 a. 465. 478. 489. 572
Acharnai 437
M. Acilius Glabrio 108 A. 97
Ackerbau s. Landwirtschaft
Ackergesetze 10
Acta Caesaris 21. 23. 27. 406
Acta diurna 263
Acta senatus (Senatsakten) 5 A. 22. 170. 263 A. 186
Actium 68 A. 237. 70 f. m. A. 245. 73. 76. 78 f. 91. 98. 195 A. 155. 206 A. 10 u. 12. 215 A. 41. 226. 228 f. 231 m. A. 93. 232 f. 236 A. 103. 242 A. 121 (Siegesdenkmal von Nikopolis). 247. 249 A. 144. 257 f. m. A. 169. 292. 351. 434. 458. 461. 570
Actium-Relief von Budapest 461 A. 36, von Praeneste 71 A. 245
Aden 335 m. A. 61
Adlectio 155
Adoption des Oktavian 6 ff. 29. 36. 520
– s. a. Nachfolge(r), Nachfolgeprobleme
Adria 41 A. 158. 489
Adventus des Augustus 249 A. 144, des Tiberius 496 A. 177
Ädilität 162. 196, des Agrippa 62 A. 223 a. 411 f.
Aegina 468 A. 63
Aegissus 375
Ägypten, Ägypter 70 ff. 74 m. A. 253. 76. 86 A. 27. 87. 89. 99. 141 A. 206. 188 f. m. A. 128, 130 u. 131. 240 m. A. 116. 247 A. 137. 258 A. 169. 283. 311. 333. 335. 337 m. A. 64. 347. 378 m. A. 1 a. 390. 434. 466 f. m. A. 55. 488. 500
Sex. Aelius Catus 367 m. A. 185
Aelius Gallus 311. 335 ff.
Aemilia Lepida 173
Aemilius Lepidus s. Lepidus
Aemilius Macer aus Verona 311 A. 335
L. Aemilius Paullus, cos. 182 u. 168 v. Chr. 308 A. 323
L. Aemilius Paullus, cos. 1 n. Chr. 143. 173. 414
Aeneis 206 f. 292 A. 263 a. 294 ff. 473
Aenona 426 A. 157
Ära von Actium 247 A. 140 a. 249 A. 144, hispanische Ä. 351 m. A. 115
Aerarium Militare 158 A. 23. 405 m. A. 92, A. Saturni 158 A. 23. 381 ff. 397 A. 61
Aesillas 385 A. 16
Äthiopien, Äthioper 335 ff. 338 A. 64
Ätolien 434. 458 m. A. 23
Africa nova 348 A. 100, A. proconsularis 348 f., A. vetus 42. 348 A. 100
Afrika 36. 38 m. A. 143. 42. 47. 54 f. 59. 72. 89. 107 f. m. A. 94 u. 97. 160. 249 a. 145. 347 f. m. A. 99 a, 100 u. 102. 350 m. A. 110. 391. 411. 433. 474 f. A. 97. 478. 486 ff. m. A. 134, 136, 139 u. 143. 491. 506 A. 212. 507. 510 A. 228. 251 m. A. 151. 262
Agathopus, Gemmenschneider 314 A. 346
Agrippa, M. Vipsanius 15. 52 ff. 71. 81. 91. 98. 100. 103. 108 f. 111 f. 114 f. 117. 119 ff. 122 f. m. A. 139 (Leichenrede auf A.). 134. 152. 166. 172 f. m. A. 74. 194 f. (Ädilität des A.). 198. 212. 225.

226 A. 72. 229f. 236 A. 103. 263f.
(Schriften des A.). 288 A. 256. 298
A. 282. 307 A. 321. 309 A. 325. 341
m. A. 76 u. 77. 353. 356f. 362. 367. 396.
411f. m. A. 117 u. 118. 415f. 419
A. 138. 422 A. 148. 423 A. 153. 427f.
m. A. 159 u. 162. 430. 432 A. 165. 434.
436 m. A. 179. 437 A. 182a. 442f.
m. A. 187. 460. 468. 470. 496f.
m. A. 175ff. 506. 509 A. 225. 510. 519.
572 (Porträts)
M. Agrippa Postumus 138f. 142f. 145f.
173f. 438 A. 186. 524. 569
Agrippa I., König der Juden 310
Agrippa II., König der Juden 447 A. 208
Agrippeion s. Anthedon
Agrippia tribus 434
Agrippias s. Phanagoreia
Agrippina Maior 123. 127. 172f.
Aguntum 495 m. A. 172
Aias, Dynast von Olba 503 A. 202
Aigai 458
Aix-en-Provence s. Aquae Sextiae
Aix-les-Bains s. Aquae
Akaba, Golf von 335
Akarnanien 458 m. A. 23a
Aktia (actische Spiele) von Nikopolis
458f. 461f. m. A. 37
Alae praetoriae 330 A. 36
Alba Helviorum 30. 429 A. 162. 483
Alba Longa 207
Albanerberg 103
C. Albucius Silo 265 A. 192. 311 A. 335
Alen s. Hilfstruppen
Aleria 426. 489 m. A. 146
Alexander d. Große 32. 74 (A.-Grab).
259 A. 172 (A.-Imitatio). 342. 346
m. A. 97. 385. 461. 463 (A.-Panegyrik)
Alexander Helios 74 A. 250
Alexander Lysimachos 310
Alexander, Sohn des Herodes 312
m. A. 338. 501 A. 195
Alexandria (Troas) 372 A. 200. 435. 490
m. A. 153
Alexandria (Ägypten) 46. 61 m. A. 220.
62 A. 224. 66f. 72ff. 88. 217. 271. 283.

310. 380 A. 5. 390 A. 37. 419 A. 137.
434. 455. 456 m. A. 20. 458 m. A. 24.
459. 463. 466. 469. 573
P. Alfenus Varus s. Varus
Alfidia 51 A. 188
Alimentarstiftungen 379 A. 4
Allia 301
Alpen 118. 120 m. A. 133. 322. 324. 326.
333. 335. 355. 356 A. 133. 357f.
m. A. 147. 359 m. A. 153. 368. 392.
500. 506. 525
Altinum 421 m. A. 146
Amaseia 340 m. A. 72
Amatius, falscher Marius 4. 24
Ambianen 506
Ambitus 127
Ambrakia, Golf von 70
Amici Augusti 153. 180f. 269. 308f.
Amicitia, inimicitia 18ff. 144. 306. 343.
345. 355. 450f. A. 1
Amisus 436 A. 178
Amiternum 421 A. 143
Ammaedaera (Haira) 348 m. A. 102
Amphiktyonie, delphische 459. 462
Amphitheatrum Tauri 411 m. A. 114.
417
Amyntas von Galatien 76. 338f.
m. A. 65. 470 A. 77. 502 A. 198
Anaxilaos von Larissa 266 m. A. 192a
Anazarbus 470
Ancharia, 1. Frau des C. Octavius pater
172
Ancona 482 A. 119a
Angers s. Juliomagus
Angustus clavus 162 – s. a. latus
clavus
Anio Vetus 412
Ankara 339. 443. 469
Annaberg 365
Anreppen 365
Anthedon 470
Antiaten 229
'Anti-Augustanism' 300 A. 290. 304
m. A. 304 – s. a. Opposition
Antiochia (Pisidien) 435. 470 A. 77. 490
m. A. 154. 508

Antiochia ad Orontem 271. 339. 388 m. A. 33. 418f. A. 136 u. 137. 443. 445
Antiochos II. von Kommagene 168ff.
Antipater, Rhetor 315 A. 351
Antipater von Thessalonike, Dichter 312 m. A. 337
M. Antistius Labeo, der Jurist 227 A. 79. 270 A. 209
C. Antistius Vetus-Denar 236 A. 103
Antium 45 A. 168. 132. 317
Antonia Maior 291
Antonia Minor 167. 267. 315
Antonia Tryphaina 502 A. 195
Antoniae, Töchter des Triumvirn 172
C. Antonius, Bruder des Triumvirn 27. 34 m. A. 130
Iullus Antonius, Sohn des Triumvirn 121. 128 A. 163. 133f. 169. 172f. 298 m. A. 281. 310. 329
L. Antonius, Bruder des Triumvirn 27. 43ff. 48. 50. 60. 81
L. Antonius, Sohn des Iullus Antonius 133
M. Antonius, der Triumvir 1. 2 m. A. 7a. 7. 9f. A. 42a. 16. 20 A. 78. 21ff. 72 A. 247 (Tilgung seines Namens in den Inschriften). 78. 81. 88. 97. 153. 171. 194. 209. 214. 217f. 226. 230 A. 90. 232. 241 A. 118. 264. 266. 268f. 272. 283 m. A. 241. 289. 291. 293. 298f. m. A. 282 u. 283. 308ff. 317 (Gärten des A.). 320ff. 326f. 329. 338. 340f. 343 A. 88. 347 m. A. 99a. 385f. (Münzprägung des A.). 402. 409 A. 106. 412. 434. 452f. (Klientelpolitik des A.). 454ff. 462. 469. 482 A. 119a. 489. 500ff. m. A. 191. 193 u. 195. 517; Geburtstag 51 A. 187. 79 m. A. 3, Charakter 25. 72f.
M. Antonius (Antyllus), Sohn des Triumvirn 53 A. 194. 67. 73
Antonius Musa, Arzt 314 m. A. 347
Antonius Thallos, Epigrammatiker 310 m. A. 333
Aosta s. Augusta Praetoria
Apameia Kibotos 248 A. 141

Apameia Myrlea 478f. m. A. 109
Aphrodisias 47 A. 176. 310 A. 330. 443 m. A. 193. 456. 511 m. A. 234
Apicius, M. Gavius 117 A. 127
Apollinaris Reiorum (Riez) 483
Apollodoros von Pergamon 314 m. A. 348
Apollo(n) 28. 57. 94. 98 (Sphinx des A.). 225. 230ff. 251 A. 150 (Augustus als Neos A.). 255. 258. 284. 386. 391. 422 A. 148. 434. 444f. 461f. 469 A. 66
Apollon-Relief von Neapel 231 A. 93
Apollon-Tempel von Nikopolis 434, von Actium 461, von Cumae 422 m. A. 148, auf dem Palatin 56. 94. 124. 231ff. 241. 344 A. 92a. 411f. 422 A. 148, des Sosius 232. 410 m. A. 112
Apollonia (Galatien) 491 A. 154
Apollonia (Illyrien) 25f. m. A. 100. 30 A. 115. 71. 215. 231. 237 A. 108. 456
Apollonia (Phrygien) 508
Appellation 79 A. 6. 171
C. Appius Silanus 173
M. Appuleius 172. 421
Sex. Appuleius, cos. 29 v. Chr. 172. 367. 442
Sex. Appuleius, Sexti filius 173
Apta Julia, Apt 483
Apulien 144. 282. 483
Aqua Augusta 417 A. 134a. 421, A. Virgo 415 – s. a. Wasserleitungen
Aquae (Aix-les-Bains) 430 A. 162
Aquae Sextiae (Aix-en-Provence) 430 A. 162. 483
Aquitanien 506
Arabien, Südarabien 335f. m. A. 61. 380 A. 5a
Ara numinis Augusti 255f.
Ara Pacis 121. 239ff. 302. 379. 416. 437 A. 180. 472. 572
Ara Romae et Augusti 249f. – s. a. Augustusaltäre u. Roma, Göttin
Ara Ubiorum 126. 250 m. A. 149. 366 m. A. 176
Arausio (Orange) 428 m. A. 162. 483. 496 A. 174

Arba 426
Archelaos, Ethnarch 316 A. 355. 405.
   406 A. 99. 501 A. 195. 502 A. 198
Archelaos von Kappadokien 76. 339 ff.
   m. A. 73 u. 76. 387 f. m. A. 32. 470. 501
   A. 195. 502 A. 198. 504 A. 202
Archelaos, Sohn des Vorigen 501 A. 195
Archidikastes 188 A. 128
Architektenschulen 423 ff.
Arcus Octavii 413 A. 120 – s. a. Bogen
Areios Didymos von Alexandria 125
   A. 150. 307 A. 321. 314. 467
Arelate (Arles) 84 A. 22. 96 A. 55. 428
   m. A. 162. 478. 506
Arellius Fuscus, Rhetor 276
Ares 437 m. A. 181
Aretalogen 315
Aretas IV., König der Nabatäer 501
   A. 195. 502 A. 197
Aricia 3. 45 A. 168
Ariminum (Rimini) 421 f. m. A. 144.
   482. 505 m. A. 207. 508
Ariobarzanes, König von Armenien 346
   m. A. 98 a. 376
M. Aristius Fuscus 311 A. 335
Aristobul, Sohn Herodes' des Großen
   312 m. A. 338
Armenia Minor, Kleinarmenien 76. 340
   A. 74. 502 A. 195 – s. a. Armenien
Armenien 69. 61 ff. m. A. 223. 75. 111.
   340. 343. 345 f. 376
Arminius 373
Arras s. Nemetacum
Arretium 29 m. A. 114
Artabanos III., König der Parther 376
Artavasdes von Armenien 61. 63. 345
   m. A. 96. 376
Artavasdes I. von Atropatene 502 A. 195
Artavasdes von Medien 76. 340 A. 74
Artaxias s. Zenon
Artaxias von Armenien 75. 343
Artemis von Naulochos 231, A. von
   Cumae 422 A. 148, A. Laphria 434,
   A. Ephesia 386. 442. 462 m. A. 39 –
   s. a. Diana
Q. Articuleius Regulus 353 A. 121

Arvalbrüder, Arvalpriester 160 f.
   m. A. 30. 221. 244. 572
Arvernersee 52
Asculum 422 m. A. 149
Asia Minor, Kleinasien 11. 26 A. 100.
   46. 72. 75. 127. 247 A. 140 a. 248
   m. A. 141. 251 A. 150. 341. 346 A. 99.
   386 f. A. 27, 28 u. 30. 389 A. 35. 433
   A. 167. 436 A. 179. 456 f. m. A. 20.
   462. 468 m. A. 64. 479. 490. 508 – s. a.
   Asien
Asianer 76
Asien 11. 26 m. A. 100. 87 A. 32. 134.
   161. 191. 246 ff. 338 f. 385. 389 A. 35.
   401. 404 m. A. 84. 418. 452 m. A. 5.
   456. 464 ff. 526
C. Asinius Gallus, cos. 8 v. Chr. 127. 172.
   291 A. 263. 512 A. 236
C. Asinius Pollio 20 m. A. 79. 35. 91. 152.
   172. 184. 267 A. 198. 269. 289 ff. 310 ff.
   m. A. 335. 410
Asinius Pollio aus Tralleis 262. 269
   A. 204. 311 A. 335
Asionike(n) 464
Askalon 445
Asklepiades von Mendes 219 A. 54
Asklepiades, M. Astorius, Arzt 309
Asopos 446 A. 205
Aspurgianer 341
Aspurgos von Bosporos 341. 470. 502
   A. 202
Assisi 280
Assuras 487 A. 138
Astigi 484
Astrologenvertreibung 266 m. A. 192 a
Asturer 322. 352 f.
Asturica Augusta (Astorgo) 497
   m. A. 184. 507
C. Ateius Capito, der Jurist 225. 270
   m. A. 209. 309 A. 329. 444
L. Ateius Capito 444
L. Ateius Philologus 311 A. 335
Atella 292. 421
Ateste 481
Athen, Athener 46. 52. 61. 65. 124 A. 144.
   237 A. 106. 314. 345 A. 93. 418 A. 136

Athen, Athener (Forts.) 436ff. 446 m. A.
 204 u. 205. 458 m. A. 24 u. 26. 459ff.
 m. A. 31 u. 34. 468 A. 63. 510
Athenaios von Seleukeia 314
Athenaios, der Poliorketiker 352
 A. 117
Athenodoros von Tarsos 310 A. 332.
 314 m. A. 348. 467
Athenodoros, der Lehrer des Claudius
 310 A. 332
Athruba 335
Atia, die Mutter des Augustus 3. 8. 219
 A. 54 (Traum der A.). 462
Atia tribus 434
Atrium Libertatis 305f. A. 313. 311
 A. 355
Attaleia 491 A. 154
Attaliden 465
Attalos I. von Pergamon 344 A. 92
Attalos III. von Pergamon 308 A. 323
Attica-Inschriften 131
Atticus, M. Pomponius 2 A. 7a. 53f. 276.
 411 A. 115
Auctor 94 A. 47
Auctoritas 84f. m. A. 25. 93 A. 47. 155.
 164. 205. 212. 388ff. A. 35. 571
Aufidienus Rufus, Praefectus castrorum
 193
Aufidius Lurco, Großvater der Livia (?)
 51 A. 188
Auftragsdichtung 277ff. m. A. 227. 229a
 u. 230
Augsburg 358
Augst s. Raurica
Augurium (salutis) 80. 93 A. 47. 223
Augusta Ambianorum (Eu) 497
Augusta Bagienorum (Bene Vagienna)
 423 A. 152
Augustales, Augustalenkollegien 125.
 166 A. 47. 253ff. 522
Augustalia 111. 227. 238
Augusta Praetoria (Aosta) 329. 356.
 423. 482 m. A. 118
Augusta Suessionum (Soissons) 496

Augusta Taurinorum (Turin) 422f.
 m. A. 149. 481. 506
Augusta Treverorum (Trier) 497
 m. A. 181. 506
Augusta Vermanduorum (St. Quentin)
 496 m. A. 178
Augustobona (Troyes) 497
Augustobriga (Talavera la Vieja) 498
 m. A. 185
Augustobriga (Muro de Agredo) 498
 A. 185
Augustodunum (Autun) 428 m. A. 162.
 495
Augustodurum (Bayeux) 497
Augustomagus (Senlis) 497 m. A. 183
Augustonemetum (Clermont-Ferrand)
 495 m. A. 173. 506
Augustoritum Limovicum (Limoges)
 429 A. 162. 497. 506
Augustus s. Oktavian/Augustus
Augustus, der Monat 226. 521
Augustusaltäre in Athen 437 A. 180, in
 Ephesos 438 A. 186, in Kleinasien
 und Griechenland 251 A. 150, in
 Lyon 250. 366. 393. 394 A. 50. vgl. Ara
 Romae et Augusti
Augustus-Name 84 92f. 147. 210. 212.
 220. 302 – s. a. Kaisername
Augustus-Porträt 2 A. 5a 250ff. 274
 A. 219a. 503 A. 202. 519
Augustustempel s. Kaisareion
M. Aurelius, Kaiser 307 A. 321
Aurum coronarium 190 m. A. 135. 383.
 402
Ausonia (Suessa) 482
Autobiographie des Agrippa 263, des
 Augustus 204 A. 3. 216. 218 A. 54.
 262. 268. 271f. 352 m. A. 117
Autokratoris s. Sepphoris
L. Autronius Paetus 348
Autun s. Augustodunum
Auxilia s. Hilfstruppen
Avennio (Avignon) 430 A. 162. 483
Aventicum 496 A. 174
Aventin 236. 411 m. A. 115
Avignon s. Avennio

Baalbek s. Heliopolis
P. Baebius, Asse des 397 A. 62
Baebius Macer, Schriftsteller 263 A. 183
Baeterrae (Béziers) 428. 478 A. 106. 483
Baetulo 485 A. 132
Bagacum (Bavai) 496. 506 m. A. 213
Bagradas, Tal des 487
Baiae 109. 421
Baktrier 284
Balbus, L. Cornelius, Cos. suff. 40 v. Chr. 14 A. 51. 16. 26 A. 99
Balbus, L. Cornelius, Cos. suff. 32 v. Chr. 107 A. 94. 349 m. A. 106. 417. 433 A. 165
Balbus, M. Nonius 444 m. A. 200a
Barbarisierungen (Nachprägungen) römischer Münzen 393 m. A. 49. 400f. m. A. 72
Barcino (Barcelona) 485 m. A. 132
Basel 357 A. 143
Basilica Aemilia 414, B. Iulia (Gai et Luci) 131. 137. 404 m. A. 87. 410. 414, B. Neptuni 415
Basis von Sorrent 232. 237 A. 105
Bastarner 366
Bataver 326 A. 23. 572
Bathyllos, Freigelassener des Maecenas 265 A. 192. 311 A. 335. 316 A. 353
Bato, Fürst der Daesitiaten 371
Baupolitik, Bautätigkeit 13. 69f. 82. 101 A. 71. 116. 194. 203. 209. 227ff. 252ff. 300. 310. 357. 380. 401f. 408ff. 453f. m. A. 10. 459f. 474 A. 95a. 476. 482 A. 118. 484f. m. A. 132. 495ff. 523 – s. a. Straßen(bau)
Bavai s. Bagacum
Bayeux s. Augustodurum
Beauvais s. Caesaromagus
Beckinghausen 365
„Begriffsgottheiten" 239 A. 113
Beirut s. Berytus
Bellovaker 497. 506
Beneficia, beneficium 8 m. A. 36. 200. 281
Bene Vagienna s. Augusta Bagiennorum

Benevent 251 A. 150. 444. 483
Berber 349f. m. A. 109
Berenike, die Mutter Agrippas I. 310
Bergwerke, Minen, Bodenschätze, Metallvorkommen 353. 356. 380 A. 5. 387 A. 28. 392 m. A. 45. 396. 402f. 507
St. Bernhard: Großer St. B. 356. 506, Kleiner St. B. 506
St. Bertrand de Comminges s. Lugdunum Convenarum
Berytus (Beirut) 389 A. 35. 445. 491 m. A. 155
Besser 125
Beth Saida 470
Béziers s. Baeterrae
Bibliotheken 233f. 266. 306 A. 313. 311 A. 335. 313. 318. 410. 471
Bibracte 495
Bilbilis 431 m. A. 164a. 485 A. 132
Bithynien, Bithynier 76. 246f. 451 A. 3. 464ff. 469. 479 A. 110. 491
Bocchus II. von Mauretanien 348. 488
Böhmen 333 (Böhmischer Kessel). 362. 369f.
Boethos, Tyrann von Tarsos 468
Bogen von Ariminum 421 m. A. 144. 505 m. A. 207. 508, B. von Glanum 427 A. 161, B. von Susa 358 m. A. 148 – s. a. Arcus, Triumphbogen
Boiano s. Bovianum
Boier 367 A. 184 (deserta Boiorum). 369
Boioter 459
Bologna s. Bononia
Bona damnatorum 190 A. 134. 402
Bonn 361. 364
Bononia (Bologna) 37 m. A. 140. 39. 47 A. 176. 60 m. A. 241. 421 m. A. 146. 481f. m. A. 118
Bononia (Boulogne-sur-Mer) 496 m. A. 176. 506
Boscoreale s. Silberbecher von Boscoreale
Bosnien 366
Bosporanisches Reich 120. 341

Bosporos, Kimmerischer 341. 470
Bostra 443 A. 191
Boulogne-sur-Mer s. Bononia
Bovianum (Boiano) 483
Bracara Augusta (Brago) 497 m. A. 184.
507
Brände, Brandstiftung in Rom 111. 142.
195. 331 f. 404 f. 409 m. A. 108. 417
A. 134 a, in Asien 435 A. 175
Bratislava-Devín 370 A. 192
Brescia s. Brixia
Breuker 326 m. A. 23. 366
Breviarium totius imperii 147. 149
A. 233. 374 A. 205. 382
Brigantio (Briançon) 506
Britannien, Britannier 71 A. 245. 284.
354 f. 407. 506 A. 212. 525
Brixia (Brescia) 417 f. 421 m. A. 142. 481
Brücken(bau) 427 A. 159. 505 A. 207.
508 A. 220
Brundisium (Brindisi) 9. 15. 26. 29. 46
A. 170. 47 f. m. A. 177. 50 ff. 60. 66
A. 236. 78. 151. 217. 224. 291
m. A. 263. 327 A. 27. 518
Bruttium 412
Brutus, D. Iunius, Caesarmörder 4
m. A. 17. 23. 29 f. 35. 40 A. 151
Brutus, M. Iunius, Caesarmörder 22
A. 84. 23. 28. 31. 34. 39 f. 95. 104 f. 153.
191. 231. 242. 266 m. A. 197. 269
m. A. 203. 297. 366. 385. 490. 524
Bünde s. Commune Asiae, Koina
Bürgerrecht, civitas 10. 13. 23. 141. 186.
326 f. m. A. 20. 360 A. 157. 453 f.
m. A. 10. 455 A. 12. 465 f. 474 A. 95 a.
475. 480. 493 f. 499. 504. 521
Bürokratie s. Verwaltung
Bundesgenossenkrieg 425. 474
m. A. 95 a. 480 A. 112
Buthrotum 478
Byblus 445
Byzanz 489

CA auf Münzen 388 ff. m. A. 35
Cabelio (Cavaillon) 430 A. 162.
483

Caecilia Attica, 1. Gemahlin des Agrippa 473 A. 74
Q. Caecilius Epirota, Grammatiker 276
Caelebs, caelibes 166 f.
Caepias s. Kaipias
Caere 421 A. 143
Caesar, C. Iulius, der Dictator 1 ff. 10 ff.
20 m. A. 78 (Corpus Caesarianum).
21 ff. 30 ff. 49. 61. 66. 72 f. 96 f. 103. 109
A. 99. 136 ff. 167. 190 A. 134. 191.
194 ff. 199 m. A. 176. 200. 204 A. 1.
209. 213. 215. 218 f. A. 52 u. 54. 220 ff.
m. A. 58 u. 61. 224. 225 f. m. A. 72 u.
74. 230 A. 90. 242. 245. 257 f. 263. 265.
274. 288 f. m. A. 258. 293. 298 A. 282.
302. 308 A. 323. 317. 318 A. 364. 328.
334. 347. 354. 363. 382. 394. 404. 409.
418 f. m. A. 136 u. 137. 434. 436. 443.
448 A. 208. 452 ff. m. A. 10. 465. 474 ff.
(Koloniegründungen Caesars). 483 f.
486 f. 490 ff. 494. 501 A. 193. 512 f.
A. 237. 517 f. 520 ff. m. A. 13. 525 f.
C. Caesar, Aug. f. 130 ff. 135. 244 A. 128.
273. 312 A. 337. 335 m. A. 61. 341. 346
m. A. 98 ff. 376. 388. 393 m. A. 48. 427 f.
m. A. 162. 437 m. A. 181. 460 A. 32.
498 A. 184 – s. a. C. et L. Caesares
L. Caesar, cos. 64 v. Chr. 31 A. 118
L. Caesar, Aug. f. 131. 136. 497 A. 181.
572. – s. a. C. et L. Caesares
Caesaraugusta (Zaragossa) 354. 424
A. 155. 431 f. m. A. 165. 485. 507
Caesarea Cappadociae 390 A. 37,
C. Germanica 469, C. Mauretaniae
(Cherchel) 350 A. 109. 424 A. 155.
445 A. 202. 471, C. Paphlagoniae 471,
C. Philippi 470 m. A. 73 – s. a. Anazarbus, Mazaka, Pantikapaion,
Antiochia (Pisidien), Iol
C. et L. Caesares 115. 120. 126. 130 f.
134. 136 f. m. A. 195. 139. 156 A. 18.
163. 173. 184 m. A. 113. 197 f. 211. 227.
313. 393 m. A. 48 f. 399 (Caesares-Denare). 417 A. 134 a. 426. 427 f.
m. A. 159 u. 161. 438 A. 186. 519 – s. a.
Basilica Iulia, C. Caesar, L. Caesar

Caesarion s. Ptolemaios Kaisar
Caesarmörder 9. 15. 19f. 22ff. 28. 30f.
36. 209. 269. 276. 303
Caesarodunum (Tours) 497
Caesaromagus (Beauvais) 497
Calagurritani, Leibwächter des Oktavian 317
Calculus Minervae 79 A. 6
Caligatus, caligati 193
Caligula, Kaiser 145. 162. 193 A. 149
Callaecia 498 A. 184
Cn. Calpurnius Piso, cos. suff. 23 v. Chr. 102f. 107
Cn. Calpurnius Piso, cos. 7 v. Chr. 433 A. 166. 444
Cn. Calpurnius Piso Caesoninus, cos. 58 v. Chr. 23. 31. 34
L. Calpurnius Piso, cos. 15 v. Chr. 125. 265 A. 192. 312. 366
C. Calvisius Sabinus, cos. 39 v. Chr. 57. 505
Campus Agrippae 416
Candidati Caesaris bzw. principis 155 f.
Caninius Gallus 141
Ti. Cannutius, Volkstribun 44 v. Chr. 16
Capri 185 A. 115. 317. 471
Capricornus 98. 218. 240. 386
Capsa (Gafia) 507
Capua 421 m. A. 142. 482 m. A. 120
Carcasio (Carcassonne) 483
D. Carfulenus, Volkstribun 44 v. Chr. 16
P. Carisius 391
Caristia, Fest der 302
Carmen saeculare 225. 275. 286 m. A. 250
Carnuntum 370. 371 A. 198a. 508
Carpentorate (Carpentras) 430 A. 162. 483
Carrhae 342. 346
Carteia 484 A. 131
Cartena 487
Casa di Livia 234 A. 102a. 237 A. 108
Casca, Caesarmörder 30
L. Cassius Longinus, Caesarmörder 16. 34 m. A. 130. 39f. 105. 269. 385
Cassius von Parma, Caesarmörder 74. 276

Cassius Severus, Rhetor 145. 169f. 524
Castel Roussillon s. Ruscino
Castor-Tempel 414
Castricius 102 m. A. 74
Castrum Novum 444
Castulo 507
Catilina, Catilinarische Verschwörung 14. 169. 196. 328
Cato Maior 208 A. 17. 296 m. A. 277
Cato Minor 4. 88. 153. 296f. m. A. 277. 524
Catull, der Dichter 311 A. 335
Catulus, Q. Lutatius 234
Cavaillon s. Cabelio
Celadus, Freigelassener des Augustus 312 A. 338
Celsa 477 A. 103
Censoria potestas des Augustus 82 A. 14. 113
Censur 11. 81 A. 14. 107. 110. 158. 409
Census, Schätzung der römischen Bürger 81 m. A. 14. 127. 140. 403 („Reichsschätzung"). 480
Census in den Provinzen 373 A. 202. 374. 403f. 406 m. A. 99 (Quiriniusschätzung)
Centenarii 192
Centesima rerum venalium 406
Centuriatcomitien 81 m. A. 14. 88 A. 33
Centurionen 36. 58. 69. 192 f. 330
Centuriones equitum Romanorum 183
Cercina 133
Ceres 236
Cerinthus, Dichter 311 A. 335
L. Cestius-Münzen 36 A. 138
L. Cestius Pius, Rhetor 265 A. 192. 276
Chalcidicum 228 A. 80
Cherchel s. Caesarea Mauretaniae
Chersones, thrakische 54. 412
Cherusker 362. 373
Chinesen 336 A. 61 – s. a. Serer
Chios 435
Christus-Vorzeichen 216 A. 43
Cicero, M. Tullius 3. 14 m. A. 52 u. 54a. 15. 17 ff. 25. 27. 30 ff. 39 f. 97 f. 167. 169.

Cicero, M. Tullius (Forts.) 202. 213 ff.
216. 218 f. m. A. 52 u. 54. 221. 265
A. 192. 269. 274. 298 f. A. 282 f. 318
m. A. 364. 328. 409 A. 109. 418 A. 136.
447 A. 208. 450 f. A. 1. 452 A. 4. 453
A. 10. 484. 500 A. 191. 511 f. A. 236.
513 A. 237. 514
L. Cincius, Antiquar 227 A. 79. 270
A. 208
Cinna, Cn. Cornelius 139. 140 A. 204
Circei 55
Circius, Windgott 427
Circus Flaminius 413
Cirta (Constantine) 486 m. A. 135
Civitates, Stammesgemeinden in Gallien und Spanien 394 A. 50 a. 476
Ciudad Rodrigo s. Mirobrigenses
Claudia Pulchra 172 m. A. 74
Claudius, Kaiser 71 A. 245. 152. 155.
172. 191. 237 A. 106. 267. 309 f. 319.
324 f. 327 A. 27. 359. 500. 519
Ap. Claudius, Liebhaber der Julia 134.
153
Claudius Drusus s. Drusus
Claudius Marcellus s. Marcellus
Ti. Claudius Nero, 1. Gatte der Livia 50
Ap. Claudius Pulcher, cos. 54 v. Chr. 418
A. 136
Clementia 74. 96 f. 205. 306
Clermont-Ferrand s. Augustonemetum
Clipeus Virtutis, Tugendschild 84
m. A. 22. 95 ff. 220. 228. 239
Cloacae s. Entwässerungsanlagen
Cloatius Vetus, Antiquar 271 A. 209
Clodia, Stieftochter des Antonius 38
A. 144. 171
P. Clodius Pulcher 196. 328
P. Clodius Vestalis 444 m. A. 194
Clunia 507
L. Cocceius Auctus, Architekt 422
A. 148. 423 A. 153
Cohortes urbanae 330 f. m. A. 40 f. 446
A. 202 (cohors urbana des Juba II.)
Collegia illicita s. Kollegienverbot
Collegia iuvenum 184 f. 509 m. A. 225
Collegium poetarum 234 A. 101

Coloniae Iuliae s. Kolonisation
Columna rostrata 56. 229 m. A. 85
Commendatio 155 f. 159. 193. 201
Commilitones 519
Commodus, Kaiser 428 A. 162
Commune Asiae 386. 389 A. 35
Compitalkult, Compitalvereine 125.
127. 130. 195 ff. 256. 522
Comum (Como) 357 m. A. 143. 422
Concordia (Colonia Iulia C.)
482
Concordia 35 (c. als Herrschertugend).
123 (Statue der C.). 132 (Fest der C.).
237 A. 106 (C. auf Münzen). 238 f.
(C. Augusta-Tempel). 253 (Kult in
Padua). 399 (c. als Grundlage der
Nachfolgeregelung). 414 m. A. 123.
570 (Aedes Concordiae). 416
(C.-Altar)
Condeixa-a-Velha s. Conimbriga
Condicio nominis ferendi 6 f.
Congiarien, Geldgeschenke 198. 401
A. 73
Conimbriga (Condeixa-a-Velha) 431.
498 m. A. 185. 507
Coniuratio Italiae s. Eid
Consecratio, Apotheose des Augustus
194 m. A. 234 a. 245. 285
Consensus universorum 67 f. 78. 80 f.
124. 132. 174 A. 80. 214. 225. 521
Conservator civium 32. 95, c. generis
humani 449
Consilium coercendi intra terminos imperii 147 A. 229. 373 m. A. 105
Consilium iudicum 467
Consilium principis 180 f. – s. a. Amici
Augusti
Consolatio ad Liviam 125 A. 150
Constantia 204
Constantine s. Cirta
Conventus civium Romanorum 246 f.
492 m. A. 160
Conventus Arae Augustae 250
m. A. 149. 354 A. 121
Copia, Münzen von 392
Cordoba 431. 494 A. 167

Corinthus 71. 434 m. A. 171. 446. 460 m. A. 32. 478
L. Cornelius Balbus s. Balbus
A. Cornelius Cossus 267
P. Cornelius Dolabella s. Dolabella
C. Cornelius Gallus, der Dichter 72. 99f. 169. 186 A. 117. 266. 289. 290 A. 260. 298 m. A. 281. 301. 311 A. 335. 337
Cossus Cornelius Lentulus 349 A. 107. 350
L. Cornelius Lentulus 349 m. A. 108
Faustus Cornelius Sulla 173
L. Cornelius Sulla s. Sulla
Cornelius Severus, Dichter 299 A. 283
L. Cornificius 348. 411
Cornutus Aquila 508
Corona Civica, Eichenkranz 81f. 95. 98. 124. 132. 220. 237. 391 A. 38. 397. 398 A. 62, c. navalis, c. Rostrata 389 A. 35, c. obsidionalis 78 m. A. A. 2, c. oleagina 4 A. 16
Corona aurea s. Goldener Kranz
Corpus imperii, corpus rei publicae 512 A. 236
L. Crassidius Pasicles (Pansa) 310 A. 331
Crassus, M. Licinius, Triumvir 11. 48. 331. 334. 342
Crassus, M. Licinius, Enkel des Triumvirn 89. 99f. m. A. 67. 267. 366 m. A. 179
Cremona 481
A. Cremutius Cordus 114 A. 119. 269f.
Cumae 52 A. 189 u. 190. 318 A. 364. 421 ff. m. A. 148 u. 153. 482 m. A. 121
Cunctatio des Tiberius 90 A. 39. 149 f. m. A. 235
Cunobellinus, König der Britannier 355 A. 131
Cura des Prinzeps 409. 448 f. 514 m. A. 238 f. 523, c. legum et morum 112. 116. 119 A. 132, c. tutelaque rei publicae universae, Schutzauftrag 85. 513 f.
Curae publicae 132. 157 ff. 382, c. annonae 89. 110. 142. 157 f. 177, c. aquarum 158, c. ludorum 177, c. operum 158. 177, c. riparum 158, c. urbis 158 A. 23, c. viarum 158. 505 m. A. 207
Curia Iulia 96. 227 f. 390. 410. 414, C. Pompeia 409
Curiae der Munizipien s. Dekurionen
Curio s. Scribonius
Cursus honorum, Ämterlaufbahn der Senatoren 156 ff., der Ritter 192 f, der Sklaven und Freigelassenen 319
Cursus publicus 188. 509

Daesitiaten 371
Dakar 362. 375
Dalmatien, Dalmater 60. 76. 125. 322. 351. 367 ff. 370. 372 f. 426
Damascus 271. 445
Dangstetten 358 f. m. A. 152. 365 A. 174 a
Darlehen 402
Dasumius-Testament 7 A. 30
DD auf Münzen 397 f. A. 61 u. 62
Dea Augusta Vocontiorum (Die) 430 A. 162
Decennalienfeier 119 A. 132
Deditizier 141
Deiotarus, König von Galatien 23
Deiotarus Philadelphus 339 f. m. A. 71
Dekurionen(stand), Stadtrat 58. 193. 200. 254. 398 A. 62
Delatoren, Denunzianten 167
Delpher, Delphi 95. 233. 459. 462 m. A. 38
Demeter 237 A. 106
Dertona (Tortona) 477 A. 104. 482
Descriptio Italiae 481 A. 117
Destinationscenturien 137 A. 195. 140. 164. 187. 201
Devotio 99. 195
Dexandros 247 A. 137
Deximachos, Sohn des Eurycles von Sparta 446 A. 205
Diana 45 A. 168 (D. von Arcia). 57. 225. 232 f. 236 m. A. 103. 393 A. 49 (D. von Naulochus)

Diana-Tempel auf dem Aventin 411
  m. A. 115, in Circo Flaminio 57
  m. A. 207a. 411 m. A. 115
Dictatur 17. 24. 37. 39. 110. 195
Didyma 381 (Didymeia). 443
Die s. Dea Augusta Vocontiorum
Dies Augusti 248 A. 142
Dies imperii des Augustus 32
Dignitas, dignus 8. 18 A. 71. 130. 164.
  204 A. 3. 205 m. A. 6
Diogenes von Athen 313 A. 345
Dion in Makedonien 490 m. A. 152
Dionysios, Sohn des Areios 314
Dionysios von Charax, Geograph 315
  A. 352. 346
Dionysios von Halikarnass 93 A. 45.
  270. 471 f.
Dionysos, Neos Dionysos 230 A. 90. 462
  m. A. 41, Antonius als Neos D. 61.
  454. 456. 461. 463
Dioskuren 253. 286
Dioskurides, der Gemmenschneider
  314 m. A. 346
Diribitorium 200. 415 m. A. 128
Dis Pater 225
Dispensatores 319
Diva Augusta 237 A. 106
Divinisierung Caesars 24. 28. 49 f.
Divus Augustus 212 A. 32. 237 A. 105.
  248 A. 142. 257 f. (Porträt). 366 A. 176
Divus Iulius 45. 49. 76. 78. 98. 229 f.
  m. A. 86. 242 f. 246 f. 414. 442. 463.
  520. 573
Divus-Iulius-Tempel in Rom 78. 229. 412
Djerma s. Germa
P. Dolabella, Consul 44 v. Chr. 23 f. 27
Dominium populi Romani 86 A. 27. 493
  A. 162
Dominus-Anrede 219 A. 54
Domitia Lepida 173
Domitia tribus 434
Domitian, Kaiser 375. 490 A. 154
Cn. Domitius Ahenobarbus, cos. 32
  v. Chr. 42 A. 158. 46 f. 64 f. 410
L. Domitius Ahenobarbus, cos. 16
  v. Chr. 172. 368 f. m. A. 187

Cn. Domitius Calvinus 411
Domitius Marsus, Epigrammatiker 219
  A. 54. 299 m. A. 284. 311 A. 335
Dona militaria 4. 8
Donau, Donauraum 125. 321. 323. 327
  m. A. 26 (Donauflotte). 333. 351
  A. 112. 360. 363 A. 166. 366 ff.
  m. A. 184 u. 185. 371 A. 198a. 375. 393
  A. 49. 525
Donnus rex 358
Doppelbürgerrecht 494 m. A. 171
Doppelgemeinden, Doppelkolonien
  476 A. 100. 489 A. 147. 491 A. 154
Doppelprinzipat 138 – s. a. Dyarchie-
  (these)
Dorier 459
Dorylaion 248 A. 141
Dos Trento 356
Drau 367 m. A. 184
Druidenschulen 496 m. A. 173 a
Drusus der Ältere 51 m. A. 187 (Geburts-
  tag). 120. 125 f. m. A. 150 (D.-Stein in
  Mainz). 128. 138. 156 A. 18. 172. 211.
  249. 262. 286 A. 252 (D.-Ode des
  Horaz). 310. 314 f. 357. 362 ff. m. A. 165
  u. 168. 364 m. A. 169 (D.-Kastelle).
  369. 374. 392 f. 420. 437. 526. 572
Drusus der Jüngere, Sohn des Tiberius
  138 f. 149. 156 A. 18. 164. 180. 233
  A. 101
Ducenarii 192
C. Duilius, Consul 260 v. Chr. 229 A. 85
Dumnobellaunus, König der Britannier
  355
Durmius 41 A. 154 – s. a. Laudatio
  Turiae
Dyarchie(these) 86 A. 27. 90 A. 38. 138.
  153. 160 A. 27. 397 f. 513 A. 237
Dyme 478
Dynamis vom Bosporos 341
Dynastische Politik, Heiratspolitik des
  Antonius 67. 453. 455, des Oktavi-
  an/Augustus 115. 171 ff. 190. 239
  A. 114. 382. 519, Caesars 5
Dyrrhachion, Epidamnos 71. 322. 489 f.
  m. A. 152. 492 A. 159

Namen und Sachen

Ebora s. Liberalitas Iulia
M. Egnatius Rufus, Ädil 21 v. Chr. 16
Ehe s. Sittengesetze
Eichenkranz s. Corona civica
Eid, Treueid, Kaisereid 68 f. m. A. 240.
  80. 88. 217. 220. 249 m. A. 145. 252.
  239. 453
Einwohnerzahl Roms 332 m. A. 49
Elaia, Hafen von Pergamon 380 f.
Elaiussa 470 m. A. 76. 570
Elbe 360 ff. m. A. 165 u. 16. 364 ff. 369 f.
  374 m. A. 206. 525
Elbgermanen 369
Elche s. Ilici
Ἔκκλητον δικάζειν 79 A. 6
Eleos-Altar in Athen 437 A. 34
Elephantine 337
Eleusis 386. 418 A. 136. 461 m. A. 34
  (Eleusinische Mysterien)
Elogia 206 A. 13. 367 A. 185 (Elogium
  von Tusculum)
Eloquentia 205
Emerita Augusta 391. 430 f. m. A. 163.
  485 f. m. A. 133. 494 A. 167. 507. 570
Emona 371 A. 198 a. 426 A. 157. 489
  A. 147. 507
Emporiae 485 m. A. 132
Entwässerungsanlagen, Cloacae 412
  (Cloaca maxima). 474 A. 95 a. 485
  A. 132. 505 A. 207 (Entwässerung
  der Pontinischen Sümpfe)
Epheben(vereine) 185. 466 A. 55 – s. a.
  Iuventus, Neoi
Ephesos, Ephesier 63 ff. 76. 185 A. 115.
  246 f. 251 A. 150. 386 f. m. A. 27. 389
  A. 35. 436. 438. 442 f. 462. 508
Epicedium Drusi 125 A. 150
Epidamnos s. Dyrrhachium
Epidauros 489 m. A. 150
Epirus, Epeiros 434. 458 A. 23 a. 459
Epistrategos 188 m. A. 128
Epitynchanos, Gemmenschneider 314
  A. 346
Epulones s. Septemviri epulones
Equites equo publico 182 f., E. singula-
  res 330 m. A. 37

Erato, Schwester Tigranes' III. 345. 376
Erdbeben(schäden) 435
Eretria 468 A. 63
Erlösungssehnsucht, Heilserwartungen
  214 m. A. 40. 231 A. 92
Etrurien 29 m. A. 114. 125. 480 (etrusk.
  Sprache). 482
Eu, Dpt. Seine-Maritime s. Augusta
  Ambianorum
Euergetes s. Wohltäter
Euphorbus, Arzt 314 A. 347
Euphrat 75. 323. 346 A. 99
Europagedanke 375 A. 210
Eurycles, C. Iulius, Dynast von Sparta
  309 m. A. 326. 446 f. m. A. 205
Eutyches, Gemmenschneider 314
  A. 346
Evocati 321 A. 8 a
Exempla, exemplar, exemplum 207.
  210 f. 521

Fabius Maximus, cos. 11 v. Chr. 145. 248
  m. A. 141. 252
Fabius Persicus, cos. 34 n. Chr. 462 A. 39
C. Fabricius Tuscus 372 A. 200. 374 f.
  A. 208
Factio paucorum 20
Facundus Nov(i)us 313 m. A. 345
Falerii 504 A. 204
Famosi libelli s. Schmähschriften
Fannius Caepio, Verschwörer 102 ff.
Fanum Fortunae (Fano) 420. 422. 424.
  482
Fasti consulares et triumphales 153. 206
  m. A. 12, f. Praenestini 83, f. der vico-
  magistri 198 A. 171, F. des Ovid
  301 ff. – s. a. Kalender, Statthalter-
  listen
Fermum (Fermo) 482
Fetialen 221
Feuer, heiliges 124 A. 144
Feuerwehr 111. 128 A. 158. 331 ff. – s. a.
  Vigiles
Feurs 496 A. 174
Fezzan 349
Fides 18 A. 71. 225. 296. 306

Finanzwirtschaft 318f. 381ff. 391ff. 397
Fiscus 381ff.
Flamen Dialis 222
Flamines minores 222
Flamininus, T. Quinctius 95
Florentia (Florenz) 482
Florus, Arzt 310 A. 332
Flotten(politik) 52. 62f. m. A. 224. 65.
  71f. 187f. 192. 319. 326f. 335 m. A. 61.
  353 A. 120. 364. 369. 422 A. 147
Flottenpräfektenmünzen 53 A. 193.
  395
Flumen Sebaston 434
Foedus 345 m. A. 95 (F. mit den
  Parthern?). 450f. m. A. 1. 510f.
Formae des vermessenen Landes 510
  A. 229
Formiae 423 m. A. 153
Formula sociorum 451 A. 1
Formulae provinciarum 474 A. 97
Fortitudo 204. 296f.
Fortuna von Antium 45 A. 168, F. von
  Praeneste 227, F. Redux 111. 238
Forum Augustum 129 A. 165. 133. 206f.
  211. 242f. 346 m. A. 97. 404. 413f.
  m. A. 122, F. Boarium 238 A. 112,
  F. Iulium 409f., F. Romanum 404.
  409. 414
Forum Iulii (Fréjus) 327 m. A. 27. 428f.
  m. A. 162. 478 A. 106. 483 m. A. 123
Forum Iulium in Ägypten 74 A. 252
Fossa Augusta 422
Freigelassene 11 A. 45. 15. 111. 140ff.
  m. A. 206. 166 m. A. 47. 190. 193
  m. A. 148. 195f. 222 m. A. 62. 253ff.
  280 A. 231. 282. 308. 315ff. 327
  m. A. 27. 331f. 412 A. 118. 442. 448.
  479 A. 110. 509
Fréjus s. Forum Iulii
Fries von Selçuk 442 A. 189
Frumentarii 330 A. 36
Frumentum publicum 141. 199 – s. a.
  Getreideversorgung
Q. Fufius Calenus, Consul suff. 47
  v. Chr. 31 A. 118. 46
Fufius Geminus 141

Fulvia, Gattin des M. Antonius 46. 48f.
  67. 73
Funus publicum für Caesar 22f.
  m. A. 85, für Augustus 149. 207. 228

Gabès s. Tacapes
A. Gabinius, Consul 58 v. Chr. 60
Gades (Cadiz) 432f. m. A. 165. 477
  A. 104
Gärten Caesars 308 A. 323, des Agrippa
  415, des Antonius 317, des Augustus
  317, des Maecenas 317, des Pompeius
  317
Gaetuler 350
Gafia s. Capsa
Galatien 76 m. A. 257. 212 A. 31. 247.
  321. 333. 338ff. m. A. 69 u. 71. 465.
  469. 490 m. A. 154. 508. 526
Galba 175
Gallia Cisalpina 23. 38. 42. 479f.
  m. A. 112, G. Comata 24. 35 A. 135.
  38. 42. 249. 318. 451 A. 3. 483f.
  G. Lugdunensis 430 A. 162, G. Narbonensis 35 A. 135. 38. 107. 157 A. 20.
  162 A. 37. 176 A. 87. 187 A. 120. 323
  A. 15. 356 A. 133. 420 A. 140. 424
  m. A. 155. 430a. 162. 451a. 3. 478.
  483f. 495. 506 – s. a. Gallien, Gallier
Gallien, Gallier 24 A. 90. 35. 47. 50. 58.
  87. 100. 109. 111. 118. 120 m. A. 133.
  131. 159. 190 A. 134. 227. 233. 239. 250
  (Landtag der Tres Galliae). 330. 352.
  356 (Gallienaufenthalt d. Agrippa).
  360f. m. A. 157. 361 A. 159. 366. 374.
  381. 385. 392 A. 45. 393f. m. A. 50 u.
  50a. 396. 400 A. 71. 418 m. A. 137.
  426f. m. A. 161. 454 A. 10. 495. 499.
  506 m. A. 212. 569. 571. 573
Q. Gallius, Prätor 43 v. Chr. 168 m. A. 56
Gangra 339f. m. A. 71
Garamanten 349
M. Gavius Apicius s. Apicius
Geburtenförderung 379 A. 4
Geburtstag Caesars 226, des Antonius
  51 A. 187. 79 m. A. 3. 218, des Älteren
  Drusus 51 A. 187, der Livia 239

Namen und Sachen 587

A. 114, des Oktavian/Augustus 1 f.
  m. A. 5a. 79 m. A. 3. 121. 215. 226.
  240. 248. 257 A. 168a
Geburtsregister 141 A. 206
Gegenstempel auf römischen Münzen
  401 A. 72
Gehälter s. Salarium
Geheimdienst, Secret Service 330
  A. 36
Geheimschrift des Augustus 509
  A. 225
Geiseln 75. 308 A. 323. 316 m. A. 356.
  345. 501 f.
Gemmen 131 A. 174. 257 A. 169,
  Gemma Augustea 129 A. 165. 273 f.
  m. A. 219a
Genf 356
Genius Augusti 79 m. A. 5. 118 A. 129.
  127. 130. 196. 219 f. 254 A. 160. 255 f.
  447
Gepaipyris vom Bosporos 502 A. 195
Gergovia 495
Gerichtswesen 466 f. (Kyrene) – s. a.
  Kaisergericht, leges iudiciariae,
  Quaestiones, Senatsgericht, Appellation, calculus Minervae, iudices selecti, ἔκκλητον δικάζειν
Germa (Djerma) 349. 490 A. 154
Germani corporis custodes 91 A. 40. 317
  m. A. 360. 330. 372 – s. a. Leibwachen
Germanicus 138 f. 143. 156 A. 18. 163.
  172 f. 180. 233 A. 101. 302. 307 A. 319.
  310. 374 ff. m. A. 208. 524. 526
Germanien, Germanen 91 A. 40. 125 f.
  129 f. 148. 159. 250. 317 m. A. 360.
  321 ff. 333. 357 f. 360 A. 156. 361 ff.
  368 ff. 372 ff. m. A. 202 u. 211. 205.
  392 f. 404. 406. 494. 569
Gesandte, Gesandtschaften 130 A. 170.
  169. 181. 271. 308 m. A. 323. 336
  A. 61. 337. 464
Gesoriacum 364
Geten 367 m. A. 185. 375
Getreideversorgung 38 A. 143. 44. 49.
  103. 109 f. 142. 188. 194. 198 ff. 350.
  378 ff. m. A. 5. 405. 488 m. A. 143. 510

A. 228 – s. a. Congiarien, cura annonae, Hungersnot, praefectus annonae
Gewaltenteilung 90 m. A. 38 – s. a. Dyarchie(these)
Glanum (St. Rémy) 427 m. A. 161
Glaphyra, Gemahlin Jubas II. 446
  A. 204. 501 A. 195
Gladiatorenspiele 177
Gloria 204
Goldener Kranz Caesars 28. 517, für
  Paullus Fabius Maximus 247 f., für
  Augustus (?) 388 m. A. 35
Goldenes Zeitalter, saeculum aureum
  49. 224 f. 263. 290 f. m. A. 263. 296.
  300. 379
Gordiukome, Iuliopolis 470
Gracchen(reform) 10. 334. 504
Gracchus, Liebhaber der Julia 133. 146.
  153
Gracchus, C. Sempronius, Volkstribun
  123 u. 122 v. Chr. 182. 308. 521
Gracchus, Ti. Sempronius, Volkstribun
  133 v. Chr. 308 A. 323. 418 A. 136
Gracchus, Ti. Sempronius, Münzmeister
  49 A. 184
Gradina 403
Gratia, ingratia 8 f. 35 A. 133. 99 A. 68
Gratiarum actio, Dankrede 273
  m. A. 218a
Grattius Faliscus, Dichter 299
Gravitas 204
Griechen 297, 299. 334. 388 f. A. 33 u. 35.
  455. 457. 459. 462. 465. 466 ff. m. A. 55
  u. 56; vgl. Hellenen
Griechenland 44 A. 163. 251a. 150. 385.
  418. 457 f. m. A. 21, 22 u. 23a. 465
  m. A. 51. 473. 508
Grillo, Monte 423 A. 153
Gründerehren s. Ktistes
Grund-, Landbesitz des Augustus 27.
  382 A. 10 – s. a. Patrimonium
Gunugu 329
Gymnasium 465 f. m. A. 55 (Besuch
  des G. als Voraussetzung für die
  Aufnahme in die Gruppe der 'Hellenen')

Hadrian, Kaiser 446 A. 205. 459.
484. 570. 571
Hafenanlagen 52 (Portus Iulius). 263,
327 u. 422 m. A. 147 (Misenum und
Ravenna). 353 A. 120 (Portus Victoriae Iuliobrigensium). 356 (Köln).
365 A. 174 (Hofestatt). 422 A. 148
(Cumae)
Haira s. Ammadaera
Halbierung von Münzen 400 m. A. 71
Haltern 364 m. A. 174
Halys 339
Handel 335 m. A. 61. 356. 380 m. A. 5. u.
5a. 491
Hannibalianus, Neffe Konstantins 455
A. 13
Haruspices 216. 224. 231. 307 A. 321
Hasdrubal, Bruder Hannibals 95
Hasta 422
Hasta Regia 477 A. 103
Q. Haterius, Rhetor 315 A. 351
Haus(halt), Palast, Wohung des Augustus 93 A. 44. 94 f. 124. 234 ff.
m. A. 102a. 318 f. 329. 518
Heeresreligion 227. 256 f. m. A. 168
Heiratspolitik s. dynastische Politik
Heldenschau in der Aeneis 206 f.
m. A. 11. 296
Heliopolis (Baalbek) 240. 434 f.
m. A. 172. 491 m. A. 155
Helios, Caesaris trierarchus 327 f.
A. 27
Hellenen 246. 465 ff. m. A. 55 u. 56. 471;
vgl. Griechen
Helvetier 478. 496 A. 174
C. Helvius Cinna, Dichter 311 A. 335
Heraclea am Latmos 443
Heraclea Pontica 478
Herakles, Hercules 45 A. 168 (H. von
Tibur). 241 A. 118. 253. 287. 411
m. A. 115 (H. Musarum). 461 252
A. 152. 444 m. A. 200a
Hermunduren 368 f. m. A. 187
Herodes der Große 49. 75. 181. 252
m. A. 154 u. 155. 271 f. 309 m. A. 326.
312. 376. 388 A. 32. 405. 445. 447

A. 208. 458 m. A. 28. 460. 469. 501
A. 195. 502 f. m. A. 197 u. 200
Herodes Archelaos 501 A. 195
Herodes Antipas 316 A. 355. 470
Herodes Antipater 501 A. 195
Herophilus, Gemmenschneider 314
A. 346
C. Herennius Capito 190 f.
Hesiod 224
Hestia s. Vesta
Hieron I. von Syrakus 278 A. 227
Hilarion, Freigelassener des Augustus
318 A. 363
Hildesheimer Silberschatz 372 A. 199
Hilfstruppen, Auxilien 187 A. 121. 321.
325 ff. 370 f. 373 f. 405. 500
Himyar s. Homeriten-Münzen
Hippo Diarrhytus 487 A. 138
Hippo Regius 433 A. 166
A. Hirtius, Consul 43 v. Chr. 16. 20. 23.
33
Hispalis 477 A. 103
Hispania Baetica 87. 353 A. 121. 479.
484. 514, H. Citerior 35 A. 135. 353
A. 121, H. Lusitania 353 A. 121,
H. Tarraconensis 484 f. m. A. 132. 498
A. 185, H. Ulterior 35 A. 135 – s. a.
Spanien
Hispellum (Spello) 422 f. 482
Hofestatt 365 m. A. 174
Hochschulpolitik in Gallien 495 f.
Hofkunst, Hofdichtung 273 m. A. 219a.
281
Holsterhausen 364
Homeriten-Münzen 336 A. 62. 390
A. 37
Homines novi, 'neue Leute' 2 f. 114. 140.
152 f. 159
Homonadenser, pisidisches Bergvolk
76. 338
Honos 225
Horaz 44 A. 165. 118. 126. 166. 184. 186
A. 117. 206. 225. 275 f. 281 ff. 297.
299 f. 301. 304. 309. 311 A. 335. 312.
355. 357. 379. 473. 513 A. 237. 518. 519
Q. Hortensius, der Sohn des Redners 234

Horti s. Gärten
Hostilius Saserna 16 m. A. 62
Hungersnot, Hungerrevolten 44. 49.
  109 f. 142 ff. 157 – s. a. Getreideversorgung
Hyginus, Grammatiker 219 A. 54. 270 m. A. 208. 276. 313. 318
Hyllus, Gemmenschneider 314 A. 346

Iader 426. 489
Jagd 299
Jamblichos, kilikischer Dynast 340 A. 74
Jamnia 191
Janus, Janusbogen, Janustempel 80. 223 m. A. 63. 287. 302. 334. 342 f. 352. 395 f. (Janus-Prora-Asse). 512 A. 236. 525
Jazygen 367 f. A. 185
Idiologus 188 m. A. 128
Idumaea 503 A. 200
Jemen 335
Jerusalem 253 A. 155. 445 A. 202. 447 A. 208
Ikonion, Iconium 339 f. 437 A. 179 a. 490 f. A. 154. 508
Ilici (Elche) 485
Ilion, Ilium s. Troja
Ilithyia, griech.-röm. Geburtsgöttin 225
Illyrien, Illyricum 47 A. 176. 59 f. 69. 89. 142. 148. 324. 351 A. 112. 366 ff. 370 f. m. A. 198 a. 489. 500
Imaginifer 257
Imago clipeata 95 f. m. A. 53
Immunitas 457 A. 21. 493
Imperator-Titel, praenomen imperatoris 5 f. 48. 56. 80 A. 8. 87 A. 32. 520
Imperatorische Akklamationen 178. 392 f. m. A. 47. 570. 572. 573
Imperialismus 333 f. m. A. 55 362 m. A. 160 a. 571
Imperium als Herrschaft bzw. Reich 511 A. 236, i. sollemne 296
Imperium consulare 82 A. 14. 87. 112 f. m. A. 114. 140. 177. 201
Imperium proconsulare (maius) 34 m. A. 130. 87 ff. m. A. 32. 100. 105 ff. m. A. 98. 113. 115. 119 f. 122. 126.
128 f. 135 f. 146. 149 f. m. A. 235. 160. 174 f. m. A. 82. 177. 181. 333. 338. 352. 374 A. 208. 382. 386 A. 21. 521. 525
Indien, Inder 284. 335. 380. 393 A. 49. 573
Inflation 402
Invidia 20 m. A. 77. 306
Iol-Caesarea s. Caesarea Mauretaniae
Ionier 445. 246 A. 135 (Ionischer Bund)
Iotape, Tochter Artavasdes' I. 502 A. 195
Isaura 491 A. 154
Isaurien 76. 338
Isidoros von Charax 315 A. 352
Isiskult 196
Isthmische Spiele 460 m. A. 32
Istrien 420. 482
Italica 432. 484 m. A. 131
Italien 3. 13. 18. 23. 26. 30. 40 ff. 46 f. 50. 54 ff. 57 f. 62. 65 f. 68 ff. 72. 78. 87 ff. 97. 121. 123. 140. 142. 152. 176 f. 185. 189. 194. 197. 214. 217. 222. 249 A. 144. 253 m. A. 156. 256. 260. 292 f. 317. 322. 327 f. 332. 370. 372. 378 ff. 387. 391 A. 38. 401 A. 73. 406 a. 94. 418 ff. 423 ff. 444 m. A. 200 a. 448 f. 455. 474. 476 f. 479 ff. 492 f. 505 m. A. 208. 508. 510 A. 228. 514. 519 f. 521 – s. a. Oberitalien
Italiker 10. 152. 186 A. 117. 480. 493 A. 166
Juba I., König von Numidien 486
Juba II., König von Mauretanien 74 A. 250. 272 f. m. A. 216. 314 A. 347. 315 f. m. A. 355. 335 A. 61. 348 m. A. 104. 350 m. A. 109. 388 A. 32. 391 m. A. 40. 445 f. 471 f. m. A. 88. 488. 501 A. 195. 503 A. 199. 504
Judaea 75 f. 189 ff. 406
Juden 49. 252 m. A. 155
Iudices selecti 187
Julia, Schwester Caesars 2. 4
Julia, Tochter Caesars 215 f. A. 43
Julia Maior, Tochter des Augustus 47. 51. 53 A. 194. 100. 108 A. 97. 112. 115. 123. 130 m. A. 171. 133 ff. m. A. 187. 143 ff. 169 ff. 220. A. 56. 291 A. 263. 436 A. 179. 470. 519

Julia Minor, Enkelin des Augustus 143 f. 173. 304. 519
Julia Equestris (Nyon) 356 m. A. 136. 478. 491
Julia Myrtilis 477 A. 104
Iulia Traducta 488 A. 142
Iulias in Iudaea 470
Juliobona (Lillebonne) 497
Juliobriga (Retortillo) 497 f. m. A. 185. 507
Juliomagus (Angers) 497
Iuliopolis s. Gordiukome
C. Iulius Nikanor 460
Julius, der Monat 226
Julius Aquila, Antiquar 271 A. 209
C. Iulius Caesar s. Caesar
C. Iulius Civilis, Fürst der Bataver 373
M. Iulius Cottius 358
C. Iulius Epicrates 246 A. 135. 381 A. 6 a
C. Iulius Eurycles s. Eurycles
C. Iulius Zoilus, Freigelassener Oktavians 443 f. m. A. 193
M. Iunius Brutus s. Brutus
D. Iunius Silanus, Liebhaber der Julia Minor 144
M. Iunius Silanus Torquatus 173
Iuno 45 A. 168 (I. Sospita). 46 A. 169 (I. von Perusia, I. Martialis). 225 (I. Regina). 236. 285
Iupiter 95. 236. 274 A. 221. 286. 296. 303 f. 422 A. 148. 515, I. Augustus 433 A. 166, I. Feretrius 99. 267. 411 m. A. 115, I. Olympius 477 m. A. 206, I. Optimus Maximus 225. 244 m. A. 139, I. Tonans 238
Iuridicus 188 m. A. 128
Ius anuli aurei 182 f. i. auxilii 79. 104, i. gladii 157, i. honorum 162 A. 37, i. liberorum 156. 167, i. respondendi 85 A. 25
Ius Italicum 481. 486. 490 A. 152 u. 153. 492 f.
Iussum Augusti 87 A. 32
Iustitia 97 f. 204 f. 238 f. 285
Iuventus, Jugend 184 f. 509 m. A. 225

Kabeira (Sebaste) 470
Kaipias, angeblicher Beiname Oktavians 9 f. A. 42 a
Kaisareia s. Caesarea
Kaisareia Proseilemmeniton 471
Kaisareion, Caesar-bzw. Augustustempel 251 A. 150. 419 A. 137. 572
Kaiserbilder 256 ff.
Kaiserfeste 248 A. 142. 463 f.
Kaisergericht 181 m. A. 101
Kaiserkult 76. 125. 127. 197 f. 203. 244 ff. 302 f. 305 m. A. 312. 339. 420. 458 f. 463 ff. 503 m. A. 199
Kaisermysterien 248 A. 142
Kaisername für Städte 435 m. A. 176. 469 f. 476. 499. 503. 513
Kaiserreihe, Beginn 15
Kalender, Kalenderreformen 14. 79. 123. 127. 218 A. 52. 225 ff. 248 – s. a. Fasti
Kalkriese 372 A. 199. 569. 571
Kallimachos, der Dichter 278 A. 229. 303. 473
Kampanien 15. 26 f. m. A. 100 f. 29 m. A. 113. 58. 111. 122. 205. 272. 444. 482
Kandelaber im Kaiserkult 124 A. 144
Kantabrien, Kantabrer 322. 352 f. 392. 498 A. 185
Kappadokien 340. 387 f. 390 A. 37. 502 A. 195
Karien 47 A. 176. 248 A. 141. 435. 443. 456. 469 A. 68
Karthago 295 m. A. 271. 433 m. A. 166. 486 f. m. A. 137. 488
Karthago Nova, Neukarthago 4 A. 17. 397 A. 62. 432 m. A. 165. 446. 477 A. 103. 507
Kassandreia 490 m. A. 152
Kastelle s. Drusus, Militärlager
Kastor II., König von Galatien 339 f. A. 71
Kastro Tigani 436 f. A. 179 a
Katane 488
Katasterismos 216 A. 44

Keltische Münzen 385 m. A. 18. 393 f.
 m. A. 50. 573
Kieten 501 A. 195
Kilikien, Kilikier 76. 87. 338 f. m. A. 68.
 445. 458. 470. 503 A. 202, das Rauhe
 K. 338 f. m. A. 68. 340. 501 A. 195
Kinderlosigkeit, Bekämpfung der
 165 f.
Kistophoren 259 f. A. 176. 385 ff. 390
Klazomenai 436
Kleinarmenien s. Armenia Minor
Kleinasien s. Asia Minor
Kleon, Dynast in Kleinasien 470
Kleopatra VII. 56. 59. 61 ff. 65 ff. 71 ff.
 m. A. 249. 74. 78. 97. 217. 221. 271.
 281. 283 m. A. 241. 308 A. 323. 310.
 455. 461. 489. 501 A. 195
Kleopatra Selene 74 A. 250. 310. 315.
 347. 501 A. 195
Klientel, Gefolgschaft 7. 11. 15 f. 23. 40 f.
 47 A. 176. 66 f. 69. 88. 141. 308. 350.
 355. 452 f. 456. 479. 484. 491 f. 514
 A. 241. 521 f. – s. a. Patronat
Klientelfürsten, -könige-, staaten 340 ff.
 347 f. 384 A. 15 (Münzen der Klien-
 telstaaten). 387 f. m. A. 32. 445 f. 469 ff.
 500 ff. 513
Knossos 490. 492 A. 159
Köln, oppidum Ubiorum 250. 356. 361.
 495 m. A. 172. 506 m. A. 213
Koina, Städtebünde 246 A. 135. 380. 389
 A. 35. 452. 459. 465 f.
Kollegienverbot 104. 110. 116
Kolonisation 13. 43 f. m. A. 163. 57 f.
 m. A. 210. 121 m. A. 136. 132. 204
 A. 1. 285. 290. 320 ff. 329. 339. 348.
 350. 354. 356. 371. 379 m. A. 4. 383.
 392 A. 42. 397 A. 62. 426 (Augustus
 als parens coloniae). 430 ff.
 (Bautätigkeit in den Kolonien). 448
 A. 209. 452 f. 454 A. 10. 456. 468 f.
 m. A. 63. 474 ff. 509 f. m. A. 228
Komama 339. 490 A. 154. 508
Kommagene 502 A. 198
Konsekration s. Divinisierung
Konsulat dreistelliges K. 106. 113, con-
sulatus annuus et perpetuus 110
 A. 102 – s. a. Suffektkonsulate
Korsika 49. 426. 489
Kos 435 m. A. 175. 445
Kotys von Kleinarmenien 502 A. 195
Kotys von Thrakien 502 A. 195. 503
 A. 202
Kragos 387 m. A. 31
Krankheiten des Oktavian/Augustus 42
 m. A. 156. 102 m. A. 75
Kraton, Rhetor 315 A. 351
Kremna 339. 490 A. 154
Kreta, Kreter 23. 25. 145. 247 m. A. 137.
 347 m. A. 99 a. 444 m. A. 200 a. 465.
 490
Kriegsdienstverweigerung 372
Kriegserklärung, Recht der 87 A. 32.
 181
Krinagoras, Dichter 299 m. A. 284. 315
 m. A. 352 u. 352 a
Kryptoportiken 428 A. 162 (K. in
 Arelate)
Ktistes, Stadtgründer 252 A. 152. 436
 m. A. 178 u. 179. 463. 469
Kult des Augustus s. Kaiserkult
Kyme (Aiolis) 87 m. A. 32. 571
Kypros (Zypern), Zyprioten 63 A. 224.
 87. 107. 152. 247 m. A. 137. 248
 m. A. 141. 435 m. A. 176. 443. 465. 508
 m. A. 221
Kyrenaika 72. 467
Kyrene, Kyrenäer 247 A. 140 a. 347
 m. A. 99 a. 349. 433 A. 166. 443. 466 f.
 511. 514, K.-Edikte 466 f. 493
Kythera 468 A. 63
Kyzikos 436 A. 179. 468 A. 63

La Turbie 506
T. Labienus, Rhetor 265 m. A. 192. 524
Lagina 436
Lakedaimonier 465 A. 51
Lampsakos 478 f. m. A. 109
Landvermessung 350. 509 f. m. A. 228
Landwirtschaft, Ackerbau 70. 292 f.
 (Vergils Georgica). 379 f. m. A. 4. 448
 A. 208

Langobarden 369
Langres 506
Lanuvium 45 A. 168
Laodikeia 435. 443. 445
Larenaltäre 195 ff. 255. 302
Larissa 508 A. 220
Latifundien 379 m. A. 4
Latium 473. 475 f. 482
Latona 233. 236. 422 A. 148 – s. a. Leto
Latus clavus 162. 193 A. 149, l. c. cum quaestura 155
Laudatio funebris, Leichenrede(n) des Augustus 262, für Agrippa 108 f. 122 f. 172 f. A. 74, für Augustus 149, für Drusus 125, für Iulia 4
Laudatio Turiae 41 A. 154
Laudes Italiae 293 m. A. 265
Lausanne 356 m. A. 136
Lavacrum Agrippae 415
Lazarett s. Valetudinarium
Lecce s. Lupiae
Lectio senatus 82. 113 f. 119 A. 132. 123. 139 f. 154 f. 161. 176. 269 f.
Legalität 38 m. A. 145. 213
Legate an das Volk 7. 27 f. 36. 66 f. 147. 194 m. A. 151
Legati Augusti, legati legionis 156 f. m. A. 20
Legio, Legionen allg. 320 ff., l. Martia und l. IIII Caesars 30, l. III Augusta in Africa 348 m. A. 102. 507, l. IIII in Spanien 510 A. 228, l. V. Macedonica und l. VII (in Galatien?) 339 A. 69, l. IX triumphalis und l. X equitata 478 A. 107, l. X in Spanien 497 A. 184, l. XV Apolliniaris, l. VIII Augusta und l. IX Hispana 371 A. 198 a
Legionslager s. Militärlager
Legitimität, Legitimation 38 m. A. 145. 213
Leibwachen des Antonius 23. 25, des Statilius Taurus, 91 m. A. 40, des Oktavian/Augustus 64. 114, des Juba II. 446 A. 202 – s. a. Germani corporis custodes
Leichenfeier s. funus publicum

Lemnos 259 A. 176 (Reiterstatue von L.)
Lentulus, Kommandeur an der Donau 367 f. m. A. 185
Lepidus, M. Aemilius, der Triumvir 5. 23. 35. 37 f. 40. 42 f. 45. 47. 54 f. 59. 62. 123. 217. 226. 347. 486. 520
Lepidus, M. Aemilius, der Sohn des Triumvirn 77
Lepidus, Paullus Aemilius 172
Leptis Magna 433 m. A. 166. 444
Lesbos 111
Leto 236 A. 103
Leuke Kome 335
Lex. leges l. Aelia Sentia 141 m. A. 206, l. annales 32. 156, l. Antonia agraria 25 m. A. 95, l. Antonia iudiciaria 24 m. A. 93, l. Antonia de permutatione provinciarum 23 f., l. Antonia de provocatione 24 m. A. 93, l. Fufia Caninia 140 f., l. curiata 29. 36, l. Gabinia 525, l. Hieronica 451 A. 1, l. Irnitana 117 A. 127 a. 480, l. Iulia de adulteriis coercendis 165 m. A. 45, l. Iulia de ambitu 116 f. m. A. 126. 164 A. 44. 201, l. Iulia de annona 142, l. Iulia de collegiis 104 A. 80, l. Iulia de maiestate 84 A. 22, l. Iulia de maritandis ordinibus 116. 156. 165 ff., l. Iulia de modo aedificiorum 402 A. 77, l. Iulia municipalis 480, l. Iulia de senatu habendo 179 A. 98, l. Iulia de sumptu 164 A. 44, l. Iulia theatralis 201 f. m. A. 189, l. Iulia de vi publica 117, l. Iuliae agrariae 13, l. Iuliae iudiciariae 186, l. Iuliae de iudiciis publicis et privatis 117. 480, l. Iunia Norbana 140 A. 206, l. municipii Tarentini 474 A. 95 a, l. Papia Poppaea 165 f., l. Pedia 39, l. Pompeia de Bithynis 451 A. 3, l. de portorio Asiae s. Zollgesetz, l. provinciae 451 A. 3, l. Rhodia 380 A. 5, l. Roscia theatralis 182 m. A. 107, l. Rupilia 467 A. 58, l. Saenia 154, l. Ttitia 38. 53. 217, l. Ursonensis 474 A. 95 a. 479 m. A. 111, l.

Valeria Cornelia 140. 163, l. Valeria Aurelia 163, l. Valeria de provocatione 84 A. 21, l. viaria Curionis 504 A. 205
Libanon 63 A. 224
Liberalitas, Freigebigkeit 204. 379 A. 4. 408 m. A. 104
Liberalitas Iulia (Ebora) 477 A. 104
Libertas 19f. 33. 45. 98. 135 A. 187. 145. 213f. m. A. 37. 296. 305. 360 A. 157. 400 A. 70. 457 m. A. 21. 468 A. 63. 511. 516 m. A. 3 – s. a. Atrium Libertatis
Libisosa 485 A. 132
Libri coloniarum 475 A. 97. 481 A. 117
M. Licinius Crassus s. Crassus
Licinus, Freigelassener des Augustus 190. 318. 392. 401
Lillebonne s. Juliobona
Lilybaion 54
Limoges s. Augustoritum Limovicum
Limyra 136 m. A. 193. 250
Lingonen 430 A. 162
Liparische Inseln 54
Lissabon s. Olisippo
Livia, Frau des Augustus 50f. 56. 124. 128 A. 163. 135. 143. 146 A. 223. 147f. 167f. m. A. 55. 172. 217. 234ff. A. 102a. 237f. m. A. 106 (Kult der Vesta) u. 108 (casa di L.). 239 A. 114 (Geburtstag). 251f. m. A. 151 (Kult der L.). 252f. A. 155. 256 A. 165 (Hochzeitstag). 307 A. 321. 309f. A. 325 u. 330. 470 m. A. 74 (nach L. benannte Städte). 519. 524
Livia tribus 434
Livilla, Tochter des älteren Drusus 310
Liviopolis 470 A. 74
T. Livius, der Historiker 186 A. 117. 267f. 309. 480. 513 A. 237
M. Livius Drusus, Volkstribun 91 v. Chr. 51. 308
Logistik 324 A. 17
Lokrer 459
M. Lollius, Consul 21 v. Chr. 135. 286 A. 252 (L.-Ode). 360. 362

Lorbeerbäume, -zweige 84. 94f. 98. 124. 220. 235. 237. 396. 503 A. 199
Lorbeerkranz 56. 244. 389 A. 35
'Loyalitätsreligion' 239 A. 113. 256
Luc-en-Die s. Lucus Augusti
Luca 482
Luceria (Lucera) 444. 483
Lucilius Capito, Procurator des Tiberius 191
Q. Lucretius Vespillo 41 A. 154. 111. 114
Lucrinersee 52. 422 A. 147
Lucus Augusti (Luc-en-Die) 483
Lucus Augusti (Lugo) 497 m. A. 184. 507
Lucus Feroniae 421 A. 143. 482
Ludi compitalicii 197f., l. quinquennales 79 A. 3, l. pro reditu Augusti 130, l. Romani 24, l. saeculares 117f. 124 A. 144. 161. 223f. m. A. 65. 235f. A. 103. 286 m. A. 250. 297. 392. 471, l. sevirales 184, l. Tarentini 223, l. Victoriae Caesaris 224 – s. a. Spiele
Lugdunum (Lyon) 237 A. 108. 249f. m. A. 147 366 (Altar von L.). 392 m. A. 42 u. 44. 393f. m. A. 50. 395. 399ff. 428f. m. A. 162. 506
Lugdunum Convenarum (St. Bertrand de Comminges) 428f. m. A. 162. 483
Lugier 369
Lugo s. Lucus Augusti
Lupiae (Lecce) 26
Lusitanien 353f. A. 121. 485f. 510 A. 228
Q. Lutatius Catulus s. Catulus
Lutetia Parisiorum (Paris) 496 m. A. 179
Lydien 248 A. 141. 435
Lygdamis, Dichter 311 A. 335
Lykaonien 338
Lykien, Lykischer Bund 136 m. A. 193. 387. 436 A. 178. 445
Lyon s. Lugdunum
Lystra 339. 475 A. 98. 490 A. 154. 508

Mäander 135 A. 189 (Nysa am M.)
C. Maecenas 15. 29 A. 114. 52. 57 A. 209. 77. 91. 102. 108 m. A. 96. 126. 134.

Mäander (Forts.) 152. 166. 181. 264
m. A. 188 (Schriften des M.). 265
A. 192. 276. 278 m. A. 229. 281 f. 292
m. A. 263 a. 298. 307 A. 321. 310 f.
m. A. 335. 317. 329 A. 31. 509 A. 225.
518 f. 571
Magdalensberg 250 m. A. 149
Magistri Augustales s. Augustales
Magna Mater 222 A. 62
Magnificentia 204
Maia, Göttin 253
Maiestas 133. 145. 220 A. 56. 273 A. 219.
345 A. 95. 380 A. 5 a. 408. 519
Mailand s. Mediolanum
Mainz 125 A. 150. 361. 370
Maionia (Lydien) 248 A. 141
Maison Carrée in Nîmes 137. 424
A. 155. 427 m. A. 159
Makedonien 20 m. A. 90. 34 m. A. 130.
45. 47. 89. 102. 157 A. 20. 247
m. A. 137 u. 140 a. 267. 329. 366 f. 381 f.
385. 410. 459 m. A. 29. 489 f. 508
Mallos 458
Manching 357 A. 144
Mandata de administranda re publica
147 A. 229. 374 A. 205, m. de funere
suo 147
M. Manilius, der Astronom 315 A. 351
Mantua 288. 293. 480
Marathus, Freigelassener des Augustus
219 A. 54. 263 A. 183. 313 m. A. 344
Marbod, König der Markomannen
369 ff. 405
Marcella, 2. Gattin des Agrippa 112. 173
A. 74
Marcellae, Töchter der Octavia Minor
172
C. Marcellus, cos. 50 v. Chr. 48. 172
M. Marcellus, Neffe des Augustus 32. 76.
100 f. m. A. 70 a u. 72. 102 f. m. A. 78.
108 f. m. A. 97 u. 99. 110. 112. 156
A. 18. 172. 206 A. 11. 211. 262. 314
m. A. 347. 413 A. 120. 462 A. 38.
519
M. Marcellus Aeserninus 184 A. 114
C. Marcius Censorinus, cos. 8 v. Chr. 252

L. Marcius Censorinus, cos. 39 v. Chr.
410
L. Marcius Philippus, Stiefvater des
Augustus 2. 8. 32 m. A. 122 a. 34
L. Marcius Philippus, Stiefbruder des
Augustus 411
L. Marcius Septimus, Militärtribun 95
Q. Marcius Rex, cos. 68 v. Chr. 418
A. 136
Mariamne, Gattin Herodes des Großen
501 A. 195
Marianer 29 A. 114
Mariba 335
C. Marius, der Kimbernsieger 10. 103
Marius, Vertreter des M. Antonius in
Italien 48
Marius, falscher s. Amatius
Markomannen 368 f.
Marktbreit 370 A. 192
Marmariden 349
Mars 98. 206 m. A. 12. 230, M. Ultor 230
A. 90. 241 ff.
Mars-Ultor-Tempel 303. 343, auf dem
Augustusforum 133. 241 ff. 386 A. 26.
413. 571. 572, auf dem Capitol 242.
344 A. 91 u. 92
Marseille s. Massilia
Marsfeld 149. 410. 415 f.
Marsyas-Statue 135
Massikytes 387 m. A. 31
Massilia (Marseille) 34. 136. 506 (Masiliotische Küste). 511 A. 233
C. Matius 7 A. 37. 16. 19 f.
Mauretanien 348. 487 f. 500
Mausoleum Augusti 73 A. 249. 109. 122.
138. 149. 210 m. A. 23. 240. 412
m. A. 120. 416. 571. 572
Maxulla 487 A. 138
Mazaka-Kaisareia 470 m. A. 76
Mazaios, Freigelassener des Agrippa
oder des Augustus 442 A. 187
Medien, Meder 59. 60 f. 62. 346
Mediolanum (Mailand) 269 A. 203
Meilensteine 263. 508. 513
C. Melissus, Freigelassener des Augustus 298. 311 A. 335. 313

C. Memmius, cos. suff. 34 v. Chr. 442 m. A. 189
Merkur 253 m. A. 159
Meroe 260 A. 176 (Augustuskopf von M.). 337
Messana 55. 450 A. l. 488
Messene 149 A. 234a. 335 A. 61
Metellinum 477 A. 103
Q. Metellus Macedonicus 167 A. 50
Methone 70f.
Metz 497 A. 183. 506
Milet 246 A. 135. 381 m. A. 6a. 443
Militärlager, Legionslager, Kastelle 323 f. 348. 350. 356. 358. 361. 364 ff. 374. 390 A. 36. 394 A. 50a. 497 A. 184. 506. 572
Milliarium aureum, goldener Meilenstein 505 m. A. 208
Milo, T. Annius 328
Milyadeis 340 A. 71
Mimus vitae 148 A. 232
Mincius 293
Minerva 236
Minturnae 421 A. 143. 422
Mirabeau 506 A. 214
Mirebeau 361 A. 158
Mirobrigenses (Ciudad Rodrigo) 353 A. 121
Misenum, Vertrag von Misenum 47. 49 ff. 57 A. 208. 60. 217. 327 m. A. 27. 421 f. m. A. 147
Mithridates der Große 11. 89. 341. 525
Mithridates II. von Kommagene 75
Mithridates III. von Kommagene 502 A. 195 u. 198
Mithridates, Freigelassener des Agrippa 442 A. 187
Mitrovica s. Sirmium
Mobilität, soziale 192 ff.
Moderatio 205. 285
Moers-Asberg 361
Mösien 189 a. 131. 333. 367. 375
Monaco 358
Montjuic 485 A. 132
Mos maiorum 67. 112
Münzmeisterprägung 114. 178 f. m. A. 96. 388 m. A. 35. 394 f. 398 f.

Münpolitik, Münzwesen 336 A. 61 u. 62. 343. 383 ff. 503 f. 513 – s. a. C. Antistius Vetus-Denar, Barbarisierungen, C. et L. Caesares, L. Cestius-Münzen, Divus augustus, Flottenpräfektenmünzen, Gegenstempel, Halbierung, Homeriten-Münzen, Keltische Münzen, Kistophoren, Münzmeisterprägung, Norbanus, Numa, Prägeerlaubnis, Prägestempel, Reichswährung, Tresviri monetales, Triumphalasse, M. Sanquinius-Denare, SC-, Ca-, DD auf Münzen, Städtemünzen
L. Mummius Achaicus, cos. 146 v. Chr. 418 A. 136
L. Munatius Plancus, cos. 42 v. Chr. 5. 20 A. 78. 35. 66. 93. 284 f. (P.-Ode). 311 A. 335. 414 A. 126. 573
Munizipaladel 3. 10. 40 f. 152. 186. 193
Munizipalisierung, Urbanisierung 474 ff.
Muro de Agredo s. Augustobriga
Museion in Alexandria 459
Musicus Scurranus, dispensator 319
Mušnov 370 A. 192
Musulamii 350
Mutina 31. 33. 35. 58
Mylai 54
Mysterien in Eleusis 461 m. A. 34
Mytilene 409 A. 109. 436. 510

Nachfolge(r), Nachfolgeprobleme Caesars 1. 7 f., des Augustus 103 m. A. 78. 109. 115. 128 f. 136 ff. 173. 175. 211 f. 399. 524
Namur 572
Napata 337
Nar 427 A. 159
Narbo (Narbonne) 478 m. A. 106
Narni 427 A. 159
Narona 489 m. A. 147. 572
Nasamonen 349
Nauheim, Bad 365
Naulochos 54 f. 57. 194. 217. 231. 233. 292. 320. 391. 393 A. 49 (Diana von N. auf Münzen). 410 f. 488 m. A. 145

Naumachia Augusti 137 A. 195. 417 m. A. 134a
Nauportos 507
Naxos 54
Nazareth, Inschrift von 571
Neapolis (Neapel) 231 A. 93 (Apollonrelief von N.) 253. 317. 421
Neapolis in Afrika 487 A. 138
Neapolis in Galatien 491 A. 154
Nemausus (Nîmes) 135. 137. 396. 399 f. 420 A. 140. 426 f. 483 m. A. 125
Nemetacum (Arras) 497 A. 182
Nemeter, Ansiedlung der 356 f.
Nemus Caesarum 137 A. 195. 417 A. 134a
Neoi 185 A. 115. 442 m. A. 188 – s. a. Iuventus
Neokorie, neokoros 464 m. A. 47
Neos Apollon, Neos Dionysos etc. s. Apollon, Dionysos etc.
Nepet 125
Neptun 242 A. 121. 410 m. A. 113 (N.-Tempel des Domitius). 569
Nero, Kaiser 172. 175. 327 A. 27
Nestor von Tarsos 314. 468
Neukarthago s. Karthago Nova
Neupythagoreer 304 A. 310
Neuss s. Novaesium
Nigidius Figulus, Neupythagoreer 219 A. 54
Nikaia 76. 246
Nikanor, Sohn des Areios 314
Nikolaos von Damaskos 26. 263 A. 183. 271 f.
Nikomedeia 76. 246
Nikopolis bei Actium 242 A. 121. 434 m. A. 168. 445. 458 f. 461 ff. 469
Nikopolis bei Alexandria 434. 459. 463. 469. 511 A. 233
Nikostratos, Schriftsteller 271 A. 209
Nîmes s. Nemausus
Ninica 490 f. A. 154
Nobilität, nobiles 2 f. 11 m. A. 44. 16. 19. 22. 88. 114. 151 ff. 172. 205. 307 f. 452. 521
Nocera s. Nuceria

Nola 148. 253 m. A. 159. 421. 482
Nominatio 155 f.
Nongenti custodes 187 A. 119 a. 200
L. Nonius Asprenas 265 A. 192
M. Nonius Balbus s. Balbus
Norba 477 A. 103. 486 A. 133
C. Norbanus Flaccus, cos. 38 v. Chr. 36 A. 138 (C. Norbanus-Münzen). 486 A. 133
Nord(west)spanien 112. 333. 351 ff. 402. 525 f.
Noricum 189 A. 131. 333. 359 m. A. 154. 367 A. 184. 370. 403. 495. 506
Notstand 80 f. 168 f. 371, angebl. Notstandskommando des Oktavian 69 A. 240, Notstandsarbeiten 447 f. A. 208
Novaesium (Neuss) 323. 357. 361
Noviodunum (Nyons) 496 A. 174
Nuceria (Nocera) 482
Numa als Vorbild des Augustus 93 A. 45
Numen Augusti bzw. principis 219 f. 254 A. 160. 255 f. m. A. 165 u. 165 a
Numidien 42. 347. 350. 486
Nymwegen 361 m. A. 159
Nyon s. Iulia Equestris
Nyons s. Noviodunum
Nysa am Mäander 135 a. 189

Oberaden 365
Oberhausen 358 m. A. 151
Oberitalien 323 A. 15. 506
Oberwinterthur 356
Octavia Maior 172
Octavia Minor 48. 52. 54. 56. 60 f. 65. 68. 73. 76. 123. 126. 172 f. 262. 267. 291. 307 A. 321. 309 f. m. A. 331. 314 A. 348. 434
Octavianus als Beiname 9 f. m. A. 42 a
C. Octavius, der Vater des Augustus 3. 8 A. 42 a. 172. 204 A. 3. 219 a. 54. 413 f. A. 120 (Arcus Octavii)
Q. Octavius Sagitta 359 A. 153
Odeion des Agrippa 437 m. A. 180
Odrysen 102
Oeasso (Oyavzun) 507

Officium, officia 8 m. A. 36. 18 A. 71. 20.
281
C. Ofilius Proculus 442
Oktavian/Augustus Ausbildung 261 ff.,
Reden 55 m. A. 201. 261, Schriften,
Edikte und Briefe 261 f. m. A. 182.
266 f. A. 197. 310, Dies Imperii 32,
Priestertümer 220 f., Bildnisse 2
A. 5 a. 257 ff. 274 A. 219 a. 519, Sendungsbewußtsein 8. 213 ff., Schuldbewußtsein und Gefühl der Vereinsamung 285, 287 A. 255, persönliche
Eigenschaften und Merkmale, private Lebensführung 518, Augustus als
Vorbild 212 m. A. 32 – s. a. Adoption,
Augustus-Porträt, Autobiographie,
Geburtstag, Imperator-Titel, Imperatorische Akklamationen, Krankheiten, Pontifex-Maximus-Würde, Reisen, Res Gestae, Tribunicia potestas,
Ultima verba
Olba 503 A. 202
Olbasa 339. 490 A. 154
Olisippo (Lissabon) 477 A. 104. 507
Olympia, Olympische Spiele 445. 447
m. A. 206. 458. 460 m. A. 33. 473
Onoba 477 A. 103
Oppidum civium Romanorum 475
m. A. 99. 484 A. 131. 487
Oppidum Ubiorum s. Köln
C. Oppius 14 A. 51. 16. 26 A. 99. 219
A. 54
Opposition 83. 102. 118 f. 124. 142. 145.
161. 174. 236 A. 103. 280 m. A. 232.
286 A. 252. 304 A. 308. 306 – s. a.
Anti-Augustanism, Verschwörungen
Ops Augusta 239
Optimaten 11. 19. 25. 27
Orakelliteratur 124. 235 f. m. A. 103. 266
Orange s. Arausio
Oratio principis 154 f. A. 9
Ordinatio comitiorum 147 A. 229. 201
Ornamenta praetoria, o. consularia 156
A. 18, o. triumphalia, Triumphalinsignien 125. 129. 178. 349. 570
Orodes, König der Parther 376

Osca 485. 496 A. 173 a
Ostia 329. 421
Otho, Kaiser 327 A. 27
Ouvèze 429 A. 162
Ovationes 178 A. 93, des Oktavian/
Augustus 34 f. 48 m. A. 180. 55 f.
Ovid 144. 186 A. 117. 203. 227. 266. 276.
299 ff. 311 A. 335. 315 A. 351. 345 f.
375. 473. 514 f. 524. 570. 573
Oyavzun s. Oeasso

Padua 253. 480
Paeligner(land) 300. 444
Pagus-Einteilung in Afrika 487
m. A. 139
Palästina 181
Pamphylien 338 f. m. A. 68. 366 f.
Pamplona s. Pampaelo
Panaitios, der Stoiker 334
Pandateria 133
Panegyrik 273 ff.
Pannonien, Pannonischer Aufstand
122. 125 f. 129. 142 f. 148. 189 A. 131.
192 f. 202 a. 192. 326 m. A. 24. 332 f.
351 m. A. 112. 367 A. 184. 370 f.
m. A. 198 a. 373. 403. 406. 524
Panormos 488
Pansa, C. Vibius 16. 23. 33 f. 40
A. 151
Pantheon in Rom 98. 229 f. 415 f.
Pantikapaion 470
Panzerstatue von Cherchel 350 A. 109,
von Prima Porta 259 f. m. A. 276.
344 f. m. A. 92 u. 95. 572
Paphlagonien 249. 333. 339. 469
Paphos 248 A. 143. 435
L. Papirius Cursor 95
P. Paquius Scaeva 248 A. 143
Paraitonion 72
Parentium (Parenzo) 482 m. A. 118
Parenzo s. Parentium
Parion 390 A. 35. 490
Paris s. Lutetia Parisiorum
Parlais 490 A. 154
Parma 481
Parthenius von Nikaia 315 m. A. 352 a

Parther(krieg), Parthien 8. 26. 46f. 52f.
55. 59f. 62f. m.A. 224. 75f. 109. 112.
136. 242f. 281. 283. 286f. 340 A. 74.
342ff. 346f. 355. 376. 386f. A. 27. 410.
414. 436. 463. 526
Parthiner 410
L. Passienus Rufus, cos. 4 v. Chr. 349
m.A. 108
Passienus, Rhetor 315 A. 351
Pater (parens) patriae, pater orbis,
pater urbium 32. 132f. 148. 174
m.A. 80. 202. 210f. 226. 243. 264. 302.
306. 449. 514f. m.A. 241. 521. 572. 573
Patras 71. 434. 489. 494 A. 167
Patrimonium des Augustus 190ff. 381ff.
Patriziat, Patrizier 3f. m.A. 13. 8. 79. 82.
154. 161f.
Patrocinium orbis terrae 452 A. 4
Patronat allg. 452. 479 A. 111, des Augustus und seiner Angehörigen 426ff.
432f. m.A. 165. 462 A. 38. 514f.
m.A. 241 u. 243, des Juba 446
Pax Augusta 239. 287. 300. 306. 334. 379.
449. 514. 525 – s. a. Ara Pacis
Pax Julia 477 A. 104
Q. Pedius, cos. 43 v. Chr. 36
Q. Pedius, Enkel des Vorigen 519 A. 9
Pella 397 A. 62. 490
Peloponnes 49f. 459
Pelusion 72
Penaten(-Tempel) 414
Percennius 202 a. 192
Peregrine Augustusstädte 495ff.
Pergamon, Pergamener 76. 246
m.A. 135. 314 (Apollodoros von P.).
344 A. 92. 380f. 386f. m.A. 27. 389
A. 35. 418 A. 136. 436 A. 178 u. 179a.
445
Perigueux s. Vesunna
Perikles 447 m.A. 208
Perpignan 430 A. 62
Perusia 45f. m.A. 169. 242 m.A. 121.
421
Perusinischer Krieg 42 A. 158. 44ff. 48f.
60. 81. 280ff. 289ff.
Pesaro s. Pisaurum

Pessinus 469
P. Petronius, praefectus Aegypti 336ff.
m.A. 63 u. 64
Petrucorii 496
Phaedrus, der Fabeldichter 313
m.A. 344. 473
Phanagoreia 470
Pharaonen, Augustus als ihr Nachfolger
74. 247 A. 137
Phazimonitis 339
Philae 337
Philippi 42. 46 A. 170. 49 A. 184. 58. 91.
153. 231 m.A. 91. 242. 263ff. 269. 282.
293. 309. 322. 329. 392. 481 m.A. 116
u. 117. 490 A. 152
Philippos I. Philadelphos 388 A. 33
Philippos, Sohn des Herodes Antipas
316 A. 355
Philippos, Tetrarch 470
Philo von Alexandria 310
Phlegräische Felder 422 A. 148
Phönizien 63 A. 224
Phoker 459
Phraates IV. 75. 316. 343. 345. 376
Phraates V. 345f. 376
Phrygien 248 A. 141. 469. 508
Picenum Picenerland 152
Pietas 9 m.A. 42. 15. 40. 57. 96ff.
m.A. 55. 133. 205. 285. 295. 297. 306.
457
Pietas-Tempel 57. 411 m.A. 115
Piraeus 418 A. 136. 438
Pisae (Pisa) 137 m.A. 195. 482
Pisaurum (Pesaro) 482
Piscina Mirabilis 422 A. 147
Pisidien 76. 338f. m.A. 69. 390 A. 35.
435. 470 A. 77. 490 m.A. 154. 509
A. 224
Placentia 482 A. 118
Planasia 145f. m.A. 222a
Plautius Rufus, Verschwörer 144
M. Plautius Sivanus, cos. 2 v. Chr. 338
A. 66. 371
Plebs frumentaria 199f., p. togata 200, p.
urbana 10. 13. 24ff. 36. 44. 69f. 76. 82.
88. 99. 101 m.A. 71. 103. 106. 110. 131.

132 f. 141. 147. 177. 188. 194 ff. 209.
211. 255. 378. 401. 412 f. 417. 518
Plotius Tucca 265. 311 A. 335
Poetovio 371 A. 198 a. 508
Pola 423. 444. 481
Polemon I. von Pontos 76. 120. 340 f.
  387 f. m. A. 32. 470. 501 f. A. 195. 503 f.
  A. 202 (Münzen des P.)
Polemon II. 502 A. 195
Polizei in Rom 328 ff.
Polybios, der Historiker 308 A. 323. 334
Polybios, Freigelassener des Augustus
  318 A. 363
Pomerium 55. 105 f. 126 m. A. 152. 413
  A. 120
Pompaelo (Pomplona) 499 m. A. 187.
  507
Pompeianer 477. 517
Pompeii 253 m. A. 159. 276. 421. 423
Pompeiopolis 469 A. 66
Cn. Pompeius Macer 313 m. A. 342. 468
Cn. Pompeius Magnus 11. 13 f. 18
  m. A. 71. 39. 89. 191. 203 A. 195. 308
  A. 323. 334. 382. 394 f. 409 m. A. 109.
  418 A. 136. 452. 456. 463. 469
  m. A. 65. 478. 491. 499. 501 A. 193.
  525
Cn Pompeius Strabo 152
Sex. Pompeius 34. 36. 38 ff. 42 ff. 46 f.
  49 ff. 59 f. 68. 70. 81. 95. 194. 231. 253.
  262 A. 182 a. 283. 291 A. 263. 298
  m. A. 283. 385. 484. 487 f. 518
Pompeius Trogus 186 A. 118. 270 f. 472
T. Pomponius Atticus s. Atticus
Pontinische Sümpfe 505 a. 207
Pont du Gard 427 m. A. 159
Pontifex-Maximus-Würde 3. 5 f. 8. 55.
  77. 94. 123 f. 221. 225 f. 228 f. m. A. 84.
  236
Pontius Pilatus 189 A. 131
Pontos 76. 120. 305 a. 312. 333. 340 f.
  469 f. 478 f. 501 f. A. 195
Popularen 11. 20
Porcius Cato s. Cato
M. Porcius Latro, Rhetor 315 A. 351
Porticus Argonautarum 415, P. Liviae

416, P. Octavia 60. 411 m. A. 115,
P. Octaviae 313, P. Philippi 411
  m. A. 115, P. Pompeiana 409, P. Vipsa-
  nia 264. 416 m. A. 132
Portlandvase 219 A. 54
Portus Iulius 52
Poseidonios von Apameia 334
Posillipo 317
C. Postumius Pollio 423 A. 153
Postumus, Kaiser 396
Postwesen s. Cursus publicus
Potamon von Mytilene, Rhetor 315
  A. 351
Praedia populi Romani 451 A. 3
Praefectura für Steuereintreiber 191
Praefectus, praefecti allg. 187 ff., p. aera-
  rii 158 A. 23. 383 A. 14, p. Alexan-
  dreae et Aegypti 74. 169. 188 f.
  m. A. 128. 192, p. annonae 142. 157.
  188. 192. 380 A. 5, p. der Auxiliartrup-
  pen 325. 373, p. Castrorum 193, p. Ci-
  vitatium 189 A. 131. 358, p. Classis et
  orae maritimae 34, p. Judae 189
  A. 131, p. Mauretaniae (?) 348, p. No-
  rici (?) 359, p. praetorio 135. 188. 192.
  329, p. urbi 100. 105. 113. 152. 158
  A. 23. 177. 330, p. urbi feriarum La-
  tinarum causa 4, p. vehiculorum 188.
  509 p. vigilum 177. 188. 192
Prägeerlaubnis, Prägerecht 400 A. 70.
  503 f.
Prägestempel mit Kaiserporträt 260 f.
  179
Praeneste 71 A. 245. 227
Praenomen imperatoris s. Imperator-
  Titel
Prätorianer 99. 135. 328 ff. – s. a. prae-
  fectus praetorio
Praesidium Iulium 477 A. 103
Preisniveau im römischen Imperium
  387. 400 a. 71
Priene 248 A. 141. 443 m. A. 192
Priestertümer 80. 154. 160 f. 220 ff. 255 f.
Prima Porta s. Panzerstatue von Prima
  Porta
Prima relatio 104

Primipilat, primipilares 193. 330
M. Primus, Proconsul von Macedonia
    101 f.
Princeps Begriff 147 f. 204 ff., p. civium
    32, p. iuventutis 131. 184 f. m. A. 115.
    208. 211 393, p. senatus 82 A. 14
Privatus, Augustus als p. 107. 175. 237 f.
C. Proculeius 108 A. 96
Procuratores 190 ff. 340. 404 m. A. 85, p.
    monetae 398 A. 63
Prodigienwesen 222 A. 62 a – s. a. Vor-
    zeichen
Proletarier 92 A. 42. 195. 476. 491
    (P.-Kolonien) 44 A. 165. 109. 186
    A. 117. 275 f. 280 f. 297. 300. 311 A.
    335
Proserpina 225
Proskriptionen, Proskribierte 11. 37 ff.
    50. 57. 60. 190. 194. 284. 382
Providentia 205
Provinziallandtage 246 f. 339. 459
    m. A. 29. 464 f. – s. a. Commune Asiae,
    Koina
Provinzialordnung, Provinzialverwal-
    tung allg. 188 f. 450 ff. 453 f. A. 10,
    Ägypten 74, Galatien 338 f., Afrika
    347 ff., Spanien 353 f. m. A. 121 u. 122,
    Rätien, Vindelizien, Alpengebiet 359
    m. A. 153, Noricum 359 m. A. 154, Il-
    lyricum 371 m. A. 198 a, Germanien
    364–374 f., Achaia 457 f. m. A. 23 a,
    Bithynia et Pontus 479 – s. a. Statt-
    halterlisten
Provinzialzensus s. Census
Ptolemaios XII. Auletes 308 A. 323
Ptolemaios Kaisar (Caesarion) 61.
    73
Ptolemaios Philadelphos, Sohn der
    Kleopatra VII. 73 f. A. 250
Ptolemaios, Sohn Jubas II. 446 A. 204
Ptolemais 445
Publicani, Steuerpächter 182 f. 380 A. 5.
    381. 403 f. 452. 476
Pudor, Gottheit 225
Puteoli 380 A. 5. 421 m. A. 146. 423
    m. A. 153. 482

Pylades, Freigelassener des Augustus
    315 f. A. 353
Pythodoris von Pontos 340 f. 470. 501 f.
    A. 195. 504 A. 202
Pythodoris, die Jüngere 502 A. 195

Quadragesima Galliarum 360 A. 157
Quaestiones 84 A. 21. 101 f. 170 f. 186
Quaestores Augusti 156 A. 17
Quattuorviri viarum curandarum
    159
Quentin, St. s. Augusta Vermanduorum
Quinctilis, Monatsname 226
P. Quinctilius Varus 120. 172 f. m. A. 74.
    364. 372 ff.
Quinctius Crispinus, Liebhaber der
    Julia 134
T. Quinctius Flamininus s. Flamininus
Quindecimviri sacris faciundis 160 f.
    220 f. 225. 235 f. A. 103
Quinqueviri cis Tiberim 331
Quintilius Varus aus Cremona, Dichter
    311 A. 335
Quirinius-Schatzung 406 – s. a. Census

Rabirius, Dichter 298 f. m. A. 283
C. Rabirius Postumus, Senator 16
Rache für Caesar 9. 15. 19. 30. 36. 40.
    209. 242. 303, an den Parthern 242
Rätien, Räter 189 A. 131. 326. 333. 358
    m. A. 150. 370. 506
Räuberunwesen in Italien 44. 57. 70. 97.
    103
Rationarium imperii 103
Raurica (Augst) 356 A. 136. 478. 483.
    491
Ravenna 29. 327. 422
Recitationes 267 a. 198. 311 f. A. 335. 315
    A. 351
Recognitio equitum 154 A. 11. 184
Recor orbis terrarum 448. 515, r. et
    gubernator rei publicae 213
Regia, Amtssitz des Pontifex Maximus
    94. 124. 229 A. 84. 411
Regioneneinteilung Roms 127. 196. 331,
    Italiens 406 A. 94. 480 f. m. A. 114

Reichsbegriff 511 ff. m. A. 236 u. 237
Reichsbürgerrecht 494
'Reichskataster', 'Reichscensus' 509 f.
  m. A. 228
'Reichsstatistik' 474 f. A. 97
Reichswährung 384. 510
Reims 506
Reiseerlaubnis für Senatoren 176
Reisen des Augustus 111. 272. 330. 360
  m. A. 157. 468
Religio(n) 82. 220 ff. 296 f. 413. 569
Rémy, St. s. Glanum
Renus (Fluß) 37
Repetundenverfahren 170 f. 514
Res Gestae, Tatenbericht des Augustus
  5. 32 f. 69. 84 f. 123. 132. 147 f. 174. 198.
  205. 208 ff. 213 f. 261 f. m. A. 182 u.
  185. 339 A. 70. 343. 355. 375. 511 f.
  A. 236. 525
Res publica (Begriff) 16 ff. 32 f. m. A. 124
  u. 125. 88 A. 33. 214 A. 37. 453 f. A. 10.
  511 ff. m. A. 236 u. 237. 522
Restituierung von Tempelgut 438
  m. A. 184 a. 457 m. A. 23
Restitutio rei publicae 39. 81 ff. 99. 103.
  151 ff. 169. 174 f. 195. 210. 225 f. A. 72.
  259 A. 176. 297. 302. 317. 351. 386.
  394. 413. 505. 520. 523. 573
Retortillo s. Juliobriga
Retter s. Soter
Rex(-Titel) 219 A. 54. 245
Rex regum, Regina regum 61. 455
  m. A. 13
Rhaskuporis von Thrakien 503
  A. 202
Rhegium 43 A. 160
Rhein 187. 250. 323. 327 m. A. 26. 256 f.
  362 f. 369. 373 ff. 393. 399. 495. 506
Rhodos 72. 130 f. 133 f. 139. 173. 313
  A. 345. 445
Rhoimetalkes I. von Thrakien 371. 388
  A. 32. 503 A. 202
Rhoimetalkes II. und III. von Thrakien
  502 A. 195
Rhomaia Sebasta 246. 253
Riez s. Apollinaris Reiorum

Rimini s. Ariminum
Ritter, Ritterstand 10. 13. 25. 39. 45. 58.
  74 f. m. A. 253. 122. 131. 140. 142.
  154 f. 162. 166 m. A. 47. 182 ff. 282.
  288. 300. 308. 402. 522
Rödgen 364 f. m. A. 170
Roma, Göttin 76. 243. 246 f. 251 f. 426
  A. 158. 442 A. 188. 522
Romanisierung 326. 491 A. 155. 492.
  494 f.
Romulus (und Remus) 93 m. A. 44 u. 45
  („R.-Periode"). 99. 178 A. 94. 206.
  217. 243. 300 f. 417 A. 135
L. Roscius Otho 182
Roselle s. Rusellae
Rotes Meer 336 A. 61
Royan 506
Rubikon 14. 18 A. 71. 88
Rufrae 444
Ruscino (Castel Rousillon) 430 A. 162
Rusellae (Roselle) 482

Sabäer 335 f.
Sabinum, Landgut des Horaz 282 m. A.
  238
Sabinus, Dichter 227
Sabinus, Finanzprocurator in Judaea
  405
Sabratha 433 A. 166
Sacrosanctitas 56. 77. 89. 104. 184. 217
Säkularfeier, -spiele s. ludi saeculares
Saena (Siena) 482
Saepinum 420 f. m. A. 141
Saepta Iulia 200. 410. 415 m. A. 128
Sagunt, Saguntiner 4 A. 17. 485
Salamanca s. Salmantica
Salamis, Insel 460
Salamis auf Kypros 443
Salaria 432. 485 A. 132
Salarium, Gehalt 160. 192
Salasser 356. 402 f. 481 f.
Saldae 487
Salier 244 m. A. 131
Salierlied 80. 137. 219
Sallust 39 m. A. 147. 447 f. A. 208
Salmantica (Salamanca) 353 A. 121. 507

Salonae 489 m. A. 147
Salus Populi Romani 80, S. publica 123
Q. Salvidienus Rufus 15. 47 f. 152. 168
Samaria 469 m. A. 71. 503 A. 200
Samnium, Samniten 15. 95. 420 f. 483
Samos 71. 130 A. 170. 247 A. 140a. 310
A. 330. 336 A. 61. 337. 436. 445. 468
A. 63. 511 m. A. 234
M. Sanquinius-Denare 118 A. 129
Santonen 506
Sardes 130 A. 170
Sardinien 38 m. A. 143. 42. 49. 143. 488.
507. 510 A. 228
Sasbach 364 m. A. 170
Saturninus, der Gemmenschneider 314
A. 346
Save 125. 367 m. A. 184. 507
SC auf Münzen 95 A. 50. 388 f. m. A. 35.
396 ff.
S(enatus) C(onsultum): SC Calvisianum 170, SC de famosis libellis 144
A. 218, SC De Cn. Pisone patre 105
A. 84, SC Silanianum 144
Scheidung s. Sittengesetze
Schlangenzeugung 218 f. A. 54. 462
Schmähschriften, famosi libelli 142. 144
A. 218. 145 m. A. 220
Schutzauftrag 100 – s. a. Cura
Schwarzes Meer s. Pontos
Schulden, Verschuldung, Schuldentilgung 194. 401 ff. 456 f.
Scipio Africanus Maior 97. 219 A. 54.
484
Scipio Africanus Minor 97
Scipio, Liebhaber der Julia 134. 153
P. Scipio Nasica, Consul 138 v. Chr. 418
A. 136
Scodra 47 A. 176
Scribonia 47. 50 f. 171 m. A. 66. 291
A. 263
C. Scribonius Curio, Volkstribun 50
v. Chr. 504 A. 205
L. Scribonius Libo 47
Scribonius, Dynast von Bosporus 341
Sebaste Paphlagoniae 469, S. Phrygiae
469 m. A. 66 – s. a. Elaiussa, Kabeira,
Pessinus, Pompeiopolis, Samaria,
Tavium
Sebasteia in Pontos 469
Sebastopolis Cariae 340 A. 72. 469
A. 68, S. Ponti 469
Seeräuber, Piraten 11. 56. 70. 89. 143.
194. 328. 478. 525
Segimundus 366
Segusiavii 496 A. 174
Segusio (Susa) 358 m. A. 148
Seius Strabo 312 A. 336. 444
Sekretariat des Augustus 282 f. 317 f.
Sella curulis 112 f., vgl. Goldener Kranz
Caesars
Semnonen 369
L. Sempronius Atratinus 107 A. 94
Senat, Senatoren(stand) 3. 10 ff. 30 ff.
34 f. 40. 45. 55. 62. 64 f. 81 ff. 128. 151 ff.
186 f. 199. 210 A. 23. 211. 219 A. 54.
225. 270 f. A. 208 u. 209. 273. 347 f.
350. 357 f. 394. 397 ff. 402. 523
Senatsgericht 168 ff.
Senatskommissionen 27. 146. 179 ff. 406
Senatorencensus 116. 121 f. 161 f.
m. A. 35. 176
Senatus, Kult des 161 m. A. 34
Seneca der Ältere 270 A. 206. 311
A. 335
Seneca der Jüngere 134
Senlis s. Augustomagus
C. Sentius Saturninus, cos. 19 v. Chr.
111. 364
Sepphoris 470
Septemviri epulones 160 m. A. 31. 221
Septimius Severus, Kaiser 428 A. 162
Serdica (Sofia) 366 m. A. 179
Serer 284. 336 A. 61
Sergierbogen von Pola 423
Serino 421 m. A. 143
Sertorius 11. 485. 496 A. 173 a
P. Servilius Casca, Volkstribun 43 v. Chr.
30
P. Servilius Isauricus, cos. 79 v. Chr. 16.
38 A. 144. 171. 247
L. Sestius, cos. suff. 23 v. Chr. 103. 107
Severitas 204

Seviri Augustales s. Augustales
Seviri equitum Romanorum 183. 254
Sexagenarii 192
Sextilis, Monat 127. 226. 521
C. Sextilius Pollio 442
Sibylle, Sibyllinische Orakel 117. 124.
　217 A. 48. 230. 233. 235 m. A. 103. 291
　A. 263
Sicca Veneria 487 A. 138
Sidon 445. 468 A. 63
Sidus Iulium 28. 118 A. 129. 216. 224.
　520
Siegel des Augustus 231 m. A. 92
Siena s. Saena
Sierra Morena 507
Sikyon 48. 460 m. A. 32
Silberbecher von Boscoreale 129 A. 165
Silbergeschirr, Toreutik 274 A. 219 a
Silberschale von Fin d'Annecy 236
　A. 103
P. Silius Nerva, cos. 20 v. Chr. 357
Simplicitas 116 f. A. 127
Sinnius Capito 270 a. 208
Sinope 398 A. 62. 478
Sirmium (Mitrovica) 366. 371. 507
Siscia 351. 366. 371 m. A. 198 a. 507
Sittengesetze, Sittenreform 113. 116 f.
　164 ff. 176. 210. 225. 280 A. 231. 284
　A. 245. 285 m. A. 248. 300
P. Sittius, der Caesarianer 486
Sizilien, Sizilier 23. 25. 38 m. A. 143. 42.
　49. 54 f. 57 ff. m. A. 210. 176 A. 87. 385.
　412. 418 A. 136. 451 A. 1. 452 m. A. 5.
　464. 467 f. 488. 504 A. 204. 510 A. 228
Sklaven 57. 92 A. 42. 97. 111. 127. 140 f.
　144. 199. 283. 308. 316 ff. 327 f.
　m. A. 27. 331. 371. 407 (Sklavenver-
　kaufssteuer). 412 A. 118. 448. 509
Skordisker 366
Skythen 284
Smitthus 487 A. 138
Smyrna 508
Socii, Bundesgenossen Roms 450 ff.
Societas sine foedere 451 A. 1
Sodales Titii 160. 221
Sofia s. Serdica

Soissans s. Augusta Suessionum
Sol, Sonnengott 215 A. 41. 230 A. 90.
　233. 240
Sold, Besoldung 329. 385 f. 392 f. 401
　m. A. 73
Solon, Gemmenschneider 314 A. 346
Sonnenuhr des Augustus in Rom 121.
　240 f. 313. 416, in Puteoli 421
Sora 482
Sorrent 143 – s. a. Basis von Sorrent
C. Sosius 64. 232. 410
Soter, Rettergedanke 95. 214 f. m. A. 41.
　218. 224. 340 A. 71. 436 m. A. 178 u.
　179. 469
Sex. Sotidius Strabo 509 m. A. 226 a
Spanien, Spanier 4. 11. 38. 42. 45. 50.
　86 f. 89. 100 m. A. 70. 101 A. 70 a. 109.
　111. 136. 159. 190. 251 A. 150. 294.
　317. 322. 323 A. 15. 336 A. 61. 351 ff.
　381. 385. 391 f. 395. 401. 411. 418. 424.
　428. 430 ff. 448 A. 208 a. 454 A. 10.
　477. 479 A. 111. 484 f. m. A. 130, 131
　u. 132. 488. 491. 495. 497 ff. 506 f. 572 –
　s. a. Nord(west)spanien
Sparkommission des Senats 406
Sparta, Spartaner 445. 461 A. 37. 468
　A. 63
Speculatores 329 f. m. A. 36
Spello s. Hispellum
Sphinx 98. 231 m. A. 92. 386
Spiele 4. 8. 82. 110. 161. 177 f. 197 f. 202.
　254. 270 A. 208. 412. 464. 569 – s. a.
　ludi
Spoleto 216
Spolia opima 99. 267
„Staatsstreich" des Jahres 32 v. Chr. 65
Stadtpräfektur s. praefectus urbi
Städtemünzen 261 A. 179
Stagnum Agrippae 415
Staré Hradisko 370 A. 192
T. Statilius Taurus 55. 152. 347 f. 352. 411
Statuen(recht) 56 A. 205. 98. 203. 207.
　229. 242. 247. 253. 264. 391. 418
　A. 136. 430 A. 162. 438 A. 186. 457
　A. 23 – s. a. Panzerstatue, Kaiserbil-
　der

Statthalterlisten allg. 157 A. 20, Afrika 348 A. 100, Ägypten 188 f. A. 128, Galatien 338 A. 67, Makedonien 157 A. 20, Narbonensis 157 A. 20, Spanien 351 A. 113
Steuern, Tribute, Kontributionen 55. 58 A. 210. 69. 143. 190 f. 194. 337. 350. 370. 373 A. 202. 381 ff. 392. 401 A. 73. 403 f. 406 f. 451. 476. 486 A. 133. 493. 503 m. A. 200
Strabon, Historiker u. Geograph 271. 311 f. m. A. 336
Straßen(bau) 10. 339. 356. 366. 380. 391. 408 A. 104. 412. 420. 426. 442. 445. 474 A. 95 a. 488. 496. 504 ff. – s. a. Via
Stratonikeia 435
Strenae 197 A. 168
Strymon 508 A. 220
Subiecti 450 A. 1
Sudan 337
Sueben 370
Suessa s. Ausonia
Suffektkonsulate 50. 132. 140. 177
Sugambrer 362
Sulla, der Dictator 10 f. 23 A. 85. 40 f. 43 f. m. A. 163. 67. 88. 126 A. 152. 185. 274 A. 221. 317. 334. 442. 460
Sulmo 300
Sulpicia, Dichterin 311 A. 335
Sulpicius Flavus, Lehrer des Claudius 310 a. 332
P. Sulpicius Quirinius, cos. 12 v. Chr. 152. 338 m. A. 66. 349 m. A. 107
Ser. Sulpicius Rufus, cos. 51 v. Chr. 14 A. 52
Summa honoraria 254
Supplicationes 344 A. 91
Susa s. Segusio
Sutrium 482
Syene 337
Syrakus 468 A. 63. 488 m. A. 45
Syrien 46. 60. 72. 75. 87. 159. 247 A. 140 a. 249 A. 144 (syrische Kalender). 386 A. 27. 388 f. m. A. 33 u. 35. 397. 401. 418 f. A. 136 u. 137. 443 m. A. 190. 445. 465. 468. 491. 526

Tabula Hebana 163 f.
Tabula Siarensis 85 A. 26 a. 163 A. 40 a
Tabulae Iliacae 274 A. 219 a. 294 A. 268
Tacapes (Gabès) 507
Tacitus s. „Totengericht"
Talabriga 507
Talavera la Vieja s. Augustobriga
Tamuda 445
Tanagra 462 A. 38
Tanger s. Tingis
Taormina s. Tauromenion
Tarent 52 ff. 59. 62 f. 228
Tarkondimotos I. von Kilikien 339 A. 68
Tarkondimotos II. Philopator von Kilikien 339 A. 68. 340 A. 74. 470
Tarracina 423 m. A. 153
Tarraco 352. 428. 431 f. m. A. 164 a. 497 A. 103. 506 f.
Tarsos 468 m. A. 60
Taurisker 468 m. A. 60
Tauromenion (Taormina) 58 A. 210. 488
Taurus 338. 490
Tavium 469
Tazza Farnese 71 A. 245
Teanum Sidicinum (Teano) 482
Tectosagen 469
'Teilung der Provinzen' 86 m. A. 27. 453
Telephus, Sklave und Attentäter 145
Tellus(tempel) 21. 25
Teos 436
Terentia, Gattin des Maecenas 102
A. Terentius Varro Murena, cos. 23 v. Chr. 101 f. 104. 107 f.
M. Terentius Varro, der Schriftsteller 70. 221. 223
Tergeste 420. 482. 507
Termessos 436 m. A. 179
Terra Mater 225
Tesserae als Eintrittsmarken für Spiele 184 A. 114, t. frumentariae 199 A. 176, t. nummularia des C. Octavius 2 A. 7 a
Testament des Antonius 66 ff., des Augustus 66. 102 f. 147 ff., Caesars 1.

6 ff. 26. 36. 66. 215 – s. a. Legate an das Volk
Testamente 167 (Eingriff in die Testierfreiheit), 190 m. A. 34 (Berücksichtigung des Augustus in den T.), 502 (T. des Herodes)
Thallus, Freigelassener des Augustus 318 A. 363
Thasos 436 a. 179
Thea Musa, Favoritin Phraates' IV. 345
Theater 165 f. 182 m. A. 107. 185. 194 f. 199 ff. 276. 411 m. A. 114. 421 m. A. 143 u. 145. 422 f. 425 f. m. A. 156 u. 158. 428 ff. m. A. 162. 431 ff. A. 164 u. 166. 434. 437 A. 179 a. 443 f. m. A. 193. 445 f. m. A. 202. 488 A. 145. 497 A. 180
Theatrum Balbi 121. 417 m. A. 134 a, T. Marcelli 109 A. 99. 121 A. 135. 417 m. A. 134 a, T. Pompei 409
Thebais 337
Theodoros von Gadara, Rhetor 315 m. A. 351
Theodosius I., Kaiser 484
Theogenes, Astrologe 215. 218 A. 52
Theophanes von Mytilene, Historiker 313. 468
Thermae auf Sizilien 488
Thermen des Agrippa 415
Theron von Akragas 278 A. 227
Thessalien 247 A. 137. 458 A. 23 a
Thrakien 54. 102. 125. 366. 412
Thrasyllos, Mathematiker und Astrologe 313 f. m. A. 345
Thuburbo Minus Octavanorum 487 A. 138
Thuburnica 487 A. 138
Thurinus, angeblicher Beiname Oktavians 9 f. A. 42 a
Thurioi 9 A. 42 a
Thyateira 435
Tiber 158. 308 A. 323. 409 A. 107 u. 108
Tiberius 51. 88 A. 32. 90 A. 39. 103. 120. 123. 125 f. 128 ff. 132 f. 135 f. 138 f. 143. 146 ff. 156 A. 18. 158. 170. 180. 186 A. 117. 191. 198 A. 174. 201. 204 A. 3.
211 f. m. A. 32. 227. 252. 299 A. 283. 307 m. A. 319. 309 A. 325. 313 m. A. 345. 315 m. A. 351. 317. 319. 321. 324. 340 f. 343 m. A. 88. 357. 363. 364 m. A. 171 a. 366 f. m. A. 183. 370 ff. m. A. 197. 375 f. 390 A. 37. 392. 396. 400 f. m. A. 72. 407. 420 f. 426 A. 157. 428 f. A. 162. 437. 460. 496 A. 177. 512 A. 236. 514 f. A. 241 u. 245. 519. 524. 526
Tibull, der Dichter 186 A. 117. 275 f. m. A. 223. 280 f. 297. 300 f. 311 A. 335
Tibur 45 A. 168. 253 m. A. 159
Tigranes II. von Armenien 343. 345
Tigranes III. von Armenien 345. 376
Tigranes IV., Enkel Herodes' des Großen 376. 501 A. 195
Tigranes V. von Armenien 501 A. 195
Timagenes von Alexandreia 266 A. 194. 309. 311 A. 335
Tincommius, König der Britannier 355
Tingis (Tanger) 488 m. A. 142
Tiridates, parthischer Thronprätendent 75. 343 m. A. 87
Tiro, Freigelassener Ciceros 318 A. 364
P. Titius s. lex Titia
M. Titius, cos. suff. 31 v. Chr. 66
Tlos 185 A. 115. 436 A. 178
Todi s. Tuder
Tolistobogier 469
Tolosa (Toulouse) 483
Tomis 144. 302. 304 ff. 514
Tongern 506. 572
Tortona s. Dertona
„Totengericht" des Tacitus 210 A. 23. 516 m. A. 1
Toulouse s. Tolosa
Tour Magne 427 A. 160
Tours s. Caesarodunum
Trajan, Kaiser 15 A. 55. 87 A. 32. 446 A. 205. 484. 570
Tralleis 251 A. 150. 311 A. 335 (Asinius Pollio aus T.). 435 f.
Transpadana, Transpadaner 13. 18 A. 71. 40 A. 151. 288. 293 A. 265

Transvectio equitum 184
C. Trebatius Testa, der Jurist 309
Tres militiae 192
Tresviri capitales, nocturni 328. 331
Tresviri legendi senatus 154
Tresviri monetales 159. 177. 394. 397;
  vgl. Münzmeisterprägung
Treverer 360 A. 157
Triakontaschoinos 337
Triboker 357
Tribuni militum, Militärtribunat 58. 187
  m. A. 121. 192
Tribunicia potestas 104 ff. 112 ff. 119.
  122. 129. 135. 138 f. 146. 176. 195. 393.
  396. 520. 572
tribunicium ius 104 a. 81
Tricastini 496 A. 174
Tridentum 421 m. A. 146
Trient 356
Trier s. Augusta Treverororum
Trimerus, Insel 144
Tripolis 445
Triumph(züge) 4. 55 f. 99. 107. 112. 178.
  198. 243. 347 ff. 410 f. 473, T. des Oktavian/Augustus 76 ff. 195. 228. 276. 281.
  283. 298. 322. 390 f. 402, T. des Tiberius 129. 372
Triumphalasse 129 A. 165
Triumphbogen, Ehrenbogen 78. 178
  m. A. 95 a. 206. 284 A. 244. 386. 391.
  428 f. A. 162. 442, T. für Augustus in
  Rom, Partherbogen 206. 211. 229. 284
  A. 244. 343 f. m. A. 91. 414 m. A. 124.
  572
Triumvirat, Dreibund: 1. Triumvirat 11.
  14, 2. Triumvirat 37 ff. 53 (Verlängerung). 57 f. 60. 63 f. (Enddatum). 68.
  78. 80
Troas 435
Trocmer 469
Troesmis 375
Troja, Trojaner 284 f. 293. 295. 297. 436.
  438. 473
Trojaspiel 184 f.
Tropaeum Alpium 357 f. m. A. 147
Troyes s. Augustobona

Tucca s. Plotius
Tucci 484
Tudae (Tuy) 507
Tuder (Todi) 482
Tugendschild s. Clipeus virtutis
Tullius s. Cicero
Turia, laudatio Turiae 41 A. 154
Turin s. Augusta Taurinorum
Turullius, Caesarmörder 74
Tusculum 253 m. A. 159. 367 f. A. 185
  (Elogium von T.)
Tutela provinciae 453 A. 10
Tuy s. Tudae
Tyche von Antiocheia 388
Tyndaris 54. 488
Tyrannen, Stadtherren 337. 436 A. 178.
  446. 468
Tyros 46. 76. 445. 468 A. 63

Ubier, 'Ubiermonument' 356 m. A. 140.
  495 m. A. 172
Ucubi 477 a. 103
Ulia 432
Ultima verba des Augustus 148 m. A. 232
Umbrien 420. 482
Univira 167 A. 53
Untertanenbegriff 450 f. A. 1
Urbanisierung 348 A. 102. 380. 424 f.
  449. 454. 474 ff. – s. a. Baupolitik,
  Kolonisation, Munizipalisierung
Urbas, Tal des 403
Urso 477 A. 103
Uthina Tertia Decimanorum 487
  A. 138
Utica 487

Vaison s. Vasio
Valais 356
Valentia (Valence) 483. 485
M. Valerius Messala Barbatus 173
M. Valerius Messala Barbatus Appianus
  172
M. Valerius Messala Corvinus 100. 132.
  264 m. A. 189. 275. 310 f. m. A. 335.
  330. 505. 519. 570
L. Valerius Messala Volesus 145 A. 220 a

Valerius s. Catull
Valetudianrium, Lazarett 323
Valetudo 427
C. Valgius Rufus, Dichter 273 A. 219.
  298 m. A. 281. 311 A. 335
Vallis Poenina 356
L. Varius Rufus, Dichter 203 A. 194.
  265. 276 A. 225. 298 m. A. 282. 309.
  311 A. 335
Varro s. Terentius Varro
Varus, P. Alfenus 290 A. 260. 309 A. 329
Vasio (Vaison) 483
P. Vedius Pollio 251 A. 150. 312 A. 338.
  416. 444
Vehiculatio 509 A. 226 a
Veii 45 A. 168
Veiovis 291 A. 263
Veleia 482 A. 118
Velitrae 2 m. A. 5 a
Venafrum 421 m. A. 142. 482
Vennioi 357 A. 143
Vennonetes 357 A. 143
Venosa s. Venusia
P. Ventidius Bassus 35. 52. 152. 410
Venus 98. 230. 243 m. A. 126. 295 f.
  m. A. 270. 300 f. 409 (Tempel der V.
  Victrix)
Venusia (Venosa) 483 m. A. 122
Vereinsverbot s. Kollegienverbot
Vergil 44 A. 165. 49. 70. 80. 109. 166.
  184. 186 A. 117. 203. 206. 217. 224.
  265 f. 275 f. 281. 288 ff. 298 A. 282.
  299 ff. 307. 309. 311 A. 335. 312. 379.
  473. 480. 487 A. 137. 513 A. 237. 519.
  571. 573
Verlegung der Hauptstadt 285. 455
  m. A. 14
Vermand 496 A. 178
Veromandui 496 A. 178
Verona 423
C. Verres 191
M. Verrius Flaccus 227. 270. 313
Verschwörungen, Attentate u. ä. 29. 77.
  99 f. 102 ff. 108. 110. 112. 114. 127. 134.
  139 m. A. 200. 143 f. 169
Verulae 51 A. 187

Verwaltung, Bürokratie 11 m. A. 45.
  13 f. 177. 182. 190 ff. 196. 242 f. 319.
  383. 476. 508 f. – s. a. Finanzpolitik
  Provinzialordnung
Vespasian, Kaiser 447 A. 208
Vesunna (Perigueux) 496 m. A. 174
Vesta 66. 124. 236 f. 296. 303
Vestalinnen 66. 124. 217. 222. 229 a.
  84
Vestatempel 229 a. 84. 236 f. m. A. 105
Vetera 323 f. A. 16. 361
Veteranen 12 A. 46. 13. 15. 23. 26 f. 28 f.
  31. 41 ff. 47. 57 f. 60. 69 f. 72. 88. 121.
  209. 320 ff. 329. 350. 371. 379 m. A. 4.
  405. 476. 478. 481. 486 ff. 522
Via Aemilia Scauri 504, V. Augusta in
  Italien 504 A. 204. 506 f., V. Augusta
  in Spanien 431. 506 f., V. Egnatia 71,
  V. Flaminia 505 m. A. 207, V. Lata in
  Rom 416, V. Latina 505
Viae militares 57. 357 A. 143. 506
  A. 213
C. Vibius Postumus 403
Vibo Valentia 43 A. 160
Vicesima hereditatium 406 m. A. 94. 481
  A. 114
Vicomagistri 127 f. m. A. 158. 196 f.
Victoria (Augusti) 98. 228. 239
  m. A. 113 a. 393
Vidy 356 m. A. 136
Vienna (Vienne) 237 A. 108. 356. 393.
  420 A. 140. 426 m. A. 158. 483
Vigiles 127 f. A. 158. 142. 188. 196. 331 f.
  402 A. 77
Vigintivirat 121 f. 140. 159. 163 A. 38
Villa, Villae: V. des Augustus 317, V. des
  Horaz 282 A. 238, V. der Livia 237
  A. 108. 344 A. 92, Röm. Villen in Spanien 484 A. 130
Vindelizien 358 f.
Vindex libertatis 33 m. A. 125. 95. 214
  m. A. 37 u. 38. 218. 265 A. 192. 386, v.
  senatus 299 A. 283
Vindobona (Wien) 508
Vindonissa 356 m. A. 138
Vinicia tribus 434

M. Vinicius, Cos. suff. 19 v. Chr. 252. 356. 367 f. m. A. 185
Vipsania Agrippina s. Agrippina
M. Vipsanius Agrippa s. Agrippa
Virtus 96 m. A. 56. 205. 225. 285. 297 – s. a. Clipeus Virtutis, Wertbegriffe
A. Vitellius, Kaiser 242 A. 122
Vitruv, der Architekt 273. 310. 313. 402. 408 f. m. A. 106. 424 m. A. 154. 571
Q. Voconius Vitulus, Münzmeister 49 A. 184
Voconti 429 A. 162
Volcae Arecomici 483 A. 125
Volkstribunat 3 f. A. 13. 10. 29. 122. 155. 162. 176
Volsinii 444
Volubilis 445 f. m. A. 202
Vonones I., König der Parther 376
Vorzeichen 8. 214 ff. 572
Vota (publica) für Augustus 79 A. 4. 119 A. 132. 292 f.
Vulcanus 296
Vulcatius, Haruspex 216 m. A. 45. 224. 307 A. 321
Vully, Mt. 496 A. 174

Wahlen, Wahlkämpfe, Wahlunruhen 110 f. 115 f. 142. 155 f. 162 ff. 187 A. 119 a. 196. 200 f.
Wahrsager, Edikt gegen die W. 145
Waldgirmes 369 A. 188. 569
Walensee 356. 357 A. 143
Wangionen 357
Wasserleitungen, Wasserversorgung 10. 263. 409 A. 106. 411 f. m. A. 117 u. 118. 415. 419. 421 m. A. 143. 427 m. A. 159. 429 A. 162. 442. 444. 498 A. 185. 571 – s. a. Aqua Augusta, Aqua Virgo

Weltherrschaftsanspruch, -gedanke 224. 285. 332 ff. 347. 361 ff. m. A. 167. 377. 416. 473. 511 f. A. 236 u. 237. 514 f. 525
Weltkarte des Agrippa 283 f. m. A. 187. 416 m. A. 132. 474 A. 97. 510
Wertbegriffe 204 f.
Weser 369
Wiederaufbauhilfe 435. 468
Wien s. Vindobona
Wirtschaft 41. 44. 57. 116. 254 f. 353. 378 ff. 448. 464. 479 A. 110. 504. 526
'Wohltäter' 252 A. 152. 436 f. m. A. 179. 446. 469

Xanten 361. Vgl. Vetera
Xanthus 446 A. 204
Xenarchos von Seleukeia 314

Yanbu 335
Yatill 355

Zaragossa s. Caesaraugusta
Zauberei 266
Zeitung s. Acta diurna
Zenodoros von Chalkis 503 A. 202
Zenon (Artaxias) 501 f. A. 195
Zeus Nikephoros 388, Z. Olympios 460 – s. a. Iupiter
Zinsfuß 402. 407
Zölle, Zollbezirke, Zollstationen 49. 336 A. 61. 360 A. 157. 380. 404 A. 83
Zollbefreiung für Grammatiker, Rhetoren und Ärzte 49 A. 184 a
Zollgesetz für Asia (Monumentum Ephesenum) 381 A. 6 a. 570
Zürich 356. 357 A. 143
Zypern s. Kypros